Die Sanctus Germanus Prophezeiungen

Band 2

*Die Aufgabe der Lichtarbeiter
während des Erdenwandels vor 2012
und dem Wiederaufbau*

von
Michael P. Mau
Der Amanuensis

The Sanctus Germanus Foundation
Alberta, Canada
www.sanctusgermanus.net

Die Sanctus Germanus Prophezeiungen Band 2

©Weltweites Copyright 2006 The Sanctus Germanus Foundation
Alle Rechte vorbehalten.
Die Sanctus Germanus Stiftung behält sich das Recht als Offizieller Vertreter des Autors vor, gemäß dem Gesetz von 1998 Über Copyright, Design und Urheberrechte. Kein Teil dieses Werks darf in irgendeiner Form (durch Fotografie, Mikrofilm Oder ein anderes Verfahren) ohne die schriftliche Genehmigung des Herausgebers reproduziert werden oder unter Verwendung elektronischer Systeme verarbeitet, vervielfältigt oder verbreitet werden. Alle Zuwiderhandlungen werden strafrechtlich verfolgt.

Für die Bestellung weiterer Exemplare: www.arberton.com
Library and Archives Canada Cataloguing in Publication
Mau, Michael P.
The Sanctus Germanus Prophecies Volume 2: Earth Changes, Reconstruction and the Role of the Lightbearer / by Michael P. Mau. – Ist edition.

ISBN 978-0-9868327-3-4

1. Twenty-first century--Forecasts. 2. New Golden Age movement.
I. Sanctus Germanus Foundation. II. Title.
CB161.M37 2004   303.49'09'05   C2004-907016-9

Umschlaggestaltung von Ryan Chen von der Sanctus Germanus Foundation

Sanctus Germanus bedeutet heiliger Bruder, dies ist einer der Namen des Meisters der violetten Flamme in der Bruderschaft des Lichts. Er ist besser Bekannt als der Meister St. Germain.

The Sanctus Germanus Foundation
Publications Division
Alberta, Canada

Danksagung

Ich möchte den Meistern aus dem Himalaja danken, die mit mir während der Dämmerung des Aufstiegs so geduldig gearbeitet haben, damit ich ihre Ideen, die dieses Buch füllen, umsetzen konnte. Bei jeder Sitzung schrieb ich ihre Ideen so gut ich konnte nieder. Aber selbst wenn ich ihre Ideen nicht perfekt erfassen konnte, haben sie mir geduldig eine Unmenge an Mittel zukommen lassen, damit ich es richtig verstehen konnte, dazu zählt auch, dass sie mich auf den Himalaja geschickt haben um dort mehr zu meditieren und um mich zu festigen. Es wäre einfacher gewesen, wenn sie einfach durch mich geredet hätten, während ich mich in einer leichten Trance befinde und es aufgezeichnet wird, aber sie bestanden darauf, dass ich meine Gedanken in diese Arbeit einfließen lasse, damit ich die Hinweise selbst finde und nach den Antworten suche. Alles im Geist des fleißigen Amanuensis den Alice A. Bailey im 20. Jahrhundert so geprägt hat.

Mein Dank geht auch an Charlotte Alton aus London, England und Micheline Ralet aus Montreal, Kanada die mir geholfen haben das Werk Korrektur zu lesen und den endgültigen Text zu editieren. Ich danke auch Matthew Thompson aus Auckland, Neu Seeland für seine künstlerischen Darstellungen von Diagram 1 bis 4.

Michael P. Mau
Der Amanuensis
November 2006

Die Sanctus Germanus Prophezeiungen Band 2

Eine Nachricht von Sanctus Germanus

Die Erleuchtenden dieser Tage nehmen alle unterschiedliche Wege. Aber auf jedem Weg gibt es einen Punkt an dem man abbiegen kann. Das ist der kritische Punkt, an dem man sich entscheiden muss ob man den Weg des Lichtes geht oder ob man sich auf den Weg nach unten fortbewegt, bis wieder ein Abbiegen möglich ist. Diese beiden Wege kreuzen sich in gewissen Abständen und an jeder Kreuzung hat man die Möglichkeit sich zu entscheiden. Wenn dies also der Fall ist, warum gibt es dann so einen Wirbel um die Erleuchtung wirst du fragen. In Wirklichkeit gibt es keine Eile. Nimm dir die Zeit die du brauchst.

Jedoch stehen wir heute an einem beispiellosen Wendepunkt, an dem reichlich günstige Gelegenheiten vorhanden sind - die Erde hat sich entschieden in ihrer Evolution fortzufahren und die kosmischen Kräfte bereiten ihr den Weg. Du musst nicht mit ihr den Weg gehen, was bedeutet, dass du nach anderen Galaxien suchen kannst und dort einen Planeten zu finden, der besser zu deiner Entwicklungsstufe passt, wo das Leben für dich bequemer ist.

Ah! Unter denen zu sein die so viel mit einem selbst gemeinsam haben. Das ist die bequeme Alternative meine Freunde.

Für die welche gemeinsam mit der Erde ihren Weg in eine höhere Dimension gehen wollen, haltet durch, denn ihr befindet euch in einem aufregenden Abenteuer! Auf der anderen Seite von Oz befindet sich das viel versprochene Land des goldenen Zeitalters und auch wenn es nicht bequem ist auf die andere Seite zu gelangen, wird der Lohn der auf dich wartet wenn du ankommst, reichlich sein. Du wirst dich in einer neuen, viel versprechenden Dimension auf deinem Weg des Aufstiegs wieder finden.

Also meine Freunde, es ist nur eine Frage der Entscheidung, oder nicht? Und was für eine schöne Entscheidung es doch ist! Egal welchen Weg du wählst, es wird immer Möglichkeiten zum abbiegen geben, bis dein Weg Hand in Hand mit den Erleuchteten gehen kann.

Inhaltsverzeichnis

Illustrationen 15
Vorwort 17
Kapitel 1
Evolutionäre Schritte in das goldene Zeitalter 23
Wo stehen wir heute? 25
Der große Zyklus der Involution und Evolution 25
Sieben Runden des Evolutionären Plans 26
Runde IV und die Erde 29
Starke (große) und schwache (kleine) Pralayas:
  Perioden der Zerstörung und der Ruhe 30
Starke Pralayas im großen Kreis 30
Schwache Pralayas innerhalb einer Runde 32
Die Evolution der Wurzel – Rassen während der
  Runde IV auf Erden 33
**Andere Möglichkeiten das währende Pralaya zu
  erklären** 37
Ende des Kreises des sechsten Strahls 37
Ende eines Sternenjahres (sidereal circle) 38
Neuausrichtung der Erdachse mit seinem
  ätherischen Doppelgänger 39
Das Jahr 2012 des *Maya* Kalenders 40
Zusammenfassung 41

Kapitel 2
Das Schlachtfeld der astralen Ebene 43
Wo ist die astrale Ebene der Erde? 45
Der jetzige Zustand der irdischen astral Ebene 49
Die gespeicherte menschliche 50
Geschichte:Aufzeichnungen des astralen Lichts 50
Denken in der Welt von heute 51
Die Massenmedien und das Informationszeitalter
  des zwanzigstenJahrhunderts 52

Die Sanctus Germanus Prophezeiungen Band 2

Unser Wirtschaftssystem nährt das Verlangen der astralen Ebene 53
Massenkriege im 20ten und 21ten Jahrhundert füllen die astrale Ebene mit ihren Blutbädern 54
Der Vampir Effekt: Totes reden (Talking Dead) und Wiederbelebung 56
Extra-Terrestrische fördern die dunkle Hierarchie auf der astralen Ebene 58
Die New Age Bewegung wurde durch die astrale Ebene übernommen 59
Der Aufstieg der dunklen Hierarchie mit Hilfe astraler Wesen 60
Reinigung der Astralen Ebene 62
Herabfließen von feinen femininen ätherischen Energien 63
Der Effekt des Herabrieselns der feineren Energien auf die irdischen Ebene 65
Der Eintritt des Sonnensystems in den Photonenring der Galaxie und die dadurch entstandenen Aufwühlungen der astralen Ebene 67
Der große Scheiben (Washer) Effekt 68
Verzweifelte Reaktionen 69

Kapitel 3
Erdenwandel 71
„Die Hitze der sieben Sonnen" 72
Phase 1: Die Gegenwart bis zum Jahr 2012 74
Phase 2: Erdenwandel von 2012 bis 2080 74
Phase 3: Verschiebung der Kontinentalplatten von 2080 an 75
Logik des Erdenwandels 76
Phase 1: Warnungen vor 2012 Die Veränderungen die noch kommen 77
Phase 2: Die Jahre 2012 bis 2080: Zunahme der solaren Hitze, Beschleunigung der Überflutungen und Überlebens-Regionen 82
Phase 3: Verschiebung der Kontinentalplatten nach unserer Lebenszeit 92

Kapitel 4
Die Rolle Des Lichtarbeiters 101
Wer sind die Lichtarbeiter? 101
Erschaffung eines Lichtarbeiters 105
Die Lichtarbeiter von heute 108
Rückgewinnung des letzten Einweihungsgrades .. 110
Alternative zur Rückgewinnung 112
Die erfolgreiche Rückgewinnung oder Walk-In 113
Eine Krise der Verpflichtung 114
Anforderungen des Lebens 115
Meditations-Probleme 118
Isolation und Angst 119
Entgegengerichtete astrale Einflüsse 120
Benötigter Einsatz 121
Folgen der Verpflichtungskrise 123
Die innere Führungsstruktur hinter den
   Lichtarbeitern 124
Wie oben so unten 125
Bildung eines Weltrats von Adepten 126
Führerrolle der verpflichteten Lichtarbeiter 128
Möglichkeiten für die Zusammenarbeit zwischen
   den Lichtarbeitern 129
Weiße Magie: Die Basis ALLER Lösungen 130
Muster der Kooperation zwischen Hoch- und
   Tiefland 131
Wirtschaftsdepression: Möglichkeiten für die
   Lichtarbeiter 132
Zeichen von lokalen wirtschaftlichen Druck 132
Zusammenarbeit während des Krieges: Zeit zu
   siedeln 137
Arbeit während des Krieges für die Lichtarbeiter 138
Frühe Warnungen für die kommenden
   Erdenwandel 142
Zusammenfassung 142

Kapitel 5
Die Herrschaft über die Ereignisse erlangen 145

Rückgewinnung deiner vorhergehenden
spirituellen Stufe 148
Aufbauen von spirituellem Vertrauen 149
Such die Antworten in dir 150
1. Meistere die Atem Meditations-Methode 151
   Atem Meditation für tiefes spirituellen
   Wachstum 153
2. Wieder-Verbinden mit deinem Meister 155
3. Probezeit: Folge der Führung deines Meisters .. 158
4. Der akzeptierte Lichtarbeiter: Arbeite zusammen
   mit deinem Meister 160
5. Lerne das Unterscheiden 161
6. Übernimm Verantwortung für dein irdisches
   Selbst 164
7. Reinige das Körper Vehikel 166
8. Reinige den astralen Körper 168
9. Gleiche die maskulinen und femininen Energien
   aus 171
10. Achte auf die Loslösung deiner Kundalini
    Energien 172
11. Entwickle dich in fortgeschrittenere
    Meditationstechniken weiter 173
Die innere Struktur die uns alle zusammenbringt 174

Kapitel 6 Periode des Wiederaufbaus I
*Erschaffung der Ordnung aus dem Chaos 2013 bis
2020* 177
Die Weltsituation in 2013 177
Umwälzung und Re-Gruppierung 179
Höhere Gebiete und die spirituellen Regionen ... 181
Höher gelegene Zonen 181
Zwölf spirituelle Regionen: Zwölf Experimente ... 184
**Die dreizehnte spirituelle Region: Hauptstadt des
Neuen Goldenen Zeitalters** 187
**Der Wiederaufbau wird in den spirituellen
Regionen bestimmt** 188
**Kosmische Gesetze regeln die spirituellen
Regionen** 189

Inhaltsverzeichnis

Die Übergangsgesellschaft 190
1. Das Gesetz der Anziehung (Attraction) 192
2. Gesetz der Abstoßung (Repulsion) 194
3. Gesetz der kosmischen Spontaneität (Cosmic Spontaneity) 194
4. Das Gesetz der ständigen Bewegung (Perpetual Action) 195
5. Das Gesetz des ewigen Fließens (Fluidity) und der Geschmeidigkeit (Malleability) 196
6. Das Gesetz des Aufgebens (Abandonment) 196
7. Das Gesetz der Umwälzung (Upheaval) 197
8. Das Gesetz der konstanten Erneuerung (Constant Renewal) 197
9. Gesetz der Synchronizität (Synchronicity) 198
10. Das Gesetz des göttlichen Impuls (Divine Momentum) 200
11. Das Gesetz der passiven Anhaftung (Passive Adherence) 201
12. Das Gesetz der umgekehrten Bewegung (Reverse Motion) 203
13. Gesetz der Zurückhaltung (Containment) 203
14. Gesetz der Abnahme (Abatement) 204
15. Gesetz der Festigung (Consolidation) 205

Kapitel 7 Periode des Wiederaufbaus II
Auf zu einer ätherischen Existenz 207
Eigenschaften der spirituellen Regionen 208
Hintergrund der geologischen Veränderungen 210
Die Rolle des Goldes in den spirituellen Regionen 211
Freie Energie in den spirituellen Regionen 213
Lichtarbeiter in den spirituellen Regionen 214
Verminderung des Einflusses der astralen Ebene . 215
Wachsende Bedeutung des ätherischen Körpers .. 217
Fünf ätherische Fähigkeiten in den spirituellen Regionen 218
Ätherische Vision 219
Telepathische Kommunikation 220

Ständiges Bewusstsein 222
Multi-Dimensionales Denken 222
Fähigkeit der Manifestation 224
Manifestation und die Rolle der Elementaren 224
Die kommende Rasse:Natürliche ätherische
    Fähigkeiten 227
Inkarnationen der neuen Rasse in der
    Nachkriegszeit des 2. WK 227
Neue Rassen-Inkarnationen nach 1960 228
Zusammenfügen der drei Königreiche der
    Evolution 231
Berühren des Ätherischen 233
Die Erde wird ätherischer 234
Zusammenarbeit mit der spirituellen Hierarchie 235
Shamballa kehrt zum Nordpol „zurück" 235

Kapitel 8 Periode des Wiederaufbaus III
Aufgabe der Übergangsgesellschaft 237
Regierungsstruktur : Angewandte
    Hierarchieprinzipien 238
Die Regierungshierarchie der spirituellen
    Regionen 240
Rat der Adepten 241
Der oberste Repräsentant der spirituellen Region 243
Regierungsrat der spirituellen Region 244
Ad Hoc Aufgaben Gruppen unter dem
    Regierungsrat 246
Die Übergangsnatur der Regierungsstruktur 248
Vorraussetzung für die Regierungsführer 249
Inkarnierte Lichtarbeiter des vierten Grades 250
Inkarnierte Lichtarbeiter des dritten Grades......... 252
Lichtarbeiter des ersten und zweiten Grades 254
Der freie Sektor 254
1. Die Wirtschaft: Güter, Dienstleistungen und
    Manifestierung 255
2. Gesundheit, Krankheit und telepatisches
    Heilen 261
3. Bildung in den spirituellen Regionen 268

Inhaltsverzeichnis

4. Heirat und die Balancierung der männlichen und
   weiblichen Energien 276
5. Spirituelles Leben und Religion 278

Epilog
Seelenbefreiung 281
Zeittafel der Ereignisse 285
Bibliographie 287

Illustrationen

Diagramm 1: Die lange Reise der Monaden durch die sieben Runden des großen evolutionären Zirkels 27

Diagramm 2: Runden, stärkere & schwächere Pralayas Der Pfeil zeigt wo wir uns jetzt im großen Schema befinden (Ende der vierten Sub-Runde und das schwächere Pralaya das folgt) 31

Diagramm 3: Die Wurzel-Rassen und ihr Erstehen und Verschwinden zwischen den Sub-Runden ... 35

Diagramm 4: Die fünf Formkörper der Erde und die Verbindung zum Menschen 46

Diagramm 5: Die astrale Ebene der Erde 48

Diagramm 6: Unser Sonnensystem wie es in den Photonenring eintritt...68

Diagramm 7: Der starke Scheiben Effekt der Energien im Photonenring...69

Diagramm 8: Mögliches Zusammentreffen der sieben Sonnen bei gegebenem Moment in der galaktischen Zeit (2012), um im Photonenring in einer Linie zu stehen, um die Hitze der sieben Sonnen zu erzeugen...73

Diagramm 9: Die vier Stufen der Eingeweihten auf der irdischen Ebene und ihre Beziehung zur geistigen Hierarchie......................................103

Vorwort

Für diejenigen, die sich nach einer besseren Welt sehnen, dies ist die Zeit der beispiellosen Möglichkeiten. Für diejenigen, die blühen während die Welt zittert, dies sind die Zeiten der Not und der Zerstörung. Während dieser Zeiten wird alles was nicht der Menschheit dient hinfort gefegt werden, während alles was ihr dienlich ist, für das Erstehen des goldenen Zeitalters gehegt wird. Dies sind auch die Zeiten von äußerst klaren Entscheidungen, weil das Gute und das Böse ihre wahren Farben zeigen werden. Dies sind die Zeiten an denen die Flut der Ereignisse den Unbewussten schocken und den Bewussten erfreuen werden. Das Alte macht Platz für das Neue.

Wie ein Güterzug der seinen Weg dahinwalzt, kann nichts das Erstehen des neuen Zeitalters aufhalten, da es im göttlichen Plan festgeschrieben ist. Wir müssen alle realisieren, dass wir am Ende eines großen Zyklus stehen, der vor hunderttausenden von Jahren begann. Die Uhr schlägt Mitternacht; das Finale hat begonnen. Diejenigen die dieses Buch lesen, erleben die Umwälzungen des Finales von Beginn an, wie Krise über Krise immer bedeutender wird und ihr tägliches Leben berührt. Wie niemals zuvor werden die Entscheidungen so klar sein wie jetzt.

Die Vorhersagen die wir in der *Sanctus*

Germanus Prophezeiung Band 1 dargelegt haben, offenbaren sich nun. Die Erde ist in den Photonen Ring getreten. Höhere Vibrationen beschleunigen ständig die Zeit und verursachen weitreichende Verrücktheit, welche die Psyche von jedem von uns testet. Eine bedeutende finanzielle und wirtschaftliche Krise kündigt sich an, weil die dunklen Mächte nach und nach den Zangengriff über ihr weltweites Regime des Geldes und des Krieges verlieren. Doch bevor sie endgültig verschwinden werden, braut sich ein letzter Weltkrieg zusammen und die dunklen Mächte werden ihre letzten Geldquellen anzapfen: *Tod und Waffen*. Sie wollen den gesamten Planeten mit in ihren unausweichlichen Abgang ziehen.

Um der Menschheit zu helfen, werden seit den 1940er Jahren von unserer geistigen Hierarchie hunderttausende von Lichtarbeitern inkarniert, die schon einmal hier waren. Durch unzählige Inkarnationen haben diese Seelen die Evolution der Menschheit in vielen Bereichen vorangetrieben, so wie in Musik, Kunst, Wissenschaft, religiöse Angelegenheiten, Wirtschaft und Politik. In diesem Buch werden wir sie Lichtarbeiter nennen, welche auch die Armee des Lichtes ausmachen, deren Aufgabe es ist gegen die dunklen Mächte anzutreten. Durch eine Vor-Vereinbarung, haben sie sich rund um den Globus inkarniert und repräsentieren alle Rassen, Kulturen, alle Richtungen der Bestrebungen und Religionen. Sie dienen als Lichtgeber um die Leiden der Menschen zu lindern, die in Sicherheit zu führen, welche die kommenden Katastrophen überleben wollen und um den Samen der Übergangsgesellschaft zu säen, welche die Menschheit in das neue goldene Zeitalter führen wird.

Vorwort

Verstärkung und Reserven in Form der neuen Wurzel-Rasse, der sechsten Wurzel-Rasse, haben sich in immer größerer Anzahl inkarniert. Ihre natürliche Denkweise befähigt sie, auf den anderen Ebenen unserer Existenz zu sehen und zu funktionieren. Das sind die ätherische, astrale und die mentale Ebene. Wie sie ihre natürlichen Fähigkeiten für die Umsetzung des göttlichen Plans in Mitten dieses Chaos benutzen, stellt eine Herausforderung dar. Das Erkennen, das Erziehen und das Beschützen der Kinder der sechsten Wurzel-Rasse, liegt in den Händen der Lichtarbeiter.

Zu ihnen dazu haben sich noch höher entwickelte Seelen von weiterentwickelten Planeten dazugesellt, um mit ihrem Wissen das Neue Goldene Zeitalter einzuläuten. Diese freundlichen Extra-Terrestrischen wurden von der geistigen Hierarchie eingeladen, um den Menschen bei der Umwandlung beizustehen. Sie sind hier um Hand in Hand mit der Kraft des Lichtes zu arbeiten.

Letztendlich ist die geistige Hierarchie selbst eine gewaltige Licht-Kraft. Sie hat begonnen sich auf der irdischen Ebene zu manifestieren. Tausende von Meistern und fortgeschrittene Eingeweihte ihrer jeweiligen Ashrams bündeln all ihre Energien in Richtung Erde, um der Menschheit durch diese Zeit des Umbruchs zu helfen. Sie represäntieren den planetarischen Logos auf der irdischen Ebene. In bestimmten Situationen manifestieren sie sich physisch um ihre vorherbestimmten Aufgaben auszuführen oder sie erscheinen Hellsichtigen um sie zu führen und um ihnen Rat zu geben. Sie dienen uns als ultimative Haltepunkte in den Zeiten des Chaos.

Jetzt da die Schlacht zwischen Licht und Dunkel begonnen hat, beginnt sich die Erde in Form von Flutkatastrophen, Erdbeben und Landbewegungen zu verändern. Die Zeitdaten für diese Ereignisse wurden kosmisch schon gesetzt. Was wir hier auf der Erde auch tun, es wird den Lauf der Dinge nicht stoppen. Wer die Schlacht zwischen Licht und Dunkel überlebt, wird noch vor größere Herausforderungen gestellt. Wenn wir wieder vom Zangengriff der dunklen Mächte befreit sind, werden wir sehen, wie die meisten Hauptstädte und stark bevölkerte Regionen durch massive Naturkatastrophen zerstört werden. Viele Lichtarbeiter werden hier aufgeben, aber andere die weiter kämpfen, werden die Überlebenden zu bestimmten spirituelle Regionen führen und ihre WIRKLICHE Aufgabe antreten: Der Wiederaufbau der Gesellschaft auf einem festen Fundament.

In diesem Buch werden wir uns auf die Armee der Lichtarbeiter konzentrieren, wer sie sind und was ihre Aufgaben sind.

Viele von euch die es zu diesem Buch gezogen hat, sind Lichtarbeiter. Wir werden 1) die Rolle der Lichtarbeiter in der heutigen finanziellen, wirtschaftlichen und in den kriegerischen Aufruhren erforschen, 2) erklären was von den Lichtarbeitern während des Erdenwandels und der Naturkatastrophen erwartet wird, 3) zeigen welche Rolle sie bei der Errichtung von spirituellen Regionen für die Überlebenden des Erdenwandels haben, 4) eine Anleitung für die Lichtarbeiter zu geben um den Herausforderungen entgegenzutreten die schon jetzt beginnen.

Unser Ziel ist es zu informieren, nicht um zu

Vorwort

argumentieren oder um zu überzeugen. Wie in den *Sanctus Germanus Prophezeiungen Band 1*, welches vor 4 Jahren verlegt wurde, beabsichtigen wir dich mit einem Bankett von Informationen, Vorausschauungen, Visionen und esoterischen Gedanken die in Verbindung zu unserer Zeit stehen zu versorgen – Gedankennahrung, wie wir es gern nennen. Du selbst kannst entscheiden was du glaubst und was nicht. Letztlich werden sich die Prophezeiungen erfüllen und sich als historischen Fakt manifestieren. Wie in der vorhergehenden Nachricht von Sanctus Germanus angedeutet wurde, ist dass, was du in den nächsten Jahren machst oder nicht machst, alles bloß eine Frage der Entscheidung.

Michael P. Mau
Der Amanuensis
Montreal, Kanada
November 2006

Die Sanctus Germanus Prophezeiungen Band 2

Kapitel 1
Evolutionäre Schritte in das goldene Zeitalter

„Nichts in der Natur fällt plötzlich in die Existenz, alles unterliegt dem Gesetz der schrittweisen Evolution."
[1] *El Morya*

Wir sind gerade in einen Kreis getreten, der uns schließlich in eine neue goldene Zeit des Friedens und der Erleuchtung führt, in dem die drei Hauptwege der Evolution auf Erden – das Elementare, Menschliche und das Königreich der Engel – wieder Hand in Hand arbeiten. Die Menschheit wird mit den Engeln, Seraphim und Cherubim gehen und von ihrer Ausstrahlung und Reinheit profitieren. Wir werden auch mit der unglaublichen Welt der Elementaren arbeiten, welche die Form geben für die Dinge, Blumen, Bäume, Seen, Berge und welche unsere Bedürfnisse und Wünsche erfüllen.

Während wir uns in diesen Kreis bewegen, werden die Fesseln welche die Menschheit über Jahrhunderte gebunden haben, wie die Kontrolle durch die Regierungen, die Nationalstaaten, die Massenmedien, die Finanz- und Bankensysteme

---

[1] Sinnett, A.P, *The Mahatma Letters to A.P. Sinnett* from the Mahatmas M. and K.H., transcribed by A.T. Barker, Theosophical University Press, Pasadena, California, Letter No. 14

und die Kriegstreiber verschwinden. Durch den Meister Sanctus Germanus werden die Menschen von der Wurzel der Inhaftierung in dieses Regime – den dunklen Mächten – befreit werden, welche von diesen Planeten gefegt werden, damit die Menschen wieder erkennen was Freiheit wirklich ist; zu wachsen, sich zu entfalten und um aufzublühen.

Die Erde hat während ihrer mehreren Millionen alten Geschichte schon unzählige Male ähnliche Augenblicke erlebt. Das letzte Mal, als dies geschah, war als die atlantische Zivilisation vor ähnliche Entscheidungen gestellt wurde, die den unsrigen nicht ungleich waren, bevor es im Atlantischen Ozean versank. Dieses Ereignis wird von Hollywood oft als eine Katastrophe die über Nacht geschah dargestellt. Dem halten wir entgegen, dass das Sinken von Atlantis rund 700 000 Jahre dauerte. Wenn wir uns also die Veränderungen der Erde in den kommenden Jahren ansehen, müssen wir uns im Hinterkopf behalten, dass diese Ereignisse schon vor Jahrhunderten begonnen haben und dem Gesetz der schrittweisen Evolution folgen. [2] Nur weil wir gerade vor kurzem davon erfahren haben, bedeutet das nicht, dass unsere Erde von heute auf morgen Implodieren oder Explodieren wird.

Wir stehen nicht vor dem Weltuntergang, weil ein paar furchtbare Prophezeiungen eingetreten sind.

Stattdessen wird die Bevölkerung der Erde stark dezimiert und den Millionen der Überlebenden des

---

[2] Ibid.

kommenden Wandels wird eine zweite Chance gegeben um das Falschgemachte der Vergangenheit richtig zu stellen. Wie weiter oben schon erklärt wurde, beenden wir einen kleinen Kreis innerhalb eines größeren Kreises der Erdenevolution und von einem kosmischen Punkt aus gesehen, ist dies nur eine schwache Periode der Zerstörung und der Reinigung, ein schwaches Pralaya, wie auch immer es von unserem Blickwinkel aussieht.

Wo stehen wir heute?

Vor mehr als 100 hundert Jahren, gründeten Helena P. Blavatsky und Henry Steel Olcott die Theosophische Gesellschaft unter der Leitung von Meister Morya und Kuthumi. Ein Anliegen der Gesellschaft war die Bekanntgabe der Beendigung des Fischezeitalters und das Kommen des Neuen Goldenen Zeitalters des Wassermannes an die östliche und westliche Welt. Ein Prozess der in den 1600er Jahren begann. Aus diesem Grund wurde Madame Blavatsky auch häufig die Mutter des Neuen Zeitalters genannt.

Der große Zyklus der Involution und Evolution[3]

In den 1880igern erschienen eine Reihe von übertragenen Briefen, bekannt als die *Mahatma Briefe an A.P. Sinnet,* in denen Meister Kuthumi und Morya der Theosophischen Gesellschaft ein simples Schema offenbarten, welches den evolutionären Plan für die Monade[4] beinhaltete –

---

[3] Ibid.
[4] Der Monad ist der unsterbliche Funken Gottes, der die Einheit des Schöpfers trägt und niemals im tierischen oder menschlichen Königreich inkarniert und somit als Einzelnes erscheint. Dieser erzeugt das illusionistische Paradox, doch tief im inneren ist das inkarnierte Sein der Funken der

von einem formlosen Geist, welchen wir als Mensch kennen, bis zurück zum Formlosen. Dieser Plan beinhaltet Millionen von Jahren die in sieben Runden unterteilt sind. Jede Runde teilt sich weiter in sieben Subrunden und jede dieser Runden ist weiter in sieben Zyklen (Kreise) unterteilt.

Sieben Runden des Evolutionären Plans

Im folgenden Diagramm 1, ist der Große Kreis (Zyklus) in sieben Runden unterteilt. Der Monad beginnt in Runde I, „fällt" dann stufenweise durch Runde II, III und IV, bevor es dann den Kreis durch Runde V und VII „aufsteigen" lässt. Am Ende des Großen Kreises kehrt der Monad wieder in seinen formlosen Zustand zurück, viel weiser als er es vorher war, da er Millionen von Jahren durch diese mächtige Schule ging.

Jede Runde dauert mindestens 2,5 Milliarden Jahre und involviert verschiedene Planeten bis zum Abschluss mit ein. Zum Beispiel steht die Runde IV unter dem Zeichen der Erde, als Gast des Monads; Runde V untersteht der Venus und so weiter. Nach Millionen Jahren wird die Erde die Runde IV beenden und sich selbst zerstören. Das Gleiche gilt für die Venus wenn sie die Runde V beendet. Nach jeder Selbst-Zerstörung wartet das Monad eine bestimmte Zeit, bevor es in den nächsten Planeten „eincheckt".

Als das Monad auf die Erde „eincheckte", erschuf es seine erste Form, welche sich auf die Seele, den kausalen Körper oder das Höhere Ich bezieht.[5]   Der kausale Körper erforschte dann

---

Einheit.
  [5] Von hier an werden wir diese drei Begriffe abwechselnd

die Materie und verdichtet sich dann weiter zum mentalen, astralen und ätherischen bis letzten Endes zum physischen Körper.

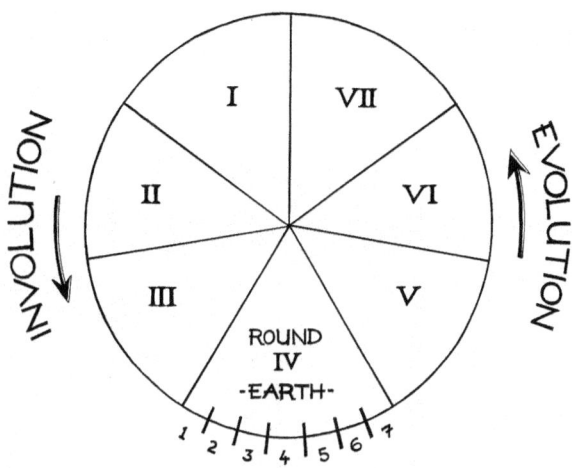

Diagramm 1: Die lange Reise des Monads durch die sieben Runden[6]

Der Meister Morya beschreibt die Reise des Monads durch die sieben Runden wie folgt:

1ste Sub-Runde – Das Monad ist ein ätherisches Geschöpf – unintelligent aber super-spirituell. Während seines Evolutionsprozesses wächst es mehr und mehr zu einem inkarnierten Wesen, bleibt aber immer noch ätherisch. Während dieser Runde nimmt es ungeheuerliche Körper an, die zur groben Umgebung passen. Genau so wie es Tiere

---

verwenden
[6] Der Meister Djwal Khul, dann dein fortgeschrittener Eingeweihter des Meisters Kuthumi zeichnete dieses Diagramm. Wir fügten einige erklärende Anmerkungen bei um es verständlicher zu machen.

und Pflanzen tun.

2te Sub-Runde – (Nach einer Periode von Pralaya,) landet das Monad auf einem anderen Planeten. Seine Form ist immer noch gigantisch und ätherisch, wird aber fester und kondensiert zu einem Körper – in Form eines schon eher physischen Menschen, aber immer noch weniger intelligent als spirituell. Die Entwicklung der gedanklichen Substanz ist eine langsame und eine viel komplexere Entwicklung als die des Physischen Rahmens.

3te Sub-Runde - Auf dem nächsten Planeten ist das Monad nun in eine Art festen, kompakten Körper, zu Beginn in Form eines gigantischen Affens. Mehr intelligent (oder eher schlau) denn spirituell. Im hinunter steigenden Bogen des großen Kreises ist er nun an dem Punkt angelangt, an dem sein ursprünglicher Geist von seiner aufkeimenden Mentalität verdunkelt oder überschattet wird. Während der letzten Hälfte der dritten Runde vermindert sich seine gigantische Statur, sein Körper verbessert seine Struktur und er wird mehr zu einem vernünftigen Wesen – doch immer noch mehr ein Affe als ein Deva Mensch.

4te Sub-Runde und der Planet Erde – Der Intellekt macht hier eine ungeheure Entwicklung durch. Die Rassen der Erde erhalten die menschliche Sprache. Die Sprache wird perfektioniert und das Wissen über die physischen Dinge erhöht sich. In der ersten Hälfte von Runde IV, werden die Wissenschaft, Kunst, Literatur und Philosophie in einer Zivilisation geboren und in einer anderen wird es wiedergeboren. Die Zivilisation und die intellektuelle Entwicklung findet statt, Zyklus um Zyklus. Zur Halbzeit der Runde IV, strotzt die Menschheit vor intellektuellen Aktivitäten, während seine spirituellen (geistigen) Aktivitäten abnehmen. Während der zweiten Hälfte der Runde IV, wird das spirituelle Ego seinen wahren Kampf mit dem Körper und dem Verstand aufnehmen und so seine transzendentalen Kräfte manifestieren.

5te Sub-Runde – Die gleichen Entwicklungen und derselbe Kampf setzt sich fort.

6te Sub-Runde
7te Sub-Runde
Von diesen brauchen wir nicht sprechen. [7]

Runde IV und die Erde

Lasst uns nun auf die Runde IV konzentrieren, welche heute unsere vorrangige Angelegenheit ist. Wie die anderen Runden unterteilt sie sich in sieben Sub-Runden (Unterrunden). Als das Monad mit seinen kausalen Körper durch die Sub-Runden zog, begann es fortgeschrittenere menschliche Formen anzunehmen. Vom Höhlenmenschen bis zu unseren verfeinerten Körpern mit Intellekt den wir heute haben.

Im Moment beenden wir die vierte Sub-Runde der Runde IV (siehe den Pfeil in Diagramm 2), welche an dem unteren Ende des großen Kreises steht und für die dichteste materielle Form steht, die das Monad jemals durchläuft. In anderen Worten: **Wir haben den Grund des großen Kreises erreicht und von nun an ist der einzige Weg der**

---

[7] Ibid., Ergänzende Anmerkungen

nach OBEN!

Aus diesem Grund reden heutzutage auch so viele spirituelle Gruppen von einem Aufstieg; wir haben den Wendepunkt und den Beginn der Aufwärtsbewegung erreicht.

Die Menschheit wird so lange auf der Erde verbleiben, bis wir die letzten drei Sub-Runden der Runde IV beendet haben. Bis zu dieser Zeit werden wir unsere physischen Körper gegen einen ätherischen Körper getauscht haben. Am Ende der Runde IV wird sich die Erde Selbst-Zerstören und wir werden in die Runde V auf einen anderen Planeten wechseln. Die Venus ist im Moment der Planet des Runde V Monads, also dort wo wir Erdlinge uns hinbewegen werden. Tatsächlich kommt der planetare Logos der irdischen Hierarchie, Sanat Kumara, von der Venus und unsere geistige Hierarchie sucht oft Rat bei den Venusianern.

Starke (große) und schwache (kleine) Pralayas: Perioden der Zerstörung und der Ruhe

Starke Pralayas im großen Kreis

Ein starkes Pralaya, oder eine Zeit des Dunklen und der Zerstörung, folgt jeder Runde. Das nächste starke Pralaya kommt von heute aus gesehen erst in ein paar Millionen Jahren, wenn die Runde IV zum Ende kommt. Zu dieser Zeit wird sich die Erde Selbst-Zerstören[8] und wir, die reisenden Monade, werden uns in eine andere Dimension zurückziehen und uns ausruhen, während sich ein neuer Planet auf unseren Besuch vorbereitet.

---

[8] Unser Mond ist einer von vielen sich auflösenden Planeten.

Evolutionäre Schritte in das goldene Zeitalter

Heute reden unzählige religiöse Experten von der „End Zeit", so als ob sich die Erde Selbst-Zerstört wenn sie in ein starkes Pralaya wechselt. Unsere Position ist die, dass sich die Menschheit Millionen von Jahren von diesem Schicksal entfernt befindet. Jedoch, während dieser Millionen von Jahren, muss die Erde durch drei schwache Pralayas inklusive dem das wir gerade durchmachen.

In Diagramm 2 sind die starken Pralayas zwischen den Runden markiert. In Wirklichkeit sollte das starke Pralaya dieselbe Größe wie die Runden haben, denn es heißt, dass die Dauer eines starken Pralayas mit der Dauer seiner Runde gleich zu setzen ist.

Wir zeigen das starke Pralaya nur aus Informationsgründen in dieser Form. Heute ist unsere Hauptangelegenheit das Eintreten in das schwache Pralaya, welches mit dem Pfeil in Diagramm 2 gekennzeichnet ist.

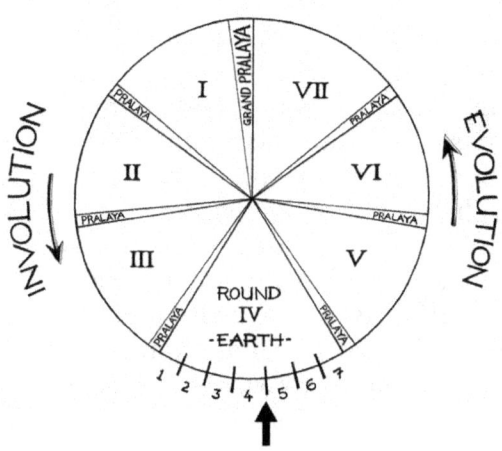

Diagramm 2: Runden, starke und schwache Pralayas

(Der Pfeil zeigt auf das schwache Pralaya an dem wir uns momentan befinden, also am Ende der vierten Sub-Runde)

Schwache Pralayas innerhalb einer Runde

Schwache Pralayas treten zwischen Sub-Runden auf. In Diagramm 2 zeigt der Pfeil auf eine Linie, welche das schwache Pralaya am Ende der vierten Sub-Runde zeigt. An diesen Punkt befinden wir uns heute. Während dieses Pralayas zerstört sich der Planet nicht selbst, aber unterzieht sich einer Reinigung oder einer Änderung des geologischen Gesichtes, während die Überlebenden in sicheren Regionen Zuflucht finden. Zum Ende des Pralayas werden sie in die überbleibenden, neu geschaffenen Regionen aufbrechen.

Dieser Zeitraum, das schwache Pralaya, ist natürlich relativ und hängt vom Blickwinkel ab aus dem man es betrachtet. Von unseren irdischen Blickpunkt aus mag das im Moment während schwache Pralaya katastrophal wirken, mit seinen weitreichenden Überflutungen, dem Sinken und Steigen von Kontinenten welche das Angesicht der Landmassen und das Land/Wasser Verhältnis verändert. Zum Beispiel: Während des letzten schwachen Pralayas zwischen der dritten und vierten Sub-Runde der Runde IV, wurde die Erde Zeuge des Versinkens des Atlantischen Kontinents in den Atlantischen Ozean und das Auftauchen des Nord Amerikanischen Kontinents. Vor diesen schwachen Pralaya, zwischen der zweiten und der dritten Sub-Runde, sank der riesige Lemurische

Kontinent, der sich vom Indischen Subkontinent bis zum Norden von Hawaii im Pazifischen Ozean erstreckte. Die Dauer eines schwachen Pralayas kann variieren. Uns wurde gesagt, wie auch immer, dass der Hierarch des Neuen Goldenen Zeitalters, Meister Sanctus Germanus, der Erde eine zusätzliche Energie zugeteilt hat, um das gegenwärtige schwache Pralaya zu beschleunigen, weil die Erde in ihrer Evolution im Moment hinter dem Zeitplan des kosmischen Kalenders steht und unter dem übermäßigen Einfluss und der Herrschaft der dunklen Mächte und niederen Seelen von niederen Evolutionen steht.

Die Evolution der Wurzel – Rassen während der Runde IV auf Erden

Das Monad tritt nun in sein stärkstes materielles und dichtestes Ausdrucks-Vehikel (Expression) während der Runde IV. Diese physische Form erscheint in Form der sieben aufeinander folgenden Wurzel-Rassen die während der Runde erscheinen. Die sieben Runde IV Wurzel-Rassen liefern das Genmaterial für die physischen Körper, die das sich entwickelnde Monad trägt. Mit jeder aufeinander folgenden Wurzel-Rasse, findet eine schrittweise Verfeinerung des physischen Körpers in Verbindung mit der Entwicklung der Monad-Seele statt.

Jede Wurzel-Rasse zeigt seine Charakteristik durch sieben Sub-Wurzel-Rassen. Zum Beispiel, ist die Hauptcharakteristik unsere fünfte Wurzel-Rassen die Fähigkeit konkret zu denken, da die Intelligenz fest in der Materie enthalten ist. Die fünfte und sechste Sub-Wurzel-Rassen der fünften

Wurzel Rasse sind nun inkarniert.

Der Eintritt und der Abtritt einer Wurzel-Rasse überspringt schwache Pralayas, sodass die Anzahl der Sub-Runden nicht ganz mit denen der Wurzel-Rassen übereinstimmt. (Siehe Diagramm 3) Zum Beispiel, war der Anfang der vierten Wurzel-Rasse in der Mitte der dritten Sub-Runde und bestand bis zur Mitte der vierten Sub-Runde. Unsere, jetzige, fünfte Wurzel-Rasse erschien in der Mitte der vierten Sub-Runde und wird bis zur Mitte der fünften Sub-Runde fortbestehen. Also hängt die Anzahl der Wurzel-Rassen nicht unbedingt mit denen der Sub-Runden zusammen.

Wenn eine Wurzel-Rasse ihren Höhepunkt erreicht, unterbricht gewöhnlich ein schwaches Pralaya seine Entwicklung. Dieses überprüft (checkt) die Exzesse der vorherrschenden Wurzel-Rasse und ermöglicht es ihr, den Weg noch einmal zu gehen und einige ihrer Fehler zu korrigieren. Zu dieser Zeit hat unsere fünfte Wurzel-Rasse ihren Höhepunkt erreicht und das aktuelle schwache Pralaya überprüft seine Entwicklung bevor es weitergeht.

Während eine vorherrschende Wurzel-Rasse in vollem Schwung ist, erscheint die Nächste. Gegenwärtig erscheint die Vorhut der sechsten Wurzel-Rasse, obwohl die fünfte Wurzel-Rasse noch herrschend ist. Diese Inkarnationen werden während und nach dem gegenwärtigen schwachen Pralaya zunehmen. Also findet ein Überlappen von Wurzel-Rassen statt, während die gegenwärtige Wurzel-Rasse zurückgeht.

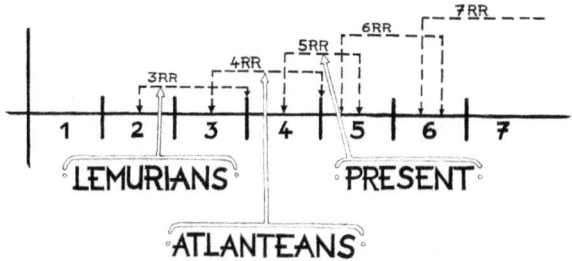

Diagramm 3: Die Wurzel-Rassen und ihr Kommen und Gehen zwischen den Sub-Runden

Die vierte Wurzel-Rasse begann sich in der Mitte der dritten Sub-Runde zu inkarnieren. Dies war die Zivilisation der Atlanter. Sie erreichte ihren Höhepunkt und wurde zur gegebenen Zeit von einem schwachen Pralaya getroffen, welches zwischen der dritten und vierten Sub-Runde auftrat. Während diesem schwachen Pralaya, sank der riesige Kontinent von Atlantis, während der Nord Amerikanische Kontinent auftauchte. Jedoch überlebten Reste der Atlantischen Zivilisation und bestimmte Seelen aus dieser Zeit haben darauf bestanden, in dieser Blütezeit der fünften Wurzel-Rasse zu inkarnieren. Manche von ihnen gehören zu den dunklen Mächten, welche in dem heute währenden schwachen Pralaya vertrieben werden.

Also haben wir heute die Überreste der vierten Wurzel-Rasse, unsere herrschende fünfte Wurzel-Rasse und die kommende sechste Wurzel-Rasse gemeinsam auf der Erde.

Diese kurze Beschreibung, die auf dem Schema basiert welches uns die Meister schon vor einem Jahrhundert gegeben haben, zeigt dass das schwache Pralaya in das wir im Moment eintreten - egal ob wir diese Zeit nun als das Armageddon, Erdenwechsel oder sonst wie bezeichnen - über einen längeren Zeitraum stattfinden wird, meistens über Jahrhunderte. Das weist darauf hin, dass nicht ein abrupter Sprung stattfindet, an dem sich die Erdachse verschiebt. Wenn dieser eintreten sollte geschieht dies in einer evolutionären Geschwindigkeit, also allmählich. In anderen Worten: Wir gehen nicht dem Weltenende entgegen.

Jedoch sollte man die natürlichen und Mensch gemachten Katastrophen welche uns noch bevorstehen nicht hinunterspielen. Dies werden so dramatische Umwälzungen sein welche unsere Wurzel-Rasse noch nicht erlebt hat. Wenn erst die zerstörerische erste Phase des schwachen Pralayas überstanden ist, dürfen wir uns auf die gute Periode der Ruhe freuen, welche einen Teil eines Pralayas darstellt. Es wird während dieser Zeit sein, in der sich das Neue Goldene Zeitalter manifestiert.

Viele die dieses Buch lesen, werden nicht lange genug leben um das Ende der zerstörerischen Phase dieses Pralayas zu sehen, werden aber die ersten Rucks miterleben, in dem das reinigende Wasser Verschmutzungen wegwäscht und dabei große, stark besiedelte Flächen überflutet. Viele werden aber bei der anfänglichen Neu-Gestaltung der menschlichen Gesellschaft mitwirken, welche sich zwischen den Pausen dieser Umwälzungen ereignen werden.

Andere Möglichkeiten das währende Pralaya zu erklären

Ende des Kreises des sechsten Strahls

Eine anderer Möglichkeit unsere derzeitige Periode zu messen, stellen die sieben Strahlen dar. Kenner der esoterischen Literatur kennen diesen Begriff, welcher von Meister Djwal Khul über die Schriften von Alice A. Bailey offenbart wurde. Unser Solarer Logos schickt sieben herrschende Charakteristiken oder Strahlen zu den Planeten unseres Sonnensystems—in Abständen von 2000 Jahren —um somit einen 14 000 Jahres Zyklus zu schaffen.

Diese sieben Energieströme stellen sieben unterschiedliche Schwingungen in der Materie dar, welche alle Dinge bestimmt und durchzieht. Diese Energien können in unendlicher Anzahl kombiniert werden, um der Materie die verschiedenen Formen und Farben zu geben. Auf Erden, obwohl ein jeder Strahl 2000 Jahre lang andauert, ist jeder Strahl ständig vorhanden und wird von einem der Meister der Weisheit der Spirituellen Hierarchie „verwaltet":

Erster Strahl Wille, Entschlossenheit, Macht, Zerstörung

Zweiter Strahl Liebe, Weisheit, Einschluss, Zusammenhang, Magnetismus

Dritter Strahl Aktive Intelligenz, Anpassung, Kreativität

Vierter Strahl Harmonie durch Zwist, Schönheit, Empfindsamkeit, Einheit

Fünfter Strahl Konkrete Weisheit, Wissenschaft, Sinn, Analyse

Sechster Strahl Hingabe, Idealismus, Festhalten, Kraft

Siebter Strahl Ordnung, Zeremonie, Organisation, Gruppe, Magie

Wir beenden nun den 2000 Jahr Zyklus des Sechsten Strahls der Hingabe, des Idealismus, des Festhaltens und der Kraft, manchmal wird sie auch als die Ära des Christentums bezeichnet, doch nun bewegen wir uns in den Siebten Strahlkreis der Ordnung, der Zeremonie, der Organisation, der Gruppe und der Weißen Magie. Der Siebte Strahlenkreis ist auch als Kreis der Synthese bekannt und er kombiniert alle Eigenschaften und Untereigenschaften des Sechsten Strahls. Der Meister Sanctus Germanus steht für den Siebten Strahl, welcher mit seiner Rolle des Hierarchen der Neuen Zeit übereinstimmt.

Das Hauptproblem dieser speziellen Sichtweise unserer momentanen Situation liegt darin, dass sie die Perioden des Aufruhrs zwischen den einzelnen Strahlenperioden nicht richtig erklärt.

Ende eines Sternenjahres (sidereal circle)

Eine andere Möglichkeit unseren Standpunkt zu bestimmen, ist die Lagebestimmung in einem Siderischen Kreis von 25,920 Jahren. Dieser Kreis ist, grob gesagt, die Zeit die die Erde braucht, um alle zwölf Konstellationen vom Widder bis zu Fischezeitalter im Astrologischen Tierkreiszeichen zu passieren. Die Erde braucht um die 2100 Jahre um durch eine Konstellation zu gelangen. Wir sind gerade dabei, die Konstellation von Pisces, die letzte von zwölf, hinter uns zu bringen und einen neuen 25,920 Jahres Zyklus mit einer 2000 Jahr Periode des Wassermannzeitalters zu beginnen.

Neuausrichtung der Erdachse mit seinem ätherischen Doppelgänger

Nun kommen wir zu einer weiteren Möglichkeit den Erdenwandel zu erklären, welcher als der „Sprung" (Shift) bekannt ist. Der esoterische Autor und Journalist Ruth Montgomery führte diesen Begriff in den siebziger Jahren ein.

Der ätherische Doppelgänger der Erde behält seine Position zur Sonne und zum Solaren Logos dieses Sonnensystems ständig bei. Dies bildet einen Anhaltspunkt (reference point), während sich mit der Zeit die Nord-Südpol Achse der physischen Erde neigt und wandert. Wenn die Polachsen der ätherischen und der physischen Erde übereinstimmen, erreicht die Menschheit ihren höchsten Punkt ihrer geistigen Entwicklung. Wenn sie außerhalb dieser Übereinstimmung liegen, sinkt die Menschheit in ein dunkles Zeitalter. Es heißt, dass die Dummheiten der Menschen zu dieser Abweichung der Erdenachse beitragen.

Über den Zeitraum eines 25 000 Jahr Zyklus geschieht es dass die Erde ernsthaft von ihrem ätherischen Doppelgänger abweicht und sich anschließend selbst neu ausrichtet. Oder es kippt die Erdachse von ihrem ätherischen Doppel alle 12

500 Jahre weg und benötigt weitere 12 500 Jahre um wieder in Übereinstimmung mit ihr zu gelangen. Am Punkt der Übereinstimmung, werden kraftvolle Energien der Sonne durch die Erdachse geleitet, welche reinigende Naturkatastrophen verursachen, damit die Erde einen neuen Kreis beginnen kann.

Shamballa, der mystische Sitz der Geistigen Hierarchie, befindet sich am Nordpol der ätherischen Erde. Während des im Moment währenden 25 000 Jahr Zyklus, wurde die Erde so von ihrem ursprünglichen Kurs abgebracht, dass Shamballa nun an einem Punkt über Zentralasien in der Nähe des Himalajas liegt, anstatt unter dem ätherischen Nordpol, wo es hingehört. Wenn also beide Nordpole schließlich in Übereinstimmung sind, befindet sich Shamballa über dem Nordpol der physischen Erde, anstatt in Zentralasien.

Die Erde tritt in der jetzigen Zeit in diese Übereinstimmung mit seinem ätherischen Doppel. Wenn die Achsen der Beiden in Übereinstimmung sind, beginnt das Neue Goldene Zeitalter.

Das Jahr 2012 des *Maya* Kalenders

Ein weiterer Maßstab für das Ende des momentanen Kreises ist die Wintersonnenwende des Jahres 2012. In Übereinstimmung mit der Kosmologie der *Mayas*, bedeutet das Jahr 2012 die Vollendung eines 104 000 Jahre währenden Kreises, welcher wiederum aus den vier Großen Kreisen der *Mayas* zusammengesetzt ist. Viele hysterische Esoteriker des Westens haben dieses Datum quasi beschlagnahmt und predigen Verdammnis und Dunkelheit, obwohl dieses Datum der Mehrheit der Weltbevölkerung praktisch unbekannt ist, inklusive den großen Glaubensgemeinschaften. Astrologisch ausgedrückt, glauben die *Mayas*, dass am oder um den Dezember 2012, die Planeten unseres Sonnensystems in einer Linie zur Sonne stehen werden und die Energie der Sonne wird durch sie geschickt, wie durch einen hellen Stab.

Ein Astronom der *Mayas* sagte, dass an diesem Datum „die Ozeane kochen werden". Ob die Ozeane kochen werden, bleibt abzuwarten, aber wir glauben, dass derartige Ereignisse im Mit-Winter in wesentlich wärmeren Wintern von diesem Datum ab in der nördlichen Hemisphäre stattfinden werden. Dieser Trend ist schon im Gange und Wissenschaftler die das Schmelzen der Polkappen untersuchen, sind über die Geschwindigkeit mit der dieser Vorgang vor sich geht alarmiert. Wir können sicher sein, dass von 2012 beginnend, das Schmelzen schneller und intensiver von statten gehen wird und die Konsequenzen dieser klimatischen Veränderung werden unsere Zivilisation wie wir sie heute kennen grundlegend verändern.

Zusammenfassung

Es gibt eine Zusammenfassung dieser verschiedenen Erklärungen, welche uns darauf hinweisen, dass wir uns am Ende unseres großen Kreises in der kosmologischen Zeit befinden:

1. Das Ende der vierten Sub-Runde, basierend auf dem Schema welches uns die Meister offenbart haben

2. Das Ende der Sechsten Strahl Ära und der Beginn der Siebten Strahl Ära

3. Das Ende des Fischezeitalters, kalkuliert von den westlichen Astrologieexperten, welches von dem Zeitalter des Wassermanns abgelöst wird

4. Die Neu-Ausrichtung der physischen Erde mit seinem ätherischen Doppel

5. Das Ende des *Maya* Kalenders mit dem Jahr 2012

Von vielen Blickwinkeln aus gesehen, erkennen wir, dass wir in eine kritische Periode unserer Evolution treten, welche die Zerstörung des Alten und den Aufgang des Neuen, das Ende eines Kreises und den Anfang des Nächsten mit sich bringt. Wir werden nicht vernichtet werden und das Leben wird danach auch nicht mit dem Versprechen des Neuen Goldenen Zeitalters in naher Reichweite weitergehen.

Alles geschieht zu seiner Zeit und am vorherbestimmten Ort in der Evolution der Runden, anders wäre es selbst für den besten Seher unmöglich, die exakte Stunde und das Jahr zu kalkulieren in dem solche große und kleine Kataklysmen geschehen müssen. Alles was ein Adept einst tun konnte, war eine ungefähre Zeit vorherzubestimmen; wohingegen die jetzigen Geschehnisse, welche sich in großen geologischen Wechseln äußern, mathematisch zuverlässig vorherbestimmt werden können, wie Sonnen-, Mondfinsternissen und andere revolutionären Ereignissen im Weltraum[9].

---

[9] The Master K.H., *The Mahatma Letters to A.P. Sinnett*, Letter 23B Received October, 1882, Adyar, India: Theosophical Publishing House

Kapitel 2
Das Schlachtfeld der astralen Ebene

".... (D)ie astrale Ebene ist die Ebene der Illusion, des Glanzes und einer verzerrten Darstellung der Realität."
[10]*Djwal Khul*

In diesem Kapitel werden wir die esoterischen Grundlagen des jetzigen Wechsels auf Erden besprechen, welcher, beiderseits auf dem menschlichen und dem planetaren Maßstab, eine Widerspiegelung der Agitation auf der astralen Ebene der Erde ist. Weiter unten befindet sich ein Zitat von Meister Djwal Khul. Du bist eingeladen darüber nachzudenken oder es einfach beiseite zu legen wenn du es nicht verstehst oder es nicht akzeptierst. Es ist eine tiefgründige Angabe und die, wenn sie verstanden wird, die Grundlagen liefert für das warum wir durch diesen tiefen menschlichen und physischen Erdenwechsel gehen müssen, mit dem wir konfrontiert sind.

....Hitze und Feuchtigkeit sind bei der Entstehungjeglicher Form des Lebens vorhanden, aber das großeMysterium ......ist wie das Verschmelzen von drei (kosmischen) Flammen Feuchtigkeit und das Element Wasser erzeugen kann. Dieses Problem und Phänomen macht die Basis der Großen Illusion aus, auf jene die alten Bücher hinweisen; durch diese

---

[10] Bailey, Alice A. *A Treatise on White Magic*, (New York: Lucis Publishing Company, 1934) p. 222.

Kombination wird das alles einhüllende *maya* erschaffen. In Wirklichkeit gibt es so etwas wie Wasser nicht; die Wassersphäre, die astrale Ebene, ist ...... ein trügerischer Eindruck und hat keine reale Existenz. Doch - in Zeit und Raum und um für das zeugende Bewusstsein verständlich zu sein – ist es real als das was es versteckt und verbirgt zu sein. [11]

Die Erde ist der einzige Planet unseres Sonnensystems auf den Wasser so eine große Rolle spielt. 71 Prozent seiner Oberfläche ist von Wasser bedeckt und viel von den 29 Prozent Festland, gemessen an den Kontinentalplatten, liegt unter dem Wasser.

Das Gewicht des physischen Körpers besteht bei einigen Organismen aus bis zu 90 Prozent Wasser. Der menschliche Körper besteht zu 60 Prozent aus Wasser, das Gehirn aus 70 Prozent und die Lungen nahezu aus 90 Prozent. Ungefähr 83 Prozent unseres Blutes besteht aus Wasser, was uns hilft die Nahrung zu verdauen, Abfallstoffe zu transportieren und die Temperatur zu regulieren. Jeden Tag muss ein Mensch 2,4 Liter an Wasser durch trinken und den Rest durch das Essen von Nahrung ergänzen.

Esoterisch ausgedrückt, reflektiert Wasser den Äther der Astralen Ebene. Die Vorherrschaft des Wassers auf der physischen Ebene der Erde, spiegelt den Einfluss der astralen Ebene auf das heutige menschliche Leben wieder. Wie wir sehen werden, wird Wasser im Erdenwechsel eine entscheidende Rolle spielen und wiederspiegeln was auf der astralen Ebene vor sich geht.

---

[11] Ibid., p. 612

Wo ist die astrale Ebene der Erde?

Wir verbringen alle fast ein drittel unseres täglichen Lebens auf der astralen Ebene. Während unserer Schlafenszeit reist das meiste von uns in unseren astralen Körpern in der Astralebene, um mit Freunden und Kollegen zu arbeiten oder zu lernen. Die meisten von uns kehren auf die physische Ebene zurück und haben nur mehr wenig oder gar keine Erinnerung mehr an diese nächtliche Reise. Wenige können jedoch mit vollen Wissen ihrer Träume, die manchmal wie ein Rätsel sind oder aber meist symbolisch verschlüsselt sind aufwachen.

Im Moment des Todes lösen wir uns von unseren physischen und ätherischen Körpern, verlassen den astralen Körper der sich den Weg nach oben durch die sieben Sub-Ebenen des Astralen bahnt. Wie lange wir uns auf der astralen Ebene aufhalten hängt von unserem vergangenen Leben auf Erden und unserer geistigen Entwicklung ab. So ist das Astrale von „den Guten, den Bösen und den Hässlichen" bewohnt.

Die folgende Illustration zeigt die fünf Ebenen oder Formkörper der Erde – die Physische, Ätherische, Astrale, Mentale und die Kausale. Die astrale Ebene ist eine der Fünf. Diese sind identisch mit den fünf Körpern des Menschen, die Illustration zeigt also die Ähnlichkeit zwischen unseren Körpern und den der Erde. (Es gibt noch zwei höhere Ebenen, die der Buddhic und der Nirvanic, welche den Planeten und die Menschheit mit den großen kosmischen Kräften verbindet welche nicht in dieser Illustration gezeigt werden.)

Die astrale Ebene der Erde liegt über der physischen und der ätherische Erdenebene und sie erstreckt sich fast bis zur halben Monddistanz. [12] Andere Quellen behaupten, dass die astrale Ebene der Erde rund 10 000 Fuß dick ist. [13]

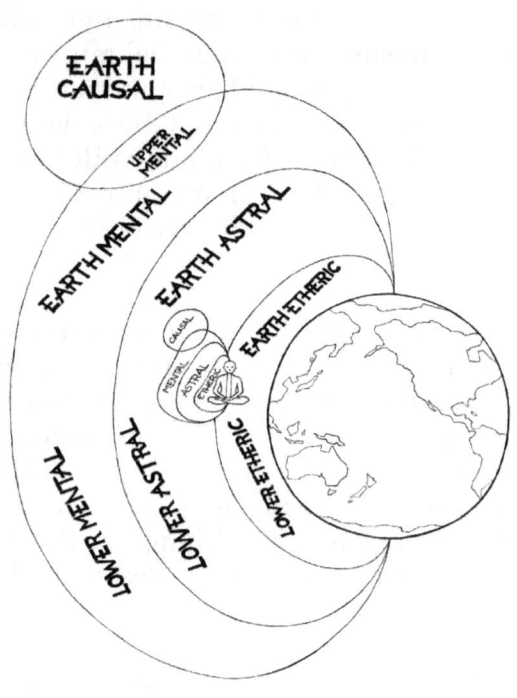

Diagramm 4. Die Gemeinsamkeit der fünf Form-Körper der Erde und der des Menschen

Die astrale Ebene ist in sieben Sub-Ebenen unterteilt und jede Sub-Ebene besteht aus immer feiner werdenden Materie, welche sich von der

---

[12] Leadbeater, C.W. The Inner Life, vol. 1, Theosophical Society Publisher, 1910, p. 353.
[13] Innocenti, Geraldine, Bridge to Freedom Collection of Channelings, 1953.

ätherischen zu der siebenten astralen Sub-Ebene hinauf geht. Diese fortschreitend immer feiner werdenden Schichten von ätherischer Materie überlappen sich gegenseitig, so dass es keine klare Trennung zwischen diesen Sub-Ebenen gibt. Dennoch beheimatet jede Sub-Ebene verschiedene Populationen von astralen Wesenheiten und stellt ein ganzes Konglomerat an Ideen und Denkformen dar, mit Gliederungen und Institutionen der gleichen Schwingung. Die Sub-Ebene die der physischen Erde am nächsten ist, ist der Erde auf der wir leben ziemlich ebenbürtig, während auf der höheren astralen Sub-Ebene Leben existieren die zunehmend ätherisch und spirituell sind, bis sie ihren astralen Körper verlassen und in die mentale Ebene übergehen.

Diese Typen von Astralkörpern welche die astrale Ebene bewohnen und sie durchreisen sind nicht wild durchgemischt wie auf der Erde, sondern jede Sub-Ebene beheimatet Astralkörper mit der gleichen Schwingung. Man kann sagen, dass das niederste menschliche kriminelle Element, das in die astrale Welt überwechselt, in der niedersten Sub-Ebene hängen bleibt, bis die jeweilige Seele zur Erlösung strebt. Andere die ihr Leben vorbildlich geführt haben, gruppieren sich auf der nächst höheren Sub-Ebene und so weiter. Das kosmische Gesetz der Anziehung wirkt also auf der astralen Ebene sehr stark.

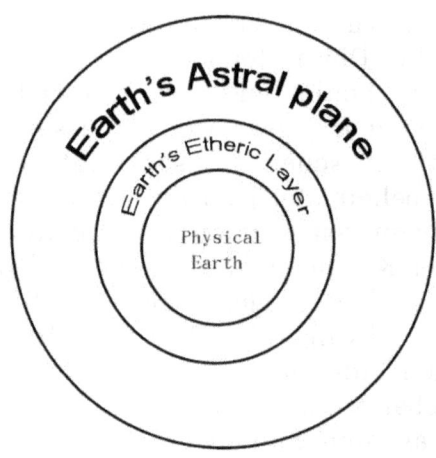

Diagramm 5: Die astralen Ebenen der Erde

Die Äther der astralen Ebene sind wie Flüssigkeit, was die nahe Verbindung zum Wasser der irdischen Ebene erklärt. Was auch die Tatsache erklärt, dass sie Untertan der konstanten Ebbe und Flut der Wünsche, Veränderungen und Launen der Bewohner der geistigen Welt sind, insbesondere der der niederen labileren Sub-Ebene in der Nähe der Erde. Die unaufhörlichen Krisen und emotionalen Schwingungen welche die irdische Ebene überfluten, spiegeln die Bewegung wieder und lassen astrale Flüssigkeit abtropfen.

Vor mehr als fünfzig Jahren begannen die Esoteriker ernsthaft die astrale Ebene und seinen Einfluss auf die Menschheit zu studieren und zu analysieren. Es bedarf noch viel Forschung und Beobachtungen auf diesem wichtigen Aspekt des Erdenlebens, besonders wegen ihrer wehmütigen Veränderlichkeit und ihrer vielfältigen Mutationen.

Jedoch trifft der Beginn vom Ende der vierten Sub-Runde der Runde IV mit dem 20 Jahrhundert, mit seinen unaufhörlichen Kriegen, den Massenmedien und dem Informations- Zeitalter zusammen. Dieses verhältnismäßige junge Phänomen hat die Natur des Astralen einschneidend verändert, seitdem es die Alten und die jüngere Esoterik es beobachten.

Die Erscheinung der astralen Ebene, wenn es zum ersten mal vollständig vom „geöffneten Auge" des Anwärters *gesehen* wird, besteht aus dichtem Nebel, Verwirrung, wechselnden Formen, sich durchdringenden und vermischten Farben und aus einer solchen kaleidoskopischen Erscheinung, dass die Hoffnungslosigkeit des Unternehmens erdrückend erscheint. Es ist nicht Licht, sternig oder klar. Es ist scheinbar eine undurchdringliche Unordnung, es ist das Zusammentreffen von Erdkräften (ground forces). [14]

In Wirklichkeit hat der wahre Kampf zwischen den Kräften des Lichts und der Dunkelheit auf der astralen Ebene schon stattgefunden und es ist nun an der Zeit, dass er auf der Erde ausgeführt wird. Wir werden sehen, dass der hartnäckige Widerstand der dunklen Mächte, den sie auf der irdischen Ebene leisten, seine Wurzeln in der Herrschaft über die niederen Sub-Ebenen des Astralen haben.

Der jetzige Zustand der irdischen astral Ebene

Die ungewöhnlichen Ereignisse des zwanzigsten Jahrhunderts haben die niedere Sub-Ebene der astralen Ebene stark verschmutzt, was einen dicken Schleier von verdorbener astraler Materie formte,

---

[14] Bailey, Alice A., *A Treatise on White Magic*, (New York: Lucis Publishing Company), p. 221

welche reine Denkformen von höheren Dimensionen färben. Weiter unten werden wir zeigen aus was sich diese Barriere zusammensetzt und wie sie in den letzten 50 Jahren gewachsen ist.

Die gespeicherte menschliche Geschichte: Aufzeichnungen des astralen Lichts

Die astrale Ebene speichert seine Version der menschlichen Geschichte vom Blickpunkt der menschlichen Emotionen aus: Aus dem Blickpunkt des Individuums, der Gruppen- und der nationalen Bestrebungen, Beweggründe, Wünsche und Gefühle. Dies wird die Akasha Chronik der emotionalen Geschichte der Menschen genannt. Alle menschlichen Erfindungen – wie Kunst, Literatur, Musik, das was moderne Soziologen „Kultur" und „Zivilisation" nennen, die Ängste, Vergnügen und Qualen, seine filmischen Darstellungen, sexuellen Lüste, Liebeleien und Hass, Qual und Ekstase, Ungleichheiten, politische Kriege, emotionale Schwingungen von Massenmeinungen, verschiedene Bestrebungen (Wirtschaftlich, Macht oder Religions bezogen), Eifersucht, Aggressionen etc. – und alles andere was die emotionale Natur der menschlichen Existenz ausmacht, ist in den Annalen der astralen Ebene gespeichert. Während die mentale Ebene alles logische und rationale Denken speichert, hält die astrale Ebene alle Denkformen fest, die aus Wünschen und Emotionen wachsen. Zum Beispiel kann ein Modetrend die Erde überschwemmen und jedermann beginnt Jeans zu tragen. Oder ein charismatischer Führer organisiert Massenkundgebungen um die Menschen aufzurütteln um zu rebellieren oder um Krieg gegen ihre Nachbarn zu führen. Massenhass der Nationen gegeneinander aufhetzt, ein Fußballteam gegen das gegnerische, eine Religion gegen die Andere – all das wird auf der astralen Ebene gespeichert.

Die emotionale Geschichte jedes Individuums – wie Wünsche, Launen, Ängste, Hass, Liebeleien, etc. – steuert etwas zu der Masse bei, die auf der astralen Ebene gespeichert wird und zwar durch die Verbindung des menschlichen Astral Körpers mit dem der Erde.

Für gewöhnlich wirken die Emotionen welche die astrale Ebene aufblähen auf das individuelle Verhalten ein. Oftmals ohne dass man es bewusst bemerkt wird.

Dadurch haben wir die nationalen Charakteristiken und Bestrebungen welche unser Verhalten formen. Das Selbe gilt natürlich auch umgekehrt.

Denken in der Welt von heute

Viel der mentalen Aktivität die heute auf der irdischen Ebene stattfindet ist astraler Natur. Dies geschieht durch die Sättigung des menschlichen Geistes durch Millionen von erdichteten Darstellungen, welche an fiktive Charaktere und Handlungen glauben lässt, die Verdrehung von Tatsachen betreibt, und vor allem durch die Propaganda der Medien welche durch das zeigen von sensationellen und schockierenden Ereignissen unserer täglichen Nachrichten und TV Programme dominieren.

Durch den Informationsboom entstanden Tonnen von fiktiven Büchern, Magazinen, Comics und

Boulevardblätter die nur dazu da sind Emotionen zu erzeugen. Kino, Fernsehen und andere audiovisuelle Medien verbreiten solche erfundenen Märchen an eine immer aufstrebende Menschheit auf allen Stufen der Empfänglichkeit.

Man kann dem entgegenstellen, dass gleich ob das Denken der Wahrheit entspricht oder erfunden ist, dass es alles das Selbe ist. Da es Teil des *Maya*, oder der Illusion, der physischen und astralen Ebenen ist. Jedoch ist viel vom heutigen Denken auf eine Stufe der Unter-Haltung und der Belustigung gefallen, während die ernsthaften Betrachtungs- und Denkweisen der mentalen Ebene Platz für die Erschaffung von fiktiven, tragischen und emotionsgeladene Umständen gemacht hat. Es scheint, als ob alles was in den Medien läuft einen „Gefühls Hacken" braucht um sich zu verkaufen oder um die Aufmerksamkeit des Konsumenten zu erregen. Große Denker und feines Denken wurden auf eine kleine Minderheit gestutzt, als das Brüllen der Medien ihre Stimmen verstummen lies.

Die Massenmedien und das Informationszeitalter des zwanzigstenJahrhunderts

Die Massenmedien – Zeitungen, Magazine, Filme, Radio, Fernsehen, Internetz, Reklame, Bücher, CDs, DVDs, Videos, Computer Spiele und andere – transportieren astrale Denkformen zu den Massen. Die Propaganda der Regierungen, politische Vorstellungen für die Massen, Pop Musik, erdichtete Geschichten, Literatur, Sportserien und Modetrends, Filme, der ständig andauernde Klatsch und Tratsch über Filmsterne und Prominente und dergleichen nehmen zuerst in der astralen Ebene Form an bevor sie sich auf der

Erde manifestieren. Unterstützt durch Vervielfältigungsapparaten wie Photokopierer, Aufnahmegeräte, Video- und Digitalkameras so wie Computersoftware multiplizieren diese Gedankenformen um ein Vielfaches und klopfen es in das Hirn der Menschen bis sie in das Unterbewusstsein (astrale) und das Bewusstsein eindringen und voll durchtränken.

Die Denkformen der Massenmedien stammen von der astralen Ebene und kehren auch dorthin zurück. Das konstante astrale Geschnatter von Radio, TV, Internetz und Filmen formt und beeinflusst das Denken der Menschheit beispiellos. Dies sehen wir als die Rundfunkmacht des hydraköpfigen Biestes der biblischen Offenbarung.

Unser Wirtschaftssystem nährt das Verlangen der astralen Ebene

"Die ganze moderne Wirtschaftssituation entspringt der astralen Natur; es ist das Ergebnis des Verlangens und des egoistischen Gebrauchs der materiellen Kräfte." [15]

Beginnend von der Erschaffung der materiellen Wünsche durch die Gedankenmanipulation der Werbung, sehen wir wie Millionen von Meerkontainer an Ladung mit Spielzeug, Geräten, Werkzeug, Kleidung, Autos, Möbel, medizinische Ausrüstung etc. von einem Ende der Welt zum anderen gebracht wird, um die Verlangen der Menschen in riesigen Einkaufszentren und Geschäften überall auf der Welt zu befriedigen. Riesige Schiffladungen von Rohmaterial mit Holz,

---

[15] Ibid., 225

Metall, Plastik, landwirtschaftliche Waren, werden gekauft und verkauft, damit Fabriken weltweit produzieren können, um jeden Wunsch und jedes Verlangen zu stillen.

Wenige können sich diesem heftigen Angriff von aufgedrängtem Verlangen erwehren, welche schließlich in unsere emotionalen oder astralen Körper entweder direkt oder durch das Massen-Bewusstsein gebrannt werden. Rechne hierzu noch den Fluss von Trillionen in Banktransfers und Bargeld dazu um diese Wünsche zu befrieden und wir haben einen globalen Wirbelwind des irdischen Handels um die Wünsche des Astralen zu nähren. Alle Waren, Dienstleistungen und Geldwechsel haben einen Doppelgänger in der astralen Ebene, so dass die astrale Ebene wie nie zuvor mit manipulierten Verlangen und materieller Befriedigung – oder Unbefriedigung – gefüllt ist.

Massenkriege im 20ten und 21ten Jahrhundert füllen die astrale Ebene mit ihren Blutbädern

Die menschlichen Blutbäder während des zwanzigsten Jahrhunderts sind ohne Gleichen. Die zwei Weltkriege, stalinistische und maoistische Säuberungsaktionen, Revolutionen, Kriege und Entvölkerungen, regionale Konflikte und Genozide inklusive dem koreanischen und vietnamesischen Krieg, Massenmorde in Bosnien, Kambodscha, Kongo, Sri Lanka, Indien-Pakistan, Somalia, der mittlere Osten und so viele Andere, haben die astrale Ebene mit so vielen astralen Hüllen von Toten überbevölkert.

Wie vorhin bereits erklärt wurde, streift eine Person die stirbt ihren physischen und ätherischen

Körper ab, doch der astrale Körper lebt auf der astralen Ebene fort. Ist die Seele gewillt auf die mentale Ebene zu gehen, so verläst die Seele den astralen Körper und geht weiter, bis zu dem Punkt an dem der astrale Körper durch einen zweiten Tod geht, bei dem sie eine astrale Hülle hinterlässt die sich langsam auflöst.

Wenn die Seele nicht fortschreiten oder sich nicht weiter entwickeln will, so wie des bei kriminellen Elementen und niederen Menschentypen der Fall ist, so verweilt der jeweilige astrale Körper auf den niederen Sub-Ebenen entsprechend der Entwicklungsstufe der Person. Alle ähnlichen Schwingungen sammeln sich zusammen und viele der niederen Elemente langweilen sich mit den Gleichgesinnten und suchen folglich bösartiges Vergnügen und Abenteuer auf der irdischen Ebene.

Die Gewalt des zwanzigsten Jahrhunderts, geprägt durch das Massensterben von Millionen, hat die niederen astralen Sub-Ebenen mit astralen Hüllen und Gestalten gefüllt, was sie undurchdringlich wie nie zuvor gemacht hat. Bis zu dem Punkt, an dem die feinen Essenzen die normalerweise von den höheren spirituellen Dimensionen zur Menschheit kommen, blockiert werden.

So bevölkert, begann die astrale Ebene allmählich selbst zu Leben. Astrale Hüllen von schon längst gegangenen Körpern, sogar noch aus der Lemurischen Zeit, jagen nach Energie von der physischen Ebene um ihre sichere Auflösung aufzuschieben. Die astrale Ebene ist so geladen, dass man 150 pfund pro quadrat Zoll zum normalen Luftdruck von 14.7 pfund pro quadrat Zoll hinzu rechnen muss. [16] Ist es da noch ein Wunder, dass wir uns jeden Tag so fühlen als ob wir eine riesige Last mit uns tragen?

Wie wir später besprechen werden, sind die dunklen Mächte in der Lage, diese Horden der astralen Hüllen wieder zu beleben, sie für sie zu rekrutieren und astrale Wesen von niederen Entwicklungsstufen für ihre eigenen Zwecke zu gebrauchen.

Der Vampir Effekt: Totes reden (Talking Dead) und Wiederbelebung

Astrale Hüllen sind seelenlos und können deshalb ihre Lebensenergie nicht von ihren eigenen Seelen beziehen, so wie es normalerweise der Fall ist. Stattdessen agieren sie als Energieparasiten. Sie sind auf die Menschheit angewiesen um sich selbst zu erhalten. Sie beziehen ihre Energie von Massenveranstaltungen wie Sportereignisse, religiösen Versammlungen, Fundamentalisten Ansammlungen, Kriege und von allen anderen Massenspektakeln die in dem Ausschütten von Gefühlen wie Hass oder Liebe enden.

In einzelnen Fällen besetzen sie Menschen die nicht vor dieser zusätzlichen Last gefeit sind. Viele astrale Hüllen halten ungelöste Muster fest, wie Alkoholismus, Drogen oder Nikotinabhängigkeiten, etc. und ziehen bösartigerweise die gleichen Erfahrungen in physische Körper auf der Erdenebene – eine Form des Affen-auf-dem-Rücken Syndroms.

---

[16] Archangel Michael's Discourse, *The Seven Beloved Archangels Speak*, Bridge to Freedom, Inc, 1954

Durch solche parasitären Beziehungen hat die astrale Ebene eine Art selbständiges Leben begonnen. Es hat *Selbst-Interesse* für die Hüllen entwickelt, die erkannten, dass sie auf dem Weg des Auflösens sind und eine Energiequelle benötigen um sich selbst zu erhalten. Sie können diese Quelle quantitativ oder qualitativ anzapfen, indem sie die Menschen auf der physischen Ebene festhalten.

Astrale Wesen, verzweifelt um sich selbst zu erhalten, in anderen Worten um am „Leben" zu bleiben, haben viele Wege gefunden um mit der physischen Ebene zu kommunizieren um die nötige Energie wie ein Vampir von seinem Opfer das Blut abzuziehen. Deswegen wuchs die physische Menschheit der Erde, als die Population der astralen Hüllen wuchs, mit weil sich die astrale Ebene selbst erhalten muss.

Ein weiteres Mittel wie dies möglich ist, ist die Besetzung von individuellen Wesen und Organisationen, um Massenveranstaltungen, Versammlungen, Treffen, Konflikte und Kriege – was auch immer benötigt wird um die astrale Population zu ernähren und zu erhalten - zu organisieren. Astrale Hüllen aus niederen astralen Sub-Ebenen, die Bauern der dunklen Mächte, hängen sich an Individuen und besetzen diese um sie zu dunklen Taten zu zwingen die ihnen aufgetragen werden.

Gleichzeitig erhalten sich Wesenheiten von höheren Sub-Ebenen der astralen Ebene, astrale Hüllen und Denkformen von früheren Erleuchteten und inspirierten Individuen durch die Bindung an religiöse Organisationen mit guten Absichten wie

New Age Meditationsgruppen. Oder sie erhalten sich selbst indem sie sich als Gurus oder Berater von „spirituellen" Reichen ausgeben. Viel von dem was diese Hüllen den Menschen sagen oder lehren ist eine Wiederholung von dem was diese Menschen zu ihrer inkarnierten Zeit gelehrt haben. Im Gegensatz zu den aus den niederen astralen Sub-Ebenen haben viele dieser Lehren gute Absichten, auch wenn sie nicht von den höchsten Quellen der Weisheit stammen.

So ist die parasitäre Natur der astralen Hüllen beiderseits gut und schlecht, jedoch in ihrer geistigen Entwicklung nicht weiter entwickelt als die der irdischen Ebene. Aus diesem Grund kann eine parasitäre astrale Beziehung heilig erscheinen, wobei sie in Wirklichkeit jedoch niederer Ordnung ist. Solche parasitären Beziehungen sind den Launen und emotionalen Schwingungen der astralen Ebene unterlegen.

Extra-Terrestrische fördern die dunkle Hierarchie auf der astralen Ebene

Es wird nicht überraschen zu hören, dass die astrale Ebene das primäre Werkzeug der dunklen Mächte geworden ist, um das Denken auf der irdischen Ebene zu manipulieren. In den äußeren Bereichen unserer Atmosphäre schweben extra-terrestrische Kräfte in der Hoffnung von dem Chaos dieses Pralayas zu profitieren um ihr Regime auf der Erde errichten zu können. Sie haben sich sogar mit bestimmten irdischen Regierungen zusammengeschlossen, jedoch verbietet das kosmische Gesetz weiterhin ihren Eintritt in die irdische Ebene. Um Zugang zur Erde zu erlangen, haben sie stattdessen gelernt die Bewohner der astralen Ebene zu nutzen, welche wiederum die Menschheit auf der Erde beeinflussen.

Agenten der dunklen Mächte sind in getarnter Form in den niederen Sub-Ebenen des Astralen sesshaft geworden. Sie haben kein Interesse daran in höhere Sub-Ebenen aufzusteigen oder sich selbst zu erlösen und hängen in dieser Situation fest. Folglich haben sie keine Lebensquelle und versuchen durch Reinkarnationen, Inbesitznahmen und durch das Beeinflussen von großen Gruppen zu überleben.

Die dunklen Extra-terrestrischen sind sogar irgendwie in der Lage, elektronische Technologien zu nutzen um diese astralen Hüllen und Körper zu energetisieren. Um damit die menschliche Psyche anzustiften damit sie Gruppen bilden und Massenveranstaltungen auf der irdischen Ebene planen – alles um die benötigte Energie für ihr Überleben zu erschaffen. Wir vermuten sogar, dass sie die Mittel haben diesen astralen Hüllen das Reinkarnieren in fleischliche Körper zu ermöglichen, was die große Zahl der seelenlosen Humanoiden die unter dem Einfluss der dunklen Mächte auf der Erde wandeln erklärt.

Die New Age Bewegung wurde durch die astrale Ebene übernommen

Während immer mehr der neuen Generation auf der Erde ihre psychischen Fähigkeiten die benötigt werden um mit den anderen Ebenen zu kommunizieren zeigen, fallen viele dieser untrainierten und unerzogenen Psychen oder Medien astralen Wesenheiten zum Opfer, die sich als Meister oder als Engel tarnen, die über verschiedene politische und spirituelle Themen reden. Dies war eine große Quelle von astralen Geschwätz (chatter), welche Informationen von einer niederen und schwatzhaften Natur weitergibt die ihre Empfänger rasch und massenweise über e-post und Internetz erreicht. Jedes Gefühl dass sie fähig sind durch diese Nachrichten zu erzeugen, gibt ihnen zusätzliche Energie und ihre Tentakeln greifen aggressiv immer stärker in den Mittelpunkt der Menschheit während sie ihrem Ende entgegen gehen.

Die New Age Bewegung, sich stark vermehrende Ashrams und religiöse Gruppen bieten den ET´s und astralen Hüllen die sich als verstorbene Heilige oder Yogis ausgeben, bereitwillig Zugang und Mitgefühl. Astrale Wesenheiten und Hüllen channeln „Botschaften von höheren Reichen" durch ungeschulte Psychen um große Gefolgschaften oder Ashrams zu erschaffen, die ihnen als Energiequellen dienen. Besonders ergebene Gruppen mit blinden Glaubensangehörigen sind besonders anfällig für diese Manipulation durch falsche Interpretationen von spirituellen Lehren, was sie zu Fanatismus aufstachelt und was wiederum Emotionen ausschüttet. So muss wohl der Trauerzug der Papstleiche durch die Massen, der viel Kummer ausgelöst hat, für die astralen Hüllen wohl ein Festmahl gewesen sein.

Der Aufstieg der dunklen Hierarchie mit Hilfe astraler Wesen

Extraterrestrische Kräfte die sich im Umkreis der Erde befinden, haben eine dunkle Hierarchie aufgebaut, welche die rechtmäßige planetare spirituelle Hierarchie nachahmt. Diese Hierarchie beinhaltet auch Nachahmungen von Meistern wie Sanctus Germanus, El Morya, Kuthumi und andere die durch die New Age Bewegung bekannt wurden. Diese Nachahmer sprechen durch ungeschulte New Age Psychen und Medien. Einige fordern ihr Publikum sogar offenkundig auf ihnen durch chanten oder durch spezielle Sitzpositionen Energie zu geben.

Sogar heute noch gibt es Gruppen die versucht haben die Séance Techniken des 19ten Jahrhunderts wieder aufleben zu lassen Diese haben somit der dunklen Hierarchie eine Möglichkeit gegeben sich selbst zu verkörpern und mit der irdischen Ebene zu kommunizieren. Durch Ektoplasma das von den ausgesuchten Medien bezogen wird, konnten sich diese astrale Hüllen in den Séancen sichtbar oder hörbar machen. Ihr Zugang zu den Aufzeichnungen des Lichts ermöglicht sie die Séance Teilnehmer mit Fakten aus ihrem Leben zu beeindrucken. Weiters sind ihre spirituellen Lehren gewöhnlich nur Nachahmungen des uralten Wissens.

Durch die Geschehnisse des zwanzigsten Jahrhunderts und seine technologischen Innovationen, wurden die niederen Sub-Ebenen des Astralen dunkle und finsterere Orte aus negativer Energie, die sich mit der ätherischen Ebene der Erde schneiden. Was für eine bedeutend lange Zeitdauer den Fluss der *Prana Energie* der Sonne behindert hat. Der allgemeine schlechte Gesundheitsstand auf der irdischen Ebene ist nur eine Folgeerscheinung dessen. Am meisten dadurch weil von diese Ebene die emotionalen Beeinflussungen auf die Menschen ausgeübt werden. Das Individuum wie die Massen schwanken so von einem Extrem ins andere. Genau so wie das Wetter eine ruhige See in einen wilden Wellengang versetzen kann.

Reinigung der Astralen Ebene

Wir haben das Wichtigste über den jetzigen Zustand der astralen Ebene nun beschrieben um darzulegen warum die spirituelle Hierarchie und große kosmische Kräfte, als Teil des jetzigen Pralayas, zusammengekommen sind um diese zu reinigen. Die Menschheit als Erschöpfer dieser astralen Ebene hat weder den Willen noch die Kraft dazu sie alleine zu reinigen.

Die kosmischen Kräfte haben nun die Zügel in die Hand genommen und ein unumkehrbarer Reinigungsprozess hat begonnen. Zwei Sorten von kosmischen Kräften sind involviert: Die erste besteht aus dem Einfliesen von feineren ätherischen Energien von der irdischen mentalen und kausalen Ebene, welche auf die niederen astralen, ätherischen und physischen Ebenen fließt. Dies sind weibliche Energien[17], welche die vorherrschenden männlichen Energien ausgleichen. Die zweite ist mehr eine allgemeine Reinigung aller irdischen Körper, während unser Solarsystem in das Photonenband unserer Galaxie tritt.

Diese beiden großen kosmischen Kräfte beeinflussen alle Ebenen und wir bemerken ihre

---

[17] Diese ist nicht mit den Energien des weiblichen Geschlechts zu verwechseln. Weibliche Energien sind eine Art von kosmischer Energie, welche die andere Art, die maskulinen Energien, ausgleichen.

Effekte am meisten auf der physischen, ätherischen und astralen Ebene. Da sie von einer höheren Schwingung stammen, lösen sie wenn sie die nieder schwingenden Ebenen berühren die Tumulte aus die wir im Moment zu spüren bekommen bevor wir ihre wohltuende Wirkung fühlen. Dies sind die Kräfte die hinter dem großen kosmischen Filterungsprozess stehen der als Armageddon besser bekannt ist (siehe Band 1).

Einige Individuen haben es aber durch Meditation und Reinigung geschafft sich einen Weg durch die zähe astrale Materie zu bahnen und mit ihrem höheren mentalen und kausalen Ebenen Kontakt aufzunehmen. Durch zustande bringen dieses Kontaktes haben sie die Wirkungen der astralen Ebene überwunden und können dadurch während des tumulten Reinigungsprozesses über den Dingen stehen.

Herabfließen von feinen femininen ätherischen Energien

In Übereinstimmung mit dem Zeitpunkt des jetzigen Pralayas, haben die Großen der Spirituellen Hierarchie sich entschieden feinere ätherische Materie von der mentalen und kausalen Ebene auf die astrale Ebene fließen zu lassen. Dies ist nur ein Teil der Befreiung die durch Sanctus Germanus für die Menschheit erreicht wurde. Diese Energien beinhalten die femininen Eigenschaften die benötigt werden um das Gleichgewicht mit den über-maskulinen Energien, welche die irdische Ebene erfüllen, wieder herzustellen. Während die feineren ätherischen Energien über die dichteren Energien der mentalen, astralen, ätherischen und physischen Ebenen herabkommen, bewirkt es einen natürlichen Reinigungseffekt, und das Grobe weicht dem Feineren. Es hat weiters einen starken Heilungseffekt auf die Erdenbevölkerung und es wird eine Überarbeitung der Wissenschaft und des Wissens nötig sein um dies zu verstehen. Dieser Heilungseffekt hat viel zu den Heilmethoden der New Age Bewegung beigetragen.

Während diese feineren Energien sich weiterhin in die oberen Sub-Ebenen der astralen Ebene ausdehnen, werden sie die Vorraussetzungen für die höhere Entwicklung von Kunst, Gefühlen und Wünschen schaffen, welche sich während des Neuen Goldenen Zeitalters weiter entwickeln werden. Das fortwährende Herabfließen dieser feineren Energien in die niederen astralen Sub-Ebenen wird große Unruhen hervorrufen, wenn es mit den dichteren Energien in Konflikt gerät. Der Haupteffekt wird sein, dass die astralen Hüllen und Wesen mit einem niederen Entwicklungsgrad verrückt werden, was auf der Erde als der allgemeine Wahnsinn der heutigen Zeit projiziert und wiedergespiegelt wird.

Speziell wenn die feinen Energien die niederen Sub-Ebenen berühren, werden die dort wohnenden astralen Hüllen und Körper ihre Auflösung voraussahnen, da das Niedere dem Höheren weicht. Die feinen Energien werden die Verschlechterung der wohnhaften astralen Hüllen natürlich beschleunigen und diese in ihren ursprünglichen atomischen oder subatomischen Zustand zerlegen. Diese Wesenheiten werden auf jeden Fall nicht ohne kräftige und verzweifelte Stöße das Leben aushauchen und jeder Stoß wird sich mit Gewaltausbrüchen oder plötzlichen Wahnsinn auf der Erde bemerkbar machen.

Die große Hoffnung jedoch ist: Gleichgültig wie gewalttätig der Kampf auch sein mag, diese astralen Wesenheiten werden schlussendlich entwurzelt und es wird ihnen erlaubt sich zu aufzulösen, wie sie es schon früher tun hätten sollen.

Der Effekt des Herabrieselns der feineren Energien auf die irdischen Ebene

Der Effekt auf der Erdenebene des Herabrieselns der feinen Energien wird durch das Ende der vierten Sub-Runde besser erklärt, bei dem astrale Hüllen und Wesenheiten versuchen möglichst viele Individuen auf der Erdebene zu besetzen und auszuleeren, welche sie ja für ihre Lebenskraft benötigen. Schulschießereien durch besessene Individuen werden zunehmen und sich später zu anderen Gräueltaten steigern. Viel von der ansteigenden Drogen und Alkoholabhängigkeit kann ebenso auf diese Wesen zurückgeführt werden. Sie werden die Schwachgeistigen und Glaubenslosen besetzen um ihre heftigen unerfüllten Verlangen zu stillen.

Doch die Besessenheiten von einzelnen Individuen ist nicht genug um eine so große Population von astralen Wesen zu ernähren. Sie müssen sich wie Parasiten immer größer werdende Stücke von der menschlichen Population reißen um überleben zu können. Die beste und effektivste Methode um Energie von der irdischen Ebene abzuziehen, ist das erwecken von Massenangst – je fanatischer umso besser, da Fanatismus mehr Energie liefert.

Massenansammlungen und Proteste liefern

immer größere Mengen an Energie an die astrale Ebene – je emotionaler das Unterfangen umso größer ist die Energiequelle. Die Massenmedien können mit ihrer Ton- und Lichttechnologie spielend große Konzentrationen von Energie erzeugen. Weltweite Sportveranstaltungen so wie die Weltmeisterschaft und die Olympischen Spiele, Rock Konzerte und Rave Veranstaltungen, große Ashrams und Kriege werden in jeden Haushalt weltweit durch TV und Internetz gesendet, durch das genau die Emotionen ausgeschüttet werden die benötigt werden damit die astrale Ebene sich selbst erhalten kann und um sich gegen die ankommenden Energien zu wehren.

Die beste Quelle für emotionale Ausschüttungen sind jedoch Kriege, je grausamer und abscheulicher umso besser. Wie der Chor in den alten griechischen Tragödien stacheln die Massenmedien zu Massenangst, verbunden mit Krieg, Pandemien und Terrorismus auf, um noch größere Quellen für emotionale Energien zu schaffen, damit verzweifelte Wesenheiten auf der astralen Ebene ernährt werden können.

Große Regierungsinstitute und Bürokratien waren lange das „Brot und die Butter" für die Energielieferung an die astrale Ebene, doch laufen diese langsam aus, da nun Computer die erste Wahl sind. Die müde, leblose Arbeitsweise der Bürokratien zeigt wie von diesen älteren Institutionen die Vitalität über Jahre hinweg abgesogen wurde. Folglich gibt es in diesen verzweifelten Zeiten für das Astrale einen lauten Ruf nach dem Auffinden von neuen Energiequellen. Da Krieg der größte Energielieferant ist und von nationalen Regierungen gestartet werden kann, werden in den

Endtagen dieses Kreises immer mehr Konflikte auftreten. Und natürlich geben der Hass und der Fanatismus der islamischen und christlichen Bewegungen immer mehr zu diesem Festessen der Energien bei, was die astrale Ebene füttert und sättigt macht.

Schlussendlich werden, während die feineren Energien weiterhin filtern, die gröberen Aufstände auf der astralen und irdischen Ebenen beruhigt, nachdem die ersten verzweifelten Ausbrüche geschehen sind, die nur verzweifelte Überlebensversuche darstellen. Alles was schwingungsmäßig nicht zu den neuen Energien passt, wird gehen. Sogar die höheren Sub-Ebenen der astralen Ebene werden einer Reinigung unterzogen, durch welche die Qualität des intellektuellen Denkens, der Kunst und der Musik zu einem neuen Standard erhoben wird um uns auf das Neue Goldene Zeitalter vorzubereiten.

Der Eintritt des Sonnensystems in den Photonenring der Galaxie und die dadurch entstandenen Aufwühlungen der astralen Ebene

Feine ätherische Energien fließen von verschiedenen Ebenen auf die Erde herab, während zur gleichen Zeit unser Sonnensystem begonnen hat sich durch den Photonen Ring zu bewegen (Siehe Diagramm 6). Das ist kein Zufall sondern ein Teil des göttlichen Plans.

Während dieses Durchlaufs, werden die astralen, ätherischen und irdischen Ebenen gegenüber den kraftvollen und turbulenten Energiebändern anfällig sein, welche die Wahrnehmung unseres

Zeitbewusstseins beschleunigen werden, was große Turbulenzen mit sich bringt. Wodurch die Aktivität der astralen Ebene beschleunigt und verschlimmert wird. Dadurch entstehen verzweifelte Taten der Selbsterhaltung.

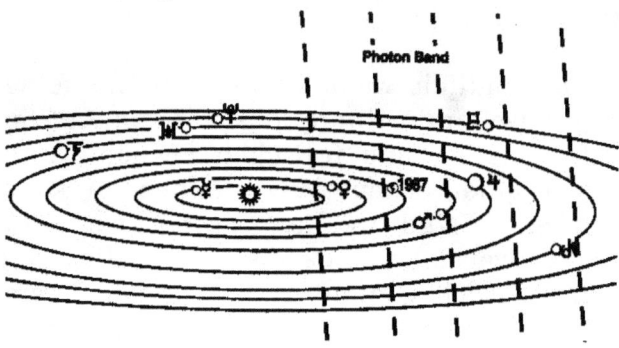

Diagramm 6: Unser Solarsystem wie es in den Photonenring eintritt[18]

Der große Scheiben (Washer) Effekt

Die Kombination des Niederflusses der feinen ätherischen Energien und dem „Scheiben Effekt" des Photonen Rings haben einen großen Effekt auf die Erdenebene, da astrale Hüllen und dunkle astrale Wesenheiten die sich auf der niederen Sub-Ebene in Nähe der Erde befinden, um ihr Leben kämpfen.

Diagramm 7 zeigt die multidimensionalen Wirbelströme der Energien, die unser Sonnesystem ausgesetzt ist während es sich durch den Photonen Ring bewegt. Sein Effekt auf der astralen Ebene

---

[18] Clow, Barbara Hand, *The Pleiadian Agenda, A New Cosmology for the Age of Light*, Santa Fe, New Mexico: Bear & Company Publishing, p. 37.

kann nur einen Tumult erzeugen, der auf der irdischen Ebene ausgetragen wird.

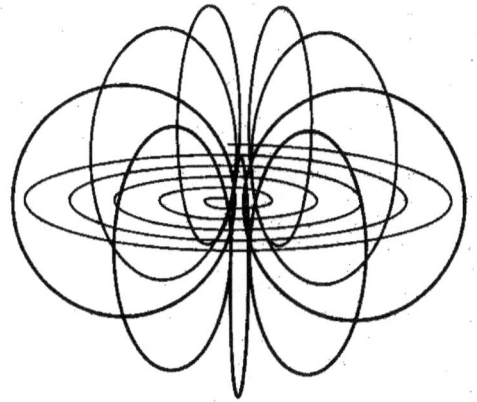

Diagramm 7: Der große Scheibeneffekt der Energien im Photonen Band[19]

Verzweifelte Reaktionen

Während die feinen Energien die astrale Ebene reinigen, werden die dunklen Kräfte um sich schlagen und versuchen die Erde mit ihnen in den Untergang zu ziehen. Durch eine wirtschaftliche Depression die dazu dient die Vernichtung der Menschenrechte zu rechtfertigen und um die Gesellschaft zu militarisieren. Ihr Ziel ist es die Welt in einen großen Krieg zu stürzen, der heute schon vorbereitet wird. Dies ist die letzte Hürde für die Menschheit und für ihre Verbindung mit den dunklen Kräften und sollte als der letzte reinigende Schlag durch die niederen Sub-Ebenen der astralen Ebene gesehen werden.

---

[19] Ibid., p.31

Diese zwei großen Reinigungskräfte werden so lange weitermachen, bis die astrale Ebene von alle dem was der Menschheit nicht dienlich ist, gereinigt wurde. Dies wird im Zusammenbruch des ganzen Systems der Finanzen und der Kriegstreiberei enden, das die dunklen Kräfte aufgebaut haben um die Erdenbewohner zu kontrollieren. Sie werden auch die Kräfte hinter dem gewaltigen Umschwung der Erde sein, der in den kommenden Dekaden auf uns zukommen wird und noch größere Umwälzungen für unsere Zivilisation bereithält. Diese beiden Kräfte die über die Erde kommen, formen den Hintergrund für alles was die Menschen von hier an unternehmen werden. Die Menschheit kann sich entscheiden entweder dem Trend entgegenzustehen und zu sterben oder mit dem Pralaya zu gehen und zu überleben. Es ist eine Frage der Entscheidung.

Kapitel 3
Erdenwandel

„Die Ankunft jeder neuen Verdunkelung kündigt sich immer mit Kataklysmen des Feuers oder des Wassers an." [20] Kuthumi

Der Erdenwandel in den kommenden Jahren wird beide Elemente, Wasser und Feuer, miteinbeziehen. Um die Worte von Meister Kuthumi in die Moderne zu übersetzen: Mehr Hitze auf der Erde – globale Erwärmung – wird das Schmelzen der großen Eisflächen von Grönland, die großen Eisflächen des Antarktischen Kontinents, die Permafrostzonen in den nördlichen Gebieten der amerikanischen und asiatischen Landmassen und die Gletscher in verschiedenen Gebirgsregionen auf der Erde bewirken. [21]

---

[20] The Master K.H., *Mahatma Letters to A.P. Sinnett*, Letter 23B Received October, 1882

[21] In der Zeitschrift Geophysical Research Letters, fand ein Team unter der Leitung von Dr. Isabella Velicogna der Universität von Kolorado heraus, dass die Eisschicht Grönlands um 162 Kubikkilometer (plus minus 22) zwischen 2002 und 2005 abnahm. Dies ist mehr als alle vorher veröffentlichten Meinungen. Dies ist eine Abweichung von 0,4 Millimeter die der Meeresspiegel pro Jahr ansteigt. Auf Grönland befinden sich die größten Trinkwasserreserven der nördlichen Hemisphäre. Jede große Veränderung seiner Eismassen bewirkt einen globalen Anstieg des Meeresspiegels, der Ozeanzirkulation und des Klimas.

„Die Hitze der sieben Sonnen"

Während einer Diskussion über den Erdenwandel und was geschehen wird, gab ein tibetischer Lama im Himalaja die Lehren des größten tibetischen buddhistischen Ordens, den Kagyus, wieder. Es heißt, dass die Erde durch drei Stadien gehen wird:

- Die Hitze der sieben Sonnen wird sich über sie ergießen
- Der Hitze folgen riesige Fluten um die Oberfläche der Erde zu reinigen
- Starke Winde werden folgen um einige der überfluteten Bereiche zu trocknen

Dieser Kreislauf wird sich solange wiederholen bis die Erde wie bei einem staken Pralaya komplett ohne Leben ist, oder wie im Falle eines schwachen Pralayas, wie dem unsrigen, gereinigt ist.

Wann erwarten diese Buddhisten diese Geschehnisse?

„Bald", sagte er. „Ich weis nicht genau wann, aber wir glauben, dass es bald sein wird." [22]

Um die Möglichkeit der „Hitze der sieben Sonnen" die auf die Erde fließen wird darzustellen, zeigt Diagramm 8 die Beziehung unseres Sonnensystems zu anderen Sonnen unserer Galaxie und wie sich zu gegebener Zeit alle sieben Sonnen im zentralen Band der Galaxie treffen können.

---

[22] Private Diskussion mit dem Lama Tenzing der Bhutia Busty Klosters in Darjeeling, West Bengalen, Indien, November 2005. Diesem Gespräch folgte eine private Audienz bei dem Karmapa, dem Papst des Kagyu Ordens im September 2006.

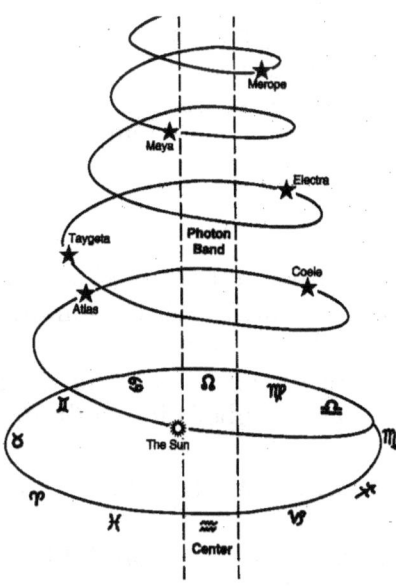

Diagramm 8: Mögliches Zusammentreffen wie die sieben Sonnen sich zu einem gegebenen galaktischen Zeitpunkt (2012?) im Photonen Band aufreihen können, um die Hitze der sieben Sonnen zu erzeugen (Jeder Stern steht für einen Stern mit einem Sonnensystem) [23]

Kann es sein dass die alarmierende globale Erwärmung der Vorläufer dieser großen Hitze der sieben Sonnen ist? Wir glauben dass dies so ist. Tatsächlich erleben wir die Wirkung der globalen Erwärmung – Tsunamis, Erdbeben, Hurrikans, Fluten – was das Ende der vierten Sub-Runde und das Einsetzen des schwachen Pralayas andeutet. Große Hitze wird der Mittelpunkt des Erdenwandels sein.

In den kommenden Jahren sehen wir drei

---

[23] Ibid., p. 33 (Modified)

Stadien des Erdenwandels entgegen, die der Rückhalt Hintergrund für das Überleben der Menschen sein werden. Um es für unseren zeitgebundenen Geist verständlicher zu machen, nehmen wir das Jahr 2012 als eine Art Markierungspunkt.

Egal welchen Weg die Menschheit einschlagen wird, der Erdenwandel wird sich vollziehen und die Menschen müssen sich entscheiden, da dieser Wandel die Gelegenheit bietet eine bessere Gesellschaft zu errichten, die der Menschheit auf ihrem Weg zur Seelenbefreieung dient.

Phase 1: Die Gegenwart bis zum Jahr 2012

Der Erdenwandel vollzieht sich seit Jahrhunderten in Form von vulkanischen Eruptionen, Erdbeben, Klimawechseln und dergleichen. Momentan sollte aber die globale Erwärmung unser Hauptanliegen sein. Bis zum Jahr 2012 werden regionale oder lokale Überflutungen, Erdbeben und Tsunamis die Erde treffen. Diese Wandel werden 1) als Beschleuniger für den Niedergang des herrschenden Regimes und der Finanz und der Kriegsindustrie dienen, 2) ein Signal für die Lichtarbeiter sein, dass sie sich vorbereiten sollen in höher gelegene spirituelle Gegenden zu ziehen und 3) als Warner dienen um den Grossteil der Bevölkerung vor noch größeren „natürlichen" Katastrophen zu warnen.

Phase 2: Erdenwandel von 2012 bis 2080

Wir glauben, dass in der nördlichen Hemisphäre im tiefsten Winter des Jahres 2012 die Temperatur ihren Höhepunkt erreichen wird, da sich die sieben

Sonnen in einer Reihe stellen und ihre Hitze auf unser Sonnensystem konzentrieren. So eine Energieinjektion wird das Abschmelzen der großen Eisflächen auf der nördlichen Hemisphäre und der des Antarktischen Kontinents beschleunigen, was eine gravierende Erhöhung des Wasserpegels zur Folge hat, was wiederum einen starken Einfluss auf die Gesellschaft der Menschen haben wird.

Das beschleunigte Schmelzen wird große Überflutungen von niederen Landmassen und Küstengebieten zur Folge haben, was in einer Massenabwanderung aus nieder liegenden Gebieten in Richtung zu höheren Regionen und einigen bestimmten spirituellen Regionen führen wird. Inmitten dieser Tumulte werden die Lichtarbeiter die Gelegenheit beim Schopf packen können und eine Übergangsgesellschaft erschaffen die den Grundstein für das Neue Goldene Zeitalter legen wird. (Siehe Kapitel 6 bis 8).

Phase 3: Verschiebung der Kontinentalplatten von 2080 an

Die in ausgewählte spirituelle Regionen weggezogene menschliche Gesellschaft wird ein neues Erwachen erleben. Lichtarbeiter und die Überreste der Zivilbevölkerung werden die kosmischen Grundsätze praktizieren die zuerst in den spirituellen und anschließend in umliegenden Gebieten Verbreitung finden, die sie schließlich in das Neue Goldene Zeitalter führen werden. Zur gleichen Zeit werden sich die Kontinentalplatten verschieben um das Angesicht der Erde für die nächsten Jahrhunderte zu verändern.

Logik des Erdenwandels

Wenn wir uns die Erde von oben aus der Perspektive der spirituellen Hierarchie ansehen, sehen wir dass nur sehr wenige Gebiete der Erdoberfläche vom Menschen noch nicht berührt oder negativ verändert wurden. Die Wahrheit ist, dass der Mensch für die GANZE Verschmutzung der Erdoberfläche verantwortlich ist. Periodische Reinigungen sind nötig um die tadellose irdische Natur wieder ins Reine zu bringen, also ist der Wandel dem wir unterzogen werden keine sinnlose Katastrophe ohne Grund und Zweck. Von der Perspektive der spirituellen Hierarchie aus gesehen sind sie zyklisch wie auch zielstrebig.

Da die meisten Verschmutzungen entlang der Küstengebiete, in Wassern im inneren des Landes und in städtischen Gebieten vorliegen, ist es nur logisch dass hier das Hauptaugenmerk der Reinigung von Phase 1 und 2 liegt. Gebiete mit großen Industrien und moralischen Verschmutzungen werden die größten Wandel durchleben. Überladene, stark besiedelte Gebiete werden zerteilt bis die Erde ihr Gleichgewicht und ihre Reinheit wieder erlangt hat.

Diese Zuckungen und Kataklysmen die noch kommen werden, sind da um zu reinigen. Sie sind keine Strafen für die Menschheit, gleich wie stark sie auch für die Verschmutzung verantwortlich ist. Wenn ein Kataklysmus eine Vielzahl an Menschen auslöscht, dann ist das so weil sich jede Seele selbst ausgewählt hat auf diese Weise von der Erde zu gehen. Deswegen müssen wir ausdrücklich betonen, dass das Überleben des Einzelnen eine Frage der Entscheidung ist. Er oder Sie kann die unzähligen Warnungen beachten und aus dem Gefahrenbereich gehen oder dem Ganzen erliegen.

Phase 1: Warnungen vor 2012 Die Veränderungen die noch kommen

Heute befinden wir uns in der Phase 1 eines fortschreitenden Verdunkelungs-Prozesses, der 1) den Eintritt der feineren, höher schwingenden ätherischen Materie, 2) die Beschleunigung der Zeit und den Scheiben Effekt der durch den Eintritt in den Photonen Ring entsteht und 3) den Anstieg der kosmischen Hitze der die Erderwärmung erzeugt, mit einbezieht. Wir haben bereits vorher den Effekt von Nummer 1 und 2 besprochen. Periodisch auftretende Naturkatastrophen werden die Mittel der verschiedenen Kriegstreibernationen mit der weiter schwindenden Macht und Popularität der Regierungen vernichten, da diese die Reaktion auf die Katastrophen verschlafen werden.

Während die astrale Ebene einer Reinigung unterzogen wird und die dunklen Mächte vertrieben sind, werden wir Bekanntschaft mit der Bruderschaft machen, die sich vor der Menschheit so lange verborgen gehalten hat. Die Kräfte des Guten und die Unschuldigen werden gegenüber den dunklen, negativen Kräften in der Überzahl sein und das Gleichgewicht zwischen Licht und Dunkel wird sich auf die Seite des Lichts verlagern. Gruppenarbeit und Kooperationen werden ein neues Hoch erleben und gegenseitige Hilfe und Dienstleistungen werden von selbst kommen. Die allgemeine Atmosphäre auf der Erde wird so viel lichter sein und der neue Glanz wird alle dazu inspirieren ihr Leben neu zu gestalten, ihre Nachbarn zu lieben und sich selbst den

Möglichkeiten der höheren Dimensionen zu öffnen.

Aber während wir feiern, werden die Alarmsignale des Erdenwandels stärker werden. Solche Signale wie das rapide Abschmelzen das in Alaska und Grönland geschieht, sowie unübliches Wetterverhalten was starke Regen in andere Regionen der Welt mit sich bringt. Ungewöhnliche Hurricanes und Typhoone werden im Atlantik und im Pazifik unübliche Überflutungen der Küstenbereiche mit sich bringen, was viele Menschenopfer fordert. Dies sind die Warnsignale von noch größeren Wandeln der Erde die uns noch ins Haus stehen und diese sollten die Menschen anspornen auf höhere Gebiete umzusiedeln.

Warnsignale: HitzeWellen, Stürme, Polkappenschmelzen und Erdbeben

Heutige Wissenschaftler schließen, dass es ein „alarmierendes" Abschmelzen in den Arktischen und Antarktischen Regionen gibt. Die Erderwärmung hat es zur Titelseite der großen Zeitungsblätter geschafft. Schlagzeilen wie „ES REGNETE DIESEN WINTER IN DER ANTARKTIS" [24] werden unsere Nachrichten beherrschen. Geologische Berichte vom Winter 2005-2006 haben aufgezeigt, dass das Eis in der Arktis sich nicht wieder neu geformt hat und dass große Klumpen von den Gletschern Grönlands auch während des Winters ins Meer fallen. Das Abschmelzen hat einen neuen Geschwindigkeitsgrad erreicht. Während die Menschen zur Globalen Erwärmung beigetragen haben, werden Beschuldigungen und gute Absichten von Klimaschützern nichts

---

[24] *La Presse*, Montreal, March, 2006

bewirken können um dieses Abschmelzen zu verhindern. Der „Alarm" der Wissenschaftler bedeutet nur, dass dieser Vorgang nun sichtbar ist und sich vor unserer Haustür abspielt.

Es heißt, dass die Temperatur der arktischen See vor rund 55 Millionen Jahren durchschnittlich 23°C und vor 60 Millionen Jahren ungefähr 42°C betrug. Dies war der damalige Stand der Erde und es wird wieder so sein. Hitzewellen werden den Planeten in ihren Bann ziehen. Hitze und Abkühlung, mehr Hitze und anschließende Abkühlung werden klare Muster in beiden Hemisphären werden. Zu Beginn werden diese klimatischen Ereignisse nur abgegrenzte Gebiete treffen, die sich dann auf größere Gebiete ausdehnen und letztendlich ganze Kontinente betreffen werden. Das sind keine Zeichen die man einfach in den Wind schlägt, sondern es sind Zeichen um sich auf das vorzubereiten was noch kommt.

Es ist nicht nur das Schmelzen des sichtbaren Eises, sondern auch dass der großen Dauerfrostzonen im nördlichen Kanada und den asiatischen Landmassen im nördlichen Russland die den Meeresspiegel und den Stand der Gewässer im innern des Festlandes ansteigen lassen. Historische Höhen des Niederschlags werden rund um den Erdball gemeldet werden und Überflutungen werden in vorher trockenen Regionen vorherrschen. Deiche, Dämme und Wasserwände werden immer mehr unter Druck stehen. Unterirdische Bauten wie Erdgeschoße und Parkanlagen werden vom Grundwasser überflutet, genauso wie Gehwege rund um die Seen und Küstengebiete. Allmählich wird klar, dass Wasser das Land überfluten wird, aber in den Vor-2012

Jahren werden die Meisten nicht in der Lage sein, diese kleinen Puzzleteile zu einem großen Ganzen zusammen zu setzen.

Katastrophen in den Vor-2012 Jahren - gewaltige Hurricanes wie Katrina welcher New Orleans 2005 traf, die Typhoone die Süd-China und Indien 2005 und 2006 überschwemmt haben, die Fluten die im trockenen Äthiopien 2006 gewütet haben, die Fluten 2005 in Ost-Europa und der Tsunami 2004 im Indischen Ozean der auch umliegende Länder traf – diese und viele andere klimatische Ereignisse waren nur ein Vorgeschmack dessen was noch kommt. Dazu kommen große spektakuläre Stürme, Blitzüberflutungen, ungewöhnlich starke Regenfälle und „Freak" Zyklone welche das Festland terrorisieren. Natürlich wird die Wissenschaft diese Stürme fälschlicherweise als die Rückkehr von früheren Wetterzyklen wie El Nino oder den Wetterzyklus von 1930 deuten, jedoch werden sie ihn nicht als einen Teil der beginnenden Verdunkelung sehen.

Periodisch auftretende Unterwasserbeben und Erdbeben auf der Oberfläche werden uns während dieses Pralayas durchschütteln. Erdbeben werden in zunehmender Frequenz und Intensität an den Stellen an denen die tektonischen Platten der Erde zusammenstoßen auftreten. Noch einmal: diese geologischen Aktivitäten sind als Warnungen für das was noch kommt zu sehen, doch zu dem Zeitpunkt an dem sie in Frequenz und Stärke zunehmen, werden die Hilfsorganisationen so überfordert sein, dass sie wirkungslos sein werden. Der menschliche Blutzoll wird sich bei jeden Geschehen erhöhen und die Regierungen werden als vollkommen unfähig und nutzlos enthüllt. Die

Menschen müssen verstehen, dass die Warnsignale ihnen sagen sollen, dass sie sich Gedanken darüber machen wo sie hingehen und wie sie selbst auf sich aufpassen können. Wenn sie überleben wollen.

Erdenwandel die den Niedergang der dunklen Mächte beschleunigen

Esoterisch gesehen, ist der Erdenwandel das Ass der spirituellen Hierarchie. Das finanzielle Kartenhaus der dunklen Mächte (Investment Banken, Börsenmaklerfirmen, und ähnliches) in Verbindung mit den nationalen Regierungen, steht am Rand des Zusammenbruchs. Wir sind in eine Periode der Hyperinflation getreten, verursacht durch Regierungen welche die Welt mit wertlosem Fiat Papiergeld aus ihren Druckereien überflutet hat. Mit Geld das keinen reellen Wert hat, an das die Leute aber gebunden sind. In der Geschichte der Menschheit hat es noch keine so große „Liquidität" von wertlosem Geld gegeben. Der Derivatenmarkt reagiert sehr verletzlich auf die leichtesten emotionsgeladenen Geschehen. Lose „Handels Abkommen" wie das Yen-Dollar Abkommen zwischen den Zentralbanken von Japan und der der Vereinigten Staaten, lassen das weltweite Finanzsystem bluten. Was den Transfer von gigantischen Profiten in die Koffer der dunklen Mächte mittels ihrer Handels Investmentbanken ermöglicht.

Die geheimen finanziellen Abmachungen können durch die Ignoranz des einfachen Mannes gegenüber der Finanzwelt ständig fortgeführt werden. Diese Abmachungen werden fortschreitend zerbrechlicher und die dünnste Krise wird Panik verbreiten welche zu einem Kollaps des ganzen weltweiten Systems führen wird. Die dunklen Mächte können nur ein Ding nicht kontrollieren und das sind die Naturkatastrophen.

Fluten und Erdbeben verletzen die Selbstgefälligkeit der Wirtschaft und der Regierungen und lenken die Aufmerksamkeit auf das Retten von Menschenleben als zum korrupten Finanz und Waffenhandel. Sie werden mit Evakuierungen und Umsiedelungen, wichtige Reparaturen, Arbeitslosigkeit, Zahlung von Versicherungsleistungen an Geschädigte, dem Neubau von Strukturen und Infrastrukturen in neuen Gebieten und mehr beschäftigt sein. Die Naturkatastrophen werden die Last der Regierungen die auf den Menschen lastet bloßstellen und hoffentlich die Menschen aufwachen lassen und die Unfähigkeit der Regierungen erkennen lassen.

Esoterisch gesehen, spielt der Erdenwandel eine große Rolle im Niedergang des Regimes der dunklen Mächte und in der Erziehung der Menschen in Bezug darauf, was nach 2012 zu erwarten ist.

Phase 2: Die Jahre 2012 bis 2080: Zunahme der solaren Hitze, Beschleunigung der Überflutungen und Überlebens-Regionen

Ob durch die unwahrscheinliche Vorhersage des *Mayanischen* Schülers der kochenden Ozeane oder durch die Hitze der „Sieben Sonnen", die Hitze wird während der Vorzeit zu 2012 ansteigen und von der Mitte des Winters 2012, und darüber hinaus, wird der Zustrom der solaren Hitze das Schmelzen der Polkappen und der Dauerfrostzonen beschleunigen. Diese intensive Hitzeinjektion muss lediglich die Temperatur an den Polkappen während der Wintermonate über dem Gefrierpunkt halten damit der Meeresspiegel folglich ansteigt.

Viele von uns werden leben um den Erdenwandel der nach dem intensiven Energiefluss von 2012 folgt, mitzuerleben. Die meisten Küstengebiete werden permanent überflutet bleiben und die großen urbanen Zentren an den Küstengebieten werden zerstört sein. Annähernd 70 Prozent der Weltbevölkerung (4,5 Milliarden Menschen) die 100 km in und an den Küsten leben werden betroffen sein, mit ihnen auch die Millionen die in der Nähe von Flüssen und Gewässern leben, welche nieder gelegene Gebiete im innern des Festlandes überfluten werden und die Kontinente durch Seen und Gewässer zerteilen werden. Viele Länder werden kleiner oder unter den Fluten verschwinden. Das wird die Rückkehr der Sintflutära von Noahs Arche sein.

Die nördliche Hemisphäre schließt die riesigen subpolaren Dauerfrostzonen mit ein die sich über die asiatischen Landmassen, die Nord Atlantische Region und den Nord Amerikanischen Kontinent südlich des Nordpols erstrecken und ist mit der am stärksten besiedelten Gebiete der Erde verbunden. Die Dauerfrostzonen in der südlichen Hemisphäre liegen hauptsächlich auf dem relativ isolierten Südpol der sich auf dem Antarktischen Kontinent befindet.

Es wird geschätzt, dass der Dauerfrost von 50 bis 1000 Metern Dicke, 20 Prozent der Erdoberfläche bedeckt.[25] Es besteht auf allen Höhen, von den Niederungen bis hin zu hohen Plateaus und Berggipfel. Die gefrorene Wassermenge in diesen Gebieten ist unermesslich und wenn diese schmilzt führt es zur Überflutung der Erde.

Aus diesem Grund wird geschätzt, dass der Meeresspiegel zwischen 50 bis 80 Metern steigen wird und dadurch alle Küstengebiete überschwemmt werden. Die Länder der Malediven und Bangladesch werden unter dem Wasser der ersten Phase der Überflutungen untergehen, gefolgt von Belgien und den Niederlanden.

Das Abschmelzen der Dauerfrostzonen der nördlichen Hemisphäre wird Gebiete die sich weiter im Landesinneren befinden ebenso überfluten wie die Küsten. Zum Beispiel, wird in Nord Amerika das Schmelzwasser der Dauerfrostzonen das Bassin der Großen Seen auffüllen, das sich vom Hudson Bay bis zu den fünf großen Seen erstreckt. Dadurch wird ein riesiger Wasserkörper innerhalb des Festlandes gebildet der sich seinen Weg zum Ozean durch den Mississippi und den St. Lawrence Flüssen bahnt. Diese Flüsse werden anschwellen und zu Seen werden die den Nord Amerikanischen Kontinent in drei Teile aufteilen werden. Andere Flüsse und Seen im westlichen Teil von Nord Amerika und südlich der Dauerfrostzonen, werden anschwellen und auf ihrem Weg zum Meer alles überfluten.

In den Nord Atlantischen Regionen schmelzen die Gletscher, was die reinen Landmassen des heutigen Grönlands freigibt. Grönlands Eisschicht

---

[25] "Permafrost," Ministry of Natural Resources Website, Government of Canada, 2006

ist bis zu drei Kilometer dick. Es wird geschätzt, dass dieses Schmelzen allein den Meeresspiegel um sieben Meter anheben wird.

In den massiven asiatischen Landmassen von Norwegen bis ins westliche Sibirien, wird das Schmelzen des Dauerfrostes riesige Seen im Landesinneren erzeugen, welche an die nördlichen Spitzen des Himalayas grenzen wo heute Zentral Asien ist.

Die Eisschicht der Antarktis in der südlichen Hemisphäre wird auf 4,2 Kilometer geschätzt. Wenn die West Antarktis weiter schmilzt, steigt der Meeresspiegel um 6 Meter. Wenn die Ost Antarktis schmilzt, steigt der Meeresspiegel zusätzlich um 70 Meter an!

Noch dazu kommt, dass die Extrawärme auf der Erde das Wasser dazu veranlasst, sich weiter in den tropischen und subtropischen Gebieten auszudehnen und wie eine Wippschaukel steigen die Landmassen auf der anderen Seite hinauf und an der anderen Seite sinkt sie wieder, da sie sich auf das geringere Gewicht der schmelzenden Eisschichten austarieren.

Hauptstädte welche ständig überschwemmt bleiben

Die 70 Prozent der Weltbevölkerung die an flachen Küstengebieten leben, wohnen in 11 der 15 größten Städte der Erde, die an den Küsten, Stränden und Flussmündungen angesiedelt sind. Die großen Finanz- und Handelszentren – New York, Chicago, Seattle, San Francisco, Shanghai, Tokyo, Sydney, Saigon-Ho Chi Minh City, Singapur,

Kalkutta, Dubai, Dublin und London, werden schließlich von den Fluten zerstört werden. Die Finanzbezirke von Singapur, Mumbai und Hong Kong/Macau sitzen auf von Menschenhand gemachten Landmassen auf der Höhe des jetzigen Meeresspiegels. Bangkok, Amsterdam, Rotterdam und New Orleans – wer von uns kann den Anblick dieser Dämme vergessen – sind knapp über dem momentanen Meeresspiegel. [26]

Große Hafenstädte an den Flüssen der nördlichen Hemisphäre wie die Rhone (Geneva und Lyon), der Rhein (Basel bis Rotterdam), der Mississippi (St. Paul, St. Louis, New Orleans), der St. Lawrence (Toronto und Montreal), die Großen Seen (Chicago und Detroit), der Yangtze (Wuhan und Nanjing), der Gelbe Fluss (Zhengzhou und Jinan), der Mekong (HCM City), der Ganges (Dhaka und Kalkutta) und der Indus (Karachi) werden überschwemmt oder durch die donnernden Wellen der Wasserflut, die von den schmelzenden Dauerfrostzonen aus höheren Regionen stammen, weggespült. Große Handelshafen die an den Flussdeltas dieser Flüsse liegen, wie Chao Phraya (Bangkok), Irrawaddy (Yangon) und Niger (Lagos) sind verdammt. Die meisten Transport Nabelpunkte - Flughafen, Gleisanlagen und Stationen, Highways, Wasserwege – die an diese Städte angebunden sind werden ebenso überflutet.

Gewaltige Erdbeben haben Japan schon immer

---

[26] Das Schmelzen von Grönlands Eisschichten würde den Meeresspiegel um sieben Meter ansteigen lassen. Was Städte am Meer wie London oder Los Angeles versinken lassen würde. Eine Anstieg von einen Meter würde einen großen Teil von Bangladesh und die Malediven versinken lassen, sagt Jonathan Gregory, ein Klimawissenschaftler an der University of Reading in England.

bedroht, doch während dieses Zeitraums werden sie Tsunamis erzeugen, welche die Küsten des ganzen Pazifischen Raumes treffen werden.

Ölplattformen, Pumpen und Anlagen an den Küstengebieten rund um die Welt, werden überflutet. Das große asiatische Hinterland das die russische Ölindustrie beherbergt, wird anhaltenden schweren Regen ausgesetzt sein, besonders wenn die nördlichen Dauerfrostzonen abschmelzen und die nieder gelegenen Gebiete gefüllt werden. Während der Meeresspiegel steigt, wird ein Grossteil der persischen Ölproduktion unter Wasser sein Ende finden.

Das Fernsehen wird die Menschen warnen und sie auffordern die Küstengebiete zu evakuieren und sich auf höher gelegene Gebiete zu begeben, doch die meisten werden dem nicht folgen. Die Mehrheit der Menschen wird es unbewusst wählen dass sie bleiben und von den Fluten vernichtet werden, da ihre Seelen den Abgang von der irdischen Ebene signalisieren. Eine relativ geringe Minderheit wird sich ihren Weg in höhere Gebiete bahnen.

Hoch gelegene Stadtgebiete überleben

Trotz den starken Verlusten entlang den Küsten und den nieder gelegenen Regionen, werden viele hoch gelegene Stadt- und Landgebiete die Fluten wahrscheinlich unbeschadet überstehen. Die geschätzte Zahl von 20 bis 30 Prozent der Weltbevölkerung lebt nun auf höheren Gebieten die sich auf 100 Meter (300 feet) über dem heutigen Meeresspiegel befinden. Obwohl wir erwarten, dass der Meeresspiegel noch einmal 50 bis 80 Meter steigen wird, bleibt das Meer turbulent und Stürme werden die neuen höher gelegenen Küstenlinien treffen, bevor sich das neue Wettersystem etabliert.

Stadtgebiete auf höheren Plateaus, die von fruchtbarem Land umgeben sind und eine gute Versorgung an frischem Grundwasser besitzen, werden überleben. Diese Plateaus sollten höher sein als große Seen und andere Gewässer.

Bergflusstäler oder enge Schluchten und Canyons an denen sich Blitzfluten ereignen können, werden vom schmelzenden Dauerfrost verwüstet, was Flüsse dazu veranlasst schnell anzuschwellen und diese Gebiete vorübergehend zu überfluten. Die meisten dieser Regionen befinden sich an den Füßen der großen Bergregionen.

Mit Ausnahme von einigen Pazifischen und Karibischen Inseln und Atollen besitzen die meisten Länder mit Küsten Hochland und Bergregionen. Auf den höher gelegenen Regionen sollten Millionen von Menschen vor den Erdbeben, welche die Gebiete die zwischen den Tektonischen Platten sitzen erschüttern werden und die Pandemien, welche die dunklen Mächte erfolgreich verbreiten werden, sicher sein.

Einige Beispiele für höhere Regionen und Städte sind:

Nord Amerika: Boulder und Denver, Colorado, Salt Lake City, Utah, Calgary und Edmonton, Kanada, östliche Hänge der Rockies

Süd Amerika: La Paz, Bolivien, die brasiliaschen Goias im brasilianischen Hochland, Argentinien:

Córdoba, Capilla del Monte

Europa: Madrid, Spanien; Pyränen und die Ardennen-Alpen Region Deutschlands, Schweiz, das transylvanische Plateau in den Karpaten

Mittlerer Osten: Das Plateau des Iran, Türkei, Armenien

Zentral Asien: Afghanistan, Tadschikistan bis in den Himalaja hinein

Indischer Subkontinent: Simla, Darjeeling und Dharamsala am Fuss des Himalajas und Ooty im westlichen und östlichen Ghats

China: Xian, Chengdu, Kunming, Lhasa, das Tibetische Plateau; Qinghai-Xizang Plateau östlich der Da Hinggan-Taihang-Wushan Bergkette, besteht großteils aus Plateaus und Bassins mit 1,000 bis 2,000 Höhenmetern

Afrika: Sub-Saharische Chad, Zentral Afrikanische Republik, Zentrale Hochländer, Goma, Kongo; der See Kivu; Kigali, Rwanda; Kenianische Hochländer, Uganda; Bujumbura, Burundi

Australien: Die große teilende Fläche (the Great Dividing Range), das Outback, westliches Australien

Neu Seeland: Alle Hochlandgebiete

Es wird auf jeden Kontinent höhere Regionen geben, an denen die Grundkommunikation und die Transport Infrastruktur erhalten bleiben wird. Weil diese Gebiete vom Boden- oder Meerestransport abgeschnitten sein werden, wird der Lufttransport und drahtlose Telefonie die einzige Verbindung zwischen ihnen und hohen sicheren Regionen sein. Jedoch hängt der Zustand dieser sicheren Regionen während der großen Fluten davon ab, wie sie die Verwüstungen der tiefen wirtschaftlichen Depression und den Weltkrieg überstanden haben.

Zwölf spirituelle Regionen

Auf jedem Kontinent in den höheren Regionen, wird eine spirituelle Region als sicheren Hafen für Eingeweihte und Lichtarbeiter der spirituellen Hierarchie bereitstehen um hier eine Übergangszivilisation zu bilden die der Menschheit als Vorbild dienen soll. Weitere Details über diese speziellen Regionen werden in den folgenden Kapiteln näher beschrieben. Diese spirituellen Regionen sind:

Nord Amerika: (1) Banff-See Louise Gebiet in der Nähe von Calgary, Kanada und die großen Tetons von Wyoming, US und (2) das Colorado Plateau

Süd Amerika: (3) Córdoba Provinz in Argentinien und (4) die Goias Provinz in Brasilien

Asien: (5) Qinghai-Tibet Plateau und (6) das Gobi Wüsten Plateau

Süd Asien: (7) Darjeeling im Himalaja

Australien: (8) die australische Outback Region

Mittlerer Osten: (9) Das iranische Plateau in der Nähe von Yazd, Iran

Afrika: (10) Zentrale Hochländer Kivu See Gebiet und (11) das Ahaggar Plateau in der Nähe von Tamanrasset, Algerien

Europa: (12) Das transylvanische Plateau in den Karpaten

Das Wettermuster der Erde wird sich in den kommenden Dekaden radikal verändern, in der Verbindung mit der größeren Verfügbarkeit von Wasser was so vertrocknete Gebieten wie dem australischen Outback, den Plateaus der Sahara und der Gobi, lebensfreundlicher macht. Äthiopien, ein sehr trockenes afrikanisches Land, stand kürzlich unter schweren Überflutungen. Ein sehr mildes, feuchtes Klima wird für die Erde erwartet und der reguläre Regenfall wird in trockenen Zonen wieder einsetzen, die einst fruchtbar und anbaufähig waren.

Die dreizehnte spirituelle Region: Hauptstadt des Neuen Goldenen Zeitalters

Die dreizehnte spirituelle Region wird als die Hauptstadt des Neuen Goldenen Zeitalters um das Jahr 2040 bestimmt. Zwei Standorte werden dafür in Betracht gezogen: Die Viktoria Insel in den nördlichen Gebieten Kanadas oder Grönland. Was nach dem Schmelzen der Gletscher freigelegt wird und wie diese beiden Gebiete während des Weltkriegs genutzt werden, wird entscheiden ob eine der beiden die karmischen Anforderungen der spirituellen Hierarchie für einen so geheiligten Ort besitzen.

Der nukleare Fall-out und Pandemien

Die Küsten und Flussüberflutungen werden zwangsläufig die Atom Kraftwerke außer Kraft setzen, da viele von ihnen in der Nähe von Gewässern gebaut wurden. Nukleare Strahlung aus überfluteten AKWs stellen eine ernsthafte Gefahr dar. Die Chance dass die Regierungen Maßnahmen auf Grund von esoterischen Vorhersagen treffen werden ist ziemlich unwahrscheinlich, aber der Mensch muss immer aus seinen eigenen Fehlern lernen.

Ein weiterer Effekt dieser von Wasser verursachten Erdenwandel sind Pandemien. Einige Seuchen werden aus der biologischen Verschmutzung und Stagnationen in den Folgen von Katastrophen entstehen. Andere werden von Menschenhand herbeigeführt. Wenn die dunklen Mächte erkennen, dass sie in bestimmten Gebieten keine Macht mehr haben lösen sie, als Teil ihrer Taktik der verbrannten Erde, Pandemien aus. Nach solchen Pandemien brauchen diese Gebiete Jahre der Säuberung bevor sie wieder für das Neue Goldene Zeitalter genutzt werden können.

Phase 3: Verschiebung der Kontinentalplatten nach unserer Lebenszeit

Während die Zivilisation in den Hochländern der spirituellen Regionen weiterkämpft, wird der Rest der Erde einem Wandel unterzogen der das Angesicht der Erde wie wir sie kennen verändern wird. Viele Überlebende die weit weg von den spirituellen Regionen wohnen werden in diese tiefen Veränderungen miteinbezogen, bis sie fähig sind sich auf den Weg in die spirituellen Regionen zu machen und in die Sicherheit zu gelangen. Es ist unwahrscheinlich, dass jemand der heute dieses Buch liest Zeuge dieser Wandel wird, aber wir können uns das Neu Zeichnen der Erdoberfläche als eine reine Informationsmaterie vorstellen.

Das tausend Insel Szenario

Die einströmenden Energien welche von 2012 an auf den Planeten einstrahlen, werden immer tiefere Änderungen an der Erdoberfläche vornehmen, welche die Wissenschaft und die Logik herausfordern werden. Ganze Kontinente werden sich entweder in die momentane Richtung der tektonischen Platten verschieben, oder bestimmte Landmassen sinken, so wie es mit Atlantis der Fall war. Einige untergegangene Landmassen werden wiederum aus dem Ozean auftauchen.

Wenn sich alles gesetzt hat, wird die Konfiguration von Land und Meer für das Neue Goldene Zeitalter so aussehen, dass es große Inseln geben wird. In etwa der Größe von Neu Seeland oder Japan, jedoch durchzogen von kleinen Wasserflächen. Dies steht im Gegensatz zu unserer heutigen geographischen Konfiguration von großen Ozeanen und Landmassen. Keine kontinentale Macht wird mehr existieren. Eine Welt mit tausend Inseln wird als eine Welt ohne künstliche Grenzen funktionieren. Wasser wird als Grenze zwischen den Gemeinschaften dienen und wird das primäre Medium der Kommunikation zwischen den Inseln sein. Der Wassertransport in all seinen Formen wird wieder neu entwickelt.

Nord Amerikanische Kontinent

Die Westküste Nord Amerikas, von der Baja Peninsula bis zum Pfannengriff Alaskas wird in unzählige Inseln zerfallen. Durch Erdbeben wird eine Hälfte von Alaska in das Meer fallen. Das zentrale Valley von Kalifornien, die Mojave Wüste und nieder gelegene Gebiete entlang der Küste versinken in den ansteigenden Ozean, das Sierra Madre Gebirge jedoch wird die neue westliche Küstenlinie bilden.

Nord Amerika wird sich in drei Teile spalten: 1) das Gebiet westlich des Mississippi, 2) östlich des Mississippi und südlich des St. Lawrence und 3) östlich der großen Seen und nördlich des St. Lawrence. Wenn der Dauerfrost schmilzt, wird der Hudson Bay bis zu den Großen See Bassin reichen und in den Mississippi überfließen, um einen langen Seeweg bis zum Golf von Mexiko und in den St. Lawrence zu bilden um noch weitere Seeweg Verbindungen zum Atlantik zu schaffen. Der ganze mittlere Westen oberhalb der Rockies wird überflutet und nur die Rockies selbst werden als Insel Kontinent herausragen.

Das nord – süd Gebiet der Rocky Mountains wird durch Erdbeben in Segmente zerteilt und formt dadurch unzählige Insel Kontinente während die tektonischen Platten des Pazifik und Nord Amerikas in entgegen gesetzte Richtungen treiben. Die Fußhügel und Plateaus auf den östlichen Hängen der Rockies werden spirituelle Regionen sein, die das Überleben der Nord Amerikanischen Population sichert.

Zentral und Süd Amerika

In Süd Amerika wird das Wasser die Anden von den an den Küsten gelegenen Hochländer wieder teilen. Brasilien (Bahia, Minas Gerais, Parana, Santa Catarina) bis Argentinien, mit all seinen zentralen Flachlanden die vom Amazon Valley bis hinunter durch den südlichen Teil Argentiniens reichen, werden überschwemmt. Was jetzt Süd Amerika ist, wird dann aus zwei großen Insel Kontinenten bestehen. Ganz Zentral Amerika wird überschwemmt sein, die Verbindung zwischen Nord und Süd Amerika wird abgeschnitten sein.

Asien und der Pazifische Rand

Wahrend die östliche und westliche Seite des Pazifischen Randes von Erdbeben durchgeschüttelt werden, wird ein Großteil der Pazifischen Inseln vorübergehend überschwemmt, insbesondere Hawaii. Dann werden Teile des verlorenen Kontinents Lemuria wieder aus der Mitte des Pazifiks gehoben.

Viele nieder gelegene chinesische Küstengebiete werden während der Phase 2 überschwemmt werden. Dann, durch seismische Aktivitäten, wird alles was von China übrig bleibt die Hochplateaus der Gobi Wüste und das Qinghai-Tibet Plateau, welches der Zufluchtsort der chinesischen Zivilisation sein wird, sein. Dort wird es im Neuen Goldenen Zeitalter wieder unter der ursprünglichen chinesischen Rasse aufblühen und eine spirituelle Region werden.

Die Inseln Taiwan und die Philippinen werden untergehen, während Unterwasser Land Massen aus dem Pazifik auftauchen.

Südost Asien

Großteil Südost Asiens wird stark überflutet. All das Flachland um den Tonle Sap See Kambodschas und Süd Vietnam – das Mekong Delta – werden untergehen. Die höheren Gebiete von Laos und des nördlichen Vietnams werden zu einer Halbinsel.

Zentral Asien

Russland unter dem 65 Breitengrad wird zu einem Sumpfgebiet durch das Abschmelzen des Dauerfrostes, der sich zu einem großen Inland See im Gebiet des westlichen sibirischen Flachlands und der Kirgisischen Steppe entwickelt.

Süd Asien

Indiens Flachländer, die Indus und Ganges Flussschluchten, werden in Phase 2 überschwemmt. Was übrig bleibt sind die Füße und die höheren Hügel des Himalajas. Das westliche Ghats wird einen weiteren Inselkontinent erschaffen. Der Himalaja und das westliche Ghats werden als spirituelle Regionen dienen, welche die Entwicklung der Menschheit weiter vorantreiben werden.

Australien und Neu Seeland

Die östliche Seite Australiens wird überschwemmt, während die westliche Wüste bewohnbar wird. Neu Seeland wird aus dem Meer gedrückt, was einen größeren Inselkontinent erzeugt.

Neu Seeland und die westliche Wüste Australiens werden als spirituelle Region „down under" dienen.

Europa

Die britischen Inseln und viel vom westlichen Europa, inklusive die Flachländer Deutschlands, Frankreichs, Italien und Spaniens werden überschwemmt. Viel von Skandinavien wird intakt bleiben, obwohl seine Küstengebiete doch überflutet werden.

Osteuropas Flussbassins werden überflutet. Die Karpaten werden zu einem Insel Kontinent mit einer spirituellen Region.

Die Bevölkerung Nordeuropas wird in den Skandinavischen Hochländern Zuflucht finden, während West- und Osteuropäer sich zu den Karpaten begeben sollten.

Ein großer Insel Kontinent wird aus dem Nord Atlantischen Ozean zwischen Nord Amerika und Europa auftauchen.

Der Mittlere Osten

Der Persische Golf wird zu einem großen Meer, das Saudi Arabien, Kuwait und den Irak bedeckt und es wird sich von Ägypten bis zu den westlichen Ufern Indiens erstrecken. Zum nördlichen Iran und der Türkei wird die Flut so sein, dass das Kaspische Meer und das östliche Mittelmeer ein Wasserkörper sein werden. Es wird keinen Verwendungszweck für den Suez Kanal mehr geben. Die ganze arabische Halbinsel östlich des Sues wird überschwemmt.

Afrika

Der heutige Afrikanische Kontinent wird sich in vier Insel Kontinente aufteilen: 1) Die West Afrikanische Region, von Senegal bis zum Niger Fluss wird sich zerteilen und zu einer großen Insel werden. 2) Viel vom Sub-Saharischen Afrika wird mit Wasser bedeckt sein, während der hohe Meeresspiegel die Flussysteme und umgebende Gebiete überflutet. Das Inland Delta des Nigers in Mali wird einen großen See bilden. Jedoch werden die trockenen nördlichen Plateaus der Sahara intakt bleiben und einen neuen Insel Kontinent bilden, wo einst schon einmal eine Goldene Ära unter der Führung von Sanctus Germanus bestand. Schwere Regenfälle werden diese Region wieder beleben. Der Inland See der nun unter der Sahara liegt, wird ansteigen und sich mit dem Mittelmeer im Norden verbinden. 3) Was heute Süd- und Südost Afrika ist, wird vom restlichen Kontinent wegbrechen und ein Insel Kontinent werden, 4) die zentralen Hochländer wo sich Kenia, Burundi und Ruanda befinden werden intakt bleiben und als spirituelle Region während der langen Zeit der kontinentalen Veränderungen dienen. Viel von Ägypten wird überflutet.

Auftauchen versunkener Länder

Während das Abschmelzen des polaren Eises und der Dauerfrostzonen weiter voranschreitet, werden riesige reine Landmassen in den nördlichen Gebieten Kanadas und Russland freigegeben die unter dem Eis verborgen waren um für das Neue Goldene Zeitalter genutzt zu werden.

Grönland wird sich als gemäßigte Zone mit jungfräulichem Land zeigen, nachdem seine Gletscher geschmolzen sind. Diese Nach-Sintflutära Gebiete benötigen viele Dekaden, wenn nicht sogar Jahrhunderte zum entwässern und um bewohnbar zu werden.

Einige Inseln, so wie die im Pazifik mit aktiven Vulkanen, werden weiter aus dem Meer wachsen. Diese werden sich als große Landkörper in mitten der Ozeane entwickeln und zu Insel Kontinenten werden. Die heutigen Inseln werden die zukünftigen Hochländer dieser Insel Kontinente werden und ihr Regen wird die Salzvorkommen die sich auf diesen befinden über Dekaden hinweg herauswaschen. Viele dieser Gebiete werden unbewohnbar bleiben, bis sie in späteren Jahrhunderten wieder bevölkert werden.

Überlebende der Phase 3 des Pralayas werden rund um den Globus in verschiedene spirituellen Regionen verteilt. Wir werden in den folgenden Kapiteln aufzeigen wie diese Gebiete das viel versprochene Goldene Zeitalter einläuten werden.

*   *   *

Viele von uns leben um Phase 1 und Phase 2 mitzuerleben. Viele werden wählen nicht weiter zu gehen bis Phase 1 abgeschlossen ist, aber andere werden durch einen inneren Sinn der Entschlossenheit und durch ihren Sinn für ihre Sendung getrieben um bis Phase 2 weiterzumachen. Diese Lichtarbeiter wurden während dieser Zeit auf die Erde geschickt um die Menschheit bestmöglichst zu informieren und sie durch das Pralaya zu führen. Wir werden nun sehen wer diese Menschen sind und welche Aufgaben inmitten all dieser Erdenwandel vor ihnen liegen.

Kapitel 4
Die Rolle Des Lichtarbeiters

„... der Moment an dem ein Mann auf der astralen Ebene „sehen" kann, ein Gleichgewicht zu Stande bringt und sich in Mitten der vibrierenden Kräfte halten kann, ab diesem Moment ist er bereit für die Einweihung." [27] Djwal Khul

Inmitten des Chaos des heutigen Pralayas, hat die spirituelle Hierarchie die Hellsten und Besten gerufen, um als Leuchtfeuer für die leidende Menschheit zu dienen. Diese sind die viel geprüften und wahren Lichtarbeiter, die sich durch tausende von Leben ihren langen und mühsamen Weg durch die Inkarnationen der spirituellen Hierarchie gebahnt haben. In diesem Kapitel werden wir diese Lichtarbeiter näher beleuchten, über ihre Führungsrolle diskutieren die sie während dieses Pralayas einnehmen werden und die gegenwärtige Krise der Verpflichtung.

Wer sind die Lichtarbeiter?

Vor mehr als vierhundert Jahren, haben die Meister der Weisheit und ihre Eingeweihten (Initiierte) die Pläne für das gegenwärtige Pralaya und das Goldene Zeitalter das diesem folgen wird, aufgestellt. Dies sollte ein schwaches Pralaya mit

---

[27] Bailey, Alice A., *A Treatise on White Magic*, New York: Lucis Publishing Co, p. 221

teilweiser Zerstörung sein, doch die Hierarchie entschied sich ein Experiment zu starten und der heutigen Zivilisation eine weitere Chance zu geben ihre Fehler auszubessern, die Gesellschaft neu zu formen und sich auf ein Goldenes Zeitalter vorzubereiten. Erkennend, dass die Menschheit dafür alle Hilfe braucht die aufgebracht werden kann, rief die Hierarchie Freiwillige aus ihren eigenen Reihen der hochgradigen Eingeweihten und von anderen, höheren Evolutionsstufen um sich während dieses Zeitraums auf der Erde zu inkarnieren.

Die Hierarchie verlässt sich stark auf die vier Stufen der Eingeweihten, so wie auf die Schüler und Probanten die sich auf dem Weg des göttlichen Plans befinden. Diagramm 9 zeigt die planetare Hierarchie oder die innere Regierung unseres Planeten und wie sie bis in die Erdebene durch ihre Eingeweihten und Schüler hinunterreicht. Vom Herrn der Welt, Sanat Kumara, bis zum Schüler auf seinem Lehrweg, ist die Rolle des Eingeweihten als Mittelsmann zwischen der irdischen Ebene und der spirituellen Hierarchie unentbehrlich.

Die Rolle Des Lichtarbeiters

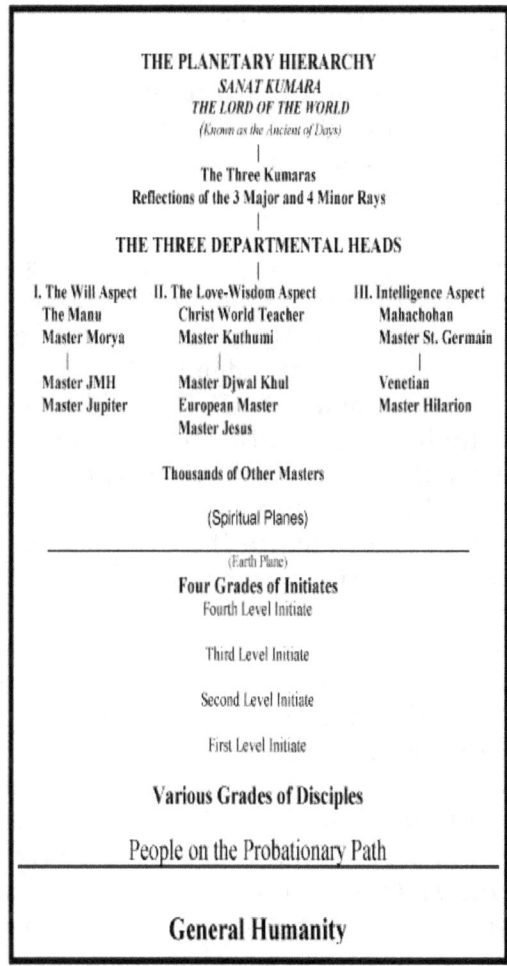

Diagramm 9: Die vier Stufen der Initiierung (Einweihung) auf der irdischen Ebene und die Verwandtschaft zur spirituellen Hierarchie

Die spirituelle Hierarchie führte den Weg der Initiation (Einweihung) für die Menschheit vor Millionen vor Jahren ein, so dass die Menschen ihren Weg durch die spirituelle Evolution zu den einzelnen Rängen der Hierarchie machen können. Schließlich werden spirituell fortgeschrittene Individuen, die durch die harten Schläge der Erdenschule gegangen sind, zur Meisterschaft aufsteigen und höhere kosmische Stellen in der Hierarchie einnehmen. Auf diesen Weg muss sich der planetare Logos nicht auf die fortgeschrittenen Seelen von anderen Planeten verlassen um die Ränge der irdischen Hierarchie zu füllen, sondern kann auf Initiierte mit erdgebundenen Erfahrungen zählen. Dies ist heute der Fall, an dem die meisten, wenn nicht sogar alle Initiierten, sich der Meisterschaft nähern und die Meister der Weisheit selbst sind Produkte irdischer Erfahrungen. Zu jeder Zeit gibt es tausende die ihren Weg nach oben auf dem Pfad der Initiation machen.

Aus dem Pool der feinstofflichen Initiierten auf der spirituellen Ebene, haben tausende Freiwillige ihren Pfad der individuellen Erleuchtung unterbrochen um sich stattdessen in dieser Zeit der Umwälzungen zu inkarnieren. Sie haben diese Entscheidung aus Mitleid für die Menschheit gefällt und sie sind auf Erden als *Bodhisattvas* oder als *Lichtarbeiter* bekannt. Die Freiwillen wurden vor das karmischen Brett gestellt und Einer von Dreien wurde ausgewählt um zu inkarnieren. [28]

Diese Freiwilligen arbeiteten eng mit Gruppen von allen drei Abteilungen der Hierarchie, unter der Führung von Meister Sanctus Germanus zusammen, um die Pläne für dieses Pralaya aufzustellen. Viele von den Freiwilligen haben die vierte Stufe der Initiation bereits durchgemacht

---

[28] Innocenti, Geraldine, Bridge to Freedom Channeling

und brauchen sich nicht mehr inkarnieren um fortzuschreiten. Einige haben bereits die zweite oder die dritte Initiation geschafft. Andere wählten sich den Weg, unzählige Male in einem 400 Jahr Zyklus zu inkarnieren um wichtige Fähigkeiten zu erlernen, die während dieses Pralayas wichtig sind. In vielen Fällen hat es mindestens acht bis zehn Generationen von Inkarnationen benötigt um diese Seelen auf ihre kritischen Rollen in den kommenden Jahren vorzubereiten.

Diejenigen die ausgewählt wurden, stellen die *crème de la crème* dar. Noch nie zuvor in der Menschheitsgeschichte haben sich so viele ehemalige Koryphäen entschieden sich ein letztes mal wieder auf die irdische Ebene zu inkarnieren um ihr Leben dem Lernen und dem Meistern von nötigen Bestrebungen in den Bereichen der Finanz, Politik, Banking, Erziehung, Kunst und Musik zu widmen um die positiven Aspekte dieser Bereiche in das Neue Goldene Zeitalter zu tragen. Abgesehen vom Erwerben von professionellen Fachwissen, werden sie manchmal in Bereiche gelangen die von den dunklen Mächten beherrscht werden, jedoch haben sie alle eines gemein: eine Sehnsucht nach dem spirituellen, egal wie schwer oder einfach ihre Mission ist.

Erschaffung eines Lichtarbeiters

Durch die vielen Jahrhunderte die diesem Pralaya vorausgingen, haben sich die Lichtarbeiter hunderte oder sogar tausende male inkarniert um die Lektionen der Erdenschule zu lernen. Durch unzählige Leben, lösten sie sich bewusst von der Masse und betraten einen Pfad der Einweihung (Initiation) und wurden Diener für die Menschheit.

Der Prozess der weiter unten aufgeführt ist, umfasst wie sie Eingeweihte wurden und warum sie sich entschieden haben zurück zukehren und denen zu helfen die sie zurück gelassen haben.

Die gemeine Menschheit reicht von der Masse die um die Befriedigung ihrer täglichen Bedürfnisse kämpft bis zu denen mit großen Reichtümern und materiellen Errungenschaften. Spirituelle Entwicklung bedeutet ihnen wenig. Aus dieser Masse filtern sich die Kandidaten für den Einweihungsprozess heraus. Jede Seele ist eingeladen sich durch betreten des Probantenpfades auf den Weg der Einweihung zu begeben.

An diesem Punkt beginnt die Person sich selbst bewusst zu werden und seine Schwächen auszubessern. Jedes Mal wenn sie inkarniert macht sie dort weiter wo sie im vorigen Leben aufgehört hat, bis sich die Seele fest auf dem Weg des Probanten bewegt. Ein führender Meister weis über die Bemühungen der Seele bescheid und bestimmt einen Eingeweihten oder Schüler um darauf aufzupassen. Nach mehreren Lebenszeiten auf dem Weg des Probanten, entsteht eine Persönlichkeit die fähig ist Schüler eines Meisters zu sein und sie will mehr für die Gruppenbestrebungen tun anstatt nur für sich selbst zu arbeiten. Wenn der Schüler sich in der glücklichen Lage befindet Geld zur Verfügung zu haben, sollte es für den Dienst des Guten verwendet werden.

Nach einigen Lebenszeiten ist die Seele bereit das Portal der Einweihung zu betreten. Unzählige Leben werden für die erste Einweihung benötigt, da die Seele den physischen Körper und seine

Verlangen unter Kontrolle bringen muss. Sie geht dann zur zweiten Einweihung über, bei der die Seele den astralen Körper unter Kontrolle bringt. Danach kommt die dritte Einweihung (Transzendenz), bei der der Initiierte lernt, sein mentales Vehikel zu kontrollieren und Gedankenmaterie zu manipulieren. Die zweite und dritte Einweihung können in einem Leben zu Stande gebracht werden. Endlich kommt die vierte Einweihung (Kreuzigung), bei welcher der Lichtarbeiter in Wirklichkeit ein Adept ist, der die physischen, ätherischen, astralen und mentalen Körper gemeistert hat und sogar bis in die zwei niederen Sub-Ebenen seines Buddhic Vehikels reicht. Nach der vierten Einweihung braucht die Seele nicht mehr länger auf der irdischen Ebene inkarnieren. Die dritte und vierte Einweihung wird durch Sanat Kumara persönlich verliehen.[29]

Die Meister der Weisheit kennen die Geschichte jedes einzelnen Lichtarbeiters; die Akasha Chroniken sind in den Hallen der Aufzeichnung in Shamballa aufbewahrt. Die spirituelle Hierarchie ist somit als einziger in der Position Individuen einzuweihen, da sie die volle Geschichte der Seele kennen. Es gibt auf der irdischen Ebene keine menschliche Organisation die dazu autorisiert oder fähig sind Schüler im Namen der Hierarchie einzuweihen. Doch gibt es viele New Age Gruppierungen die Einstimmungen oder Einweihungen geben, welche schnellen Aufstieg versprechen und behaupten Einweihungszeremonien im Namen der Hierarchie

---

[29] Für mehr Information über den Einweihungsprozess, siehe Alice A. Bailey's *Initiation Human and Solar*, published by the Lucis Trust, New York.
Auch auf deutsch erhältlich.

durchzuführen. Diese führen jedoch viele Lichtarbeiter mit guten Absichten, welche nur ihren Seelenplan wieder erkennen wollen, schwer in die Irre. Jedoch, wenn Lichtarbeiter es sich selbst erlauben so in die Irre geführt zu werden, dann erweisen sie sich als untauglich für den Dienst an der Hierarchie.

Die Lichtarbeiter von heute

Gleich wie fortgeschritten die Eingeweihten während der Zeit ihrer Reinkarnation sind, der Schleier des Vergessens hängt über ihnen, der all das vorher erworbene Wissen und den Seelenplan vor ihrem Bewusstsein blockiert. Das ist das Spielfeld der Ebenen, um es so zu sagen, bis der Lichtarbeiter sich seines oder ihres Weges wieder bewusst wird und den Plan wieder entdeckt den er oder sie sich gewählt hat.

Als Teil des göttlichen Plans, sind die Lichtarbeiter auf die Erde zurückgekehrt um eine Mission zu erledigen, anstatt einen Heiligen Status zu erreichen. Wir geben diese Erklärung mit einen kleinen Grinsen ab, denn um ihre Mission zu erledigen, müssen sie auch viele Qualitäten von „Heiligen" besitzen. Alle Lichtarbeiter verbringen vorhergehende Leben in irgendeiner Form von Selbstverleugnung, Opferung und Reinheit um der Menschheit auf ihrem Weg der Seelenintegration in ihre Persönlichkeit zu dienen. Viele tragen auch durch ihre Durchbrüche in Wissenschaft und Kunst zum Fortschritt der Menschheit bei. Einige waren Staatspersonen deren Politik und Ausdauer ihre Kameraden von politischer und ähnlicher Unterdrückung befreit haben. Einige arbeiteten ohne Rast um das menschliche Leid zu lindern und gaben der Menschheit viele positive Arbeiten durch großen persönlichen Aufwand. Durch ihre voran gegangenen Leben sind ihre Seelen vorbereitet der Menschheit zu dienen.

Zurück in dieser Zeit, leiden viele Lichtarbeiter während ihrer Kindheit, meist deswegen weil sie sich ausgesucht haben, übrig gebliebenes Karma schon früh auszugleichen, bevor sie in den vollen Dienst der Hierarchie in diesem Pralaya treten. Sie suchen sich oft Familien aus in denen sie psychisch oder physisch misshandelt werden. Die Kindheit der Lichtarbeiter ist also ihr persönliches Bootcamp (Erziehungslager). Sie passen oft nicht in ihre Familien und tatsächlich stimmen einige physisch nicht mit ihren biologischen Eltern überein. Innerhalb der Familie heben sie sich als anders heraus und gelten sogar als schwarze Schafe.

Sie leiden auch in den Erziehungsanstalten, da sie sich nicht an die normalen Riten des Aufwachsens anpassen wollen. Da sie geprüfte und wirklich alte Seelen sind, sehen sie oftmals nicht den Nutzen, Teil einer von Dummheit durchzogenen Schulerziehung zu sein. Ihre Klassenkameraden betrachten sie oft als soziale Ausgestoßene und dadurch leiden sie an Einsamkeit. Jedoch sind sie in der Lage sich akademisch auszuzeichnen. Ihre innere Stärke hält sie aufrecht und führt sie durch die schmerzliche Phase des Aufwachsens. Viele beginnen innere und berufliche Stärke zu finden, wenn sie sich von ihren Familien unabhängig machen.

Viele Lichtarbeiter werden die traditionellen Religionen früh ablehnen, da sie die

Beschränkungen von Dogmen schon in früheren Leben überwunden haben. Andere arbeiten innerhalb etablierter traditionellen Religionen als Reformer, Rebellen oder als Erneuerer. Jedoch wählen viele spirituelle Neutralität und Unabhängigkeit von traditionellen religiösen Bewegungen.

Viele werden an dem Zenith ihrer beruflichen Karriere eine immer intensiver werdende Sehnsucht nach dem Spirituellen verspüren. Manche werden ihre Posten verlassen, während andere versuchen werden ihr Interesse an ihrer Arbeit beizubehalten und ihre spirituelle Sehnsucht zu stillen. Eine Suche beginnt. Sie beginnen in anderen Dimensionen nach Antworten zu suchen, kontaktieren Astrologen, Psychics und Medien, vertiefen sich in Bücher über Nahtod Erfahrungen oder besuchen die vielen spirituell orientierten Webseiten im Internetz. Einige Fragen werden dadurch beantwortet, doch zwangsläufig kommen mehr Fragen auf als Antworten. An diesem Zeitpunkt ist es für den Lichtarbeiter für gewöhnlich Zeit, seine oder ihre letzte Einweihung wieder zu erhalten.

Rückgewinnung des letzten Einweihungsgrades[30]

In allen Plänen der Lichtarbeiter gibt es einen Auslöser der sie zu einem tiefen Gefühl aufwecken soll, einem Gefühl, dass sie eine Art von spiritueller Mission zu erfüllen haben. Dieses Erwachen sollte in den Jahren vor 2012 stattfinden. Der Auslöser kann eine tiefe emotionale Krise sein, eine wachsende Unzufriedenheit mit dem Leben

---

[30] In Kapitel 5 beschreiben wir wie man diese Rückgewinnung erhält

im Allgemeinen oder ein einfaches, ständiges Wissen, dass sich die Prioritäten im eigenen Leben ändern müssen. Das Leben „fühlt sich nicht richtig" an und man scheint gegen eine Steinwand zu knallen.

Während das Erwachen den Lichtarbeiter beschäftigt, fühlt er oder sie sich angestoßen in die spirituellen Seiten des Lebens zu blicken und es beginnt ein allmählicher Prozess der Umkehrung der Lebensprioritäten. Ein Suchen hinein in spirituelle Lehren und Wieder-Kontaktieren der Seele bis das spirituelle Leben wichtiger wird als der Beruf. Der Drang des Aufwachens erfordert vom Lichtarbeiter, den Kontakt mit seinem höheren Selbst wieder aufzubauen und sich so wieder mit dem göttlichen Plan zu verbinden.

Für gewöhnlich bringt die Rückgewinnung eine schnelle Wiederholung aller mühsamen Schritte von der Probezeit zur Schülerschaft und anschließend bis zur Einweihung selbst mit sich. Durch tiefe Meditation, Studium und dem Dienst kann dieser schnelle Weg der Einweihung in wenigen Jahren anstatt in mehreren Lebenszeiten vollzogen werden. Der Prozess kann sehr anstrengend sein, da es eine Erhöhung der Schwingung des Körper Vehikels erfordert, so dass manchmal der Körper zu schwach ist um dieser schnelle Transformation stand zu halten. Jedoch geschieht dieser Prozess unter der Aufsicht eines Meisters.

Während der Lichtarbeiter die Einweihung in verdichteter Form erhält, muss er oder sie auch mit den schlechten Angewohnheiten und dem Karma das in dieser Inkarnation aufgenommen wurde, fertig werden. Die Rückgewinnung kann einerseits stärkend oder welterschütternd auf die Persönlichkeit wirken, und so kommen viele Lichtarbeiter vom Weg ab und geben auf.

Diejenigen die erfolgreich ihre vorhergehende Stufe der Einweihung wieder erlangen, müssen erst wieder Erlernen wie man der Menschheit dient. Der Dienst ist in die Seele des Lichtarbeiters geschrieben, doch können die Lebensumstände und die Persönlichkeit seine Manifestation behindern. Für gewöhnlich hängt das berufliche Fachwissen des Lichtarbeiters mit denen seines göttlichen Dienstes zusammen. Bis aber die Verbindung mit dem höheren Selbst nicht wieder hergestellt ist, kann dieses Fachwissen des Lichtarbeiters nicht mit den gesamten lokalen und weltweiten Zusammenhängen in Einklang gebracht werden.

Alternative zur Rückgewinnung

Die spirituelle Hierarchie hat noch andere Vorkehrungen getroffen um frühere Erleuchtete oder fortgeschrittene Eingeweihte zu inkarnieren, die mit anderen Projekten auf der spirituellen Dimension beschäftigt sind. Eine weitere Seele wird sich freiwillig melden um zu inkarnieren und bereitet das Körper Vehikel von Geburt an auf die Zeit vor, bis, für gewöhnlich durch eine emotionale Krise, die erste Seele den Körper frei macht und die fortgeschrittene Seele ihren Platz einnehmen kann. Während die Seele den Körper nach und nach frei gibt, erfährt die Persönlichkeit einen Kontakt mit dem Tod oder wünscht sich psychologisch zu sterben. Dies ist ein Anzeichen für einen Walk-In Austausch.

Das Körper Vehikel behält die Erziehung, das Benehmen und die Erinnerungen der vorhergehenden Seele bei und mit Ausnahme von feinen Unterschieden in der Persönlichkeit, bleibt die Walk-In Seele von anderen unerkannt, bis auf diejenigen welche die Person eng kennen oder auch von anderen Walk Ins. Der Körper ist wieder von einer neuen vitalen Energie durchflossen und verfolgt die Mission die von der neuen Seele bestimmt wird weiter. Sie wird jedoch eine Phase der physischen Umstellung erfahren, was anstrengend und unbequem sein kann.

Die erfolgreiche Rückgewinnung oder Walk-In

Während mehr fortgeschrittene Lichtarbeiter ihre früheren Einweihungsgrade wiedererlangen und sich Walk-Ins in ihren neuen Körper Vehikeln einsiedeln, werden sie sich bewusst oder erschließen sich frühere Fähigkeiten als Weiße Magier wieder. Wenn diese Fähigkeiten durch die Persönlichkeit zu Tage treten, werden sie zu den jeweiligen Ereignissen des Pralayas und den Umwälzungen die noch kommen werden, geführt werden. Wenn Lichtarbeiter ihren Status als Weiße Magier wieder einnehmen, können sie das Beste während dieser anstrengenden Zeiten tun. Da sie ein Verständnis für die Zusammenhänge des Erdenwandels besitzen, sind sie in der Lage Redner für die spirituelle Hierarchie zu werden, ihren Nachbarn und Freunden die Gründe für diese Umwälzungen zu erklären und diese Informationen der allgemeinen Öffentlichkeit, ihren Familien, Freunden und Kollegen als Gedankennahrung anbieten.

Es ist nicht ungewöhnlich für die Mehrheit der

Menschen sich vor diese Informationen zu scheuen und sich ihnen zu widersetzen; möglicherweise auch aggressiv gegen sie zu argumentieren; neue Ideen die vorgefasste Vorstellungen stören, bringen meistens Unbehagen mit sich, der Widerstand sich zu ändern ist einer unserer schlechten Angewohnheiten. Lichtarbeiter werden sich selber in der Situation wieder finden, als Bringer der Negativität und als Propheten der Verdammnis beschuldigt zu werden, da die Öffentlichkeit nichts hören will, was den status quo durcheinander bringt. Zur gleichen Zeit werden gewalttätige, katastrophale Erdenwandel und Aufstände die Gemeinde der Lichtarbeiter erreichen was viele aufwachen lässt: Schließlich wird der Lichtarbeiter in der Lage sein, sich als geistig gesunder Führer inmitten des Wahnsinns herauszubilden.

Aufgrund des dringenden Zusammenhangs in dem wir uns heute befinden, ist es nicht ungewöhnlich für wieder-verbundene Lichtarbeiter, dass sie ein „Upgrade" ihres Einweihungsstatus erfahren. Allgemein verdient durch das Durchschreiten des schnellen und oftmals schmerzlichen Rückgewinnungs-Prozesses.

Eine Krise der Verpflichtung

Die Jahre 2006 bis 2007 bringen eine scharfe Demontage der Finanzmärkte mit sich welche jeden treffen werden. Die spirituelle Hierarchie schätzt, dass die Lichtarbeiter zu dieser Zeit zu einer Entscheidung in Bezug auf ihre Verpflichtung zum Dienst gekommen sind. Wie oben schon skizziert, benötigt eine solche Verpflichtung einen Rückgewinnungsprozess der jeweiligen Stufe der spirituellen Entwicklung eines früheren Lebens,

Die Rolle Des Lichtarbeiters

die Festigung dieser Stufe in der Inkarnation und die Aufgabe die Dienstmission dieses Lebens und das Bewegen auf die nächste höhere Stufe der Einweihung zu vollbringen. Zum Beispiel; wenn der Lichtarbeiter in einem vorhergehenden Leben die zweite Stufe der Einweihung erhalten hat, so muss er oder sie diese Stufe wieder erlangen und kann durch weiteren Dienst die dritte oder sogar vierte Stufe in diesem Leben erreichen.[31]

Während den Schlafstunden, treffen sich die Lichtarbeiter weiterhin auf den höheren Ebenen der astralen Ebene und arbeiten aktiv als Gruppe von Weltdienern zusammen, um die Dinge vorzubereiten die noch vor uns liegen. Der Widerspruch zwischen Schlaf und Wachzeit ruft ein Unbehagen hervor und treibt zum Erwachen für die jeweilige Mission an, doch es ist die bewusste Ebene auf der die Lichtarbeiter zu einer Entscheidung für den Dienst an der spirituellen Hierarchie kommen müssen. Wenn erst dieser Widerspruch aufgelöst ist und die Schlafaktivität mit den wachen Stunden harmonisch übereinstimmen, wird ein inneres Gefühl von Frieden vorherrschen.

Anforderungen des Lebens

Während der wachen Stunden sind zu viele potentielle Lichtarbeiter mit den Details und Problemen ihres irdischen Lebens überfordert. Familiäre Probleme und Verpflichtungen; unverständnisvolle Gatten; Bequemlichkeit und Komfort des materiellen Lebens, oder Not durch das

---

[31] Aufsteiger die eine Einweihung über der vierten versprechen, interpretieren den Einweihungsweg falsch und machen ihn lächerlich.

Fehlen von Geld; grundlegender Egoismus der in dieser Inkarnation gelernt wurde; Macht, Ambitionen – alle diese tragen zu einer Bandbreite von Entschuldigungen bei, die Viele vor dem erwidern des Drängens des Höheren Selbst abhält.

Zur gleichen Zeit haben die dunklen Kräfte auf der astralen Ebene diese Erleuchteten schon im Visier und während sie ihren Weg durch das undurchdringliche Labyrinth ihrer gegenwärtigen Inkarnation gehen, werden sie durch diese auf ihrem Weg überlistet und irregeführt, so dass in vielen Fällen einige in Drogen oder Alkoholismus Zuflucht gesucht haben, unmögliche Heiraten eingegangen sind oder sich früh Krankheiten eingefangen haben.

Die Versuchungen der Macht und der Autorität haben ebenso viele von ihrem Weg abgebracht die in Regierungen oder Firmen arbeiten. Andere Lichtarbeiter haben ihre Karrieren zu ernst genommen und wurden vom *Maya* ihres Berufs oder ihrer gesellschaftlichen Position in Besitz genommen. Wieder Andere wissen tief in ihrem Inneren, dass sie Lichtarbeiter sind, doch können sie ihr einfaches Leben welches sie zu Stande gebracht haben nicht ganz loslassen. Diese spirituellen Oberflächler und Dilettanten finden dass die Erfordernisse für den Einsatz die menschlichen Pläne unterbrechen.

Sogar große spirituell Erleuchtete wurden durch psychologische Probleme von ihrem Weg abgelenkt. Manche die große Gefolgschaften durch die Beziehung zwischen Guru und Student geschaffen haben, wurden ebenso von ihrem Weg abgebracht. Diese Zeiten sind so dunkel und verwirrend, dass viele Lichtarbeiter ihren Kontakt zu ihrer ursprünglichen Mission verloren haben. Somit gibt es viele Lichtarbeiter, die sich nun zu ihrem göttlichen Dienst verpflichten müssen den sie versprochen haben an diesem Zeitpunkt zu vollbringen, wenn sie auch im Bewusstsein sind, dass etwas in ihnen erwacht.

Mit Berücksichtigung darauf, dass nur einer von zehn inkarnierten Lichtarbeitern wahrscheinlich aufwacht um eine Mission zu erfüllen – viele legen nur ein Lippenbekenntnis des Willens zum dienen ab-, wissen die Meister der Weisheit nur allzu gut, dass einmal inkarniert, der Schleier der Erinnerung die Persönlichkeit behindern kann. Der Meister El Morya beschreibt seine Erfahrung:

> Seit Unserer Einführung in die „Gesellschaft", wurden wir von diesen „Einladungen" abhängig, die lächerlich wären, wenn nicht so viel von ihnen abhängen würde. Das erste ängstliche Vorstoßen von dem „kühnsten" spirituellen Pionier zu Uns, ging ungefähr so vor sich . . . `I sage! Bist du hier? Nun, wenn du da bist, komme bitte herein . . . aber meine Welt ist in einer perfekten systematischen laufenden Ordnung. *Bitte störe nichts* . . . . Es wäre „schön wenn du eine Weile bleibst und mir alles über mich selbst erzählst!´

Nun, auf den ersten Blick, können Wir nicht einmal über eine Person nachdenken ohne nicht den Rhythmus ihrer Welten zu stören, geschweige denn über die Schwelle einer wirklichen Verbindung zu schreiten; so dass die Tür schon geschlossen ist, bevor wir überhaupt die Einladung bestätigen können, wenn man es so nennen kann!

Bei der seltenen Gelegenheit, wenn Uns gestattet wird zu antworten und die Welt des Lichtarbeiters betreten dürfen, beginnen die *Dinge* natürlich zu geschehen. Die lebende Batterie Unserer Energien, gleich wie gedämpft sie sein mag, energetisiert alles was sie berührt. Wenn Wir somit also in das Bewusstsein treten, beginnt für den Schüler die Wieder-Anordnung seiner Welt. Es ist für das Selbst so unkomfortabel wie alle Umzüge, Renovierungen und Ausbesserungsarbeiten, da es die Stagnation geniest. Dann—die REAKTION! Enttäuschung der Gäste und für gewöhnlich eine „gewaltsame Räumung" und somit schließt sich die ʻsüße Verbindungʹ zwischen den Menschen und seinen Meistern! [32]

Somit, wenn sich die Weltkrise zuspitzt, gärt in den Reihen der Lichtarbeiter die Krise der Verpflichtung.

Meditations-Probleme

Meditation ist der beste Weg um den Kontakt mit seiner Seele aufzubauen. Viele beschäftigen sich oberflächlich mit der Meditation, doch sie können sich nicht konzentrieren oder lang genug ausharren um irgendeinen merkbaren Fortschritt zu machen. Manche Lichtarbeiter kämpfen mit den einfachsten Methoden, unfähig sich zu konzentrieren oder zu visualisieren da die Gedanken mit den Problemen des Lebens und alltäglichen Konflikten beschäftigt sind. Unruhe, kurze emotionale Aufregungen

---

[32] Printz, Thomas, *The First Ray*, Bridge to Freedom, AMTF, pp. 24-25

unterbrechen die Meditation und jede regelmäßige Praktizierung macht bald Platz für andere Bedürfnisse des Lebens.

Der Meister Djwal Khul sagt uns, dass eine gute Erziehung den Geist die Konzentration lehrt. Der Wissenschaftler, Politiker, Doktor, Rechtsanwalt, Geschäftsmann – diejenigen in allen Bereichen in denen Konzentration von Nöten ist, sind bei der Meditation eher erfolgreich als ein ungeübter Geist.

Konzentration und Visualisieren kommen von Disziplin, reiner harter Arbeit und Willensstärke. Es gibt keine Abkürzung. Das kontrollieren des Abschweifens der Gedanken ist die einzige Aufgabe seines Besitzers. Erlangte Gedankenkontrolle trennt den brauchbaren Lichtarbeiter vom spirituellen Wankler oder Dilettanten.

Isolation und Angst

Lichtarbeiter sind über die ganze Welt verstreut, in allen Sektoren der menschlichen Gesellschaft beteiligt, in allen Ländern und Kulturen. Es ist ungewöhnlich, dass sie sich in großen Mengen in einer bestimmten Gegend ansammeln. Da es keine Kirche oder förmliche Organisation gibt bei der sie Gesellschaft finden, kann ihr Erwachen das Gefühl von Angst und Isolation mit sich bringen, die sie, unterschiedlich von der jeweiligen Geburt, durch ihre Inkarnation hindurch bereits gefühlt haben. Trotzdem müssen sie lernen, auf eigenen Beinen zu stehen und in relativer Isolation zu leben, bis an den Tag an dem sie zu anderen Lichtarbeitern stoßen. Als Leuchtfeuer des Lichtes der Hierarchie in ihren jeweiligen geographischen Gebieten, müssen sie lernen starke und unabhängige Arbeiter für die spirituelle Hierarchie zu sein, oftmals auch ohne Lohn.[33]

Entgegengerichtete astrale Einflüsse

Den meisten Schaden an der Strategie der Lichtarbeiter der Hierarchie hat die Gegentaktik der dunklen Mächte gebracht. Welche dazu dient das Aufwachen der Lichtarbeiter zu blockieren. Die dunklen Mächte benutzen die astrale Ebene um Stimmen zu erschaffen, die sich als Meister (und sogar als Gott!) ausgeben, um Lichtarbeiter in die Irre zu führen.

Viele Lichtarbeiter erwachten nur um dazu gebracht zu werden, den Stimmen der von den dunklen Mächten geführten astralen Wesen zu folgen, anstatt auf ihre Seele zu hören.

Diese astralen Stimmen die manchesmal so fein sind, dass sie den eigene Gedanken ähneln, haben schon viele Lichtarbeiter fehlgeleitet und sie verlockenden Theorien folgen lassen, wie z.B.: Schnellen Aufstieg und DNA Aktivierungen um die Erleuchtung zu erlangen, anstatt den herkömmlichen Weg zu gehen um ihre Mission im göttlichen Plan zu verstehen. Manche der fortgeschrittensten Lichtarbeiter der Hierarchie fielen den dunklen Beeinflussungen so zum Opfer. Einmal unter dem dunklen Regime, sind sie

---

[33] Auf den Rat von Meister Sanctus Germanus wurde die Internetseite www.sanctusgermanus.net geschaffen um den Lichtarbeitern auf der ganzen Welt als Anhaltepunkt zu dienen. Einer ihrer Hauptgründe ist es geographisch isolierten Lichtarbeitern mitzuteilen, dass sie nicht alleine sind und dass sich ein weltweites Netzwerk an Lichtarbeitern bildet.

meistens mental so verkrüppelt und ungeeignet für die zukünftige Arbeit mit der wahren spirituellen Hierarchie.

Eine Vielzahl von Meister und Initiierten auf der spirituellen Ebene arbeiten rastlos um den mentalen Kontakt mit den Lichtarbeiter aufrecht zu erhalten um sie zu führen und um sie zu erinnern was sie versprochen haben. Doch ignorieren viele Lichtarbeiter dieses Drängen und lassen sich lieber von astralen Stimmen überzeugen und wählen diese als legitime Führer, die ihnen sagen was sie hören wollen und durch das sie sich gut fühlen.

Aber trotz der kritischen Situation mit den verpflichteten Lichtarbeitern, wird die spirituelle Hierarchie in Bezug auf die Qualität der Verpflichtung eines Lichtarbeiters keinen Kompromiss eingehen.

Benötigter Einsatz

Die spirituelle Hierarchie hält die Flamme der Hoffnung, dass die meisten Lichtarbeiter ihre versprochene Mission realisieren. Wenn sie es nicht tun, wird die Last auf den Verpflichteten fallen.

Als aller erstes muss der Lichtarbeiter eine klare Vision seiner oder ihrer Rolle gewinnen, die wie in die Seele gebrannt sein muss. Nur tiefe Meditation und ehrliche Absichten können die jeweilige Rolle in das Bewusstsein bringen. Diejenigen die darauf warten gesagt zu bekommen was sie tun sollen, werden ewig warten.

Zweitens, gilt der reflexartige Instinkt des physischen Überlebens während des Erdenwandels nicht als Engagement. Halb herziges Engagement aus Angst reicht nicht für die spirituelle Hierarchie.

Drittens, ist die Verpflichtung keine alternative Arbeit für den Lichtarbeiter oder ihre jeweiligen Gatten. Und, nein, die spirituelle Hierarchie verspricht den Lichtarbeitern keinen Lohn um ihre Mission auszuführen! Das von Herzen kommende Engagement kommt ohne Bedingungen. Die meisten werden erkennen, dass wenn man einmal angefangen hat, der Lohn von alleine kommen wird.

Viertens, muss der Dienst selbstlos sein und begünstigt außerdem diejenigen außerhalb der näheren Familie des Lichtarbeiters.

Fünftens, wie bereits oben erwähnt, kommt eine Verpflichtung zum Dienst mit dem Rückgewinnungsprozess. Wir betonen nachdrücklich, dass dieser Prozess bereits im Gange ist: die Meister der Weisheit arbeiten rund um die Uhr mit Lichtarbeitern rund um den Globus zusammen. Sei es durch die großen Religionen der Erde, ihre regionalen oder lokalen Gottheiten, ungebundene Selbstverwirklichung, Meditationsgruppen und dergleichen um den Lichtarbeiter in Bewegung zu bringen.

Sechstens, einmal verpflichtet, müssen die Lichtarbeiter fleißig daran arbeiten, die Schwingungen ihres physischen Vehikels zu erhöhen um die Herausforderungen die noch auf sie zukommen werden zu bestehen. Reinigung des Vehikels ist sehr wichtig.

Siebtens, die vorigen Überlegungen sollten den Lichtarbeiter anspornen die Weiße Magie zu praktizieren um der Menschheit Gutes zu tun. Diese werden hier als göttliche Taten beschrieben. Wenn Lichtarbeiter wieder Weiße Magie praktizieren, sind sie fest auf ihrem Weg in Einklang mit dem göttlichen Plan.

Folgen der Verpflichtungskrise

Wenn Lichtarbeiter zu langsam sind aufzuwachen oder den Verpflichtungen ihrer Mission nicht nachgehen, wird das Leid dass mit den drei Krisen – Wirtschaftsdepression, Weltkrieg und Erdenwandel – verbunden ist, keine Grenzen kennen. Die kritische Periode zwischen 2006 bis 2012 wird bestimmen, ob sich die Menschheit in den Stürmen des Leidens windet oder ob sie das Regime der dunklen Mächte, dass die Menschheit seit undenkbar langen Zeiten fest in der Hand hält, so schnell wie möglich beenden werden. Ob die Armee der Lichtarbeiter nun erwacht oder nicht, die Auflösung der Finanzsysteme der dunklen Mächte und das daraus folgende Leid für die Menschheit werden weitergehen. Wenn sich die dunklen Mächte die Massen der Arbeitslosen unter den Nagel reißen und sie für ihre barbarischen, militaristischen Ziele benutzen, wird noch mehr menschliches Leid folgen.

Ohne die Voll-Zeit Bemühungen der Lichtarbeiter, Licht in dieses Elend zu bringen, wird das Leiden der Welt fortdauern. Lichtarbeiter, angemessen vorbereitet als Weiße Magier, können Aktionen des Mitleids in jeder Gemeinde anführen um das menschliche Leiden zu mildern. Sie können zwar den Marsch des Pralayas nicht aufhalten, aber sie können jedes Ereignis zu einem schnellen Ende bringen und die Zeit des menschlichen Leides verkürzen. Das ist das große Geschenk, das die Lichtarbeiter der Menschheit während der Vor- 2012 Zeit geben können.

Doch ihr wichtigster Beitrag liegt nach der Zeit des menschlichen Aufruhrs, da es in ihren Händen liegt eine Übergangsgesellschaft während der Zeit des Wiederaufbaus zu bilden, die den Verlauf der Dekaden des Neuen Goldenen Zeitalters formen werden.

Die innere Führungsstruktur hinter den Lichtarbeitern

Da Lichtarbeiter über die Welt verstreut sind, erscheint ihre Kraft als Gruppe strukturlos und unorganisiert. Jedoch hat keine menschliche Organisation die Fähigkeit tausende, vielleicht Millionen von verstreuten Lichtarbeitern zu identifizieren und zusammen zu bringen. Stattdessen steht hinter dieser losen Erdenstruktur eine solide spirituelle Struktur, die ein vollständiger Teil der spirituellen Hierarchie ist, welche jeden Lichtarbeiter führt um ihre oder seine Rolle im großen Plan spielen zu können. Der Kopf dieser Struktur ist der Meister Sanctus Germanus, besser bekannt als Sanctus Germanus (St. Germain), der Hierarch des Neuen Goldenen Zeitalters. Tausende von Meistern, die der Menschheit zum Großteil unbekannt sind, arbeiten an diesem Projekt. Diese Meister stehen hinter jedem Lichtarbeiter und von ihrem Standpunkt aus, sind sie in der Lage die wahre Motivation und das Engagement von jedem zu messen.

Wenn sich die verschiedenen Krisen in den kommenden Jahren zuspitzen und menschliche Regierungen, Institutionen und Organisationen zu bröckeln beginnen, wird sich diese Struktur beginnen zu manifestieren. Die Meister und ihre Initiierten bringen die inkarnierten Lichtarbeiter zurück in diese Struktur, so dass in naher Zukunft eine nahtlose hierarchische Struktur entstehen kann, die sich von der irdischen Ebene bis hinunter in die spirituellen Dimensionen erstreckt.

Wie oben so unten

Die Lichtarbeiter sind somit die wesentliche Verbindung zwischen der geistigen und der physischen Welt und während sie ihren Weg wieder-finden, werden sie schließlich ihre Fähigkeit wiedererlangen sich mit Leichtigkeit zwischen den Dimensionen zu bewegen und einen klaren Kontakt mit der spirituellen Hierarchie aufrecht zu erhalten. Diese spirituelle Verbindung wird auf jeden Betätigungsfeld auftreten. Mit der Hilfe ihrer Gegenstücke in der spirituellen Welt, kann z.B.: ein Lichtarbeiter der Chemie eine Bahnbrechende Formel ausdenken, ein Lichtarbeiter der Journaille mit neuen Einsichten die Machenschaften der dunklen Mächte aufdecken und ein Lichtarbeiter aus dem Bankenkreis kann die Finanzmachenschaften in der Industrie sehen und Reformen in Gang bringen.

Wenn Lichtarbeiter in einer Gruppe dienen, wird auf der spirituellen Ebene eine Gegengruppe erstellt um das ganze Vorhaben zu unterstützen. Oder man kann auch sagen, dass die irdischen Gruppen zusammenkommen, da es auf der spirituellen Ebene eine Gegengruppe gibt. Die

Gegengruppe besteht für gewöhnlich aus ehemaligen Kollegen und Experten aus dem jeweiligen Fachgebiet. So besteht eine starke, jedoch unsichtbare Struktur, welche die Arbeiten der Lichtarbeiter unterstützt, falls oder wenn sie ihre versprochene Mission antreten. Diese Abmachung hilft die Aktivitäten innerhalb des göttlichen Plans zu halten, wenn also die menschlichen Gruppen von ihrer Mission abschweifen, werden die Mitglieder eine innere Unzufriedenheit spüren, bis sie sich wieder bemühen sich selbst auszurichten.

Viele Lichtarbeiter werden geleitet um den Weg zu den spirituellen Regionen anzuführen. Noch vor den vernichtensten Katastrophen. Mit ihnen gehen Muster der Regierung und Strukturen von sozialer Organisation, welche ihren Gegenstücken auf der ätherischen Ebene bekannt sind. Diese ätherischen Gegenstücke arbeiten mit den höchsten kosmischen Prinzipien, um eine neue Übergangsgesellschaft zu bilden; die Kombination von „Grund Ebenen" Lichtarbeitergruppen und ihren ätherischen Gegenstücken die in der spirituellen Region zusammenarbeiten, werden den Menschen eine zweite Chance geben um ihren Kurs auf der menschlichen Evolution zu berichtigen.

Bildung eines Weltrats von Adepten

Die spirituelle Hierarchie schickt ihre Avatare und Meister auf die irdische Ebene um die Menschen während der Tumulte zu beraten und zu führen. Die Meister der Weisheit arbeiten zum großen Teil telepatisch durch ihre inkarnierten Lichtarbeiter auf der irdischen Ebene. Doch nehmen sie von Zeit zu Zeit selbst einen astralen oder ätherischen Körper an um eine sichtbare Erscheinung auf der Erde zu erzeugen. Andere arbeiten konstant und im Geheimen auf allen Kontinenten der irdischen Ebene. Zum Beispiel weis man von einigen Meistern, dass sie als Konferenzteilnehmer getarnt wichtige Politik- und Wirtschaftsgipfel besuchen. Man weis von ihnen, dass sie entmutigte Lichtarbeiter „fleischlich" treffen um sie wieder zu ermutigen. Sie übernehmen auch Lichtarbeiter um durch sie zu sprechen.

In den kommenden Jahren wird sich der Rat der Adepten still und leise auf der irdischen Ebene formen. Dieser Rat wird von Adepten der spirituellen Hierarchie besetzt, die Schlüsselpositionen in allen Betätigungsfeldern einnehmen werden. Es ist im Moment noch nicht klar, ob die Meister selbst Mitglieder dieses Rates sein werden. Aus offensichtlichen Gründen wird der Rat hinter den Kulissen bleiben und im Geheimen operieren bis sich die Zustände auf der Erde ändern.

Wenn der Rat zusammenkommt, wird er das führende Licht für die Welt der Lichtarbeiter bilden. In jeder sicheren Zone werden Mitglieder des Rates der Adepten eine Struktur organisieren, die auf den kosmischen Prinzipien aufgebaut ist und welche den nachkommenden Lichtarbeiter dient und sie organisiert. Ihre erste große Aufgabe ist, eine Organisation aufzubauen welche die Vertriebenen aus Katastrophengebieten aufnehmen kann, die ihren Weg zu den spirituellen Regionen machen.

Führerrolle der verpflichteten Lichtarbeiter

Lasst uns nun auf diejenigen Lichtarbeiter konzentrieren, die sich selbst für die Arbeit der spirituellen Hierarchie verpflichtet haben.

Der wirklich verpflichtete Lichtarbeiter hat sich entschlossen in einem Minenfeld zu arbeiten. Während der Zeit vor2012, ist es die Hauptaufgabe des Lichtarbeiters das menschliche Leid, erzeugt durch die Wirtschaftsdepression, Krieg und den beginnenden Erdenwandel, zu mildern. Gegen große Kräfte arbeitend, muss der Lichtarbeiter seine oder ihre Fähigkeit der Weißen Magie wieder erlangen um den negativen Kräften der weichenden dunklen Mächte entgegen zu wirken. Die Menschheit steht nun an dem Punkt, an dem nur Leid ihnen die Augen öffnen kann, und der Lichtarbeiter muss bereit stehen und fähig sein zu helfen. Nicht als durchschnittliche Person sondern als Weißer Magier.

Dienst in den Mitten der großen Krisen wird den Lichtarbeiter prüfen und ohne richtige Entschlossenheit, werden sich einige entscheiden ihre Mission abzubrechen. Diejenigen, die sich *entscheiden* ihren Lebensweg weiter in das Neue Goldene Zeitalter zu gehen, müssen jetzt beginnen sich dementsprechend einzustellen. Wir betonen nachdrücklich, dass ein Leben durch die Umwälzungen der nächsten Dekaden eine bewusste Entscheidung zum Dienst benötigt. Lichtarbeiter die fühlen, dass ihre Verpflichtungen des täglichen Lebens wichtiger sind und sich entscheiden keine Veränderungen in ihrem Leben zu unternehmen, werden weiterhin weit weg von der Front bleiben und ihrer Verpflichtung nicht nachkommen. Nur die Herren des Karmas können entscheiden wie dieses nicht handeln ausgeglichen werden kann. Es gibt kein richtig oder falsch in dieser Entscheidung.

Die spirituelle Hierarchie macht kein Zugeständnis über die Qualität der Verpflichtung eines Lichtarbeiters, denn, war es nicht der Lichtarbeiter der sich freiwillig für diese Aufgabe gemeldet hat? War es nicht der Lichtarbeiter der sich seine oder ihre Rolle definiert hat um seinen Teil zum göttlichen Plan beizutragen?

Was vor uns liegt ist nichts für schwache Geister und spirituelle Dilettanten. Im Herzen muss eine vollständige Verpflichtung für die Erfüllung der Mission sein, egal wie niedrig oder schwierig sie auch sein mag. Ein klares Wissen der eigenen Seelenmission, entstanden durch Meditation, wird den Antrieb und die Kraft liefern, die der Lichtarbeiter braucht um den Weg zu den spirituellen Regionen zu folgen, mit großen Verschiebungen von Populationen fertig zu werden und schließlich an dem Aufbau der Übergangsgesellschaft teilnehmen, die als Beispiel für die neue goldene Zeit dienen wird.

Möglichkeiten für die Zusammenarbeit zwischen den Lichtarbeitern

In den vorhergegangenen Kapiteln diskutierten wir kurz, wie die großen Fluten die Küsten und die niedrig gelegenen Gebiete der Welt überschwemmen werden. Viele der Hauptstädte entlang den Küsten werden zerstört, was einen Blutzoll jeglicher Vorstellung liefern wird. Zur gleichen Zeit werden höher gelegene Stadtzentren und umgebende Regionen intakt bleiben.

Es gibt eine Fülle von Arbeiten die gemeinsam nach den drei Krisen die wir vorhin aufgezeigt haben in Angriff genommen werden können: die Wirtschaftsdepression, der kommende Krieg und schließlich die Evakuation großer Menschenmengen durch die große Flut. Indem die Lichtarbeiter diese Szenarien im Voraus kennen, können sie sich auf jede vorbereiten, noch bevor die Krisen geschehen.

Weiße Magie: Die Basis ALLER Lösungen[34]

Mit überwältigenden Zuständen konfrontiert, was kann da ein Lichtarbeiter tun? Als allererstes, muss jeder Lichtarbeiter die Kontrolle über seine oder ihre Gedanken wieder erlangen, so dass sie oder er die Gedanken kontrollieren anstatt diese Gedanken den Verstand beherrschen zu lassen. Siehe Kapitel 5 mit unseren Vorschlägen wie man die Herrschaft über die Gedanken erlangt.

Zweitens, können Lichtarbeiter spirituell inspirierte Problemlösungen anbieten, im Gegensatz zu der Hilfe von den Wohltätigkeits- und Sozialeinrichtungen. Sie können das Leiden als Weiße Magier heilen, so wie es Meister Jesus tat. Menschen in Not werden zu dem Lichtarbeiter finden, damit dieser mit telepathischem spirituellen Heilen helfen kann[35], was bei allen schrecklichen Umständen genutzt werden kann. Sei es Hunger oder bis zum Heilen von

---

[34] Stark empfohlen ist hier *A Treatise on White Magic*, by Alice A. Bailey
[35] Die Sanctus Germanus Stiftung trainiert einen Kern von telepathischen Heilern die anderen Lichtarbeitern das telepatische Heilen lehren.

Krankheiten. Gutes telepathisches Heilen kann Individuen und Gruppen in Zeiten der Not helfen.

Am beginn müssen die Lichtarbeiter als Weiße Magier sehr diskret vorgehen, da die meisten Menschen die Weiße Magie nicht verstehen werden. Spirituelle Führer und Meister werden die Menschen die Hilfe benötigen zu den Lichtarbeiter führen oder der Lichtarbeiter selbst wird in Situationen versetzt in denen nur stille Meditation und der Aufruf Weiße Magie zu verwenden die einzige Lösung ist. Viele „Wunder" werden rund um die Arbeit des Lichtarbeiters geschehen und durch ihre Arbeit werden sich andere spirituell-geneigte Menschen um sie versammeln und ihnen Trost schenken. In anderen Worten, bietet die Krise enorme Möglichkeiten für Dienst und Mitleid.

Muster der Kooperation zwischen Hoch- und Tiefland

Lichtarbeiter die in Überschwemmungsgefährdeten Gebieten leben, sollten dem Drängen ihrer spirituellen Führer folgen und ihre Gemeinde informieren, sich auf höheren Grund zu begeben. Diese bereits in höheren Gebieten platzierten Zentren, wurden dort errichtet um den Zustrom von Vertriebenen aus den tieferen Lagen aufzunehmen. Eine natürliche Kooperation zwischen den Hochland und Tiefland Lichtarbeitern wird bestehen, um dieser unausweichlichen Krise entgegenzutreten. Lichtarbeiter in den sicheren und gefährdeten Gebieten einer bestimmten Region sollten beginnen zusammen zu arbeiten, um zu planen wie man mit dieser kommenden Krise fertig wird.

Wirtschaftsdepression: Möglichkeiten für die Lichtarbeiter

Eine Schlüsselrolle unter den Lichtarbeitern wird sein, das Leid das durch eine weltweite Wirtschaftsdepression verursacht wurde, zu mildern. Millionen werden arbeitslos sein, Papiergeld wird seinen Wert verlieren, Familien werden auf die Straße gesetzt und viele gewöhnliche Personen werden vor dem nichts stehen und gezwungen sein auf den Straßen zu betteln. Durch die Straßen gehend und dieses Leid sehend, werden die Lichtarbeiter aufgefordert mental und spirituell zu heilen, nicht die ganze Situation sondern individuell.

Zeichen von lokalen wirtschaftlichen Druck

Die weltweite Wirtschaftsdepression wird am Ende des Jahres 2007 erwartet. Von diesem Punkt an, wird es für Jahre keine Erholung geben und die Welt im gemeinen wird auf das grundlegende Leben beschränkt. Zu beginn werden die Zeichen nicht so offensichtlich sein, doch wenn die Jahre vorbeigehen, wird der Druck immer offensichtlicher.

Lichtarbeiter sollten sich nicht auf die Medien verlassen irgendetwas in dieser Richtung bestätigt zu bekommen, denn sie werden alles verneinen. Stattdessen sollten die Lichtarbeiter in ihrer näheren Umgebung nach folgenden Zeichen Ausschau halten:

- Höhere Arbeitslosigkeit als sonst
- „Zu verkaufen" Schilder an den Häusern, da die weltweite Immobilienblase platzt

- Bankrott von Lagerhäusern und Geschäften auf den Haupthandels Straßen, leere und vernagelte Geschäftsfronten
- Lokale Bankversagen und Sturm auf die Banken
- Zunehmende Zahl von Familien die auf Sozialhilfe angewiesen sind
- Mehr gewöhnliche Leute die auf den Straßen betteln
- Größere Zahl von heimatlosen Familien die sich bei Hilfsorganisationen versammeln
- Mehr und mehr Menschen die Zuflucht bei Wechselstuben suchen anstatt bar zu zahlen
- Entstehung von Depressions-artigen Suppenküchen
- Zunahme von Kriminalität
- Rauere Polizeitaktiken
- Militarisierung der Gesellschaft: mehr Menschen in Uniform

Auf nationaler und internationaler Ebene, wird der US Dollar, die Welt Reserve Währung (world´s reserve currency), weiterhin immer mehr im Wert sinken bis er fast nichts mehr wert ist. Der Euro wird für eine kurze Zeit stärker erscheinen, doch auch dieser wird sinken da das Vertrauen in Papiergeld stark sinken wird. Der weltweite Preis für Gold wird leicht über 1000.00 US Dollar pro Unze steigen und wird ohne Einschränkung immer weiter steigen.

Alle diese Zeichen sprechen für eine Hyper-Inflation die jede Brieftasche leeren wird. Die Menschen werden gezwungen sein mit Silber, Gold oder Schubkarren voller wertlosem Geld zu zahlen um ihre täglichen Einkäufe zu erledigen. Diese Situation hat bereits stattgefunden – Argentinien,

Kongo, Guinea, Vietnam, Albanien und Russland sind jüngste Beispiele dafür wie die Armut über Nacht zuschlagen kann.

Die Wirtschaftsdepression birgt viele Möglichkeiten für die Hochland/Tiefland Kooperation der Lichtarbeiter. Es wird in einer anfänglichen Vertreibung der arbeitslosen Menschen resultieren, da ihnen ihr Hab und Gut und ihr Zuhause genommen wurde und sie auf der Suche nach Arbeit sein werden. Mehr und mehr private Bankrotte werden die Menschen zwingen von der Stadt auf das Land zu ziehen. Diese frühe „wirtschaftliche" Verschiebung sollte sich vorzugsweise vom Tiefland zum Hochland vollziehen.

Die Lichtarbeiter sollten alles was in ihrer Macht steht tun, um die Leute zu ermutigen in höhere Regionen zu ziehen. Weil sie befähigt sind in die Zukunft zu sehen, sollten sie die große Mehrheit der Bevölkerung aufklären was noch geschehen wird. Sie können mit den Katastrophenschutz und Wohltätigkeitsorganisationen in ihrer Umgebung reden wenn sie klug sind. Information ist machtvoll, aber es obliegt jedem Individuum diese Informationen zu beherzigen und danach zu handeln.

Die Lichtarbeiter die sich bereits in höher gelegenen Gebieten befinden, können die örtlichen Behörden auf den Zustrom von Flüchtlingen vorbereiten. Die Gefahr dass es zwischen den Zuströmenden und den Einwohnern der höher gelegenen Gebiete zu Konflikten kommt ist groß und so kann der Lichtarbeiter eine Rolle beim aufnehmen der Brüder und Schwestern in dieses

Gebiet spielen. Dies mag eine heikle Situation sein, die viel Diplomatie erfordert, da die erste Reaktion solcher Gemeinden meist die Ausgrenzung der Neuankömmlinge ist. Je mehr für diese Situation vorbereitet wird, desto besser.

Die Vertriebenen werden Nahrung, Unterschlupf, Kleidung und frisches Wasser benötigen. Viele der bestehenden Hilfsorganisationen haben Vorgehensweisen übernommen um den örtlichen Einwohnern bei Katastrophen zu helfen, doch sind sie für die Massenwanderung und das folgende soziale Chaos vorbereitet? Sie werden nicht in der Lage sein, von den gelähmten Regierungen Hilfe zu bekommen. Die Größe so einer Volksvertreibung wird die Behörden überlasten, so dass die Lichtarbeiter eine entscheidende Rolle im organisieren von Gruppen darstellen, um mit dem Allem fertig zu werden. Gut vorbereitet ist halb gewonnen (Forewarned is forearmed).

Zusammenarbeit unter Lichtarbeitern und mit bestehenden Gruppen kann folgendes sein:

- Das aufbauen von Gärten auf unbewohntem Land um die Nahrungsversorgung sicher zu stellen
- Verlassene Gebäude in höheren Gebieten nutzen um Vertriebenen einen Unterschlupf zu geben
- Frischwasserquellen ausfindig machen
- Gebrauchte Kleidung sammeln um sie in der Zukunft zu verwenden
- Arenas, Gemeindehallen, Freizeitanlagen, Schulen, etc ausfindig machen und Zugang zu diesen erlangen, um die Heimatlosen und die Reisenden unterzubringen.

- Cafeterias in allen Gebäuden ausfindig machen, die als Suppenküchen dienen können, etc.
- Mit Kirchen reden um die Heimatlosen unterzubringen

Während die wirtschaftliche Bewegung der Bevölkerung weitergeht, sollten Lichtarbeiter in niederen Lagen ernsthaft ein Umsiedeln in höhere Gebiete bedenken, um sich auf die Fluten vorzubereiten. Wenn frühzeitige Überflutungen in der Nähe eines Lichtarbeiters passieren, sollte dies als ernstes Zeichen gesehen werden auf höheres Terrain zu ziehen. Lichtarbeiter müssen diese Entscheidung selbst fällen und auch die nötige Kraft aufbringen um diesen Umzug zu machen. Es wird keiner da sein, der ihnen sagen wird was sie tun sollen und bei der Ankunft auf höherem Gebiet wird auch kein Empfangskomitee auf sie warten. Sie müssen die harte Entscheidung machen aus ihrem Leben auszubrechen und auf eigene Initiative fortzugehen. Begründet auf der Leitung ihrer spirituellen Führer. Dies kann bedeuten, dass sie ihr Heim aufgeben und sich von all ihrem Besitz trennen müssen der in dieser Phase ihrer Mission nicht von Belang ist. Dies benötigt einen Quantensprung des Glaubens und der Vor-Kenntnis.

Alle Lichtarbeiter benötigen einen festen und klaren Plan wohin sie gehen, bevor die Katastrophen zuschlagen. Sie sollten sich nach Möglichkeit Orte in der Nähe von einer spirituellen Region suchen. Wie viele andere die bereits in diesen Gebieten sind, sollten die Lichtarbeiter umziehen oder sich klare Pläne zum umsiedeln machen – je früher, desto besser.

Zusammenarbeit während des Krieges: Zeit zu siedeln

Wenn der Weltkrieg anhebt und die Einberufungen ausgesendet werden, ist es für den Lichtarbeiter Zeit sich zu ihrer ausgesuchten spirituellen Region zu begeben. An diesem Punkt sollte kein Zweifel bestehen, dass sich die Dinge so ereignen wie in dem 1 Band der *Sanctus Germanus Prophezeiungen* prophezeit wurde. Die Samen für den dritten Weltkrieg wurden schon gesät.

Der Rat der Adepten wird beginnen die Lichtarbeiter in die jeweiligen wachsenden spirituellen Regionen zu führen. Sie werden die Aufnahme der Vertriebenen vorausplanen. Der Fortschritt der Ereignisse wird sich für den widerwilligen Lichtarbeiter nicht anhalten. Diejenigen die wissen und stetig und konsequent arbeiten, werden die größte Unterstützung von der spirituellen Hierarchie erhalten. Sie werden das Leiden so gut sie können mildern und auf diesen Weg werden sich ihnen mehr Überlebende anschließen während sich die Ereignisse enthüllen.

Um 2010 herum, werden die spirituellen Führer ihre Lichtarbeiter veranlassen sich in die spirituellen Regionen zu begeben. Die Lichtarbeiter werden von selbst in diese Regionen einsickern und sich in den städtischen und ländlichen Gebieten neu gruppieren. Wenn die Nachrichten voll vom Erdenwandel sind, werden sie beruhigt sein die richtige Wahl getroffen zu haben.

Je früher (von 2007 aufwärts) diese Umsiedelung geschieht, desto besser. In vielen Teilen der Welt z.B.: in Nord und Südamerika, Asien, Europa und dem indischen Subkontinent hat diese Bewegung der Lichtarbeiter bereits begonnen. Kleine Gemeinden haben sich in der Nähe der Bergregionen in Nord und Südamerika gebildet. Am Fuß des Himalajas hat sich eine beträchtliche Infrastruktur der Buddhisten gebildet und gewisse Lamas wissen sehr gut über die Erdenwandel bescheid. Ihr System von gegenseitiger Hilfe ist sehr bekannt.

Arbeit während des Krieges für die Lichtarbeiter

Der Krieg hetzt die Menschheit gegen sich selbst auf. Jeder Krieg ist Bürgerkrieg, Brüder gegen Schwestern und gegen sich selbst. Der Krieg hat seine Wurzeln in Gier und Egoismus, nicht in Ideologie oder Religion. Es gibt hier keine falsche oder richtige Seite. Beide Seiten des Krieges sind Werkzeuge der dunklen Mächte, gegeneinander aufgehetzt um die Gier der dunklen Mächte nach Geld zu befriedigen. So ist jede Schlacht im Grunde eine Schlacht des Lichtes gegen das Dunkle.

Der Krieg ist die größere Manifestation der Schlacht die in jedem von uns auf der astralen Ebene tobt. Die dunklen Mächte können Milliarden von inneren Konflikten innerhalb von kämpfenden Nationen manipulieren. Dies ist einfach durch die Propaganda bewerkstelligt, die den Menschen ihre Sicht der Dinge einhämmert und ihre Emotionen aufhetzt.

Eine leidende Welt inmitten einer Wirtschaftsdepression ist ausgezeichnetes Futter für die Kriegstreiber. Der zweite Weltkrieg wuchs aus den Aschen der Depression von 1929. Die Regierungen werden nicht in der Lage sein das

Chaos durch die Depression zu schlichten und das Militär, unter der direkten Kontrolle der dunklen Mächte, wird die Dinge übernehmen um Gesetz und Ordnung durchzusetzen.

Die Militarisierung der Gesellschaft wird der Zivilbevölkerung als einziger Ausweg aus dem wirtschaftlichen Chaos dargeboten, was allerdings eine Einrichtung der Unterdrückung ist; wir können heute schon sehen wie dies genau geschieht. Millionen von Männern und Frauen werden mobilisiert um Krieg zu führen.

Die dunklen Mächte sind sich vollkommen bewusst, dass dies die letzte Schlacht mit den Kräften des Lichtes ist. Mit dem Bewusstsein, dass die Niederlage unausweichlich ist, werden die dunklen Mächte mit der drastischsten und spektakulärsten Art und Weise abtreten, um die Menschheit zu ängstigen. Dies beinhaltet auch den Einsatz von Atomwaffen. Dieses Mal wird es keine Einschränkungen geben, und aus diesem Grund werden viele Seelen freiwillig von dieser Welt gehen, anstatt unter nuklearem Niederschlag (Fallout), Unterdrückung durch das Militär und Krieg zu leben. Erinnerungen der Unterdrückung in der Nachkriegs-Stalin Ära sind noch immer frisch. Dieses Mal könnte es schlimmer werden.

Die Lichtarbeiter können den Krieg nicht verhindern, da die Mobilmachung schon vor einer Dekade begonnen hat und weitergeht. Doch wird das Licht welches sie auf den Krieg werfen, ihn zu einem schnelleren Ende bringen. Die Menschheit muss sich diesen karmischen Ausgleich unterziehen. Denn sind sie nicht auch selbst für den Aufstieg und die Macht der dunklen Mächte verantwortlich? Sind sie nicht selbst Schuld an der Versuchung eines materiellen Lebens und haben sie es nicht selbst zugelassen sich selbst in diesen Betäubungszustand zu begeben? Karmischer Ausgleich vis á vis der dunklen Mächte ist ein Prozess dem die Menschheit nicht entfliehen kann.

Der Krieg bringt das Schlechteste der Menschheit ans Licht. Doch der Lichtarbeiter kann das Beste zeigen. Der Horror des Krieges bringt die Menschheit ironischerweise zu ihrer Essenz zurück: ihren Seelen, welche über den Trubel bleiben und sich immer in einem reinen Zustand befindet. Keine denkende Person kann diesem Schrei der Seele sich nach innen zu kehren widerstehen, wenn derjenige mit den Blutbädern des Krieges konfrontiert wird. Sogar das härteste Individuum sinkt in die Knie wenn er mit solchen Grässlichkeiten konfrontiert oder bedroht wird.

Der kommende Weltkrieg bietet dem Lichtarbeiter eine goldene Möglichkeit, sich an die Front zu begeben und das Gegenteil von Krieg zu demonstrieren. Die spirituelle Hierarchie arbeitet durch seine Lichtkräfte auf der irdischen Ebene und wenn sich die Lichtarbeiter die Hand reichen um Wahrheit und Licht auf das *Maya* des Krieges zu schicken, können sie die Dauer des menschlichen Leides verkürzen und den dunklen Mächten das Handwerk legen.

Lichtarbeiter können alles in ihrer Kraft stehende tun um die Bevölkerung über den Krieg aufzuklären – wer die kriegstreibenden Parteien wirklich sind und warum der Krieg wirklich geführt wird, nämlich aus Gier. Sie können sich aktiv gegen die Beteiligung am Krieg wehren. Viele

Die Rolle Des Lichtarbeiters

Lichtarbeiter zwischen 18 und 42 können gegen ihren Willen in den Militärdienst eingezogen werden. Sie können legale Methoden anwenden, wie Gewissensgründe um einen alternativen Dienst zu leisten oder sich aus dem Wirkbereich der Wehrpflicht entziehen. Nichts kann diesen Krieg rechtfertigen, da es einzig allein die Erfindung der dunklen Mächte ist. Lasst euch nicht von dem „nationalistischen" oder „patriotischen" Vokabular einlullen, da es nur dazu genutzt wird die Menschen in Aggressionen zu stürzen

Diese Aktionen bieten eine günstige Gelegenheit für die Hierarchie um sich zu zeigen. Lichtarbeiter die auf den Ruf ihrer Seele reagiert haben, werden mit der spirituellen Hierarchie arbeiten um den Wirkungen des Krieges entgegenzutreten. Diejenigen die keinen Krieg führen wollen, können die spirituelle Hierarchie anrufen, damit sie ihnen sicheres Geleit bei ihrer Flucht gibt.

Mehr inter-dimensionale Kräfte wurden eingeschaltet um die zurückhinkenden Erdenarbeit zu unterstützen, was die Bedeutung der Öffentlichkeitsarbeit der Hierarchie wichtiger als jemals zuvor macht. Mit den nötigen offenen Kanälen der Kraft und Licht der Hierarchie, kann das Licht auf jede Schlacht scheinen und das Terror Regime der dunklen Mächte einreißen. Das kosmische Gesetz besagt, dass die Weiße Magie immer über die Schwarze siegt, und je mehr die Kräfte der Weißen Magie auf allen Dimensionen zusammenkommen, desto größer die Kraft des Guten und desto kürzer das Terror Regime der dunklen Mächte.

Frühe Warnungen für die kommenden Erdenwandel

Während die Wirtschaftsdepression und der Weltkrieg die Welt in Atem hält, werden Zeichen des Erdenwandels vielfach zu sehen sein. Die globale Erwärmung wird die Meere und andere Wasserkörper anschwellen lassen, während periodische Stürme, Blitzüberflutungen, lange schwere Regen, Hurricanes und Freak Stürme zunehmen und stetig alle Gebiete angreifen. Die Regierungen werden sich widersprechende Informationen veröffentlichen, um die Opfer in dem Glauben zu lassen, dass an alle den nur vorübergehenden Wettermustern schuld seien. Die Lichtarbeiter sollten diese Zeichen als einen zwingenden Grund sehen, sich noch vor den Massenvertreibungen in die Nähe der spirituellen Regionen zu begeben. Viele werden gezwungen sein umzuziehen, doch andere werden so unklug sein wieder in die überfluteten Gebiete zurückzugehen um wieder etwas aufzubauen.

Die große Masse in den Tiefländern wird sich scheuen zu siedeln und wird warten bis es zu spät sein wird. Alles was die Lichtarbeiter tun können ist informieren. Wie es gewöhnlich der Fall ist, wird die Mehrheit bis auf die letzte Minute warten um dann als unkoordinierte Masse die höheren Regionen aufzusuchen.

Zusammenfassung

Die Uhr tickt und mit jedem Jahr das vergeht, wird der Erdenwandel in Frequenz und Intensität zunehmen. Als ein Teil der Strategie der spirituellen Hierarchie, nehmen die Lichtarbeiter die gleiche Rolle ein wie Noah es mit seiner Arche tat, jedoch nicht in einer solchen folklorischen Art. Sie sind die Bewahrer des menschlichen Wissens, welches sie in die Nach-Sintflutlichen Ära mit hinübernehmen werden, wodurch die Goldene Ära geformt wird. Es bleibt die Hoffnung, dass die Kräfte des Lichtes auf der Erde erwachen und sie ihre Mission nach dem göttlichen Plan vollbringen.

Kapitel 5
Die Herrschaft über die Ereignisse erlangen

„Weise ist, der den Stab in die Hand nimmt und den Weg auf eigene Faust geht, mit offenen Augen, der Stimme seines Herzens folgend und sich selbst behütend, verweilt er nicht in der falschen Sicherheit der Leistung eines Anderen, doch als ein Weggefährte segnet er ihn, aber geht weiter in Richtung Ziel seiner Erfahrungen, die von seinen Bemühungen abhängen . . . ein solcher erlangt den Sieg."
[36] *El Morya*

Im Vorwort dieses Buches machte es Meister Sanctus Germanus klar, dass das verbleiben auf der Erde während des Pralayas eine Frage der Entscheidung ist. Wenn du dich dieser Situation nicht hier auf der Erde stellst, wirst du schließlich wo anders mit ihr konfrontiert sein. Und aus einer ewigen Perspektive aus gesehen, gibt es keinen Grund zur Eile. Wenn du wünschst mehr darüber zu erfahren was die Verpflichtung mit sich bringt, dann lies biete weiter. Ansonsten kannst du dieses Kapitel überspringen und dich mit dem nächsten beschäftigen.

Als die spirituelle Hierarchie die Pläne für diese Periode aufstellte, warst du unter den begeisterten Seelen dabei, die durch das karmische Brett von

---

[36] Printz, Thomas, *op.cit.* p.51.

tausenden, wenn nicht sogar Millionen Freiwilligen ausgewählt wurden. Jedoch einmal in dem dicken *maya* der Erdebene, wurde deine Begeisterung gedämpft und die Ziele deiner Inkarnation verdunkelten sich.

Manch einen hat der heutige materielle Wohlstand unserer Zivilisation eingenommen, was sie zwingt für die Dinge des täglichen Lebens zu kämpfen und was sie folglich von ihrer Bahn abbringt. Viele häufen unbewusst Schuld und Verachtung für Geld an, welche die dunklen Mächte durch die traditionellen Religionen und den New Age Bewegungen förderte. Als eine Konsequenz daraus, hat sie die Geldenergie eingenommen, was die Menschen in eine ständige benachteiligte Lage bringt, was sie dazu bringt sich darüber zu ärgern, dass die Gesellschaft und Gott die Dinge so schwierig machen. Für andere, hat sie ihre Position und ihr Geld in einen bequemen und „erfolgreichen" Lebensstil gebracht, welcher die Verpflichtung für ihre spirituelle Reise überschattet. Spirituelle Dilettanten sammeln sich auf Kreuzschiffen, an tropischen Bädern und Stränden, folgen ihren Gurus von Ort zu Ort oder ziehen sich in Wellness Orte zurück um an „Fühl dich gut" Programmen teilzunehmen, die von der pseudo-spirituellen Bewegung veranstaltet werden. Beide Extreme erzeugten verschiedene Arten von Selbst-Zentriertheit welche die Werkzeuge des göttlichen Planes behindern.

Weiters, haben die dunklen Mächte die Lichtarbeiter im Visier und haben schon viele von ihnen in ein Genre von Pseudo-Spiritualität getrickst, dass nur Lippenbekenntnisse für die Gruppenarbeit gibt, während zur gleichen Zeit die hervorgebrachte Persönlichkeit Marotten entwickelt, was in einer Zersplitterung der Gruppenarbeit endet. Alle spirituellen Gruppen werden in dieser Hinsicht angegriffen um ihr zusammenkommen zu verhindern.

Heutzutage „fühlen" Lichtarbeiter wie du einer bist, dass irgendetwas verkehrt läuft, aber die meisten tun die warnenden Stürme und Kriege bis jetzt nur als einen weiter kleinen Zirkel ab. Um ihr Leben nicht zu sehr zu stören, bevorzugen es einige die großen Änderungen nicht wahrzunehmen oder sich gegen diese Erkenntnis zu sträuben. So ist die Formierungen der „Truppen" für die finale Schlacht sehr unzufriedenstellend, da das Engagement der Lichtarbeiter sich gegen die Dunklen Mächte zu wehren und gegen sie zu kämpfen sehr dürftig ist. Die Zahl der Lichten Kräfte welche die spirituelle Hierarchie erwartet hätte, hat sich nicht materialisiert und wenn es so weitergeht, wird sich das Leiden der Menschen hinausziehen.

Die spirituelle Hierarchie hat kürzlich eingeräumt, dass die Strategie eine Armee von Lichtarbeitern auf der Erde aufzubauen in Gefahr ist. Aber die Hoffnung währt ewig. Aus den ganzen Freiwilligen die sich inkarnierten, schätzt die spirituelle Hierarchie realistisch, dass sie auf einen von zehn (1:10) zählen kann die ihre Mission erfüllen können. Jedoch werden die Vorbereitungen und die Arbeiten weitergehen, gleich ob die Zahl der engagierten Lichtarbeiter kleiner als eins zu zehn ist. Die wirtschaftlichen, finanziellen und geologischen Wandel sind festgeschrieben und warten nicht auf die Menschen bis diese erwachen.

Trotz dieser scheinbar unglücklichen Situation, hat sich ein zäher Kern von Lichtarbeitern aus dem *maya* gebildet, der mit ausgeglichenen mentalen und astralen Körpern diese „Fühl dich gut" Suche abgeworfen hat und die sich ernsthaft ihrem göttlichem Plan hingeben. Sie wissen, dass die flüchtigen Sekunden des „Fühl dich gut" nur kommen wenn sie eine emotionale oder physische Fessel ablegen, die es ihnen erlaubt weiter auf dem dornigen Pfad der Initiation zu schreiten um ihre Mission zu erfüllen. Jedem „Fühl dich gut" Gefühl geht eine lange Periode des Kampfes voran, physisch und emotional.

Diese wenigen und zähen werden die Last ertragen während sich die Ereignisse enthüllen und werden die volle Unterstützung von der spirituellen Hierarchie und dem Meister Sanctus Germanus erhalten. Wenn also die Agitation auf der astralen Ebene weitergeht und die dunklen Mächte die „eins von zehn" ins Visier nimmt, werden sie kampferprobte Truppen mit mystischem Schutz vorfinden.

Die große Hoffnung besteht, dass die Katastrophen die widerwilligen und zögerlichen Lichtarbeiter für ihre wahre Bestimmung aufwecken. Die Tür bleibt immer offen. Aber wenn du einer der „eins von zehn" in Inkarnation bist, liegt noch viel Vorbereitungsarbeit in der relativ kurzen Zeit vor den sichtbar werdenden Katastrophen vor dir.

Rückgewinnung deiner vorhergehenden spirituellen Stufe

Wir erwähnten vorhin, dass du dich freiwillig gemeldet hast, obwohl du eine hohe Stufe der spirituellen Entwicklung erlangt hattest, die dich aus dem Rad der Inkarnationen herausnahm. Du musst also verstehen und akzeptieren, dass du mit deinem zurückkommen in dieses Leben viel gutes und schlechtes Karma aufbauen wirst. Viele von euch suchen es sich aus, ihr restliches Karma früh in ihrem Leben abzubauen um in der zweiten Lebenshälfte gute Arbeiten in Verbindung mit ihrem Aufwachen zu leisten.

Aufbauen von spirituellem Vertrauen

Wenn du deine Reise der Rückgewinnung antrittst, wird der Pfad keine gerade Linie sein wie du es erwartet hast. Manchmal wirst du einen Aufwärtsschwung bei einer Entdeckung einer spirituellen Wahrheit erleben, doch wird es Zeiten geben in denen du glaubst gegen eine Steinwand zu stoßen und keinen Fortschritt zu machen. Du kannst auch falschen Propheten und inkompetente Psychics und Medien begegnen, die dich ver-leiten können. Du kannst spirituellen Gruppen beitreten, die so mit Konflikt und Unstimmigkeiten belastet sind, dass du dich fragen wirst, ob dieser Geist der Liebe entspringt.

Die kryptische Sprache in einigen der okkulten Literaturen kann dich einschüchtern oder dich total abschrecken, da du Seite um Seite liest bevor du überhaupt eine Idee von dem ganzen bekommst. Oder du erkennst, dass einfachere spirituelle Nahrung die von vielen spirituellen Lehrern angeboten wird, dich für den Moment gut fühlen lässt, dich aber auf Dauer enttäuscht. In Verzweiflung magst du dich dann vor die Füße eines Gurus oder eines Mentors werfen, nur um heraus zu finden, dass diese deine Aufmerksamkeit nicht verdient haben.

Eine spirituelle „Kariere" zu beginnen, kann es

möglich machen dein Leben radikal zu ändern. Deine alten Freunde und deine Familie mögen vor dir zurückschrecken und du kannst dich von einem neuen Freundeskreis umschlossen wieder finden, in dem einige verwirrt und unzuverlässig sind und andere wiederum verständnisvoll und mitfühlend sind. Es kann auch sein, dass du auf der Suche nach der Wahrheit weit umherwanderst, nur um dann mit leeren Händen zurück zu kehren.

Alle diese Auf und Abs können dir dein Vertrauen in die Fähigkeit die spirituelle Seite des Lebens zu ergreifen nehmen. Das ist vollkommen normal. Dennoch bist du angewiesen auszuhalten, da du durch verschiedene Tests geschickt wirst – der Hindernisparcours der Einweihung- die dir helfen werden dich in einen geprüften und wahren Lichtarbeiter zu verwandeln. Einige werden ihr Vertrauen nicht mehr wieder finden und aufgeben. Diejenigen die ihren Weg weiterverfolgen und standhaft bleiben, werden schließlich die Antworten finden und das ist das **VERSPRECHEN** dieses ganzen Prozesses. Es ist tatsächlich ein Schatz am Ende des Regenbogens. Der Schlüssel zu dieser Reise ist *Ausdauer.*

Such die Antworten in dir

Obwohl die Meister der spirituellen Hierarchie stets bereit sind den verpflichteten Lichtarbeiter mit ihre Hilfe und ihre Führung zu überschütten, verlangen sie dennoch, dass du zuerst in dir nach Antworten suchst. Dein höheres Selbst, dein kausaler Körper oder dein ICH BIN kennt deinen Plan und kommuniziert frei mit den Meistern, ohne die irreführenden Störungen von astralen Wesen. Daher ist das Wieder-Verbinden mit deinem inneren Prälaten, deinem höherem Selbst, so wichtig um zur Armee des Lichtes zu stoßen.

Heute werden wir mit falschen Informationen bombardiert, die von den Medien wie auch aus der astralen Ebene stammen und wie eigene Gedanken wirken können. Du kannst nicht auf deine Regierung oder andere äußere Organisationen zählen wenn die Katastrophen zuschlagen. Der Fakt, dass die nationalen Regierungen, Hilfsorganisationen und sogar Katastrophenschutz Organisationen sich der Lage nicht bewusst sind oder die kommenden Wechsel hinunterspielen, sollte zeigen, dass jeder bedauerlicherweise Unvorbereitet ist, trotz der mehrfachen Warnungen welche die Meister der spirituellen Hierarchie den Menschen gegeben hat. Zu der allgemeinen Unvorbereitung strömt der konstante Fluss von sich widersprechenden Informationen von astralen Wesen in deine Gedankenprozesse ein.

Doch ist tief in jedem von uns unser inneres Selbst, das ICH BIN, dass uns Zugang zu all den richtigen Informationen über die Dinge die noch kommen werden gibt sowie in einer großen spirituellen organisierten Struktur teilzunehmen, die vorbereitet IST uns in Sicherheit zu führen, so dass wir unsere Mission während der kritischen Periode fortführen können.

1. Meistere die Atem Meditations-Methode

Die spirituelle Hierarchie empfiehlt stärkstens, dass Lichtarbeiter die Atem Meditation übernehmen um zu ihrem höheren Selbst zurückzufinden. Diese Methode basiert auf die originalen Richtlinien des Raja Yoga und nutzt die Kontrolle und den Fokus auf die Atmung um das Bewusstsein in die innere Welt zu führen und dadurch Kontakt mit dem höheren Selbst aufzunehmen.

Es gibt viele Möglichkeiten zu meditieren. Einige sind richtig und andere sind es nicht. Geführte Meditationen sind in ihrer Möglichkeit etwas für das individuelle Verantwortungsgefühl zu tun beschränkt, sogar wenn die Absicht gut ist. Meditation ist zuallererst **deine** Verantwortung und wenn du dich dieser Verantwortung stellst und diese meisterst, ist der nächste Schritt die Gruppen Meditation, nicht umgekehrt. Eine Gruppe von Menschen in der jeder die Fähigkeit zu meditieren gemeistert hat kann eine mächtige Lichtkraft werden. Jedoch kann eine Gruppe die einen Führer nachläuft, von diesem mental manipuliert werden.

Die Atem Meditation Methode die weiter unten beschrieben wird, gibt die ganze Verantwortung der Meditation auf dich, so wie es sein sollte. Es hängt von der Kontrolle deiner Atmung, deiner Fähigkeit zur Konzentration und deiner Gedankenkontrolle ab. Es ist schließlich du selbst, der die Verantwortung für die Meditation und seine Ergebnisse übernimmt. Aber die beste Belohnung die durch diese Meditation kommt, ist die Pilgerfahrt die du zu deinem höherem Selbst machst, dem Prälaten der in dir wohnt. Und je öfter du diese Methode praktizierst, desto mehr richtest du dich nach deinem höherem Selbst und den Informationen die es dir geben will aus.

Diese Methode ist so einfach, dass sie schwer ist. Es wird Zeiten geben an denen du glaubst nirgendwo hin zu kommen, aber gib nicht auf. Zügle deine Gedanken, konzentriere dich und mach weiter.

Atem Meditation für tiefes spirituellen Wachstum

Wenn die Meditation richtig verstanden wird ist sie das Stillen des physischen Körpers, für gewöhnlich in einer Sitzhaltung in der die Wirbelsäule gerade und aufrecht ist, jedoch nicht im liegen.

Du solltest dir einen Meditationsplatz suchen der von der Temperatur her angenehm ist und an dem du nicht von anderen gestört wirst. Ein Ambiente oder eine Atmosphäre des Geistigen sollte hergestellt werden wenn es möglich ist.

Wenn du dich hinsetzt und meditierst sollst du fühlen wie du eine Konversation mit deinem Gott, deinem höheren Selbst beginnst und nichts anderes. Du solltest dich der Meditation nähern wie du dich einem Altar näherst – mit Demut, Ehrfurcht, Respekt, großer Liebe und Dankbarkeit.

Mit der geeigneten Einstellung, Annäherung und Ort schlagen wir folgende Meditationsprozedur vor:

1. Setz dich in eine bequeme Position, wobei deine Wirbelsäule gerade und aufrecht ist. Du kannst dich in der traditionellen Meditationsposition des Yogi hinsetzen oder aufrecht in einen bequemen Stuhl.

2. Ruft die violette Flamme des Schutzes an.

3. Beginne, tief zu atmen und ehre den Atem, der deiner ist, durch Einatmen und Ausatmen. Und mit jedem Atemzug solltest du erkennen, dass du pures Leben und Licht in dich hineinziehst.

4. Während du tief atmest, richte deine Aufmerksamkeit zuerst auf den Kopfbereich, besonders den oberen Kopf. Nimm deine eigene Aura wahr.

5. Dann nimm deine Wirbelsäule wahr, den zentralen Strahl des Körpertempels, die Wirbelsäule, jene liebliche Dimensionspforte in den inneren Raum. Konzentriere dich auf die Wirbelsäule, während du dich an den Rhythmus des Atems gewöhnst, wie er hereinkommt, wie er hinausgeht, und schließlich lasst du deine Aufmerksamkeit vom Atmen los, während es von selbst im richtigen Tempo weitergeht.

6. Richte alle deine Aufmerksamkeit auf die Wirbelsäule selbst und halte die Aufmerksamkeit dort. Versuche, sie als eine Röhre puren weißen Lichts zu visualisieren.

7. Du beginnst den Wunsch zu haben hineinzugehen, denn sie ist tatsächlich eine Pforte. Sie ist eine Dimensionsöffnung in den physischen Körper. Ihr versucht hineinzugehen. Ihr müsst den Wunsch haben hineinzugehen, den Willen hineinzugehen, hinein, hinein. Ihr müsst selbst hineingehen wollen, ähnlich wie einer, der im Kanu stromaufwärts gegen den Strom paddelt, ähnlich wie der Lachs, der beharrlich stromaufwärts gegen den Strom schwimmt, der ihn ständig zurückwirft. Aber sie hören nicht auf. Nutzt euren Willen, um hineinzugehen, hinein, hinein.

8. In jeder Meditationssitzung wird man an irgendeinem Punkt eine innere Stütze antreffen, eine Landmarke, um es so zu nennen. Ihr werdet wissen, was es ist, einfach durch die bloße

Erfahrung. Wenn ihr denkt, ihr könnt nicht noch tiefer gehen, solltet ihr es trotzdem weiter versuchen, bis ihr wirklich nicht mehr weiterkommt. An diesem Punkt haltet an und genießt einfach die innere Umgebung.

9. *Versuche, die innere Atmosphäre wahrzunehmen, während der Atem weiterhin in seinem eigenen, ständigen Schritt ein- und ausgeht.*

10. *Versuche dich selbst kennen zulernen, wie du bist, über Gedanken, Gefühle, Empfindungen und sicherlich den physischen Körper hinaus. Jede Sitzung wird ein neues Abenteuer sein.*

11. *Versuche zu erfahren, dass ein Teil von euch sich nie verändert hat und sich nie verändern wird, der Teil von euch, der ewig ist. Versuche, deine eigene Unendlichkeit zu spüren.*

Das mag wie ein sehr oberflächliches und grundlegendes Herangehen an die Meditation wirken, aber wir versichern dir, dass, wenn es richtig befolgt wird, dich dies zu einem inneren Durchbruch führen wird, den die meisten so gerne erfahren wollen, von dem sie aber nicht wissen wie.

2. Wieder-Verbinden mit deinem Meister

Wenn du dir deinem Meister unter dem du arbeitest noch nicht bewusst bist, kannst du die Atem Meditationstechnik anwenden um diese Information zu erhalten. Die Meditation wird dich mit deinem höherem Selbst in Kontakt bringen, das du bitten kannst dich zu deinem Meister der für dein Erwachen zuständig ist, zu führen. Sei dir sicher, dass wenn du einmal den Kontakt zu deinem Meister wieder hergestellt hast, dein Meister den Kontakt zu dir auf irgendeinen Weg beibehalten wird.

Zu Beginn werden die Antworten als starke Intuitionen in dein Bewusstsein gelangen, nicht als Stimmen. Wenn du Stimmen hörst, hörst du wahrscheinlich unzuverlässige astrale Wesen die versuchen sich einen Weg in eure Kommunikation zu bahnen. In diesem Fall versenke dich tiefer in deine Meditation. Dies ist der sicherste Weg die korrekten Informationen zu erlangen. Da in diesen Zeiten extreme Aufregungen auf der astralen Ebene herrschen, werden Horden von astralen Wesen es lieben deine „Meister" zu werden und dich von deinem Weg abzubringen. Viele Stimmen die behaupten dein Meister zu sein werden sich dazwischen drängen. Sie werden in einer spirituellen Sprache sprechen und dich subtil von deinem Weg abbringen.

Studiere die alten Weisheiten, die in den vergangenen 150 Jahren für dich niedergeschrieben wurden. Die Fülle der Schriften der Theosophischen Gesellschaft, die ICH BIN Vorträge von Sanctus Germanus, die fruchtbaren Anweisungen vom Meister Djwal Khul durch seinen Amanuensis Alice A. Bailey, die Brücken in die Freiheit Vorträge der Bruderschaft durch Geraldine Innocenti, die frühen Arbeiten der Summit Lighthouse Bewegung und schließlich die Internet Seite (www.sanctusgermanus.net) der Sanctus Germanus Stiftung. All diese represäntieren die Spur der Informationen der alten Weisheiten, welche die spirituelle Hierarchie peinlich genau angelegt hat damit du sie studieren kannst.

Diese Fülle von Arbeiten stellt eine enorme Quelle der spirituellen Information dar, welche die spirituelle Hierarchie hervorgebracht hat, damit ihr die Fähigkeit wiedergewinnt zu unterscheiden was wirklich ist und was nicht. Die Sprache und Tiefe dieser Wissensfülle wird dir helfen zwischen den falschen Stimmen der astralen Wesen und den Denkformen die dein Meister dir übermittelt zu unterscheiden.

Sogar wenn du nur von einem Bruchteil der enthüllten alten Weisheiten wieder-weist, weist du genug um die astralen Einflüsse zurückzuschlagen um die wahren Intuitionen von den schnatternden Stimmen die dir alle möglichen Ratschläge geben zu unterscheiden.[37] Diese Wesen sind meist Teil einer astralen Hülle, ohne eigene Intelligenz und sprechen wie Puppen, so dass du sehr schnell mehr Wissen als sie erreichen kannst und so Richtig von Falsch unterscheiden kannst.

In Wirklichkeit, ist die Fähigkeit zwischen diesen Stimmen zu unterscheiden, gleich als wie bei der normalen menschlichen Interaktion auf der Erde. Übe dieselbe Unterscheidung, wenn du durch einen überfüllten Marktplatz gehst, auf den die Straßenhändler versuchen ihre Ware an den Mann zu bringen. Du wirst eine schnell redende Verkaufssprache als Wahrheit bemerken und andere werden es nicht sein. Schließlich musst du entscheiden auf wem du hörst, und wenn du von der Kakophonie der astralen Stimmen verwirrt bist, suche Zuflucht in der Atem Meditation und versenke dich in die innere Welt. Hier wird dir dein

---

[37] Einige ihrer Ratschläge sind zu Beginn nützlich, so dass sie dein Vertrauen gewinnen können, doch werden sie dich von deinem Weg zu ihren eigenen ziehen wollen. Dieser Weg kann sehr dunkel sein.

Höheres Selbst immer die Wahrheit erzählen.

3. Probezeit: Folge der Führung deines Meisters

Nachdem du die Verbindung mit deinem Meister wieder hergestellt hast, wirst du einer weiteren Probezeit unterzogen, da die spirituelle Hierarchie nur zu gut weis, dass es auf dem Weg genügend Fallen gibt in die der fortgeschrittenste Initiierte treten kann.

Als du den Weg der Probe vor vielen Leben zum ersten Mal gegangen bist, hat deine Seele unzählige Inkarnationen hinter sich gebracht um sie zu bestehen. Doch dieses Mal wirst du den Weg der Probe unbewusst wieder betreten, jedoch sehr schnell, vielleicht in Monaten oder ein paar Jahren. Deswegen nennen wir diesen Prozess eine Rückgewinnung. Du wirst *erinnert* anstatt neu belehrt zu werden.

Während dieses Zeitraums will der Meister sehen ob der Wunsch zu dienen nur aus einer momentanen Lebenskrise kommt, oder ob es von einem aufrichtigen Seelenverlangen zum Dienst kommt. Wenn du während dieser Periode aufgibst, wirst du unter die Aufsicht deiner spirituellen Führer gestellt, die mit dir arbeiten werden um die Motivation zum Dienst deiner Seele wieder herzustellen, wenn du es so wünschst.

Wenn du dein Studium fortsetzt, kommst du unter die genaue Überprüfung und Fürsorge deines Meisters. Du hast um Unterstützung gebeten und somit wirst du strengeren Disziplinen unterzogen. Du lernst die Kraft über alle Substanz, Schwingung und Form zu meistern. Du akzeptierst alle latenten Laster zu bereinigen und die Tugenden zu stärken.

Die Herrschaft über die Ereignisse erlangen

Von hier an reflektieren alle deine Aktivitäten zu deinem Meister und die Wünsche des Meisters werden deine „Herzens Wünsche". Du musst deine Talente und Fähigkeiten für diesen Dienst einsetzen.

Der Meister wird dich ständig testen in dem er dich durch Erfahrungen schickt die dein körperliches Vehikel entwickeln und reifen lassen, bis es ein fortgeschritteneres Stadium der Energiekontrolle erlangt hat, nicht nur auf der irdischen Ebene, sondern auch auf den inneren Ebenen. Der Meister hat Zugang zu deinen inneren Körpern und kann hier Schwäche an den am besten geschützten Stellen oder an dem Teil deiner sieben Körpervehikel entstehen lassen, die vorbestimmt sind die härtesten Schläge zu erhalten. Der Meister wird sich auf den inneren Körper konzentrieren, den du bei Ausführung deiner Mission am meisten benutzen wirst. Das Ziel ist es das Körpervehikel für deine künftige Mission zu entwickeln und reifen zu lassen, auch wenn es manchesmal schmerzhaft und anstrengend sein mag. Besser dein Meister legt dir die mystische Rüstung um deine Achillessehne, als diese Stelle für die Angriffe des Bösen verwundbar zu lassen!

Die Probezeit kann Monate oder Jahre dauern, es hängt davon ab wie viel Karma du dir in diesem Leben aufgeladen oder zurückgezahlt hast und wie groß die Disziplin ist die du bereit bist zu akzeptieren. Manche werden durch den Druck aus diesem ständigen testen herausfallen, während andere es ertragen und bis zum Ende weitermachen.

Der Meister wird dich dann mit spirituellen Informationen betrauen. Es liegt an dir wie du diese

Informationen benutzt und es benötigt spirituellen Scharfsinn und Diskretion wann zu sprechen und was von „profanen Augen" ferngehalten wird. Das ist die Disziplin die du entwickeln musst. Es gibt Erfahrungen die an Wenige weitergegeben werden und es gibt aber auch viele schöne und entzückende Erfahrungen die an Andere weitergegeben werden um sie zu inspirieren. Jedoch musst du dich ständig vor Indiskretion hüten, die durch Enthusiasmus, Liebe und Eifer entsteht.

4. Der akzeptierte Lichtarbeiter: Arbeite zusammen mit deinem Meister

Wenn du als zuverlässig und fähig geprüft wurdest Informationen und Wissen mit Diskretion zu behandeln, wirst du als offizieller Lichtarbeiter akzeptiert. Du und dein Meister werdet eins im Bewusstsein.

Der Meister wird dich oft fragen einen Dienst zu leisten um Energie zu erhalten, da die meisten Meister in viele Projekte involviert sind. Der Meister wird dir und anderen vertrauensvollen Schülern Aufgaben delegieren, die zu euren jeweiligen Talenten passen um eine besondere Ursache auszulösen.

An diesem Punkt, wird dir der Meister Ratschläge geben wie du deine Rückgewinnung beschleunigen kannst und zur gleichen Zeit größeren Beistand bei deiner Arbeit erhältst. Der Meister wird dir diese Botschaft direkt durch einen fortgeschrittenen Initiierten überbringen. Der Letztere wird die „Lebenslinie" zwischen den Meister und anderen möglichen Schülern, die nicht direkt mit dem Meister kommunizieren können.

Wenn du bestimmte Tests bestehst, wirst du ein „akzeptierter" Lichtarbeiter, der die Wiedererlangung seiner Einweihungsstufe fortsetzt. Von hier an dienst du in der Adeptenschaft und schließlich in der vollen Meisterschaft.

Zum Abschluss: Die Wiederverbindung mit deinem Meister ist von wichtigster Bedeutung um deine Rolle und deinen Platz im göttlichen Plan zu kennen der sich in während dieses Pralayas entfalten wird. Wenn die Arbeitsbeziehung etabliert ist, werden die Absichten des Höheren Selbst und die Führung durch den Meister in Harmonie operieren und sich gegenseitig ergänzen. Dies ist eine ideale Partnerschaft die dich befähigt deine Mission erfolgreich auszuführen.

5. Lerne das Unterscheiden

Wenn sich deine Wahrnehmung sich anderen Dimensionen geöffnet hat, stehst du im Visier von viel astralem Geschnatter aus der astralen Ebene. Stimmen die sich als dein Meister ausgeben versuchen dein Ego zu treffen und in dein Bewusstsein vorzudringen. Hier ist ein Auszug eines Ratschlages den Meister Kuthumi gibt:

> Jeder Lebensstrom auf seinem Weg kommt früher oder später zu einem bestimmten Punkt an dem er beginnt sich in den „ruhigen kleinen Ort" im Herzen zu begeben. Zu erst beginnt das Individuum sich auf seine Intuition zu verlassen, dann auf seine Inspiration und später dann über den bewussten Kontakt der die Meisterung des Selbstbewusstseins voraussetzt, die Fähigkeit die seine göttliche Freiheit von allen menschlichen Konzepten und menschlichen Formen ermöglicht.

Dies ist der schwierigste Punkt des spirituellen Pfades und ich bitte dich zu dem Ort zu kommen an dem du in das Herz der Stille gehst—wo du mit deinem Gott-Selbst kommunizierst. Hier musst du extrem weise, wachsam und vorsichtig auf die Antwort sein die du *zu aller erst* von deinen eigenen Körpern erhältst, da du ein komplexer Mechanismus bist—ein siebenfaches Wesen. Nun, während die Herrlichkeit deines elektronischen (electronical) Körpers, deines Kausalkörpers und dein heiliges Christbewusstsein dich niemals vom Weg abbringen—deine niederen Körper haben eigene Stimmen, Bewusstsein und Intelligenz—und diese Stimmen, dieses Bewusstsein und diese Intelligenz in ihnen, streben oft danach *ihre selbstsüchtigen Ziele durch dich zu erreichen*.

Eine der obersten Anforderungen für die spirituelle Meisterschaft ist *Unterscheidung*. Rufe, wenn du wünschst, mich, meinen geliebten Lord Maitreya, oder den großen Lord Buddha für die Unterscheidung an, in der du die *Stimme der Stille* erkennen kannst.

Wisse immer, dass der Antrieb der die Persönlichkeit aufbaut, diejenige die das menschliche Ego weiter aufbaut, nicht die „ruhige kleine Stimme" der Präsens (presence) ist, sondern eher die ätherischen Rumpler deiner eigenen vergangenen Erfahrungen, der emotionalen Begierden deiner Gefühlswelt, oder mentale Begriffe und Richtlinien deiner vergangenen Leben ist.

Erinnere dich, ob du in der Vergangenheit nicht vor vielen Lehrern gesessen bist, die dir Wahrheit wie Trugschluss weitergegeben haben und dein mentaler und emotionaler Körper, dein ätherisches Bewusstsein bauten diese Gedanken auf, einige von ihnen über Jahrhunderte gefestigt, versteinert und untätig da liegend. Während die Flamme durch dich wallt werden diese Begriffe wieder belebt und kommen wieder auf und du musst erkennen was sie sind—**nicht wichtig für die Stimme der Wahrheit!**

Während du in deinem Verstehen der Stimme der Stille fortschreitest, weist du, dass das was dich demütiger, das was dich liebend, das was dich reiner, das was dich harmonischer macht, von Gott kommt. Die Gefühle die dein Herz aufwühlen um aus diesen Stern einen Planeten des Lichts zu machen, die Bürde von deinen Mitmenschen zu nehmen, diejenigen die in Schmerz und Kummer sind in Verstehen und Harmonie zu erheben—das kommt vom Licht. Das was die Persönlichkeit vermindert und die Kraft von Christus vergrößert —das ist von Gott! [38]

Eine Gefahr mit dem Umgang mit astralen Wesen ist, dass wenn du einen von ihnen der sich als göttlicher Meister ausgibt in dein Bewusstsein lässt, dass du praktisch ALLEN die Tür öffnest. Der Grund liegt darin, dass das Wesen das sich als dein Meister ausgibt dich nicht von den anderen mit gleicher Schwingung schützen kann. In anderen Worten, hat dieses Wesen keine überlegene Schwingung über die Anderen des gleichen Schlags. So wenn du also die violette Flamme des Schutzes von irgendeinem der hunderten von Sanctus Germanus Hochstaplern rufst, würde es vergeblich sein, denn dies würde dem Überleben der Wesenheit schaden und somit würde es nicht

---

[38] Bridge to Freedom channelt durch Geraldine Innocenti

funktionieren.

Lerne also das Unterscheiden zwischen den Hochstaplern und dem Wirklichen durch das entwickeln von Wissen über die alten Weisheiten als Schutz gegen Betrüger und astrale Hüllen die dich austricksen wollen. Verlass dich nicht auf dein „Gefühl" da es astral beeinflusst werden kann, sondern höre auf dein höheres Selbst und die Intuitionen die es in dein Bewusstsein schickt. Du kannst immer auf dein höheres Selbst und dein ICH BIN zählen wenn du die Wahrheit erfahren willst.

6. Übernimm Verantwortung für dein irdisches Selbst

In allen Aspekten des Lebens auf der Erde, nimm von jetzt an die Verantwortung für dich selbst in die Hände. Wenn du emotionale Krisen in deiner Familie oder deinem Arbeitsplatz gegenüberstehst, vergeude deine Zeit nicht damit andere zu beschuldigen, sondern sieh es als deine Verantwortung an es zu lösen. Viele von euch sind Beziehungen und Heiraten eingegangen die euch im wahrsten Sinne des Wortes in emotionale Aufruhre gezogen haben. Gewöhne dich daran die Initiative zu ergreifen dich entweder ruhig von dieser Situation zu entfernen oder dieses Problem ein für alle mal zu lösen. Du bist nicht ein Opfer der Umstände, sondern ihr Meister. Ein Teil deines Trainings mit deinem Meister wird dich stärken auf die tiefe innere Stimme zu vertrauen, anstatt auf die lügnerischen öffentlichen Medien.

Übernimm Verantwortung für deine Finanzen. Wenn du dich in einer schrecklichen finanziellen Lage befindest, suche tief nach dem Grund. Du hast dich wahrscheinlich in diese finanzielle

Die Herrschaft über die Ereignisse erlangen

Unordnung gebracht und du musst dich selbst da raus holen. Du wirst überrascht sein welche Schätze dir auf deinem Weg begegnen wenn du erst einmal völlige Verantwortung dafür übernommen hast und dich entschieden hast etwas dagegen zu machen!

Wir drängen dazu Verantwortung für sich selbst zu übernehmen, da dies Teil der spirituellen Entwicklung ist die dich auf den Zusammenbruch der menschlichen Institutionen vorbereitet auf die wir uns jahrhundertelang verlassen haben. Du hast bereits die Überflutungen bemerkt die in bestimmten Regionen der Welt begonnen haben. Du hast auch unzweifelhaft bemerkt, dass die nationalen und örtlichen Regierungen die für das Wohlergehen der Menschen verantwortlich sind ihre Ineffektivität bewiesen haben oder von diesen kleinen Katastrophen überwältigt waren. Wenn sie schon nicht mit diesen fertig wurden, wie sollen sie mit den Katastrophen fertig werden die noch kommen? Du kannst nicht auf sie zählen, bereite dich also dementsprechend vor.

Deine örtlichen Hilfsorganisationen und das Rote Kreuz haben Anweisungen für die Vorbereitung veröffentlicht, die du in Betracht ziehen kannst. Wir empfehlen, dass du für einen längeren Zeitraum planst als wie es in diesen Veröffentlichungen vorgeschlagen wird. Für den Fall das du an Küstengebiet oder in einem tiefem Gebiet lebst das in der Nähe von großen Gewässern ist, solltest du einen sicheren Platz ausfindig machen und planen wie du im Fall einer Evakuierung dort hin gelangst.

Die Sanctus Germanus Stiftung wird Nachrichten der spirituellen Hierarchie auf der

Internet seite : www.sanctusgermanus.net veröffentlichen. Diese Nachrichten dienen dazu dich zu führen und um dich vor den Ereignissen zu informieren.

Wir betonen nochmals den Drang die Verantwortung für dich selbst zu übernehmen, da der Erdenwandel der mit finanziellen und wirtschaftlichen Krisen einhergeht jeden berühren wird. Die Massenmedien und Regierungen sind in dem was sie tun können beschränkt, so ist das Vertrauen auf deine wundervollen spirituellen Führer die nur einen Schritt von dir entfernt sind unentbehrlich. Diese arbeiten Hand in Hand mit dem göttlichen Plan und wenn du offen und bereit dafür bist zuzuhören, werden sie dich führen.

7. Reinige das Körper Vehikel

Da der Körper in naher Zukunft für ätherische Kräfte geöffnet wird, schlagen wir vor das du ein Programm für die Reinigung deines Körpervehikels beginnst um deinen Körper regelmäßig zu entgiften oder um zu fasten. Beides ist wichtig, damit sich der Körper auf die höheren Schwingungen einstellen kann. Ein Gift im Körper kollidiert mit diesen höheren Schwingungen und verursacht viele Unannehmlichkeiten.

Die Entgiftung ist so alt wie die Menschheit selbst, jedoch ist die Wichtigkeit des Entgiftens ein Zeichen der Zeit. Das heutige Wissen über die Entgiftung ist mehr als ausreichend. Viele der alten Religionen wie Hinduismus und Buddhismus haben sehr effektive Methoden der Reinigung entwickelt die für die jetzigen Umstände immer noch gültig sind. Zum Beispiel ist das Ayurvedic Panchakarma System der Entgiftung, mit seinen fünf Ja´s eine gute etablierte Methode der Reinigung des Körpers von Giften. Sogar die alten Christen fasteten und Entgifteten sich selbst von Zeit zu Zeit.

Du brauchst wirklich keine komplizierten und teuren Reinigungs-Kräuterpakete. Regelmäßiges Saft-Fasten ist eine relative einfache Möglichkeit um sein Körpervehikel zu reinigen. Stoppe das Essen und trinke für einen oder zwei Tage in der Woche Saft. Fasten wird nach und nach deine Ernährung ändern. Während sich der Körper reinigt, wird dein Geist schärfer und dein Körper wird die extra Pfunde verlieren, die mit Giften aufgeladen sind. Der schärfere Geist wird dich befähigen, telepathisch besser Kontakt mit deinen geistigen Führern aufzunehmen.

Je reiner das Körpervehikel, desto leichtere Nahrung benötigt dein Körper. Lass den Typ deines Körpervehikels deine Ernährung bestimmen. Vegetarismus macht dich nicht unbedingt heiliger als einen nicht Vegetarier. Viele von euch haben frühere Leben als sehr heilige Vegetarier gelebt und ihr kamt dieses Mal mit Allesfresser Körper zurück. Dies ist, weil in den kommenden Jahren ein gesunder und zäher Körper benötigt wird, um die physischen und mentalen Belastungen auszuhalten.

Einige von euch die unter dem Einfluss von Tabak, exzessiven Alkoholkonsum oder „recreational" Drogen stehen, müssen heldenhaft daran arbeiten sich selbst von diesen Einflüssen zu befreien, was auch immer dafür von Nöten ist. Das Gift welches durch diese Gewohnheiten in den physischen Körper gepumpt wird kann deinen Rückgewinnungsprozess nur verlangsamen oder in den meisten Fällen sogar deine Mission sabotieren.

Der Meister wird diese Abhängigkeiten von Zeit zu Zeit prüfen, denn in den bekannten Fällen wurde der Lichtarbeiter schließlich zu unzuverlässig und unsicher um Informationen zu handhaben um die wichtigen Aufgaben die zu ihrem göttlichen Plan gehören auszuführen.

8. Reinige den astralen Körper

Die Reinigung deines physischen Körpers ist nur ein Teil deiner Reinigung. Die große Geißel der Moderne ist der Vorrat an Emotionen die im astralen Körper gespeichert werden. Diese Schicht von emotionalen Problemen blockiert den bestehenden Kontakt den der dichte physische Körper mit seinen mentalen Körper und seinem ätherischen Doppel haben sollte. Alle diese versteckten Emotionen sind in dem astralen Körper eines Individuums gespeichert.

Höhere und feinere ätherische Energien strahlen auf die Erde, welche die Frequenz erhöht in der wir leben müssen. Sie reinigen auch wesentlich die astrale Ebene, so wie auch deinen astralen Körper. Gleich ob wir bereit sind oder nicht, unsere astralen und emotionalen Körper werden einer Reinigung unterzogen. Diejenigen die nicht bereit sind werden ein verrücktes Verhalten an den Tag legen und diejenige die bereit sind werden den Sturm überstehen.

Verstehe was passiert wenn du deine Beherrschung wegen etwas völlig unwichtigen verlierst. Verstehe warum die Menschen sich verrückt verhalten, was sogar bis zum verletzen ihrer Nachbarn führen kann. In vielen Fällen wird

Die Herrschaft über die Ereignisse erlangen

es wie Folter sein. Manche werden verrückt, andere entscheiden sich die Erde zu verlassen, während die starken, geistig gesunden und zähen sich den aufkommenden Emotionen stellen werden und mit ihnen fertig werden. Diese Reinigung geschieht im Moment und wird so lange fortgesetzt bis all der Unrat an die Oberfläche kommt und hinfort gespült wird.

Wenn dieser Prozess stattfindet, wirst du erkennen, dass deine eigene Umwälzung ein Teil eines weltweiten Prozesses ist, anstatt eines persönlichen. Es wird persönlich wenn du „den Stier bei den Hörnern packst" und mit den jeweiligen freigelegten Emotionen kämpfst. Einige längst vergessene Emotionen die du unterdrückt hast werden an die Oberfläche kommen, wenn du es am wenigsten erwartest. Dies kann dich verwirren und du fragst dich warum diese Gedanken plötzlich in dein Bewusstsein kommen. Du musst dich ihnen stellen. Wenn du vergeben musst, dann tu es. Wenn du einsehen musst, dass du falsch gelegen bist, dann tu es. Wenn du glaubst, dass dir ein großes Unrecht zuteil wurde und du noch immer Ärger hegst, lass es gehen, da du der einzige bist der dies am Leben erhält.

Herausbrechende Emotionen können sogar auch Schmerz und Kummer verursachen. Yoga ist exzellent um mit dieser Befreiung fertig zu werden. Wenn die Emotionen als Angst und Hass um sich greifen, musst du als dein eigener Psychologe agieren und diese Emotionen durch Meditationen in den Griff bekommen oder mit radikalen Entscheidungen dagegen kämpfen um sie in das Universum zu verwandeln. Lass den Hass fallen, vergib und vergiss.

Die heutigen Psychologen sind schlecht ausgerüstet um mit dem Herausbrechen dieser Emotionen fertig zu werden, besonders da sie nicht erkennen, dass ein universeller Filterungsprozess im Gange ist. Rezeptpflichtige Medikamente verschlimmern diese Probleme nur. Sie werden versuchen emotionale Probleme mit anderen mechanischen und nicht zufrieden stellenden Behandlungen zu behandeln. Tatsächlich werden Psychologen, Psychiater und die Medizin mit der Situation überfordert sein, wenn sie nicht sogar von der Verrücktheit der heutigen Zeit verwirrt sind.

Manche New Age Heilungsmethoden behaupten diese emotionalen Blockaden einer Person aufzulösen. Das Leben sollte so einfach sein! Energietherapien können hilfreich sein um zu entgiften und können sogar helfen emotionale Probleme an die Oberfläche zu bringen, doch es liegt an dir damit fertig zu werden. In anderen Worten: übernimm Verantwortung dafür und kehre sie aus, es warst ja auch du der sie dorthin gebracht hat damit sie dort zu wirken beginnen!

Zu viele Menschen vergeuden Zeit damit darüber zu jammern wie sie von nahen Freunden, ihren Kindern oder Gatten betrogen und verletzt wurden. Wir alle verletzen jemanden oder werden verletzt. Aber einige haben Freude daran sich in ihrem Kummer zu wälzen und ihre Wunden zu lecken. Jeder einzelne von uns hat schwierige emotionale Makel in unseren Leben, aber jammern wird dich nicht aus der Schusslinie bringen. Die Verfolgung deines Weges wird es notwendig machen, dass du emotionale Blockaden an die Oberfläche zwingst und sie aus dem Ring wirfst und sie vergisst. Du kannst es auch in Betracht ziehen diese emotionalen Schmerzen auf ein Stück Papier zu schreiben und es dann zu verbrennen.

Die physische und emotionale Reinigung des physischen und astralen Vehikels wird den Weg für die ätherischen Fähigkeiten freimachen, welche dich für die kommende Reise bereit machen werden. Wenn die spirituelle Hierarchie das Signal für eine bestimmte Tat aussendet, werden diejenigen mit klaren Fähigkeiten, gleich wo sie sich auf der Welt befinden, den Ruf vernehmen und wissen was zu tun ist. Diese Art der Kommunikation kann nicht durch elektronische Kommunikation oder Regierungsagenturen ersetzt werden.

9. Gleiche die maskulinen und femininen Energien aus

Als ein Lichtarbeiter solltest du versuchen die maskulinen und femininen Energien in dir auszugleichen. Du bist weder Mann noch Frau, jedoch äußert eine Seele ihre maskulinen und femininen Energien durch ein gegebenes Körper Vehikel.

Leider hat die New Age Bewegung die guten Nachrichten der einströmenden weiblichen Energien mit dem weiblichen Geschlecht gleichgestellt. Manche haben diese Nachrichten sogar dazu benutzt, sich für die Fehler in der Vergangenheit in denen sie als Opfer litten, am männlichen Geschlecht zu rächen. Wiederum andere fühlen sich in ihrem Kampf gegen die männliche Unterdrückung überlegen und versuchen ihre männlichen Freunde umzuprogrammieren.

Die Umprogrammierung (Neu-Programmierung)

muss in deinem eigenen Denken geschehen, da diese Energien, männlich und weiblich, in der Realität nichts mit dem Geschlecht zu tun haben. Es sind Qualitäten der Seele die jeder äußert, nicht nur bei den Menschen sonder auch bei den Tieren und Pflanzen.

Um ein wirksamer Lichtarbeiter zu sein, musst du das Geschlecht und die ganze „Politik" die darum schwirrt, vergessen. Lasst uns einen Rückschlag in das andere Extrem verhindern in dem das Weibliche über das Männliche herrscht. Gleichgewicht zwischen diesen beiden Kategorien der Energien ist der einzige Weg durch den das goldene Zeitalter Frieden und Ruhe zu Stande bringen kann.

10. Achte auf die Loslösung deiner Kundalini Energien

Wenn du die vorhergehenden Vorbereitungsschritte befolgst, werden sich dein physischer und emotionaler Körper notwendigerweise auf die immer höher werdenden Schwingungen des fortschreitenden Pralayas einstellen müssen. Das lesen und studieren des alten Wissens, Meditieren in Einklang mit deinem höheren Selbst und kommunizieren mit deinem Meister wird die latente Kundalini Energien loslösen, die an der Basis deiner Wirbelsäule aufbewahrt werden. Deine tüchtige spirituelle Entwicklung provoziert die Loslösung, nicht verkehrt herum. Das heißt, dass dich ein künstliches Loslassen der Kundalini nicht spiritueller macht.

Es gibt viele Ansichten über dieses umstrittene Thema, von der gänzlich verrücktesten bis zu vernünftigeren traditionelle yogischen Ansichten.

Manche schreiben jedes Leid das sie erfahren dem aufsteigen der Kundalini zu, während der Vernünftigere und Wachsamere das Aufsteigen und Schwinden der Kundalini physisch erfühlen kann. Jedes mal wenn es aufsteigt langt es nach einem höheren Chakra, dann schwindet es wieder für eine Zeit um zu Ruhen und um sich anzupassen. Das Loslösen deiner Kundalini Energie ist wie ein Thermometer deiner spirituellen Entwicklung.

Jeder nimmt dieses Loslassen anders war, aber es ist völlig unwahrscheinlich, dass das Loslösen in einem einzigen Schlag passiert. Wenn dies geschieht, ist das Körper Vehikel nicht im Stande dies zu verkraften – es könnte dabei vernichtet werden. Es ist auch unwahrscheinlich mit Kundalini Yoga Meditation diese Energie ohne die erforderliche spirituelle Entwicklung loszulösen.

Die Kundalini Loslösung geht und kommt über Jahre und im Fall des Lichtarbeiters, wird dein Meister die Loslösung in Verbindung mit deinem Höheren Selbst in deiner Persönlichkeit überwachen.

11. Entwickle dich in fortgeschrittenere Meditationstechniken weiter

Die Sanctus Germanus Stiftung wird den Lichtarbeitern zur gegebenen Zeit fortgeschrittenere Meditationstechniken zur Verfügung stellen. Diese fortgeschrittenen Techniken sind dazu da, damit ein Individuum die Kontrolle über seinen Geist während der Belastung und den Unruhen des momentanen Pralayas erlangen kann. Sie werden dem Individuum auch helfen in nahen Geisteskontakt mit ihren Meistern zu bleiben. Bitte besuche die Internet Seite der Sanctus Germanus Stiftung www.sanctusgermanus.net für weiter Details in der Zukunft.

Die innere Struktur die uns alle zusammenbringt

Gleich ob bewusst oder unbewusst, ihr werdet *„von einer inneren Struktur des* Denkens und von einem telepathischen Medium des Zusammenhalts zusammengehalten. Die Großen, denen wir alle versuchen zu dienen, sind so miteinander verbunden und können – bei der geringsten Notwendigkeit und mit einem minimalen Aufwand an Kraft – in Rapport mit den anderen gehen. Sie sind alle auf eine bestimmte Vibration eingestellt."[39]

Diese Worte geben uns Trost, denn das was uns in der Zukunft erwartet wird kein Picknick. Lichtarbeiter represäntieren eine Mannigfaltigkeit an Seelenerfahrung und tragen so zum Reichtum und zur Tiefe des Wissens der ganzen Gruppe bei.

Sie kommen aus verschiedenen Ländern, Milieus, Rassen und Traditionen. So ist es tröstlich zu wissen, dass sich eine so verschiedene Gruppe auf gemeinsamen Boden im Ätherischen trifft, auf ein Treffen der Geister und Pläne stattfindet. Wie wir diese natürliche Zusammenarbeit auf der irdischen Ebene zum Einsatz bringen ist die Herausforderung die noch vor uns liegt.

„In Ihm leben und bewegen wir uns und haben unser Sein", was in der Tat *Omnipräsenz* bedeutet. Omnipräsenz ist eine genaue Bezeichnung die den

---

[39] Bailey, Alice A., Telepathy and the Etheric Vehicle, p. 1

Die Herrschaft über die Ereignisse erlangen

Ozean der Energien beschreibt welcher alles miteinander verbindet und der den einen synthetischen Energiekörper unseres Planeten ausmacht. Der ätherische Körper jeder Form in der Natur ist ein vollständiger Teil der Schöpferenergie, die als formschaffende Substanz bekannt ist. Der ätherische oder Energiekörper jedes menschlichen Wesens ist daher ein vollständiger Teil des ätherischen Körpers des Planeten selbst und folglich ein Teil des Solarsystems. Durch dieses Medium sind alle Menschen im Grunde mit jedem Ausdruck des göttlichen Lebens verwandt. [40]

Du, der bewusst gewählt hat mit dem göttlichen Plan während der Erdenwandel zu arbeiten, ist durch emotionale Prüfungen gegangen, welche deine spirituelle Entwicklung gestärkt hat und so deine Schwingung in Verbindung mit den immer höher werdenden Schwingungen der irdischen Ebene erhöht hat. Die Synchronisation mit diesen höheren Schwingungen wird dich aus der Schusslinie bringen, weil in den großen Schlachten Armageddons die höheren Schwingungen die niederen durchrütteln werden. Krieg und physischer Konflikt bringen die niedersten Schwingungen mit sich welche die Menschheit überhaupt produzieren kann. Je höher deine Schwingung, desto weiter weg wirst du vom Schlachtgetümmel sein.

Geistige Entwicklung innerhalb des Zusammenhangs von solchen Veränderungen werden notwendigerweise deine inneren Fähigkeiten öffnen um ätherisch zu sehen, telepatisch zu kommunizieren und schließlich materielle Bedürfnisse zu materialisieren. Du

---

[40] Ibid., p. 2

kannst diese Fähigkeiten durch Meditation, Studium und selbstlosen Handeln an der Menschheit vor 2012 durch verschiedene religiöse oder spirituelle Möglichkeiten die auf der Erde vorhanden sind erlangen. In den nächsten Kapiteln werden wir zeigen, wie dieses Wiedererwachen deiner Fähigkeiten in der Periode des Wiederaufbaus in deine Arbeit einfliesen wird.

Kapitel 6
Periode des Wiederaufbaus I
Erschaffung der Ordnung aus dem Chaos 2013 bis 2020

Das Abschmelzen der Polkappen und der Dauerfrost Zonen wird nach 2012 mit einer größeren Geschwindigkeit fortschreiten. In den Aschen des Weltkriegs und der Wirtschaftsdepression werden große Fluten das Leben auf der Erde von nun an dominieren und eine Völkerwanderung von noch nicht gekannten Ausmaßen auslösen. Millionen werden selbst wählen in den betroffenen Gebieten zu bleiben und dabei untergehen, während andere in höhere Gebiete flüchten werden. Das Leben auf der Erde wird anstrengend und chaotisch sein um es gelinde auszudrücken. Die Umstände werden den schwach Beherzten nicht bevorzugen.

Die Weltsituation in 2013

Um 2013 wird sich die Welt von den Folgen des dritten Weltkriegs verwüstet wieder finden. Jede Hoffnung auf Wiederbelebung der Wirtschaft durch die Reste der dunklen Mächte wird zunichte gemacht und so werden sie bei ihrem Abtreten Pandemien auslösen, als einen letzten Schlag ihrer „verbrannten Erde" Politik um den Planeten zu verwüsten – „Wenn wir nicht herrschen können, dann nehmen wir alle mit uns in den Untergang" wobei sie unzählige Millionen mitnehmen.

Diejenigen die sich an die höheren Schwingungen der Erde angepasst haben werden nicht betroffen sein.

Um die Herausforderung für die Erdenpopulation noch zu steigern, werden die Erdenwandel schneller vorangehen, das Schmelzen der Polkappen und der großen Dauerfrostzonen wird auch in einem alarmierenden Tempo weitergehen. Der Meeresspiegel wird weiter steigen und starke Stürme werden alle Kontinente mit langen Noah-Ära artigen Regenfällen treffen, welche die Überflutung ins Inland tragen und in einer massiven Überflutung aller niederen Gebiete enden wird.

Große Küsten und nieder gelegene Städte (wie Hong Kong-Macau, Shanghai, Bangkok, Kalkutta (Kolkata), Mumbai, Dubai, Kairo, Istanbul, Beirut, New York, London, Amsterdam, Brüssel, Marseilles und andere) werden unter beispiellosen Überflutungen und menschlichen Verlust untergehen. Städte im Inland in der Nähe von großen Flüssen und Gewässern wie Chicago, Detroit, Toronto, Montreal, Frankfurt und Paris werden die gleichen Schicksale erleiden.

Zu dieser Zeit wird die tödliche Kombination von Krieg, Pandemien, Armut und beschleunigter Naturkatastrophen die Bevölkerung der Erde bedeutend reduziert haben. Die Kombination dieser Krisen wird noch nie da gewesenes Leiden und Opfer bewirken.

Umwälzung und Re-Gruppierung

Die allgemeinen Umwälzungen der Erdenpopulation werden die Gesetze der Anziehung und der Abstoßung ins Spiel bringen. Ganz anders als andere Planeten, hat die Erde eine homogene Population bestehend aus niederen evolutionären Trödlern von anderen Planeten und Galaxien, wurzellose Seelen die keinen anderen Ort haben an den sie gehen könnten, Überlebende der vergangenen Wurzel-Rassen und menschliche Geschöpfe mit sehr verschiedenen Stadien der geistigen Entwicklung. Diese Verschiedenheit hat zu kontinuierlichen Konflikten geführt, die kein anderer Planet in unserem Sonnensystem erfahren muss. Die Filterung der irdischen Bevölkerung während dieser Periode durch die hereinströmenden höheren Schwingungen wird diese beiden kosmischen Gesetze aktivieren und die Überlebenden werden sich dementsprechend neu gruppieren.

Diejenigen die in ihrem Selbsterhaltungstrieb instinktiv flüchten, werden zu jenen stoßen, zu denen sie nach diesen kosmischen Gesetzen passen. Lichtarbeiter die von ihrer Entschlossenheit und ihrer Mission getrieben werden, finden schließlich ihren Weg zu den besser geschützten spirituellen Regionen in denen sich Gleichgesinnte versammelt haben. Hier werden sie andere treffen die durch Visionen und Voraussicht diese Gebiete in früheren Jahren besiedelt haben.

Merkwürdigerweise werden alle Überlebenden, obwohl ermüdet, mit Hoffnung und einer neuen Wahrnehmung für das Leben erfüllt sein. Die dicke Dreckschicht der astralen Ebene wird sich merklich verzogen haben, wodurch mehr Licht auf die irdische Ebene gelangt. Die dunklen Mächte werden ausgedünnt und die kritische Masse des Lichtes wird beginnen zu überwiegen. Ein frischer Strom aus den Lebenspendenden Energien der Sonne, prana, wird beginnen die Erde und sein ätherische Doppel wieder zu beleben und die Menschen ermächtigen wieder frei zu atmen. Die Dinge werden sich leichter und heller anfühlen, trotz der Flut. Feine ätherische Energien werden den menschlichen Körper durchfluten, die Seele wird nach unten langen um den Kontakt mit dem ätherischen Körper zu stimulieren anstatt den Kontakt mit dem physischen. Wenn die Menschheit weiter in das Neue Goldene Zeitalter schreitet, wird sich dieser Prozess intensivieren.

Von dieser Zeit an, wird sich der Unterschied zwischen Gut und Böse klar zeigen und die guten und unschuldigen Seelen werden die Zügel in die Hand nehmen. Der Einfluss von der astralen Ebene bleibt, jedoch sind seine „Farben" der Gedankenformen von einer höheren astralen Natur. Persönliche und selbstsüchtige Wünsche und Emotionen werden allmählich dem Drang anderen zu helfen weichen. Diese Tendenz wird sich später in göttlichen Dienst weiter entwickeln. Viel von der freiwilligen „Fühl dich gut" Sentimentalität, die großen Schwingungen zwischen Hass und Liebe und die perversen Denkweisen der Gewalt werden nach und nach ausgeschieden. Literatur, die Kunst und Musik werden zu neuen Höhen aufblühen, trotz den Umwälzungen der Erde. Sie werden das Denken während der Krisen anheben, anstatt es hinunter zu ziehen. Die Gesellschaft im Allgemeinen wird sich das Höchste und Beste heraussuchen, anstatt die Tiefen der Verdorbenheit zu erforschen.

Höhere Gebiete und die spirituellen Regionen

Die Periode nach 2012 wird die geographische Zusammensetzung der Erdoberfläche verändern. Während die Fluten allmählich eingreifen, werden Massen die Signale ignorieren und somit umkommen. Während viele auf ihre Intuition im Voraus hören werden, ist es zum jetzigen Zeitpunkt noch offen wie viele das Überleben wählen.

Die gemeine Bevölkerung wird von Natur aus Zuflucht auf den höheren Gebieten rund um die überfluteten Zonen aufsuchen. Lichtarbeiter und ihre Schüler werden auf der anderen Seite, schon lange bevor die Überflutungen zuschlagen, in die vorher bestimmten spirituellen Regionen abziehen. Die spirituellen Regionen sind alle weit von den Küsten weg und auf hohen Plateaus jedes Kontinents. Zu diesen aufzubrechen wird einen hohen Grad an Engagement und Glauben benötigt.

Adepten von geheimen mystischen Gesellschaften die an regionale Zweige der spirituellen Hierarchie gebunden sind, haben bereits begonnen unter einer falschen Identität zu diesen spirituellen Regionen zu ziehen um sich auf die Ereignisse der Zukunft vorzubereiten. Diese Gesellschaften haben die reine mystische Lehre der spirituellen Hierarchie durch die Jahrhunderte aufrechterhalten, von denen viele exoterische Religionen der heutigen Zeit entsprossen sind.

Höher gelegene Zonen

Millionen von Flüchtlingen aus den niederen Gebieten die in Höhere flüchten, werden die beschwerliche Aufgabe in Angriff nehmen, ohne oder mit wenig Hilfe ihrer Regierungen wieder etwas aufzubauen und zu überleben. Ein allgemeiner Status von Anarchie wird herrschen, bis sich Gruppen und Regeln des Überlebens bilden. Kleine Kolonien, an den Füssen der heutigen Gebirgsketten, werden sich selbst nach den Gesetzen der Anziehung organisieren.

Die höheren sicheren Zonen werden eine Zeit lang Sicherheit bieten, je nach dem wie stark sie in den fortschreitenden Wandel der Erde betroffen sein werden wie in Phase 3 (Siehe Kapitel 3) geplant ist. Die einzigen Gebiete welche die weiteren Wandel überleben werden, sind die zwölf spirituellen Regionen die von der spirituellen Hierarchie festgelegt sind. Diese Regionen werden mit der Zeit zu großen, fortgeschrittenen, spirituell verankerten Zivilisationen anwachsen, die ihre Bevölkerung aus den umliegenden Gebieten erhalten wird.

Die Jahre 2013 bis 2020 werden die schwierigste und chaotischste Periode unseres Übergangszenarios werden. Die Überlebenden werden einen Zustand eines konstanten Flusses ertragen, da die Meere, Flüsse, Seen und andere Gewässer die Inland Gebiete überschwemmen werden. Schwere, andauernde Regen werden das Innere des Landes überfluten. Nur Skelette von Regierungen werden übrig bleiben, die sich jedoch als unnütz erweisen werden. Die örtlichen Zuständigen werden gezwungen sein, sich auf ihre eigenen Mittel zu verlassen, um Gesetz und Recht aufrecht zu erhalten und gemeinsame Hilfsgruppen unter den Heimatlosen zu bilden. Wo dies nicht möglich ist, wird Anarchie herrschen, welche auf die guten Grundinstinkte des Menschen zur Erhaltung der Ordnung im Chaos aufbauen wird.

Viele höher gelegene Stadtgebiete werden intakt bleiben und eine große Zahl von vertriebenen Menschen wird zu diesen Gebieten ziehen. Örtliche Regierungen in diesen höheren Gebieten werden mit abertausenden von Flüchtlingen zusammen arbeiten müssen und sie mit Grundversorgung ausstatten. Die Größe der Umsiedelnden wird so enorm sein, dass nur gut organisierte Hilfsorganisationen und örtliche Regierungen fähig sein werden zu Lösungen zu kommen, was häufig von der Wohltätigkeit und der Initiative der Einwohner abhängt.

Mit dem Zusammenbruch von Gesetzen, Verträgen, Eigentumsrechte und der allgemeinen gesellschaftlichen Ordnung, werden die Überlebenden wenig haben auf das sie sich verlassen können, mit Ausnahme denen mit gleicher Schwingung. An diesem Punkt werden die kosmischen Gesetze, nicht die Gesetze des Dschungels übernehmen. Zeitgleich werden sich Gruppen entsprechend dem Gesetz der Anziehung bilden. Die Freiheit zu leben und mit jedem zusammen zu arbeiten mit dem man will wird herrschen. Somit werden sich kleine Gruppen bilden, die sich gegenseitig beschützen und so in den höheren sicheren Zonen überleben werden.

Während die höheren Zonen um die Wiederherstellung der Ordnung kämpfen und die Vertriebenen beheimaten, werden die Lichtarbeiter ihren Weg in eine der zwölf spirituellen Regionen fortsetzen, wo ihre Gefährten und Mitglieder der spirituellen Hierarchie sich versammelt haben um den Wiederaufbau Prozess zu beginnen der auf den kosmischen Gesetzen basiert. Die Ordnung wird so schnell aus dem Chaos entstehen, wie sich die spirituellen Regionen festigen und etablieren können, da die spirituellen Regionen die Gesellschaft formen werden um in das Neue Goldene Zeitalter zu gehen.

Zwölf spirituelle Regionen: Zwölf Experimente

In früheren Sub-Runden existierten große spirituelle Zivilisationen in denen eine aktive Bindung zwischen den spirituellen Dimensionen und der irdischen Ebene bestand. Diese Regionen, wie China und Mesopotamien, gediehen mit wenig Kontakt zueinander. Vorhergehende Goldene Zeitalter Zivilisationen, so wie die Einköpfigen (one headed) einer früheren Inkarnation von Meister Sanctus Germanus, die heute als die Sahara Wüste bekannt ist, gediehen unter den kosmischen Gesetzen.[41] Ihre Einwohner lebten in einem Reich voller Frieden und Ruhe und viele Meister wurden aus diesen Zivilisationen geboren.

In Besinnung auf die alten Traditionen, hat die spirituelle Hierarchie zwölf spirituelle Regionen ausgewählt, die als Grundterritorien dienen von wo aus die Zivilisation des Neuen Goldenen Zeitalters auf alle Kontinente übertragen wird. Diese zwölf spirituelle Regionen werden Stätten der Ordnung inmitten des Chaos sein und werden nach den kosmischen Gesetzen geleitet. Das versprochene Goldene Zeitalter wird nicht auf den ganzen Globus erwartet, jedoch wird es in diesen Zentren stattfinden. Dies ist aus dem Grund, weil der Rest der Welt unter den Unruhen der geologischen Umstellung stehen wird.

Zusammen werden diese Regionen einen Nexus

---

[41] See King, Godfre Ray, *Unveiled Mysteries*, (Schaumburg, Illinois: Saint Germain Press, Inc.), pp. 33-71

von Energieportalen bilden, von dem aus die Hierarchie ihren Plan für die Reorganisation der menschlichen Gesellschaft verkünden wird und die Grundarbeit für die lang erwartete Manifestation des Weltenlehrers leistet, dessen Erscheinung in welcher Form auch immer es zur Zeit durchführbar ist, um 2020 erwartet wird. Adepten von örtlichen Zweigen der Bruderschaft des Lichts werden von den inneren Ebenen erscheinen, um den Lichtarbeitern bei ihrem Zug in diese Regionen zu helfen.

In den spirituellen Regionen werden Lichtarbeiter mit den Adepten der spirituellen Hierarchie eine Übergangsgesellschaft aufbauen, die mit dem besten unserer jetzigen Zivilisation und den neuen Ideen die von der spirituellen Hierarchie kommen experimentieren, um ein Arbeitsmodell für das Neue Goldene Zeitalter zu schaffen. Diese Zentren der spirituellen Gelehrsamkeit und Kraft, werden über Shamballa geformt, dem Hauptquartier der spirituellen Hierarchie. Jede Region wird ein Leuchtfeuer des Lichtes für seinen Kontinent erhalten, jede wird eine neue Form von Bestrebungen repräsäntieren, abhängig von der jeweiligen geistigen Entwicklung.

Die Menschen die in den umliegenden Gebieten leben, werden in diese spirituellen Regionen ziehen, um in einem erleuchteten Reich zu leben. Nicht länger wird das vorrangige Streben der Menschheit das nach Geld und materiellen Reichtum sein. Alle werden willkommen sein, vorausgesetzt sie zeigen den nötigen Grad an geistiger Entwicklung der gefordert wird. Wenn dem nicht so ist, werden die höheren Schwingungen dieser Regionen zu viel für sie sein und sie natürlich abstoßen. Die höheren

Schwingungen werden die spirituellen Regionen von ungewollten Eindringlingen schützen, da ein Zustand der Dualität auf der Erde immer noch existieren wird.

Von jeder spirituellen Region werden die Grundlagen für Gesetz und Ordnung für ein bestimmtes Gebiet kommen, welche auch die rassischen und kulturellen Charakteristiken berücksichtigen werden. Während die Struktur der spirituellen Regionen wächst, werden sie die Verwaltung wie auch die Represäntierung der spirituellen Hierarchie für jedes Gebiet bilden. Den Kolonien in den umliegenden Gebieten wird die Wahl gegeben, entweder so weiter zu machen oder sich in die hierarchische Reorganisation zu integrieren.

Um es zu wiederholen, die zwölf spirituellen Regionen der Erde werden die folgenden sein:

Nord Amerika:
(1) Banff - See Louise Gebiet in der Nähe von Calgary, Kanada, an den großen Tetons Gebiet von Wyoming, USA
(2) Colorado Plateau Gebiet

Süd Amerika:
(3) die Córdoba Provinz in Argentinien und
(4) die Goias Provinz in Brasilien

Ost Asien:
(5) Qinghai-Tibet Plateau und
(6) Gobi Wüsten Plateau

Süd Asien:
(7) Darjeeling Gebiet am Fuß des Himalajas

Australien:
(8) die australische Outback Region

Mittlerer Osten:
(9) Iranisches Plateau in der Nähe von Yazd

Afrika:
(10) das zentrale Hochland des Kivu See Gebietes
(11) das Ahaggar Plateau in der Nähe von Tamanrasset, Algerien

Europa:
(12) Transilvanisches Plateau in den Karpaten

Die Wettermuster werden sich in den Jahrzehnten rapide und radikal ändern was dazu führen wird, dass solche lebensfeindliche Gebiete wie das australische Outback, das Sahara Plateau und das Gobi Plateau bewohnbar werden. Ein sehr mildes, feuchtes Klima wird erwartet, in Verbindung mit wieder einsetzenden regulären Regenfällen in trockenen Gebieten die einst fruchtbar waren. Diejenigen die in den Wüsten gelebt haben, haben schon bemerkt, dass es nur wenig Regen benötigt damit in der Wüste das Leben zu blühen beginnt.

Die dreizehnte spirituelle Region: Hauptstadt des Neuen Goldenen Zeitalters

Die dreizehnte spirituelle Region wird als die Hauptstadt des Neuen Goldenen Zeitalters um 2040 herum bestimmt. Zwei Orte werden in Betracht gezogen: die Viktoria Inseln in den nördlichen Gebieten von Kanada, oder Grönland. Was freigegeben wird wenn die Gletscher geschmolzen sind und wie diese beiden Orte während des Weltkrieges genutzt werden, wird entscheiden welche von ihnen die karmischen Anforderungen für einen so geheiligten Ort erfüllt.

Der Wiederaufbau wird in den spirituellen Regionen bestimmt

Tiefes Nachdenken und Meditation der Adepten der spirituellen Hierarchie die dem Zug zu den spirituellen Regionen gefolgt sind, werden die Periode des Wiederaufbaus voranbringen. Die katastrophalen Erdenwandel des Pralayas werden die offensichtlichen Symbole und Institutionen die der Menschheit nicht genutzt haben vernichtet haben. Es wird von der Menschheit auch nicht erwartet dasselbe „wieder aufzubauen". Was mit Wiederaufbau gemeint ist, ist nur das Wiederherstellen dessen was uns dient, basierend auf den soliden Erfahrungen der vergangenen Jahrtausende. Es wird das Ausscheiden des Schlechten und das Wiederaufbauen des Guten miteinbeziehen – eine zweite Chance für diejenigen die den falschen Weg gingen.

Pralaya bedeutet „eine Periode von verdunkeln, zerstören und ruhen". Ruhen ist ein kritischer Charakter eines Pralayas, was aber nicht bedeutet, dass die Menschheit herumlümmelt und nichts tut. Die kosmischen Gesetze welche die Periode des Pralayas regeln, sind dazu da die aktiven Perioden der Schöpfung auszugleichen. Ruhen ist eine Zeit um sich klar darüber zu werden was nützlich war, bewerten was richtig und was falsch lief und um zu lernen was man behält und was man entfernt. Es ist mit einer Einschätzungsphase eines Projektes zu vergleichen. Wenn ein Projekt beendet ist, untersuchen es Bewerter um heraus zu finden ob es seine Ziele erreicht hat und wenn dem nicht so ist, zu lernen warum es nicht so ist. Hier liegt die wahre Lektion über die die Seele nachdenken muss. Anstatt in den stürmischen Wassern des Fortschrittes, der Veränderung, der Prüfung und der Fehler herumgestoßen zu werden, ruht die Seele in den ruhigen Gewässern der Betrachtung und der Bewertung.

Diejenigen die während des Pralayas inkarnieren werden nicht so blind sein wie die Vorhergehenden. Ihre Fähigkeit vergangene Leben aufzurufen und in der Akasha Chronik der mentalen Ebene zu lesen wird erhöht, damit sie auf ihre vergangenen Leben in aktiven kreativen Phasen zurückblicken können um herauszufinden was sie zum Neuen Goldenen Zeitalter hinzufügen können.

Die Periode der Rekonstruktion verlangt nach großer Tiefe. Wie ein Geschenk des Himmels, ist die Gelegenheit gegeben um das WIEDERaufzubauen was auf einem sicheren Sockel stehen hätte sollen. Das ist die Essenz der Bedeutung des Wiederaufbaus.

Kosmische Gesetze regeln die spirituellen Regionen

Der Meister Sanctus Germanus dachte und meditierte tief über diese Pralaya. Jahrhunderte bevor die wirklichen katastrophalen Ereignisse begannen. Andere Meister, ihre Initiierten und Lichtarbeiter, vertieften sich ebenso in Pläne und Vorbereitungen. Nichts wurde äußeren Umständen (Zufall) überlassen, außer dem freien Willen der Menschen. Die Ordnung WIRD aus dem Chaos in den spirituellen Regionen entstehen, wenn die Lichtarbeiter den Anweisungen folgen sich in diese Regionen zu begeben. Und zwar noch vor den

Massen an Obdachlosen um mit den Adepten der Hierarchie zusammenarbeiten um somit eine Struktur zu erschaffen, die einer aufgewirbelten Gesellschaft Ordnung bringen wird. Alle kosmischen Gesetze die der Menschheit bekannt sind werden weiterhin wirken, da sie wie das Universum unendlich sind. Sie zu verstehen ist eine andere Frage. Zu diesen Gesetzen wünschen wir noch weitere hinzuzufügen welche eine Periode der Zerstörung und der Ruhe wie dieses Pralaya betreffen.

Die Übergangsgesellschaft

Die Einwohner der spirituellen Regionen werden eine Übergangsgesellschaft organisieren, die mit Organisationen und Institutionen experimentieren, die auf den kosmischen Gesetzen basieren. Es wird „Übergang" wegen seiner experimentellen Natur genannt. Das Model welches aus diesem Experiment entsteht wird das viel versprochene Goldene Zeitalter erschaffen.

Der ultimative Zweck einer Gesellschaft ist es jeder Seele zu erlauben, sich selbst in dem jeweiligen physischen Körpervehikel zu entfalten. Durch Erziehung, Meditation und Dienst in einer Struktur der kosmischen Gesetze kann eine Gesellschaft diese „Seelen Befreiung" zu Wege bringen.

Kosmische Gesetze stellen eine rechtmäßige Struktur bereit, die sich an die jeweiligen Bedingungen anpasst. Sie werden einen Regenschirm der Prinzipien formen, mehr wie eine Verfassung aber mehr in Verbindung mit wahren universalen Prinzipien. Von dieser Auswahl an Prinzipien kann die menschliche Regelung zugeschnitten werden, um die örtlichen Bedürfnisse in den Griff zu bekommen.

Kosmische Gesetze sind nicht auf Papier geschrieben. Sie sind tief im Inneren jeder Seele festgeschrieben. Alles bewegt sich und existiert in einer rechtmäßigen Struktur von Regeln und Zyklen. So also, wenn sich die Seele in jedem Individuum befreit, manifestieren sich die Grundmuster von Gesetz und Selbstdurchsetzung (self-enforcement). Passende Anwendung und Ausführung der kosmischen Gesetze benötigt keine Polizei oder Militär, keine Waffen um sie zu durchzusetzen oder zu befolgen und keine eigenmächtigen Entscheidungen die auf individuellen Begriffen der Rechtssprechung (law enforcement) ruhen. Es ist eher Gesetz und Rechtssprechung in Einem, als ein Ganzes kombiniert; es ist die Freude im Herzen seine Verpflichtung innerhalb der Schöpfung zu erkennen und es gibt einem dieses Gefühl von Frieden und Sicherheit nachdem heute so gesucht wird.

Wenn die Seelen befreit sind, wird das Wissen über die kosmischen Gesetze ins Dasein treten. Die Gesetzesbücher die ganze Rechtsbibliotheken füllen werden ihre Grundlage verlieren, da diese Gesetze, welche die Abweichung der Menschheit von den kosmischen Gesetzen wiederspiegeln, nicht länger herrschen werden. Die Lehren der spirituellen Hierarchie werden die fehlgeleiteten Gedanken der kosmischen Gesetze die von der heutigen Zivilisation verursacht wurden, ausbessern und zusammen wird der Lernprozess auf allen Ebenen der Gesellschaft mit Dringlichkeit fortgeführt.

Kosmische Gesetze welche noch nicht bekannt gegeben wurden werden dann in die Übergangsgesellschaft eingeführt und erprobt. Wie sich die Übergangsgesellschaft auf diese Gesetze anpasst ist zu diesem Zeitpunkt noch unbekannt. Experimentieren mit dieser Natur wird grundlegend für den Aufbau des Neuen Goldenen Zeitalters sein.

Die kosmischen Gesetze die weiter unten aufgeführt werden, charakterisieren den Geisteszustand an den sich die Menschheit während der Pralaya Periode anpassen muss und wie der Wiederaufbau betrachtet werden sollte. Während es scheint, dass sie sich sehr ähneln, unterscheiden sie sich jedoch in sehr subtiler Weise voneinander.

1. Das Gesetz der Anziehung (Attraction)

Gleiches zieht gleiches an. Die Erde wird nicht mehr länger die Müllhalde von unvereinbaren Stufen der Evolution sein. Es wird für ein Individuum nicht mehr möglich sein ohne Anbindung an seine Seele auf dieser Erde zu inkarnieren, wie es so viele in der von den dunklen Mächten dominierten Ära getan haben. Die höhere Schwingung der Erde wird dies automatisch verhindern. Zu Beginn wird sich dieses Phänomen als Totgeburten oder als nicht überlebensfähige Kleinkinder bemerkbar machen, während sich die Eltern auf die höheren Schwingungen einstellen. Dies sollte die Überlebenden nicht alarmieren, da es als die beste Möglichkeit angesehen wird um den aufdringlichen Versuchen in die neue physische Ebene zu gelangen Einhalt zu gebieten. Nach einer Zeit werden die Inkarnationen in ein höher schwingendes Vehikel fließen, so wie es geplant ist.

Die Folge dieses Gesetzes in der Erschaffung von harmonischeren Vehikeln ist außer Frage eine der Wichtigsten, da es als eine Art von kosmischer Einwanderungspolitik wirkt die fortlaufend die niederen evolutionären Stufen ausfiltert. Es gibt andere Planeten in der unendlichen Anzahl von Sonnensystemen in denen sie einen besseren Platz für ihre Form finden werden.

Die Homogenität der Schwingungen ist so das Ergebnis der strengeren Anwendung des Gesetzes der Anziehung, obwohl sein Einfluss nicht dazu führen wird, dass alle Menschen gleich aussehen. In Wahrheit wird die Variation und die Farbe der unterschiedlichen Vehikel zunehmen und die Menschheit verblüffen – blau, grün, rot – doch wird das Zusammenspiel der Schwingungen alle Beziehungen harmonisieren, so dass die Farbe nicht mehr als ein Kriterium der Unterscheidung verwendet wird sondern als ein Qualitätsbeitrag zur Gesellschaft angesehen wird – im Grunde ein vollständigerer Ausdruck der Massenseele. Die Verschiedenheit der Farben wird primär auf der physischen Ebene gesehen werden, auf der ätherischen Ebene allerdings wird die Farbe in der Harmonie der feinen Materie aufgehen.

Individuen die auf ähnlichen und höher schwingenden Ebenen arbeiten können so viel mehr als nur eine heterogene Gruppe erschaffen.

Stell dir Gruppen vor die im Inneren zu bestimmten Zielen des göttlichen Planes zustimmen und harmonisch miteinander arbeiten! So etwas ist heute selten, wenn nicht sogar undenkbar. Die Gleichdenkenden werden sich sammeln und zusammen arbeiten, ebenso werden sich nach der gegenseitigen Anziehung ihrer Mitglieder Gemeinschaften bilden. Keiner wird gezwungen werden mit Menschen mit unterschiedlichen Neigungen und Charakteristiken zusammenzuarbeiten. Die Freiheit zu wählen und zum eigenen Ashram zurückzukehren ist in diesem Gesetz enthalten und garantiert.

2. Gesetz der Abstoßung (Repulsion)

Dieses Gesetz wird auch angewendet und somit wird es die Grenzen und Beschränkungen einer Gruppenaktivität beschreiben. Deshalb hat die Gruppe bestimmte geographische und politische Beschränkungen um die Nicht-Dominanz über Andere zu versichern, oder um mit Gewalt zu kontrollieren und Menschen juristisch zusammenzuhalten. Das Gesetz der Abstoßung setzt so die Grenzen einer Gruppe und versichert die Vielfältigkeit unter den Gruppen. Jedoch wird es auch unter dieser Verschiedenheit einen roten Faden von gemeinsamen Interessen unter den Gruppen geben, was sie in den Begrenzungen die durch dieses Gesetz entstehen miteinander verbindet.

3. Gesetz der kosmischen Spontaneität (Cosmic Spontaneity)

Was ist kosmische Spontaneität als das Herausbrechen des Wissens der Seele und durchdachtes und wohl überlegtes Handeln? Viel von dieser Spontaneität kann heute bei Kindern beobachtet werden und es kontrolliert in einer direkten und positiven Art die göttliche Intelligenz.

Dieses Gesetz ist mit der telepathischen Kommunikation verbunden, da es die Spontaneität ist welche die reinste Form der Gedankenübertragung ist. Ein Gedanke der in deinen Verstand tropft wird augenblicklich verstanden und verarbeitet. Es ist sofortiges Verständnis in seiner reinsten Form. Die menschliche Haltung und das Denken über Gedankenformen verdreht ausnahmslos die wahre Bedeutung die spätere Erfahrungen wieder beseitigen müssen. Kosmische Spontaneität hat viel mit dem Satz „schneller als ein Lichtstrahl" zu tun.

Diese Spontaneität funktioniert am Besten wenn der astrale Körper unter Kontrolle ist und das physische Vehikel (der dichte physische und ätherische) in direktem Kontakt mit den mentalen und dem kausalen Körper ist.

4. Das Gesetz der ständigen Bewegung (Perpetual Action)

Alles ist in Bewegung. Dieses Gesetz sagt aus, dass die ganze Schöpfung in ständigem Wandel steht und so ist kein Platz für Faulheit oder von Anderen die Arbeit machen zu lassen. Diejenigen die dieses Gesetz erkennen werden Traditionen und alte Wege gehen lassen und sich selbst für die sich ständig entwickelnden Ideen der Hierarchie öffnen.

Viele Individuen glauben, dass das Wachstum zu einem bestimmten Alter aufhört. Sie übernehmen Stile und Wege des Denkens die ihnen angenehm oder traditionell erscheinen. Viele hören auf intellektuell und mental zu wachsen. Doch mit dem Verstehen des ewigen Dynamismus der in die neue Gesellschaft gesät wurde, wird das hängen an Traditionen Platz machen für die Aufnahme der ständig fließenden Überlieferung der göttlichen Ideen in der neuen Zeit.

5. Das Gesetz des ewigen Fließens (Fluidity) und der Geschmeidigkeit (Malleability)

Das gegensätzliche Konzept zu diesem Gesetz ist eine materialistische Geisteshaltung die wünscht alles in einer soliden oder dauerhaften Form zu verankern. Das Fließen (Fluidity?) und die Geschmeidigkeit (malleability?) bringen ein höheres und subtileres Gefühl für das spirituelle, immer-suchende, immer-anpassungsfähige, immer fähig das fallen zu lassen dass nicht mehr länger gebraucht wird, das gehen zu lassen das behindert. Es ist die Offenheit des Geistes in seiner besten Form.

6. Das Gesetz des Aufgebens (Abandonment)

Ideen und Gedankenformen sind überall im Universum zum Wohl der Menschen vorhanden. Sie kreisen frei als Ressourcen herum um für die Seelenbefreiung genutzt zu werden oder aufgegeben zu werden, damit Andere sie gebrauchen können. Das festklammern an Ideen als immerwährende Wahrheit, gleich wie gut sie in ihre Zeit passten, behindern das Wachstum und den Fortschritt. Fähig sein dann los zu lassen wenn die richtige Zeit dafür gekommen ist, das ist Freiheit. Wenn du loslässt, dann nur weil deine Seele dich zu etwas Besserem führt. Warum nicht zu etwas Besserem übergehen? Warum an einer bequemen und sicheren Idee festklammern, wenn eine andere noch viel besser und sicherer sein kann? Es ist die Umwälzung die bei der Annahme einer neuen Idee entsteht welche die Menschen vermeiden wollen, aber den Wechsel und die Umwälzung als Teil eines immer fortdauernden Lebensspektrums willkommen zu heißen und etwas loszulassen was ausgedient hat ist ein kosmisches Gesetz des Fort-schritts (Fort-schreiten).

7. Das Gesetz der Umwälzung (Upheaval)

Wir haben erwähnt, dass der Übergang vom Alten zum Neuen immer eine Umwälzung im Leben mit sich bringt. Je mehr sich jemand an den Wandel gewöhnt und an dem Drang der Veränderung festhält und es neuen Ideen erlaubt in sein Leben zu dringen, das wegzustoßen was nicht mehr gebraucht wird, desto mehr gewöhnt man sich an die Umwälzung während der Veränderung. Dies ist Teil der zyklischen Natur des Universums. Dieses ermächtigende Gesetz ist zu respektieren und zu ertragen, nicht zu vermeiden oder darüber hinwegzusehen.

8. Das Gesetz der konstanten Erneuerung (Constant Renewal)

Zyklen kommen und gehen, aber eines ist sicher, während wir das nicht mehr nützliche abwerfen, tritt eine Erneuerung ein, es kommt der Frieden wieder und neue Energien werden ausgeschüttet um ein Leben zu erneuern. Dies ist Teil des ewigen Zyklus den viele rückschrittliche Gemüter heute benutzen um die Erneuerung zu verhindern. Doch ist die Erneuerung die Vervollständigung des Zyklus und muss geschehen bevor irgendetwas fortfahren kann. Der Versuch das Ende des Zyklus zu stoppen behindert den Fortschritt.

Das Gesetz der konstanten Erneuerung ist mit dem Gesetz der Fülle und der konstanten Versorgung verwandt; jedoch kommt diese Belieferung in Zyklen und wenn sie erschöpft ist, wird sie erneuert.

Du kannst nicht alles auf einmal haben, doch wirst du es erhalten wenn es die rechte Zeit und der Ort es verlangen. Dies ist für gewöhnlich am Beginn eines Zyklus. Der Fluss der Fülle kommt nicht willkürlich oder auf einmal, sonder in sorgsam bemessenen zyklischen Schritten.

9. Gesetz der Synchronizität (Synchronicity)

Während die Erde ihre Position wechselt wird die Wahrnehmung der Tierkreiszeichen des Menschen mit verändert, welche eine große Rolle in der Astrologie gespielt hat um das Timing der Geschehnisse zu verstehen. Die Zeit wird so auf der irdischen Ebene und im Neuen Goldenen Zeitalter fortbestehen. Jedoch wird die Zeit von bestimmten Zielen, die im göttlichen Plan festgelegt sind, geleitet, welche wiederum mit der Wahrnehmung der Tierkreiszeichen synchron läuft.

Das Schmelzen der Eiskappen ist ein Zeichen für den Sprung in der Nord-Südpol Achse der Erde. Dieser allmähliche Sprung wird eine Anpassung der menschlichen Wahrnehmung des planetaren Zusammenspiels und seiner Einflüsse auf die Erdaktivitäten benötigen.

Der göttliche Plan für die spirituellen Regionen ist mit dem planetaren Zusammenspiel synchronisiert und somit kann eine modifizierte Astrologie diese neue Synchronisation der Zeit wiederspiegeln. Es gibt Blöcke von Zyklen wenn bestimmte Planziele erfüllt sein sollen und die Geschehnisse und Aktivitäten somit dementsprechend in einer synchronisierten Art miteinander verbinden. Zeit muss in die Dauer dieser Zyklen berechnet werden und nicht nach der Uhr der Menschheit.

Die Rolle der Menschheit liegt darin, das Zusammenspiel zu erkennen und seine Handlungen unter vielen auszuwählen, welche diesem Block der Synchronizität entsprechen. Somit charakterisiert eine mehr passivere Annäherung an das Leben ein Pralaya und erlaubt es, für das Timing der Ereignisse, dass sie sich in Zeiträumen des göttlichen Plans entfalten.

Dem Plan zu erlauben sich wie vorgesehen zu entfalten, ist gleich dem Gesetz der Synchronizität zu erlauben sich zu entfalten.

Eine neue Art von Astrologen ist nötig um dieses Gesetz zu entschlüsseln und um es für die Leute verständlich zu machen.

Die aktive und eigensinnige Aktivität die zu einigen der willkürlich entschlossenen zeitlichen Tagesordnungen gehört welche die jetzige Ära ausmachen, z. B.: Eroberung und aggressives Kriegstreiben, werden nicht während eines Pralayas stattfinden. Die Menschen müssen lernen sich von eigensinnigen Aktivitäten loszulösen - um zurück zu treten und es dem Gesetz der Synchronizität zu erlauben Fuß zu fassen und damit es sich manifestieren kann.

10. Das Gesetz des göttlichen Impuls (Divine Momentum)

Göttlicher Impuls (divine momentum) ist das Wiedererkennen, dass mit dem Plan die Kraft oder der Wille zur Ausführung kommt. Jedes Element oder Vorkehrung des göttlichen Planes besitzt die innewohnende Kraft sich auf der irdischen Ebene zu manifestieren. Während das planetare Zusammenspiel beginnt bestimmte Blöcke oder Zyklen der Entfaltung zu entschlüsseln, übernimmt ein Moment der Ausführung (momentum of implementation?), welches in den Plan eingebaut ist.

Dies bringt bestimmte Aktivitäten in Gange welche die spirituelle Hierarchie auf der Erde erzeugen wird, welche wiederum die richtige Aktivität ihrer irdischen Gegenstücke erzeugen wird. Zusammen wird der Plan verwirklicht, jedoch liegt es an der Menschheit sich dem Moment der Ausführung anzuschließen.

Jedem Individuum ist die Freiheit gegeben zu wählen ob es entweder diesen Impuls fördert oder ablehnt. Um mit dem ausführenden Moment (Impuls) in Harmonie zu sein muss man sich den unendlichen Gelegenheiten des Dienstes öffnen, wohingegen das Verschließen die individuelle Seele gegen dieses stößt. Es anzuerkennen, dass es einen Impuls gibt und sich dem anzuschließen bringt den Menschen mit dem Plan in Harmonie, wohingegen die Kräfte die den Plan durchkreuzen schließlich zügellos werden. Gegensätzliche Handlungen werden als ein Verbrechen gegen das kosmische Gesetz betrachtet.

Der Wiederaufbau in den spirituellen Regionen

wird viel an diesen Impuls benötigen, andernfalls wird die Evolution behindert. In dieser Weise wird das passives Festhalten an den Kräften wie es im Plan während des Pralayas vorgesehen ist, in einer aufbauenden Aktivität enden, welche keine „neue" Aktivität ist, sondern mehr ein Berichtigen oder eine Korrektur von dem was passieren hätte sollen. Um im Geist des Plans zu sein, wird von der Menschheit verlangt den Plan so wenig wie möglich zu stören und mit seinem Impuls in Einklang zu sein.

Während der Wiederaufbau die Anstrengungen wiederspiegelt die im göttlichen Plan benötigt werden, werden sie den göttlichen Impuls erzeugen welcher benötigt wird um sich selbst innerhalb der vorgegebenen Zeit zu manifestieren wie es vom Timing des planetaren Zusammenspiels bestimmt ist.

Dieser Impuls wird in die neue Astrologie gespiegelt um in den spirituellen Regionen weiter entwickelt zu werden. Es ist nicht der Wechsel im Universum den der Mensch beobachtet sondern die Änderung seiner Position und seiner Wahrnehmung. Der göttliche Impuls wird somit verstanden und in die neue Astrologie übernommen werden.

11. Das Gesetz der passiven Anhaftung (Passive Adherence)

Diesem Gesetz unterliegen alle Aktivitäten während der Zeit eines Pralayas. Die heutige Ära fasst Passivität als ein negatives Merkmal auf. Das Ergebnis einer aggressiven Aktivität hat viel in Richtung von festen Strukturen, Forschung und innovativen Ideen aufgebaut. Jedoch muss viel von dem was erschaffen wurde durch die Kriterien des göttlichen Planes beurteilt werden. Aktive Schöpfung macht Platz für die passive Weisheit im Neuen Goldenen Zeitalter. Weisheit beurteilt die Schöpfung in Anbetracht seiner Nützlichkeit und seiner evolutionären Leistungen für die Menschheit.

Passives Festhalten (Anhaften) am Plan, lässt eine richtige Struktur erkennen, in welcher die Schöpfung der Menschheit fokussiert werden kann um dem Ganzen zu nutzen. Die Weisheit die weiterhin aus dem Plan fließt muss anerkannt und genutzt werden um das Erschaffene der heutigen Ära zu beurteilen und um schroffen Individualismus abzulösen. Den Plan anzugehen und ihn zu verstehen verankert seine Prinzipien und Gesetze zu dem Punkt, an dem das Schlechte natürlich weggeschleudert wird und das Gute bewahrt wird.

Damit eine Person an diesem kosmischen Gesetz festhalten kann, muss der ätherische Körper entwickelt sein. Ein kultivierter Intellekt ist Voraussetzung um den tiefen Sinn der Weisheit zu verstehen. Somit stellt das passive Festhalten die aktive mentale Aktivität gegen die physische Aktivität. Diese mentalen Aktivitäten konzentrieren sich somit auf die Beurteilung der Vergangenheit, das Anzunehmen was für die Schöpfung der heutigen Zeit nützlich und zuträglich ist und auf den Aufruf der Weisheit zu hören um das auszuführen, was in der Vergangenheit versäumt wurde.

Passives Festhalten am göttlichen Plan ermöglicht somit die Beurteilung und bringt die Dinge an die Oberfläche die zu den Prinzipien der

Weisheit des göttlichen Planes passen. In diesem Prozess ist immer noch Aktivität, aber ist sie passiv weil sie durch die Weisheit bestimmt und beherrscht wird.

12. Das Gesetz der umgekehrten Bewegung (Reverse Motion)

In Verbindung mit dem was wir über die Zeit des Pralayas gesagt haben ist viel von dem was im Gange ist eine Rekapitulation und die Beurteilung von dem was während der vorausgegangenen aktiven Periode erschaffen wurde, d. h. das Schlechte auszumustern und das Gute zu behalten. Bei der Umkehrung der Bewegung, bewegen wir uns eigentlich mit dem Guten und Positiven nach vorne. Die Eliminierung des Unnützen für die Menschheit macht Platz für die Ausbreitung und das Wachsen des Positiven. Im linearen Denken mag ein Rückgang einen Rückschritt bedeuten, was in einer gewissen Weise auch korrekt ist, jedoch bedeutet Umkehr im Multi-Dimensionalen Denken Platz für das Gute zu machen, damit sich dieses entfalten kann. Denke darüber nach.

13. Gesetz der Zurückhaltung (Containment)

Die Filterung dessen was nicht für die Menschheit nützlich ist, muss mit größter Weisheit vor sich gehen. In manchen Fällen ist die Entscheidung klar, da bestimmte Institutionen und menschliche Gesetze in offenkundigen Widerspruch zu ihrem kosmischen Gegenstücken stehen. Aber in den meisten Fällen bringt die Wahl Gedankenformen mit sich die nicht ganz aufgekeimt sind oder während ihres Abstiegs in die Materie in ihrer Bedeutung verändert wurden. Somit haben sie niemals ihr ganzes Potential entfalten können.

Zurückhaltung bedeutet in diesem Fall die Bewahrung des Guten in den Gedankenformen die ihr volles Potential nicht voll realisiert haben, aber wenn ihnen in den gegenwärtigen Zusammenhang freien Lauf gelassen würde, würde dies zum Nachteil für die Menschheit werden. Ein Beispiel ist die Freigebung der Atomenergie, deren volle Nutzung aus Angst vor Missbrauch zurück gehalten wurde. Die Menschen haben einige Gedankenformen als ihre logische Extreme übernommen und dadurch großes Leiden verursacht. Viele Kriege wurden durch das Annehmen von den hohen Prinzipien der Extreme gerechtfertigt.

Das Ausscheiden des Alten und Schlechten muss innerhalb bestimmter Grenzen der Weisheit erfolgen; sonst werden wir revolutionäre, fanatische Hexenjagden und Sündenböcke gegen das Alte haben. Bestimmte Traditionen der Vergangenheit sind voll realisierte Gedankenformen die alles überstehen, während aber andere einen fragwürdigen Ursprung haben und den Menschen nicht dienen. Es besteht vor allem eine große Grauzone der Gedankenformen in dem Reich der Hochtechnologie. Sie hat sicher gewisse Vorzüge die sehr nützlich sind, aber können sie auch zum Schaden der Menschen verwendet werden. Das Gesetz der Zurückhaltung begrenzt übertriebene, fanatische Richtungen die bestimmte Gedankenformen annehmen können.

14. Gesetz der Abnahme (Abatement)

Abnahme ist das Beenden, das Reduzieren oder das Vermindern von etwas bestimmten. Die

Übertreibungen der Menschen in bestimmten Richtungen kann zum Teil auf den Kampf der dunklen Mächte zurückgeführt werden, die mit allen Mitteln versuchen ihre Position zu bewahren. Viele Gedankenformen begannen mit hohen Idealen um schließlich zum Punkt der Übertreibung gebracht zu werden. Die Technologie hat es dem Menschen ermöglicht sich über sein Körper Vehikel auszudehnen, jedoch wurde dies alles zum Nutzen der dunklen Mächte missbraucht. Somit bleibt die Technologie im Grunde für die Menschheit von Nutzen. Die innovativen Gedankenformen zu eliminieren ist nicht die Lösung. Die Weisheit zu nutzen um die Übertreibung vorzubeugen und die Essenz der Gedankenformen zu bewahren ist das auf dass das Pralaya abzielt. Es ist zum Großteil ein Teil des Gesetzesgenres welche die Ausschweifungen der gegenwärtigen Ära zurückhalten und beherrschen und es ist somit mit dem Gesetz der Zurückhaltung verwandt. Bedeutsames konkretes Denken wurde in der Nachkriegszeit des 2. Weltkriegs zu seinen Grenzen hochgetrieben. Der sanfte Regen der Weisheit wird das Nützliche bringen und das Übertriebene eliminieren.

15. Gesetz der Festigung (Consolidation)

Die schöpferischen Tätigkeiten der vierten Sub-Runde dauerten bis zum Millennium an, so dass die heutige fünfte Wurzel Rasse so viel geschaffen hat, dass die Geschichts- und Patentarchive aus allen Nähten platzen. Die dunklen Mächte haben viel Energie aufgebracht um diese revolutionären Gedankenformen zu unterdrücken.

Diese Gedankenformen müssen neu überdacht, verdaut und in ihrer Gänze nicht vergessen werden

– das Gute und das Nützliche muss herausgefiltert, bewertet, fest verankert und erprobt werden. Viel des zwanzigsten Jahrhunderts war flüchtig- eine endlose Suche nach etwas Neuem, jedoch wurde das was da war nicht ganz ausgekostet. Die Menschheit hat nicht die Fülle der verschiedenen Gedankenformen getestet bevor sie zur nächsten weiter ging.

Die Pralaya Periode in die wir getreten sind ist keine der wahllosen Zerstörung, sondern eine der Filterung – das Ungewollte und Schlechte wird ausgeschieden und das Gute und Reine wird erhalten. Es ist auch eine aktive Ruhe um die Gedankenformen für das Neue Goldene Zeitalter zu überdenken.

Kapitel 7
Periode des Wiederaufbaus II
Auf zu einer ätherischen Existenz

Nach dem Zug der Lichtarbeiter in Richtung der spirituellen Regionen, werden sie die Gesellschaft nach den Richtlinien der neuen kosmischen Ordnung organisieren und wieder aufbauen. Diese Gebiete werden Leuchtfeuer der Hoffnung und der Ambitionen für die menschliche Gesellschaft sein. Diejenigen welche den Weg der Bewährung schon in früheren Leben gegangen sind werden sich zu ihnen hingezogen fühlen, während andere die trotz der Katastrophen nicht in spirituellen Dinge interessiert sind ihr Leben so gut sie können wieder aufbauen, in peripheren erhöhten Gebieten.

Die spirituellen Regionen sind Gebiete einer hohen Schwingung welche die spirituelle Hierarchie ausgewählt hat um der menschlichen Zivilisation das Überleben während des Pralayas zu sichern. Sie sind groß genug um die Mehrheit der Überlebenden aufzunehmen und durch ihr Licht werden sie einen konstanten Fluss der allgemeinen Bevölkerung anziehen, gemäß dem Gesetz der Anziehung. Die spirituellen Regionen sind keine exklusiven Gebiete, sondern Haltepunkte auf der evolutionären Leiter. Auf jeden Kontinent werden sie für die Überlebenden als neue Ambitionen dienen, als Platz wo sie in Frieden, Harmonie,

Bruderschaft und Fülle leben können.

Die Voraussetzungen für denjenigen der die spirituelle Region betreten will sind gleich wie für den Weg der Initiation: Der Weg der Bewährung, der Weg des Schülers und die vier Grade der Einweihung. Die Mehrheit der Überlebenden wird aus dem Instinkt des Selbsterhaltungstriebs in höhere Gebiete gezogen werden. Eine Minderheit wird auf dem Weg der Bewährung sein, das heißt „auf der Seite der Kräfte der Evolution. An seinem eigenen Charakter arbeitend . . ." [42] und diese wird geeigneter sein in den spirituellen Regionen Zuflucht zu suchen.

Er nimmt sich selbst an der Hand, kultiviert die Qualitäten die in seiner Veranlagung fehlen und sucht mit Fleiß um seine Persönlichkeit unter Kontrolle zu bekommen. Der bildet seinen kausalen Körper mit bedächtiger Absicht und strebt danach es zu einem passenden Gefäß (receptacle) für das Christbewusstsein werden zu lassen. [43]

Eigenschaften der spirituellen Regionen

Die spirituellen Regionen sind in ihrem Kern Dimensionstore zu der ätherischen Ebene, in der die spirituelle Hierarchie mit ihren irdischen Gegenstücken an Lichtarbeitern, Schülern und Prüflingen kommuniziert. Die Einwohner dieser Regionen werden eine Brücke zwischen der dichten physischen und ätherischen Ebenen der Erde schaffen und eine Übergangsgesellschaft gemäß der Inter-dimensionalen Kommunikation aufbauen.

---

[42] Bailey, Alice A., *Initiation Human and Solar*, p. 65
[43] Ibid.

Damit die Bewohner die Regionen voll ausnutzen können, müssen sie viele Fähigkeiten die mit ihrem ätherischen Körper verbunden sind wieder erlangen. Solche wie Telepathie, Hellsichtigkeit und ätherische Visionen. Wenn die Jahre vergehen, werden die Bewohner dieser Regionen mehr und mehr auf den ätherischen Ebenen funktionieren und ihre ätherischen Körper als das physische Vehikel ihres Ausdrucks nutzen.

Die Lichtarbeiter die ihre astralen Körper während der anfänglichen Tumulte gereinigt haben werden die ersten sein die ihre ätherischen Körper als ihr Formvehikel verwenden werden. Dies ist aus dem Grund, weil der ätherische Körper durch das gereinigte Astrale -und auch umgekehrt- reineren Zugang zum mentalen Körper hat. Die Menschheit wird mehr auf ihre Denkkraft vertrauen als auf ihre Emotionen. Der astrale Körper spielt weiterhin eine Rolle im formen des menschlichen Denkens in den höheren Formen der astralen Färbung, z.B.: höhere Bestrebungen und Ausdrucksformen der Kunst und Musik und dem Wunsch zu dienen anstatt sich selbst zu befriedigen. So kann man sagen, dass die Haupteigenschaft der Übergangsgesellschaft der allmähliche Übergang des Formausdruckes vom dichten physischen zum ätherischen ist. Je nach der spirituellen acuity(?) der spirituellen Region kann diese Phase über Dekaden oder Jahrhunderte gehen.

Die Form der Übergangsgesellschaft, seine Struktur und sein *modus operandi,* werden gänzlich von den Einwohnern die in Verbindung mit ihren Gegenstücken in der spirituellen Hierarchie leben bestimmt. Der freie Wille wird die Oberhand haben, während der Menschheit die unglaubliche Gelegenheit geboten wird ihre ganze Existenz auf den vergangenen Erfahrungen neu zu erschaffen und neue innovative Gedankenformen einzuführen.

Dies ist die großartige Perspektive auf die nur Überlebende der heutigen Gesellschaft beitragen können; daher die kritische Rolle der Lichtarbeiter.

Die Übergangsgesellschaft ist ein großes Experiment und sein Ergebnis ist nicht garantiert. Der Mittlere Osten, einst ein großes spirituelles Dimensionstor aus dem große Zivilisationen entstanden sind, degenerierte zu einer Region der großen Konflikte der heutigen Zeit. Wenn die Menschheit also nicht wachsam ist, ändert sie ständig die Gedankenformen welche durch den planetaren Logos, den Meistern der Weisheit und ihren Eingeweihten erschaffen wurden, sogar ohne das Zutun der dunklen Mächte und führen so die spirituellen Regionen ins Dunkel. Dies geschah schon viele male zuvor.

Dieses Mal ist es jedoch geringfügig anders, da so vielen inkarnierten Eingeweihten die Erwartung gegeben ist mit der spirituellen Hierarchie in enger Kommunikation zu stehen.

Hintergrund der geologischen Veränderungen

Die Erschaffung der Übergangsgesellschaft wird über viele Dekaden dauern, sogar wenn die geologischen Veränderungen diese erschüttert und andere Teile der Erde reinigt. Während die Menschheit allmählich in das Neue Goldene Zeitalter aufsteigt, werden die Astralkörper der Erde und die der Menschen schrittweise aufgelöst und das irdische Leben wird in die ätherische Ebene übergehen. In der Zwischenzeit werden die spirituellen Regionen als Prototypen für die kommenden Jahrhunderte der Erde dienen, so dass die Art der Gesellschaft welche die Menschheit in diesen Regionen erschafft die Form und die Struktur des Neuen Goldenen Zeitalters beeinflusst.

Die Rolle des Goldes in den spirituellen Regionen

Von Gold wird erwartet, dass es eine wichtige Rolle in den spirituellen Regionen einnehmen wird. Nicht nur als Zahlungsmittel sondern wegen seines esoterischen Wertes des Reinigens, Ausbalancierens und Vitalisierens von Energien. Hier ist eine Aussage über Gold von Meister Sanctus Germanus die er vor vielen Dekaden machte:

> Gold war eine gewöhnliche Ware ... in allen goldenen Zeitaltern, wegen seiner natürlichen Ausstrahlung von reinigenden, ausgleichenden und vitalisierenden Energien der Kraft. Es wurde von den „Meistern der Schöpfung" in die Erde gesetzt – diese „Großen Wesen des Lebens und der Liebe" die Welten erschaffen und lenken, die Weltensysteme und die Ausbreitung des Lichtes in den Geschöpfen unter ihnen lenken.
>
> Das äußere oder intellektuelle Wissen der Menschen erfasst nur einen kleinen – sehr kleinen - Teil dessen für was Gold wirklich auf diesen Planeten existiert. Es wächst in der Erde gleich einer Pflanze und durch es wird ständig eine vitalisierende Balance und ein Energiestrom in den Boden auf dem wir gehen ausgestrahlt, sowohl auch in die Atmosphäre die wir einatmen.
>
> Gold ist aus verschiedenen Gründen auf diesen Planeten, zwei von ihnen sind

bedeutungslos und unwichtig, nämlich der Gebrauch als Zahlungsmittel und zur Verzierung. Die weitaus größere Bedeutung und sein Nutzen liegt, auf der Erde und darüber hinaus, in der Loslösung seiner innewohnenden Qualitäten und Energien um die Atomstruktur der Welt zu reinigen, zu vitalisieren und auszugleichen.

Die heutige Wissenschaft hat nicht die geringste Ahnung über diese Aktivität. Jedoch erfüllt es denselben Zweck wie die Heizkörper eurer Wohnungen. Gold ist eine der wichtigsten Mittel mit der die Energien der Sonne ins innere unserer Erde geleitet werden um die Balance der Aktivitäten zu erhalten. Als ein Leiter dieser Energie, funktioniert es als ein Wandler, um die Sonnenkraft in die physische Substanz unserer Welt zu bringen. Genauso wie auf das sich entwickelnde Leben auf der Erde. Die innewohnende Kraft des Goldes ist wirklich wie ein Heizstrahler, elektronische Kraft von der Sonne, auf einer niederen Oktave wirkend. Gold wird manchesmal auch als verdichteter Lichtstrahl bezeichnet.

Da die Energie im Gold extrem hoch schwingt, kann es sich nur durch Aufnahme im feineren und subtileren des Lebens zeigen. In allen „Goldenen Zeitaltern" wurde dieses Metall in großem Stil von der Masse genutzt und wann immer dieser Fall eintritt, erreicht die spirituelle Entwicklung der Menschen einen sehr hohen Stand. In diesen Zeitaltern wird das Gold *niemals* gehortet, sondern wurde von der Masse viel verbreitet, die durch die Absorption der reinigenden Energien des Goldes sich selbst zu größerer Perfektion aufschwangen. Das ist der richtige Gebrauch des Goldes und wenn dieses Gesetz bewusst verstanden wird, ist jedes Individuum in der Lage sich die gewünschte Menge durch die Anwendung dieses Gesetzes zu sich zu ziehen.

Gold ist in allen Gebirgsregionen abgelagert, so kommt es dass man in diesen Gebieten Gesundheit und Energie finden kann, die man sonst nirgends auf der Erdoberfläche findet. Noch niemand hat davon gehört das Gold einen negativen Effekt auf jemanden gehabt hätte der reines Gold ständig handhabt. In seinem reinen Status ist es weich und nutzt sich schnell ab, doch ist seine beste Eigenschaft die Vollbringung der Zwecke von denen ich gerade gesprochen habe.

Die fortgeschritteneren Menschen produzierten Gold durch *Materialisation* direkt vom Universum. Die Kuppeln vieler Gebäude wurden mit Platten aus Gold bedeckt, der Innenraum wurde mit einem merkwürdigen jedoch unglaublichen Muster mit wundervollen Juwelen verziert. Diese Edelsteine wurden ebenso von der Einen unendlichen Substanz manifestiert." [44]

Es wird angenommen, dass jede spirituelle Region mit einer Fülle von Gold ausgestattet wird. Eben aus den genannten Gründen.

Freie Energie in den spirituellen Regionen

In Verbindung mit der esoterischen Wichtigkeit des Goldes, wird in den spirituellen Regionen eine

---

[44] King, Godfre Ray, *Unveiled Mysteries*, Saint Germain Foundation Inc. pp.44-46

Energieform genutzt werden, welche freie Energie elektro-magnetisch aus den natürlichen uns umgebenden Energieschwingungen heraus erzeugt. Das Anzapfen dieser freien Energiequelle ist schon seit Äonen bekannt, doch haben die dunklen Mächte dieses Wissen unterdrückt um ihr Regime der fossilen Treibstoffe aufzubauen mit denen ihre Geldbringenden Unternehmen verbunden sind.

Verfechter der freien Energie werden ihre Technologie zu den spirituellen Regionen bringen, wo es dann für das Wohl der Gesellschaft freigegeben wird. Noch einmal, die Hüter dieser Technologie sind Lichtarbeiter.

Die positiven und angemessenen Schwingungen des Goldes, in Verbindung mit der unbegrenzten Quelle der freien Energie in den spirituellen Regionen, verspricht der Menschheit eine große Last von den Schultern zu nehmen, damit diese sich mehr auf den spirituellen Pfad konzentrieren können anstatt jeden Tag um ihr Überleben zu kämpfen.

Lichtarbeiter in den spirituellen Regionen

Die spirituelle Hierarchie hat immer schon gewusst, dass die Evolution eines Individuums die Entwicklung der Menschheit überholen kann. Dies ist so weil der planetare Logos den Weg der Einweihung schon vor Millionen von Jahren aufgestellt hat. Die Reihen der irdischen spirituellen Hierarchie sind heute mit gewöhnlichen Menschen gefüllt, die diesen Weg gewählt haben und durch die Härte der unzähligen Inkarnationen gegangen sind um sich zu qualifizieren.

Sobald die dunklen Mächte von der Erde vertrieben sind, werden die Türen des Bewährungspfades weit offen stehen und allen Überlebenden die gleiche Chance geben sich auf den Weg des Aufstiegs zu begeben. Allerdings schätzen wir, dass die meisten der Überlebenden diesen Weg schon in früheren Leben beschritten haben und während dieser Inkarnation „Zaungäste" (fence sitters) waren.

Lichtarbeiter aller Grade und ihre Schüler die ihren Weg in Richtung der spirituellen Regionen machen, werden höheren Schwingungen begegnen die viele verborgene Fähigkeiten hervorbringen werden und ihre Arbeit als Weiße Magier steigern wird. Diese ätherischen Qualitäten werden die Übergangsgesellschaft formen die durch sie erschaffen werden.

Verminderung des Einflusses der astralen Ebene

Die höheren Schwingungen der Dimensionstore werden notwendigerweise die ätherischen Körper stimulieren und somit Fähigkeiten wieder öffnen welche die Menschheit schon lange vergessen hat. Da der ätherische Körper in Wirklichkeit der Lenker des dichten physischen Körpers ist, müssen die Blockaden des astralen Körpers weggewaschen werden. Dies ist eines der Hauptgründe des heute währenden Filterungsprozesses welcher Armageddon genannt wird.

Zur gegebenen Zeit wird der Wiederaufbau in den spirituellen Regionen beginnen und der astrale Körper und die astrale Ebene werden durch eine große Reinigung von den bösartigen Einflüssen der dunklen Mächte gereinigt sein. Die Schwere der Atmosphäre die wir heute spüren wird sich verringern, da das Gröbste der astralen Materie gereinigt oder aufgelöst wurde. Die Menschen können nun klarer kommunizieren und nun werden auch die höheren Ideen und Gedankenformen mit weniger astraler Färbung vom kausalen Körper zum mentalen Körper und schließlich zum ätherischen Körper übertragen werden. Jedoch wird in den kommenden Jahrzehnten der astrale Körper, obwohl in seinem Einfluss gedämpft, weiterhin die Gedankenformen mit astraler Farbe färben und mit sentimentalen Gefühlen einer nostalgischen Natur versorgen, bis die Menschen die Erinnerungen an die Ära vor dem Pralaya aufgeben und bewusst wählen mit den Gedanken aus der mentalen Ebene zu arbeiten. Dies ist ein Lernprozess der in den spirituellen Regionen stattfinden wird.

Die reinen Gedanken der mentalen Ebene sind aus einer feinen ätherischen Materie welche das Astrale niemals imitieren kann. Der ätherische Körper ist ziemlich aufnahmefähig für diese, da sie eine Genugtuung und eine Ganzheit bringen welche die astralen Gedanken niemals geben haben können. Die Gefahr besteht, dass wenn die astrale Ebene einmal vom negativen gereinigt wurde, diese guten, romantischen und sentimentalen Gedanken die übrig bleiben die Menschen in ein Plateau der Bequemlichkeit fallen lassen und die höheren Gedankenformen aus der mentalen Ebene verdunkeln. Auf diese Weise bleibt die astrale Ebene eine unbewusste wie bewusste Realität in den Köpfen der Menschheit für Jahrzehnte, vielleicht sogar für Jahrhunderte.

Sie wird dem heutigen in keinster Weise ähneln – ein dicker, schmutziger, schwerer Schleier – sondern es wird ein gutartiger Schleier über dem Ätherischen sein. Die in den spirituellen Regionen werden allmählich einen scharfen Sinn für die Unterscheidung zwischen den mentalen und astralen Gedankenformen gewinnen, doch wird diese Fähigkeit natürlich von der Empfänglichkeit der Menschen für die neue Lehre der spirituellen Hierarchie abhängen. Es wird angenommen, dass es keine Abkürzungen bei der Reinigung der astralen Ebene und des Körpers geben wird. Dieser Prozess wird über Jahrzehnte andauern, womöglich sogar über Jahrhunderte hinweg, bis diese schließlich nicht mehr existiert. Die Eliminierung der astralen Ebene wird ein wichtiger Punkt des Neuen Goldenen Zeitalters sein.

Wachsende Bedeutung des ätherischen Körpers

Viele frühe Okkultisten sahen den ätherischen Körper als „das ätherische Doppel" oder die lichtere physische Form welche die Energiefelder um den physischen Körper und Objekte erzeugt, welche für das Anziehen der Sonnenergie in den physischen Körper verantwortlich sind. Die Chinesen nannten es *Qi*, die Hindus *prana*, die moderne Wissenschaft *Bioplasma*. Heute kennt die Wissenschaft seine Existenz an, so wie es diejenigen mit ätherischen Visionen oder Hellsichtigkeit tun. Das ätherische Doppel wurde mehr als ein Anhängsel des physischen angesehen, als ein Körper mit eigener Intelligenz wie der astrale oder mentale Körper. Jedoch haben die Lehren des Meisters Djwal Khul durch Alice A. Bailey diese Auffassung widerlegt und stellten fest, dass *der ätherische Körper in Wahrheit das Formvehikel ist und der physische Körper ist nur sein Roboter (Werkzeug)*. In anderen Worten übernimmt der ätherische Körper die Kontrolle und durchzieht, besitzt und ist die Grundlage des ganzen physischen Organismus. Es dehnt sich auch über die physische Form aus und umgibt ihn wie eine Aura. [45] Menschen mit hellsichtigen Fähigkeiten können den ätherischen Körper so klar wie andere den physischen wahrnehmen. Andere mit entwickelten Hellfühlenden Fähigkeiten können es sogar mit ihren Händen fühlen.

Wenn wir die Erschaffung der Übergangsgesellschaft beginnen, wird der ätherische Körper sich als primäre Form des Ausdrucks zeigen und die Fähigkeiten die mit diesen Körper in Verbindung stehen werden eine Rolle in der Formung der ganz anderen Gesellschaft spielen, die auf dem Guten der Vergangenheit und dem Verständnis der erhöhten Fähigkeiten der Menschheit basiert.

Fünf ätherische Fähigkeiten in den spirituellen Regionen

Fortgeschrittene Lichtarbeiter die sich in den spirituellen Regionen niedergelassen haben, werden ihre ätherischen Fähigkeiten schon zu einem hohen Grad, als Teil ihres Wiedererwachens, entwickelt haben. In den höheren Schwingungen der spirituellen Regionen werden sie erkennen, dass diese Fähigkeiten aufblühen werden. Andere auf dem Weg der Einweihung die zu den spirituellen Regionen ziehen, werden entdecken dass ihre geistige Entwicklung mit einer größeren Geschwindigkeit voran geht.

Die fünf ätherischen Fähigkeiten – ätherische Vision, telepatische Kommunikation, ständiges

---

[45] Der eigene Entwicklungsstand bestimmt wie weit der ätherische Körper vom physischen Körper weggestrahlt wird.

Bewusstsein, multi-dimensionales Denken und Manifestation – sind bald weiter verbreitet als man es sich vorstellen kann. Man muss nur über die Anzahl der Psychics, Medien, Intuitiven, Sensitiven und denjenigen die auf einen starken „sechsten Sinn" hören nachdenken. Das sind die Lichtarbeiter. Man muss auch bemerken, dass diese Fähigkeiten in der kommenden neuen Rassen stark entwickelt sein werden. Dies wird die sechste Wurzelrasse sein.

Ätherische Vision

Die ätherische Vision wird als die Fähigkeit definiert, mit den physischen Augen das Leben auf der ätherischen Ebene zu sehen. Die dichte materielle Ebene auf der das Meiste unserer Wahrnehmung durch die fünf Sinne basiert, ist nichts weiter als eine Illusion. Die Realität, oder die wahre Manifestation der Materie, existiert auf der ätherischen Ebene oder dem ätherischen Doppel der Erde. Der Meister Djwal Khul stellt folgendes fest:

Ätherische Vision, oder die Fähigkeit die Energiesubstanz zu sehen, ist die wahre Sehkraft (Vision) für den Menschen, da das Ätherische die wahre Form ist. Doch bis die Rasse weiter entwickelt ist, bemerkt und spricht das Auge nur auf die schwere Schwingung an. Allmählich wird es sich selbst von den niederen und groben Reaktionen loslösen und ein Organ der wahren Sehkraft (Vision) werden. [46]

Viele Menschen besitzen heute die Fähigkeit ätherisch zu sehen. Es gibt eine wachsende Anzahl

---

[46] Bailey, Alice A.,*Treatise on Cosmic Fire*, New York: Lucis Publishing, p. 1096.

von Psychics und Medien, sowie die Menschen die verschiedene Formen der Energieheilung ausüben, welche *prana* oder das Energiefeld, welches den ätherischen Körper ausmacht, spüren oder fühlen können. Einige können die komplexen Energiematrize und die dynamische Wechselwirkung dieser Energiematrizen von den umgebenden Objekten wie Bäume oder Pflanzen sehen. Die ätherische Sicht (Vision) ist somit die höchste Form der physischen Augensicht und wird den Menschen in der Übergangsgesellschaft eine völlig neue Dimension eröffnen.

Während die astrale Ebene allmählich verschwindet, wird die ätherische Realität, welche durch die Illusion der physischen Ebene verhüllt wurde, mehr ans Licht kommen und durch den Sinn der ätherischen Sicht werden die Menschen des Neuen Goldenen Zeitalters Dinge und Objekte als Energiegestalten wahrnehmen, anstatt sie als feste Objekte zu sehen wie wir es heute tun. Ein Haus zum Beispiel wird als ein Komplex von Energien gesehen werden, welches in jeglicher Form erscheinen kann welche sich der Geist nur vorstellen kann. Die Menschen werden sich an die ätherische Materie gewöhnen und mit ihr arbeiten, sowie sie es gelernt haben mit Steinen und Mörtel zu arbeiten.

Telepathische Kommunikation

Diejenigen die ätherisch sehen können werden von ganz alleine die Fähigkeit entwickeln Informationen über die ätherischen Nebenstraßen zu senden und zu erhalten, welche als die Übertragungsstraßen der telepathischen Kommunikation dienen. Sogar heute ist diese Fähigkeit weit verbreitet da immer mehr und mehr die Kraft der Gedanken erkennen um mit anderen zu kommunizieren. Viele Menschen die eng beisammen leben kommunizieren telepatisch. Viele Leute bemerken, dass sie nur an einen Freund denken müssen damit sich dieser bei ihnen aus dem Bauch heraus meldet. Andere die auf Ahnungen oder Intuitionen reagieren erhalten telepatische Nachrichten von ihren Führern oder picken allgemeine Informationen vom gemeinen Bewusstsein auf. Die Saat der Telepathie wird voll aufblühen und präziser werden während sich das Leben in den spirituellen Regionen weiter entwickelt.

Telepathie kann als Gedankentransfer definiert werden der zwischen zwei Menschen oder zwischen einer Person und einer anderen intelligenten feinstofflichen Person in einer anderen Dimension stattfindet. Ein Gedanke wird zu einem Empfänger gesendet, welcher die Atome formt die nötig sind um den Gedanken in eine Sprache zu verwandeln die das Bewusste verstehen kann. Telepathie ist eine natürliche Möglichkeit der Kommunikation auf der ätherischen Ebene und wird auf der irdischen Ebene immer mehr auftreten je mehr wir uns dem Jahr 2012 nähern.

Während der Anfangsphase des Lebens in den spirituellen Regionen wird die Kommunikation von den Überresten der drahtlosen Kommunikation oder sogar des Kurzwellensystems abhängen. Diese Systeme werden nach und nach dem perfekteren Gebrauch der Telepathie weichen. Dieser Übergang ist wie der vom Faxgerät zur E-Mail als diese ihre Zuverlässigkeit gezeigt hat und getestet wurde. Es wird in naher Zukunft eine Zeit kommen in der die Genauigkeit der Telepathie so groß sein wird, dass sich die Menschen ein Datum und einen Ort ausmachen können an dem sie sich treffen. Beide werden da sein, nicht aus Zufall sondern durch eine telepathische Vereinbarung. Später wird die Telepathie ein großer Bestandteil der Übertragung von Gedankenformen zwischen der ätherischen und physischen Ebene sein. Es wird auch während der Veränderung der Erdoberfläche als eine Verbindung zwischen den verstreuten spirituellen Regionen dienen.

Ständiges Bewusstsein

Ständiges Bewusstsein wird als konstante und sequenzielle Erinnerung der inneren und äußeren Welten definiert. Es ist die Fähigkeit sich über alle Geschehen in allen Sphären und Bereichen des menschlichen Seins 24 Stunden pro Tag voll bewusst zu sein.[47] Wenn sich diese Fähigkeit entwickelt wird das Gehirn imstande sein die Reaktionen des ätherischen, astralen und mentalen Körpers gleichzeitig zu registrieren. Wenn alle dieser inneren Körper in dieses mulit-tasking eingegliedert sind, wird das Gehirn eines Tages fähig sein alle diese Aktivitäten zu registrieren.

Die Entwicklung dieser Fähigkeit wird davon abhängen wie stark die astrale Ebene gereinigt ist. Was die heutige Manifestation blockiert ist der dunkle Zustand der niederen Sub-Ebenen der astralen Ebene.

Multi-Dimensionales Denken

Ständiges Bewusstsein führt zu Multi-

---

[47] Ibid., p. 423

Dimensionalen Denken. Die höheren Schwingungen werden schließlich den Begriff Zeit verändern. Was hat die Zeit für die Menschheit getan als sie in einem linearen Muster zu halten? Mit dem Begriff der Zeit die sich in Blöcke von zyklischen Offenbarungen verändert - was nach dem Gesetz der Synchronizität geschieht - macht das lineare Denken Platz für das Multi-Dimensionale Denken. Aufgaben vollständig zu beenden welche die Seele entwickelt, ist was notwendig ist. Die Menschen in den spirituellen Regionen werden allmählich lineares Denken aufgeben und in eine Multi-Dimensionale Methode übergehen die mit Worten schwer zu erklären ist.

Um es besser zu erklären, stell dir einen großen Bienenstock vor. Alles am richtigen Platz, alle arbeiten fleißig an dem was getan werden muss, anstatt an Ideen die wie an einer Perlenschnur aufgereiht sind zu hängen und darauf warten logisch ausgeführt zu werden wenn die Zeit da ist. Alle Gedankenformen im Bienenstock werden gleichzeitig ausgeführt und bewusst VERSTANDEN. Somit entsteht ein Multi-Dimensionales Leben. Oder denke an einen Baum mit all seinen Ästen mit tausenden von Blättern die sich alle selbst ausdrücken (express) – Blatt um Blatt – alle zur selben Zeit. Jedes Blatt ist Teil des Baumes doch ist der Multiple-Ausdruck des Baumes zur gleichen Zeit „die Vollheit des Lebens an sich". Die Menschheit strebt schon seit Jahrtausenden nach dem Multi-Dimensionalen Denken. Der leistungsstarke Computer ist der Vorgänger dieses Phänomens.

Worte können diese Art des Denkens nicht ausdrücken, doch sollte unsere Erläuterung dir ein Bild davon geben um es zu verstehen.

Fähigkeit der Manifestation

Wenn das menschliche Königreich seine ätherischen Fähigkeiten wieder erlangt, wird es wieder mit dem Königreich der Elementaren und dem Königreich der Engel zusammenarbeiten, so wie sie es schon in Lemuria und Atlantis geschah. Wenn der Schleier des astralen Wirrwarrs sich von der astralen Ebene löst, werden Engelswesen, Feen, Devas und Menehunes wieder sichtbar werden und wir werden unser Leben bewusst mit diesen beiden Königreichen teilen. Sie waren immer da, still arbeitend ohne Lohn für ihre gute Arbeit, während der konkret denkende Mensch immer blinder für sie wurde. Es muss nicht gesagt werden, dass wenn die drei Königreiche – das der Menschen, der Engel und der Elementaren – zusammen arbeiten, die Breite, die Tiefe und die Intelligenz der spirituellen Regionen stark zunehmen wird und die Übergangsgesellschaft eine Revolution durchleben wird, welche sie zu der Schwelle des Neuen Goldenen Zeitalters bringen wird.

Manifestation und die Rolle der Elementaren

Manifestation ist das denken an etwas Bestimmtes und die materielle Herstellung dessen. In der dichten physischen Welt müssen wir unsere Werkzeuge hervorholen um Steine und Mörtel zu bearbeiten um ein Haus zu bauen. In der ätherischen Welt benutzen wir unsere Gedanken um Elementare aufzufordern um für uns etwas zu erschaffen das zu unserem Plan passt. Henry Steel Olcott, der Mitgründer der Theosophischen Gesellschaft, schrieb in *Old Diary Leaves* wie er eines Nachts als er mit Helena Blavatsky an *Isis Unveiled (Isis Entschleiert)* arbeitete, er es nett finden würde frische Trauben zu essen. Es war

Winter und es hatte gerade geschnien. Alle Geschäfte in New York hatten zu dieser Zeit schon geschlossen. Madame Blavatsky, mit einem kleinen Schmunzeln auf ihren Lippen, sagte ihm er solle hinter sich auf das Bücherregal schauen, wo von einem der Regale „zwei große Bündel von reifen schwarzen Hamburg Weintrauben" hangen, welche sie die Elementaren gebeten hatte diese für sie zu erzeugen! [48]

Die spirituellen Regionen müssen notwendigerweise in ihrer Grundversorgung autark sein. Wir nehmen an, dass die Adepten in den spirituellen Regionen mit dem elementaren Königreich zusammen arbeiten werden um die benötigten Dinge des aufkeimenden Lebens in den spirituellen Regionen selbst zu erzeugen. Wenn der Schleier des *maya* sich von der Menschheit löst und wir unsere ätherischen Fähigkeiten der Wahrnehmung wieder erlangen, werden wir wieder fähig sein mit dem elementaren Königreich zusammen zu arbeiten und es bitten können unsere Ideen zu verwirklichen. Auf diese Art und Weise werden die Vorgehensweisen der Wirtschaft und der Finanz wie wir sie heute kennen zu einem Ende kommen. Die Versorgung wird dann immer mit der Nachfrage übereinstimmen.

Das elementare Königreich erstreckt sich von der kleinsten Intelligenz bis hin zu den kosmischen Ebenenbildnern der Form. Kleine Intelligenzen erschaffen kleine Dinge wie die Blüten von Blumen, einen Grashalm, einen Tautropfen oder eine Schneeflocke. Fortgeschrittenere Erbauer

---

[48] Olcott, Henry Steel, *Old Diary Leaves, Vol. 1*, The Theosophical Publishing House, Adyar, Madras, India: 1900, pp. 16-17.

können Tempel formen. Gruppen von diesen kleinen Intelligenzen erschaffen menschliche Körper. Andere, so wie die Natur Devas, erschaffen Berge und Städte, bis sie schließlich zu stillen Wächtern von Planeten, eines Sonnensystems oder einer Galaxie aufsteigen.

Wie werden die Elementaren mit den Menschen wieder in Verbindung stehen, so wie sie es getan haben bevor die Erde vom *Maya* heimgesucht wurde? Das menschliche Sein hat einen Gedankenkörper welcher eines Tages durch die magnetische Kraft des ICH BIN erschaffende Elementare um eine Idee zieht. Elementare sind in erster Linie mentale Wesen. Weil die Menschheit die Fähigkeit hat auf der mentalen Ebene zu arbeiten, werden sich diese Beiden auf der mentalen Ebene treffen um zu erschaffen.

Hinzu kommt, dass der Mensch die Fähigkeit des Fühlens und der Emotionen besitzt, welche das Element des Herzens zu dieser Mixtur hinzu gibt bevor es Form annimmt. Dies ist der Punkt an dem die Zusammenarbeit der Menschen mit dem Reich der Engel neu zusammentrifft. Die Engel verströmen Licht und Sinn über die Form. Durch das hinzugeben und vermischen des menschlichen Elements des Herzens mit dem Engellicht der Schönheit, Ausgeglichenheit und Farbe, wird die Menschheit in der Lage sein mit diesem zusätzlichen Touch welcher der Manifestation Leben und Schönheit gibt, das zu erschaffen was sie benötigt. Die Menschheit wird lernen seine erweiterten ätherischen Fähigkeiten zu gebrauchen um mit dem Königreich der Elementaren und der Engel zusammen zu agieren um Energie durch Gedanken zu kontrollieren und ein konstruktives

Muster aufrecht zu erhalten. Bis es sich manifestiert hat. Wir werden dann die Perfektion im Tempel der Natur genießen – ein Apfel, eine Birne, ein Pfirsich, eine Weintraube, wenn wir es nur empfangen. Der Bereich der Schöpfung wird somit unendlich, da jedes Individuum erschafft was es braucht.

Die kommende Rasse: Natürliche ätherische Fähigkeiten

Die fünf ätherischen Fähigkeiten sind in der Neuen Rasse, der sechsten Wurzel Rasse, eingebettet. Viele der alten Lichtarbeiter inkarnierten in Körper der siebten oder der letzten Sub-Rasse der fünften Wurzel Rasse. Diese müssen ihre Fähigkeiten durch die Erhöhung ihrer Schwingung wieder erlangen. Jedoch werden die jüngeren Lichtarbeiter welche sich in die Körper der sechsten Wurzel Rasse inkarniert haben weniger Schwierigkeiten haben diese Fähigkeiten in sich zu erwecken.

Inkarnationen der neuen Rasse in der Nachkriegszeit des 2. WK

Die Nachkriegsgeneration der Lichtarbeiter, welche durch ihre Fähigkeiten und intellektuellen Entwicklung zum Ganzen beigetragen haben, werden die alten Lichtarbeiter überholen. Viele dieser Lichtarbeiter wählten Körper der letzten Sub-Rasse der fünften Wurzel Rasse. Diese Vehikel verkörpern den Übergang der fünften zur sechsten Wurzelrasse mit ihrer Fähigkeit des konkreten Denkens, sowie ihre Fähigkeit mit der Zeit ätherische Fähigkeiten zu entwickeln. Es ist gewöhnlich während ihres Erwachens und der

Rückgewinnung ihrer früheren Stufe, an der ihre ätherischen Fähigkeiten auftreten.

Diese Inkarnationen der fünften Wurzel Rasse represäntieren die geprüften und wahren Lichtarbeiter, die am ursprünglichen Plan für dieses Pralaya Jahrhunderte zuvor mitgewirkt haben und welche sich immer und immer wieder über acht bis zehn Generationen inkarniert haben um frühe Vorbereitungen für diesen Plan zu vollbringen. Ihre jüngsten Inkarnationen waren die der Theosophischen Gesellschaft, Buddhistische Mönche, Yogis, Sufis und/oder Reformer von anderen traditionellen Religionen. In dieser Inkarnation haben sie den Mantel des Technokraten umgelegt um bestimmte Bereiche von Fachwissen der heutigen Zivilisation zu lernen um diese in die Zeit nach den Katastrophen hinüber zu bringen und diese dadurch zu erhöhen.

Die erste Reihe dieser Führer neigt dazu Metaphysische sowie Experten in ihrem Bereich zu sein. Viele von ihnen werden von den alten okkulten Lehren angezogen und sie können sich auch eines Tages einer der traditionellen Religionen anschließen. Mit ihrem Wissen über die Welt und ihrer Erfahrung in der traditionellen religiösen Praxis, stellen sie die „Datenbank der Zivilisation" dar und werden so eine unschätzbar wichtige Rolle in den spirituellen Regionen in Bezug auf die Überprüfung und der Ausfilterung haben.

Neue Rassen-Inkarnationen nach 1960

Die Welle der neuen Rassen-Inkarnationen nach 1960 besteht 1) aus Seelen die sich auf dem Weg der Einweihung befinden oder aus 2) Seelen von anderen fortgeschritteneren Evolutionen. Alle von diesen ankommenden Inkarnationen der sechsten Wurzel-Rasse besitzen von Geburt an die Fähigkeit des Hellsehens, des Hellhörens und des Hellfühlens. Noch dazu kommt, dass die Seelen von den fortgeschritteneren Evolutionen Technologien zur Welt bringen welche jetzt noch nicht bekannt sind. Welche jedoch entwickelt werden wenn diese sich entscheiden sich in die spirituellen Regionen zu begeben. Dieses Wissen sollte die Übergangsgesellschaft davor bewahren, schwächende Problemen dieser Zeit, wie Armut, Hunger und Krankheiten, mit hinüber zu nehmen.

Das Inkarnieren mit diesen Fähigkeiten garantiert aber nicht, dass sich die neueren Lichtarbeiter auf dem Weg der Einweihung befinden. Angeborene Hellsichtigkeit macht noch keinen Lichtarbeiter aus, deswegen müssen sie wie die älteren Lichtarbeiter wieder durch dieselbe Probezeit und Aufnahmeprozedur gehen. Hier gibt es keine Abkürzung. Die Meister der Weisheit müssen ihr Engagement für die Mission und ihrem Dienst an der Menschheit feststellen, bevor sie sie für eine verantwortungsvolle Position verwenden können. Sie müssen geschult werden und es muss ihnen die Möglichkeit gegeben werden sich für den Dienst zum Wohle der Menschen zu entscheiden. Nicht alle der Post-1960er Gruppe werden sich für diesen Weg entscheiden, da sie, wie die gesamte Menschheit, der Dualität ausgeliefert und unterzogen sind. Diejenigen welche bewusst der spirituellen Hierarchie dienen, werden die Gruppen in den spirituellen Regionen immens erhöhen.

Diese Inkarnationen sind im Allgemeinen als Indigo oder Kristallkinder bekannt. In den 1960er oder 1970er Jahren inkarniert, waren sie die Ziele der dunklen Mächte und haben am meisten gelitten. Einige wählten Eltern welche sie erzogen und für den Dienst vorbereiteten. Andere wiederum führten weniger glückliche Leben. Viele kämpften mit dem Erziehungssystem, welches sie als Außenseiter ansah und durch Medikamente ihr Verhalten an die Norm anpasste. Einige wählten den Weg des Drogenmissbrauchs und viele Andere suchten im Selbstmord Zuflucht, wegen ihrer Unfähigkeit dazu zu gehören. Zu viele wurden ziellos umherwandernd gelassen, auf der Suche nach dem Sinn.

Trotz dieser Not, werden die Vielen welche diese Herausforderungen überwunden haben die zweite Reihe der Lichtarbeiter stellen, welche bei der Erschaffung der Übergangsgesellschaft behilflich sein werden. Sie werden die Eltern der sechsten Wurzel Rasse Kinder sein.

Es wird ihre und die Pflicht der Älteren sein diese Kinder der neuen Rasse zu lehren wie sie ihre Fähigkeiten für das Wohl der Menschheit und im Dienst für die spirituelle Hierarchie einsetzen können. Wenn dies nicht der Fall ist, werden diese Talente und Fähigkeiten die kosmischen Gesetze der Enthaltung (Containment) und Abnahme verletzen. Die Loslösung dieser Talente ohne spirituelle Beherrschung kann den Marsch zum Neuen Goldenen Zeitalter sabotieren.

Zusammenfügen der drei Königreiche der Evolution

Als das Denken der fünften Wurzel Rasse immer konkreter und intellektueller wurde, drückte es die Fähigkeit der Menschen mit den Königreichen der Elementaren und der Engel zu kommunizieren bei Seite. Dies benachteiligte uns in der Fülle und des Glanzes des Lebens mit diesen Königreichen. Das Ziel von Meister Sanctus Germanus ist es, im Neuen Goldenen Zeitalter eine Bruderschaft der Elementaren, der Engel und der Menschen zu gründen. In den spirituellen Regionen sollten die drei Königreiche – das der Engel, der Menschen und der Elementaren – gemeinsam beten, gemeinsam dienen und gemeinsam den Weg gehen.

Diese Königreiche stellen drei parallele Wege auf der Evolution unter der Autorität des planetaren Logos, Sanat Kumara, dar. Das Königreich der Engel ist weiter entwickelt als das der Menschen, während das Königreich der Menschen mehr Breite hat als das der elementaren Intelligenzen. Elementaren sind Intelligenzen die an spezifische Aufgaben orientiert sind, welche Gedanken in Form bringen. Wie wir oben gesehen haben, beinhalten diese die Devas, Nano-Intelligenzen, Elfen, Menehunes und andere Bewusste welche uns helfen werden die Übergangsgesellschaft aufzubauen.

Das Königreich der Engel hat auch weiterhin der Menschheit als ein praktisch Unbekannter gedient, von dem konkreten Denken nicht geehrt und dazu verbannt nur in der kurzen Weihnachtszeit beachtet zu werden. In den spirituellen Regionen werden Engel, Seraphims und Cherubims mit den Menschen gehen. Sie existieren nur um die Natur Gottes auszustrahlen, die Kraft Gottes. „Sie arbeiten nicht, sie leuchten!" Und mit ihrem Licht lehren und führen sie die Menschen zurück zu ihrem innewohnenden ICH BIN. Engel nehmen die Menschen nur als Licht und Schatten wahr, nicht als Form.

Während die Bewusstheit der Elementaren die Freiheit, Fröhlichkeit und Freude opfert um in das vom Menschen erschaffene Gedankenmuster einzutreten um diesen durch ihr Leben Form zu geben, zieht das Bewusstsein der Engel die göttliche Strahlung in die Form um dem ganzen Leben zu geben und es zu segnen. Wenn die astralen Gefühle und Emotionen mit der astralen Ebene verschwinden, werden die Menschen nicht länger auf die starken Schwingungen des emotionalen Spektrums reagieren, sondern verströmen englische Strahlung und reine starke Gefühle.

Die Ausstrahlung der Engel, ihre heilende Energien und ihr führendes Licht werden einen lindernden, stabilisierenden Effekt auf die Gesellschaft haben. Vom einfachsten bis hin zum komplexesten Leben in den spirituellen Regionen.

Was kann mit der Gegenwart und der Zusammenarbeit des Engelreiches noch schief gehen? Je größer die Rolle welche dem Engelreiche gestattet ist in der Übergangsgesellschaft zu spielen, desto größer ist die Chance dass die Menschen das Äon des Friedens im Neuen Goldenen Zeitalter erreichen.

Berühren des Ätherischen

Die Re-Aktivierung der fünf ätherischen Sinne, die ankommende neue Rasse mit ihren entwickelten Talenten und Fähigkeiten und die bewusste Koexistenz mit den Königreichen der Engel und der Elementaren unterstützen alle eine ätherische Existenz. Tatsächlich kann man die spirituellen Regionen mit einer „In-Zwischen-heit" (in-between-ness) zwischen den Dimensionen beschreiben. Die spirituelle hierarchische Struktur wird sich in das Ätherische ausdehnen, während die physische Ebene zu dieser aufsteigen wird. Die inkarnierten und feinstofflichen Adepten und die Lichtarbeiter der spirituellen Hierarchie welche diese Pläne verfolgen, werden die Bevölkerung der spirituellen Regionen zur Verwirklichung des göttlichen Planes führen welcher für jedes Gebiet ausgelegt wurde.

Obwohl viel des anfänglichen Lebens in den spirituellen Regionen auf der dichten physischen Ebene stattfinden wird, werden die Lichtarbeiter welche mit der Planung und den Entscheidungen betraut sind in beiden Dimensionen arbeiten. Wenn alles nach Plan läuft wird die Übergangsgesellschaft allmählich ihre dichte physische Natur verlieren und völlig auf der ätherischen Ebene operieren. Mit jeder neuen Generation wird das Arbeiten auf der ätherischen Ebene mehr und mehr zur Gewohnheit werden, bis die gesamte Übergangsgesellschaft in der Lage ist primär auf der ätherischen Ebene zu operieren.

Wenn die Zeit voranschreitet, wird die Übergangsgesellschaft allmählich verschwimmen (fade out) und die gesamte Zivilisation des Neuen

Goldenen Zeitalters wird auf der ätherischen Ebene existieren. Alles wurde über Jahrhunderte peinlichst genau für dieses Ereignis geplant. Die intensive Beteiligung der spirituellen Hierarchie, vorrangig auf der ätherischen Ebene, wird das Chaos während dieser Zeit stark reduzieren.

Die Erde wird ätherischer

Während diese Evolution in den spirituellen Regionen stattfindet, wird die Erde weiterhin einem großen physischen Kampf und einer weiteren Reinigung der astralen Ebene unterzogen. Die physische Erde selbst scheint zu schrumpfen während sein ätherischer Körper mehr an Bedeutung einnimmt. So scheint es, dass die Umdrehung der Erde über die Jahrhunderte schneller wurde, was noch höhere Schwingungen und ein schnelleres Zeitgefühl erzeugt. Im Mikrokosmos tritt dasselbe Phänomen auf, da unsere physischen Körper weniger offensichtlicher (evident) werden und die ätherischen Fähigkeiten mehr Aufmerksamkeit erhalten.

Wenn die Erde aufsteigt werden die Schwingungen seines ätherischen Körpers zunehmen, was notwendigerweise die ätherischen Körper der Menschen mit beeinflusst. Wenn die immer höher werdenden Energien den dichten physischen Körper mittels des ätherischen Körpers durchdringen, wird der physische Körper leichter und schrumpft, so wie der physische Körper der Erde schrumpft. Sie wird somit mehr vom Sonneneinfluss des *pranas* haben. Ein Neues Goldenes Zeitalter, basierend auf den ätherischen Eigenschaften des Körpers wird im Vergleich zur heutigen Zivilisation revolutionär sein.

Zusammenarbeit mit der spirituellen Hierarchie

Die Schärfe der ätherischen Fähigkeiten in den spirituellen Regionen werden die Fähigkeit der Menschen mit der spirituellen Hierarchie zu kommunizieren um vieles erhöhen. Sie umgeht auch die Menge der benötigten Energie welche die Meister der Weisheit benötigen um sich auf der dichten physischen Ebene zu manifestieren. Sie können sich Körper aus ätherischer Materie formen um im Zentrum der Hierarchie, Shamballa, in der ätherischen Ebene zu arbeiten.

Die Projekte welche während der Übergangsphase in den spirituellen Regionen angegangen werden, benötigen engen Informationsaustausch mit der spirituellen Hierarchie. Durch die Tatsache verstärkt, dass die Mehrheit der Einwohner die jeweiligen fünf Fähigkeiten besitzen. Wir werden die enge Zusammenarbeit zwischen den Adepten und Lichtarbeitern auf der Erde und der spirituellen Hierarchie in Kapitel 8 näher beleuchten.

Shamballa kehrt zum Nordpol „zurück"

Wenn es klar wird, dass die Übergangsgesellschaft in eine ätherische Existenz übergeht, wird es an den Lichtarbeitern liegen die dreizehnte spirituelle Region aufzubauen. Die Hauptstadt des Neuen Goldenen Zeitalters. Die Hauptstadt wird unter Shamballa liegen und jeder Lichtarbeiter gleich aus welcher spirituellen Region wird sich exakt für denselben Ort entscheiden.

Okkulte Geschichten spekulierten, dass der

mystische Sitz der spirituellen Hierarchie, Shamballa, entweder über dem Himalajagebirge oder leicht nördlich über Zentralasien liegt. Im heutigen Zyklus wird geschätzt, dass während des Höhepunktes der nicht Übereinstimmung der zwei Polachsen, Shamballa weit von den nördlichen Gipfeln des Himalajas lag anstatt über dem Nordpol. Da die Erde bereits mit ihrer Ausrichtung an ihr ätherisches Doppel begonnen hat, scheint sich auch die Position Shamballas über die Jahrhunderte zu verändern.

Wenn sich die Pole der Erde mit ihrem ätherischen Doppel schließlich ausgerichtet haben, sollte Shamballa über dem heutigen Nordpol liegen. An diesem Punkt wird eine weitere Ära der großen Erleuchtung ein Neues Goldenes Zeitalter des Kontaktes zwischen Shamballa und der irdischen Ebene auf der Erde eröffnen, besonders in den spirituellen Regionen.

Kapitel 8
Periode des Wiederaufbaus III
Aufgabe der Übergangsgesellschaft

Die Grundstruktur der Übergangsgesellschaft besteht 1) aus einer minimalen Regierungshierarchie und 2) aus einem großen freien Sektor der Aktivitäten in dem die Einwohner die ganze Freiheit haben so zu leben wie sie es wollen. Die ganze Gesellschaft wird unter den kosmischen Gesetzen stehen.

Eine solche Gesellschaft wird als ein Modell für das Neue Goldene Zeitalter dienen. Jedoch können wir nur den Grundrahmen aufzeigen in dem diese arbeiten wird. Wie sie sich schließlich entwickeln wird, wird von der unendlichen Kreativität der Einwohner der spirituellen Regionen abhängen. Im vorigen Kapitel haben wir gezeigt, dass die Menschheit ihre ätherischen Fähigkeiten wieder erlangen wird, welche die Funktionen der Übergangsgesellschaft tiefgreifend beeinflussen wird. So können wir nur eine vorläufige Vision zeigen, da die gesamte Zukunft und die Gestaltung in den Händen der Einwohner liegt. Die spirituelle Hierarchie kann nur führen, da das Prinzip des freien Willens im Neuen Goldenen Zeitalter immer noch in Kraft sein wird.

Regierungsstruktur : Angewandte Hierarchieprinzipien

Die Menschen welche in die spirituellen Regionen ziehen, werden eine aktive Zusammenarbeit mit den Adepten der spirituellen Hierarchie erleben, welche hier als Verlängerung der Hierarchiestruktur auf der irdischen Ebene dienen. Wir haben schon vorher aufgezeigt, dass alte geheime Gesellschaften welche mit der Bruderschaft des Lichtes und der spirituellen Hierarchie vernetzt sind, bereits aktiviert wurden und das Adepten dieser Gesellschaften bereits in die spirituellen Regionen ziehen um den großen Zustrom vorzubereiten. Diese Adepten, welche wie gewöhnliche Einwohner dieser Gebiete erscheinen, arbeiten im Stillen und ohne großem Trara mit den Lichtarbeitern und ihren Gefolgen zusammen um die spirituellen Regionen auf die Aufnahme und die Ansiedelung derjenigen vorzubereiten, welche sich von den Niederungen in die höheren Gebiete begeben.

Die Regierungsstruktur in den spirituellen Regionen wird die der Hierarchie wiederspiegeln, welche im Grunde eine beratende (consultative), zentralisierte hierarchische Struktur ist. Während diese Struktur von oben nach unten organisiert ist, fördern seine Hauptaktivitäten und Taten die Aufwärtsbewegung, d.h. die spirituelle Entwicklung.

Sogar Gruppen werden in die hierarchische Ordnung eingegliedert. Ihre innere Organisation wird auch denselben hierarchischen Prinzipien wie der Ordnung des Universums folgen.

In einer solchen Hierarchie gibt es immer jemanden mit einem höheren Rang, der diejenigen der niederen Ränge beschützt und ihr Wohlergehen überwacht. So sorgt die Hierarchie auf jeder Stufe wohlwollend für die jeweiligen niederen Ränge – niemals grausam, manchesmal streng, jedoch mit dem Prinzip der Liebe und sorgsamer Führung – alles um die Evolution vom niederen Rang zu den höheren Rängen voranzubringen. Jeder ist ein Hierarch und jeder steht unter einem Hierarch.

Die Aufwärtsbewegung fördert die Seelenbefreiung, der Hauptaufgabe der Hierarchie auf unserem Planeten. Dasselbe Prinzip wird bei allen Gruppenarbeiten zur Anwendung kommen, in den Großen wie in den Kleinen. Alle Organisationen und ihre Führungshierarchie, gleich welcher Aktivität, werden in irgendeiner Weise die Seelenbefreiung fördern, denn diese Befreiung unterstützt das Fortkommen auf der hierarchischen Leiter.

Eine der großen Ängste welche in den heutigen Lichtarbeitern zurückblieb, ist die vor der grausamen Charakteristik welche die Hierarchie einnehmen kann oder in dieser Ära eingenommen hat. Hierarchie, so wie es auf der irdischen Ebene interpretiert wurde, artete in einigen der grausamsten Diktaturen und monarchischen Regimes aus welche die Menschheit je erfunden hat. Die moderne Geschichtsschreibung kennt hierarchische diktatorische Regimes in Ländern wie der Sowjetunion und China, nicht zu vergessen die rücksichtslosen kleineren Diktaturen wie in Süd Amerika, Afrika und Asien. Sogar demokratisch gewählte Strukturen auf der ganzen Welt wurden so verdorben, dass sie sich über die

Stimme des Volkes hinwegsetzte um Kriege zu schüren und um das Volk zu unterdrücken. Alternative horizontale oder flach organisierte Strukturen welche die Menschen erprobt haben um der unterdrückenden Natur der Monarchien und der Diktaturen zu entkommen, erwiesen sich als erfolglos.

So fürchten sich demokratisch gesinnte Menschen vor einer diktatorischen, theokratischen Hierarchie, basierend auf den unglücklichen Erfahrungen welche die Menschen im Laufe ihrer Geschichte gemacht haben. Hier müssen wir uns auf die kosmischen Gesetze rückbesinnen. Die Gesetze der Aufgabe (abandonment) und der umgekehrten Bewegung kommen in diesem Beispiel zur Anwendung. Es herrscht ein Bedarf daran mit nicht funktionierenden Erfahrungen der Vergangenheit zu brechen um dem vollen Ausdruck einer Altgedienten göttlichen Struktur Wurzeln schlagen zu lassen.

Die Regierungshierarchie der spirituellen Regionen

Geführt durch die Idee, dass die lichteste Regierungsstruktur die Beste ist für eine Gesellschaft deren Ziel die Erlangung der Seelenbefreiung ist, wird die folgende Regierungsstruktur in den spirituellen Regionen angewandt, abhängig von der Anerkennung der Menschen:

Rat der Adepten
|
Oberster Repräsentant
|
Regierungsrat jeder spirituellen Region
(Eingeweihte des 4. Grades)
|
Arbeitsgruppen (Eingeweihte des 3. Grades)
Wohnen, Ernährung und Landwirtschaft,
Erziehung, Kultur, etc.
|
Viele ad hoc Gruppen aufgestellt um bestimmte
Aufgaben zu erreichen

Rat der Adepten

Der Rat der Adepten wird aus den spirituellen Adepten die gegenwärtig auf der irdischen Ebene arbeiten bestehen. Diese Adepten werden von Meister Sanctus Germanus ernannt und werden die spirituelle Hierarchie auf der Erde repräsentieren. Der Rat der Adepten wird wie ein Rat der Älteren operieren um Rat und Einsicht in die spirituellen Regionen auf allen Angelegenheiten zu geben.

Der Rat der Adepten wird das Establishment nach ihrem Inkrafttreten führen. Wenn erst die Hierarchie in jeder spirituellen Region hergestellt ist, wird der Rat in erster Linie mit den Geschäftsbeziehungen zwischen den spirituellen Regionen beschäftigt sein, was von jeglicher Handelsware bis zu kulturellem Austausch reicht. Dieser wird auch den obersten Repräsentanten für jede spirituelle Region ernennen. Er oder sie wird dann in der Lage sein den Rat zu konsultieren um bei jeder Entscheidung die gefällt werden muss um Rat zu fragen.

Der Rat wird schließlich die Hauptstadt des Neuen Goldenen Zeitalters aufbauen, welche nördlich von Kanada oder in Grönland errichtet wird. Je nachdem was in den kommenden Jahren passiert. Die Hauptstadt wird unter der ätherischen Stadt Shamballa errichtet werden.

Wie alle Organisationen oder Gruppen auf der irdischen Ebene, gibt es in der ätherischen Welt eine Gegengruppe des Rates, welcher mit dem irdischen zusammen arbeitet, aber, natürlich wird es der irdische Rat sein der das letzte Wort hat. Die Mitglieder des Rates werden ihre Fähigkeit demonstrieren mit Leichtigkeit auf beiden Ebenen zu arbeiten und werden frei mit ihren ätherischen Gegenstücken kommunizieren welche Gleichgesinnte Kollegen sind die von einem anderen Blickwinkel aus arbeiten.

Die Kommunikation zwischen dem Rat und seinem ätherischen Gegenstück wird über Telepathie erfolgen. Kommende Geschehnisse werden der Öffentlichkeit durch fortgeschrittene Lichtarbeiter offenbart die als telepatische Übersetzer dienen. Telepathie wird schließlich die einzige Form der Kommunikation werden, da es die Offenheit in der Regierung garantiert.

Wenn die Aufgaben des Rates über die Zeit wegen der zunehmenden Zusammenarbeit zwischen den spirituellen Regionen zunimmt, wird seine zukünftige Verwaltungsform auf dem höchsten Prinzip der hierarchischen Organisation basieren, so wie es von der spirituellen Hierarchie praktiziert wird. Hier wird es keine Bürokratie geben.

Der oberste Repräsentant der spirituellen Region

Die Hierarchie und der Rat der Adepten werden einen obersten Repräsentanten ernennen der die jeweilige spirituelle Region führt. Der oberste Repräsentant wird sehr wahrscheinlich ein Adept mit einem Meistergrad sein, der sich in männlicher wie weiblicher Form von einem örtlichen Zweig der Bruderschaft des Lichts manifestiert. [49]

Obwohl dieser für diese Aufgabe in Fleisch erscheint, wird der oberste Repräsentant ein unsterbliches Wesen sein, welches in der Lage ist sich durch seinen Willen oder wenn es nötig ist sich in oder aus seinen physischen Körper zu begeben. Dieser Meister Adept wird als höchste irdische Autorität in den spirituellen Regionen dienen und wird bei allen schwer wiegenden Entscheidungen der spirituellen Region das letzte Wort haben. Sein oder Ihr Mandat wird durch die spirituelle Hierarchie verliehen, was die Reinheit der Regierung versichert.

Während der oberste Repräsentant als moralisches und spirituelles Oberhaupt dient, werden tägliche Entscheidungen dem Regierungsrat der jeweiligen Region überlassen. Bei jeder festgefahrenen Situation wird der oberste Repräsentant die lösende Entscheidung fällen.

---

[49] Die Bruderschaft des Lichts hat örtliche Zweige über die ganze Welt. Wie zum Beispiel Luxor, Ägyptischer Zweig, Süd Amerikanischer Zweig und der Nord Amerikanische Zweig um nur ein paar aufzuzählen.

Auch wenn er eine höhere Autorität darstellt, kann der Rat der Adepten nicht die Entscheidungen des obersten Repräsentanten und des Regierungsrates der spirituellen Hierarchie übergehen, da jede Region für seine Entscheidungen selbst verantwortlich ist.

Der oberste Repräsentant repräsentiert und garantiert totale Transparenz für alle Bewohner der spirituellen Region, da keine Geheimnisse oder Hintergedanken der Führung vor der Öffentlichkeit vorenthalten werden, eben durch die Zunahme der mentalen Fähigkeiten und des Hellsehens.

Regierungsrat der spirituellen Region

Ein Regierungsrat wird die täglichen Aufgaben der spirituellen Region führen. Lichtarbeiter des dritten und vierten Grades der spirituellen Hierarchie werden in den Regierungsräten arbeiten.

Der oberste Repräsentant wird aus den Reihen der Freiwilligen den Regierungsrat nach der spirituellen Entwicklung, welche genau in den Hallen der Aufzeichnung in Shamballa gespeichert sind, auswählen. Popularität ist kein Kriterium. Die Regierungsmitglieder werden alle Schichten repräsentieren. Sie werden Erfahrung, irdisches Wissen und die Fähigkeit weiße Magie zu praktizieren besitzen. Sie werden alle die Grundfähigkeiten der ätherischen Sicht, der Hellsehens, telepatische Kräfte, ständiges Bewusstsein und die Fähigkeit der Manifestation besitzen um eine aktive Zusammenarbeit mit ihren ätherischen Gegenstücken der spirituellen Hierarchie zu ermöglichen, welche kommentierend und beratend tätig sind ohne den jeweiligen freien

Willen zu beeinträchtigen.

Die Regierungsräte werden völlig anders funktionieren als die heutigen Regierungen. Als erstes, wird eine allgemeine Homogenität unter den Mitgliedern herrschen. Ganz nach dem Gesetz der Anziehung. Obwohl Unterschiede bestehen werden, wird es nicht in der Aufteilung in sich gegenseitig bekämpfende Interessensgruppen ausarten. Unterschiede, werden weniger als zwiespältig angesehen, sonder sie werden als eine weitere Facette eines Themas betrachtet, was ihnen mehr Substanz und Tiefe verleiht. Zweitens, wird die bedeutende Bevölkerungsdezimierung die Belastung von den Regierungsstrukturen nehmen, was sie ermöglicht anpassungsfähiger zu sein – ein weit entferntes Ziel der ächzenden Bürokraten der heutigen Zeit. Drittens, als wichtigstes, werden die fünf entwickelten ätherischen Fähigkeiten Offenheit garantieren.

Die Lichtarbeiter werden ihre hart erworbenen Erfahrungen an den Diskussionstisch in allen verschiedenen Bereichen einbringen, während ihre ätherischen Gegenstücke ebenso ihre zeitlosen Perspektiven und praktischen Erfahrungen aus vergangenen Inkarnationen beisteuern werden. Die Kommunikation zwischen den zwei Ebenen wird perfektioniert, da beide Bestandteile in beiden Dimensionen arbeiten.

Um die Inter-Dimensionale Kommunikation im Regierungsrat zu sichern, wird eine Gruppe von telepatischen Sensitiven und fortgeschrittenen spirituellen Adepten verantwortlich für die Aufrechterhaltung der Telepathie zwischen den spirituellen Regionen sein. Diese werden Methoden entwickeln um die Genauigkeit der Nachrichten zwischen den Gruppen zu erhöhen.

Somit wird die telepatische Kommunikation in eine völlig neue „offene" Gesellschaft führen, was bis jetzt noch nie da gewesen ist. Es wird die Regierung revolutionieren und die Politik eliminieren, da keine Geheimnisse mehr vor den Regierten gemacht werden können. Diese Fähigkeit alleine wird die Gesellschaft wie wir sie heute kennen revolutionieren und mithelfen das viel versprochene Goldene Zeitalter zu erschaffen.

Ad Hoc Aufgaben Gruppen unter dem Regierungsrat

Heute arbeiten die Geschäftswelt, Kirchen, Hilfsorganisationen und dergleichen in einer Art zusammen die nur Teilung zur Folge haben kann. Die akzeptierte Norm diktiert, dass es konstante Kräfte gibt welche daran arbeiten Gruppen zu zerbrechen – Unstimmigkeiten, verschiedene Ziele (gewöhnlich selbstsüchtige) – ein ständiges ziehen und drücken, so dass jede Gruppe ihren Dynamismus verliert und, für den Fall das sie zusammen bleibt, den kleinsten gemeinsamen Nenner erreicht, so wie wir es bei der heutigen Bürokratie sehen – eine allgemeine Taubheit und Mittelmäßigkeit der Absicht und Tat welche ausgezeichnete Qualitäten und Innovationen durch Trägheit und Angst verhindert. Das kosmische Gesetz der Anziehung bestimmt die Mitgliedschaft in einer der Gruppen in der spirituellen Region und viel von den Konflikten und Meinungsverschiedenheiten die für die heutigen Gruppenaktivitäten charakteristisch sind, werden minimiert oder eliminiert sein.

Periode des Wiederaufbaus III

Die Überlebenden die aus einem Jahrzehnt der allmählich beginnenden Erdenwechsel entsteigen, werden eine monumentale Lektion in der Gruppenarbeit gelernt haben, da ihr Überleben von der Gruppenarbeit abhing. Das „Trauma" wird die Einstellung des schroffen Individualismus zu Gunsten der Tat für Andere brechen. Sogar vor dem Eintreffen in den spirituellen Regionen kann es leicht vorkommen, dass sich kleine Gruppen von Lichtarbeitern geformt haben. Während ihrer Reise wird sich in jeder Gruppe ein starker Zusammenhalt entwickeln. Viele Lichtarbeiter verließen sich hier auf die telepatische Kommunikation durch ätherische Kanäle, da sie ohne konventionelle Kommunikation zu den spirituellen Regionen geführt wurden und dadurch ihren Weg gefunden haben.

In der Übergangsgesellschaft werden Gruppen und Organisationen unter der Regierungshierarchie an Aufgaben orientiert sein. Wenn die Aufgabe vervollständigt wurde, löst sich die Gruppe auf, was den Bedarf einer vielschichtigen dahinsiechenden Bürokratie eliminiert.

Gleich was die Aufgabe einer Gruppe ist, seine Aktivitäten müssen in irgendeiner Weise zum höchsten Ziel der spirituellen Region beitragen; Seelenbefreiung. Dieses Ziel wird alle Aktivitäten in der Region miteinander verbinden, so dass eine Verbindung zwischen den einzelnen Aktivitäten der Übergesellschaft herrscht.

Alle Gruppen werden Gegenstücke in der ätherischen Dimension haben. Ätherische Ashrams unter bestimmten Meistern werden die Grundlage für die Bildung von Gruppen auf der irdischen

Ebene sein. Einige Mitglieder wählen es eine ätherische Form in der ätherischen Ebene anzunehmen, um besser mit ihren Gefährten auf der physischen Ebene zu kommunizieren. Diese Mischung von ätherischen und physischen Mitgliedern in jeder Gruppe wird die Gruppen in den spirituellen Regionen ausmachen. Wenn sich eine Gruppe von Heilern in der spirituellen Region bildet, werden sich erfahrene Heiler von höheren Dimensionen auf der ätherischen Ebene anschließen. Wenn sich eine Gruppe von Ingeneuren bildet um eine Konstruktion zu erschaffen, werden geistige Ingeneure mit ihnen arbeiten.

Die Übergangsnatur der Regierungsstruktur

In diesem System der hierarchischen Regierung wird vom Rat der Adepten bis über den Regierungsrat bis hin zu den Aufgabengruppen, eine lichtere Sicht von Nöten sein. Wenn sie als eine Verlängerung der spirituellen Hierarchie in die ätherische und physische Ebene arbeitet, kann sie niemals unterdrückend sein, da sie nur die Aufwärtsbewegung fördert.

Ordnung muss hergestellt werden. Anfänglich durch die starke Präsenz von Mitgliedern der Hierarchie. Durch das potentielle Chaos dieser Periode, wird intensives spirituelles Wachstum nötig sein um die Ordnung nach der anfänglichen Zerstörungsphase des Pralayas wieder herzustellen. Alle drei Stufen der Regierung werden von dieser Führung profitieren, da sie von der ätherischen Ebene Gegenstücke der spirituellen Hierarchie bringen wird.

Wenn die regionalen Führer Vertrauen gewinnen und in ihren Aufgaben Halt finden, wird mehr und mehr Verantwortung auf die folgenden Generationen übertragen, da die Meister und Adepten sich allmählich zurückziehen und der Aufwärtsbewegung der Einweihung es erlauben die Reihen der Regierung zu füllen. Es ist denkbar, dass der oberste Repräsentant eines Tages aus den Reihen der irdischen Lichtarbeiter mit dem vierten Grad kommen wird.

Aber es ist auch denkbar, dass die irdischen Führer müde werden und sich verschwören und somit die Einflüsse ihrer ätherischen Gegenstücke blockieren um auf eigene Faust zu agieren.

Dies geschah schon in früheren Zivilisationen als die Gesellschaft sinnlichen und selbstsüchtigen Zielen verfiel. In diesem Fall werden sich die ätherischen Gegenstücke zurückziehen und es dem menschlichen freien Willen erlauben sich zu entfalten.

Vorraussetzung für die Regierungsführer

Die obersten Repräsentanten der spirituellen Regionen werden aus zwei Sorten ausgewählt: 1) Meister die physische Körper angenommen haben und für Jahrhunderte auf der irdischen Ebene gearbeitet haben und 2) Meister die mit Lichtarbeitern auf der mentalen Ebene in diesem Pralaya gearbeitet haben und die semi-physische-ätherische Vehikel annehmen um in den spirituellen Regionen zu operieren.

Andere Führer in den Regierungsräten und Ad Hoc Aufgabengruppen in den spirituellen Regionen werden aus den Reihen der Eingeweihten/Lichtarbeiter der vierten und dritten Stufe kommen. Das Kriterium für die Führung wird von ihrem Wissen eines bestimmten Gebietes und ihrer Meisterung der weißen Magie abhängen. Führung wird in den spirituellen Regionen neu definiert werden, da die eigene spirituelle Qualifikation über das berufliche Fachwissen gestellt wird. Die Kombination wird kraftvoll sein. Insbesondere wenn sie nach den Zielen des göttlichen Planes ausgerichtet ist.

Inkarnierte Lichtarbeiter des vierten Grades[50]

Viele Eingeweihte des vierten Grades haben ihre weitere Evolution auf der spirituellen Ebene geopfert, um zurückzukehren und um als Lichtarbeiter für die Menschheit während dieses Pralayas zu arbeiten. Diese eingeweihten Lichtarbeiter werden die Reihen der Regierungsräte füllen. Ihre Reise kann so beschrieben werden:

> Das Leben des Menschen (man) der die vierte Einweihung, oder die Kreuzigung (Cruzifixion) in Angriff nimmt, ist für gewöhnlich ein Leben großer Opferung und des Leides. Es ist das Leben des Menschen der den großen Verzicht (Renunciation) unternimmt und sogar exoterisch gesehen ist es anstrengend, hart und schmerzhaft. Er hat alles, sogar seine perfektionierte Persönlichkeit, auf den Altar der Opferung gelegt und steht nun von allem beraubt da. Auf alles wird verzichtet, Freunde, Geld,

---

[50] Für eine Beschreibung der Einweihungsstufen, siehe Alice A. Bailey's *Initiation, Human and Solar*, Lucis Trust, New York and to C.W. Leadbeater's *The Masters and the Path*, Theosophical Society: Adyar, India

Ansehen, Charakter, die Stellung in der Welt, Familie sogar auf das Leben selbst.[51]

Viele dieser Verzichter können im Mystizismus der traditionellen Religionen auf der ganzen Welt gefunden werden, wobei es auch viele Eingeweihte des vierten Grades gibt welche ihr Leben in einem nicht religiösen Zusammenhang leben. Sie können in fast allen Bereichen des Lebens gefunden werden. Oftmals getarnt als die stillen Arbeiter des Lichts die in den Hallen der Kraft und des Einflusses versteckt sind. Diejenigen welche äußerlich hohe Positionen in Regierungen und im Finanzwesen bekleiden, erscheinen wie die Kollegen der dunklen Kräfte, wobei sie jedoch im inneren so viel tun um die bösen Taten die verübt werden zu mäßigen. So ist ihr Opfer und ihr Leid, da sie jeden Tag am Kreuz leben!

Wenn die dunklen Mächte besiegt sind, werden diese eingeweihten Lichtarbeiter als siegreich hervorgehen um mit einer weisen Perspektive zu führen, welche wahrhaftig zu den spirituellen Grundsätzen des göttlichen Planes passt. Sie werden von der Vergangenheit mit der Autorität der Erfahrung und der Prüfung sprechen. Sie werden die Erfahrung und den Teil der Menschheitsevolution in das Neue Goldene Zeitalter mit hinüber nehmen der gut und positiv war.

Einmal in den spirituellen Regionen, werden diese Eingeweihten des vierten Grades zwischen ihren entsprechenden Ashrams in der spirituellen Hierarchie und der irdischen Ebene als Führer

---

[51] Bailey, Alice A. *Initiation Human and Solar,* New York: Lucis Trust, p. 90.

vermittelnd tätig sein. Vorbereitet um auf der ätherischen wie auf der physischen Ebene zu arbeiten, bevor sie in die spirituellen Regionen gehen, werden sie sicherstellen dass die Pläne und Vorschläge der Hierarchie klar an die Bewohner der sicheren Gebiete weitergegeben wurden.

Inkarnierte Lichtarbeiter des dritten Grades

Die Lichtarbeiter des dritten Grades sind in allen Bereichen der weltlichen Bestrebungen zu finden. Bei der Meisterung der Wissenschaft, Wirtschaft, Politik, Geschäftswelt, Banking, Finanzen, etc.

Einige arbeiten sogar als Wertpapier und Aktienhändler. Das sind die Menschen die im Stillen fühlen dass sie nicht Teil der Geschäftswelt oder ihrer wissenschaftlichen Gemeinschaft sind, aber trotzdem weitermachen oder zu ihrem jeweiligen Beschäftigungsfeld weiter beitragen. Doch fühlen die meisten ein nagendes Gefühl, dass es mehr im Leben gibt. Ihre Suche wird sie zuerst in einer vorübergehenden und nutzlosen Suche nach Wahrheit in die traditionellen Kirchen und Tempeln führen.

Ihr Gefühl der Trennung wächst in Anbetracht der Tatsache, dass ihr höheres Selbst in Verbindung mit den höheren Dimensionen ist während sie schlafen. In den wachen Stunden bemerken sie etwas von irgendetwas was größer ist als sie selbst. Das ist der Punkt an dem ihre Kariere mit ihrem Herzen in Konflikt gerät. Viele leiden im Stillen in den sich übertreffenden Begrenzungen der menschlichen Organisationen, bis sie ein Zeichen aus den heiligen Hallen der oberen Dimensionen erhalten, dass es Zeit ist sich von ihren Karieren zu trennen um einen neuen Zyklus zu beginnen. Sie sind die reifen Früchte die für die Ernte bereit sind, in jedem Betätigungsfeld für die göttliche Enthüllung des Wiederaufbaus vorbereitet: Eine Armee der Lichtarbeiter, Lichtarbeiter mit ihrem Fachwissen während sich der große Plan enthüllt.

Bei der dritten Einweihung, welche manchmal auch Umgestaltung genannt wird, wird die komplette Persönlichkeit von oben mit Licht durchflutet. Es ist nur nach dieser Einweihung, dass der Monad definitiv die Persönlichkeit führt. Der eingeweihte Lichtarbeiter ist in einer Position in der er zu jeder Zeit die Mitglieder der spirituellen Hierarchie bemerkt und seine psychischen Fähigkeiten durch die Belebung des *Kopfzentrums* stimuliert werden. Spirituelle Intuition, Hellhören und Hellsehen werden erweckt wenn der Körper rein, der astrale Körper stabil und der mentale Körper unter Kontrolle ist. An diesem Punkt ist der Eingeweihte bereit um die psychischen Fähigkeiten weise einzusetzen um die Rasse zu unterstützen. [52]

In den spirituellen Regionen werden die Eingeweihten des dritten Grades alle Führungsrollen bekleiden. Entweder in der Regierungshierarchie oder im freien Sektor. Zu dieser Zeit werden sie Wissen tragen, esoterisches wie weltliches was sie befähigen wird Gruppen und Projekte zu führen. Sie werden die tägliche Funktion der örtlichen Räte und Gruppen überwachen und organisieren. Diese sind die Äquivalente der esoterischen „Technokraten" die Projekte von der physischen wie auf der

---

[52] Ibid., p. 87

ätherischen Ebene bearbeiten können.

Lichtarbeiter des ersten und zweiten Grades

Es gibt eine große Zahl von eingeweihten Lichtarbeitern welche einen Ruf aus dem inneren fühlen, jedoch dem Ruf von außen mehr Beachtung schenken. Viele kämpfen mit den Problemen des physische Körpers und einer Persönlichkeit welche mit Selbstzweifeln, mentaler Rationalisierung, astralen Gefühlen und Verwirrungen beladen ist. Diese Menschen wissen aber tief im inneren, dass „irgendetwas" kommt. Diese sind die „Zaunsitzer" (fence sitters), die Unverpflichteten welche endlos fragen, in der Hoffnung die Antwort zu finden die sie hören wollen – vorrangig dass „alles gut wird." Wenn sie sich entscheiden ihr Leben in den spirituellen Regionen zu verbringen, wird ihr Einweihungsvorgang beschleunigt werden und so finden sie sich in einem Leben mit mehreren Einweihungen konfrontiert. Damit dies geschehen kann ist Verpflichtung zum Plan notwendig. Nicht in Worten sondern in der Tat. Genau das kann den Fortschritt behindern. Manchmal benötigen sie Verpflichtung in ihren Dingen. Etwas Behagliches und nichts Weltbewegendes. Aber in der Zeit nach den Großen Fluten werden sie entweder in die Verpflichtung stoßen oder mit den anderen von der Erde gehen.

Der freie Sektor

Alle anderen Einwohner aller Ebenen welche nicht in der Regierungsstruktur mit einbezogen sind, können leben wie sie es wollen. Sie können Lerninstitutionen formen, eine Vielzahl von Diensten für Andere anbieten, Beziehungen mit vergangenen Freunden und Feinden knüpfen, Gruppenaktivitäten auf dem kompletten Spektrum der menschlichen Betätigungsfelder schaffen --- ein volles Leben. Das wird der freie Sektor sein.

Viele der Führer des freien Sektors werden aus den Reihen der Lichtarbeiter des dritten Grades kommen.

Lasst uns aufzeigen wie der freie Sektor in der Übergangsgesellschaft aussehen kann indem wir es von unseren traditionellen Kategorien der Wirtschaft, Gesundheit, Erziehung und dem spirituellen Leben ansehen:

1. Die Wirtschaft: Güter, Dienstleistungen und Manifestierung

In der Übergangsgesellschaft werden sich viele von sich aus freiwillig für den Dienst melden um das zu schaffen was für das allgemeine Wohl von Nöten ist. Wenn eine Straße, eine Schule oder irgendein Projekt für das allgemeine Wohl der Gesellschaft gebaut werden muss, werden Architekten, Ingenieure, Konstruktionspersonal und Handwerker freiwillig ihre Dienste anbieten.

Einwohner der spirituellen Regionen werden die Möglichkeit haben selbst abzuschätzen was sie brauchen anstatt was sie begehren. Die Reinigung der astralen Ebene und der individuellen astralen Körper wird die Wünsche auf das Wesentliche reduzieren. Überkonsum wird die Gesellschaft nicht länger belasten und der „Drang einzukaufen" wird in den Drang zu dienen umgewandelt. Die Menschen werden ihre Bedürfnisse durch die Fülle der Ressourcen die in den spirituellen Regionen vorhanden sind stillen, jedoch werden zur gleichen Zeit die Bedürfnisse sehr stark reduziert. Zum Beispiel, werden sie wenig essen, da sie sich vom einfließenden *prana* ernähren. Und wenn die Übergangsgesellschaft weiter fortschreitet, werden die Bewohner die Fähigkeit haben ihre Grundbedürfnisse aus ätherischer Materie zu manifestieren.

Versorgung durch Manifestation

Während der Anfangsphase in den spirituellen Regionen, werden die Adepten der Hierarchie die Menschen wie Meister Jesus es einmal getan hat ernähren – durch Manifestation. Sie werden das Beispiel für das Kommende liefern. Durch die Ausbildung, die spirituelle Entwicklung und das Wiedererkennen der Rolle der formbildenden Elementaren, werden alle Mitglieder der Übergangsgesellschaft lernen die Grundbedürfnisse zu manifestieren.

Manifestation ist die Formgebung der Gedanken. In den spirituellen Regionen werden wir den Gedanken Form durch die dichte und ätherische Materie geben. Atome, eine Form aus dichter Materie, umgibt einen Gedanken und ein festes Objekt wird erschaffen. Ein Gedanke eines Ingenieurs wird schließlich zu einem Auto. Ein weiterer Gedanke eines Modeschöpfers wird zu Kleidung. In unserer Welt werden Gedanken als dichte Materie manifestiert.

Gedanken können sich auch durch die ätherische Materie manifestieren; in Wirklichkeit existieren die meisten Gedankenströme der Seele zuerst im Ätherischen bevor sie sich in der dichten

Materie manifestieren. Ein Vorteil der ätherischen Gedankenformen ist, dass sie telepatisch von einem Ort zum anderen übertragen werden kann. Eines Tages wird es völlig alltäglich sein telepatische Mitteilungen und Gegenstände über den ätherischen Weg zu erhalten. Wenn die ätherische Sicht schärfer wird, werden wir die ätherische Materialisation sehen und davon Nutzen ziehen um schließlich die dichte materielle Welt überflüssig zu machen. Jedoch wird in der Übergangsgesellschaft eine Mischung aus dem Materialisierten und dem Materiellen sein, bevor die volle ätherische Manifestation erkannt wird.

Wenn jeder die Fähigkeit des Manifestierens entwickelt, wird dies die ultimative Lösung für alle Mängel sein. Sogar heute finden Lichtarbeiter die finanziell kämpfen müssen plötzlich Mittel die zu ihrer Verfügung stehen: ein Erbe, eine gute Investition oder sogar Geld das aus dem Nichts auftaucht. In unserer Welt ist es nicht ungewöhnlich mit der Manifestation Erfahrungen zu machen und wir werden von diesem Phänomen mehr und mehr profitieren wenn die weißen Magier während der Wirtschaftskrise arbeiten um das Leid der Menschen zu lindern.

Wenn die Manifestation eintreten wird, wird es die Tore der wirklichen Kreativität öffnen. Individuen werden in der Lage sein das zu erschaffen was ihre Seelen manifestieren wollen. An dem was jemand erschafft kann jemand eine große Freude haben und umgekehrt; hier wird der Samen für den Tausch (exchange) gepflanzt. Manifestierung ist das Höchste der individuellen Kreativität. Die Menschheit wird nicht länger von Massenmode und Modeerscheinungen dominiert werden. Die individuelle Schöpfung kehrt zur individuellen Seele zurück. Dies ist Teil der Seelenbefreiung.

Geldwechsel (exchange) und Gold

Geld war der wichtigste Faktor der Zivilisation – wenn nicht sogar DER wichtigste. Als Medium des Tausches war es ein Mittel um die Last des Warentransfers im Tauschsystem zu erleichtern. Aber sogar mit den besten Lösungen, fand die Menschheit einen Weg solche Innovationen zu selbstsüchtigen Zielen zu nutzen. Die Menschheit hat die Lektion des Geldes noch nicht gelernt, deswegen wird es in der Übergangsgesellschaft weiterhin benutzt werden.

Das gegenwärtige System der nationalen Fiat Papierwährung treibt auf den Weg der Selbstzerstörung hin, denn hinter dieser steht nichts als politische Rhetorik. Jede Währung ist unnütz da kein Gold oder Silber da ist um es zu decken. Wenn die Menschen erst einmal sehen werden was das ganze Papiergeldsystem ist – Papier – werden sie zu Gold und Silber als Tauschmittel zurückkehren.

Die Menschen werden ihre Einkäufe durch Wechsel oder Tausch tätigen. Gold und Silbermünzen werden sogar außerhalb des Tausches genutzt oder sie dienen als Geld um Reichtümer wie Werkzeug, Proviant oder Materialien zu kaufen. So können wir annehmen, dass Gold und Silber als Geld nach den großen Überflutungen dienen wird. Am stärksten dafür um zu Tauschen und um Maschinen oder Proviant für bestimmte Projekte zu kaufen.

Viele hochgelegenen Städte auf der ganzen Welt welche die großen Überflutungen überstehen werden, werden Gold und Silber wieder als Geld verwenden. Anstatt mit nationalen Papiergeld, werden die Menschen mit Gold und Silber in Gramm oder Unzen handeln, gleich woher es stammt oder in welcher Form.

Mit Wegen die uns noch unbekannt sind, wird die spirituelle Hierarchie in die Wirtschaft der spirituellen Regionen Gold einfliesen lassen. Gold wurde für Jahrtausende gehortet und ist auf der Erde reichlich vorhanden – die dunklen Mächte haben es nur versteckt und es monopolisiert. Die volle Zirkulation dieser großen Menge an Gold wird ein stabiles, nicht Inflation/Deflation anfälliges Wirtschaftssystem erzeugen.

Das Gold und Silbersystem wird während der anfänglichen Phase der Übergangsgesellschaft genutzt werden, aber wenn die Menschen erst die Manifestation gemeistert haben, wird diese die Oberhand gewinnen: denke an etwas und es ist da. Aber um vom einen Geldsystem zu einem der Manifestation über zu wechseln, müssen wir zuerst durch den Papiergeld-Gold-Silber Wechsel.

Banken werden nicht benötigt

Da wir mit Geld leben müssen bis wir gelernt haben es richtig für die Lösung der Menschheitsprobleme einzusetzen, muss es aus den Händen jeder zentralen Kontrolle genommen werden – und das heißt jede örtliche, städtische, nationale oder internationale Kontrolle. Dies war die Wurzel des heutigen Geldproblems. Das gegenwärtige Währungssystem wird von so wenigen

Leuten kontrolliert. Das Papiergeld lies die Kontrolle durch das Individuum verschwinden. Elektronisches Geld ist sogar noch flüchtiger. Es kommt und geht – meistens geht es—mit Lichtgeschwindigkeit über Nacht!

Die dunklen Mächte erschufen ein Banksystem welches auf Teilreserven basiert. Die Banken können einen Betrag von Papiergeld ausleihen, der zehnmal mehr ausmacht als der Wert seiner Goldholdings. So wurden die Banker so reich – durch Ausleihen von wertlosen, unnützen Papiergeld *mit Zinsen*. Banken nutzen dein Geld, um mehr Geld für sich selber zu machen und durch eine komplexe Papiertransaktion wird mehr Papier mit einbezogen (z.B.: Aktien und Wertpapiere); sie erschufen Aktienmärkte, Derivatenmärkte und andere finanzielle Instrumente. Der Zusammenbruch dieses Kartenhauses ist der Grund für die Wirtschaftsdepression im Jahr 2007.

In den spirituellen Regionen wird die Verwaltung der Geldenergie zur individuellen Kontrolle zurückkehren. Jedoch wenn sich Banken formen, erzeugen sie in erster Linie Orte an denen es sicher aufbewahrt werden kann. Wenn eine Bank nur für die Aufbewahrung der Ersparnisse einer Person da wäre, würde der Nutzen des Geldes einzig und allein bei seinem Inhaber liegen, nicht bei der Aufbewahrungsanstalt oder der Bank. Dann kann eine Person die mit einem Sinn des Dienstes und der kosmischen Gesetze ausgestattet ist, dieses Geld oder Gold für das nutzen was direkt oder indirekt die Seelenbefreiung fördert. Die Verbindung der individuellen Ansammlung von Geldenergie zu seinem oder ihrem Wissen über die kosmischen Gesetze wird sehr wichtig sein um den richtigen und passenden Gebrauch von Geld sicher zu stellen. Der rechte Gebrauch des Geldes ist eine Lektion welche die Menschen jetzt meistern müssen und dies wird eine wichtige Vorraussetzung für den Eintritt in das Neue Goldene Zeitalter sein.

2. Gesundheit, Krankheit und telepatisches Heilen

In den Jahren vor den großen Fluten werden die dunklen Mächte Krankheiten in Form von Pandemien erzeugen um so viele Menschen wie möglich mit ihnen in den Abgrund zu reißen. Erschaffene Krankheiten und Pandemien werden politisch genutzt um die Menschen zu kontrollieren, um eine Abhängigkeit von staatlichen Institutionen zu erzeugen und um sie einzuschüchtern. Wir nehmen hier AIDS und die Vogelgrippe als wichtigste Beispiele von künstlich erzeugten Krankheiten, die erschaffen wurden um Angst und Panik zu schüren und um Millionen zu töten. Viele moderne biologische Kriegstaktiken verwenden Träger aus dem tierischen Königreich – so wie Insekten – um diese Seuchen über die Welt zu verbreiten. Wie erfolgreich die dunklen Mächte mit ihren Massenpandemien sein werden ist noch nicht bekannt, aber wir können voraussagen, dass sie mit ihrer diabolischen Taktik am Ende verlieren werden.

Verschmutzung war der Grund dafür, dass eine Vielzahl von „guten" Bakterien zu schädlichen mutierten, während der menschliche Körper seine Abwehrkräfte gegenüber Mikroben wegen fehlerhaften Ernährung und stressigen Bedingungen verliert. Wundert es euch, dass die Erde ihre Oberfläche mit dem reinigenden

Meerwasser überfluten muss? Wie Salzwasser von verschiedener Stärke bei dieser Reinigung verwendet wird, hängt von einer systematischen und intelligenten Anwendung ab und nicht wie es die Menschen vermuten, von willkürlicher Zerstörung. So wird die Reinigung der verseuchten Gebiete – entweder durch die trocknende Wirkung der Sonne oder die reinigende Wirkung des Meerwassers – auf diese verseuchten Gebiete gerichtet werden.

Somit verschwinden die zwei Hauptgründe für die heutigen Krankheiten in den spirituellen Regionen. Die Natur der Krankheiten wird mehr in das Reich der mentalen Herausforderungen wechseln. Diejenigen die diese schwierigen Zeiten überleben, haben überlebt weil ihre Schwingung bis zu dem Punkt angestiegen ist, dass sie Krankheiten nicht mehr berühren oder sie schädigen können. Es ist eine Frage der Schwingung, nicht des Immunsystems.

Natur der Krankheiten in der Übergangsgesellschaft

Während der Übergangsgesellschaft werden Krankheiten mehr von psychologischen als durch organischen Ursachen entstehen. Die Krankheiten welche hinüber getragen werden, werden die Überlebenden leichter befallen als ihre Nachkömmlinge, da die Menschen in der Zukunft mehr oder weniger keine organischen Krankheiten haben werden.

Die Überlebenden der spirituellen Regionen und das umliegende Gebiet werden Leid erfahren. In erster Linie wegen der Ausrichtung an die höheren

Schwingungen. Seit dem Jahr 2000 haben höhere Schwingungen und die Beschleunigung der Zeit die Menschheit zum Wahnsinn getrieben. Unter denen die in die spirituellen Regionen gehen werden Anpassungen an höhere Schwingungen von Nöten sein, da der Körper Schicht um Schicht der dichten Atome gehen lässt. Dieser Prozess wird nicht ohne Schmerz und Unbehagen von Statten gehen.Es wird Unbehagen wegen der ständigen Entgiftung des Körpervehikels geben, die der Körper durchgehen muss während sich seine Schwingung erhöht. Alle müssen sich dieser körperlichen Verwandlung unterziehen. Viel von dem was an die Oberfläche durch die Entgiftung dringen wird, wird aus den tiefen Traumas bestehen die mit den Umwälzungen des Lebens während des Erdenwandels einhergehen.

Solche große Anpassungen des Körpervehikels werden zu einer Zeit stattfinden wenn Vernunft und Scharfsinn am meisten benötigt werden. Diese Ausrichtung wird eine Orientierungslosigkeit verursachen, ein Gefühl von sein, aber doch nicht sein – so wie ein schwerer Fall von Jetlag. Jede übrig gebliebenen psychologischen Knackpunkte welche es geschafft haben im niederen mentalen und astralen/emotionalen Körper zu bleiben, werden jetzt an die Oberfläche gezwungen. Die Liebe und die Fürsorge der Gruppenmitglieder werden viel zur neuerlichen Erholung beitragen.

Allmählich, wenn die Überlebenden sich an die höheren Schwingungen anpassen, werden die Krankheiten wie wir sie heute kennen verschwinden und sie wird nun die Form des Widerstandes und des Abstoßens gegen neue Ideen und Lehren der alten Weisheit aufzeigen. Mentaler

Widerstand gegenüber den Lehren der alten Weisheit die den Wandel in das Bessere fördern, werden Stress verursachen und sich schließlich als ungewollte physische Krankheiten zeigen. Der Kampf und die Herausforderung der Evolution hören niemals auf.

.....das ist dass was wir in unserer Dimension erfahren.

Innerer Kampf mit der Dualität

Die Reise von unserem niederen emotionalen (niederen astralen) zu unserem mentalen Körper werden niedere emotionale Probleme an die Oberfläche bringen. Gleich denen mit welchen wir heute fertig werden müssen. Jedoch bringt die Reise vom höheren astralen zum mentalen Körper, welche das höhere spirituelle Selbst berührt, seine eigenen Probleme mit sich, die wenn sie nicht richtig behandelt werden Symptome verursachen die mentaler Verrücktheit stark ähneln. Die Meisten der Einwohner in den spirituellen Regionen werden mit diesem Typ der Anpassung Bekanntschaft machen.

Die Polarität welche unser illusorisches Leben auf der Erde heute ausmacht, sorgt für moralische Entscheidungen durch den Kampf der Gegenteile hindurch. Der Impuls des Guten sich selbst auszudrücken erhaltet den Kampf gegen das Böse aufrecht, was das Leben auf dieser Ebene herausfordernd und interessant macht. Wird der Erdenwandel diese Situation der Dualität ändern? Die Antwort ist nein. Der Kampf zwischen dichter und ätherischer Materie wird weitergehen, jedoch vermehrt im inneren. Der innere Kampf kann bei jemand wahrgenommen werden der mit sich selbst redet. Bei jemanden der sich in die Reihen der Wahnsinnigen einreiht.

Schlachten und Kämpfe werden innerlich stattfinden. Dein Recht Alternativen zu wählen wird erhalten bleiben und was du wählst soll der Weg zur Weisheit sein. Und ja, manchesmal mag deine Wahl nicht die richtige sein, aber du wirst dennoch die Möglichkeiten haben auszuwählen um das zu finden was zu deinen mentalen Bedürfnissen passt.

Auswahl, Auswahl, Auswahl. Wie glücklich du doch bist! Die Unterschiede werden oh, so subtil sein und der mentale Körper muss, oh, so scharfsinnig sein um die Unterschiede und Vorteile zu erkennen. Und werden die Emotionen mit ins Spiel kommen? Warum, ja, aber anders und als höhere Emotionen als du dir vorstellen kannst. Ah, diese großartigen, provozierenden Gedanken die ein wenig die wunderbare Arbeit der Kunst wachruft. Und diese gut erdachten Unterhaltungen die du hörst, die Stücke und die Musik – enthalten alle solche subtilen Gedankenformen die deinen spirituellen Aufstieg entweder hemmen oder ihn unterstützen.[53]

Meditation und Lernen können diesen Kampf auflösen, welcher aus dem Loslösen des physischen zu Gunsten des ätherischen besteht. Du musst bewusst mit beiden Körpern zur gleichen Zeit kämpfen. Viele werden diesen Kampf schon vor 2012 gewonnen haben, jedoch wird die große Mehrheit der Lichtarbeiter die an der

---

[53] Sanctus Germanus durch den Amanuensis

Wiederaufbauphase beteiligt sein werden, erst danach damit zu kämpfen haben. DieHerausforderung endet nie. Aber jedes Mal wenn du ein Plateau erreichst, erblickst du dort einen Himmel, was den Kampf lohnend macht.

Hast du geglaubt deine Lektion endet im Neuen Goldenen Zeitalter?

Sie endet nie, sie wachsen und werden immer subtiler, was eine rasierscharfe Unterscheidungskraft benötigt. Unterscheidung die in dieser Dimension nicht existiert.

Wenn die groben Elemente aus dem Bewusstsein der Menschen schwinden, wirst du den Saum dieser Subtilität berühren wenn die Jahre die großen Wechsel in Gang bringen.

Und sogar während der Kataklysmen, wirst du die Vorgänge mit einer lichten Sicht betrachten, so dass die Wandel eine neue Bedeutung erhalten, eine neue Wahrnehmung welche von der heutigen Menschheit noch nicht gesehen wurde. Jedes mal wenn diese Wahrnehmung verstanden wird, finden physische Veränderungen in deinem Körpervehikel statt. Doch wirst du dich danach ausrichten damit du deinen Vorsatz weiter erfüllen kannst. Die groben Elemente der Menschen haben dein Denken hinuntergedrückt und haben diesen Grad an Wahrnehmung befleckt. Es sollte in voller Pracht wiederhergestellt werden und du wirst die Lieblichkeit verstehen die aus dem Geist besteht, diese Lieblichkeit ist das was du

Gesundheit nennst. [54]

Telepatische Heilungsmethoden

An diesem kritischen Zeitpunkt hat der planetare Logos – der Uralte – der unzählige Pralayas gesehen und erfahren hat, der Menschheit Heilungsenergien zur Verfügung gestellt, die telepatisch durch geschulte Praktiker an Individuen die unter Stress stehen übermittelt werden können. Die Heilung war ein großer Teil der Mission Jesu auf Erden, und wir haben erfahren dass seine Fähigkeit zu heilen direkt vom planetaren Logos kamen. [55] So ist das spirituelle Heilen in seiner effektivsten Form im Grunde die Reaktion der dichten oder ätherischen Materie auf die höchste Schwingung und der feinsten ätherischen Energie. Diese Energie muss von Quellen kommen die höher liegen als die ätherische Ebene und die den höchsten Vorsatz innehaben alles zu heilen was nicht mit den kosmischen Gesetzen übereinstimmt.

Telepatisches Heilen, welches Unbehagen lindert, ist der laute Ruf andere in mit ihrem Geist in Einklang zu bringen. Es ist ein Werkzeug der weißen Magie um die Befreiung von den Einschränkungen des physischen Vehikels zu demonstrieren. Die effektivsten spirituellen Heilungen werden bei denen auftreten die den Weg der Einweihung gehen. Spirituelles Heilen hat somit einen Zweck: es löst Hindernisse auf dem Weg zur Seelenbefreiung auf.

Lichtarbeiter die ihrer Aufgabe und ihrer Mission

---

[54] Ibid.
[55] Master Serapis Bey, Die Lehren der Mysterienschule, Sanctus Germanus Stiftung.

nachgehen, werden auf natürliche Weise Heilungsfähigkeiten erlangen und damit arbeiten um ihre Lichtarbeiter Kameraden auf dem Weg zu unterstützen. Besonders während dieser Zeit der Schwingungsangleichung. Diejenigen welche keinen bewussten Drang haben den Weg zu gehen, werden solche Heilungen beobachten und sich darüber wundern. In diesem Sinne ist Heilung ein lauter Ruf, eine Erinnerung an die Allgemeinheit, dass Heilung ein Teil des Weges ist. Sonst sollte die Allgemeinheit in der Medizin und der alternativen Medizin nach alternativer Hilfe suchen.

3. Bildung in den spirituellen Regionen

Bildung ist der Schlüssel für die menschliche Einstellung zu den kosmischen Gesetzen. Diese Funktion im freien Sektor wird direkt vom obersten Repräsentanten geführt werden. Wir sehen kein Schulsystem in diesem Sinne voraus, jedoch wird die Bildung im Freien Sektor aus individueller oder Gruppeninitative heraus entspringen. Nicht auf Klassenräume beschränkt, wird die Bildung ein dauernder Prozess der Durchdringung (innerpenetration) zwischen den Dimensionen für alle Einwohner der spirituellen Regionen sein.

Wenn jeder Lichtarbeiter die ätherischen Fähigkeiten gemeistert hat und somit die Kontrolle über sein Leben auf der physischen und ätherischen Ebene erlangt hat, wird er oder sie die jeweiligen Mitglieder seines oder ihres Ashrams wahrnehmen, die bereitstehen um Informationen von allen Stufen oder Dimensionen mit ihnen zu teilen.

Bildung und Training in den anfänglichen

Jahren werden Techniken für die fünf ätherischen Fähigkeiten wie schärfere ätherische Wahrnehmung, Telepathie, ständiges Bewusstsein, Multi-Dimensionales Denken und die Manifestierung entwickeln und diese verstärken.

Telepathie wird eine grundlegende Rolle in der Veröffentlichung von Lehren in den spirituellen Regionen spielen. Bildung wird überall wo sich eine Person aufhält oder diese es sich wünscht verfügbar sein, da sie telepatisch verfügbar ist. Telepathischer Unterricht, so ähnlich wie online Bildung, wird somit die Idee der Schulen und ihrer schweren Infrastruktur die sie mit sich bringt revolutionieren und alle Schüler somit in direkten *Rapport* mit ihren Lehrmeistern bringen. Innerhalb einer Atmosphäre die von den heutigen negativen Astralen gereinigt wurde, wird die Fähigkeit von den großen Lehrern des Christ Büros (Christ Office) zu lernen eine unermessliche Wirkung auf das Individuum und die Gesellschaft haben. Der Lehrer wird sofort wahrnehmbares Wissen übermitteln während der Schüler sofort Antwort (feedback) geben kann in welchem Umfang dieses Wissen verstanden wurde und ob es akzeptiert oder verweigert wurde. Die Eigenschaft Geheimnisse zu machen und Unwissen zu verstecken wird stärker nach außen getragen. Mit dem telepatischen Lernen wird es ein größeres Vertrauen auf mündliche Überlieferung und der Überprüfung des telepatisch Übermittelten geben anstatt vom lernen aus Büchern abzuhängen. Dies setzt voraus, dass der Schüler am Leben bleibt um es anzuwenden und es zu überprüfen, damit das Wissen nicht bloß nur in staubigen Büchern aufbewahrt wird.

Bildung der neuen Rasse

Bildung sollte die Talente und Fähigkeiten der Kinder der Neuen Rasse berücksichtigen: Hellsehens, Hellhörens, Hellfühlens, ätherische Sicht der physischen Augen, ständiges Bewusstsein, Telepathie und die Fähigkeit zu manifestieren. Mit diesen Fähigkeiten ausgestattet, werden den Neuen die gleichen irdischen Wahlmöglichkeiten gegeben die sie entweder auf den Weg bringen oder nicht, jedoch wird keine ihrer Fähigkeiten den Weg der Einweihung garantieren, da es ihre Wahl bleibt. Der super talentierte Pianist hat hier die gleichen Auswahlmöglichkeiten wie der Arbeiter, der Hellseherische wie der diese Fähigkeit nicht besitzt. Hellsehen ist nicht gleichbedeutend mit Spiritualität und der eigenen Entscheidungen den Weg zu betreten. In Wirklichkeit macht es die Wahl nur komplizierter, da die Wahl nicht länger durch blinden Glauben gefällt wird, sondern mit einem größeren Bewusstsein der verschiedenen Dimensionen in denen man lebt.

Die neue Rasse wird paradoxerweise durch die Geburtskanäle der Körper der fünften Wurzel Rasse auf die Erde kommen. Daher besteht die Aufgabe der fünften Wurzel Rasse die neu kommende sechste Wurzel Rasse zu erziehen, wobei zur gleichen Zeit die sechste Wurzel Rasse ihre Erzieher reformieren muss. Hier liegt das Erfordernis der neuen Erziehung (Bildung), eine Erziehung in der gegenseitiger Respekt verlangt wird. Nicht länger wird „der Lehrende" unter der Dominanz des Lehrers stehen, da der Lehrer seine Inspiration vom „Lehrenden" erhalten muss. Doch wird diese Welt mit denen diese Kinder fertig werden müssen, eine riesigere Dimension als die der vorhergehenden Wurzel Rasse sein und somit werden sie ein größeres Spektrum der bewussten Entscheidungen haben.

In den spirituellen Regionen werden diese Kinder mit Entscheidungen konfrontiert welche von den fünf Sinnen nicht wahrnehmbar sind. Es wird für sie leicht sein auf dem astralen Spielplatz ohne Beaufsichtigung zu spielen, jedoch muss ihnen von klein auf Disziplin und die Unterscheidung beigebracht werden, da sie sonst missgeführt werden können. Ihre anderen Körper – ätherischer, astraler und mentaler – werden voll aktiviert sein, was das Bedürfnis der Bildung noch verstärkt welche an die Multi-Dimensionalen Aspekte ihrer ganzen Persönlichkeit gerichtet ist.

Die Stolpersteine auf der astralen Ebene sind reichlich vorhanden, und wenn die Aufsicht selbst die verführenden Einwohner dieser Ebene nicht wahrnehmen kann, wie soll er dann den Kindern der neuen Rasse die notwendige Unterscheidungsgabe beibringen?

Die Antwort darauf ist leicht. Wie oben so unten. Mentale Unterscheidung die in konkreten und abstrakten denken gelernt wurde ist der Weg. Und wenn es gut gelernt wurde, kann es sogar vom Standpunkt der konkreten Denker der fünften Wurzel Rasse aus gesehen, diese Kinder auf den astralen Spielwiesen nützlich sein. Was im physischen verkehrt ist, ist auch im astralen verkehrt.

So muss denn Kinder Disziplin und Unterscheidungsfähigkeit gelehrt werden, wann sie ihre Fähigkeiten zum Wohl der Menschen einsetzen sollen und wann es nicht angebracht ist. Ein hellsichtiges Kind kann leicht annehmen dass es wahnsinnig ist, da er oder sie sieht was die „Größeren" nicht sehen. Jedoch kann die neue Rasse diese Fähigkeiten auch nutzen um der fünften Wurzel Rasse unmoralische Fallstricke zu legen. In der gleichen Art und Weise muss der verantwortungsbewusste Gebrauch der Hellsichtigkeit von den frühen Inkarnationen der sechsten Wurzel Rasse beherrscht werden, da in vielen Fällen diese Fähigkeiten unterdrückt oder im niederen Psychismus genutzt wurde.

Das schlimmste was ein Erziehungsprogramm machen kann, ist diese neuen Fähigkeiten zu unterdrücken und die jungen Köpfe in konkretes Denken zurück zu pressen. Sie müssen fest in der intellektuellen Entwicklung verwurzelt und zur gleichen Zeit offen für die riesigen Möglichkeiten und Inspirationen von den höheren Ebenen sein. Wenn diese Fähigkeiten genutzt werden um die Probleme der Menschen zu lösen werden wir kreative Lösungen erleben. So wie wir vorhin mögliche Fallen auf der astralen Ebene vorhergesehen haben, so sehen wir auch die unendlichen Möglichkeiten welche von diesen Kindern, die in der Lage sind von den höchsten Ideen aus den höheren Ebenen inspiriert zu werden, ausgehen. Ihre Verwendung als Leiter für die kreativen Gedankenformen die von der spirituellen Hierarchie ausgehen sollten als wichtigste Funktionen dieser Kinder erachtet werden.

Das Bewusstsein des Geschlechts wird die Kinder der neuen Rasse nicht länger beherrschen,

Periode des Wiederaufbaus III

da sie eine innere Mischung und Balance des Maskulinen und Femininen darstellen. Das Problem, dass ein Geschlecht das andere unterwirft wird weniger ein Problem sein als in der Welt der fünften Wurzel Rasse. Die Kinder der sechsten Wurzel Rasse repräsentieren den Beginn des Wieder-Verschmelzens und der wieder Ausbalancierung des maskulinen und femininen. Somit werden sie als androgyne oder beidgeschlechtliche Erscheinungen auftreten. Der Austausch der Sinnlichkeit sollte nicht vom Blickpunkt der traditionellen Moral aus gesehen werden, sondern es sollte so gesehen werden, dass eine solche Ausbalancierung nur zum Frieden auf der Erde beitragen kann.

Die Unisex Bewegung ist ein oberflächliches Beispiel der Tendenzen der neuen Rasse. Unisexuelle Erziehung greift tiefer in das eigene Gleichgewicht oder das höhere Selbst ein. Wenn das in allen Gedankenformen erkannt wird und nicht als entweder maskulin oder feminin fehl interpretiert wird, wird der Krieg der Geschlechter beendet und der daraus folgende Frieden wird die menschlichen Beziehungen wieder errichten.[56]

So geht es in der Erziehung in den spirituellen Regionen nicht nur um das Formen von „gutem Benehmen", sondern um die Öffnung der Kinder der neuen Rasse für den Weg der Einweihung, welcher durch den Lehrplan „impliziert" werden muss, wenn nicht sogar ausdrücklich darauf hingewiesen wird. Wenn diese Vorgehensweise befolgt wird, werden alle diese sozialen

---

[56] Der Meister Kuthumi gab diese Botschaft über die Erziehung der neuen Rassekinder dem Amanuensis, Mai, 2006

Angelegenheiten der angeborenen Fähigkeiten auf den Plan treten und die Wiederaufbauphase positiv beeinflussen.

Wenn die Erzieher in den spirituellen Regionen sich dieser Herausforderung vom kausalen Körper oder vom höheren Selbst aus nähern, so werden sie fähig sein die Erziehung vom höchsten Blickpunkt aus zu sehen und sich an alle Körper richten welche auf der irdischen Ebene funktionieren. Das Komitee der ätherischen Gegenstücke wird seine Ideen von einem noch höheren Blickpunkten aus an ihre Gegenstücke auf der Erde senden. Durch diese Zusammenarbeit werden Möglichkeiten ausgearbeitet welche sich an die vielfältigen und multidimensionalen Aspekte einer neuen Erziehung richten.

„Suche und du wirst finden" wird der Arbeitsgrundsatz zwischen dem Erziehungskomitee und seinem ätherischen Gegenstück sein. Die Entscheidungen welche in den spirituellen Regionen gemacht werden kommen von höchster Anstrengung und reflektieren das Licht das auf das Neue Goldene Zeitalter scheint. Wir beginnen den Aufstieg mit dem wichtigsten Element der neuen Gesellschaft – Erziehung – welche eine der Hauptdinge der Seelenbefreiung ist.

Die Grundlage dieses Geben und Nehmens ist Bruderschaft. Dieses, oder Schwesternschaft wenn du so willst, sollte das ganze Erziehungskonzept des Neuen Goldenen Zeitalters durchziehen. Wir haben den Begriff der Hierarchie eingeführt in dem der Schüler unter bestimmten Bedingungen der Hierarch sein kann. Die Demut mit der ein Lehrer sich einem Schüler nähert hat seine Wurzeln in der LIEBE.

Periode des Wiederaufbaus III

Die ungewöhnlichen Fähigkeiten der neuen Rasse sind nicht ungewöhnlich und müssen als ein Prozess angesehen werden bei dem die Menschheit ihre inneren Fähigkeiten wiedererlangt, welche durch die Gedankenformen der vergangenen Zeitalter verdunkelt wurden. Mit einer in der dichten Materie fest positionierten Intelligenz, wird die sich immer weiter entwickelnde Herausforderung das Dichte verfeinern. Was wir die „Geschenke" des Hellsehens, Hellhörens und Hellfühlens, kombiniert mit der Fähigkeit telepatisch zu kommunizieren und seine Wünsche zu manifestieren nennen, sind die natürlichen Fähigkeiten welche die Menschen vor Äonen besaß. Nur dieses Mal hat sich die Wichtigkeit dieser Fähigkeiten entwickelt, da die Menschen erfahren haben wie es ohne sie ist. Wie viel leichter doch das Leben in den vergangenen Jahrhunderten für die Menschen gewesen wäre, hätten sie sich diese Fähigkeiten behalten!

Das ist eine Lektion die nun gelernt wurde. Es ist als ob unsere Seelen die Augen verbunden wären und wir ohne Augen herumwandern müssten. Wir mussten uns auf den Verstand und auf rationales Denken verlassen, auf Wissenschaft und Technologie um durch den Dunst der Existenz zu sehen. So müssen die „Blinden", die fünfte Wurzel Rasse, die Sehenden in das revolutionäre System der Erziehung des Neuen Goldenen Zeitalters führen.

Verstecktes Wissen der neuen Rasse

Ein weiterer Aspekt des Lernprozesses wird das Verstehen und die Öffnung des versteckten Wissens sein welche in den Seelen der sechsten Wurzel Rasse eingebetet ist. Kinder der sechsten

Wurzel Rasse inkarnieren seit Mitte der vierziger Jahre, wobei der Grossteil von ihnen in den Sechziger Jahren und später ankam. Wenn die Zeit der Übergangsgesellschaft kommt, werden die Kinder der sechsten Wurzel Rasse um die 60 oder jünger sein. Einige von ihnen die in den 1970er Jahren und später geboren wurden, tragen Wissen in ihren Seelen das für die Erschaffung der Übergangsgesellschaft von großer Wichtigkeit ist.

In ihrem Leben in der Zeit vor dem Jahr 2012 fühlten sie sich „anders" und von der Gesellschaft ausgegrenzt, da tief in ihnen etwas vergraben ist was nicht ausgedrückt werden kann. Adepten verwenden geeignete Meditationstechniken oder Schlüsseltöne um Zugang zu diesem Wissen zu erlangen. Das Individuum wird eine Fülle von Wissen vorfinden die immer intuitiv da war. Einiges von diesem Wissen beinhaltet Technologien von höheren Evolutionsstufen die den spirituellen Regionen helfen werden sich schneller an ihre Situation anzupassen.

Die spirituelle Hierarchie plante dieses „verschlüsselte" Wissen als einen Weg um Ordnung aus dem Chaos zu erschaffen, besonders wenn andere Prioritäten des Wiederaufbaus Vorrang gegenüber der erzieherischen Funktion der Gesellschaft haben.

4. Heirat und die Balancierung der männlichen und weiblichen Energien

Eine der Hauptaufgaben der Übergangsgesellschaft wird die Balancierung der männlichen und weiblichen Energien sein. Diese Balance kommt als eine Folge der Seelenbefreiung, da in der Seele diese Energien perfekt ausgeglichen sind. So müssen der Ausgleich des Männlichen und Weiblichen individuell zu Stande gebracht werden. Diese Balancierung wird natürlich in Gruppenaktivität übergehen. *Die Balancierung hat wenig mit dem Geschlecht zu tun: Es ist eine Frage der Manifestation der Seele.* Wer den jetzigen Zufluss der femininen Energien „geschlechtlich" zu definieren versucht, fällt in dieselbe Falle in welche die dominanten maskulinen Energien unserer Zeit gefallen sind.

Wenn die maskulinen und femininen Energien in Gleichgewicht gekommen sind, wird die Heirat so wie wir sie kennen schließlich nicht mehr sein. Dieser Trend begann schon vor ein paar Jahrzehnten. Anstatt des Gleichgewichts des physischen Mannes und der Frau in Form der Heirat, wird die Balance des männlich-weiblichen individuell erfolgen, da die wahre Natur der Seele sich entweder durch das männliche oder weibliche Körpervehikel zeigen wird. Diese neue Ausbalancierung geschieht bereits in einem großen Teil der spirituellen Gemeinschaft. In der Übergangsgesellschaft wird die Bildung von Paaren und Gruppen durch Individuen durch das Gesetz der Anziehung stattfinden. Eine Seele im Gleichgewicht mit einer anderen oder mehrere balancierte Seelen zusammen.

Jedoch müssen für Paare die Kinder gebären bestimmte Voraussetzungen vorhanden sein. Hier gibt es eine Möglichkeit für die Übergangsgesellschaft die elterlichen und gesellschaftlichen Verantwortungen zu definieren, weil ein klarer Drang für die Erneuerung der Rasse mit den einströmenden Seelen besteht. Um es mit anderen Worten zu sagen, wird die Entscheidung Kinder zu zeugen von einer breiteren Palette von Entscheidungen außerhalb der Begrenzungen des Familienkreises abhängen. Der Familienkreis der heutigen Ära wird nicht in das Neue Goldene Zeitalter mit hinüber genommen, sondern es wird Platz für eine große Gruppenfamilie machen. Vielleicht so wie in den Experimenten der Kibbutz Gemeinden und der Blumenkinder in den 1960er Jahren, jedoch in einer besser organisierten und weniger chaotischen Art.

5. Spirituelles Leben und Religion

Die spirituellen Regionen werden vom Großteil des astralen *mayas* befreit sein welches einzelne Religionskriege auf Erden verursacht hat. Diese Religionen, zusammen mit den konfessionslosen, werden zu der Ansicht kommen, dass am Ursprung ihrer aller Glaubensvorstellungen die zeitlose Weisheit liegt. Ihre esoterischen Zweige, d.h. Sufis, Vajrayana, Gnostiker, usw. sind bereits zu diesem Schluss gekommen.

Diejenigen die in den spirituellen Regionen ankommen, werden die kosmischen Gesetze bereitwillig annehmen und alte religiöse Glaubensvorstellungen werden zu Gunsten der ökumenischen Lehren der zeitlosen Weisheit aufgegeben. Dies wird eine der schwierigsten Übergänge sein welche kirchengläubige Mitglieder der spirituellen Regionen machen werden. Um es kurz zu sagen: Es gibt keine konfessionelle Religion in der spirituellen Region, denn Spiritualität wird tief in die Struktur der Gesellschaft verwoben s
Ein ätherisches Komitee der spirituellen Hierarchie arbeitete eine geraume Zeit um die

Lehren dieser frühen Religionen in eine Weltreligion umzuwandeln. Die Komiteemitglieder, früher im Dienst der Kirche, kamen bei ihrem Tode zu dem Schluss, dass was sie auf der irdischen Ebene gepredigt haben nicht ganz richtig war und im Geist der Berichtigung dieser Lehren in Übereinstimmung mit den kosmischen Gesetzen und der Prinzipien der zeitlosen Weisheit, bildeten sie dieses Komitee. Ihre Arbeit der Liebe wird als Vorbereitung für den kommenden Weltlehrer dienen.

Lebensmotivation

Das Leben in den spirituellen Regionen wird von einem tiefen Drang zum dienen motiviert werden. Das Streben nach der Anschaffung von materiellen Gütern, Macht und Vergnügen wird die Überlebenden nicht länger zufrieden stellen. Etwas höheres muss sie motivieren. Es wird keine Einkaufszentren mehr geben, keine endlosen Ströme der elektronischen Unterhaltung, keine Kriege um Geld und Macht und keine Sinne anregende Industrie. Das Leben wird sehr erdverbunden sein. Die Menschen werden die kleinen Dinge des Lebens wieder würdigen wissen. Eine Rosenblüte, das Aufgehen und Untergehen der Sonne, die Art der Natur mit der Menschheit zu kommunizieren. All das wird wieder eine Zusammenarbeit zwischen der Menschheit und seinem Gastgeber, der Erde, bewirken.

Der Drang nach mehr Wissen im Rahmen der kosmischen Gesetze wird in unseren Seelen widerhallen – das ICH BIN in uns. Wissen welches verborgenes Wissen erwachen lässt –- Entdeckung-- ist ein großer Teil der Seelenbefreiung und dies wird das Individuum antreiben nach immer mehr zu suchen und immer weiter zu suchen. Alle werden Zugang zu diesem reichlich vorhandenen Wissen und der Weisheit jeglichen Lehrers den sie wünschen haben. Ein Individuum braucht nur darum zu bitten und ein tiefes Verlangen danach haben zu wissen, und schon wird sich der richtige Lehrer und die richtigen Umstände ergeben. Entweder physisch oder ätherisch. Das reine und einfache Verlangen nach Wissen, der Entdeckung und anschließend die Genugtuung es verstanden zu haben, werden zur Manifestation des Wissens im Leben führen. Spiritueller Fortschritt und Evolution wird wieder der Hauptantrieb des Lebens werden.

Epilog
Seelenbefreiung

Wir haben uns in diesem Buch vorrangig auf die Lichtarbeiter konzentriert, weil sie das wichtigste jedoch schwächste Glied in der ganzen Strategie der spirituellen Hierarchie in diesem Pralaya sind. Ihre heilende Rolle in der wirtschaftlichen und politischen Krise die uns noch bevorsteht, ihre humanitäre Taten während der großen Überflutungen der tiefer gelegenen Gebiete und der Küsten und die Grundsteinlegung für ein Goldenes Zeitalter werden für das Überleben der heutigen Zivilisation von größter Bedeutung sein.

Viele Lichtarbeiter haben bereits die Rückgewinnung ihres Einweihungsgrades abgeschlossen und sind dabei sich auf die kommenden Herausforderungen vorzubereiten. Jedoch schwimmt die Mehrheit der Lichtarbeiter in Unentschlossenheit. Geboren aus Egoismus und Angst.

Vor dieser Inkarnation haben wir uns eifrig für diese Inkarnation freiwillig gemeldet, denn wir sahen den herrlichen Plan für diese Ära und sein ultimatives Ziel der Seelenbefreiung. Unsere Seelen sahen etwas so wunderbares, dass wir unsere persönliche spirituelle Reise unterbrachen um zurück zu kommen um den Menschen in der

Zeit der größten Not beizustehen. Wir alle sahen, dass das Leben in den spirituellen Regionen die Seele schließlich befähigen wird sich selbst durch eine noch feinere Persönlichkeit auszudrücken. Ohne den Fesseln der Wirtschaft, des Finanz und Bankensystems, politische und soziale Systeme und Grenzen. Wir können sehen wie sich eine neu aufgebaute Gesellschaft über eine Welt verbreitet, die auf völlig anderen Grundfesten steht. Die Möglichkeit die Gesellschaft auf ein festes spirituelles Fundament zu stellen, war so zwingend dass wir die Gelegenheit am Schopf gepackt haben zurück zu kommen, da es sonst keine Hoffnung für die menschliche Rasse gegeben hätte, die wir so lieben.

Wir sahen auch, dass der Hauptgrund für die Einschränkung der menschlichen Evolution ein für alle mal beseitigt wurde. „Was für eine Möglichkeit die Dinge wieder richtig zu stellen!", haben wir gesagt. Das Pralaya wird stattfinden und die Fesseln welche die Dunklen Mächte den Menschen angelegt haben, werden zerspringen. Wir sahen das unvermeidliche Zerbröckeln ihres Systems wenn die Erde das Alte wegwäscht um sich für einen neuen Zyklus vorzubereiten. Dies gab uns noch mehr Hoffnung um den Weg der menschlichen Evolution auf ein richtiges Fundament zu stellen.

Wir wissen nun ungefähr was auf uns zukommen wird. Die Zeiten werden nicht leicht werden und nur ein robustes Engagement zum eigenen Seelenziel und zur eigenen Mission wird dich durch die Unruhen und durch das Chaos des Pralayas bringen. Dann wird die Strenge der Zusammenarbeit mit der spirituellen Hierarchie folgen, da sie bei der Qualität eines Lichtarbeiters keine Kompromisse eingehen. Ihr Ziel ist es, dass die Menschheit endlich das Potential der Seele durch die materielle Form freigeben kann um zu zeigen welche Wunder es erschaffen kann. Individuell und im Gesamten auf der Erde betrachtet. Dies ist die Essenz der Seelenbefreiung.

Wenn du immer noch die Vision einer Welt hast, ein Neues Goldenes Zeitalter von befreiten Seelen, dann musst du dich dem göttlichen Plan verpflichten der es geschehen lässt. Es bleibt eine Frage der Wahl.

Zeittafel der Ereignisse

2005-2012

- Schwere weltweite wirtschaftliche und finanzielle Krisen
- Armageddon/Filterungs Prozess geht auf einer erhöhten Schwingung weiter: Allgemeiner Wahnsinn
- Weltwirtschaft liegt am Boden und bleibt dort. Alle konventionellen Versuche sie wieder zu beleben schlagen fehl
- Der dritte Weltkrieg lässt die Menschen weiter schwitzen
- Katastrophen durch Wasser:
    Tsunamis, Hurricanes, Ansteigen des Meeresspiegels, Überflutungen von niederen Gebieten und Küsten durch das Abschmelzen der Pole und der Permafrostgebiete der Erde
- Spirituelle Regionen auf höheren Gebieten beginnen sich zu entwickeln: anfängliche Vorbereitungen

2013-2020

- Wasserbezogene Katastrophen nehmen zu, welche nieder gelegene Gebiete mehr und mehr unbewohnbar machen

- Massenwanderung in Richtung vom höheren Gebieten
- Spirituelle Regionen festigen sich wenn die Lichtarbeiter ihren Weg dorthin finden
- Periode des Wiederaufbaus: Übergangsgesellschaften beginnen sich in den spirituellen Regionen zu bilden

2021-2080

- Übergangsgesellschaften festigen sich immer mehr in jeder spirituellen Region. Mit den verschiedenen Arten von Organisationen, den kosmischen Gesetzen, experimentierend
- Die Prinzipien des Weltlehrers kommen auf die spirituellen Regionen nieder und werden so in der Gemeinsamkeit gefestigt
- Anzeichen von großen Kontinentalverschiebungen, Risse und Bewegungen werden die Erdoberfläche beunruhigen
- Die spirituellen Regionen werden durch den Erdenwandel physisch immer weiter isoliert, obwohl sie ätherisch miteinander verbunden bleiben

Bibliographie

Bailey, Alice A. *A Treatise on White Magic or the Way of the Disciple*, New York: Lucis Publishing Company, 1934.
_____*Initiation Human and Solar*, New York: Lucis Publishing Company, 1922.
_____*Telepathy and the Etheric Vehicle*, New York: Lucis Publishing Company, 1950.
_____*The Externalisation of the Hierarchy*,
New York: Lucis Publishing Company, 1957.
_____*A Treatise on Cosmic Fire*, New York: Lucis Publishing Company, 1925.

Clow, Barbara Hand, *The Pleiadian Agenda*, Santa Fe, New Mexico: Bear and Co. Publishing, 1995

Cranston, Sylvia, *Helena Blavatsky—Founder of the Modern Theosophical Movement,* Santa Barbara: Path Publishing House, 1993

Innocenti, Geraldine, *Bridge to Freedom Collection of Channelings*, 1953

King, Godfre Ray (G. Ballard), *The Magic Presence*, Schaumburg, Illinois: Saint Germain Press, Inc., 1935
_____, *The Unveiled Mysteries*, Schaumburg, Illinois: Saint Germain

Press, Inc., 1982

Leadbeater, C.W. *The Inner Life, vol. 1*, Adyar, India: The Theosophical Publishing House, 1910.

Olcott, Henry Steele, *Old Diary Leaves Vol. 1*, Adyar, India: The Theosophical Publishing House, 1900

Powell, A.E., *The Astral Body and Other Astral Phenomena*, Adyar (Chennai) India: The Theosophical Publishing House, 1927
_____, *The Mental Body*, Adyar (Chennai) India: The Theosophical Publishing House, 2000
_____, *The Etheric Double*, Adyar (Chennai) India: The Theosophical Publishing House, 1925

Printz, Thomas, *The First Ray*, Bridge to Freedom, Mt. Shasta: Ascended Master Teaching Foundation, 1953.

Sinnett, A.P, *The Mahatma Letters to A.P. Sinnett*, Adyar, India: Theosophical Publishing House

_____*Esoteric Budhism (sic)*, Reprinted by San Diego: Wizard Bookshelf, 1994

"The Heat is On," Special in the *Economist,* vol.380, no. 8494. 9-15 September, 2006

"It Rained in Antarctica this Winter," *La Presse de Montreal*, April, 2006

www.ingramcontent.com/pod-product-compliance
Lightning Source LLC
Chambersburg PA
CBHW070725160426
43192CB00009B/1323

BRITISH ATHLETICS 2017

Compiled by the
National Union of Track Statisticians

Editors: Rob Whittingham, Peter Matthews & Tony Miller

CONTENTS

National Union of Track Statisticians and Compilers	4
Abbreviations	4
Venues	5
Athletics Addresses	6
Foreword (by Peter Matthews)	7
Fixtures	8
Best Authentic Performances Men	9
Best Authentic Performances Women	16
National Records of the United Kingdom Men	22
National Records of the United Kingdom Women	26
UK Indoor Records	30
UK All Time Men	31
UK All Time Under 23 Men	49
UK All Time Under 20 Men	52
UK All Time Under 17 Men	57
UK All Time Under 15 Men	62
UK All Time Under 13 Men	65
UK All Time Women	67
UK All Time Under 23 Women	83
UK All Time Under 20 Women	86
UK All Time Under 17 Women	91
UK All Time Under 15 Women	95
UK All Time Under 13 Women	97
UK Club Relay Records	100
Major International Matches & Championships in 2016	101
Regional Championships	117
Area Championships	118
Age Championships	119
UK Merit Rankings (by Peter Matthews)	120
2016 Men's Lists	142
2016 Women's Lists	256
Men's Index	365
Women's Index	400
Obituaries	431
Amendments to Previous Annuals	434
The Final Pages (by Rob Whittingham)	435
Under 18 Records	437

NATIONAL UNION OF TRACK STATISTICIANS AND COMPILERS

President: Peter Radford

President Emeritus: Sir Eddie Kulukundis

Vice Presidents: Tony O'Neill   Les Crouch   Richard Hymans   Stanley Greenberg
Martin H James   Patrick E Brian   Colin Young   Andrew Huxtable
Tim G Lynch-Staunton   Mel Watman   Rob Whittingham

Honorary Members: Roberto L Quercetani

Executive Committee: Peter J Matthews (Chairman)   Dr Shirley E Hitchcock (Hon Sec)
Don Turner (Treasurer)   Elizabeth Sissons (Membership Secretary)

	Stanley Greenberg	Melvyn F Watman	Stuart Mazdon
	Colin Young	Jack Miller	Mike Fleet
Alf Wilkins (ex officio)	Les Crouch (ex officio)	Bob Phillips (ex officio)	Rob Whittingham (ex officio)

Annual
General Editors - Rob Whittingham, Peter Matthews, Tony Miller
Relays - Keith Morbey   Multi-Events - Alan Lindop   Walks - John Powell

Also acknowledgements for specific help to Arnold Black (Scotland),
Marian Williams (Wales)
John Glover (Northern Ireland) and various other NUTS members.

Editor, Track Stats: Bob Phillips
Webmaster: Stuart Mazdon
Secretary Historical Group: Ian Tempest

ABBREVIATIONS & NOTES

A	-	mark set at altitude over 1000m	q -	quarter final
a	-	automatic timing only known	r -	race number
		to one tenth of a second	s -	semi final
B	-	walk not held under IAAF regulations	t -	track
D	-	performance made in a Decathlon	u -	unofficial time
dh	-	downhill	un -	unconfirmed performance
e	-	estimated time	w -	wind assisted (> 2.0 m/sec)
et	-	extra trial	W -	wind assisted (over 4m/sec in
ex	-	exhibition		decathlon/heptathlon)
h	-	heat	x -	relay team may include outside
H	-	performance made in a Heptathlon		age-group members
hc	-	handicap race	+ -	intermediate time
i	-	indoor	* -	legal performance where best is
m	-	position in race when intermediate		wind assisted
		time taken	" -	photo electric cell time
mx	-	performance in mixed race	# -	Unratified (may not be ratifiable)
O	-	performance made in an Octathlon	& -	as yet unratified
o	-	over age	§ -	now competes for another nation
P	-	performance made in a Pentathlon	¶ -	drugs ban (as per IAAF)
Q	-	qualifying round		

AGE GROUP DESIGNATIONS for 2016

U13 - Under 13	(born 1.9.03 or later)	U15 - Under 15	(born 1.9.01 to 31.8.03)
U17 - Under 17	(born 1.9.99 to 31.8.01)	U20 - Under 20	(born 1.1.97 to 31.8.99)
Vxx - Veteran	(age 40 or over Men)	Vxx - Veteran	(age 35 or over Women)

Care must be taken with very young age groups for athletes with an unknown date of birth from Northern Ireland since their age groups differ slightly.

Italics indicates the athlete competes for a British club or university but is not eligible to represent Britain.

MULTI - EVENTS
Pentathlon, Heptathlon and Decathlon lists show the complete breakdown of individual performances in the following order:
Pentathlon (women) - 100mH, SP, HJ, LJ, 800m; U15: 75mH, SP, HJ, LJ, 800m
Heptathlon (women) - 100mH, HJ, SP, 200m (1st day); LJ, JT, 800m (2nd day) (80mH - Inters)
Decathlon (men)   - 100m, LJ, SP, HJ, 400m (1st day); 110mH, DT, PV, JT, 1500m (2nd day)
Totals which include performances made with following winds in excess of 4 m/s are denoted by W.
The date shown is the second day of competition.

RANKING LISTS:
These show the best performances in each event recorded during the 2016 season.
For each performance the following details are shown:

Performance; wind reading (where appropriate);   name (with, where appropriate, age-group category); date of birth (DDMMYY);   position in competition;   venue;   date.

The following numbers are used, although strength of performance or lack of information may vary the guidelines -

50 perfomances   100 athletes for each standard event

Age Groups - 40 Under 20, 30 Under 17, 20 Under 15, 10 Under 13

In the junior men, athletes are shown in older age groups if their performances merit this, except U15 are not shown in U17 lists. For junior women, athletes are shown in their age group as per womens rules, although juniors of any age will be shown in the main list on merit.

INDEX
Club details and previous personal bests, where better than those recorded in 2016, are shown in the index for all athletes in the main lists.

VENUES

A list of London tracks for clarification
LONDON (O)	Olympic Stadium
LONDON (BP)	Millenium Arena, Battersea Park
LONDON (Cat)	Ladywell Arena, Silvermere Road, Catford (6L, 8S)
LONDON (Col)	Metropolitan Police (Hendon) Track, Hendon Police Training Coll, Colindale (7L, 7S)
LONDON (CP)	Crystal Palace National Sports Centre, Ledrington Road
LONDON (Cr)	Croydon Sports Arena, Albert Road
LONDON (Coul)	Track Coulsdon, Woodcote High School, Meadow Hill, Coulsdon
LONDON (Elt)	Sutcliffe Park, Eltham Road (6L, 8S)
LONDON (FP)	Finsbury Park, Endymion Road (6L, 10S)
LONDON (Ha)	New River Sports Centre, White Hart Lane, Wood Green, Haringey
LONDON (He)	Allianz Park Stadium, Greenlands Lane, Hendon
LONDON (LV)	Lee Valley Athletics centre, Meridian Way, Picketts Lock
LONDON (ME)	Mile End Stadium, Rhodeswell Road
LONDON (Nh)	Terence McMillan Stadium, Newham Leisure Centre, Plaistow
LONDON (Pa)	Paddington Recreation Ground, Randolph Avenue (6L, 6S)
LONDON (PH)	Parliament Hill Fields, Highgate Road, Hampstead
LONDON (SP)	Southwark Park, Hawkstone Road, Surrey Quays (7L, 7S)
LONDON (TB)	Tooting Bec Athletics Track, Tooting Bec Road
LONDON (WF)	Waltham Forest Track, Chingford Road, Walthamstow
LONDON (Wil)	Willesden Sports Stadium, Donnington Road (6L, 8S)
LONDON (WL)	Linford Christie Stadium, Du Cane Road, West London
LONDON (WP)	Wimbledon Park, Home Park Road (6L, 8S)

ATHLETICS ADDRESSES

British Athletics
Athletics House
Alexander Stadium
Walsall Road
Perry Barr
Birmingham
B42 2BE
Tel: 0121 713 8400
lbirchall@britishathletics.org.uk
www.britishathletics.org.uk

SCOTLAND
Scottish Athletics Ltd
Caledonia House, South Gyle
Edinburgh   EH12 9DQ
Tel: 0131 539 7320

admin@scottishathletics.org.uk
www.scottishathletics.org.uk

NORTHERN IRELAND
Athletics Northern Ireland
Athletics House
Old Coach Road
Belfast   BT9 5PR
Tel: 028 906 02707
info@athleticsni.org
www.athleticsni.org

Northern Athletics
7a Wellington Road East
Dewsbury
West Yorkshire   WF13 1HF
Tel: 01924 457922
info@northernathletics.org.uk
www.noeaa-athletics.org.uk

British Athletics Supporters Club
Chairman: Philip Andrew OBE
philip@basclub.org.uk
www.basclub.org.uk

British Statistics
www.topsinathletics.org

Scottish Statistics
www.scotstats.net

Welsh Statistics
athleticsstatswales.webeden.co.uk

England Athletics
Athletics House
Alexander Stadium
Walsall Road
Perry Barr
Birmingham
B42 2BE
Tel: 0121 347 6543
enquiries@englandathletics.org
www.englandathletics.org

WALES
Welsh Athletics Limited
Cardiff International Sports Stadium
Leckwith Road
Cardiff   CF11 8AZ
Tel: 029 2064 4870
office@welshathletics.org
www.welshathletics.org

Midland Counties A.A.
Alexander Stadium
Walsall Road
Perry Barr
Birmingham   B42 2LR
Tel: 0121 344 4201
administration@mcaa.org.uk
www.midlandathletics.org.uk

South of England A.A.
Crystal Palace National Sports Centre
Ledrington Road
London   SE19 2BB
Tel: 020 8778 7167
seaacompetition@gmail.com
www.seaa.org.uk

National Union of Track Statisticians
Secretary: Dr. S. Hitchcock
54 Woodbury Avenue
Petersfield GU32 2EB
Tel: 01730 260278
shirley_hitchcock@hotmail.com
www.nuts.org.uk

FOREWORD - by Peter Matthews

Memories of the outstanding London Olympic Games of 2012 were maintained by our champions of those Games going on to further success in Rio 2016. The incomparable Mo Farah repeated his feat of double gold, and this was his sixth major championship double at 5000m and 10,000m, Jessica Ennis-Hill had to yield to an inspired Nafissatou Thiam in what was to prove to be the final heptathlon of a marvellous career and Greg Rutherford added bronze to his collection. There were further bronze medals by Sophie Hitchon in the hammer and both women's relay teams to make seven medals in all. The points score for top eight placings of 92.5 made Britain the fourth best nation. This compared to 94 at the 2015 Worlds and to 83.5 in 2012 and 72 in 2008 at the previous Olympic Games – although the two last scores will be considerably boosted when the full programme of re-testing of samples from those Games is complete. As it is Britain's medal tally looks to be augmented by three extra bronze medals from 2008.

UK national records were set at four events in 2016, three in Rio, from Hitchon in the hammer, Katarina Johnson-Thompson in the high jump of the heptathlon and from the women's 4x100m team following their earlier record in London. And at the women's 1500m Laura Muir improved the record in brilliant Diamond League victories in London and Saint-Denis. Britain won three medals at the World Indoor Championships, an event dominated by the USA, as Robbie Grabarz won the high jump silver and bronze medals were taken by Tiffany Porter at 60m hurdles and Lorraine Ugen at long jump. Mo Farah won the bronze medal at the World Half Marathon and Britain topped the points table at the European Championships with five gold, three silver and eight bronze. Further indication of the success of our top athletes was that 17 top ten positions were taken by British athletes in the Athletics International world merit rankings, compared to 13 in 2013 and 2014 and 14 in 2015.

Less encouraging was that Britain won just one medal at the World Junior Championships – although that was a most welcome first success at a global walking championship since 1964 as Callum Wilkinson took gold at 10 kilometres. At the European Youth Championships five gold, four silver and four silver medals went to Britain, just pipped by Germany on the points table, and we again had a successful European Cross-Country Championships with three team victories and ten medals in all.

Turning to British standards across the range of standard events the 10th best athlete was better in 2016 than 2015 in 12 events to 10 for men and 13 to 7 (1 tie) for women. At 50th best level (at which walks are not included as there are insufficient numbers competing – or steeplechase for women) 2015 was ahead of 2016 by 11-8 (1 tie) for men while 2016 beat 2015 by 10-9 for women. So, as in other recent years not too much change, but the number of active athletes at senior levels in track and field continues to decline as our governing body concentrates on the super-elite and those deemed of 'podium potential'.

Most notable has been the rapid increase in sprint standards in recent years, **but the 100m, 200m and pole vault are the only men's events at which the standard in depth (about 100 per event) was better in 2016 than in 1984,** the Olympic year early in a great era for British athletics. In those days there was far more quality domestic competition in Britain than there is now, although the decline recently had a welcome boost from the introduction of the Manchester International in August.

The NUTS are again delighted to present our British athletics annual (our 58th) and as usual I pay tribute to the efforts of all concerned, particularly the dedicated work of Tony Miller and Rob Whittingham. A nod also to two dedicated specialists who have been providing lists for half a century and more – Keith Morbey for the relays and Alan Lindop for the multi-events. Very detailed statistics for British athletes are available on web sites, particularly on topsinathletics.info run by Rob and Tony (and the source of our lists) as well as the Power of Ten site. We continue to believe that it is essential to have an annual reference book that presents a definite record for the year.

MAJOR OUTDOOR FIXTURES IN 2017

MARCH
3-5	European Indoor Championships	Belgrade, SRB
11-12	European Throwing Cup	Gran Canaria, ESP
26	IAAF World CrossCountry Championships	Kampala, UGA

APRIL
22-23	IAAF World Relays	Nassau, BAH
23	Virgin Money London Marathon	London
29-1May	BUCS Championships	Bedford

MAY
13-14	County Championships	various
20	Highgate Night of 10ks (inc World Championship Trials)	Parliament Hill
21	Loughborough International	Loughborough
21	European Race Walking Cup	Podébrady, CZE
27-28	England Combined Events Championships	Bedford

JUNE
9-10	Welsh Championships	Cardiff
10	European 10,000 Cup	Minsk, BLR
10	Northern Ireland Championships	Belfast
10-11	England Area Championships	various
17-18	England U23 & U20 Championships & Trials	Bedford
23-25	European Team Championships	Lille, FRA
30-2Jul	British Athletics Championships & World Trials	Birmingham

JULY
1-2	IAU 24 Hour World Championships	Belfast
1-2	European Combined Events	Tallinn, EST
7-8	English Schools Championships	Birmingham
9	Muller Aniversary Games & GP Diamond League	London (O)
12-16	IAAF World Youth Championships	Nairobi, KEN
13-16	European Under 23 Championships	Bydgoszcz, POL
15	Schools Home International	Dublin (S), IRL
18-23	Commonwealth Youth Games	Nassau, BAH
20-23	European Under 20 Championships	Grosseto, ITA
29-30	England & CAU Championships	Bedford

AUGUST
4-13	IAAF World Championships	London (O)
16	Manchester International	Manchester (SC)
20	IAAF Diamond League/Muller Grand Prix	Birmingham
26-27	England Athletics U17 & U15 Championships	Bedford
26-27	Scottish Championships	Grangemouth

SEPTEMBER
10	BUPA Great North Run	Tyneside

DECEMBER
10	European Cross Country Championships	Samorin, SVK

Recs - M - 100 - 1500

RECORDS - MEN
as at 31 December 2016

W = World, E = European, C = Commonwealth, A = UK All-Comers, N = UK, J = Junior

100m	W,C	9.58		Usain Bolt	JAM	16 Aug 09	Berlin
	A	9.63		Usain Bolt	JAM	5 Aug 12	London (O)
	E	9.86		Francis Obikwelu	POR	22 Aug 04	Athens
		9.86		Jimmy Vicaut	FRA	4 Jul 15	Saint-Denis
		9.86		Jimmy Vicaut	FRA	7 Jun 16	Montreuil
	N	9.87		Linford Christie		15 Aug 93	Stuttgart
	WJ	9.97		Trayvon Bromell	USA	13 Jun 14	Eugene
	EJ	10.04		Christophe Lemaitre	FRA	24 Jul 09	Novi Sad
	NJ	10.05		Adam Gemili		11 Jul 12	Barcelona
200m	W,C	19.19		Usain Bolt	JAM	20 Aug 09	Berlin
	A	19.32		Usain Bolt	JAM	9 Aug 12	London (O)
	E	19.72	A	Pietro Mennea	ITA	12 Sep 79	Mexico City
	N	19.87	A#	John Regis		31 Jul 94	Sestriere
		19.94		John Regis		20 Aug 93	Stuttgart
	WJ	19.93		Usain Bolt	JAM	11 Apr 04	Hamilton, BER
	EJ	20.04		Ramil Guliyev	AZE	10 Jul 07	Belgrade
	NJ	20.29		Christian Malcolm		19 Sep 98	Kuala Lumpur
300m	W	30.85	A	Michael Johnson	USA	24 Mar 00	Pretoria
	C	30.97		Usain Bolt	JAM	27 Jun 10	Ostrava
	E,A,N	31.56		Doug Walker		19 Jul 98	Gateshead
	WJ	32.08	+	Steve Lewis	USA	28 Sep 88	Seoul
	EJ,NJ	32.53		Mark Richardson		14 Jul 91	London (Ha)
400m	W,C	43.03		Wayde van Niekerk	RSA	14 Aug 16	Rio de Janeiro
	A	43.94		Kirani James	GRN	6 Aug 12	London (O)
	E	44.33		Thomas Schönlebe	GER	3 Sep 87	Rome
	N	44.36		Iwan Thomas		13 Jul 97	Birmingham
	WJ	43.87		Steve Lewis	USA	28 Sep 88	Seoul
	EJ	45.01		Thomas Schönlebe	GER	15 Jul 84	Berlin
	NJ	45.35		Martin Rooney		21 Mar 06	Melbourne
600m	W	1:12.81		Johnny Gray	USA	24 May 86	Santa Monica
	C,A	1:13.10		David Rudisha	KEN	5 Jun 16	Birmingham
	E	1:13.21		Pierre-Ambroise Bosse	FRA	5 Jun 16	Birmingham
	N	1:14.95		Steve Heard		14 Jul 91	London (Ha)
	WJ	1:14.8	A	Mark Winzenreid	USA	31 Aug 68	Echo Summit
	NJ	1:16.79		Andrew Lill		24 Jul 90	Mansfield
800m	W,C,A	1:40.91		David Rudisha	KEN	9 Aug 12	London (O)
	E	1:41.11		Wilson Kipketer	DEN	24 Aug 97	Cologne
	N	1:41.73	"	Sebastian Coe		10 Jun 81	Florence
	WJ	1:41.73		Nijel Amos	BOT	9 Aug 12	London (O)
	EJ	1:44.33		Yuriy Borzakovskiy	RUS	25 Sep 00	Sydney
	NJ	1:45.64		David Sharpe		5 Sep 86	Brussels
1000m	W,C	2:11.96		Noah Ngeny	KEN	5 Sep 99	Rieti
	E,N	2:12.18		Sebastian Coe		11 Jul 81	Oslo
	A	2:12.88		Steve Cram		9 Aug 85	Gateshead
	WJ	2:13.93	#	Abubaker Kaki	SUD	22 Jul 08	Stockholm
		2:15.00		Benjamin Kipkurui	KEN	17 Jul 99	Nice
	EJ	2:17.40		Yuriy Borzakovskiy	RUS	8 Jul 00	Nice
	NJ	2:18.98		David Sharpe		19 Aug 86	Birmingham
1500m	W	3:26.00		Hicham El Guerrouj	MAR	14 Jul 98	Rome
	C	3:26.34		Bernard Lagat	KEN	24 Aug 01	Brussels
	E,N	3:28.81		Mo Farah		19 Jul 13	Monaco
	A	3:29.33		Asbel Kiprop	KEN	5 Jun 16	Birmingham
	WJ	3:28.81		Ronald Kwemoi	KEN	18 Jul 14	Monaco
	EJ	3:35.51		Reyes Estévez	SPA	16 Aug 95	Zürich
	NJ	3:36.6		Graham Williamson		17 Jul 79	Oslo

9

Recs - M - 1M - 20000

1 Mile	W	3:43.13	Hicham El Guerrouj	MAR	7	Jul	99	Rome
	E,N	3:46.32	Steve Cram		27	Jul	85	Oslo
	C	3:43.40	Noah Ngeny	KEN	7	Jul	99	Rome
	A	3:45.96	Hicham El Guerrouj	MAR	5	Aug	00	London (CP)
	WJ	3:49.29	William Biwott Tanui	KEN	3	Jul	09	Oslo
	EJ,NJ	3:53.15	Graham Williamson		17	Jul	79	Oslo
2000m	W	4:44.79	Hicham El Guerrouj	MAR	7	Sep	99	Berlin
	E,N	4:51.39	Steve Cram		4	Aug	85	Budapest
	C	4:48.74	John Kibowen	KEN	1	Aug	98	Hechtel
	A	4:48.36	Hicham El Guerrouj	MAR	19	Jul	98	Gateshead
	WJ	4:56.25	Tesfaye Cheru	ETH	5	Jul	11	Reims
	EJ	5:04.4	Harald Hudak	GER	30	Jun	76	Oslo
	NJ	5:06.56	Jon Richards		7	Jul	82	Oslo
3000m	W,C	7:20.67	Daniel Komen	KEN	1	Sep	96	Rieti
	E	7:26.62	Mohammed Mourhit	BEL	18	Aug	00	Monaco
	A	7:26.69	Kenenisa Bekele	ETH	15	Jul	07	Sheffield
	N	7:32.62	Mo Farah		5	Jun	16	Birmingham
	WJ	7:28.19	Yomif Kejelcha	ETH	27	Aug	16	Saint-Denis
	EJ	7:43.20	Ari Paunonen	FIN	22	Jun	77	Cologne
	NJ	7:48.28	Jon Richards		9	Jul	83	Oslo
2 Miles	W,C	7:58.61	Daniel Komen	KEN	19	Jul	97	Hechtel
	E,N	8:03.40 i	Mo Farah		21	Feb	15	Birmingham
		8:07.85	Mo Farah		24	Aug	14	Birmingham
	A	8:01.72	Haile Gebrselassie	ETH	7	Aug	99	London (CP)
	WJ	8:13.47	Richard Limo	KEN	30	May	99	Hengelo
	EJ,NJ	8:28.31	Steve Binns		31	Aug	79	London (CP)
5000m	W	12:37.35	Kenenisa Bekele	ETH	31	May	04	Hengelo
	E	12:49.71	Mohammed Mourhit	BEL	25	Aug	00	Brussels
	C	12:39.74	Daniel Komen	KEN	22	Aug	97	Brussels
	A	12:49.60 i#	Kenenisa Bekele	ETH	20	Feb	04	Birmingham
		12:55.51	Haile Gebrselassie	ETH	30	Jul	04	London (CP)
	N	12:53.11	Mo Farah		22	Jul	11	Monaco
	WJ	12:47.53	Hagos Gebrhiwet	ETH	6	Jul	12	Saint-Denis
	EJ,NJ	13:27.04	Steve Binns		14	Sep	79	London (CP)
10000m	W	26:17.53	Kenenisa Bekele	ETH	26	Aug	05	Brussels
	E,N	26:46.57	Mo Farah		3	Jun	11	Eugene
	C	26:27.85	Paul Tergat	KEN	22	Aug	97	Brussels
	A	27:02.50	Kenenisa Bekele	ETH	22	Jun	12	Birmingham
	WJ	26:41.75	Samuel Wanjiru	KEN	26	Aug	05	Brussels
	EJ	28:22.48	Christian Leuprecht	ITA	4	Sep	90	Koblenz
	NJ	29:21.9	Jon Brown		21	Apr	90	Walnut
10k Road	W,C	26:44	Leonard Komen	KEN	26	Sep	10	Utrecht
	A	27:21	Micah Kogo	KEN	20	May	07	Manchester
	E,N	27:34	Nick Rose		1	Apr	84	New Orleans
	WJ	27:40	Kenenisa Bekele	ETH	14	Oct	01	Rennes
	NJ	29:35	Jon Gascoyne		24	Nov	91	Basingstoke
15k Road	W,C	41:13	Leonard Komen	KEN	21	Nov	10	Nijmegen
	E,N	42:03 +	Mo Farah		26	Mar	16	Cardiff
20000m	W	56:26.0 +	Haile Gebrselassie	ETH	27	Jun	07	Ostrava
	E	57:18.4 +	Dionisio Castro	POR	31	Mar	90	La Flèche
	C,N	57:28.7 +	Carl Thackery	Eng	31	Mar	90	La Flèche
	A	58:39.0 +	Ron Hill		9	Nov	68	Leicester

Recs - M - 20kR - 3kSt

Event	Cat	Time		Athlete	Nat	Date			Venue
20k Road	W	55:21	+	Zersenay Tadese	ERI	21	Mar	10	Lisbon
		55:48		Haile Gebrselassie	ETH	15	Jan	06	Phoenix
	C	55.31	+	Samuel Wanjiru	KEN	17	Mar	07	The Gague
	E,N	56:27	+	Mo Farah		22	Mar	15	Lisbon
1 Hour	W	21,285 m		Haile Gebrselassie	ETH	27	Jun	07	Ostrava
	E	20,944 m		Jos Hermens	HOL	1	May	76	Papendal
	C,N	20,855 m		Carl Thackery	Eng	31	Mar	90	La Flèche
	A	20,472 m		Ron Hill		9	Nov	68	Leicester
	NJ	18,221 m		Eddie Twohig		16	Jun	81	Leamington
Half Marathon	W	58:23		Zersenay Tadese	ERI	21	Mar	10	Lisbon
	C	58:33		Samuel Wanjiru	KEN	17	Mar	07	The Hague
	E,N	59:22	#	Mo Farah		13	Sep	15	South Shields
		59:32		Mo Farah		22	Mar	15	Lisbon
	A	58:56	#	Martin Mathathi	KEN	18	Sep	11	South Shields
	WJ	59:16		Samuel Wanjiru	KEN	11	Sep	05	Rotterdam
	NJ	66:41		Stuart Jones		12	Jun	88	Weaverham
25000m	W,C	1:12:25.4	+	Moses Mosop	KEN	3	Jun	11	Eugene
	E	1:13:57.6		Stéphane Franke	GER	30	Mar	99	Walnut
	A,N	1:15:22.6		Ron Hill		21	Jul	65	Bolton
25k Road	W,C	1:11:18		Dennis Kimetto	KEN	6	May	12	Berlin
	E,N	1:13:30	+	Steve Jones		20	Oct	85	Chicago
30000m	W,C	1:26:47.4		Moses Mosop	KEN	3	Jun	11	Eugene
	E,A,N	1:31:30.4		Jim Alder		5	Sep	70	London (CP)
30k Road	W,C,A	1:27:13	+	Eluid Kipchoge	KEN	24	Apr	16	London
	W,C,A	1:27:13	+	Stanley Biwott	KEN	24	Apr	16	London
	E,N	1:28:40	+	Steve Jones	POR	20	Oct	85	Chicago
Marathon	W,C	2:02:57		Dennis Kimetto	KEN	28	Sep	14	Berlin
	A	2:03:05		Eluid Kipchoge	KEN	24	Apr	16	London
	E	2:06:10		Kaan Kigen Ozbilen (athlete may not be eligible)	TUR	10	Mar	16	Seoul
	N	2:07:13		Steve Jones		20	Oct	85	Chicago
	WJ	2:04:32		Tsegaye Mekonnen	ETH	24	Jan	14	Dubai
	NJ	2:23:28		Eddie Twohig		28	Mar	82	Wolverhampton
100k Road	W	6:13:33		Takahiro Sunada	JPN	21	Jun	98	Tokoro
	E	6:15:30		Jean-Paul Praet	BEL	24	Jun	89	Torhout
	C,N	6:24:05		Simon Pride	Eng	15	May	99	Chavagnes
2000m SC	W,E	5:10.68		Mahiedine Mekhissi-Benabbab	FRA	30	Jun	10	Reims
	C	5:14.43		Julius Kariuki	KEN	21	Aug	90	Rovereto
	A	5:19.68		Samson Obwocha	KEN	19	Jul	86	Birmingham
	N	5:19.86		Mark Rowland		28	Aug	88	London (CP)
	WJ	5:19.99		Meresa Kahsay	ETH	12	Jul	13	Donetsk
	EJ	5:25.01		Arsenios Tsiminos	GRE	2	Oct	80	Athens
	NJ	5:29.61		Colin Reitz		18	Aug	79	Bydgoszcz
3000m SC	W	7:53.63		Saif Saeed Shaheen	QAT	3	Sep	04	Brussels
	E	8:00.09		Mahiedine Mekhissi-Benabbad	FRA	6	Jul	13	Saint-Denis
	C	7:53.64		Brimin Kipruto	KEN	22	Jul	11	Monaco
	A	8:00.12		Conseslus Kipruto	KEN	5	Jun	16	Birmingham
	N	8:07.96		Mark Rowland		30	Sep	88	Seoul
	WJ	7:58.66		Stephen Cherono	KEN	24	Aug	01	Brussels
	EJ	8:29.50		Ralf Pönitzsch	GER	19	Aug	76	Warsaw
	NJ	8:29.85		Paul Davies-Hale		31	Aug	81	London (CP)

Recs - M - 110H- SP

110m H	W	12.80	Aries Merritt	USA	7	Sep	12	Brussels
	E,C,N	12.91	Colin Jackson	Wal	20	Aug	93	Stuttgart
	A	12.92	Aries Merritt	USA	8	Aug	12	London (O)
	WJ	13.12	Liu Xiang	CHN	2	Jul	02	Lausanne
	EJ,NJ	13.44	Colin Jackson		19	Jul	86	Athens
99cm	WJ,EJ	12.99	Wilhem Belocian	FRA	24	Jul	14	Eugene
	NJ	13.17	David Omoregie		22	Jun	14	Bedford
400m H	W	46.78	Kevin Young	USA	6	Aug	92	Barcelona
	E	47.37	Stéphane Diagana	FRA	5	Jul	95	Lausanne
	C	47.10	Samuel Matete	ZAM	7	Aug	91	Zürich
	A	47.63	Félix Sánchez	DOM	6	Aug	12	London (O)
	N	47.82	Kriss Akabusi		6	Aug	92	Barcelona
	WJ	48.02	Danny Harris	USA	17	Jun	84	Los Angeles
	EJ	48.74	Vladimir Budko	RUS	18	Aug	84	Moscow
	NJ	50.20	Richard Davenport		15	Jul	04	Grosseto
High	W	2.45	Javier Sotomayor	CUB	27	Jul	93	Salamanca
Jump	E	2.42	Patrik Sjöberg	SWE	30	Jun	87	Stockholm
		2.42 i#	Carlo Thränhardt	GER	26	Feb	88	Berlin
		2.42 i	Ivan Ukhov	RUS	25	Feb	14	Prague
		2.42	Bohdan Bondarenko	UKR	14	Jun	14	New York
	A	2.41	Javier Sotomayor	CUB	15	Jul	94	London (CP)
	C	2.40	Derek Drouin	CAN	25	Apr	14	Des Moines
	N	2.38 i#	Steve Smith		4	Feb	94	Wuppertal
	N,WJ,EJ,NJ	2.37	Steve Smith		20	Sep	92	Seoul
	N	2.37	Steve Smith		22	Aug	93	Stuttgart
	N	2.37	Robbie Grabarz		23	Aug	12	Lausanne
	WJ,EJ	2.37	Dragutin Topic	YUG	12	Aug	90	Plovdiv
Pole	W,E	6.16 i	Renaud Lavillenie	FRA	15	Feb	14	Donetsk
Vault	C	6.05	Dmitriy Markov	AUS	9	Aug	01	Edmonton
	A	6.05	Sergey Bubka	UKR	10	Sep	93	London (CP)
	N	5.83 i	Luke Cutts		25	Jan	14	Rouen
		5.82	Steve Lewis		21	Jul	12	Szczecin
	WJ,EJ	5.80	Maksim Tarasov	RUS	14	Jul	89	Bryansk
		5.80	Raphael Holzdeppe	GER	28	Jun	08	Biberach
	NJ	5.60	Adam Hague		28	Mar	15	Austin
Long	W	8.95	Mike Powell	USA	30	Aug	91	Tokyo
Jump	E	8.86 A	Robert Emmiyan	ARM	22	May	87	Tsakhkadzor
		8.62	James Beckford	JAM	5	Apr	97	Orlando
	A	8.54	Mike Powell	USA	10	Sep	93	London (CP)
	N	8.51	Greg Rutherford		24	Apr	14	Chula Vista
	WJ,EJ	8.35	Sergey Morgunov	RUS	19	Jun	12	Cheboksary
	NJ	8.14	Greg Rutherford		22	Jul	05	Kaunas
Triple	W,E,C,N	18.29	Jonathan Edwards	Eng	7	Aug	95	Gothenburg
Jump	A	18.00	Jonathan Edwards		27	Aug	95	London (CP)
	WJ,EJ	17.50	Volker Mai	GER	23	Jun	85	Erfurt
	NJ	16.58	Tosi Fasinro		15	Jun	91	Espoo
Shot	W	23.12	Randy Barnes	USA	20	May	90	Los Angeles (Ww)
	E	23.06	Ulf Timmermann	GER	22	May	88	Hania
	C	22.21	Dylan Armstrong	CAN	25	Jun	11	Calgary
		22.21	Tom Walsh	NZL	5	Sep	16	Zagreb
	A	22.45	Christian Cantwell	USA	11	Jun	06	Gateshead
	N	21.92	Carl Myerscough		13	Jun	03	Sacramento
	WJ,EJ	21.14	Konrad Bukowiecki	POL	9	Jun	16	Oslo
	NJ	19.46	Carl Myerscough		6	Sep	98	Blackpool
6kg	WJ,EJ	23.34	Konrad Bukowiecki	POL	19	Jul	16	Bydgoszcz
	NJ	21.03	Carl Myerscough		13	May	98	Street

Recs - M - DT- 4x1500

Event	Cat	Mark	Athlete	Nat	Date	Venue
Discus	W,E	74.08	Jürgen Schult	GER	6 Jun 86	Neubrandenburg
	C	70.32	Frantz Kruger	RSA	26 May 02	Salon-de-Provence
	A	69.83	Piotr Malachowski	POL	10 Jul 10	Gateshead
	N	68.24	Lawrence Okoye		19 May 12	Halle
	WJ	65.62 #	Werner Reiterer	AUS	15 Dec 87	Melbourne
	WJ,EJ	65.31	Mykyta Nesterenko	UKR	3 Jun 08	Tallinn
	NJ	60.97	Emeka Udechuku		5 Jul 98	Bedford
1.75 kg	WJ,EJ	70.13	Mykyta Nesterenko	UKR	24 May 08	Halle
	NJ	64.35	Emeka Udechuku		21 Jun 98	Bedford
Hammer	W,E	86.74	Yuriy Sedykh	UKR/RUS	30 Aug 86	Stuttgart
	C	80.63	Chris Harmse	RSA	15 Apr 05	Durban
	A	85.60	Yuriy Sedykh	UKR/RUS	13 Jul 84	London (CP)
	N	77.55	Nick Miller		22 Jul 15	Karlstad
	WJ,EJ	78.33	Olli-Pekka Karjalainen	FIN	5 Aug 99	Seinäjoki
	NJ	69.39	Taylor Campbell		4 May 15	Bedford
6kg	WJ	85.57	Ashraf Amgad El-Seify	QAT	14 Jul 12	Barcelona
	EJ	82.97	Javier Cienfuegos	ESP	17 Jun 09	Madrid
	NJ	78.74	Taylor Campbell		20 Jun 15	Bedford
Javelin	W,E	98.48	Jan Zelezny	CZE	25 May 96	Jena
	C	92.72	Julius Yego	KEN	26 Aug 15	Beijing
	N	91.46	Steve Backley		25 Jan 92	Auckland (NS)
	A	95.66	Jan Zelezny	CZE	29 Aug 93	Sheffield
	WJ,	86.48	Neeraj Chopra	IND	23 Jul 16	Bydgoszcz
	EJ	84.69	Zigismunds Sirmais	LAT	22 Jun 11	Bauska
	NJ	79.50	Steve Backley		5 Jun 88	Derby
Decathlon	W	9045	Ashton Eaton	USA	29 Aug 15	Beijing
	E	9026	Roman Sebrle	CZE	27 May 01	Götzis
	C,N	8847	Daley Thompson	Eng	9 Aug 84	Los Angeles
	A	8869	Ashton Eaton	USA	9 Aug 12	London (O)
	WJ,EJ	8397	Torsten Voss	GER	7 Jul 82	Erfurt
	NJ	8082	Daley Thompson		31 Jul 77	Sittard
(with 1986 Javelin)						
	C,N	8811 #	Daley Thompson	Eng	28 Aug 86	Stuttgart
	WJ,EJ	8162 #	Niklas Paul	GER	20 Jul 16	Bydgoszcz
	NJ	7727	David Guest		6 Jun 10	Bedford
4x100m	W,C,A	36.84	Jamaica		11 Aug 12	London (O)
	E,N	37.73	UK National Team		29 Aug 99	Seville
	WJ	38.66	United States		18 Jul 04	Grosseto
	EJ,NJ	39.05	UK National Team		22 Oct 00	Santiago
4x200m	W,C	1:18.63	Jamaica		24 May 14	Nassau
	E	1:20.66	France		24 May 14	Nassau
	A	1:20.85	USA		11 Jun 89	Portsmouth
	N	1:21.29	UK National Team		23 Jun 89	Birmingham
	NJ	1:25.40 i#	UK National Team		2 Mar 96	Liévin
		1:27.6	Borough of Enfield Harriers		13 Jun 82	London (He)
4x400m	W	2:54.29	United States		22 Aug 93	Stuttgart
	E,N	2:56.60	UK National Team		3 Aug 96	Atlanta
	C,A	2:56.72	Bahamas		10 Aug 12	London (O)
	WJ	3:01.09	United States		18 Jul 04	Grosseto
	EJ,NJ	3:03.80	UK National Team		12 Aug 90	Plovdiv
4x800m	W,C	7:02.43	Kenya		25 Aug 06	Brussels
	E,A,N	7:03.89	UK National Team		30 Aug 82	London (CP)
	NJ	7:26.2	BMC Junior Squad		2 Sep 95	Oxford
4x1500m	W,C	14:22.22	Kenya		25 May 14	Nassau
	E	14:38.8	West Germany		17 Aug 77	Cologne
	A	15:04.7	Italy		5 Jun 92	Sheffield
	N	14:54.57	England		4 Sep 09	Brussels
	NJ	15:52.0	BMC Junior Squad		30 Apr 97	Watford

Recs - M - 4x1Mile - 50000W

Event	Cat	Time	Athlete/Team	Nat	Date	Venue
4x1Mile	W,E	15:49.08	Irish Republic		17 Aug 85	Dublin (B)
	C	15:59.57	New Zealand		1 Mar 83	Auckland
	A	16:21.1	BMC National Squad		10 Jul 93	Oxford
	N	16:17.4	Bristol A.C./Western Kentucky U		25 Apr 75	Des Moines
	NJ	16:56.8	BMC Junior Squad		10 Jul 93	Oxford
Ekiden	W,C	1:57:06	Kenya		23 Nov 05	Chiba
Road Relay	E,N	1:59:41	UK National Team		10 Nov 91	Potsdam

Track Walking

Event	Cat	Time		Athlete	Nat	Date	Venue
3000m	W,E	10:47.11		Giovanni DeBenedictis	ITA	19 May 90	S. G. Valdarno
	C	10:56.22		Andrew Jachno	AUS	7 Feb 91	Melbourne
	N,A	10:58.21	i#	Tom Bosworth		28 Feb 16	Sheffield
	A	11:19.9		Tim Berrett	CAN	20 Apr 92	Tonbridge
	N	11:24.4		Mark Easton		10 May 89	Tonbridge
	WJ,EJ	11:13.2		Jozef Pribilinec	SVK	28 Mar 79	Banská Bystrica
	NJ	11:36.2		Callum Wilkinson		15 May 16	Bury St Edmonds
5000m	W	18:05.49		Hatem Ghoula	TUN	1 May 97	Tunis
	E	18:07.08	i#	Mikhail Shchennikov	RUS	14 Feb 95	Moscow
		18:17.22		Robert Korzeniowski	POL	3 Jul 92	Reims
	C	18:41.83		Jared Tallent	AUS	28 Feb 09	Sydney
	A	18:38.79	i#	Robert Korzeniowski	POL	15 Feb 04	Belfast
	N	18:54.18	i#	Tom Bosworth		31 Jan 16	Bratislava
	A,N	19:00.73		Tom Bosworth		5 Jul 15	Birmingham
	WJ,EJ	19:03.16		Diego Garcia	ESP	24 Jun 15	Plasencia
	NJ	19:35.4		Callum Wilkinson		2 Jul 16	Tamworth
10000m	W,E	37:53.09		Francisco Fernandez	ESP	27 Jul 08	Santa Cruz
	C	38:06.6		Dave Smith	AUS	25 Sep 86	Sydney
	A	39:26.02		Guillaume Leblanc	CAN	29 Jun 90	Gateshead
	N	40:06.65		Ian McCombie		4 Jun 89	Jarrow
	WJ,EJ	38:46.4		Viktor Burayev	RUS	20 May 00	Moscow
	NJ	40:41.62		Callum Wilkinson		23 Jul 16	Bydgoszcz
(Road)	W(J),E(J)	36:16		Vladimir Kanaykin	RUS	19 Jun 04	Saransk
	NJ	40:30		Callum Wilkinson		7 May 16	Rome
20000m	W	1:17:25.6		Bernardo Segura	MEX	7 May 94	Fana
	E	1:18:35.2		Stefan Johansson	SWE	15 May 92	Fana
	C	1:19:48.1		Nathan Deakes	AUS	4 Sep 01	Brisbane
	A	1:23:20.86		Lebogang Shange	RSA	21 Jun 15	Bedford
	N	1:23:26.5		Ian McCombie		26 May 90	Fana
	WJ	1:20:11.72		Li Gaobo	CHN	2 Nov 02	Wuhan
	EJ	1:21:29.2	#	Victor Burayev	RUS	4 Sep 01	Brisbane
		1:22:42		Andrey Perlov	RUS	6 Sep 80	Hefei
	NJ	1:31:34.4		Gordon Vale		28 Jun 81	Brighton
30000m	W,E	2:01:44.1		Maurizio Damilano	ITA	4 Oct 92	Cuneo
	C	2:04:55.7		Guillaume Leblanc	CAN	16 Jun 90	Sept Îles
	A,N	2:11:54	#	Chris Maddocks		31 Dec 89	Plymouth
	A	2:17:26.4		Jorge Llopart	ESP	28 Jun 81	Brighton
	N	2:19:18		Chris Maddocks		22 Sep 84	Birmingham
50000m	W,E	3:35:27.2		Yohan Diniz	FRA	12 Mar 11	Reims
	C	3:43:50.0		Simon Baker	AUS	9 Sep 90	Melbourne
	A	4:03:52		Gerhard Weidner	GER	1 Jun 75	Woodford
	N	4:05:44.6		Paul Blagg		26 May 90	Fana

Recs - M - 20kWR - 2016 Records

Road Walking - Fastest Recorded Times

Event	Cat	Time		Athlete	Nat	Date			Location
20km	W	1:16:36		Yusuke Suzuki	JPN	15	Mar	15	Nomi
	E	1:16:43	#	Sergey Morozov	RUS	8	Jun	08	Saransk
		1:17:02		Yohann Diniz	FRA	8	Mar	15	Arles
	C	1:17:33		Nathan Deakes	AUS	23	Apr	05	Cixi
	A	1:18:46		Chen Ding	CHN	4	Aug	12	London
	N	1:20:13		Tom Bosworth		12	Aug	16	Rio de Janeiro
	WJ,EJ	1:18:06		Viktor Burayev	RUS	4	Mar	01	Adler
	NJ	1:26:13		Tim Berrett §		25	Feb	84	Dartford
30km	W,E	2:01:44.1	t	Maurizio Damilano	ITA	4	Oct	92	Cuneo
	C	2:04:55.7	t	Guillaume Leblanc	CAN	16	Jun	90	Sept Îles
	A	2:07:47		Simon Baker	AUS	31	Jul	86	Edinburgh
	N	2:07:56		Ian McCombie		27	Apr	86	Edinburgh
	WJ,EJ	2:02:27	+	Vladimir Kanaykin	RUS	8	Feb	04	Adler
	NJ	2:30:46		Phil Vesty		31	Jul	82	London (VP)
50km	W,E	3:32:33		Yohann Diniz	FRA	15	Aug	14	Zürich
	C	3:35:47		Nathan Deakes	AUS	2	Dec	06	Geelong
	A	3:35:59		Sergey Kirdyapkin	RUS	11	Aug	12	London
	N	3:51:37		Chris Maddocks		28	Oct	90	Burrator
	WJ	3:41:10		Zhao Jianguo	CHN	16	Apr	06	Wajima
	EJ	4:07:23		Aleksandr Volgin	RUS	27	Sep	86	Zhytomyr
	NJ	4:18:18		Gordon Vale		24	Oct	81	Lassing

RECORDS set in 2016

Event	Cat	Mark		Athlete	Nat	Date			Location
100m	E	9.86		Jimmy Vicaut	FRA	7	Jun	16	Montreuil
400m	W,C	43.03		Wayde Van Niekerk	RSA	14	Aug	16	Rio de Janeiro
600m	C,A	1:13.10		David Rudisha	KEN	5	Jun	16	Birmingham
	E	1:13.21		Pierre-Ambroise Bosse	FRA	5	Jun	16	Birmingham
1500m	A	3:29.33		Asbel Kiprop	KEN	5	Jun	16	Birmingham
3000m	WJ	7:28.19		Yomif Kejelcha	ETH	27	Aug	16	Saint-Denis
	N	7:32.62		Mo Farah		5	Jun	16	Birmingham
15kR	E,N	42.03	+	Mo Farah		26	Mar	16	Cardiff
30kR	W	1:27:20	+	Sisay Lemma Kasaye	ETH	22	Jan	16	Dubai
	W,C,A	1:27:13	+	Eluid Kipchoge	KEN	24	Apr	16	London
	W,C,A	1:27:13	+	Stanley Biwott	KEN	24	Apr	16	London
Marathon	A	2:03:05		Eluid Kipchoge	KEN	24	Apr	16	London
	E	2:06:10		Kaan Kigen Ozbilen	TUR	20	Mar	16	Seoul
3000mSC	A	8:00.12		Conseslus Kipruto	KEN	5	Jun	16	Birmingham
Shot	C	22.21		Tom Walsh	NZL	5	Sep	16	Zagreb
	WJ,EJ	21.14		Konrad Bukowiecki	POL	9	Jun	16	Oslo
Shot 6k	WJ,EJ	23.34		Konrad Bukowiecki	POL	19	Jul	16	Bydgoszcz
Javelin	WJ	86.48		Neeraj Chopra	IND	23	Jul	16	Bydgoszcz
Decathlon	WJ,EJ	8162	#	Niklas Paul	GER	20	Jul	16	Bydgoszcz
3000 W	N	10:58.21	i#	Tom Bosworth		28	Feb	16	Sheffield
	NJ	11:36.2		Callum Wilkinson		15	May	16	Bury St Edmonds
5000 W	N	18:54.18	i	Tom Bosworth		31	Jan	16	Bratislava
	NJ	19:54.47		Callum Wilkinson		26	Jun	16	Birmingham
	NJ	19:35.4		Callum Wilkinson		2	Jul	16	Tamworth
10000 W	NJ	40:41.62		Callum Wilkinson		23	Jul	16	Bydgoszcz
10k W	NJ	41:31		Callum Wilkinson		6	Mar	16	Coventry
	NJ	40:30		Callum Wilkinson		7	May	16	Rome
20k W	N	1:20:41		Tom Bosworth		19	Mar	16	Dudince
	N	1:20:13		Tom Bosworth		12	Aug	16	Rio de Janeiro

RECORDS - WOMEN
as at 31 December 2016

Event	Cat	Time	Athlete	Nat	Date	Location
100m	W	10.49	Florence Griffith Joyner	USA	16 Jul 88	Indianapolis
	E	10.73	Christine Arron	FRA	19 Aug 98	Budapest
	C	10.70	Shelly-Ann Fraser-Pryce	JAM	29 Jun 12	Kingston
		10.70	Elaine Thompson	JAM	1 Jul 16	Kingston
	A	10.75	Shelly-Ann Fraser-Pryce	JAM	4 Aug 12	London (O)
	N	10.99	Dina Asher-Smith		25 Jul 15	London (O)
	WJ,EJ	10.88	Marlies Oelsner/Göhr	GER	1 Jul 77	Dresden
	NJ	11.14	Dina Asher-Smith		5 Jul 14	Mannheim
200m	W	21.34	Florence Griffith Joyner	USA	29 Sep 88	Seoul
	E	21.63	Dafne Schippers	NED	28 Aug 15	Beijing
	C	21.64	Merlene Ottey	JAM	13 Sep 91	Brussels
	A	21.88	Allyson Felix	USA	8 Aug 12	London (O)
	N	22.07	Dina Asher-Smith		28 Aug 15	Beijing
	WJ	22.11 A#	Allyson Felix	USA	3 May 03	Mexico City
		22.18	Allyson Felix	USA	25 Aug 04	Athens
	EJ	22.19	Natalya Bochina	RUS	30 Jul 80	Moscow
	NJ	22.61	Dina Asher-Smith		14 Aug 14	Zürich
300m	W	35.30 A	Ana Guevara	MEX	3 May 03	Mexico City
	W,E	35.00 +	Marie-José Pérec	FRA	27 Aug 91	Tokyo
		34.1 +	Marita Koch	GER	6 Oct 85	Canberra
	C,A,N	35.46	Kathy Cook	Eng	18 Aug 84	London (CP)
	A	35.46	Chandra Cheeseborough	USA	18 Aug 84	London (CP)
	WJ,EJ	36.24 +	Grit Breuer	GER	29 Aug 90	Split
		35.4 +	Christina Brehmer/Lathan	GER	29 Jul 76	Montréal
	NJ	36.46	Linsey Macdonald		13 Jul 80	London (CP)
		36.2	Donna Murray/Hartley		7 Aug 74	London (CP)
400m	W,E	47.60	Marita Koch	GER	6 Oct 85	Canberra
	C	48.63	Cathy Freeman	AUS	29 Jul 96	Atlanta
	A	49.05	Sanya Richards	USA	28 Jul 06	London (CP)
	N	49.41	Christine Ohuruogu		12 Aug 13	Moscow
	WJ,EJ	49.42	Grit Breuer	GER	27 Aug 91	Tokyo
	NJ	51.16	Linsey Macdonald		15 Jun 80	London (CP)
600m	W	1:22.63	Ana Fidelia Quirot	CUB	25 Jul 97	Guadalajara
	E	1:23.5	Doina Melinte	ROU	27 Jul 86	Poiana Brasov
	C	1:22.87	Maria Lurdes Mutola	MOZ	27 Aug 02	Liège
	N	1:24.36	Marilyn Okoro		5 Jul 12	Liège (NX)
	A	1:25.90	Delisa Walton-Floyd	USA	28 Aug 88	London (CP)
	WJ,EJ	1:25.2	Vera Nikolic	YUG	Jun 67	Belgrade
	NJ	1:27.33	Lorraine Baker		13 Jul 80	London (CP)
800m	W,E	1:53.28	Jarmila Kratochvílová	CZE	26 Jul 83	Munich
	C,WJ	1:54.01	Pamela Jelimo	KEN	29 Aug 08	Zurich
	A	1:56.19	Mariya Savinova	RUS	11 Aug 12	London (O)
	N	1:56.21	Kelly Holmes		9 Sep 95	Monaco
	EJ	1:57.45 #	Hildegard Ullrich	GER	31 Aug 78	Prague
		1:59.17	Birte Bruhns	GER	20 Jul 88	Berlin
	NJ	1:59.75	Charlotte Moore		29 Jul 02	Manchester (C)
1000m	W,E	2:28.98	Svetlana Masterkova	RUS	23 Aug 96	Brussels
	C	2:29.66	Maria Lurdes Mutola	MOZ	23 Aug 96	Brussels
	A	2:32.08 i#	Maria Lurdes Mutola	MOZ	10 Feb 96	Birmingham
	A,N	2:32.55	Kelly Holmes		15 Jun 97	Leeds
	WJ,EJ	2:35.4 a	Irina Nikitina	RUS	5 Aug 79	Podolsk
		2:35.4	Kathrin Wühn	GER	12 Jul 84	Potsdam
	NJ	2:38.58	Jo White		9 Sep 77	London (CP)

Recs - W - 1500 - 1Hr

Event	Cat	Time	Athlete	Nat	Date			Venue
1500m	W	3:50.07	Genzebe Dibaba	ETH	17	Jul	15	Monaco
	E	3:52.47	Tatyana Kazankina	RUS	13	Aug	80	Zürich
	C,N	3:55.22	Laura Muir	Sco	27	Aug	16	Saint-Denis
	A	3:57.49	Laura Muir		22	Jul	16	London (O)
	WJ	3:51.34	Lang Yinglai	CHN	18	Oct	97	Shanghai
	EJ,NJ	3:59.96	Zola Budd		30	Aug	85	Brussels
1 Mile	W,E	4:12.56	Svetlana Masterkova	RUS	14	Aug	96	Zürich
	C	4:16.71	Faith Kipyegon	KEN	11	Sep	15	Brussels
	N,WJ,EJ,NJ	4:17.57	Zola Budd		21	Aug	85	Zürich
	A	4:19.59	Mary Slaney	USA	2	Aug	85	London (CP)
2000m	W,E,A	5:25.36	Sonia O'Sullivan	IRL	8	Jul	94	Edinburgh
	C,N	5:26.93	Yvonne Murray	Sco	8	Jul	94	Edinburgh
	WJ,EJ,NJ	5:33.15	Zola Budd		13	Jul	84	London (CP)
3000m	W	8:06.11	Wang Junxia	CHN	13	Sep	93	Beijing
	E	8:21.42	Gabriela Szabo	ROU	19	Jul	02	Monaco
	A	8:21.64	Sonia O'Sullivan	IRL	15	Jul	94	London (CP)
	C	8:20.68	Hellen Obiri	KEN	9	May	14	Doha
	N	8:22.20	Paula Radcliffe		19	Jul	02	Monaco
	WJ,EJ,NJ	8:28.83	Zola Budd		7	Sep	85	Rome
2 Miles	W	8:58.58	Meseret Defar	ETH	14	Sep	07	Brussels
	C,A	9:11.49	Mercy Cherono	KEN	24	Aug	14	Birmingham
	E,N	9:17.4 +e	Paula Radcliffe		20	Jun	04	Bydgoszcz
	E	9:19.56	Sonia O'Sullivan	IRL	27	Jun	98	Cork
	N	9:32.07	Paula Radcliffe		23	May	99	Loughborough
	NJ	9:29.6 +e	Zola Budd		26	Aug	85	London (CP)
		10:35.10	Jane Potter		23	May	99	Loughborough
5000m	W	14:11.15	Tirunesh Dibaba	ETH	6	Jun	08	Oslo
	E	14:23.75	Liliya Shobukhova	RUS	19	Jul	08	Kazan
	C	14:20.87	Vivian Cheruiyot	KEN	29	Jul	11	Stockholm
	N	14:29.11	Paula Radcliffe		20	Jun	04	Bydgoszcz
	A	14:31.42	Paula Radcliffe		28	Jul	02	Manchester (SC)
	WJ	14:30.88	Tirunesh Dibaba	ETH	11	Jun	04	Fana
	EJ,NJ	14:48.07	Zola Budd		26	Aug	85	London (CP)
10000m	W	29:17.45	Almaz Ayana	ETH	12	Aug	16	Rio de Janeiro
	C	29:32.53	Vivian Cheruiyot	KEN	12	Aug	16	Rio de Janeiro
	E	29:56.34	Evlan Abeylegesse	TUR	15	Aug	08	Beijing
	N	30:01.09	Paula Radcliffe		6	Aug	02	Munich
	A	29:59.20	Meseret Defar	ETH	11	Jul	09	Birmingham
	WJ	30:26.50	Linet Masai	KEN	15	Aug	08	Beijing
	EJ	31:40.42	Annemari Sandell	FIN	27	Jul	96	Atlanta
	NJ	32:35.75	Charlotte Purdue		4	Aug	10	Tipton
10k Road	W,C,E,N	30:21	Paula Radcliffe	Eng	23	Feb	03	San Juan
	A	30:38	Paula Radcliffe		22	Sep	03	London (RP)
	WJ	31:27	Sally Barsosio	KEN	21	Apr	96	Vancouver
	NJ	32:20	Zola Budd		2	Mar	85	Phoenix
15k Road	W,C	46:14 +	Florence Kiplagat	KEN	15	Feb	15	Barcelona
	E	46:59 +	Lornah Kiplagat	NED	14	Oct	07	Udine
	N	46:41 +#	Paula Radcliffe		21	Sep	03	South Shields
	N	47:43	Liz McColgan		13	Feb	88	Tampa
1 Hour	W	18,517 m	Dire Tune	ETH	12	Jun	08	Ostrava
	C	18,393 m #	Tegla Loroupe	KEN	3	Sep	00	Borgholzhausen
	C	18,340 m	Tegla Loroupe	KEN	7	Aug	98	Borgholzhausen
	E	18,084 m	Silvana Cruciata	ITA	4	May	81	Rome
	A,N	16,460 m i#	Bronwen Cardy-Wise		8	Mar	92	Birmingham
	N	16,495 m #	Michaela McCallum		2	Apr	00	Asti
	A,N	16,364 m	Alison Fletcher		3	Sep	97	Bromley
	NJ	14,580 m	Paula Simpson		20	Oct	93	Bebington

Recs - W - 20000 - 100H

Event	Cat	Time		Athlete	Country	Date			Location
20000m	W,C	1:05:26.6		Tegla Loroupe	KEN	3	Sep	00	Borgholzhausen
	E	1:06:55.5	#	Rosa Mota	POR	14	May	83	Lisbon
	A,N	1:15:46	+	Caroline Hunter-Rowe		6	Mar	94	Barry
20k Road	W,C	1:01:54	+	Florence Kiplagat	KEN	15	Feb	15	Barcelona
	E,A,N	1:02:21	+#	Paula Radcliffe		22	Sep	03	South Shields
	E	1:02:57	+	Lorna Kiplagat	NED	14	Oct	07	Udine
	A,N	1:03:26	+	Paula Radcliffe		6	Oct	01	Bristol
Half Marathon	W,C	65:09		Florence Kiplagat	KEN	15	Feb	15	Barcelona
	A	65:39	#	Mary Keitany	KEN	7	Sep	14	South Shields
	E,N	65:40	#	Paula Radcliffe		22	Sep	03	South Shields
	E	66:25		Lorna Kiplagat	NED	14	Oct	07	Udine
	A	66:36		Mary Keitany	KEN	11	Oct	09	Birmingham
	WJ	67:57		Abebu Gelan	ETH	20	Feb	09	Ra's al-Khaymah
	NJ	77:52		Kathy Williams		28	Mar	82	Barry
25000m	W,C	1:27:05.84		Tegla Loroupe	KEN	21	Sep	02	Mengerskirchen
	E	1:28:22.6		Helena Javornik	SLO	19	Jul	06	Maribor
	A,N	1:35:16	+	Caroline Hunter-Rowe		6	Mar	94	Barry
25k Road	W,C	1:19:53		Mary Keitany	KEN	9	May	10	Berlin
	(E,A,N)	1:20:36	#+	Paula Radcliffe		13	Apr	03	London
	E	1:21:31	#+	Constantina Tomescu	ROU	22	Oct	06	Chicago
	N	1:22:47	+	Paula Radcliffe		14	Aug	05	Helsinki
30000m	W,C	1:45:50.0		Tegla Loroupe	KEN	7	Jun	03	Warstein
	E	1:47:05.6		Karolina Szabó	HUN	22	Apr	88	Budapest
	A,N	1:55:03		Caroline Hunter-Rowe		6	Mar	94	Barry
30k Road	(WECAN)	1:36:36	#+	Paula Radcliffe	Eng	13	Apr	03	London
	W,E	1:38:23	#+	Liliya Shobukhova	RUS	9	Oct	11	Chicago
	W,E	1:38:30		Constantina Tomescu	ROU	22	Oct	06	Chicago
	E,C,N	1:39:22	+	Paula Radcliffe	Eng	14	Aug	05	Helsinki
Marathon	WECAN	2:15:25		Paula Radcliffe	Eng	13	Apr	03	London
	WJ	2:20:59		Shure Demise	ETH	23	Jan	15	Dubai
	NJ	2:50:09		Siobhan Quenby		16	Oct	83	Milan
100k Road	W	6:33:11		Tomoe Abe	JPN	25	Jun	00	Yubetsu
	E	7:10:32		Tatyana Zhyrkova	RUS	11	Sep	04	Winschoten
	C,N	7:27:19	#	Carolyn Hunter-Rowe	Eng	8	Aug	93	Torhout
	C,N	7:28:56		Elizabeth Hawker	Eng	8	Oct	06	Misari
2000m SC	W,C	6:02.16		Virginia Nyambura	KEN	6	Sep	15	Berlin
	E	6:03.38		Wioletta Janowska	POL	15	Jul	06	Gdansk
	A	6:19.00		Irene Limika	KEN	20	May	01	Loughborough
	N	6:26.79		Racheal Bamford		25	Aug	15	Manchester (Str)
	WJ,EJ	6:19.55		Oona Kettunen	FIN	13	Jul	13	Kotka
	NJ	6:32.45		Louise Webb		14	Jul	07	Ostrava
3000m SC	W	8:52:78		Ruth Jebet	BRN	27	Aug	16	Saint-Denis
	E	8:58.81		Gulnara Galkina	RUS	17	Aug	08	Beijing
	C	9:00.01		Hyvin Jepkemoi	KEN	28	May	16	Eugene
	A	9:06.72		Yuliya Zaripova	RUS	6	Aug	12	London (O)
	N	9:24.24		Barbara Parker		2	Jun	12	Eugene
	WJ	9:20.37		Birtukan Adamu	ETH	26	May	11	Rome
	EJ	9:32.68		Anna Emilie Moller	DEN	13	Aug	16	Rio de Janeiro
	NJ	10:06.12		Emily Pidgeon		3	Jul	05	Bedford
100m H	W,A	12.20		Kendra Harrison	USA	22	Jul	16	London (O)
	E	12.21		Yordanka Donkova	BUL	20	Aug	88	Stara Zagora
	C	12.28		Sally Pearson	AUS	3	Sep	11	Daegu
	N	12.51		Tiffany Porter		14	Sep	14	Marrakech
	WJ	12.74		Dior Hall	USA	13	Jun	15	Eugene
	EJ	12.85		Elvira Herman	BLR	24	Jul	16	Bydgoszcz
	NJ	13.13		Yasmin Miller		27	Jul	14	Eugene

Recs - W - 400H - HT

Event	Cat	Mark		Athlete	Nat	Date			Venue
400m H	W,E	52.34		Yuliya Pechonkina	RUS	8	Aug	03	Tula
	C	52.42		Melaine Walker	JAM	20	Aug	09	Berlin
	A	52.70		Natalya Antyukh	RUS	8	Aug	12	London (O)
	N	52.74		Sally Gunnell		19	Aug	93	Stuttgart
	WJ	54.15		Sydney McLaughlin	USA	10	Jul	16	Eugene
	EJ	55.26		Ionela Tîrlea	ROU	12	Jul	95	Nice
	NJ	56.16		Shona Richards		26	Jul	14	Eugene
High Jump	W,E	2.09		Stefka Kostadinova	BUL	30	Aug	87	Rome
	C	2.06		Hestrie Cloete	RSA	31	Aug	03	Saint-Denis
	A	2.05		Kajsa Bergqvist	SWE	28	Jul	06	London (CP)
		2.05		Anna Chicherova	RUS	11	Aug	12	London (O)
	N	1.98		Katarina Johnson-Thompson		12	Aug	16	Rio de Janeiro
	WJ,EJ	2.01		Olga Turchak	KZK/UKR	7	Jul	86	Moscow
		2.01		Heike Balck	GER	18	Jun	89	Chemnitz
	NJ	1.94		Morgan Lake		22	Jul	14	Eugene
		1.94	i	Morgan Lake		14	Feb	15	Sheffield
		1.94		Morgan Lake		21	Jun	15	Bedford
		1.94		Morgan Lake		1	Aug	15	Eberstadt
		1.94		Morgan Lake		18	Aug	16	Rio de Janeiro
Pole Vault	W,E	5.06		Yelena Isinbayeva	RUS	28	Aug	09	Zurich
	A	5.00		Yelena Isinbayeva	RUS	22	Jul	05	London (CP)
	C	4.81		Alana Boyd	AUS	2	Jul	16	Sunshine Coast
	C,N	4.87	i#	Holly Bleasdale		21	Jan	12	Villeurbanne
	N	4.71		Holly Bleasdale		24	Jun	12	Birmingham
	WJ,EJ	4.71	i#	Wilma Murto	FIN	31	Jan	16	Zweibrucken
	WJ	4.64		Eliza McCartney	NZL	19	Dec	15	Auckland
	EJ	4.61		Alyona Lutkovskaya	RUS	21	May	15	Irkutsk
	NJ	4.52	i#	Katie Byres		18	Feb	12	Nevers
		4.40		Lucy Bryan		29	Jun	13	Mannheim
Long Jump	W,E	7.52		Galina Chistyakova	RUS	11	Jun	88	St. Petersburg
	C	7.16	A	Elva Goulbourne	JAM	22	May	04	Mexico City
	A	7.14		Galina Chistyakova	RUS	24	Jun	89	Birmingham
	N	7.07		Shara Proctor		28	Aug	15	Beijing
	WJ,EJ	7.14		Heike Daute/Drechsler	GER	4	Jun	83	Bratislava
	NJ	6.90		Beverly Kinch		14	Aug	83	Helsinki
Triple Jump	W,E	15.50		Inessa Kravets	UKR	10	Aug	95	Gothenburg
	C	15.39		Françoise Mbango	CMR	17	Aug	08	Beijing
	A	15.27		Yamilé Aldama	CUB	8	Aug	03	London (CP)
	N	15.16	i#	Ashia Hansen		28	Feb	98	Valencia
		15.15		Ashia Hansen		13	Sep	97	Fukuoka
	WJ,EJ	14.62		Tereza Marinova	BUL	25	Aug	96	Sydney
	NJ	13.75		Laura Samuel		22	Jul	10	Moncton
Shot	W,E	22.63		Natalya Lisovskaya	RUS	7	Jun	87	Moscow
	C	21.24		Valerie Adams	NZL	29	Aug	11	Daegu
	A	21.95		Natalya Lisovskaya	RUS	29	Jul	88	Edinburgh
	N	19.36		Judy Oakes		14	Aug	88	Gateshead
	WJ,EJ	20.54		Astrid Kumbernuss	GER	1	Jul	89	Orimattila
	NJ	17.12		Sophie McKinna		25	May	13	Halle
Discus	W,E	76.80		Gabriele Reinsch	GER	9	Jul	88	Neubrandenburg
	C	68.72		Daniela Costian	AUS	22	Jan	94	Auckland
	A	73.04		Ilke Wyludda	GER	5	Aug	89	Gateshead
	N	67.48		Meg Ritchie		26	Apr	81	Walnut
	WJ,EJ	74.40		Ilke Wyludda	GER	13	Sep	88	Berlin
	NJ	55.28		Eden Francis		2	Sep	07	London (He)
Hammer	W,E	82.98		Anita Wlodarczyk	POL	28	Aug	16	Warsaw
	C	75.73		Sultana Frizell	CAN	22	May	14	Tucson
	A	78.18		Tatyana Lysenko	RUS	10	Aug	12	London (O)
	N	74.54		Sophie Hitchon		15	Aug	16	Rio de Janeiro
	WJ	73.24		Zhang Wenxiu	CHN	24	Jun	05	Changsha
	EJ	71.71		Kamila Skolimowska	POL	9	Sep	01	Melbourne
	NJ	66.01		Sophie Hitchon		24	Jul	10	Moncton

Recs - W - JT - 3000W

Event		Mark		Athlete/Team	Nat	Date			Venue
Javelin	W,E	72.28		Barbora Spotakova	CZE	13	Sep	08	Stuttgart
	C	69.35		Sunette Viljoen	RSA	9	Jun	12	New York
	A	69.55		Barbora Spotakova	CZE	9	Aug	12	London (O)
	N	66.17		Goldie Sayers		14	Jul	12	London (CP)
	WJ	63.86		Yulenmis Aguilar	CUB	2	Aug	15	Edmonton
	EJ	63.01		Vira Rebryk	UKR	10	Jul	08	Bydgoszcz
	NJ	55.40		Goldie Sayers		22	Jul	01	Grosseto
Decathlon	W,E	8358		Austra Skujyte	LTU	15	Apr	05	Columbia, MO
	C	6915		Margaret Simpson	GHA	19	Apr	07	Reduit
	N	6878		Jessica Taylor		13	Sep	15	Erith
Heptathlon	W	7291		Jackie Joyner-Kersee	USA	24	Sep	88	Seoul
	E	7032		Carolina Klüft	SWE	26	Aug	07	Osaka
	C,A,N	6955		Jessica Ennis	Eng	4	Aug	12	London (O)
	WJ,EJ	6542		Carolina Klüft	SWE	10	Aug	02	Munich
	NJ	6267		Katarina Johnson-Thompson		4	Aug	12	London (O)
4x100m	W,A	40.82		United States		10	Aug	12	London (O)
	E	41.37		East Germany		6	Oct	85	Canberra
	C	41.07		Jamaica		29	Aug	15	Beijing
	N	41.77		UK National Team		19	Aug	16	Rio de Janeiro
	WJ	43.29		United States		8	Aug	06	Eugene
	EJ	43.33	#	East Germany		20	Jul	88	Berlin
	EJ	43.42		Germany		24	Jul	11	Tallinn
	NJ	43.81		UK National Team		21	Jul	13	Rieti
4x200m	W	1:27.46		United States		29	Apr	00	Philadelphia
	E	1:28.15		East Germany		9	Aug	80	Jena
	C,N	1:29.61		UK National Team		25	May	14	Nassau
	A	1:31.49		Russia		5	Jun	93	Portsmouth
	NJ	1:38.34	i#	UK National Team		2	Mar	96	Liévin
		1:42.2		London Olympiades AC		19	Aug	72	Bracknell
4x400m	W,E	3:15.17		U.S.S.R.		1	Oct	88	Seoul
	A	3:16.87		United States		11	Aug	12	London (O)
	C	3:18.71		Jamaica		3	Sep	11	Daegu
	N	3:20.04		UK National Team		2	Sep	07	Osaka
	WJ	3:27.60		United States		18	Jul	04	Grosseto
	EJ	3:28.39		East Germany		31	Jul	88	Sudbury
	NJ	3:30.46		UK National Team		21	Jul	02	Kingston, JAM
4x800m	W,E	7:50.17		U.S.S.R.		5	Aug	84	Moscow
	C	8:04.28		Kenya		25	May	14	Nassau
	A	7:57.08		Russia		5	Jun	93	Portsmouth
	N	8:13.46		UK National Team		27	Apr	13	Philadelphia
	NJ	8:38.22		Kelly's Camp		7	Jun	06	Twickenham
4x1500m	W,C	16:33.28		Kenya		24	May	14	Nassau
	A	17:09.75		Australia		25	Jun	00	London (BP)
	E	17:19.09		Irish Republic		25	Jun	00	London (BP)
	N	17:34.58		Scotland		17	Aug	06	Grangemouth
	NJ	18:17.40		BMC Junior Squad		17	Aug	06	Grangemouth
4x1Mile	W	18:39.58		University of Oregon		3	May	85	Eugene
	ECAN	19:17.3		BMC National Squad	Eng	10	Jul	93	Oxford
	NJ	20:16.2		BMC Junior Squad		11	Jun	97	Watford
Ekiden	W	2:11:41		China		28	Feb	98	Beijing
Road Relay	C	2:13:35		Kenya		23	Nov	06	Chiba
	E	2:14:51		Russia		23	Nov	06	Chiba
	N	2:17:31		UK National Team		23	Feb	92	Yokohama
Track Walking									
3000m	W,E,A	11:35.34	i#	Gillian O'Sullivan	IRL	15	Feb	03	Belfast
	W,E	11:48.24		Ileana Salvador	ITA	29	Aug	93	Padua
	C	11:51.26		Kerry Saxby-Junna	AUS	7	Feb	91	Melbourne
	A	12:32.37		Yelena Nikolayeva	RUS	19	Jun	88	Portsmouth
	N	12:22.62	+	Jo Jackson		14	Feb	09	Sydney

Recs - W - 3000W - 2016 Records

Event	Cat	Time	Athlete	Nat	Date	Place
3000m	WJ	12:10.31 #	Chen Zhou	CHN	28 Aug 05	Zhengzhou
	EJ	12:24.47	Claudia Iovan	ROU	24 Jul 97	Ljubljana
	NJ	13:03.4	Vicky Lupton/White		18 May 91	Sheffield
5000m	W,E	20:01.80	Eleonora Giorgi	ITA	18 May 14	Misterbianco
	C	20:13.26	Kerry Saxby-Junna	AUS	25 Feb 96	Hobart
	A	21:08.65	Yelena Nikolayeva	RUS	19 Jun 88	Portsmouth
	N	20:46.58	Jo Jackson		14 Feb 09	Sydney
	WJ,EJ	20:28.05	Tatyana Kalmykova	RUS	12 Jul 07	Ostrava
	NJ	22:36.81	Vicky Lupton/White		15 Jun 91	Espoo
5k(Road)	WJ,EJ	20:24	Lyudmila Yefimkina	RUS	28 May 00	Saransk
10000m	W	41:37.9 #	Gao Hongmiao	CHN	7 Apr 94	Beijing
	W,E	41:56.23	Nadezhda Ryashkina	RUS	24 Jul 90	Seattle
	C	41:57.22	Kerry Saxby-Junna	AUS	24 Jul 90	Seattle
	A,N	45:09.57	Lisa Kehler		13 Aug 00	Birmingham
	WJ,EJ	42:47.25	Anezka Drahotová	CZE	23 Jul 14	Eugene
	NJ	47:04	Vicky Lupton		30 Mar 91	Sheffield (W)
20000m	W,E	1:26:52.3	Olimpiada Ivanova	RUS	6 Sep 01	Brisbane
	C	1:33:40.2	Kerry Saxby-Junna	AUS	6 Sep 01	Brisbane
	A,N	1:36:39.70	Bethan Davies		21 Jun 15	Bedford
	WJ	1:29:32.4 #	Song Hongjuan	CHN	24 Oct 03	Changsha
		1:37:33.9	Gao Kelian	CHN	18 Sep 99	Xian
	EJ	1:39:20.5	Vera Santos	POR	4 Aug 00	Almada

Road Walking - Fastest Recorded Times

Event	Cat	Time	Athlete	Nat	Date	Place
10km	W,E	41:04	Yelena Nikolayeva	RUS	20 Apr 96	Sochi
	C	41:30	Kerry Saxby-Junna	AUS	27 Aug 88	Canberra
	A	43:39	Kjersti Tysse Plätzer	NOR	14 Sep 02	Leamington
	N	43:52	Jo Jackson		14 Mar 10	Coventry
	WJ,EJ	41:52	Tatyana Mineeva	RUS	5 Sep 09	Penza
	NJ	47:04 t	Vicky Lupton/White		30 Mar 91	Sheffield (W)
20km	W	1:24:38	Hong Liu	CHN	6 Jun 15	La Coruña
	E	1:24:47	Elmira Alembekova	RUS	27 Feb 15	Sochi
	A	1:25:02	Yelena Lashmanova	RUS	11 Aug 12	London
	C	1:27:44	Jane Saville	AUS	2 May 04	Naumburg
	N	1:30:41	Jo Jackson		19 Jun 10	La Coruna
	WJ,EJ	1:25:30	Anisya Kirdyakpina	RUS	23 Feb 09	Adler
	NJ	1:43:26	Emma Achurch		2 Oct 16	Hayes

RECORDS set in 2016

Event	Cat	Time	Athlete	Nat	Date	Place
100m	C	10.70	Elaine Thompson	JAM	1 Jul 16	Kingston
1500m	N,A	3:57.49	Laura Muir		22 Jul 16	London (O)
	C,N	3:55.22	Laura Muir		27 Aug 16	Saint-Denis
10000m	W	29:17.45	Almaz Ayana	ETH	12 Aug 16	Rio de Janeiro
	C	29:32.53	Vivian Cheruiyot	KEN	12 Aug 16	Rio de Janeiro
3000SC	W	8:52.78	Ruth Jebet	BRN	27 Aug 16	Saint-Denis
	C	9:00.01	Hyvin Jepkemoi	KEN	28 May 16	Eugene
	EJ	9:32.68	Anna Emilie Moller	DEN	13 Aug 16	Rio de Janeiro
100H	W,A	12.20	Kendra Harrison	USA	22 Jul 16	London (O)
	EJ	12.85	Elvira Herman	BLR	24 Jul 16	Bydgoszcz
400H	WJ	54.15	Sydney McLaughlin	USA	10 Jul 16	Eugene
High Jump	N	1.98	Katarina Johnson-Thompson		12 Aug 16	Rio de Janeiro
	NJ	1.94	Morgan Lake		18 Aug 16	Rio de Janeiro
Pole Vault	C	4.81	Alana Boyd	AUS	2 Jul 16	Sunshine Coast
	WJ,EJ	4.71 i#	Wilma Murto	FIN	31 Jan 16	Zweibrucken
Hammer	W,E	82.29	Anita Wlodarczyk	POL	15 Aug 16	Rio de Janeiro
	W,E	82.98	Anita Wlodarczyk	POL	28 Aug 16	Warsaw
	N	74.54	Sophie Hitchon		15 Aug 16	Rio de Janeiro
4x100	N	41.81	UK National Team		22 Jul 16	London (O)
	N	41.77	UK National Team		19 Aug 16	Rio de Janeiro
20kW	NJ	1:43:26	Emma Achurch		2 Oct 16	Hayes

NATIONAL RECORDS OF THE UK - MEN
as at 31 December 2016
These are the best authentic performances for the four home countries of the U.K.
E = England   S = Scotland   W = Wales   NI = Northern Ireland

100m	E	9.87	Linford Christie	15 Aug 93	Stuttgart, GER
	S	10.11	Allan Wells	24 Jul 80	Moscow, RUS
	W	10.11	Christian Malcolm	5 Aug 01	Edmonton, CAN
	NI	10.22	Jason Smyth (IRL per IAAF)	21 May 11	Clermont
200m	E	19.87 A#	John Regis	31 Jul 94	Sestriere, ITA
		19.94	John Regis	20 Aug 93	Stuttgart, GER
	W	20.08	Christian Malcolm	8 Aug 01	Edmonton, CAN
	S	20.21	Allan Wells	28 Jul 80	Moscow, RUS
	NI	20.54	Paul Brizzell (IRL)	18 Mar 00	Pietersberg, RSA
300m	S	31.56	Dougie Walker	19 Jul 98	Gateshead
	E	31.67	John Regis	17 Jul 92	Gateshead
	W	32.06	Jamie Baulch	31 May 97	Cardiff
	NI	33.33	Paul McKee (IRL)	12 Jun 08	Ostrava, CZE
400m	W	44.36	Iwan Thomas	13 Jul 97	Birmingham
	E	44.37	Roger Black	3 Jul 96	Lausanne, SUI
		44.37	Mark Richardson	9 Jul 98	Oslo, NOR
		44.37	Mark Richardson	8 Aug 98	Monaco, MON
	S	44.93	David Jenkins	21 Jun 75	Eugene, USA
	NI	45.58	Paul McKee (IRL)	14 Jul 02	Dublin (S), IRL
600m	E	1:14.95	Steve Heard	14 Jul 91	London (Ha)
	S	1:15.4	Tom McKean	21 Jul 91	Grangemouth
	NI	1:16.52 A	James McIlroy	24 Jan 05	Potchefstroon
	W	1:17.8 i	Bob Adams	20 Dec 69	Cosford
		1:18.02	Glen Grant	2 Aug 78	Edmonton, CAN
800m	E	1:41.73 "	Sebastian Coe	10 Jun 81	Florence, ITA
	S	1:43.88	Tom McKean	28 Jul 89	London (CP)
	W	1:44.98	Gareth Warburton	7 Jun 12	Oslo, NOR
	NI	1:44.65	James McIlroy	28 Aug 05	Rieti, ITA
1000m	E	2:12.18	Sebastian Coe	11 Jul 81	Oslo, NOR
	S	2:16.82	Graham Williamson	17 Jul 84	Edinburgh
	W	2:17.36	Neil Horsfield	9 Aug 91	Gateshead
	NI	2:15.57	James McIlroy (IRL)	5 Sep 99	Rieti, ITA
1500m	E	3:28.81	Mo Farah	19 Jul 13	Monaco, MON
	S	3:33.83	John Robson	4 Sep 79	Brussels, BEL
	NI	3:34.76	Gary Lough	9 Sep 95	Monaco, MON
	W	3:35.08	Neil Horsfield	10 Aug 90	Brussels, BEL
1 Mile	E	3:46.32	Steve Cram	27 Jul 85	Oslo, NOR
	S	3:50.64	Graham Williamson	13 Jul 82	Cork, IRL
	W	3:54.39	Neil Horsfield	8 Jul 86	Cork, IRL
	NI	3:55.0	Jim McGuinness	11 Jul 77	Dublin (B), IRL
2000m	E	4:51.39	Steve Cram	4 Aug 85	Budapest, HUN
	S	4:58.38	Graham Williamson	29 Aug 83	London (CP)
	NI	5:02.61	Steve Martin	9 Jun 84	Belfast
	W	5:05.32	Tony Simmons	4 Jul 75	London (CP)
3000m	E	7:32.62	Mo Farah	5 Jun 16	Birmingham
	S	7:45.00	Andrew Butchart	5 Jun 16	Birmingham
	W	7:46.40	Ian Hamer	20 Jan 90	Auckland, NZL
	NI	7:49.1	Paul Lawther	27 Jun 78	Oslo, NOR

UKRecs - M - 2M - 200H

Event		Time/Dist		Athlete	Date			Venue
2 Miles	E	8:03.40	i	Mo Farah	21	Feb	15	Birmingham
		8:07.85		Mo Farah	24	Aug	14	Birmingham
	S	8:19.37		Nat Muir	27	Jun	80	London (CP)
	W	8:20.28		David James	27	Jun	80	London (CP)
	NI	8:30.6		Paul Lawther	28	May	77	Belfast
5000m	E	12:53.11		Mo Farah	22	Jul	11	Monaco
	W	13:08.61		Andrew Burchart	20	Aug	16	Rio de Janeiro, BRA
	S	13:17.9		Nat Muir	15	Jul	80	Oslo, NOR
	NI	13:27.63		Dermot Donnelly	1	Aug	98	Hechtel, BEL
10000m	E	26:46.57		Mo Farah	3	Jun	11	Eugene, USA
	W	27:39.14		Steve Jones	9	Jul	83	Oslo, NOR
	S	27:43.03		Ian Stewart	9	Sep	77	London (CP)
	NI	28:32.15		Dermot Donnelly (IRL)	10	Apr	99	Barakaldo, ESP
20000m	E	57:28.7		Carl Thackery	31	Mar	90	La Flèche, FRA
	S	59:24.0		Jim Alder	9	Nov	68	Leicester
	W	62:23.0		Bernie Plain	1	Dec	73	Bristol
	NI	77:16.0		Ian Anderson	5	Mar	00	Barry
1 Hour	E	20,855 m		Carl Thackery	31	Mar	90	La Flèche, FRA
	S	20,201 m		Jim Alder	9	Nov	68	Leicester
	W	18,898 m		Mike Rowland	7	Aug	73	Stockholm, SWE
	NI	18,354 m		Dave Smyth	19	Sep	65	Bristol (?)
25000m	E	1:15:22.6		Ron Hill	21	Jul	65	Bolton
	S	1:15:34.4		Jim Alder	5	Sep	70	London (CP)
	W	1:18:50.0		Bernie Plain	1	Dec	73	Bristol
	NI	1:37:18.0	e	Ian Anderson	5	Mar	00	Barry
30000m	S	1:31:30.4		Jim Alder	5	Sep	70	London (CP)
	E	1:31:56.4		Tim Johnston	5	Sep	70	London (CP)
	W	1:33:49.0		Bernie Plain	1	Dec	73	Bristol
	NI	1:57:30.0		Ian Anderson	5	Mar	00	Barry
Half Marathon	E	59:22		Mo Farah	13	Sep	15	South Shields
	W	60:59		Steve Jones	8	Jun	86	South Shields
	S	62:28		Allister Hutton	21	Jun	87	South Shields
	NI	62:09		Paul Pollock (IRL)	29	Mar	14	Copenhagen, DEN
Marathon	W	2:07:13		Steve Jones	20	Oct	85	Chicago, USA
	E	2:08:21		Mo Farah	13	Apr	14	London
	S	2:09:16		Allister Hutton	21	Apr	85	London
	NI	2:13:06		Greg Hannon	13	May	79	Coventry
2000m SC	E	5:19.86		Mark Rowland	28	Aug	88	London (CP)
	S	5:21.77		Tom Hanlon	11	Jun	92	Caserta, ITA
	W	5:23.6		Roger Hackney	10	Jun	82	Birmingham
	NI	5:31.09		Peter McColgan	5	Aug	86	Gateshead
3000m SC	E	8:07.96		Mark Rowland	30	Sep	88	Seoul, KOR
	S	8:12.58		Tom Hanlon	3	Aug	91	Monaco, MON
	W	8:18.91		Roger Hackney	30	Jul	88	Hechtel, BEL
	NI	8:27.93		Peter McColgan	25	Jun	91	Hengelo, HOL
110m H	W	12.91		Colin Jackson	20	Aug	93	Stuttgart, GER
	E	13.00		Tony Jarrett	20	Aug	93	Stuttgart, GER
	S	13.44		Chris Baillie	21	Mar	06	Melbourne, AUS
	NI	13.48		Ben Reynolds (IRL)	1	Aug	15	Bedford
200m H	W	22.63		Colin Jackson	1	Jun	91	Cardiff
	E	22.79		John Regis	1	Jun	91	Cardiff
	S	23.76		Angus McKenzie	22	Aug	81	Edinburgh
	NI	24.81		Terry Price	31	Aug	92	Belfast

UKRecs - M - 400H - Dec

Event		Mark		Athlete	Date			Venue
400m H	E	47.82		Kriss Akabusi	6	Aug	92	Barcelona, ESP
	W	47.84		Dai Greene	6	Jul	12	Saint Denis, FRA
	NI	49.60		Phil Beattie	28	Jul	86	Edinburgh
	S	50.24		Charles Robertson-Adams	4	Jul	01	Loughborough
High Jump	E	2.38	i	Steve Smith	4	Feb	94	Wuppertal, GER
		2.37		Steve Smith	20	Sep	92	Seoul, KOR
		2.37		Steve Smith	22	Aug	93	Lausanne, SUI
		2.37		Robbie Grabarz	23	Aug	12	Stuttgart, GER
	S	2.31		Geoff Parsons	26	Aug	94	Victoria, CAN
	W	2.25		Robert Mitchell	28	Jul	01	Bedford
	NI	2.20		Floyd Manderson	14	Jul	85	London (CP)
		2.20		Floyd Manderson	21	Jun	86	London (CP)
		2.20		Floyd Manderson	16	Aug	86	Leiden, HOL
Pole Vault	E	5.83	i	Luke Cutts	25	Jan	14	Rouen, FRA
		5.82		Steve Lewis	21	Jul	12	Szczecin, POL
	S	5.65		Jax Thoirs	16	May	15	Los Angeles, USA
		5.65	i	Jax Thoirs	1	Jul	15	Grangemouth
	W	5.60		Neil Winter	19	Aug	95	Enfield
	NI	5.25		Mike Bull	22	Sep	73	London (CP)
Long Jump	E	8.51		Greg Rutherford	24	Apr	14	Chula Vista, USA
	W	8.23		Lynn Davies	30	Jun	68	Berne, SUI
	NI	8.14		Mark Forsythe	7	Jul	91	Rhede, GER
	S	8.01		Darren Ritchie	16	Jun	04	Guadalajara, ESP
Triple Jump	E	18.29		Jonathan Edwards	7	Aug	95	Gothenburg, SWE
	W	16.71		Steven Shalders	3	Aug	05	Manchester
	S	16.17		John Mackenzie	17	Sep	94	Bedford
	NI	15.78		Michael McDonald	31	Jul	94	Corby
Shot	E	21.92		Carl Myerscough	13	Jun	03	Sacramento
	W	20.45		Shaun Pickering	17	Aug	97	London (CP)
	S	18.93		Paul Buxton	13	May	77	Los Angeles(Ww), USA
	NI	17.61		Iain McMullan	13	Jul	02	Dublin (S), IRL
Discus	E	68.24		Lawrence Okoye	19	May	12	Halle, GER
	W	66.84		Brett Morse	30	Jun	13	Cardiff
	S	63.38		Nicholas Percy	22	Jul	16	Helsingborg, SWE
	NI	51.76		John Moreland	1	Jul	95	Antrim
Hammer	E	77.55		Nick Miller	22	Jul	15	Karlstad, GER
	NI	77.54		Martin Girvan	12	May	84	Wolverhampton
	S	76.93		Mark Dry	17	May	15	Loughborough
	W	68.64		Shaun Pickering	7	Apr	84	Stanford, USA
Javelin	E	91.46		Steve Backley	25	Jan	92	Auckland(NS), NZL
	W	81.70		Nigel Bevan	28	Jun	92	Birmingham
	S	80.38		James Campbell	18	Jul	10	Dunfermline
	NI	79.55		Michael Allen	10	Jun	06	Belfast
Dec.	E	8847		Daley Thompson	9	Aug	84	Los Angeles, USA
	S	7885	#h	Brad McStravick	6	May	84	Birmingham
		7856	#	Brad McStravick	28	May	84	Cwmbrân
	NI	7874		Colin Boreham	23	May	82	Götzis, AUT
	W	7727		David Guest	6	Jun	10	Bedford
(with 1986 Javelin)								
	E	8811	#	Daley Thompson	28	Aug	86	Stuttgart, GER
	S	7739		Jamie Quarry	30	May	99	Arles, FRA
	NI	7324		Brendan McConville	3	Jul	05	Jyvaskyla, FIN

UKRecs - M - 4x100 - 30kW

4x100m	E	37.73	J. Gardener, D.Campbell (UK)			
			M.Devonish, D.Chambers	29 Aug 99	Seville, ESP	
	W	38.73	K. Williams, D. Turner,			
			C. Malcolm, J. Henthorn	21 Sep 98	Kuala Lumpur, MAS	
	S	39.24	D. Jenkins, A. Wells,			
			C. Sharp, A. McMaster	12 Aug 78	Edmonton, CAN	
	NI	40.71	J. McAdorey, I. Craig,			
			P. Brizzell, M. Allen	22 Jun 96	Belfast	
4x400m	E	2:57.53	R. Black, D. Redmond, (UK)			
			J. Regis, K. Akabusi	1 Sep 91	Tokyo, JAP	
	W	3:00.41	T. Benjamin, I. Thomas,			
			J. Baulch, M. Elias	31 Jul 02	Manchester (C)	
	S	3:03.94	K. Robertson, J. Bowie,			
			G. Louden, G. Plenderleith	1 Aug 14	Glasgow (HP)	
	NI	3:07.27	B. Forbes, M. Douglas,			
			E. King, P. McBurney	21 Sep 98	Kuala Lumpur, MAS	

Track Walking

3000m	E	10:58.21 i	Tom Bosworth	28 Feb 16	Sheffield
		11:24.4	Mark Easton	10 May 89	Tonbridge
	W	11:45.77	Steve Johnson	20 Jun 87	Cwmbrân
	S	11:53.3 #	Martin Bell	9 Aug 95	Birmingham
		11:59.47	Martin Bell	25 May 98	Bedford
	NI	13:15.0	David Smyth	5 Sep 70	Plymouth
5000m	E	18:54.18 i	Tom Bosworth	31 Jan 16	Bratislava, SVK
		19:00.73	Tom Bosworth	5 Jul 15	Birmingham
	W	20:08.04 i	Steve Barry	5 Mar 83	Budapest, HUN
		20:22.0	Steve Barry	20 Mar 82	London (WL)
	S	20:13.0	Martin Bell	2 May 92	Enfield
	NI	23:50.0	Jimmy Todd	28 Aug 68	Ballyclare
10000m	E	40:06.65	Ian McCombie	4 Jun 89	Jarrow
	W	41:13.62	Steve Barry	19 Jun 82	London (CP)
	S	41:13.65	Martin Bell	22 Jul 95	Cardiff
	NI	47:37.6	David Smyth	26 Apr 70	Bournemouth
1 Hour	E	14,324 m #	Ian McCombie	7 Jul 85	London (SP)
		14,158 m	Mark Easton	12 Sep 87	Woodford
	W	13,987 m	Steve Barry	28 Jun 81	Brighton
	S	13,393 m	Bill Sutherland	27 Sep 69	London (He)
	NI	12,690 m #	David Smyth	26 Apr 70	Bournemouth
		12,646 m	David Smyth	23 Sep 67	London (PH)
20000m	E	1:23:26.5	Ian McCombie	26 May 90	Fana, NOR
	W	1:26:22.0	Steve Barry	28 Jun 81	Brighton
	S	1:38:53.6	Alan Buchanan	6 Jul 75	Brighton
2 Hours	E	27,262 m #	Chris Maddocks	31 Dec 89	Plymouth
		26,037 m	Ron Wallwork	31 Jul 71	Blackburn

Road Walking

10km	E	39:36	Tom Bosworth	1 Mar 15	Coventry
	W	40:35	Steve Barry	14 May 83	Southport
	S	41:28	Martin Bell	24 Apr 99	Sheffield
	NI	44:49 #	David Smyth	20 Jun 70	Clevedon
		51:53	Arthur Agnew	6 Aug 80	Helsinki, FIN
		51:53	G. Smyth	6 Aug 80	Helsinki, FIN
20km	E	1:20:13	Tom Bosworth	12 Aug 16	Rio de Janeiro, BRA
	W	1:22:51	Steve Barry	26 Feb 83	Douglas, I of M
	S	1:25:42	Martin Bell	9 May 92	Lancaster
	NI	1:39:01	David Smyth	Jul 67	Cardiff
30km	E	2:07:56	Ian McCombie	27 Apr 86	Edinburgh
	W	2:10:16	Steve Barry	7 Oct 82	Brisbane, AUS
	S	2:22:21	Martin Bell	8 May 94	Cardiff
	NI	2:41:15	David Smyth	26 Apr 69	Winterbourne

UKRecs - M - 50kW - W - 2k

50km	E	3:51:37	Chris Maddocks	28 Oct 90	Burrator
	W	4:11:59	Bob Dobson	22 Oct 81	Lassing, AUT
	S	4:13:18	Graham White	27 Jun 98	Stockport
	NI	4:45:48	David Smyth	3 May 69	Bristol

NATIONAL RECORDS OF THE UK - WOMEN
as at 31 December 2016

100m	E	10.99	Dina Asher-Smith	25 Jul 15	London (O)
	W	11.39	Sallyanne Short	12 Jul 92	Cwmbrân
		11.39	Elaine O'Neill	4 Jul 10	La Chaux de Fonds, SUI
		11.39 A	Hannah Brier	16 Jul 15	Cali, COL
		11.39	Hannah Brier	21 Jul 16	Bydgoszcz, POL
	S	11.40	Helen Golden/Hogarth	20 Jul 74	London (CP)
	NI	11.40	Amy Foster (IRL)	10 May 14	Clermont, USA
200m	E	22.07	Dina Asher-Smith	28 Aug 15	Beijing, CHN
	W	22.80	Michelle Scutt	12 Jun 82	Antrim
	S	22.98	Sandra Whittaker	8 Aug 84	Los Angeles, USA
	NI	23.53	Amy Foster (IRL)	18 Aug 11	Shenzhen, CHN
300m	E	35.46	Kathy Cook	18 Aug 84	London (CP)
	W	36.01	Michelle Probert/Scutt	13 Jul 80	London (CP)
	S	36.46	Linsey Macdonald	13 Jul 80	London (CP)
	NI	38.20	Linda McCurry	2 Aug 78	Edmonton, CAN
400m	E	49.41	Christine Ohuruogu	12 Aug 13	Moscow, RUS
	W	50.63	Michelle Scutt	31 May 82	Cwmbrân
	S	50.71	Allison Curbishley	18 Sep 98	Kuala Lumpur, MAS
	NI	52.54	Stephanie Llewellyn	9 Jul 95	Cwmbrân
		52.4	Stephanie Llewellyn	1 Jul 95	London (He)
600m	E	1:24.36	Marilyn Okoro	5 Jul 12	Liège (NX), BEL
	W	1:26.5	Kirsty McDermott/Wade	21 Aug 85	Zürich, SUI
	S	1:27.4 i	Linsey Macdonald	12 Dec 81	Cosford
		1:27.51 +	Lynsey Sharp	16 Aug 14	Zürich, SUI
	NI	1:29.46	Jo Latimer	19 May 93	Birmingham
800m	E	1:56.21	Kelly Holmes	9 Sep 95	Monaco, MON
	W	1:57.42	Kirsty McDermott/Wade	24 Jun 85	Belfast
	S	1:57.69	Lynsey Sharp	20 Aug 16	Rio de Janeiro, BRA
	NI	2:00.79	Ciara Mageean (IRL)	22 Jul 16	Dublin, IRL
1000m	E	2:32.55	Kelly Holmes	15 Jun 97	Leeds
	W	2:33.70	Kirsty McDermott/Wade	9 Aug 85	Gateshead
	S	2:37.05	Christine Whittingham	27 Jun 86	Gateshead
	NI	2:48.59	Jane Ewing	26 Jun 90	Antrim
1500m	S	3:55.22	Laura Muir	27 Aug 16	Saint-Denis, FRA
	E	3:57.90	Kelly Holmes	28 Aug 04	Athens, GRE
	W	3:59.95	Hayley Tullett	31 Aug 03	Saint-Denis, FRA
	NI	4:01.46	Ciara Mageean (IRL)	27 Aug 16	Saint-Denis, FRA
1 Mile	E	4:17.57	Zola Budd	21 Aug 85	Zürich, SUI
	S	4:19.12	Laura Muir	9 Jun 16	Oslo, NOR
	W	4:19.41	Kirsty McDermott/Wade	27 Jul 85	Oslo, NOR
	NI	4:28.40 i	Ciara Mageean (IRL)	20 Feb 16	New York (A), USA
		4:30.64	Ciara Mageean (IRL)	24 Jul 15	Dublin, IRL
2000m	S	5:26.93	Yvonne Murray	8 Jul 94	Edinburgh
	E	5:30.19	Zola Budd	11 Jul 86	London (CP)
	W	5:45.81 i	Kirsty Wade	13 Mar 87	Cosford
		5:50.17	Susan Tooby/Wightman	13 Jul 84	London (CP)
	NI	5:57.24	Ursula McKee/McGloin	25 Jun 90	Antrim

Event		Time		Athlete	Date		Location
3000m	E	8:22.20		Paula Radcliffe	19	Jul 02	Monaco, MON
	S	8:29.02		Yvonne Murray	25	Sep 88	Seoul, SKO
	W	8:45.36	i	Hayley Tullett	10	Mar 01	Lisbon, POR
		8:45.39		Hayley Tullett	15	Jul 00	Gateshead
	NI	8:55.09	i	Ciara Mageean (IRL)	14	Feb 15	New York, USA
		9:07.47		Ciara Mageean (IRL)	7	May 16	Belfast
2 Miles	E	9:17.4	+e	Paula Radcliffe	20	Jun 04	Bydgoszcz, POL
		9:32.00	i	Joanne Pavey	17	Feb 07	Birmingham
		9:32.07		Paula Radcliffe	23	May 99	Loughborough
	S	9:36.85	i	Yvonne Murray	15	Mar 87	Cosford
		9:49.75		Laura Whittle	24	Aug 14	Birmingham
	W	9:49.73		Hayley Tullett	23	May 99	Loughborough
5000m	E	14:29.11		Paula Radcliffe	20	Jun 04	Bydgoszcz, POL
	S	14:54.08		Stephanie Twell	27	Aug 10	Brussels, BEL
	W	15:13.22		Angela Tooby	5	Aug 87	Oslo, NOR
	NI	15:58.67		Kerry Harty (IRL)	28	May 11	Manchester (SC)
10000m	E	30:01.09		Paula Radcliffe	6	Aug 02	Munich, GER
	S	30:57.07		Liz McColgan	25	Jun 91	Hengelo, HOL
	W	31:55.30		Angela Tooby	4	Sep 87	Rome, ITA
	NI	35:18.06		Fionnuala Ross	19	Apr 12	Walnut, USA
1 Hour	E	16,495 m	#	Michaela McCallum	2	Apr 00	Asti
		16,364 m		Alison Fletcher	3	Sep 97	Bromley
	W	16,460 m	i#	Bronwen Cardy-Wise	8	Mar 92	Birmingham
		14,400 m		Ann Franklin	5	Mar 89	Barry
	S	12,800 m		Leslie Watson	12	Mar 83	London (He)
20000m	E	1:15:46		Carolyn Hunter-Rowe	6	Mar 94	Barry
	W	1:23:56		Ann Franklin	9	Mar 86	Barry
25000m	E	1:35:16	e	Carolyn Hunter-Rowe	6	Mar 94	Barry
	W	1:44:58	e	Ann Franklin	9	Mar 86	Barry
		1:54:55		Leslie Watson	12	Mar 83	London (He)
30000m	E	1:55:03		Carolyn Hunter-Rowe	6	Mar 94	Barry
	W	2:05:59		Ann Franklin	9	Mar 86	Barry
	S	2:16:44		Leslie Watson	12	Mar 83	London (He)
Half Marathon	E	65:40		Paula Radcliffe	22	Sep 03	South Shields
	S	67:11		Liz McColgan	26	Jan 92	Tokyo, JPN
	W	69:56		Susan Tooby/Wightman	24	Jul 88	South Shields
	NI	72:57		Teresa Duffy (IRL)	1	Apr 01	Berlin, GER
Marathon	E	2:15:25		Paula Radcliffe	13	Apr 03	London
	S	2:26:52		Liz McColgan	13	Apr 97	London
	W	2:31:33		Susan Tooby/Wightman	23	Sep 88	Seoul, KOR
	NI	2:35:27		Teresa Duffy (IRL)	22	Apr 01	London
2000mSC	E	6:26.79		Racheal Bamford	25	Aug 15	Manchester (Str)
	S	6:27.33	mx#	Lenny Waite	20	May 10	Houston, USA
		6:29.58		Emma Raven	16	May 10	Wishaw
	NI	6:37.50		Kerry Harty	6	Jul 13	Manchester (SC)
	W	6:39.35		Caryl Jones	28	Jul 12	Swansea
3000mSC	E	9:24.24		Barbara Parker	2	Jun 12	Eugene, USA
	S	9:35.82		Eilish McColgan	10	Aug 13	Moscow, RUS
	NI	9:42.61		Kerry O'Flaherty (IRL)	10	Jul 15	Letterkenney, IRL
	W	10:33.06		Clare Martin	9	Jul 05	Manchester (SC)

UKRecs - W - 100H - Hept

Event		Mark		Athlete	Date		Location
100m H	E	12.51		Tiffany Porter	14 Sep 14		Marrakech, MAR
	W	12.91		Kay Morley-Brown	2 Feb 90		Auckland, NZL
	NI	13.29		Mary Peters	2 Sep 72		Munich, GER
	S	13.35		Pat Rollo	30 Jul 83		London (CP)
400m H	E	52.74		Sally Gunnell	19 Aug 93		Stuttgart, GER
	S	54.09		Eilidh Doyle	15 Jul 16		Monaco, MON
	NI	55.91		Elaine McLaughlin	26 Sep 88		Seoul, KOR
	W	56.43		Alyson Layzell	16 Jun 96		Birmingham
High Jump	E	1.98		Katarina Johnson-Thompson	12 Aug 16		Rio de Janeiro, BRA
	NI	1.92		Janet Boyle	29 Sep 88		Seoul, KOR
	S	1.91		Jayne Barnetson	7 Jul 89		Edinburgh
	W	1.90	i	Julie Crane	28 Feb 04		Otterberg, GER
		1.89		Julie Crane	15 Aug 04		Glasgow (S)
Pole Vault	E	4.87	i#	Holly Bleasdale	21 Jan 12		Villerbanne, FRA
		4.71		Holly Bleasdale	24 Jun 12		Birmingham
	S	4.35		Henrietta Paxton	26 Jun 10		Birmingham
	NI	4.45		Zoe Brown (IRL)	15 Jul 14		Cardiff
	W	4.42	i	Sally Peake	18 Feb 12		Nevers, FRA
		4.40		Sally Peake	12 Jul 14		Glasgow (HP)
		4.40		Sally Peake	21 Apr 16		Chula Vista, USA
Long Jump	E	7.07		Shara Proctor	28 Aug 15		Beijing, CHN
	W	6.52		Gillian Regan	28 Aug 82		Swansea
	S	6.47		Jade Nimmo	14 Apr 12		Bowling Green, USA
	NI	6.13		Linzi Herron	2 Jul 13		Cork, IRL
Triple Jump	E	15.16	i	Ashia Hansen	28 Feb 98		Valencia, SPA
		15.15		Ashia Hansen	13 Sep 97		Fukuoka, JPN
	S	13.62		Nony Mordi	5 Jul 08		Machester (SC)
	W	12.95		Hannah Frankson	9 Jun 13		Alphen, NED
	NI	12.10		Mary Devlin	26 Apr 03		Marsa, MLT
Shot	E	19.36		Judy Oakes	14 Aug 88		Gateshead
	S	18.99		Meg Ritchie	7 May 83		Tucson, USA
	W	19.06	i	Venissa Head	7 Apr 84		St. Athan
		18.93		Venissa Head	13 May 84		Haverfordwest
	NI	16.63		Eva Massey	20 May 07		Loughborough
Discus	S	67.48		Meg Ritchie	26 Apr 81		Walnut, USA
	E	65.10		Jade Lally	27 Feb 16		Sydney, AUS
	W	64.68		Venissa Head	18 Jul 83		Athens, GRE
	NI	60.72		Jackie McKernan	18 Jul 93		Buffalo, USA
Hammer	E	74.54		Sophie Hitchon	15 Aug 16		Rio de Janeiro, BRA
	S	67.58		Shirley Webb	16 Jul 05		Loughborough
	W	66.80		Carys Parry	15 Jul 14		Cardiff
	NI	58.39		Hayley Murray	20 Apr 13		Rugby
Javelin	E	66.17		Goldie Sayers	14 Aug 12		London (CP)
	S	57.19		Lorna Jackson	9 Jul 00		Peterborough
	W	52.78		Tesni Ward	29 May 11		Bedford
	NI	49.23		Laura Kerr	20 Aug 05		Belfast
Hept.	E	6955		Jessica Ennis	4 Aug 12		London (O)
	S	5803		Jayne Barnetson	20 Aug 89		Kiyev, UKR
	W	5642		Sarah Rowe	23 Aug 81		Utrecht, HOL
	NI	5065	h	Catherine Scott	13 Sep 87		Tullamore, IRL
(with 1999 Javelin)							
	S	5552		Laura Redmond	8 Jun 03		Arles, FRA
	W	5254		Rebecca Jones	2 Jun 02		Arles, FRA
	NI	4600		Tamsin Stephens	2 Sep 01		Sheffield

UKRecs - W - 4x100 - 50kWR

Event		Time	Athletes	Date		Location
4x100m	E	41.77	A. Philip, D. Henry, (UK) D. Asher-Smith, D. Neita	19	Aug 16	Rio de Janeiro, BRA
	W	44.51	H. Brier, H. Thomas M. Moore, R. Johncock	2	Aug 14	Glasgow (HP)
	S	45.37	J. Booth, K. Hogg, J. Neilson, S. Whittaker	8	Jun 86	Lloret de Mar,ESP
		45.2	A. MacRitchie, S. Pringle, (ESH) H. Hogarth, E. Sutherland	27	Jun 70	London (CP)
	NI	46.36	K. Graham, H. Gourlay, J. Robinson, R. Gaylor	31	Aug 85	Tel Aviv, ISR
4x400m	E	3:22.01	L. Hanson, P. Smith, (UK) S. Gunnell, L. Staines	1	Sep 91	Tokyo, JPN
	S	3:30.91	G Nicol, E Child, K Evans, L. McConnell	12	Oct 10	Dehli, IND
	W	3:35.60	C. Smart, K. Wade, D. Fryar, M. Scutt	4	Jul 82	Dublin (S), IRL
	NI	3:40.12	Z. Arnold, V. Jamison, J. Latimer, S. Llewellyn	22	Jun 96	Belfast

Track Walking

Event		Time	Athlete	Date		Location
3000m	E	12:22.62	Jo Jackson	14	Feb 09	Sydney, AUS
	W	12:24.70	Bethan Davies	11	Jun 16	Cardiff
	S	13:16.23	Verity Snook	27	May 96	Bedford
5000m	E	20:46.58	Jo Jackson	14	Feb 09	Sydney, AUS
	W	22:03.82	Bethan Davies	26	Jun 16	Birmingham
	S	23:22.52	Verity Snook	19	Jun 94	Horsham
10000m	E	45:09.57	Lisa Kehler	13	Aug 00	Birmingham
	S	47:10.07	Verity Larby/Snook	19	Jun 93	Horsham
	W	48:14.9 +	Bethan Davies	21	Jun 15	Bedford
1 Hour	E	11,590 m	Lisa Langford/Kehler	13	Sep 86	Woodford
20000m	W	1:36:39.70	Bethan Davies	21	Jun 15	Bedford
	E	1:56:59.7	Cath Reader	21	Oct 95	Loughborough
2 Hours	E	20,502 m	Cath Reader	21	Oct 95	Loughborough

Road Walking

Event		Time	Athlete	Date		Location
5km	E	21:36	Vicky Lupton/White	18	Jul 92	Sheffield
	W	22:28 +	Bethan Davies	6	Mar 16	Coventry
	S	22:45	Verity Snook	25	Aug 94	Victoria, CAN
10km	E	43:52	Jo Jackson	14	Mar 10	Covenrty
	W	44:59	Bethan Davies	6	Mar 16	Coventry
	S	46:06	Verity Snook	25	Aug 94	Victoria, CAN
20km	E	1:30:41	Jo Jackson	19	Jun 10	La Coruna, ESP
	S	1:36:40	Sara Cattermole	4	Mar 00	Perth, AUS
	W	1:33:48	Bethan Davies	5	Jun 16	Leeds
50km	E	4:50:51	Sandra Brown	13	Jul 91	Basildon

UK INDOOR RECORDS
as at 31 Dec 2016

MEN

Event	Time/Mark		Athlete	Date	Venue
50m	5.61	+	Jason Gardener	16 Feb 00	Madrid, ESP
60m	6.42		Dwain Chambers	7 Mar 09	Turin, ITA
200m	20.25		Linford Christie	19 Feb 95	Liévin, FRA
400m	45.39		Jamie Baulch	9 Feb 97	Birmingham
800m	1:44.91		Sebastian Coe	12 Mar 83	Cosford
1000m	2:17.86		Matthew Yates	22 Feb 92	Birmingham
1500m	3:34.20		Peter Elliott	27 Feb 90	Seville, ESP
1 Mile	3:52.02		Peter Elliott	9 Feb 90	East Rutherford, USA
2000m	4:57.09		John Mayock	25 Feb 01	Liévin, FRA
3000m	7:33.1	+	Mo Farah	21 Feb 15	Birmingham
	7:34.47		Mo Farah	21 Feb 09	Birmingham
5000m	13:10.60		Mo Farah	19 Feb 11	Birmingham
50m Hurdles	6.40		Colin Jackson	5 Feb 99	Budapest, HUN
60m Hurdles	7.30		Colin Jackson	6 Mar 94	Sindelfingen, GER
High Jump	2.38		Steve Smith	4 Feb 94	Wuppertal, GER
Pole Vault	5.83		Luke Cutts	25 Jan 14	Rouen, FRA
Long Jump	8.26A		Greg Rutherford	5 Feb 16	Albuquerque, USA
Triple Jump	17.75		Phillips Idowu	9 Mar 08	Valencia, ESP
Shot	21.49		Carl Myerscough	15 Mar 03	Fayetteville, USA
Heptathlon	5982		John Lane	25 Jan 14	Sheffield
	(6.96, 7.26, 14.21, 2.03, 8.07, 4.90, 2:47.37)				
5000m Walk	18:54.18		Tom Bosworth	31 Jan 16	Bratislava, SVK
4 x 200m Relay	1:22.11		UK National Team	3 Mar 91	Glasgow
	(Linford Christie, Darren Braithwaite, Ade Mafe, John Regis)				
4 x 400m Relay	3:03.20		UK National Team	7 Mar 99	Maebashi, JPN
	(Allyn Condon, Solomon Wariso, Adrian Patrick, Jamie Baulch)				

WOMEN

Event	Time/Mark	Athlete	Date	Venue
50m	6.21	Wendy Hoyte	22 Feb 81	Grenoble, FRA
60m	7.08	Jeanette Kwakye	7 Mar 08	Valencia, ESP
	7.08	Dina Asher-Smith	8 Mar 15	Prague, CZE
200m	22.83	Katharine Merry	14 Feb 99	Birmingham
400m	50.02	Nicola Sanders	3 Mar 07	Birmingham
800m	1:58.43	Jenny Meadows	14 Mar 10	Doha, QAT
1000m	2:32.96	Kelly Holmes	20 Feb 04	Birmingham
1500m	4:02.66	Kelly Holmes	16 Mar 03	Birmingham
1 Mile	4:23.86	Kirsty Wade	5 Feb 88	New York, USA
2000m	5:40.86	Yvonne Murray	20 Feb 93	Birmingham
3000m	8:31.50	Jo Pavey	3 Feb 07	Stuttgart, GER
5000m	15:03.17	Liz McColgan	22 Feb 92	Birmingham
50m Hurdles	6.83	Tiffany Ofili/Porter	28 Jan 12	New York, USA
60m Hurdles	7.80	Tiffany Ofili/Porter	4 Mar 11	Paris, FRA
High Jump	1.97	Katarina Johnson-Thompson	14 Feb 15	Sheffield
Pole Vault	4.87	Holly Bleasdale	21 Jan 12	Villeurbanne, FRA
Long Jump	6.93	Katarina Johnson-Thompson	21 Feb 15	Birmingham
	6.93	Lorriane Ugen	18 Mar 16	Portland, USA
Triple Jump	15.16	Ashia Hansen	28 Feb 98	Valencia, ESP
Shot	19.06	Venissa Head	7 Apr 84	St. Athan
Pentathlon	5000	Katarina Johnson-Thompson	6 Mar 15	Prague, CZE
	(8.18, 1.95, 12.32, 6.89, 2:12.78)			
3000m Walk	12:44.99	Bethan Davies	28 Feb 16	Sheffield
4 x 200m Relay	1:33.96	UK National Team	23 Feb 90	Glasgow
	(Paula Thomas, Jenni Stoute, Linda Staines, Sally Gunnell)			
4 x 400m Relay	3:27.56	UK National Team	3 Mar 13	Gothenburg, SWE
	(Eilidh Child, Shana Cox, Christine Ohuruogu, Perri Shakes-Drayton)			

UK ALL TIME LISTS - MEN
as at 31 December 2016

100 Metres

	9.87	Linford Christie ¶	15 Aug 93		10.23	Theo Etienne	20 Jul 16		
	9.91	Christie	23 Aug 94		10.24	Chris Lambert	14 Jul 01		50
	9.91	James Dasaolu	13 Jul 13		10.24	Greg Cackett	7 Jul 13		
	9.92	Christie	25 Aug 91		10.25	Mark Findlay	29 May 05		
	9.96	Christie	1 Aug 92		10.25	Tremayne Gilling	17 Jul 10		
	9.96	Chijindu Ujah	8 Jun 14		**wind assisted**				
	9.96	Ujah	24 Jul 15		9.90	Christie	24 Aug 91		
	9.96	Joel Fearon	30 Jul 16		9.91	Christie	11 Jun 94		
	9.97	Christie	24 Sep 88		9.92	Richard Kilty	29 May 16		
	9.97	Christie	15 Aug 93		9.93	Christie	28 Jan 90		
	9.97 A	Christie	23 Sep 95		9.93	Dasaolu	25 Jun 16		
	9.97	Dwain Chambers ¶	22 Aug 99		9.95	Christie	22 Jun 90		
	9.97	Dasaolu	11 Aug 13		9.96	James Ellington	25 Jun 16		
	9.97	Adam Gemili	7 Jun 15		9.97 †	Mark Lewis-Francis	4 Aug 01		
	9.98	Jason Gardener	2 Jul 99		9.97	Gemili	31 May 15		
	10.01	Richard Kilty	16 Jul 16		9.97	Ujah	25 Jun 16		
	10.03	Simeon Williamson	12 Jul 08		10.00	Ian Mackie	18 Jul 98		
10	10.04	Darren Campbell	19 Aug 98		10.01	Doug Walker ¶	18 Jul 98		
	10.04	Mark Lewis-Francis	5 Jul 02		10.02	Allan Wells	4 Oct 82		
	10.04	James Ellington	7 Jul 16		10.02	Ojie Edoburun	25 Jun 16		
	10.04	Reece Prescod	30 Jul 16		10.02	Harry Aikines-Aryeetey	25 Jun 16		
	10.06	Marlon Devonish	10 Jul 07		10.03	Kieran Showler-Davis	3 Aug 16		
	10.06	Tyrone Edgar	31 May 08		10.04 A	Tyrone Edgar	10 May 03		
	10.08	Harry Aikines-Aryeetey	13 Jul 13		10.04	Deji Tobais	23 Aug 14		
	10.09	Jason Livingston ¶	13 Jun 92		10.07	Cameron Sharp	4 Oct 82		
	10.09	Nethaneel Mitchell-Blake	16 Apr 16		10.07	John Regis	28 Aug 90		
	10.10	Andy Robertson	23 Aug 14		10.07	Toby Box	11 Jun 94		
20	10.10	Zharnel Hughes	16 Apr 16		10.07	Michael Rosswess	11 Jun 94		
	10.11	Allan Wells	24 Jul 80		10.07	Sean Safo-Antwi	23 Aug 14		
	10.11	Christian Malcolm	5 Aug 01		10.08	Mike McFarlane	27 May 84		
	10.12	Darren Braithwaite	15 Jul 95		10.08	Jason John	11 Jun 94		
	10.14	Craig Pickering	13 Jul 07		10.08	Craig Pickering	17 Jun 09		
	10.14	Danny Talbot	31 May 14		10.09 †	Christian Malcolm	4 Aug 01		
	10.14	Sean Safo-Antwi	7 Jun 14		10.10	Donovan Reid	26 Jun 83		
	10.15	Michael Rosswess	15 Sep 91		10.10	Leevan Yearwood	3 Jul 09		
	10.15	John Regis	29 May 93		10.11	Drew McMaster	26 Jun 83		
	10.16	Rikki Fifton	28 Sep 07		10.12	Buster Watson	27 May 84		
30	10.16	Ojie Edoburun	23 Aug 14		10.13	Jonathan Barbour	30 Jun 01		
	10.17	Ian Mackie	25 Aug 96		10.14	Ernest Obeng	20 Jun 87		
	10.18	Deji Tobais	7 Jun 14		10.14	Marcus Adam	28 Jan 90		
	10.18	Kieran Daly	21 Jun 14		10.14	Theo Etienne	20 Jul 16		
	10.20	Cameron Sharp	24 Aug 83		10.16	Daniel Money	21 Jun 97		
	10.20	Elliot Bunney	14 Jun 86		10.17	Terry Williams	23 Aug 94		
	10.20	Ryan Scott	17 Jul 08		10.17	Owusu Dako	5 Jul 98		
	10.20	Josh Swaray (now SEN)	13 Jul 13		10.19	Chris Lambert	12 May 02		
	10.21 A	Ainsley Bennett	8 Sep 79		10.19	James Alaka	5 Jun 16		
	10.21	Jamie Henderson	6 Aug 87		† wind gauge faulty - probably windy				
40	10.21	Allyn Condon	14 Aug 99						
	10.21	Luke Fagan	15 Sep 11		**hand timing**				
	10.22	Mike McFarlane	20 Jun 86		10.1	David Jenkins	20 May 72		
	10.22	Tim Abeyie	22 Jun 06		10.1	Brian Green	3 Jun 72		
	10.22	Leevan Yearwood	17 Jul 08						
	10.22	James Alaka	13 May 12		**hand timing - wind assisted**				
	10.23	Marcus Adam	26 Jul 91		10.0	Allan Wells	16 Jun 79		
	10.23	Jason John	15 Jul 94		10.0	Drew McMaster	1 Jun 80		
	10.23	Terry Williams	22 Aug 94		10.1	Dave Roberts	17 Jul 82		

200 Metres

Time	Name	Date
19.87 A	John Regis	31 Jul 94
19.94	Regis	20 Aug 93
19.95	Nethaneel Mitchell-Blake	14 May 16
19.97	Adam Gemili	9 Sep 16
19.98	Gemili	16 Aug 13
19.98	Gemili	15 Aug 14
20.01	Regis	2 Aug 94
20.02	Zharnel Hughes	27 Aug 15
20.05	Hughes	24 Jul 15
20.07	Gemili	22 Jul 16
20.08	Christian Malcolm	8 Aug 01
20.09	Linford Christie ¶	28 Sep 88
20.13	Darren Campbell	27 Sep 00
20.18	Julian Golding	19 Sep 98
20.19	Marlon Devonish	29 Jul 02
20.21	Allan Wells	28 Jul 80
20.22	Chris Clarke	25 Aug 13
20.25	Danny Talbot	17 Aug 16
20.31	Dwain Chambers ¶	22 Jul 01
20.31	James Ellington	30 Apr 16
20.34	Chris Lambert	20 Jul 03
20.34	Richard Kilty	7 Jul 13
20.35	Doug Walker ¶	26 Jul 98
20.36	Todd Bennett	28 May 84
20.37	Toby Sandeman	18 Jul 09
20.37	Thomas Somers	24 Jul 14
20.38	Jeffrey Lawal-Balogun	28 Jun 09
20.38	Reece Prescod	25 Aug 16
20.40	Delano Williams	16 May 15
20.41	Marcus Adam	13 Jun 92
20.42 A	Ainsley Bennett	12 Sep 79
20.43	Mike McFarlane	7 Oct 82
20.43	Doug Turner	9 Jun 96
20.43	Leon Baptiste	10 Oct 10
20.45	James Alaka	13 May 12
20.46	Rikki Fifton	6 Jun 09
20.46	Harry Aikines-Aryeetey	3 Jul 11
20.47	Cameron Sharp	9 Sep 82
20.47	Darren Braithwaite	13 May 95
20.47	Chijindu Ujah	4 Jun 15
20.49	Alex Nelson	5 Jul 08
20.50	Terry Williams	24 Aug 94
20.50	Tony Jarrett	16 Jul 95
20.50	Solomon Wariso	16 Jul 95
20.51	Michael Rosswess	28 Sep 88
20.53 i	Allyn Condon	8 Feb 98
20.63		19 Jul 97
20.54	Ade Mafe	25 Aug 85
20.56	Roger Black	4 May 96
20.57	Owusu Dako	16 Jul 95
20.57	Tim Abeyie	5 Jul 08
20.58	Dwayne Grant	10 Aug 03
20.60	Luke Fagan	13 Aug 11
20.60	David Bolarinwa	8 Jun 13
20.60 i	Sam Watts	13 Feb 16
20.65		28 May 16
20.61	Deji Tobais	7 Jul 12
20.62	Buster Watson	5 Jun 83
20.62	Donovan Reid	28 May 84
20.62	Mark Richardson	24 Aug 97
20.62 i	Daniel Caines	1 Mar 02
20.62	Leon Reid	20 Jul 13
20.65	Jason Gardener	11 Jul 99
20.66 A	Dick Steane	15 Oct 68
20.66	David Jenkins	27 Aug 73

wind assisted

19.96	Mitchell-Blake	28 May 16
20.10	Marcus Adam	1 Feb 90
20.11	Allan Wells	20 Jun 80
20.18	Marlon Devonish	14 Jul 02
20.26	Ade Mafe	1 Feb 90
20.36	Doug Turner	27 Jul 97
20.38	Dwayne Grant	23 Aug 03
20.48	Michael Rosswess	9 Sep 90
20.50	Sam Watts	21 Mar 14
20.50	Ojie Edoburun	22 May 16
20.51	Jason John	2 Jul 93
20.55	Buster Watson	10 Aug 85
20.56	Greg Cackett	7 Jul 13
20.56	Toby Harries	9 Sep 15
20.57	Tyrone Edgar	10 May 03
20.57	Tommy Ramdhan	18 Jul 15
20.59	Allyn Condon	25 Jul 99
20.60	Tim Benjamin	7 Aug 99
20.61	Martin Reynolds	22 Jul 70
20.61	Ed White	11 Jul 99

hand timing (* 220 yards time less 0.1)

20.3	David Jenkins	19 Aug 72
20.4 *	Peter Radford	28 May 60
20.6	Donovan Reid	1 Jul 84

hand timing - wind assisted

20.4	Buster Watson	11 Aug 85
20.5	Roger Black	6 Jul 96
20.6	Ainsley Bennett	22 Jun 74
20.6	Mark Richardson	6 Jul 96

300 Metres

Time	Name	Date
31.56	Doug Walker ¶	19 Jul 98
31.87	John Regis	17 Jul 92
31.87	Mark Richardson	19 Jul 98
31.98	Regis	19 Jun 93
31.99	Regis	21 Jun 91
32.06	Jamie Baulch	31 May 97
32.08	Roger Black	8 Aug 86
32.14	Todd Bennett	18 Aug 84
32.14	Delano Williams	7 Jun 15
32.23	Solomon Wariso	19 Jul 98
32.26	Mark Hylton	19 Jul 98
32.29	Chris Clarke	13 Sep 15
32.31	Rabah Yousif Bkheit	7 Sep 14
32.32	Derek Redmond	16 Jul 88

during 400m

32.06 +	Roger Black	29 Aug 91
32.08 +	Iwan Thomas	5 Aug 97
32.26 +	Derek Redmond	1 Sep 87
32.35 +	David Grindley	26 Jun 93

AT - M - 400 - 800

400 Metres

Time	Name	Date		
44.36	Iwan Thomas	13	Jul	97
44.37	Roger Black	3	Jul	96
44.37	Mark Richardson	9	Jul	98
44.37	Richardson	8	Aug	98
44.38	Thomas	8	Aug	98
44.39	Black	16	Jun	96
44.41	Black	29	Jul	96
44.45	Martyn Rooney	23	Aug	15
44.46	Thomas	2	Jul	97
44.47	David Grindley	3	Aug	92
44.47	Richardson	5	Aug	97
44.47	Richardson	24	Aug	99
44.48	Matthew Hudson-Smith	13	Aug	16
44.50	Derek Redmond	1	Sep	87
44.54	Rabah Yousif Bkheit	24	Aug	15
44.56	Tim Benjamin	9	Sep	05
44.57	Jamie Baulch	3	Jul	96
44.66	Du'aine Ladejo	16	Jun	96
44.68	Solomon Wariso	26	Jul	98
44.74	Michael Bingham	19	Aug	09
44.93	David Jenkins	21	Jun	75
44.93	Kriss Akabusi	7	Aug	88
44.94	Andrew Steele	18	Aug	08
44.98	Daniel Caines	27	Jul	02
45.01	Robert Tobin	11	Jun	05
45.06	Conrad Williams	6	Jun	15
45.09	Jarryd Dunn	20	Jun	15
45.11	Nigel Levine	7	Jun	12
45.20	Sean Baldock	12	Aug	00
45.22	Brian Whittle	25	Sep	88
45.23	Luke Lennon-Ford	2	Jun	12
45.24	Mark Hylton	12	Aug	98
45.26	Phil Brown	26	May	85
45.27	Todd Bennett	7	Aug	88
45.30	Ade Mafe	23	Jul	93
45.33	Paul Sanders	15	Jun	91
45.42	Delano Williams	9	May	15
45.47	David McKenzie	12	Jun	94
45.48	John Regis	17	Apr	93
45.48	Richard Strachan	7	Jul	13
45.49	Glen Cohen	21	May	78
45.57	Jared Deacon	16	Jun	02
45.58	Ian Mackie	13	Jul	03
45.59	Chris Clarke	24	Jul	09
45.60	Malachi Davis	24	Jul	05
45.61	Richard Buck	2	Jun	12
45.63	Adrian Patrick	5	Jul	95
45.64	Paul Harmsworth	7	Aug	88
45.65	Alan Bell	14	Jun	80
45.67	Roger Hunter	19	May	85
45.74	Steve Heard	26	May	85
45.75	Robbie Brightwell	19	Oct	64
45.76	Guy Bullock	16	Jun	96
45.77	Louis Persent	2	Jun	12
45.81	Terry Whitehead	14	Jun	80
45.82	Dai Greene	31	Jul	11
45.83	Geoff Dearman	29	Jul	00
45.84	Richard Knowles	18	May	97
45.84	Graham Hedman	11	Jun	06
45.84	Daniel Awde	19	Jul	14

hand timing (* 440 yards time less 0.3)

Time	Name	Date		
45.6 *	Robbie Brightwell	14	Jul	62
45.7	Adrian Metcalfe	2	Sep	61

600 Metres

Time	Name	Date		
1:14.95	Steve Heard	14	Jul	91
1:15.0 +	Sebastian Coe	10	Jun	81
1:15.4	Garry Cook	30	Aug	84
1:15.4	Tom McKean	21	Jul	91
1:15.6	David Jenkins	3	Aug	74
1:15.87	Michael Rimmer	5	Jun	16

800 Metres (* 880 yards time less 0.60)

1:41.73"	Sebastian Coe	10	Jun	81
1:42.33	Coe	5	Jul	79
1:42.88	Steve Cram	21	Aug	85
1:42.97	Peter Elliott	30	May	90
1:43.07	Coe	25	Aug	85
1:43.19	Cram	7	Sep	86
1:43.22	Cram	31	Jul	86
1:43.38	Coe	29	Aug	89
1:43.41	Elliott	1	Sep	87
1:43.42	Cram	17	Aug	88
1:43.77	Andrew Osagie	9	Aug	12
1:43.84	Martin Steele	10	Jul	93
1:43.88	Tom McKean	28	Jul	89
1:43.89	Michael Rimmer	29	Aug	10
1:43.98	David Sharpe	19	Aug	92
1:44.09	Steve Ovett	31	Aug	78
1:44.55	Garry Cook	29	Aug	84
1:44.59	Tony Morrell	2	Jul	88
1:44.65	Ikem Billy	21	Jul	84
1:44.65	Steve Heard	26	Aug	92
1:44.65	James McIlroy	28	Aug	05
1:44.92	Curtis Robb	15	Aug	93
1:44.98	Gareth Warburton	7	Jun	12
1:45.05	Matthew Yates	26	Aug	92
1:45.10	Richard Hill	10	Jun	06
1:45.12	Andy Carter	14	Jul	73
1:45.14	Chris McGeorge	28	Jun	83
1:45.14	John Gladwin	22	Jul	86
1:45.31	Rob Harrison	21	Jul	84
1:45.35	Kevin McKay	16	Aug	92
1:45.44	Neil Horsfield	28	Jul	90
1:45.47	Brian Whittle	20	Jul	90
1:45.53	Charlie Grice	22	Jul	16
1:45.54	Elliot Giles	10	Jul	16
1:45.6	Graham Williamson	12	Jun	83
1:45.64	Paul Herbert	5	Jun	88
1:45.66	Paul Forbes	8	Jun	83
1:45.67	Sam Ellis	10	Jun	06
1:45.68	Mukhtar Mohammed	26	Jul	13
1:45.68	Mark Sesay	7	Aug	99
1:45.69	Steve Crabb	17	Aug	88
1:45.69	Craig Winrow	21	Jul	96
1:45.70	Ricky Soos	25	Aug	04
1:45.71	Andy Hart	19	Sep	98
1:45.74	Darren St.Clair	13	Aug	10
1:45.76	Frank Clement	10	Jul	76

AT - M - 800 - 1500

40	1:45.76	Tom Lancashire	13 May 06		3:32.37	Michael East	2 Jul 04	
	1:45.78	Kyle Langford	25 Jul 15		3:32.69	Peter Elliott	16 Sep 90	
	1:45.81	David Strang	12 Jul 96		3:33.34	Steve Crabb	4 Jul 87	
	1:45.81	Anthony Whiteman	5 Aug 00		3:33.60	Charlie Grice	15 Jul 16	10
	1:45.81 A	Neal Speaight	8 Apr 03		3:33.79	Dave Moorcroft	27 Jul 82	
	1:45.82	Jason Lobo	7 Aug 99		3:33.83	John Robson	4 Sep 79	
	1:45.96	James Bowness	23 Jul 16		3:33.96	Tom Lancashire	27 Aug 10	
	1:46.10	Gary Marlow	10 Jul 87		3:34.00	Matthew Yates	13 Sep 91	
	1:46.1	Colin Campbell	26 Jul 72		3:34.01	Graham Williamson	28 Jun 83	
	1:46.16	Gareth Brown	2 Jul 84		3:34.1 +	Tony Morrell	14 Jul 90	
50	1:46.20	David Warren	29 Jun 80		3:34.36 +	Andrew Baddeley	6 Jun 08	
	1:46.20	Joe Thomas	26 Jul 08		3:34.50	Adrian Passey	4 Jul 87	
	1:46.21	Pete Browne	14 Jul 73		3:34.53	Mark Rowland	27 Jul 88	
	1:46.26	Phil Lewis	27 Jan 74		3:34.59	Kevin McKay	24 Aug 97	20
	1:46.27	Michael East	31 Jul 04		3:34.76	Gary Lough	9 Sep 95	
	1:46.3 a	Chris Carter	4 Sep 66		3:34.76	Ross Murray	27 May 12	
	1:46.32	Andy Baddeley	30 Jun 07		3:34.83	Chris O'Hare	18 Jul 15	
					3:35.08	Neil Horsfield	10 Aug 90	
	1000 Metres				3:35.26	John Gladwin	5 Sep 86	
	2:12.18	Sebastian Coe	11 Jul 81		3:35.28	Jack Buckner	1 Jul 86	
	2:12.88	Steve Cram	9 Aug 85		3:35.49	Jake Wightman	12 Jul 14	
	2:13.40	Coe	1 Jul 80		3:35.53	Andrew Graffin	6 Sep 02	
	2:14.90	Coe	16 Jul 86		3:35.66	Frank Clement	12 Aug 78	
	2:15.57	James McIlroy	5 Sep 99		3:35.66 i	Lee Emanuel	21 Feb 15	30
	2:15.91	Steve Ovett	6 Sep 79			3:36.29	16 May 16	
	2:16.30	Peter Elliott	17 Jan 90		3:35.74	Rob Harrison	26 May 86	
	2:16.34	Matthew Yates	6 Jul 90		3:35.74	Nick McCormick	22 Jul 05	
	2:16.82	Graham Williamson	17 Jul 84		3:35.94	Paul Larkins	10 Jul 87	
	2:16.99	Tony Morrell	28 Aug 88		3:36.22	James Shane	31 Jul 11	
	2:16.99	Andy Baddeley	7 Aug 07		3:36.53	David Strang	15 Jul 94	
10	2:17.13	Michael Rimmer	20 Aug 12		3:36.81	Mike Kearns	26 Jul 77	
	2:17.14	John Gladwin	6 Jul 90		3:37.06	James Thie	4 Jul 04	
	2:17.20	Rob Harrison	18 Aug 84		3:37.06	Colin McCourt	10 Jul 10	
	2:17.36	Neil Horsfield	9 Aug 91		3:37.17	James Brewer	14 Aug 09	
	2:17.43	Gareth Brown	18 Aug 84		3:37.36	Chris Mulvaney	22 Jul 05	40
	2:17.45	Chris McGeorge	20 Aug 84		3:37.51	David Bishop	29 Apr 12	
	2:17.63	Kevin McKay	14 Jul 89		3:37.55	Colin Reitz	27 Jun 85	
	2:17.63	Tom Lancashire	31 Jul 09		3:37.64	Brendan Foster	2 Feb 74	
	2:17.75	Steve Crabb	5 Aug 87		3:37.67	Richard Peters	27 Jul 13	
	2:17.79	David Sharpe	31 Aug 92		3:37.75	Jon McCallum	1 Aug 00	
20	2:17.95	Mark Scruton	17 Jul 84		3:37.88	Jason Dullforce	17 Jul 92	
	2:17.96	Ikem Billy	14 Jul 89		3:37.90	Tom Farrell	12 Jul 14	
	2:18.18	Mal Edwards	11 Jul 86		3:37.97	Rod Finch	30 Jul 93	
	2:18.2	John Boulter	6 Sep 69		3:37.99	Rob Denmark	5 Jun 95	
	2:18.28	Garry Cook	23 Aug 81		3:38.05	Glen Grant	12 Aug 78	50
	2:18.31 i	David Strang	30 Jan 93		3:38.06	Tim Hutchings	31 Aug 84	
					3:38.08	Tom Hanlon	28 Jun 92	
	1500 Metres (+ during 1 mile)				3:38.1	Jim McGuinness	1 Aug 77	
	3:28.81	Mo Farah	19 Jul 13		3:38.18	Tom Mayo	29 Jun 03	
	3:28.93	Farah	17 Jul 15		3:38.2 a	James Espir	11 Jul 80	
	3:29.67	Steve Cram	16 Jul 85		3:38.22	Peter Stewart	15 Jul 72	
	3:29.77	Sebastian Coe	7 Sep 86		3:38.27	Steve Mitchell	5 Jul 14	
	3:30.15	Cram	5 Sep 86		3:38.31	Matt Barnes	23 Jul 93	
	3:30.77	Steve Ovett	4 Sep 83		3:38.33	Neil Speaight	15 Jul 07	
	3:30.95	Cram	19 Aug 88		3:38.50	Steve Davies	15 Jul 07	60
	3:31.34	Cram	27 Jun 85		3:38.52	Ray Smedley	15 Jul 72	
	3:31.36	Ovett	27 Aug 80		3:38.56	Curtis Robb	26 Jun 93	
	3:31.43	Cram	19 Aug 87		3:38.62	Niall Brooks	10 Jul 10	
	3:31.86	John Mayock	22 Aug 97		3:38.64	Simon Fairbrother	17 Jun 92	
	3:32.34	Anthony Whiteman	16 Aug 97		3:38.64	Jonathan Cook	23 Jul 16	

AT - M - 1M - 3k

1 Mile

3:46.32	Steve Cram	27	Jul	85
3:47.33	Sebastian Coe	28	Aug	81
3:48.31	Cram	5	Jul	86
3:48.40	Steve Ovett	26	Aug	81
3:48.53	Coe	19	Aug	81
3:48.8	Ovett	1	Jul	80
3:48.85	Cram	2	Jul	88
3:48.95	Coe	17	Jul	79
3:49.20	Peter Elliott	2	Jul	88
3:49.22	Coe	27	Jul	85
3:49.34	Dave Moorcroft	26	Jun	82
3:49.38	Andrew Baddeley	6	Jun	08
3:50.32	John Mayock	5	Jul	96
3:50.64	Graham Williamson	13	Jul	82
3:51.02	John Gladwin	19	Aug	87
3:51.31	Tony Morrell	14	Jul	90
3:51.57	Jack Buckner	29	Aug	84
3:51.76hc	Steve Crabb	14	Aug	87
	3:52.20	1	Jul	89
3:51.90	Anthony Whiteman	16	Jul	98
3:52.02	Nick McCormick	29	Jul	05
3:52.44	John Robson	11	Jul	81
3:52.50	Michael East	21	Aug	05
3:52.64	Charlie Grice	28	May	16
3:52.75	Matthew Yates	10	Jul	93
3:52.77	Ross Murray	14	Jul	12
3:52.91 i	Chris O'Hare	20	Feb	16
3:52.99	Mark Rowland	10	Sep	86
3:53.20	Ian Stewart II	25	Aug	82
3:53.39	Tom Lancashire	14	Aug	10
3:53.64	Kevin McKay	22	Jul	94
3:53.82	Gary Staines	12	Aug	90
3:53.85	Rob Harrison	15	Jul	86
3:54.20	Jake Wightman	22	Jul	16
3:54.2	Frank Clement	27	Jun	78
3:54.30	David Strang	22	Jul	94
3:54.30 i	Lee Emanuel	25	Jan	14
	3:54.75	27	Jul	13
3:54.39	Neil Horsfield	8	Jul	86
3:54.53	Tim Hutchings	31	Jul	82
3:54.70	Andrew Graffin	23	Aug	02
3:54.80	James Brewer	25	Jul	09
3:54.9	Adrian Passey	20	Aug	89
3:55.0	Jim McGuinness	11	Jul	77
3:55.3	Peter Stewart	10	Jun	72
3:55.37	Tom Mayo	8	Aug	03
3:55.38	Rob Denmark	12	Aug	90
3:55.41	Colin Reitz	31	Jul	82
3:55.68	Alan Simpson	30	Aug	65
3:55.8	Geoff Smith	15	Aug	81
3:55.84	Neil Caddy	25	Aug	96
3:55.9	Brendan Foster	10	Jun	72
3:55.91	Gary Lough	27	Aug	95
3:55.96	David Lewis	23	Aug	83
3:56.0	Jim Douglas	10	Jun	72
3:56.04	Mike Downes	25	Aug	82
3:56.04 i	Richard Peters	14	Feb	13
3:56.1	Neill Duggan	11	Jun	66
3:56.19	Ian Hamer	5	Jul	91

2000 Metres

4:51.39	Steve Cram	4	Aug	85
4:52.82	Peter Elliott	15	Sep	87
4:53.06	Jack Buckner	15	Sep	87
4:53.69	Gary Staines	15	Sep	87
4:55.20	Cram	28	Aug	88
4:55.72	Elliott	28	Aug	88
4:56.75	John Mayock	30	Jul	99
4:57.09 i	Mayock	25	Feb	01
4:57.39	Nick McCormick	9	Mar	06
4:57.71	Steve Ovett	7	Jul	82
4:58.38	Graham Williamson	29	Aug	83
4:58.84	Sebastian Coe	5	Jun	82
4:59.57	Nick Rose	3	Jun	78
5:00.37	Tim Hutchings	29	Aug	83
5:01.09	Eamonn Martin	19	Jun	84
5:01.28	Andrew Graffin	25	Jun	00
5:01.48	Paul Larkins	5	Jun	88
5:02.01	Lee Emanuel	28	Jun	13
5:02.35	Sean Cahill	4	Aug	85
5:02.61	Steve Martin	19	Jun	84
5:02.8 a	Frank Clement	10	Sep	78
5:02.86	David Moorcroft	19	Jul	86
5:02.90	Allen Graffin	25	Jun	00
5:02.9 i+	Mo Farah	21	Feb	15
5:02.93	Brendan Foster	4	Jul	75
5:02.98	Ian Stewart I	4	Jul	75
5:02.98	Gary Lough	11	Aug	96
5:02.99	Neil Caddy	11	Aug	96

3000 Metres (+ during 2 Miles)

7:32.62	Mo Farah	5	Jun	16
7:32.79	Dave Moorcroft	17	Jul	82
7:33.1 i+	Farah	21	Feb	15
7:34.47 i	Farah	21	Feb	09
7:34.66	Farah	24	Jul	15
7:35.1	Brendan Foster	3	Aug	74
7:36.40	John Nuttall	10	Jul	96
7:39.55	Rob Denmark	1	Aug	93
7:39.86	Andy Baddeley	25	May	12
7:40.4	Nick Rose	27	Jun	78
7:40.43	Jack Buckner	5	Jul	86
7:40.94	Eamonn Martin	9	Jul	83
7:41.09 i	John Mayock	6	Feb	02
	7:47.28	23	Jul	95
7:41.3	Steve Ovett	23	Sep	77
7:41.79	Gary Staines	14	Jul	90
7:42.26	Graeme Fell	9	Jul	83
7:42.47	David Lewis	9	Jul	83
7:42.47 i	Tom Farrell	5	Feb	16
7:42.77	Billy Dee	18	Jul	92
7:43.03	Tim Hutchings	14	Jul	89
7:43.1 +	Steve Cram	29	Aug	83
7:43.34	Chris Thompson	13	Aug	10
7:43.61	Anthony Whiteman	27	Jun	98
7:43.90	Ian Stewart II	26	Jun	82
7:44.48 i	Lee Emanuel	7	Mar	15
7:44.40	Colin Reitz	9	Jul	83
7:44.76	Paul Davies-Hale	20	Jul	85
7:45.00	Andrew Butchart	5	Jun	16
7:45.2 +	Geoff Turnbull	12	Sep	86

AT - M - 3k - 5k

	7:45.29	Dennis Coates	9	Sep	77	**5000 Metres**				
	7:45.41	Jon Brown	1	Aug	98	12:53.11	Mo Farah	22	Jul	11
	7:45.49 i	Andy Vernon	7	Mar	14	12:56.98	Farah	2	Jun	12
	7:45.75		17	Jul	13	12:57.94	Farah	19	Aug	10
30	7:45.81	John Robson	13	Jul	84	12:59.29	Farah	23	Jul	16
	7:46.22 i	Mark Rowland	27	Feb	90	13:00.41	Dave Moorcroft	7	Jul	82
	7:46.39	Adrian Royle	28	Jun	83	13:03.30	Farah	20	Aug	16
	7:46.40	Ian Hamer	20	Jan	90	13:05.66	Farah	10	Jul	10
	7:46.4	David Bedford	21	Jun	72	13:06.04	Farah	13	Jul	12
	7:46.6 +	Dave Black	14	Sep	73	13:06.14	Farah	10	Jul	11
	7:46.73 i	Jonathan Mellor	15	Feb	14	13:07.00	Farah	14	Sep	07
	7:46.83	Ian Stewart I	26	May	76	13:08.61	Andrew Butchart	20	Aug	16
	7:46.85 i	Ricky Wilde	15	Mar	70	13:09.80	Ian Hamer	9	Jun	92
	7:46.95	David James	26	May	80	13:10.15	Jack Buckner	31	Aug	86
40	7:47.12	Simon Mugglestone	27	Jun	88	13:10.24	Rob Denmark	9	Jun	92
	7:47.54	Paul Larkins	14	Jul	89	13:10.48	Tom Farrell	18	Jul	15
	7:47.56	Dick Callan	15	Jul	83	13:11.50	Tim Hutchings	11	Aug	84
	7:47.6	Dick Taylor	6	Sep	69	13:11.50	Andy Vernon	4	May	14
	7:48.00	Richard Nerurkar	15	Jul	92	13:11.51	Chris Thompson	10	Jul	10 [10]
	7:48.09	Adrian Passey	28	Jul	89	13:14.28	Gary Staines	15	Aug	90
	7:48.18	Mike McLeod	9	Jul	78	13:14.6 a	Brendan Foster	29	Jan	74
	7:48.28	Jon Richards	9	Jul	83	13:15.59	Julian Goater	11	Sep	81
	7:48.28	Ian Gillespie	25	May	97	13:16.70	John Nuttall	8	Jun	95
	7:48.6 +	Nat Muir	27	Jun	80	13:17.21	Dave Bedford	14	Jul	72
50	7:48.66	Julian Goater	26	May	80	13:17.21	Keith Cullen	19	Jul	97
	7:48.76	Neil Caddy	2	Aug	98	13:17.84	Eamonn Martin	14	Jul	89
	7:48.81	Tim Redman	18	Aug	84	13:17.9	Nat Muir	15	Jul	80
	7:48.92	Scott Overall	26	Jul	08	13:18.06	Ian Gillespie	19	Jul	97
						13:18.6	Steve Jones	10	Jun	82 [20]
	2 Miles					13:18.81	Nick McCormick	7	Jun	12
	8:03.40 i	Mo Farah	21	Feb	15	13:18.91	Nick Rose	28	Jun	84
	8:07.85		24	Aug	14	13:19.03	Jon Brown	5	Aug	98
	8:08.07 i	Farah	18	Feb	12	13:19.43	John Mayock	31	Jul	02
	8:13.51	Steve Ovett	15	Sep	78	13:19.45	Sam Haughian	31	Jul	02
	8:13.68	Brendan Foster	27	Aug	73	13:19.66	Ian McCafferty	14	Jul	72
	8:14.93	Steve Cram	29	Aug	83	13:20.06	Steve Ovett	30	Jun	86
	8:15.53	Tim Hutchings	12	Sep	86	13:20.09	Adrian Passey	19	Jul	97
	8:15.98	Geoff Turnbull	12	Sep	86	13:20.30	Karl Keska	20	Jul	02
	8:16.75	Dave Moorcroft	20	Aug	82	13:20.85	Andy Baddeley	4	Mar	10 [30]
	8:16.94	Foster	17	Jul	79	13:21.13	David Lewis	4	Jul	85
	8:17.06 i	John Mayock	17	Feb	02	13:21.14	Barry Smith	7	Jun	81
	8:17.12	Jack Buckner	12	Sep	86	13:21.2	Tony Simmons	23	May	76
	8:17.79	Cram	16	Jul	88	13:21.60	Paul Davies-Hale	8	Jul	88
	8:18.4 i	Nick Rose	17	Feb	78	13:21.73	Geoff Turnbull	5	Sep	86
10	8:22.41		15	Sep	78	13:21.83	Mark Rowland	1	Jun	88
	8:18.98	Eamonn Martin	16	Jul	88	13:22.17 i	Geoff Smith	12	Feb	82
	8:19.37	Nat Muir	27	Jun	80	13:26.33		8	Aug	81
	8:20.28	David James	27	Jun	80	13:22.39	Jon Solly	7	Jul	86
	8:20.66	David Lewis	7	Sep	84	13:22.54	Dave Clarke	28	Jun	83
	8:21.09	Barry Smith	27	Jun	80	13:22.85	Ian Stewart I	25	Jul	70 [40]
	8:21.24 i	Lee Emanuel	31	Jan	15	13:23.26	Mike McLeod	24	Jun	80
	8:21.86	David Black	14	Sep	73	13:23.36	Richard Nerurkar	10	Aug	90
	8:21.97	Rob Denmark	9	Aug	91	13:23.48	John Doherty	1	Jun	85
	8:22.0	Ian Stewart I	14	Aug	72	13:23.52	Dave Black	29	Jan	74
	8:22.65	Ian Hamer	17	Jul	92	13:23.71	Steve Binns	1	Jun	88
20	8:22.7 i	Graeme Fell	19	Feb	82	13:23.94	Jonathan Davies	28	May	16
	8:22.98	Geoff Smith	27	Jun	80	13:24.07	Rory Fraser	19	Apr	13
	8:23.16	Gary Staines	9	Aug	91	13:24.44	Mike Openshaw	14	Jul	01
	8:23.80	Billy Dee	9	Aug	91	13:25.38	Paul Evans	28	Jun	95
						13:26.0	Bernie Ford	30	Jul	77 [50]

AT - M - 10k - 10MR

10000 Metres

Time	Name	Date
26:46.57	Mo Farah	3 Jun 11
26:50.97	Farah	29 May 15
26:53.71	Farah	27 May 16
27:01.13	Farah	22 Aug 15
27:05.17	Farah	13 Aug 16
27:14.07	Farah	28 Aug 11
27:18.14	Jon Brown	28 Aug 98
27:21.71	Farah	10 Aug 13
27:23.06	Eamonn Martin	2 Jul 88
27:27.36	Chris Thompson	1 May 11
27:30.3	Brendan Foster	23 Jun 78
27:30.80	Dave Bedford	13 Jul 73
27:31.19	Nick Rose	9 Jul 83
27:34.58	Julian Goater	26 Jun 82
27:36.27	David Black	29 Aug 78
27:39.14	Steve Jones	9 Jul 83
27:39.76	Mike McLeod	4 Sep 79
27:40.03	Richard Nerurkar	10 Jul 93
27:42.62	Andy Vernon	2 May 15
27:43.03	Ian Stewart I	9 Sep 77
27:43.59	Tony Simmons	30 Jun 77
27:43.74	Bernie Ford	9 Sep 77
27:43.76	Geoff Smith	13 Jun 81
27:44.09	Karl Keska	25 Sep 00
27:47.16	Adrian Royle	10 Apr 82
27:47.79	Paul Evans	5 Jul 93
27:48.73	Gary Staines	6 Jul 91
27:50.33	Keith Cullen	10 Apr 99
27:51.76	Jon Solly	20 Jun 86
27:55.06	Ross Millington	11 Jun 16
27:55.66	Steve Binns	9 Jul 83
27:55.77	Dave Clarke	25 May 82
27:57.23	Andrew Lemoncello	24 Apr 09
27:57.77	Ian Hamer	13 Sep 91
27:59.12	Allister Hutton	30 May 86
27:59.24	Carl Thackery	16 Jul 87
27:59.33	Steve Harris	22 Jul 86
28:00.50	Andres Jones	22 Jul 00
28:00.62	Jim Brown	1 Aug 75
28:00.64	Billy Dee	13 Sep 91
28:03.31	Rob Denmark	22 Jul 00
28:04.04	Andy Bristow	17 Aug 90
28:04.2	Ian Robinson	20 Apr 96
28:04.48	Mark Steinle	22 Jul 00
28:05.2	Dave Murphy	10 Apr 81
28:06.13	Barry Smith	7 Aug 81
28:06.6	Dick Taylor	22 Jun 69
28:07.43	John Nuttall	25 Aug 95
28:07.57	Tim Hutchings	7 Jul 90
28:08.12	Charlie Spedding	23 Jul 83
28:08.44	David Lewis	5 Jun 88
28:09.39	Mark Dalloway	5 Jun 88
28:11.07	Karl Harrison	20 Jun 86
28:11.72	Lachie Stewart	18 Jul 70
28:11.85	Lawrie Spence	29 May 83
28:13.04	Gerry Helme	29 May 83
28:13.13	Colin Moore	29 Jun 90
28:13.36	Jack Buckner	13 Sep 91
28:14.08	Jon Richards	20 Jun 86

10 Kilometres Road

27:34	Nick Rose	1 Apr 84
27:44	Mo Farah	31 May 10
27:53	Mike O'Reilly	19 Oct 86
27:55	Mark Scrutton	5 Mar 84
27:56	Steve Harris	4 Dec 83
27:56	John Doherty	4 Jul 86
27:59	Steve Jones	28 Apr 84
28:00	Roger Hackney	4 Dec 83
28:01	Barry Smith	4 Dec 83
28:02	Steve Binns	15 Apr 89
28:03	Jon Solly	5 Apr 86
28:03	Jack Buckner	28 Feb 87
28:05	Jon Brown	17 Oct 93
28:06	Geoff Smith	2 Mar 85
28:07	Colin Reitz	28 Apr 84
28:07	Peter Whitehead	4 Jul 96
28:09	Dave Moorcroft	16 May 82
28:10	Adrian Leek	10 Mar 84
28:10	Dave Clarke	5 May 85
28:11	Jon Richards	5 May 85

course measurement uncertain

28:01	Steve Kenyon	21 Sep 86
28:04	Dave Bedford	27 Mar 77
28:08	Kevin Forster	15 Jul 84
28:08	Dave Clarke	15 Jul 84

downhill

| 27:20 | Jon Brown | 24 Sep 95 |
| 27:57 | Malcolm East | 25 Sep 82 |

short (50m)

| 27:50 | Mark Scrutton | 6 Dec 81 |

10 Miles Road

45:13	Ian Stewart I	8 May 77
46:02	Richard Nerurkar	17 Oct 93
46:11	Gary Staines	10 Oct 93
46:19	Nerurkar	23 Jul 95
46:25	Mo Farah	25 Oct 09
46:26	Carl Thackery	7 Apr 91
46:35	Paul Evans	21 Sep 97
46:41	Roger Hackney	6 Apr 86
46:42	Dave Murphy	28 Apr 84
46:43	Steve Kenyon	21 Aug 82
46:43	Nick Rose	25 Apr 87
46:47	Martyn Brewer	25 Apr 87
46:49	Steve Jones	2 Apr 89
47:00	Paul Davies-Hale	10 Oct 93

intermediate times

46:10 +	Paul Evans	14 Sep 97
46:21 +	Nigel Adams	15 Sep 91
46:21 +	Carl Thackery	15 Sep 91

estimated times

| 45:15 + | Mo Farah | 26 Mar 16 |
| 46:02 + | Steve Jones | 8 Jun 86 |

AT - M - 10MR - Mar

course measurement uncertain				
45:37	Barry Smith	22	Mar	81
45:44	Mike McLeod	9	Apr	78
46:03	Colin Moore	29	Aug	83
46:08	Nick Rose	26	Apr	81
46:11	Steve Kenyon	20	Jun	81
46:14	Charlie Spedding	12	Oct	86
46:17	Brendan Foster	9	Apr	78
downhill				
46:05	Allister Hutton	3	Apr	82

Half Marathon

59:22	Mo Farah	13	Sep	15
59:32	Farah	22	Mar	15
59:59	Farah	26	Mar	16
60:00	Farah	7	Sep	14
60:04	Farah	11	Sep	16
60:59	Steve Jones	8	Jun	86
61:00	Chris Thompson	16	Sep	12
61:03	Nick Rose	15	Sep	85
61:04	Carl Thackery	12	Apr	87
61:06	Richard Nerurkar	14	Apr	96
61:17	David Lewis	20	Sep	92
61:18	Paul Evans	14	Sep	97
61:25	Scott Overall	18	Mar	12
61:28	Steve Brooks	23	Mar	97
61:31	Steve Kenyon	8	Jun	86
61:39	Geoff Smith	25	Sep	83
61:39	Paul Davies-Hale	15	Sep	91
61:49	Jon Brown	14	Sep	97
61:53	Nigel Adams	15	Sep	91
61:56	Mark Flint	22	Aug	93
61:57	Gary Staines	14	Sep	97
62:07	Kevin Forster	5	Apr	87
62:07	Martyn Brewer	20	Sep	87
62:07	Andrew Pearson	14	Sep	97
62:08	Steve Harris	20	Oct	85
62:11	Dave Clarke	5	Apr	92
62:11	Keith Cullen	20	Aug	00
62:15	Dave Murphy	16	Sep	84
62:16	Jim Haughey	20	Sep	87
62:19	Dave Long I	11	Dec	81
62:22	Colin Moore	26	May	85
62:23	Mark Steinle	10	Oct	99
62:24	Jimmy Ashworth	8	Jun	86
62:25	Barry Royden	18	Sep	94
62:28	Terry Greene	12	Apr	86
62:28	Allister Hutton	21	Jun	87
62:28	Andy Coleman	22	Oct	00
62:30	Tony Milovsorov	21	Jun	87
62:33	Steve Brace	15	Sep	91
62:33	Billy Dee	4	Apr	93
62:33	Peter Whitehead	5	May	95
course measurement uncertain				
61:47	Dave Long II	17	Mar	91
62:08	Ray Smedley	28	Mar	82
62:19	Mike Carroll	3	Jun	90
short				
60:09	Paul Evans (80m)	15	Jan	95
60:24	Callum Hawkins (150m)	2	Oct	16

Marathon

2:07:13	Steve Jones	20	Oct	85
2:08:05	Jones	21	Oct	84
2:08:16	Jones	21	Apr	85
2:08:20	Jones	6	Nov	88
2:08:21	Mo Farah	13	Apr	14
2:08:33	Charlie Spedding	21	Apr	85
2:08:36	Richard Nerurkar	13	Apr	97
2:08:52	Paul Evans	20	Oct	96
2:09:08	Geoff Smith	23	Oct	83
2:09:12	Ian Thompson	31	Jan	74
2:09:16	Allister Hutton	21	Apr	85
2:09:17	Mark Steinle	14	Apr	02
2:09:24	Hugh Jones	9	May	82
2:09:28	Ron Hill	23	Jul	70
2:09:28	John Graham	23	May	81
2:09:31	Jon Brown	17	Apr	05
2:09:43	Mike Gratton	17	Apr	83
2:09:54	Tony Milovsorov	23	Apr	89
2:10:12	Gerry Helme	17	Apr	83
2:10:30	Dave Long II	21	Apr	91
2:10:35	Steve Brace	21	Jan	96
2:10:37	Tomas Abyu	29	Oct	07
2:10:39	Mike O'Reilly	5	Dec	93
2:10:48	Bill Adcocks	8	Dec	68
2:10:50	Eamonn Martin	18	Apr	93
2:10:51	Bernie Ford	2	Dec	79
2:10:52	Kevin Forster	17	Apr	88
2:10:52	Callum Hawkins	24	Apr	16
2:10:55 dh	Chris Bunyan	18	Apr	83
2:10:55	Scott Overall	25	Sep	11
2:11:06	Dave Buzza	31	Oct	93
2:11:18	Dave Murphy	12	Jun	83
2:11:19	Chris Thompson	13	Apr	14
2:11:22	Dave Cannon	6	Sep	80
2:11:25	Paul Davies-Hale	29	Oct	89
2:11:25	Gary Staines	20	Oct	96
2:11:36	Malcolm East	20	Apr	81
2:11:36	Kenny Stuart	15	Jan	89
2:11:40	Steve Kenyon	13	Jun	82
2:11:43	Jimmy Ashworth	29	Sep	85
2:11:44	Jim Dingwall	17	Apr	83
2:11:50	Fraser Clyne	2	Dec	84
2:11:54	Martin McCarthy	17	Apr	83
2:11:58	Mark Hudspith	2	Apr	95
2:12:04	Jim Alder	23	Jul	70
2:12:07	Jon Solly	14	Oct	90
2:12:07	Mark Flint	17	Apr	94
2:12:12	Dennis Fowles	13	May	84
2:12:12	Andy Green	25	Apr	93
2:12:13	John Wheway	17	Apr	88
2:12:14	Dan Robinson	18	Oct	09
2:12:17	Dave Long I	16	Jan	82
2:12:19	Don Faircloth	23	Jul	70
2:12:20	Matt O'Dowd	3	Nov	02
2:12:23	Peter Whitehead	2	Apr	95
2:12:23	Tsegai Teweide	24	Apr	16
2:12:32	Trevor Wright	3	Dec	78
short (148m)				
2:11:10	Nick Brawn	25	Oct	81

2000 Metres Steeplechase

Time	Athlete	Date		Year
5:19.86	Mark Rowland	28	Aug	88
5:20.56	Rowland	17	Aug	90
5:21.77	Tom Hanlon	11	Jun	92
5:22.37	Rowland	16	Sep	90
5:22.96	Hanlon	16	Sep	90
5:23.56	Tom Buckner	17	Jul	92
5:23.6	Roger Hackney	10	Jun	82
5:23.71	Colin Walker	28	Aug	88
5:23.87	Colin Reitz	28	Jun	84
5:24.91	Eddie Wedderburn	19	Aug	86
5:26.24	Paul Davies-Hale	26	Aug	85
5:26.64	Nick Peach	19	Aug	86
5:26.82 "	David Lewis	12	Jun	83
5:30.6	Dennis Coates	23	Apr	78
5:30.86	Tony Staynings	26	May	76
5:31.04	John Hartigan	17	Aug	90
5:31.09	Peter McColgan	5	Aug	86
5:31.43	John Bicourt	26	May	76
5:31.59	Mick Hawkins	20	Jan	90
5:32.45	Neil Smart	17	Aug	90
5:33.09	Spencer Duval	17	Jul	92
5:33.59	Mark Sinclair	19	Aug	86
5:33.76	Graeme Fell	9	Sep	79

3000 Metres Steeplechase

Time	Athlete	Date		Year
8:07.96	Mark Rowland	30	Sep	88
8:12.11	Colin Reitz	5	Sep	86
8:12.58	Tom Hanlon	3	Aug	91
8:13.27	Rowland	30	Aug	90
8:13.50	Reitz	4	Aug	85
8:13.65	Hanlon	4	Jul	92
8:13.78	Reitz	21	Jul	84
8:14.73	Hanlon	15	Jul	92
8:14.95	Reitz	27	Jul	85
8:15.16	Graeme Fell	17	Aug	83
8:18.32	Eddie Wedderburn	5	Jul	88
8:18.91	Roger Hackney	30	Jul	88
8:18.95	Dennis Coates	25	Jul	76
8:20.83	Paul Davies-Hale	10	Jun	84
8:22.42	Rob Mullett	20	May	16
8:22.48	John Davies II	13	Sep	74
8:22.76	James Wilkinson	12	Jun	14
8:22.82	John Bicourt	8	Jun	76
8:22.95	Andrew Lemoncello	18	Jul	08
8:23.66	Stuart Stokes	16	Jun	08
8:23.90	Justin Chaston	18	Jul	94
8:24.64	Spencer Duval	16	Jul	95
8:25.15	Colin Walker	28	Jun	92
8:25.37	Christian Stephenson	19	Aug	00
8:25.50	Tom Buckner	28	Aug	92
8:26.05	Keith Cullen	21	Aug	95
8:26.33	Rob Hough	6	Jul	96
8:26.4	Andy Holden	15	Sep	72
8:26.6	Gordon Rimmer	4	Jun	80
8:27.21	Tony Staynings	15	Jun	80
8:27.8	Steve Hollings	5	Aug	73
8:27.93	Peter McColgan	25	Jun	91
8:28.43	Adam Bowden	22	Jul	06
8:28.48	Luke Gunn	28	Jun	08
8:28.6	Dave Bedford	10	Sep	71
8:29.46	Julian Marsay	14	Jul	79
8:29.72	David Lewis	29	May	83
8:30.41	Jermaine Mays	13	Jun	07
8:30.6 a	Peter Griffiths	17	Jul	77
8:30.8	Gerry Stevens	1	Sep	69
8:31.09	Ian Gilmour	16	Jul	78
8:31.22	Dave Lee	19	Jun	92
8:31.40	Frank Tickner	13	Jun	07
8:32.00	Steve Jones	8	Aug	80
8:32.06	David Camp	10	Aug	74
8:32.13	Barry Knight	25	Jul	82
8:32.4 a	Maurice Herriott	17	Oct	64
8:32.68	Ben Whitby	15	Jul	01
8:33.0	John Jackson	13	Aug	69
8:33:09	Zak Seddon	1	Apr	16
8:33.8 a	Gareth Bryan-Jones	23	Jul	70
8:33.8	Peter Morris	4	Aug	73
8:33.83	Richard Charleston	24	May	80
8:33.89	Nick Peach	21	Jun	86
8:33.97	John Hartigan	20	Jul	90
8:34.67	Craig Wheeler	9	Jun	99

110 Metres Hurdles

Time	Athlete	Date		Year
12.91	Colin Jackson	20	Aug	93
12.97 A	Jackson	28	Jul	93
12.98	Jackson	15	Sep	94
12.99	Jackson	3	Sep	93
12.99	Jackson	6	Sep	94
13.00	Tony Jarrett	20	Aug	93
13.02	Jackson	30	Aug	94
13.02	Jackson (sf)	22	Aug	98
13.02	Jackson (final)	22	Aug	98
13.03	Jackson	4	Sep	94
13.04	Jackson	16	Aug	93
13.04	Jackson	12	Aug	94
13.04	Jarrett	12	Aug	95
13.04	Jackson	25	Aug	99
13.16	William Sharman	14	Aug	14
13.19	Andy Pozzi	23	Jul	16
13.22	Andy Turner	30	Jun	11
13.24	David Omoregie	3	Sep	16
13.29	Jon Ridgeon	15	Jul	87
13.31	Lawrence Clarke	8	Aug	12
13.36	Robert Newton	31	Jul	03
13.42	David Nelson	27	Aug	91
13.43	Mark Holtom	4	Oct	82
13.44	Hugh Teape	14	Aug	92
13.44	Chris Baillie	21	Mar	06
13.49	Andy Tulloch	30	Jun	99
13.51	Nigel Walker	3	Aug	90
13.53	Paul Gray	22	Aug	94
13.53	Allan Scott	17	Jul	08
13.54	Damien Greaves	13	Jul	02
13.54	Gianni Frankis	26	Jun	13
13.54	Alex Al-Ameen	26	Apr	14
13.54	David King	22	May	16
13.56	Callum Priestley ¶	29	Jul	09
13.57	David Hughes	23	Jul	06
13.60	Wilbert Greaves	21	Aug	85

AT - M - 110H - 400H

Time	Name	Date		Time	Name	Date		
13.60	Neil Owen	28	Jun 95	13.96	Mike Robbins	28	Mar	98
13.60	Khai Riley-La Borde	20	Jul 16	13.97	Brett St Louis	30	Jul	88
13.64	Richard Alleyne	2	Jun 12	13.99	Bob Danville	14	Aug	76
13.64	Joseph Hylton	24	Jun 12	13.99	Edward Dunford	9	Sep	07
13.64	Gabriel Odujobi	14	May 16					
13.66	Ross Baillie	20	Feb 99	**hand timing**				
13.69	Berwyn Price	18	Aug 73	13.4	David King	6	Jun	16
13.71	James Gladman	30	Jun 13	13.5	Berwyn Price	1	Jul	73
13.72	David Hemery	1	Aug 70	13.6	David Hemery	5	Jul	69
13.72	Nick Gayle	29	Jun 13	13.7	Alan Pascoe	5	Jul	69
13.74	Julien Adeniran	11	Aug 11	13.7	C. J. Kirkpatrick	29	Jun	74
13.75	Lloyd Cowan	17	Jul 94	13.7	Mensah Elliott	2	Sep	00
13.75	Ben Reynolds	29	Jun 11	13.8	Martin Nicholson	25	Jun	94
13.76	Duncan Malins	15	Aug 04	13.9	Mike Parker	2	Oct	63
13.77	Edirin Okoro	29	Jun 14	13.9	David Wilson	29	Jun	74
13.78	Dominic Girdler	5	Jul 03	13.9	Brian Taylor	8	May	93
13.79	Alan Pascoe	17	Jun 72					
13.79	Mohammed Sillah-Freckleton	31	Jul 03	**hand timing - wind assisted**				
13.82	Mensah Elliott	30	Jul 00	12.8	Colin Jackson	10	Jan	90
13.83	Dominic Bradley	14	Jul 01	13.0	Jarrett	2	Jun	96
13.86	Ken Campbell	23	Aug 94	13.4	Berwyn Price	7	Jul	76
13.86	Matt Hudson	27	Jun 10	13.5	Neil Owen	2	Jun	96
13.87	Yannick Budd	18	May 14	13.7	Lloyd Cowan	27	Apr	95
13.89	David Feeney	31	May 15					
13.91	Jake Porter	5	Jul 15	**400 Metres Hurdles**				
13.93	Tristan Anthony	30	May 04	47.82	Kriss Akabusi	6	Aug	92
13.94	David Guest	5	May 13	47.84	Dai Greene	6	Jul	12
13.96	Steve Buckeridge	31	May 86	47.86	Akabusi	27	Aug	91
13.97	Daniel Davis	4	Sep 10	47.88	Greene	4	Sep	10
13.97	Jack Meredith	7	May 12	47.91	Akabusi	26	Aug	91
13.98	Matthew Butler	16	Jul 05	47.92	Akabusi	29	Aug	90
14.00	Matt Douglas	23	May 99	48.01	Akabusi	5	Aug	92
				48.10	Greene	13	Jul	12
wind assisted				48.12 A	David Hemery	15	Oct	68
12.94 A	Jackson	31	Jul 94	48.52		2	Sep	72
12.95	Jackson	10	Sep 89	48.12	Greene	31	Jul	10
12.99	Jackson	23	Jun 89	48.14	Chris Rawlinson	11	Aug	99
13.01	Jackson	2	Jul 93	48.54	Matt Douglas	28	Aug	03
13.14	Lawrence Clarke	7	Jul 12	48.59	Alan Pascoe	30	Jun	75
13.41	Allan Scott	17	Jul 08	48.60	Jack Green	13	Jul	12
13.49	Nigel Walker	3	Jun 89	48.71	Nathan Woodward	3	Jul	11
13.50	Damien Greaves	17	Jul 04	48.73	Jon Ridgeon	6	Sep	02
13.53	Gianni Frankis	7	Jul 13	48.80	Niall Flannery	17	Jun	14
13.56	David Hughes	17	Jul 05	48.84	Rhys Williams	17	Jul	13
13.57	Gabriel Odujobi	30	Apr 16	48.90	Anthony Borsumato	14	Jul	02
13.64	Mohammed Sillah-Freckleton	30	May 04	49.03 A	John Sherwood	15	Oct	68
13.65	Berwyn Price	25	Aug 75	49.88		13	Aug	69
13.66	David Hemery	18	Jul 70	49.06	Rick Yates	26	Jul	08
13.68	Duncan Malins	21	Aug 04	49.07	Gary Cadogan ¶	22	Jul	94
13.69	Mensah Elliott	19	Aug 00	49.11	Gary Oakes	26	Jul	80
13.69	Yannick Budd	29	Jun 14	49.11	Matt Elias	28	Jul	02
13.72	Matt Hudson	30	May 10	49.16	Paul Gray	18	Aug	98
13.72	Julian Adeniran	22	May 11	49.19	Seb Rodger	13	Jul	13
13.78	Jake Porter	21	Jun 15	49.25	Max Robertson	28	Aug	90
13.84	Daniel Davis	30	May 10	49.26	Peter Crampton	8	Aug	94
13.85	Tristan Anthony	17	Jul 04	49.29	Du'aine Thorne-Ladejo	9	Jul	01
13.90	Oliver McNeillis	22	Jun 08	49.36	Tom Burton	6	Jun	15
13.91 A	Tim Reetz	3	May 02	49.49	Mark Holtom	20	Jul	85
	13.93	24	May 02	49.54	Dale Garland	15	Aug	09
13.92	Ben Kelk	18	Jul 12	49.57	Ben Sumner	26	May	12

AT - M - 400H - HJ

	49.58	David Hughes	8	Aug	10	2.30 i	Martyn Bernard	3 Mar 07	
	49.60	Phil Beattie	28	Jul	86	2.30		29 Jun 08	
	49.62	Lloyd Gumbs	18	Jul	09	2.29 i	Allan Smith	15 Feb 15	
30	49.65	Bill Hartley	2	Aug	75	2.26		14 Jul 13	
	49.76	Richard Davenport	30	Jul	11	2.28 i	John Holman	28 Jan 89	
	49.78	Thomas Phillips	26	Jun	11	2.24		27 May 89	
	49.82	Martin Gillingham	14	Aug	87	2.28	Ray Bobrownicki	13 Jul 14	
	49.82	Gary Jennings	27	Jun	95	2.26	James Brierley	3 Aug 96	
	49.86	Martin Briggs	6	Jun	84	2.26	Matt Roberts	21 Aug 10	
	49.95	Steve Sole	24	Jul	83	2.26 i	Chris Kandu	21 Feb 15	
	49.96	Tony Williams	24	Jul	99	2.24		22 Jun 14	
	50.01	Phil Harries	5	Jun	88	2.26 i	David Smith	21 Feb 15	
	50.05	Lawrence Lynch	15	Jun	96	2.25		24 May 14	
40	50.1 a	John Cooper	16	Oct	64	2.25	Floyd Manderson	20 Aug 88	
	50.12	Ryan Dinham	2	Jul	06	2.25	Robert Mitchell	28 Jul 01	20
	50.12	Steve Green	2	Aug	08	2.25	Adam Scarr	11 Jun 06	
	50.16	Paul Thompson	17	May	96	2.25	Mike Edwards	19 Jul 15	
	50.16	Steve Surety	16	Jun	02	2.24	Mark Naylor	28 Jun 80	
	50.17	Jacob Paul	25	Jun	16	2.24	John Hill	23 Aug 85	
	50.19	Steve Coupland	12	Jun	94	2.24	Phil McDonnell	26 Aug 85	
	50.23	Toby Ulm	30	May	09	2.23	Mark Lakey	29 Aug 82	
	50.24	Charles Robertson-Adams	4	Jul	01	2.23 i	David Abrahams	12 Mar 83	
	50.27	Jack Houghton	8	Aug	15	2.19		7 Oct 82	
50	50.28	Ben Carne	9	Jun	07	2.22	Danny Graham	20 May 00	
	50.29	Nick Stewart	22	Jul	05	2.22 i	Luke Crawley	1 Mar 03	
	50.30	Liam Collins	14	Jul	02	2.21	Fayyaz Ahmed	29 Jun 86	30
	50.37	Bob Danville	27	Jul	82	2.21	Steve Chapman	30 Jul 89	
	50.38	Andy Todd	18	Sep	69	2.21 i	Martin Lloyd	28 Jan 07	
	50.40	James Hillier	1	Jul	01	2.20		4 Aug 07	
	50.41	James Forman	27	Jun	11	2.21	Brian Hall	25 Aug 07	
	50.49	Eddie Betts	13	Jul	97	2.21	Alan McKie	1 Jun 08	
						2.20	Brian Burgess	11 Jun 78	
	hand timing					2.20	Trevor Llewelyn	15 Jul 83	
	49.9	Andy Todd	9	Oct	69	2.20	Byron Morrison	14 Jul 84	
						2.20 i	Henderson Pierre	10 Jan 87	
	High Jump					2.18		16 Aug 86	
	2.38 i	Steve Smith	4	Feb	94	2.20	Alex Kruger	18 Jun 88	
		2.37	20	Sep	92	2.20	Ossie Cham	21 May 89	40
	2.37 i	Smith	14	Mar	93	2.20 i	Warren Caswell	10 Mar 90	
	2.37	Smith	22	Aug	93	2.18		2 Sep 90	
	2.37 i	Dalton Grant	13	Mar	94	2.20	Colin Bent	16 Jun 96	
		2.36	1	Sep	91	2.20 i	Stuart Ohrland	1 Feb 97	
	2.37	Robbie Grabarz	23	Aug	12	2.18		28 Aug 99	
	2.36 i	Smith	5	Feb	93	2.20	Stuart Smith	13 Apr 97	
	2.36 i	Smith	24	Feb	94	2.20	David Barnetson	3 Aug 97	
	2.36 i	Smith	10	Feb	96	2.20	Dan Turner	28 May 01	
	2.36 i	Smith	8	Feb	98	2.20	Darryl Stone	10 Jul 05	
	2.36	Smith	27	Jun	99	2.20	Nick Stanisavljevic	8 Jul 06	
	2.36	Grabarz	9	Jun	12	2.19 i	Mike Robbins	3 Feb 96	
	2.36 i	Chris Baker	13	Feb	16	2.19	Jamie Russell	18 May 02	50
		2.29	10	Jul	16	2.18	Tim Foulger	23 Sep 79	
	2.34	Germaine Mason	19	Aug	08	2.18	Rupert Charles	25 Jul 82	
	2.32 i	Brendan Reilly	24	Feb	94	2.18	Steve Ritchie	15 Jul 89	
		2.31	17	Jul	92	2.18	Hopeton Lindo	23 Jul 89	
	2.31	Geoff Parsons	26	Aug	94	2.18	Andrew Lynch	9 Jul 95	
	2.31 i	Samson Oni	4	Mar	10	2.18 i	Tony Gilhooly	9 Mar 97	
		2.30	8	Jun	08	2.18		12 Sep 99	
	2.31 i	Tom Parsons	13	Feb	11	2.18	Chuka Enih-Snell	21 Apr 01	
		2.30	13	Jul	08	2.18	Andrew Penk	17 Jul 04	
10	2.30	Ben Challenger	13	Jul	99	2.18 i	Martin Aram	29 Jan 06	
						2.18	Tom Gale	22 Jul 16	60

AT - M - PV - LJ

Pole Vault					Long Jump				
5.83 i	Luke Cutts	25	Jan	14	8.51	Greg Rutherford	24	Apr	14
	5.70	27	Jul	13	8.41	Rutherford	25	Aug	15
5.82	Steve Lewis	21	Jul	12	8.35	Chris Tomlinson	8	Jul	11
5.81 i	Nick Buckfield	8	Feb	02	8.35	Rutherford	3	May	12
	5.80	27	May	98	8.35	Rutherford	7	Jun	15
5.80	Lewis	23	Aug	12	8.34	Rutherford	30	Jul	15
5.77 i	Lewis	2	Mar	12	8.32	Rutherford	31	May	12
5.75	Buckfield	7	Sep	97	8.32	Rutherford	3	Sep	15
5.75 A	Buckfield	14	Apr	01	8.31	Rutherford	4	Aug	12
5.75 i	Lewis	17	Jan	09	8.31	Rutherford	2	Jun	16
5.75	Lewis	10	Aug	12	8.26	Nathan Morgan	20	Jul	03
5.65	Keith Stock	7	Jul	81	8.23	Lynn Davies	30	Jun	68
5.65	Jax Thoirs	16	May	15	8.21	Daniel Bramble	18	Apr	15
5.64 i	Max Eaves	5	Mar	16	8.16	Bradley Pickup	2	Aug	14
	5.62	19	Jul	14	8.15	Stewart Faulkner	16	Jul	90
5.61	Kevin Hughes	28	Jul	99	8.14	Mark Forsythe	7	Jul	91
5.60	Neil Winter	19	Aug	95	8.11	JJ Jegede	13	Jul	12
5.60	Adam Hague	28	Mar	15	8.10	Fred Salle	9	Sep	94 10
5.59	Brian Hooper	6	Sep	80	8.08	Roy Mitchell	27	Sep	80
5.55	Paul Williamson	13	May	00	8.08	Julian Reid	25	Jun	11
5.55	Tim Thomas	6	Jun	04	8.05 i	Barrington Williams	11	Feb	89
5.55 i	Andrew Sutcliffe	11	Feb	12	8.01		17	Jun	89
	5.46	11	Aug	12	8.03	Steve Phillips	5	Aug	98
5.52	Mike Edwards	13	May	93	8.03	Jonathan Moore	18	May	02
5.50 i	Ashley Swain	8	Feb	04	8.01	Daley Thompson	8	Aug	84
	5.41	27	Jul	03	8.01	Darren Ritchie	16	Jun	01
5.47 i	Keith Higham	4	Feb	06	8.00	Derrick Brown	7	Aug	85
	5.40	25	Jun	05	7.98	Alan Lerwill	29	Jun	74
5.45 i	Andy Ashurst	16	Feb	92	7.96	Daniel Gardiner	31	Jul	16 20
	5.40	19	Jun	88	7.94 i	Paul Johnson	10	Mar	89
5.45	Mike Barber	27	Jul	97	7.85		3	Jun	89
5.45 i	Paul Walker	2	Mar	14	7.94 i	Matthew Burton	9	Feb	13
	5.40	23	Jun	07	7.87		9	Jun	14
5.45	Gregor MacLean	10	May	14	7.93	Chris Kirk	12	Jul	08
5.42 i	Scott Simpson	10	Mar	07	7.91	John King	26	Sep	87
	5.41	27	Aug	06	7.90	Ian Simpson	3	Jun	89
5.42	Nick Cruchley	3	Jul	11	7.90	Chris Davidson	19	Jun	99
5.42	Harry Coppell	6	Jun	15	7.89	George Audu	12	Aug	00
5.40 A	Jeff Gutteridge ¶	23	Apr	80	7.88	Allan Hamilton	15	Apr	16
	5.40	5	Jun	83	7.87	Keith Fleming	7	Jun	87
5.40 i	Matt Belsham	10	Feb	96	7.86	James McLachlan	19	Apr	13 30
	5.35	26	Jun	93	7.86	Elliot Safo	19	Jul	13
5.40	Ben Flint	25	Jul	99	7.84	Wayne Griffith	25	Aug	89
5.40	Joe Ive	23	Jun	07	7.83	Phillips Idowu	25	Jul	00
5.40 i	Daniel Gardner	22	Feb	14	7.80	Nick Newman	4	Feb	12
5.35	Ian Tullett	26	Jul	98	7.80	Feron Sayers	30	Jun	13
5.35	Mark Beharrell	29	Jun	03	7.79	John Morbey	11	Jul	64
5.35 i	Matt Devereux	17	Feb	13	7.79	Geoff Hignett	31	May	71
	5.34	27	May	12	7.79	Don Porter	13	Jul	75
5.30	Dean Mellor	17	Jun	95	7.79	Paul Ogun	31	Jul	16
5.30	Christian North	25	Jul	99	7.78	Oliver Newport	14	May	16 40
5.30	Andrew Marsh	26	Jun	11	7.77	Len Tyson	25	Jul	82
5.30	Charlie Myers	16	Aug	15	7.77	Dean Macey	27	Sep	00
5.26	Mark Johnson	31	Aug	91	7.77	John Carr	14	Jul	12
5.25	Mike Bull	22	Sep	73	7.77 i	James Groocock	8	Dec	12
5.25	Allan Williams	29	Aug	77	7.77	Felix Maisey-Curtis	6	Jul	14
5.25	Daley Thompson	15	Jun	86	7.76	Carl Howard	31	Jul	93
5.25	Tom Richards	8	Aug	99	7.75	Ken Cocks	2	Jul	78
5.25	Mark Christie	7	Jun	08	7.75	Trevor Hoyte	6	May	84
5.25	Rowan May	20	Jul	13	7.75	Michael Morgan	30	Jul	94
5.25 i	Joel Leon Benitez	16	Jan	16	7.75 i	Ezekiel Ewulo	12	Feb	12 50

AT - M - LJ - TJ

7.75	Jermaine Olasan	24	Apr	14	16.61	Kola Adedoyin	26	Apr	14 [20]
7.75	Jacob Fincham-Dukes	17	Jul	15	16.49 i	Nick Thomas	11	Feb	06
wind assisted					16.44		22	Jul	00
8.36	Rutherford	14	May	16	16.46	Fred Alsop	16	Oct	64
8.32	Rutherford	4	Jun	11	16.43	Jonathan Moore	22	Jul	01
8.17	Mark Forsythe	11	Jun	89	16.43 i	Michael Puplampu	9	Feb	13
8.16	Roy Mitchell	26	Jun	76	16.20		8	Jun	13
8.15	Alan Lerwill	29	May	72	16.33	Gary White	15	Jul	07
8.12	Derrick Brown	14	Jun	86	16.32	Tayo Erogbogbo	21	Aug	95
8.12	Jonathan Moore	16	Aug	08	16.31 i	Daniel Lewis	8	Feb	14
8.11	Daley Thompson	7	Aug	78	16.26		21	Jun	14
8.08	Darren Ritchie	29	Jun	03	16.30	Femi Abejide	26	Jul	03
8.07	Steve Phillips	11	Jul	99	16.29 i	David Johnson	1	Mar	78
8.04	Ian Simpson	3	Jun	89	16.18		22	Jun	75
7.96	Colin Jackson	17	May	86	16.26	Joe Sweeney	3	Aug	91 [30]
7.94	John Herbert	25	Jul	82	16.22	Derek Boosey	15	Jun	68
7.94	John King	20	Jun	86	16.20	Rez Cameron	5	Jun	88
7.94	Chris Davidson	21	Jun	97	16.18	Tony Wadhams	6	Jul	69
7.93	David Burgess	15	Jun	86	16.17	John Mackenzie	17	Sep	94
7.91	Steve Ingram	18	Jun	94	16.16	Conroy Brown	19	Sep	81
7.89	John Shepherd	20	Jun	86	16.16	Elliot O'Neill	4	Aug	07
7.87	Paul Johnson	15	May	88	16.15	Wayne Green	10	Jul	88
7.84	Darren Thompson	16	Jun	01	16.15	Michael Brown	23	Jul	89
7.84	Leigh Smith	3	Sep	05	16.15 i	Montel Nevers	21	Feb	16
7.82	Peter Reed	20	Jul	68	16.14		6	Aug	16
7.82	Femi Abejide	20	Jun	86	16.13	Steven Anderson	11	Jun	83 [40]
7.82	Kevin Liddington	25	Jun	89	16.10	Alan Lerwill	28	Aug	71
7.81	Enyinna Chukukere	9	Apr	94	16.09	Courtney Charles	17	Jun	90
7.81	Oni Onuorah	21	Aug	95	16.08	Craig Duncan	21	Jun	86
					16.07 i	Tunde Amosu	28	Feb	15
Triple Jump					15.97		18	Apr	14
18.29	Jonathan Edwards	7	Aug	95	16.06	Mike McKernan	29	Jul	07
18.01	Edwards	9	Jul	98	16.06	Nonso Okolo	20	Jun	14
18.00	Edwards	27	Aug	95	16.02	Peter Akwaboah	15	Jun	89
17.99	Edwards	23	Aug	98	15.98	Frank Attoh	5	Sep	80
17.98	Edwards	18	Jul	95	15.98	Efe Uwaifo	22	Apr	16
17.92	Edwards	6	Aug	01	15.97	Mike Ralph	23	Jul	64 [50]
17.88	Edwards	27	Jul	96	15.97	Carl Howard	6	May	95
17.86	Edwards	28	Jul	02	**wind assisted**				
17.82	Edwards	25	Jun	96	18.43	Jonathan Edwards	25	Jun	95
17.81	Phillips Idowu	29	Jul	10	18.08	Edwards	23	Jul	95
17.64	Nathan Douglas	10	Jul	05	18.03	Edwards	2	Jul	95
17.57 A	Keith Connor	5	Jun	82	17.81	Keith Connor	9	Oct	82
	17.31 i	13	Mar	81	17.31	Larry Achike	15	Jul	00
	17.30	9	Jun	82	17.30	Tosi Fasinro	12	Jun	93
17.41	John Herbert	2	Sep	85	17.29 A	Francis Agyepong	29	Jul	95
17.30	Larry Achike	23	Sep	00		17.24	2	Jul	95
17.21	Tosi Fasinro	27	Jul	93	17.02	Aston Moore	14	Jun	81
17.18	Francis Agyepong	7	Jul	95	17.00	Steven Shalders	10	Jul	05
17.06	Julian Golley	10	Sep	94	16.96	Julien Reid	28	May	16
[10] 17.01	Eric McCalla	3	Aug	84	16.82	Vernon Samuels	24	Jun	89
16.95	Julian Reid	4	Jul	15	16.65	Fred Alsop	13	Aug	65
16.87	Mike Makin	2	Aug	86	16.59	Michael Puplampu	10	Jun	12
16.86	Aston Moore	16	Aug	81	16.49	Tony Wadhams	16	Sep	69
16.86	Tosin Oke	3	Aug	07	16.44	Tayo Erogbogbo	31	May	97
16.75	Vernon Samuels	7	Aug	88	16.38	Femi Abejide	10	Jun	89
16.74	Ben Williams	12	Jun	15	16.38	Courtney Charles	22	Jul	90
16.71	Steven Shalders	3	Sep	05	16.33	Dave Johnson	28	May	78
16.69	Nathan Fox	1	Jun	14	16.32	Craig Duncan	20	Jun	87
16.63 A	Femi Akinsanya	10	Apr	99	16.32	Rez Cameron	21	May	89
	16.58	15	Jun	96	16.28	Nonso Okolo	28	May	16
					16.21	Alan Lerwill	28	Aug	71

43

AT - M - SP - DT

Shot

21.92	Carl Myerscough ¶	13 Jun 03
21.68	Geoff Capes	18 May 80
21.55	Capes	28 May 76
21.55	Myerscough	27 Jul 03
21.50	Capes	24 May 80
21.50	Myerscough	8 Aug 03
21.49 i	Myerscough	15 Mar 03
21.37	Capes	10 Aug 74
21.36	Capes	19 Jun 76
21.35	Capes	5 Jun 80
20.88	Mark Edwards ¶	7 Jun 08
20.85 i	Mark Proctor	25 Jan 98
20.40		7 Jul 99
20.45	Shaun Pickering	17 Aug 97
20.43	Mike Winch	22 May 74
20.33	Paul Edwards ¶	9 Jul 91
19.59	Scott Lincoln	28 May 16
19.56	Arthur Rowe	7 Aug 61
19.49	Matt Simson	28 Aug 94
19.44 i	Simon Williams	28 Jan 89
19.17		18 May 91
19.43	Bill Tancred	18 May 74
19.42	Zane Duquemin	27 Jul 13
19.18	Jeff Teale ¶	7 Aug 68
19.02 i	Kieren Kelly ¶	21 Feb 09
18.83		12 Jul 09
19.01	Billy Cole	21 Jun 86
18.97	Scott Rider	4 Jun 05
18.97	Emeka Udechuku	24 Jun 06
18.94	Bob Dale	12 Jun 76
18.93	Paul Buxton	13 May 77
18.85	Lee Newman	2 Jun 96
18.79	Steph Hayward	6 Sep 00
18.66 i	Ryan Spencer-Jones	15 Dec 13
18.32		18 May 14
18.62	Martyn Lucking	2 Oct 62
18.59 i	Alan Carter	11 Apr 65
18.26		1 May 65
18.59 i	Greg Beard	13 Jan 13
18.29		14 Jul 13
18.50	Mike Lindsay	2 Jul 63
18.46	Roger Kennedy	22 May 77
18.46 i	Simon Rodhouse	20 Feb 82
18.20		25 Jul 82
18.35	Peter Tancred	9 Jul 74
18.34	Richard Slaney	3 Jul 83
18.29 i	Jamie Williamson	13 Jan 13
18.17		28 Jul 12
18.14 i	Neal Brunning ¶	26 Jan 92
18.07	Gareth Winter	23 May 15
18.05	John Watts	19 Aug 72
18.04	Andy Vince	30 Apr 83
18.01	Youcef Zatat	22 May 16
17.96	Nigel Spratley	28 Aug 94
17.95	Graham Savory	4 Jun 88
17.92	Nick Tabor	9 Apr 83
17.90	Chris Gearing	26 May 07
17.90	Carl Fletcher ¶	18 Aug 09
17.87	Bill Fuller	15 Jul 72
17.87 i	Ian Lindley	15 Mar 81
17.87 i	Antony Zaidman	22 Jan 83
17.85	Gary Sollitt	4 Jun 82
17.85	Jamie Stevenson	28 Jun 09
17.79	John Alderson	31 Jul 74
17.78	Steve Whyte	11 Feb 89
17.71	Sam Westlake-Cann	11 Aug 07

Discus

68.24	Lawrence Okoye	19 May 12
67.63	Okoye	9 Jul 11
67.25	Okoye	4 Sep 12
66.84	Brett Morse	30 Jun 13
66.67	Okoye	20 Apr 12
66.64	Perriss Wilkins ¶	6 Jun 98
66.25	Okoye	26 Apr 12
66.06	Morse	27 Jul 11
65.44	Abdul Buhari	9 Jul 11
65.30	Morse	13 Aug 11
65.24	Carl Myerscough ¶	9 Jun 12
65.16	Richard Slaney	1 Jul 85
65.11	Glen Smith	18 Jul 99
65.08	Robert Weir	19 Aug 00
64.94	Bill Tancred	21 Jul 74
64.93	Emeka Udechuku	17 Jul 04
63.46	Zane Duquemin	30 Jun 12
63.38	Nicholas Percy	22 Jul 16
63.00	Chris Scott	9 Jul 11
62.36	Peter Tancred	8 May 80
61.86	Paul Mardle	13 Jun 84
61.62	Peter Gordon ¶	15 Jun 91
61.14	Simon Williams	18 Apr 92
61.10	Kevin Brown	30 Aug 97
61.00	Allan Seatory	6 Oct 74
60.92	Graham Savory	10 May 86
60.48	Lee Newman	10 May 97
60.42	Mike Cushion	16 Aug 75
60.08	Abi Ekoku	16 May 90
59.98	Tom Norman	18 Jun 11
59.84	Colin Sutherland ¶	10 Jun 78
59.76	John Hillier	27 Jul 74
59.70	John Watts	14 Jul 72
59.58	Jamie Williamson	30 Jun 12
59.22	Gregory Thompson	10 Jul 16
58.84	Simon Cooke	16 Jun 12
58.81	Alan Toward	22 May 10
58.77	Angus McInroy	10 Jul 10
58.69	Marcus Gouldbourne	25 Jul 06
58.64	Steve Casey	19 May 91
58.58	Darrin Morris	22 Jun 91
58.36	Paul Reed	11 Jul 99
58.34	Geoff Capes	29 Sep 73
58.08	Mike Winch	7 Sep 75
57.58	Arthur McKenzie	17 Aug 69
57.12	Mark Proctor	24 Jun 00
57.12	Paul Edwards ¶	10 Aug 88
57.10	Dennis Roscoe	3 May 80
57.09	Leslie Richards	21 Aug 10
57.07	Curtis Griffith-Parker	19 Jun 10
57.00	Gerry Carr	17 Jul 65
56.97	Matt Brown	26 Apr 08
56.71	Roy Hollingsworth	14 Sep 63
56.66	Gary Herrington	15 Jun 96
56.50	David Coleman	9 Jul 11
56.44	Adam Damazdic	9 Apr 16

AT - M - HT - JT

Hammer

77.55	Nick Miller	22 Jul 15
77.54	Martin Girvan	12 May 84
77.42	Miller	22 Aug 15
77.30	Dave Smith I	13 Jul 85
77.16	Girvan	13 Jul 84
77.04	Smith I	25 May 85
77.02	Matt Mileham	11 May 84
76.97	Miller	2 May 15
76.93	Mark Dry	17 May 15
76.93	Miller	26 May 16
76.45	Chris Bennett	18 Jun 16
76.43	Mick Jones	2 Jun 01
75.63	Alex Smith	3 Mar 12
75.40	Chris Black	23 Jul 83
75.10	Dave Smith II	27 May 96
75.08	Robert Weir	3 Oct 82
74.02	Paul Head	30 Aug 90
73.86	Barry Williams	1 Jul 76
73.80	Jason Byrne	19 Sep 92
73.20	Paul Dickenson	22 May 76
72.79	Bill Beauchamp	25 Aug 03
72.79	Andy Frost	22 May 11
72.70	Taylor Campbell	24 Jul 16
72.45	Mike Floyd	20 Aug 11
71.75	Peter Smith	15 Apr 12
71.70	Matt Lambley	23 May 10
71.60	Shane Peacock	24 Jun 90
71.28	Peter Vivian	25 Jun 95
71.01	Amir Williamson	21 Jul 13
71.00	Ian Chipchase	17 Aug 74
70.90	Michael Bomba	6 Apr 13
70.88	Howard Payne	29 Jun 74
70.82	James Bedford	19 May 13
70.33	John Pearson	30 Jul 00
70.30	Stewart Rogerson	14 Aug 88
70.28	Paul Buxton	19 May 79
70.18	Chris Shorthouse	8 Aug 15
69.79	Craig Murch	22 May 16
69.74	Iain Park	7 Sep 03
69.52	Jim Whitehead	23 Sep 79
68.69	Simon Bown	6 Sep 09
68.64	Shaun Pickering	7 Apr 84
68.25	Joseph Ellis	26 May 16
68.18	Ron James	2 Jun 82
67.96	Osian Jones	22 May 16
67.85	Nicholas Percy	7 May 16
67.82	Steve Whyte	15 Apr 89
67.45	Steve Pearson	27 Jun 98
67.32	Gareth Cook	1 Jun 91
67.31	Callum Brown	25 Apr 15
66.97	Chris Howe	6 Jun 98
66.95 A	Karim Chester	23 Apr 05
66.53	Russell Devine	15 Feb 01
66.28	Jonathan Edwards	31 May 14
66.07	Sam Coe	8 Aug 10
65.81	Carl Saggers	9 Jul 05
65.67	Michael Painter	7 May 16
65.53	Glen Kerr	28 Jul 07
65.30	Karl Andrews	2 Jul 94

Javelin

91.46	Steve Backley	25 Jan 92
90.81	Backley	22 Jul 01
89.89	Backley	19 Jul 98
89.85	Backley	23 Sep 00
89.72	Backley	23 Aug 98
89.58	Backley	2 Jul 90
89.22	Backley	11 Jun 98
89.02	Backley	30 May 97
88.80	Backley	2 Aug 98
88.71 A	Backley	13 Sep 98
86.94	Mick Hill	13 Jun 93
85.67	Mark Roberson	19 Jul 98
85.09	Nick Nieland	13 Aug 00
83.84	Roald Bradstock	2 May 87
83.52	Mervyn Luckwell	25 Sep 11
82.38	Colin Mackenzie	7 Aug 93
81.70	Nigel Bevan	28 Jun 92
80.98	Dave Ottley	24 Sep 88
80.38	James Campbell	18 Jul 10
79.72	Lee Doran	23 Jun 12
79.55	Michael Allen	10 Jun 06
78.54	Gary Jenson	17 Sep 89
78.33 A	David Parker	24 Mar 01
77.84	Peter Yates	21 Feb 87
76.92	Chris Hughff	4 May 09
76.77	Matthew Hunt	1 May 11
76.66 i	Stuart Faben	3 Mar 96
76.17		30 Mar 02
76.13	Joe Dunderdale	18 May 14
76.10	Keith Beard	18 May 91
75.89	Dan Pembroke	12 Jun 11
75.79	Matti Mortimore	9 Apr 16
75.52	Marcus Humphries	25 Jul 87
75.46	Harry Hughes	21 May 16
75.32	Steve Harrison	9 Jul 95
75.28	Nigel Stainton	5 Aug 89
74.92	Neil McLellan	22 Jun 07
74.90	Daryl Brand	27 Jun 86
74.72	Chris Crutchley	13 Jul 86
74.71	Benji Pearson	26 Apr 14
74.70	Myles Cottrell	16 May 92
74.64	Bonne Buwembo	24 Aug 14
74.62 A	Alex van der Merwe	29 Mar 08
73.56	Dan Carter	16 Sep 00
73.41	Neil Crossley	6 May 13
73.26	David Messom	25 Apr 87
72.92	Stefan Baldwin	8 May 93
72.73	Freddie Curtis	7 Jun 15
72.52	Richard Shuttleworth	25 Sep 11
72.51	James Whiteaker	22 Jul 16
72.35	Anthony Lovett	24 Jul 04
72.26	Felix Hatton	2 Jul 11
71.86	Tony Hatton	3 May 93
71.83	Brett Byrd	20 Jun 10
71.79	Phill Sharpe	27 Aug 00
71.60	Stuart Harvey	22 Jun 08
71.12	Greg Millar	16 Jul 16
71.00	Mike Tarran	30 Jun 02
70.90	Shane Lewis	6 Jun 98
70.80	Tom Dobbing	26 May 03

AT - M - Dec - 10kW

	Decathlon (1985 Tables)					7439	Kevan Lobb	19 Aug 84	
	8847	Daley Thompson	9 Aug 84			7435 w	Paul Field	21 May 95	
	8811	Thompson	28 Aug 86			7431	Alan Drayton	8 Aug 78	50
	8774	Thompson	8 Sep 82						
	8730	Thompson	23 May 82			**3000 Metres Track Walk**			
	8714	Thompson	13 Aug 83			10:58.21 i	Tom Bosworth	28 Feb 16	
	8667	Thompson	18 May 86			11:29.54 +		26 Jun 16	
	8663	Thompson	28 Jul 86			11:43.44		31 May 10	
	8648	Thompson	18 May 80			11:23.99 i	Alex Wright	27 Jan 13	
	8603	Dean Macey	7 Aug 01			11:38.16		31 May 10	
	8567	Macey	28 Sep 00			11:24.4	Mark Easton	10 May 89	
	8141	Ashley Bryant	1 Jun 14			11:28.4	Phil Vesty	9 May 84	
	8131	Alex Kruger	2 Jul 95			11:29.6 i	Tim Berrett	21 Jan 90	
	8102	Daniel Awde	27 May 12			11:31.0	Andi Drake	22 Jul 90	
	7980	Simon Shirley	24 Aug 94			11:32.2	Ian McCombie	20 Jul 88	
	7922 w	Brad McStravick	28 May 84			11:33.4	Steve Partington	12 Jul 95	
	7885		6 May 84			11:34.62	Daniel King	30 May 05	
	7922	John Lane	29 Jul 14			11:35.5	Andy Penn	10 May 97	10
	7904	David Bigham	28 Jun 92			11:36.2	Callum Wilkinson	15 May 16	
	7901 h	Peter Gabbett	22 May 72			11:39.0 i+	Martin Rush	8 Feb 92	
10	7889	Eugene Gilkes	18 May 86			11:39.75 i	Cameron Corbishley	11 Dec 16	
	7882	Ben Gregory	14 Apr 16			11:44.68	Roger Mills	7 Aug 81	
	7874	Colin Boreham	23 May 82			11:45.1	Chris Maddocks	9 Aug 87	
	7861	Tony Brannen	30 Apr 95			11:45.77	Steve Johnson	20 Jun 87	
	7857	Liam Ramsay	19 Jul 15			11:47.12 i	Philip King	26 Feb 95	
	7787	Brian Taylor	30 May 93						
	7766	Barry Thomas	2 Sep 95			**5000 Metres Track Walk**			
	7748	Eric Hollingsworth	30 May 93			18:54.18 i	Tom Bosworth	31 Jan 16	
	7740	Greg Richards	7 Jun 87			19:00.73		5 Jul 15	
20	7739	Jamie Quarry	30 May 99			19:22.29 i	Martin Rush	8 Feb 92	
	7734	Edward Dunford	9 Sep 07			19:27.39	Alex Wright	14 Jun 13	
	7727	David Guest	6 Jun 10			19:28.20 i	Andi Drake	13 Feb 91	
	7726	Ben Hazell	28 Jun 09			19:35.0	Darrell Stone	16 May 89	
	7713	Jim Stevenson	5 Jun 93			19:35.4	Callum Wilkinson	2 Jul 16	
	7712	Martin Brockman	8 Oct 10			19:42.90 i	Tim Berrett	23 Feb 90	
	7709	Timothy Duckworth	13 May 16			19:55.8 +	Ian McCombie	4 Jun 89	
	7708	Fidelis Obikwu	28 May 84			19:57.91	Dominic King	24 Jul 04	
	7663	Rafer Joseph	24 Aug 94						
	7651	David Hall	13 Jun 15			**10000 Metres Track Walk**			
30	7643 w	Tom Leeson	8 Sep 85			40:06.65	Ian McCombie	4 Jun 89	
	7565		11 Aug 85			40:39.77	McCombie	5 Jun 88	
	7635 w	Du'aine Ladejo	24 May 98			40:41.62	Callum Wilkinson	23 Jul 16	
	7633		18 Sep 98			40:42.53	McCombie	28 Aug 89	
	7597	Osman Muskwe	30 Aug 15			40:53.60	Phil Vesty	28 May 84	
	7596	Mike Corden	27 Jun 76			40:55.6	Martin Rush	14 Sep 91	
	7594	Mark Bishop	3 Sep 89			41:06.57	Chris Maddocks	20 Jun 87	
	7579	Mark Luscombe	8 May 88			41:10.11	Darrell Stone	16 Jul 95	
	7571	Alexis Sharp	17 Apr 98			41:13.62	Steve Barry	19 Jun 82	
	7571	Kevin Sempers	8 Oct 10			41:13.65	Martin Bell	22 Jul 95	
	7535	Duncan Mathieson	24 Jun 90			41:14.3	Mark Easton	5 Feb 89	
	7515	Ken Hayford	9 Jun 85			41:14.61	Steve Partington	16 Jul 95	10
40	7510 w	John Heanley	6 Jun 04			41:18.64	Andi Drake	5 Jun 88	
	7443		16 May 04			41:34.9 +	Tom Bosworth	21 Jun 15	
	7510	Peter Glass	14 Jul 13			41:49.06	Sean Martindale	26 Jun 90	
	7500	Barry King	22 May 72			41:55.5	Phil Embleton	14 Apr 71	
	7500	Pan Zeniou	2 Aug 81			41:59.10	Andy Penn	27 Jul 91	
	7472	Anthony Sawyer	30 May 04			42:06.35	Gordon Vale	2 Aug 81	
	7469	Louis Evling-Jones	13 Jul 08						
	7457	Roger Skedd	12 Apr 13			**track short**			
	7440	Oliver McNeillis	27 Jul 08			40:54.7	Steve Barry	19 Mar 83	

AT - M - 20kWR - 50kWR

20 Kilometres Road Walk					50 Kilometres Road Walk				
1:20:13	Tom Bosworth	12	Aug	16	3:51:37	Chris Maddocks	28	Oct	90
1:20:41	Bosworth	19	Mar	16	3:53:14	Maddocks	25	Nov	95
1:22:03	Ian McCombie	23	Sep	88	3:55:48	Dominic King	8	Oct	16
1:22:12	Chris Maddocks	3	May	92	3:57:10	Maddocks	12	Mar	00
1:22:20	Bosworth	12	Apr	14	3:57:48	Les Morton	30	Apr	89
1:22:33	Bosworth	5	Jul	15	3:58:25	Morton	20	Mar	88
1:22:35	Maddocks	27	May	89	3:58:36	Morton	11	Oct	92
1:22:37	McCombie	11	May	85	3:59:22	King	10	Oct	15
1:22:51	Steve Barry	26	Feb	83	3:59:30	Morton	30	Sep	88
1:22:53	Bosworth	4	May	14	3:59:55	Paul Blagg	5	Sep	87
1:23:05	Alex Wright	17	Mar	13	4:03:08	Dennis Jackson	16	Mar	86
1:23:34	Andy Penn	29	Feb	92	4:03:53	Mark Easton	25	Apr	98
1:23:34	Martin Rush	29	Feb	92	4:04:49	Dan King	29	Mar	08
1:23:58	Darrell Stone	24	Feb	96	4:06:14	Barry Graham	20	Apr	85
1:24:04	Mark Easton	25	Feb	89	4:07:18	Steve Hollier	18	Jun	00
1:24:04.0t	Andi Drake	26	May	90	4:07:23	Bob Dobson	21	Oct	79
1:24:07.6t	Phil Vesty	1	Dec	84	4:07:49	Chris Cheesman	2	May	99
1:24:09	Steve Partington	24	Sep	94	4:07:57	Ian Richards	20	Apr	80
1:24:25	Tim Berrett	21	Apr	90	4:08:41	Adrian James	12	Apr	80
1:24:50	Paul Nihill	30	Jul	72	4:09:15un	Don Thompson	10	Oct	65
1:25:42	Martin Bell	9	May	92	4:12:19		20	Jun	59
1:25:53.6t	Sean Martindale	28	Apr	89	4:09:22	Mike Smith	27	Mar	89
1:26:02	Jamie Higgins	12	Apr	14	4:10:23	Darrell Stone	6	May	90
1:26:14	Dan King	28	Feb	04	4:10:42	Amos Seddon	9	Mar	80
1:26:53	Chris Cheeseman	21	Mar	99	4:11:32	Paul Nihill	18	Oct	64
1:27:00	Roger Mills	30	Jun	80	4:12:00	Sean Martindale	16	Oct	93
1:27:05	Mike Parker	5	Apr	86	4:12:02	Martin Rush	28	Jul	91
1:27:16	Les Morton	25	Feb	89	4:12:37	John Warhurst	27	May	72
1:27:30	Ben Wears	15	May	10	4:12:50	Darren Thorn	6	May	90
1:27:35	Olly Flynn	3	Oct	76	4:13:18	Graham White	27	Jun	98
1:27:43	Luke Finch	20	Jun	10	4:13:25	Allan King	16	Apr	83
1:27:46	Brian Adams	11	Oct	75	4:14:03	Tom Misson	20	Jun	59
1:27:52	Dominic King	27	Jun	04	4:14:25	Dave Cotton	15	Jul	78
1:27:59	Phil Embleton	3	Apr	71	4:15:14	Shaun Lightman	13	Oct	73
1:28:02	Paul Blagg	27	Feb	82	4:15:22	Brian Adams	17	Sep	78
1:28:15	Ken Matthews	23	Jul	60	4:15:52	Ray Middleton	27	May	72
1:28:26	Chris Harvey	29	Sep	79	4:16:30	Karl Atton	20	Apr	97
1:28:30	Allan King	11	May	85	4:16:45	Gareth Brown	21	Apr	02
1:28:34	Chris Smith	11	May	85	4:16:47	George Nibre	9	Mar	80
1:28:34	Steve Hollier	19	Jun	99	4:17:24	Andi Drake	18	Oct	87
1:28:37	Dave Jarman	30	Jun	80	4:17:34	Gordon Vale	9	Oct	83
1:28:40	Matt Hales	21	Apr	01	4:17:40	Steve Partington	26	Jun	05
1:28:46	Jimmy Ball	4	Apr	87	4:17:52	Stuart Elms	17	Apr	76
1:28:46	Steve Taylor	20	Dec	92	4:18:30	Peter Ryan	10	Apr	82
1:28:46	Jamie O'Rawe	21	Mar	99	4:19:00	Carl Lawton	17	Jul	71
1:28:50	Amos Seddon	3	Aug	74	4:19:13	Bryan Eley	19	Jul	69
1:29:07	Philip King	20	Aug	95	4:19:26	Roger Mills	9	Apr	83
1:29:19	Stuart Phillips	31	May	92	4:19:55	Mick Holmes	4	Aug	73
1:29:24	George Nibre	6	Apr	80	4:19:57	Barry Ingarfield	21	Oct	79
1:29:27	Graham White	19	Apr	97	4:20:05	George Chaplin	27	May	72
1:29:29 +	Steve Johnson	16	Apr	89	4:20:22	Scott Davis	13	Sep	09
1:29:37	John Warhurst	28	Jul	73	4:20:43	Tim Watt	8	Oct	95
1:29:42	Dennis Jackson	10	May	86	4:20:48	Andrew Trigg	1	May	88
1:29:48	Martin Young	31	Mar	96	4:20:51	Murray Lambden	18	Jul	82
1:29:49	Peter Marlow	3	Aug	74	4:21:02	Ron Wallwork	17	Jul	71
1:29:53	Don Bearman	11	May	02	4:22:05	Mel McCann	14	Sep	86
					4:22:41.0t	Charley Fogg	1	Jun	75
no judges					4:23:12	Peter Hodkinson	21	Jul	79
1:27:04.0t	Steve Hollier	9	Jan	00	4:23:22	Chris Berwick	12	Jul	86

4 x 100 Metres Relay

37.73 Great Britain & NI 29 Aug 99
Gardener, Campbell, Devonish, Chambers ¶
37.77 Great Britain & NI 22 Aug 93
Jackson, Jarrett, Regis, Christie ¶
37.78 Great Britain & NI 23 Jul 16
Dasaolu, Gemili, Ellington, Ujah
37.81 Great Britain & NI "B" 23 Jul 16
Kilty, Aikines-Aryeetey, Talbot, Edoburun
37.90 Great Britain & NI 1 Sep 07
Malcolm, Pickering, Devonish, Lewis-Francis
37.93 Great Britain & NI 25 May 14
Kilty, Aikines-Aryeetey, Ellington, Talbot
37.93 Great Britain & NI 17 Aug 14
Ellington, Aikines-Aryeetey, Kilty, Talbot
37.98 Great Britain & NI 1 Sep 90
Braithwaite, Regis, Adam, Christie ¶
37.98 Great Britain & NI 19 Aug 16
Kilty, Aikines-Aryeetey, Ellington, Gemili
10 38.02 Great Britain & NI 22 Aug 09
Williamson, Edgar, Devonish, Aikines-Aryeetey
38.02 England 2 Aug 14
Gemili, Aikines-Aryeetey, Kilty, Talbot
38.05 Great Britain & NI 21 Aug 93
John, Jarrett, Braithwaite, Christie ¶
38.06 Great Britain & NI 18 Aug 16
Kilty, Aikines-Aryeetey, Ellington, Ujah
38.07 Great Britain & NI 28 Aug 04
Gardener, Campbell, Devonish, Lewis-Francis
38.08 Great Britain & NI 8 Aug 92
Adam, Jarrett, Regis, Christie ¶
38.09 Great Britain & NI 1 Sep 91
Jarrett, Regis, Braithwaite, Christie ¶
38.09 A Great Britain & NI 12 Sep 98
Condon, Devonish, Golding, Chambers ¶
38.11 Great Britain & NI 21 Aug 09
Williamson, Edgar, Devonish, Aikines-Aryeetey
38.12 Great Britain & NI 18 Aug 13
Kilty, Aikines-Aryeetey, Ellington, Chambers ¶
20 38.12 Great Britain & NI 9 Jul 16
Dasaolu, Gemili, Ellington, Ujah
38.14 Great Britain & NI 10 Aug 97
Braithwaite, Campbell, Walker, Golding
38.16 Great Britain & NI 19 Jun 99
Gardener, Campbell, Devonish, Golding
38.17 Great Britain & NI 'A' 7 Aug 99
Gardener, Campbell, Devonish, Golding
38.17 Great Britain & NI 10 Jul 16
Dasaolu, Gemili, Ellington, Ujah
38.19 Great Britain & NI 25 May 14
Kilty, Aikines-Aryeetey, Ellington, Talbot
38.20 England 21 Sep 98
Chambers ¶, Devonish, Golding, Campbell
38.20 Great Britain & NI 29 Aug 15
Kilty, Aikines-Aryeetey, Ellington, Talbot
38.21 Great Britain & NI 20 Jun 15
Kilty, Talbot, Ellington, Robertson
38.22 Great Britain & NI 28 Aug 09
Fifton, Edgar, Devonish, Aikines-Aryeetey
30 38.25 Great Britain & NI 9 Aug 97
Chambers ¶, Campbell, Braithwaite, Golding

4 x 400 Metres Relay

2:56.60 Great Britain & NI 3 Aug 96
Thomas, Baulch, Richardson, Black
2:56.65 Great Britain & NI 10 Aug 97
Thomas, Black, Baulch, Richardson
2:57.53 Great Britain & NI 1 Sep 91
Black, Redmond, Regis, Akabusi
2:58.22 Great Britain & NI 1 Sep 90
Sanders, Akabusi, Regis, Black
2:58.51 Great Britain & NI 30 Aug 15
Yousif, Williams, Dunn, Rooney
2:58.68 Great Britain & NI 23 Aug 98
Hylton, Baulch, Thomas, Richardson
2:58.79 Great Britain & NI 17 Aug 14
Williams, Hudson-Smith, Bingham, Rooney
2:58.81 Great Britain & NI 23 Aug 08
Steele, Tobin, Bingham, Rooney
2:58.82 Great Britain & NI 14 Aug 05
Benjamin, Rooney, Tobin, Davis
2:58.86 Great Britain & NI 6 Sep 87 10
Redmond, Akabusi, Black, Brown
2:59.05 Great Britain & NI 29 Aug 15
Yousif, Williams, Dunn, Rooney
2:59.13 Great Britain & NI 11 Aug 84
Akabusi, Cook, T Bennett, Brown
2:59.13 Great Britain & NI 14 Aug 94
McKenzie, Whittle, Black, Ladejo
2:59.33 Great Britain & NI 22 Aug 08
Steele, Tobin, Bingham, Rooney
2:59.46 Great Britain & NI 22 Jun 97
Black, Baulch, Thomas, Richardson
2:59.49 Great Britain & NI 31 Aug 91
Mafe, Redmond, Richardson, Akabusi
2:59.53 Great Britain & NI 10 Aug 12
Williams, Green, Greene, Rooney
2:59.71 A Great Britain & NI 13 Sep 98
Hylton, Baulch, Baldock, Thomas
2:59.73 Great Britain & NI 8 Aug 92
Black, Grindley, Akabusi, Regis
2:59.84 Great Britain & NI 31 Aug 86 20
Redmond, Akabusi, Whittle, Black
2:59.85 Great Britain & NI 19 Aug 96
Baulch, Hylton, Richardson, Black
3:00.19 Great Britain & NI 9 Aug 07
Hylton, Black, Baulch, Thomas
3:00.25 Great Britain & NI 27 Jun 93
Ladejo, Akabusi, Regis, Grindley
3:00.32 Great Britain & NI 25 May 14
Bingham, Williams, Levine, Rooney
3:00.34 Great Britain & NI 25 Jun 95
Thomas, Patrick, Richardson, Black
3:00.38 Great Britain & NI 1 Sep 11
Strachan, Levine, Clarke, Rooney
3:00.38 Great Britain & NI 9 Aug 12
Levine, Williams, Green, Rooney
3:00.40 England 31 Jul 02
Deacon, Baldock, Rawlinson, Caines
3:00.41 Wales 31 Jul 02
Benjamin, Thomas, Baulch, Elias
3:00.46 Great Britain & NI 10 Sep 72 30
Reynolds, Pascoe, Hemery, Jenkins
3:00.46 England 2 Aug 14
Williams, Bingham, Awde, Hudson-Smith

UNDER 23

100 Metres
9.96	Chijindu Ujah	8	Jun	14
9.97	Adam Gemili	7	Jun	15
9.97	Dwain Chambers ¶	22	Aug	99
10.03	Simeon Williamson	12	Jul	08
10.04	Mark Lewis-Francis	5	Jul	02
10.04	Reece Prescod	30	Jul	16
10.09	Jason Livingston ¶	13	Jun	92
10.09	James Dasaolu	6	Jun	09
10.09	Nethaneel Mitchell-Blake	16	Apr	16
10.10	Harry Aikines-Aryeetey	7	Sep	08
10.10	Zharnel Hughes	16	Apr	16

wind assisted
9.97	Mark Lewis-Francis	30	Jun	02
10.02	Ojie Edoborun	25	Jun	16
10.04	Tyrone Edgar	10	May	03
10.07	Toby Box	11	Jun	94
10.09 †	Christian Malcolm	4	Aug	01
10.10	Donovan Reid	26	Jun	83
10.10	Leevan Yearwood	3	Jul	09

hand timing
10.1	David Jenkins	20	May	72

wind assisted
10.1	Drew McMaster	16	Jun	79

200 Metres
19.95	Nethaneel Mitchell-Blake	14	May	16
19.98	Adam Gemili	16	Aug	13
20.02	Zharnel Hughes	27	Aug	15
20.08	Christian Malcolm	8	Aug	01
20.18	John Regis	3	Sep	87
20.34	Chris Lambert	20	Jul	03
20.36	Todd Bennett	28	May	84
20.37	Toby Sandeman	18	Jul	09
20.38	Julian Golding	24	Aug	97
20.38	Reece Prescod	25	Aug	16
20.40	Delano Williams	16	May	15

wind assisted
20.10	Marcus Adam	1	Feb	90
20.38	Dwayne Grant	23	Aug	03

hand timing
20.3	David Jenkins	19	Aug	72

400 Metres
44.47	David Grindley	3	Aug	92
44.48	Matthew Hudson-Smith	13	Aug	16
44.50	Derek Redmond	1	Sep	87
44.59	Roger Black	29	Aug	86
44.60	Martyn Rooney	19	Aug	08
44.66 A	Iwan Thomas	14	Apr	96
44.69		16	Jun	96
45.01	Robert Tobin	11	Jun	05
45.04	Tim Benjamin	30	Jul	04
45.09	Mark Richardson	10	Jul	92
45.14	Jamie Baulch	23	Aug	95

800 Metres
1:43.97	Sebastian Coe	15	Sep	78
1:43.98	Peter Elliott	23	Aug	83
1:44.45	Steve Cram	17	Jul	82
1:44.65	Ikem Billy	21	Jul	84
1:44.68	Michael Rimmer	29	Jul	08
1:44.92	Curtis Robb	15	Aug	93
1:45.10	Richard Hill	10	Jun	06
1:45.14	Chris McGeorge	28	Jun	83
1:45.32	James McIlroy (IRL)	16	Jul	98
1:45.44	Steve Ovett	25	Jul	76
1:45.54	Elliot Giles	10	Jul	16

1000 Metres
2:15.12	Steve Cram	17	Sep	82
2:16.34	Matthew Yates	6	Jul	90

1500 Metres
3:33.66	Steve Cram	18	Aug	82
3:33.83	John Robson	4	Sep	79
3:34.00	Matthew Yates	13	Sep	91
3:34.45	Steve Ovett	3	Sep	77
3:34.76	Ross Murray	27	May	12
3:35.16	Steve Crabb	28	Jun	84
3:35.29	Charlie Grice	18	Jul	15
3:35.49	Jake Wightman	12	Jul	14
3:35.72	Graham Williamson	15	Jul	80
3:36.22	James Shane	31	Jul	11

1 Mile
3:49.90	Steve Cram	13	Jul	82
3:50.64	Graham Williamson	13	Jul	82
3:52.74	John Robson	17	Jul	79
3:52.77	Ross Murray	14	Jul	12
3:53.20	Ian Stewart II	25	Aug	82
3:53.44	Jack Buckner	13	Jul	82
3:54.20	Jake Wightman	22	Jul	16
3:54.36	Steve Crabb	21	Jul	84
3:54.39	Neil Horsfield	8	Jul	86
3:54.61	Charlie Grice	27	Jul	13

2000 Metres
5:01.90	Jack Buckner	29	Aug	83
5:02.67	Gary Staines	4	Aug	85
5:02.99	Neil Caddy	11	Aug	96

3000 Metres
7:41.3	Steve Ovett	23	Sep	77
7:42.47	David Lewis	9	Jul	83
7:43.90	Ian Stewart II	26	Jun	82
7:45.45	Paul Davies-Hale	13	Jul	84
7:46.6+	David Black	14	Sep	73
7:47.12	Simon Mugglestone	27	Jun	88
7:47.82	Steve Cram	26	Jul	81
7:48.47 i	John Mayock	1	Mar	92
7:48.6+	Nat Muir	27	Jun	80
7:49.45	Paul Lawther	9	Sep	77

2 Miles
8:19.37	Nat Muir		27	Jun	80

AT - MU23 - 5k - LJ

5000 Metres
13:15.31	Tom Farrell	29 Apr 12
13:17.9	Nat Muir	15 Jul 80
13:19.78	Jon Brown	2 Jul 93
13:22.2	Dave Bedford	12 Jun 71
13:22.85	Ian Stewart I	25 Jul 70
13:23.52	David Black	29 Jan 74
13:23.94	Jonathan Davies	28 May 16
13:24.59	Paul Davies-Hale	1 Jun 84
13:25.0	Steve Ovett	30 Jul 77
13:26.97	John Mayock	9 Jun 92

10000 Metres
27:47.0	Dave Bedford	10 Jul 71
27:48.49	David Black	25 Jan 74
28:09.95	Bernie Ford	6 Oct 73
28:12.42	Dave Murphy	13 Jul 79
28:14.08	Jon Richards	20 Jun 86
28:18.8	Nicky Lees	7 May 79
28:19.6	Jon Brown	17 Apr 92
28:20.71	Jim Brown	12 Jul 74
28:20.76	Steve Binns	27 Aug 82
28:24.01	Jack Lane	10 Aug 71

Marathon
2:12:19	Don Faircloth	23 Jul 70
2:16:04	Ian Ray	27 Oct 79
2:16:21	Norman Wilson	10 Sep 77
2:16:47	Ieuan Ellis	19 Sep 82
2:17:13	Brent Jones	13 May 84

3000 Metres Steeplechase
8:16.52	Tom Hanlon	23 Aug 89
8:18.80	Colin Reitz	6 Jul 82
8:20.83	Paul Davies-Hale	10 Jun 84
8:22.48	John Davies	13 Sep 74
8:28.6	Dave Bedford	10 Sep 71
8:29.72	David Lewis	29 May 83
8:29.86	Tony Staynings	2 Aug 75
8:30.64	Dennis Coates	2 Aug 75
8:31.72	Keith Cullen	28 Jun 92
8:31.80	Graeme Fell	8 Aug 81

110 Metres Hurdles
13.11 A	Colin Jackson	11 Aug 88
13.11		14 Jul 89
13.21	Tony Jarrett	31 Aug 90
13.24	David Omoregie	3 Sep 16
13.29	Jon Ridgeon	15 Jul 87
13.31	Lawrence Clarke	8 Aug 12
13.34	Andrew Pozzi	13 Jul 12
13.36	Rob Newton	31 Jul 03
13.49	William Sharman	23 Jul 06
13.54	David King	22 May 16
13.56	Callum Priestley	29 Jul 09

wind assisted
12.95	Colin Jackson	10 Sep 89
13.14	Lawrence Clarke	7 Jul 12
13.45	William Sharman	15 Jul 06

hand timing
13.4	David King	6 Jun 16

400 Metres Hurdles
48.60	Jack Green	13 Jul 12
48.71	Nathan Woodward	3 Jul 11
49.06	Rick Yates	26 Jul 08
49.09	Rhys Williams	23 Mar 06
49.11	Gary Oakes	26 Jul 80
49.19	Seb Rodger	13 Jul 13
49.53	Dai Greene	10 Sep 08
49.57	Matt Elias	14 Jul 01
49.62	Lloyd Gumbs	18 Jul 09
49.62	Niall Flannery	30 Jun 13

High Jump
2.38 i	Steve Smith	4 Feb 94
2.37		22 Aug 93
2.32 i	Brendan Reilly	24 Feb 94
2.31		17 Jul 92
2.31	Dalton Grant	25 Sep 88
2.30 i	Geoff Parsons	25 Jan 86
2.28		18 May 86
2.30	Ben Challenger	13 Jul 99
2.28 i	John Holman	28 Jan 89
2.27	Martyn Bernard	31 May 04
2.27	Robbie Grabarz	1 Jun 08
2.26	Allan Smith	14 Jul 13
2.26 i	Chris Kandu	21 Feb 15
2.25	Robert Mitchell	28 Jul 01
2.25	Adam Scarr	11 Jun 06
2.25	Allan Smith	1 Jun 14

Pole Vault
5.71 i	Steven Lewis	14 Mar 08
5.71		1 Jul 08
5.70	Nick Buckfield	23 Jul 95
5.65	Jax Thoirs	16 May 15
5.62 i	Luke Cutts	18 Jan 09
5.60		19 Jul 09
5.60	Neil Winter	19 Aug 95
5.55 i	Andrew Sutcliffe	11 Feb 12
5.46		11 Aug 12
5.50	Paul Williamson	6 Jul 96
5.47 i	Keith Higham	4 Feb 06
5.40		25 Jun 05
5.42	Mike Barber	26 Aug 95
5.42	Nick Cruchley	3 Jul 11

Long Jump
8.27	Chris Tomlinson	13 Apr 02
8.26	Greg Rutherford	15 Jul 06
8.15	Stewart Faulkner	16 Jul 90
8.11	Nathan Morgan	24 Jul 98
8.07	Lynn Davies	18 Oct 64
8.04	Roy Mitchell	25 Jun 77
8.00	Daley Thompson	25 Jul 80
8.00	Derrick Brown	7 Aug 85
7.97	Fred Salle	13 Jul 86
7.94 i	Paul Johnson	10 Mar 89

wind assisted
8.16	Roy Mitchell	26 Jun 76
8.11	Daley Thompson	7 Aug 78

AT - MU23 - TJ - 50kWR

Triple Jump
17.21	Tosi Fasinro	27	Jul	93
17.12	Phillips Idowu	23	Sep	00
17.05	John Herbert	8	Jul	83
16.95	Julian Golley	10	Jul	92
16.95	Nathan Douglas	11	Jul	04
16.76	Keith Connor	12	Aug	78
16.74	Jonathan Edwards	23	Jul	88
16.71	Vernon Samuels	18	May	86
16.69	Aston Moore	12	Aug	78
16.65	Tosin Oke	28	Jul	02
16.54	Eric McCalla	17	Sep	82
16.50 i	Kola Adedoyin	9	Feb	13

wind assisted
17.30	Tosi Fasinro	12	Jun	93
17.21	Keith Connor	12	Aug	78
16.76	Aston Moore	25	Sep	78

Shot
19.48	Geoff Capes	21	Aug	71
19.42	Zane Duquemin	27	Jul	13
19.44 i	Simon Williams	28	Jan	89
18.93		23	Jul	89
19.23	Matt Simson	23	May	91
19.01	Billy Cole	21	Jun	86
18.93	Paul Buxton	13	May	77
18.63 i	Carl Myerscough ¶	6	Feb	99
18.59 i	Alan Carter	11	Apr	65
18.54	Scott Lincoln	5	Jul	15
18.46	Lee Newman	9	Jul	95

Discus
68.24	Lawrence Okoye	19	May	12
66.06	Brett Morse	27	Jul	11
63.46	Zane Duquemin	30	Jun	12
63.38	Nicholas Percy	22	Jul	16
62.07	Emeka Udechuku	19	Aug	00
61.86	Paul Mardle	13	Jun	84
60.48	Robert Weir	13	May	83
59.90	Chris Scott	19	Jun	10
59.78	Glen Smith	5	Jun	94
59.22	Gregory Thompson	10	Jul	16
58.52	Colin Sutherland ¶	1	May	77

Hammer
77.55	Nick Miller	22	Jul	15
75.10	Dave Smith II	27	May	96
75.08	Robert Weir	3	Oct	82
74.62	David Smith I	15	Jul	84
74.18	Martin Girvan	31	May	82
73.80	Jason Byrne	19	Sep	92
72.95	Alex Smith	8	Oct	10
72.70	Taylor Campbell	24	Jul	16
71.75	Peter Smith	15	Apr	12
71.08	Paul Head	1	Sep	85
71.00	Ian Chipchase	17	Aug	74
70.81	Mark Dry	1	Aug	09

Javelin (1986 Model)
89.58	Steve Backley	2	Jul	90
80.92	Mark Roberson	12	Jun	88
80.38	James Campbell	18	Jul	10
79.70	Nigel Bevan	3	Feb	90
78.56	Mick Hill	2	Aug	86
78.54	Gary Jenson	17	Sep	89
78.33 A	David Parker	24	Mar	01
76.77	Matthew Hunt	1	May	11
76.66 i	Stuart Faben	3	Mar	96
76.28	Nick Nieland	9	Jul	94
76.13	Joe Dunderdale	18	May	14
75.89	Dan Pembroke	12	Jun	11

Decathlon (1985 Tables)
8648	Daley Thompson	18	May	80
8556	Dean Macey	25	Aug	99
8070	Ashley Bryant	12	Jul	13
7904	David Bigham	28	Jun	92
7822	Liam Ramsay	31	Aug	14
7751	Daniel Awde	29	Jun	08
7723 w	Eugene Gilkes	8	Jul	84
7660		8	Jul	84
7713	Jim Stevenson	5	Jun	93
7709	Timothy Duckworth	13	May	16
7668	Fidelis Obikwu	5	Oct	82
7651	David Hall	13	Jun	15
7643 w	Tom Leeson	8	Sep	85
7616	Barry Thomas	23	Aug	92

3000 Metres Track Walk
11:28.4	Phil Vesty	9	May	84

10000 Metres Track Walk
40:53.60	Phil Vesty	28	May	84
41:24.7	Martin Rush	6	Jul	86
41:51.55	Andi Drake	25	May	87
41:55.6	Darrell Stone	7	Feb	88
42:07.11	Tom Bosworth	6	Aug	11
42:24.61	Ian McCombie	29	May	83
42:28.0	Philip King	17	May	95
43:00.67	Sean Martindale	5	Jun	88
43:08.59	Daniel King	30	Aug	03
43:10.4	Gareth Holloway	2	May	92

20 Kilometres Road Walk
1:24:07.6t	Phil Vesty	1	Dec	84
1:24:49	Tom Bosworth	9	Jun	12
1:24:53	Andi Drake	27	Jun	87
1:25:46	Alex Wright	20	Jun	10
1:26:02	Jamie Higgins	12	Apr	14
1:26:14	Darrell Stone	27	Mar	89
1:26:18 +	Martin Rush	27	Apr	86
1:26:21	Ian McCombie	8	Aug	82
1:27:30	Ben Wears	15	May	10

50 Kilometres Road Walk
4:10:23	Darrell Stone	6	May	90

UNDER 20

100 Metres
10.05	Adam Gemili	11	Jul	12
10.06	Dwain Chambers	25	Jul	97
10.10	Mark Lewis-Francis	5	Aug	00
10.12	Christian Malcolm	29	Jul	98
10.16	Ojie Edoburun	23	Aug	14
10.21	Jamie Henderson	6	Aug	87
10.22	Craig Pickering	22	May	05
10.24	Simeon Williamson	2	Jul	05
10.25	Jason Livingston ¶	9	Aug	90
10.25	Jason Gardener	21	Jul	94
10.26	Leevan Yearwood	26	Aug	07
10.26	Chijindu Ujah	25	Aug	12
10.29	Peter Radford (10.31?)	13	Sep	58
10.29	David Bolarinwa	29	May	11
10.30	Deji Tobais	3	Jul	10
10.31	Chris Lambert	21	Aug	99
10.31	Alex Nelson	18	Jun	05
10.32	Mike McFarlane	6	Aug	78
10.33	Leon Baptiste	30	May	04
10.33	Wade Bennett-Jackson	15	Aug	06

wind assisted
9.97 †	Mark Lewis-Francis	4	Aug	01
10.10	Christian Malcolm	18	Jul	98
10.15	Ojie Edoburun	23	Aug	14
10.17	Tyrone Edgar	30	Jun	01
10.20	Wade Bennett-Jackson	28	Aug	05
10.20	Joseph Dewar	19	Aug	15
10.22	Lincoln Asquith	26	Jun	83
10.22	Dwayne Grant	30	Jun	01
10.22	Simeon Williamson	21	Aug	05

200 Metres
20.29	Christian Malcolm	19	Sep	98
20.37	Thomas Somers	24	Jul	14
20.38	Adam Gemili	9	Sep	12
20.54	Ade Mafe	25	Aug	85
20.62	Leon Reid	20	Jul	13
20.62	Nathaneel Mitchell-Blake	20	Jul	13
20.63	Chris Lambert	21	Aug	99
20.64	Dwayne Grant	16	Jun	01
20.67	David Jenkins	4	Sep	71
20.67	Tim Benjamin	17	Jun	01
20.68	Elliot Powell	28	Jun	15
20.69	Alex Nelson	30	Jul	05
20.69	David Bolarinwa	2	Jun	12
20.70	Reece Prescod	6	Jun	15
20.71	Cameron Tindle	21	Jul	16
20.73 A	Ralph Banthorpe	15	Oct	68
20.75	Kieran Showler-Davis	20	Jun	10
20.78	John Regis	29	Sep	85
20.79	Jamahl Alert-Khan	7	Sep	03
20.80	Mike McFarlane	1	Jul	79

wind assisted
20.56	Toby Harries (U17)	9	Sep	15
20.57	Tommy Ramdhan	18	Jul	15
20.60	Tim Benjamin	7	Aug	99
20.61	Darren Campbell	11	Aug	91
20.73	Julian Golding	17	Sep	94
20.80	Ben Lewis	11	Jul	99

hand timing
20.6	David Jenkins	19	Sep	71

hand timing - wind assisted
20.4	Dwayne Grant	1	Jul	01
20.7	Lincoln Asquith	2	Jul	83

300 Metres
32.53	Mark Richardson	14	Jul	91
32.85	Ade Mafe	18	Aug	84

400 Metres
45.35	Martyn Rooney	21	Mar	06
45.36	Roger Black	24	Aug	85
45.41	David Grindley	10	Aug	91
45.45	David Jenkins	13	Aug	71
45.53	Mark Richardson	10	Aug	91
45.59	Chris Clarke	24	Jul	09
45.83	Mark Hylton	16	Jul	95
46.03	Peter Crampton	8	Aug	87
46.10	Tim Benjamin	25	Aug	01
46.13	Guy Bullock	31	Jul	93
46.22	Wayne McDonald	17	Jun	89
46.31	Nigel Levine	10	Jun	07
46.32	Derek Redmond	9	Sep	84
46.35	Jack Crosby	23	Jul	14
46.39	Elliott Rutter	22	Jun	14
46.46	Adrian Metcalfe	19	Sep	61
46.47	Richard Buck	21	Aug	05
46.48	Roger Hunter	20	May	84
46.51	Cameron Chalmers	21	Jul	16
46.53	Mark Thomas	15	Sep	84

hand timing
45.7	Adrian Metcalfe	2	Sep	61

800 Metres (* 880 yards time less 0.60)
1:45.64	David Sharpe	5	Sep	86
1:45.77	Steve Ovett	4	Sep	74
1:45.78	Kyle Langford	25	Jul	15
1:46.46	John Gladwin	7	Jul	82
1:46.63	Curtis Robb	6	Jul	91
1:46.80*	John Davies I	3	Jun	68
1:47.0	Ikem Billy	12	Jun	83
1:47.02	Chris McGeorge	8	Aug	81
1:47.02	Niall Brooks	25	Jul	10
1:47.18	Rick Soos	14	Aug	02
1:47.22	Kevin McKay	5	Jun	88
1:47.26	James Brewer	10	Aug	07
1:47.27	Tom Lerwill	22	Aug	96
1:47.33	Charlie Grice	21	Jul	12
1:47.34	Andrew Osagie	20	May	07
1:47.35	Peter Elliott	23	Aug	81
1:47.53	Graham Williamson	1	Aug	79
1:47.6	Julian Spooner	24	Apr	79
1:47.69	Simon Lees	5	Sep	98
1:47.70	Darryl Taylor	13	Jul	84

AT - MU20 - 1k - 3kSt

1000 Metres
2:18.98	David Sharpe	19	Aug	86
2:19.92	Graham Williamson	8	Jul	79
2:20.0	Steve Ovett	17	Aug	73
2:20.02	Darryl Taylor	18	Aug	84
2:20.37	Johan Boakes	17	Jun	84
2:21.17	Curtis Robb	16	Sep	90
2:21.41	Stuart Paton	17	Sep	82
2:21.7 A	David Strang (GBR?)	26	Jan	87
2:21.71	Kevin Glastonbury	18	Jun	77

1500 Metres
3:36.6 +	Graham Williamson	17	Jul	79
3:38.62	Niall Brooks	10	Jul	10
3:40.09	Steve Cram	27	Aug	78
3:40.68	Brian Treacy	24	Jul	90
3:40.72	Gary Taylor	8	Jul	81
3:40.90	David Robertson	28	Jul	92
3:40.95 +	Charlie Grice	14	Jul	12
3:41.08	Josh Kerr	8	Jun	16
3:41.33	Adam Cotton	11	Jun	11
3:41.43	Shaun Wyllie	7	Jun	14
3:41.59	Chris Sly	22	Jul	77
3:41.6	David Forrester	14	Jun	08
3:41.77	Simon Horsfield	15	Aug	09
3:42.2	Paul Wynn	9	Aug	83
3:42.48	Tom Lancashire	13	Jul	04
3:42.5	Colin Reitz	8	Aug	79
3:42.67	Matthew Hibberd	28	Jul	92
3:42.7	David Sharpe	17	Oct	85
3:42.83	Jonathan Hay	18	May	11
3:42.86	Stuart Paton	29	Aug	82

1 Mile
3:53.15	Graham Williamson	17	Jul	79
3:57.03	Steve Cram	14	Sep	79
3:57.90	Charlie Grice	14	Jul	12
3:58.68	Steve Flint	26	May	80
3:59.4	Steve Ovett	17	Jul	74
4:00.31	Johan Boakes	5	Aug	86
4:00.6	Simon Mugglestone	16	Sep	87
4:00.62	Jake Wightman	27	Jul	13

2000 Metres
5:06.56	Jon Richards	7	Jul	82

3000 Metres
7:48.28	Jon Richards	9	Jul	83
7:51.84	Steve Binns	8	Sep	79
7:56.28	John Doherty	13	Jul	80
7:58.68 i	Tom Farrell	13	Feb	10
7:59.55	Paul Davies-Hale	8	Aug	81
8:00.1 a	Micky Morton	11	Jul	78
8:00.7	Graham Williamson	29	Jul	78
8:00.73	David Black	24	Jul	71
8:00.8	Steve Anders	1	Aug	78
8:00.88	Paul Taylor	12	Jun	85
8:01.2	Ian Stewart I	7	Sep	68
8:01.26	Darius Burrows	21	Aug	94
8:01.43	Nat Muir	28	Aug	77

5000 Metres
13:27.04	Steve Binns	14	Sep	79
13:35.95	Paul Davies-Hale	11	Sep	81
13:37.4	David Black	10	Sep	71
13:43.82	Simon Mugglestone	24	May	87
13:44.64	Julian Goater	14	Jul	72
13:48.74	Jon Richards	28	May	83
13:48.84	John Doherty	8	Aug	80
13:49.1 a	Nat Muir	21	Aug	77
13:52.01	Alexander Yee	23	Jul	16
13:53.30	Ian Stewart I	3	Aug	68
13:53.3 a	Nicky Lees	21	Aug	77
13:54.2	Mick Morton	1	Jul	78
13:54.52	Keith Cullen	8	Jun	91
13:56.31	Mo Farah	23	Jun	01
13:57.16	Jonathan Hay	28	May	11
14:00.7	Peter Tootell	19	Jun	82
14:00.7	Mike Chorlton	19	Jun	82
14:00.85	Paul Taylor	15	Sep	84
14:03.0	Steve Anders	1	Jul	78
14:03.09	Jon Brown	11	Aug	90

10000 Metres
29:21.9	Jon Brown	21	Apr	90
29:38.6	Ray Crabb	18	Apr	73
29:44.0	Richard Green	27	Sep	75
29:44.8	Jack Lane	23	Sep	69

2000 Metres Steeplechase
5:29.61	Colin Reitz	18	Aug	79
5:31.12	Paul Davies-Hale	22	Aug	81
5:32.84	Tom Hanlon	20	Jul	86
5:34.76	Micky Morris	24	Aug	75
5:36.37	Zac Seddon	19	Jun	13
5:38.01	Ken Baker	1	Aug	82
5:38.2	Spencer Duval	8	Jul	89
5:39.3 a	Graeme Fell	11	Jul	78
5:39.93	Eddie Wedderburn	9	Sep	79
5:40.2	Paul Campbell	31	Jul	77
5:40.2	John Hartigan	27	Jun	84

3000 Metres Steeplechase
8:29.85	Paul Davies-Hale	31	Aug	81
8:34.42	Zak Seddon	28	Apr	13
8:42.75	Colin Reitz	6	Jun	79
8:43.21	Kevin Nash	2	Jun	96
8:44.68	Alastair O'Connor	12	Aug	90
8:44.91	Ken Baker	30	May	82
8:45.65	Spencer Duval	17	Jun	89
8:47.49	Tom Hanlon	8	Jun	86
8:47.8	Stephen Murphy	16	Jun	02
8:48.43	Graeme Fell	16	Jul	78
8:50.14	Dave Long I	13	Jul	73
8:51.02	Tony Staynings	14	Jul	72
8:51.48	Matthew Graham	1	May	10
8:51.54	James Wilkinson	26	Jun	09
8:51.93	Mark Buckingham	12	Jun	04
8:52.79	Jack Partridge	7	May	12
8:54.15	Stuart Kefford	18	Sep	92
8:54.56	Luke Gunn	12	Jun	04
8:54.6	Micky Morris	7	Sep	75
8:54.92	Mark Wortley	4	Jun	88

AT - MU20 - 110H - PV

110 Metres Hurdles (99cm)
Time	Name	Date		
13.17	David Omoregie	22	Jun	14
13.29	Andy Pozzi	3	Jul	11
13.30	James Gladman	23	Jun	12
13.32	Jack Meredith	4	Jun	10
13.37	Lawrence Clarke	25	Jul	09
13.40	James Weaver	20	Jul	16
13.47	Gianni Frankis	22	Jul	07
13.48	Matthew Treston	19	Jun	16
13.57	Chris Baillie	21	Aug	99
13.62	Callum Priestley	22	Jul	07	10
13.62	Khai Riley-La Borde	18	May	14
13.62	Jack Hatton	27	Jun	15
13.64	David King	16	Jun	13
13.65	Euan Dickson-Earle	18	May	14
13.66	Robert Sakala	19	Jun	16
13.71	Julian Adeniran	21	Jul	07
13.71	Ben Reynolds	24	Jul	09

wind assisted
Time	Name	Date		
13.34	James Weaver	25	Jun	16
13.36	Lawrence Clarke	3	Jul	09
13.55	Jack Hatton	21	Jul	15
13.68	Jack Kirby	21	Jun	15

110 Metres Hurdles (106.7cm)
Time	Name	Date		
13.44	Colin Jackson	19	Jul	86
13.46	Jon Ridgeon	23	Aug	85
13.53	David Omoregie	26	Jul	14
13.72	Tony Jarrett	24	May	87
13.73	Andy Pozzi	11	Aug	11
13.84	Chris Baillie	27	Aug	00
13.91	David Nelson	21	Jun	86
13.91	Lawrence Clarke	29	Jul	09
13.95	Robert Newton	27	Aug	00	10
13.95	Gianni Frankis	11	Aug	07
13.97	Paul Gray	30	Jul	88
14.01	Ross Baillie	25	Aug	96
14.03	Brett St Louis	27	Jun	87
14.04	Damien Greaves	25	Aug	96

wind assisted
Time	Name	Date		
13.42	Colin Jackson	27	Jul	86
13.66	Andy Pozzi	11	Aug	11
13.82	David Nelson	5	Jul	86
13.82	Lawrence Clarke	3	May	09
13.89	Callum Priestley	17	Jul	08
13.93	Robert Newton	7	Aug	99

400 Metres Hurdles
Time	Name	Date		
50.20	Richard Davenport	15	Jul	04
50.22	Martin Briggs	28	Aug	83
50.49	Jack Green	23	Jul	10
50.70	Noel Levy	8	Jul	94
50.71	Jacob Paul	21	Jul	13
50.96	Steven Green	6	Jul	02
50.99	Toby Ulm	21	Jul	07
51.07	Philip Beattie	20	Aug	82
51.07	Niall Flannery	28	Jun	09
51.14	Dai Greene	23	Jul	05	10
51.15 A	Andy Todd	18	Oct	67
51.15	Rhys Williams	26	Jul	03
51.31	Gary Oakes	9	Sep	77
51.39	Richard McDonald	19	Jun	99
51.48	Bob Brown	19	Jun	88
51.50	Nathan Woodward	20	May	07
51.51	Max Robertson	24	Jul	82
51.52	Jack Lawrie	8	Aug	15
51.55	Mark Whitby	26	Aug	83
51.62	Ryan Dinham	27	Jun	04	20

hand timing
Time	Name	Date		
51.0	Richard McDonald	24	Jul	99
51.4	Rupert Gardner	29	Jun	03

High Jump
Height	Name	Date		
2.37	Steve Smith	20	Sep	92
2.27	Brendan Reilly	27	May	90
2.26	James Brierley	3	Aug	96
2.25	Geoff Parsons	9	Jul	83
2.24	John Hill	23	Aug	85
2.24	Chris Kandu	22	Jun	14
2.23	Mark Lakey (U17)	29	Aug	82
2.23 i	Ben Challenger	1	Mar	97
2.21		24	Aug	96
2.22	Dalton Grant	3	Jul	85
2.22	Robbie Grabarz	19	Jun	05	10
2.21	Martyn Bernard	6	Jul	02
2.20	Byron Morrison	14	Jul	84
2.20	Alan McKie	2	Sep	07
2.18	Ossie Cham	14	Jun	80
2.18	Alex Kruger	26	Jun	82
2.18	Steve Ritchie	15	Jul	89
2.18	Hopeton Lindo	23	Jul	89
2.18	Chuka Enih-Snell	21	Apr	01
2.18	Tom Parsons	4	May	03
2.18	Tom Gale	22	Jul	16	20

Pole Vault
Height	Name	Date		
5.60	Adam Hague	28	Mar	15
5.50	Neil Winter	9	Aug	92
5.42	Harry Coppell	6	Jun	15
5.40 i	Luke Cutts	24	Feb	07
5.30		19	Aug	06
5.36 i	Andrew Sutcliffe	14	Feb	10
5.35		22	Jul	10
5.35	Steven Lewis	21	Aug	05
5.30	Matt Belsham	16	Sep	90
5.30	Charlie Myers	16	Aug	15
5.25	Matt Deveraux	4	Jul	10
5.25	Rowan May	20	Jul	13	10
5.25 i	Joel Leon Benitez	16	Jan	16
5.21	Andy Ashurst	2	Sep	84
5.21 i	Christian Linskey	20	Feb	99
5.20		24	May	98
5.20	Billy Davey	5	Jun	83
5.20	Warren Siley	4	Aug	90
5.20	Nick Buckfield	31	May	92
5.20	Ben Flint	2	Aug	97
5.20	Andrew Marsh	14	Jun	08
5.20 i	Jax Thoirs	4	Jul	12
5.20 i	Daniel Gardner	15	May	13	20
5.20		13	Jul	13

AT - MU20 - LJ - DT

Long Jump

8.14	Greg Rutherford	22 Jul	05
8.03	Jonathan Moore	18 May	02
7.98	Stewart Faulkner	6 Aug	88
7.91	Steve Phillips	10 Aug	91
7.90	Nathan Morgan	25 Jul	97
7.86	Elliot Safo	19 Jul	13
7.84	Wayne Griffith	25 Aug	89
7.80	Feron Sayers	30 Jun	13
7.76	Carl Howard	31 Jul	93
10 7.75	Jacob Fincham-Dukes	17 Jul	15
7.73	Jason Canning	20 Apr	88
7.72	Daley Thompson	21 May	77
7.70	Kevin Liddington	27 Aug	88
7.70	Oliver Newport	2 Jun	12
7.70	Alexander Farquharson	28 May	16
7.66	Barry Nevison	7 Jul	85
7.64	Chris Kirk	28 Jun	03
7.63	James McLachlan	7 May	11
7.62	Colin Mitchell	11 Jul	78
20 7.62	Chris Tomlinson	21 Oct	00
7.62	Bernard Yeboah	21 Aug	04

wind assisted

8.04	Stewart Faulkner	20 Aug	88
7.97	Nathan Morgan	13 Jul	96
7.96	Colin Jackson	17 May	86
7.82	Kevin Liddington	25 Jun	89
7.72	John Herbert	15 Jun	80
7.70	Andrew Staniland	30 May	05

Triple Jump

16.58	Tosi Fasinro	15 Jun	91
16.57	Tosin Oke	8 Aug	99
16.53	Larry Achike	24 Jul	94
16.43	Jonathan Moore	22 Jul	01
16.24	Aston Moore	11 Jun	75
16.22	Mike Makin	17 May	81
16.13	Steven Anderson	11 Jun	83
16.09	Ben Williams	26 Aug	09
16.03	John Herbert	23 Jun	81
10 15.99	Steven Shalders	20 Oct	00
15.95	Keith Connor	30 Aug	76
15.94	Vernon Samuels	27 Jun	82
15.93	Tayo Erogbogbo	17 Sep	94
15.93	Kola Adedoyin	23 May	10
15.92	Lawrence Lynch	13 Jul	85
15.88	Julian Golley	28 Jul	90
15.87	Stewart Faulkner	22 Aug	87
15.86	Phillips Idowu	5 Jul	97
15.84	Francis Agyepong	29 Sep	84
20 15.83	Montel Nevers	21 Jun	15

wind assisted

16.81	Tosi Fasinro	15 Jun	91
16.67	Larry Achike	24 Jul	94
16.43	Mike Makin	14 Jun	81
16.34	Phillips Idowu	27 Jul	97
16.31	Aston Moore	9 Aug	75
16.07	Vernon Samuels	14 Aug	82
16.01	Julian Golley	22 Jul	90

Shot (7.26kg)

19.46	Carl Myerscough ¶	6 Sep	98
18.21 i	Matt Simson	3 Feb	89
	18.11	27 Aug	89
17.78 i	Billy Cole	10 Mar	84
	17.72	2 Jun	84
17.38	Chris Gearing	3 Sep	05
17.36 i	Chris Ellis	8 Dec	84
	17.10	7 Jul	85
17.28 i	Jamie Williamson	4 Feb	06
	17.09	21 May	06
17.26 i	Geoff Capes	16 Nov	68
	16.80	30 Jul	68
17.25	Emeka Udechuku	20 Sep	97
17.22	Antony Zaidman	4 Jul	81
16.97	Curtis Griffith-Parker	17 May	09 10
16.78	Kieren Kelly	9 Jul	05
16.78	Jamie Stevenson	18 May	08
16.69	Greg Beard	30 Sep	00
16.61	Simon Williams	10 Aug	86
16.60	Alan Carter	11 May	63
16.48	Martyn Lucking	24 Aug	57
16.47	Paul Buxton	25 May	75
16.38	Zane Duquemin	11 Sep	10

Shot (6kg) (E 6.25kg)

21.03 E	Carl Myerscough ¶	13 May	98
19.47 E	Matt Simson	20 May	89
19.30	Curtis Griffith-Parker	31 May	09
19.15 E	Billy Cole	19 May	84
18.98	Chris Gearing	4 Sep	05
18.73	Jamie Williamson	4 Sep	05
18.68	Anthony Oshodi	13 Jun	10
18.66 iE	Simon Williams	15 Nov	86
	18.52 E	11 Jul	86
18.59 i	Jamie Stevenson	10 Feb	08
	18.55	11 May	08
18.42	Zane Duquemin	15 Aug	10 10
18.26	Gregory Thompson	1 Jun	13
18.20 iE	Chris Ellis	16 Feb	85
	18.13 E	14 Jul	84
18.11	Kai Jones	18 May	14
18.06 E	Greg Beard	2 Sep	01
18.05	George Evans	18 Jun	16
17.96	Kieren Kelly	3 Jul	05

Discus (2kg)

60.97	Emeka Udechuku	5 Jul	98
60.19	Carl Myerscough ¶	8 Aug	98
56.87	Brett Morse	18 May	08
56.44	Nicholas Percy	26 Aug	13
55.95	Curtis Griffith-Parker	17 May	09
55.10	Glen Smith	31 Aug	91
53.42	Paul Mardle	25 Jul	81
53.40	Robert Weir	10 Aug	80
53.32	Paul Buxton	9 Aug	75
53.02	Simon Williams	16 Aug	86 10
53.00	Gregory Thompson	29 Apr	13
52.94	Lee Newman	29 Aug	92
52.91	Zane Duquemin	12 Sep	09
52.90	Simon Cooke	13 Jun	04

AT - MU20 - DT - DecJ

52.84	Jamie Murphy	14	Jun	92	**Javelin**					
52.14	Robert Russell	4	Jul	93	79.50	Steve Backley	5	Jun	88	
51.70	Richard Slaney	27	Jul	75	77.48	David Parker	14	Aug	99	
					75.46	Harry Hughes	21	May	16	
Discus (1.75kg)					74.54	Gary Jenson	19	Sep	86	
64.35	Emeka Udechuku	21	Jun	98	74.24	Mark Roberson	18	Jul	86	
63.92	Lawrence Okaye	20	Jun	10	73.76	Nigel Bevan	29	Aug	87	
62.79	Nicholas Percy	23	Jun	13	73.18	James Campbell	16	Aug	06	
62.34	Curtis Griffith-Parker	25	May	08	72.55	Joe Dunderdale	25	Jun	11	
61.81	Carl Myerscough ¶	18	Aug	98	72.54	Dan Pembroke	12	Jun	10	
60.76	Glen Smith	26	May	91	72.52	Richard Shuttleworth	25	Sep	11	10
60.46	Brett Morse	24	May	08	72.51	James Whiteaker	22	Jul	16	
59.21	Gregory Thompson	28	Apr	13	71.90	Matthew Hunt	17	May	09	
59.11	Zane Duquemin	15	Aug	10	71.83	Freddie Curtis	5	Jul	14	
10 59.05	George Evans	4	Sep	16	71.79	Phill Sharpe	27	Aug	00	
58.80	George Armstrong	25	Jun	16	71.76	Benji Pearson	18	Aug	13	
57.93	Simon Cooke	27	Jun	04	71.74	Myles Cottrell	29	Jul	89	
56.71	Louis Mascarenhas	16	May	15	71.14	Dan Carter	11	Jul	98	
56.64	Jamie Murphy	19	May	90	70.80	Bonne Buwembo	13	Sep	08	
56.10	Lee Newman	5	Jul	92	70.60	Matti Mortimore	11	Sep	10	
56.00	Simon Williams	17	May	86	69.62	Stefan Baldwin	8	Jul	89	20
Hammer (7.26kg)					**Decathlon** (1985 Tables)					
69.39	Taylor Campbell	4	May	15	8082	Daley Thompson	31	Jul	77	
67.56	Nick Miller	1	Jul	12	7727	David Guest	6	Jun	10	
67.48	Paul Head	16	Sep	84	7488	David Bigham	9	Aug	90	
67.10	Jason Byrne	6	Aug	89	7480	Dean Macey	22	Aug	96	
66.38	Peter Smith	15	Aug	09	7299	Eugene Gilkes	24	May	81	
66.14	Martin Girvan	21	Jul	79	7274	Jim Stevenson	24	Jun	90	
65.86	Robert Weir	6	Sep	80	7247	Brian Taylor	7	May	89	
65.30	Karl Andrews	2	Jul	94	7194	Ashley Bryant	15	Aug	10	
64.89	Alex Smith	21	May	06	7169	Barry Thomas	5	Aug	90	
10 64.14	Ian Chipchase	25	Sep	71	7156	Timothy Duckworth	15	May	15	10
63.84	Andrew Tolputt	7	Sep	86	7126	Fidelis Obikwu	16	Sep	79	
63.72	Gareth Cook	10	Jul	88	7115	Liam Ramsay	4	Sep	11	
63.25	Jac Palmer	4	May	15	7112	Gavin Sunshine	30	Jul	93	
62.82	Mick Jones	29	Aug	82	7018	Jamie Quarry	30	Jun	91	
62.63	Michael Painter	20	Apr	13	6958	Roy Mitchell	29	Sep	74	
62.48	Karim Chester	6	Dec	03	6936	Anthony Brannen	24	May	87	
					6925	Roger Hunter	4	Jun	95	
Hammer (6kg) (E 6.25kg)					6843	Ed Coats	30	May	99	
78.74	Taylor Campbell	20	Jun	15	6839	Mark Bushell	30	Apr	95	
76.67	Peter Smith	10	Jul	00						
74.92 E	Jason Byrne	17	Dec	89	**IAAF Junior E - 6.25kg SP**					
73.81	Alex Smith	25	Jun	06	7691	David Guest	21	Jul	10	
73.76	Nick Miller	30	Jun	12	7567	Daniel Gardiner	14	Jun	09	
73.34	Michael Painter	10	Jun	12	7440	David Hall	23	Jul	14	
73.28 E	Robert Weir	14	Sep	80	7381	Daniel Awde	23	Jul	06	
73.09	Callum Brown	23	Jun	12	7342	Ashley Bryant	6	Jun	10	
72.66 E	Paul Head	2	Sep	84	7320	Jack Andrew	6	Jun	10	
10 71.84 E	Gareth Cook	28	May	88	7308 w	Liam Ramsay	18	Sep	11	
71.55	Jake Norris	25	Sep	16	7233		26	Jun	11	
70.88	Jac Palmer	18	Apr	15	7232	Guy Stroud	9	Sep	07	
70.82	James Bedford	17	Jun	07	7200	Seb Rodger	16	May	10	
70.36 E	Andrew Tolputt	21	Sep	86	7160	Timothy Duckworth	26	Jun	14	10
69.53	Nicholas Percy	28	Jul	13	7147	Ben Gregory	14	Jun	09	
69.10 E	Karl Andrews	3	Aug	94	7134 E	Dean Macey	17	Sep	95	
69.10	Andrew Elkins	29	Apr	12	7128	Nicholas Hunt	29	Jun	14	
68.97	Amir Williamson	18	Jun	06	7056	Lewis Church	20	Sep	15	
68.83	Andrew Jordon	27	Jun	10	7050 E	Edward Dunford	22	Sep	02	

AT - MU20 - 3kW - MU17 - 200

3000 Metres Track Walk
11:36.2	Callum Wilkinson	15	May	16
11:39.75 i	Cameron Corbishley	11	Dec	16
11:53.08		15	May	16
11:50.34 i	Guy Thomas	11	Dec	16
11:50.55	Nick Ball	29	May	06
11:54.23	Tim Berrett	23	Jun	84
12:00.99 i	Dominic King	2	Feb	02

5000 Metres Track Walk
19:35.4	Callum Wilkinson	2	Jul	16
20:16.40	Philip King	26	Jun	93
20:21.57	Callum Wilkinson	5	Jul	15
20:33.4 +	Darrell Stone	7	Aug	87

10000 Metres Track Walk
40:41.62	Callum Wilkinson	23	Jul	16
41:52.13	Darrell Stone	7	Aug	87
42:06.35	Gordon Vale	2	Aug	81
42:17.1	Dominic King	4	May	02
42:18.94	Cameron Corbishley	19	Jun	16
42:25.06	Jamie Higgins	20	Jul	13
42:28.20	Guy Thomas	19	Jun	16
42:46.3	Phil Vesty	20	Mar	82
42:47.7	Philip King	2	May	92
43:04.09	Tim Berrett	25	Aug	83
43:09.82	Lloyd Finch	18	May	02
43:42.75	Martin Rush	29	May	83
43:50.94	Nick Ball	23	Jul	06
43:54.25	Gareth Brown	7	Aug	87
44:06.6	Daniel King	4	May	02
44:22.12	Gareth Holloway	5	Jun	88
44:22.4	Jon Vincent	1	Apr	89
44:30.0	Andy Penn	15	Mar	86
44:38.0	Ian McCombie	29	Mar	80
44:42.0	Luke Finch	23	May	04

10k Road - where superior to track time
40:30	Callum Wilkinson	7	May	16
41:47	Darrell Stone	26	Sep	87
41:57	Ben Wears	4	Apr	09
42:29	Steve Hollier	10	Dec	95
42:39	Martin Rush	7	May	83
42:40	Tim Berrett	18	Feb	84
42:55	Guy Thomas	7	May	16
43:02	Luke Finch	1	Dec	02
43:05	Cameron Corbishley	9	Apr	16

20 Kilometres Road Walk
1:26:13	Tim Berrett	25	Feb	84
1:29:10	Phil Vesty	18	Jul	82
1:29:48	Dominic King	15	Jun	02
1:30:17	Guy Thomas	4	Sep	16
1:30:55	Martin Rush	10	Sep	03
1:31:34.4t	Gordon Vale	28	Jun	81
1:32:38	Ben Wears	1	Mar	08
1:32:46	Graham Morris	26	Feb	77

50 Kilometres Road Walk
4:18:18	Gordon Vale	24	Oct	81

UNDER 17

100 Metres
10.31	Mark Lewis-Francis	21	Aug	99
10.39	David Bolarinwa	4	Aug	10
10.45	Jordan Huggins	23	Jun	07
10.49	Wade Bennett-Jackson	28	Jul	03
10.49	Olufunmi Sobodu	5	Aug	06
10.53	Craig Pickering	11	Jul	03
10.56	Rikki Fifton	29	Jul	01
10.57	Owin Sinclair	5	Jul	14
10.57	Dom Ashwell	31	May	15
10.57	Toby Harries	20	Jun	15
10.58	Deji Tobais	19	Jul	08
10.58	Ronnie Wells	18	Aug	12
10.59	Harry Aikines-Aryeetey	22	Aug	04
10.59	Jona Efoloko	27	Aug	16
10.60	Tyrone Edgar	16	Aug	98
10.60	Antonio Infantino	11	Aug	07
10.60	Andy Robertson	11	Aug	07
10.60	Kieran Showler-Davis	7	Sep	08

wind assisted
10.26	Mark Lewis-Francis	5	Aug	99
10.38	Kevin Mark	3	Jul	93
10.42	Shaun Pearce	31	Aug	13
10.44	Luke Davis	13	Jul	96
10.47	Owin Sinclair	5	Jul	14
10.51	Tim Benjamin	4	Jul	98
10.52	Dom Ashwell	31	May	15
10.52	Toby Harries	31	May	15
10.54	Rechmial Miller	30	Aug	14
10.55	Antonio Infantino	11	Aug	07

200 Metres
20.79	Jamahl Alert-Khan	7	Sep	03
20.84	Thomas Somers	14	Jul	13
20.92	Ade Mafe	27	Aug	83
20.92	Toby Harries	19	Jul	15
21.12	Jona Efoloko	30	Aug	15
21.14	Kieran Showler-Davis	10	May	08
21.16	Chris Clarke	28	Jul	06
21.17	David Bolarinwa	20	Jun	10
21.19	Tim Benjamin	31	Jul	98
21.24	Peter Little	21	Aug	77
21.25	Mark Richardson	24	Jul	88
21.35	Andrew Watkins	12	Jul	03
21.36	Joseph Massimo	7	May	16
21.37	Jermaine Hamilton	9	May	12

wind assisted
20.56	Toby Harries	9	Sep	15
20.98	Tim Benjamin	18	Jul	98
21.17	Mark Richardson	20	Aug	88
21.25	Trevor Cameron	25	Sep	93
21.28	Antonio Infantino	12	Aug	07
21.31	Monu Miah	15	Jul	00
21.32	Graham Beasley	9	Jul	94
21.33	Ryan Gorman	17	Aug	14

hand timing - wind assisted
21.0	Peter Little	30	Jul	77

400 Metres
46.43	Mark Richardson	28	Jul	88
46.74	Guy Bullock	17	Sep	92
46.74	Clovis Asong	25	Jul	11
47.08	Kris Robertson	15	Aug	04
47.18	Chris Clarke	8	Jul	06
47.29	Richard Davenport	25	May	02
47.47	Ellis Greatrex	18	Jun	16
47.71	Richard Buck	17	Aug	03
47.81	Mark Hylton	17	Jul	93
47.85	Bruce Tasker	15	Aug	04
47.86	Kris Stewart	13	Jul	96
47.92	Benjamin Snaith	19	Aug	12
47.96	Joshua Street	10	Jul	10
47.99	Ben Sturgess	30	Aug	08
48.03	Greg Louden	13	Sep	09
48.04	Benjamin Higgins	25	May	03
48.05	David Naismith	10	Aug	96

hand timing
47.6	Kris Stewart	3	Aug	96

800 Metres
1:48.24	Sean Molloy	9	Jun	12
1:49.9	Mark Sesay	18	Jul	89
1:50.38	Grant Baker	17	Jul	04
1:50.42	Ben Greenwood	9	Sep	15
1:50.48	James Brewer	17	Jul	04
1:50.55	Michael Rimmer	6	Aug	02
1:50.55	George Mills	17	Jun	15
1:50.58	Markhim Lonsdale	22	Aug	15
1:50.61	Charlie Grice	21	Jul	10
1:50.7	Peter Elliott	16	Sep	79
1:50.90	Craig Winrow	21	Aug	88
1:50.90	Mark Mitchell	15	Aug	04
1:51.0	Chris McGeorge	1	Jul	78
1:51.05	Mal Edwards	20	Sep	74
1:51.06	Rikki Letch	3	Jun	09
1:51.06	Matthew McLaughlin	7	Sep	11
1:51.3	Julian Spooner	3	Aug	77

1000 Metres
2:20.37	Johan Boakes	17	Jun	84

1500 Metres
3:44.11	Matthew Shirling	7	Aug	12
3:46.51	James McMurray	10	Jul	11
3:47.20	Jack Crabtree	6	Aug	13
3:47.7	Steve Cram	14	May	77
3:48.49	Johan Boakes	28	Jun	84
3:48.70	Charlie Grice	30	Jun	10
3:48.83	Harvey Dixon	30	Jun	10
3:48.92	Markhim Lonsdale	30	May	15
3:48.97	Archie Davis	30	May	15
3:49.40	Anthony Moran	23	Jul	02
3:49.9	Kelvin Newton	20	Jun	79
3:49.92	Scott Halstead	19	Aug	12
3:50.01	Ross Millington	8	Aug	06
3:50.10	Liam Dee	25	Jul	12
3:51.1	Jason Lobo	30	Aug	86

1 Mile
4:06.7	Barrie Williams	22	Apr	72

2000 Metres
5:28.2 +	Kevin Steere	10	Jul	71

3000 Metres
8:13.42	Barrie Moss	15	Jul	72
8:15.34	Kevin Steere	30	Aug	71
8:16.18	Mo Farah	21	Aug	99
8:18.26	Simon Horsfield	27	Jun	06
8:19.08	Darren Mead	26	Aug	85
8:19.38	Johan Boakes	24	Jun	84
8:21.01	Ben Dijkstra	1	Jul	15
8:21.39	Gus Cockle	29	May	13
8:22.46	Jack Crabtree	1	May	13
8:22.71	Matthew Shirling	26	Aug	12
8:22.82	Jamie Dee	10	Sep	14
8:24.2	Simon Goodwin	16	Jul	80
8:24.2	Jason Lobo	13	Aug	86
8:24.42	Gordon Benson	14	Aug	10
8:25.2	Colin Clarkson	3	Aug	77
8:25.95	Jonathan Davies	24	Aug	11

5000 Metres
14:41.8	Nicky Lees	24	Aug	74

1500 Metres Steeplechase
4:11.2	Steve Evans	15	Jul	74
4:12.3	Chris Sly	15	Jul	74
4:13.1	John Crowley	15	Jul	74
4:13.2	David Lewis	1	Jul	78
4:13.66	Zak Seddon	9	Jul	10
4:13.7	Danny Fleming	31	Jul	77
4:13.9	Eddie Wedderburn	31	Jul	77
4:14.0	Dave Robertson	8	Jul	89
4:14.4	Stephen Arnold	7	Sep	85
4:15.0	David Caton	9	Jun	84
4:15.0	Spencer Duval	12	Jul	86
4:15.2	Garrie Richardson	8	Jul	89
4:15.3	John Wilson	26	Jul	75
4:15.38	William Battershill	5	Sep	14
4:16.6	Adrian Green	9	Jun	84

2000 Metres Steeplechase
5:52.06	Noel Collins	23	Jul	07
5:52.13	Zak Seddon	23	Aug	10
5:55.0	John Wilson	23	Aug	75
5:55.0	David Lewis	20	Aug	78

3000 Metres Steeplechase
9:16.6	Colin Reitz	19	Sep	76

100 Metres Hurdles (91.4cm)
12.60	Tristan Anthony	14	Aug	99
12.68	Matthew Clements	8	Aug	93
12.70	Jack Meredith	12	Jul	08
12.70	Mayowa Osunsami	28	Aug	16
12.75	James McLean	14	Jul	07
12.76	Jordan Auburn	21	Aug	11
12.84	Tre Thomas	17	Apr	16
12.85	Jack Kirby	1	Sep	13
12.88	Julian Adeniran	8	Jul	05

AT - MU17 - 100HY - LJ

12.90	Steve Markham	17	Aug	91
12.91	Allan Scott	14	Aug	99
12.93	Themba Luhana	11	Jul	09
12.93	Jason Nicholson	30	Aug	15
12.94	David Guest	21	Jul	07
12.94	Alex Nwenwu	12	Jul	08
12.96	Thomas Miller	30	Aug	15

wind assisted

12.47	Matthew Clements	9	Jul	94
12.70	Damien Greaves	9	Jul	94
12.70	Rory Dwyer	31	Aug	14
12.74	Jack Kirby	1	Sep	13
12.75	Kertis Beswick	19	Aug	12
12.88	Nick Csemiczky	13	Jul	91
12.90	Ricky Glover	13	Jul	91
12.90	Ben Warmington	8	Jul	95

hand timing

12.8	Brett St Louis	28	Jul	85
12.8	Richard Dunn	29	Jun	91
12.8	Tre Thomas	1	May	16

hand timing - wind assisted

12.6	Brett St Louis	20	Jul	85

110 Metres Hurdles (91.4cm)

13.71	Matthew Clements	19	May	94
13.79	Sam Talbot	16	Jul	15
13.82	James McLean	23	Jul	07
13.95	Matthew Treston	21	Jun	15

hand timing

13.6	Jon Ridgeon	16	Jul	83

110 Metres Hurdles (99cm)

14.18	Andy Pozzi	15	Jun	08
14.19	Rory Dwyer	1	Jun	14
14.33	Daniel Davis	8	Aug	04
14.33	Oliver McNeillis	15	Aug	04

wind assisted

13.92	Matthew Clements	27	Aug	94

110 Metres Hurdles (106.7cm)

14.89	Tristan Anthony	4	Jul	99

400 Metres Hurdles (84cm)

52.15	Nathan Woodward	10	Sep	06
52.20	Tristan Anthony	18	Jul	99
52.57	Niall Flannery	26	Aug	07
52.69	Jeffrey Christie	18	Jul	99
52.70	Mike Baker	15	Jul	06
52.72	Jacob Paul	16	Jul	11
52.81	Richard McDonald	10	Aug	96
52.86	Alistair Chalmers	14	May	16
52.88	Joe Fuggle	30	Aug	15
52.98	Jack Green	24	May	08
53.01	Lloyd Gumbs	17	Jul	04
53.08	Richard Davenport	11	Aug	02
53.11	David Martin	14	Aug	05
53.14	Martin Briggs	2	Aug	80
53.25	Craig Crawford-Glanville	17	Aug	03
53.26	Nange Ursell	11	Jul	98

400 Metres Hurdles (91cm)

53.06	Phil Beattie	2	Aug	80

High Jump

2.23	Mark Lakey	29	Aug	82
2.16	Rory Dwyer	22	Jun	14
2.15	Ossie Cham	14	Jul	79
2.15	Brendan Reilly	7	May	89
2.15	Stanley Osuide	1	Sep	91
2.15	Chuka Enih-Snell	10	Sep	00
2.12	Femi Abejide	11	Jul	81
2.11	Leroy Lucas	6	Aug	83
2.11 i	Ken McKeown	12	Jul	98
2.11		18	Jul	98
2.10	Dalton Grant	18	Sep	82
2.10	Tim Blakeway	29	Aug	87
2.10	James Brierley	16	May	93
2.10	Martin Lloyd	28	Sep	96
2.10	Martin Aram	23	Jul	00
2.10	Sam Bailey	27	Sep	08
2.10	Joel Khan	27	Aug	16

Pole Vault

5.20	Neil Winter	2	Sep	90
5.15	Christian Linskey	23	Aug	96
5.00	Adam Hague	21	Apr	13
4.93	Harry Coppell	21	Jul	12
4.92	Rowan May	6	Aug	11
4.90	Warren Siley	8	Sep	89
4.90	Andrew Marsh	3	Sep	06
4.82 i	Joel Leon Benitez	1	Mar	14
4.71		11	Jul	14
4.80	Billy Davey	14	Sep	80
4.80	Keith Higham	25	May	02
4.80	Frankie Johnson	26	Jun	16
4.76	Nick Buckfield	11	Jun	89
4.72	Ian Lewis	24	Aug	85
4.71	Chris Tremayne	27	Aug	01
4.70	Richard Smith	7	Jun	97
4.70	Mark Christie	25	Aug	01
4.70	Luke Cutts	5	Sep	04
4.70	Ethan Walsh	5	Jun	13
4.70	Nikko Hunt	24	Aug	14

Long Jump

7.53	Brian Robinson	21	Jul	97
7.50	Oliver McNeillis	17	Jul	04
7.47	Bernard Yeboah	13	Jul	02
7.46	Jonathan Moore	30	Jul	00
7.46	Onen Eyong	9	Sep	01
7.36	Toby Adeniyi	5	Jul	13
7.35	Kadeem Greenidge-Smith	26	Aug	07
7.33	Patrick Sylla	24	May	15
7.32	Kevin Liddington	16	May	87
7.25	Alan Slack	12	Jun	76
7.25	Feron Sayers	25	Jun	11
7.24	Elliot Safo	11	Apr	10
7.21	Hugh Teape	17	May	80
7.21	Jordan Lau	8	Jul	00
7.20	Hugh Davidson	21	Jun	80
7.20	Joshua Olawore	21	Aug	11

wind assisted

7.60	Brian Robinson	21	Jul	97
7.47	Onen Eyong	2	Sep	01
7.40	Matthew John	10	May	86
7.31	Elliot Safo	29	May	10
7.31	Feron Sayers	25	Jun	11
7.27	David Mountford	25	Jul	98

Triple Jump

16.02	Jonathan Moore	13	Aug	00
15.72	Ben Williams	11	Jul	08
15.65	Vernon Samuels	18	Jul	81
15.50	Junior Campbell	18	May	86
15.45	Steven Anderson	2	Aug	81
15.32	Wesley Matsuka-Williams	16	Jul	16
15.28	Larry Achike	22	Jun	91

note resident but not British citizen at this time

15.22	Tunde Amosu	31	Aug	08	
15.22	Efe Uwaifo	3	Sep	11	
15.14	Marvin Bramble	8	Aug	93	10
15.14	Steven Shalders	18	Jul	98	
15.11	Nathan Fox	24	Jul	07	
15.11	Teepee Princewill	2	Sep	16	
15.08	Kola Adedoyin	27	May	07	
15.02	Lanri Ali-Balogun	17	Jul	04	

wind assisted

15.78	Ben Williams	19	Jul	08
15.43	Wesley Matsuka-Williams	16	Jul	16
15.40	Steven Shalders	18	Jul	98
15.26	Tunde Amosu	19	Jul	08
15.25	Marvin Bramble	3	Jul	93
15.08	Lawrence Lynch	29	Apr	84
15.06	Craig Duncan	7	Aug	82

Shot (7.26kg)

17.30	Carl Myerscough ¶	3	Aug	96

Shot (6.25kg)

16.88	Greg Beard	29	Aug	99

Shot (6kg)

18.07	Kai Jones	1	May	13

Shot (5kg)

21.20	Carl Myerscough ¶	22	Sep	96	
19.57	Curtis Griffith-Parker	10	Jun	07	
19.45	Kai Jones	27	Apr	13	
19.22	Chris Ellis	4	Jun	82	
19.07 i	Michael Wheeler	15	Dec	07	
18.86		31	Aug	08	
18.91	Greg Beard	19	Sep	99	
18.90	Neal Brunning ¶	6	Sep	87	
18.82	Anthony Oshodi	16	Sep	08	
18.70	Chris Gearing	10	Jul	03	
18.59	Daniel Cartwright	9	Sep	15	10
18.44	Matt Simson	27	Jul	86	
18.43	Emeka Udechuku	28	May	95	
18.25	Billy Cole	1	Aug	81	
18.08	Jay Thomas	2	Jul	05	
17.99	Reece Thomas	19	Jul	08	

Discus (2kg)

50.60	Carl Myerscough ¶	28	Jul	96
48.96	Emeka Udechuku	19	Aug	95

Discus (1.75kg)

54.70	Emeka Udechuku	18	Jun	95
52.50	Paul Mardle	7	Jul	79

Discus (1.5kg)

62.96	Nicolas Percy	10	Sep	11	
62.22	Emeka Udechuku	10	Jul	95	
60.62	George Armstrong	30	Aug	14	
59.76	Matthew Blandford	18	Aug	12	
59.13	James Tomlinson	31	Jul	16	
58.25	Curtis Griffith-Parker	13	Jul	07	
58.14	Carl Myerscough ¶	12	May	96	
56.70	Sam Herrington	18	May	03	
56.64	Alfie Scopes	24	Jul	16	
56.16	Matthew Baptiste	2	Sep	07	10
56.14	Chris Symonds	6	Sep	87	
55.94	Simon Williams I	9	Sep	84	
55.90	Guy Litherland	14	Sep	85	
55.72	Keith Homer	27	Jun	82	
55.52	Glen Smith	14	May	88	
55.36	Neal Brunning ¶	7	Jun	87	

Hammer (7.26kg)

59.94	Andrew Tolputt	30	Sep	84
59.07	Alex Smith	8	Aug	04

Hammer (6.25kg)

66.70	Andrew Tolputt	2	Sep	84
64.00	Matthew Sutton	22	Aug	98

Hammer (6kg)

66.85	Alex Smith	8	Aug	04

Hammer (5kg)

76.52	Alex Smith	17	Jul	04	
76.28	Andrew Tolputt	11	Aug	84	
75.02	Peter Smith	5	Aug	06	
74.17	Jake Norris	25	Apr	15	
73.90	Paul Head	29	Aug	81	
73.76	Matthew Sutton	14	Jun	98	
73.00	Nick Steinmetz	17	Jul	93	
71.34	Tony Kenneally	7	Sep	80	
70.85	Michael Painter	28	Jul	11	
70.82	Jason Byrne	20	Jun	87	10
69.84	Bayley Campbell	24	Jul	16	
69.47	Taylor Campbell	7	Jun	12	
69.28	Andrew Jordon	7	Sep	08	
68.62	Peter Vivian	16	May	87	
68.43	Jacob Richards	2	Sep	16	
68.42	George Marvell	10	Jul	15	
68.27	Carl Saggers	17	Jun	00	

Javelin (800g -1986 model)

68.26	David Parker	19	May	96
62.63	Huw Bevan	17	Apr	11
62.30	Harry Hughes	7	Sep	13
62.21	Thomas Peters	16	Jun	12

AT - MU17 - OJT - 10kWR

Javelin (800g Original model)
72.78	Gary Jenson	10	Sep	83
69.84	Colin Mackenzie	12	May	79
66.14	David Messom	14	May	81
65.32	Marcus Humphries	26	Aug	78
64.80	Paul Bushnell	1	Sep	85
64.34	Steve Backley	1	Sep	85
63.44	Michael Williams	16	Sep	79

Javelin (700g)
77.12	James Whiteaker	12	Jul	14
73.56	David Parker	20	Jul	96
72.77	Harry Hughes	4	Aug	13
72.48	Gary Jenson	3	Jul	83
71.68	Dan Pembroke	22	Apr	07
70.30	Colin Mackenzie	6	Jul	79
70.07	George Davies	19	Jul	14
69.60	Huw Bevan	21	Aug	11
68.88	Phill Sharpe	19	Jul	97
68.88 [10]	Matti Mortimore	7	Jun	09
68.34	James Campbell	29	Aug	04
68.26	Ian Marsh	30	Jul	77
68.18	James Hurrion	3	Jun	90
67.31	Lee Doran	21	Jul	01
66.93	Sam Taylor-Outridge	6	Sep	09
66.88	David Messom	4	Jul	81
66.86	Michael Williams	16	Jul	79

Decathlon (Senior Implements)
6484	David Bigham	27	Sep	87
6299	Tom Leeson	21	Sep	80

Decathlon (Junior Implements)
6554	Jim Stevenson	25	Sep	88
6316	Jack Andrew	27	Aug	08
6093	Robert Hughes	28	May	89

Decathlon (U17 Implements)
6860w	David Guest	9	Sep	07
6858	Edward Dunford	2	Sep	01
6706	David Bigham	28	Jun	87
6556	Oliver McNeillis	8	Aug	04

Octathlon (D during decathlon)
5800 D	Edward Dunford	2	Sep	01
5741		17	Jun	01
5786	Nicholas Hunt	1	Jul	12
5690	Oliver McNeillis	19	Sep	04
5626	Ashley Bryant	20	May	07
5550	Dominic Girdler	20	Sep	98
5494	Kristian Brown	20	Sep	15
5468	Ben Gibb	24	Jun	07
5426	John Holtby	20	Sep	98
5425	Andrae Davis	22	Sep	02
5423 [10]	Leo Barker	17	Sep	95
5423	Ben Gregory	16	Sep	07
5392 D	David Bigham	28	Jun	87
5380	David Guest	30	Sep	07
5378	Matthew Lewis	20	Sep	92
5359	Linton Gardiner	22	Sep	13

5330	James Lelliott	20	Sep	09
5311	Dean Macey	18	Sep	94
5311	Adam Akehurst	19	Sep	04

with 100m
5531	Jim Stevenson	18	Sep	88

3000 Metres Track Walk
12:04.9	Philip King	18	May	91
12:25.1	Nick Ball	15	May	04
12:29.90	Andy Parker	2	Jul	00
12:30.14	Luke Finch	1	Sep	02
12:34.98	Lloyd Finch	17	Jul	99
12:35.94	David Hucks	30	Aug	82
12:45.38	Ben Wears	28	May	06
12:50.67 i	Stuart Monk	18	Feb	95
12:52.9		12	Jul	95
12:50.9	Jon Vincent	8	Jul	87
12:53.1	Chris Snook	14	May	16

5000 Metres Track Walk
20:46.5	Philip King	29	Sep	91
21:28.26	Nick Ball	11	Jul	04
21:49.66	Ben Wears	16	Sep	06
21:52.7	Stuart Monk	22	Jul	95
21:58.8	Luke Finch	22	Sep	01
22:17.5	Russell Hutchings	27	Sep	86
22:19.11	Lloyd Finch	18	Sep	99
22:31.62	Chistopher Snook	17	Sep	16
22:32.5	Gareth Holloway	27	Sep	86
22:35.0	Ian Ashforth	6	Jun	84 [10]
22:36.02	Cameron Corbishly	14	Jul	13
22:37.0	Jon Bott	27	Sep	86
22:42.0	Martin Young	20	Aug	88
22:42.19	Jon Vincent	6	Jun	86
22:48.91	Andy Parker	30	Jul	00
22:50.51	Dom King	18	Sep	99
22:53.7	Tim Berrett	28	Jun	81
22:53.8	David Hucks	10	Mar	82

5k Road - where superior to track time
21:33	Jon Vincent	1	Nov	86
21:47	Lloyd Finch	20	Jun	99
22:04	Gareth Holloway	14	Sep	86
22:05	Karl Atton	19	Mar	88
22:30	Gordon Vale	15	Oct	77
22:31	Jon Bott	3	May	86
22:39	Matthew Hales	23	Jun	96
22:41	Thomas Taylor	26	Apr	97

10000 Metres Track Walk
43:56.5	Philip King	2	Feb	91
45:47.0	Ian Ashforth	12	Sep	84
45:52.39	Lloyd Finch	4	Jul	99
46:11.0	Jon Vincent	20	May	87

10k Road - where superior to track time
43:38 hc	Lloyd Finch	20	Nov	99
44:21		13	Nov	99
43:49	Philip King	29	Jun	91
45:19	Luke Finch	31	Aug	02

AT - MU15 - 100 - 1500

UNDER 15

100 Metres
10.83	Kesi Oludoyi	31	Jul	13
10.89	Jona Efoloko	17	May	14
10.90	Kaie Chambers-Brown	30	Aug	14
10.91	Tyrese Johnson-Fisher	12	Jul	14
10.92	Owin Sinclair	7	Jul	12
10.93	Mark Lewis-Francis	12	Jul	97
10.98	Alex Kiwomya	21	Aug	10
10.98	Kyle Reynolds-Warmington	27	Aug	16
10.99	Andrew Watkins	20	Jul	02
10.99	Deji Tobais	26	Aug	06
11.03	Rueben Arthur	2	Jul	11
11.03	Michael Olsen	18	Aug	13

wind assisted
10.77	Kesi Oludoyi	31	Jul	13
10.80	Camron Lyttle	31	Aug	13
10.83	Owin Sinclair	18	Aug	12
10.91	Deji Tobais	28	Aug	05
10.92	Joshua Oshunrinde	3	Sep	16
10.93	Ryan Gorman	18	Aug	12
10.96	Dijon Archer	7	Jul	06
10.97	Rueben Arthur	27	Aug	11
10.97	Michael Olsen	31	Aug	13
10.98	Tom Mosley	7	Jul	06

hand timing
10.9	Tommy Ramdhan	18	Jun	11
10.9	Owin Sinclair	12	May	12

200 Metres
22.13	Andrew Watkins	6	Jul	02
22.14	Jona Efoloko	18	May	14
22.19 i	Alex Kiwomya	28	Feb	10
22.36		10	Jul	10
22.20	Owin Sinclair	19	Aug	12
22.21	Rhion Samuel	6	Aug	06
22.25	Deji Tobais	6	Aug	06
22.28	Cameron Sprague	11	Jul	15
22.30	Jamie Nixon	29	Sep	84
22.31	Mike Williams II	10	Aug	86
22.35	Tristan Anthony	12	Jul	97
22.35	Chris Clarke	10	Jul	04
22.36	Tony Corrigan	9	Jul	05
22.40	Ben Lewis	8	Jul	95

wind assisted
22.03	Julian Thomas	7	Jul	01
22.14	Owin Sinclair	21	Apr	12
22.19	Joseph Massimo	31	Aug	14
22.26	Steven Daly	9	Jul	94
22.26	Simon Farenden	8	Jul	00
22.28	Jamahl Alert-Khan	7	Jul	01
22.32	Kaie Chambers-Brown	31	Aug	14
22.39	André Duffus	9	Jul	94

hand timing
22.2	Mike Williams II	12	Jul	86

hand timing - wind assisted
21.9	Tony Cairns	21	Jun	86

300 Metres
35.21	Joseph Massimo	12	Jul	14
35.41	Ben Pattison	27	Aug	16
35.58	Chenna Okoh Mason	31	Aug	14
35.69	Tom Evans	11	Jul	15
35.70	Joe Milton	6	Jul	13
35.74	Matthew Pagan	19	Aug	12
35.84	Chennah Okoh	6	Jul	13
35.84	Evan Blackman	27	Aug	16

hand timing
35.8	Evan Blackman	13	Sep	16

during 400m
35.7 +	Richard Davenport	23	Aug	00

400 Metres
48.86	Clovis Asong	11	Jul	09
49.74	Richard Davenport	23	Aug	00
49.79	Daniel Gray	2	Jul	11
49.96	Craig Erskine	18	Jul	98
49.97	David McKenzie	23	Jun	85
49.97	Stanley Livingstone	21	Aug	11
49.98	Ryan Preddy	11	Jul	98
49.99	Aaron Pitt	22	Aug	10
50.05	Will Grist	12	Jul	08
50.07	Matthew Webster	6	Aug	06
50.18	Ben Robbins	21	Aug	11
50.20	Omari Carr-Miller	11	Jul	09

hand timing
49.0	Alex Kiwomya	27	Jun	10
49.8	Mark Tyler	25	Aug	82
49.9	David McKenzie	11	Aug	85
50.0	Simon Heaton	7	Jul	79
50.1	Ade Mafe	6	Sep	81

600 Metres
1:23.6	Chris Davies	26	Jul	00

800 Metres
1:53.1	Max Burgin	25	Jul	16
1:54.52	Ben Pattison	2	May	16
1:54.72	Jordon West	23	Jul	03
1:55.36	Oliver Carvell	26	Jul	16
1:55.56	Michael Rimmer	25	Jul	00
1:55.70	Luke Carroll	2	Aug	08
1:55.8	Markhim Lonsdale	3	Jun	13
1:55.89	Rikki Letch	27	Jun	07
1:55.98	Jordan Bransberg	29	Jul	09
1:56.1	Craig Winrow	12	Jul	86
1:56.54	Joshua Hulse	11	Jul	15
1:56.6	Paul Burgess	13	Jul	85
1:56.71	James Senior	8	Jul	06
1:57.01	James Fradley	24	Aug	13

1000 Metres
2:35.4	Alex Felce	25	Jul	01

1500 Metres
3:59.20	Ben Greenwood	21	Jun	13
4:00.13	Jack Crabtree	27	Jul	11
4:01.0	Luke Carroll	9	Sep	08
4:03.0	Glen Stewart	28	Aug	85
4:03.0	Scott West	28	Aug	90
4:03.29	Canaan Soloman	26	Jun	13

AT - MU15 - 1500 - TJ

4:03.52	Mike Isherwood	17	Sep	82
4:03.54	Tom Purnell	2	Aug	08
4:03.56	Richard Youngs	17	Sep	82
4:03.6	Doug Stones	7	Jul	79
4:03.7	David Gerard	31	Jul	83
4:03.85	Jiviendra Singh	27	Jul	11

1 Mile
4:21.9	Glen Stewart	11	Sep	85

2000 Metres
5:45.8	Richard Slater	16	Jun	74

3000 Metres
8:46.24	Jack Crabtree	24	Aug	11
8:47.0	Ben Mabon	16	Jul	85
8:47.48	Mohammed Farah	5	Jul	97
8:48.8	Dale Smith	14	Aug	85
8:51.1	Mark Slowikowski	4	Jun	80
8:53.0	Ben Dijkstra	16	Jul	13
8:53.66	Tom Snow	7	Jun	00
8:53.66	Luke van Oudtshoorn	29	Jun	16
8:54.6	Gary Taylor	14	Sep	77
8:54.6	David Bean	22	Jul	79
8:55.8	Joe Smith	21	Sep	16
8:56.0	Paul Ryder	29	Aug	79

80 Metres Hurdles (84cm)
10.71	Matthew Clements	15	Aug	92
10.75	Daniel Davis	13	Jul	02
10.81	Adeyinka Adeniran	31	Aug	14
10.82	Richard Alexis-Smith	12	Aug	01
10.87	Daniel Maynard	11	Aug	02
10.91	James McLean	14	Aug	05
10.95	Chris Musa	7	Jul	01
10.95	Onatade Ojora	11	Jul	14
10.98	Max Price	1	Sep	13
10.98	Daniel Knight	28	Aug	16
10.99	Edward Dunford	14	Aug	99
10.99	Sam Bennett	10	Jul	15
11.00	Brad Garside	6	Aug	06

wind assisted
10.68	Richard Alexis-Smith	12	Aug	01
10.73	Chris Musa	7	Jul	01
10.88	James McLean	28	Aug	05
10.99	Tom Stimson	7	Jul	01

100 Metres Hurdles (91cm)
13.3	Matthew Clements	23	Aug	92

400 Metres Hurdles (76.2cm)
56.59	Stanley Livingstone	26	May	11

High Jump
2.04	Ross Hepburn	22	Aug	76
2.01	Ken McKeown	10	Aug	96
1.97	Andrew Lynch	29	Aug	88
1.97	Wayne Gray	3	Sep	95
1.97	Richard Byers	4	Sep	05
1.97	Miles Keller-Jenkins	17	Jun	12
1.96	Chuka Enih-Snell	29	Aug	98
1.96	Dominic Ogbechie	28	Aug	16
1.95	Mark Lakey	14	Sep	80
1.95	Mark Bidwell	26	Sep	99
1.95	Feron Sayers	20	Jun	09
1.94	Brian Hall	16	Aug	97
1.93	Ewan Gittins	21	Jul	84
1.93	Alex Cox	12	Jul	08
1.93	Nicholas Hunt	10	Jul	10
1.93	Adam Jones	6	Jul	13

Pole Vault
4.32	Frankie Johnson	21	Jun	15
4.31	Richard Smith	28	Aug	95
4.30	Neil Winter	2	Jul	88
4.30	Christian Linskey	18	Jun	94
4.20	Tony Hillier	18	Sep	05
4.20	Adam Hague	11	Sep	11
4.18	Ian Lewis	24	May	83
4.02 i	Tom Gibson	10	Mar	07
3.90		3	Jun	07
4.00	Jimmy Lewis	9	Sep	79
4.00	Andrew Marsh	4	Sep	04
3.95 i	Mark Mellor	1	Sep	16
3.91	Glen Quayle	27	Aug	16

Long Jump
7.03	Feron Sayers	19	Sep	09
6.93	Rowan Powell	17	Aug	13
6.88	Patrick Sylla	14	Apr	13
6.81	Dominic Ogbechie	5	Jun	16
6.79	Oni Onuorah	17	Sep	88
6.78	Brandon McCarthy	7	Jul	13
6.77	Barry Nevison	30	Aug	81
6.74	Kevin Hibbins	17	Jun	95
6.71	Mark Awanah	17	Aug	97
6.69	Luke Thomas	14	Jun	03
6.68	Onew Eyong	9	Jul	99
6.67	Gary Wilson	27	Aug	00

wind assisted
7.12	Oni Onuorah	17	Sep	88
6.89	James Dunford	30	Jul	00

downhill
6.77	Eric Wood	25	Aug	58

Triple Jump
14.11	Nathan Fox	14	Aug	05
13.86	Jamie Quarry	10	Jul	87
13.79	Paul Dundas	11	Jun	88
13.77	Eugene Hechevarria	16	Sep	78
13.71	Larry Achike	10	Jun	89

note resident but not British citizen at this time

13.69	Vernon Samuels	25	Aug	79
13.67	Dwyte Smith	6	Aug	06
13.64	Jimi Tele	11	Jul	08
13.63	Miraj Ahmed	28	Aug	16
13.61	Patrick Sylla	26	May	13
13.60	Steven Anderson	9	Jun	79
13.60	Steve Folkard	11	Jul	80
13.59	Kevin Metzger	19	Aug	12

AT - MU15 - TJ - 5kW

wind assisted
13.92	Eugene Hechevarria	7	Jul	78
13.87	Vernon Samuels	20	Sep	79
13.83	Chris Tomlinson	12	Jul	96
13.73	Donovan Fraser	6	Jul	79
13.69	Kevin O'Shaughnessy	7	Jul	78
13.60	Dean Taylor	12	Jul	96
13.58	Daniel Puddick	26	May	93

Shot (5kg)
16.62	Michael Wheeler	29	Jul	06

Shot (4kg)
19.71	Curtis Griffith-Parker	28	Aug	05
19.28	Michael Wheeler	3	Sep	06
18.71	Chris Ellis	14	Jun	80
18.03	Anthony Oshodi	5	Aug	06
18.02	Jay Thomas	24	Aug	03
18.01	Kai Jones	21	Aug	11
17.36	Mathew Evans	16	Aug	03
16.86	Reece Thomas	9	Sep	06
16.59	William Adeyeye	19	Sep	15
16.54	Geoff Hodgson	7	Jul	72
16.50	Carl Saggers	14	Jul	98
16.47	Josh Newman	10	Aug	08
16.40	Shane Birch	11	Sep	02

Discus (1.5kg)
51.55	Curtis Griffith-Parker	14	Aug	05

Discus (1.25kg)
55.39	Curtis Griffith-Parker	13	Aug	05
53.08	Emeka Udechuku	5	Sep	93
52.54	Alfie Scopes	15	Jun	14
52.43	Sam Herrington	1	Sep	01
50.85	Shane Birch	12	Jul	02
50.80	Paul Mardle	3	Sep	77
50.50	James Tomlinson	27	Sep	14
50.48	Anthony Oshodi	26	Aug	06
50.32	Chris Symonds	23	Jul	85
50.24	Liam Biddlecombe	16	Sep	07
50.11	Matthew Williams	10	Sep	11
50.04	Keith Homer	11	Jul	80

Hammer (5kg)
60.10	Andrew Tolputt	5	Sep	82

Hammer (4kg)
70.78	Andrew Tolputt	9	Jul	82
68.15	Jake Norris	14	Sep	13
67.24	Peter Vivian	22	Sep	85
66.48	Ashley Gilder	5	Sep	09
65.42	Matthew Sutton	29	Sep	96
64.77	Ciaran Wright	27	Aug	11
64.70	Matt Lambley	3	Jul	02
64.66	George Marvell	17	Aug	13
64.28	Jason Byrne	22	Sep	85
64.16	Andrew Jordon	8	Jul	06
63.68	Paul Binley	29	Sep	85
63.60	Richard Fedder	26	Aug	79
63.57	Michael Painter	15	Aug	09

Javelin (700g)
61.81	Matti Mortimore	8	Sep	07

Javelin (600g 1999 Model)
65.87	Oliver Bradfield	12	Jun	10
65.16	Max Law	24	Sep	16
64.74	Thomas Peters	21	Aug	10
63.68	Matti Mortimore	26	Aug	07
60.38	Matthew Blandford	21	Aug	10
59.97	Harry Hughes	13	May	12
59.23	James Whiteaker	17	Jul	13
58.36	George Davies	14	Jul	12
58.27	Mark Lindsay	30	Aug	99
58.09	Pedro Gleadall	27	Aug	16
57.91	Sam Allan	14	Jun	03

Javelin (600g pre 1999 Model)
62.70	Paul Godwin	21	May	89
60.56	David Messom	6	Jul	79
60.56	Clifton Green	3	Jul	94
60.34	Richard Lainson	18	Aug	96

Decathlon (Under 15 implements)
5341	Jamie Quarry	28	Jun	87

Octathlon (Under 15 implements)
4364	Joel McFarlane	9	Aug	15

Pentathlon (80H,SP,LJ,HJ,800)
3403	Edward Dunford	22	Aug	99
3298	Reuben Esien	15	Sep	12
3297	David Guest	23	Sep	06
3293	Gregor Simey	9	Aug	03
3281	Andrae Davis	16	Sep	00
3272	Chris Dack	20	Sep	97
3260	Joseph Connolly	19	Sep	15
3253	Harry Sutherland	15	Sep	12
3208	Dominic Ogbechie	17	Sep	16
3187	Marc Newton	27	Aug	94
3184	Theo Adesina	17	Sep	16
3169	Nicholas Hunt	26	Jun	10

(100,SP,LJ,HJ,800)
3199	Onochie Onuorah	17	Sep	88

3000 Metres Track Walk
12:44.64	Lloyd Finch	24	May	98
13:19.57	Philip King	29	May	09
13:35.0	Russell Hutchings	7	Sep	85
13:45.0	John Murphy	14	May	95
13:45.05	Cameron Corbishley	21	Aug	11
13:51.0	Robert Mecham	12	May	92
13:57.06	James Davis	29	Aug	99
13:58.0	Jon Vincent	7	Sep	85
14:03.0	Neil Simpson	1	Apr	89

3k Road - where superior to track time
13:20	Jonathan Deakin	18	Sep	88
13:29	Robert Mecham	20	Apr	92
13:32	Russell Hutchings	10	Nov	84
13:34	Nick Ball	30	Jun	02
13:39	Neil Simpson	6	May	89

5000 Metres Track Walk
22:54.0	Lloyd Finch	15	Jul	98

UNDER 13

100 Metres
11.63	Jaleel Roper	2	Sep	15
11.71	Owin Sinclair	1	Aug	10
11.86	Chris Julien	3	Sep	00
11.89	Kareem Jerome	9	Aug	15
11.91	Nathanael Thomas	2	Sep	12
11.94	Graig Anya Joseph	31	Jul	16
11.98	Kenny Konrad	21	Jun	09
12.00	Remi Jokosenumi	31	Aug	16

wind assisted
11.85	Kareem Jerome	6	Sep	15

hand timing
11.6	Owin Sinclair	12	Jun	10
11.6	William Andoh	17	Jun	14
11.6	Jaleel Roper	16	Jun	15
11.7	Kareem Jerome	2	Aug	15

200 Metres
23.35	Jaleel Roper	2	Sep	15
23.60	Nathanael Thomas	2	Sep	12
23.92	Owin Sinclair	30	Aug	10
24.16	Jona Efoloko	2	Sep	12
24.29	Charles Hagan	27	Jul	14
24.46	Kenny Konrad	26	Jul	09
24.49	Jairzinho Morris	27	Jul	14
24.53	Tony Corrigan	31	Aug	03

wind assisted
24.28	Chris Julien	3	Sep	00

hand timing
23.4	Owin Sinclair	13	May	10
24.0	Stephen Buttler	26	Jul	87
24.0	Alex Kiwomya	25	Aug	08
24.1	Tristan Anthony	30	Jul	95
24.2	Kareem Jerome	2	Aug	15
24.2	Remi Jokosenumi	18	Sep	16

300 Metres
41.8	Dominic Jones	5	Jul	97

400 Metres
57.30	Samuel Higgins	13	May	06

hand timing
55.1	Cephas Howard	2	Jul	89
56.5	Craig Erskine	22	Sep	96
56.5	Matthew Lumm	1	Jul	03

800 Metres
2:04.1	Ben Mabon	8	Jul	83
2:05.4	Eric Kimani	28	Jul	79
2:06.35	Jaden Kennedy	10	Aug	16
2:07.48	Ben Pattison	16	Jul	14
2:07.74	Sidnie Ward	15	Jul	15
2:09.1	Max Kaye	9	Jul	06
2:09.40	Tom Kendrick	11	Jun	12
2:09.6	Rory Howorth	23	Aug	14
2:09.78	James Fradley	13	Aug	11
2:09.81	Harley Norman	24	May	15
2:10.21	Markhim Lonsdale	24	Jul	11

1500 Metres
4:18.4	Eric Kimani	26	Sep	79
4:20.5	Ben Mabon	18	Jun	83
4:20.62	Rowan Fuss	26	Aug	15
4:21.61	Jaden Kennedy	3	Aug	16
4:22.3	David Gerard	12	Aug	81
4:22.74	Rory Howorth	27	Aug	14
4:23.34	Tom Kendrick	25	Jul	12
4:23.9	Mark Slowikowski	12	Jul	78
4:28.0	Ciaran Murphy	16	Jun	84
4:28.08	Hugo Milner	30	Aug	11

1 Mile
4:52.0	Tom Quinn	20	Jul	69

3000 Metres
9:31.4	Ben Mabon	24	Jul	83
9:41.4	Mark Slowikowski	21	May	78
9:47.99	Robert Pickering	25	Jun	00
9:49.5	John Tilley	9	Jul	86
9:50.45	Adam Hickey	30	Aug	00

75 Metres Hurdles (76.2cm)
11.43	Karl Johnson	28	Jul	13
11.5	Stanley Livingstone	13	Sep	09
11.66		26	Jul	09
11.6	James McLean	14	Jun	03
11.65	William Adeyeye	29	Sep	13
11.69	Cameron Goodall	26	Aug	06
11.7	Stephen Cotterill	16	Jul	78
11.7	Sean Ashton	12	Sep	98
11.7	Luke Webber	9	Jun	04
11.73	Joseph Ellis	31	Jul	11
11.77	Stephen Simmons	26	Sep	15

80 Metres Hurdles (76.2cm)
11.9	Matthew Clements	27	Aug	90
12.1	Sean Ashton	27	May	98
12.4	Jon Crawshaw	14	Aug	94

80 Metres Hurdles (84cm)
12.92	Sam Allen	18	Aug	91

hand timing
12.4	Stanley Livingstone	12	Sep	09
12.6	James Dunford	27	Sep	98

High Jump
1.73	Max Price	14	Aug	11
1.70	Adrian Pettigrew	22	Jun	99
1.69	Patrick O'Connor	7	Sep	08
1.68	Sam Allen	22	Sep	91
1.68	James Dunford	29	Sep	98
1.67	Glen Carpenter	3	Jul	83
1.67	Jamie Dalton	28	Jun	92
1.67	Alex Cox	17	Sep	06
1.67	Adam Robinson	11	Sep	16
1.66	Tim Greenwood	23	Jul	95
1.66	Derek Colquhoun	27	Aug	08
1.66	Tom Bosher	16	Aug	09

AT - MU13 - PV - 3kWR

Pole Vault
3.40	Neil Winter	27	Jul	86
3.20	Ian Lewis	8	Sep	81
3.01	Frankie Johnson	4	Aug	13
3.01 i	Jack Harris	29	Sep	13

Long Jump
5.86	Owin Sinclair	13	May	10
5.82	William Adeyeye	29	Sep	13
5.80	Joseph Harding	23	May	15
5.71	Kieran Showler-Davis	25	Jul	04
5.65	Sam Allen	14	Sep	91
5.65	Deji Ogunnowo/Tobias	1	Aug	04
5.64	Kevin Hibbins	18	Jul	93
5.62	Paul Twidale	31	Jul	99
5.61	Robert Creese	23	Jun	90
5.61	Clovis Asong	22	Jul	07
5.58	Ed Dunford	27	Sep	97
5.58	Matthew Hislop	5	Sep	99

wind assisted
5.88	Ian Tobin	4	Aug	02
5.76	Seamas Cassidy	5	Sep	99
5.74	Edward Dunford	21	Sep	97

Triple Jump
12.57	Rigsby Agoreyo	9	Aug	69
11.78	Edward Dunford	27	Sep	97
11.75	Alain Kacon	15	Sep	01

Shot (4kg)
12.65	Matthew Evans	12	Aug	01

Shot (3kg)
14.64	Sebastian Dickens	10	Sep	14
14.48	Luke Bowen-Price	26	Jun	12
14.47	Matthew Evans	22	Jul	01
14.22	Khaul Njoya	9	Sep	06
13.94	Michael Wheeler	21	Aug	04
13.93	Jack Halpin	11	Sep	16
13.92	Harry Sutherland	4	Sep	10
13.56	Reece Thomas	11	Sep	04
13.48	Max Price	11	Aug	11
13.36	Chris Hughes	21	Aug	91
13.11	Tony Quinn	28	Aug	93

Discus (1.25kg)
36.98	Sam Herrington	5	Sep	99

Discus (1kg)
42.94	Luke Bowen-Price	31	Jul	12
42.50	Sam Herrington	12	Sep	99
42.38	Ben Barnes	1	Sep	91
40.18	Alfred Mawdsley	25	Aug	13
38.92	Chris Hughes	28	Jul	91
38.58	Carl Saggers	15	Sep	96
38.39	Harry Sutherland	4	Sep	10
38.30	Liam Walsh	13	Aug	94
38.20	James Anderson	15	Sep	12
36.56	Sam Mace	7	Aug	13
36.55	Nicholas Hunt	23	Aug	08

Discus (750g)
43.70	Sam Herrington	8	Jul	99

Hammer (4kg)
41.64	Michael Painter	24	Jun	07

Hammer (3.25kg)
48.18	Kieran Phillips	20	Sep	09
46.52	Sam Foster	7	Sep	06
45.60	Ciaran Wright	8	Sep	09
44.86	Michael Painter	5	Aug	07
44.38	Ross Thompson	4	Sep	94

Javelin (600g 1999 Model)
47.86	Oliver Bradfield	28	Sep	08

Javelin (400g)
57.55	Oliver Bradfield	17	Aug	08
50.35	Benjamin East	24	Sep	16
49.84	Max Law	14	Sep	14
48.28	Archie Goodliff	18	Jul	15
48.16	Thomas Peters	23	Aug	08
46.20	Jonah McCafferty	26	Sep	15
45.22	Matthew Blandford	28	Sep	08
45.12	James Yun-Stevens	29	Aug	11
44.98	Harri Mortimore	27	Jul	08
44.87	Jack Halpin	14	Sep	16

Pentathlon (80H,SP,LJ,HJ,800 U15)
2444	James Dunford	27	Sep	98

Pentathlon (75H,SP,LJ,HJ,800)
2562	Edward Dunford	28	Sep	97

1000 Metres Track Walk
4:46.0	Luke Finch	15	Jul	98

1k Road - where superior to track time
4:34	Luke Finch	27	Sep	97

2000 Metres Track Walk
9:40.0	Luke Finch	12	Nov	97
9:40.3	Thomas Taylor	19	Jun	93
9:51.0	Lloyd Finch	11	Aug	96
9:57.0	Jamie Nunn	7	Feb	88
10:06.0	Grant Ringshaw	23	Jul	78
10:10.0hc	Dom King	23	Mar	95

2k Road - where superior to track time
9:16	Lloyd Finch	28	Sep	96
9:38	Luke Finch	12	Sep	98
9:52	Matthew Halliday	6	Mar	04
9:55 hc	Nick Ball	5	Sep	00
9:56	Grant Ringshaw	27	Oct	79

3000 Metres Track Walk
15:02.62	Lloyd Finch	21	Sep	96
15:15.5	Robert Mecham	25	Jul	89

3k Road - where superior to track time
14:44	Martin Young	22	Sep	84

UK ALL TIME LISTS - WOMEN

100 Metres

Time	Name	Date		
10.99	Dina Asher-Smith	25	Jul	15
11.02	Asher-Smith	24	May	15
11.05	Montell Douglas	17	Jul	08
11.06	Asher-Smith	25	Jul	15
11.06	Desiree Henry	15	Apr	16
11.07	Henry	5	Jun	16
11.07	Asher-Smith	23	Jul	16
11.08	Asher-Smith	5	Jul	15
11.08	Asher-Smith	5	Jun	16
11.08	Henry	23	Jul	16
11.08	Henry	12	Aug	16
11.10	Kathy Cook	5	Sep	81
11.10	Asha Philip	24	May	15
11.11	Laura Turner	4	Jul	10
11.14	Jeanette Kwakye	17	Aug	08
11.15	Paula Thomas	23	Aug	94
11.16	Andrea Lynch	11	Jun	75
11.17	Abi Oyepitan	25	Jul	04
11.17	Bianca Williams	14	Jun	14
11.17	Imani Lansiquot	20	Jul	16
11.18	Anyika Onuora	29	May	11
11.18	Jodie Williams	22	Jul	11
11.19	Ashleigh Nelson	12	Aug	14
11.20	Sonia Lannaman	25	Jul	80
11.20	Heather Oakes	26	Sep	80
11.21	Emma Ania	6	Jun	08
11.22 A	Bev Callender	8	Sep	79
11.35		22	Jul	81
11.23	Joice Maduaka	15	Jul	06
11.23	Daryll Neita	25	Jun	16
11.27	Stephi Douglas	26	Jul	91
11.27	Sophie Papps	30	Jul	16
11.28	Margaret Adeoye	14	Jun	14
11.29	Bev Kinch	6	Jul	90
11.31	Wendy Hoyte	4	Oct	82
11.31	Shirley Thomas	3	Jul	83
11.31	Simmone Jacobs	24	Sep	88
11.31	Hayley Jones	22	Jun	13
11.32	Joan Baptiste	24	Aug	83
11.32	Christine Bloomfield	3	Jul	99
11.33	Emily Freeman	14	Jun	09
11.34	Katharine Merry	25	Jun	94
11.34	Shani Anderson	26	Aug	00
11.34	Amanda Forrester	27	Jul	02
11.35	Sharon Danville	20	Aug	77
11.35	Marcia Richardson	4	Jun	00
11.35	Christine Ohuruogu	4	May	08
11.36 A	Della Pascoe	14	Oct	68
11.36	Annabelle Lewis	12	Jul	13
11.39 A	Val Peat	14	Oct	68
11.39	Sallyanne Short	12	Jul	92
11.39 +	Jessica Ennis	16	May	10
11.39	Elaine O'Neill	4	Jul	10
11.39	Cindy Ofili	11	Jun	15
11.39 A	Hannah Brier	16	Jul	15
11.40	Helen Hogarth	20	Jul	74
11.40	Vernicha James	11	Jun	02
11.41	Jayne Andrews	27	May	84
11.41	Kadi-Ann Thomas	17	Jul	08

wind assisted

Time	Name	Date		
10.93	Sonia Lannaman	17	Jul	77
10.95	Montell Douglas	17	Jul	08
11.01	Heather Oakes	21	May	80
11.03	Asher-Smith	5	Jul	14
11.04	Desiree Henry	26	Apr	14
11.06	Lannaman	21	May	80
11.08	Oakes	27	May	84
11.08	Kathy Cook	24	Aug	83
11.09	Laura Turner	7	Jul	07
11.13	Bev Kinch	6	Jul	83
11.13	Shirley Thomas	27	May	84
11.13	Paula Thomas	20	Aug	88
11.13	Jodie Williams	26	Apr	14
11.15	Ashleigh Nelson	29	Jun	14
11.18	Wendy Hoyte	4	Oct	82
11.18	Simmone Jacobs	11	Jun	97
11.19	Bev Callender	21	May	80
11.19	Joice Maduaka	10	Jun	07
11.23	Joan Baptiste	24	Aug	83
11.23	Jayne Andrews	17	Jul	84
11.24	Sarah Wilhelmy	9	Jun	01
11.27	Katharine Merry	11	Jun	94
11.29	Marcia Richardson	29	May	00
11.30	Hayley Jones	7	Jul	13
11.30	Katarina Johnson-Thompson	21	Jun	14
11.32	Donna Fraser	25	Apr	97
11.32	Shani Anderson	6	Jul	02
11.34	Sandra Whittaker	22	May	83
11.34	Lorraine Ugen	25	May	12
11.36	Sallyanne Short	26	Aug	89
11.37	Val Peat	17	Jul	70
11.37	Kaye Scott	22	May	83
11.37	Helen Burkart	11	Sep	83
11.37	Hannah Brier	31	May	15
11.37	Rachel Johncock	30	Jul	16
11.38	Diana Allahgreen	28	May	01
11.38	Annie Tagoe	21	Jun	14
11.39	Pippa Windle	24	Jul	87
11.39	Vernicha James	29	Jun	02

hand timing

Time	Name	Date		
10.9	Andrea Lynch	28	May	77
11.1	Sonia Lannaman	29	Jun	80
11.1	Heather Oakes	29	Jun	80
11.1	Joan Baptiste	16	Jul	85
11.2	Helen Golden	29	Jun	74
11.2	Sharon Danville	25	Jun	77
11.2	Bev Kinch	14	Jul	84
11.2	Geraldine McLeod	21	May	94

hand timing - wind assisted

Time	Name	Date		
10.8	Sonia Lannaman	22	May	76
11.1	Sharon Danville	22	May	76
11.1	Bev Kinch	9	May	87
11.2	Margaret Williams	15	May	76
11.2	Donna Fraser	31	Jan	98

200 Metres

	Time	Name	Day	Month	Year
	22.07	Dina Asher-Smith	28	Aug	15
	22.10	Kathy Cook	9	Aug	84
	22.12	Asher-Smith	27	Aug	15
	22.13	Cook	9	Sep	82
	22.21	Cook	20	Aug	84
	22.22	Asher-Smith	26	Aug	15
	22.25	Cook	22	Aug	84
	22.26	Cook	24	Aug	83
	22.30	Asher-Smith	7	Jun	15
	22.31	Cook	8	Aug	80
	22.31	Asher-Smith	17	Aug	16
	22.46	Jodie Williams	15	Aug	14
	22.46	Desiree Henry	27	Aug	16
	22.50	Abi Oyepitan	23	Aug	04
	22.58	Sonia Lannaman	18	May	80
	22.58	Bianca Williams	31	Jul	14
	22.64	Emily Freeman	20	Aug	09
	22.64	Anyika Onuora	31	Jul	14
10	22.69	Paula Thomas	26	Aug	94
	22.72	Bev Callender	30	Jul	80
	22.73	Jenni Stoute	3	Aug	92
	22.75	Donna Hartley	17	Jun	78
	22.76	Katharine Merry	25	Jul	00
	22.79	Katarina Johnson-Thompson	28	May	16
	22.80	Michelle Scutt	12	Jun	82
	22.83	Joice Maduaka	25	Jul	99
	22.83	Jessica Ennis	3	Aug	12
	22.85	Christine Bloomfield	25	Jul	99
20	22.85	Christine Ohuruogu	1	Jun	09
	22.86	Joan Baptiste	9	Aug	84
	22.88	Margaret Adeoye	8	Sep	13
	22.92	Heather Oakes	28	Aug	86
	22.93	Vernicha James	21	Jul	01
	22.94	Shannon Hylton	17	May	15
	22.95	Simmone Jacobs	25	Apr	96
	22.96 i	Donna Fraser	23	Feb	97
	23.05		2	May	04
	22.96	Shani Anderson	6	Jul	02
	22.96	Ashleigh Nelson	23	Apr	16
30	22.98	Sandra Whittaker	8	Aug	84
	23.06	Sam Davies	28	Aug	00
	23.09	Charlotte McLennaghan	10	May	15
	23.10	Diane Smith	11	Aug	90
	23.11	Jeanette Kwakye	14	Jul	07
	23.14	Helen Hogarth	7	Sep	73
	23.14	Helen Burkart	17	Jul	82
	23.15	Andrea Lynch	25	Aug	75
	23.16	Lee McConnell	31	May	08
	23.17	Stephi Douglas	12	Jun	94
40	23.18	Joslyn Hoyte-Smith	9	Jun	82
	23.20	Sarah Reilly	21	Jun	97
	23.20 i	Amy Spencer	2	Mar	03
	23.20	Helen Pryer	22	Jul	09
	23.20	Amarachi Pipi	28	May	16
	23.23	Sarah Wilhelmy	13	Jun	98
	23.24	Sallyanne Short	28	Jun	92
	23.25	Emma Ania	18	Jul	08
	23.27	Perri Shakes-Drayton	20	Apr	13
	23.28	Catherine Murphy	25	Jul	99
50	23.28	Kadi-Ann Thomas	13	Aug	07

wind assisted

Time	Name	Day	Month	Year
22.21	Cook	7	Oct	82
22.48	Michelle Scutt	4	Jul	82
22.69	Bev Callender	24	Jun	81
22.73	Shannon Hylton	18	Jul	15
22.80	Donna Fraser	3	Sep	05
22.84	Sarah Wilhelmy	10	Jun	01
22.90	Andrea Lynch	11	Jun	75
22.90	Allison Curbishley	17	Jul	98
22.97	Helen Hogarth	26	Jul	74
23.00	Joslyn Hoyte-Smith	13	Jun	82
23.07	Asha Phillip	14	Jul	13
23.11	Linsey Macdonald	5	Jul	80
23.14	Shirley Thomas	28	May	84
23.15	Margaret Williams	22	Jul	70
23.15	Cheriece Hylton	17	May	15
23.19	Sallyanne Short	29	Jan	90
23.22	Kadi-Ann Thomas	17	Jul	08
23.22	Hayley Jones	17	Jun	12
23.23	Sinead Dudgeon	29	Jul	00

hand timing

Time	Name	Day	Month	Year
22.9	Heather Oakes	3	May	80
22.9	Helen Burkart	6	Aug	83
23.0	Helen Golden	30	Jun	74
23.1	Andrea Lynch	21	May	77
23.1	Linda Keough	5	Jul	89
23.1	Lee McConnell	7	Jun	08
23.2	Dorothy Hyman	3	Oct	63
23.2	Margaret Williams	2	Aug	70

hand timing - wind assisted

Time	Name	Day	Month	Year
23.1	Margaret Williams	14	Jul	74
23.1	Sharon Danville	17	Sep	77
23.1	Linda McCurry	2	Jul	78
23.2	Debbie Bunn	2	Jul	78
23.2	Sybil Joseph	1	Jun	85

300 Metres

Time	Name	Day	Month	Year
35.46	Kathy Cook	18	Aug	84
35.51	Cook	9	Sep	83
35.71	Donna Fraser	28	Aug	00
36.00	Katharine Merry	28	Aug	00
36.01	Michelle Scutt	13	Jul	80
36.44	Sally Gunnell	30	Jul	93
36.45	Joslyn Hoyte-Smith	5	Jul	80
36.46	Linsey Macdonald	13	Jul	80
36.64	Nicola Sanders	3	Jun	07
36.65	Joan Baptiste	18	Aug	84
36.69	Helen Burkart	9	Sep	83

hand timing

Time	Name	Day	Month	Year
36.2	Donna Hartley	7	Aug	74

during 400m

Time	Name	Day	Month	Year
36.0 i+	Nicola Sanders	3	Mar	07
36.17 +		29	Aug	07
35.7 +	Christine Ohuruogu	27	Jul	13
36.13 +		29	Aug	07

AT - W - 400 - 800

400 Metres

Time	Athlete	Date		
49.41	Christine Ohuruogu	12	Aug	13
49.43	Kathy Cook	6	Aug	84
49.59	Katharine Merry	11	Jun	01
49.61	Ohuruogu	29	Aug	07
49.62	Ohuruogu	19	Aug	08
49.65	Nicola Sanders	29	Aug	07
49.70	Ohuruogu	5	Aug	12
49.72	Merry	25	Sep	00
49.75	Ohuruogu	11	Aug	13
49.77	Sanders	27	Aug	07
49.79	Donna Fraser	25	Sep	00
50.40	Phylis Smith	3	Aug	92
50.50	Perri Shakes-Drayton	22	Jun	13
50.63	Michelle Scutt	31	May	82
50.71	Allison Curbishley	18	Sep	98
50.75	Joslyn Hoyte-Smith	18	Jun	82
50.82	Lee McConnell	20	Sep	02
50.87	Anyika Onuora	25	Aug	15
50.93	Lorraine Hanson	26	Aug	91
50.98	Linda Staines	26	Aug	91
51.04	Sally Gunnell	20	Jul	94
51.12	Shana Cox	27	Jul	13
51.16	Linsey Macdonald	15	Jun	80
51.18	Melanie Neef	6	Aug	95
51.23	Emily Diamond	4	Jun	16
51.26	Seren Bundy-Davies	11	Jun	16
51.28	Donna Hartley	12	Jul	75
51.36	Catherine Murphy	27	Jul	02
51.41	Sandra Douglas	2	Aug	92
51.45 i	Eilidh Doyle	3	Mar	13
51.83		27	Jul	13
51.53	Jenni Stoute	12	Aug	89
51.70	Verona Elder	10	Jun	78
51.78	Helen Karagounis	19	Jul	03
51.93	Janine MacGregor	28	Aug	81
51.93	Margaret Adeoye	13	Jul	13
51.96	Kelly Massey	24	Aug	14
51.97	Linda Forsyth	31	May	82
52.02	Marilyn Okoro	8	Aug	06
52.05	Sinead Dudgeon	3	Jul	99
52.12 A	Lillian Board	16	Oct	68
52.13	Helen Burkart	28	Jun	84
52.13	Kirsty McAslan	9	Jul	15
52.15 i	Lesley Owusu	9	Mar	01
52.27		15	Jul	01
52.19	Kelly Sotherton	31	Aug	08
52.20	Ann Packer	17	Oct	64
52.20	Kim Wall	11	Jun	05
52.21	Montenae Speight	18	Apr	15
52.25	Laviai Nielsen	27	May	15
52.25 A	Catherine Reid	17	Jul	15
52.26	Pat Beckford	14	Aug	88
52.26	Nadine Okyere	6	Aug	11
52.27	Desiree Henry	31	Mar	16
52.32 i	Laura Maddox	21	Feb	15
52.40	Helen Frost	17	Sep	00
52.40	Vicky Barr	4	Jul	10
52.43	Gladys Taylor	2	Sep	84
52.44	Carey Easton	17	Jun	07

hand timing

Time	Athlete	Date		
51.2	Donna Hartley	28	Jul	78
51.4	Verona Elder	22	May	76
52.2	Liz Barnes	22	May	76
52.4	Stephanie Llewellyn	1	Jul	95

600 Metres

Time	Athlete	Date		
1:24.36	Marilyn Okoro	5	Jul	12
1:25.41	Kelly Holmes	2	Sep	03
1:25.81 i	Jenny Meadows	7	Jan	07

800 Metres

Time	Athlete	Date		
1:56.21	Kelly Holmes	9	Sep	95
1:56.38	Holmes	23	Aug	04
1:56.80	Holmes	25	Sep	00
1:56.95	Holmes	13	Aug	95
1:57.14	Holmes	7	Jul	97
1:57.42	Kirsty Wade	24	Jun	85
1:57.45	Wade	21	Aug	85
1:57.48	Wade	17	Aug	85
1:57.56	Holmes	16	Jul	95
1:57.69	Lynsey Sharp	20	Aug	16
1:57.93	Jenny Meadows	19	Aug	09
1:58.20	Rebecca Lyne	11	Jun	06
1:58.45	Marilyn Okoro	26	Jul	08
1:58.65	Diane Modahl	14	Jul	90
1:58.74	Jemma Simpson	22	Jul	10
1:58.86	Shelayna Oskan-Clarke	27	Aug	15
1:58.97	Shireen Bailey	15	Sep	87
1:59.02	Susan Scott	24	Mar	06
1:59.05	Christina Boxer	4	Aug	79
1:59.37	Emma Jackson	11	May	12
1:59.50 i	Jo Fenn	7	Mar	04
1:59.86		29	Jul	02
1:59.66	Hannah England	20	Aug	12
1:59.67	Lorraine Baker	15	Aug	86
1:59.74	Amanda Pritchard	28	Jul	06
1:59.75	Charlotte Moore	29	Jul	02
1:59.76	Paula Fryer	17	Jul	91
1:59.77	Jessica Judd	11	Jun	14
1:59.81	Ann Griffiths	10	Aug	94
2:00.04mx	Adele Tracey	7	Sep	16
2:01.10		1	Aug	15
2:00.08	Alison Leonard	12	Jul	14
2:00.10	Tanya Blake	31	May	98
2:00.14	Lisa Dobriskey	14	Aug	10
2:00.15	Rosemary Wright	3	Sep	72
2:00.20	Anne Purvis	7	Jul	82
2:00.30	Cherry Hanson	25	Jul	81
2:00.39	Bev Hartigan	28	Aug	88
2:00.42	Laura Muir	7	Jun	15
2:00.49	Hayley Tullett	19	Jul	03
2:00.49	Vicky Griffiths	31	May	08
2:00.53 i	Karen Harewood	27	Jan	06
2:00.53	Alexandra Bell	22	Jul	16
2:00.55mx	Zola Budd	21	Jun	86
2:00.6 a	Jane Finch	9	Jul	77
2:00.80	Yvonne Murray	10	Jul	87
2:01.10	Sarah McDonald	23	Jul	16
2:01.1 a	Ann Packer	20	Oct	64

AT - W - 800 - 1M

40	2:01.11	Lynne MacDougall	18 Aug 84		4:03.74	Eilish McColgan	22 Jul 16	
	2:01.16	Celia Taylor	13 Aug 10		4:04.14	Wendy Sly	14 Aug 83	20
	2:01.2	Joan Allison	1 Jul 73		4:04.81	Sheila Carey	9 Sep 72	
	2:01.2	Christine Whittingham	26 Aug 78		4:05.37	Paula Radcliffe	1 Jul 01	
	2:01.24	Chris Benning	28 Jul 79		4:05.66	Bev Hartigan	20 Jul 90	
	2:01.34	Claire Gibson	15 Aug 09		4:05.75	Lynn Gibson	20 Jul 94	
	2:01.35	Liz Barnes	10 Jul 76		4:05.83 mx	Emma Jackson	4 Sep 13	
	2:01.35	Laura Finucane	13 Jun 07		4:05.96	Lynne MacDougall	20 Aug 84	
	2:01.36	Gillian Dainty	31 Aug 83		4:06.0	Mary Cotton	24 Jun 78	
	2:01.40	Janet Bell	10 Jul 87		4:06.24	Christine Whittingham	5 Jul 86	
50	2:01.48	Lesley Kiernan	11 Jun 77		4:06.39	Jemma Simpson	22 May 10	
					4:06.69 mx	Katrina Wootton	12 Aug 09	30
	1000 Metres				4:07.94		13 Jun 09	
	2:32.55	Kelly Holmes	15 Jun 97		4:06.81	Stacey Smith	10 Jul 11	
	2:32.82	Holmes	23 Jul 95		4:06.85	Rebecca Lyne	6 Jul 06	
	2:32.96 i	Holmes	20 Feb 04		4:07.00	Susan Scott	27 Jun 08	
	2:33.70	Kirsty Wade	9 Aug 85		4:07.11	Janet Marlow	18 Aug 82	
	2:34.73 i	Jo Fenn	20 Feb 04		4:07.18	Sarah McDonald	5 Jun 16	
	2:34.92	Christina Boxer	9 Aug 85		4:07.55	Melissa Courtney	5 Jun 16	
	2:35.32	Shireen Bailey	19 Jul 86		4:07.59	Ann Griffiths	9 Jun 92	
	2:35.51	Lorraine Baker	19 Jul 86		4:07.69	Teena Colebrook	19 Aug 90	
	2:35.86	Diane Modahl	29 Aug 93		4:07.90	Gillian Dainty	16 Jun 84	
	2:36.13	Jenny Meadows	24 May 15		4:08.74	Abby Westley	20 May 07	40
	2:37.05	Christine Whittingham	27 Jun 86		4:08.96 mx	Alison Leonard	9 Aug 16	
	2:37.29	Yvonne Murray	14 Jul 89		4:09.16 mx	Laura Whittle	18 Aug 09	
10	2:37.61	Bev Hartigan	14 Jul 89		4:09.26	Lisa York	13 Jun 92	
	2:37.82	Gillian Dainty	11 Sep 81		4:09.29	Angela Newport	20 Jul 94	
	2:38.44	Evelyn McMeekin	23 Aug 78		4:09.37	Joyce Smith	7 Sep 72	
	2:38.49	Laura Weightman	6 Sep 13		4:09.46	Karen Hargrave	4 Sep 89	
	2:38.58	Jo White	9 Sep 77		4:09.5	Penny Forse	6 Aug 80	
	2:38.63	Sarah McDonald	15 Jul 16		4:09.54	Jo Fenn	2 Jul 04	
	2:38.67	Lynne MacDougall	19 Jul 86		4:09.56	Rhianwedd Price	13 Jun 15	
	2:38.83	Lynn Gibson	29 Aug 93		4:09.56	Jessica Judd	27 Jun 15	50
	2:39.23	Teena Colebrook	24 Jul 90					
					1 Mile			
	1500 Metres				4:17.57	Zola Budd	21 Aug 85	
	3:55.22	Laura Muir	27 Aug 16		4:19.12	Laura Muir	9 Jun 16	
	3:57.49	Muir	22 Jul 16		4:19.41	Kirsty Wade	27 Jul 85	
	3:57.85	Muir	1 Sep 16		4:20.35	Lisa Dobriskey	7 Sep 08	
	3:57.90	Kelly Holmes	28 Aug 04		4:21.61	Wade	5 Sep 86	
	3:58.07	Holmes	29 Jun 97		4:22.64	Christina Boxer	7 Sep 84	
	3:58.66	Muir	17 Jul 15		4:22.64	Yvonne Murray	22 Jul 94	
	3:59.50	Lisa Dobriskey	28 Aug 09		4.24.57	Chris Benning	7 Sep 84	
	3:59.95	Hayley Tullett	31 Aug 03		4:24.87	Alison Wyeth	6 Jul 91	
	3:59.96	Zola Budd	30 Aug 85		4:24.94	Paula Radcliffe	14 Aug 96	
	4:00.07	Muir	5 Jul 14		4:26.11	Liz McColgan	10 Jul 87	10
	4:00.17	Laura Weightman	5 Jul 14		4:26.16	Teena Colebrook	14 Jul 90	
	4:00.57	Christina Boxer	6 Jul 84		4:26.50 i	Hayley Tullett	6 Feb 00	
	4:00.73	Kirsty Wade	26 Jul 87		4:26.52	Bev Hartigan	14 Aug 92	
	4:01.10	Helen Clitheroe	19 Jul 02		4:27.80	Lisa York	14 Aug 92	
10	4:01.20	Yvonne Murray	4 Jul 87		4:27.95	Charlene Thomas	14 Sep 07	
	4:01.38	Liz McColgan	4 Jul 87		4:28.04	Kelly Holmes	30 Aug 98	
	4:01.53	Chris Benning	15 Aug 79		4:28.07	Wendy Sly	18 Aug 84	
	4:01.79	Jo Pavey	13 Sep 03		4:28.16	Stephanie Twell	14 Sep 07	
	4:01.89	Hannah England	22 Jul 11		4:28.8	Karen Hargrave	20 Aug 89	
	4:02.32	Shireen Bailey	1 Oct 88		4:29.15	Sue Morley	18 Aug 84	20
	4:02.54	Stephanie Twell	19 Aug 10		4:29.46 i	Helen Clitheroe	20 Feb 10	
	4:03.17	Alison Wyeth	7 Aug 93		4:30.08	Lynne MacDougall	7 Sep 84	
	4:03.74 mx	Charlene Thomas	4 Sep 13		4:30.29	Jane Shields	9 Sep 83	
		4:05.06	7 Jun 16		4:30.29 i	Hannah England	8 Feb 09	

AT - W - 2k - 5k

2000 Metres

Time	Name	Date		Year
5:26.93	Yvonne Murray	8	Jul	94
5:29.58	Murray	11	Jul	86
5:30.19	Zola Budd	11	Jul	86
5:33.85	Christina Boxer	13	Jul	84
5:37.00	Chris Benning	13	Jul	84
5:37.01 +	Paula Radcliffe	19	Jul	02
5:38.50	Alison Wyeth	29	Aug	93
5:40.24	Liz McColgan	22	Aug	87
5:41.2 i+	Jo Pavey	3	Feb	07
5:42.15	Wendy Sly	17	Sep	82
5:43.24	Sue Morley	13	Jul	84

3000 Metres

Time	Name	Date		Year
8:22.20	Paula Radcliffe	19	Jul	02
8:26.97	Radcliffe	29	Jun	01
8:27.40	Radcliffe	11	Aug	99
8:28.07	Radcliffe	17	Aug	01
8:28.83	Zola Budd	7	Sep	85
8:28.85	Radcliffe	11	Aug	00
8:29.02	Yvonne Murray	25	Sep	88
8:31.27	Jo Pavey	30	Aug	02
8:34.80 i	Liz McColgan	4	Mar	89
8:38.23		15	Jul	91
8:37.06	Wendy Sly	10	Aug	83
8:38.47	Laura Muir	24	May	15
8:38.42	Alison Wyeth	16	Aug	93
8:39.81 i	Helen Clitheroe	19	Feb	11
8:51.82		29	Aug	10
8:40.97	Kathy Butler	24	Aug	01
8:40.98	Stephanie Twell	15	Jul	16
8:43.27	Eilish McColgan	6	May	16
8:43.46 mx	Laura Weightman	14	May	13
8:44.46	Chris Benning	22	Aug	84
8:45.36 i	Hayley Tullett	10	Mar	01
8:45.39		15	Jul	00
8:45.69	Jane Shields	10	Aug	83
8:46.38	Julia Bleasdale	26	Aug	12
8:47.25 i	Lisa Dobriskey	4	Mar	07
8:54.12		20	May	07
8:47.36	Jill Hunter	17	Aug	88
8:47.59	Angela Tooby	5	Jul	88
8:47.7	Kirsty Wade	5	Aug	87
8:47.71	Lisa York	31	Jul	92
8:48.72	Karen Hargrave	28	Jan	90
8:48.74	Paula Fudge	29	Aug	78
8:49.89	Christina Boxer	20	Jul	85
8:50.37	Laura Whittle	13	Sep	09
8:50.52	Debbie Peel	7	Aug	82
8:50.69 i	Katrina Wootton	16	Feb	08
8:51.33	Sonia McGeorge	29	Aug	90
8:51.40	Ruth Partridge	7	Aug	82
8:52.00 i	Lauren Howarth	16	Feb	13
8:52.79	Ann Ford	28	Aug	77
8:52.90 i	Barbara Parker	6	Feb	10
8:53.12 i	Kate Avery	14	Feb	15
8:53.52 i	Nicky Morris	4	Mar	89
8:53.94 i	Beth Potter	27	Jul	16
8:55.11	Emilia Gorecka	26	Aug	12
8:55.53	Joyce Smith	19	Jul	74
8:56.09	Andrea Wallace	10	Jul	92

5000 Metres

Time	Name	Date		Year
14:29.11	Paula Radcliffe	20	Jun	04
14:31.42	Radcliffe	28	Jul	02
14:32.44	Radcliffe	31	Aug	01
14:39.96	Jo Pavey	25	Aug	06
14:40.71	Pavey	8	Jul	05
14:43.54	Radcliffe	7	Aug	99
14:44.21	Radcliffe	22	Jul	01
14:44.36	Radcliffe	5	Aug	00
14:45.51	Radcliffe	22	Aug	97
14:46.76	Radcliffe	16	Aug	96
14:48.07	Zola Budd	26	Aug	85
14:54.08	Stephanie Twell	27	Aug	10
14:56.94	Yvonne Murray	7	Jul	95
14:59.56	Liz McColgan	22	Jul	95
15:00.37	Alison Wyeth	7	Jul	95
15:02.00	Julia Bleasdale	7	Aug	12
15:05.00	Eilish McColgan	9	Sep	16
15:05.51	Kathy Butler	3	Sep	04
15:06.75	Helen Clitheroe	6	Aug	11
15:07.45	Emelia Gorecka	4	May	14
15:08.58	Laura Whittle	1	May	16
15:09.98	Jill Hunter	18	Jul	92
15:12.81	Barbara Parker	7	Aug	12
15:13.22	Angela Tooby	5	Aug	87
15:14.08	Natalie Harvey	31	Jul	04
15:14.51	Paula Fudge	13	Sep	81
15:16.44	Hayley Yelling	23	Jul	05
15:19.78	Catherine Berry	31	Jul	04
15:21.45	Wendy Sly	5	Aug	87
15:23.4	Charlotte Purdue	28	Aug	10
15:24.02	Jessica Andrews	16	Jul	16
15:25.23	Kate Avery	3	Apr	15
15:26.5	Freya Ross	28	Aug	10
15:27.60	Rhona Auckland	25	Jul	15
15:28.32	Beth Potter	1	May	16
15:28.58	Mara Yamauchi	24	Jun	06
15:28.63	Andrea Wallace	2	Jul	92
15:29.04	Sonia McGeorge	27	May	96
15:29.10	Kate Reed	25	Jul	07
15:29.50	Jessica Coulson	25	Jul	15
15:29.94	Katie Brough	4	Apr	14
15:30.82	Katrina Wootton	18	May	13
15:31.78	Julie Holland	18	Jul	90
15:32.19	Susan Tooby	26	May	85
15:32.27	Emily Pidgeon	12	Jun	10
15:32.34	Jane Shields	5	Jun	88
15:32.62	Andrea Whitcombe	25	Jun	00
15:34.16	Jill Harrison	26	May	85
15:34.40	Lucy Elliott	2	Jun	97
15:35.27	Emma Pallant	9	Jun	12
15:36.35	Birhan Dagne	5	Aug	00
15:37.3	Caryl Jones	21	Jul	12
15:37.44	Calli Thackery	1	May	16
15:37.49	Sarah Waldron	29	Apr	12
15:37.65	Elinor Kirk	16	Jul	16
15:38.84	Ann Ford	5	Jun	82
15:38.86	Liz Yelling	30	Jul	04
15:40.14	Helen Titterington	17	Jul	89
15:40.55	Sarah Wilkinson	11	Jul	00

AT - W - 10k - 10MR

10000 Metres

Time	Name	Date
30:01.09	Paula Radcliffe	6 Aug 02
30:17.15	Radcliffe	27 Jun 04
30:26.97	Radcliffe	30 Sep 00
30:27.13	Radcliffe	26 Aug 99
30:40.70	Radcliffe	10 Apr 99
30:42.75	Radcliffe	6 Aug 05
30:48:58	Radcliffe	4 Apr 98
30:53.20	Jo Pavey	3 Aug 12
30:55.63	Julia Bleasdale	3 Aug 12
30:55.80	Radcliffe	7 Apr 01
30:57.07	Liz McColgan	25 Jun 91
31:07.88	Jill Hunter	30 Jun 91
31:35.77	Kate Reed	4 May 08
31:35.92	Jessica Andrews	12 Aug 16
31:36.90	Kathy Butler	12 Jun 04
31:41.44	Kate Avery	2 May 15
10 31:45.14	Hayley Yelling	12 Jun 04
31:49.40	Mara Yamauchi	21 Mar 06
31:53.36	Wendy Sly	8 Oct 88
31:55.30	Angela Tooby	4 Sep 87
31:56.97	Yvonne Murray	24 Aug 94
31:58.39	Liz Yelling	30 Jul 02
32:03.45	Beth Potter	1 Apr 16
32:03.55	Charlotte Purdue	29 Apr 12
32:11.29	Helen Clitheroe	4 Jun 11
32:14.01	Natalie Harvey	12 Jun 04
20 32:17.05	Elinor Kirk	4 Apr 14
32:20.77	Lily Partridge	11 Apr 15
32:20.95	Susan Tooby	2 Jul 88
32:21.61	Andrea Wallace	6 Jun 92
32:22.79	Rhona Auckland	10 Jul 15
32:23.44	Freya Ross	5 Jun 10
32:24.63	Sue Crehan	4 Jul 87
32:30.4	Birhan Dagne	22 Jul 00
32:32.42	Vikki McPherson	15 Jul 93
32:34.7	Sarah Wilkinson	22 Jul 00
30 32:34.81	Gemma Steel	3 Jun 12
32:36.07	Sarah Waldron	6 Apr 12
32:36.09	Helen Titterington	29 Aug 89
32:36.11	Alice Wright	1 May 16
32:39.36	Sonia Samuels	4 May 14
32:41.17	Vicky Gill	30 Apr 04
32:41.29	Jenny Clague	20 Jun 93
32:41.59	Jessica Coulson	16 May 15
32:42.0	Jane Shields	24 Aug 88
32:42.84	Angie Hulley	6 Aug 89
40 32:44.06	Suzanne Rigg	27 Jun 93
32:45.94	Aine Hoban	31 Mar 07
32:47.78	Julie Holland	31 Aug 90
32:47.96	Hayley Haining	30 Jun 07
32:52.53	Caryl Jones	23 Jun 12
32:52.60	Charlotte Dale	12 Apr 03
32:55.36	Alyson Dixon	16 May 15
32:56.90	Hannah Walker	17 Apr 14
32:57.17	Kath Binns	15 Aug 80
32:58.2	Claire Lavers	20 Apr 91
50 33:00.31	Collette Fagan	12 Jun 04
33:04.55	Tara Krzywicki	10 Apr 99
33:05.43	Elspeth Turner	1 Jun 88

10 Kilometres Road

30:21	Paula Radcliffe	23 Feb 03	
30:38	Radcliffe	22 Sep 02	
30:39	Liz McColgan	11 Mar 89	
30:43	Radcliffe	17 Feb 02	
30:45	Radcliffe	29 Jun 04	
30:45	Radcliffe	26 Mar 05	
31:27	Gemma Steel	2 Aug 14	
31:29	Wendy Sly	27 Mar 83	
31:42	Jill Hunter	21 Jan 89	
31:43	Mara Yamauchi	19 Feb 06	
31:45	Helen Clitheroe	15 May 11	
31:47	Jo Pavey	20 May 07	
31:47	Katarina Wooton	18 Dec 16	
31:56	Andrea Wallace	4 Aug 91	10
32:07	Kate Reed	7 Oct 07	
32:10	Charlotte Purdue	15 Apr 12	
32:13	Charlotte Dale	6 Feb 05	
32:14	Priscilla Welch	23 Mar 85	
32:15	Angela Tooby	31 Mar 84	
32:17	Alyson Dixon	6 Sep 15	
32:20	Zola Budd	2 Mar 85	
32:24	Yvonne Murray	2 Nov 97	
32:24	Kathy Butler	4 Jul 05	
32:24	Michelle Ross-Cope	24 Feb 08	20
32:27	Ruth Partridge	11 Mar 89	
32:28	Freya Ross	6 Sep 09	
32:30	Stephanie Twell	16 Nov 14	
32:31	Heather Knight	6 Nov 94	
32:31	Hayley Yelling	5 Feb 06	
32:31	Caryl Jones	9 Sep 12	
32:32	Eilish McColgan	4 Dec 16	
32:33	Lauren Howarth	22 Apr 11	
32:35	Suzanne Rigg	15 Aug 92	30
32:35	Elinor Kirk	11 Dec 16	

intermediate times

31:40 +	Mara Yamauchi	8 Jul 07
32:03 +	Freya Ross	24 Oct 10
32:26 +	Stephanie Twell	24 Oct 10

course measurement uncertain

31:43	Zola Budd	6 May 84
31:58	Sandra Branney	10 May 89
32:03	Paula Fudge	29 Aug 82
32:29	Yvonne Danson	13 Nov 94

10 Miles Road

51:11	Paula Radcliffe	26 Oct 08
51:41	Jill Hunter	20 Apr 91
51:51	Angie Hulley	18 Nov 89
51:57	Hunter	7 Apr 91
52:00	Liz McColgan	5 Oct 97
52:15	Marian Sutton	5 Oct 97
52:27	Freya Ross	24 Oct 10
52:42	Gemma Steel	26 Oct 14
52:44	Jo Pavey	25 Oct 15
52:53	Jessica Coulson	16 Oct 11
53:03	Hayley Yelling	9 Oct 05

AT - W - 10MR - 2kSt

intermediate times
50:01 +	Paula Radcliffe	21	Sep	03
52:00 +e	Gemma Steel	7	Sep	14
52:20 +	Jo Pavey	5	Oct	08
52:30 +	Liz Yelling	25	Mar	07
52:45 +	Mara Yamauchi	21	Mar	10

Half Marathon
65:40	Paula Radcliffe	21	Sep	03
66:47	Radcliffe	7	Oct	01
67:07	Radcliffe	22	Oct	00
67:11	Liz McColgan	26	Jan	92
67:35	Radcliffe	4	Oct	03
68:13	Gemma Steel	7	Sep	14
68:29	Mara Yamauchi	1	Feb	09
68:53	Jo Pavey	5	Oct	08
69:28	Liz Yelling	25	Mar	07
69:39	Andrea Wallace	21	Mar	93
69:41	Marian Sutton	14	Sep	97
69:56	Susan Tooby	24	Jul	88
70:32	Susan Partridge	3	Mar	13
70:32	Lily Partridge	22	Mar	15
70:38	Alyson Dixon	29	Mar	14
70:47	Louise Damen	25	Mar	07
70:53	Hayley Haining	5	Oct	08
70:54	Alison Wyeth	29	Mar	98
70:57	Helen Clitheroe	18	Sep	11
71:05	Kathy Butler	17	Sep	06
71:17	Véronique Marot	21	Jun	87
71:18	Caryl Jones	16	Sep	12
71:33	Vikki McPherson	14	Sep	97
71:36	Ann Ford	30	Jun	85
71:36	Jessica Coulson	4	Oct	15
71:37	Paula Fudge	24	Jul	88
71:38	Sally Ellis	20	Mar	88
71:43	Charlotte Purdue	7	Sep	14
71:44	Jill Harrison	29	Mar	87
71:44	Lorna Irving	6	Sep	87
71:47	Charlotte Dale	26	Sep	04
71:50	Hannah Walker	30	Sep	12

intermediate times
71:44 +	Sally-Ann Hales	21	Apr	85

course measurement uncertain
71:44	Karen Macleod	15	Jan	95

Marathon
2:15:25	Paula Radcliffe	13	Apr	03
2:17:18	Radcliffe	13	Oct	02
2:17:42	Radcliffe	17	Apr	05
2:18:56	Radcliffe	14	Apr	02
2:20:57	Radcliffe	14	Aug	05
2:23:09	Radcliffe	4	Nov	07
2:23:10	Radcliffe	7	Nov	04
2:23:12	Mara Yamauchi	26	Apr	09
2:23:46	Radcliffe	25	Sep	11
2:23:56	Radcliffe	2	Nov	08
2:25:56	Véronique Marot	23	Apr	89
2:26:51	Priscilla Welch	10	May	87
2:26:52	Liz McColgan	13	Apr	97
2:27:44	Claire Hallissey	22	Apr	12
2:28:04	Sonia Samuels	27	Sep	15
2:28:06	Sarah Rowell	21	Apr	85
2:28:10	Freya Ross	22	Apr	12
2:28:24	Jo Pavey	17	Apr	11
2:28:33	Liz Yelling	13	Apr	08
2:28:38	Sally-Ann Hales	21	Apr	85
2:28:39	Kathy Butler	22	Oct	06
2:28:42	Marian Sutton	24	Oct	99
2:29:18	Hayley Haining	13	Apr	08
2:29:29 dh	Sally Eastall	8	Dec	91
2:29:30	Alyson Dixon	27	Sep	15
2:29:43	Joyce Smith	9	May	82
2:29:47	Paula Fudge	30	Oct	88
2:30:00	Louise Damen	17	Apr	11
2:30:04	Charlotte Purdue	30	Oct	16
2:30:38	Ann Ford	17	Apr	88
2:30:46	Susan Partridge	21	Apr	13
2:30:51	Angie Hulley	23	Sep	88
2:30:53 dh	Yvonne Danson	17	Apr	95
2:31:33	Susan Tooby	23	Sep	88
2:31:33	Andrea Wallace	12	Apr	92
2:31:45	Lynn Harding	23	Apr	89
2:32:05	Tracy Barlow	30	Oct	16
2:32:40	Emma Stepto	26	Oct	14
2:32:53	Gillian Castka	2	Dec	84
2:33:04	Sheila Catford	23	Apr	89
2:33:07	Nicky McCracken	22	Apr	90
2:33:13	Tracey Morris	19	Mar	06
2:33:16	Karen Macleod	27	Aug	94
2:33:22	Carolyn Naisby	6	Dec	87
2:33:24	Sally Ellis	23	Apr	89
2:33:38	Lynda Bain	21	Apr	85
2:33:41	Sue Reinsford	16	Apr	00
2:33:44	Amy Whitehead	22	Apr	12
2:34:11	Sally Goldsmith	3	Mar	96
2:34:11	Helen Davies	22	Apr	12
2:34:17	Jo Lodge	29	Sep	02
2:34:19	Jill Harrison	23	Apr	89
2:34:21	Suzanne Rigg	24	Sep	95
2:34:26	Heather MacDuff	16	Oct	88
2:34:43	Beth Allott	2	Dec	01
2:34:45	Birhan Dagne	18	Apr	04
2:35:03	Sandra Branney	23	Apr	89
2:35:10	Sue Crehan	17	Apr	88

course measurement uncertain
2:35:05	Carol Gould	26	Oct	80

2000 Metres Steeplechase
6:26.08	Louise Webb	16	Apr	16
6:26.79	Racheal Bamford	25	Aug	15
6:27.03 mx	Lennie Waite	20	May	10
6:28.07	Tara Krzywicki	26	Jul	03
6:29.53	Rosie Clarke	19	Mar	16
6:29.58	Emma Raven	16	May	10
6:30.8	Hattie Dean	12	May	07
6:32.55	Sarah Hopkinson	14	Jul	07
6:35.50	Claire Entwistle	30	May	05
6:35.60	Charlotte Green	9	Aug	15

AT - W - 3kSt - 100H

3000 Metres Steeplechase (s short water jump)

Time	Athlete	Date		
9:24.24	Barbara Parker	2	Jun	12
9:29.14	Helen Clitheroe	15	Aug	08
9:29.22	Parker	14	Jul	12
9:30.19	Hatti Dean	30	Jul	10
9:32.07	Parker	4	Aug	12
9:34.66	Parker	25	Jul	09
9:35.17	Parker	3	Jul	10
9:35.82	Eilish McColgan	10	Aug	13
9:35.91	Lennie Waite	12	Jun	16
9:43.88	Jo Ankier	31	May	08
9:45.51	Racheal Bamford	30	Jul	14
9:47.97	Pippa Woolven	30	Jul	14
9:48.08	Tina Brown	14	Aug	10
9:48.51	Lizzie Hall	10	Jun	06
9:51.42	Emily Stewart	27	Jul	13
9:51.97	Rosie Clarke	23	Jul	16
9:52.71 s	Tara Krzywicki	1	Jul	01
9:54.76	Elizabeth Bird	29	May	15
9:56.64	Iona Lake	27	Jun	15
9:57.18	Louise Webb	26	Jun	16
10:00.25	Claire Entwistle	13	Jun	08
10:00.74	Sarah Benson	18	Apr	14
10:05.92	Emma Raven	21	Jul	10
10:06.12	Emily Pidgeon	3	Jul	05
10:09.14	Ruth Senior	1	May	10
10:13.23	Stacie Taylor	19	Jun	16
10:13.44	Mel Newberry	17	Jun	16

100 Metres Hurdles

Time	Athlete	Date		
12.51	Tiffany Porter	14	Sep	14
12.54	Jessica Ennis	3	Aug	12
12.55	Porter	17	Aug	13
12.56	Porter	3	Sep	11
12.56	Porter	18	Apr	15
12.60	Porter	22	Jul	11
12.60	Cindy Ofili	13	Jun	15
12.62	Porter	28	Aug	15
12.63	Porter	3	Sep	11
12.63	Porter	17	Aug	13
12.63	Porter	12	Aug	14
12.63	Ofili	17	Aug	16
12.80	Angie Thorp	31	Jul	96
12.81	Sarah Claxton	17	Jul	08
12.82	Sally Gunnell	17	Aug	88
12.84	Lucy Hatton	18	Apr	15
12.87	Shirley Strong	24	Aug	83
12.87	Serita Solomon	7	Jul	15
12.90	Jacqui Agyepong	25	Jun	95
12.91	Kay Morley-Brown	2	Feb	90
12.92	Diane Allahgreen	29	Jul	02
12.95	Keri Maddox	25	Aug	99
12.96	Natasha Danvers	7	Jun	03
13.02	Gemma Bennett	17	Jul	08
13.03	Lesley-Ann Skeete	3	Aug	90
13.04	Clova Court	9	Aug	94
13.05	Judy Simpson	29	Aug	86
13.07	Lorna Boothe	7	Oct	82
13.07	Rachel King	8	Jun	03
13.08	Sam Farquharson	4	Jul	94
13.08	Julie Pratt	29	Jul	02
13.11	Sharon Danville	22	Jun	76
13.12	Melani Wilkins	4	Jun	02
13.13	Denise Lewis	29	Jul	00
13.13	Yasmin Miller	27	Jul	14
13.15	Alicia Barrett	24	Jul	16
13.16	Wendy Jeal	27	Aug	86
13.18	Kelly Sotherton	15	Aug	08
13.18	Angie Broadbelt-Blake	11	Jun	11
13.20	Sara McGreavy	26	Jul	06
13.21	Meghan Beesley	18	Jul	15
13.24	Kim Hagger	31	Aug	87
13.24	Louise Hazel	29	Aug	11
13.24	Louise Wood	5	May	12
13.26	Michelle Campbell	3	Aug	90
13.28	Ashley Helsby	10	Jul	11
13.28	Mollie Courtney	22	Jul	16
13.29	Mary Peters	2	Sep	72
13.32	Sam Baker	29	Aug	93
13.34	Judy Vernon	7	Sep	73
13.35	Pat Rollo	30	Jul	83
13.36	Louise Fraser	17	Aug	91
13.36	Holly Pattie-Belleli	15	May	16
13.36	Karla Drew	22	May	16
13.37	Gemma Werrett	20	Jul	08
13.37	Zara Hohn	28	Jun	09
13.37	Katarina Johnson-Thompson	22	Aug	15
13.43	Liz Fairs	30	May	04
13.44	Judith Robinson	1	Jul	89
13.45	Lorna Drysdale	20	Jul	74
13.45	Helen Worsey	5	May	03
13.46	Tessa Sanderson	25	Jul	81
13.46	Nathalie Byer	26	Aug	83

wind assisted

Time	Athlete	Date		
12.47	Tiffany Porter	21	Apr	12
12.61	Porter	21	Apr	12
12.62	Porter	23	Jun	13
12.78	Shirley Strong	8	Oct	82
12.80	Sally Gunnell	29	Jul	88
12.84 A	Kay Morley-Brown	8	Aug	90
12.90	Lorna Boothe	8	Oct	82
13.01	Lesley-Ann Skeete	1	Feb	90
13.00	Sharon Danville	14	Jul	84
13.07	Angie Broadbelt-Blake	16	Apr	11
13.08	Michelle Campbell	26	May	95
13.08	Melani Wilkins	1	Jul	01
13.12	Pat Rollo	27	May	84
13.13	Ashley Helsby	3	Jul	11
13.20	Louise Hazel	3	Jun	06
13.22	Heather Ross	27	May	84
13.25	Zara Hohn	10	Jul	10
13.27	Holly Pattie-Belleli	14	May	16
13.32	Gemma Werrett	22	Jul	08
13.32	Karla Drew	12	Apr	14

hand timing

Time	Athlete	Date		
13.0	Judy Vernon	29	Jun	74
13.0	Blondelle Caines	29	Jun	74
13.1	Melanie Wilkins	2	Jul	95
13.2	Pat Rollo	11	Jun	83

AT - W - 100H - HJ

hand timing - wind assisted
12.7	Kay Morley-Brown	10	Jan	90
12.8	Natasha Danvers	3	Apr	99
12.9	Judy Vernon	18	May	74
13.1	Mary Peters	19	Aug	72
13.2	Ann Simmonds	19	Aug	72
13.2	Liz Sutherland	8	May	76

400 Metres Hurdles
52.74	Sally Gunnell	19	Aug	93
53.16	Gunnell	29	Aug	91
53.23	Gunnell	5	Aug	92
53.33	Gunnell	12	Aug	94
53.51	Gunnell	24	Jul	94
53.52	Gunnell	4	Aug	93
53.62	Gunnell	7	Aug	91
53.67	Perri Shakes-Drayton	26	Jul	13
53.73	Gunnell	26	Jun	93
53.77	Shakes-Drayton	13	Jul	12
53.84	Natasha Danvers	20	Aug	08
54.09	Eilidh Doyle	15	Jul	16
54.52	Meghan Beesley	23	Aug	15
54.63	Gowry Retchakan	3	Aug	92
55.22	Keri Maddox	12	Aug	00
55.24	Sinead Dudgeon	24	Jul	99
55.25	Lee McConnell	23	Mar	06
55.32	Nicola Sanders	23	Mar	06
55.70	Emma Duck	28	Jul	06
55.91	Elaine McLaughlin	26	Sep	88
56.04	Sue Chick	10	Aug	83
56.05	Wendy Cearns	13	Aug	89
56.05	Shona Richards	12	Jul	15
56.06	Christine Warden	28	Jul	79
56.15	Jacqui Parker	27	Jul	91
56.26	Louise Fraser	7	Jun	92
56.42	Vicki Jamison	20	Jun	98
56.42	Sian Scott	18	Aug	05
56.43	Alyson Layzell	16	Jun	96
56.43	Hayley McLean	29	Jun	14
56.46	Yvette Wray-Luker	11	Jul	81
56.53	Tracey Duncan	16	Jun	02
56.61	Louise Brunning	16	Jun	96
56.65	Liz Fairs	18	Jun	05
56.67	Ese Okoro	11	Jun	14
56.69	Shante Little	11	Apr	15
56.70	Lorraine Hanson	13	Aug	89
56.72	Gladys Taylor	6	Aug	84
57.00	Simone Gandy	6	Aug	88
57.00	Jessica Turner	5	Jun	16
57.07	Verona Elder	15	Jul	83
57.13	Nusrat Ceesay	11	Jul	09
57.17	Laura Wake	29	May	14
57.19	Caryl Granville	3	Aug	13
57.26	Aisha Naibe-Wey	25	May	15
57.29	Katie Jones	3	Jul	05
57.38	Sarah Dean	27	Jul	91
57.41	Jennie Mathews	6	Aug	88
57.43	Liz Sutherland	6	Jul	78
57.49	Maureen Prendergast	16	Jun	84
57.50	Hannah Douglas	11	Jul	09
57.51	Justine Kinney	6	Jun	09
57.52	Clare Sugden	3	Jun	90
57.52	Abigayle Fitzpatrick	14	Jul	13
57.55	Sharon Danville	8	May	81
57.70	Bethany Close	26	Jun	16
57.76	Aileen Mills	5	Aug	86
57.79	Susan Cluney	15	Jun	80
57.81	Margaret Southerden	10	Jul	82

hand timing
57.5	Vicky Lee	28	Jun	86
57.8	Teresa Hoyle	26	Jul	86

High Jump
1.98	Katarina Johnson-Thompson	12	Aug	16
1.97 i	Johnson-Thompson	14	Feb	15
1.97	Isobel Pooley	4	Jul	15
1.96 i	Johnson-Thompson	8	Feb	14
1.96	Pooley	24	Aug	14
1.95	Diana Davies	26	Jun	82
1.95 i	Debbi Marti	23	Feb	97
1.94		9	Jun	96
1.95	Susan Jones	24	Jun	01
1.95	Jessica Ennis	5	May	07
1.95 i	Johnson-Thompson	6	Mar	15
1.95	Johnson-Thompson	22	Jul	16
1.94	Louise Gittens	25	May	80
1.94 i	Jo Jennings	13	Mar	93
1.91		20	Sep	98
1.94	Morgan Lake	22	Jul	14
1.93	Michelle Dunkley	2	Sep	00
1.92	Barbara Simmonds	31	Jul	82
1.92	Judy Simpson	8	Aug	83
1.92	Janet Boyle	29	Sep	88
1.92 i	Julia Bennett	10	Mar	90
1.89		11	Jun	94
1.92	Lea Haggett	15	Jun	96
1.92 i	Vicki Hubbard	21	Feb	10
1.88		7	Jul	06
1.91	Ann-Marie Cording	19	Sep	81
1.91	Gillian Evans	30	Apr	83
1.91	Jayne Barnetson	7	Jul	89
1.90	Kim Hagger	17	May	86
1.90	Sharon Hutchings	1	Aug	86
1.90 i	Julie Crane	28	Feb	04
1.89		15	Aug	04
1.90	Stephanie Pywell	20	May	07
1.89 i	Emma Perkins	11	Feb	12
1.89 i	Abby Ward	7	Feb	16
1.86		22	May	16
1.89	Niamh Emerson	22	May	16
1.88 i	Debbie McDowell	17	Jan	88
1.88 i	Kerry Roberts	16	Feb	92
1.86		6	Jun	92
1.88 i	Kelly Thirkle	16	Feb	92
1.88	Lee McConnell	19	Aug	00
1.88	Rebecca Jones	1	Jun	02
1.88	Natalie Clark	6	Jun	04
1.88 i	Kelly Sotherton	2	Mar	07
1.87		7	Jul	07
1.88 i	Emma Nuttall	8	Mar	14
1.87		13	Jul	13

AT - W - HJ - LJ

1.87	Barbara Lawton	22 Sep 73		4.08	Abigail Roberts	29 Aug 15		
1.87	Moira Maguire	11 May 80		4.06	Molly Caudrey	24 Jul 16		
1.87	Louise Manning	6 May 84		4.05	Sonia Lawrence	19 Jul 03		
1.87	Rachael Forrest	7 Jul 95		4.05	Caroline Adams	10 Aug 13		
1.87	Denise Lewis	21 Aug 99		4.05 i	Olivia Curran	19 Jul 14		
1.87	Aileen Wilson	15 Jul 01		4.05	Jessica Robinson	11 Jun 16		30
1.87 i	Jayne Nisbet	8 Feb 14		4.04	Lucy Webber	15 Jul 00		
1.86		10 Jul 11		4.02 i	Kim Skinner	30 Dec 09		
1.87	Bethan Partridge	12 Jul 15		4.02 i	Jessica Abraham	15 Jan 11		
1.86	Claire Summerfield	7 Aug 82		4.00		3 Jul 10		
1.86	Jennifer Farrell	11 May 86		4.02	Sophie Cook	5 Jul 14		
1.86	Catherine Scott	8 May 87		4.02 i	Courtney MacGuire	31 Jan 15		
1.86	Michele Marsella	31 May 87		4.00		15 Jul 14		
1.86 i	Dalia Mikneviciute	16 Jan 00		4.00	Alison Davies	12 Aug 00		
	1.86	4 Jun 00		4.00	Abigail Haywood	26 Jun 11		
1.86	Jessica Leach	21 Jun 09		4.00	Katie James	15 Jul 14		
1.86 i	Kay Humberstone	31 Jan 10		4.00 i	Anna Gordon	27 Feb 16		
				3.95 A	Allie Jessee	25 Jun 99		40
Pole Vault				3.95 i	Jennifer Graham	21 May 06		
4.87 i	Holly Bleasdale	21 Jan 12		3.95		29 Jul 07		
	4.71	24 Jun 12		3.95 i	Sarah McKeever	28 May 16		
4.77 i	Bleasdale	9 Feb 13		3.91	Emma Hornby	27 Jun 98		
4.76 i	Bleasdale	31 Aug 16		3.91	Emily Taylor	23 Jul 11		
4.75 i	Bleasdale	3 Feb 13						
4.73 i	Bleasdale	8 Feb 14		**Long Jump**				
4.72 i	Bleasdale	23 Feb 12		7.07	Shara Proctor	28 Aug 15		
4.71 i	Bleasdale	10 Dec 11		6.98	Proctor	25 Jul 15		
4.71 i	Bleasdale	31 Jan 14		6.95	Proctor	24 Jun 12		
4.71 i	Bleasdale	15 Feb 14		6.95	Proctor	15 May 15		
4.61	Kate Dennison	22 Jul 11		6.93 i	Katarina Johnson-Thompson	21 Feb 15		
4.52 i	Katie Byres	18 Feb 12		6.93 i	Lorraine Ugen	18 Mar 16		
	4.36	17 Jun 12		6.92	Proctor	4 Jul 13		
4.47	Janine Whitlock ¶	22 Jul 05		6.92	Johnson-Thompson	11 Jul 14		
4.42 i	Sally Peake	18 Feb 12		6.92	Ugen	15 May 15		
	4.40	12 Jul 14		6.91		6 Jun 13		
4.40	Lucy Bryan	29 Jun 13		6.91 i	Proctor	13 Feb 16		
4.35	Henrietta Paxton	26 Jun 10		6.90	Bev Kinch	14 Aug 83		
4.31 i	Emma Lyons	21 Feb 09		6.88	Fiona May	18 Jul 90		
	4.25	7 Aug 10		6.83	Sue Hearnshaw	6 May 84		
4.26 i	Zoe Brown	21 Feb 04		6.81	Jade Johnson	22 Jun 08		
	4.20	17 Jul 05		6.80	Abigail Irozuru	9 Jun 12		
4.26 i	Ellie Spain	30 Jan 07		6.79	Kelly Sotherton	25 Jul 08		
	4.21	16 Jul 06		6.76	Mary Rand	14 Oct 64		10
4.21	Louise Butterworth	6 Jun 08		6.76	Jo Wise	2 Aug 99		
4.20	Irie Hill	6 Aug 00		6.75	Joyce Hepher	14 Sep 85		
4.20 i	Rhian Clarke	10 Mar 01		6.75	Jazmin Sawyers	26 Jun 16		
	4.15	7 Apr 00		6.73	Sheila Sherwood	23 Jul 70		
4.20	Sally Scott	19 Jun 10		6.73	Yinka Idowu	7 Aug 93		
4.16	Liz Hughes	6 Jul 02		6.70	Kim Hagger	30 Aug 86		
4.16	Bryony Raine	9 Jul 11		6.69	Sue Reeve	10 Jun 79		
4.15	Tracey Grant	26 Jul 03		6.69	Denise Lewis	30 Jul 00		
4.15 i	Kirsty Maguire	24 Feb 07		6.63	Mary Agyepong	17 Jun 89		
	4.05	10 Jun 07		6.63	Jessica Ennis-Hill	26 Jun 16		20
4.15	Sian Morgan	22 May 15		6.56	Sarah Claxton	23 May 99		
4.15	Jade Ive	25 Jun 16		6.55	Ann Simmonds	22 Jul 70		
4.13 i	Maria Seager	2 Feb 10		6.54	Dominique Blaize	19 May 13		
	4.05	13 Jun 09		6.52	Gill Regan	29 Aug 82		
4.13	Rachel Gibbens	7 Feb 16		6.52	Georgina Oladapo	16 Jun 84		
	4.05	29 Aug 15		6.51 i	Ruth Howell	23 Feb 74		
4.10	Fiona Harrison	29 Jul 07		6.49		16 Jun 72		
4.10	Sophie Upton	9 Jun 10		6.51	Julie Hollman	3 Sep 00		

6.47 A	Ashia Hansen	26	Jan	96
6.47 i	Amy Harris	11	Feb	07
6.43		20	Apr	12
6.47	Phyllis Agbo	31	May	09
6.47	Jade Nimmo	14	Apr	12
6.45	Carol Zeniou	12	May	82
6.45	Margaret Cheetham	18	Aug	84
6.44	Sharon Danville	15	Jun	77
6.44	Barbara Clarke	13	Sep	81
6.44	Louise Hazel	9	Oct	10
6.43	Myra Nimmo	27	May	73
6.43 i	Gillian Cooke	3	Feb	08
6.39		13	May	07
6.42	Sarah Warnock	29	Jun	14
6.40	Judy Simpson	26	Aug	84
6.40	Sharon Bowie	28	Jun	86
6.40 i	Amy Woodman	14	Feb	09
6.37		31	May	09
6.39	Moira Maguire	22	Jul	70
6.39	Maureen Chitty	28	Jun	72
6.39	Sue Longden	12	Sep	76
6.39	Tracy Joseph	27	Jun	98
6.38	Ann Danson	16	Jun	02
6.37	Kelly Wenlock	24	Apr	82
6.36	Andrea Coore	19	Jul	98
6.34 i	Barbara-Anne Barrett	20	Feb	71
6.33 i	Barbara Lawton	21	Nov	70
6.33	Glenys Morton	19	Jul	81
6.33	Joanne Mulliner	13	Sep	86
6.33	Jo Dear	19	May	93
6.33	Ruth Irving	2	Jun	01

wind unconfirmed

6.43	Moira Maguire	18	Sep	70

wind assisted

7.00	Sue Hearnshaw	27	May	84
6.98	Fiona May	4	Jun	89
6.96	Lorraine Ugen	28	Mar	15
6.93	Bev Kinch	14	Aug	83
6.86	Jazmin Sawyers	8	Jul	16
6.84	Sue Reeve	25	Jun	77
6.80	Joyce Hepher	22	Jun	85
6.77	Denise Lewis	1	Jun	97
6.65	Mary Agyepong	4	Jun	89
6.57	Ann Simmonds	22	Aug	70
6.56	Judy Simpson	30	Aug	86
6.56	Dominique Blaize	27	May	13
6.54	Ruth Howell	16	Jun	72
6.54	Myra Nimmo	19	Jun	76
6.49	Margaret Cheetham	4	Sep	83
6.48	Moira Maguire	17	May	70
6.48	Amy Harris	3	Jul	11
6.45	Donita Benjamin	23	Jul	00
6.44	Tracy Joseph	21	Jun	97
6.41	Allison Manley	28	Jul	79
6.41	Amy Woodman	12	Jun	11
6.40	Barbara-Anne Barrett	17	Jul	71
6.40	Gillian Cooke	12	Mar	06

Triple Jump

15.16 i	Ashia Hansen	28	Feb	98
15.15		13	Sep	97
15.02 i	Hansen	7	Mar	99
15.01 i	Hansen	15	Mar	03
14.96	Hansen	11	Sep	99
14.94	Hansen	29	Jun	97
14.86	Hansen	31	Jul	02
14.85 i	Hansen	15	Feb	98
14.82 i	Yamilé Aldama	10	Mar	12
14.65		31	May	12
14.81 i	Hansen	21	Feb	99
14.09	Laura Samuel	29	Jul	14
14.08	Michelle Griffith	11	Jun	94
13.95	Connie Henry	27	Jun	98
13.85 A	Yasmine Regis	18	May	08
13.76		5	Aug	11
13.77	Nadia Williams	12	Jun	11
13.70	Sineade Gutzmore	20	Jul	16
13.64	Rachel Kirby	7	Aug	94
13.62	Nony Mordi	5	Jul	08
13.56	Mary Agyepong	5	Jun	92
13.53	Chioma Matthews	17	May	15
13.46	Evette Finikin	26	Jul	91
13.44	Hannah Frankson	26	Jun	11
13.31	Karlene Turner	28	May	06
13.30	Shakira Whight	24	Jun	12
13.27	Zainab Ceesay	5	Jul	08
13.25	Gillian Kerr	30	Jun	07
13.24	Stephanie Aneto	18	Jul	10
13.23 i	Rebecca White	27	Jan	06
13.17		27	Jul	07
13.19	Angela Barrett	9	Jul	16
13.11	Jade Johnson	19	Aug	01
13.09	Debbie Rowe	26	Aug	06
13.08	Denae Matthew	30	Jun	07
13.05	Alex Russell	4	Jul	15
13.03	Shani Anderson	4	May	96
13.03	Kate Evans	26	Apr	97
13.03	Lisa James	21	Jun	15
13.03	Naomi Reed	31	Jun	16
13.02 i	Emily Parker	12	Feb	05
12.97		3	May	04
13.01	Jayne Nisbet	22	Apr	07
13.01	Emma Pringle	26	May	13
13.00 i	Zara Asante	15	Feb	15
12.99		15	Jun	13
12.99 i	Naomi Ogbeta	31	Jan	16
12.98		20	Jun	15
12.98	Danielle Freeman	13	Jul	02
12.97	Claire Linskill	20	Jun	09
12.96	Laura Zialor	28	May	16
12.95 i	Shara Proctor	31	Jan	12
12.94	Lorna Turner	9	Jul	94
12.92	Liz Patrick	5	Aug	00
12.90 i	Leandra Polius	12	Feb	05
12.64		29	May	05
12.89	Karen Skeggs	17	May	92
12.89	Kelly Hilton	17	Jul	11
12.88	Ahtollah Rose	1	Jul	11

AT - W - TJ - DT

Mark	Name	Date	Mark	Name	Date
12.86 i	Sandra Alaneme	9 Feb 08	15.88 i	Ade Oshinowo	7 Feb 04
12.84	Anna-Maria Thorpe	23 May 99	15.78		11 Jul 04
12.83	Katarina Johnson-Thompson	6 Jul 14	15.85 i	Alison Grey	12 Feb 94
12.81 i	Amy Harris	15 Jan 10	15.69		11 Jun 94
12.80	Rachel Brenton	4 Jun 06	15.81	Tracy Axten	19 Jul 98
12.78	Melissa Carr	22 May 11	15.80	Sharon Andrews	30 Jul 93
12.77 i	Allison Wilder	28 Feb 16	15.75 i	Caroline Savory	23 Feb 83
wind assisted			15.50		19 Jun 83
15.00	Hansen	10 Aug 02	15.60 i	Justine Buttle	27 Feb 88
14.14	Michelle Griffith	25 Jul 00	15.45		25 Aug 88
13.94	Nadia Williams	17 Jul 11	15.55	Christina Bennett	13 Jun 99
13.82	Yasmine Regis	13 Jun 09	15.48	Mary Anderson	8 Sep 85
13.76	Nony Mordi	10 May 08	15.46	Vanessa Redford	14 Jun 80
13.51	Rebecca White	3 Sep 05	15.45	Susan King	27 Mar 83
13.42	Gillian Kerr	30 Jun 07	15.44	Vickie Foster	14 May 00
13.40	Alex Russell	31 Jul 16	15.41	Fatima Whitbread	29 Apr 84
13.35	Katarina Johnson-Thompson	6 Jul 14	15.32 i	Helen Hounsell	13 Feb 82
13.22	Lisa James	21 Jun 15	14.91		22 May 82
13.14	Debbie Rowe	22 Jul 00	15.28	Amy Hill	31 May 09
13.06	Alison McAllister	11 Jul 03	15.23	Judy Simpson	18 Jun 88
13.04	Kate Evans	23 Jul 00	15.21	Uju Efobi	23 Apr 94
12.93	Karen Skeggs	13 Jun 92	15.21 i	Kara Nwidobie	12 Feb 06
			15.18	Suzanne Allday	18 May 64
Shot			15.18 i	Lana Newton	Jan 79
19.36	Judy Oakes	14 Aug 88	15.09		6 Sep 78
19.33	Oakes	3 Sep 88	15.09	Jayne Berry	22 Jul 93
19.26	Oakes	29 Jul 88	15.09	Nicola Gautier	1 Jul 00
19.13	Oakes	20 Aug 88	15.08	Janet Kane	3 Jun 79
19.06 i	Venissa Head	7 Apr 84	15.08	Susan Tudor	30 May 82
18.93		13 May 84	14.98 i	Sandra Smith	21 Dec 85
19.05	Oakes	16 Jul 88	14.95		18 Aug 85
19.03	Myrtle Augee	2 Jun 90	14.90	Sally Hinds	22 Jul 06
19.01	Oakes	17 Sep 88			
19.01	Oakes	11 Jun 89	**Discus**		
19.01	Oakes	11 May 96	67.48	Meg Ritchie	26 Apr 81
18.99	Meg Ritchie	7 May 83	67.44	Ritchie	14 Jul 83
17.53	Angela Littlewood	24 Jul 80	66.04	Ritchie	15 May 82
17.53	Rachel Wallader	4 Jun 16	65.96	Ritchie	19 Jul 80
17.45	Yvonne Hanson-Nortey	28 Jul 89	65.78	Ritchie	17 Jul 81
17.24	Eden Francis	20 May 12	65.34	Ritchie	24 Apr 83
17.14	Sophie McKinna	9 Jul 16	65.18	Ritchie	17 May 81
17.13	Jo Duncan	13 Aug 06	65.10	Jade Lally	27 Feb 16
16.76	Rebecca Peake	15 Aug 10	65.08	Ritchie	26 Apr 80
16.63	Eva Massey	29 Jul 07	65.02	Ritchie	5 May 84
16.57	Maggie Lynes	20 Jul 94	64.68	Venissa Head	18 Jul 83
16.42	Kirsty Yates	30 Jul 14	62.89	Philippa Roles	8 Jun 03
16.40 i	Mary Peters	28 Feb 70	61.22	Shelley Newman	8 Jun 03
16.31		1 Jun 66	60.72	Jackie McKernan	18 Jul 93
16.40	Julie Dunkley	12 Aug 00	59.78	Eden Francis	6 Aug 11
16.39	Shanaugh Brown	19 May 13	58.56	Debbie Callaway	19 May 96
16.34	Adele Nicoll	2 Jul 16	58.18	Tracy Axten	31 May 97
16.29	Brenda Bedford	26 May 76	58.02	Rosemary Payne	3 Jun 72
16.17	Eleanor Gatrell	18 Jul 10	57.79	Kirsty Law	26 Aug 12
16.15 i	Amelia Strickler	9 Dec 16	57.75	Emma Merry	9 Aug 99
15.70		26 Jun 16	57.32	Lynda Wright	16 Jun 84
16.12	Denise Lewis	21 Aug 99	57.27	Kara Nwidobie	18 Jun 05
16.09 i	Alison Rodger	21 Feb 10	57.26	Emma Carpenter	12 Jul 08
15.88		28 Jun 08	56.73	Claire Smithson	29 Jul 06
16.05	Janis Kerr	15 May 76	56.25	Rebecca Roles	6 Jun 04
15.95 i	Philippa Roles	6 Feb 99	56.24	Sharon Andrews	12 Jun 94
15.62		1 Jun 03	56.06	Kathryn Farr	27 Jun 87

AT - W - DT - JT

55.52	Jane Aucott	17 Jan 90	62.12	Lucy Marshall	9 Jul 16		
55.42	Lesley Bryant	12 Sep 80	61.77	Kimberley Reed	3 May 14		
55.06	Janet Kane	17 Jun 78	61.48	Suzanne Roberts	17 Jul 04		
55.04	Lorraine Shaw	14 May 94	61.02	Jessica Mayho	17 Apr 16		
54.72	Karen Pugh	27 Jul 86	60.88	Rachael Beverley	23 May 99		
54.68	Emma Beales	10 Jun 95	60.75	Abbi Carter	12 Jul 12		
54.46	Ellen Mulvihill	14 May 86	59.14	Phillipa Wingate	18 Jun 16		
54.46	Janette Picton	17 Aug 90	58.97	Diana Holden	4 Jun 02		
54.24	Nicola Talbot	15 May 93	58.94	Annabelle Palmer	11 Sep 16		
53.96	Julia Avis	27 Apr 86	58.48	Joanne John	2 Jul 08		
53.66	Rosanne Lister	22 Jun 91	58.47	Mhairi Walters	12 May 02		
53.44	Judy Oakes	20 Aug 88	58.39	Hayley Murray	20 Apr 13		
53.44	Navdeep Dhaliwal	5 Sep 10	58.34	Rebecca Keating	26 Jun 16		
53.44	Shadine Duquemin	11 May 14	57.63	Nicola Dudman	16 Jun 02		
53.43	Amy Holder	16 Apr 16	57.40	Sarah Moore	29 Apr 01		
53.16	Sarah Winckless	18 Jun 94	57.16	Hannah Evenden	7 Apr 12		
52.84	Sarah Henton	7 Jul 13	57.09	Kayleigh Presswell	11 Jun 16		
52.52	Alison Grey	18 Jun 94	57.08	Monique Buchanan	28 Aug 06		
52.46	Vanessa Redford	4 Jul 82	56.78	Victoria Thomas	22 Jul 06		
52.31	Lauren Keightley	18 Jul 98	56.76	Esther Augee	15 May 93		
51.82	Catherine Bradley	20 Jul 85	56.74	Rachel Blackie	17 Jun 06		
51.77	Shaunagh Brown	1 Jun 14	56.73	Katie Lambert	17 Apr 16		
51.60	Dorothy Chipchase	20 Jul 73	56.40	Sara Bobash	8 May 16		
51.43	Claire Griss	30 May 05	56.23	Steph Hendy	18 May 14		
51.18	Angela Sellars	12 Aug 90	55.81	Toni Wells	3 Mar 12		
51.12	Joanne Brand	26 May 86	55.60	Ann Gardner	9 May 98		
51.12	Phoebe Dowson	21 Jun 14	55.60	Emma O'Hara	26 May 13		
51.07	Samantha Milner	19 May 13	55.42	Vicci Scott	23 Jun 01		
50.57	Brenda Bedford	24 Aug 68	55.40	Amy Herrington	12 Jun 16		
50.06	Joanne Jackson	7 May 89	55.32	Maggie Okul	14 May 16		
50.04	Morag Bremner	27 Apr 86	55.09	Philippa Roles	9 May 99		
			54.86	Philippa Davenall	18 Jun 16		

Hammer

74.54	Sophie Hitchon	15 Aug 16
73.86	Hitchon	27 Aug 15
72.97	Hitchon	23 Jun 13
72.42	Hitchon	28 Aug 16
72.23	Hitchon	9 Aug 15
71.98	Hitchon	8 Aug 12
71.89	Hitchon	21 Jun 15
71.86	Hitchon	18 Jun 16
71.74	Hitchon	8 Jul 16
71.71	Hitchon	18 May 16
68.97	Sarah Holt	25 Jul 15
68.93	Lorraine Shaw	8 Jun 03
68.63	Zoe Derham	17 Jul 08
67.58	Shirley Webb	16 Jul 05
66.85	Shaunagh Brown	14 Jun 14
66.80	Carys Parry	15 Jul 14
66.30	Rachel Hunter	18 May 14
65.03	Susan McKelvie	20 Aug 11
64.74	Laura Douglas	8 Aug 10
63.98	Christina Jones	25 Apr 15
63.96	Lyn Sprules	20 Aug 00
63.61	Liz Pidgeon	27 May 00
63.11	Myra Perkins	18 May 14
63.05	Lesley Brannan	19 Feb 06
62.96	Samantha Hynes	19 May 12
62.66	Rachel Wilcockson	20 Aug 11
62.30	Louisa James	29 Jun 14

Javelin (1999 Model)

66.17	Goldie Sayers	14 Jul 12
65.75	Sayers	21 Aug 08
65.05	Sayers	20 May 07
64.87	Kelly Morgan	14 Jul 02
64.73	Sayers	31 May 12
64.46	Sayers	18 Jun 11
63.96	Sayers	6 Jun 08
63.82	Sayers	26 Jul 08
63.66	Sayers	12 Jun 08
63.65	Sayers	15 Mar 08
60.68	Laura Whittingham	15 Aug 10
59.50	Karen Martin	14 Jul 99
58.63	Izzy Jeffs	26 Apr 14
57.48	Shelley Holroyd	10 Jul 04
57.44	Jo Blair	26 Jun 16
57.19	Lorna Jackson	9 Jul 00
55.91	Kirsty Morrison	23 May 99
55.36	Freya Jones	12 Apr 14
54.71	Kike Oniwinde	14 Jun 14
54.62	Chloe Cozens	3 Aug 03
52.86	Linda Gray	10 Jun 01
52.78	Tesni Ward	29 May 11
52.76	Jenny Kemp	23 Jun 01
52.68	Lianne Clarke	25 Aug 07
52.41	Katy Watts	31 May 09
52.34	Jade Dodd	2 Sep 07

AT - W - JT - Hep

	Mark	Name	Date				Score	Name	Date			
	52.32	Eloise Meakins	9	Sep	12		6790	Ennis	29	May	11	
20	52.27	Emma Hamplett	14	May	16		6775	Ennis	13	Aug	16	
	52.09	Lauren Therin	5	May	07		6751	Ennis	30	Aug	11	
	51.48	Denise Lewis	10	Jul	04		6736	Lewis	1	Jun	97	
	51.13	Becky Bartlett	15	May	04		6733	Ennis	26	Jun	16	
	50.85	Sharon Gibson	18	Jul	99		6731	Ennis	16	Aug	09	
	50.43	Rosie Semenytsh	22	Jun	13		6682	Katarina Johnson-Thompson	1	Jun	14	
	50.21	Louise Watton	10	Jun	07		6623	Judy Simpson	30	Aug	86	
	50.19	Sam Cullinane	17	Jun	12		6547	Kelly Sotherton	29	May	05	
	49.96	Hayley Thomas	19	Jun	11		6259	Kim Hagger	18	May	86	
	49.82	Hannah Johnson	19	Jun	16		6166 w	Louise Hazel	17	Jul	11	
30	49.66	Jo Chapman	22	Aug	04		6156		9	Oct	10	
	49.25	Nicola Gautier	1	Jul	01		6148	Morgan Lake	23	Jul	14	
	49.23	Laura Kerr	20	Aug	05		6135	Julie Hollman	2	Jun	02	
	49.17	Sarah Roberts	29	May	11		6125	Tessa Sanderson	12	Jul	81	10
	48.87	Louise Lockwood	31	May	15		6094 h	Joanne Mulliner	7	Jun	87	
	48.79	Kelly Bramhald	10	Jun	12		6022	Clova Court	27	Aug	91	
	48.73	Suzanne Finnis	23	Mar	03		6011 w	Fiona Harrison	18	Jul	04	
	48.39	Katie Amos	1	Jun	02		5754		3	Jul	05	
	48.35	Natasha Wilson	23	Apr	16		6005 w	Kerry Jury	24	May	98	
	48.33	Jessica Ennis	23	Jul	13		5908		1	Aug	99	
40	48.31	Eloise Manger	4	Jul	09		5952	Phyllis Agbo	31	May	09	
	48.24	Tammie Francis	29	Apr	00		5913	Jess Taylor	15	May	16	
	48.19	Laura Britane	13	Jun	15		5826	Jenny Kelly	3	Jul	94	
	48.18	Amber Burdett	19	Sep	10		5819	Grace Clements	9	Oct	10	
	48.13	Christine Lawrence	17	May	09		5803	Jayne Barnetson	20	Aug	89	
	47.74	Joanne Bruce	7	Sep	02		5798	Ros Gonse	26	Aug	07	
	47.73	Helen Mounteney	12	Jul	02		5784	Nicola Gautier	1	Jul	01	20
	47.72	Alison Moffitt	21	Aug	99		5777 w	Katie Stainton	15	May	16	
	47.66	Samantha Redd	29	Jun	02		5763		11	Jun	16	
	47.57	Amy Harvey	7	Oct	00		5776	Kathy Warren	12	Jul	81	
50	47.52	Laura McDonald	7	Aug	10		5770	Jessica Tappin	1	Jun	14	
							5747 w	Julia Bennett	5	May	96	
Javelin (pre 1999)							5538		4	Jun	00		
	77.44	Fatima Whitbread	28	Aug	86		5702	Yinka Idowu	21	May	95	
	76.64	Whitbread	6	Sep	87		5702	Jo Rowland	2	Jun	13	
	76.34	Whitbread	4	Jul	87		5700	Vikki Schofield	5	May	96	
	76.32	Whitbread	29	Aug	86		5691 w	Pauline Richards	24	May	98	
	75.62	Whitbread	25	May	87		5563		5	Jul	98	
	74.74	Whitbread	26	Aug	87		5671	Domique Blaize	6	Jun	10	
	73.58	Tessa Sanderson	26	Jun	83		5644	Danielle Freeman	4	Jun	00	30
	73.32	Whitbread	20	Jun	87		5642	Sarah Rowe	23	Aug	81	
	62.32	Sharon Gibson	16	May	87		5033	Marcia Marriott	18	May	86	
	62.22	Diane Royle	18	May	85		5632	Emma Beales	1	Aug	93	
	60.12	Shelley Holroyd	16	Jun	96		5618 w	Sarah Damm	5	May	96	
	60.00	Julie Abel	24	May	87		5605	Lucy Boggis	26	Jul	09	
	59.40	Karen Hough	28	Aug	86		5601 w	Jade Surman	3	Jun	07	
	59.36	Kirsty Morrison	4	Sep	93		5538		19	Aug	06	
	58.60	Jeanette Rose	30	May	82		5594	Gillian Evans	22	May	83	
	58.39	Lorna Jackson	6	Jun	98		5577	Katherine Livesey	18	May	02	
	57.90	Anna Heaver	1	Jul	87		5557	Kate Cowley	20	Jul	03	
	57.84	Mandy Liverton	3	Jun	90		5556 w	Louise Wood	8	May	11	40
	57.82	Karen Martin	19	Sep	98		5502		8	May	11	
	56.96	Nicky Emblem	1	Feb	90		5555 w	Diana Bennett	24	May	98	
	56.50	Caroline White	8	Jun	91		5550		1	Jun	97	
	56.50	Denise Lewis	11	Aug	96		5548	Val Walsh	18	May	86	
Heptathlon (1985 Tables)							5535	Karla Drew	30	Jun	13		
	6955	Jessica Ennis	4	Aug	12		5529	Catherine Holdsworth	27	Jul	08	
	6906	Ennis	27	May	12		5495	Charmaine Johnson	24	May	92	
	6831	Denise Lewis	30	Jul	00		5493	Sally Gunnell	28	May	84	
	6823	Ennis	31	Jul	10							

AT - W - Hep - 50kWR

	5455	Claire Phythian	19	May	95	45:53.9	Julie Drake	26	May	90
	5446	Manndy Laing	7	Aug	83	46:23.08	Betty Sworowski	4	Aug	91
	5434 w	Debbie Woolgar	8	Jul	90	46:25.2	Helen Elleker	26	May	90
50	5430	Katia Lannon	23	Jul	06	47:10.07	Verity Snook	19	Jun	93
						47:56.3	Ginney Birch	15	Jun	85
	3000 Metres Track Walk					47:58.3	Bev Allen	21	Jun	86
	12:22.62 +	Jo Jackson	14	Feb	09	48:11.4	Marion Fawkes	8	Jul	79
	12:24.70	Bethan Davies	11	Jun	16	48:14.9 +	Bethan Davies	21	Jun	15 10
	12:40.98	Jackson	26	May	08	48:20.0	Cal Partington	7	May	94
	12:49.16	Betty Sworowski	28	Jul	90	48:34.5	Carol Tyson	22	Aug	81
	12:50.61	Lisa Kehler	29	Jul	00	48:35.8	Melanie Wright	2	Sep	95
	12:59.3	Vicky Lupton	13	May	95	48:56.5	Sarah Brown	18	Apr	91
	13:07.04	Heather Lewis	11	Jun	16	48:57.6	Irene Bateman	20	Mar	82
	13:08.64imx	Niobe Menendez	2	Feb	02	49:06.83	Heather Lewis	22	Jun	14
	13:14.73		11	Aug	01	49:27.0	Sylvia Black	22	Apr	95
	13:12.01 i	Julie Drake	12	Mar	93	49:39.0	Karen Ratcliffe	22	May	91
	13:13.3	Cal Partington	12	Jul	95	49:41.0	Elaine Callinan	22	Apr	95
						49:51.6	Sara-Jane Cattermole	7	Feb	01 20
	5000 Metres Track Walk					**track short**				
	20:46.58	Jo Jackson	14	Feb	09	48:52.5	Irene Bateman	19	Mar	83
	21:01.24	Jackson	7	Feb	09					
	21:21.67	Jackson	12	Jul	09	**10k Road** - where superior to track time				
	21:30.75	Jackson	13	Jul	08	43:52	Jo Jackson	6	Mar	10
	21:42.51	Lisa Kehler	13	Jul	02	44:59	Bethan Davies	6	Mar	16
	21:52.38	Vicky Lupton	9	Aug	95	45:03	Lisa Kehler	19	Sep	98
	22:02.06	Betty Sworowski	28	Aug	89	45:59	Betty Sworowski	24	Aug	91
	22:03.82	Bethan Davies	26	Jun	16	46:06	Verity Snook	25	Aug	94
	22:09.87	Heather Lewis	29	Jun	14	46:26	Cal Partington	1	Jul	95
	22:37.47	Julie Drake	17	Jul	93	46:38	Niobe Menendez	15	Jun	02
	22:41.19	Cal Partington	16	Jul	95	46:59	Heather Lewis	1	Mar	14
	22:51.23	Helen Elleker	25	Jun	90	47:05	Sara-Jane Cattermole	15	Jul	01
10	23:11.2	Carol Tyson	30	Jun	79	47:49	Emma Achurch	15	Mar	15
	23:11.7	Catherine Charnock	19	Jun	99	47:51	Catherine Charnock	5	Sep	99
	23:15.04	Bev Allen	25	May	87	47:58	Nicky Jackson	27	Jun	87
	23:19.2	Marion Fawkes	30	Jun	79	47:59	Sylvia Black	29	Mar	92
	23:20.00	Ginney Birch	25	May	85	**20 Kilometres Road Walk**				
	23:22.52	Verity Snook	19	Jun	94	1:30.41	Jo Jackson	19	Jun	10
	23:34.43	Sylvia Black	5	Jul	92	1:33:48	Bethan Davies	5	Jun	16
	23:35.54	Nicky Jackson	25	May	87	1:33:57	Lisa Kehler	17	Jun	00
	23:38.3	Irene Bateman	28	Jun	81	1:36:40	Sara Cattermole	4	Mar	00
	23:40.75	Ellie Dooley	29	Jun	14	1:37:44	Vicky Lupton	27	Jun	99
20	23:46.30	Niobe Menendez	14	Jul	01	1:38:22	Heather Lewis	2	Oct	16
						1:38:29	Catherine Charnock	11	Sep	99
	5k Road - where superior to track time					1:39:59	Niobe Menendez	21	Apr	02
	21:36	Vicky Lupton	18	Jul	92	1:40:45	Irene Bateman	9	Apr	83
	21:50	Betty Sworowski	6	May	90	1:42:02 hc	Lillian Millen	9	Apr	83 10
	22:45 +	Verity Snook	25	Aug	94	1:44:42		2	Apr	83
	22:51	Marion Fawkes	29	Sep	79	1:43:26	Emma Achurch	2	Oct	16
	22:59	Carol Tyson	29	Sep	79	1:43:29	Sharon Tonks	3	Mar	02
	23:00 +	Bev Allen	1	Sep	87	1:43:50	Betty Sworowski	22	Feb	88
	23:09	Catherine Charnock	5	Jun	99	1:43:52	Sylvia Black	14	Jun	97
	23:13	Sylvia Black	13	Feb	93	1:44:19	Katie Stones	25	Feb	06
	23:16 +	Heather Lewis	1	Mar	15	1:44:29	Kim Braznell	21	Mar	99
	23:24	Melanie Wright	9	Apr	95	1:44:30	Wendy Bennett	26	Apr	03
	23:25	Irene Bateman	29	Sep	79	1:44:54	Cal Partington	23	Mar	02
	23:29	Emma Achurch	1	Mar	15	1:45:11	Elaine Callinan	16	Oct	93
						1:45:23	Michelle Turner	16	Mar	14 20
	10000 Metres Track Walk					**50 Kilometres Road Walk**				
	45:09.57	Lisa Kehler	13	Aug	00	4:50:51	Sandra Brown	13	Jul	91
	45:18.8	Vicky Lupton	2	Sep	95	5:01:52	Lillian Millen	16	Apr	83

4 x 100 Metres Relay

41.77	Great Britain & NI	19 Aug 16	Philip, Henry, Asher-Smith, Neita
41.81	Great Britain & NI	22 Jul 16	Philip, Henry, Asher-Smith, Neita
41.93	Great Britain & NI	18 Aug 16	Philip, Henry, Asher-Smith, Neita
42.10	Great Britain & NI	29 Aug 15	Philip, Asher-Smith, J Williams, Henry
42.21	Great Britain & NI	28 Aug 14	Philip, Nelson, Onuora, Henry
42.24	Great Britain & NI	17 Aug 14	Philip, Nelson, J Williams, Henry
42.43	Great Britain & NI	1 Aug 80	Oakes, Cook, Callender, Lannaman
42.45	Great Britain & NI	10 Jul 16	Philip, Asher-Smith, B Williams, Neita
42.48	Great Britain & NI	29 Aug 15	Philip, J Williams, B Williams, Henry
42.59	Great Britain & NI	9 Jul 16	Philip, Asher-Smith, B Williams, Neita
42.60	Great Britain & NI	11 Aug 01	Richardson, Wilhelmy, James, Oyepitan
42.62	Great Britain & NI	28 Aug 14	Philip, Nelson, Onuora, Henry
42.66	Great Britain & NI	11 Sep 82	Hoyte, Cook, Callender, S.Thomas
42.69	Great Britain & NI	26 Jul 13	Asher-Smith, Onuora, Lewis, Nelson
42.71	Great Britain & NI	10 Aug 83	Baptiste, Cook, Callender, S.Thomas
42.72	Great Britain & NI	3 Sep 78	Callender, Cook, Danville, Lannaman
42.74	Great Britain & NI	11 Jul 14	Philip, Nelson, J Williams, Henry
42.75	Great Britain & NI	18 Aug 13	Asher-Smith, Nelson, Lewis, H Jones
42.75	Great Britain & NI	24 May 14	Philip, B Williams, J Williams, Henry
42.80	Great Britain & NI	24 Jul 15	Asher-Smith, B Williams, J Williams, Henry
42.82	Great Britain & NI	1 Sep 07	Turner, Douglas, Freeman, Maduaka
42.84	England	31 Jul 02	Maduaka, Anderson, James, Oyepitan
42.84	Great Britain & NI	3 May 15	Philip, Nelson, B Williams, Adeoye
42.87	Great Britain & NI	1 Sep 07	Turner, Douglas, Freeman, Maduaka
42.87	Great Britain & N.I.	18 Aug 13	Asher-Smith, Nelson, Lewis, H Jones
42.91	Great Britain & NI	19 Apr 14	Papps, Onuora, J Williams, Henry
42.95	Great Britain & NI	21 Jun 08	Onuora, Douglas, Kwakye, Ania
42.96	Great Britain & NI	3 Jul 14	Philip, Onuora, B Williams, Henry
42.97	Great Britain & NI	11 Jun 16	Philip, Asher-Smith, B Williams, Neita
42.98	Great Britain & NI	13 Sep 14	Philip, Nelson, Onuora, Henry

4 x 400 Metres Relay

3:20.04	Great Britain & NI	2 Sep 07	Ohurougu, Okoro, McConnell, Sanders
3:22.01	Great Britain & NI	1 Sep 91	Hanson, Smith, Gunnell, Keough
3:22.61	Great Britain & NI	17 Aug 13	Child, Cox, Adeoye, Ohuruogu
3:22.68	Great Britain & NI	23 Aug 08	Ohuruogu, Sotherton, Okoro, Sanders
3:22.68	Great Britain & NI	27 Apr 13	Child, Cox, Ohuruogu, Shakes-Drayton
3:23.05	Great Britain & NI	2 Sep 11	Ohuruogu, Sanders, McConnell, Shakes-Drayton
3:23.41	Great Britain & NI	22 Aug 93	Keough, Smith, Joseph, Gunnell
3:23.62	Great Britain & NI	30 Aug 15	Ohuruogu, Onuora, Child, Bundy-Davies
3:23.63	Great Britain & NI	3 Sep 11	Shakes-Drayton, Sanders, Ohuruogu, McConnell
3:23.89	Great Britain & NI	31 Aug 91	Smith, Hanson, Keough, Gunnell
3:23.90	Great Britain & NI	29 Aug 15	Child, Onuora, McAslan, Bundy-Davies
3:24.14	Great Britain & NI	14 Aug 94	Neef, Keough, Smith, Gunnell
3:24.23	Great Britain & NI	8 Aug 92	Smith, Douglas, Stoute, Gunnell
3:24.25	Great Britain & NI	30 Jun 91	Gunnell, Hanson, Stoute, Keough
3:24.32	Great Britain & NI	1 Aug 10	Sanders, Okoro, McConnell, Shakes-Drayton
3:24.34	Great Britain & N.I.	17 Aug 14	Child, Massey, Cox, Adeoye
3:24.36	Great Britain & NI	5 Jun 93	Smith, Joseph, Stoute, Gunnell
3:24.44	Great Britain & NI	14 Aug 05	McConnell, Fraser, Sanders, Ohuruogu
3:24.76	Great Britain & NI	11 Aug 12	Cox, McConnell, Shakes-Drayton, Ohuruogu
3:24.78	Great Britain & NI	1 Sep 90	Gunnell, Stoute, Beckford, Keough
3:24.81	Great Britain & NI	19 Aug 16	Diamond, Onuora, Massey, Ohuruogu
3:25.05	Great Britain & NI	10 Aug 12	Cox, McConnell, Child, Ohuruogu
3:25.05	Great Britain & NI	10 Jul 16	Diamond, Onuora, Doyle, Bundy-Davies
3:25.12	Great Britain & NI	28 Aug 04	Fraser, Murphy, Ohuruogu, McConnell
3:25.16	Great Britain & NI	23 Aug 09	McConnell, Ohuruogu, Barr, Sanders
3:25.20	Great Britain & NI	7 Aug 92	Douglas, Smith, Stoute, Gunnell
3:25.23	Great Britain & NI	22 Aug 09	Sanders, Barr, Meadows, McConnell
3:25.28	Great Britain & N.I.	29 Sep 00	Frost, D.Fraser, Curbishley, Merry
3:25.39	Great Britain & NI	16 Aug 13	Child, Cox, Adeoye, Ohuruogu
3:25.45	Great Britain & NI	1 Sep 07	McConnell, Fraser, Okoro, Sanders

AT - WU23 - 100 - 3k

UNDER 23

100 Metres
10.99	Dina Asher-Smith	25	Jul	15
11.05	Montell Douglas	17	Jul	08
11.06	Desiree Henry	15	Apr	16
11.10	Kathy Smallwood	5	Sep	81
11.17	Bianca Williams	14	Jun	14
11.20	Heather Hunte	26	Sep	80
11.20	Jodie Williams	19	Apr	14
11.22	Sonia Lannaman	13	Aug	77
11.23	Daryll Neita	25	Jun	16
11.25	Paula Dunn	27	Aug	86

wind assisted
10.93	Sonia Lannaman	17	Jul	77
10.95	Montell Douglas	17	Jul	08
11.01	Heather Hunte	21	May	80
11.13	Shirley Thomas	27	May	84
11.13	Jodie Williams	26	Apr	14
11.14	Paula Dunn	27	Jul	86
11.17	Abi Oyepitan	30	Jun	01
11.23	Jayne Andrews	17	Jul	84
11.24	Sarah Wilhelmy	9	Jun	01

hand timing
11.1	Andrea Lynch	29	Jun	74
11.1	Heather Hunte	29	Jun	80

hand timing - wind assisted
10.8	Sonia Lannaman	22	May	76
10.9	Andrea Lynch	18	May	74
11.1	Sharon Colyear	22	May	76

200 Metres
22.07	Dina Asher-Smith	28	Aug	15
22.13	Kathy Smallwood	9	Sep	82
22.46	Jodie Williams	15	Aug	14
22.46	Desiree Henry	27	Aug	16
22.58	Bianca Williams	31	Jul	14
22.80	Michelle Scutt	12	Jun	82
22.81	Sonia Lannaman	2	May	76
22.85	Katharine Merry	12	Jun	94
22.89	Katarina Johnson-Thompson	31	May	14
22.98	Sandra Whittaker	8	Aug	84
23.06	Heather Hunte	15	Jun	80

wind assisted
22.48	Michelle Scutt	4	Jul	82
22.69	Sonia Lannaman	10	Jul	77
22.84	Sarah Wilhelmy	10	Jun	01
22.90	Allison Curbishley	17	Jul	98
22.95	Bev Goddard	10	Aug	78
22.97	Helen Golden	26	Jul	74

hand timing
22.9	Heather Hunte	3	May	80

hand timing - wind assisted
22.6	Sonia Lannaman	23	May	76

300 Metres
36.01	Michelle Scutt	13	Jul	80

during 400m
35.8+	Kathy Smallwood	17	Sep	82

400 Metres
50.28	Christine Ohuruogu	21	Mar	06
50.46	Kathy Smallwood	17	Sep	82
50.63	Michelle Scutt	31	May	82
50.71	Allison Curbishley	18	Sep	98
51.26	Seren Bundy-Davies	11	Jun	16
51.28	Donna Murray	12	Jul	75
51.48	Perri Shakes-Drayton	14	Aug	10
51.77 i	Sally Gunnell	6	Mar	88
51.78	Helen Karagounis	19	Jul	03
51.93	Janine MacGregor	28	Aug	81

600 Metres
1:26.18	Diane Edwards	22	Aug	87

800 Metres
1:59.05	Christina Boxer	4	Aug	79
1:59.30	Diane Edwards	4	Jul	87
1:59.67	Lorraine Baker	15	Aug	86
1:59.75	Marilyn Okoro	28	Jul	06
1:59.76	Paula Fryer	17	Jul	91
1:59.94	Hannah England	20	Jun	09
1:59.99	Jemma Simpson	22	Jul	06
2:00.39	Bev Nicholson	28	Aug	88
2:00.42	Laura Muir	7	Jun	15
2:00.46	Emma Jackson	11	Oct	10

1000 Metres
2:35.51	Lorraine Baker	19	Jul	86

1500 Metres
3:58.66	Laura Muir	17	Jul	15
4:01.93	Zola Budd	7	Jun	86
4:02.54	Stephanie Twell	19	Aug	10
4:02.99	Laura Weightman	8	Aug	12
4:04.29	Hannah England	28	Jul	09
4:05.42 mx	Lisa Dobriskey	30	Aug	05
4:05.76	Yvonne Murray	5	Jul	86
4:06.0	Mary Stewart	24	Jun	78
4:06.81	Stacey Smith	10	Jul	11
4:06.84	Paula Radcliffe	2	Jul	95
4:07.06	Christina Boxer	15	Aug	79

1 Mile
4:23.08	Yvonne Murray	5	Sep	86

2000 Metres
5:29.58	Yvonne Murray	11	Jul	86
5:30.19	Zola Budd	11	Jul	86

3000 Metres
8:34.43	Zola Budd	30	Jun	86
8:37.15	Yvonne Murray	28	Aug	86
8:38.47	Laura Muir	24	May	15
8:40.40	Paula Radcliffe	16	Aug	93
8:42.75 mx	Stephanie Twell	8	Sep	10
8:43.46 mx	Laura Weightman	14	May	13
8:46.53	Liz Lynch	18	Jul	86
8:47.36	Jill Hunter	17	Aug	88
8:47.71	Lisa York	31	Jul	92
8:51.40	Ruth Smeeth	7	Aug	82

5000 Metres
14:49.27	Paula Radcliffe	7	Jul	95
14:54.08	Stephanie Twell	27	Aug	10
15:07.45	Emilia Gorecka	4	May	14
15:17.77	Jill Hunter	26	Aug	88
15:27.60	Rhona Auckland	25	Jul	15
15:32.27	Emily Pidgeon	12	Jun	10
15:34.92	Jane Furniss	26	Jun	82
15:35.12	Kate Avery	9	Jun	12
15:36.35	Birhan Dagne	5	Aug	00
15:40.14	Helen Titterington	17	Jul	89

10000 Metres
31:41.42	Liz Lynch	28	Jul	86
32:03.55	Charlotte Purdue	29	Apr	12
32:22.79	Rhona Auckland	10	Jul	15
32:30.4	Birhan Dagne	22	Jul	00
32:32.42	Vikki McPherson	15	Jul	93
32:36.09	Helen Titterington	29	Aug	89
32:36.11	Alice Wright	1	May	16
32:41.29	Jenny Clague	20	Jun	93
32:57.17	Kath Binns	15	Aug	80
33:00.31	Collette Fagan	12	Jun	04

2000 Metres Steeplechase
6:36.50	Barbara Parker	26	Jul	03
6:36.45	Emily Stewart	6	May	13

3000 Metres Steeplechase
9:38.45	Eilish McColgan	7	Jun	12
9:47.97	Pippa Woolven	30	Jul	14
9:48.51	Lizzie Hall	10	Jun	06
9:51.42	Emily Stewart	27	Jul	13

100 Metres Hurdles
12.60	Cindy Ofili	13	Jun	15
12.82	Sally Gunnell	17	Aug	88
12.84	Lucy Hatton	18	Apr	15
12.97	Jessica Ennis	25	Aug	07
13.03	Diane Allahgreen	11	Jul	97
13.06	Shirley Strong	11	Jul	80
13.07	Lesley-Ann Skeete	14	Aug	87
13.11	Sharon Colyear	22	Jun	76
13.17	Jacqui Agyepong	3	Aug	90
13.17	Gemma Bennett	26	Jul	06
wind assisted				
12.80	Sally Gunnell	29	Jul	88
hand timing				
13.0	Blondelle Thompson	29	Jun	74
hand timing - wind assisted				
12.8	Natasha Danvers	3	Apr	99

400 Metres Hurdles
54.03	Sally Gunnell	28	Sep	88
54.18	Perri Shakes-Drayton	30	Jul	10
55.32	Eilidh Child	18	Jul	09
55.69	Natasha Danvers	19	Jul	98
55.69	Meghan Beesley	16	Jul	11
56.05	Shona Richards	12	Jul	15
56.26	Louise Fraser	7	Jun	92
56.42	Vicki Jamison	20	Jun	98
56.42	Sian Scott	18	Aug	05
56.43	Hayley McLean	29	Jun	14

High Jump
1.97 i	Katarina Johnson-Thompson	14	Feb	15
1.96	Isobel Pooley	24	Aug	14
1.95	Diana Elliott	26	Jun	82
1.95	Jessica Ennis	5	May	07
1.94	Louise Miller	25	May	80
1.93	Susan Jones	2	Sep	00
1.93	Michelle Dunkley	2	Sep	00
1.92	Barbara Simmonds	31	Jul	82
1.92 i	Julia Bennett	10	Mar	90
1.92 i	Vikki Hubbard	21	Feb	10
1.91	Ann-Marie Cording	19	Sep	81
1.91	Jayne Barnetson	7	Jul	89

Pole Vault
4.87 i	Holly Bleasdale	21	Jan	12
4.71		24	Jun	12
4.35	Kate Dennison	28	Jul	06
4.35 i	Katie Byres	16	Feb	13
4.20		12	Jul	13
4.31 i	Emma Lyons	21	Feb	09
4.12		12	Jul	08
4.26 i	Zoe Brown	21	Feb	04
4.20		17	Jul	05
4.25	Lucy Bryan	7	Aug	16
4.16 i	Sally Scott	13	Feb	11
4.15	Louise Butterworth	4	Aug	07
4.13 i	Maria Seager	2	Feb	10
4.10	Sophie Upton	9	Jun	10

Long Jump
6.93 i	Katarina Johnson-Thompson	21	Feb	15
6.92		11	Jul	14
6.88	Fiona May	18	Jul	90
6.80	Abigail Irozuru	9	Jun	12
6.79	Bev Kinch	7	Jul	84
6.77	Lorraine Ugen	5	Jun	13
6.75	Joyce Oladapo	14	Sep	85
6.75	Jazmin Sawyers	26	Jun	16
6.73	Yinka Idowu	7	Aug	93
6.73	Jade Johnson	7	Aug	02
6.58	Mary Berkeley	14	Sep	85
wind assisted				
6.98	Fiona May	4	Jun	89
6.86	Jazmin Sawyers	8	Jul	16
6.83	Lorraine Ugen	16	Mar	12
6.80	Joyce Oladapo	22	Jun	85

Triple Jump
13.85 A	Yasmine Regis	18	May	08
13.52		31	May	08
13.75	Michelle Griffith	18	Jul	93
13.75	Laura Samuel	17	Jun	12
13.62	Nony Mordi	5	Jul	08
13.48 i	Ashia Hansen	13	Feb	93
13.31		18	Jul	92
13.44	Hannah Frankson	26	Jun	11
13.31	Connie Henry	9	Jul	94
13.31	Karlene Turner	28	May	06
13.16	Rachel Kirby	26	Jul	91
13.11	Jade Johnson	19	Aug	01

AT - WU23 - TJ - 20kW

wind assisted
13.93	Michelle Griffith	2	Jul	93
13.77	Laura Samuel	17	Jul	11
13.76	Nony Mordi	10	May	08
13.75	Yasmine Regis	27	May	06

Shot
18.19	Myrtle Augee	14	Aug	87
17.20	Judy Oakes	8	Aug	80
17.14	Sophie McKinna	9	Jul	16
16.91	Amelia Strickler	13	Feb	15
16.72		2	May	15
16.55	Yvonne Hanson-Nortey	15	Jun	86
16.53	Eden Francis	31	May	09
16.42	Kirsty Yates	30	Jul	14
16.40	Julie Dunkley	12	Aug	00
16.34	Adele Nicoll	2	Jul	16
16.31	Shaunagh Brown	17	Jun	12
16.28	Rachel Wallader	17	Jul	11

Discus
60.00	Philippa Roles	9	May	99
59.27	Eden Francis	31	May	09
57.32	Lynda Whiteley	16	Jun	84
56.63	Emma Carpenter	16	Jun	02
56.06	Kathryn Farr	27	Jun	87
55.93	Claire Smithson	20	Aug	05
55.70	Shelley Drew	25	Jun	95
55.52	Jane Aucott	17	Jan	90
54.72	Karen Pugh	27	Jul	86
54.47	Jade Nicholls	1	Aug	09
54.46	Ellen Mulvihill	14	May	86

Hammer
72.97	Sophie Hitchon	23	Jun	13
66.30	Rachel Hunter	18	May	14
65.33	Sarah Holt	24	May	09
63.35	Shirley Webb	29	Jun	03
63.11	Myra Perkins	18	May	14
62.30	Louisa James	29	Jun	14
62.27	Zoe Derham	16	Jun	02
62.03	Susan McKelvie	27	Aug	06
61.75	Laura Douglas	10	Jul	05
61.70	Lyn Sprules	12	Jul	97
61.13	Shaunagh Brown	18	Jul	12

Javelin (1999 Model)
64.87	Kelly Morgan	14	Jul	02
60.85	Goldie Sayers	10	Jul	04
58.63	Izzy Jeffs	26	Apr	14
55.36	Freya Jones	12	Apr	14
54.71	Kike Oniwide	14	Jun	14
52.88	Laura Whittingham	28	Jul	07
52.84	Jo Blair	9	Jul	06
52.78	Tesni Ward	29	May	11
52.76	Jenny Kemp	23	Jun	01
52.68	Lianne Clarke	25	Aug	07
52.09	Lauren Therin	5	May	07

Javelin (pre 1999 Model)
69.54	Fatima Whitbread	3	Jul	83
67.20	Tessa Sanderson	17	Jul	77
60.10	Shelley Holroyd	16	Jul	93
60.00	Julie Abel	24	May	87
59.88	Sharon Gibson	3	Jul	83
58.20	Lorna Jackson	16	Jun	96
57.82	Mandy Liverton	21	Jun	92

Heptathlon (1985 Tables)
6682	Katarina Johnson-Thompson	1	Jun	14
6469	Jessica Ennis	26	Aug	07
6325	Denise Lewis	23	Aug	94
6259	Judy Livermore	10	Sep	82
6094	Joanne Mulliner	7	Jun	87
5894	Louise Hazel	8	Aug	06
5816 w	Julie Hollman	24	May	98
5803	Jayne Barnetson	20	Aug	89
5777	Katie Stainton	15	May	16
5765	Kim Hagger	17	Jul	83
5765	Jenny Kelly	5	Aug	90

3000 Metres Track Walk
13:10.60+	Johanna Jackson	29	Jul	07
13:11.80 i	Heather Lewis	16	Feb	14
13:15.16+	Vicky Lupton	28	Jun	92

5000 Metres Track Walk
22:03.65	Johanna Jackson	29	Jul	07
22:09.87	Heather Lewis	29	Jun	14
22:12.21	Vicky Lupton	28	Jun	92

5k Road - where superior to track time
21:36	Vicky Lupton	18	Jul	92
22:09	Lisa Langford	8	Apr	89

10000 Metres Track Walk
45:53.9	Julie Drake	26	May	90
46:30.0	Vicky Lupton	14	Sep	94
49:06.83	Heather Lewis	22	Jun	14

10k Road - where superior to track time
45:42	Lisa Langford	3	May	87
45:48	Vicky Lupton	25	Aug	94
46:59	Heather Lewis	1	Mar	14

20 Kilometres Road Walk
1:36:28	Johanna Jackson	13	Jul	07
1:38:25	Sara Cattermole	31	Oct	99
1:39:03	Heather Lewis	15	Mar	15
1:44:19	Katie Stones	25	Feb	06
1:44:48	Vicky Lupton	3	Sep	94
1:47:21	Debbie Wallen	17	Apr	99
1:49:12	Nikki Huckerby	26	Sep	99
1:49:18	Helen Sharratt	16	Oct	93
1:49:32	Nicola Phillips	26	Apr	03
1:50:16	Sophie Hales	10	Mar	07
1:52:37	Sally Warren	23	Apr	00

UNDER 20

100 Metres
11.14	Dina Asher-Smith	5	Jul	14
11.17	Imani Lansiquot	20	Jul	16
11.18	Jodie Williams	22	Jul	11
11.21	Desiree Henry	12	Aug	14
11.27 A	Kathy Smallwood	9	Sep	79
11.42		11	Aug	79
11.30	Bev Kinch	5	Jul	83
11.36 A	Della James	14	Oct	68
11.36	Ashleigh Nelson	14	Jun	09
11.37	Asha Philip (U17)	23	Jun	07
10 11.39 A	Hannah Brier	16	Jul	15
11.40	Vernicha James	11	Jun	02
11.40	Daryll Neita	20	Jun	15
11.43	Shirley Thomas	7	Aug	82
11.45	Sonia Lannaman (U17)	1	Sep	72
11.45	Simmone Jacobs	6	Jul	84
11.46	Shaunna Thompson	14	Oct	08
11.47	Bianca Williams	20	Apr	12
11.47	Sophie Papps	16	Jun	12

wind assisted
11.03	Dina Asher-Smith	5	Jul	14
11.04	Desiree Henry	26	Apr	14
11.13	Bev Kinch	6	Jul	83
11.25	Shirley Thomas	20	Aug	81
11.26	Simmone Jacobs	27	May	84
11.37	Hannah Brier	31	May	15
11.39	Vernicha James	29	Jun	02
11.39 mx	Sophie Papps	8	May	13
11.40	Katharine Merry	3	Jul	93
11.42	Annie Tagoe	25	Jun	11
11.43	Dorothy Hyman	2	Sep	60
11.45	Stephi Douglas	25	Jun	88
11.45	Rebecca White	4	Jul	98
11.45	Abi Oyepitan	4	Jul	98

hand timing
11.3	Sonia Lannaman	9	Jun	74
11.3	Heather Hunte	15	Jul	78
11.4	Della James	2	Aug	67

hand timing - wind assisted
11.2	Wendy Clarke	22	May	76
11.3	Helen Golden	30	May	70
11.3	Linsey Macdonald (U17)	3	May	80
11.4	Anita Neil	30	Jun	68
11.4	Helen Barnett	16	May	76
11.4	Jane Parry (U17)	5	Jul	80

downhill
11.3 w	Denise Ramsden	28	Jun	69

200 Metres
22.61	Dina Asher-Smith	14	Aug	14
22.70 A	Kathy Smallwood	12	Sep	79
22.84		5	Aug	79
22.79	Jodie Williams (U17)	23	May	10
22.93	Vernicha James	21	Jul	01
22.94	Shannon Hylton	17	May	15
23.09	Charlotte McLennaghan	10	May	15
23.10	Diane Smith (U17)	11	Aug	90
23.20	Katharine Merry	13	Jun	93
23.20 i	Amy Spencer	2	Mar	03
23.45 (U17)		15	Jul	01
23.23	Sonia Lannaman	25	Aug	75 10
23.23	Sarah Wilhelmy	13	Jun	98
23.24	Sandra Whittaker	12	Jun	82
23.25	Desiree Henry (U17)	10	Jul	11
23.28	Simmone Jacobs (U17)	28	Aug	83
23.33	Linsey Macdonald	9	Jun	82
23.35	Donna Murray	26	May	74
23.37	Hayley Jones	21	Jul	07
23.42	Debbie Bunn (U17)	17	Jun	78
23.42	Shaunna Thompson (U17)	31	Aug	08

wind assisted
22.73	Shannon Hylton	18	Jul	15
23.01	Simmone Jacobs	28	May	84
23.11	Linsey Macdonald (U17)	5	Jul	80
23.15	Cheriece Hylton	17	May	15
23.16	Donna Murray	27	Jul	74
23.16	Desiree Henry	31	May	14
23.20	Sarah Wilhelmy	18	Jul	98
23.25	Hannah Brier	6	Jun	15

hand timing
23.1	Sonia Lannaman	7	Jun	75
23.3	Donna Murray	9	Jun	74
23.3	Sharon Colyear	30	Jun	74
23.3	Linsey Macdonald	8	May	82

hand timing - wind assisted
22.9	Donna Murray	14	Jul	74
23.2	Debbie Bunn (U17)	2	Jul	78

300 Metres
36.46	Linsey Macdonald (U17)	13	Jul	80

hand timing
36.2	Donna Murray	7	Aug	74

400 Metres
51.16	Linsey Macdonald (U17)	15	Jun	80
51.77	Donna Murray	30	Jul	74
52.25	Laviai Nielsen	27	May	15
52.25 A	Catherine Reid	17	Jul	15
53.34		31	May	15
52.54	Donna Fraser	10	Aug	91
52.65	Jane Parry	11	Jun	83
52.77	Sabrina Bakare	12	Jul	13
52.80	Sian Morris	18	Jun	83
52.80	Hannah Williams	20	Jul	16
52.98	Karen Williams	6	Aug	78 10
52.99	Angela Bridgeman	24	Jul	82
53.01 i	Marilyn Neufville	14	Mar	70
53.08	Loreen Hall (U17)	29	Jul	84
53.14	Michelle Probert	28	Jul	79
53.16	Cheriece Hylton	17	Jul	15
53.18	Lisa Miller	16	Jun	02
53.20	Verona Bernard	8	Jul	72
53.23	Laura Finucane	3	Jul	04
53.38	Lina Nielsen	27	Jun	15

AT - WU20 - 400 - 3kSt

hand timing					2000 Metres				
52.6	Marilyn Neufville	20	Jun	70	5:33.15	Zola Budd	13	Jul	84
52.8	Lillian Board	9	Jul	67	**3000 Metres**				
52.9	Verona Bernard	15	Sep	72	8:28.83	Zola Budd	7	Sep	85
53.3	Tracey Burges	5	Sep	81	8:50.89	Stephanie Twell	14	Sep	08
600 Metres					8:51.78	Paula Radcliffe	20	Sep	92
1:27.33	Lorraine Baker (U17)	13	Jul	80	8:55.11	Emelia Gorecka	26	Aug	12
					8:59.12 mx	Bobby Clay	9	Sep	15
800 Metres					9:00.06 i	Jessica Judd	16	Feb	13
1:59.75	Charlotte Moore	29	Jul	02	9:08.5 mx (U17)		6	Apr	11
1:59.77	Jessica Judd	11	Jun	14	9:03.35	Philippa Mason	19	Jul	86
2:01.11	Lynne MacDougall	18	Aug	84	9:04.14	Yvonne Murray	28	May	83
2:01.66	Lorraine Baker	26	Jun	82	9:06.16	Helen Titterington	19	Jun	88
2:01.95	Emma Jackson	9	Jun	07	9:06.87	Emily Pidgeon	7	Jun	06 10
2:02.00	Diane Edwards	14	Sep	85	9:07.02	Carol Haigh	24	Jun	85
2:02.0	Jo White (U17)	13	Aug	77	9:07.28	Emma Pallant	4	Jun	08
2:02.15	Alison Leonard	11	Jul	08	9:09.14	Lisa York	19	Jul	89
2:02.18	Lynne Robinson	18	Jul	86	9:10.34 mx	Charlotte Purdue	8	Sep	10
10 2:02.32	Emily Dudgeon	11	Jul	12	9:10.67	Sian Edwards	8	Jul	06
2:02.8 a	Lesley Kiernan	2	Sep	74	9:10.9	Julie Holland	7	Apr	84
2:02.88 i	Kirsty McDermott	22	Feb	81	9:12.28	Hayley Haining	20	Jul	91
2:02.89	Sarah Kelly	21	Jul	10	9:12.80	Laura Muir	6	May	12
2:03.11	Janet Prictoe	19	Aug	78	9:12.97	Bernadette Madigan	30	Jun	79
2:03.18	Paula Newnham	17	Jun	78	9:13.4 mx	Caroline Walsh	30	Jun	99 20
2:03.18 mx	Laura Weightman	24	Aug	10	**5000 Metres**				
2:03.18	Adelle Tracey	21	Jul	12	14:48.07	Zola Budd	26	Aug	85
2:03.32	Molly Long	30	May	15	15:23.4	Charlotte Purdue	28	Aug	10
2:03.42	Jemma Simpson	26	Jul	03	15:34.21	Emelia Gorecka	9	Jun	12
20 2:03.43	Rowena Cole	23	Jul	11	15:41.00	Emily Pidgeon	24	Jun	06
					15:42.48	Sian Edwards	23	Jul	06
1000 Metres					15:47.53	Stephanie Twell	7	Aug	07
2:38.58	Jo White (U17)	9	Sep	77	15:51.62	Carol Haigh	26	May	85
					15:52.55	Yvonne Murray	29	May	83
1500 Metres					15:53.27	Annabel Gummow	28	May	11
3:59.96	Zola Budd	30	Aug	85	15:58.8 mx	Charlotte Dale	12	May	02 10
4:05.83	Stephanie Twell	18	Jul	08	15:59.97	Rebecca Weston	1	Jun	13
4:05.96	Lynne MacDougall	20	Aug	84	16:04.60	Kate Avery	13	Jun	09
4:09.60 mx	Laura Weightman	21	Aug	10	16:06.41mx	Rebecca Straw	24	Aug	13
4:12.82		28	Aug	10	16:11.03	Louise Small	13	Jun	09
4:09.93	Jessica Judd	15	Jul	12	16:11.61 i	Jenny Clague	22	Feb	92
4:10.61	Bobby Clay	5	Jun	16	16:13.93	Lauren Howarth	31	May	08
4:11.12	Bridget Smyth	26	May	85	16:15.36	Louise Kelly	31	Jul	98
4:11.22	Emma Pallant	19	Jul	08	16:16.39	Collette Fagan	20	Jul	01
4:12.96	Jennifer Walsh	15	Jul	12	16:16.77 i	Paula Radcliffe	22	Feb	92
10 4:13.00	Charlotte Moore	8	Aug	03	16:19.66	Grace Baker	30	May	15 20
4:13.38	Emma Ward	7	May	01					
4:13.40	Wendy Smith	19	Aug	78	**10000 Metres**				
4:14.15 mx	Sarah Kelly	10	Aug	10	32:36.75	Charlotte Purdue	14	Aug	10
4:14.22 mx	Emelia Gorecka	27	Jun	12					
4:14.40	Janet Lawrence	20	Aug	77	**2000 Metres Steeplechase**				
4:14.40	Georgia Peel	13	Apr	13	6:32.45	Louise Webb (U17)	14	Jul	07
4:14.50	Wendy Wright	20	Jun	87	6:32.55	Sarah Hopkinson (U17)	14	Jul	07
4:14.52 mx	Laura Muir	3	Aug	12	6:36.50	Pippa Woolven	5	May	12
4:14.56	Andrea Whitcombe	22	Aug	90					
20 4:14.58	Ruth Smeeth	16	Jul	78	**3000 Metres Steeplechase**				
4:14.58	Lisa Dobriskey	22	Jun	02	10:06.12	Emily Pidgeon (U17)	3	Jul	05
					10:10.34	Louise Webb	25	Jul	09
1 Mile					10:11.86	Pippa Woolven	9	Jun	12
4:17.57	Zola Budd	21	Aug	85	10:12.50	Ruth Senior	15	Aug	06

AT - WU20 - 100H - PV

100 Metres Hurdles

13.13	Yasmin Miller	27 Jul 14
13.15	Alicia Barrett	24 Jul 16
13.25	Diane Allahgreen	21 Jul 94
13.26	Jessica Ennis	9 Jul 05
13.28	Mollie Courtney	22 Jul 16
13.30	Sally Gunnell	16 Jun 84
13.32	Keri Maddox	21 Jul 91
13.45	Natasha Danvers	6 Aug 95
13.46	Nathalie Byer	26 Aug 83
13.47	Sam Baker	30 Jun 91
13.48	Katarina Johnson-Thompson	13 Jul 12
13.49	Angie Thorp	30 Jun 91
13.50	Lesley-Ann Skeete	6 Jun 86
13.52	Julie Pratt	5 Jul 98
13.53	Symone Belle	25 Jul 03
13.56	Wendy McDonnell	3 Jun 79
13.57	Bethan Edwards	29 Aug 92
13.58	Lauraine Cameron	19 Jun 90
13.62	Sarah Claxton	18 Jul 98
13.62	Zara Hohn	18 Aug 06
13.62	Lucy Hatton	13 Jul 13

wind assisted

13.24	Lesley-Ann Skeete	7 Jun 86
13.28	Sarah Claxton	5 Jul 98
13.39	Lauraine Cameron	1 Jul 90
13.45	Louise Fraser	30 Jul 89
13.45	Sam Baker	30 Jun 91
13.46	Wendy McDonnell	30 Jun 79
13.48	Julie Pratt	5 Jul 98
13.54	Heather Jones	7 Jun 05
13.55	Shirley Strong	10 Jul 77
13.56	Ann Girvan	15 Jul 84

hand timing

13.5	Christine Perera	19 Jul 68

hand timing - wind assisted

13.1	Sally Gunnell	7 Jul 84
13.3	Keri Maddox	14 Jul 90
13.4	Judy Livermore	27 May 79
13.4	Sam Baker	14 Jul 90

400 Metres Hurdles

56.16	Shona Richards	26 Jul 14
56.46	Perri Shakes-Drayton	21 Jul 07
57.08	Meghan Beesley	11 Jul 08
57.26	Hayley McLean	21 Jul 13
57.27	Vicki Jamison	28 Jul 96
58.02	Vyv Rhodes	28 Jun 92
58.36	Sian Scott	29 Jun 03
58.37	Alyson Evans	1 Sep 85
58.38	Abigayle Fitzpatrick	23 Jul 11
58.44	Jessica Turner	5 Jul 14
58.68	Kay Simpson	15 Jul 83
58.68	Chelsea Walker	12 Jun 16
58.72	Lauren Bouchard	14 Jun 09
58.74	Ellen Howarth-Brown	18 Jun 06
58.76	Simone Gandy	28 May 84
58.91	Rachael Kay	6 Aug 99
58.96	Nicola Sanders	17 Jul 99
59.00	Diane Heath	19 Jul 75
59.01	Sara Elson	24 Aug 89
59.04	Allison Curbishley	31 Jul 93

hand timing

58.3	Simone Gandy	14 Jul 84
58.7	Sara Elson	18 Jun 89
59.0	Tracy Allen	9 Jul 88

High Jump

1.94	Morgan Lake	22 Jul 14
1.91	Lea Haggett	2 Jun 91
1.91	Susan Jones	31 Aug 97
1.90	Jo Jennings	29 Sep 88
1.89	Debbi Marti (U17)	2 Jun 84
1.89 i	Michelle Dunkley	16 Feb 97
	1.87	7 Jul 95
1.89	Katarina Johnson-Thompson	3 Aug 12
1.89 i	Abby Ward	7 Feb 16
	1.86	22 May 16
1.89	Niamh Emerson	22 May 16
1.88	Jayne Barnetson	3 Aug 85
1.88	Rebecca Jones	1 Jun 02
1.88	Vikki Hubbard	7 Jul 06
1.87	Louise Manning	6 May 84
1.87	Rachael Forrest	7 Jul 95
1.87	Aileen Wilson	15 Jul 01
1.87	Jessica Ennis	15 Aug 05
1.86	Barbara Simmonds	9 Sep 79
1.86	Claire Summerfield	7 Aug 82
1.86	Michele Wheeler	31 May 87
1.86	Stephanie Pywell	11 Jun 06
1.86 i	Isobel Pooley	27 Feb 11

Pole Vault

4.52 i	Katie Byres	18 Feb 12
	4.36	17 Jun 12
4.40	Lucy Bryan	29 Jun 13
4.35	Holly Bleasdale	26 Jun 10
4.20	Sally Scott	19 Jun 10
4.08	Abigail Roberts	29 Aug 15
4.06	Molly Caudrey (U17)	24 Jul 16
4.05	Jade Ive	14 Oct 08
4.05	Maria Seager	13 Jun 09
4.05	Jessica Robinson	11 Jun 16
4.00	Kate Dennison	18 Jul 02
4.00	Zoe Brown	28 Jul 02
4.00 i	Anna Gordon	27 Feb 16
	3.85	21 Jun 14
3.95	Abigail Haywood	27 Jun 09
3.90	Ellie Spain	6 May 00
3.90	Hannah Olson (U17)	13 Jun 04
3.90	Natalie Olson	8 Aug 04
3.90 i	Kim Skinner	6 Feb 05
	3.80	30 May 05
3.90	Emma Lyons	3 Sep 06
3.90	Ellie Gooding (U17)	5 Jul 13
3.90	Olivia Connor	2 Aug 15
3.90	Jessica Swannack	18 Jun 16
3.82 i	Georgia Pickles	12 Jan 14

Long Jump

	6.90	Bev Kinch	14	Aug	83
	6.82	Fiona May	30	Jul	88
	6.68	Sue Hearnshaw	22	Sep	79
	6.67	Jazmin Sawyers	13	Jul	12
	6.63	Yinka Idowu	21	May	89
	6.55	Joyce Oladapo	30	Jul	83
	6.52	Georgina Oladapo	16	Jun	84
	6.52	Sarah Claxton	31	Jul	98
	6.52	Jade Johnson	23	May	99
10	6.51	Katarina Johnson-Thompson	12	Jul	12
	6.47	Jo Wise	30	Jul	88
	6.45	Margaret Cheetham (U17)	18	Aug	84
	6.43	Myra Nimmo	27	May	73
	6.39	Moira Walls	22	Jul	70
	6.38	Amy Harris	8	Jul	06
	6.35	Sharon Bowie	1	Jun	85
	6.35	Lorraine Ugen	4	Jul	10
	6.34	Ann Wilson	3	Aug	68
	6.33	Jo Dear	19	May	93
20	6.32	Morgan Lake	29	Jun	14

wind unconfirmed
6.43 Moira Walls 18 Sep 70

wind assisted

	6.93	Bev Kinch	14	Aug	83
	6.88	Fiona May	30	Jul	88
	6.81	Katarina Johnson-Thompson	13	Jul	12
	6.71	Yinka Idowu	15	Jun	91
	6.69	Jo Wise	30	Jul	88
	6.53	Sarah Claxton	12	Jul	97
	6.49	Margaret Cheetham (U15)	4	Sep	83

Triple Jump

	13.75	Laura Samuel	22	Jul	10
	13.13	Yasmine Regis	2	Jul	05
	13.05	Michelle Griffith	16	Jun	90
	13.01	Jayne Nisbet	22	Apr	07
	12.99 i	Naomi Ogbeta	31	Jan	16
	12.98		20	Jun	15
	12.96	Laura Zialor	28	May	16
	12.88	Nony Mordi	10	Sep	06
	12.88	Ahtollah Rose	1	Jul	11
	12.82	Denae Matthew	23	Jul	06
10	12.79	Naomi Reid	1	Jul	11
	12.76	Shakira Whight	12	Jul	08
	12.73	Melissa Carr	11	Jul	08
	12.72	Claire Linskill	3	Sep	06
	12.71	Lia Stephenson	15	Jun	14
	12.68	Rachel Brenton	16	May	04
	12.60	Emily Parker	8	Jun	03
	12.59 i	Nikita Campbell-Smith	2	Mar	14
	12.58	Alison McAllister	5	Jul	03
	12.56 i	Katarina Johnson-Thompson	15	Jan	12
20	12.55	Sandra Alaneme	11	Jul	03
	12.55	Emma Pringle	10	Jul	11

wind assisted

13.06	Alison McAllister	11	Jul	03
12.78	Claire Linskill	3	Sep	06
12.77	Kerri Davidson	10	Jul	15
12.67	Emily Parker	8	Jun	03

Shot

	17.12	Sophie McKinna	25	May	13
	17.10	Myrtle Augee	16	Jun	84
	16.24 i	Judy Oakes	26	Feb	77
	16.05		26	Aug	77
	15.82	Eden Francis	1	Jul	07
	15.72 i	Alison Grey	29	Feb	92
	15.26		13	Jul	91
	15.60 i	Justine Buttle	27	Feb	88
	15.45		25	Aug	88
	15.55	Adele Nicoll	18	Jul	15
	15.48	Mary Anderson	8	Sep	85
	15.45	Susan King	27	Mar	83
	15.27	Julie Dunkley	21	Jun	98	10
	15.22	Kirsty Yates	16	Jun	12
	14.85	Morgan Lake	31	May	14
	14.75 i	Cynthia Gregory	12	Dec	81
	14.70		29	Aug	81
	14.72	Sally Hinds	3	Jul	05
	14.71 i	Nicola Gautier	26	Jan	97
	14.68	Claire Smithson	26	May	01
	14.66 i	Terri Salt	7	Jan	84
	14.60	Philippa Roles	4	Sep	96
	14.59	Dawn Grazette	19	May	91
	14.59 i	Christina Bennett	16	Mar	97	20

Discus

	55.28	Eden Francis	2	Sep	07
	55.03	Claire Smithson	30	Jul	02
	54.78	Lynda Whiteley	4	Oct	82
	53.12	Emma Carpenter	1	Sep	01
	53.10	Kathryn Farr	19	Jul	86
	52.58	Emma Merry	22	Aug	93
	52.31	Lauren Keightley	18	Jul	98
	51.89	Amy Holder	18	Apr	15
	51.82	Catherine Bradley	20	Jul	85
	51.60	Philippa Roles	24	Jul	97	10
	51.48	Shadine Duquemin	19	May	13
	51.24	Jane Aucott	11	Jun	86
	51.18	Shaunagh Brown	12	May	07
	51.12	Janette Picton	6	Jun	82
	50.44	Karen Pugh	8	Jul	83
	50.34	Angela Sellars	27	Jul	86
	50.30	Julia Avis	19	Sep	82
	49.74	Shelley Drew	10	May	92
	49.60	Fiona Condon	3	Jun	79
	49.56	Sarah Winckless	2	May	92	20

Hammer

	66.01	Sophie Hitchon	24	Jul	10
	61.94	Myra Perkins	1	May	11
	61.77	Kimberley Reed	3	May	14
	60.83	Louisa James	26	May	13
	60.75	Abbi Carter	12	Jul	12
	58.34	Rebecca Keating	26	Jun	16
	57.97	Rachael Beverley	25	Jul	98
	57.63	Nicola Dudman	16	Jun	02
	57.45	Sarah Holt	29	Jun	06
	56.78	Victoria Thomas	22	Jul	06	10
	56.74	Rachel Blackie	17	Jun	06
	56.73	Katie Lambert	17	Apr	16

AT - WU20 - HT - 10kWR

	56.24	Samantha Hynes	4	May	05	**3000 Metres Track Walk**			
	55.81	Toni Wells	3	Mar	12	13:03.4	Vicky Lupton	18 May	91
	55.76	Hannah Evenden	12	Jun	10	13:29.19 i	Emma Achurch	15 Feb	15
	55.60	Emma O'Hara	26	May	13	13:29.46 i	Ellie Dooley	16 Feb	14
	55.40	Amy Herrington	12	Jun	16	13:36.42 i	Sophie Hales	29 Feb	04
	55.32	Maggie Okul	14	May	16	13:38.05 i	Katie Stones	29 Feb	04
	55.30	Rachel Hunter	7	May	12				
20	55.28	Susan McKelvie	27	Jun	04	**5000 Metres Track Walk**			
						22:36.81	Vicky Lupton	15 Jun	91
	Javelin (1999 Model)					23:31.67	Lisa Langford	23 Aug	85
	55.40	Goldie Sayers	22	Jul	01	23:37:55	Sophie Lewis Ward	14 Jul	16
	54.89	Izzy Jeffs	15	Aug	10	23:40.75	Ellie Dooley	29 Jun	14
	54.61	Kelly Morgan	4	Sep	99	23:55.27	Susan Ashforth (U17)	25 May	85
	52.82	Freya Jones	29	May	11	23:56.9	Julie Drake	24 May	88
	52.54	Jenny Kemp	3	Jul	99	24:02.13	Heather Lewis	24 Jun	12
	52.34	Jade Dodd	2	Sep	07	24:02.15	Nicky Jackson	27 May	84
	52.32	Eloise Meakins	9	Sep	12	24:06.6	Rebecca Mersh (U17)	23 Apr	05
	52.27	Emma Hamplett	14	May	16	24:08.4	Jill Barrett	28 May	83
	51.23	Jo Blair	24	Apr	05	24:14.96	Emma Achurch	29 Jun	14
10	51.13	Becky Bartlett	15	May	04				
	50.95	Lianne Clarke	7	Aug	04	**5k Road** - where superior to track time			
	50.57	Laura Whittingham	3	Sep	05	23:05	Lisa Langford	2 Nov	85
	49.83	Hayley Thomas (U17)	24	May	03	23:18	Julie Drake	27 Feb	88
	49.66	Jo Chapman	22	Aug	04	23:29	Emma Achurch	1 Mar	15
	49.35	Kike Oniwinde	16	Apr	11	23:30 +	Johanna Jackson	28 Nov	04
	49.17	Sarah Roberts	29	May	11	23:35	Lisa Simpson	31 Oct	87
	48.87	Tesni Ward	19	Jun	10	23:36	Sophie Lewis Ward	9 Apr	16
	48.79	Kelly Bramhald	10	Jun	12				
	48.18	Amber Burdett	19	Sep	10	**10000 Metres Track Walk**			
20	48.15	Chloe Cozens	19	Jun	99	47:04.0	Vicky Lupton	30 Mar	91
						48:34.0	Lisa Langford	15 Mar	86
	Javelin (pre 1999 Model)					49:48.7	Julie Drake	7 Feb	88
	60.14	Fatima Whitbread	7	May	80	50:22.2	Emma Achurch	7 Dec	14
	59.40	Karen Hough	28	Aug	86	50:25.0	Lisa Simpson	1 Apr	87
	59.36	Kirsty Morrison	4	Sep	93	51:00.0	Karen Nipper (U17)	21 Feb	81
						51:31.2	Helen Ringshaw	17 Mar	84
	Heptathlon (1985 Tables)					51:57.20	Heather Lewis	17 Jun	12
	6267	Katarina Johnson-Thompson	4	Aug	12	52:07.36	Ellie Dooley	16 Jun	13
	6148	Morgan Lake	23	Jul	14	52:09.0	Elaine Cox	8 Apr	78
	5910	Jessica Ennis	16	Aug	05	52:10.4	Sarah Brown	20 Mar	82
	5833	Joanne Mulliner	11	Aug	85				
	5642	Sarah Rowe	23	Aug	81	**short**			
	5601 w	Jade Surman	3	Jun	07	50:11.2	Jill Barrett	19 Mar	83
	5538		19	Aug	06				
	5496	Yinka Idowu	3	Sep	89	**10k Road** - where superior to track time			
	5493	Sally Gunnell	28	May	84	47:49	Emma Achurch	15 Mar	15
	5484	Denise Lewis	30	Jun	91	49:10	Vicky Lawrence	14 Mar	87
10	5459	Jenny Kelly	30	Jul	88	49:14	Carolyn Brown	29 Mar	92
	5405	Dominique Blaize	23	Jul	06	49:26	Julie Drake	21 May	88
	5391 w	Jackie Kinsella	22	Jun	86	49:26	Ellie Dooley	1 Mar	14
	5331		19	Jul	86	49:33	Lisa Simpson	14 Mar	87
	5383	Emma Buckett	13	Jul	12	49:40	Sophie Hales	6 Mar	04
	5377	Uju Efobi	18	Jul	93	49:47	Jill Barrett	24 Sep	83
	5358 w	Chloe Cozens	24	May	98	49:51	Heather Lewis	14 Apr	12
	5356	Katie Stainton	15	Jun	14	50:02	Johanna Jackson	28 Nov	44
	5311	Nicola Gautier	21	Sep	97	50:29	Katie Stones	1 May	04
	5302 w	Louise Hazel	6	Jun	04	50:39	Rebecca Mersh	12 Mar	06
	5299	Emma Beales	26	Aug	90				
20	5299	Gemma Weetman	23	Jul	06	Note: LJ, Hep. Although Idowu competed for UK Juniors, she was a Nigerian citizen at the time.			
	5291	Meghan Beesley	27	Jul	08				

UNDER 17

100 Metres
11.24	Jodie Williams	31	May	10
11.37	Asha Philip	23	Jun	07
11.45	Sonia Lannaman	1	Sep	72
11.54	Dina Asher-Smith	16	Jun	12
11.56	Ashleigh Nelson	10	Jun	07
11.57	Hannah Brier	31	May	14
11.59	Simmone Jacobs	25	Aug	83
11.60	Katharine Merry	28	Jul	90
11.60	Imani Lansiquot	30	Aug	14
11.61	Diane Smith	9	Aug	90
11.61	Annie Tagoe	8	Aug	09
11.63	Daryl Neita	7	Jul	12
11.64	Shaunna Thompson	9	Aug	08
11.64	Shannon Hylton	25	May	13

10 at 11.61

wind assisted
11.47	Katharine Merry (U15)	17	Jun	89
11.50	Rebecca Drummond	9	Jul	94
11.51	Amy Spencer	29	Jun	02
11.51	Desiree Henry	25	Jun	11
11.53	Sophie Papps	9	Sep	11

hand timing
11.6	Denise Ramsden	19	Jul	68
11.6	Linsey Macdonald	25	May	80
11.6	Jane Parry	2	Aug	80

hand timing - wind assisted
11.3	Linsey Macdonald	3	May	80
11.4	Sonia Lannaman	3	Jun	72
11.4	Jane Parry	5	Jul	80
11.5	Sharon Dolby	20	Jul	85

200 Metres
22.79	Jodie Williams	23	May	10
23.10	Diane Smith	11	Aug	90
23.25	Desiree Henry	10	Jul	11
23.28	Simmone Jacobs	28	Aug	83
23.42	Debbie Bunn	17	Jun	78
23.42	Shaunna Thompson	31	Aug	08
23.43	Linsey Macdonald	20	Aug	80
23.44 i	Amy Spencer	27	Jan	02
23.45		15	Jul	01
23.49 i	Vernicha James	30	Jan	00
23.62		8	Jul	00
23.49	Dina Asher-Smith	9	Sep	12
23.49	Cheriece Hylton	10	Aug	13
23.50	Katharine Merry	20	Jul	91
23.54	Shannon Hylton	19	May	13
23.59	Carley Wenham	11	Jul	03
23.60	Michelle Probert	12	Sep	76
23.63	Hannah Brier	1	Jun	14

10 at 23.49

wind assisted
23.11	Linsey Macdonald	5	Jul	80
23.41	Katharine Merry	15	Jun	91
23.48	Vernicha James	21	Aug	99
23.54	Hannah Brier	1	Jun	14

hand timing - wind assisted
23.2	Debbie Bunn	2	Jul	78
23.3	Amy Spencer	1	Jul	01
23.4	Hayley Clements	10	Aug	85

300 Metres
36.46	Linsey Macdonald	13	Jul	80
37.59	Cheriece Hylton	25	May	13
37.72 i	Amy Spencer	24	Feb	02
38.19	Eleanor Caney	22	Jul	00
38.21	Lesley Owusu	27	Aug	95
38.43	Hayley Jones	9	Jul	05
38.43	Sabrina Bakare	9	May	12
38.47	Carmen Gedling	15	Jul	06
38.49	Kim Wall	24	May	98
38.49	Gemma Nicol	3	Aug	02
38.52	Rachel Dickens	2	Jul	11
38.55	Katie Kirk	5	Jun	10
38.56 i	Katarina Johnson-Thompson	24	Feb	08
38.60	Karlene Palmer	12	Jul	97
38.65	Ella Barrett	12	Jul	14
38.66	Kelsey Stewart	20	Jul	13
38.68	Holly Croxford	27	May	06
38.68	Amy Allcock	11	Jul	09

10 at 38.49

hand timing
38.2	Marilyn Neufville	6	Sep	69
38.3	Joey Duck	1	Aug	04
38.4	Kim Wall	10	May	98

400 Metres
51.16	Linsey Macdonald	15	Jun	80
53.08	Loreen Hall	29	Jul	84
53.75	Linda Keough	8	Aug	80
54.01	Angela Bridgeman	16	Aug	80
54.25	Emma Langston	19	Jun	88
54.33	Jodie Williams	28	Aug	10

hand timing
53.7	Linda Keough	2	Aug	80

600 Metres
1:27.33	Lorraine Baker	13	Jul	80

800 Metres
2:02.0	Jo White	13	Aug	77
2:02.70	Jessica Judd	15	Jun	11
2:03.66	Lesley Kiernan	26	Aug	73
2:03.72	Lorraine Baker	15	Jun	80
2:04.59	Loren Bleaken	31	Jul	12
2:04.85	Louise Parker	28	Jul	79
2:05.03	Katy-Ann McDonald	17	Aug	16
2:05.68	Isobelle Boffey	28	Aug	16
2:05.7 mx	Katie Snowden	23	Jun	10
2:05.86	Charlotte Moore	31	Jul	01
2:05.87	Katrina Wootton	14	Aug	02
2:06.18	Nikki Hamblin	12	Jun	04
2:06.20	Georgia Peel	29	Jul	09
2:06.22	Tilly Simpson (U15)	11	Jul	15
2:06.23	Anna Burt	31	May	16

10 at 2:05.86

1000 Metres
2:38.58	Jo White	9	Sep	77

AT - WU17 - 1500 - 300H

1500 Metres
4:14.21	Jessica Judd	28 May	11
4:15.20	Bridget Smyth	29 Jul	84
4:15.32 mx	Rosie Johnson	1 Jul	14
4:19.90		12 Jul	14
4:15.55	Sandra Arthurton	29 Jul	78
4:16.24	Georgia Peel	11 Jul	09
4:16.41	Bobby Clay	13 Jul	13
4:16.79	Emelia Gorecka	12 Jun	10
4:16.8	Jo White	30 Jul	77
4:17.83	Emily Pidgeon	25 Jun	05
10 4:18.45 mx	Nikki Hamblin	8 Aug	04
4:19.09	Sarah Kelly	30 May	09
4:19.52	Sabrina Sinha	12 Jul	14
4:19.93	Katrina Wootton	15 Jun	02
4:20.63	Erin Wallace	28 May	16
4:20.80	Sarah Hopkinson	21 Jul	07
4:21.47	Tilly Simpson	9 Jul	16

1 Mile
4:43.67	Amy-Eloise Neale	11 Jun	11

3000 Metres
9:08.5 mx	Jessica Judd	6 Apr	11
9:13.93 mx	Emilia Gorecka	8 Sep	10
9:18.38		9 May	10
9:17.9	Emily Pidgeon	21 Aug	05
9:19.51	Sian Edwards	13 Jul	05
9:20.2 mx	Katrina Wootton	28 Aug	02
9:22.84	Non Stanford	30 Jul	04
9:23.41 mx	Georgia Peel	12 Aug	09
9:23.76	Harriet Knowles-Jones	22 Jun	14
9:24.38 mx	Rachel Nathan	20 Aug	02
10 9:24.40 mx	Danni Barnes	6 May	02
9:24.44 mx	Charlotte Purdue	20 Sep	06
9:24.61	Jess Coulson	28 Jul	06
9:24.99 +	Bobby Clay	1 Jun	13
9:25.61 mx	Agnes McTighe (U17)	5 Aug	15
9:28.35		15 Aug	15

5000 Metres
15:56.87	Emilia Gorecka	29 May	10
16:04.46	Emily Pidgeon	21 May	05
16:09.44	Charlotte Purdue	25 Aug	07

1500 Metres Steeplechase
4:50.3	Sarah Hopkinson	23 May	07
4:50.9	Louise Webb	23 May	07
4:53.94	Holly Page	16 Jul	16

80 Metres Hurdles (76.2cm)
11.01	Alicia Barrett	1 Sep	13
11.02	Helen Worsey	15 Aug	98
11.02	Yasmin Miller	22 Aug	10
11.07	Amanda Parker	7 Jun	86
11.10	Serita Solomon	9 Jul	05
11.12	Sam Farquharson	7 Jun	86
11.12	Georgia Atkins	11 Jul	09
11.13	Claire St. John	2 Jun	79
11.13	Kylie Robilliard	30 May	04
10 11.16	Ann Girvan	4 Jul	81
11.16	Stephi Douglas	27 Jul	85
11.17	Sara McGreavy	14 Aug	99
11.20	Ann Wilson	11 Aug	66
11.20	Louise Brunning	25 Jul	87
11.20	Symone Belle	30 Jul	00

wind assisted
10.87	Alicia Barrett	31 Aug	14
10.96	Helen Worsey	11 Jul	98
11.00	Sharon Davidge	11 Jul	98

hand timing
11.0	Wendy McDonnell	2 Jul	77

hand timing - wind assisted
10.9	Ann Wilson	16 Jul	66
10.9	Wendy McDonnell	9 Jul	77
10.9	Sam Farquharson	20 Jul	85

100 Metres Hurdles (76.2cm)
13.64	Yasmin Miller	4 Jun	11
13.66	Ann Girvan	25 Jul	81
13.66	Moesha Howard	11 Jul	13
13.66	Amber-Leigh Hall	21 Jun	15

wind assisted
13.30	Yasmin Miller	10 Sep	11

100 Metres Hurdles (83.8cm)
13.72	Megan Marrs	25 May	14
13.73	Ann Girvan	7 Aug	82
13.88	Natasha Danvers	28 Aug	93
13.90	Yasmin Miller	11 Aug	11
13.94	Phyllis Agbo	30 Jun	02
13.98	Claire St. John	11 Aug	79

wind assisted
13.67	Ann Girvan	4 Jul	82
13.76	Natasha Danvers	27 Aug	94

hand timing
13.7	Ann Girvan	29 Aug	81

hand timing - wind assisted
13.7	Nathalie Byer	4 Sep	82

300 Metres Hurdles
41.41	Meghan Beesley	6 Aug	06
41.48	Perri Shakes-Drayton	9 Jul	05
41.84	Shona Richards	19 Aug	12
41.97	Eilidh Child	17 Aug	03
41.98	Rachael Kay	3 Aug	97
41.99	Natasha Danvers	10 Jul	93
42.50	Justine Roach	21 Jul	01
42.52	Lauren Williams	30 Aug	15
42.54	Chelsea Walker	6 Jul	13
42.57	Ellen Howarth-Brown	19 Jul	03 10
42.57	Chloe Esegbona	30 Aug	15
42.58	Syreeta Williams	12 Jul	97
42.63	Hayley McLean	21 Aug	11
42.64	Claire Triggs	15 Aug	04
42.65	Caryl Granville	10 Sep	06

hand timing
41.8	Rachael Kay	17 Aug	97
42.4	Keri Maddox	8 May	88
42.4	Syreeta Williams	17 Aug	97
42.5	Louise Brunning	8 May	88
42.6	Sian Scott	10 Jun	00

400 Metres Hurdles

58.74	Hayley McLean	7	Jul	11
60.06	Faye Harding	13	Jul	01
60.18	Meghan Beesley	18	Jun	06
60.23	Holly McArthur	19	Jun	16
60.73	Katie Purves	8	Sep	13
60.75	Laura Burke	22	Jul	09
60.87	Karin Hendrickse	31	Jul	82

hand timing

59.7	Keri Maddox	9	Jul	88
59.8 mx	Eildith Child	27	Jul	03

High Jump

1.90	Morgan Lake	12	Jul	13
1.89	Debbi Marti	2	Jun	84
1.85	Louise Manning	11	Sep	82
1.85	Jayne Barnetson	21	Jul	84
1.84	Ursula Fay	6	Aug	83
1.83	Jo Jennings	26	Jul	85
1.83	Tracey Clarke	2	Aug	87
1.83	Aileen Wilson	8	Jul	00
1.82	Elaine Hickey	9	Aug	80
1.82 10	Kerry Roberts	16	Jul	83
1.82	Susan Jones	20	May	94
1.82	Vicki Hubbard	15	May	05
1.82 i	Katarina Johnson-Thompson	8	Mar	09
1.82		10	Jul	09
1.82	Niamh Emerson	29	Aug	15

Pole Vault

4.10	Lucy Bryan	9	Jul	11
4.06	Molly Caudery	24	Jul	16
4.05	Katie Byres	1	Aug	10
4.00 i	Jade Ive	24	Feb	08
3.95		15	Jun	08
3.90	Hannah Olson	13	Jun	04
3.90	Ellie Gooding	5	Jul	13
3.80	Sophie Upton	16	Jun	07
3.80	Sally Scott	23	Jun	07
3.80	Abigail Roberts	22	Jun	13
3.75 10	Natalie Olson	16	Jun	02
3.75	Ellie Besford	14	Jun	09
3.75	Natalie Hooper	21	Jun	14
3.75 i	Rebecca Gray	18	Jul	15
3.73	Jessica Robinson	25	Apr	15

Long Jump

6.45	Margaret Cheetham	18	Aug	84
6.32	Georgina Oladapo	23	Jul	83
6.31	Katarina Johnson-Thompson	11	Jul	09
6.30	Fiona May (U15)	7	Jul	84
6.29	Holly Mills	16	Aug	15
6.26	Jo Wise	31	May	87
6.25	Sue Hearnshaw	9	Jul	77
6.24	Sarah Claxton	15	Jun	96
6.23	Sue Scott	27	Jul	68
6.22 10	Ann Wilson	18	Sep	66
6.22	Michelle Stone	28	Apr	84
6.19	Morgan Lake	18	Aug	12
6.18	Sheila Parkin	4	Aug	62
6.15	Zainab Ceesay	20	Aug	00

wind assisted

6.49	Margaret Cheetham (U15)	4	Sep	83
6.49		23	Sep	84
6.47	Fiona May	28	Jun	86
6.41	Sue Hearnshaw	9	Jul	77
6.34	Sarah Claxton	12	Jul	96
6.33	Sue Scott	27	Aug	68
6.28	Bev Kinch	6	Sep	80
6.24	Jade Johnson	28	May	95

Triple Jump

12.61	Naomi Ogbeta	31	Aug	14
12.37	Claudimira Landim	28	Aug	16
12.35	Morgan Lake	8	Sep	13
12.32	Kerri Davidson	15	Sep	13
12.26	Emily Gargan	13	Jun	15
12.24	Hannah Frankson	18	Sep	05
12.23	Naomi Reid	22	Aug	10
12.22	Amy Williams	6	Jul	13
12.19	Rebekah Passley	17	Aug	03
12.18	Mary Fasipe	21	Aug	11 10
12.16	Hannah Francis-Smithson	16	Jul	05
12.16	Simi Fajemisin	16	Aug	14
12.14	Jayne Ludlow	21	May	94
12.10	Rachel Brenton	21	Jul	01
12.09	Hanna Hewitson	12	Aug	06
12.09	Nikita Campbell-Smith	19	Aug	12

wind assisted

12.45	Naomi Reid	17	Jul	10
12.45	Morgan Lake	11	Aug	13
12.37	Kayley Alcorn	12	Aug	06
12.33	Hanna Hewitson	12	Aug	06
12.27	Rachel Brenton	21	Jul	01
12.27	Rebekah Passley	19	Jul	03

Shot (4kg)

15.14	Sophie McKinna	22	Aug	10
15.08	Justine Buttle	16	Aug	86
14.87	Eden Francis	3	Sep	05
14.40	Susan King	17	May	81
14.33	Adele Nicoll	14	Sep	13
14.04	Mary Anderson	6	May	84
14.03 i	Terri Salt	19	Mar	83
13.77		17	Sep	83
13.94	Jenny Bloss	13	May	67
13.89 i	Alison Grey	11	Feb	89
13.83		20	May	89
13.68 i	Philippa Roles	26	Feb	94 10
13.65		6	Aug	94

Shot (3kg)

16.00	Adele Nicoll	1	Jun	13
15.83	Sarah Omoregie	19	Jun	16
15.37	Divine Oladipo	20	Jun	15
15.01	Tony Buckingham	16	Aug	14
15.00	Gaia Osborne	25	Sep	16
14.77	Ada'ora Chigbo	18	Apr	15
14.77	Hannah Molyneaux	16	Jul	16
14.70	Morgan Lake	1	Jun	13
14.50	Michella Obijiaku	25	May	15

Discus

51.60	Emma Merry	27	Jun	90
49.56	Jane Aucott	3	Aug	85
49.36	Claire Smithson	10	Jul	99
49.25	Shadine Duquemin	9	Sep	11
48.88	Philippa Roles	13	Aug	94
48.84	Karen Pugh	7	Aug	82
47.58	Catherine Bradley	14	Jul	84
47.54	Lauren Keightley	12	Jul	95
47.50	Sarah Symonds	16	May	90
10 47.35	Sophie Mace	16	Aug	15
47.24	Amanda Barnes	3	Aug	85
47.04	Georgie Taylor	31	Aug	13
47.00	Eden Francis	4	Sep	05
46.76	Fiona Condon	6	Aug	77
46.55	Emma Carpenter	5	Sep	98

Hammer (4kg)

55.98	Kimberley Reed	10	Jun	11
55.44	Abbi Carter	8	Aug	10
54.87	Louisa James	26	Jun	10
54.56	Sophie Hitchon	26	Aug	07
52.62	Katie Head	27	Sep	15
52.56	Rebecca Keating	4	Sep	13
52.31	Emma Bowie	12	Jun	13
52.09	Olivia Stevenson	12	Jun	16
52.02	Myra Perkins	23	Aug	08

Hammer (3kg)

65.06	Katie Head	9	Jul	16
63.40	Olivia Stevenson	14	May	16
63.08	Katie Lambert	4	Sep	15
60.81	Tara Simpson-Sullivan	9	Jul	16
60.51	Anna Purchase	17	Jul	16
59.63	Molly Walsh	25	Sep	16
59.55	Rebecca Keating	27	Apr	13
59.25	Myra Perkins	5	Jul	08
59.09	Jade Williams	4	Jun	16

Javelin 600gm (1999 Model)

51.28	Freya Jones	30	May	10
49.83	Hayley Thomas	24	May	03
48.77	Emma Hamplett	13	Sep	14
47.72	Izzy Jeffs	30	Aug	08
47.52	Laura McDonald	7	Aug	10
46.94	Louise Watton	12	Jul	02
46.80	Natasha Wilson	16	Jun	12
46.80	Bethan Rees	23	Jul	16
45.60	Kike Oniwinde	9	Aug	09
10 45.55	Lianne Clarke	3	Aug	03
45.24	Samantha Redd	27	May	00

Javelin 600 gm (pre 1999 Model)

56.02	Mandy Liverton	11	Jun	89
53.42	Karen Hough	15	Jul	84
53.22	Kirsty Morrison	15	Aug	92

Javelin 500gm

57.14	Emma Hamplett	1	Jun	14
50.64	Bethan Rees	24	Jul	16
48.84	Bethany Moule (U17)	16	Jul	16
47.70	Laurie Dawkins	12	Sep	15
47.01	Paula Holguin	12	Sep	15

Heptathlon (1985 Tables) Senior

5481	Katarina Johnson-Thompson	14	Jun	09
5251	Jade Surman	29	May	05
5208	Michelle Stone	30	Sep	84
5194	Jessica Ennis	4	Aug	02
5184	Claire Phythian	20	Aug	89
4969	Kaneesha Johnson	27	Jul	08
4910	Becky Curtis-Harris	6	Jun	10
4901	Phyllis Agbo	28	Apr	02

Heptathlon (1985 Tables) with 80mH

5474	Morgan Lake	4	Aug	13
5146	Katarina Johnson-Thompson	21	Sep	08
5037	Michelle Stone	1	Jul	84
5031	Yinka Idowu	18	Sep	88
4945	Phyllis Agbo	24	Jun	01

with 100mH (2'6")

5750	Katarina Johnson-Thompson	11	Jul	09
5241	Jade Surman	16	Jul	05
5071	Debbie Marti	5	Jun	83

IAAF U18 2013 (100H 2'6", SP 3kg, JT 500g)

5725	Morgan Lake	4	Aug	13

with 80H 2'6", SP 3kg, JT 500g

5226	Jade O'Dowda	18	Sep	16
5140	Anna Rowe	21	Sep	14
5051	Holly McArthur	3	Jul	16
4929	Isabel Wakefield	20	Sep	15
4924	Naomi Harryman	29	Jun	14
4921	Niamh Emerson	29	Jun	14

3000 Metres Track Walk

13:50.52	Rebecca Mersh	31	May	04
14:04.1	Susan Ashforth	19	May	85
14:05.8	Tasha Webster	31	May	12
14:09.81	Amy Hales	19	Sep	98
14:17.96 i	Katie Ford	28	Feb	98

5000 Metres Track Walk

23:55.27	Susan Ashforth	25	May	85
24:06.6	Rebecca Mersh	23	Apr	05
24:22.3	Vicky Lawrence	21	Jun	86
24:34.6	Tracy Devlin	17	Sep	89
24:45.4	Karen Eden	9	Jul	78
24:56.34	Jenny Gagg	15	Aug	04
24:57.5	Angela Hodd	24	Jun	86
25:11.46	Nicola Phillips	21	Aug	99
25:13.8	Carla Jarvis	2	Jun	91

5k Road - where superior to track time

23:57	Sarah Brown	6	Dec	80
24:17	Sophie Lewis Ward	11	Apr	15
24:20	Karen Eden	3	Dec	78

10000 Metres Track Walk

51:00.0	Karen Nipper	21	Feb	81
53:13.8	Rebecca Mersh	14	Oct	03

10k Road - where superior to track time

50:45	Rebecca Mersh	6	Mar	04

UNDER 15

100 Metres
11.56	Jodie Williams	9	Aug	08
11.58	Ashleigh Nelson	9	Jul	05
11.67	Katharine Merry	13	May	89
11.79	Joey Duck	24	May	03
11.83	Asha Phillip	9	Jul	05
11.86	Hayley Clements	2	Jul	83
11.89	Joanne Gardner	20	Aug	77
11.89	Shaunna Thompson	5	Aug	06
11.92	Jane Parry (U13)	20	Aug	77
11.95	Tatum Nelson	7	Aug	93

false start (athlete ran 100 metres)
11.85	Maya Bruney	18	Aug	12

wind assisted
11.47	Katharine Merry	17	Jun	89
11.67	Tatum Nelson	10	Jul	93
11.78	Jane Parry	8	Aug	78
11.81	Hannah Brier	2	Jun	12
11.82	Maya Bruney	18	Aug	12

hand timing
11.8	Janis Walsh	7	Jul	74
11.8	Joanne Gardner	2	Jul	77
11.9	Sonia Lannaman	9	Aug	69
11.9	Linsey Macdonald	26	Aug	78
11.9	Jane Parry	22	Apr	79
11.9	Etta Kessebeh	11	Jul	80
11.9	Carley Wenham	21	Jul	02
11.9	Emma Jackson	20	May	07

hand timing - wind assisted
11.7	Diane Smith	30	Jul	89
11.8	Sonia Lannaman	30	May	70
11.8	Debbie Bunn (U13)	28	Jun	75
11.8	Delmena Doyley	6	Jul	79

200 Metres
23.72	Katharine Merry	17	Jun	89
23.90	Diane Smith	3	Sep	89
24.05	Jane Parry	16	Jul	78
24.06	Joey Duck	12	Jul	03
24.14	Jodie Williams	19	Apr	08
24.18	Desiree Henry	6	Sep	09
24.22	Ashleigh Nelson	4	Sep	05
24.23	Shaunna Thompson	9	Jul	05
24.31	Amy Spencer	8	Jul	00
24.36	Chinedu Monye	5	Sep	04
24.36	Alicia Regis	28	Aug	16

wind assisted
23.54	Katharine Merry	30	Jul	89
23.99	Sarah Wilhelmy	9	Jul	94
24.09	Charlotte McLennaghan	6	Jul	12
24.24	Amy Spencer	8	Jul	00
24.25	Vernicha James	11	Jul	98

hand timing
23.8	Janis Walsh	23	Jun	74
24.1	Sonia Lannaman	29	Aug	70

hand timing - wind assisted
23.6	Jane Parry (U13)	9	Jul	77
23.8	Diane Smith	9	Sep	89

300 Metres
38.73	Amber Anning	30	Aug	15
39.16 mx	Dina Asher-Smith	4	Aug	09
39.7	Hannah Brier	24	Jun	12
40.18	Jade Hutchison	7	Sep	16
40.2	Charlotte Wingfield	28	Jun	09

400 Metres
56.4	Katie Snowden	21	Jun	08
56.7	Jane Colebrook	25	Jun	72

800 Metres
2:06.22	Tilly Simpson	11	Jul	15
2:06.47	Katy-Ann McDonald	20	Aug	14
2:06.5	Rachel Hughes	19	Jul	82
2:07.26 mx	Jessica Judd	1	Jul	09
2:08.89		26	Aug	09
2:07.84	Molly Canham	28	May	16
2:08.21 mx	Saskia Millard	28	Jun	14
2:08.7	Emma Langston	12	Jul	86
2:08.72 mx	Khahisa Mhlanga	10	Sep	14
2:08.85		20	Aug	14
2:08.75	Bobby Clay	21	Aug	11
2:08.81	Georgia Bell	19	Jul	08

1500 Metres
4:21.03 mx	Jessica Judd	15	Jul	09
4:23.02		24	May	09
4:23.45	Isabel Linaker	7	Jul	90
4:23.72 mx	Katy-Ann McDonald	2	Jul	14
4:27.14		17	May	14
4:24.62	Sabrina Sinha	6	Jul	13
4:24.95	Emelia Gorecka	5	May	08
4:25.5	Tilly Simpson	13	Sep	15
4:26.06	Sarah Hopkinson	11	Jun	05
4:26.40	Olivia Mason	7	Sep	16
4:27.67 mx	Kathleen Faes	24	Jun	15
4:27.70	Emily Pidgeon	12	Jul	03
4:27.9	Joanne Davis	9	Jul	88

1 Mile
4:46.87	Emelia Gorecka	28	Jun	08

3000 Metres
9:22.80 mx	Emelia Gorecka	13	Aug	08
9:25.61 mx	Agnes McTighe	15	Aug	15

75 Metres Hurdles (76cm)
10.85	Shirin Irving	2	Jul	11
10.86	Heather Jones	17	Jun	01
10.86	Pippa Earley	20	Sep	15
10.88	Amber Hornbuckle	20	Sep	15
10.91	Helen van Kempen	14	Aug	05
10.93	Rachel Halstead-Peel	27	Jul	85
10.93	Marcia Sey	28	Aug	16
10.99	Danielle Rooney	9	Jul	05
11.00	Louise Fraser	27	Jul	85
11.00	Danielle Selley	20	Jun	98
11.00	Moesha Howard	21	Aug	11
11.00	Victoria Johnson	28	Aug	16

wind assisted
10.95	Symone Belle	9	Jul	99

AT - WU15 - 75H - JT

hand timing
10.8   Symone Belle   29 Aug 99
hand timing - wind assisted
10.7   Orla Bermingham   14 Jul 90
80 Metres Hurdles (76.2cm) U17
11.29 Shirin Irving   21 Aug 11

High Jump
1.83   Ursula Fay   5 Jun 82
1.81   Debbi Marti   18 Sep 82
1.81   Lea Haggett   6 Jun 86
1.80   Jo Jennings   12 Aug 84
1.80   Katarina Thompson   26 Aug 07
1.79 i Julia Charlton   24 Feb 80
1.78   13 Jul 80
1.79   Aileen Wilson   4 Jul 98
1.78   Claire Summerfield   28 Jul 79
1.78   Dominique Blaize   30 Jun 02
1.76   Morgan Lake   4 Sep 11
1.76   Rebecca Hawkins   21 Jun 14

Pole Vault
3.80   Hannah Olson   8 Jun 02
3.61 i Katie Byres   16 Mar 08
3.61 i Jade Spencer-Smith   13 Feb 16
3.46   27 Aug 16
3.53   Molly Caudrey   27 Sep 14
3.51   Natalie Hooper   15 Jul 12
3.50   Fiona Harrison   24 Aug 96
3.50 i Kim Skinner   22 Dec 01
3.48   Lucy Bryan   8 Aug 09
3.44   Stephanie Broomhead   31 Aug 13
3.43 i Claire Dyer   25 Sep 11
3.42 i Natasha Purchas   20 Sep 15

Long Jump
6.34   Margaret Cheetham   14 Aug 83
6.30   Fiona May   7 Jul 84
6.07   Georgina Oladapo   21 Jun 81
6.07   Amy Williams   7 Jul 12
5.98   Sandy French   22 Jul 78
5.96   Jade Surman   1 Jun 03
5.96   Morgan Lake   11 Sep 11
5.93   Jackie Harris   10 Jul 87
5.93   Simi Fajemisin   7 Jul 12
5.91   Symone Belle   29 Aug 99
5.88   Sue Scott   11 Aug 66
wind assisted
6.49   Margaret Cheetham   4 Sep 83
6.07   Jade Surman   4 May 03
6.05   Katharine Merry   18 Sep 88
6.02   Michelle Stone   10 Jul 82
6.01   Morgan Lake   7 Aug 11

Triple Jump
12.02 Yasmine Opre-Fisher   2 Aug 08
11.65 Amber Anning   16 Aug 15
11.62 Kerri Davidson   3 Jul 10
11.58 Morgan Lake   11 Sep 11
11.48 i Amy Williams   26 Feb 12

Shot (4kg)
12.76 Adele Nicoll   16 Jul 11
Shot (3.25kg)
14.38 Sophie Merritt   16 Sep 12
14.27 Susan King   19 May 79
14.23 Adele Nicoll   27 Aug 11
13.98 Morgan Lake   26 Jun 11
13.88 i Chloe Edwards   21 Apr 01
13.79 Eden Francis   14 Sep 03
13.77 Liz Millward   6 Sep 03
13.69 Gloria Achille   21 Jun 80
Shot (3kg)
14.34 Hannah Molyneaux   16 Aug 15
13.77 Serena Vincent   25 Sep 16

Discus
44.12 Philippa Roles   30 Aug 92
42.06 Sophie Mace   7 Aug 13
41.92 Catherine Garden   12 Sep 93
41.06 Katie Wickman   18 Sep 05
40.92 Sandra McDonald   24 Jun 78
40.84 Natalie Kerr   24 Jul 94
40.54 Claire Smithson   25 May 97
40.51 Sophie Merritt   26 Aug 12
40.44 Catherine MacIntyre   12 Sep 82
40.36 Shadine Duquemin   12 Sep 09
40.34 Natalie Hart   23 Mar 86

Hammer (4kg)
47.61 Abbi Carter   18 May 08
Hammer (3kg)
58.01 Phoebe Baggott   9 Jul 16
57.74 Tara Simpson-Sullivan   9 Aug 15
57.10 Charlotte Williams   24 Sep 16
56.89 Katie Head   17 Aug 14
55.41 Charlotte Payne   21 Aug 16
55.37 Abbi Carter   6 Sep 08
54.59 Lucy Koenigsberger   27 Aug 16
54.26 Olivia Stephenson   27 Sep 14
54.00 Jade Williams   15 Jul 15
53.95 Kirsty Costello   27 Aug 16
52.74 Stephanie Howe   24 Aug 13

Javelin 600gm(1999 Model)
44.23 Freya Jones   12 Jul 08
43.13 Laura McDonald   11 Jul 09
42.44 Emma Hamplett   8 Sep 12
41.44 Louise Watton   8 Sep 01
40.98 Sophie Merritt   8 Sep 12
40.78 Hayley Thomas   11 Aug 01
40.57 Natasha Wilson   9 Jul 10
40.01 Katherine Alexander   1 Aug 10

Javelin (pre 1999 Model)
48.40 Mandy Liverton   31 Aug 87

Javelin 500gm
48.84 Bethany Moule   16 Jul 16
47.56 Bethan Rees   13 Sep 14
44.81 Rebekah Walton   30 Aug 14
44.38 Kate O'Connor   18 Jul 15

Pentathlon (with 800m & 75m hdls)

3755	Morgan Lake	30	Jul	11
3626	Katarina Thompson	16	Sep	07
3532	Kierra Barker	1	Jul	12
3518	Katharine Merry	18	Sep	88
3512	Kate O'Connor	27	Jun	15
3509	Aileen Wilson	20	Sep	98
3467	Jade Surman	21	Sep	03
3467	Jazmin Sawyers	21	Sep	08
3462w	Rhea Southcott	28	Jun	15
3342		20	Sep	15
3462	Pippa Earley	20	Sep	15
3447	Anna Rowe	22	Sep	13
3348 w	Shirin Irving	26	Jun	11
3333	Jackie Harris	27	Jun	87
3321	Ebony Wake	26	Jun	11
3314	Iris Oliarnyk	18	Sep	16

with 80mH

3444	Jane Shepherd	16	Jul	83
3350	Claire Smith	3	Jul	82
3295	Paula Khouri	16	Jul	83

2000 Metres Track Walk

9:20.3	Ana Garcia (U13)	19	Sep	13

2500 Metres Track Walk

11:50.0	Susan Ashforth	12	Sep	84

3000 Metres Track Walk

14:17.3	Rebecca Mersh	10	May	03
14:34.2	Ana Garcia	13	Sep	15
14:56.4	Sarah Bennett	26	Sep	93
15:00.0	Susan Ashforth	19	Jun	84
15:00.6	Sally Wish	16	Sep	72
15:03.7	Heather Butcher	24	Mar	12
15:06.69	Kelly Mann	30	May	98
15:10.06	Sophie Lewis Ward	21	Sep	13
15:10.28	Jenny Gagg	21	Sep	02
15:12.7	Sarah Foster	20	Sep	03
15:14.6	Amy Hales	31	Aug	96

3k Road - where superior to track time

14:47	Amy Hales	23	Jun	96
14:48	Nikola Ellis	16	Sep	84
14:55	Lisa Langford	6	Dec	80
14:58	Carolyn Brown	19	Aug	87
14:59	Julie Snead	16	Sep	84
15:07	Stephanie Cooper	10	Dec	83
15:07	Kathryn Granger	23	Apr	05
15:09	Angela Hodd	29	Jul	84
15:09	Lauren Whelan	28	Jan	07

5000 Metres Track Walk

24:58.8	Ana Garcia	10	May	14
25:41.9	Rebecca Mersh	27	Sep	03
26:10.8	Sarah Foster	27	Sep	03
26:52.0	Nina Howley	14	Sep	92

5k Road - where superior to track time

24:01	Ana Garcia	2	May	14
26:20	Tracy Devlin	14	Feb	87
26:37	Vicky Morgan	9	Dec	06

UNDER 13

75 Metres

9.54	Hannah Brier	1	Aug	10
9.67	Yasmin Miller	27	Aug	07
9.71	Charlotte McLennaghan	1	Aug	10
9.78	Kitan Eleyae	16	May	04
9.80	Marian Owusuwaah	16	Jul	16
9.83	Amy Spencer	6	Sep	98
9.83	Tyra Khambai-Annan	16	Jul	16
9.86	Simone Ager	1	Aug	10
9.89	Dina Asher-Smith	7	Sep	08
9.89	Jayda Regis	31	May	14

hand timing

9.5	Lukesha Morris	13	Apr	08
9.5	Kenisha Allen	31	May	09
9.5	Hannah Brier	18	Jul	10

100 Metres

11.92	Jane Parry	20	Aug	77
12.32	Katharine Merry	24	Jul	87
12.50	Emma Ania	29	Aug	92

hand timing

12.1	Katharine Merry	26	Sep	87
12.3	Joanne Gardner	24	Aug	75
12.3	Debbie Bunn	30	Aug	75
12.3	Omolola Ogunnowo	31	Aug	13
12.4	Lorraine Broxup	13	Jun	76
12.4	Sarah Claxton	31	Aug	92
12.4	Yasmin Miller	20	Jun	07

hand timing - wind assisted

11.8	Debbie Bunn	28	Jun	75

150 Metres

18.80	Hannah Brier	1	Aug	10
19.19	Uzoma Nwachukwu	2	Sep	07
19.28	Dina Asher-Smith	7	Sep	08
19.28	Tyla Beckles	5	Sep	10
19.29	Charlotte McLennaghan	4	Sep	10
19.29	Imaan Denis	18	Jul	15
19.30	Alyson Bell	22	May	16
19.31	Maya Bruney	1	Aug	10
19.38	Jayda Regis	31	May	14
19.39	Kennedy Bays	26	Mar	11

wind assisted

19.03	Jayda Regis	17	May	14

hand timing

18.7	Alicia Regis	19	Jul	14
19.0	Uzoma Nwachukwu	3	Jun	07
19.0	Omolola Ogunnowo	4	May	13
19.0	Ore Adamson	19	Jul	14
19.1	Emma Ania	7	Sep	91
19.1	Emma Heath	18	Jul	99
19.1	Torema Dorsett	2	Jun	02
19.1	Charlotte Richardson	30	May	15

200 Metres
24.49	Jane Parry	20	Aug	77
25.87	Amy Spencer	2	Aug	98
25.88	Myra McShannon	4	Sep	88
25.95	Sandy French	20	Aug	76
26.07	Lukesha Morris	27	Jul	08

hand timing
24.2	Jane Parry	28	May	77
25.3	Emma Ania	28	Jun	92
25.4	Katharine Merry	21	Jun	87
25.4	Myra McShannon	8	May	88
25.6	Debbie Bunn	5	Jul	75
25.6	Joanne Gardner	24	Aug	75
25.6	Jane Riley	30	Jun	85

wind assisted
23.6	Jane Parry	9	Jul	77

600 Metres
1:37.3	Lisa Lanini	19	Mar	00
1:37.5	Hannah Wood	17	Jul	94

800 Metres
2:14.17	Molly Canham	29	Jul	14
2:14.19 mx	Jessica Hicks	17	Jul	04
2:16.1		12	Jun	04
2:14.8	Janet Lawrence	10	Jul	71
2:15.05	Rachel Hughes	11	Sep	81
2:15.46	Olivia Mason	16	Aug	14
2:15.74 mx	Khahisa Mhlanga	22	Aug	12
2:16.1	Lisa Lanini	5	Aug	00
2:16.2	Sarah Hopkinson	5	Jul	03
2:16.8	Angela Davies	25	Jul	83
2:17.20	Emma Clapson	7	Sep	84

1000 Metres
3:00.1	Charlotte Moore	25	Aug	97
3:04.0 +mx	Jessica Hicks	29	Sep	04

1200 Metres
3:41.83	Rosa Yates	18	Jul	10
3:43.2	Keely Hodgkinson	19	Jul	14
3:43.4 +mx	Jessica Hicks	29	Sep	04
3:44.43	Megan Warner	15	Sep	12
3:44.5 +	Sarah Hopkinson	14	Jun	03
3:44.8	Hope Goddard	10	Apr	11
3:44.9	Kathleen Faes	1	Jun	13
3:44.96	Eleanor Twite	4	Jun	12
3:45.9	Nancie Bowley	1	Jun	13

1500 Metres
4:36.9	Rachel Hughes	20	Jul	81
4:38.94 mx	Jessica Hicks	29	Sep	04
4:41.26		21	Jul	04
4:39.3	Charlotte Moore	2	Aug	97
4:39.84	Sarah Hopkinson	14	Jun	03
4:40.63 mx	Khahisa Mhlanga	25	Jul	12
4:41.7 mx	Olivia Mason	7	Jul	14
4:42.1	Stacey Washington	18	Jul	84
4:42.14 mx	Sarah Coutts	2	Sep	15
4:43.0	Julie Adkin	18	Jul	84
4:43.47 mx	Jessica Judd	19	Sep	07

1 Mile
5:14.1	Sarah Hopkinson	30	Jul	03

70 Metres Hurdles (68.5cm)
11.05	Marcia Sey	27	Jul	14
11.15	Lauren Beales	25	May	13
11.15	Christa Hetherington	27	Jul	14
11.17	Anne-Marie Massey	3	Sep	95
11.18	Olivia Gauntlett	8	Aug	10
11.19	Carys Poole	5	Jun	16
11.22	Amy Wakeham	5	Sep	04
11.22	Ellie Jackson	7	Sep	13
11.24	Alana Watson	8	Sep	96
11.24	Vicky Johnson	31	May	14

wind assisted
11.01	Carys Poole	3	Sep	16
11.02	Nafalya Francis	27	Aug	01
11.09	Yasmin Miller	9	Sep	07

hand timing
10.9	Charlotte Maxwell	31	Aug	04
11.0	Katharine Merry	20	Sep	87
11.0	Justine Roach	13	Sep	97
11.0	Amy Wakeham	31	Aug	04

wind assisted
10.8	Charlotte Maxwell	30	Aug	04

75 Metres Hurdles (76cm)
11.78	Caroline Pearce	7	Aug	93

hand timing
11.3	Katharine Merry	26	Sep	87

High Jump
1.69	Katharine Merry	26	Sep	87
1.68	Julia Charlton	6	Aug	78
1.65	Debbie Marti	20	Sep	80
1.65	Jane Falconer	20	Sep	87
1.65	Emma Buckett	4	Sep	05
1.63	Lindsey Marriott	11	Aug	79
1.63	Paula Davidge	13	Sep	81
1.63	Ashleigh Bailey	31	Aug	13
1.63	Isabel Pinder	17	Jul	16

Pole Vault
3.20 i	Gomma Tutton	11	Dec	10
2.93		13	Jul	16
3.12 i	Jade Spencer-Smith	21	Sep	14
3.00		17	Aug	14
3.10	Hannah Olson	9	Sep	00
2.92 i	Molly Caudrey	23	Sep	12
2.91	Olivia Connor	26	Sep	10

Long Jump
5.71	Sandy French	20	Aug	76
5.45	Sarah Wilhelmy	31	Aug	92
5.43	Margaret Cheetham	19	Sep	81
5.42	Katharine Merry	7	Jun	87
5.40	Kerry Gray	1	Sep	84
5.40	Amy Williams	23	Jun	10
5.38	Toyin Campbell	6	Aug	77
5.35	Debbie Bunn	7	Sep	75
5.34	Fiona May	12	Jun	82
5.33	Kathryn Dowsett	7	Sep	91

wind assisted
5.55	Katharine Merry	10	Jul	87

Triple Jump
10.24	Karina Harris	12	Aug	13

Shot (3.25kg)
12.20	Susan King	3	Sep	77
11.52	Adele Nicoll	9	Aug	09
11.21	Sophie Merritt	14	Jul	10

Shot (2.72kg)
12.80	Sophie Merritt	11	Jul	10
12.07	Becki Hall	14	Aug	01
11.81	Adele Nicoll	31	Aug	09
11.78	Morgan Lake	12	Jul	09
11.59	Eden Francis	8	Sep	01
11.53	Finesse Thompson	30	Jun	02
11.51	Kirsty Finlay	27	Sep	14
11.50	Nimi Iniekio	5	Sep	99
11.43	Abbi Carter	25	Jun	06

Discus (1kg)
34.22	Catherine Garden	25	Aug	91
33.71	Sophie Merritt	22	Aug	10
33.61	Sophie Mace	4	Aug	11
31.34	Sandra Biddlecombe	9	Sep	90

Discus (750g)
40.31	Sophie Merritt	17	Jul	10
39.44	Catherine Garden	8	Sep	91
38.20	Sophie Mace	18	Sep	11
37.64	Sandra Biddlecombe	4	Jul	90
36.90	Samantha Callaway	24	Aug	14
35.21	Shadine Duquemin	8	Sep	07
35.15	Charlotte Payne	21	Sep	14
34.80	Rebecca Saunders	28	Aug	00
34.61	Becki Hall	27	Aug	01
33.73	Nicole Parcell	19	Aug	12

Hammer (4kg)
19.40	Ruth Hay	3	Sep	00

Hammer (3kg)
43.04	Kirsty Costello	6	Jun	15
39.57	Katie Head	2	Jun	12

Javelin (600g 1999 model)
32.18	Alisha Levy	8	Sep	12
31.16	Laura Carr	1	Sep	01

Javelin (400g)
38.11	Alisha Levy	8	Sep	12
38.07	Louise Watton	12	Sep	99
37.96	Emily Green	6	Jun	10
37.73	Ellie Vernon	15	Jul	13
37.49	Jemma Tewkesbury	30	Sep	03
37.38	Bethan Rees	8	Sep	12
37.37	Anouska Fairhurst	19	Jun	16
37.02	Natalie Whisken	13	Jul	08
37.01	Sophie Merritt	12	Sep	10
36.83	Jessica Challen	5	Sep	04

Pentathlon (Under 15 implements)
2607	Jane Shepherd	6	Jun	81
2604	Alison Kerboas	19	Sep	93
2541 ?	Jane Falconer	23	Aug	87

Pentathlon
3046	Morgan Lake	27	Sep	09
2811	Katharine Merry	20	Sep	87
2787	Jessica Hicks	26	Sep	04
2692	Holly McArthur	23	Sep	12
2664	Amy Wakeham	26	Sep	04
2645	Maisie Jeger	29	Aug	16
2641	Amy Williams	15	Aug	10
2624	Emma Dawson	21	May	06
2605	Megan Penfold	14	Sep	14
2595	Adele Nicoll	27	Jun	09

1000 Metres Track Walk
4:26.77	Ana Garcia	7	Sep	13
4:47.63	Kathryn Granger	25	Aug	03
4:53.4	Fiona McGorum	9	Sep	01
4:56.93	Evie Butcher	7	Sep	13

1k Road - where superior to track time
4:42	Kelly Mann	23	Sep	95
4:43	Natalie Watson	23	Sep	95

2000 Metres Track Walk
9:20.3	Ana Garcia	29	Sep	13
10:09.0	Kelly Mann	10	Sep	95
10:15.4	Kathryn Granger	28	Jun	03
10:17.0	Sarah Bennett	27	Sep	92
10:19.0	Joanne Ashforth	7	Sep	85
10:19.3	Lauren Gimson	14	Jun	03
10:19.8	Fiona McGorum	29	Sep	01

2k Road - where superior to track time
10:03	Kelly Mann	23	Jun	96
10:15	Fiona McGorum	5	May	01

2500 Metres Track Walk
12:48.9	Claire Walker	20	Jul	85
12:50.5	Vicky Lawrence	4	Jul	82
12:53.3	Kelly Mann	11	May	96

2.5k Road - where superior to track time
12:39	Amy Hales	16	Oct	93
12:41	Stephanie Cooper	1	May	82

3000 Metres Track Walk
15:02.0	Ana Garcia	24	Jun	13
15:41.0	Kelly Mann	30	Jul	95

3k Road - where superior to track time
14:23	Ana Garcia	10	May	13
15:25	Nicola Greenfield	21	Mar	87

UK CLUB RELAY RECORDS

MEN

Seniors
Event	Time	Club	Date
4 x 100m	39.37	Newham &EB	30 May 09
4 x 200m	1:23.5	Team Solent	19 Jul 87
4 x 400m	3:04.48	Team Solent	29 Jun 90
1600m Medley	3:20.8	Wolverhampton & Bilston	1 Jun 75
4 x 800m	7:24.4*	North Staffs and Stone	27 Jul 65
4 x 1500m	15:12.6	Bristol	5 Aug 75

* = 4 x 880y time less 2.8sec

Under 20
Event	Time	Club	Date
4 x 100m	40.83	Enfield & Har	15 Sep 07
4 x 200m	1:27.6	Enfield	13 Jun 82
4 x 400m	3:15.3	Enfield	5 Sep 82
1600m Medley	3:31.6	Cardiff	14 Aug 71
4 x 800m	7:35.3	Liverpool H	14 Aug 90
4 x 1500m	16:04.3	Blackburn	15 Sep 79
4 x 110H	1:04.8	Oundle Sch	19 May 79

Under 17
Event	Time	Club	Date
4 x 100m	41.92	Enfield & Har	2 Sep 07
4 x 200m	1:31.2	Herc Wimb	12 Jul 78
4 x 400m	3:19.8	Sale	17 Jul 11
1600m Medley	3:36.1	Thurrock	13 Jun 84
4 x 800m	7:52.1	Clydebank	29 Aug 87
4 x 1500m	16:27.0	Liverpool H	14 Sep 88

Under 15
Event	Time	Club	Date
4 x 100m	44.2	Herne Hill	30 Jul 11
4 x 200m	1:36.6	Whitgift Sch	30 Apr 14
4 x 300m	2:33.5	Blackheath & B	18 Sep 16
4 x 400m	3:31.5o?	Ayr Seaforth	5 Sep 82
	3:31.6	Shaftesbury B	26 Jul 88
1600m Medley	3:48.4	Blackheath	28 Sep 86
4 x 800m	8:13.28o?	Clydebank	2 Sep 89
	8:16.8	Shaftesbury	14 Sep 88
4 x 1500m	17:52.4 o	Stretford	22 Oct 85
	18:18.4	Tonbridge	6 Jul 80

Under 13
Event	Time	Club	Date
4 x 100m	49.2	Trafford	4 Jun 16
	49.81	Team Hounslow	24 Jul 15
4 x 200m	1:40.4	Herne Hill	5 Aug 07
4 x 400m	4:04.5	Blackheath	12 Sep 93
1600m Medley	4:13.7	Blackheath	28 Sep 86
4 x 800m	9:29.8	Sale	28 Jun 88

WOMEN

Seniors
Event	Time	Club	Date
4 x 100m	43.79	Hounslow	18 Sep 82
4 x 200m	1:35.15	Stretford	14 Jul 91
4 x 400m	3:31.62	Essex Ladies	31 May 92
1600m Medley	3:50.6	Coventry Godiva	5 May 84
3 x 800m	6:32.4	Cambridge H	29 Jun 74
4 x 800m	8:41.0	Cambridge H	26 May 75

Under 20
Event	Time	Club	Date
4 x 100m	46.18	Blackheath & B	24 Jul 15
4 x 200m	1:42.2	London Oly	19 Aug 72
4 x 400m	3:46.39	Blackheath & B	8 Sep 02
3 x 800m	6:39.8	Havering	13 Sep 78

Under 17
Event	Time	Club	Date
4 x 100m	46.35	Blackheath & B	9 Sep 12
4 x 200m	1:42.2	London Oly.	19 Aug 72
4 x 300m	2:43.1	WSE&H	21 Jul 09
4 x 400m	3:52.1	City of Hull	3 Jul 82
1600m Medley	4:07.8	Warrington	14 Aug 75
3 x 800m	6:46.5	Haslemere	15 Sep 79
	6:46.5	Bromley L	1 Jul 84
4 x 800m	8:53.1	Havering	24 May 80

Under 15
Event	Time	Club	Date
4 x 100m	48.15	Croydon	24 Jul 15
4 x 200m	1:44.0	Bristol	15 Sep 79
4 x 300m	2:49.40	Central	2 Jul 16
3 x 800m	6:39.8	Havering	13 Sep 78
4 x 800m	9:21.4	Sale	5 Aug 78

Under 13
Event	Time	Club	Date
4 x 100m	51.6	Swansea	22 May 11
	52.02	Herne Hill	12 Sep 15
4 x 200m	1:51.30	Herne Hill	12 Sep 15
3 x 800m	7:18.0	Mid Hants	14 Sep 83
4 x 800m	10:02.4	Warrington	16 Sep 75

o overage by current rules

International & Championship Results

GB & NI v CZE v FRA v ESP Combined Events Indoors
Reims, FRA 30 - 31 January 2016

MEN – Heptathlon
1	Jorge Urena	ESP	6076
10	Martin Brockman		5605
13	Jack Andrew		5375
15	David Hall		5259
16	Liam Ramsay		5123

MEN - Team Score
1	Czech Republic	17253
4	Great Britain & NI	16239

WOMEN – Pentathlon (30 Jan)
1	Eliska Klucinova	CZE	4325
3	Jessica Taylor		4214
7	Jo Rowland		4002
9	Katie Stainton		3983
10	Marilyn Nwawulor		3940

WOMEN - Team Score
1	Czech Republic	12441
3	Great Britain & NI	12199

GB & NI v FRA v ESP v POR Combined Events Indoors
Salamanca, ESP 20 - 21 Febuary 2016

MEN – Heptathlon – U23
1	Pablo Trescoli Garcia	ESP	5529
5	Aiden Davies		5258
6	James Wright		4899
dnf	James Finney		

U23 - Men's Team Score
1	Spain	10903
3	Great Britain & NI	10157

WOMEN – Pentathlon – U23 (20 Feb)
1	Morgan Lake	4519
5	Niamh Bailey	3936
6	Amy Hodgson	3632

U23 - Women's Team Score
1	Great Britain & NI	8455

U23 - Team Score
1	Spain	18889
2	Great Britain & NI	18612

MEN – Heptathlon – U20
1	Valentin Charles	FRA	5666
3	Sam Talbot		5371
7	Joseph Hobson		5007
10	Tom Chandler		4365

U20 - Men's Team Score
1	France	11285
3	Great Britain & NI	10378

WOMEN – Pentathlon – U20 (20 Feb)
1	Niamh Emerson	4110
6	Emma Canning	3602
dnf	Anne Nicole Rowe	

U20 - Women's Team Score
1	Spain	7876
3	Great Britain & NI	7712

U20 - Team Score
1	France	19096
2	Great Britain & NI	18090

BRITISH ATHLETICS INDOOR CHAMPIONSHIPS
Sheffield 27 - 28 February 2016

MEN

60 Metres (27 Feb)
1	James Dasaolu	6.53
2	Andrew Robertson	6.54
3	Sean Safo-Antwi	6.57

200 Metres (28 Feb)
1	Toby Harries		21.13
2	Benjamin Snaith		21.22
3	David Lima	POR	21.35

400 Metres (28 Feb)
1	Nigel Levine	48.00
2	Cameron Chalmers	48.05
3	Alex Boyce	48.07

800 Metres (28 Feb)
1	Jamie Webb	1:51.25
2	Spencer Thomas	1:51.35
3	Guy Learmouth	1:51.45

1500 Metres (28 Feb)
1	Charlie Grice	3:46.50
2	James Brewer	3:46.70
3	Lewis Moses	3:48.51

3000 Metres (27 Feb)
1	Lee Emanuel	7:55.61
2	Tom Farrell	7:57.39
3	Sam Stabler	7:59.14

60 Metres Hurdles (27 Feb)
1	Andy Pozzi	7.61
2	Lawrence Clarke	7.65
3	David Omoregie	7.71

High Jump (28 Feb)
1	Chris Baker	2.29
2	Robbie Grabarz	2.26
3	Mike Edwards	2.22

Pole Vault (28 Feb)
1	Luke Cutts	5.60
2	Andrew Sutcliffe	5.45
3	Max Eaves	5.45

Long Jump (27 Feb)
1	Daniel Bramble	7.94
2	Daniel Gardiner	7.67
3	Christopher Tomlinson	7.52

Triple Jump (28 Feb)
1	Tosin Oke	NGR	16.48
2	Nathan Fox	1 UK	16.21
3	Nathan Douglas		15.93

Shot (28 Feb)
1	Scott Lincoln	18.90
2	Scott Rider	17.61
3	Joseph Watson	17.29

3000m Walk (28 Feb)
1	Tom Bosworth	10:58.21
2	Christopher Snook	13:12.24
3	Tom Partington	13:17.58

Heptathlon (Sheffield 9/10 Jan)
1	Liam Ramsay	5758
2	Jack Andrew	5383
3	Aiden Davies	5242

WOMEN

60 Metres (27 Feb)
1	Asha Philip	7.10
2	Dina Asher-Smith	7.15
3	Louise Bloor	7.36

200 Metres (28 Feb)
1	Louise Bloor	23.39
2	Kimbely Baptiste	24.08
3	Becky Campsall	24.25

400 Metres (28 Feb)
1	Meghan Beesley	53.15
2	Montené Speight	53.48
3	Phillipa Lowe	53.61

800 Metres (28 Feb)
1	Adelle Tracey	2:02.99
2	Leah Barrow	2:03.18
3	Lynsey Sharp	2:03.50

1500 Metres (28 Feb)
1	Hannah England	4:15.44
2	Alison Leonard	4:16.00
3	Madeleine Murray	4:16.49

3000 Metres (28 Feb)
1	Stephanie Twell	8:54.99
2	Josephine Moultrie	8:58.75
3	Elinor Kirk	9:05.69

International & Championship Results

60 Metres Hurdles (28 Feb)
1 Tiffany Porter   7.98
2 Serita Solomon   8.05
3 Lucy Hatton   8.15

High Jump (27 Feb)
1 Morgan Lake   1.90
2 Isobel Pooley   1.90
3= Niamh Emerson   1.83
3= Abby Ward   1.83

Pole Vault (27 Feb)
1 Sally Peake   4.20
2 Jade Ive   4.10
3 Anna Gordon   4.00

Long Jump (28 Feb)
1 Jazmin Sawyers   6.67
2 Lorraine Ugen   6.60
3 Sarah Warnock   5.96

Triple Jump (28 Feb)
1 Sineade Gutzmore   13.35
2 Angela Barrett   13.03
3 Allison Wilder   12.77

Shot (27 Feb)
1 Rachel Wallader   17.23
2 Sophie McKinna   16.54
3 Adele Nicoll   15.91

3000m Walk (28 Feb)
1 Bethan Davies   12:44.99
2 Emma Achurch   13:44.23
3 Susan Randall USA   14:18.66

Pentathlon (Sheffield 10 Jan)
1 Katie Stainton   4086
2 Marilyn Nwawulor   4057
3 Jo Rowland   3981

ENGLAND ATHLETICS INDOOR JUNIOR CHAMPIONSHIPS
Sheffield 13 -14 February 2016

MEN Under 20
60	Oliver Bromby	6.73
200	Toby Harries	21.26
300		
400	Cameron Chalmers	48.01
800	Ben Greenwood	1:53.63
1500	Piers Copeland	3:57.52
60H	Matthew Treston	7.92
HJ	Rory Dwyer	2.12
PV	Adam Hague	5.45
LJ	Keith Marks IRL	7.20
TJ	Kevin Metzger	15.00
SP	Daniel Cartwright	16.91
Hept	Sam Talbot	5510

Hept Sheffield 9/10 Jan

Under 17
60	Tyrese Johnson-Fisher	6.92
200	Jona Efoloko	21.87
400	Blaine Lewis-Shallow	49.80
800	Aaron McGlynn IRL	1:56.60
1500	Max Pearson	4:03.68
60H	Tre Thomas	7.90
HJ	Joshua Hewett	2.07
PV	Joshua Lindley-Harris	4.20
LJ	Alessandro Schenini	6.95
TJ	Emmanuel Odunbanjo	14.52
SP	George Hyde	14.34
Hept	Joshua Hewett	46.03

Hept Sheffield 12/13 Mar

Under 15
60	Kyle Reynolds-Warmington	7.23
200	William Andoh	23.02
300	Edward Sheffield	37.40
800	Oliver Carvell	2:03.30
60H	Daniel Knight	8.69
HJ	Dominic Ogbechie	1.83
PV	Glen Quayle	3.31
LJ	Zachary Elliott	6.02
SP	Aran Thomas	12.38
Pen	Theo Adesina	3029

Pen Sheffield 13 Mar

WOMEN Under 20
60	Imani Lansiquot	7.33
200	Finette Agyapong	23.98
300		
400	Ella Barrett	55.81
800	Charlotte Cayton-Smith	2:07.39
1500	Jemma Reekie	4:36.03
60H	Mollie Courtney	8.34
HJ	Abby Ward	1.82
PV	Jessica Robinson	4.00
LJ	Emily Wright	6.18
TJ	Naomi Ogbeta	12.62
SP	Sophie Merritt	13.76
Pen	Niamh Emerson	3891

Pen Sheffield 9 January

Under 17
60	Ciara Neville IRL	7.52
200	Ciara Neville IRL	24.61
300	Amber Anning	39.37
800	Isabelle Boffey	2:06.68
1500	Emily Simpson	4:42.45
60H	Holly Mills	8.67
HJ	Rebecca Hawkins	1.73
PV	Molly Caudrey	3.80
LJ	Holly Mills	6.22
TJ	Adelaide Omitowoju	11.86
SP	Hannah Molyneaux	14.22
Pen	Pippa Earley	3811

Pen Sheffield 12 Mar

Under 15
60	Amy Hunt	7.71
200	Amy Hunt	25.22
800	Molly Canham	2:14.53
60H	Marcia Sey	8.93
HJ	Morechi Egbo	1.67
PV	Jade Spencer-Smith	3.61
LJ	Ore Adamson	5.69
SP	Serena Vincent	12.57
Pen	Jasmine Jolly	3397

Pen Sheffield 13 Mar

INTERCOUNTIES XC
Birmingham 12 March 2016

MEN (12k)
1 Dewi Griffiths   37:13
2 Adam Hickey   37:18
3 Jonathan Taylor   37:50

U20 MEN (8k)
1 Gus Cockle   26:49
2 William Fuller   27:11
3 Paulos Asgodom   27:16

WOMEN (8k)
1 Kate Avery   29:02
2 Elle Vernon   29:16
3 Louise Small   29:57

U20 WOMEN (6k)
1 Bobby Clay   20:28
2 Gemma Holloway   21:23
3 Phoebe Law   21:25

International & Championship Results

ENGLISH NATIONAL XC CHAMPIONSHIPS
Donington Park 27 February 2016

MEN (12k)
1. Jonny Hay — 42:09
2. Adam Hickey — 42:16
3. Nick Swinburn — 42:53

U20 MEN (10k)
1. Ellis Cross — 36:02
2. Gus Cockle — 36:31
3. Christopher Olley — 36:48

U17 MEN (6k)
1. Isaac Ackers — 19:28

U15 MEN (4.5k)
1. Josh Cowperthwaite — 16:16

U13 MEN (3k)
1. Tommy Dawson — 12:19

WOMEN (8k)
1. Lily Partridge — 30:35
2. Claire Duck — 30:45
3. Katie Holt — 30:54

U20 WOMEN (6k)
1. Harriet Knowles-Jones — 21:21
2. Gemma Holloway — 21:49
3. Mari Smith — 21:56

U17 WOMEN (5k)
1. Niamh Brown — 19:46

U15 WOMEN (4k)
1. Josie Czura — 16:05

U13 WOMEN (3k)
1. Nicole Ainsworth — 13:53

16th IAAF WORLD INDOOR CHAMPIONSHIPS
Portland, USA 17 - 20 March 2016

MEN

60 Metres (18 Mar)
1. Trayvon Bromell USA 6.47
2. Asafa Powell JAM 6.50
3. Ramon Gittens BAR 6.51
s1 James Dasaolu dq
(1h2 6.59)
5s3 Andrew Robertson 6.61
(3h4 6.66)

400 Metres (19 Mar)
1. Pavel Maslák CZE 45.44
2. Abdelilah Haroun QAT 45.59
3. Deon Lendore TTO 46.17

800 Metres (19 Mar)
1. Boris Berian USA 1:45.83
2. Antoine Gakeme BDI 1:46.65
3. Eric Sowinski USA 1:47.22

1500 Metres (20 Mar)
1. Matthew Centrowitz USA 3:44.22
2. Jakub Holuša CZE 3:44.30
3. Nick Willis NZL 3:44.37
8. Chris O'Hare 3:46.50
(2h2 3:41.09)
5h1 Charlie Grice 3:49.03

3000 Metres (20 Mar)
1. Yomif Kejelcha ETH 7:57.21
2. Ryan Hill USA 7:57.39
3. Augustine Choge KEN 7:57.43
6. Lee Emanuel 8:00.70
(4h2 7:53.18)
7h1 Tom Farrell 7:59.77

60 Metres Hurdles (20 Mar)
1. Omar McLeod JAM 7.41
2. Pascal Martinot-Lagarde FRA 7.46
3. Dimitri Bascou FRA 7.48
6s2 Lawrence Clarke 7.69
(4h2 7.74)

High Jump (19 Mar)
1. Gianmarco Tamberi ITA 2.36
2. Robbie Grabarz 2.33
3. Erik Kynard USA 2.33
8. Chris Baker 2.29

Pole Vault (17 Mar)
1. Renaud Lavillenie FRA 6.02
2. Sam Kendricks USA 5.80
3. Piotr Lisek POL 5.75

Long Jump (20 Mar)
1. Marquis Dendy USA 8.26
2. Fabrice Lapierre AUS 8.25
3. Huang Changzhou CHN 8.21
6. Daniel Bramble 8.14

Triple Jump (19 Mar)
1. Dong Bin CHN 17.33
2. Max Hess GER 17.14
3. Benjamin Compaoré FRA 17.09

Shot (18 Mar)
1. Tomas Walsh NZL 21.78
2. Andrei Gag ROU 20.89
3. Filip Mihaljevic CRO 20.87

Heptathlon (19 Mar)
1. Ashton Eaton USA 6470
2. Oleksiy Kasyanov UKR 6182
3. Mathias Brugger GER 6126

4 x 400 Metres (19 Mar)
1. United States 3:02.45
2. Bahamas 3:04.75
3. Trinidad & Tobago 3:05.51

WOMEN

60 Metres (19 Mar)
1. Barbara Pierre USA 7.02
2. Dafne Schippers NED 7.04
3. Elaine Thompson JAM 7.06
5. Asha Philip 7.14
(2h1 7.18, 3s3 7.13)
Dina Asher-Smith dns
(2h4 7.12, 2s2 7.11)

400 Metres (19 Mar)
1. Kemi Adekoya BRN 51.45
2. Ashley Spencer USA 51.72
3. Quanera Hayes USA 51.76

800 Metres (20 Mar)
1. Francine Niyonsaba BDI 2:00.01
2. Ajeé Wilson USA 2:00.27
3. Margaret Wambui KEN 2:00.44
2h2 Lynsey Sharp 2:02.75
4h3 Adelle Tracey 2:07.05

1500 Metres (19 Mar)
1. Sifan Hassan NED 4:04.96
2. Dawit Seyaum ETH 4:05.30
3. Gudaf Tsegay ETH 4:05.71

3000 Metres (20 Mar)
1. Genzebe Dibaba ETH 8:47.43
2. Meseret Defar ETH 8:54.26
3. Sharon Rowberry USA 8:55.55
6. Stephanie Twell 9:00.38
13. Josephine Moultrie 9:29.10

60 Metres Hurdles (18 Mar)
1. Nia Ali USA 7.81
2. Brianna Rollins USA 7.82
3. Tiffany Porter 7.90
(2h2 8.00)
7. Serita Solomon 8.29
(3h1 8.04)

International & Championship Results

High Jump (20 Mar)
1 Vashti Cunningham USA 1.96
2 Ruth Beitia ESP 1.96
3 Kamila Lićwinko POL 1.96
10= Isobel Pooley 1.89

Pole Vault (17 Mar)
1 Jenn Suhr USA 4.90
2 Sandi Morris USA 4.85
3 Ekaterini Stefanidi GRE 4.80

Long Jump (18 Mar)
1 Brittney Reece SRB 7.22
2 Ivana Španović SRB 7.07
3 **Lorraine Ugen** 6.93
8 **Shara Proctor** 6.57
13 **Jazmin Sawyers** 6.31

Triple Jump (19 Mar)
1 Yulimar Rojas VEN 14.41
2 Kristin Gierisch GER 14.30
3 Paraskevi Papahristou GRE 14.15

Shot (19 Mar)
1 Michelle Carter USA 20.21
2 Anita Márton HUN 19.33
3 Valerie Adams NZL 19.25

Pentathlon (18 Mar)
1 Brianne Theisen Eaton CAN 4881
2 Anastasiya Mokhnyuk UKR 4847
3 Alla Fyodorova UKR 4770
7 **Morgan Lake** **4499**

4 x 400 Metres (20 Mar)
1 United States 3:26.38
2 Poland 3:31.15
3 Romania 3:31.51

REGIONAL CROSS COUNTRY CHAMPIONSHIPS

Scotland
Falkirk 27 February 2016
MEN (12k)
1 Andrew Butchart 40:02
WOMEN (8k)
1 Beth Potter 29:45

Wales
Swansea 27 February 2016
MEN (10.39k)
1 Dewi Griffiths 35:34
WOMEN (6.53k)
1 Caryl Jones 26:06

Northern Ireland
Lurgan 20 February 2016
MEN (12k)
1 Aaron Doherty 40:24
WOMEN (6k)
1 Shalane McMurray 23:07

IAAF WORLD HALF MARATHON CHAMPIONSHIPS
26 March 2016

MEN
1 Geoffrey Kamworor KEN 59:10
2 Bidan Karoki KEN 59:36
3 **Mo Farah** **59:59**
15 **Callum Hawkins** 62:51
27 **Dewi Griffiths** 64:10
45 **Ryan McLeod** 66:13
53 **Matthew Hynes** 66:37

Team Result
1 Kenya 2:58:58
4 Great Britain & NI 3:07:00

WOMEN
1 Peres Jepchirchir KEN 67:31
2 Cynthia Limo KEN 67:34
3 Mary Ngugi KEN 67:54
27 **Alyson Dixon** 72:57
33 **Charlotte Purdue** 73:20
49 **Tina Muir** 75:12
63 **Rachel Felton** 76:36
 Jenny Spink dnf

Team Result
1 Kenya 3:22:59
11 Great Britain & NI 3:41:29

LONDON MARATHON
24 April 2016

MEN
1 Eliud Kipchoge KEN 2:03:05
2 Stanley Biwott KEN 2:03:51
3 Kenenisa Bekele ETH 2:06:36
4 Ghirmay Ghebreslassie ERI 2:07:46
5 Wilson Kipsang KEN 2:07:52
8 **Callum Hawkins** 1UK 2:10:52
12 **Tsegai Tewelde** 2UK 2:12:23
14 **Derek Hawkins** 3UK 2:12:57
16 **Chris Thompson** 1Eng 2:15:05
17 **Matt Bond** 2Eng 2:15:32
19 **Lee Merrien** 3Eng 2:16:42

WOMEN
1W Jemima Jelagat KEN 2:22:58
2W Tigist Tufa ETH 2:23:03
3W Florence Kiplagat KEN 2:23:39
4W Volha Mazuronak BLR 2:23:54
5W Aselefech Mergia ETH 2:23:57
13W **Alyson Dixon** 1UK1Eng 2:31:52
14W **Sonia Samuels** 2UK2Eng 2:32:00
16W **Charlotte Purdue** 3UK3Eng 2:32:48
18W **Freya Ross** 2:37:52
1 **Tracy Barlow** 2:33:25
2 **Tina Muir** 2:37:42

EUROPEAN CUP 10,000 METRES
Mersin, TUR 5 June 2016

MEN
10 **Ben Connor** 29:38.12
15 **Andy Maud** 30:37.78
16 **Luke Caldwell** 30:45.96

Team Result
4 **Great Britain & NI** 1:31:01.86

WOMEN
3 **Jennifer Nesbitt** 33:45.56
7 **Lauren Deadman** 34:10.79
12 **Louise Small** 34:49.69

Team Result
1 **Great Britain & NI** 1:42:45.94

RWA CHAMPIONSHIPS

Hillingdon 23 Apr 2016
MEN 20k
1 Tom Bosworth 1:30:29
WOMEN 20k
1 Hannah Hunter 1:55:39
JUNIOR MEN 10k
1 Cameron Corbishley 43:42
JUNIOR WOMEN 10k
1 Sophie Lewis Ward 59:29

Coventry 11 June 2016
MEN 10k
1 Mark Williams 51:51
WOMEN 10k
1 Emma Achurch 48:25

Hillingdon 2 October 2016
MEN 50k
1 Matthew Haddock 5:32:33
WOMEN 50k
no finishers

International & Championship Results

BRITISH ATHLETICS CHAMPIONSHIPS & OLYMPIC TRIALS
Birmingham 24 - 26 June 2016

MEN

100 Metres wind 3.0 (25 Jun)
1. James Dasaolu — 9.93w
2. James Ellington — 9.96w
3. Chijindu Ujah — 9.97w
4. Ojie Edoburun — 10.02w
5. Harry Aikines-Aryeetey — 10.02w
6. Richard Kilty — 10.05w
7. Dwain Chambers — 10.11w
8. Andy Robertson — 10.22w

200 Metres wind -0.1 (26 Jun)
1. Adam Gemili — 20.44
2. Danny Talbot — 20.46
3. Reece Prescod — 20.84
4. Zharnel Hughes — 20.84
5. Chris Clarke — 21.02
6. Leon Reid — 21.18
7. Elliott Powell — 21.25
8. Kyle Ennis — 21.43

400 Metres (26 Jun)
1. Matthew Hudson-Smith — 44.88
2. Rabah Yousif — 45.52
3. Martyn Rooney — 46.01
4. Jarryd Dunn — 46.02
5. Nigel Levine — 46.15
6. Theo Campbell — 46.25
7. Dwayne Cowan — 46.48
8. Jamie Bowie — 46.99

800 Metres (26 Jun)
1. Elliot Giles — 1:48.00
2. Jamie Webb — 1:48.49
3. Michael Rimmer — 1:48.78
4. James Bowness — 1:48.99
5. Sean Molloy — 1:50.49
6. Ben Greenwood — 1:52.11
7. Anthony Whiteman — 1:53.32
   Guy Learmouth — dns

1500 Metres (26 Jun)
1. Charlie Grice — 3:43.41
2. Chris O'Hare — 3:43.68
3. Jake Wightman — 3:43.90
4. Josh Kerr — 3:44.51
5. Lee Emanuel — 3:45.90
6. Jonathan Cook — 3:45.97
7. Ben Stevenson — 3:49.36
8. Alex Tovey — 3:50.73

5000 Metres (25 Jun)
1. Andrew Butchart — 13:44.00
2. Tom Farrell — 13:47.60
3. Andy Vernon — 13:49.28
4. Marc Scott — 13:58.86
5. Richard Weir — 13:59.80
6=. Jonathan Davies — 14:01.19
6=. Adam Hickey — 14:01.19
8. Charlie Hulson — 14:03.57

10000 Metres (21 May London(PH))
1. Ross Millington — 28:28.20
2. Juan Antonio Perez ESP — 28:30.09
3. Dewi Griffiths 2 UK — 28:34.38
4. Andy Vernon 3 UK — 28:48.75
5. Ben Connor — 29:21.47
6. Mick Clohisey IRL — 29:24.36
7. Andy Maud — 29:24.43
8. Paul Martelletti — 29:26.18

3000 Metres Steeplechase (25 Jun)
1. Rob Mullett — 8:41.67
2. Tom Wade — 8:43.40
3. Zak Seddon — 8:46.63
4. Luke Gunn — 8:47.26
5. Jonathan Hopkins — 8:49.10
6. Douglas Musson — 8:52.78
7. Ben Coldray — 8:59.16
8. Adam Visokay — 8:59.55

110 Metres Hurdles wind -1.3 (26 Jun)
1. Andy Pozzi — 13.31
2. Lawrence Clarke — 13.44
3. David King — 13.57
4. David Omoregie — 13.67
5. Khai Riley-La Borde — 13.91
6. Joseph Hylton — 13.96
7. Gabriel Odujobi — 14.06
   William Sharman — dns

400 Metres Hurdles (26 Jun)
1. Seb Rodger — 49.45
2. Jack Green — 49.49
3. Rhys Williams — 49.90
4. Tom Burton — 50.09
5. Rick Yates — 50.45
6. Jacob Paul — 50.46
7. Niall Flannery — 51.28
8. Jack Houghton — 51.52

High Jump (26 Jun)
1. Robbie Grabarz — 2.26
2. Chris Baker — 2.26
3. Allan Smith — 2.23
4. Chris Kandu — 2.23
5=. Mike Edwards — 2.17
5=. Ray Bobrownicki — 2.17
5=. Tom Parsons — 2.17
8. Martyn Bernard — 2.17

Pole Vault (26 Jun)
1. Luke Cutts — 5.40
2=. Steve Lewis — 5.25
2=. Jax Thoirs — 5.25
4. Jack Phipps — 5.10
5. Nicolas Cole — 4.95
6. Gregor MacLean — 4.95
7=. Rhys Searles — 4.75
7=. Liam Yarwood — 4.75

Long Jump (26 Jun)
1. Daniel Gardiner — 7.67
2. Ifeanye Oyuonye TKS — 7.66
3. JJ Jegede — 7.59
4. Allan Hamilton — 7.56
5. Christopher Tomlinson — 7.43
6. James Lelliott — 7.42
7. Oliver Newport — 7.32
8. Bradley Pickup — 7.25

Triple Jump (25 Jun)
1. Nathan Douglas — 16.58
2. Julian Reid — 16.45
3. Ben Williams — 16.31
4. Nathan Fox — 16.12
5. Nonso Okolo — 16.02
6. Kola Adedoyin — 15.96
7. Efe Uwaifo — 15.91
8. Montel Nevers — 15.77

Shot (25 Jun)
1. Scott Lincoln — 19.03
2. Anthony Oshodi — 17.43
3. Gareth Winter — 17.28
4. Youcef Zatat — 17.02
5. Joseph Watson — 17.01
6. Daniel Cartwright — 15.09
7. Michael Wheeler — 14.91
8. Christopher Dack — 14.88

Discus (25 Jun)
1. Nicholas Percy — 60.43
2. Brett Morse — 58.75
3. Zane Duquemin — 58.54
4. Alan Toward — 57.68
5. Gregory Thompson — 54.81
6. Angus McInroy — 51.97
7. Matthew Blandford — 51.97
8. Najee Fox — 50.99

Hammer (26 Jun)
1. Chris Bennett — 75.67
2. Mark Dry — 74.92
3. Nick Miller — 72.21
4. Taylor Campbell — 68.23
5. Chris Shorthouse — 66.44
6. Craig Murch — 66.20
7. James Bedford — 65.49
8. Callum Brown — 65.23

Javelin (25 Jun)
1. Matti Mortimore — 74.40
2. Joe Dunderdale — 71.87
3. James Whiteaker — 71.84
4. Greg Millar — 70.03
5. Bonne Buwembo — 69.54
6. Oliver Corfield — 67.68
7. George Davies — 65.98
8. Jason Copsey — 64.78

International & Championship Results

5000 Metres Walk (26 Jun)
g	Dane Bird-Smith	AUS	19:08.76
1	Tom Bosworth		19:13.56
2	Callum Wilkinson		19:54.47
3	Cameron Corbishley		20:50.91
4	Christopher Snook		22:37.43
5	Timothy Snook		23:37.67
6	Francisco Reis	POR	24:17.48
7	Mark Williams		24:48.81

Decathlon (Bedford 14-15 May)
1	Aiden Davies		6914
2	Lewis Church		6889
3	Mick Bowler	IRL	6803
4	Max Hall		6774
5	Peter Moreno	NGR	6723
6	James Wright		6502
7	Gavin Phillips		6489
8	Elliott Thompson		6483

WOMEN

100 Metres wind -0.3 (25 Jun)
1	Asha Philip	11.17
2	Daryll Neita	11.24
3	Desiree Henry	11.26
4	Imani Lansiquot	11.49
5	Sophie Papps	11.52
6	Rachel Miller	11.57
7	Rachel Johncock	11.61
8	Montell Douglas	11.64

5000 Metres (26 Jun)
1	Stephanie Twell	15:53.35
2	Eilish McColgan	15:54.75
3	Laura Whittle	15:56.63
4	Lauren Deadman	16:00.16
5	Charlotte Arter	16:00.79
6	Elinor Kirk	16:01.85
7	Louise Small	16:04.14
8	Charlotte Taylor	16:06.06

High Jump (25 Jun)
1	Morgan Lake	1.90
2	Bethan Partridge	1.82
3	Niamh Emerson	1.82
4	Abby Ward	1.78
5	Emily Borthwick	1.74
6	Nikki Manson	1.74
7	Ada'ora Chigbo	1.74
8	Hollie Smith	1.64

200 Metres wind -0.1 (26 Jun)
1	Dina Asher-Smith	23.11
2	Desiree Henry	23.13
3	Jodie Williams	23.22
4	Bianca Williams	23.74
5	Amarachi Pipi	23.96
6	Shannon Hylton	24.18
7	Beth Dobbin	24.52
8	Ella Barrett	24.61

10000 Metres (21 May London (PH))
1	Jessica Andrews		31:58.00
2	Linet Masai	KEN	32:02.48
3	Beth Potter	2 UK	32:05.37
4	Salome Rocha	POR	32:05.82
5	Kate Avery	3 UK	32:11.84
6	Kristina Papp	HUN	32:32.54
7	Lauren Deadman		33:05.55
8	Sophie Duarte	FRA	33:11.52

Pole Vault (25 Jun)
1	Holly Bradshaw	4.60
2	Sally Peake	4.15
3	Jade Ive	4.15
4	Lucy Bryan	4.05
5	Sarah McKeever	3.90
6	Mollie Caudrey	3.90
7	Olivia Curran	3.90
8	Henrietta Paxton	3.75

400 Metres (26 Jun)
1	Emily Diamond	51.94
2	Seren Bundy-Davies	52.38
3	Anyika Onuora	52.57
4	Margaret Adeoye	53.04
5	Mary Iheke	53.46
6	Kelly Massey	53.59
7	Laviai Nielsen	53.90
	Perri Shakes-Drayton	dnf

3000 Metres Steeplechase (26 Jun)
1	Rosie Clarke	9:52.20
2	Lennie Waite	9:54.06
3	Louise Webb	9:57.18
4	Charlotte Green	10:15.26
5	Elizabeth Bird	10:15.34
6	Mel Newbury	10:28.83
7	Nicole Taylor	10:34.49
8	Laura Riches	11:03.95

Long Jump (26 Jun)
1	Jazmin Sawyers	6.75
2	Shara Proctor	6.65
3	Holly Mills	6.23
4	Katie Stainton	6.12
5	Mary Elcock	5.93
6	Sarah Warnock	5.92
7	Niamh Emerson	5.77
8	Stefanie Reid	5.43

800 Metres (26 Jun)
1	Shelayna Oskan-Clarke	2:01.99
2	Lynsey Sharp	2:02.14
3	Alison Leonard	2:02.45
4	Revee Walcott-Nolan	2:03.81
5	Alexandra Bell	2:03.87
6	Jennifer Meadows	2:03.91
7	Leah Barrow	2:03.99
8	Rowena Cole	2:06.54

100 Metres Hurdles wind 2.0 (25 Jun)
1	Tiffany Porter	12.91
2	Cindy Ofili	12.93
3	Lucy Hatton	13.21
4	Serita Solomon	13.36
5	Yasmin Miller	13.42
6	Karla Drew	13.58
7	Angie Broadbelt-Blake	13.67
8	Marilyn Nwawulor	13.72

Triple Jump (25 Jun)
1	Laura Samuel	14.09
2	Sineade Gutzmore	13.53
3	Yamile Aldama	13.07
4	Chioma Matthews	13.02
5	Zainab Ceesay	12.87
6	Montana Jackson	12.63
7	Zara Asante	12.52w
8	Allison Wilder	12.47

1500 Metres (26 Jun)
1	Laura Muir	4:10.14
2	Laura Weightman	4:11.76
3	Charlene Thomas	4:11.84
4	Sarah McDonald	4:13.51
5	Hannah England	4:14.29
6	Bobby Clay	4:17.69
7	Melissa Courtney	4:18.02
8	Jessica Judd	4:18.07

400 Metres Hurdles (26 Jun)
1	Eilidh Child	54.93
2	Jessica Turner	57.34
3	Bethany Close	57.70
4	Abigail Fitzpatrick	58.74
5	Phillipa Lowe	58.89
6	Hayley McLean	59.04
7	Shona Richards	59.07
	Ese Okoro	dnf

Shot (26 Jun)
1	Rachel Wallader	16.67
2	Sophie McKinna	16.16
3	Adele Nicoll	16.14
4	Amelia Strickler	15.70
5	Danielle Opara	14.23
6	Emily Campbell	14.06
7	Sophie Merritt	13.63
8	Divine Oladipo	13.33

International & Championship Results

Discus (26 Jun)
1. Jade Lally — 59.15
2. Eden Francis — 56.24
3. Kirsty Law — 52.19
4. Phoebe Dowson — 50.18
5. Amy Holder — 49.60
6. Shadine Duquemin — 48.91
7. Kathryn Woodcock — 47.45
8. Sarah Parsons — 45.33

Hammer (25 Jun)
1. Sophie Hitchon — 69.99
2. Sarah Holt — 63.72
3. Carys Parry — 61.78
4. Rachel Hunter — 61.37
5. Lucy Marshall — 60.10
6. Myra Perkins — 58.10
7. Louisa James — 57.49
8. Jessica Mayho — 56.80

Javelin (26 Jun)
1. Jo Blair — 57.44
2. Goldie Sayers — 54.98
3. Laura Whittingham — 52.33
4. Freya Jones — 50.30
5. Kike Oniwinde — 48.52
6. Rosie Semenytsh — 48.01
7. Hannah Johnson — 45.47
8. Natasha Wilson — 44.20

5000 Metres Walk (26 Jun)
1. Bethan Davies — 22:03.82
2. Sophie Lewis Ward — 24:24.47
g. Brianna Mulvee AUS 24:35.56
g. Ester Montaner ESP 25:19.71
3. Natalie Myers — 27:01.15
   Gemma Bridge — dq
   Ana Garcia — dq
   Heather Lewis — dq

Heptathlon (Bedford 14-15 May)
1. Jessica Taylor — 5913
2. Katie Stainton — 5777
3. Kiara Reddingius AUS 5360
4. Niamh Bailey — 5208
5. Emma Nwofor — 5017
6. Amy Hodgson — 4908
7. Suzanne Palmer — 4845
8. Beth Taylor — 4696

IAAF World Race Walking Team Championships
Rome, ITA 7-8 May 2016

MEN - 20k
34. Tom Bosworth — 1:22:55
   Dominic King — dq

UNDER 20 MEN - 10k
4. Callum Wilkinson — 40:30
19. Guy Thomas — 42:55
26. Cameron Corbishley — 43:27

Team Result
5. Great Britain & NI — 23

WOMEN - 20k
   Bethan Davies — dq

UNDER 20 MEN - 10k
23. Emma Achurch — 48:58

23rd EUROPEAN CHAMPIONSHIPS
Amsterdam, NED 6-10 July 2016

MEN

100 Metres wind 0.0 (7 Jul)
1. Churandy Martina NED 10.07
2. Jak Ali Harvey TUR 10.07
3. Jimmy Vicaut FRA 10.08
5. James Ellington — 10.19
   (2s1 10.04)
   Richard Kilty — dq
   (1h1 10.24, 1s3 10.15)
4s2 Ojie Edoburun — 10.20
   (2h3 10.24)

200 Metres wind -0.9 (8 Jul)
1. Bruno Hortelano ESP 20.45
2. Ramil Guliyev TUR 20.51
3. Daniel Talbot — 20.56
   (1s2 20.37)
5. Nethaneel Mitchell-Blake — 20.60
   (3s3 20.46)
7h1 Zharnel Hughes — 21.21

400 Metres (8 Jul)
1. Martyn Rooney — 45.29
   (1h3 46.57, 1s2 45.04)
2. Pavel Maslák CZE 45.36
3. Liemarvin Bonevacia NED 45.41
4s3 Jarryd Dunn — 46.00
   (1h1 46.05)

800 Metres (10 Jul)
1. Adam Kszczot POL 1:45.18
2. Marcin Lewandowski POL 1:45.54
3. Elliot Giles — 1:45.54
   (1h1 1:50.31, 3s2 1:47.31)
8h4 Jamie Webb — 1:53.75

1500 Metres (9 Jul)
1. Filip Ingebrigtsen NOR 3:46.65
2. David Bustos ESP 3:46.90
3. Henrik Ingebrigtsen NOR 3:47.18
6. Lee Emanuel — 3:47.57
   (4h2 3:42.92)
7. Jake Wightman — 3:47.68
   (1h3 3:39.32)
5h1 Tom Lancashire — 3:42.08

5000 Metres (10 Jul)
1. Ilias Fifa ESP 13:40.85
2. Adel Mechaal ESP 13:40.85
3. Richard Ringer GER 13:40.85
13. Jonathan Taylor — 13:55.20
16. Jonathan Davies — 14:04.13

10000 Metres (8 Jul)
1. Polat Kemboi Arikan TUR 28:18.52
1. Ali Kaya TUR 28:21.42
3. Antonio Abadia ESP 28:26.07
5. Dewi Griffiths — 28:28.55

Half Marathon (10 Jul)
1. Tadesse Abraham SUI 62:03
2. Kaan Kigen Özbilen TUR 62:27
3. Daniele Meucci ITA 62:38
9. Callum Hawkins — 63:57
42. Matt Bond — 67:00
52. Lee Merrien — 67:29
77. Jonathan Hay — 70:08

3000 Metres Steeplechase (8 Jul)
1. Mahiedine Mekhissi-Benabbad FRA 8:25.63
2. Aras Kaya TUR 8:29.91
3. Yoann Kowal FRA 8:30.79
6. Rob Mullett — 8:33.29
   (4h1 8:32.06)

110 Metres Hurdles wind 0.0 (9 Jul)
1. Dimitri Bascou FRA 13.25
2. Balázs Baji HUN 13.28
3. Wilhem Belocian FRA 13.33
   Andy Pozzi — dns
   (1s1 13.31)
6s2 David King — 13.54
   (1h3 13.55)
3s3 Lawrence Clarke — 13.47

International & Championship Results

400 Metres Hurdles (8 Jul)
1 Yasmani Copello TUR 48.98
2 Sergio Fernandez ESP 49.06
3 Kariem Hussein SUI 49.10
5 **Rhys Williams** **49.63**
 (2s2 49.22)
 Jack Green dnf
 (3s1 48.98)
4s3 **Tom Burton** **49.71**

High Jump (10 Jul)
1 Gianmarco Tamberi ITA 2.32
2 **Robbie Grabarz** **2.29**
 (Q 2.25)
3= **Chris Baker** **2.29**
 (Q 2.25)
3= Eike Onnen GER 2.29

Pole Vault (8 Jul)
1 Robert Sobera POL 5.60
2 Jan Kudlicka CZE 5.60
3 Robert Renner SLO 5.50
17=Q **Luke Cutts** **5.35**

Long Jump (7 Jul)
1 **Greg Rutherford** **8.25**
 (Q 7.93)
2 Michel Tornéus SWE 8.21w
3 Ignisious Gaisah NED 7.93

Triple Jump (9 Jul)
1 Max Hess GER 17.20
2 Karol Hoffmann POL 17.16
3 **Julian Reid** **16.76**
 (Q 16.62)
15Q **Nathan Douglas** **16.33w**

Shot (10 Jul)
1 David Storl GER 21.31
2 Michal Haratyk POL 21.19
3 Tsanko Arnaudov POR 20.59

Discus (9 Jul)
1 Piotr Malachowski POL 67.06
2 Philip Milanov BEL 65.71
3 Gerd Kanter EST 65.27

Hammer (10 Jul)
1 Pawel Fajdek POL 80.93
2 Ivan Tikhon BLR 78.84
3 Wojciech Nowicki POL 77.53
10 **Chris Bennett** **70.93**
 (Q 74.39)
15Q **Mark Dry** **71.96**
25Q **Nick Miller** **67.76**

Javelin (7 Jul)
1 Zigismunds Sirmais LAT 86.66
2 Vitezslav Vesely CZE 83.59
3 Antti Ruuskanen FIN 82.44

Decathlon (6/7 Jul)
1 Thomas Van der Plaetsen BEL 8218
2 Adam Helcelet CZE 8157
3 Mihail Dudas SRB 8153
5 **Ashley Bryant** **8040**

4x100 Metres Relay (10 Jul)
1 **Great Britain & NI** **38.17**
 (Dasalou, Gemili, Ellington, Ujah)
 (1h1 38.12)
2 France 38.38
3 Germany 38.47

4x400 Metres Relay (10 Jul)
1 Belgium 3:01.10
2 Poland 3:01.18
3 **Great Britain & NI** **3:01.44**
 (Yousif, D.Williams, Green, Hudson-Smith)
 (1h1 3:01.63 Yousif, D.Williams, Levine, Dunn)

WOMEN

100 Metres wind -0.2 (8 Jul)
1 Dafne Schippers NED 10.90
2 Ivet Lalova-Collio BUL 11.20
3 Mujinga Kambundji SUI 11.25
4 **Asha Philip** **11.27**
 (2s1 11.37)
 Desiree Henry dnf
 (1s3 11.09)

200 Metres wind -0.4 (7 Jul)
1 **Dina Asher-Smith** **22.37**
 (1s2 22.57)
2 Ivet Lalova-Collio BUL 22.52
3 Gina Lückenkemper GER 22.74
6 **Jodie Williams** **22.96**
 (3s1 23.14)

400 Metres (8 Jul)
1 Libania Grenot ITA 50.73
2 Floria Guei FRA 51.21
3 **Anyika Onuora** **51.47**
 (1s2 51.84)
4 **Christine Ohuruogu** **51.55**
 (1h1 52.69, 2s1 51.35)

800 Metres (9 Jul)
1 Nataliya Pryshchepa UKR 1:59.70
2 Renelle Lamote FRA 2:00.19
3 Lovisa Lindh SWE 2:00.37

6s1 **Jennifer Meadows** **2:03.13**
 (1h5 2:03.10)
3s3 **Alison Leonard** **2:02.31**
 (2h3 2:03.64)
6h4 **Adele Tracey** **2:05.41**

1500 Metres (10 Jul)
1 Angelika Cichocka POL 4:33.00
2 Sifan Hassan NED 4:33.76
3 Ciara Mageean IRL 4:33.78
9 **Sarah McDonald** **4:34.93**
 (4h2 4:11.14)
8h1 **Melissa Courtney** **4:18.74**

5000 Metres (9 Jul)
1 Yasemin Can TUR 15:18.15
2 Meraf Bahta SWE 15:20.54
3 **Stephanie Twell** **15:20.70**
5 **Laura Whittle** **15:24.18**
6 **Eilish McColgan** **15:28.53**

10000 Metres (6 Jul)
1 Yasemin Can TUR 31:12.86
2 Dulce Félix POR 31:19.03
3 Karoline Bjørkeli Grøvdal NOR 31:23.45
5 **Jo Pavey** **31:34.61**
7 **Jessica Andrews** **31:38.02**

Half Marathon (10 Jul)
1 Sara Moreira POR 70:19
2 Veronica Inglese ITA 70:35
3 Jéssica Augusto POR 70:55
10 **Gemma Steel** **72:19**
13 **Alyson Dixon** **72:47**
53 **Lily Partridge** **76:57**
59 **Tina Muir** **77:23**
 Charlotte Purdue dnf

3000 Metres Steeplechase (10 Jul)
1 Gesa-Felicitas Krause GER 9:18.85
2 Luiza Gega ALB 9:28.52
3 Ozlem Kaya TUR 9:35.05
8h1 **Lennie Waite** **9:48.46**
12h2 **Rosie Clarke** **10:00.25**

100 Metres Hurdles wind -0.7 (7 Jul)
1 Cindy Roleder GER 12.62
2 Alina Talay BLR 12.68
3 **Tiffany Porter** **12.76**
 (1s3 12.97)
5h3 **Lucy Hatton** **13.37**
4h4 **Serita Solomon** **13.39**

400 Metres Hurdles (10 Jul)
1 Sara Slott Petersen DEN 55.12
2 Joanna Linkiewicz POL 55.33
3 Léa Sprunger SUI 55.41

International & Championship Results

High Jump (7 Jul)
1 Ruth Beitia   ESP   1.98
2= Mirela Demireva   BUL   1.96
2= Airine Palsyte   LTU   1.96
16Q Isobel Pooley   1.85

Pole Vault (9 Jul)
1 Ekateríni Stefanídi   GRE   4.81
2 Lisa Ryzih   GER   4.70
3 Angelica Bengtsson   SWE   4.65

Long Jump (8 Jul)
1 Ivana Španović   SRB   6.94
2 Jazmin Sawyers   6.86w
   (Q 6.49w)
3 Malaika Mihambo   GER   6.65
18Q Lorraine Ugen   6.33w

Triple Jump (10 Jul)
1 Patricia Mamona   POR   14.58
2 Hanna Minenko   ISR   14.51w
3 Paraskeví Papahrístou GRE   14.47
15Q Laura Samuel   13.65

Shot (7 Jul)
1 Christina Schwanitz   GER   20.17
2 Anita Márton   HUN   18.72
3 Emel Dereli   TUR   18.22
12 Rachel Wallader   16.06
   (Q 16.86)

Discus (8 Jul)
1 Sandra Perkovic   CRO   69.97
2 Julia Fischer   GER   65.77
3 Shanice Craft   GER   63.89
7 Jade Lally   60.29
   (Q 58.76)

Hammer (8 Jul)
1 Anita Wlodarczyk   POL   78.14
2 Betty Heidler   GER   75.77
3 Hanna Skydan   AZE   73.83
4 Sophie Hitchon   71.74
   (Q 69.48)

Javelin (9 Jul)
1 Tatyana Kholodovich   BLR   66.34
2 Linda Stahl   GER   65.25
3 Sara Kolak   CRO   63.50
26Q Goldie Sayers   53.56

Heptathlon (8/9 Jul)
1 Anouk Vetter   NED   6626
2 Antoinette Nana Djimou FRA 6458
3 Ivona Dadic   AUT   6408
   Morgan Lake   dnf

4x100 Metres Relay (10 Jul)
1 Netherlands   42.04
2 Great Britain & NI   42.45
   (Philip, Asher-Smith, B.Williams, Neita)
   (1h1 42.59)
3 Germany   42.48

4x400 Metres Relay (10 Jul)
1 Great Britain & NI   3:25.05
   (Diamond, Onuora, Doyle, Bundy-Davies)
   (1h1 3:26.42 Doyle, Adeoye, Massey, Bundy-Davies)
2 France   3:25.96
3 Italy   3:27.49

1st EUROPEAN YOUTH CHAMPIONSHIPS
Tbilisi, GEO 14-17 July 2016

MEN

100 Metres wind 0.3 (15 Jul)
1 Marvin Schulte   GER   10.56

200 Metres wind 1.0 (16 Jul)
1 Jona Efoloko   21.15
   (1h5 21.93, 1s3 21.28)
8h4 Joseph Massimo   28.21

400 Metres (16 Jul)
1 Igor Zubko   BLR   47.16
7 Ellis Greatrex   48.17
   (2h1 48.45)

800 Metres (17 Jul)
1 George Mills   1:48.82
   (1h1 1:54.32, 1s2 1:50.65)
5 Markhim Lonsdale   1:51.10
   (1h2 1:53.60, 1s1 1:50.63)

1500 Metres (16 Jul)
1 Jake Heyward   4:00.64
   (1h1 3:58.71)

3000 Metres (14 Jul)
1 Elzan Bibic   SRB   8:09.06
5 Isaac Akers   8:23.68
9 Alasdair Kinloch   8:35.54

2000 Metres Steeplechase (17 Jul)
1 Tim Van de Velde   BEL   5:53.77
8 George Groom   6:07.33

WOMEN

100 Metres wind -0.3 (15 Jul)
1 Keshia Kwadwo   GER   11.76

200 Metres wind 0.9 (16 Jul)
1 Marine Mignon   FRA   23.35
2 Alisha Rees   23.70
   (1h2 23.82, 1s1 23.57)

110 Metres Hurdles 91.4cm wind 1.4 (16 Jul)
1 Daniel Eszes   HUN   13.39
3 Jason Nicholson   13.45
   (1h1 13.50, 3s2 13.79)
4 Ethan Akanni   13.53
   (2h3 13.83, 2s1 13.65)

400 Metres Hurdles 83.8cm (17 Jul)
1 Alessandro Sibilio   ITA   51.46
7 Alex Knibbs   53.02
   (1h1 53.70, 5s2 53.68)
4s1 Alistair Chalmers   54.79
   (1h4 54.49)

High Jump (16 Jul)
1 Lukas Mihota   GER   2.18
8= Joel Khan   2.07
   (Q 2.08)

Pole Vault (17 Jul)
1 Emmanouíl Karális   GRE   5.45

Long Jump (15 Jul)
1 Panayiótis Mantzouroyiánnis GRE 7.60

Triple Jump (17 Jul)
1 Martin Lamou   FRA   16.03
7 Jude Bright-Davies   14.78
   (Q 15.40)

400 Metres (16 Jul)
1 Andrea Miklos   ROU   52.70

800 Metres (16 Jul)
1 Isabelle Boffey   2:07.19
   (1h1 2:14.58, 1s1 2:12.40)
2 Anna Burt   2:08.54
   (1h2 2:13.60, 1s2 2:11.39)

Shot 5kg (15 Jul)
1 Odisséfs Mouzenídis   GRE   21.51

Discus 1.5kg (17 Jul)
1 Georgios Koniarakis   CYP   62.16
6 James Tomlinson   57.10
   (Q 57.46)

Hammer 5kg (15 Jul)
1 Myhaylo Havrylyuk   UKR   82.26
2 Jake Norris   79.20
   (Q 73.23)

Javelin 700gm (16 Jul)
1 Kristaps Juanpujens   LAT   77.01
11 Daniel Bainbridge   66.31
   (Q 69.72)

Decathlon Youth implements (16/17 Jul)
1 Manuel Wagner   GER   7382
12 Sam Talbot   6717

10000 metres Walk (16 Jul)
1 Lukas Niedzialek   POL   44:06.49

Medley Relay (16 Jul)
1 Italy   1:52.78

1500 Metres (17 Jul)
1 Delia Sclabas   SUI   4:22.51
2 Sabrina Sinha   4:23.10
3 Erin Wallace   4:28.17

3000 Metres (15 Jul)
1 Delia Sclabas   SUI   9:23.44
3 Lucy Pygott   9:28.15
5 Kathleen Faes   9:46.07

International & Championship Results

2000 Metres Steeplechase (16 Jul)
1 Anna Mark Helwig DEN 6:34.62

100 Metres Hurdles 76.2cm wind 0.1 (16 Jul)
1 Desola Oki ITA 13.30

400 Metres Hurdles (17 Jul)
1 Viivi Lehikoinen FIN 58.28

High Jump (17 Jul)
1 Maja Nilsson SWE 1.82
5= Ada'ora Chigbo 1.75
  (Q 1.78)
7 Abby Ward 1.75
  (Q 1.78)

Pole Vault (16 Jul)
1 Alina Strömberg FIN 4.15
6 Jessica Robinson 3.70
  (Q 3.85)

Long Jump (17 Jul)
1 Holly Mills 6.19
  (Q 6.12)
13Q Eleanor Broome 5.89

Triple Jump (15 Jul)
1 Georgiana Anitei ROU 13.19

Shot 3kg (16 Jul)
1 Alexandra Emilianov MDA 18.50

Discus (15 Jul)
1 Alexandra Emilianov MDA 58.09

Hammer 3kg (16 Jul)
1 Katerina Skypalová CZE 66.58

Javelin 500gm (17 Jul)
1 Arianne Morais Duarte NOR 60.89

Heptathlon Youth implements (14/15 Jul)
1 Alina Shukh UKR 6186
3 Niamh Emerson 5919

5000 metres Walk (14 Jul)
1 Meryem Bekmez TUR 22:50.22
4 Sophie Lewis Ward 23:37.55

Medley Relay (17 Jul)
1 France 2:08.48

IAAF WORLD UNDER 20 CHAMPIONSHIPS
Bydgoszcz, POL 19-24 July 2016

MEN

100 Metres wind -0.2 (20 Jul)
1 Noah Lyles USA 10.17
2 Filippo Tortu ITA 10.24
3 Mario Burke BAR 10.26
8 Rechmial Miller 16.18
  (2h5 10.44, 3s3 10.37)
3s2 Oliver Bromby 10.37
  (2h1 10.52)

200 Metres wind 1.2 (22 Jul)
1 Michael Norman USA 20.17
2 Tlotliso Leotlela RSA 20.59
3 Nigel Ellis JAM 20.63
8 Cameron Tindle 20.82
  (2h4 20.78, 4s1 20.71)
3s2 Ryan Gorman 20.91
  (1h2 20.84)

400 Metres (22 Jul)
1 Abdelilah Haroun QAT 44.81
2 Wilbert London USA 45.27
3 Karabo Sibanda BOT 45.45
3s3 Cameron Chalmers 46.51
  (3h4 46.91)

800 Metres (24 Jul)
1 Kipyegon Bett KEN 1:44.95
2 Willy Tarbei KEN 1:45.50
3 Mostafa Smaili MAR 1:46.02
7s3 Daniel Rowden 1:49.58
  (4h5 1:50.69)
5h4 Spencer Thomas 1:52.54

1500 Metres (21 Jul)
1 Kumari Taki KEN 3:48.63
2 Taresa Tolosa ETH 3:48.77
3 Anthony Kiptoo KEN 3:49.00
10 Josh Kerr 3:51.23
  (3h1 3:44.86)
11h2 Archie Davis 3:54.57

5000 Metres (23 Jul)
1 Selemon Barega ETH 13:21.21
2 Djamal Direh DJI 13:21.50
3 Wesley Ledama KEN 13:23.34
9 Alexander Yee 13:52.01

10000 Metres (19 Jul)
1 Rodgers Chumo Kwemoi KEN 27:25.23
2 Aron Kifle ERI 27:26.20
3 Jacob Kiplimo UGA 27:26.68

3000 Metres Steeplechase (24 Jul)
1 Amos Kirui KEN 8:20.43
2 Yemane Haileselassie ERI 8:22.67
3 Getnet Wale ETH 8:22.83

110 Metres Hurdles 99cm wind 0.2 (21 Jul)
1 Marcus Krah USA 13.25
2 Amere Lattin USA 13.30
3 Takumu Furuya JPN 13.31
7 James Weaver 13.51
  (3h6 13.65, 2s2 13.40)
8 Matthew Treston 13.55
  (2h3 13.66, 2s1 13.70)

400 Metres Hurdles (23 Jul)
1 Jaheel Hyde JAM 49.03
2 Taylor McLaughlin USA 49.45
3 Kyron McMaster IVB 49.56

High Jump (22 Jul)
1 Luis Enrique Zayas CUB 2.27
2 Darius Carbin USA 2.25
3 Mohamat Allamine Hamdi QAT 2.23
9= Tom Gale 2.18
  (Q 2.16)
20=Q Rory Dwyer 2.09

Pole Vault (23 Jul)
1 Deakin Volz USA 5.65
2 Kurtis Marschall AUS 5.55
3 Armand Duplantis SWE 5.45
5 Adam Hague 5.40
  (Q 5.20)
18=Q Charlie Myers 5.10

Long Jump (20 Jul)
1 Maykel Massó CUB 8.00
2 Miltiádis Tentóglou GRE 7.91
3 Darcy Roper AUS 7.88
16Q Alexander Farquharson 7.41
18Q Patrick Sylla 7.36

Triple Jump (21 Jul)
1 Lázaro Martínez CUB 17.06
2 Cristian Atanay Nápoles CUB 16.62
3 Melvin Raffin FRA 16.37

Shot 6k (19 Jul)
1 Konrad Bukowiecki POL 23.34
2 Andrei Toader ROU 22.30
3 Bronson Osborn USA 21.27

Discus 1.75k (24 Jul)
1 Mohamed Ibrahim Moaaz QAT 63.63
2 Oskar Stachnik POL 62.83
3 Hleb Zhuk BLR 61.70
  George Evans nm
  (Q 57.88)
28Q George Armstrong 54.39

Hammer 6k (22 Jul)
1 Bence Halász HUN 80.93
2 Hlib Piskunov UKR 79.58
3 Aleksi Jaakkola FIN 77.88

Javelin (23 Jul)
1 Neeraj Chopra IND 86.48
2 Johannes Grobler RSA 80.59
3 Anderson Peters GRN 79.65
7 Harry Hughes 72.22
  (Q 74.30)
13 James Whiteaker 65.39
  (Q 72.51)

Decathlon (20 Jul)
1 Niklas Kaul GER 8162
2 Maksim Andraloits BLR 8046
3 Johannes Erm EST 7879

International & Championship Results

10000 metres Walk (23 Jul)
1 **Callum Wilkinson** **40:41.62**
2 Jhonatan Amores ECU 40:43.33
3 Salih Korkmaz TUR 40:45.53
24 **Cameron Corbishley** **43:06.91**

4x100 Metres Relay (23 Jul)
1 United States 38.93
2 Japan 39.01
3 Germany 39.13
6 **Great Britain & NI** **39.57**
(Plummer, Bromby, Gorman, Matthew)
(1h1 39.91)

4x400 Metres Relay (24 Jul)
1 United States 3:02.39
2 Botswana 3:02.81
3 Jamaica 3:04.83

WOMEN

100 Metres wind 0.9 (21 Jul)
1 Candace Hill USA 11.07
2 Ewa Swoboda POL 11.12
3 Khalifa St Fort TTO 11.18
4 **Imani Lansiquot** **11.37**
(1h3 11.17, 1s1 11.24)
6 **Hannah Brier** **11.60**
(2h1 11.63, 3s2 11.39)

200 Metres wind 0.6 (23 Jul)
1 Ofonime Odiong BRN 22.84
2 Evelyn Rivera COL 23.21
3 Estelle Raffai FRA 23.48
7 **Finette Agyapong** **23.74**
(2h4 23.58, 4s3 23.64)
5s2 **Charlotte McLennaghan** **23.87**
(4h3 23.89)

400 Metres (21 Jul)
1 Tiffany James JAM 51.32
2 Lynna Irby USA 51.39
3 Junelle Bromfield JAM 52.05
4s1 **Hannah Williams** **52.80**
(2h3 53.85)
7s2 **Lily Beckford** **54.88**
(5h6 54.70)

800 Metres (21 Jul)
1 Samantha Watson USA 2:04.52
2 Aaliyah Miller USA 2:05.06
3 Tigist Ketema ETH 2:05.13

1500 Metres (24 Jul)
1 Adanech Anbesa ETH 4:08.07
2 Fantu Worku ETH 4:08.43
3 Christina Aragon USA 4:08.71
7 **Bobby Clay** **4:13.09**
(4h2 4:15.79)
8 **Harriet Knowles-Jones** **4:15.49**
(6h1 4:21.81)

3000 Metres (20 Jul)
1 Beyenu Degefa ETH 8:41.76
2 Dalila Gosa BRN 8:46.42
3 Konstanze Klosterhalfen GER 8:46.74

5000 Metres (23 Jul)
1 Kalkidan Fentie ETH 15:29.64
2 Emmaculate Chepkirui KEN 15:31.12
3 Bontu Rebitu BRN 15:31.93

3000 Metres Steeplechase (22 Jul)
1 Celliphine Chespol KEN 9:25.15
2 Tigist Getent BRN 9:34.08
3 Agrie Belachew ETH 9:37.17
9h2 **Aimee Pratt** **10:25.51**

100 Metres Hurdles wind 2.0 (24 Jul)
1 Elvira Herman BLR 12.85
2 Rushelle Burton JAM 12.87
3 Tia Jones USA 12.89
6 **Alicia Barrett** **13.15**
(2h2 13.35, 3s1 13.34)
3s2 **Mollie Courtney** **13.42**
(2h3 13.28)

400 Metres Hurdles (22 Jul)
1 Anna Cockrell USA 55.20
2 Shannon Kalawan JAM 56.54
3 Xahria Santiago CAN 56.90
h4 **Chelsea Walker** **dnf**

High Jump (24 Jul)
1 Michaela Hrubá CZE 1.91
2 Ximena Esquivel MEX 1.89
3 Yuliya Levchenko UKR 1.86

Pole Vault (21 Jul)
1 Angelica Moser SUI 4.55
2 Robeilys Peinado VEN 4.40
3 Wilma Murto FIN 4.40

Long Jump (22 Jul)
1 Yanis David FRA 6.42
2 Sophie Weissenberg GER 6.40
3 Hilary Kpatcha FRA 6.33

Triple Jump (23 Jul)
1 Chen Ting CHN 13.85
2 Konstadína Roméou GRE 13.55
3 Georgiana Anitei ROU 13.49

Shot (20 Jul)
1 Alina Kenzel GER 17.58
2 Song Jiayuan CHN 16.36
3 Alyssa Wilson USA 16.33

Discus (21 Jul)
1 Kristina Rakocevic MNE 56.36
2 Kirsty Williams AUS 53.91
3 Alexandra Emilianov MDA 53.08

Hammer (23 Jul)
1 Beatrice Nedberge Llano NOR 64.33
2 Alexandra Hulley AUS 63.47
3 Suvi Koskinen FIN 62.49

Javelin (20 Jul)
1 Klaudia Maruszewska POL 57.59
2 Jo-Ané van Dyck RSA 57.32
3 Eda Tugsuz TUR 56.71

Heptathlon (22 Jul)
1 Sarah Lagger AUT 5960
2 Adriana Rodriguez CUB 5925
3 Hanne Maudens BEL 5881

10000 metres Walk (19 Jul)
1 Ma Zhenzia CHN 45:18.45
2 Noemi Stella ITA 45:23.85
3 Yehualeye Beletew ETH 45:33.69

4x100 Metres Relay (23 Jul)
1 United States 43.69
2 France 44.05
3 Germany 44.18
h2 **Great Britain & NI** **dnf**
(Brier, McLennaghan, Agyapong, Marrs)

4x400 Metres Relay (24 Jul)
1 United States 3:29.11
2 Jamaica 3:31.01
3 Canada 3:32.25

International & Championship Results

England/CAU CHAMPIONSHIPS
Bedford 30-31 July 2016

MEN

100 Metres wind 2.0 (30 Jul)
1 Joel Fearon   9.96

200 Metres wind 2.2 (31 Jul)
1 Antonio Infantino   ITA   20.64w
2 Elliott Powell   1-Eng   21.03w

400 Metres (31 Jul)
1 Conrad Williams   46.68

800 Metres (30 Jul)
1 Max Wharton   1:51.88

1 Mile (31 Jul)
1 Alex Tovey   4:07.22

5000 Metres (31 Jul)
1 Richard Weir   14:18.91

3000 Metres Steeplechase (30 Jul)
1 Tommy Horton   8:58.81

110 Metres Hurdles wind 2.7 (30 Jul)
1 David Omoregie   Wal   13.37w
3 Khai Riley-La Borde 1-Eng   13.73w

400 Metres Hurdles (31 Jul)
1 Rick Yates   50.64

High Jump (30 Jul)
1 Mike Edwards   2.20

Pole Vault (30 Jul)
1 Jack Phipps   5.15

Long Jump (31 Jul)
1 Daniel Gardiner   7.96

Triple Jump (30 Jul)
1 Ben Williams   16.07

Shot (31 Jul)
1 Scott Lincoln   19.35

Discus (31 Jul)
1 Gregory Thompson   56.50

Hammer (30 Jul)
1 Taylor Campbell   68.59

Javelin ((30 Jul)
1 Harry Hughes   74.40

3000 metres Walk (31 Jul)
1 Daniel King   12:46.56

WOMEN

100 Metres wind 3.3 (30 Jul)
1 Rachel Johncock   Wal   11.37w
2 Becky Campsall   1-Eng   11.46w

200 Metres wind 2.5 (31 Jul)
1 Kimbely Baptiste   23.66w

400 Metres (31 Jul)
1 Phillipa Lowe   54.80

800 Metres (30 Jul)
1 Sarah McDonald   2:04.43

1500 Metres (31 Jul)
1 Jessica Judd   4:16.49

5000 Metres (31 Jul)
1 Claire Duck   16:10.53

3000 Metres Steeplechase (30 Jul)
1 Charlotte Green   10:23.70

100 Metres Hurdles wind 2.6 (30 Jul)
1 Angie Broadbelt-Blake   13.29w

400 Metres Hurdles (31 Jul)
1 Hayley McLean   58.59

High Jump (31 Jul)
1 Bethan Partridge   1.83

Pole Vault (31 Jul)
1 Jade Ive   4.01

Long Jump (30 Jul)
1 Eleanor Broome   6.11

Triple Jump (31 Jul)
1 Sineade Gutzmore   13.53

Shot (30 Jul)
1 Danielle Opara   13.87

Discus (30 Jul)
1 Amy Holder   52.73

Hammer (31 Jul)
1 Rachel Hunter   Sco   62.74
2 Lucy Marshall   1-Eng   60.31

Javelin (31 Jul)
1 Jo Blair   52.62

3000 metres Walk (30 Jul)
1 Bethan Davies   Wal   13:09.97
4 Gemma Bridge   1-Eng   13:45.08

XXXI OLYMPIC GAMES
Rio de Janeiro, BRA 12-21 August 2016

MEN

100 Metres wind 0.2 (4 Aug)
1 Usain Bolt   JAM   9.81
2 Justin Gatlin   USA   9.89
3 Andre De Grasse   CAN   9.91
4 Yohan Blake   JAM   9.93
5 Akani Simbini   RSA   9.94
6 Ben Youssef Meité   CIV   9.96
7 Jimmy Vicaut   FRA   10.04
8 Trayvon Bromell   USA   10.06
4s2 Chijindu Ujah   10.01
   (2h1 10.13)
6s3 James Dasaolu   10.16
   (3h7 10.18)
5h6 James Ellington   10.29

200 Metres wind -0.5 (18 Aug)
1 Usain Bolt   JAM   19.78
2 Andre De Grasse   CAN   20.02
3 Christophe Lemaitre FRA   20.12
4 **Adam Gemili**   20.12
   (2h6 20.20, 3s2 20.08)
5 Churandy Martina   NED   20.13
6 LaShawn Merritt   USA   20.19
7 Alonso Edward   PAN   20.23
8 Ramil Gullyev   TUR   20.43
3s1 Danny Talbot   20.25
   (2h1 20.27)
5s3 Nethaneel Mitchell-Blake   20.25
   (2h10 20.24)

400 Metres (14 Aug)
1 Wayde van Niekerk   RSA   43.03
2 Kirani James   GRN   43.76
3 LaShawn Merritt   USA   43.85
4 Machel Cedenio   TTO   44.01
5 Karabo Sibanda   BOT   44.25
6 Ali Khamis Abbas   BRN   44.36
7 Bralon Taplin   GRN   44.45
8 **Matthew Hudson-Smith**   44.61
   (3h6 45.26, 2s3 44.48)
5h4 Martyn Rooney   45.60

800 Metres (15 Aug)
1 David Rudisha   KEN   1:42.15
2 Taoufik Makhloufi   ALG   1:42.61
3 Clayton Murphy   USA   1:42.93
4 Pierre-Ambroise Bosse FRA   1:43.41
5 Ferguson Cheruiyot   KEN   1:43.55
6 Marcin Lewandowski   POL   1:44.20
7 Alfred Kipketer   KEN   1:46.02
8 Boris Berian   USA   1:46.15
8s1 Michael Rimmer   1:46.80
   (3h3 1:45.99)
7h4 Elliot Giles   1:47.88

1500 Metres (20 Aug)
1 Matthew Centrowitz   USA   3:50.00
2 Taoufik Makhloufi   ALG   3:50.11
3 Nick Willis   NZL   3:50.24
4 Ayanleh Souleiman   DJI   3:50.29
5 Abdelaati Iguider   MAR   3:50.58
6 Asbel Kiprop   KEN   3:50.87
7 David Bustos   ESP   3:51.06
8 Ben Blankenship   USA   3:51.09

International & Championship Results

12	Charlie Grice		3:51.73						

(10h2 3:48.51, 5s1 3:40.05)
10s2 Chris O'Hare   3:44.27
(4h1 1:39.26)

5000 Metres (20 Aug)
1 Mo Farah   13:03.30
(3h1 13:25.25)
2 Paul Chelimo   USA   13:03.90
3 Hagos Gebrhiwet   ETH   13:04.35
4 Mohammed Ahmed   CAN   13:05.94
5 Bernard Lagat   13:06.78
6 **Andrew Butchart**   **13:08.61**
(5h2 13:20.08)
7 Albert Rop   BRN   13:08.79
8 Joshua Cheptegei   UGA   13:09.17
20h2 **Tom Farrell**   **14:11.65**

10000 Metres (13 Aug)
1 Mo Farah   27:05.17
2 Paul Tanui   KEN   27:05.64
3 Tamirat Tola   ETH   27:06.26
4 Yigrem Demelash   ETH   27:06.27
5 Galen Rupp   USA   27:08.92
6 Joshua Cheptegei   UGA   27:10.06
7 Bidan Karoki   KEN   27:22.93
8 Zersenay Tadese   ERI   27:23.86
25 **Andy Vernon**   **28:19.36**
31 **Ross Millington**   **29:14.95**

Marathon (21 Aug)
1 Eliud Kipchoge   KEN   2:08:44
2 Feyisa Lilesa   ETH   2:09:56
3 Galen Rupp   USA   2:10:05
4 Ghirmay Ghebreslassie   ERI   2:11:04
5 Alphonce Simbu   TAN   2:11:15
6 Jared Ward   USA   2:11:30
7 Tadesse Abraham   SUI   2:11:42
8 Solomon Mutai   UGA   2:11:49
9 **Callum Hawkins**   **2:11:52**
114 **Derek Hawkins**   **2:29:24**
Tsegai Tewelde   dnf

3000 Metres Steeplechase (17 Aug)
1 Conseslus Kipruto   KEN   8:03.28
2 Evan Jager   USA   8:04.28
3 Mahiedine Mekhissi-Benabbad   FRA   8:11.52
4 Soufiane El-Bakkali   MAR   8:14.35
5 Yoann Kowal   FRA   8:16.75
6 Brimin Kipruto   KEN   8:18.79
7 Hillary Bor   USA   8:22.74
8 Donald Cabral   USA   8:25.81
12h1 **Rob Mullett**   **8:48.19**

110 Metres Hurdles wind 0.2 (16 Aug)
1 Omar McLeod   JAM   13.05
2 Orlando Ortega   ESP   13.17
3 Dimitri Bascou   FRA   13.24
4 Pascal Martinot-Lagarde   FRA   13.29
5 Devon Allen   USA   13.31
6 Johnathan Cabral   CAN   13.40
7 Milan Trajkovic   CYP   13.41
Ronnie Ash   USA   dq

5s1 Andy Pozzi   13.67
(2h3 13.50)
6s2 Lawrence Clarke   13.46
(3h5 13.55)

400 Metres Hurdles (18 Aug)
1 Kerron Clement   USA   47.73
2 Boniface Mucheru   KEN   47.78
3 Yasmani Copello   TUR   47.92
4 Thomas Barr   IRL   47.97
5 Annsert Whyte   JAM   48.07
6 Rasmus Mägi   EST   48.40
7 Haron Koech   KEN   49.09
Javier Culson   PUR   dq
8s1 **Jack Green**   **49.54**
(2h5 48.96)
6h4 **Seb Rodger**   **49.54**

High Jump (16 Aug)
1 Derek Drouin   CAN   2.38
2 Mutaz Essa Barshim   QAT   2.36
3 Bohdan Bondarenko   UKR   2.33
4= Andriy Protsenko   UKR   2.33
4= **Robbie Grabarz**   **2.33**
(Q 2.29)
6 Erik Kynard   USA   2.33
7= Majed El Dein Ghazal   SYR   2.29
7= Kyriakos Ioannou   CYP   2.29
7= Donald Thomas   BAH   2.29
16Q **Chris Baker**   **2.26**

Pole Vault (15 Aug)
1 Thiago Braz da Silva   BRA   6.03
2 Renaud Lavillenie   FRA   5.98
3 Sam Kendricks   USA   5.85
4= Piotr Lisek   POL   5.75
4= Jan Kudlicka   CZE   5.75
6 Xue Changrui   CHN   5.65
7= Michal Balner   CZE   5.50
7= Daichi Sawano   JPN   5.50
7= Konstandinos Filippidis   GRE   5.50
22=Q **Luke Cutts**   **5.45**

Long Jump (13 Aug)
1 Jeff Henderson   USA   8.38
2 Luvo Manyonga   RSA   8.37
3 **Greg Rutherford**   **8.29**
(Q 7.90)
4 Jarrion Lawson   USA   8.25
5 Wang Jianan   CHN   8.17
6 Emiliano Lasa   URU   8.10
7 Henry Frayne   AUS   8.06
8 Kafétien Gomis   FRA   8.05

Triple Jump (16 Aug)
1 Christian Taylor   USA   17.86
2 Will Claye   USA   17.76
3 Dong Bin   CHN   17.58
4 Cao Shuo   CHN   17.13
5 John Morillo   COL   17.09
6 Nelson Évora   POR   17.03
7 Troy Doris   GUY   16.90
8 Lazaro Martinez   CUB   16.68

Shot (18 Aug)
1 Ryan Crouser   USA   22.52
2 Joe Kovacs   USA   21.78
3 Tomas Walsh   NZL   21.36
4 Frank Elemba   CGO   21.20
5 Darlan Romani   BRA   21.02
6 Tomasz Majewski   POL   20.72
7 David Storl   GER   20.64
8 O'Dayne Richards   JAM   20.64

Discus (13 Aug)
1 Christoph Harting   GER   68.37
2 Piotr Malachowski   POL   67.55
3 Daniel Jasinski   GER   67.05
4 Martin Kupper   EST   66.58
5 Gerd Kanter   EST   65.10
6 Lukas Weisshaidinger   AUT   64.95
7 Zoltán Kövágó   HUN   64.50
8 Apostolos Parellis   CYP   63.72

Hammer (19 Aug)
1 Dilshod Nazarov   TJK   78.68
2 Ivan Tikhon   BLR   77.79
3 Wojciech Nowicki   POL   77.73
4 Diego Del Real   MEX   76.05
5 Marcel Lomnicky   SVK   75.97
6 Ashraf Amgad-El-Seify   QAT   75.46
7 Krisztián Pars   HUN   75.28
8 David Söderberg   FIN   74.61
19Q **Chris Bennett**   **71.32**
21Q **Mark Dry**   **71.03**
22Q **Nick Miller**   **70.83**

Javelin (20 Aug)
1 Thomas Röhler   GER   90.30
2 Julius Yego   KEN   88.24
3 Keshorn Walcott   TTO   85.38
4 Johannes Vetter   GER   85.32
5 Dmytro Kosynskyy   UKR   83.95
6 Antti Ruuskanen   FIN   83.05
7 Vitezslav Vesely   CZE   82.51
8 Jakub Vadlejch   CZE   82.42

Decathlon (17-18 Aug)
1 Ashton Eaton   USA   8893
2 Kevin Mayer   FRA   8834
3 Damian Warner   CAN   8666
4 Kai Kazmirek   GER   8580
5 Larbi Bouraada   ALG   8521
6 Leonel Suárez   CUB   8460
7 Zach Ziemek   USA   8392
8 Thomas Van Der Plaetsen   BEL   8332

20 Kilometres Walk (12 Aug)
1 Wang Zhen   CHN   1:19:14
2 Cai Zelin   CHN   1:19:26
3 Dane Bird-Smith   AUS   1:19:37
4 Caio Bonfim   BRA   1:19:42
5 Christopher Linke   GER   1:20:00
6 **Tom Bosworth**   **1:20:13**
7 Daisuke Matsunaga   JPN   1:20:22
8 Matteo Giupponi   ITA   1:20:27

International & Championship Results

50 Kilometres Walk (19 Aug)
1 Matej Tóth SVK 3:40:58
2 Jared Tallent AUS 3:41:16
3 Hirooki Arai JPN 3:41:24
4 Evan Dunfee CAN 3:41:38
5 Yu Wei CHN 3:43:00
6 Robert Heffernan IRL 3:43:55
7 Håvard Haukenes NOR 3:46:33
8 Yohann Diniz FRA 3:46:43
　Dominic King dq

WOMEN
100 Metres wind 0.5 (13 Aug)
1 Elaine Thompson JAM 10.71
2 Tori Bowie USA 10.83
3 Shelly-Ann Fraser-Pryce JAM 10.86
4 Marie-Josée Ta Lou CIV 10.86
5 Dafne Schippers NED 10.90
6 Michelle-Lee Ahye TTO 10.92
7 English Gardner USA 10.94
8 Christania Williams JAM 11.80
8s2 **Asha Philip** **11.33**
(3h6 11.34)
4s3 **Desiree Henry** **11.09**
(1h1 11.08)
4h8 **Daryll Neita** **11.41**

200 Metres wind -0.1 (17 Aug)
1 Elaine Thompson JAM 21.78
2 Dafne Schippers NED 21.88
3 Tori Bowie USA 22.15
4 Marie-Josée Ta Lou CIV 22.21
5 **Dina Asher-Smith** **22.31**
(2h5 22.77, 4s1 22.49)
6 Michelle-Lee Ahye TTO 22.34
7 Deajah Stevens USA 22.65
8 Ivet Lalova-Callio BUL 22.69
8s2 **Jodie Williams** **22.99**
(3h7 22.69)

400 Metres (15 Aug)
1 Shaunae Miller BAH 49.44
2 Allyson Felix USA 49.51
3 Shericka Jackson JAM 49.85
4 Natasha Hastings USA 50.34
5 Phyllis Francis USA 50.41
6 Stephanie Ann McPherson JAM 50.97
7 Olha Zemlyak UKR 51.24
8 Libania Grenot ITA 51.25
5s1 **Christine Ohuruogu** **51.22**
(2h4 51.40)
6s2 **Emily Diamond** **51.49**
(4h5 51.76)
7h2 **Seren Bundy-Davies** **53.63**

800 Metres (20 Aug)
1 Caster Semenya RSA 1:55.28
2 Francine Niyonsaba BDI 1:56.49
3 Margaret Wambui KEN 1:56.89
4 Melissa Bishop CAN 1:57.02

4 x 100 Metres (19 Aug)
1 Jamaica 37.27
2 Japan 37.60
3 Canada 37.64
4 China 37.90
5 **Great Britain & NI** **37.98**
(Kilty, Aikines-Aryeetey, Ellington, Gemili)
(4h2 38.06)
(Kilty, Aikines-Aryeetey, Ellington, Ujah)
6 Brazil 38.41
　Trinidad & Tobago dq
　United States dq

5 Joanna Jóźwik POL 1:57.37
6 **Lynsey Sharp** **1:57.69**
(1h1 2:00.83, 2s3 1:58.65)
7 Marina Arzamasova BLR 1:59.10
8 Kate Grace USA 1:59.57
5s2 **Shelayna Oskan-Clarke** **1:59.45**
(3h2 1:59.67)

1500 Metres (16 Aug)
1 Faith Kipyegon KEN 4:08.92
2 Genzebe Dibaba ETH 4:10.27
3 Jennifer Simpson USA 4:10.53
4 Shannon Rowbury USA 4:11.05
5 Sifan Hassan NED 4:11.23
6 Meraf Bahta SWE 4:12.59
7 **Laura Muir** **4:12.88**
(3h1 4:06.53, 3s2 4:04.16)
8 Dawit Seyaum ETH 4:13.14
11 **Laura Weightman** **4:14.95**
(7h2 4:08.37, 6s1 4:05.28)

5000 Metres (19 Aug)
1 Vivian Cheruiyot KEN 14:26.17
2 Hellen Obiri KEN 14:29.77
3 Almaz Ayana ETH 14:33.59
4 Mercy Cherono KEN 14:42.89
5 Senbere Teferi ETH 14:43.75
6 Yasemin Can TUR 14:56.96
7 Karoline Bjerkeli Grøvdal NOR 14:57.53
8 Susan Kuijken NED 15:00.69
13 **Eilish McColgan** **15:12.09**
(5h2 15:18.20)
10h1 **Laura Whittle** **15:31.30**
8h2 **Stephanie Twell** **15:25.90**

10000 Metres (12 Aug)
1 Almaz Ayana ETH 29:17.45
2 Vivian Cheruiyot KEN 29:32.53
3 Tirunesh Dibaba ETH 29:42.56
4 Alice Aprot Nawowuna KEN 29:53.51
5 Betsy Saina KEN 30:07.78
6 Molly Huddle USA 30:13.17
7 Yasemin Can TUR 30:26.41
8 Gelete Burka ETH 30:26.66
15 **Jo Pavey** **31:33.44**
16 **Jessica Andrews** **31:35.92**
34 **Beth Potter** **33:04.34**

4 x 400 Metres (20 Aug)
1 United States 2:57.30
2 Jamaica 2:58.16
3 Bahamas 2:58.49
4 Belgium 2:58.52
5 Botswana 2:59.06
6 Cuba 2:59.53
7 Poland 3:00.50
8 France 3:03.28
h2 **Great Britain & NI** **dq**
(Levine, D Williams, Hudson-Smith, Rooney)

Marathon (14 Aug)
1 Jemima Sumgong Jelagat KEN 2:24:04
2 Eunice Jepkirui BRN 2:24:13
3 Mare Dibaba ETH 2:24:30
4 Tirfi Tsegaye ETH 2:24:47
5 Olga Mazuronak BLR 2:24:48
6 Shalane Flanagan USA 2:25:26
7 Desiree Linden USA 2:26:08
8 Rose Chelimo KEN 2:27:36
28 **Alyson Dixon** **2:34:11**
30 **Sonia Samuels** **2:34:36**

3000 Metres Steeplechase (15 Aug)
1 Ruth Jebet BRN 8:59.75
2 Hyvin Jepkemoi KEN 9:07.12
3 Emma Coburn USA 9:07.63
4 Beatrice Chepkoech KEN 9:16:05
5 Sofia Assefa ETH 9:17.15
6 Gesa Felicitas Krause GER 9:18.41
7 Madeline Hills AUS 9:20.38
8 Colleen Quigley USA 9:21.10
17h3 **Lennie Waite** **10:14.18**

100 Metres Hurdles wind 0.0 (17 Aug)
1 Brianna Rollins USA 12.48
2 Nia Ali USA 12.59
3 Kristi Castlin USA 12.61
4 **Cindy Ofili** **12.63**
(1h3 12.75, 2s3 12.71)
5 Cindy Roleder GER 12.74
6 Pedrya Seymour BAH 12.76
7 **Tiffany Porter** **12.76**
(2h4 12.87, 4s1 12.82)
8 Phylicia George CAN 12.89

400 Metres Hurdles (18 Aug)
1 Dalilah Muhammad USA 53.13
2 Sara Slott Petersen DEN 53.55
3 Ashley Spencer USA 53.72
4 Zuzana Hejnová CZE 53.92
5 Ristananna Tracey JAM 54.15
6 Leah Nugent JAM 54.45
7 Janieve Russell JAM 54.56
8 **Eilidh Doyle** **54.61**
(1h6 55.46, 3s2 54.99)

International & Championship Results

High Jump (20 Aug)
1 Ruth Beitia   ESP   1.97
2 Mirela Demireva   BUL   1.97
3 Blanka Vlasic   CRO   1.97
4 Chaunté Lowe   USA   1.97
5 Alessia Trost   ITA   1.93
6 Levern Spencer   LCA   1.93
7= Sofie Skoog   SWE   1.93
7= Marie-Laurence Jungfleisch GER 1.93
10=**Morgan Lake**   1.93
   (Q 1.94)

Pole Vault (19 Aug)
1 Ekaterini Stefanidi   GRE   4.85
2 Sandi Morris   USA   4.85
3 Eliza McCartney   NZL   4.80
4 Alana Boyd   AUS   4.80
5 **Holly Bradshaw**   4.70
   (Q 4.60)
6 Nicole Büchler   SUI   4.70
7= Jennifer Suhr   USA   4.60
7= Yarisley Silva   CUB   4.60

Long Jump (17 Aug)
1 Tianna Bartoletta   USA   7.17
2 Brittney Reese   USA   7.15
3 Ivana Španović   SRB   7.08
4 Malaika Mihambo   GER   6.95
5 Ese Brume   NGR   6.81
6 Ksenija Balta   EST   6.79
7 Brooke Stratton   AUS   6.74
8 **Jazmin Sawyers**   6.69
   (Q 6.53)
11 **Lorriane Ugen**   6.58
   (Q 6.65)
21Q **Shara Proctor**   6.36

Triple Jump (14 Aug)
1 Caterine Ibargüen   COL   15.17
2 Yulimar Rojas   VEN   14.98
3 Olga Rypakova   KAZ   14.74
4 Keturah Orji   USA   14.71
5 Hanna Minenko   ISR   14.68
6 Patricia Mamoma   POR   14.65
7 Kimberly Williams   JAM   14.53
8 Paraskevi Papahristou GRE   14.26

Shot (12 Aug)
1 Michelle Carter   USA   20.63
2 Valerie Adams   NZL   20.42
3 Anita Márton   HUN   19.87
4 Gong Lijiao   CHN   19.39
5 Raven Saunders   USA   19.35
6 Christina Schwanitz   GER   19.03
7 Cleopatra Borel   TTO   18.37
8 Alyona Dubitskaya   BLR   18.23

Discus (16 Aug)
1 Sandra Perkovic   CRO   69.21
2 Mélina Robert-Michon   FRA   66.73
3 Denia Caballero   CUB   65.34
4 Dani Samuels   AUS   64.90
5 Su Xinyue   CHN   64.37
6 Nadine Müller   GER   63.13
7 Chen Yang   CHN   63.11
8 Feng Bin   CHN   63.06
28Q **Jade Lally**   54.06

Hammer (15 Aug)
1 Anita Wlodarczyk   POL   82.29
2 Zhang Wenxiu   CHN   76.75
3 **Sophie Hitchon**   74.54
   (Q 70.37)
4 Betty Heidler   GER   73.71
5 Zalina Marghieva   MDA   73.50
6 Amber Campbell   USA   72.74
7 Hanna Malyshik   BLR   71.90
8 DeAnna Price   USA   70.95

Javelin (18 Aug)
1 Sara Kolak   CRO   66.18
2 Sunette Viljoen   RSA   64.92
3 Barbora Spotáková   CZE   64.80
4 Maria Andrejczyk   POL   64.78
5 Tatyana Khaladovich   BLR   64.60
6 Kathryn Mitchell   AUS   64.36
7 Lu Huihui   CHN   64.04
8 Christina Obergföll   GER   62.92

Heptathlon (12-13 Aug)
1 Nafissatou Thiam   BEL   6810
2 **Jessica Ennis-Hill**   **6775**
3 Brianne Theisen-Eaton CAN   6653
4 Laura Ikauniece-Admidina LAT 6617
5 Carolin Schäfer   GER   6540
6 **Katarina Johnson-Thompson** **6523**
7 Yorgelis Rodriguez   CUB   6481
8 Györgyi Zsivoczky-Farkas HUN 6642

20 Kilometres Walk (19 Aug)
1 Liu Hong   CHN   1:28:35
2 Maria Guadalupe Gonzalez MEX 1:28:37
3 Lu Xiuzhi   CHN   1:28:42
4 Antonella Palmisano   ITA   1:29:03
5 Qieyang Shenjie   CHN   1:29:04
6 Ana Cabecinha   POR   1:29:23
7 Erica de Sena   BRA   1:29:29
8 Beatriz Pascual   ESP   1:30:24

4 x 100 Metres (19 Aug)
1 United States   41.01
2 Jamaica   41.36
3 **Great Britain & NI**   **41.77**
   (Philip, Henry, Asher-Smith, Neita)
   (2h1 41.93)
4 Germany   42.10
5 Trinidad & Tobago   42.12
6 Ukraine   42.36
7 Canada   43.15
8 Nigeria   43.21

4 x 400 Metres (20 Aug)
1 United States   3:19.06
2 Jamaica   3:20.34
3 **Great Britain & NI**   **3:25.88**
   (Doyle, Onuora, Diamond, Ohuruogu)
   (2h2 3:24.81)
   (Diamond, Onuora, Massey, Ohuruogu)
4 Canada   3:26.43
5 Ukraine   3:26.64
6 Italy   3:27.05
7 Poland   3:27.28
8 Australia   3:27.45

EUROPEAN 24 HOUR CHAMPIONSHIPS
Albi, FRA 22-23 Oct 2016

MEN
1   Daniel Lawson   261.843k
8   Marco Consani   250.263k
22 James Elson   231.163k
31 Steven Holyoak   214.141k
46 Pat Robbins   204.915k

Team Result
2 Great Britain & NI

WOMEN
18 Alison Young   215.253k
41 Isobel Wykes   190.236k
49 Debbie Martin-Consani 178.069k
92 Sharon Law   92.871k

Team Result
10 Great Britain & NI

WORLD 50k CHAMPIONSHIPS
Doha, QAT 11 Nov 2016

MEN
5	Andrew Davies	2:58:25
6	Michael Kallenberg	2:59:30
7	Ross Houston	3:01:34
12	Stuart Robinson	3:13:42

Team Result
2 Great Britain & NI

WOMEN
3	Amy Clements	3:26:17
5	Rebecca Hilland	3:34:08
7	Samantha Amend	3:35:36
8	Hannah Oldroyd	3:35:57

Team Result
1 Great Britain & NI

WORLD 100k CHAMPIONSHIPS
Los Alcázares, ESP 27 Nov 2016

WOMEN
3	Joasia Zakrzewski	7:41:47

23rd EUROPEAN CROSS COUNTRY CHAMPIONSHIPS
Chia, ITA 11 December 2016

SENIOR MEN (10.15k)
1	Aras Kaya	TUR	27:39
3	Callum Hawkins		27:49
4	Andrew Butchart		28:01
5	Andy Vernon		28:11
16	Ben Connor		28:51
18	Dewi Griffiths		29:00
32	Ross Millington		29:29

Team
1 Great Britain & NI 28

U23 MEN (8.15k)
1	Isaac Kimeli	BEL	22:48
2	Jonathan Davies		23:01
13	Alex George		23:19
15	Ellis Cross		23:32
25	Alex Short		23:46
33	William Christofi		23:58
49	Patrick Dever		24:29

Team
1 Italy 35
3 Great Britain & NI 58

JUNIOR MEN (6.15k)
1	Jakob Ingebrigtsen	NOR	17:06
3	Mahamed Mahamed		17:16
11	Alexander Yee		17:35
14	Josh Kerr		17:38
15	Paulos Surafel		17:42
30	William Fuller		17:57
50	Sam Stevens		18:17

Team
1 France 26
3 Great Britain & NI 43

SENIOR WOMEN (8.15k)
1	Yasemin Can	TUR	24:46
6	Stephanie Twell		25:50
12	Gemma Steel		26:06
16	Katrina Wootton		26:16
17	Pippa Woolven		26:20
43	Charlotte Arter		27:11
57	Emily Hosker-Thornhill		27:43

Team
1 Turkey 35
2 Great Britain & NI 51

U23 WOMEN (6.15k)
1	Sofia Ennaoui	POL	19:21
3	Alice Wright		19:42
4	Charlotte Taylor		19:44
7	Rebecca Murray		19:52
12	Jessica Judd		20:06
25	Mari Smith		20:38
42	Georgina Outten		21:07

Team
1 Great Britain & NI 26

JUNIOR WOMEN (4.15k)
1	Konstanze Klosterhalfen	GER	12:26
3	Harriet Knowles-Jones		12:52
9	Amelia Quirk		13:12
10	Victoria Weir		13:16
11	Gemma Holloway		13:23
22	Phoebe Law		13:35

Team
1 Great Britain & NI 33

IAAF WORLD CROSS COUNTRY CHAMPIONSHIPS
Guiyang, CHN 28 March 2015

SENIOR MEN (12k)
1	Geoffrey Kamworor	KEN	34:52
55	Charlie Hulson		38:26
70	Dewi Griffiths		39:02
84	Jonathan Hay		40:05
86	Andrew Butchart		40:11

JUNIOR MEN (8k)
1	Yasin Haji	ETH	23:42
39	Alex George		25:54
53	Joe Steward		26:21
72	Elliott Bowker		26:55
79	Jonathan Glen		27:10
102	Christopher Olley		28:00
	Jac Hopkins		dnf

Senior Men Team
1 Ethiopia 20
15 Great Britain & NI 295

Junior Men Team
1 Kenya 19
13 Great Britain & NI 243

SENIOR WOMEN (8k)
1	Agnes Tirop	KEN	26:01
18	Gemma Steel		28:14
19	Rhona Auckland		28:17

JUNIOR WOMEN (6k)
1	Letesenbet Gidey	ETH	19:48
45	Hannah Nuttall		22:23
72	Bronwen Owen		23:17
80	Abbie Donnelly		23:46
82	Grace Baker		24:00
	Amy Griffiths		dnf

Senior Women Team
1 Ethiopia 17

Junior Women Team
1 Ethiopia 11
15 Great Britain & NI 279

REGIONAL CHAMPIONSHIPS

SCOTLAND
Grangemouth 13-14 August

MEN

Event	Athlete	Mark
100	Luke Giblin	10.72w
200	Grant Plenderleith	21.11
400	Greg Louden	47.89
800	Kieran Kelly IRL	1:49.72
1500	Matthew White	3:50.34
5000	Kristian Jones	14:20.68
10000	William Mackay	30:36.89
3kSt	Michael Deason USA	9:22.93
110H	John McCall	14.71
400H	Jack Lawrie	51.95
HJ	Allan Smith	2.20
PV	Fraser O'Rourke	4.41
LJ	Allan Hamilton	7.52
TJ	Chukwudi Onyia	15.57
SP	Nicholas Percy	15.85
DT	Nicholas Percy	59.90
HT	Andy Frost	63.31
JT	Greg Millar	65.47
Dec	Andrew Murphy	6295

10000 Glasgow 29 April
Dec Aberdeen 2-3 July

WOMEN

Event	Athlete	Mark
100	Chloe Lambert	11.99w
200	Alisha Rees	23.73w
400	Zoey Clark	53.67
800	Mhairi Hendry	2:05.24
1500	Emily Dudegen	4:24.87
5000	Freya Ross	16:56.65
10000	Jennifer Wetton	35:07.44
3kSt	Lauren Stoddart	11:00.12
100H	Heather Paton	13.76w
400H	Avril Jackson	58.74
HJ	Nikki Manson	1.78
PV	Caroline Adams	3.41
LJ	Gillian Cooke	5.85
TJ	Emily Gargan	12.36
SP	Kirsty Yates	14.78
DT	Kirsty Law	52.64
HT	Sultana Frizell CAN	63.04
JT	Aileen Rennie	44.51
Hep	Siobhan Kingham	4333

10000 Glasgow 29 April
Hep Aberdeen 2-3 July

WALES
Cardiff 11 June

MEN

Event	Athlete	Mark
100	Anax DaSilva	10.59
200	Kristian Jones	21.63
400	Joseph Brier	47.91
800	Jake Heyward	1:53.59
1500	Tom Marshall	3:57.51
3000	Gareth Knight	9:51.98
5000	Joshua Griffiths	15:08.67
10000	Carwyn Jones	31:23.22
110H	Glen Elsdon	15.31
400H	Paul Bennett	52.17
HJ	Joseph Pearse	2.02
PV	Ethan Walsh	4.75
LJ	Curtis Mathews	7.02
TJ	Nav Childs	14.36
SP	Gareth Winter	16.85
DT	Brett Morse	60.23
HT	Jac Palmer	64.81
JT	Jason Copsey	57.65

10000 Cardiff 9 July
3000 Cardiff 20 July

WOMEN

Event	Athlete	Mark
100	Hannah Brier	11.51
200	Lucy Evans	24.74
400	Katharine Marshall NZL	55.95
800	Isobel Parry-Jones	2:12.36
1500	Rachel McClay	4:27.73
3000	Alaw Beynon-Thomas	9:57.77
5000	Alaw Beynon-Thomas	17:23.45
10000	Clara Evans	37:00.70
3kSt	Emily Brown	11:41.80
100H	Katherine Morris	15.28
400H	Deborah Willis	63.27
HJ	Bethan Partridge	1.78
PV	Sally Peake	4.32
LJ	Emily Wright	5.99
TJ	Sian Swanson	11.47
SP	Adele Nicoll	16.08
DT	Elise Bue	42.88
HT	Carys Parry	64.74
JT	Tasia Stephens	41.40
Hep	Becky Owen	4655
3kW	Bethan Davies	12:24.70

10000 Cardiff 9 July
Hep Bedford 14-15 May
3000 Cardiff 20 July

NORTHERN IRELAND
Belfast 19 June

MEN

Event	Athlete	Mark
100	Adam McMullen IRL	10.83
200	Adam McComb	22.10
400	Andrew Mellon IRL	47.88
800	John Travers IRL	1:56.03
1500	Connor Bradley	3:57.13
5000	Andrew Monaghan	15:04.09
10000	Scott Rankin	30:17.90
3kSt	Adam Kirk-Smith	9:12.48
110H	Ben Reynolds IRL	14.15
400H	Eoin Power IRL	55.97
HJ	Ray Bobrownicki	2.05
LJ	Adam McMullen IRL	7.50
TJ	Alan Kennedy IRL	14.25
SP	John Kelly IRL	15.86
DT	Damian Crawford	32.43
JT	Sean McBride	55.81
Dec	Jools Peters	5179

10000 Belfast 15 May
Dec Belfast 13-14 August

WOMEN

Event	Athlete	Mark
100	Caitlin Maguire	12.38
200	Caitlin Maguire	25.76
400	Katie Kirk IRL	59.63
800	Ciara Mageean IRL	2:02.84
1500	Rachael Gibson	4:36.37
5000	Catherine Whoriskey	17:34.56
10000	Catherine Whoriskey	36:52.73
100H	Clare Robinson	15.74
400H	Emma McCay	67.88
HJ	Sommer Lecky IRL	1.68
PV	Lydia Mills	5.47
LJ	Laura Saulters	11.80
TJ	Laura Frey	10.43
SP	Kathy Hetherington	39.67
DT	Hayley Murray	57.30
HT	Elleana Hull	33.25
Hep	Amy McTeggart IRL	4184

10k/Hep Belfast 13-14 August

AREA CHAMPIONSHIPS

SOUTH
Lee Valley 11-12 June

MEN

100	Adam Thomas	10.43
200	Lee McLaughlin	21.66
400	Oliver Smith	47.78
800	Dale King-Clutterbuck	1:51.14
1500	Michael Wilsmore	3:44.48
5000	Adam Hickey	14:14.31
10000	Matthew Sharp	33:10.04
3kSt	William Mycroft	9:05.99
110H	Joseph Hylton	14.43
400H	Sam Plumb	51.99
HJ	Ryan Bonifas	2.10
PV	Sam Bass-Cooper/Matt Harris	4.20
LJ	JJ Jegede	7.38
TJ	Jonathan Ilori	15.34w
SP	Joseph Watson	16.79
DT	Mark Plowman	50.72
HT	Taylor Campbell	71.39
JT	Bonne Buwembo	68.46
Dec	Harry Kendall	6230
Dec	Oxford 16-17 July	
10000	Aylesbury 21 Sep	

WOMEN

100	Rachel Miller	11.57
200	Deborah Willis	25.30
400	Phillipa Lowe	53.07
800	Revee Walcott-Nolan	2:06.64
1500	Tamara Armoush JOR	4:37.20
3000	Naomi Taschimowitz	9:33.12
3kSt	Emma Macready	10:29.33
100H	Jessica Hunter	14.17
400H	Hayley McLean	59.57
HJ	Pippa Rogan IRL	1.75
PV	Jade Ive	3.80
LJ	Steph Kleynhans	5.67
TJ	Lia Stephenson	12.27
SP	Sophie McKinna	16.61
DT	Amy Holder	51.34
HT	Louisa James	59.73
JT	Eloise Meakins	47.37
Hep	Elise Lovell	5284
Hep	Oxford 16-17 July	

MIDLAND
Nuneaton 11-12 June

MEN

100	Elliott Powell	10.63
200	Elliott Powell	20.88
400	Christian Owsley	47.41
800	Elliot Giles	1:50.26
1500	Stuart King	4:00.86
3000	Jonathan Goringe	8:49.39
5000	Jack Bancroft	14:51.65
10000	Graham Rush	31:01.7
3kSt	Cameron Shankly	10:16.9
110H	Maranga Mokoya	14.99
400H	Tom Moakes	54.23
HJ	Mike Edwards	2.15
LJ	Trevor Alexanderson	6.88w
TJ	Mitchell Kirby	14.41
SP	Forrest Francis	13.02
DT	Forrest Francis	44.94
HT	Craig Murch	67.32
JT	Benji Pearson	61.55
Dec	Michael Bowler IRL	6803
Dec	Bedford 14-15 May	
3000	Coventry 20 Aug	
10000	Tipton 27 Aug	

WOMEN

100	Niamh Bailey	11.90w
200	Gina Akpe-Moses IRL	24.55
400	Alice Desforges	55.82
800	Katie Allen	2:18.11
1500	Lori Marshall	4:39.88
3000	Paula Richardson	10:10.14
5000	Ellie Stevens	17:22.33
10000	Lucy Holt	37:11.8
3kSt	Niamh Bailey	14.05w
100H	Sian Davies	63.10
400H	Kate Davies	1.50
HJ	Emma Lyons	3.50
PV	Heidi Jarosinski	5.48
LJ	Anna Bates	11.96w
TJ	Rachel Wallader	16.72
SP	Eden Francis	50.11
DT	Hayley Murray	57.10
HT	Kate Davies	34.67
JT	Katie Stainton	5777
Hep	Bedford 14-15 May	
3000	Coventry 20 Aug	
10000	Tipton 27 Aug	

NORTH
Manchester (SC) 11-12 June

MEN

100	Aaron Crowley	10.76
200	Samuel Landsborough	21.33
400	Alex Boyce	48.05
800	Michael Wilson	1:53.45
1500	Richard Weir	3:49.71
5000	Jack Morris	14:17.10
10000	Wondiye Fokre ETH	30:22.03
3kSt	Daniel Eckersley	9:39.85
110H	David Feeney	14.07
400H	James Webster	53.29
HJ	Christopher Mann	1.98
PV	Nicolas Cole	5.00
LJ	Craig Jones	7.08
TJ	Seun Okome	14.96
SP	Craig Sturrock	14.11
DT	Alan Toward	57.18
HT	James Bedford	65.85
JT	David McKay	59.70
Dec	Aiden Davies	6914
Dec	Bedford 14-15 May	
10000	Manchester (Str) 20 Aug	

WOMEN

100	Annabelle Lewis	11.82
200	Katy Wyper	24.22
400	Nisha Desai	55.78
800	Samantha Coleby	2:09.40
1500	Jacqueline Fairchild	4:27.43
5000	Rebecca Rigby	16:26.5
10000	Rachel Fairclough	39.16.25
2kSt	Fiona Nuttall	7:34.93
100H	Jessica Ennis-Hill	13.10
400H	Nisha Desai	59.12
HJ	Chidinma Agwu	1.53
PV	Clare Blunt	3.60
LJ	Jessica Taylor	6.02
TJ	Naomi Reid	12.60
SP	Jessica Ennis-Hill	14.02
DT	Sarah Parsons	43.89
HT	Sarah Holt	63.62
JT	Jessica Ennis-Hill	45.02
Hep	Jessica Taylor	5913
Hep	Bedford 14-15 May	
10000	Manchester (Str) 20 Aug	

International & Championship Results

AGE CHAMPIONSHIPS

U23 — Bedford 18-19 June

MEN

Event	Name	Mark
100	Adam Thomas	10.50
200	Leon Reid	21.13
400	Owen Smith	47.22
800	Elliot Giles	1:49.97
1500	William Paulson	3:48.36
5000	Philip Crout	14:06.13
3kSt	Harry Lane	8:59.90
110H	David King	13.57
400H	Jack Lawrie	51.32
HJ	Chris Kandu	2.24
PV	Jack Phipps	5.15
LJ	Oliver Newport	7.43
TJ	Montel Nevers	15.62w
SP	Joseph Watson	16.77
DT	Nicholas Percy	58.62
HT	Taylor Campbell	68.75
JT	Jack Swain	61.76

WOMEN

Event	Name	Mark
100	Clieo Stephenson	11.73
200	Beth Dobbin	24.25
400	Lina Nielsen	52.97
800	Revee Walcott-Nolan	2:06.51
1500	Stephanie Pennycook	4:22.76
5000	Charlotte Taylor	16:17.19
3kSt	Stacie Taylor	10:13.23
100H	Holly Pattie-Belleli	13.70
400H	Georgina Rogers	58.53
HJ	Pippa Rogan IRL	1.75
PV	Sophie Cook	3.90
LJ	Jazmin Sawyers	6.61
TJ	Saragh Buggy IRL	13.25
SP	Sophie McKinna	16.67
DT	Amy Holder	53.10
HT	Louisa James	60.35
JT	Hannah Johnson	49.82

MEN

Event	Name	Mark
100	Kyle Reynolds-Warmington	10.98
200	Kyle Reynolds-Warmington	22.86
300	Ben Pattison	35.41
800	Oliver Carvell	1:58.16
1500	Alfie Bould	4:17.51
3000	Joe Smith	9:01.33

WOMEN

Event	Name	Mark
100	Amy Hunt	11.96
200	Alicia Regis	24.36
300	Orla Brennan	40.39
800	Molly Canham	2:08.59

U20 — Bedford 18-19 June

MEN

Event	Name	Mark
100	Rechmial Miller	10.47
200	Ryan Gorman	20.98
400	Cameron Chalmers	46.88
800	Daniel Rowden	1:49.55
1500	Jake Heyward	3:55.63
3000	Gus Cockle	8:20.35
	William Battershill	9:06.86
	Matthew Treston	13.48
	Ajibola Aderemi	53.91
	Rory Dwyer	2.17
	Adam Hague	5.15
	Jacob Fincham-Dukes	7.43
	Jude Bright-Davies	15.39
	George Evans	18.05
	George Evans	58.43
	Jake Norris	70.79
	Harry Hughes	71.49
10kW	Cameron Corbishley	42:18.94
Dec	Dylan Carlsson-Smith	6850

Dec/Hep 23-24 May Bedford

WOMEN

Event	Name	Mark
100	Imani Lansiquot	11.49
200	Finette Agyapong	23.74
400	Hannah Williams	53.64
800	Isabelle Boffey	2:06.90
1500	Bobby Clay	4:18.25
3000	Lucy Pygott	9:31.84
	Aimee Pratt	10:19.08
	Alicia Barrett	13.45
	Chelsea Walker	59.07
	Morgan Lake	1.90
	Jessica Robinson	3.90
	Eleanor Broome	6.21
	Naomi Ogbeta	12.92
	Michaela Walsh IRL	15.15
	Divine Oladipo	48.11
	Rebecca Keating	57.68
	Emma Hamplett	46.21
10kW	Ana Garcia	56:06.20
Hep	Michelle Hughes	4926

U15 Bedford 27-28 August

Event	Name	Mark
80H	Daniel Knight	10.98
HJ	Dominic Ogbechie	1.96
PV	Glen Quayle	3.91
LJ	Dominic Ogbechie	6.84w
TJ	Miraji Ahmed	13.63
SP	Joshua Wise	15.00
1500	Anna Smith	4:38.25
75H	Marcia Sey	10.93
HJ	Danielle Hopkins	1.69
PV	Jade Spencer-Smith	3.46
LJ	Ore Adamson	5.66
TJ	Jazz Sears	11.02

U17 — Bedford 27-28 August

MEN

Event	Name	Mark
100	Jona Efoloko	10.59
200	Jona Efoloko	21.53
400	Ellis Greatrex	48.75
800	Alex Botterill	1:54.51
1500	Hamza Kadir	4:01.06
3000	Joshua Cowperthwaite	8:37.90
1500St	George Groom	4:22.14
100H	Mayowa Osunsami	12.70
	Alistair Chalmers	53.03
	Joel Khan	2.10
	Frankie Johnson	4.70
	Alessandro Schenini	7.04
	Wesley Matsuka-Williams	14.78
	James Kelly IRL	16.64
	James Tomlinson	58.58
	Bayley Campbell	64.93
	Adam Boyle	62.46
5kW	Christopher Snook	23:36.51
Dec	Joel McFarlane	6260

Dec/Hept 20-21 August Bedford

WOMEN

Event	Name	Mark
	Vera Chinedu	11.84
	Mair Edwards	24.81
300	Anna-Marie Uzokwe	39.21
	Katy-Ann McDonald	2:05.07
	Erin Wallace	4:30.11
	Amelia Quirk	9:38.53
1.5kSt	Lucy Davies	5:04.84
80H	Darcey Fleming	11.46
300H	Holly McArthur	43.18
	Summer Lecky IRL	1.79
	Victoria Barlow	3.61
	Holly Mills	5.99
	Claudimira Landim	12.37
	Sarah Omoregie	14.97
	Danielle Broom	41.03
	Olivia Stevenson	57.14
	Bethan Rees	45.09
5kW	Ana Garcia	26:35.17
Dec	Jade O'Dowda	5010

Event	Name	Mark
DT	Finbar Dunne	43.70
HT	Jack Lambert	62.59
JT	Max Law	61.23
Oct	Aran Thomas	4116
3kW	Jack Childs	17:09.01

Oct/Hex 20-21 August Bedford

Event	Name	Mark
SP	Serena Vincent	13.58
DT	Charlotte Payne	36.77
HT	Phoebe Baggott	55.48
JT	Bethany Moule	40.86
Hex	Jessica Hopkins	3769
3kW	Lucy Lewis Ward	16:32.30

UK MERIT RANKINGS 2016 by Peter Matthews

My annual merit rankings of British athletes are an assessment of form during the outdoor season. The major factors by which the rankings are determined are win-loss record, performances in major meetings, and sequence of marks. I have made a major change this year in that the main body of these rankings now encompass both indoor and outdoor season. Instead of showing rankings including indoor marks at the end of lists, I now show there rankings based only on outdoor form. Outdoor marks are still listed first.

I endeavour to be as objective as possible in assessing what actually happened in 2016, but form can often provide conflicting evidence, or perhaps an athlete may not have shown good enough results against leading rivals, or in very important competition, to justify a ranking which his or her ability might otherwise warrant. I can only rank athletes on what they have actually achieved. Much depends on having appropriate opportunities and perhaps getting invitations for the prestige meetings. This year the major targets for top athletes were the Olympic Games or the European Championships and for younger athletes the World Junior Championships or the European Youth Championships. Difficulties arise when athletes reach peak form at different parts of the season or, through injury, miss significant competition. Also, as noted every year, many of our top track athletes compete only rarely in Britain, choosing (or being sent to) overseas meetings instead of British ones, which makes comparisons of form difficult and severely weakens the sport in this country, where the number of good class domestic meetings continues to decline very worryingly. The new Manchester International was, therefore, most welcome.

For each event the top 12 are ranked (except in those events where are insufficient British athletes producing adequate performances). On the first line is shown the athlete's name, then their date of birth followed, in brackets, by the number of years ranked in the top 12 (including 2016) and their ranking last year (2015), and finally, their best mark prior to 2015. The following lines include their best performances of the year (generally six), followed, for completeness, by significant indoor marks indicated by 'i'. Then follow placings at major meetings, providing a summary of the athlete's year at the event.

Abbreviations include

Anniv	Anniversary Games (DL) at London (Olympic Stadium)
BIG	Bedford International
BL	British League/UK Womens' League
B'ham DL	Diamond League at Birmingham
B.Univs	British Universities at Bedford
CAU	Inter-Counties/England Champs at Bedford
EC	European Championships at Amsterdam
E.Clubs	European Clubs Cup at Mersin
E.Cp	European Cup
E.Sch	English Schools at Gateshead
Eng-J	England Under-20 Championships
Eng-23	England Under-23 Championships
EY	European Youth Championships at Tbilisi
GlasI	Glasgow Indoor Grand Prix
GNC	Great North City Games - Gateshead/Newcastle
JFest	Jumps Fest at Birmingham
LEAP	Loughborough European Athletics Permit Meeting
LI	Loughborough International
MI	Manchester International
OG	Olympic Games in Rio de Janeiro
Sch.G	Schools Games at Loughbororough
UK	UK Championships at Birmingham
UKi	UK Indoor Championships at Sheffield
WI	World Indoor Championships at Portland
WInt	Welsh International at Cardiff
WJ	World U20 (Junior) Championships at Bydcoszcz
YDL	Youth Development League Final at Bedford

UK Merits 2016

100 METRES
1   **Joel Fearon** 11.10.88 (3y, -) 10.10 '13   9.96, 10.00, 10.04, 10.05, 10.05, 10.06; 10.02w
    2 Newham 25/5, 1 LEAP, 1 CAU, 1 MI, 3 Lausanne, 4 St-Denis, 2 Berlin, 2 Zagreb
2   **Adam Gemili** 6.10.93 (5y, 2) 9.97 '15   10.11, 10.11, 10.19, 10.21, 10.23, 10.29
    2 Bottrop, 6 B'ham DL, 1 G'burg, 5 Zürich, 4 Zagreb
3   **Chijindu Ujah** 5.3.94 (4y, 1) 9.96 '14   10.01, 10.06, 10.12, 10.13, 10.13, 10.14; 9.97w
    1 B.Univs, 1 Newham 8/5, 3 MI, 1A LI, 6 Rome, 3 B'ham DL, 3 UK, 3 G'burg, 6 Anniv, 4s2 OG, 8 St-Denis, 8 Zürich, 2 GNC
4   **James Dasaolu** 5.9.87 (9y, 3) 9.91 '13   10.10, 10.11, 10.14, 10.15, 10.16, 10.18; 9.93w
    2A LI, 1B Rome, 3/1 Luzern, 1 UK, 6h1 Anniv, 6s3 OG, 4 Berlin, 3 Zagreb, 1 GNC
5   **James Ellington** 6.9.85 (7y, 9) 10.13 '14, 10.10w '15   10.04, 10.11, 10.13, 10.15, 10.16, 10.16; 9.96w
    4 T'hassee, 3B G'ville, 4 Clermont, 3 Montreuil, 1 Geneva, 2 UK, 5 EC, 5h6 OG
6   **Richard Kilty** 2.9.89 (4y, 4) 10.05 '15   10.01, 10.14, 10.15, 10.15, 10.16, 10.22; 9.92w, 10.05w
    4 Manchester, 2 Gavardo, 3= Luzern, 5 Stockholm, 6 UK, dq fs EC, 1 Hexham, 7 Anniv, 4 Warsaw
7   **Ojie Edoburun** 2.6.96 (2y, 7) 10.16, 10.15w '14   10.19, 10.19, 10.20, 10.21, 10.24, 10.25; 10.02w, 10.15w, 10.15w, 10.18w
    3 Newham 8/5, dqA LI, 5 Newham 5/6, 2 Geneva, 5 Luzern, 4 UK, 4s2 EC, 2 G'burg, 7h1 Anniv, 1 LV 31/8, 4 Rovereto
8   **Harry Aikines-Aryeetey** 29.8.88 (10y, 5) 10.08 '13   10.08, 10.18, 10.18, 10.23, 10.24; 10.02w, 10.19w, 10.21w
    1B G'ville, 5 Clermont, 1 LI, 1B B'zona, 5 Geneva, 5 UK, 2 LEAP, 6h2 Anniv, 8 Lausanne, 3 Rovereto
9   **Nethaneel Mitchell-Blake** 2.4.94 (1y,-) 10.42 '14, 10.40w '13   10.09, 10.09, 10.16, 10.20, 10.29, 10.30
    1 Austin, 1 SEC, 1q3 NCAA-E, dns NCAA
10 **Andrew Robertson** 17.12.90 (4y, 8) 10.10 '14   10.15, 10.18, 10.28, 10.29, 10.29, 10.31; 10.22w
    5B G'ville, 3 Montgeron, 3 LI, 7 Prague, 5=r2 Geneva, 8 UK, 3 LEAP, 2 CAU. 2/2 LV 17/8
11 **Danny Talbot** 1.5.91 (3y, -) 10.14 '14   10.15, 10.17, 10.21, 10.29+
    2 Clermont, 2C Luzern
12 **Samuel Osewa** 17.4.91 (1y, -) 10.38 '15   10.29, 10.29, 10.31, 10.33, 10.33, 10.34; 10.23w, 10.26w, 10.30w
    2 B.Univs, 3A LI, 1 P'frugell, 1 Bydgoszcz, dq s3 UK, 5 LEAP, 3 Ústi, 5 CAU, 2 MI, 2/2 LV 31/8
-   **Dwain Chambers** 5.4.78 (15y, -) 9.97- 99, 9.87dq- 02   10.26, 10.29, 10.34, 10.38, 10.39, 10.48; 10.11w, 10.31w
    7h2 Hengelo, 5 Prague, 1 Hérouville, 7 UK
-   **Reece Prescod** 29.2.96 (0y, -) 10.71 '14   10.04, 10.30
    1 Woodford, dns sf CAU
-   **Theo Etienne** 3.9.96 (0y, -) 10.45, 10.50w '15   10.23, 10.26, 10.26, 10.31, 10.55, 10.58; 10.14w, 10.35w
    7h1 Newham 8/5, 6A LI, 5 Newham 5/6, 2B Luzern, 6s1 Eng-23, 5s2 UK, 3/1 LV 20/7, 3 CAU, 6 LV 17/8
nr **Sean Safo-Antwi** GHA 31.10.90 (2y, 6) 10.14, 10.07w '14   10.18, 10.19, 10.20, 10.23, 10.24, 10.30; 10.14w
    1 Pavia, 2 Newham 8/5, 2 Hengelo, 3/3 B'zona, 1 Chaux-de-F, 1 Turku, 5 G'burg, 2/3 LV 20/7, 6h1 OG

There was a terrific standard at 100m with ten men at 10.11 (legal wind) or better (only other year under 10.20 was 2014, 10.14). 50th best of 10.54 was also a record, 0.01 better than 2015. Even though wind assisted, three men under 10 secs at the UKs was exciting. While Ellington had by far his best year at 100m, Dasaolu and Ujah did not quite recapture their best. Ujah was a little slower then in 2015 and he was beaten 2-1 by Gemili (fourth year ranked 2nd) although he was 2-2 v Dasaolu. Fearon (last ranked in 2013) did not run at the UKs; he came through with a series of fast times from mid-July that with excellent results at top meetings against the world élite carried him to top ranking with very little to choose between the next three. Also especially eye-opening was Reece Prescod's heat run at the CAU but he raced too little to rank. Twenty years after first ranking, Chambers, just misses out.

200 METRES
1   **Adam Gemili** 6.10.93 (4y, -) 19.98 '13   19.97, 20.07, 20.08, 20.12, 20.20, 20.37
    2r2 Geneva, 1 Brussels 19/6, 1 UK, 3 Anniv, 4 OG, 2 Brussels
2   **Nethaneel Mitchell-Blake** 2.4.94 (3y,-) 20.62 '13   19.95, 20.17, 20.24, 20.25, 20.31, 20.46; 19.96w, 20.14w
    1 B.Rouge, 1 SEC, 1q1 NCAA-E, dns NCAA, 5 EC, 5s3 OG; Ind: 1 F'ville, 1 SEC, 2 NCAA
3   **Danny Talbot** 1.5.91 (6y, 2) 20.27 '15   20.25, 20.26, 20.27, 20.37, 20.38, 20.39
    1 Regenburg, 1 Geneva, 3 Luzern, 2 UK, 3 EC, 7 Anniv, 3s1 OG, 3 Zagreb. 7 Brussels
4   **Reece Prescod** 29.2.96 (1y, -) 20.70 '15   20.38, 20.57, 20.57, 20.80, 20.80, 20.84
    1B LI, 1 Newham 5/6, 3 UK, 1 MI, 5 Lausanne
5   **James Ellington** 6.9.85 (6y, 3) 20.42 '13   20.31, 20.35, 20.59, 20.65, 20.65, 21.34; 20.46w
    2 T'hassee, 2B Clermont, 1 Ostrava, 7 B'ham DL, 2 Geneva, 8 Monaco, 7 Lausanne
6   **Zharnel Hughes** 13.7.95 (2y, 1) 20.02 '15   20.62, 20.70, 20.84, 20.96, 21.21
    2 St-Martin, 2 George Town, 4 UK, 7h1 EC
7   **Chijindu Ujah** 5.3.94 (2y, 7) 20.47 '15   20.48, 20.70; 1 Newham 8/7, 8 B'ham DL
8   **Chris Clarke** 25.1.90 (6y, -) 20.22 '13   20.73, 20.75, 21.02, 21.05; 21.04i; 20.66w
    2 Newham 8/5, 2 LI, 4 Newham 5/6, 5 UK
9   **Leon Reid** 26.7.94 (3y, 5) 20.62 '13   20.83, 20.98, 21.02, 21.02, 21.08, 21.12; 20.81w, 20.81w
    4B Austin, 3B LI, 2 Namur, 1 E.Clubs B, 1 Eng-23, 6 UK, 1 Leixlip, 2 MI, BLP: -,1,1,1
10 **Sam Watts** 14.2.92 (2y, 10) 20.68 '15, 20.50w '14   20.65, 20.68, 20.69, 20.72, 21.18; 20.60i, 20.79i
    1C G'ville, 2 Big 12, 7s3 NCAA, 4h1 UK; Ind: 3 A'que, 2 Coll.Stn, 1B F'ville, 2 Big 12, 4 NCAAi
11 **Cameron Tindle** 5.6.98 (1y, -) 20.94 '15   20.71, 20.78, 20.82, 20.82, 21.12, 21.26; 21.14i; 20.75w
    2 Belfast, 1 Scot-E, 3 LI, 2 Eng-J, 2 Mannheim, 7 WJ, 2 Leixlip; Ind: 3 Eng-Ji, 6 UKi

UK Merits 2016

12	**James Alaka** 8.9.89 (6y, -) 20.45 '12 20.58, 20.81, 20.91, 21.07, 21.16; 21.00w	
	5 G'ville, 4 LI, 1 BL1 (2), 2 Newham 5/6, 3h2 UK, 1 Newham 10/7, 3 Castres	
–	**Ojie Edoburun** 2.6.96 (0y, -) 21.13 '14 20.87; 20.50w, 20.54w 1 LI, 1 LV 25/5, 4 Geneva	
–	**Eliott Powell** 5.3.96 (2y, 12) 20.68 '15 20.88, 21.07, 21.09, 21.13, 21.16, 21.25; 21.03w, 21.08w	
	2 B.Univs, 1 Mid, 2 Eng-23, 7 UK, 2 CAU, 3 MI, BLP: 5,1B,-,1B	
–	**Ryan Gorman** 9.4.98 (1y, -) 21.17 '15 20.84, 20.91, 20.95, 20.98, 21.09, 21.29	
	2 B.Univs, 1C LI, 1 Eng-J, 3s2 WJ, 4 MI, BL2: 3,3,-,-	
nr	**Antonio Infantino** ITA 22.3.91 (2y, 9) 20.69 '14 20.53, 20.62, 20.81, 20.81, 20.87; 20.55w, 20.64w, 20.66w, 20.72w	
	3B G'ville, 4 Clermont, 3 Newham 5/6, 3r2 Geneva 4 ITA Ch. 6s3 EC, 1 LV 20/7 & 3/8, 1 CAU, BLP: 1,-,-,2	

Outdoors only: 10 Tindle, 11 Watts

As with 100m, 10th and 50th bests were new records. Gemili had not run the 200m in 2015, but, although disappointed, he was back in good form and ran his best of the year to take 4th at the Olympics to earn his fourth UK top ranking at the event and continued to get better so that he ran a pb in Brussels. Mitchell-Blake ran sensationally well for much of the US college season, but suffered a hamstring injury on the final day of the NCAAs and again just before the Olympics, so excelled to run there, but Hughes was unable to get near to his 2015 form. Talbot had a splendidly consistent season, while Ellington ran faster then ever before, but concentrated more on the 100m and was beaten by the UK Champs 3rd placer Prescod in their one meeting. Reid had a good competitive record even though he did not run the fast times of others.

400 METRES

1	**Matthew Hudson-Smith** 26.10.94 (3y, 4) 44.75 '14 44.48, 44.61, 44.88, 45.03, 45.13, 45.26	
	1 Rehlingen, 4 B'ham DL, 1 UK, 1 Anniv, 8 OG, dnf Zürich	
2	**Rabah Yousif** 11.12.86 (3y, 1) 44.54 '15 45.45, 45.48, 45.52, 45.59, 45.61, 45.62	
	4 Nassau, 6 Des Moines, 1 BLP (1), 6 Rabat. 1 Dakar, 1 Oordegem, 6 Huelva, 7 B'ham DL, 2 UK, 1 G'burg, 6 Székes, 3 Anniv	
3	**Martyn Rooney** 3.4.87 (12y, 2) 44.45 '15 45.04, 45.29, 45.32, 45.46, 45.60, 45.78	
	6 Kingston, 4 Ostrava, 2 Oordegem, 1 Leiden, 3 UK, 1 EC, dq fs Anniv, 5h4 OG, 5 Lausanne, 4 Zürich	
4	**Nigel Levine** 30.4.89 (10y, 5) 45.11 '12 45.86, 45.89, 45.94, 46.04, 46.15, 46.35	
	7 G'ville, 1C Clermont, 3B Oordegem, 5 Prague, 5B Geneva, 2 C'hagen, 5 UK, 3 G'burg, 3 Ninove, 2 H'sum; Ind: 1 UKi	
5	**Jarryd Dunn** 30.1.92 (4y, 3) 45.09 '15 46.00, 46.02, 46.05, 46.16, 46.28, 46.30	
	4 Oordegem, 8 B'ham DL, 4 UK, 4s3 EC, 3 Dublin; Ind: 2 Torun, 3 Glasl	
6	**Delano Williams** 23.12.93 (2y, 10) 45.42 '15 45.50, 45.97, 46.22, 46.92, 47.77, 47.82	
	4/1/1 Kingston, 6 Hamilton, 5 George Town, 8 Anniv	
7	**Dwayne Cowan** 1.1.85 (1y, -) 46.25 '15 46.02, 46.17, 46.36, 46.38, 46.38, 46.40	
	2B/6 G'ville, 1B Clermont, 1 LI, 2 Namur, 4 Geneva, 7 UK, 1 MI, BLP: -,1-,2	
8	**Theo Campbell** 14.7.91 (1y, -) 47.96i '15, 48.10 '13 46.02, 46.23, 46.24, 46.26, 46.39, 46.40	
	2 Belfast, 2 LI, 4 Namur, 4B Oordegem, 1B Geneva, 3 Lisbon, 3= C'hagen, 6 UK, 1B BLP (3)	
9	**Conrad Williams** 20.3.82 (12y, 7) 45.08 '12 46.02, 46.42, 46.62, 46.68, 46.70, 46.78	
	4B G'ville, 2 Clermont, 6 Kawasaki, 5 Geneva, 3= C'hagen, 4s2 UK, 1 CAU, 2 MI	
10	**George Caddick** 29.7.94 (2y, 9) 45.90 '15 46.18, 46.43, 46.44, 46.63, 47.38; 46.44i, 46.52i, 46.54i	
	3 Big 12, 7s2 NCAA, 2h2 UK; Ind: 1 Lex'n, 1 Coll.Stn, 3 Big 12	
11	**Jamie Bowie** 1.4.89 (4y, 12) 46.06 '13 46.21, 46.44, 46.65, 46.99, 47.10, 47.34; 47.01i	
	1B Oordegem, 2B Bydgoszcz, 6B Geneva, 8 UK; Ind: 3 Torun	
12	**Cameron Chalmers** 6.2.97 (1y, -) 48.03 '15 46.51, 46.86, 46.88, 46.88, 46.91 ,46.92	
	1 B.Univs, 4 LI, 1D Oordegem, 1 Eng-J, 1 Mannheim, 3s3 WJ	
–	**Owen Smith** 7.11.94 (0y, -) 47.36 '15 46.23, 46.81, 47.17, 47.22, 47.48, 47.58	
	2 B.Univs, 3 LI, 1D Oordegem, 1 Eng-23, 4s1 UK	
nr	**Sadam Koumi** 6.4.94 SUD 46.06 '14 45.67, 45.76, 45.80, 45.95, 45.98, 46.04	
	1A LI, (2), 1 Namur, 1 E.Clubs B, 6 Geneva, 1 C'hagen, dns African Ch, 1 LEAP, 1 Dublin, 1 BLP: -,-,1,1	

It was a mixed year for Rooney, who ranks in the top three for the eleventh successive year. He did the sport a great service in persuading the selectors to allow him to compete at the Europeans, where he retained his title – and opened the way for a proper British team to be selected – but going out in the heats of the Olympics was a disappointment as was the unfortunate disqualification of the UK 4x400m team after Rooney had run a brilliant leg in their heat. He ran seven sub-46 sec times topped by 45.04, but Hudson-Smith ran four faster times with 44.48 in his Olympic semi and 44.61 in the final. Yousif was rounding into form with seven sub-46 sec times, but injury then cost him his Olympic place; however, he beat Rooney 3-0. Levine ended with three sub-46 times, but took a long time to find that form, while Delano Williams, excellent in the relays, raced too rarely to rank highly. Top newcomers were Cowan and Campbell, who had the greatest advance but was 1-2 v Cowan; Cowan was 4-0 v Conrad Williams, who like them had a best of 46.02. Top junior Chalmers made a major advance. Overall standards were down on 2015, with 10th best at 46.18 compared to the record 45.90 in 2015 and only three of these men ran pbs, but 50th best (47.70) was a new record.

UK Merits 2016

800 METRES
1 **Michael Rimmer** 3.2.86 (12y, 1) 1:43.89 '10   1:44.93, 1:45.38, 1:45.99, 1:46.13, 1:46.63, 1:46.72
  9 Shanghai, 3 Beijing, 5 B'ham DL, 3 Luzern, 3 Szczecin, 3 UK, 1 Barcelona, 6 Monaco, 3 Stockholm, 8s1 OG; Ind: 1 Athlone, 5 Glasl, dqh UKi
2 **Elliot Giles** 26.5.94 (2y, 8) 1:53.24 '11   1:45.54, 1:46.49, 1:47.21, 1:47.31, 1:47.88, 1:48.00
  3 E.Clubs B, 4 BLP (2), 1 Mid, 1 Watford 15/6, 1 Eng-23, 1 UK, 3 EC, 7h4 OG, 3B Brussels
3 **Charlie Grice** 7.11.93 (4y, 4) 1:47.00 '14   1:45.53, 1:46.95; 1 Eagle Rock 20/5, 9 Anniv
4 **Jamie Webb** 1.6.94 (2y, 6) 1:47.33 '15   1:46.59, 1:47.37, 1:47.69, 1:48.49, 1:48.54, 1:48.57; 1:48.28i, 1:48.30i
  1 Manchester, 4 Nijmegen, 1 Oordegem, 6 B'zona, 6 Luzern, 2 UK, 8h4 EC; Ind: 1B Vienna, 1/3 Athlone, 7 Glasl, 1 UKi
5 **Guy Learmonth** 20.4.92 (5y, 3) 1:46.35 '15 1:47.08, 1:47.23, 1:47.41, 1:47.42, 1:48.14, 1:48.37; 1:47.35i, 1:47.80i
  3 Stanford, 1 Eagle Rock 7/5, 6 Hengelo, 5 B'zona, 1B Nivelles, dns UK, 1 Boissano; Ind: 1 Vienna, 2 Athlone, 6 Glasl, 3 UKi
6 **James Bowness** 26.11.91 (3y, 10) 1:47.49 '15   1:45.96, 1:47.18, 1:47.30, 1:47.59, 1:48.27, 1:48.30
  1 Stret 3/5, 2 Manchester, 1 Riga, 2 Watford 15/6, 4 UK, 2 Cork, 1 Stret 19/7, 2 Ninove; Ind: 4 Athlone
7 **Kyle Langford** 2.2.96 (4y, 2) 1:45.78 '15   1:46.73, 1:47.49, 1:48.53, 1:48.94, 1:50.20, 1:50.96
  1 Solihull, 10 Padua, 1 Dublin, 2 Cles, BLP: -,2,-,1
8 **Jake Wightman** 11.7.94 (4y, 12 out) 1:47.36 '15   1:47.13, 1:48.04, 1:49.07, 1:49.18   1 B.Univs, 1 Watford, 1 Stret 20/8
9 **Daniel Rowden** 9.9.97 (1y, -) 1:49.32 '15   1:48.13, 1:49.49, 1:49.55, 1:49.59, 1:50.16, 1:50.23
  1B Manchester, 2 Watford, 1 Eng-J, 7s3 WJ, BLP: 3,3,-,-
10 **George Mills** 12.5.99 (1y, -) 1:50.55 '15   1:48.36, 1:48.82, 1:49.06, 1:49.68, 1:49.73, 1:50.1
  1 Watford 18/5, 3 Stret 7/6, 2 Eng-J, 1 Oxford
11 **Spencer Thomas** 26.8.97 (1y, -) 1:48.84 '15   1:48.24, 1:48.52, 1:48.99, 1:49.2, 1:49.91, 1:50.06; 1:49.52i
  4 Manchester, 2 LI, 3 Watford, 1 Oordegem 4/6, 3 Eng-J, 5h4 WJ; Ind: 2 Eng-Ji, 2 UKi
12 **David Dempsey** 7.2.91 (1y, -) 1:49.69 '15   1:47.96, 1:48.69, 1:48.81, 1:49.21, 1:49.87, 1:50.19
  3 B.Univs, 5 Manchester, 1 Stret 17/5, 1 1 Oordegem 28/5, 4 Watford, 3h4 UK, 3B Lokeren, 6 Solihull. 6 Stret 19/7, 3 Oxford
nr **Zak Curran** IRL? 17.12.93 (0y, -) 1:48.74 '15   1:46.78, 1:47.76, 1:48.51, 1:48.52, 1:48.94, 1:49.48
  3 Manchester, 1 LI, 4 Watford, 3 Watford 15/6, 2B Nivelles, 2 Dublin
Outdoor only: 5 Bowness
Rimmer was back on top for the sixth time (tying Seb Coe's record) and Giles maintained his rapid progress (1:53.24 in 2011 before 1:47.55 in 2015 and now 1:45.54) to UK champion and European bronze. Langford came back well from injury after missing much of the season while Wightman was undefeated in three 800m competitions, but did not race the top men enough to rate higher. The top three in the England U20 Champs make the foot of the rankings, with Mills, at 17, making exceptional progress to become European Youth champion. 10th best of 1:47.96 was slowest since 2011 (peak was 1:46.1 in 1988), but 100th best is now back to 1984-91 levels.

1500 METRES – 1 MILE
1 **Mohamed Farah** 23.3.83 (8y, -) 3:28.81 '13   5 Monaco 3:31.74; 4:03.29+i for 1600m; 5 Monaco
2 **Charlie Grice** 7.11.93 (4y, 2) 3:35.29 '15, 3:54.61M '13   3:33.60, 3:35.96M/3:37.80, 3:52.85M/3:37.70, 3:38.48, 3:40.05, 3:43.41   1B Eugene, 6 Oslo, 1 UK, 9 Monaco, 12 OG, 16 Brussels; Ind: 1 UKi, 5h1 WI
3 **Chris O'Hare** 23.11.90 (6y, 3) 3:34.83 '15, 3:52.98Mi '13, 3:56.35 '15   3:35.37, 3:36.58, 3:39.26, 4:00.06M, 3:43.68, 3:44.27; 3:52.91Mi/3:37.83, 3:54.59Mi/3:39.28, 3:56.00i
  3 Ostrava, 7 Rome, 2 UK, 12 Anniv, 10s2 OG, 8 Huntingdon; Ind: 1 Boston, 1 NY, 3 Millrose, 8 WI
4 **Jake Wightman** 11.7.94 (3y, 9) 3:35.49 '14, 3:57.80M '15   3:36.64, 3:54.20M/3:39.10, 3:37.53, 3:38.83, 3:39.32, 3:40.85
  1 Manchester, 1 Stret 17/5, 1 LI, 1 Jessheim. 9 B'ham DL, 3 Oslo, 5 Boston, 3 UK, 7 EC, 4 Anniv, 1 Nottingham
5 **Lee Emanuel** 24.1.85 (6y, 6) 3:36.35 '15, 3:54.75M '13; 3:54.30i '14,   3:36.29, 3:37.10, 3:37.88, 3:38.04, 3:55.43M/3:40.08, 3:59.66M; 3:38.68i   4 Swarthmore, 4 Windsor, 3 Greenville, 9 Boston, 5 UK, 1 L'kenny. 6 EC, 7 Anniv; 4 Glasl
6 **Tom Lancashire** 2.7.85 (10y, 5) 3:33.96, 3:53.39M '10   3:37.47, 3:37.77, 3:56.44M/3:40.30, 3:39.95, 3:40.13, 3:40.9
  9 Ostrava, 11 B'ham DL, 7 Oslo, 5 Watford, 12 (fell) UK, 7 Barcelona, 5h1 EC, 1 Rieme, 9 Anniv, 4 Leixlip, 1 Stret 20/8
7 **Josh Kerr** 8.10.97 (1y, -) 3:44.12 '15   3:41.08, 3:42.09, 3:42.39, 3:43.67, 3:44.51, 3:44.86
  1 Azusa, 4B Stanford, 1 MWC, 5s2 NCAA, 4 UK, 10 WJ
8 **Jonathan Cook** 31.7.87 (1y, -) 3:42.27 '14   3:38.64, 3:39.83, 3:42.19, 3:43.83, 3:44.45, 3:45.97
  4 Manchester, 4 Oordegem, 8 Brussels 19/6, 6 UK, 5 Ninove
9 **Tom Marshall** 12.6.89 (2y, -) 3:41.15 '15   3:39.41, 3:40.2, 3:44.53, 3:46.66, 3:49.74
  1 BL2 (1), 6 Manchester, 1 Oordegem, 1 Welsh, 3 Watford, 9 UK
10 **Robbie Fitzgibbon** 23.3.96 (1y, -) 3:44.34 '15, 4;08.52M '14   3:39.03, 3:39.46, 3:39.68, 3:40.5, 3:40.65, 3:41.51
  1 Eagle Rock, 2 Oordegem, 4 Watford, 3 Brussels 19/6, 4h1 UK, 2 L'kenny. 2B Heusden, 6 Ninove; Ind: 5 Vienna, 5 Linz, 5 Athlone, 4 UKi
11 **James West** 30.1.96 (1y, -) 3:44.80 '15   3:40.0, 3:58.69M, 3:43.41, 3:43.50, 3:45.62, 3:46.67
  3 B.Univs, 4 Oordegem 28/5, 2 Watford, 4h2 UK, 10 Dublin, 2 Stret 20/8
12 **Neil Gourley** 7.2.95 (2y, 12) 3:41.14 , 4:03.25Mi '14   3:39.92, 3:41.33, 3:42.70, 3:42.97, 3:45.20, 3:46.15; 3:59.58Mi, 3:59.66Mi   8B Stanford, 2 ACC, 8s2 NCAA, 11 UK, 3 Lokeren; Ind: 1 B'burg, 2 Ames
M = 1 mile time (1500m times in brackets). Emsley Carr Mile was Anniversary Games DL race.
Farah again had just one race at the event but again showed that he was a class apart and ranks top for the fourth time at 1500m. As in 2015 he is followed by Grice (2nd for the third year) and O'Hare. Wightman just missed out on Olympic selection. 10th best of 3:39.41 was the best since 1992, but all levels much lower than in 1984-92 period.

UK Merits 2016

5000 METRES
1. **Mohamed Farah** 23.3.83 (13y, 1) 12:53.11 '11
1 Anniv 12:59.29, 1 OG 13:03.30 (13:25.25h), 13:23.4+, 13:54.7+
2. **Andrew Butchart** 14.10.91 (2y, 5) 13:58.05 '14   6 OG 13:08.61 (13:20.08h), 9 Hengelo 13:13.30, 2 Anniv 13:14.85, 2 Stanford 13:18.96, 2 Stanford 1/4 13:37.95, 1 UK 13:44.00
3. **Tom Farrell** 23.3.91 (6y, 2) 13:10.48 '15
4 Eagle Rock 13:27.77, 2 UK 13:47.60, 14 Anniv 13:50.07, 20h2 OG 14:11.65
4. **Andrew Vernon** 7.1.86 (10y, 3) 13:11.50 '11   4 Turku 13:26.16, 3 UK 13:49.28, 14:01.4+, 14:07.6+
5. **Jonathan Davies** 28.10.94 (2y, 9) 13:43.74 '15
3 Oordegem 13:23.94, 12 Carquefou 13:56.03, 6= UK 14:01.19, 16 EC 14:04.13, 1 B.Univs 14:26.04
6. **Jonathan Taylor** 10.10.87 (3y, 10) 13:44.11 '15
5 Oordegem 13:30.97, 4 Nijmegen 13:38.61, 13 EC 13:55.20, 11 Rovereto 14:05.33, 9 UK 14:05.45
7. **Richard Weir** 7.8.84 (1y, -) 13:46.71 '15   9 Oordegem 13:41.83, 5 UK 13:59.80, 1 CAU 14:18.91
8. **Ross Millington** 19.9.89 (4y, -) 13:36.39 '11   3 Stanford 1/4 13:38.43, 15 Anniv 13:59.70
9. **Charlie Hulson** 7.3.93 (1y, -) 14:24.20 '14
12 Oordegem 13:43.35, 2 Manchester 13:54.24, 8 UK 14:03.57, 6 Solihull 14:17.98
10. **Marc Scott** 21.12.93 (2y, 7) 13:36.81 '15
13B Stanford 13:53.19, 4 UK 13:58.86, 1 AAC 14:07.02, 12h1 NCAA-W 14:27.52; 13:37.34i, 14:04.86i
11. **Adam Hickey** 30.5.88 (2y, -) 13:41.66 '13   1 Watford 15/6 & 28/5 13:53.97/14:00.68, 6= UK 14:01.19, 3 Manchester 14:02.36, 1 Oxford 14:07.14, 2 Solihull 14:11.60, 1 Southend 14:12.52, 1 South 14:14.31
12. **Alexander Yee** 18.2.98 (1y, -) 14:09.18 '15   9 WJ 13:52.01, 2 Watford 15/6 13:55.29
– **Adam Clarke** 3.4.91 (0y, -) 14:11.83 '12   10 Heusden 13:44.47
– **Alex George** 6.2.96 (0y, -) 14:16.20i, 14:18.75 '15
8 Stanford 1/4 13:49.46, 8C Stanford 13:54.93, 4 SEC 14:08.05, 13h1 NCAA-W 14:28.23
– **Rob Mullett** 31.7.87 (0y, -) 14:16.81i '12   17 Anniv, 14:25.90, 13:41.75i

The great Farah ranks top for the 12th year (again increasing the event record). From 13:58.05 in 2014 to 13:29.49 in 2015 and in 2016 Scottish records at 13:13.30 and 13:08.61 for a brilliant 6th at the Olympic Games, it is great to welcome another British distance runner in Butchart to world class and 3rd UK all-time. 17 year-old Yee makes the rankings after his World Junior 9th place. 10th best of 13:41.83 is the best since 2011 and only the second time under 13:43 since 1993, but it was well below that each year 1977-92 (best 13:28.44 in 1984).

10,000 METRES
1. **Mohamed Farah** 23.3.83 (8y, 1) 26:46.57 '11   1 Eugene 26:53.71, 1 OG 27:05.17
2. **Ross Millington** 19.9.89 (1y, -) 0   6 Leiden 27:55.06, 1 UK 28:28.20, 14 Stanford 28:38.88; 31 OG 29:14.95
3. **Dewi Griffiths** 9.8.91 (3y, 6) 28:48.59 '14   5 EC 28:28.55, 3 UK 28:34.38, 14 Leiden 28:48.05
4. **Andrew Vernon** 7.1.86 (6y, 2) 27:53.65 '12   25 OG 28:19.36, 4 UK 28:48.75
5. **Luke Caldwell** 2.8.91 (3y, 4) 28:29.61 '15   18 Stanford 28:45.82, 16 ECp 30:45.96
6. **Ben Connor** 17.10.92 (1y, -) 29:18.62 '14   5 UK 29:21.47, 10 ECp 29:38.12
7. **Luke Traynor** 6.7.93 (1y, -) 30:13.28 '14   13 Stanford 1/4, 29:10.19, 13 NCAA 29:33.34, 5h1 NCAA-W 29:53.17
8. **Tom Anderson** 12.1.90 (2y, -) 29:36.42 '13   15 Portland 29:14.30, 16 Norwalk 29:37.94
9. **Andy Maud** 28.7.83 (1y, -) 30:37.68 '14   7 UK 29:24.43, 15 ECp 30:37.38
10. **Matthew Leach** 25.9.93 (1y, -) 32:17.7 '12   14B Stanford 1/4 29:14.36, 26h1 NCAA-W 30:30.07
11. **Alex Short** 7.1.94 (1y, -) 0   18B Stanford 1/4 29:19.55, 29h1 NCAA-W 30:33.96
12. **Paul Martelletti** 1.8.79 (1y, -) 29:34.73 '12   8 UK 29:26.18

Farah is top for an event record eighth time (in nine years) and Millington had a splendid first year at the event. The Parliament Hill races have provided a most welcome boost for the event and after the top ten athletes in the lists all set their best outside the UK, 22 of those ranked 11-50 and 44 of the top 100 set their bests at this meeting. 64 athletes under 31 minutes is the best figure since 1993 (and a low of 19 in 2008) but we had well over 100 nearly every year 1967-87 and 10th best of 29:19.84 remains far from our record of 28:11.07 in 1986 and is worse than achieved in every year 1965-97.

10 MILES - HALF MARATHON (First ranked 1999)
1. **Mohamed Farah** 23.3.83 (7y, 1) 59:22 '15   3 World Ch 59:59 (10M 45:15e), 1 GNR (ENG) 60:04 (45:40+)
2. **Callum Hawkins** 22.6.92 (3y, 2) 62:42 '15   1 Gt.Scot 60:24sh (10M 46:23sh), 10 Paris 62:39, 15 World Ch 62:51, 9 EC 63:57
3. **Chris Thompson** 17.4.81 (5y, 3) 61:00 '12
4 Gt.Scot 61:58sh, 7 GNR (2 ENG) 63:35, 2 Birmingham 63:54, 3 Reading 65:14   10M; 1 Gt. South (1 ENG) 47:23
4. **Andrew Vernon** 19.9.89 (4y, -) 62:46 '14   1 Birmingham 63:32   10M: 2 Gt.South (2 ENG) 48:09
5. **Dewi Griffiths** 9.8.91 (2y, 8) 64:28 '15   8 Cardiff 63:27, 27 World Ch 64:10, 1 Swansea 65:39
6. **Derek Hawkins** 29.4.89 (3y, -) 64:07 '12   9 Rome-Ostia 63:55, 1 Cardiff 26/3 65:00
7. **Jonathan Mellor** 27.12.96 (4y, -) 62:59 '12   10M: 5 Schortens 48:21, 10 Zaandam 48:17
8. **Matthew Sharp** 25.4.89 (1y, -) 65:13 '14   10M: 3 Gt.South (3 ENG) 48:18
9. **Ben Connor** 17.10.92 (1y, -) 29:18.62 '14   8 GNR (3 ENG) 64:13
10. **Scott Overall** 9.2.83 (10y, 5) 61:25 '12   9 GNR 64:39, 2 Reading 65:13   10M: 6 Gt.South 49:07, 3 Twickenham 50:25
11. **Matthew Bond** 17.7.82 (2y, -) 64:29 '12   12 Santa Pola 64:38, 2 Manchester 64:46, 3 Cardiff 26/3 65:21, 42 EC 67:00
12. **Tom Anderson** 12.1.90 (1y, -) 64:11 '15   23 Houston 64:03

UK Merits 2016

- **Lee Merrien** 26.4.79 (3y, -) 64:12 '12   14 New York 64:07, 52 Eur Ch 67:29
nr **Paul Pollock IRL** 25.6.86 62:10 '14
   14 World Ch 62:46, 1 Wokingham 63:46, 10 Cardiff 65:54, 14 Dehli 64:43, 1 Irish 65:01; 10M: 4 G.South 48:21
Farah is top for the sixth year at these distances and Callum Hawkins maintained his terrific progress with Thompson making it the same top three as in 2015.

MARATHON
1   **Callum Hawkins** 22.6.92 (2y, 2) 2:12:17 '15   8 London (1 UK) 2:10:52, 9 OG 2:11:52
2   **Tsegai Tewelde** 8.12.89 (1y, -) -0-   12 London (2 UK) 2:12:23, dnf OG
3   **Derek Hawkins** 29.4.89 (4y, -) 2:14:04 '12   14 London (3 UK) 2:12:57, 114 OG 2:29:24
4   **Chris Thompson** 17.4.81 (2y, -) 2:11:19 '14   16 London (1 ENG) 2:15:05
5   **Matthew Bond** 17.7.82 (1y, -) 2:51:30 '04   17 London (2 ENG) 2:15:32
6   **Robbie Simpson** 14.11.91 (1y, -) 0   18 London 2:15:38
7   **Paul Martelletti** 1.8.79 (2y, -) 2:16:49 '11
    20 Berlin 2:16:58, 21 London 2:17:30, 13 Southport 2:18:57, 1 York 2:19:36, 20 Valencia 2:18:55
8   **Lee Merrien** 26.4.79 (5y, 3) 2:13:41 '12   19 London (3 ENG) 2:16:42
9   **Andrew Davies** 30.10.79 (3y, 8) 2:16:55 '15   22 London 2:17:45
10 **Scott Overall** 9.2.83 (5y, 1) 2:10:55 '11   dnf London, 13 Chicago 2:18:21
11 **Aaron Scott** 11.4.87 (1y, -) 2:20:45 '15   25 London 2:19:22, dnf Toronto
12 **Ben Moreau** 15.12.81 (5y, -) 2:15:52 '13   26 London 2:19:22, dnf Toronto
-   **Stuart Spencer** 11.11.82 (0y, -) 2:21:25 '15   28 Berlin 2:19:17, 72 London 2:27:49
nr **Paul Pollock** IRL 25.6.86 2:15:38 '15   32 OG 2:16:24
Callum Hawkins excelled this year with 2:10:52, but this does not make the world top 100. A peak of 229 men broke 2:25 in 1983 with over 130 each year 1981-6; this year there have been 38 (under 40 each year from 1996). Special praise for Martelletti, who ran five sub-2:20 marathons, quite a contrast with all too many who run just one marathon in a year.

3000 METRES STEEPLECHASE
1   **Rob Mullett** 31.7.87 (7y, 1) 8:31.32 '15   8:22.42, 8:30.63, 8:31.13, 8:32.06, 8:33.70
    10 Stanford, 5 Eagle Rock, 10 B'ham DL, 1 UK, 6 EC, 12h1 OG
2   **Zak Seddon** 28.8.94 (5y, 2) 8:34.42 '13   8:33.09, 8:34.85, 8:36.77, 8:38.26, 8:41.33
    2 Stanford 1/4, 2 ACC, 6 NCAA, 3 (fell) UK   2000mSt: 1 T'hassee 5:38.79
3   **Tom Wade** 14.1.89 (6y, 4) 8:40.50 '12   8:37.80, 8:38.41, 8:40.74, 8:43.40, 8:54.98
    1 Aalborg, 9 Oordegem, 2 Geneva, 5 C'hagen, 2 UK
4   **Luke Gunn** 22.3.85 (12y, 3) 8:28.48 '08   8:35.71, 8:47.26, 8:52.60
    5 Oordegem, 11 B'ham DL, 4 UK   2000mSt: 2 Manchester 5:35.77
5   **Jonathan Hopkins** 3.6.92 (3y, 6) 8:46.27 '15   8:37.43, 8:40.28, 8:47.26, 8:49.10, 8:55.71
    1 B.Univs, 12 Oordegem, 3 Bydgoszcz, 5 UK, 7 Kortrijk   2000mSt: 1 Manchester 5:35.63
6   **William Gray** 24.1.93 (2y, -) 8:47.54 '14   8:45.82, 8:46.84, 8:51.91, 8:58.30, 8:59.12
    6 G'ville, 12 C'ville, 5 ACC, 9s2 NCAA, 12 UK
7   **Douglas Musson** 8.4.94 (2y, 5) 8:51.89 '15   8:51.16, 8:52.78, 8:59.87, 9:11.84
    3 B.Univs, 5 Oordegem, 6 UK, 2 Solihull   2000mSt: 4 Manchester 5:40.13
8   **Ben Coldray** 9.11.91 (1y, -) 9:46.3 '09   8:52.92, 8:59.16, 8:52.92
    1 Watford, 4 Geneva, 7 UK   2000mSt: 5 Manchester 5:39.61
9   **Jamaine Coleman** 22.9.95 (1y, -) 9:00.36 '15   8:53.72, 8:55.82, 9:02.93, 9:04.47
    4C Stanford 1/4, 2 Ohio Valley, 6h1 NCAA-E, 9 UK
10 **Adam Visokay** 11.3.94 (1y, -) 8:43.60 '15 (in USA)   8:56.39, 8:58.70, 8:59.55, 9:08.01
    5 Florida R, 9 ACC, 5 Eng-23, 8 UK
11 **Tommy Horton** 7.11.93 (1y, -) 9:41.4 '15   8:58.57, 8:58.81, 9:02.54, 9:04.87, 9:12.53
    2 B.Univs, 1 LI, 11 UK, 2 BLP (3), 1 CAU   2000mSt: 1 MI 5:36.25
12 **Haran Dunderdale** 26.4.96 (1y, -) 9:02.78 '15   8:55.68, 9:05.16, 9:11.68;
    5 Walnut, 1 Boise, 1 San Francisco, 14 C'ville, 10h1 NCAA-W
As in 2015 Mullett was easily the UK number one. This remains a severely depressed event, even though 2016 was a little better than 2015 and 50th was the best since 2002, but 41 under 9:20 compares to over 100 three times in 1987-91. Five men under 8:40 is a big improvement on just two in 2015, but then there was only one more under 8:51. Seddon remains 2nd while Wade and Gunn swap places in 3/4. Hopkins improved by 8.84 secs. 8th to 12th are all new rankers..

110 METRES HURDLES
1   **Andrew Pozzi** 15.5.92 (4y, 5) 13.34 '12   13.19, 13.31, 13.31, 13.32, 13.37, 13.50; 13.31w
    1 LI, 3 Rome, 3 Montreuil, 1 UK, dns EC, dns Anniv, 5s1 OG
2   **David Omoregie** 1.11.95 (3y, 2) 13.50 '15   13.24, 13.25, 13.43, 13.46, 13.48, 13.53; 13.37w
    1 T'hassee, 1 B.Univs, 5 Montgéron, 8 Ostrava, 1B Luzern, 2 Eng-23, 4 UK, 1 LEAP, 5 Anniv, 1 CAU, 1 LV 13/8,1 BL2 (4), 1 Berlin, 5 Brussels, 1 GNC
3   **Lawrence Clarke** 12.3.90 (8y, 1) 13.31, 13.14w '12   13.42, 13.44, 13.46, 13.47, 13.50, 13.50; 13.4h
    2 Réunion, 4 Montgéron. 3 Ostrava, 2 Hengelo, 4 B'zona, 1 Geneva, 1 Luzern, 2 UK, 3 Luzern, 3s3 EC, dnq fs Anniv, 6s2 OG

UK Merits 2016

4   **David King** 13.6.94 (3y, 3) 13.69, 13.61w '15   13.54, 13.54, 13.54, 13.55, 13.57, 13.57; 13.4h
    1 Belfast, 3 Manch G, 2 LI, 1 Exeter, 5 B'zona, 1 Eng-23, 3 UK, 2 Turku, 6s2 EC, 5h1 Anniv, 1 H'borg, 3 GNC
5   **William Sharman** 12.9.84 (13y, 4) 13.16 '14, 12.9w '10   13.52, 13.56, 13.57, 13.64, 13.65, 13.71; 13.5h
    7 Ostrava, 7 Hengelo, 6 B'zona, 1 Lough 8/6, 6 Luzern, dns UK
6   **Khai Riley-LaBorde** 8.11.95 (2y, 9) 13.77 '15   13.60, 13.65, 13.70, 13.74, 13.80, 13.81; 13.63w, 13.71w, 13.73w
    1 Newham 8/5, 3 Namur, 1/1 Newham 5/4, 6h2/1C Geneva, 3 Eng-23, 5 UK, 2 La Roche, 1 Castres,
    2 CAU, 2 LV 3/8, 1MI, BL1: 1,1,1,1
7   **Gabriel Odujobi** 15.7.87 (1y, -) 14.04/13.94w '15   13.64, 13.70, 13.75, 13.81, 13.84, 13.84; 13.57w
    1B/2B Clermont, 1 Fort Lauderdale, 4 Argentan, 5B Luzern, 2 Hériuville, 7 UK
8   **Joseph Hylton** 17.11.89 (5y, 6) 13.64 '12   13.90, 13.93, 13.94, 13.94, 13.99, 14.03
    1/2 Newham 8/5, 3A LI, 5 Namur, 2 Forbach, 2h2 Argentan, 1 South, 5 Brussels 19/6, 6 UK, 6 Turku
9   **Jake Porter** 13.11.93 (2y, 7) 13.91, 13.78w '15   13.91, 14.09, 14.13, 14.16, 14.18, 14.19; 13.86w
    4 Belfast, 4A LI, 1r3/4C Geneva, 2 NI, 4h1 UK, 3 CAU, 1MI, BLP: -,1,2,1
10 **David Feeney** 17.10.87 (4y, 11) 13.89 '15   14.06, 14.07, 14.16, 14.27, 14.38, 14.42; 14.26w
    3 Lough 23/4, 4 LI, 1 North, 3h2 UK, 7 CAU
11 **Andy Blow** 22.9.85 (1y, -) 14.28 '13   14.15, 14.19, 14.23, 14.25, 14.25, 14.29; 14.12w, 14.20w
    2 South, 2 Valence, 4h1 UK, 4 LEAP, 4 CAU, 3 LV 3/8; BL1: 2,2,2,2
12 **Ross Blanchard** 8.12.88 (1y, -) 14.01, 13.88w '12   14.07, 14.15, 14.19; 13.91w, 13.94w, 14.13w, 14.16w 4h2 UK
nr **Alex Al-Ameen** NGR 2.3.89 (4y pre NGR) 13.54 '14   13.70, 13.82, 13.87, 13.91, 13.92, 13.94
    6 Clermont, 3 LI, 6 Bydgoszcz, 2 Lough 8/6, 1 Ried, 3C-de-Fonds, 1 BLP (3), 2 NGR Ch, 5 Castres
nr **Ben Reynolds** 26.9.90 IRL (2y pre IRL) 13.48 '15   13.87, 13.89, 14.13, 14.15   1 NI, 1 IRL Ch, 7h1 EC
nr **Gianni Frankis** 16.4.88 ITA (8y, 8) 13.54, 13.53w '13   13.93, 13.97, 14.01, 14.03, 14.13, 14.19; 14.02w
    8 G'ville, 6B Clermont, 1 BLP(1), 2A LI, 4r2 Bydgoszcz, 5 ITA Ch
It is difficult to rank the big three here. Clarke was the most consistent throughout the year, Pozzi had the best times, but remained too fragile, while Omoregie started slowly but from mid-July continued his progress with a series of excellent performances. He was beaten 2-1 by Clarke and 2-0 by Pozzi. Behind them King and Riley-LaBorde continued to improve and had strong, consistent seasons, while Sharman competed less. Standards slipped as the 10th and 50th marks were the worst since 2010.

400 METRES HURDLES
1   **Jack Green** 6.10.91 (5y, 2) 48.60 '12   48.96, 48.98, 48.99, 49.05, 49.18, 49.39
    dnf Pavia, 1 BL2 (1), 1 Kent, 2 Samorín, 1 Prague, 1 Geneva, 2 UK, dnf EC, 5 Anniv, 8s1 OG
2   **Sebastian Rodger** 29.6.91 (5y, 4) 49.19 '13   49.29, 49.35, 49.45, 49.47, 49.54, 49.60
    2 G'ville, 1 Clermont, 2 Ellwangen, 1 LI, 2 Namur, 3 Oordegem, 2B Geneva, 3 C'hagen, 1 UK, 4 Turku, 1 Mataró,
    3 Tarare, 1 Oordegem 11/7, 6 Anniv, 6h4 OG
3   **Rhys Williams** 27.2.84 (12y, 12) 48.84 '13   49.22, 49.22, 49.50, 49.58, 49.63, 49.68
    5 Ostrava, 1 Namur, 1 Oordegem, 5 Geneva, 5 Luzern, 3 UK, 5 EC, 4 Szekés, 1 Dublin, BL2: 3,1,-,-
4   **Tom Burton** 29.10.88 (6y, 3) 49.36 '15   49.62, 49.71, 49.81, 50.09, 50.40, 50.77
    1 Pavia, 2 Oordegem, 6 B'zona, 4 Geneva, 4 UK, 4s3 EC
5   **Jacob Paul** 6.2.95 (4y, 5) 50.38 '15   50.17, 50.20, 50.27, 50.46, 50.66, 50.71   2B G'ville, 1 B.Univs, 1 BLP (1),
    2 LI, 3 Namur, 3C Oordegem, 3B Geneva, 6 Brussels 19/6, 6 UK, 7 Dublin, 9 Anniv, 3 CAU, 1 MI
6   **Richard Yates** 26.1.86 (11y, 8) 49.06 '08   50.40, 50.41, 50.45, 50.53, 50.64, 50.77
    1 Pavia, 1 Lisse, 3 LI, 4 P'frugell, 4B Geneva, 2B Brussels 19/6, 5 UK, 1 CAU, 2 MI
7   **Niall Flannery** 26.4.91 (7y, 1) 48.80 '14   50.03, 50.65, 50.70, 50.71, 50.84, 50.97
    3 G'ville, 7 Kawasaki, 7 Oordegem, 5 Samorín, 7B Geneva, 4 Prague, 4B Luzern, 7 UK, 1B Tararo, 6 Gronoblo, 5 BLP (4)
8   **Jack Houghton** 3.9.93 (3y, 6) 50.27 '15   50.72, 50.86, 50.99, 51.04, 51.04, 51.27
    3 B.Univs, 5 Namur, 1D Geneva, 8 UK, 8 Dublin, 2 CAU, 3 MI, BLP :-,2,2,1
9   **Dai Greene** 11.4.86 (11y, 5) 47.84 '12   50.02, 51.16   2B Luzern, 2h4 UK
10 **James Forman** 12.12.91 (6y, 11) 50.41 '11   50.78, 51.18; 1A LI, 1C Oordegem
11 **Jack Lawrie** 21.2.96 (1y, -) 51.52 '15   50.85, 51.32, 51.42, 51.56, 51.69, 51.743
    4 LI, 2D Oordegem, 1 Eng-23, 3h2 UK, 1 LEAP, 3 Leixlip, 1 Scot, BLP: 3,4,-,dnf
12 **Christopher McAlister** 3.12.95 (1y, -) 52.65 '15   50.88, 51.32, 51.33, 51.33, 51.73, 51.79
    4B G'ville, 2 B.Univs, 5 LI, 4C Oordegem, 2 Eng-23, 3h1 UK, 2 LEAP, 5 Leixlip, BL1: 1,1,1,2
Jack Green ranks top for the first time after 2nd in 2012 and 2015 and Rodger raced hard to join him on the Olympic team. Williams made his fourth European Champs final. Sub-50 times: Rodger 11, Green, Williams 9, Burton 3. Paul was 3-2 v Yates. The 10th best was better than in 2015 but just 58 men at 55.5 or better was well down and lowest since 1975.

HIGH JUMP
1   **Robbie Grabarz** 3.10.87 (12y, 1) 2.37 '12   2.33, 2.32, 2.32, 2.31, 2.30, 2.29; 2.33i, 2.33i
    4 Doha, 5 Rabat, 2 Rome, 4 B'ham DL, 1 UK, 2 EC, 4= Monaco, 5 Eberstadt, 4= OG, 2 Lausanne, 3 Brussels;
    Ind: 2 B'ham 17/1, 1 Lough 30/1, 4 B.Bystrica, 4 Trinec, 2 UKi, 2 WI
2   **Chris Baker** 2.2.91 (6y, 7) 2.28i, 2.27 '14   2.29, 2.26, 2.26, 2.26, 2.25; 2.36i, 2.29i, 2.29i, 2.27i
    8 Rome, 5= B'ham DL, 1 Hérouville, 2 UK, 1 BLP (3), 3= EC, 8 Monaco, dnq 16 OG, 5 Rovereto, 8= Brussels;
    WI" 1/1/1 Cardiff, 1 Welsh, 2 Hustopece, 1 UKi, 8 WI

126

UK Merits 2016

3   **Allan Smith** 6.11.92 (6y, 3) 2.26 '13   2.26, 2.25, 2.25, 2.23, 2.22, 2.20; 2.26i, 2.23i
    2 Montgeron, 5 Hengelo, 2 Nivelles, 2 Brussels 19/6, 3 UK, 1= Cologne, 3 G'burg, 2 Viersen, 1 Scot, 1 MI, BLP: -,-,2,6; Ind: 1 Hirson, 1 Scot, 2= Gent,
4   **Chris Kandu** 10.9.95 (4y, 4) 2.24 '14   2.24, 2.23, 2.23, 2.22, 2.20, 2.15; 2.23i
    2 Lisbon, 1 Eng-23, 3 Z'meer, 4 UK, 1 Lokeren, 4 L'kusen, 5 M'gladbach; Ind: 4 Cologne, 9= B.Bystrica, 5 UKi
5   **Mike Edwards** 11.7.90 (8y, 5) 2.25 '15   2.23, 2.23, 2.21, 2.20, 2.20, 2.20; 2.22i
    1 Lexington, 2 LI, 1 E.Clubs B, 1 North, 1 Mid, 1 Istanbul, 5= UK, 10 Cologne, 1 CAU, 3 MI, BLP: -,-,2,2; Ind: 7 B'ham 17/1, 2 Lough 30/1, 12 Hustopece, 3 UKi
6   **David Smith** 14.7.91 (7y, 2) 2.25 '14   2.22, 2.21, 2.20, 2.17, 2.15, 2.15; 2.22i, 2.20i, 2.20i
    1 Scot-W, 1 LI, 1 BIG, 10 UK, 1 Dublin, BLP: -,1,7,1; Ind: 3 B'ham 17/1, 12 Hirson, 2 Scot, 4 Gent, 4 UKi
7   **Matt Roberts** 22.12.84 (9y, 6) 2.26 '10   2.24, 2.21, 2.20, 2.15, 2.14, 2.14; 2.23i, 2.20i, 2.17i
    2 BIG, 1 Geneva, 1 Nivelles, 3 Brussels 19/6, 11= UK, 4 BLP (3), 1 G'burg, 9 Viersen; Ind: 4= B'ham 17/1, 1 Gent, 6 UKi
8   **Tom Parsons** 5.5.84 (15y, 9) 2.31i '11, 2.30 '08   2.20, 2.17, 2.15, 2.13, 2.10; 2.17i, 2.16i, 2.14i
    3 LI, 5= UK, BLP: 1,-,6,4; UK Ind: 4= B'ham 17/1, 11 Hirson, 11 Cologne, 7 Gent
9   **Tom Gale** 18.12.98 (1y, -) 2.05i/1.96 '15   2.18, 2.17, 2.17, 2.16, 2.15, 2.14
    1 BL2 (1), 6 LI, 2 Eng-J, 9 UK, 1 E.Sch, 9= WJ, 2 CAU, 2 MI
10 **Martyn Bernard** 15.12.84 (14y, 10) 2.30i '07, 2.30 '08   2.20, 2.17, 2.15, 2.10; 2.10i
    1 Clermont, 5 Sinn, 9 Geneva, 8 UK; Ind: 5 Gent
11 **Ray Bobrownicki** (3.3.84) (3y, 8) 2.28 '14   2.17, 2.15, 2.13, 2.10, 2.05
    2 Scot-W, 1 NI, 5= UK, BL1: 1,-,-,1
12 **Rory Dwyer** 11.10.97 (3y, 12) 2.16 '14   2.17, 2.12, 2.11, 2.09, 2.09, 2.05; 2.15i, 2.14i, 2.12i, 2.12i
    7 BLP (1), 7= LI, 3 BIG, 2 Mid-J, 1 Eng-J, 11= UK, dnq 20= WJ; Ind: 6 B'ham 17/1, 2 Welsh, 2 Cardiff 7/2, 1 Eng-Ji, 9 UKi

Baker made an exciting breakthrough to 2.36 indoors, but although he had a decent season, his next best was 2.29. Grabarz, however, had his best year since 2012, ending with three competitions at 2.32/2.33 and ranks first for the fourth time. He had nine marks outdoors and four indoors over his 2015 best of 2.28 to make it back into the world top ten. Medals for both our top two at the Europeans was unique for the event. The top six, who all jumped 2.22 or more, were well clear of the rest, with the two near-vets Parsons and Bernard competing sparingly but both clearing 2.20. 17 year-old Gale made massive improvement from 2.05i in 2015.

POLE VAULT

1   **Luke Cutts** 13.2.88 (11y, 2) 5.83i '14, 5.70 '13   5.61, 5.45, 5.40, 5.35, 5.30, 5.30; 5.70i, 5.70i, 5.60i
    1 Yorks, 1 Sheffield, 4 C'hagen, 1 UK, 2 Linz, dnq 17= EC, dnq 22= OG, 5 Leuven, BLP: 3,1,-,-;
    Ind: 3 North, 1 Manch, 1 Cardiff 7/2, 7 Athlone, 2 Glasl, 1 UKi, 1 Manch 6/3
2   **Steven Lewis** 20.5.86 (14y, 1) 5.82 '12   5.60, 5.60, 5.56, 5.56, 5.55, 5.41
    1 Phoenix, 5 TexasR; 3= Long Beach, 3/3/4= Chula Vista, 2/3 Phoenix, 4 Atlanta, 4 Hof, 2= UK, 11 Landau; Ind: 4 Flagstaff
3   **Max Eaves** 31.5.88 (10y, 6) 5.62 '14   5.57, 5.40; 5.64i, 5.57i, 5.50i, 5.50i, 5.45i
    1 BLP (1); Ind: 1 North-I, 1 Cardiff 24/1, 5 Manch, 1 Linz, 3 Athlone, 7 Glasl, 3 UKi, 4 Jablonec
4   **Adam Hague** 29.8.97 (3y, 4) 5.60 '15   5.50, 5.40, 5.31, 5.30, 5.30, 5.30; 5.53i, 5.45i, 5.45i, 5.40i
    2 B.Univs, 2 BLP (1), 2 LI, 5 Innsbruck, 2 Sheffield, 1 Eng-J, 2 Mannheim, 5 WJ, 3 Huizingen, 1 MI, 3= Leuven, 3/3 Paris; Ind: 1 Nth-Ji, 2 North-I, 3 Manch, 2 Cardiff 7/2, 1 Eng-J, 4 Athlone, 6 Glasl, 5 UKi, 2 Manch 6/3
5   **Jax Thoirs** 7.4.93 (6y, 3) 5.65 '15   5.45, 5.40, 5.40, 5.25, 5.25, 5.17; 5.50i, 5.48i, 5.46i, 5.43i
    2 Tempe, 1 Eugene 9/4, 1 Pac 12, 5 NCAA, 2= UK, BL1: -,-,1,1; Ind: 4/1/1/2 Seattle, 1 NCAA-I
6   **Andrew Sutcliffe** 10.7.91 (9y, 5) 5.55i, 5.46 '12   5.45i, 5.36i, 5.33i, 5.32i, 5.31i, 5.30i
    Ind: 3B Rouen, 4 Manch, 3 Cardiff 7/2, 2 UKi
7   **Charlie Myers** 12.6.97 (2y, 9) 5.30 '15   5.25, 5.25, 5.20, 5.15, 5.15, 5.15; 5.25i, 5.25i, 5.20i
    4 B.Univs, 1 N,East, 1 LI, 1 P'frugell, 1 Geneva, 2 Eng-J, 4 Mannheim, dnq 18= WJ, 3 CAU, 4 Huizingen; Ind: 2 Nth-Ji, 3 Cardiff 24/1, 2 Eng-Ji
8   **Harry Coppell** 11.7.96 (4y, 11) 5.40 '14   5.20, 5.15, 5.00; 5.30i, 5.20i, 5.20i, 5.20i
    1 B.Univs, nh LI, nh Eng-23, nh UK, BLP: 4,-,11,1; Ind: 1 B.Uns-i, nh Manch & Cardiff 7/2, 4 UKi, 3 Manch 6/3
9   **Joel Leon Benitez** 31.8.98 (2y, 12) 5.10 '15   5.00, 5.00; 5.25i, 5.25i, 5.21i, 5.16i, 5.15i
    nh LI; Ind: 1 Welsh-Ji, 2 Cardiff 24/1, 7 Manch, 4 Cardiff 7/2, 3 Eng-Ji, 6= UKi
10 **Jack Phipps** 2.4.94 (2y, 10) 5.20 '15   5.20, 5.15, 5.15, 5.15, 5.10, 5.10
    3 B.Univs, 6= LI, 2 E.Clubs B, 1 Eng-J, 4 UK, 1 Dublin, 1 CAU, 2 MI, BLP: 6,2,2,2; Ind: 2 B.Uns-i
11 **Gregor MacLean** 17.10.91 (4y, -) 5.45 '14   4.95; 5.34i, 5.22i, 5.15i, 5.10i, 5.10i, 5.02i
    6 UK; Ind: 1 Norrköoing, 4 Örebro, 1 Huddinge, 4 M'saari, 6= UKi
12 **Nicolas Cole** 27.2.95 (1y, -) 4.95 '13   5.15, 5.10, 5.05, 5.05, 5.01, 5.01
    2 Yorks, 3 LI, 1 North, 5 UK, 8 Linz, 4 Dublin, 5 CAU, 4 MI, BLP: -,3,1,3;
    Ind: 4 Cardiff 24/1, 8 Manch, 2 B.Uns-i, 10 UKi, 4 Manch 6/3
-   **Nick Cruchley** 1.1.90 (6y, 1) 5.42 '11   5.15, 5.10, 4.80   2 CAU, 6 BLP (4)
-   **Timothy Duckworth** 18.6.96 (1y, -) 5.00 '14   5.10, 5.05, 5.00, 4.85; 5.00i, 5.00i, 4.90i
    2= C'ville; Ind: 5 L'ton, 4 B'burg

Outdoors only: 1 Lewis, 2 Cutts, 3 Hague, 4 Thoirs, 5 Eaves, 6 Myers, 7 Phipps, 8 Coppell, 9 Cole, 10 Cruchley, 11 Duckworth, 12 Benitez

UK Merits 2016

As so often these days, many vaulters fared better indoors than out. This was particularly so for the man with the top marks – Cutts who cleared 5.70 twice indoors. Lewis had the best series of marks outdoors (in the USA), but was beaten by Cutts to the UK title on the only occasion that they met and loses the top ranking that he had held (including indoor form) for ten successive years. Hague and Myers remained the top juniors but did not progress this year. Phipps's top marks were identical to his in 2015. Sutcliffe only competed indoors and Eaves completed only two outdoor competitions before injury. Overall standards were a little down on 2015.

LONG JUMP
1 **Greg Rutherford** 17.1.86 (11y, 1) 8.51 '14   8.36w/8.24, 8.31, 8.30, 8.29, 8.25, 8.20; 8.26iA
  1 Long Beach, 1 La Jolla, 1 Phoenix, 1 Manchester, 1 Rome, 5 B'ham DL, 1 EC, 1 Andújar, 3 OG, 1 GNC; Ind: 1 A'que
2 **Daniel Bramble** 14.10.90 (6y, 2) 8.21 '15   8.00, 7.98, 7.75, 7.66, 7.35; 8.14i, 7.94i, 7.83i, 7.76i
  1 Clermont, 8 Shanghai, 4 Rabat, BLP: 1,-,2,-; Ind: 2 Karlsruhe, 4 Glasl, 1 UKi, 2 Jablonec, 6 WI
3 **Daniel Gardiner** 25.6.90 (4y, 5) 7.78i/7.70 '15   7.96, 7.86, 7.85w, 7.80, 7.74, 7.67; 7.80i
  1 B.Univs, 1 Yorks, 1 LI, 4 Riga, 1 UK, 9 Anniv,1 CAU, 1 MI, 1 Hilversum, 3 Schaarn, 3 GNC; Ind: 2 Vienna, 6 Glasl, 2 UKi
4 **Allan Hamilton** 14.7.92 (3y, 6) 7.81 '14   7.88, 7.63w/7.62, 7.58, 7.56, 7.54, 7.52; 7.71Ai
  3 A'que, 2 Tempe, 2 Azusa, 2 Stanford, 1 MWC, 23 NCAA, 4 UK, 2 BLP (4), 1 Scot; Ind: 2/3 A'que, 1 MWC-i
5 **J.J.Jegede** 3.10.85 (9y, -) 8.11 '12   7.61, 7.59, 7.43, 7.38, 7.23, 7.23
  4 Manchester, 2 LI, 5 Bottrop, 1 South, 3 UK, BLP: 7,-,5,-
6 **Chris Tomlinson** 15.9.81 (18y, 4) 8.35 '11   7.59, 7.43, 7.33, 7.32; 7.64i, 7.52i, 7.52i
  4 BLP (1), 8 Bad Langensalza, 5 UK; Ind: 7 Glasl, 3 UKi
7 **Oliver Newport** 7.1.95 (1y, -) 7.70 '12   7.78, 7.49, 7.48w, 7.43, 7.32; 7.26i
  3 Memphis, 3 ACC, dnq 14 NCAA-E, 1 Eng-23, 7 UK; Ind: 6 L'ton, 1 N.Dame
8 **Bradley Pickup** 4.4.89 (5y, -) 8.16 '14   7.75w/7.71, 7.52, 7.50, 7.49, 7.45, 7.43
  6 LI, 2 BIG, 6 Lisbon, 1 B'n'mth, 8 UK, 2 LEAP, 3 CAU, BLP: 3,2,3,4
9 **James Lelliott** 11.2.93 (1y, -) 7.33 '11, 7.54w '14   7.61w, 7.53, 7.45w, 7.42, 7.40, 7.22; 7.43i
  4 BIG, 2 B'n'mth, 6 UK, 7 CAU, BL3: 2,1,1,2; Ind: 2 South-I, 5 UKi
10 **Alexander Farquharson** 9.6.97 (1y, -) 7.05 '15   7.70, 7.50, 7.41, 7.37, 7.29; 7.04i
  1 BIG, 2 Eng-J, 4 Mannheim, dnq 16 WJ, 3 MI
11 **Ashley Bryant** 17.5.91 (2y, -) 7.67i/7.567 '14   7.58, 7.56, 7.43, 7.42, 7.38, 7.20   4 LI, 9 UK
12 **Jacob Fincham-Dukes** 12.1.97 (2y, 7) 7.75 '15   7.46, 7.43, 7.43w, 7.39w, 7.35w, 7.22; 7.56i, 7.41i
  3 Stanford, 3 Tucson, 6/2 F'ville, 7 Big 12, dnq 21 NCAA-W, 1 Eng-J, 6 Mannheim; Ind: 9 F'ville, 2 Big12-i
– **Paul Ogun** 3.6.89 (1y, -) 7.54 '11   7.79, 7.44, 7.24, 7.18, 7.09; 7.12i
  9 BIG, 2 South, 1 LEAP, 2 CAU, 1 BLP (4); Ind: 3 Scot-i
nr **Adam McMullen** IRL 5.7.90 7.80i, 7.77, 7.89w '15   7.84, 7.75, 7.73, 7.60, 7.59, 7.59; 7.83i, 7.77i, 7.73i
  3/1 Clermont, 2 Bottrop, 1 Dublin, 1 NI, 1 IRL, 1 Cork, 2 MI, BLP: -,-,4,1
Outdoors only: 2 Gardiner, 3 Bramble,… 6 Newport, 7 Pickup, 8 Tomlinson
Rutherford ranks top for the eighth time for a new event record (from 1968); his long sequence of major title wins ended with his Olympic bronze and he slipped a little in world rankings but it was another super season. His nine years with the UK's best mark beats the previous record of 8 by Lynn Davies. Bramble's season was cut short by injury and although he retains second place including indoor form, on outdoors alone the fast-improving Gardiner edges him. Tomlinson bows out after ranking for an event record 18 successive years.

TRIPLE JUMP
1 **Julian Reid** 23.9.88 (6y, 1) 16.98, 17.10w '09   16.96w/16.57, 16.76, 16.62, 16.46, 16.45, 16.27; 16.04i
  1 LI, 1 BIG, 3 Bydgoszcz, 2 UK, 6 Turku, 3 EC; Ind: 1 Vienna
2 **Nathan Douglas** 4.12.82 (15y, 2) 17.64 '05   16.58, 16.43, 16.33w/16.24, 16.24, 16.18, 15.50; 16.23i
  8 Doha, 1 UK, dnq 15 EC, 4 Kortrijk, 9 Anniv, 3 CAU; Ind: 5 Glasl, 3 UKi
3 **Ben Williams** 25.1.92 (7y, 4) 16.74 '15   16.41, 16.31, 16.16w, 16.07, 16.05w, 15.95; 16.38i, 16.22i
  1 Lafayette, 1 ACC, 16 NCAA, 3 UK, 1 CAU, 1 MI; Ind: 2 N.Dame, 1 Boston, 7 NCAA-I
4 **Nathan Fox** 21.10.90 (9y, 3) 16.69 '14   16.44, 16.12, 16.09, 16.06, 15.93w, 15.72; 16.21i
  7 Nassau, 3 Clermont, 8 Hengelo, 3 BIG, 9 P.Bénite, 4 UK, BLP: 5,1,6,-; Ind: 2 B'lava, 4 Athlone, 2 UKi
5 **Nonso Okolo** 7.12.89 (2y, -) 16.06 '14   16.28w/15.94, 16.13w, 16.06, 16.02, 15.85, 15.80
  2 Westwood, 6 Nassau, dnq nj B.Univs, 2 BIG, 1 BLP (2), 5 UK
6 **Montel Nevers** 22.5.96 (2y, 6) 15.83/15.98w '15   16.14, 15.77, 15.62w, 15.25, 14.85; 16.15i, 15.66i
  3 LI, 1 Eng-23, 8 UK, BL2: -,1,-,1; Ind: 1 B.Uns-i, 4 UKi
7 **Efe Uwaifo** 15.5.95 (2y, -) 15.88i '15, 15.70 '13   15.98, 15.91, 15.79, 15.55, 15.55, 15.42w; 15.92i
  3 Coral Gables, 3 C'ville, 1 Heps, dnq 23 NCAA-E, 2 South, 2 Eng-23, 7 UK; Ind: 1 Heps-i
8 **Sam Trigg** 1.11.93 (2y, 10) 15.74 '15   15.77w/15.61, 15.62, 15.57w/15.35, 15.49, 15.36, 15.32A; 15.41Ai
  1 A'que, 4 Tempe, 1 Tucson, 1 MWC, dnq 16 NCAA-W, 10 UK, 2 BLP (3); 3 MWC-i
9 **Kola Adedoyin** 8.4.91 (8y, 9) 16.61 '14   15.96, 15.52, 15.19w, 15.40i, 15.04i
  1 Geneva, 6 UK, 7 Turku, 9 BLP (3); Ind: 6 Athlone, 10 UKi
10 **Chukwudi Onyia** 28.2.88 (1y, -) 15.24i '14, 14.97 '13   15.57, 15.46, 15.42, 15.25, 15.19, 15.09. 15.29i
  2 LI, 11 UK, 1 Scot, BL2: 1,-,1,2; Ind: 1 Scot-I
11 **Jonathan Ilori** 14.8.93 (3y, 8) 15.89, 16.10w '14   15.76, 15.34w, 15.30, 15.26, 15.06, 14.99; 15.60i, 15.54i, 15.27i
  1 South, 15 UK, 4 MI, BL1: 1,1,2,1; Ind: 2 South-I, 5 UKi

UK Merits 2016

12   **Nana Owusu-Nyantekyi** 11.9.91 (2y, 12) 15.67i/15.65 '15   15.68, 15.29, 15.06; 15.56i, 15.45i, 15.37i, 15.36i
     2 Clarksville, 3 Memphis, 14 UK; Ind: 8 NY, 2 Heps-I, 7 UKi
–   **Jonathon Sawyers** 24.8.92 (4y, 11) 15.64 '13   15.51, 15.50w/15.37, 15.36, 15.34, 15.17, 15.13;
     5 BIG, 12 UK, 2 CAU, BLP: 2,7,-,4; Ind: 8 UKi
nr   **Tosin Oke** NGR 1.10.80 17.23 '13   17.13, 16.87w/16.55, 16.73, 16.65, 16.65, 16.57; 16.73i
     5 Nassau, 2 Clermont, 5 Doha, 5 Beijing, 1 Hengelo, 1 Samorín, 5 Stockholm, 1 Afr Ch, 3 BLP (1), 8 Anniv,
     dnq 23 OG, 10 St-Denis, 10 Zürich, 5 Berlin; Ind: 1 UKi, 6 WI
Outdoors only: 11 Sawyers, 12 Ilori, - Owusu-Nyantekyi
Although he did not reach the Olympic qualifying standard, Reid excelled with the European bronze medal. Douglas beat him for the UK title with Williams 3rd and Fox 4th.

SHOT
1   **Scott Lincoln** 7.5.93 (5y, 1) 18,54 '15   19.59, 19.58, 19.45, 19.35, 19.19, 19.03; (19.93, 19.48 irreg)
     1 Cerveira, 1 LI, 1/1 Capes, 1 Yorks, 12 Halle, 1 LI, 1 Oordegem, 2 Brussels, 1 UK, 4 G'burg, 9 Anniv, 1 CAU,
     1 Huizingen, 1 MI, BLP: 1,-,2,-; Ind: 1/1 Vienna, 1 UKi
2   **Scott Rider** 22.9.77 (16y, 4) 18.97 '05   17.61i; 2 UKi
3   **Gareth Winter** 19.3.92 (4y, 3) 18.07 '15   17.43, 17.29, 17.28, 17.20, 17.19, 17.16; 17.41i, 17.36i   (17.47, 17.10 irreg)
     1 Ch'ham, 2/3 Capes, 3 LI, 1 Welsh, 3 UK, 7/6 Leiria, 2 MI, BLP: 2,2,4,4; Ind: 1 Welsh, 4 UKi
4   **Antony Oshodi** 27.9.91 (6y, 6) 17.56 '14   17.43, 17.39, 17.10, 17.05, 16.67, 16.45
     4 LI, 2 UK, 2 CAU, 4 MI, BLP: 3,1,6,-; Ind: 5 UKi
5   **Youcef Zatat** 13.4.94 (3y, 5) 17.15 '15   18.01, 17.27, 17.20, 17.02, 17.02, 16.76
     1 B.Univs, 2 LI, 1 BIG, 2 Eng-23, 4 UK, nt/8 Leiria, 3 CAU, BLP: 4,4,3,3
6   **Joseph Watson** 23.9.95 (2y, 8) 16.82 '15   17.42, 17.32, 17.01, 17.01, 16.90, 16.88; 17.29i; (17.34, 17.30 irreg)
     2 Ch'ham, 3/2 Capes, 1 Surrey, 1 South, 1 Eng-23, 5 UK, 1 Sth IC, BLP: 5,3,5,2; Ind: 1 South-I, 3 UKi
7   **Dan Brunsden** 18.4.88 (1y, -) 15.44 '15   16.78, 16.03
8   **Nicholas Percy** 5.12.94 (1y, -) 15.65 '15   15.85, 15.59, 15.52   6 BLP (4), 1 Scot
9   **Michael Wheeler** 23.9.91 (2y, -) 17.08 '12   15.68, 15.65, 15.65, 15.59, 15.57, 15.42   2 Surrey, 7 UK, BL1: 2,1,2,2
10   **Kai Jones** 14.12.96 (1y, -) 0   16.00, 15.20, 14.64; 16.36i, 15.48i, 15.39i
     2 B.Univs, BLP: -,6,11,8; Ind: 1 B.Uns-i, 6 UKi
11   **Daniel Cartwright** 14.11.98 (1y, -) 15.01 '15   15.51, 15.24, 15.15, 15.09, 15.04; 15.15i
     4 E.Clubs B, 6 UK, BLP: 6,7,8,9; Ind: 7 UKi
Outdoors only: 2 Winter to 6 Brunsden, 7 Percy, 8 Wheeler, 9 Jones, 10 Cartwright (10 ranked) ;– Rider
Lincoln retained his top ranking and increased his lead over the rest substantially. Winter was 4-3 and Oshodi 4-2 v Zatat. Watson, an extremely prolific competitor, was 3-3 v Zatat. Duquemin (4-3-1-1-2 for the past five years) concentrated on the discus, with a shot best of only 15.23. Rider had just one shot competition, 2nd UK indoors, apart from his many Highland Games events. The number of 16m putters declined to just 8 and there were only five competing regularly over that level. 10th best of 15.68 was the worst since 1965 (over 16m every year 1969-2015).

DISCUS
1   **Brett Morse** 11.2.89 (10y, 1) 66.84 '13   63.08, 61.84, 61.48, 60.89, 60.77, 60.73
     4 C.Vista, 10 La Jolla, 2 LI, 10 B'ham DL, 1 Welsh,1 Leiria, 2 UK, 1 Welsh Int, BL2: -,1,1,-
2   **Zane Duquemin** 23.9.91 (6y, 2) 63.46 '12   62.28, 61.86, 61.29, 61.24, 61.09, 61.0   9 Salinas, 3B C.Vista,
     18 La Jolla, 8 Irvine, 1 LI, 1 Lough 8/6, 1 BIG, 4/2/3/2/2 H'borg, 3/2/2 Leiria, 3 UK, 1 LEAP, 1 Hendon 30/7, 1 MI, BLP: 1,1,1,1
3   **Nicholas Percy** 5.12.94 (4y, 4) 58.61 '14   63.38, 61.78, 61.27, 60.52, 60.49, 60.43   1 Tempe, 1 Lincoln, 2 Kansas R,
     1 Drake R, 1 Big 10, 1 NCAA, 1 Eng-23, 1 UK, 9 Sollentuna, 2/3/1 H'borg, 1 Ystad, 2 BLP (4), 1 Scot, 3 MI
4   **Alan Toward** 31.10.92 (3y, 5) 56.92 '15   58.81, 57.68, 57.18, 56.72, 56.22, 56.09
     1 B.Univs, 1 N.East, 3 LI, 1 North, 4 UK, 5/7 Leiria, 2 CAU, BLP: 2,3,-,3
5   **Greg Thompson** 5.5.94 (3y, 10) 56.90 '14   59.22, 57.67, 56.50, 56.06, 55.95, 55.75
     2 Eng-23, 5 UK, 1 Sth IC, 2 LEAP, 2 Hendon 30/7, 1 CAU, 2 MI, BLP: -,2,2,4
6   **Adam Damadzic** 3.9.92 (4y, 11) 56.23 '14   56.44, 56.03, 55.55, 55.18, 55.15, 54.90
     8 TexasR, 2 Tuscon, 2 G'ville, 4 DrakeR
7   **Carl Myerscough** 21.10.79 (14y, 3) 65.24 '12   60.67, 55.01; 5 Claremont, 3 Chula Vista
8   **Alex Parkinson** 8.9.94 (1y, -) 53.57 '15   55.38, 55.36, 55.03, 54.23, 53.63, 53.23
     2 NZ Ch, 7 AUS Ch, 1 Grenoble, 6 Wiesbaden, 1 Lamballe, 1 Vannes, 3 Eng-23, 7 FRA Ch
9   **Angus McInroy** 13.2.87 (9y, 6) 58.77 '10   53.48, 53.01, 52.96, 52.80, 52.78, 52.16
     1 Scot Univs, 5 LI, 2 BIG, 6 UK, 3 Hendon 30/7, 4 CAU, 2 Scot, BLP: 4,4,3,-
10   **Matthew Blandford** 21.10.95 (2y, 8) 55.10 '15   55.68, 52.44, 52.06, 51.97   7 UK, 3 CAU
11   **Mark Plowman** 26.3.85 (4y, 7) 56.04 '14   55.55, 53.08, 52.96, 52.50, 52.50, 52.13
     2 Lough 8/6, 1 South, 11 UK, 1 IS, 4 LEAP, 6 CAU, 1 S.West, 4 MI, BLP: 6,-,-,5
12   **Emeka Udechuku** 10.7.79 (18y, -) 64.93 '04   53.75, 52.38; 3 BLP (1)
Morse was our top man for the sixth time in the last seven years. Duquemin had 30 discus competitions, 14 over 60m to 7 each by Morse and Percy. Morse was 3-2 v Duquemin, who was 2-1 v Percy, Percy won the NCAA title, a rare feat for a British athlete and beat Morse 1-0. Then Toward beat Thompson 3-2, McInroy 4-0 v Plowman. Both Myerscough and Udechuku have 19-year spans of ranking. Continuing decline in depth, 50th best and number over 41.50m were the worst since 1964.

UK Merits 2016

HAMMER
1. **Chris Bennett** 17.12.89 (6y, 3) 74.66 '15   76.45, 75.67, 75.46, 74.39, 73.32, 71.32
   1 Fr-Crumbach, 2 LI, 1 Budapest, 1 UK, 10 EC, dnq 19 OG
2. **Mark Dry** 11.10.87 (9y, 2) 76.93 '15   76.26, 74.92, 73.72, 72.84, 72.61, 72.35
   1 Lough 17/4, 5 Fr-Crumbach, 1 LI, 1 BLP (2), 2 UK, 8 Turku, dnq 15 EC, dnq 21 OG
3. **Nick Miller** 1.5.93 (5y, 1) 77.55 '15   76.93, 74.89, 74.81, 73.98, 72.21, 71.38
   1 Big 12, 6 Eugene, 1 NCAA, 3 UK, nt Turku, dnq 25 EC, 8 Székes, dnq 22 OG
4. **Taylor Campbell** 30.6.96 (2y, 10) 69.39 '15   72.70, 71.60, 71.39, 70.92, 70.88, 70.62
   2 Lough 17/4, 1 B.Univs, 1 Lough 11/5, 3 LI, 1 South, 1 Eng-23, 4 UK, 1/1 Leiria, 1 CAU, 1 MI, BLP: 1,-,-,1
5. **Craig Murch** 27.6.93 (2y, 12) 66.45 '15   69.79, 68.90, 67.32, 67.17, 66.96, 66.73
   5 Lough 17/4, 2 B.Univs, 2 Lough 11/5, 4 LI, 1 Mid, 1 Lough 15/6, 6 UK, 3 CAU, BL4: 1,1,-,-
6. **Chris Shorthouse** 23.6.88 (6y, 6) 70.18 '15   68.66, 68.23, 67.39, 66.93, 66.89, 66.66
   3 Lough 17/4, 6 LI, 2 E.Clubs B, 2 Mid, 2 Lough 15/6, 5 UK, 2 LEAP, 2 CAU, BLP: 2,5,1,2
7. **Callum Brown** 20.7.94 (2y, 11) 67.31 '14   67.05, 66.52, 66.18, 66.01, 65.73, 65.61
   7 LI, 2 South, 2 Eng-23, 8 UK, 4 CAU, 1 H.Circle, BLP: 4,2,4,3
8. **James Bedford** 29.12.88 (10y, 9) 70.82 '13   66.91, 66.13, 65.85, 65.40, 65.36, 64.57
   1 Humber, 1 North, 7 UK, BLP: 6,3,2,6
9. **Andrew Frost** 17.4.81 (15y, 7) 72.79 '11   66.25, 65.53, 64.77, 63.34, 63.31, 63.14
   3 Limea, 1 Scot, BLP: 3,4,5,4
10. **Nicholas Percy** 5.12.94 (1y, -) 63.31 '15   67.85, 67.56, 65.94, 63.06, 62.73, 62.02
    1 Tempe, 4 Drake R, 1 Lincoln, 3 Big 10, dnq 31 NCAA-W, 5 BLP (4), 2 Scot, 3 MI
11. **Alex Smith** 6.3.88 (11y, 5) 75.63 '10   65.45, 65.17, 64.35, 64.22, 64.02, 62.22
    2 Humber, 3 North, 10 UK, BLP: 7,6,3,-
12. **Joseph Ellis** 10.4.96 (1y, -) 61.91 '15   68.25, 66.06, 65.82, 65.43, 65.26, 65.19
    2 Tempe, 1 Durham, 3 Auburn, 3 Columbus, 2 San Marcos, 6 Big 10, 17 NCAA, 9 UK
- **Osian Jones** 23.6.93 (2y, 10) 67.88 '15   67.96, 67.20, 65.72, 61.32, 60.03   5 LI, 9 BLP (2), 11 UK

The top three all exceeded 76m early season in 2016 and all competed at the Olympics and Europeans, but were far from their best on these big occasions apart from Bennett making the European final. Miller was well down on his 2015 performances but won the NCAA title; however, through injury, he fell back thereafter. Bennett, who won at the UK Champs from Dry and Miller, takes over the top ranking. Campbell, who added 3.31m to his best, was a clear fourth. Shorthouse and Murch were 3-3, Brown 3-2 v Bedford. Percy ranks in SP, DT and HT, the only athletes to do so previously (from 1968) were Bill Tancred 1968-9, Paul Buxton 1975-7 & 1979; and Shaun Pickering 1987 & 1989. This remains easily Britain's best throws event with 20th best at 63.18 a new record.

JAVELIN
1. **Harry Hughes** 26.9.97 (2y, 3) 71.73 '15   75.46, 74.40, 74.30, 73.57, 73.41, 72.22
   1J Halle, 1 South-J, 1 Eng-J, 1 Mannheim, 1 E,Sch, 7 WJ, 1 CAU, 1 MI
2. **Matti Mortimore** 16.5.93 (5y, 2) 72.44 '15   75.79, 74.40, 73.89, 72.93, 72.72, 71.80
   4 Tempe, 4 Stanford 1/4, 1 Lincoln, 4 Long Beach, 12 NCAA, 1 UK, 6 Pihtipudas, 1 St. Peter Port, 8 Anniv
3. **Joe Dunderdale** 4.9.92 (6y, 4) 76.13 '14   72.27, 72.17, 71.87, 71.21, 70.10, 69.88
   1 LI, 2 UK, 1 Sheffield, 2 CAU, BLP: 2,-,2,-
4. **James Whiteaker** 26.9.97 (1y, -) 0, 77.12 '14 with 700g javelin   72.51, 72.41, 71.84, 69.22, 68.17, 67.65
   1 Belfast, 3 UK, 2 E,Sch, 13 WJ, 1 YDL
5. **Greg Millar** 19.12.92 (4y, 5) 69.07 '15   71.12, 70.03, 69.12, 68.68, 68.42, 68.24
   2 B.Univs, 6 LI, 3 E.Clubs B, 4 UK, 2 St. Peter Port, 4 CAU, 1 Scot, 2 MI, BLP: 1,2,1,2
6. **Bonne Buwembo** 24.12.89 (8y, 1) 74.64 '14   69.54, 69.09, 60.72, 68.60, 68.46, 68.10
   1 Essex, 2 LI, 1 South, 5 UK, BL1: 1,1,-,-
7. **Steven Turnock** 7.11.92 (3y, 7) 68.99 '13   70.78, 69.15, 68.57, 68.47, 65.92, 65.71
   1 B.Univs, 4 LI, 11 UK, 4 St. Peter Port, 4 MI: BLP: 3,-,3,1
8. **Gavin Johnson-Assoon** 19.12.82 (3y, 6) 68.31 '15   69.36, 66.37, 65.99, 65.63, 64.65, 64.64
   2 Carnival, 2 South, 12 UK, 2 Sth IC, 3 CAU, 3 MI, BL1: 2,2,1,1
9. **Jason Copsey** 17.2.91 (1y, -) 67.16 '14   66.38, 66.26, 66.02, 65.85, 64.78, 64.55
   1 S.Wales, 3 LI, 1 Welsh, 8 UK, BL2: 1,2,-,1
10. **Oliver Corfield** 13.9.97 (1y, -) 58.50 '15   68.55, 67.68, 64.82, 64.43, 64.24, 64.13
    3 Queensland Ch, 7 LI, 1/1J Carnival, 1 Mid-J, 4 Eng-J, 6 UK, 5/13B Pihtipudas
11. **Joe Harris** 23.5.97 (1y, -) 57.95 '15   67.70, 66.35, 65.59, 64.77, 63.50, 63.41
    1 Lough 23/4, 5 LI, 6/2J Carnival, 3 Eng-J, 10 UK, 1 Isle of Man
12. **Ashley Bryant** 17.5.91 (1y, -) 70.44 '13   70.37, 66.47, 63.69, 63.51   9 UK, 1D EC
- **Craig Lacy** 17.7.91 (1y, -) 68.46 '11   66.64, 64.47, 64.10, 63.38, 62.79, 62.46
   3 South, 15 UK, 1 Sth IC, 6 CAU, BLP: 9,3,4,3

British men's javelin standards remain in a deep depression, although a little better than in 2015. Juniors at 1st and 4th gave hope for the future, with Hughes 7th at the World Juniors after winning all the domestic events he contested. He narrowly takes top ranking over UK champion Mortimer, with 17 year-old Whiteaker showing great promise.

DECATHLON
1 **Ashley Bryant** 17.5.91 (6y, -) 8141 '14   9 Götzis 8056, 5 EC 8040, 5 Kladno 7715, dnf Florence
2 **Ben Gregory** 21.11.90 (6y, 5) 7725 '14   1 Azusa 7882, 6 Kladno 7702, dnf Florence, Arona
3 **Timothy Duckworth** 18.6.96 (2y, 8) 7156 '15   4 SEC 7709, 11 NCAA 7596, 7 Athens GA 7585
4 **Liam Ramsay** 18.11.92 (5y, 1) 7857 '15   1 Irish Ch 7521
5 **Martin Brockman** 13.11.87 (9y, 3) 7712 '10   1 Erith 7213, 8 Ratingen 7004, dnf, Sydney, Arona
6 **Jahmal Germain** 3.7.92 (1y, -) 7001 '13   5 Hexham 7163, dnf Dallas
7 **Aiden Davies** 26.12.95 (2y, 9) 6857 '15   1 ENG 6914
8 **Lewis Church** 27.9.96 (1y, -) 0   2 ENG 6889
9 **Harry Maslen** 2.9.96 (1y, -) 0   1 Lone Star 6770, 1/2 San Angelo 6727/6625, 12 NCAA II 6692
10 **Max Hall** 29.12.86 (2y, 10) 7056 '12   4 ENG 6774
nr **Peter Moreno** 30.12.90 NGR 6920 '15   5 ENG 6723

Ashley Bryant was back on top, as he was in 2013 and 2014, and had three excellent performances that took him to 4th in the IAAF World Combined Events Challenge. Duckworth improved by 553 points from 2015. There was a further fall so that there were only six men over 7000 points and 10th best of 6779 was the worst since 2006 while 34 men over 5200 points in the worst in over 40 years. Last year's no. 2 John Lane did not finish in Götzis, Kladno and Hexham.

20 KILOMETRES WALK
1 **Tom Bosworth** 17.1.90 (7y, 1) 1:22:20 '14
   6 OG 1:20:13, 1 Dudince 1:20:41, 34 WCp 1:22:55, 1 ENG 1:26:15,1 RWA 1:30:29, dnf Podébrady
2 **Daniel King** 30.5.83 (11y, -) 1:26:14 '04   2 ENG 1:30:23, 1:35:54+
3 **Dominic King** 30.5.83 (12y, 1) 1:27:52 '04   3 ENG 1:31:30, 1:32:36+ Andernach, 1:33:22+, 1:34:23+, dq WCp
4 **Guy Thomas** 1.7.97 (1y, -) 0   1 Douglas 1:30:17
5 **Cameron Corbishley** 31.3.97 (1y, -) 0   1 Hayes 1:33:00

Bosworth set two UK records at 20k, plus 3000m and 5000m indoors. His Olympic sixth place was the best by a British walker at any Olympic event since Paul Nihill's 6th at 20k in 1973 and he completes seven years in Britain's top two, four at no.1. The 19 year-olds Callum Wilkinson, Cameron Corbishley and Guy Thomas continued their excellent progress at shorter distances with Wilkinson's World Junior title at 10,000m the very special highlight. We look forward to seeing what Wilkinson will achieve when he makes his 20k debut.

50 KILOMETRES WALK
1 **Dominic King** 30.5.83 (5y, 1) 3:59:22 '15   4 Andernach 3:55:48, 32 Dudince 4:08:00, dq OG
2 **Daniel King** 30.5.83 (6y, -) 4:04:49 '08   39 Dudince 4:19:12

Dominic King is top for the fourth time and improved his pb to move to 2nd UK all-time. Jonathan Hobbs was the only other man to better 5 hours.

UK Merits 2016
WOMEN

100 METRES
1 **Dina Asher-Smith** 4.12.95 (4y, 1) 10.99 '15   11.07, 11.08, 11.09, 11.22, 11.22, 11.28
  1 Gavardo, 4 B'ham DL, 4 Anniv, 1 Warsaw
2 **Desiree Henry** 26.8.95 (4y, 3) 11.11 '15, 11.04w '14   11.06, 11.07, 11.08, 11.08, 11.09, 11.09
  1 Azusa, 3 Herz, 5 Rome, 7 B'ham DL, 3 UK, dnf EC, 6 Monaco, 6 Anniv, 4s3 OG, 4 Lausanne, 3 Rovereto, 4 Brussels
3 **Asha Philip** 25.10.90 (8y, 2) 11.10 '15   11.16, 11.17, 11.22, 11.27, 11.27, 11.32
  1 Hengelo, 7h1 B'ham DL, 2 Geneva, 4 Luzern, 1 UK, 4 EC, 5h2 Anniv, 8s2 OG, 3 GNC
4 **Daryll Neita** 29.8.96 (2y, 4) 11.40 '15   11.23, 11.24, 11.30, 11.30, 11.30, 11.41
  2 Newham, 1 Ellwangen, 1 LV 25/5, 1 Geneva, 1 Luzern, 2 UK, 7h2 Anniv, 4h8 OG
5 **Imani Lansiquot** 17.12.97 (2y, 12) 11.56 '15   11.17, 11.24, 11.25, 11.28, 11.37, 11.38
  2 LV 25/5, 1 Newham 5/6, 1 Eng-J, 4 UK, 4 WJ, 1 LV 17/8
6 **Ashleigh Nelson** 20.2.91 (11y, 1) 11.19/11.14w '14   11.19, 11.24, 11.26, 11.31, 11.44, 11.45
  1 Newham 8/5, 2 Weinheim, 5 B'ham DL
7 **Sophie Papps** 6.10.94 (4y, -) 11.47 '12, 11.39mxw '15   11.27, 11.31, 11.43, 11.43, 11.52, 11.53
  2h1 Newham 5/6, dns Eng-23, 5 UK, 2 Newham 10/7, dns CAU
8 **Hannah Brier** 3.2.98 (2y, 7) 11.39A, 11.44, 11.37w '14   11.39, 11.47, 11.47, 11.51, 11.52, 11.60; 11.45w
  1 LI, 1 Welsh, 2 Eng-J, 6 WJ, BLP: 1,-,1
9 **Rachel Johncock** 4.10.93 (2y, -) 11.45 '14   11.53, 11.57, 11.58, 11.58, 11.61, 11.63; 11.37w, 11.49w
  3 LI, 1 Cardiff, 2 Welsh, 7 UK, 1 BLP (2), 4 LEAP, 1 CAU8
10 **Rebecca Campsall** 2.10.90 (1y, -) 11.80 '15   11.53, 11.55, 11.55, 11.60, 11.64, 11.66; 11.46w, 11.62w
  2 Pavia, 1 Yorks, 2A LI, 2 North, 1 C'hagen, 4s1 UK, 3 LEAP, 2 CAU, 1 WLP (3)1 MI
11 **Rachel Miller** 29.1.90 (1y, -) 11.73, 11.70w '15   11.46, 11.51, 11.57, 11.62, 11.65; 11.45w, 11.54w, 11.55w
  3A LI, 3 BIG, 1 South, 6 UK, 1 Sth IC, 4 CAU, 2 MI, BL1: 1,1,-
12 **Jodie Williams** 28.9.93 (7y, -) 11.18 '11, 11.13w '14   11.38, 11.39+, 11.47, 11.57, 11.73
  6 Tempe, 3B Norwalk, 4 GNC
– **Montell Douglas** 24.1.86 (12y, 10) 11.05, 10.95w '08   11.52, 11.61, 11.62, 11.64, 11.70, 11.73; 11.55w, 11.59w
  2/dq A LI, 8 UK, 3 CAU, 1 BLP (3), 2 LV 17/8
– **Cindy Ofili** 5.8.94 (1y, 9) 11.39 '15   11.43, 11.48, 11.53, 11.60, 11.66; 11.57w   5 Big 10, 4q3 NCAA-E

Asher-Smith is top for the third year. Henry, competing regularly in major meetings, had the best times (six under 11:10, 13 under 11.20) and raced the event much more often, but Asher-Smith was ahead in both their clashes. Philip won the UK title, while the youngsters Neita and Lansiquot made excellent progress. Nelson started well, but injury ended her year in mid-June, and Papps made a welcome return. although she withdrew from two major finals. Standards continued high as 10th best of 11.43 was the second best ever and there was a record 99 women running 12.19/12.0 or better.

200 METRES
1 **Dina Asher-Smith** 4.12.95 (5y, 1) 22.07 '15   22.31, 22.37, 22.38, 22.49, 22.57, 22.72
  1 Stockholm, 1 UK, 1 EC, 5 OG, 4 Zürich
2 **Desiree Henry** 26.8.95 (6y, 6) 22.94 '15   22.46, 22.88, 22.98, 23.01, 23.13, 23.31; 23.16w
  1 Azusa, 6 Hengelo, 3 Luzern, 3 Stockholm 2 UK, 2 St-Denis
3 **Jodie Williams** 28.9.93 (7y, 5) 22.46 '14   22.69, 22.89, 22.96, 22.99, 22.99, 22.99
  1 Tempe, 3 Norwalk, 2 Hengelo, 6 Oslo, 5 Luzern, 3 UK, 6 EC, 5 Anniv, 8s2 OG, 1 Velenje
4 **Amarachi Pipi** 26.11.95 (1y, -) 23.89, 23.88w'14   23.20, 23.50, 23.54, 23.54, 23.59, 23.71
  1 Arlington, 2B B.Rouge, 1 Norman, 3 Stanford, 7 Big 12, 7s3 NCAA, 4 UK
5 **Katarina Johnson-Thompson** 9.1.93 (2y, 9) 22.89 '14   22.79, 23.26; 1H Götzis, 1H OG
6 **Bianca Williams** 18.12.93 (4y, 3) 22.58 '14   23.27, 23.42, 23.51, 23.60, 24.23
  1 Newham, 2 Geneva, 1 Luzern, 6 UK
7 **Jessica-Ennis Hill** 28.1.86 (7y, -) 22.83 '12   23.26, 23.42, 23.49; 1 North
8 **Louise Bloor** 21.9.85 (5y, 10) 23.31 '13   24.34; 23.36i, 23.39i, 23.67i; Ind: 1 UKi, 1 Manch
9 **Finette Agyapong** 1.2.97 (1y, -) 23.08 '15, 23.92w '14   23.55, 23.58, 23.64, 23.72, 23.74, 23.80
  5A LI, 1 South-J, 1 Mannheim, 7 WJ, 1 MI, BL3: 1,-,1; Ind: 1 Eng-Ji, 2 B.Uns-i
10 **Alisha Rees** 16.4.99 (1y, -) 24.05, 23.61w '15   23.57, 23.64, 23.70, 23.80, 23.82, 24.01; 23.73w
  1 Scot-E, 1 BLP (1), 2 Eng-J, 2 EY, 1 Celtic G, 1 Scot; Ind: 1 Scot-Ji
11 **Shannon Hylton** 19.12.96 (4y, 4) 22.94, 22.73w '15   23.63, 24.18; 23.48w   1 LI, 5 UK
12 **Margaret Adeoye** 22.4.85 (6y, 2) 22.88 '13   23.57, 23.71, 23.74, 23.90   6 Stockholm, 1 BLP (2), 3 Velenje, 6 Berlin
– **Charlotte McLennaghan** 6.9.97 (1y, 7) 23.09 '15   23.45, 23.87, 23.89, 24.07, 24.30, 24.55; 24.00w
  1 Lough 23/4, 3 LI, 6s1 Eng-J, 1 E.Sch, 5s2 WJ, BLP: -,3,2
– **Cindy Ofili** 5.8.94 (0y, -) 23.55 '14   23.46; 23.42w; 23.65i, 23.74i, 24.25i, 24.36i
  1 Durham, 3h1 Big 10; Ind: 1 N.Dame, 5 Big 10
– **Ashleigh Nelson** 20.2.91 (1y, -) 23.25 '13, 23.22w '14   22.96; 1 Waco
– **Anyika Onuora** 28.10.84 (11y, 8) 22.64 '14   23.40; 1 Oordegem

Exams delayed her start to the season, but Asher-Smith was again great, and Henry also went a long way to fulfilling her brilliant potential. Jodie Williams was third, and Pipi the top newcomer, but after that many athletes had thin seasons. As with the 100m standards remain high.

UK Merits 2016

400 METRES
1   **Christine Ohuruogu** 17.5.84 (13y, 1) 49.41 '13   51.05, 51.22, 51.35, 51.40, 51.55, 52.00
    5 Kingston, 7 B'ham DL, 5 Tomblaine, 4 EC, 5 Anniv, 5s1 OG
2   **Emily Diamond** 11.6.91 (3y, -) 51.95 '14   51.23, 51.49, 51.63, 51.76, 51.94, 51.95
    1 Clermont, 2 Ellwangen, 1 Regensburg, 3 Geneva, 1 UK, 7 Anniv, 6s2 OG
3   **Anyika Onuora** 28.10.84 (4y, 2) 50.87 '15   51.47, 51.55, 51.70, 51.85, 51.86, 52.20
    1C G'ville, 6 Rehlingen, 1 Hengelo, 5 B'ham DL, 4 Oslo, 2 Stockholm, 3 UK, 3 EC, 9 Anniv, 2h2 OG, 7 St-Denis, 6 Zagreb
4   **Seren Bundy-Davies** 30.12.94 (3y, 3) 51.48 '15   51.26, 51.33, 51.81, 52.26, 52.38, 52.71; 51.60i, 52.10i
    5 Ostrava, 4 B'ham DL, 4 Stockholm, 2 UK, 8 Anniv, 7h2 OG; Ind: 1 Vienna, 2 Glasl
5   **Laviai Nielsen** 13.3.96 (2y, 5) 52.25 '15   52.28, 52.32, 52.94, 53.23, 53.41, 53.49mx
    1 Ellwangen, 1B Regensburg, 1B Geneva, 5 Stockholm, 7 UK, 1 Kortrijk, 3 G';burg
6   **Perri Shakes-Drayton** 21.12.88 (7y, 8) 51.26 '12   52.43, 52.59, 52.76   6 Geneva, 4 Tomblaine, dnf UK
7   **Margaret Adeoye** 22.4.85 (4y, 8) 51.93 '13   52.75, 53.04, 53.73, 53.84   4 UK, 8 S'ville, 4 Ninove
8   **Mary Iheke** 19.11.90 (3y, 10) 52.81 '15   52.94, 53.22, 53.35, 53.37, 53.46, 53.81; 53.70i
    2A LI, 2 Newham, 1E Geneva, 5 UK, 2 LEAP, BLP: -,1,2; Ind: 2 Vienna
9   **Zoey Clark** 25.10.94 (1y, -) 53.11 '15   52.58, 53.18, 53.67, 53.87; 53.02i, 53.71i
    2h4 UK, 1 Scot, BLP: 1,-,1; Ind: 2 Nantes, 1B Vienna
10 **Montené Speight** 5.11.92 (2y, 7) 52.21 '15   52.73, 53.17, 53.23mx, 53.26, 53.44, 53.47; 53.07i, 53.29i
    6 Nassau, 3/2 F'ville, 1B B.Rouge, 1 E.Clubs B, 2 Huelva, 4h2 UK, 4 BLP (2); Ind: 2/1 F'ville, 2 UKi
11 **Kelly Massey** 11.1.85 (8y, 11) 51.96 '14   53.06, 53.21, 53.59, 53.68, 54.27, 54.50
    5 Namur , 3r2 Regensburg, 5C Geneva, 1 BL2 (2), 1 Gothenburg, 6 UK
12 **Phillipa Lowe** 7.4.92 (1y, -) 54.18mx '15   53.07, 53.58, 54.70, 54.80, 54.94, 55.09; 53.81i, 54.17i
    1 South, 1 CAU, 1B BLP (3), 1 MI; Ind: 1 South-I, 3 UKi
–   **Desiree Henry** 26.8.95 (0y, -) 53.13 '15   52.27, 53.34, 53.53;   2/7 G'ville
–   **Hannah Williams** 23.4.98 (0y, -) 53.24A, 54.39 '15   52.80, 53.45, 53.64, 53.80, 53.85, 53.99
    2 Clermont, 3 LI, 3B Oordegem, 3 Newham, 1 Eng-J, 3h3 UK, 1 E.Sch, 4s1 WJ; Ind: 2 London-I

The form of the top women was mixed. At the UKs the order was Diamond, Bundy-Davies. and Onuora. Onuora beat Ohuruogu 2-1, including at the Europeans, but Ohuruogu, top of the UK lists for a 13th successive year, was well ahead at the Anniversary Games in the fastest time by a British athlete in 2016 and ran well at the Olympics to take the top ranking (for the 11th time) narrowly from Diamond, who beat Onuora and Bundy-Davies 2-0. Shakes-Drayton was ranked for the first time since 2013 but was only able to have a limited campaign. The number of athletes at 57.0 (111) just beat the previous record of 110 in 1984.

800 METRES
1   **Lynsey Sharp** 11.7.90 (6y, 1) 1:58.80 '14   1:57.69, 1:57.75, 1:58.31, 1:58.52, 1:58.65, 1:59.03
    5 Rabat, 3 Rome, 4 B'ham DL, 1 Luzern, 2 UK, 5 Monaco, 2 Anniv, 6 OG, 3 Lausanne, 11 Zürich, 5 Berlin; Ind: 3 NY, 1 Boston, 3 Millrose, 3 UKi, 2h2 WI
2   **Shelayna Oskan-Clarke** 20.1.90 (4y, 2) 1:58.86 '15   1:59.45, 1:59.46, 1:59.67, 2:00.73, 2:01.04, 2:01.17; Int: 2 Gent
    5 Doha, 9 Rabat, 6B Rome, 1 Watford 15/6, 1 UK, 2 Heusden, 1 Anniv, 5s2 OG
3   **Alison Leonard** 17.3.90 (8y, 4) 2:00.08 '14   2:00.52, 2:00.71, 2:01.71, 2:02.25mx. 2:02.31, 2:02.45
    1 Oordegem, 6 Luzern, 3 UK, 3s3 EC, 5 Anniv, 3 Kessel-Lo
4   **Laura Muir** 9.5.93 (4y, 5) 2:00.42 '15   2:00.57, 2:01.23; 2:00.70i, 2:01.11i, 2:02.46i
    1 Montbéliard, 2 Padua; Ind: 1 Scot Uns, 2 Glasl
5   **Adelle Tracey** 27.5.93 (3y, 6) 2:01.10 '16   2:00.04mx, 2:01.24, 2:01.26, 2:01.48, 2:02.30, 2:02.63; 2:02.15i
    8 Doha, 1 Namur, 1 Watford 28/5, 6 Samorín, dns UK, 6h4 EC, 2 Kessel-Lo, 1 Eltham, 1 Cles; Ind: 1 Vienna, 2 Athlone. 6 Glasl, 1 UKi, 4h3 WI
6   **Alexandra Bell** 4.11.92 (2y, 7) 2:01.82 '15   2:00.53, 2:01.29, 2:01.32, 2:01.62, 2:01.67, 2:01.77
    3 Belfast, 2 Manchester, 1 LI, 2 Watford 28/5, 3 Prague, 5 Leiden, 3 Stockholm, 5 UK, 1 Solihull, 1 Dublin, 7 Anniv
7   **Jennifer Meadows** 17.4.81 (12y, 3) 1:57.93 '09   2:00.74, 2:01.29, 2:01.33, 2:01.36, 2:01.39, 2:03.13; 2:01.61i
    1 Manchester, 3 Watford 28/5, 2 Huelva, 4 B'zona, 5 Luzern, 6 UK, 6s1 EC; Ind: 2 Eaubonne, 1 Torun, 8 Glasl, 4 UKi
8   **Sarah McDonald** 2.8.93 (1y, -) 2:05.69 '13   2:01.10, 2:04.01, 2:04.13, 2:04.33   1 Oxford, 1 CAU, 1 BLP (3), 1 Stret 20/8
9   **Hannah England** 6.3.87 (7y, -) 1:59.66 '12   2:01.34, 2:02.68, 2:02.97   3 Manchester, 3 Padua, 6 Kessel-Lo
10 **Revee Walcott-Nolan** 6.3.95 (1y, -) 2:04.57 '15   2:02.32, 2:03.17, 2:03.32, 2:03.33, 2:03.48, 2:03.81
    3 Namur, 1B Oordegem, 1 BL3 (1), 1 South, 2 Watford 15/6, 1 Eng-23, 4 UK, 7 Lokeren, 5 Solihull, 2 Oxford, 2 Leixlip; Ind: 1 South-I, 4 Vienna, 1B Gent
11 **Emily Dudgeon** 3.3.93 (5y, 9) 2:01.89 '14   2:03.27, 2:03.36, 2:03.52, 2:04.55, 2:04.73, 2:04.75
    4 Tempe, 9 Norwalk, 2 LI, 9 Huelva, 9 Prague, 1 Geneva, 2h1 UK, 5 Lokeren, 9 Solihull
12 **Katie Snowden** 9.3.94 (2y, 8) 2:01.77 '15   2:01.98, 2:02.31, 2:02.65, 2:03.54, 2:04.08mx, 2:04.67
    2 Stret 3/5, 6 Manchester, 1 LI, 5 Oordegem, 4 Prague, 6 Watford 15/6, 4h1 UK, 4 B'zona, 2 Stret 20/8
–   **Leah Barrow** 21.1.93 (1y, 10) 2:03.22 '15   2:03.63, 2:03.89, 2:03.99, 2:04.05mx, 2:04.29, 2:04.54mx; 2:03.18i, 2:03.82i
    4 Belfast, 8 Manchester, 7 Oordegem, 8 Leiden, 7 UK, 4 L'kenny, 5 BLP (3), 2 MI; Ind: 1 B'lava, 4 Linz, 5 Athlone, 2 UKi

Outdoors only: 4 Bell, 5 Meadows, 6 Tracey, 7 Muir

UK Merits 2016

Sharp is top for the third successive year, once again in top world class with nine sub-2 min times. She lost just twice outdoors to a British athletes, on both occasions to Oskan-Clarke who had three sub-2 times. The number three Leonard was disgracefully omitted by the selectors from Britain's Olympic team. Walcott-Nolan beat Bell, 4th to 5th, at the UKs, but the latter had ten sub-2:03 times to one by Walcott-Nolan, while Meadows, UK 6th, had six such times (1 indoors) and they are closely matched with Tracey. Dudgeon beat Snowden 3-1. Standards in depth are at record levels and 12-9-9 in world top 100 for the last three years makes this UK's best event.

1500 METRES
1 **Laura Muir** 9.5.93 (4y, 1) 3:58.66 '16   3:55.22, 3:57.49, 3:57.85, 4:19.12M (4:00.53), 4:04.16, 4:05.40
  2 Oslo, 5 Stockholm, 1 UK, 1 Anniv, 7 OG, 1 St-Denis, 2 Zürich
2 **Laura Weightman** 1.7.91 (7y, 2) 4:00.17 '14   4:02.66, 4:03.04, 4:04.77, 4:05.28, 4:05.94, 4:08.37
  6 Eugene, 7 Stockholm, 2 UK, 4 Anniv, 11 OG, 10 Zürich
3 **Charlene Thomas** 6.5.82 (9y, 5) 4:03.74mp '13, 4:05.06 '09   4:05.98, 4:07.07, 4:07.48, 4:08.1, 4:10.27, 4:10.43
  1 Watford 28/5 & 15/6, 2 Bydgoszcz, 3 UK, 4 Barcelona. 2 Kortrijk, 2 Heusden
4 **Sarah McDonald** 2.8.93 (1y, -) 4:17.13 '13   4:07.18, 4:08.95, 4:10.81, 4:11.14, 4:12.44, 4:13.51
  1 Manchester, 1 LI, 1 B'ham DL, 5 Szczecin, 4 UK, 9 EC, 2 Cles; Ind: 1 B'lava, 1 B.Uns-i, 4 UKi
5 **Hannah England** 6.3.87 (9y, -) 4:01.89 '11, 4:30.29Mi '09, 4:47.42M '05   4:07.78, 4:09.98, 4:11.25, 4:11.61,
  4:33.48M, 4:13.16; 4:09.69i, 4:31.53Mi   7 Ostrava, 6 Hengelo, 3 Bydgoszcz, 4 Watford 15/8, 5 UK, 4 Kortrijk,
  2 Lignano, 6 Dublin; Ind: 3 Eaubonne, 8 Stockholm, 5 Glasl, 1 UKi
6 **Alison Leonard** 17.3.90 (2y, -) 4:09.73mx '14, 4:13.23 '15   4:08.96mx. 4:09.59, 4:13.77; 4:10.77i, 4:11.28i, 4:16.00i
  4 Hengelo, 1 Stret 20/8; Ind: 4 Athlone, 6 Glasl, 2 UKi
7 **Eilish McColgan** 25.11.90 (3y, -) 4:09.67 '13   7 Anniv 4:03.74, 1mx Stret 4:09.04
8 **Melissa Courtney** 30.8.93 (3y, 6) 4:09.74 '15   4:07.55, 4:10.96, 4:12.71, 4:13.80, 4:15.81, 4:16.43
  11 Stanford, 3 Manchester, 4 Oordegem, 2 B'ham DL, 7 UK, 8h1 EC, 3 Stret 20/8; Ind: 2 B.Uns-i, 7 UKi
9 **Stephanie Twell** 17.8.89 (9y, 7) 4:02.54 '10   13 Anniv 4:06.20, 7 Hengelo 4:10.90
10 **Bobby Clay** 19.5.97 (2y, 9) 4:12.20 '15   4:10.61, 4:13.09, 4:15.48mx, 4:15.78, 4:15.79, 4:17.28
  2 LI, 4 B'ham DL, 1 Eng-J, 6 UK, 7 WJ; Ind: 3 B.Uns-i
11 **Rosie Clarke** 17.11.91 (3y, 8) 4:14.90 '14   4:12.41, 4:14.64, 4:15.44, 4:41.86M
  1 Tempe, 5 B'ham DL, 2 Stret 20/8
12 **Jessica Judd** 7.1.95 (4y, 4) 4:09.56 '15   4:12.45, 4:16.18, 4:16.49, 4:16.62mx, 4:17.22, 4:18.07
  1 B.Univs, 2 Manchester, 2 Watford 28/5, 8 UK, 5 Solihull, 2 Oxford, 1 CAU, 1 MI, 5 Stret 20/8
Outdoors only: 5 McColgan, 6 Leonard, 7 England
Although she was not suited by the way that the Olympic final was run, Muir was simply wonderful with her determined victories in British record times in two DL races plus 2nd in Oslo and Zürich. Weightman is again a strong second, while Thomas just missed Olympic qualifying. Completing the UK Champs top 4 was McDonald, who was consistent at a new level.

5000 METRES
1 **Eilish McColgan** 25.11.90 (3y, -) 15:44.62 '12   13 Brussels 15:05.00, 5 Stanford 15:09.94,
  13 OG 15:12.09 (5h2 15:18.20), 6 Hengelo 15:16.51, 6 EC 15:28.53, 2 UK 15:54.75
2 **Stephanie Twell** 17.8.89 (7y, 1) 14:54.08 '10   11 Rome 14:59.00, 17 Brussels 15:14.82, 3 EC 15:20.70,
  8h2 OG 15:25.90, 1 UK 15:53.35
3 **Laura Whittle** 27.6.85 (9y, 2) 15:20.92 '14   4 Stanford 15:08.58, 5 EC 15:24.18, 10h1 OG 15:31.30, 3 UK 15:56.63
4 **Jessica Andrews** 1.10.92 (1y, -) 16:19.66 '14   2 Heusden 15:24.02, 15:40.5+, 15:43.6+, 9 B'ham DL 15:46.82, 16:05.8+
5 **Jo Pavey** 20.9.73 (13y, -) 14:39.96 '06   5 Boston 15:24.74, 15:40.2+, 15:45.1+, 10 B'ham DL 15:47.64, 16:05.5+
6 **Beth Potter** 27.12.91 (4y, 6) 15:36.49 '14
  12 Stanford 15:28.32, 5 Heusden 15:29.31, 15:57.4+,15:59.6+, 5 Huelva 16:04.09, 16:05.7+
7 **Kate Avery** 10.10.91 (6y, 3) 15:25.63 '15   14 Stanford 15:29.02, 2 Sligo 15:39.35, 16:05.6+
8 **Elinor Kirk** 26.4.89 (2y, -) 15:42.13 '14
  9 Heusden 15:37.65, 1 Manchester 15:41.51, 10 Stanford 1/4 15:50.73, 6 UK 16:01.85, 3 Stret 16:23.88
9 **Katrina Wootton** 2.9.85 (7y, -) 0   1 Nottingham 15:48.4mx, 1 Solihull 15:49.71, 2 Stret 16:07.39, 12 UK 16:111.68
10 **Louise Small** 27.3.92 (1y, -) 16:07.1mx '15
  3 Watford 15:41.91, 1mx Catford 15:56.0, 4C Stanford 16:00.95, 7 UK 16:04.14, 2 CAU 16:11.71
11 **Emma Clayton** 16.7.88 (1y, -) 16>37.27 '12
  2 Manchester 15:44.38, 2 Solihull 15:49.83, 12 B'ham DL 16:07.47, 9 UK 16:06.93
12 **Lauren Howarth** 21.4.90 (2y, -) 15:51.49 '11   1 Stret 15:44.28, 4 Solihull 16:08.28
- **Calli Thackery** 9.1.93 (1, 7) 15:42.57 '15
  18 Stanford 15:37.44, 6h1 NCAA-W 16:16.15, 13 UK 16:22.86, dnf NCAA
McColgan beat Twell at the Olympic Games and again in Brussels after Twell had been ahead at UKs and Europeans, just enough to prevent Twell from retaining her top ranking. Whittle also had a fine season and beat McColgan 2-1. Pavey's 13 years ranked with a 16-year span is an event record. Record 50th best, although 3000m remains very popular.

UK Merits 2016

10,000 METRES
1　Jo Pavey 20.9.73 (7y, 6) 30:53.20 '12　15 OG 31:33.44, 5 EC 31:34.61, 10 UK 33:22.76
2　Jessica Andrews 1.10.92 (1y, -) 0　16 OG 31:35.92, 7 EC 31:38.02, 1 UK 31:58.00, 5 Maia 33:21.53
3　Beth Potter 27.12.91 (2y, -) 32:33.36 '14　4 Stanford 32:03.45, 3 (1) UK 32:05.37, 34 OG 33:04.34
4　Kate Avery 10.10.91 (4y, 1) 31:41.44 '15　5 (2) UK 32:11.84
5　Alice Wright 3.11.94 (2y, 5) 32:46.57 '15　26 Stanford 32:36.11, 2 NCAA 32:46.99, 2h1 NCAA-W 34:21.95
6　Lily Partridge 9.3.91 (3y, 3) 32:20.77 '15　4 Maia 32:24.97, 9 UK 33:12.44
7　Lauren Deadman 27.3.84 (1y, -) 34:57.28 '14　7 UK 33:05.55, 7 E.Cp 34:10.79
8　Elinor Kirk 27.4.82 (2y, -) 32:17.05 '14　4 Leiden 33:00.13, 13B Stanford 33:16.74, 17 UK 33:52.30
9　Katrina Wootton 2.9.85 (1y, -) 0　12 Stanford 1/4 33:07.93
10　Jennifer Nesbitt 24.1.95 (2y, 11) 34:02.34 '15　15 UK 33:43.19, 3 ECp 33:45.46
11　Eleanor Vernon 11.12.83 (2y, 8) 33:13.32 15　19 Stanford 1/4 33:24.60
12　Emma Clayton 16.7.88 (1y, -) 39:36.77 '08　11 UK 33:28.33
-　Charlotte Taylor 17.1.94 (0y, -) 32:46.57 '15　5B Stanford 1/4 33:25.09, 17 NCAA 34:00.72, 12h1 NCAA-W 34:32.82
The wonderful Jo Pavey overcame early-season injury to run well at both Europeans and (her 5th) Olympics for her sixth top ranking at the event (first in 2007) and Andrews made a sensational breakthrough in her first year at the event and was just behind Pavey in both those championship races. The UK/England combined race at Parliament Hill was again a huge success and 18 of the top 50 women set their bests at this meeting.

10 MILES - 20Km - HALF MARATHON (First ranked 1999)
1　Lily Partridge 9.3.91 (2y, 3) 70:32 '15　4 Gt.Scot 71:39sh, 9 GNR (3 ENG) 73:45, 53 EC 76:57, 1 Windsor 77:49　10M: 4 Gt.South (1 ENG) 54:41
2　Gemma Steel 12.11.85 (6y, 1) 68:13 '14　10 EC 72:19, 8 GNR (2 ENG 73:23)　10M: 6 Gt.South (2 ENG) 55:18
3　Alyson Dixon 24.9.78 (7y, 4) 70:38 '14　13 EC 72:47, 27 World Ch 72:57, 12 GNR 76:31
4　Charlotte Purdue 10.6.91 (5y, 6) 71:43 '14　6 GNR (1 ENG) 72:13, 33 World Ch 73:20, 74:36+, dnf EC
5　Beth Potter 27.12.91 (2y, -) 73:29 '14　5 Gt.Scot 72:07sh; 10M: 5 Gt.South 54:57
6　Susan Partridge 4.1.80 (10y, -) 70:32 '13　12 Prague 71:54, 11 Barcelona 74:28
7　Jennifer Nesbitt 24.1.95 (1y, -) 0　1 Reading 72:54
8　Rebecca Murray 26.9.94 (1y, -) 0　1 Manchester 72:59
9　Charlotte Arter 18.6.91 (1y, -) 0　1 Cardiff 73:19, 1 London 74:34
10　Tina Muir 6.8.88 (2y, -) 73:22 '15　4 Indianaplis 73:28, 49 World Ch 75:12
11　Katrina Wootton 2.9.85 (1y, -) 76:40 '12　2 Nottingham 73:26
12　Georgie Bruinvels 20.10.88 (1y, -) 74:28 '15　6 Gt. Scot 73:29sh, 125 World Ch 76:38, 5 Birmingham 76:52
It was difficult to determine the top woman. Lily Partridge ran the fastest time at half marathon but in a short race, Steel was fastest at 10 miles and was the best at the European Champs, Dixon best at the World Champs and Purdue best in the Great North Run.

MARATHON
1　Alyson Dixon 24.9.78 (5y, 2) 2:29:30 '15　13 London (1 UK/ENG) 2:31:52, 28 OG 2:34:11
2　Sonia Samuels 16.5.79 (4y, 1) 2:28:04 '15　14 London (2 UK/ENG) 2:32:00, 30 OG 2:34:36
3　Charlotte Purdue 10.6.91 (1y, -) 0　5 Frankfurt 2:30:04, 16 London (3 UK/ENG) 2:32:48, dnf Berlin
4　Tracy Barlow 18.6.85 (2y, 10(2:38:52 '15　9 Frankfurt 2:32:05, 1M London 2:33:25
5　Freya Ross 20.9.83 (3y, -) 2:28:10 '12　12 Chicago 2:37:50, 1M London 2:37:52
6　Tina Muir 6.8.88 (1y, -) 2:41:19 '15　2M London 2:37:42, 5 Sacremento (105m dh) 2:36:39
7　Tish Jones 7.9.85 (3y, 6) 0　1 Cape Town 2:36:13, 1 Simonstown 2:54:04
8　Hayley Munn 17.9.90 (3y, 10) 2:37:44 '14　3M London 2:38:13
9　Georgie Bruinvels 20.10.88 (2y, 8) 2:37:21 '15　4M London 2:38:20
10　Julia Davis 12.8.86 (1y, -) 2:44:41 '15　15 Frankgurt 2:39:31
11　Gemma Rankin 18.12.84 (4y, -) 2:40:39 '14　8 Dublin 2:39:33, 15M London 2:46:48
12　Rebecca Hilland 11.6.80 (1y, -) 2:48:47 '15　5M London 2:39:50
No British women broke 2:30 this year, but the first three in London went close, with Purdue showing much promise in her first year of marathoning. Threre was no British women in the world top 100 in 2013-14 and 2016, whereas in the 1980s there were 4-14 each year, There were more under 3 hours, however, and the new records in depth set in 2015 were almost equalled.

2000/3000 METRES STEEPLECHASE (First ranked 2001)
1　Lennie Waite 4.2.86 (9y, 1) 9:40.39 '15　9:35.91, 9:46.88, 9:48.46, 9:54.06, 9:56.39
　dnf Stanford, 6 Eagle Rock, 5 Atlanta, 1 Portland, 2 UK, 8h1 EC, dnf Anniv, 17h3 OG
2　Rosie Clarke 17.11.91 (1y, -) 0　9:52.20, 9:54.82, 10:00.25, 10:00.66
　2B Stanford 1/5, 9 Oordegem, 1 UK, 12h2 EC, 12 Anniv　2000mSt: 1 P.Hill 6:29.53
3　Louise Webb 9.2.91 (6y, 12) 10:10.34 '09　9:57.18, 10:11.89, 10:16.59, 10:27.75
　1 LI, 16 Oordegem, 3 UK, 5 L'Kenny　2000mSt: 1 M.Keynes 6:26.08
4　Charlotte Green 2.4.85 (2y, 8) 10:31.17 '15　10:15.26, 10:22.95, 10:23.70
　1 Watford, 4 UK 1 CAU　2000mSt: 6:36.03, 6:40.20; 1 BL1(2), 1 MI
5　Iona Lake 15.1.93 (4y, 2) 9:56.64 '15　10:09.99, 10:11.44, 10:23.24　2 C'ville, 3 ACC, 5h2 NCAA-E

135

6   **Elizabeth Bird** 4.10.94 (3y, 3) 9:54.76 '15   10:10.28, 10:15.03, 10:15.34, 10:26.24
    3 Princeton, 3 ECAC, 6h1 NCAA-E, 5 UK
7   **Mel Newbery** 4.3.95 (6y, 10) 10:16.83 '15   10:13.44, 10:20.48, 10:28.83, 10:29,37, 10:30.71
    8/4 Eugene, 1 Corvallis, 10B Portland, 11 Vancouver, 6 UK
8   **Stacie Taylor** 12.10.95 (1y, -) 10:50.85 '15   10:13.23, 10:32.09, 10:44.84, 10:46.86   3 F'ville, 1 Norman, 2 LI, 1 Eng-23
9   **Aimee Pratt** 3.10.97 (1y, -) 10:46.19 '15   10:19.08, 10:25.51, 10:32.23, 11:11.33
    5 LI, 2 Watford, 1 Eng-J, 9h2 WJ   2000mSt: 2 MI 6:39.54
10 **Emma Macready** 14.11.80 (4y, 6) 10:26.41 '15   10:29.33; 1 South;   2000mSt: 6:54.76
11 **Nicole Taylor** 18.1.95 (1y, -) 10:37.34 '14   10:30.81, 10:32.64, 10:34.49, 10:37.79
    3 LI, 2 South, 2 Eng-23, 7 UK   2000mSt: 6:50.22, 6:55.20, 6:59.76; 3 B.Univs
12 **Laura Riches** 7.8.93 (2y, -) 9:54.76 '15   10:31.19, 10:36.38, 10:50.67, 11:01.45, 11:03.95
    11 San Francisco. 20 Norwalk, 2 Big East, 15h3 NCAA-E, 8 UK
    2000mSt: 6:38.18, 6:48.51, 6:48.81, 6:52.83; BLP: -,1,1; 3 MI
nr **Kerry O'Flaherty** IRL 15.7.81 9:42.61 '15   9:45.35, 9:45.53, 9:45.88, 9:55.41, 9:58.81
    5 Luzern, 2 IRL Ch, 12 EC, 2 Ninove, 14h1 OG, 9 Berlin   2000mSt: 1 BLP (2) 6:52.98
Waite retains her top ranking, but was unfortunate to fall in her European Champs heat. Clarke made an encouraging debut at the event, and Webb at last improved the pb she had set at age 18 in 2009, but the times of the 2015 2/3 Lake and Bird slipped and then the 4/5 Bamford and Woolven disappeared from the lists. There has been a big improvement in world standards in recent years, but this has not been reflected in the UK.

100 METRES HURDLES

1   **Cindy Ofili** 5.8.94 (2y, 2) 12.60 '15   12.63, 12.66, 12.66, 12.70, 12.71, 12.75
    1 Durham, 1 Norwalk, 1 Drake R, 1 Big 10, 4 NCAA, 2 UK, 1 Padua, 5h2 Anniv, 4 OG, 4 Lausanne, 3 St-Denis, 2 Zürich
2   **Tiffany Porter** 13.11.87 (6y, 2) 12.51 '14, 12.47w '12   12.70, 12.72, 12.76, 12.76, 12.79, 12.82; 12.71w
    1 G'ville, 4 Kingston , 1 Manchester, 8h1 Hengelo, 7 Eugene, 5 B'ham DL, 4 Oslo, 1 Boston, 1 UK, 3 EC, 6 Anniv, 7 OG, 5 Berlin, 2 GNC
3   **Jessica-Ennis Hill** 28.1.86 (11y, 3) 12.54 '12   12.76, 12.84, 13.04, 13.10, 13.13   1 North, 1H Ratingen, 8 Anniv, 1H OG
4   **Lucy Hatton** 8.11.94 (4y, 5) 12.84 '15   13.18, 13.21, 13.21, 13.21, 13.27, 13.31; 13.05w, 13.15w
    1 B.Univs, 2 Manchester, 9 Hengelo, 8 B'ham DL, 1B Luzern, dnf Eng-23, 3 UK, 5h3 EC
5   **Alicia Barrett** 25.3.98 (1y, -) 13.68, 13.67w '12   13.15, 13.34, 13.35, 13.45, 13.58, 13.67; 13.64w
    1B LI, 2 North, 1 Eng-J, 3h2 UK, 1 E.Sch, 6 WJ
6   **Mollie Courtney** 2.7.97 (1y, -) 13.87, 13.70w '15   13.28, 13.32, 13.42, 13.43, 13.48; 13.31w
    1 LI, 1 Mid-J, 2 Eng-J, 2 Mannheim, 3s2 WJ, 2 CAU, 1 MI, BLP: 1,2,1
7   **Serita Solomon** 1.3.90 (6y, 4) 12.87 '15   13.36, 13.39, 13.45, 13.46; 13.35w, 13.73w
    4 Manchester, 4 UK, 5 Turku, 4h4 EC
8   **Angelita Broadbelt-Blake** 12.9.85 (7y, 6) 13.18, 13.07w '11   13.53, 13.56, 13.60, 13.67, 13.71, 13.79; 13.29w
    2B/5B Clermont, 9 G'ville, 1 E.Clubs B, 7 UK, 1 CAU, 1 MI, BLP: 3,1,-
9   **Karla Drew** 22.3.89 (4y, -) 13.39 '13, 13.32w '14   13.36, 13.39, 13.46, 13.49, 13.51, 13.56; 13.51w
    1 Yorks, 2 LI, 7B Geneva, 6 UK, 1 LEAP, 3 CAU, 4 MI, BL2: 1,1,1
10 **Yasmin Miller** 24.5.95 (4y, 7) 13.13 '14   13.42, 13.48, 13.65, 13.73, 13.76, 13.80; 13.39w
    dnf B.Univs, 2 Ellwangen, 3h1 Oordegem, 5 Bydgoszcz, 5h2 Geneva. 5 UK, 7h2 Turku, dnf CAU
11 **Holly Pattie-Belleli** 9.6.94 (1y, -) 13.67 '15   13.36, 13.58, 13.61, 13.62, 13.69, 13.70; 13.27w, 13.31w
    1 Terre Haute, 2 Columbia,1 Springfield, 1 Starkville, 2 MVC, 5h4 NCAA-W, 1 Eng-23, 3h3 UK, 1B BL 2 (2)
12 **Katarina Johnson-Thompson** 9.1.93 (5y, 9) 13.37 '15   13.37, 13.48, 13.85;   3 LEAP
The sisters swap first and second places this year in their Olympic placings. Ennis-Hill was a clear third, her seventh year in the top three from 2007. The 2015 4th and 5th Solomon and Hatton were slower this year. After a brilliant younger age-group career, Barrett had a super first year over the senior hurdles and with a year still to come in junior ranks, was 6th in the World Juniors, running 13.35, 13.34 and 13.15 there, having entered the event with a best of 13.45. New records were set for 10th, 50th and 100th bests.

400 METRES HURDLES

1   **Eilidh Doyle** 20.2.87 (12y, 1) 54.22 '13   54.09, 54.45, 54.53, 54.55, 54.57, 54.61
    1 Doha, 3 Rome, 2 B'ham DL, 2 Luzern, 1 UK, 1 Monaco, 4 Anniv, 8 OG, 2 Lausanne, 3 Zürich, 5 Brussels
2   **Meghan Beesley** 15.11.89 (10y, 2) 54.52 '15   55.43, 55.72, 55.72   1 G'ville, 1 Drake R, 6 Doha
3   **Jessica Turner** 8.8.95 (3y, 6) 57.43 '15   57.00, 57.34, 57.34, 57.49, 57.50, 58.12
    1 B.Univs, 1 Belfast, 1 LI, 1B Oordegem, 3 Bydgoszcz, 7 Geneva, 2 UK
4   **Philippa Lowe** 7.4.92 (2y, 9) 58.50 '15   58.03, 58.07, 58.21, 58.66, 58.80, 58.8
    1A LI, 1 South, 5 UK, 1 LEAP, BLP: 1,1,1
5   **Bethany Close** 30.12.95 (1y, -) 69.2 '14   57.70, 58.08, 58.74, 59.05, 60.0, 61.84
    1 Sussex, 2 Eng-23, 3 UK, BLP: 1B,2,-
6   **Abigayle Fitzpatrick** 10.6.93 (3y, -) 57.52 '13   58.18, 58.19, 58.52, 58.74, 58.81
    1 Blois, 4B Oordegem, dq Geneva, 4 Brussels 19/6, 4 UK
7   **Shona Richards** 1.9.95 (4y, 3) 56.05 '15   57.46, 58.11, 58.27, 58.34, 59.07, 59.08
    8 Ostrava, 2A LI, 4 Namur, 6 Bydgoszcz, 5B Geneva, 5 Brussels 19/6, 7 UK

UK Merits 2016

8   **Hayley McLean** 9.9.94 (6y, 8) 56.43 '14   58.59, 58.81, 58.94, 58.99, 59.04, 59.08
    2 Pavia, 5 Belfast, 3 LI, 7 Oordegem, 1 South, 3 Eng-23, 6 UK, 2 LEAP, 1 CAU, 2 MI
9   **Ese Okoro** 4.7.90 (7y, -) 56.67 '14   57.80, 58.77, 59.56, 59.80, 60.25
    2 Mesa, 2 Nassau, 3 Hamilton, 6 Norwalk, dnf UK
10 **Chelsea Walker** 29.6.97 (1y, -) 60.23 '15   58.68, 58.70, 58.82, 59.07, 59.54, 59.76
    1 Lough 23/4, 4 LI, 1 North-J, 1 Eng-J, 2 Mannheim. dnf h4 WJ, BL2: 2,-,2
11 **Nisha Desai** 5.8.84 (7y, 11) 58.21 '13   58.72, 58.77, 58.96, 59.12, 59.17, 59.18
    3A LI, 1 North, 2h4 UK, 2 CAU, 2 Scot, 1 MI, BL1: 1,1,1
12 **Avril Jackson** 22.10.86 (6y, 8) 60.09 '15   58.74, 59.32, 59.33, 59.44, 59.70, 59.77
    3h4 UK, 2 Swiss Ch, 4 Ninove, 4 = CAU, 1 Scot, 3 MI, BLP: 6,4,4
nr **Christine McMahon** IRL 6.7.92 56.97 '14   56.06, 56.42, 56.87, 56.97, 57.11, 57.38   2 B.Univs, 2 Belfast,
    7 Ostrava, 2 LI, 2B Geneva, 1 Nivelles, dnf Brussels 19/6, 4 Turku, 5s3 EC, 1 Oordegem, 2 Heusden, 1 Leixlip, 3 Riovereto
nr **Aisha Naibe-Way** SLE 3.8.93 (2y, 5) 57.26 '15   57.84, 58.55, 58.87, 59.19, 59.45, 59.51
    6 Florida R, 1 C'ville, 2 ACC, 8h2 NCAA-E, 7 African Ch, 5 CAU
Doyle (née Child) was in the world top ten for the fourth successive year, the highlights including Diamond League wins in Doha and Monaco (in a Scottish record), although she just missed winning the Diamond Race. In UK rankings she has had successively 2 years at no.3, then 5 at no. 2 and now 3 at no.1. Beesley missed almost the whole season through injury after three solid runs, and although standards improved in depth, there was no other British Olympian and nobody at the Europeans. It would have been good to have given Turner, who had a fine season, an opportunity there and Close made an exciting start at the event .Of the 2015 3-4-5-7: Richards was unable to recapture her 2014/15 form, Ashante Little did not run, Naibe-Way opted for Sierra Leone and Tappin also did not run. Close for final positions with Mhairi Patience, Caryl Granville and Georgina Rogers just missing out.

HIGH JUMP

1   **Katarina Johnson-Thompson** 9.1.93 (10y, 2) 1.97i '15, 1.90 '14   1.98, 1.95, 1.92   1H Götzis, 3 Anniv, 2H OG
2   **Morgan Lake** 12.5.97 (5y, 3) 1.94 '14   1.94, 1.93, 1.92, 1.91, 1.90, 1.90; 1.93i, 1.92i
    2 LI, 1 Eng-J, 1 UK, 7= Anniv, 10= OG; Ind: 7 B.Bystrica, 2 Trinec, 1 UKi, 1P WI
3   **Isobel Pooley** 21.12.92 (8y, 1) 1.96 '14   1.88, 1.85; 1.93i, 1.91i, 1.90i, 1.90i, 1.89i
    8 Eugene, dnq 16= EC; Ind: 4 Cottbus, 4 B.Bystrica, 6 =Trinec, 4= Gent, 3 Glasl, 2 UKi, 10= WI
4   **Bethan Partridge** 11.7.90 (6y, 4) 1.83i, 1.87 '15   1.86, 1.86, 1.83, 1.83, 1.82, 1.80; 1.84i, 1.84i, 1.84i
    5 Melbourne, 4 LI, 1 BIG, 1 Welsh, 2 UK, 1 LEAP, 5 Karlstad, 1 CAU, 1 MI, BLP: -,2,1; Ind: 1 Vienna, 8 Hustopece, 5 UKi
5   **Niamh Emerson** 22.4.99 (2y, 6) 1.82 '15   1.89, 1.85, 1.83, 1.83, 1.82, 1.75; 1.87i, 1.83i
    1 LI, 2 Eng-J, 3 UK, 2H EY, 6= CAU; Ind: 1P Jnr Int, 3= UKi
6   **Abby Ward** 19.4.99 (1y, -) 1.80i '15, 1.78 '14   1.86, 1.84, 1.80, 1.80, 1.80, 1.79; 1.89i, 1.86i, 1.83i, 1.82i
    1 Yorks, 3 LI, 1 North-J, 3 Eng-J, 4 UK, 7 EY; Ind: 1 Nth-Ji, 1 1 Welsh-Ji, 1 Eng-Ji, 3=UKi
7   **Jessica-Ennis Hill** 28.1.86 (13y, 5) 1.95 '07   1.89, 1.84; 2H Ratingen, 3H OG
8   **Emily Borthwick** 2.9.97 (2y, 9) 1.80 '15   1.80, 1.78, 1.76, 1.76, 1.75, 1.75
    4 BIG, 2 North-J, 4= Eng-J, 5 UK, 1 E.Sch, 1 Welsh Int, 3 CAU, 3 MI, BL1: 2,1,1; Ind: 4 Eng-Ji, 10 UKi
9   **Ada'ora Chigbo** 2.1.99 (2y, 7) 1.81i, 1.80 '15   1.83, 1.78, 1.75, 1.75, 1.74, 1.74; 1.80i, 1.79i
    2 BIG, 1H Arona, 7 Eng-J, 7 UK, 3 BL1 (2), 5= EY; Ind: 5 Eng-Ji, 8 UKi
10 **Nikki Manson** 15.10.94 (2y, 8) 1.80i '15, 1.77 '13   1.81, 1.78, 1.76, 1.74, 1.74, 1.70; 1.76i, 1.75i, 1.75i
    1 Scot Univs, 1 Scot-W, 2 B.Univs, 6 LI, 2 Eng-23, 6 UK, 1 Scot; Ind: 1 Scoti, 1 B.Un-i, 6= UKi
11 **Camellia Hayes** 6.4.95 (2y, -) 1.81i, 1.78 '13   1.80, 1.75, 1.73, 1.71, 1.70; 1.75i
    3 BLP (2), 3 LEAP, 2 CAU; Ind: 6 B.Uns-i, 11 UKi
12 **Rebecca Hawkins** 27.9.99 (1y, -) 1.76 '14   1.77, 1.76, 1.75, 1.74, 1.74, 1.74; 1.74i, 1.73i
    1 E.Sch-I, 3= Sch.Int, 1 Sth-17, 2 Eng-17, 1 Sch.G; Ind: 1 Sth-17i, 1 Eng-17i
–   **Natasha Smith** 10.10.99 (0y, -) 1.76i, 1.74 '15   1.77, 1.77, 1.75, 1.75, 1.74, 1.71; 1.78i, 1.77i
    2 E.Sch-I, 1 Sch. Int, 1 S.West, 5 Eng-17
nr **Philippa Rogan** 4.2.94 IRL 1.76 '14   1.80, 1.80, 1.77, 1.75, 1.75, 1.75
    1 B.Univs, 5 LI, 1 South-J, 1 Eng-23, 4 MI, BLP: 1,1,2; Ind: 2= South, 3 B.Uns-i
nr **Moe Sasegbon** 16.9.91 NGR (4y, -) 1.84 '15   1.81, 1.77, 1.75, 1.75, 1.70, 1.70
    2 LEAP, 4 CAU, BL1: 1,2,-; Ind: 12 UKi
Outdoors only: 8 Pooley
After three years at the top Pooley had just two outdoor competitions and slips to third including indoor form, with Johnson-Thompson's brilliant 1.98 record in the Rio heptathlon backed with 1.95 in the Anniversary Games ensuring her of the number one ranking. Lake added another 1.94 UK junior record to the one she had set at that height in 2014 and three in 2015 and had a solid season including making the Olympic final. The 17 year-olds Emerson and Ward improved to 1.89 and were 3rd and 4th at the UKs as well as excelling in younger age groups.

UK Merits 2016

POLE VAULT
1 **Holly Bradshaw** 2.11.91 (6y, 1) 4.87i, 4.71 '12   4.70, 4.65, 4.60, 4.60, 4.52, 4.35; 4.76i, 4.55i
   8 B'ham DL, 1 UK, 4 Monaco, 4 Anniv, 5 OG, 1 Zurich
2 **Sally Peake** 8.2.86 (7y, 2) 4.42i '12, 4.40 '14   4.40, 4.33, 4.32, 4.31, 4.30, 4.30   4= C.Vista, 1 Irvine,
   5 Rehlingen, 3 Manchester, 1 Cardiff 28/5, 2 Sopot, 2 UK, 2 Welsh Int, BLP: -,1,1; Ind: 1 Cardiff 7/2, 1 UKi
3 **Lucy Bryan** 22.5.95 (6y, 3) 4.40 '13   4.25, 4.20, 4.20, 4.15, 4.10, 4.05
   1 West, 5 Manchester, 6 LI, 2 Cardiff 28/5, 4 Geneva, 4 UK, 1 Welsh Int, 1 BLP (3), 1 MI
4 **Jade Ive** 22.1.92 (7y, 5) 4.10 '15   4.15, 4.01, 4.00, 3.90, 3.90, 3.90; 4.13i, 4.10i, 4.06i, 4.03i
   3= LI, 1 South, 3 UK, 1 CAU, 2 MI; Ind: 2 South-i, 1 Cardiff 24/1, 2 Sutton, 2 UKi
5 **Rachel Gibbens** 31.1.86 (8y, 12) 4.05 '15   4.00, 3.75, 3.60; 4.13i, 4.10i, 4.06i, 4.01i, 4.00i
   nh South, 10 UK, BL2: 1,1,1; Ind: 1 South-I, 2 Cardiff 24/1, 2= Vienna, 1 Sutton, 4 UKi
6 **Henrietta Paxton** 19.9.83 (7y, 4) 4.35 '10   4.10, 4.05, 3.91, 3.75; 4.06i, 3.95i
   1 LI, 4 Cardiff 28/5, 8 UK; Ind: 3 Cardiff 24/1
7 **Jessica Robinson** 26.6.99 (1y, -) 3.73 '15   4.05, 4.00, 3.90, 3.90, 3.85, 3.70; 4.00i, 3.96i, 3.86i
   2 LI, 5 Cardiff 28/5, 2 Welsh, 1 Eng-J, 6 EY; Ind: 1B, 3 Cardiff 24/1, 7/2, 1 Eng-Ji
8 **Sarah McKeever** 11.8.95 (1y, -) 3.72i '15, 3.70 '13   3.90, 3.90, 3.85, 3.80, 3.71; 3.95i, 3.90i, 3.90i, 3.87i
   3= LI, 3 Cardiff 28/5, 3 Welsh, 2 Cardiff 15/6, 2 Eng-23, 5 UK
9 **Molly Caudery** 17.3.00 (2y, 9) 3.93 '15   4.06, 4.01, 3.95, 3.90, 3.90, 3.90; 3.93i
   9 LI, 6 UK, 1 E.Sch-I, 1 Sch Int, 9 CAU, 3 Eng-17, 1 Sch G
10 **Anna Gordon** 30.1.97 (2y, -) 3.90i '15, 3.85 '14   3.75, 3.60; 4.00i, 3.92i, 3.90i, 3.76i, 3.75i
   8 LI; Ind: 5 Cardiff 24/1, 1 Scot-i, 2 Eng-Ji, 1 B.Uns-i, 3 UKi
11 **Sophie Cook** 12.9.94 (4y, 11) 4.02 '14   3.90, 3.90, 3.90, 3.60   3=LI, 1 BLP (1), 1 Eng-23
12 **Abigail Roberts** 9.7.97 (4y, 6) 4.08 '15   3.80, 3.70, 3.70, 3.67; 3.91i, 3.90i, 3.90i, 3.80i
   4 CAU, 2 BL1 (3); Ind: 1 North-I, nh, 2 Cardiff 24/1, 7/2,
- **Olivia Curran** 10.6.91 (0y, -) 3.90 '15   3.90, 3.75, 3.61, 3.60, 3.60, 3.60; 3.90i, 3.70i, 3.66i, 3.66i
   2 LI, 4 Welsh, 3 Cardiff 15/6, 7 UK, 6 CAU, BLP: ?,-,2
- **Jessica Swannack** 26.9.98 (1y, -) 3.70i, 3.66 '15   3.90, 3.75, 3.65, 3.60, 3.60, 3.60; 3.87i, 3.86i, 3.77i, 3.68i
   6 Cardiff 28/5, 1 North-J, 2 North, 2 Eng-J, 9 UK, 4 Welsh Int; Ind: 1 North-Ji, 3B Cardiff 24/1, 6 Eng-Ji, 7 UKi
Outdoors only: 5 Paxton, 6 Robinson, 7 McKeever, 8 Caudery, 9 Gibbens, 10 Cook, 11 Curran, 12 Swannack
Bradshaw is clearly top for the sixth successive year, a fine Olympic fifth place topped by a win in Zürich at the DL final, and Peake and Bryan are 2nd/3rd for the third year. Five juniors (two 16 year-olds) appear in these rankings. While nine over 4m was less than in 2014-15, 50 over 3.50 was a record.

LONG JUMP
1 **Lorraine Ugen** 22.8.91 (8y, 2) 6.92, 6.96w '15   6.82w/6.61, 6.80, 6.76, 6.71, 6.65, 6.58; 6.93i, 6.80i, 6.71i
   1 Drake R, 5 Shanghai, 3 Eugene, dnq 18 EC, 11 OG, 2 Lausanne, 2 St-Denis, 5 Zürich, 2 Berlin (BG);
   Ind: 2 Stockholm, 1 Glasl, 2 UKi, 3 WI
2 **Jazmin Sawyers** 21.5.94 (6y, 4) 6.71 '15   6.86w/6.63, 6.75, 6.69, 6.68, 6.65, 6.62; 6.67i
   2 B'zona, 1 Eng-23, 1 UK, 2 EC, 8 OG, 8 Zürich, 1 Berlin, 2 Zagreb, 1 Schaan, 2 Belgrade; Ind: 1 M'ville, 3 Glasl, 1 UKi, 13 WI
3 **Shara Proctor** 16.9.88 (6y, 1) 6.95 '12   6.80, 6.71, 6.67w/6.66, 6.65, 6.55, 6.55; 6.91i, 6.76i, 6.69i
   2 Kingston, 8 Eugene, 3 Oslo, 5 Stockholm, 2 UK, 2 Székes, 2 Anniv, dnq 21 OG, 4 Lausanne, 4 St-Denis,
   7, Zürich, 4 Berlin, 3 Zagreb; Ind: 3 D'dorf, 1 Eaubonne, 2 Berlin, 3 Stockholm, 2 Glasl, 8 WI
4 **Katarina Johnson-Thompson** 9.1.93 (7y, 3) 6.93i '15, 6.92 '14   6.84, 6.55, 6.51, 6.17
   7H Götzis, 1 Mersey, 1 Anniv, 3H OG
5 **Jessica-Ennis Hill** 28.1.86 (10y, 6) 6.51 '10, 6.54w '07   6.63, 6.34, 6.19   1H Ratingen, 7 Anniv, 7H OG
6 **Holly Mills** 15.4.00 (2y, 8) 6.29 '15   6.24, 6.23, 6.19, 6.17, 6.17, 6.16; 6.22i
   1 LI, 2 Eng-J, 3 UK, 1 EY, 1 Sth-17, 1 Eng-I/, 1 Sch.G, 3 YDL, 1 CJ Clubo
7 **Eleanor Broome** 6.2.99 (1y, -) 5.99, 6.15w '15   6.26, 6.21, 6.15w, 6.11, 6.11, 6.08
   6 LI, 2 BIG, 1 Mid-J, 1 Eng-J, 1 BL3 (2), dnq 13 EY, 1 CAU, 1 YDL; Ind: 2 Eng-Ji
8 **Abigail Irozuru** 3.1.90 (9y, 5) 6.80 '12   6.62A, 6.16i, 5.90i   1 El Paso; Ind: 6 Stockholm, 6 Glasl
9 **Katie Stainton** 8.1.95 (1y, -) 6.04 '13, 6.10w '14   6.23w, 6.18, 6.12, 6.03, 6.03, 5.97; 6.03i
   2 LI, 2 Eng-23, 4 UK, 1 BLP (2), 2 CAU, 1 MI
10 **Jahisha Thomas** 22.11.94 (1y, -) 6.17 '15, 6.20w '14   6.17, 6.15, 6.07w, 5.96, 5.93w/5.83, 5.87; 6.21i, 6.10i, 6.03i
   12 Florida R, 2 Tucson, 7B Drake R, 7 Big Ten, 15 NCAA; Ind: 14 F'ville, 2 N.Dame, 4 Big 10
11 **Sarah Warnock** 5.6.91 (4y, 7) 6.42 '14   6.16, 6.13, 6.04, 5.95, 5.92, 5.80; 6.13i, 6.10i
   1 Scot-E, 3 LI, 1 BIG, 6 UK, BLP: 1,4,-; Ind: 1 Scot-I, 3 UKi
12 **Emily Wright** 13.7.98 (2y, 10) 6.21A, 6.19i, 6.13 '15   6.06, 6.04w/5.94, 5.99, 5.97, 5.94, 5.80w; 6.18i, 6.03i
   4 LI, 1 Welsh, 3 Eng-J, 5 Mannheim, BL1: 1,1,-; Ind: 1 Welsh-Ji, 1 Eng-Ji
Outdoors only: 1. Sawyers, 2. Ugen
Four long jumpers in world class show the strength at the top, but 10th at 6.21 is the worst since 2009. Proctor slipped from her previous form, as did Ugen to some extent outdoors, but Johnson-Thompson had a big win at the Anniversary Games, and Sawyers continued to show just what a redoubtable competitor she is at big meetings. Ugen beat Proctor 5-0 outdoors and 3-0 indoors; Sawyers beat Ugen and Proctor 2-1 and 4-1 outdoors but was 0-2 and 1-2 indoors. Irozuru was restricted by injury to just one competition outdoors. Although her distances were almost identical to 2015, 17 year-old Mills had another fine season, topped by European Youth gold, and Broome, although below form there. matched her well.

UK Merits 2016

TRIPLE JUMP
1   **Laura Samuel** 19.2.91 (8y, 1) 14.09 '14   14.09, 14.07, 13.84, 13.81, 13.75, 13.71
    1 C.Gables, 1 T'hass, 1 Clermont, 1 LI, 8 B'ham DL, 2 Lisbon, 1 UK, 2 Turku, dnq 15 EC, 3 Castres, 2 BLP (3)
2   **Sineade Gutzmore** 9.10.86 (8y, 2) 13.54 '15   13.70, 13.53, 13.53, 13.41, 13.41, 13.33; 13.35i
    2 LI, 6 Dessau, 2 Amiens, 2 UK, 3 Tourcoing, 2 Castres, 1 CAU, 1 MI, BLP: 2,1,1
3   **Chioma Matthews** 12.3.81 (6y, 3) 13.53 '15   13.34, 13.33, 13.20, 13.02, 12.92, 12.80
    3 LI, 1 BIG, 2 Geneva, 4 UK; BLP: 1, 1, -
4   **Yamilé Aldama** 14.8.72 (6y, 9) 15.29 '03 (ex CUB, SUD)   13.74, 13.07, 11.72; 13.41i
    2 Clermont, 3 UK, 5 BLP (2); Ind: 1 Madrid
5   **Angela Barrett** 25.12.85 (8y, 6) 13.18i, 13.02 '11   13.19, 13.07w, 13.01, 12.94, 12.94, 12.93w/12.79; 13.05i, 13.03i
    2 E.Clubs B, 4 CAU, BLP: 1,2,2; Ind: 2 UKi
6   **Naomi Ogbeta** 18.4.98 (2y, 10) 12.98 '15   12.95, 12.92, 12.86, 12.85, 12.85w, 12.83w; 12.99i
    4 LI, 1 North-J, 1 Eng-J, 2 Mannheim, 5 CAU, 2 MI; Ind: 4 B'lava, 1 Eng-Ji
7   **Alexandra Russell** 27.3.90 (2y, 4) 13.05 '15   13.40w/12.98, 12.82, 12.81, 12.63, 12.55, 12.03; 12.83i, 12.73i
    5 LI, 4 BIG, 6 Geneva, 10 UK, 2 CAU, BL1: 2,-,1
8   **Zainab Ceesay** 27.10.83 (10y, 5) 13.27 '08   12.91, 12.87, 12.76w/12.65, 12.51, 12.47
    3 Clermont, 7 LI, 5 BIG, 5 UK, 3 BLP (2), 2 JFest
9   **Naomi Reid** 11.11.93 (3y, -) 11.90, 12.23w '15   13.03, 12.84, 12.60, 12.58, 12.37, 12.24   3 BIG, 1 North, 3 CAU
10 **Laura Zialor** 4.8.98 (1y, -) 12.71 '14   12.96, 12.54w/12.23, 12.30, 12.21, 12.11; 12.57i, 12.36i, 12.31i
    7 LI, 2 BIG, 1 South-J, 3 Eng-J, 9 UK; Ind: 1 Sth-Ji, 2 Eng-Ji, 4 UKi
11 **Lisa James** 30.10.94 (2y, 7) 13.03, 13.22w '15   12.83, 12.82w, 12.11   1 B.Univs, 1 Belfast
12 **Montana Jackson** 2.12.93 (1y, -) 12.12, 12.39w '15   12.72w, 12.69, 12.63, 12.56, 12.50, 12.43; 12.55i
    2 B.Univs, 6 LI, 6 UK, 7 CAU, BLP: 3,3,4
Samuel ranks first for the third successive year, then Gutzmore continues to improve her best season by season. Aged 44 during the summer, Aldama competed rarely but still showed classy form.

SHOT
1   **Rachel Wallader** 1.9.89 (8y, 2) 16.83 '14   17.53, 17.47, 17.23, 17.21, 17.08, 16.94; 17.35i, 17.23i; (18.00, 17.93 irr)
    1/2 Capes, 6 Halle, 1 LI, 1/1 BIG, 8 B'ham DL, 1 Mid, 1 Bottnaryd, 1 UK, 12 EC, BLP: 1,-,1; Ind: 1 UKi
2   **Sophie McKinna** 31.8.94 (7y, 3) 17.12 '13   17.14, 16.97, 16.75, 16.67, 16.61, 16.49; 16.54i; (18.41 irreg)
    1 Capes, 7 B'ham DL, 1 South, 1 Eng-23, 2 UK, BLP: 2,2,=; Ind: 2 UKi
3   **Adele Nicoll** 28.9.96 (5y, 4) 15.55 '15   16.34, 16.24, 16.19, 16.14, 16.10, 16.08
    1 B.Univs, 3 LI, 1 Welsh, 2 Eng-23, 3 UK, 2/2 Leiria, WLP: -,1,2; Ind: 1 WelshI, 1 B.Uns-i, 3 UKi
4   **Eden Francis** 19.10.88 (13y, 2) 17.24 '12   16.48, 15.51, 14.55, 14.54, 12.60   2 LI
5   **Amelia Strickler** 24.1.94 (1y, -) 16.91i, 16.72 '15   15.70, 15.64, 15.63, 15.44, 14.96; 16:15i, 15.02i
    1 Oxford OH, 2 Muncie, 3 Eng-23, 4 UK
6   **Kirsty Yates** 14.5.93 (6y, 5) 16.42 '14   14.78, 14.56, 14.48, 13.99; 13.69i   1 Scot, 1 MI, BLP: -,4,3; Ind: 1 Scot-I
7   **Danielle Opara** 22.6.95 (5y, 7) 14.62 '15   14.56, 14.31, 14.26, 14.23, 14.20, 14.08; (14.41 irreg)   2 B.Univs,
    3/2 Capes, 4 LI, 1 E.Clubs C, 2 South, 4 Eng-23, 5 UK, 1 CAU, 2 MI, BLP: 4,5,5; Ind: 2 South-I, 3 B.Uns-i, 6 UKi
8   **Emily Campbell** 6.5.94 (2y, -) 13.49 '15   14.30, 14.06, 14.04, 14.04, 13.85, 13.75, 13.49; 13.86i
    3 B.Univs, 5 LI, 6 UK, 4 MI, BLP: 3,6,7; Ind: 1 North-I, 4 B.Uns-i. 7 UKi
9   **Sophie Merritt** 9.4.98 (1y, -) 13.49 '15   14.10, 14.03, 13.98, 13.81, 13.66, 13.64; 14.00i, 13.78i
    2 Kent-J, 6 LI, 2 South-J, 2 Eng-J, 7 UK, 1 E.Sch, BL2: 1,1,1; Ind: 3 South-I, 2 South-Ji, 1 Eng-Ji, 4 UKi
10 **Divine Oladipo** 5.10.98 (1y, -) 13.54 '14   14.05, 14.01, 13.95, 13.94, 13.83, 13.82, 13.80; 13.96i, 13.95i
    1 Kent-J, 7 LI, 1 South-J, 3 Eng-J, 8 UK, 3 MI, BL1: 1,1,1; Ind: 1 South-I, 2 Eng-Ji, 5 UKi
11 **Jessica-Ennis Hill** 28.1.86 (6y, 9) 14.79i '12, 14.67 '11   14.29, 14.02, 13.86; 1 North
12 **Shaunagh Brown** 15.3.90 (9y, 6) 16.39 '13   13.60, 13.42, 13.33, 13.16, 13.14, 12.93   BL1: 4,2,-
Outdoors only: 9 Ennis-Hill
Wallader is top for the third successive year. With Francis competing rarely, McKinna moves up to second and Nicoll continued her excellent steady improvement. She was well ahead of her 2015 best of 15.55 in all her ten outdoor competitions, including over 16m eight times. Another to improve a metre was Campbell. Strickler was a useful addition from the USA and Yates made a late start to a limited season. Merritt and Oladipo, both with another year as juniors, were closely matched, but Merritt was ahead 3-2 outdoors and they were 2-2 indoors.

DISCUS
1   **Jade Lally** 30.3.87 (10y, 1) 60.76 '11   65.10, 64.22, 63.60, 63.16, 62.80, 61.83
    1 Newcastle, 2 Auckland, 1 Sydney, 1 Melbourne, 2 C.Vista, 1 La Jolla, 2 Irvine, 8 Shanghai, 8 Halle, 1 LI,
    7 Eugene, 6 Oslo, 6 Stockholm 1 UK, 7 EC, 3 Anniv, dnq 28 OG, 4 St-Denis, 9 Zürich
2   **Eden Francis** 19.10.88 (12y, 2) 59.78 '11   56.24, 55.85, 52.44, 50.11, 49.76, 48.32   2 LI, 1 Mid, 2 UK
3   **Kirsty Law** 11.10.86 (11y, 3) 57.79 '12   56.01, 55.42, 55.29, 54.41, 54.08, 53.27
    2/4 Phoenix, 8 Mesa, 3B/5 C.Vista, 17 La Jolla, 1B/8 Tucson, 1 LI, 3 UK, 8 Anniv, 2 CAU, 1 Scot, BL2: 1,1,1
4   **Amy Holder** 4.8.96 (3y, 4) 51.89 '15   53.43, 53.11, 53.10, 52.73, 52.02, 51.39
    1 B.Univs, 3 LI, 1 South, 1 Eng-23, 5 UK, 1 CAU, 1 MI, BLP: -,2,2
5   **Phoebe Dowson** 17.4.94 (6y, 5) 51.12 '14   50.66, 50.18, 49.71, 49.39, 49.27, 49.08
    1 Auburn, 3 S'ville, 6 Sun Belt, dnq 32 NCAA-E, 2 Eng-23, 4 UK, 3 CAU, 3/1 Leiria, BL2: 2,2,-
6   **Shadine Duquemin** 4.11.94 (6y, 6) 53.44 '14   51.55, 50.73 , 50.71, 50.59, 50.38, 49.73
    4 Eng-23, 6 UK, 2/1 Leiria, 2 MI, BLP: 2,3,3

UK Merits 2016

7	**Divine Oladipo** 5.10.98 (1y, -) 45.63 '15 48.11, 47.86, 47.61, 47.01, 46.60, 46.14	
	4 LI, 1 South-J, 1 Eng-J, 9 UK, 1 E.Sch, 3 MI, BL1: 1,2,1	
8	**Shaunagh Brown** 15.3.90 (10y, 7) 51.77 '14 49.21, 48.06, 47.45, 45.37, 45.10, 44.91	BL1: 2,1,-
9	**Kathryn Woodcock** 29.4.97 (1y, -) 43.60 '14 47.45, 45.89, 45.83, 45.06, 44.77, 44.48	
	12 B.Univs, 5 LI, 2 Eng-J, 7 UK, BL2: 3,3,6	
10	**Sophie Mace** 7.10.98 (2y, 10) 47.35 '15 47.08, 46.04, 45.79, 44.86, 44.75, 44.55	
	2 South-J, 4 Eng-J, 2 E.Sch, 1 Sth IC, BLP: 4,5,7	
11	**Sarah Parsons** 31.5.94 (1y, -) 44.00 '15 45.83, 45.33, 45.30, 45.19, 44.82, 44.50	
	3 B.Univs, 1 Yorks, 8 BLP (1), 1 North, 5 Eng-23, 8 UK, 5/6 Leiria, 6 CAU	
12	**Rachel Forder** 3.12.96 (1y, -) 44.50 '14 46.22, 45.08, 44.36, 44.34, 43.37, 43.35	
	3 Durham, 18 PennR, 3 Atlantic 10, 23 ECAC, 4 South, 3 Eng-23, 10 UK, BL2: 6,7,2	

Lally, top for the sixth successive year, excelled 'down under', adding 4.34m to her pb, and in the USA to achieve the Olympic qualifying standard, although unable to show her usual form in Rio. She was over 60m in 11 competitions. Francis, In limited competition, Law and Holder retained places 2-4. Duquemin ended the year with better marks, but Dowson beat her 3-1 so they too hold on to their 5th and 6th rankings.

HAMMER

1 **Sophie Hitchon** 11.7.91 (10y, 1) 72.97 '13   74.54, 72.42, 71.86, 71.74, 71.71, 71.63
   2 Kingston, 4 Beijing, 3 Halle, 2 Szczecin, 1 UK, 4 EC, 5 Székes, 2 OG, 2 Warsaw
2 **Sarah Holt** 17.4.87 (12y, 2) 68.97 '15   67.13, 67.07, 66.46, 66.21, 65.82, 65.72   2 Myrtle Beach, 3 G'ville,
   1 Austin, 3 Auburn, 3 Athens GA, 1 Lough 11/5, 6 Fr-Crumbach, 3B Halle, 1 LI, 1 North, 1 Luzern, 6 Budapest, 2 UK
3 **Carys Parry** 24.7.81 (16y, 3) 66.80 '14   64.74, 64.06, 63.00, 62.95, 62.56, 61.78
   1 West, 2 LI, 1 BL1 (1), 1 Welsh, 3 UK, 3 LEAP, 1/1 Leiria, 3 MI
4 **Rachel Hunter** 30.8.93 (4y, 4) 66.30 '14   65.13, 62.74, 62.30, 62.17, 61.37, 60.96
   1 Scot-W, 4 LI, 1 4 UK, 1 LEAP. 1 CAU, 2 Scot, 2 MI
5 **Susan McKelvie** 15.6.85 (13y, 5) 65.03 '11   62.77, 62.62, 61.58, 60.23, 60.22, 59.68
   2 LEAP, 3 Scot, BLP: 1,1,1
6 **Christina Jones** 5.4.90 (4y, 6) 63.98 '15   62.91, 62.32, 61.10, 60.92, 60.88, 60.13
   2 Lough 17/4, 2 West, 3 LI, 2 Welsh, 9 UK, 4 LEAP, 1 Welsh Int, 3 CAU, BL1: 2,2,3
7 **Lucy Marshall** 28.11.81 (4y, 11) 60.41 '15   62.12, 60.79, 60.31, 60.10, 60.06, 59.46
   8 Lough 17/4, 1 B.Univs, 7 LI, 5 UK, 5 LEAP, 2 CAU, 4 MI, BL1: 3,1,1
8 **Louisa James** 5.7.94 (7y, 9) 62.30 '14   62.29, 60.69, 60.35, 60.13, 60.06, 59.99
   1 South, 2 Eng-23, 7 UK, 2 BLP (2), 1 Sth IC, 4 CAU
9 **Myra Perkins** 15.6.85 (7y, 10) 63.11 '14   60.97, 59.90, 59.90, 59.75, 59,67, 59.65
   3 Lough 17/4, 13 Fr-Crumbach, 5 LI, 8 Budapest, 6 UK, 6 LEAP, 2/2 Leiria, 4 Scot, BL1: 4,-,2
10 **Jessica Mayho** 14.6.93 (2y, 12) 59.92 '15   61.02, 60.81, 58.53, 57.30, 57.05, 56.80
   1 Lough 17/4, 1 Yorks, 2 North, 8 UK, 3/3 Leiria, 6 CAU, 6 BLP (3)
11 **Philippa Wingate** 12.5.93 (1y, -) 58.69 '15   59.14, 58.24, 58.24, 57.97, 57.35, 57.26
   1 Surrey, 2 South, 11 UK, 2 Sth IC, 7 CAU, BLP: 3,3,5
12 **Rebecca Keating** 31.8.97 (1y, -) 57.17 '15   58.34, 57.96, 57.68, 57.07, 56.87, 56.70
   8 Florida R, 9 SEC, 8 LI, 4 South, 2 South-J, 1 Eng-J, 10 UK, 6 Welsh Int, BLP: 7,7,2

Hitchon is top for the sixth successive year and had her greatest moment yet with the Olympic bronze and her 14th British record. All her nine competitions (and two qualifying) were over 69m, thus well ahead of the rest. Holt, Parry and Hunter remained 2-4 and were all over 65m. Parry now has event records of 16 years and a 17-year ranking span. Very close for 4th to 8th. Marshall 4-4 v Jones, Wingate 4-2 v Keating, 3-2 v Palmer; Keating 3-1 v Palmer.

JAVELIN

1 **Goldie Sayers** 16.7.82 (18y, 1) 66.17 '12   50.70, 57.76, 57.08, 56.86, 55 73, 54.98
   1 Austin, 1 Phoenix, 1 Carnival, 9 B'ham DL, 6 Luzern, 2 UK, 9 Turku, dnq 26 EC
2 **Joanna Blair** 1.3.86 (13y, 5) 52.84 '06   57.44, 54.91, 53.91, 53.83, 53.46, 52.62
   1 LI, 1 UK, 2 LEAP, 1 Leiria, 1 CAU, 1 MI, BLP: -,1,1
3 **Laura Whittingham** 6.6.86 (11y, 4) 60.68 '10   52.34, 52.33, 51.98, 51.83, 50.37, 48.73
   1 B.Univs. 2 LI, 1 BL2 (1), 3 UK
4 **Emma Hamplett** 27.7.98 (4y, 11) 48.77 '14   52.27, 51.09, 50.42, 49.36, 48.11, 47.83
   3 LI, 1J Carnival, 1 BLP (1), 1 Eng-J, 6 Mannheim, 2J/10 Pihtipudas, 1 E.Sch
5 **Kike Oniwinde** 6.10.92 (5y, 7) 54.71 '14   50.94, 49.15, 48.52, 48.28, 47.81, 47.33
   2 LA. 9 Florida R, 1 G'ville, 9 SEC, dnq 13 NCAA-E, 5 UK,1 Sth IC, 2 CAU, 1 He 27/8, BLP: -,2,2
6 **Freya Jones** 13.11.93 (8y, 3) 55.36 '14   50.30, 48.84, 48.72   6 C'ville, 4 UK, 1 BL2 (2)
7 **Rosie Semenytsh** 28.5.87 (11y, 8) 50.43 '13   48.01, 46.83, 46.51, 45.90, 45.40, 44.75
   4 LI, 2 South, 6 UK, 4 CAU, BL2: -,2,2
8 **Hannah Johnson** 14.6.94 (1y, -) 45.89 '14   49.82, 45.53, 45.47, 44.91, 44.79, 43.85
   4 B.Univs, 1 Eng-J, 7 UK, 5 U23/7 Pihtipudas, 5 CAU, BLP: 3,-,5
9 **Natasha Wilson** 5.11.95 (3y, -) 47.90 '13   48.35, 47.01, 45.81, 45.44, 45.28, 44.26
   2 B.Univs, 5 LI, 3 Carnival, 3 BL2 (1), 2 Eng-23, 8 UK, 6 U23/9B Pihtipudas, 4 LEAP
10 **Eloise Meakins** 26.1.93 (4y, 9) 52.32 '12   47.37, 47.34, 46.49, 45.19, 44.41, 43.78
   3 B.Univs, 4 Carnival, 1 South, 10 UK, 3 CAU, BL2: 2,-,3

UK Merits 2016

11	Jessica Ennis-Hill	28.1.86 (3y, -) 48.33 '13 46.09, 45.06, 45.02, 44.37, 41.69 7 LI, 1 North
12	Bethan Rees	28.4.89 (1y, -) 44.37 '15 46.80, 45.89, 44.41; 2J Carnival. 2 Leiria, 2 MI

500g: 50.64, 50.55, 50.25, 50.12, 49.54, 49.43
1 LI17; 1 E.Sch-I, 1 Sch.Int, 1-17 Leiria, 1 Celtic G, 1 Welsh-17, 1 Eng-17, 1 Sch.G
- **Louise Lacy** (née Lockwood) 28.4.89 (1y, 6) 48.87 '15   46.33, 44.73, 43.61, 43.17, 42.89, 42.71
2 Essex, 4 South, 9 UK, 7 CAU, 3 MI, 2 He 27/8, BL2: 5,3,1

Although unable to get back to her top form Sayers was top for the 13th time, a total exceeded by only one British woman – Tessa Sanderson. She was, however, beaten for the UK title by Blair, the first time since 2002 that she had lost in a national championship. Blair, as in 2015, added significantly to her pb, matched her highest ever ranking of 2nd that she had achieved in 2006 and was unbeaten by a British athlete, but there was a 5m gap after the top two. The 2015 no. 2 Izzy Jeffs did not compete this year and the no. 3 Jones had only three competitions.

HEPTATHLON

1 **Jessica Ennis-Hill** 28.1.86 (11y, 1) 6955 '12   2 OG 6775, 1 Ratingen 6733
2 **Katarina Johnson-Thompson** 9.1.93 (8y, 11) 6682 '14   6 OG 6523, 6 Götzis 6204
3 **Jessica Taylor** 27.6.88 (6y, 2) 5826 '14   1 ENG 5913(w), 1 Woerden 5873, dnf Arona
4 **Morgan Lake** 12.5.97 (3y, 10) 6148 '14   6 Kladno 5951, dnf Götzis, dnf EC
5 **Katie Stainton** 8.1.95 (3y, -) 5356 '14   2 ENG 5777 (w), 10 Kladno 5763, dnf Woerden
6 **Joanne Rowland** 29.12.89 (6y, 4) 5702 '13
   1 Sheffield 5648, 5 Hexham 5431, 3 Asikkala 5346, 1 Yorks 5272, 1 Arona 5179
7 **Elise Lovell** 9.5.92 (3y, 5) 5255 '15   1 South 5284, dnf ENG
8 **Lara Hanagan** 23.8.94 (1y, -) 4979 '15   3 Sheffield 5237, 2 Yorks 5137, 2 South 5076
9 **Olivia Montez Brown** 22.5.96 (2y, 12) 4987 '15   6 NCAA II 5254w/5187, 2 Mankato 4951
10 **Anna Nicole Rowe** 2.9.98 (1y, -) 4977 '15   2J Arona 5242
11 **Niamh Bailey** 28.6.92 (2y, 8) 5040 '15   4 ENG 5208(w)
12= **Emily Dixon** 27.11.95 (1y, -) 4921 '15   1 CAA 5059
12= **Hannah Dunderdale** 2.11.94 (1y, -)   4 Sheffield 5056, dnf ENG
nr **Moe Sasegbon** 16.9.91 (1y, -) NGR 5353 '15   2 Sheffield 5582, dnf Woerden

The marvellous Ennis-Hill ranks top for the sixth time followed by Johnson-Thompson, who though she disappointed in Rio, still had two good heptathlons. Taylor drops a place, but improved her pb and her two wins rate her ahead of Lake, who only finished one of her three heptathlons and again concentrated on the high jump, but her score in Kladno was enough for 4th. For 2014 I said that only 21 performances over 5000 points was the equal lowest (with 1992) since the tables were changed in 1985, but 20 in 2015 was worse (the record high is 51 in 1993).
Over all events, scoring from 12 for 1st to 1 for 12th, Ennis-Hill ends her career as the top all-time scorer with 502.5, having overtaken Paula Radcliffe 485.

WALKS

Priority is given to form at the standard international distance of 20 kilometres, although performances at other distances are also taken into account. 3000m and 5000m performances are on the track, unless indicated by R for road marks (+ indicates intermediate time). All distances from 10k up are on the road unless shown by t. Previous bests are shown for track 5000m and road or track 10km and 20km.

1 **Bethan Davies** 7.11.90 (5y, 2) 22:06.46 '15, 46:42 '14, 49:03.99t '13, 1:36:07 '15
   3000m: 1 Welsh 12:24.70, 1 MI 13:04.28, 1 CAU 13:09.97, 13:10.69+; Ind: 1 Cardiff 12:35.87i, 1 UK 12:44.99i
   5000m: 1 UK 22:03.82, 22:28+R, 22:54+R, 22:59+R
   10km: 1 Coventry 44:59, 46:25+   20km: 1 Leeds 1:33:48, dq Dudince, dq World Cup
2 **Heather Lewis** 25.10.93 (6y, 3) 22:06.46 '15, 46:59 '14, 1:39:03 '15
   3000m: 2 Welsh 13:07.04; 2 CAU 13:21.54; Ind: 2 Cardiff 13:17.89i   5000m: 23:34+, 24:32+R
   10km: 3 Coventry 48:09, 48:59+   20km: 1 Hayes 1:38:22, 1 Douglas 1:39:29, 3 Leeds 1:40:40, dnf Dudince
3 **Emma Achurch** 9.7.97 (3y, 3) 24:14.96 '14, 47:49 '15, 1:45:29 '15
   3000m: 5 CAU 13:58.73, 4 MI 14:02.78; Ind: 2 CAU 13:44.23i, 3 B'lava 13:59.36i, 2 (1 ENG) Sheffield 14:34.67i
   5000m: 23:55+, 23:55+, 24:02, 24:11+   20km: 2 Hayes 1:43:26
   10km: 4 Podébrady 47:49, 1 Leeds 48:09, 1 RWA-J 48:25, 4 Coventry 48:28, 23 W.Cup-J 48:58, 1 Hayes 50:02
4 **Gemma Bridge** 17.5.93 (0y, -) 25:08.0 '15   3000m: 2 MI 13:17.85, 4 CAU 13:45.08   5km: dq UK   10km: 2 RWA-J 50:33
5 **Sophie Lewis-Ward** 7.4.99 (0y, -) 25:38.0 '15, 54:49.55 '15
   3000m: 13:51.35+, 1 Kent 14:54.69; Ind: 4 UK 14:49.48, 3 ENG 15:07.38
   5km: 2 Podebrady 23:36R, 4 EY 23:37.55, 24:22+R, 2 UK 24:24.47, 1 E.Sch 26:29.28   10km: 1 Hayes 59:29
6 **Sophie Hales** 30.3.85 (7y, -) 24:17.19 '07, 49:40R '04, 1:50:16 '07   3000m: 1 Essex 14:02.15   10km: 1 South 50:59
7 **Michelle Turner** 24.6.72 (3y, 5) 25:06.80 '13, 49:33 '13, 1:45:38 '13   5km: 25:12+R
   10km: 6 Coventry 51:01, 1 Manx 52:38, 1 Douglas 53:05
8 **Hannah Hunter** 7.10.82 (0y, -) 55:19 '15   3000m: Ind: 6 ENG 15:32.99i, 9 UK 15:46.04i   5km: 4 I-Area 26:46.0
   10km: 2 Douglas 54:22, 1 Ramsey 51:37   20km: 1 Douglas 1:53:47, 7 Leeds (1 ENG) 1:54:07, 1 Hayes 1:55:39
nr **Tatyana Gabellone** ITA 20.10.84 22:31.11 '15, 46:24 '15,   3000m:, 3 MI 13:23.77, 3 CAU 13:28.86; Ind: 1g ENG 13:47.75i
    5000m: 1 Bari 23:30.88; 3 Coventry 23:35R   10km: 2 Coventry 47:16, 3 ITA Ch 47:47

With Joanna Atkinson not competing this year, the top three all moved up a place and all improved their bests. Lewis Ward excelled with her European Youth 4th, but did not contest a 20k race.

2016 LISTS - MEN

60 Metres - Indoors

6.50	Richard Kilty		2.09.89	1	Jablonec nad Nisou, CZE	5 Mar
	6.57			2	Glasgow	20 Feb
	6.59			1r2	Gateshead	11 Feb
	6.59			1h1	Jablonec nad Nisou, CZE	5 Mar
	6.62			2	Lódz, POL	5 Feb
	6.63			2h1	Glasgow	20 Feb
	6.65			1	Glasgow	30 Jan
6.53	James Dasaolu		5.09.87	1	Sheffield	27 Feb
	6.58			1h1	Berlin, GER	13 Feb
	6.58			1s2	Sheffield	27 Feb
	6.59			1h2	Portland, USA	18 Mar
	6.62			1h5	Cardiff	31 Jan
	6.64			2	Cardiff	31 Jan
6.54	Andrew Robertson		17.12.90	2	Sheffield	27 Feb
	6.61			5s3	Portland, USA	18 Mar
	6.62			2A1	London (LV)	31 Jan
	6.63			1A2	London (LV)	31 Jan
	6.65			3s3	Sheffield	27 Feb
6.55	Sean Safo-Antwi (now GHA)		31.10.90	1	Mondeville, FRA	6 Feb
	6.56			1	Glasgow	20 Feb
	6.57			1A1	London (LV)	31 Jan
	6.57			3	Sheffield	27 Feb
	6.59			1h2	Glasgow	20 Feb
	6.63			1h2	Mondeville, FRA	6 Feb
	6.63			1s3	Sheffield	27 Feb
6.56	Theo Etienne	U23	3.09.96	2	Jablonec nad Nisou, CZE	5 Mar
	6.60			2	Jyväskylä, FIN	2 Feb
	6.60			4	Sheffield	27 Feb
	6.64			2s3	Sheffield	27 Feb
	6.64			1h2	Jablonec nad Nisou, CZE	5 Mar
6.59	Adam Gemili		6.10.93	1	Cardiff	31 Jan
	6.60			1A2	London (Nh)	10 Feb
	6.62			4	Glasgow	20 Feb
	6.65			1A1	London (Nh)	10 Feb
	6.65			5h2	Glasgow	20 Feb
6.61	Kyle de Escofet	U23	4.10.96	5	Sheffield	27 Feb
	6.64			2s2	Sheffield	27 Feb
	6.65			1A2	Birmingham	21 Feb
6.65	Nethaneel Mitchell-Blake	U23	2.04.94	2	Baton Rouge, USA	19 Feb
	39 performances to 6.65 by 8 athletes					
6.66	Ojie Edoburun	U23	2.06.96	2A2	London (Nh)	10 Feb
6.67	Harry Aikines-Aryeetey		29.08.88	4	Athlone, IRL	17 Feb
(10)						
6.68	James Ellington		6.09.85	1A2	Uxbridge	13 Feb
6.68	Dwain Chambers	V35	5.04.78	1h5	Sheffield	27 Feb
6.69	Greg Cackett		14.11.89	1	Sutton	20 Feb
6.70	Dannish Walker-Khan		2.08.92	1A1	Eton	7 Feb
6.70	Tommy Ramdhan	U23	28.11.96	3A2	London (Nh)	10 Feb
6.70	Imran Rahman		5.07.93	1	Sheffield	19 Feb
6.71	Reuben Arthur	U23	12.10.96	2A2	London (LV)	31 Jan
6.71	Elliott Hurley	U23	22.09.95	8	Sheffield	27 Feb
6.73	Jonathan Grant		26.05.93	1	Akron, USA	6 Feb
6.73	Oliver Bromby	U20	30.03.98	1	Sheffield	13 Feb
(20)						
6.74	John Otugade	U23	24.01.95	5A1	London (LV)	31 Jan
6.74	Samuel Miller		2.09.93	3	Sheffield	19 Feb
6.75	Leon Reid	U23	26.07.94	1h4	Cardiff	31 Jan
6.75	Roy Ejiakuekwu	U23	2.02.95	2h5	Fayetteville, USA	12 Feb

2016 - M - 60

Time	Name	Cat	Date	Pos	Venue	Day	Mon
6.76	Confidence Lawson		5.09.90	1B2	London (LV)	31	Jan
6.76	Rechmial Miller	U20	27.06.98	3s1	Sheffield	27	Feb
6.77	Theo Campbell		14.07.91	3	Cardiff	31	Jan
6.77	Gabriel Odujobi		15.07.87	2	Bratislava, SVK	31	Jan
6.78	Ronnie Wells	U23	27.03.96	1h1	Cardiff	10	Jan
6.78	Andre Wright		16.08.91	1h6	London (LV)	16	Jan
6.78 (30)	Nigel Thomas		11.05.88	2s1	Sutton	20	Feb
6.79	Adam Thomas	U23	15.04.95	2B2	Eton	7	Feb
6.79	Ade Adewale		27.08.93	5A2	London (Nh)	10	Feb
6.80	Aidan Syers		29.06.83	3	Nantes, FRA	23	Jan
6.80	Rion Pierre		24.11.87	2h2	Athlone, IRL	17	Feb
6.81	Richard Strachan		18.11.86	3C2	London (LV)	3	Jan
6.81	Cyle Carty		29.11.90	1q3	London (LV)	16	Jan
6.81	Samuel Osewa		17.04.91	4	Cardiff	31	Jan
6.81	Edmond Amaning		27.10.93	1h2	Mustasaari, FIN	6	Feb
6.81A	Allan Hamilton		14.07.92	3h1	Albuquerque, USA	26	Feb
6.83A (40)	Sam Watts		14.02.92	3h3	Albuquerque, USA	30	Jan
6.84	Christopher Stone	U23	8.04.95	1	London (LV)	16	Jan
6.84	Deji Tobais		31.10.91	2	London (LV)	16	Jan
6.85A	Scott Bajere		12.05.92	2h6	Albuquerque, USA	22	Jan
6.85	Kyron Williams		18.02.93	3B2	London (LV)	31	Jan
6.85	Daniel Bramble		14.10.90	1C2	London (LV)	31	Jan
6.85	Jonathan Browne		15.03.83	2C2	London (LV)	31	Jan
6.86	Rory Evans		19.11.89	2s2	Sheffield	16	Jan
6.86	Alex Murdock		29.08.91	2B1	London (Nh)	10	Feb
6.86	Ben Shields	U23	17.01.94	5	Sheffield	19	Feb
6.86 (50)	Subomi Onanuga		12.06.93	1A1	London (Wil)	17	Dec
6.87	Nick Stewart	U20	22.06.98	1A2	London (LV)	3	Jan
6.87	Elijah Skervin		1.04.92	5h1	Athlone, IRL	17	Feb
6.87	James Williams		1.10.91	3h2	Sheffield	27	Feb
6.87	Lee McLaughlin		30.09.90	3h5	Sheffield	27	Feb
6.87	Samuel Ige	U23	29.01.96	2A1	London (Wil)	17	Dec
6.88	Daniel Gardiner		25.06.90	1	Sheffield	2	Jan
6.88	Cameron Tindle	U20	5.06.98	3	Glasgow	30	Jan
6.88	Seriashe Childs		2.09.82	2h1	Cardiff	31	Jan
6.88	Gerald Matthew	U20	10.07.97	3r2	Cardiff	7	Feb
6.88 (60)	Alex McNally	U23	11.01.94	4s1	Seattle, USA	13	Feb
6.89	Omari Markland-Montgomery		8.05.93	1A2	London (CP)	13	Jan
6.89	Elijah Winn		9.08.86	1q5	London (LV)	16	Jan
6.89	Tyrese Johnson-Fisher	U17	9.09.99	1A2	London (LV)	23	Jan
6.89	Camron Lyttle	U20	28.05.99	3	Sheffield	13	Feb
6.90	Aaron Crowley		11.12.92	3s2	Sheffield	16	Jan
6.90	Jona Efoloko	U17	23.09.99	1	Sheffield	16	Jan
6.90	Omari Barton-Ellington		5.01.90	4B1	London (LV)	31	Jan
6.90	Leroy Cain	U23	16.05.95	4C2	London (LV)	31	Jan
6.90	Rico Ewer	U20	24.09.97	1s2	Sheffield	13	Feb
6.90 (70)	Mark Hanson		13.05.81	1	London (LV)	20	Mar
6.91	Samuel Imhogiamhe	U23	2.06.94	2A2	London (CP)	13	Jan
6.91	Kristian Jones	U20	10.03.98	1	Cardiff	16	Jan
6.91	Theodore Zake	U20	30.05.97	1s3	London (LV)	16	Jan
6.91	Joshua Street	U23	31.07.94	1B1	London (Nh)	27	Jan
6.91	Callum Davies	U20	30.11.98	7	Cardiff	31	Jan
6.91	Patrick Kari-Kari		30.01.92	1C2	London (Nh)	10	Feb
6.91	Nicholas Atwell		9.04.86	4	Sutton	20	Feb
6.92	James Alaka		8.09.89	6B1	London (LV)	31	Jan
6.92	Nayef Iman		1.10.91	1rD2	London (LV)	31	Jan

2016 - M - 60

6.92	Max Mondelli	U23	28.10.95	4	Boston (All), USA	5	Feb
6.92	Joseph Chimkah		4.12.93	1A2	London (Nh)	24	Feb
6.92	Joshua Brown	U23	27.12.94	1h1	Cardiff	11	Dec
6.93	Jordan Broome	U23	4.12.96	2A1	Loughborough	9	Jan
6.93	James Griffiths		30.07.92	2	Cardiff	10	Jan
6.93	Damilola Williams	U20	20.07.98	2	London (LV)	16	Jan
6.93	Stephen Dunlop		19.04.90	4	Glasgow	30	Jan
6.93	Owen Richardson	U20	5.09.98	2A2	London (LV)	31	Jan
6.93	Marvin Popoola	U23	5.09.95	5A1	London (Nh)	10	Feb
6.93	Jermaine Hamilton	U23	9.10.95	3B2	London (Nh)	10	Feb
(90)							
6.93	Andrew Cousins	U23	9.10.94	2A2	Birmingham	21	Feb
6.93	Toby Olubi		24.09.87	2A2	London (Nh)	24	Feb
6.94	Jordan Francis	U20	23.12.97	3s2	Sheffield	13	Feb
6.95	Umar Hameed		24.02.89	3	Sheffield	2	Jan
6.95	Idris Ojuriye		27.12.84	2A1	Sutton	3	Jan
6.95	Ben Stephenson		3.11.92	2A2	Loughborough	9	Jan
6.95	Robert Sakala	U20	5.03.98	1C1	London (CP)	13	Jan
6.95	Mark Findlay	V35	20.03.78	1	Ancona, ITA	30	Mar
6.95	Chad Miller	U20	31.03.00	2	London (LV)	7	Dec

Additional Under 20 (1-17 above)

6.96	Niall Bevan		14.10.98	1h1	London (LV)	7	Dec
6.97	Mahmoud Barrie		25.06.98	1s1	London (LV)	6	Feb
6.97	Kane Wright		14.02.97	1h2	Sheffield	13	Feb
(20)							
6.97	Clinton Fubara		2.09.97	3s1	Sheffield	13	Feb
6.98	Jack Dearden		24.09.97	3	London (LV)	16	Jan
6.98	Mohammed Tambedou		15.09.97	1s2	London (LV)	6	Feb
6.98	Luke Dorrell		23.01.97	1B2	Uxbridge	13	Feb
6.98	William Kennedy		21.10.97	2A2	Eton	6	Mar
6.98	Kaie Chambers-Brown	U17	26.09.99	1	Birmingham	20	Mar
6.98	Daniel Afolabi	U17	6.09.00	2A2	Manchester (SC)	18	Dec
6.99	Matthew Treston		20.07.98	3A1	London (LV)	3	Jan
6.99	Ryan Gorman		9.04.98	1h1	Sheffield	16	Jan
6.99	Maxwell Brown	U17	23.11.99	2A2	London (LV)	23	Jan
(30)							
6.99	Ben Fisher		21.02.98	1	Athlone, IRL	31	Jan
7.00	Sam Talbot		17.02.99	1H4	Sheffield	9	Jan
7.00	Temitope Adeyeye		12.03.98	1rD2	London (Nh)	24	Feb

Additional Under 17 (1-5 above)

7.01	Blake Tiger-Lee Brown		5.02.00	2s1	Sheffield	16	Jan
7.03	Charles Hilliard		21.09.99	2s2	Sheffield	13	Feb
7.03	Kyron Canny		15.09.00	4	Sheffield	13	Feb
7.03	Jeremiah Azu		15.05.01	3	Cardiff	10	Dec
7.05	Fisayo Williamson-Taylor		17.01.00	1-17	Manchester (SC)	10	Jan
(10)							
7.06	Ellis Greatrex		27.09.99	1A1	Birmingham	21	Feb
7.08	Muhammed Weyli		21.10.99	1	London (LV)	6	Feb
7.12	Cameron Sprague		10.09.00	2	London (LV)	9	Jan
7.12	Chad Miller (see also 6.95)		31.03.00	1p2	Jablonec nad Nisou, CZE	5	Mar
7.13	Jaiquarn Ballah		28.11.99	2B2	Eton	6	Mar
7.14	Benjamin Paris		6.10.99	1	Cardiff	16	Jan
7.14	Adeyinka Adeniran		16.12.99	1B2	London (LV)	23	Jan
7.14	Blaine Lewis-Shallow		26.04.00	2B2	London (LV)	23	Jan
7.15	Harry Flanagan		24.09.99	3	Manchester (SC)	10	Jan
7.15	Fraser Angus		13.01.00	1	Glasgow	30	Jan
(20)							
7.15	Tre Thomas		26.06.00	1I1	Manchester (SC)	31	Jan
7.15	Daniel Kale		1.01.00	1s1	Sutton	20	Feb
7.16	Matthew Knight		28.02.00	1	London (LV)	20	Mar
7.16	Luke Collins		21.08.01	1rD1	London (Wil)	17	Dec

2016 - M - 60 - 100

7.17		John MacLennan		1.06.00	2	Glasgow	30 Jan
7.18		Richard Lee		27.02.00	2	Cardiff	16 Jan
7.18		William Curtis		27.12.99	1	Gateshead	31 Jan
7.18		Nathaniel Sherger		10.12.99	2	London (LV)	6 Feb
7.19		Daniel Banks		3.10.99	1C2	Eton	3 Jan
7.19		Obi Onyejekwe		8.09.99	1s2	Sutton	20 Feb
	(30)						
7.19		Michael McAuley		8.09.99	3h2	Athlone, IRL	12 Mar

Under 15

7.18		Kyle Reynolds-Warmington		28.02.02	1	Sutton	20 Feb
7.22		Jaleel Roper		8.02.03	1	London (LV)	9 Jan
7.27		Raphael Bouju		15.05.02	3	London (LV)	9 Jan
7.28		William Andoh		5.09.01	1rH1	London (LV)	1 Jan
7.37		Kyle Walton		13.11.01	4	Sheffield	13 Feb
7.38		Louis Appiah-Kubi		22.09.02	2s3	Sheffield	13 Feb
7.39		Jamie Stevenson		14.10.01	1	Glasgow	6 Mar
7.39		Jamall Walters		30.09.02	1	Manchester (SC)	18 Dec
7.4		Lewis Golding		25.10.01	1	Chelmsford	5 Mar
7.41		Dominic Ogbechie		15.05.02	2s1	London (LV)	9 Jan
	(10)						
7.43		Andrew Nicolaou		13.11.02	1A1	London (LV)	24 Jan
7.43		Nicholas Shaw		13.10.02	1A1	London (LV)	11 Dec
7.47		Micah Agyepong		31.01.02	1A1	London (LV)	27 Mar
7.48		Leonardo Da Silva		18.11.01	3rH2	London (Nh)	10 Feb
7.48		Kareen McDonald			7F1	London (Nh)	24 Feb
7.48		Josh McKeown		5.03.03	1	Sheffield	3 Dec
7.49		Craig Strachan		10.09.01	2	Glasgow	6 Mar

Under 13

7.93		Reece Earle		1.10.04	2F2	London (Wil)	17 Dec
7.95		Ayo Salako		9.11.04	1K2	Sutton	3 Jan

Foreign

6.67		*Josh Swaray (SEN)*		*2.02.86*	*1*	*Madrid, ESP*	*26 Feb*
6.71		*Adeseye Ogunlewe (NGR)*		*30.08.91*	*4A2*	*London (Nh)*	*10 Feb*
6.77		*David Lima (POR)*		*6.09.90*	*2h2*	*Sheffield*	*27 Feb*
6.80		*Jonathan Browning (IRL)*		*16.12.93*	*1*	*Athlone, IRL*	*12 Mar*
6.89		*Antonio Infantino (ITA)*		*22.03.91*	*2B2*	*London (Nh)*	*10 Feb*
6.92		*Andrew Mellon (IRL)*	*U23*	*8.11.95*	*1*	*Athlone, IRL*	*31 Jan*
6.93		*Dean Adams (IRL)*		*14.03.90*	*6*	*Athlone, IRL*	*28 Feb*
6.93		*Ben Reynolds (IRL)*		*26.09.90*	*3s2*	*Athlone, IRL*	*28 Feb*
6.95		*Dean Hylton (JAM)*		*15.09.90*	*1A1*	*Eton*	*3 Jan*
7.06		*Aaron Sexton (IRL)*	*U17*	*24.08.00*	*1h2*	*Athlone, IRL*	*12 Mar*

100 Metres

9.96	2.0	Joel Fearon		11.10.88	1	Bedford	30 Jul
		10.00	1.8		1	Manchester (SC)	17 Aug
		10.04	1.7		1A2	Loughborough	16 Jul
		10.05	0.5		3	Lausanne, SUI	25 Aug
		10.05	-0.1		4	Saint-Denis, FRA	27 Aug
		10.06	1.5		2	Zagreb, CRO	6 Sep
		10.10	0.9		1h5	Bedford	30 Jul
		10.13	1.0		1rB	Manchester (SC)	17 Aug
		10.15	1.1		1r1	Loughborough	16 Jul
		10.16	0.4		2	Berlin, GER	3 Sep
10.01	1.9	Richard Kilty		2.09.89	1	Hexham	16 Jul
		10.14	0.5		2h2	Gavardo, ITA	29 May
		10.15	-0.4		1s3	Amsterdam, NED	7 Jul
		10.15	0.3		4h2	London (O)	22 Jul
		10.16	0.4		7	London (O)	22 Jul
		10.22	-0.6		1	Hexham	16 Jul
		10.23	1.1		1s3	Birmingham	25 Jun
		10.24	0.5		1h1	Amsterdam, NED	6 Jul

2016 - M - 100

Mark	Wind	Name	Cat	DOB	Pos	Venue	Day	Mo
10.01	0.2	Chijindu Ujah	U23	5.03.94	4s2	Rio de Janeiro, BRA	14	Aug
10.06	0.5				1rA	Loughborough	22	May
10.12	-0.8				3	Birmingham	5	Jun
10.13	-1.2				2h1	Rio de Janeiro, BRA	13	Aug
10.13	0.4				8	Zürich, SUI	1	Sep
10.14	0.1				1h1	London (O)	22	Jul
10.15	1.0				6	Rome, ITA	2	Jun
10.15	-0.1				8	Saint-Denis, FRA	27	Aug
10.16	0.4				6	London (O)	22	Jul
10.17	0.9				1s1	Bedford	1	May
10.18	0.2				2s1	Birmingham	25	Jun
10.19	-1.4				1h1	London (Nh)	8	May
10.20	-0.3				1A1	London (LV)	20	Jul
10.22	0.5				2	Gateshead (Q)	10	Sep
10.23	1.9				1h5	Bedford	30	Apr
10.28	-2.2				1	London (Nh)	8	May
10.30	-1.1				3h2	Gothenburg, SWE	15	Jul
10.30	-1.6				3	Gothenburg, SWE	15	Jul
10.04	1.5	James Ellington		6.09.85	2s1	Amsterdam, NED	7	Jul
10.11	1.8				3	Montreuil-sous-Bois, FRA	7	Jun
10.13	0.2				1s1	Birmingham	25	Jun
10.15	1.6				2h4	Clermont, USA	30	Apr
10.16	1.1				4	Clermont, USA	30	Apr
10.16	0.6				1	Geneva, SUI	11	Jun
10.19	0.0				5	Amsterdam, NED	7	Jul
10.25	1.0				3rB	Gainesville, USA	22	Apr
10.27	0.7				1h9	Birmingham	24	Jun
10.29	-0.8				5h6	Rio de Janeiro, BRA	13	Aug
10.04	1.5	Reece Prescod	U23	29.02.96	1h1	Bedford	30	Jul
10.30	0.7				1	Woodford	19	Jul
10.08	1.7	Harry Aikines-Aryeetey		29.08.88	2A	Loughborough	16	Jul
10.18	0.7				1=h3	Clermont, USA	30	Apr
10.18	1.1				5	Clermont, USA	30	Apr
10.22	0.4				1rB	Bellinzona, SUI	6	Jun
10.23	0.3				6h2	London (O)	22	Jul
10.24	1.0				1rB	Gainesville, USA	22	Apr
10.25	0.5				1r2	Loughborough	16	Jul
10.29	1.4				1	Loughborough	22	May
10.30	1.6				1h5	Birmingham	24	Jun
10.30+	1.1				2m	Gateshead (Q)	10	Sep
10.09	1.0	Nethaneel Mitchell-Blake	U23	2.04.94	1	Austin, USA	16	Apr
10.09	1.3				1s1	Eugene, USA	8	Jun
10.16	1.0				1	Tuscaloosa, USA	14	May
10.20	1.3				1q3	Jacksonville, USA	27	May
10.29	-0.7				1h1	Jacksonville, USA	26	May
10.30	-0.2				1h1	Tuscaloosa, USA	13	May
10.10	1.4	Zharnel Hughes	U23	13.07.95	3	Kingston, JAM	16	Apr
10.10	1.5	James Dasaolu		5.09.87	3	Zagreb, CRO	6	Sep
10.11	0.4				1rB	Rome, ITA	2	Jun
10.14	0.5				2rA	Loughborough	22	May
10.15	0.9				1rC	Lucerne, SUI	14	Jun
10.16	0.0				6s3	Rio de Janeiro, BRA	14	Aug
10.18	-0.4				3h7	Rio de Janeiro, BRA	13	Aug
10.21	0.4				4	Berlin, GER	3	Sep
10.21	0.5				1	Gateshead (Q)	10	Sep
10.24	0.1				6h1	London (O)	22	Jul
10.11	0.4	Adam Gemili		6.10.93	5	Zürich, SUI	1	Sep
10.11	1.5				4	Zagreb, CRO	6	Sep
10.19	1.9				2	Bottrop, GER	29	May
10.21	-1.6				1	Gothenburg, SWE	15	Jul

2016 - M - 100

Mark	Wind	Name	Cat	DOB	Pos	Venue	Day	Month
(Gemili)		10.23	-1.1		2h2	Gothenburg, SWE	15	Jul
		10.29	1.1		1h4	Bottrop, GER	29	May
		10.29	-0.8		6	Birmingham	5	Jun
(10)								
10.15	1.1	Danny Talbot		1.05.91	2=	Clermont, USA	30	Apr
		10.17	0.9		2rC	Lucerne, SUI	14	Jun
		10.21	1.7		2h2	Clermont, USA	30	Apr
		10.29+	1.1		1m	Gateshead (Q)	10	Sep
10.15	2.0	Andrew Robertson		17.12.90	2	Bedford	30	Jul
		10.18	1.5		1s3	Bedford	30	Jul
		10.28	1.7		3	Loughborough	16	Jul
		10.29			1h3	Bedford	30	Jul
		10.29	0.1		2r3	London (LV)	17	Aug
10.19	0.2	Ojie Edoburun	U23	2.06.96	3s1	Birmingham	25	Jun
		10.19	1.3		1	London (LV)	31	Aug
		10.20	0.6		4s2	Amsterdam, NED	7	Jul
		10.21	0.6		2	Geneva, SUI	11	Jun
		10.24	1.9		2h3	Amsterdam, NED	6	Jul
		10.25	1.6		2h1	Gothenburg, SWE	15	Jul
		10.26	0.1		7h1	London (O)	22	Jul
		10.29	-1.6		2	Gothenburg, SWE	15	Jul
10.23	0.6	Theo Etienne	U23	3.09.96	3A2	London (LV)	20	Jul
		10.26	1.7		1h4	Bedford	30	Jul
		10.26	1.5		2s3	Bedford	30	Jul
10.26	1.1	Dwain Chambers	V35	5.04.78	5	Prague, CZE	6	Jun
		10.29	0.5		1	Hérouville-St.Clair, FRA	16	Jun
10.29	1.2	Samuel Osewa		17.04.91	1	Bydgoszcz, POL	5	Jun
		10.29	1.3		2	London (LV)	31	Aug
10.30	0.6	Reuben Arthur	U23	12.10.96	4A2	London (LV)	20	Jul
106 performances to 10.30 by 17 athletes								
10.31	1.8	Deji Tobais		31.10.91	4h1	Regensburg, GER	5	Jun
10.33	1.3	Confidence Lawson		5.09.90	3rC	Clermont, USA	30	Apr
10.34	1.4	Rechmial Miller	U20	27.06.98	4	Loughborough	22	May
(20)								
10.35	0.4	David Bolarinwa		20.10.93	2rE	Gainesville, USA	22	Apr
10.35	1.5	Kieran Showler-Davis		14.11.91	5s3	Bedford	30	Jul
10.36	1.8	Alex Murdock		29.08.91	1s1	Bedford	30	Jul
10.37		Ramone Smith		16.04.83	1	Tidworth	25	May
10.37	0.2	Oliver Bromby	U20	30.03.98	3s2	Bydgoszcz, POL	20	Jul
10.40	1.6	Dannish Walker-Khan		2.08.92	1h1	London (Nh)	25	May
10.40	1.1	Leon Reid	U23	26.07.94	1r2	St. Peter Port GUE	16	Jul
10.41	0.1	Adam Thomas	U23	15.04.95	4r3	London (LV)	17	Aug
10.43	1.4	Samuel Gordon	U23	5.10.94	6	Loughborough	22	May
10.44	1.0	Christopher Stone	U23	8.04.95	1rD	Loughborough	22	May
(30)								
10.44	1.5	James Griffiths		30.07.92	2h1	Bedford	30	Jul
10.45	1.6	Aidan Syers		29.06.83	1rF	Loughborough	22	May
10.45	0.2	Greg Cackett		14.11.89	2h2	Lisbon, POR	12	Jun
10.45	1.8	Josh Cox	U23	25.01.95	1h1	Bedford	18	Jun
10.45	1.8	James Williams		1.10.91	3s1	Bedford	30	Jul
10.46	0.0	James Alaka		8.09.89	1s3	London (LV)	11	Jun
10.46	1.2	Ronnie Wells	U23	27.03.96	1h4	Bedford	18	Jun
10.48	0.6	Nicholas Walsh	U20	27.07.97	1s3	Bedford	18	Jun
10.48	1.5	Zanson Plummer	U20	27.03.97	6s3	Bedford	30	Jul
10.49	1.6	Elliott Hurley	U23	22.09.95	2rF	Loughborough	22	May
(40)								
10.49	1.5	Kieran Daly		28.09.92	1h2	Copenhagen, DEN	18	Jun
10.49		Ben Shields	U23	17.01.94	3h3	Bedford	30	Jul
10.50	0.6	Gerald Matthew	U20	10.07.97	2s3	Bedford	18	Jun
10.52	1.1	Omari Barton-Ellington		5.01.90	2r2	St. Peter Port GUE	16	Jul
10.53	-1.1	Roy Ejiakuekwu	U23	2.02.95	4	Fayetteville, USA	6	May

2016 - M - 100

Time	Wind	Name	Cat	DOB	Pos	Venue	Date	
10.53	0.8	Joseph Dewar	U23	27.01.96	1	Eton	7	May
10.53	0.7	Tommy Ramdhan	U23	28.11.96	3rE	Geneva, SUI	11	Jun
10.53	1.0	Daniel Obeng		20.05.93	4rB	Loughborough	16	Jul
10.53		Kyle Ennis		9.08.91	1	Doncaster	6	Aug
10.54	0.2	Sam Watts		14.02.92	6	Fort Worth, USA	15	May
(50)								
10.54	1.8	Nathan Gilbert	U23	2.03.95	6s1	Bedford	30	Jul
10.55		Matthew Treston	U20	20.07.98	2	Eton	1	May
10.55	0.4	Joshua Street	U23	31.07.94	1C1	London (LV)	25	May
10.55	1.3	Lee McLaughlin		30.09.90	3	London (LV)	11	Jun
10.55	1.3	Omar Grant	U23	6.12.94	4	London (LV)	31	Aug
10.56	0.0	Leroy Cain	U23	16.05.95	2s3	London (LV)	11	Jun
10.56	1.3	Samuel Miller		2.09.93	3	Budapest, HUN	18	Jun
10.57	2.0	Kristian Jones	U20	10.03.98	1	Cardiff	27	Apr
10.57	1.0	Rion Pierre		24.11.87	2h8	Clermont, USA	14	May
10.57		Anax DaSilva	U23	27.06.95	1r1	Nottingham	6	Aug
(60)								
10.58	1.8	Emmanuel Stephens		13.03.93	2r2	London (LV)	22	Jun
10.59	0.8	Owen Richardson	U20	5.09.98	1	Portsmouth	15	May
10.59	1.4	Nick Stewart	U20	22.06.98	2r15A	London (LV)	25	May
10.59	1.7	Thomas Williams	U23	28.01.96	4h4	Bedford	30	Jul
10.59	1.1	Jona Efoloko	U17	23.09.99	1	Bedford	27	Aug
10.60	0.9	Jay Raradza	U23	17.06.96	1rC	Loughborough	16	Jul
10.61	1.0	Elijah Skervin		1.04.92	2rC	Loughborough	22	May
10.61	1.9	Nayef Iman		1.10.91	1h5	London (Nh)	5	Jun
10.62	1.0	Patrick Kari-Kari		30.01.92	2	London (LV)	14	May
10.62	1.3	Subomi Onanuga		12.06.93	5	London (LV)	11	Jun
(70)								
10.62	0.9	Andre Wright		16.08.91	4h5	Bedford	30	Jul
10.62		Reece Sims	U23	24.03.95	2	Doncaster	6	Aug
10.63	0.3	Nigel Thomas		11.05.88	3rB	Loughborough	22	May
10.63	2.0	Jonathan Browne		15.03.83	2h3	London (Nh)	5	Jun
10.63	-0.2	Elliott Powell	U23	5.03.96	1	Nuneaton	12	Jun
10.64	2.0	Dom Ashwell	U20	13.06.99	3h3	London (Nh)	5	Jun
10.64	1.6	John Otugade	U23	24.01.95	2h5	Birmingham	24	Jun
10.64	-0.5	Benjamin Snaith	U23	17.09.95	2	Bromley	2	Jul
10.64		Rico Ewer	U20	24.09.97	1rB	Doncaster	6	Aug
10.65	0.8	Aaron Crowley		11.12.92	2	Eton	7	May
(80)								
10.66	0.4	Dean Showler-Davis		22.08.84	2	Watford	7	May
10.66	1.8	Joshua Olawore	U23	31.07.95	1	Bournemouth	2	Jul
10.66	0.5	Romell Glave	U17	11.11.99	1	Ashford	13	Aug
10.67	0.8	Jonathan Grant		26.05.93	1	Atlanta, USA	26	Mar
10.67	1.0	Salim Muhammad	U23	8.10.96	3	London (LV)	14	May
10.67		David Omoregie	U23	1.11.95	2r1	Nottingham	0	Aug
10.68	1.1	Mutara Sheriff	U23	12.10.94	3h2	Bedford	18	Jun
10.68	1.4	Jonathan Peacock		28.05.93	4h5	Loughborough	16	Jul
10.68	0.2	Jordan Broome	U23	4.12.96	5C1	London (LV)	20	Jul
10.69	0.4	Oweka Wanogho		16.08.91	3rE	Gainesville, USA	22	Apr
(90)								
10.69	0.5	Cameron Tindle	U20	5.06.98	1	Grangemouth	14	May
10.69	0.8	Damilola Williams	U20	20.07.98	2	Portsmouth	15	May
10.69	2.0	Toby Olubi		24.09.87	1h17	London (Nh)	5	Jun
10.69	1.3	Edmond Amaning		27.10.93	1rB	Bromley	2	Jul
10.69	1.2	Imran Rahman		5.07.93	4h2	Bedford	30	Jul
10.70	1.0	Conrad Williams		20.03.82	4rD	Loughborough	22	May
10.70	1.8	Temitope Adeyeye	U20	12.03.98	3r2	London (LV)	22	Jun
10.70	1.2	Cameron Starr	U23	26.03.96	5h6	Bedford	30	Jul
10.72	1.0	Timmion Skervin		19.12.93	2rB	Cardiff	7	May
10.72	1.2	Luke Giblin		15.09.86	6h6	Bedford	30	Jul
(100)								

2016 - M - 100

Time	Wind	Name	Cat	DOB	Pos	Venue	Date
10.72	0.2	Kyle de Escofet	U23	4.10.96	1	Coventry	21 Aug
10.73A	1.3	Scott Bajere		12.05.92	4	Albuquerque, USA	2 Apr
		10.74	0.6		8	Stanford, USA	1 May
10.73	0.6	Timothy Fasipe	U20	20.06.97	1rD2	London (LV)	25 May
10.73	0.7	Jordan Glaze	U23	16.01.95	5s1	London (LV)	11 Jun
10.73	1.7	Kyron Canny	U17	15.09.00	3h5	Bedford	18 Jun
10.73	1.8	Tyrese Johnson-Fisher	U17	9.09.99	4r2	London (LV)	22 Jun
10.73	0.9	Jack Lawrence	U23	2.07.96	1rD	Loughborough	16 Jul
10.73	1.1	Kaie Chambers-Brown	U17	26.09.99	2	Bedford	27 Aug
10.74	1.5	Delano Williams		23.12.93	1rJ	Kingston, JAM	16 Apr
10.74	1.2	Samuel Imhogiamhe	U23	2.06.94	1	Chelmsford	14 May
	(110)						
10.74	1.1	John Lane		29.01.89	5D6	Götzis, AUT	28 May
10.74	0.8	Camron Lyttle	U20	28.05.99	6h2	London (Nh)	5 Jun
10.74	1.8	Jamal Rhoden-Stevens	U23	27.04.94	4h1	Bedford	18 Jun
10.74		Eden Davis	U20	1.03.99	5h3	Bedford	30 Jul
10.75	1.4	Shamar Thomas-Campbell	U20	8.09.97	1s3	Gateshead	8 Jul

Additional Under 20 (1-23 above)

Time	Wind	Name	Cat	DOB	Pos	Venue	Date
10.76	1.4	Jahde Williams		14.01.97	1rB	London (LV)	31 Aug
10.77	1.8	Cameron Chalmers		6.02.97	1	St. Peter Port GUE	31 Jul
10.78	1.9	Daniel Afolabi	U17	6.09.00	1s2	Gateshead	8 Jul
10.79	1.9	Charles Hilliard	U17	21.09.99	1s1	Gateshead	8 Jul
10.81	1.0	Joseph Massimo	U17	9.01.00	3rB	Cardiff	7 May
10.81	0.5	Connor Wood		25.11.98	1	Gateshead	29 May
10.83	2.0	Kesi Oludoyi		2.09.98	2h17	London (Nh)	5 Jun
	(30)						
10.84	1.6	Kane Wright		14.02.97	5rE	Loughborough	22 May
10.84	1.0	Rio Mitcham		30.08.99	2h2	Nuneaton	12 Jun
10.85	0.6	Andrew Morgan-Harrison		9.03.98	4s3	Bedford	18 Jun
10.85		Robert Sakala		5.03.98	2	Bromley	11 Jul
10.85	1.9	Ben Todd		12.07.98	2	Hexham	16 Jul
10.87	2.0	Joe McGrath		9.09.97	3	Derby	7 May
10.87	1.9	Blake Tiger-Lee Brown	U17	5.02.00	3s2	Gateshead	8 Jul
10.88	1.5	Jake Binns		5.11.98	3s1	Gateshead	8 Jul
10.88	1.9	Sam Griffin		22.12.97	3	Hexham	16 Jul
10.88	-3.3	Ryan Gorman		9.04.98	1	Nottingham	6 Aug
	(40)						
10.89	2.0	Kamal Mitchell		21.04.97	1	London (LV)	14 May
10.89		Fisayo Williamson-Taylor	U17	17.01.00	2	Birmingham	18 Jun
10.89	1.5	Tyler Williams		21.05.98	2	Newport	13 Aug

Additional Under 17 (1-10 above)

Time	Wind	Name	Cat	DOB	Pos	Venue	Date
110.92	1.9	Dita Jaja		1.03.00	4s2	Gateshead	8 Jul
10.96	1.6	Mayowa Osunsami		23.10.99	1rB	London (Elt)	29 May
10.97	1.1	Sam Bennett		2.02.01	1	Chelmsford	14 May
10.97	1.9	Brandon Mingeli		7.09.00	3s1	Gateshead	8 Jul
10.98	1.9	Robinson Okumu		24.11.99	4s1	Gateshead	8 Jul
11.01	1.2	Blaine Lewis-Shallow		26.04.00	1	Eton	24 Jul
11.02	0.6	Benjamin Paris		6.10.99	3	Swansea	29 May
11.05		Cameron Sprague		10.09.00	1	Yate	11 Jun
11.05	1.9	William Adeyeye		4.03.01	1	Chelmsford	11 Jun
11.06		Dominic Biss		26.06.00	1	Exeter	18 Jun
	(20)						
11.06	0.6	Louis Southwell		6.01.00	3h3	Gateshead	8 Jul
11.06	1.1	Maxwell Brown		23.11.99	6	Bedford	27 Aug
11.08		Franklin Fenning		17.05.00	3	Birmingham	18 Jun
11.08		James Taylor		13.09.99	4	Birmingham	18 Jun
11.08	1.3	Jeremiah Azu		15.05.01	1	Brecon	6 Jul
11.08	0.3	Joe Ferguson		3.05.00	4	Loughborough	2 Sep
11.10	1.9	Rashan Stewart		21.09.99	2	Chelmsford	11 Jun

2016- M - 100

11.10		Matthew Alvarez		8.01.00	2	Exeter	18	Jun
11.11	1.9	Callum McKay		3.10.00	3	Chelmsford	11	Jun
11.11		Joseph Walker		18.11.99	1h1	Derby	11	Jun
	(30)							
11.11	1.5	John MacLennan		1.06.00	1	Grangemouth	13	Aug
11.11	1.5	Iwan Robinson-Booth		27.09.00	3	Newport	13	Aug
11.12		Daniel Brooks		6.12.00	3	Exeter	18	Jun
11.12		Daniel Banks		3.10.99	5	Birmingham	18	Jun
11.14	1.1	Oluwanifemi Oyediran		10.01.00	2	Chelmsford	14	May
11.14	0.5	Samir Williams		6.01.00	3	Ashford	13	Aug
11.15	0.3	Chad Miller		31.03.00	7	London (LV)	27	Apr
11.15	1.5	Adam Clayton		26.09.00	2	Grangemouth	13	Aug

Under 15

10.98	0.0	Kyle Reynolds-Warmington		28.02.02	1	Bedford	27	Aug
11.10	0.0	Joshua Oshunrinde		17.10.01	2	Bedford	27	Aug
11.18	0.0	Raphael Bouju		15.05.02	3	Bedford	27	Aug
11.23	0.0	Jaleel Roper		8.02.03	4	Bedford	27	Aug
11.24		Jak Mensah		5.09.01	2	London (ME)	16	Jul
11.26	1.3	Toby Makoyawo		10.05.02	2s1	Gateshead	8	Jul
11.27	0.9	Louis Appiah-Kubi		22.09.02	2h2	Gateshead	8	Jul
11.34	1.3	Andrew Nicolaou		13.11.02	1	London (LV)	15	May
11.40	1.3	Micah Agyepong		31.01.02	2	London (LV)	15	May
11.41	0.9	Kyle Walton		13.11.01	3h2	Gateshead	8	Jul
	(10)							
11.45	1.0	Craig Strachan		10.09.01	1	Grangemouth	14	May
11.47		Clive Mbatika		7.12.01	2h1	London (BP)	11	Jun
11.48		Nathanael Mitchell		18.12.01	1h1	Exeter	18	Jun
11.49	1.1	Harry Handsaker		12.01.02	4h1	Gateshead	8	Jul
11.51	1.6	Daniel Cartwright		29.11.01	1	Nuneaton	13	Aug
11.52	1.6	Nicholas Njopa-Kaba		1.12.01	2	Nuneaton	13	Aug
11.55	2.0	Jamie Stevenson		14.10.01	1s2	Grangemouth	21	Aug
11.56	0.9	Brandon Rochester		6.10.02	5h2	Gateshead	8	Jul
11.58	1.5	Theo Adesina		20.05.02	5r15A	London (LV)	20	Jul
11.59		Jack Bradburn		25.04.02	1	Birmingham	18	Jun
	(20)							
11.59		Dennis Skelton		29.06.02	3	London (ME)	16	Jul

wind assisted

9.92	4.4	Richard Kilty		(10.01)	2	Gavardo, ITA	29	May
		10.05	3.0		6	Birmingham	25	Jun
		10.20	3.2		4	Manchester	20	May
9.93	3.0	James Dasaolu		(10.10)	1	Birmingham	25	Jun
		10.18	2.2		1s2	Birmingham	25	Jun
9.96	3.0	James Ellington		(10.04)	2	Birmingham	25	Jun
9.97	3.0	Chijindu Ujah	U23	(10.01)	3	Birmingham	25	Jun
		10.15	3.2		3	Manchester	20	May
10.02	3.0	Ojie Edoburun	U23	(10.19)	4	Birmingham	25	Jun
		10.15	4.1		1h1	London (Nh)	5	Jun
		10.15	3.1		1	London (Nh)	5	Jun
		10.18	2.4		1r2	London (LV)	31	Aug
		10.20	2.3		4	Rovereto, ITA	6	Sep
10.02	3.0	Harry Aikines-Aryeetey		(10.08)	5	Birmingham	25	Jun
		10.19	2.3		3	Rovereto, ITA	6	Sep
		10.21	2.2		2s2	Birmingham	25	Jun
10.02	2.3	Fearon		(9.96)	1s2	Bedford	30	Jul
10.03	5.5	Kieran Showler-Davis		(10.35)	1r2	London (LV)	3	Aug
		10.19	5.9		1	London (LV)	3	Aug
		10.23	3.2		2B1	London (LV)	20	Jul
10.11	3.0	Dwain Chambers	V35	(10.26)	7	Birmingham	25	Jun
10.14	3.2	Theo Etienne	U23	(10.23)	1B1	London (LV)	20	Jul

150

2016 - M - 100

Time	Wind	Name	Cat	(Auto)	Pos	Venue	Date	
10.19	3.1	James Alaka		(10.46)	2	London (Nh)	5	Jun
		10.27 4.1			2h1	London (Nh)	5	Jun
10.20	5.5	Reuben Arthur	U23	(10.30)	2r2	London (LV)	3	Aug
		10.27 5.9			3	London (LV)	3	Aug
10.21	5.5	Tommy Ramdhan	U23	(10.53)	3A2	London (LV)	3	Aug
10.22	3.0	Robertson		(10.15)	8	Birmingham	25	Jun
10.23	2.4	Rechmial Miller	U20	(10.34)	1h4	Mannheim, GER	25	Jun
10.23	2.4	Samuel Osewa		(10.29)	2r2	London (LV)	31	Aug
		10.26 2.1			3	Usti Nad Labem, CZE	19	Jul
		10.30 2.3			2s2	Bedford	30	Jul
10.24	3.1	Greg Cackett		(10.45)	3	London (Nh)	5	Jun
10.25	5.5	Confidence Lawson		(10.33)	4r2	London (LV)	3	Aug
10.27	3.3	Sam Watts		(10.54)	2h3	Fort Worth, USA	14	May
		35 performances to 10.30 by 19 athletes						
10.34	3.3	Josh Cox		(10.45)	1	Cardiff	7	May
10.38	2.7	Samuel Gordon	U23	(10.43)	2	Cardiff	7	May
10.38	5.5	James Williams		(10.45)	5A2	London (LV)	3	Aug
10.40	3.1	Adam Thomas	U23	(10.41)	6	London (Nh)	5	Jun
10.40	5.9	Omari Barton-Ellington		(10.52)	5	London (LV)	3	Aug
10.41	3.3	Kieran Daly		(10.49)	1	Cork, IRL	28	Jun
10.41	5.9	Nathan Gilbert	U23	(10.54)	6	London (LV)	3	Aug
10.42	2.3	Joseph Dewar	U23	(10.53)	1h10	Bedford	30	Apr
10.42	2.1	Ronnie Wells	U23	(10.46)	1	Chelmsford	4	Jun
10.44	3.3	Aidan Syers		(10.45)	2	Cork, IRL	28	Jun
10.44	2.3	Ben Shields	U23	(10.49)	4s2	Bedford	30	Jul
10.51	2.4	Jonathan Grant		(10.67)	3	Akron, USA	7	May
10.51	2.3	Cameron Tindle	U20	(10.69)	1h1	Grangemouth	14	May
10.52	2.4	Kristian Jones	U20	(10.57)	1	Newport	29	May
10.52	4.1	Lee McLaughlin		(10.55)	7h1	London (Nh)	5	Jun
10.52	2.2	Emmanuel Stephens		(10.58)	1	London (LV)	22	Jun
10.52	4.8	Rico Ewer	U20	(10.64)	1	Bedford	4	Sep
10.54	3.7	Kenneth Shrimpton	U23	10.10.96	1	Daytona Beach, USA	16	Apr
10.54	2.7	Ryan Gorman	U20	9.04.98	3	Cardiff	7	May
10.54	3.0	Leroy Cain	U23	(10.56)	1h6	London (LV)	11	Jun
10.55	3.5	Patrick Kari-Kari		(10.62)	1rB	London (LV)	3	Aug
10.57	2.3	Jay Raradza	U23	(10.60)	6s2	Bedford	30	Jul
10.58	3.3	Jonathan Browne		(10.63)	5	Cork, IRL	28	Jun
10.58	3.4	Nengi Ossai	V40	13.07.75	1	Perth, AUS	29	Oct
10.59	2.3	Andre Wright		(10.62)	7s2	Bedford	30	Jul
10.60	2.3	Nigel Thomas		(10.63)	4	London (Nh)	25	May
10.60	2.3	Elijah Skervin		(10.61)	3	Copenhagen, DEN	18	Jun
10.60	5.6	Nik Kanonik		24.10.87	1	Exeter	7	Aug
10.61A	3.2	Scott Bajere		(10.73)	1h1	Clovis, USA	13	May
10.61	2.1	Joshua Olawore	U23	(10.66)	2	Chelmsford	4	Jun
10.61	5.5	Joseph Chimkah		4.12.93	6r2	London (LV)	3	Aug
10.61	2.5	Olumide Ogunseitan	U23	10.11.95	1rD	London (LV)	3	Aug
10.62	3.0	Mutara Sheriff	U23	(10.68)	3h6	London (LV)	11	Jun
10.63	3.1	Grant Plenderleith		15.03.91	1	Glasgow	27	Jul
10.64	3.1	Joshua Brown	U23	27.12.94	3	Cardiff	1	Jun
10.65	2.1	Stephen Dunlop		19.04.90	1rD	Loughborough	22	May
10.65	2.2	Kyron Canny	U17	(10.73)	2	London (LV)	22	Jun
10.65	4.0	Lee Dollard		21.04.90	1rC	London (LV)	3	Aug
10.67	3.4	Joe McGrath	U20	9.09.97	1	Cudworth	14	May
10.67	3.5	Temitope Adeyeye	U20	(10.70)	2rB	London (LV)	3	Aug
10.67	3.3	Kyron Williams		18.02.93	1rE	London (LV)	3	Aug
10.68	3.3	Eden Davis	U20	(10.74)	2h4	Bedford	18	Jun
10.68	2.6	Camron Lyttle	U20	(10.74)	3s1	Bedford	18	Jun
10.70	2.4	Christian Carson		16.11.92	1	Hexham	10	Jul
10.71	3.1	Daniel Trueman	U23	5.09.95	4	Cardiff	1	Jun
10.71	2.2	Toby Harries	U20	30.09.98	2h4	London (LV)	11	Jun

2016 - M - 100

Time	Wind	Name	Cat	DOB	Pos	Venue	Date
10.72	2.2	Tyrese Johnson-Fisher	U17	(10.73)	4	London (LV)	22 Jun
10.72	2.2	Daniel Oderinde	U23	9.09.96	5	London (LV)	22 Jun
10.72	4.9	Caleb Downes	U20	12.08.97	1rB	Bedford	4 Sep
10.74	2.5	Andy Blow		22.09.85	2rD	London (LV)	3 Aug
10.74	4.8	Michael Olsen	U20	22.03.99	3	Bedford	4 Sep
10.75	3.7	Samuel Landsborough		11.11.92	2	Manchester (Str)	24 May

Additional Under 20 (1-14 above)

10.76	4.3	Dita Jaja	U17	1.03.00	1-17	Bedford	4 Sep
10.81	3.1	Arron Owen		14.07.98	6	Cardiff	1 Jun
10.82	3.3	Andrew Morgan-Harrison		(10.85)	3h4	Bedford	18 Jun
10.83	3.3	Kamal Mitchell		(10.89)	1h1	London (LV)	14 May
10.84	2.1	Tyler Williams		(10.89)	1h1	Newport	13 Aug
10.86	3.3	Blake Tiger-lee Brown	U17	(10.87)	1	Liverpool	29 May
10.86	3.3	Daniel Beadsley		28.02.97	4h4	Bedford	18 Jun
10.88	2.6	Ryan Coles		2.12.97	4	Portsmouth	15 May
10.88	3.3	Rivaldo Brown		7.09.98	2	Liverpool	29 May

Additional Under 17 (1-4 above)

10.94	2.4	Benjamin Paris		(11.02)	2rB	Cardiff	1 Jun
10.97	2.1	Joseph Walker		(11.11)	1	Nottingham	15 May
10.97	2.6	Blaine Lewis-Shallow		(11.01)	4	London (He)	26 Jun
10.99	3.6	Cameron Sprague		(11.05)	1	Newport	29 May
11.00	2.8	Daniel Banks		(11.12)	3	Worcester	29 May
11.02	3.3	Alex Truscott		8.10.00	1	London (LV)	14 May
11.02	4.3	Franklin Fenning		(11.08)	2	Bedford	4 Sep
11.05	4.1	Ollie Sprio		10.03.01	4	Loughborough	26 Jun
11.09	2.2	Callum McKay		(11.11)	1	Cambridge	25 Jun
11.10	3.4	Oluwanifemi Oyediran		(11.14)	2h2	Chelmsford	14 May
11.10	2.5	John MacLennan		(11.11)	1s1	Grangemouth	13 Aug
11.15	3.3	Phoenix Lyon		12.01.00	2	London (LV)	14 May
11.15	2.6	Muhammed Weyli		21.10.99	1h1	Chelmsford	14 May
11.15	2.8	Joe Martin		27.08.01	1	Portsmouth	15 May
11.15	2.2	Ellis Greatrex		27.09.99	1	Loughborough	26 Jun

Under 15

10.92	2.4	Joshua Oshunrinde		(11.10)	1A1	Gillingham	3 Sep
11.11	2.7	Jaleel Roper		(11.23)	5rF	London (LV)	3 Aug
11.39	4.9	Kyle Walton		(11.41)	1	Gateshead	14 May
11.39	5.8	Jovelle Mclean-Meade		28.09.01	7rG	London (LV)	3 Aug
11.45	2.6	Jamie Stevenson		(11.55)	1	Grangemouth	21 Aug
11.47	4.1	Jack Guthrie		24.01.02	2	Glasgow	30 Aug
11.49	4.9	Lewis Cant		10.10.02	2	Gateshead	14 May
11.57	2.8	Joseph Harding		31.10.02	1	Chelmsford	14 May

Hand timing

10.5		Elliott Powell	U23	(10.63)	1	Tipton	8 May
10.5		Rio Mitcham	U20	(10.84)	1	Nuneaton	24 Jul
10.7		James Lelliott		(10.79w)	3	Hania, GRE	3 Apr
10.7		Nicholas Atwell		9.04.86	1	London (TB)	9 Apr
10.7		Alfie Rowett	U20	26.12.97	1	Banbury	1 May
10.7		Samuel Landsborough		(10.75w)	1	Connah's Quay	7 May
10.7		Luke Giblin		(10.72)	1	Hull	14 May
10.7		Daniel Beadsley	U20	(10.86w)	1	Grimsby	30 May
10.7		Charles Hilliard	U17	(10.79)	1	Birmingham	11 Jun
10.7		Dalziel Relton	U23	21.09.96	1	Blackburn	3 Jul
10.7		Lee Thompson	U20	5.03.97	1	Doncaster	20 Aug
10.7		Blaine Lewis-Shallow	U17	(11.01)	1	Reading	11 Sep

2016 - M - 100

Time	Wind	Name	Age	Date	Pos	Venue	Meet Date
Additional Under 20 (1-6 above)							
10.8		Andrew Morgan-Harrison		(10.85)	1	Doncaster	1 May
10.8		Sean Crowie		8.11.97	1	Aldershot	29 May
10.8		Blake Tiger-Lee Brown	U17	(10.87)	1	Bebington	26 Jun
10.8		Kevin Metzger		13.11.97	2	Bebington	26 Jun
10.8		Bradley Stone		21.11.97	2	Bedford	26 Jun
10.8		Dylan DaCosta	U17	6.04.01	1ns	Twickenham	9 Jul
10.8		Myles Richardson		27.03.97	2	Cheltenham	6 Aug
10.8		Joseph Cooper		24.01.97	2	Doncaster	20 Aug
10.8w	2.4	Elliot Jones		21.09.97	1	Blackpool	14 May
10.8w	2.9	Daniel Brooks	U17	6.12.00	1	Rugby	5 Jun
10.8w		Callum McKay	U17	3.10.00	1	Bedford	7 Aug
Additional Under 17 (1-6 above)							
10.9		Dominic Biss		(11.06)	1	Hereford	1 May
10.9		Louis Southwell		(11.06)	1	Uxbridge	5 Jun
10.9		Dita Jaja		(10.92)	1	London (He)	11 Jun
10.9		Samuel Emery-Shawcross		2.06.00	1	Wigan	26 Jun
10.9		Joe Ferguson		(11.08)	1	Cudworth	3 Jul
11.0		Benjamin Paris		(11.02)	4	Hereford	1 May
11.0	1.9	Joe Lonsdale		4.01.00	1	Blackpool	14 May
11.0		Joseph Walker		(11.11)	1	Derby	11 Jun
11.0		Adam Cross		12.11.00	1	Cambridge	17 Jul
11.0		Cameron Sprague		(11.05)	1	Yate	11 Sep
11.0w	4.2	Harry Flanagan		24.09.99	1h2	Bebington	14 May
11.1					1	Wrexham	5 Jun
11.1		Fraser Angus		13.01.00	1	Kilmarnock	10 Apr
11.1		Alex Truscott		(11.02w)	2	London (He)	11 Jun
11.1		John MacLennan		(11.11)	2	York	26 Jun
11.1		Daniel Boyd		25.09.99	4	Dudley	3 Jul
11.1		Jaiquarn Ballah		28.11.99	1	Andover	17 Jul
11.1	-0.3	Ellis Greatrex		27.09.99	2rB	Stoke-on-Trent	7 Aug
11.1w		Lamin Coker		19.09.99	2	Bedford	7 Aug
11.1w		Joseph Farquharson		6.10.99	3	Bedford	7 Aug
Doubtful timing							
11.0		James Taylor		(11.08)	1	Stoke-on-Trent	11 Jun
11.0		Harry Baggaley		2.06.00	2	Stoke-on-Trent	11 Jun
Under 15							
11.4		Keenan Dyer-Dixon		17.04.03	1	Cleckheaton	20 Mar
11.4		Kyle Walton		(11.41)	1	Shildon	17 Apr
11.4		Brandon Rochester		(11.56)	1h	London (He)	11 Jun
11.4		Nathanael Mitchell		(11.48)	1	Gloucester	31 Jul
11.4w	2.4	Elliott Callow		12.09.01	1h2	Douglas IOM	23 Jul
11.5		Isaiah Olusanya		24.09.01	3rC	London (TB)	9 Apr
11.5		Jack Bradburn		(11.59)	1	Salford	4 Jun
11.5		Ethan Wiltshire		29.06.02	1h1	Milton Keynes	11 Jun
11.5		Edward Sheffield		25.06.02	1	Dudley	16 Jul
11.5		Max Vernon		19.06.02	1	Solihull	19 Aug
Under 13							
11.94		Graig Anya Joseph		6.10.03	1	Kingston	31 Jul
12.00	1.9	Remi Jokosenumi		15.02.04	3rG	London (LV)	31 Aug
12.0w	4.9	Abraham Fobil		15.11.03	1	Liverpool	16 Jul
12.16					2r2	Manchester (Str)	30 May
12.1		Mickael Varela		11.10.03	1	London (ME)	14 Jun
12.12	1.5	George Sudderick		20.11.03	1	Woking	4 Sep
12.27		Amir Sultan-Edwards			3rE	London (TB)	27 Aug
12.3		Prince Mulumbo			2	London (ME)	14 Jun
12.3		Ayo Salako		9.11.04	2	London (Cr)	16 Jul
12.48		Ehiada Garuba			1	Birmingham	4 Jul
12.5		Harrison Bishop			3	London (ME)	14 Jun
12.5		Kai Broadbent		7.09.03	4	Sutton	21 Aug

Foreign

10.12	0.0	Adeseye Ogunlewe (NGR)		30.08.91	1	Sapele, NGR	8	Jul
10.14w	2.9	Sean Safo-Antwi (GHA)		31.10.90	1	La Chaux-de-Fonds, SUI	26	Jul
		10.18 1.2			3h1	Hengelo, NED	22	May
10.20w	5.4	David Lima (POR)		6.09.90	1h1	Maia, POR	25	Jun
		10.29 1.4			2h7	Clermont, USA	30	Apr
10.22w	2.3	Josh Swaray (SEN)		2.02.86	2	Castres, FRA	20	Jul
		10.23 1.9			2	Ellwangen, GER	14	May
10.24w	5.9	Antonio Infantino (ITA)		22.03.91	2A1	London (LV)	3	Aug
		10.39 0.2			1C1	London (LV)	20	Jul
10.36w	3.2	Eugene Ayanful (GHA)		14.05.90	3B1	London (LV)	20	Jul
		10.42 1.1			3	Argentan, FRA	5	Jun
10.39	1.4	Jason Smyth (IRL)		4.07.87	3rC	Clermont, USA	14	May
10.61	2.0	Dean Hylton (JAM)		15.09.90	1h3	London (Nh)	5	Jun
10.65w	3.1	Jonathan Browning (IRL)		16.12.93	1h4	Bedford	30	Apr
		10.72 0.4			3rF	Geneva, SUI	11	Jun
10.7		Peter Moreno (NGR)		30.12.90	2	Hania, GRE	3	Apr
10.8	-0.3	Mustafa Mahamuud (NED)	U20	1.07.98	1rB	Stoke-on-Trent	7	Aug
		10.81 0.8			2r20	London (LV)	20	Jul
10.86	1.3	Aaron Sexton (IRL)	U17	24.08.00	1	Tullamore, IRL	5	Jun

150 Metres Straight

15.06	1.1	Danny Talbot		1.05.91	1	Gateshead (Q)	10	Sep
15.07	1.1	Richard Kilty		2.09.89	2	Gateshead (Q)	10	Sep
15.10w	4.8	Harry Aikines-Aryeetey		29.08.88	1	Manchester	20	May
		15.29	1.1		4	Gateshead (Q)	10	Sep
15.26w	4.8	Ojie Edoburun	U23	2.06.96	2	Manchester	20	May

200 Metres

19.95	0.4	Nethaneel Mitchell-Blake	U23	2.04.94	1	Tuscaloosa, USA	14	May
		20.17 0.3			1s1	Eugene, USA	8	Jun
		20.24 1.0			2h10	Rio de Janeiro, BRA	16	Aug
		20.25 -0.2			5s3	Rio de Janeiro, BRA	17	Aug
		20.31 1.3			1h1	Tuscaloosa, USA	12	May
		20.46 -1.1			3s3	Amsterdam, NED	8	Jul
		20.54 0.2			1h5	Jacksonville, USA	27	May
		20.60 -0.9			5	Amsterdam, NED	8	Jul
19.97	0.8	Adam Gemili		6.10.93	2	Brussels, BEL	9	Sep
		20.07 -0.3			3	London (O)	22	Jul
		20.08 -0.3			3s2	Rio de Janeiro, BRA	17	Aug
		20.12 -0.5			4	Rio de Janeiro, BRA	18	Aug
		20.20 0.4			2h6	Rio de Janeiro, BRA	16	Aug
		20.37 0.3			1	Brussels, BEL	19	Jun
		20.44 -0.1			1	Birmingham	26	Jun
		20.55 0.8			1rC	Brussels, BEL	19	Jun
		20.60 1.1			1h1	Birmingham	26	Jun
		20.91 -1.0			2r2	Geneva, SUI	11	Jun
20.25	-0.4	Danny Talbot		1.05.91	3s1	Rio de Janeiro, BRA	17	Aug
		20.26 0.8			7	Brussels, BEL	9	Sep
		20.27 0.7			2h1	Rio de Janeiro, BRA	16	Aug
		20.37 -0.1			1s2	Amsterdam, NED	8	Jul
		20.38 -0.3			7	London (O)	22	Jul
		20.39 -1.8			1	Geneva, SUI	11	Jun
		20.39 1.3			3	Zagreb, CRO	6	Sep
		20.46 -0.1			2	Birmingham	26	Jun
		20.48 -0.8			1	Regensburg, GER	5	Jun
		20.56 -0.9			3	Amsterdam, NED	8	Jul
		20.74 -1.2			1h3	Birmingham	26	Jun
		20.79 -2.3			3	Lucerne, SUI	14	Jun

2016 - M - 200

Time	Wind	Athlete	Cat	DoB	Pos	Venue	Date
20.31	1.2	James Ellington		6.09.85	2rB	Clermont, USA	30 Apr
20.35	0.3				1	Ostrava, CZE	20 May
20.59	0.1				8	Monaco, MON	15 Jul
20.65	-1.5				7	Birmingham	5 Jun
20.65	-1.8				2	Geneva, SUI	11 Jun
20.38	0.4	Reece Prescod	U23	29.02.96	5	Lausanne, SUI	25 Aug
20.57	0.9				1	London (Nh)	5 Jun
20.57	0.4				1	Manchester (SC)	17 Aug
20.80	1.0				1rC	Loughborough	22 May
20.80	0.8				1h2	Birmingham	26 Jun
20.84	-0.1				3	Birmingham	26 Jun
20.48	0.3	Chijindu Ujah	U23	5.03.94	1	London (Nh)	8 May
20.70	-1.5				8	Birmingham	5 Jun
20.58	0.9	James Alaka		8.09.89	2	London (Nh)	5 Jun
20.81	1.5				3	Castres, FRA	20 Jul
20.91	0.3				4	London (Nh)	8 May
20.60	-0.4	Richard Kilty		2.09.89	1	Gainesville, USA	22 Apr
20.62	-1.3	Zharnel Hughes	U23	13.07.95	2	St-Martin, GUA	7 May
20.70	0.3				2	George Town, CAY	15 May
20.84	-0.1				4	Birmingham	26 Jun
20.96	-1.2				2h3	Birmingham	26 Jun
20.65	1.4	Sam Watts		14.02.92	3h2	Lawrence, USA	28 May
20.68	-0.2				1rC	Gainesville, USA	22 Apr
20.69	-0.8				2	Fort Worth, USA	15 May
20.72	0.5				1h4	Fort Worth, USA	14 May
(10)							
20.71	1.5	Cameron Tindle	U20	5.06.98	4s1	Bydgoszcz, POL	21 Jul
20.78	-1.2				2h4	Bydgoszcz, POL	21 Jul
20.82	0.0				2	Mannheim, GER	26 Jun
20.82	1.2				7	Bydgoszcz, POL	22 Jul
20.73	0.9	Chris Clarke		25.01.90	4	London (Nh)	5 Jun
20.75	0.3				2	London (Nh)	8 May
20.73	1.9	Dwayne Cowan		1.01.85	2	London (LV)	20 Jul
20.77	0.5	Delano Williams		23.12.93	2	Kingston, JAM	21 May
20.83	0.2	Confidence Lawson		5.09.90	1rD	Clermont, USA	30 Apr
20.83	1.4	Leon Reid	U23	26.07.94	1	Leiria, POR	28 May
20.98	-1.2				3h3	Birmingham	26 Jun
20.84	1.1	Tommy Ramdhan	U23	28.11.96	1	Lillebonne, FRA	18 Jun
20.84	0.9	Ryan Gorman	U20	9.04.98	1h2	Bydgoszcz, POL	21 Jul
20.91	1.1				3s2	Bydgoszcz, POL	21 Jul
20.95	1.6				1rC	Loughborough	22 May
20.98	1.3				1	Bedford	19 Jun
20.87	-1.8	Ojie Edoburun	U23	2.06.96	4	Geneva, SUI	11 Jun
20.88	1.9	Elliott Powell	U23	5.03.96	1	Nuneaton	11 Jun
(20)							
20.90	0.2	Nigel Levine		30.04.89	2rD	Clermont, USA	30 Apr
20.96	1.1	Dannish Walker-Khan		2.08.92	1rE	Clermont, USA	30 Apr
20.98	1.5				1	London (Nh)	25 May

76 performances to 20.99 by 22 athletes

21.00	1.2	Harry Aikines-Aryeetey		29.08.88	4	Clermont, USA	30 Apr
21.00	2.0	Michael Ohiozoe	U23	6.02.95	1h1	Gulf Shores, USA	26 May
21.01	0.0	Rory Evans		19.11.89	1	Namur, BEL	26 May
21.01		Kyle Ennis		9.08.91	1	Doncaster	6 Aug
21.02	0.0	Gabriel Odujobi		15.07.87	3rC	Clermont, USA	14 May
21.07	1.5	Patrick Kari-Kari		30.01.92	2rB	London (Nh)	5 Jun
21.08	0.9	Connor Wood	U20	25.11.98	1	Manchester (SC)	12 Jun
21.08	-0.3	Edmond Amaning		27.10.93	1	Bromley	2 Jul
(30)							
21.10	-0.1	Benjamin Snaith	U23	17.09.95	1	Watford	7 May
21.10	0.2	Christopher Stone	U23	8.04.95	1	Bedford	4 Jun
21.11	0.0	Gerald Matthew	U20	10.07.97	1rC	Mannheim, GER	26 Jun

2016 - M - 200

Time	Wind	Name	Cat	DOB	Pos	Venue	Date
21.11	1.0	Grant Plenderleith		15.03.91	1	Grangemouth	14 Aug
21.14	1.9	Peter Shand		5.12.91	3	Nuneaton	11 Jun
21.15	1.9	Jordan Broome	U23	4.12.96	4	Nuneaton	11 Jun
21.15	1.0	Jona Efoloko	U17	23.09.99	1	Tbilisi, GEO	16 Jul
21.17	0.2	Conrad Williams		20.03.82	4rD	Clermont, USA	30 Apr
21.18	1.6	David Bolarinwa		20.10.93	2rC	Loughborough	22 May
21.18	-1.2	Jordan Kirby-Polidore		26.01.93	4h3	Birmingham	26 Jun
(40)							
21.20	1.6	Josh Cox	U23	25.01.95	1	Cardiff	7 May
21.21	1.2	James Williams		1.10.91	1	Loughborough	16 Jul
21.22	1.0	Andrew Robertson		17.12.90	2rB	Loughborough	22 May
21.23	1.6	Kristian Jones	U20	10.03.98	2	Cardiff	7 May
21.25	0.2	David Lagerberg		8.11.93	2h1	Lewisburg, USA	6 May
21.26	1.3	Nicholas Walsh	U20	27.07.97	4	Bedford	19 Jun
21.27	0.8	Roy Ejiakuekwu	U23	2.02.95	4h6	Tuscaloosa, USA	12 May
21.29	-0.1	Adam Thomas	U23	15.04.95	1	Watford	24 Aug
21.32	1.9	Samuel Gordon	U23	5.10.94	1ns	Cardiff	7 May
21.33	1.4	Max Mondelli	U23	28.10.95	6	Princeton, USA	8 May
(50)							
21.33	0.7	Samuel Landsborough		11.11.92	1	Manchester (SC)	12 Jun
21.35	-1.3	Joshua Street	U23	31.07.94	4	Palafrugell, ESP	28 May
21.35	0.8	Joshua Olawore	U23	31.07.95	1	Chelmsford	4 Jun
21.35	1.9	Jamal Rhoden-Stevens	U23	27.04.94	3	London (LV)	20 Jul
21.36	1.6	Joseph Massimo	U17	9.01.00	4	Cardiff	7 May
21.40	0.6	Kenneth Shrimpton	U23	10.10.96	1h7	Daytona Beach, USA	1 Apr
21.40	1.1	Oliver Bromby	U20	30.03.98	1	London (LV)	27 Apr
21.40	-0.3	Theo Campbell		14.07.91	1	Belfast	7 May
21.41	-0.1	Deji Tobais		31.10.91	4	Eton	7 May
21.44	0.6	Leroy Cain	U23	16.05.95	1	London (LV)	14 May
(60)							
21.45	1.5	Jonathan Browne		15.03.83	2rB	London (Nh)	5 Jun
21.48	1.9	Alex Beechey		8.06.91	2	Budapest, HUN	18 Jun
21.50	0.6	Michael Warner		29.11.90	1	Loughborough	25 May
21.50	1.5	Nick Stewart	U20	22.06.98	3rB	London (Nh)	5 Jun
21.50	1.5	Romell Glave	U17	11.11.99	1	Ashford	14 Aug
21.53	0.0	Owen Richardson	U20	5.09.98	1-20	Portsmouth	14 May
21.53	1.5	Aaron Crowley		11.12.92	2	Manchester (Str)	24 May
21.53	1.2	Thomas Williams	U23	28.01.96	3	Loughborough	16 Jul
21.54	0.7	Daniel Heald	U23	11.03.95	3	Manchester (SC)	12 Jun
21.56	0.6	Liam Ramsay		18.11.92	1rB	Loughborough	23 Apr
(70)							
21.57	-0.1	Omar Grant	U23	6.12.94	3	Watford	7 May
21.57	1.5	Andre Wright		16.08.91	1	London (LV)	22 Jun
21.58	0.8	Ronnie Wells	U23	27.03.96	2	Chelmsford	4 Jun
21.59	0.7	Luke Giblin		15.09.86	4	Manchester (SC)	12 Jun
21.60	1.5	Umar Hameed		24.02.89	2	London (Nh)	25 May
21.62	0.5	Kieran Showler-Davis		14.11.91	4	Hickory, USA	16 Apr
21.62	1.6	Jamie Bowie		1.04.89	5rD	Loughborough	22 May
21.62	0.5	Stephen Dunlop		19.04.90	1	Dublin (S), IRL	29 May
21.63	0.0	Charlee Yearwood	U20	25.11.98	4s2	Bedford	19 Jun
21.63		Reece Sims	U23	24.03.95	2	Doncaster	6 Aug
(80)							
21.63	0.0	Niclas Baker	U23	9.09.94	1	Bromley	15 Aug
21.64	-0.1	Dean Showler-Davis		22.08.84	4	Watford	7 May
21.64	1.2	Lee McLaughlin		30.09.90	4rB	London (Nh)	8 May
21.65	1.7	Temitope Adeyeye	U20	12.03.98	2	Eton	1 May
21.66	0.6	Alex McNally	U23	11.01.94	1	San Francisco, USA	14 May
21.66	-1.6	Jay Raradza	U23	17.06.96	4s2	Bedford	19 Jun
21.68	1.6	Mutara Sheriff	U23	12.10.94	5	Cardiff	7 May
21.68	-1.1	Richard Strachan		18.11.86	1	London (ME)	4 Jul
21.70		Andrew Morgan-Harrison	U20	9.03.98	2	Manchester (SC)	12 Jun

2016 - M - 200

Time	Wind	Name	Cat	DOB	Pos	Venue	Date	
21.71	0.1	Isaac Kitchen-Smith	U23	18.10.94	1rD	London (Nh)	5	Jun
	(90)							
21.71	-0.3	Nicholas Atwell		9.04.86	3	Bromley	2	Jul
21.72	1.5	Aaron Adom		6.03.93	2	London (LV)	22	Jun
21.72	0.0	Lemarl Freckleton		19.03.92	1	Cardiff	29	Jun
21.72	-1.0	Kaie Chambers-Brown	U17	26.09.99	1	Rugby	24	Jul
21.75	0.4	Matthew Treston	U20	20.07.98	1rD	Loughborough	23	Apr
21.75	-0.3	Zachary Stapleton	U20	1.06.98	4s3	Bedford	19	Jun
21.76	0.2	Luke Lennon-Ford		5.05.89	5rD	Gainesville, USA	22	Apr
21.76	0.0	Anax DaSilva	U23	27.06.95	3rB	Oordegem, BEL	28	May
21.79	0.0	Daniel Trueman	U23	5.09.95	4rB	Oordegem, BEL	28	May
21.80	0.0	Richard Taylor		27.09.93	1	Loughborough	10	Aug
	(100)							
21.81	1.4	Makoye Kampengele		25.09.93	1rB	Cardiff	7	May
21.81	-0.3	Edmund Ross	U20	1.09.97	5s3	Bedford	19	Jun
21.81	-1.6	Zanson Plummer	U20	27.03.97	1rB	London (Nh)	10	Jul
21.81	1.7	Nengi Ossai	V40	13.07.75	1	Perth, AUS	1	Nov
21.82	-1.0	Oweka Wanogho		16.08.91	2rG	Gainesville, USA	22	Apr
21.82	0.7	Lee Thompson	U20	5.03.97	1rC	Loughborough	23	Apr
21.83	0.0	Gareth Hopkins		30.01.91	2	Cardiff	29	Jun
21.83	1.0	Andy Blow		22.09.85	3rB	Bromley	2	Jul
21.83	-0.2	Isayah Boers	U20	19.06.99	1	Hengelo, NED	18	Sep
21.84		Nik Kanonik		24.10.87	1	Cheltenham	27	Jul

Additional Under 20 (1-22 above)

Time	Wind	Name	Cat	DOB	Pos	Venue	Date	
21.86	2.0	Alfie Rowett		26.12.97	1	Oxford (H)	15	May
21.89	1.2	Chad Miller	U17	31.03.00	5rB	London (Nh)	8	May
21.89	1.8	Cameron Sprague	U17	10.09.00	1	Exeter	18	Jun
21.89	1.9	Greg Kelly		11.04.99	1	Grangemouth	21	Aug
21.95	1.4	Rhodri Williams		13.01.98	3rB	Cardiff	7	May
21.95	-1.7	Sean Crowie		8.11.97	1	London (LV)	11	Jun
21.96A		Jacob Ness		7.06.97	1	Salt Lake City, USA	8	Apr
21.96	1.8	Benjamin Paris	U17	6.10.99	2	Cardiff	1	Jun
	(30)							
21.96	0.1	Olamide Lanihun		21.07.98	2rD	London (Nh)	5	Jun
21.96		Caleb Downes		12.08.97	1rB	Doncaster	6	Aug
21.97	0.6	Scott Barker		20.03.97	2	Loughborough	25	May
21.99	0.0	Sam Griffin		22.12.97	1h2	Manchester (SC)	12	Jun
22.01	0.7	Elliot Draper		20.12.97	3	Caen, FRA	6	Jul
22.02	1.8	Brett Harrison		13.03.98	1	Street	11	Jun
22.03	1.8	Michael Oku-Ampofo		10.11.98	1	London (Elt)	29	May
22.03	-1.7	Eden Davis		1.03.99	2	London (LV)	11	Jun
22.03	0.0	Charles Hilliard	U17	21.09.99	5s2	Bedford	19	Jun
22.04	1.8	Robinson Okumu	U17	24.11.99	2	Exeter	18	Jun
	(40)							
22.04	0.0	Blaine Lewis-Shallow	U17	26.04.00	6s2	Bedford	19	Jun
22.04	-1.2	William Hughes	U17	28.01.01	1	Middlesbrough	13	Aug
22.05	2.0	Ben Claridge		12.11.97	2	Oxford (H)	15	May

Additional Under 17 (1-11 above)

Time	Wind	Name	Cat	DOB	Pos	Venue	Date	
22.10		Samuel Emery-Shawcross		2.06.00	2	Birmingham	18	Jun
22.30	1.5	Ben Whittaker		30.01.00	1	Cudworth	14	May
22.30		Aidan Leeson		9.11.99	2	Worcester	29	May
22.32	0.7	Matthew Alvarez		8.01.00	2h2	Gateshead	8	Jul
22.35	-1.2	Joe Ferguson		3.05.00	2	Middlesbrough	13	Aug
22.39	-1.3	Joe Lonsdale		4.01.00	3	Gateshead	9	Jul
22.44	0.0	Fraser Angus		13.01.00	1	Kilmarnock	13	May
22.44	0.8	George Thomas		13.09.99	3	Brecon	18	Jun
22.46	2.0	Matthew Buckner		29.12.00	4rE	London (LV)	3	Aug
	(20)							
22.48	0.8	Sam Bennett		2.02.01	1	Chelmsford	15	May
22.49	1.2	Louis Southwell		6.01.00	1r2	Eton	2	Apr

2016 - M - 200

Time	Wind	Name		DOB	Pos	Venue	Date	
22.50	-1.2	Ethan Crawford		4.11.00	4	Middlesbrough	13	Aug
22.51	1.6	Joe Martin		27.08.01	1	Portsmouth	14	May
22.52	0.0	Joseph Walker		18.11.99	4	Derby	5	Jun
22.53	1.4	Dominic Biss		26.06.00	1h1	Exeter	18	Jun
22.53	-0.7	Ceirion Hopkins		11.10.99	2	Newport	14	Aug
22.53	1.7	Charlie Dobson		20.10.99	4h1	Bedford	28	Aug
22.57	0.0	Joshua Persad		19.12.99	1	Brighton	14	May
22.58	1.0	Ben Higgins		14.11.00	1rB	Loughborough	20	Jul
		(30)						
22.61	1.5	Edward Lake		15.06.01	2	Cudworth	14	May
22.62	1.1	Chenna Okoh Mason		1.10.99	2	Eton	24	Jul
22.62	1.5	Ethan Brown		9.05.01	3	Ashford	14	Aug
22.64	1.8	Daniel Afolabi		6.09.00	1	Liverpool	29	May
22.65	0.0	Adeyinka Adeniran		16.12.99	2h3	Gateshead	8	Jul
22.65	0.7	Ben Smith		5.06.01	3	Nuneaton	14	Aug

Under 15

Time	Wind	Name		DOB	Pos	Venue	Date	
22.75		Kyle Reynolds-Warmington		28.02.02	1rB	London (BP)	19	Jun
22.81	0.0	Jaleel Roper		8.02.03	1h1	Gateshead	9	Jul
22.97	0.0	Jak Mensah		5.09.01	2h1	Gateshead	9	Jul
23.21	0.0	Jayden Allarnby-John		3.11.02	3h1	Gateshead	9	Jul
23.22	-1.2	Craig Strachan		10.09.11	1	Grangemouth	10	Jun
23.25	-1.0	Dominic Ogbechie		15.05.02	1h1	Ashford	13	Aug
23.28	-1.2	Jamie Stevenson		14.10.01	2	Grangemouth	10	Jun
23.32	0.6	Edward Sheffield		25.06.02	1h2	Nuneaton	14	Aug
23.40	-1.1	Taikiko Taukei		7.12.01	1h2	Gateshead	9	Jul
23.40	0.5	Jack Bradburn		25.04.02	3	Bedford	28	Aug
		(10)						
23.43	-1.1	Isaiah Olusanya		24.09.01	2h2	Gateshead	9	Jul
23.50		Lewis Barclay		25.11.01	2	Lerwick	11	Sep
23.54	-1.7	Jamall Walters		30.09.02	2	Middlesbrough	13	Aug
23.54		Nicholas Njopa-Kaba		1.12.01	2h1	Bedford	28	Aug
23.58	0.0	Jovelle Mclean-Meade		28.09.01	4h1	Gateshead	9	Jul
23.60	-1.1	Luke Mather		17.09.01	3h2	Gateshead	9	Jul
23.61		Cameron Duff		31.10.01	1	Birmingham	18	Jun
23.61		Daniel Cartwright		29.11.01	1	Wakefield	11	Sep
23.64	0.0	Michael Fisher		3.03.02	5h1	Gateshead	9	Jul
23.65	-0.2	Joshua Pearson		6.01.02	1	Bedford	3	Sep

wind assisted

Time	Wind	Name		DOB	Pos	Venue	Date	
19.96	3.6	Mitchell-Blake	U23	(19.95)	1q2	Jacksonville, USA	28	May
		20.14	3.6		1	Baton Rouge, USA	23	Apr
20.46	2.2	Ellington		(20.31)	2	Tallahassee, USA	16	Apr
20.50	4.0	Ojie Edoburun	U23	(20.87)	1	Loughborough	22	May
		20.54	2.1		1	London (LV)	25	May
20.66	4.0	Chris Clarke		(20.73)	2	Loughborough	22	May
20.75	4.0	Tindle	U20	(20.71)	3	Loughborough	22	May
20.81	2.4	Leon Reid	U23	(20.83)	4rB	Austin, USA	16	Apr
		20.81	2.1		1	London (He)	6	Aug
20.93	4.8	Lawson		(20.83)	2	London (LV)	3	Aug
20.97	4.8	David Bolarinwa		(21.18)	3	London (LV)	3	Aug
		11 performances to 20.99 by 8 athletes						
21.01	4.8	Zanson Plummer	U20	(21.81)	4	London (LV)	3	Aug
21.01	4.8	Patrick Kari-Kari		(21.07)	5	London (LV)	3	Aug
21.06	4.8	James Williams		(21.21)	6	London (LV)	3	Aug
21.07	2.9	Kieran Showler-Davis		(21.62)	1	London (LV)	31	Aug
21.08	2.3	Benjamin Snaith	U23	(21.10)	1h2	Bedford	31	Jul
21.18		Joshua Olawore	U23	(21.35)	1	Bournemouth	2	Jul
21.22	4.3	Zachary Stapleton	U20	(21.75)	2	Nuneaton	11	Jun
21.26	4.3	Rio Mitcham	U20	30.08.99	3	Nuneaton	11	Jun
21.27	3.4	Kenneth Shrimpton	U23	(21.40)	1	Daytona Beach, USA	16	Apr

2016 - M - 200

21.32	3.2	Niclas Baker	U23	(21.63)	1rB	London (LV)	3	Aug
21.33	2.1	Nick Stewart	U20	(21.50)	3	London (LV)	25	May
21.34	2.9	Seb Rodger		29.06.91	2	London (LV)	31	Aug
21.38	2.9	Omar Grant	U23	(21.57)	3	London (LV)	31	Aug
21.43	2.1	Allan Hamilton		14.07.92	3	London (He)	6	Aug
21.46	2.3	Owen Smith	U23	7.11.94	3h2	Bedford	31	Jul
21.50	2.3	Nik Kanonik		(21.84)	1	Exeter	7	Aug
21.55	2.1	Temitope Adeyeye	U20	(21.65)	5	London (LV)	25	May
21.60	2.9	Jahde Williams	U20	14.01.97	4	London (LV)	31	Aug
21.61	3.8	Kyle De Escofet	U23	4.10.96	1	Coventry	21	Aug
21.64	2.1	Nicholas Atwell		(21.71)	2	London (TB)	23	Jul
21.70	2.6	Kane Howitt	U23	6.11.96	2h3	Nuneaton	11	Jun
21.71	3.5	Nayef Iman		1.10.91	3rC	London (Nh)	5	Jun
21.74		Kevin Hodgson	U23	24.03.96	2	Bournemouth	2	Jul
21.76	2.5	Richard Beardsell	V35	19.01.79	1	Perth, AUS	1	Nov
21.77	2.3	Kyron Williams		18.02.93	1rC	London (LV)	3	Aug
21.78	3.5	Mark Dyble		24.07.90	4rC	London (Nh)	5	Jun
21.81	2.3	Olumide Ogunseitan	U23	10.11.95	2rC	London (LV)	3	Aug
21.82	2.5	Jerome McIntosh		7.08.91	6h1	Bedford	31	Jul
21.83	2.3	Jordan Glaze	U23	16.01.95	3rC	London (LV)	3	Aug
21.85		Aaron Shearer		19.09.91	3	Bournemouth	2	Jul

Additional Under 20 (1-6 above)

21.88	2.3	William Hughes	U17	(22.04)	3	Loughborough	2	Sep
21.89	2.6	Khalil Bruney		13.06.98	1rB	London (LV)	31	Aug
21.93	4.3	Joseph Rogers		13.04.98	5	Nuneaton	11	Jun
21.93	2.8	Olamide Lanihun		(21.96)	4	London (He)	30	Jul
22.01	2.3	Marlon Hogg-Williams		27.10.98	4rC	London (LV)	3	Aug
22.03	2.1	Robert Sakala		5.03.98	3	London (TB)	23	Jul

Additional Under 17 (1 above)

22.12	2.6	Ellis Greatrex		27.09.99	1	Loughborough	26	Jun
22.35		Kaya Cairney		19.02.01	5rB	Bournemouth	2	Jul
22.39	4.3	Joshua Kumar		11.06.01	3	London (LV)	14	May
22.40	3.7	Blake Tiger-Lee Brown		5.02.00	1	Liverpool	29	May
22.41	5.9	Matthew Buckner		(22.46)	2	Perivale	20	Aug
22.43	2.1	Adeyinka Adeniran		(22.65)	1	Gillingham	12	Jun
22.55	2.6	Ollie Sprio		10.03.01	2	Loughborough	26	Jun
22.57	2.6	Tre Thomas		26.06.00	3	Loughborough	26	Jun
22.58	4.3	Phoenix Lyon		12.01.00	1	London (LV)	14	May
22.61	2.3	Mason Dowle		16.03.00	2	Gillingham	9	Jul

Under 15

23.14	2.2	Dominic Ogbechie		(23.25)	4rC	London (He)	30	Jul
23.20	3.5	Jovelle Mclean-Meade		(23.58)	6rF	London (LV)	3	Aug
23.31	2.9	Evan Blackman		22.11.01	1	Leicester	15	May
23.39	3.4	Ethan Wiltshire		29.06.02	1	Milton Keynes	16	Jul
23.40	4.2	Nathanael Mitchell		18.12.01	1	Exeter	7	Aug
23.63	2.4	Oshay Williams		4.02.02	1	Leicester	15	May

Hand timing

21.5		Nicholas Pryce		(21.50w)	1	Stourport	8	May
21.5		Chris Harris		22.10.92	1P3	Par	23	Jul
21.5		Rio Mitcham	U20	(21.26w)	1	Nuneaton	24	Jul
21.7		Nik Kanonik		(21.84)	1	Gloucester	15	May
21.7		Jack Finn	U17	10.11.00	1-17	Telford	29	May
21.7		Tom Harris	U20	6.01.98	2P3	Par	23	Jul
21.7		Jack Wightman	U23	30.11.95	3P3	Par	23	Jul
21.8		Alfie Rowett	U20	(21.86)	1	Banbury	1	May
21.8		Kane Howitt	U23	(21.70w)	1	Solihull	7	Aug
21.8		Nathan Brown		12.10.92	1	Gillingham	20	Aug

2016 - M - 200

Additional Under 20 (1-4 above)
21.9		Sam Griffin		(21.99)	1	Middlesbrough	1 May
21.9		Ahmed Lahreche	U17	14.05.00	1-17	Middlesbrough	1 May
21.9		Eden Davis		(22.03)	1	London (ME)	29 May
21.9		Michael Oku-Ampofo		(22.03)	1	Gillingham	24 Jul
22.0		Kane Wright		14.02.97	1	Grantham	15 May
22.0		Blaine Lewis-Shallow	U17	(22.04)	1	Reading	22 May
22.0		Alex Knibbs		26.04.99	1	Grantham	29 May
22.0		Luke Smith		22.04.98	2	London (ME)	29 May
22.0		Dominic Burnham		2.03.98	1	Norwich	11 Jun
22.0		Patrick Sylla		10.10.98	1	Bournemouth	11 Jun
22.0		Michael Wilson		1.02.97	1	Gloucester	26 Jun
22.0		Samuel Emery-Shawcross	U17	2.06.00	1	Wigan	26 Jun

Additional Under 17 (1-4 above)
22.2		Dylan DaCosta	6.04.01	2	Gillingham	20 Aug
22.3		Harry Flanagan	24.09.99	1	Wrexham	5 Jun
22.4		Louis Southwell	(22.49)	1	Aldershot	29 May
22.4	1.1	Daniel Brooks	6.12.00	2	Rugby	5 Jun
22.4		Ollie Sprio	10.03.01	1	Banbury	10 Jul
22.5		Tre Thomas	26.06.00	1	Banbury	1 May
22.5		Joseph Walker	(22.52)	1	Cleckheaton	29 May
22.5		Dominic Biss	(22.53)	1	Cheltenham	11 Jun
22.5	1.1	Ethan Brough	2.01.00	1	Sutton Coldfield	26 Jun
22.5	1.1	Thomas Evans	21.09.00	2	Sutton Coldfield	26 Jun
22.5	-1.5	Blake Tiger-Lee Brown	(22.40w)	1	Manchester (Str)	24 Jul
22.6	1.9	James Taylor	13.09.99	2	Stoke-on-Trent	14 May
22.6		Ethan Brown	(22.62)	1	London (ME)	29 May
22.6		Ellis Greatrex	(22.12w)	1	Telford	11 Jun
22.6		Rashan Stewart	21.09.99	2	Gillingham	24 Jul
22.6	-1.5	Daniel Afolabi	(22.64)	2	Manchester (Str)	24 Jul
22.6		Samir Williams	6.01.00	2	Stevenage	20 Aug

Under 15
22.9		Ben Pattison	15.12.01	1	Uxbridge	5 Jun
23.0		Jovelle Mclean-Meade	(23.58)	h	London (He)	11 Jun
23.1		Micah Agyepong	31.01.02	h	London (He)	11 Jun
23.2		James Lanyiyan-Jones	11.12.01	1	Hemel Hempstead	16 Jul
23.3		Joshua Oshunrinde	17.10.01	1	Great Yarmouth	12 Jun
23.3		Jack Bradburn	(23.40)	1	Bury	10 Jul
23.4		Israel Ospina	7.10.01	1	London (TB)	21 May
23.4		Nathanael Mitchell	(23.40w)	1	Gloucester	31 Jul
23.5		Joshua Pearson	(23.65)	1	Eton	16 Jul
23.5		Evan Blackman	(23.31w)	3	Corby	23 Aug
23.6		Jack Guthrie	24.01.02	1	Dumfries	26 Jun
23.6		Louis Albrow	22.01.02	1	Ipswich	3 Jul
23.6		Sam Bishop	25.10.01	1	London (Coul)	10 Jul
23.6		Akin Akinboh	13.10.01	1	Bury St. Edmunds	18 Sep
23.6w	2.3	Louis Appiah-Kubi	22.09.02	1	Manchester (SC)	19 Jun

Under 13
24.2		Remi Jokosenumi	15.02.04	1r4	Milton Keynes	18 Sep
		24.71 1.8		1rG	London (LV)	31 Aug
24.4		Graig Anya Joseph	6.10.03	1	Chelmsford	6 Jul
		25.02 -0.9		1	Chelmsford	15 May
24.4w	7.6	Abraham Fobil	15.11.03	1	Liverpool	16 Jul
		24.89		1r1	Manchester (Str)	30 May
24.6		George Sudderick	20.11.03	1	Walton	20 Jul
		25.67 0.3		1s2	Woking	4 Sep
25.2		Johnson Alo		2	Chelmsford	6 Jul

25.2	Mickael Varela		11.10.03	1	London (Coul)	10	Jul
25.4	Jack Fayers		20.09.03	2	Southend	5	Jun
	25.59	1.8		1	Cambridge	25	Jun
25.5	Charlie Holland		14.04.04	1	Cheltenham	16	Jul
	25.58	0.4		1	Newport	14	Aug
25.6	Samuel Shippey		6.01.04	1	Ipswich	3	Jul
25.6	Ben Wallace		21.01.04	1	Bebington	16	Jul

Indoor performances

20.51	Mitchell-Blake	U23	(19.95)	1h1	Fayetteville, USA	26	Feb
	20.53			1	Fayetteville, USA	27	Feb
	20.57			1	Birmingham, USA	23	Jan
	20.63			2	Birmingham, USA	12	Mar
	20.64			1h4	Birmingham, USA	11	Mar
	20.72			1r5	Fayetteville, USA	13	Feb
	20.89			1h1	Birmingham, USA	22	Jan
20.60	Sam Watts		(20.65)	1	Fayetteville, USA	13	Feb
	20.79os			2	Ames, USA	27	Feb
	20.80			2	College Station, USA	6	Feb
	20.85			2h2	Birmingham, USA	11	Mar
	20.93A			3	Albuquerque, USA	30	Jan
	20.99os			1h3	Ames, USA	26	Feb

Indoor where superior to outdoors

21.06	Roy Ejiakuekwu	U23	(21.27)	2h4	Fayetteville, USA	26	Feb
21.12	Toby Harries	U20	30.09.98	1s1	Sheffield	28	Feb
21.24	David Lagerberg		(21.25)	2	Boston (A), USA	21	Feb
21.36	Oliver Bromby	U20	(21.40)	2	Sheffield	14	Feb
21.41	Omololu Abiodun		1.09.92	1	Sheffield	21	Feb

Additional Under 20 (1-2 above)

21.99	Freddie Owsley		6.01.97	1	Manchester (SC)	10	Jan
22.03	Fraser Angus	U17	(22.44)	1	Glasgow	5	Mar

Under 15

23.02	William Andon		5.09.01	1	Sheffield	14	Feb

Foreign

20.53	1.9	Antonio Infantino (ITA)		22.03.91	1	London (LV)	20	Jul
20.60w	2.6	David Lima (POR)		6.09.90	1rB	Loughborough	22	May
		20.62	0.0		1	Salamanca, ESP	4	Jun
20.76	0.3	Sean Safo-Antwi (GHA)		31.10.90	3	London (Nh)	8	May
20.99	0.0	Adeseye Ogunlewe (NGR)		30.08.91	2rB	Waco, USA	23	Apr
21.02w	4.3	Mustafa Mahamuud (NED)	U20	1.07.98	1	Nuneaton	11	Jun
		21.33			1	Worcester	29	May
21.23	0.0	Josh Swaray (SEN)		2.02.86	2	Letterkenny, IRL	2	Jul
21.50	2.0	Adam McMullen (IRL)		5.07.90	1rF	Clermont, USA	14	May
21.51	1.9	Richard Morrissey (IRL)		11.01.91	4	London (LV)	20	Jul
21.65	1.3	Aaron Sexton (IRL)	U17	24.08.00	1	Tullamore, IRL	24	Jul
21.65w	3.5	Ryan Olson (USA)		3.05.92	2rC	London (Nh)	5	Jun
		21.78	1.1		3rB	London (Nh)	25	May
21.75		Alhagie-Salim Drammeh (GAM)		27.12.87	1	Cosford	13	Jul
21.79	1.5	Dean Hylton (JAM)		15.09.90	5	London (Nh)	25	May

300 Metres

32.72	Martyn Rooney		3.04.87	2	Leiden, NED	11	Jun
33.76	Owen Richardson	U20	5.09.98	1	Basingstoke	2	Apr
33.89	Grant Plenderleith		15.03.91	1	Grangemouth	6	Jul

Estimated time

32.3+e	Matthew Hudson-Smith	U23	26.10.94	7	Rio de Janeiro, BRA	14	Aug

Under 15

35.41	Ben Pattison		15.12.01	1	Bedford	27 Aug
35.8	Evan Blackman		22.11.01	1	Corby	13 Sep
	35.84			2	Bedford	27 Aug
35.91	William Andoh		5.09.01	1	Gateshead	9 Jul
35.96	Joshua Pearson		6.01.02	3	Bedford	27 Aug
36.24	Edward Sheffield		25.06.02	1	Nuneaton	13 Aug
36.31	Rory Payn		19.11.01	2	Gateshead	9 Jul
36.54	Israel Ospina		7.10.01	4	Gateshead	9 Jul
36.61	Edward Metcalfe		4.10.01	5	Gateshead	9 Jul
36.90	Maltietie Fusseini		27.11.01	2h3	Gateshead	8 Jul
36.92	Barnaby Lee		2.12.01	3h3	Gateshead	8 Jul
(10)						
36.93	Carrick McDonough		24.06.02	1h2	Bedford	27 Aug
37.15	Benjamin Kerwin		10.02.02	1	Chelmsford	11 Jun
37.18	Daniel John		4.10.01	1	Newport	28 May
37.2	Moyo Daramola		16.05.02	2	Sutton	18 Jun
	37.35			2h3	Bedford	27 Aug
37.2	Edward Garthwaite		2.11.01	1	Watford	20 Jun
37.40	Michael Hall		14.11.01	4h2	Gateshead	8 Jul
37.4	Theo Adesina		20.05.02	1	Sandy	3 Jul
	37.69i			2	Sheffield	13 Feb
37.49	Max Leslie		13.10.01	1	Grangemouth	21 Aug
37.5	Peter Sinclair		9.12.01	1	London (Coul)	10 Jul
37.59	Billy Doyle		24.10.01	1	Grangemouth	19 Jun
(20)						
37.6	Jack Bradburn		25.04.02	1	Colwyn Bay	16 Jul
37.6	Thomas Handley		7.10.01	1	Walton	16 Jul
37.7	Ataba Mammam		2.01.02	2	Colwyn Bay	16 Jul
	37.72			1	Middlesbrough	13 Aug
37.74	Kieran Brining		1.10.01	5h2	Gateshead	8 Jul
37.8	Angus Macleod		1.09.01	1	Stockport	16 Jul
37.81	Dominic Woolvine		1.01.02	2	Birmingham	18 Jun
37.81	Jamie Reid		4.10.01	1	Inverness	11 Sep

400 Metres

44.48	Matthew Hudson-Smith	U23	26.10.94	2s3	Rio de Janeiro, BRA	13 Aug
	44.61			8	Rio de Janeiro, BRA	14 Aug
	44.88			1	Birmingham	26 Jun
	45.03			1	London (O)	23 Jul
	45.13			4	Birmingham	5 Jun
	45.26			3h6	Rio de Janeiro, BRA	12 Aug
	45.72			1s1	Birmingham	25 Jun
	46.14			1	Rehlingen, GER	16 May
45.04	Martyn Rooney		3.04.87	1s2	Amsterdam, NED	7 Jul
	45.29			1	Amsterdam, NED	8 Jul
	45.32			4	Zürich, SUI	1 Sep
	45.46			5	Lausanne, SUI	25 Aug
	45.60			5h4	Rio de Janeiro, BRA	12 Aug
	45.78			4	Ostrava, CZE	20 May
	45.88			2	Oordegem, BEL	28 May
	46.00			6	Kingston, JAM	7 May
	46.01			3	Birmingham	26 Jun
	46.30			1	Leiden, NED	11 Jun
	46.37			2s3	Birmingham	25 Jun
45.45	Rabah Yousif		11.12.86	3	London (O)	23 Jul
	45.48			1	Gothenburg, SWE	15 Jul
	45.52			2	Birmingham	26 Jun
	45.59			7	Birmingham	5 Jun
	45.61			1	Oordegem, BEL	28 May
	45.62			6	Székesfehérvár, HUN	18 Jul

2016 - M - 400

Time	Athlete		DoB	Pos	Venue	Date
(Yousif)	45.90			6	Rabat, MAR	22 May
	46.05			2s1	Birmingham	25 Jun
	46.08			1	Dakar, SEN	25 May
	46.14			6	Des Moines, USA	29 Apr
	46.24			1	Eton	7 May
	46.28			6	Huelva, ESP	3 Jun
45.50	Delano Williams		23.12.93	1	Kingston, JAM	11 Jun
	45.97			1	Kingston, JAM	28 May
	46.22			5	George Town, CAY	15 May
45.86	Nigel Levine		30.04.89	3	Ninove, BEL	23 Jul
	45.89			2	Copenhagen, DEN	18 Jun
	45.94			2	Hilversum, NED	4 Sep
	46.04			3	Gothenburg, SWE	15 Jul
	46.15			5	Birmingham	26 Jun
	46.35			1s3	Birmingham	25 Jun
	46.38			3rB	Oordegem, BEL	28 May
	46.39			5	Prague, CZE	6 Jun
46.00	Jarryd Dunn		30.01.92	4s3	Amsterdam, NED	7 Jul
	46.02			4	Birmingham	26 Jun
	46.05			1h1	Amsterdam, NED	6 Jul
	46.16			4	Oordegem, BEL	28 May
	46.28			3	Dublin (S), IRL	22 Jul
	46.30			8	Birmingham	5 Jun
46.02	Dwayne Cowan		1.01.85	1	Manchester (SC)	4 Jun
	46.17			1rB	Clermont, USA	30 Apr
	46.36			2	London (He)	6 Aug
	46.38			2rB	Gainesville, USA	31 Mar
	46.38			2	Namur, BEL	26 May
	46.40			6	Gainesville, USA	22 Apr
46.02	Conrad Williams		20.03.82	3=	Copenhagen, DEN	18 Jun
46.02	Theo Campbell		14.07.91	3=	Copenhagen, DEN	18 Jun
	46.23			3s1	Birmingham	25 Jun
	46.24			1	Belfast	7 May
	46.25			6	Birmingham	26 Jun
	46.39			1rB	Geneva, SUI	11 Jun
	46.40			4rB	Oordegem, BEL	28 May
46.18	George Caddick	U23	29.07.94	3	Fort Worth, USA	15 May
(10)						
46.21	Jamie Bowie		1.04.89	1rB	Oordegem, BEL	28 May
46.23	Owen Smith	U23	7.11.94	1rD	Oordegem, BEL	28 May
64 performances to 46.40 by 12 athletes						
46.51	Cameron Chalmers	U20	6.02.97	3s3	Bydgoszcz, POL	21 Jul
46.55	Nethaneel Mitchell-Blake	U23	2.04.94	2	Coral Gables, USA	25 Mar
46.68	Seb Rodger		29.06.91	2	Manchester (SC)	4 Jun
46.90	David Lagerberg		8.11.93	4h6	Jacksonville, USA	26 May
46.95	Zharnel Hughes	U23	13.07.95	4	Kingston, JAM	13 Feb
46.97	Jack Green		6.10.91	1	Ashford	14 May
47.00	Efe Okoro		21.02.92	3	Eton	7 May
47.00	Elliott Rutter	U23	20.08.95	1rC	Geneva, SUI	11 Jun
(20)						
47.01	Tom Burton		29.10.88	5	Loughborough	22 May
47.03	Grant Plenderleith		15.03.91	4	Manchester (SC)	4 Jun
47.12	Christian Byron		20.12.92	2rC	Oordegem, BEL	4 Jun
47.13	Vincent Oges		12.09.90	1rC	Kingston, JAM	30 Jan
47.19	Rory Evans		19.11.89	4rD	Oordegem, BEL	28 May
47.21	Roy Ejiakuekwu	U23	2.02.95	4rB	Baton Rouge, USA	30 Apr
47.22	Nicholas Atwell		9.04.86	2	Watford	7 May
47.22	Owen Richardson	U20	5.09.98	1	Watford	7 May
47.23	Benjamin Snaith	U23	17.09.95	1	London (WL)	4 Jun
47.24	Michael Warner		29.11.90	2	Loughborough	16 Jul
(30)						

2016 - M - 400

Time		Name	Cat	DOB	Pos	Venue	Date	
47.28		Rhys Williams		27.02.84	1	Brecon	14	May
47.29		Jamal Rhoden-Stevens	U23	27.04.94	2h1	Genf, SUI	16	Jul
47.32		Lee Thompson	U20	5.03.97	1	Cardiff	20	Jul
47.35		Andrew Steele		19.09.84	5	Brussels, BEL	19	Jun
47.41		Niclas Baker	U23	9.09.94	1	London (Nh)	8	May
47.43		Gwilym Cooper		17.07.91	1	London (TB)	2	May
47.45		Connor Wood	U20	25.11.98	1rC	Loughborough	22	May
47.45		Alex Haydock Wilson	U20	28.07.99	3	Manchester (SC)	17	Aug
47.47		James Gladman		3.06.93	4rC	Oordegem, BEL	28	May
47.47		Ellis Greatrex	U17	27.09.99	1h3	Bedford	18	Jun
	(40)							
47.54		Greg Louden		25.10.92	5rC	Oordegem, BEL	28	May
47.56		Mark Williams	U23	29.10.94	2	Nuneaton	12	Jun
47.57		Christopher McAlister	U23	3.12.95	3	Watford	7	May
47.61		Adam McComb		25.07.92	2h2	Dublin (S), IRL	25	Jun
47.62		Joseph Brier	U20	16.03.99	2	Cardiff	20	Jul
47.67		Michael Ohioze	U23	6.02.95	2	Rock Island, USA	23	Apr
47.70		Jordan Layne	U23	17.05.96	2s2	Bedford	30	Jul
47.7		Ben Claridge	U20	12.11.97	1	Stourport	8	May
47.83					1	Gateshead	9	Jul
47.7		Jack Wightman	U23	30.11.95	1	Chelmsford	4	Jun
47.98					3s3	Bedford	1	May
47.71		Liam Ramsay		18.11.92	2rB	Loughborough	22	May
	(50)							
47.74		Alex Boyce	U23	18.06.94	3s2	Bedford	30	Jul
47.74		Oliver Smith		15.12.93	1	Basingstoke	6	Aug
47.75		Luke Lennon-Ford		5.05.89	2h1	Birmingham	24	Jun
47.77		Richard Yates		26.01.86	1rB	Manchester (SC)	4	Jun
47.80		Daniel Gray	U23	12.09.96	3s1	Bedford	1	May
47.81		Joseph Reid	U23	8.03.96	2s3	Bedford	1	May
47.84		Jacob Paul	U23	6.02.95	5	Eton	7	May
47.87		Anthony Young		14.09.92	1rE	Oordegem, BEL	28	May
47.9+		Michael Rimmer		3.02.86	3m	Birmingham	5	Jun
47.99		Nik Kanonik		24.10.87	3	Nuneaton	12	Jun
	(60)							
48.03		Peter Phillips		12.02.86	3	London (LV)	12	Jun
48.08		Psalm Roberts-Nash	U20	7.07.99	2	Gateshead	9	Jul
48.09		Lewis Brown	U20	2.09.98	2rE	Loughborough	22	May
48.09		Samuel Adeyemi		15.03.90	4	London (LV)	12	Jun
48.12		Sam Day	U20	20.09.97	2	Manchester (SC)	11	Jun
48.19		Samuel Bedford	U23	20.09.94	2	Cardiff	11	Jun
48.19		Lennox Thompson		22.10.93	1	London (He)	27	Aug
48.22		Matthew Pagan	U20	15.01.98	4rB	Manchester (SC)	4	Jun
48.28		William Snook	U23	11.10.95	1h2	London (LV)	11	Jun
48.28		Marcus Hunt		30.10.90	5	London (LV)	12	Jun
	(70)							
48.28		Sean Adams		1.09.93	1	Basingstoke	20	Jul
48.3		Alex Bell		21.09.93	5rB	Eton	7	May
48.31		Nicholas Pryce		10.11.92	4	Nuneaton	12	Jun
48.31		Michael Oku-Ampofo	U20	10.11.98	2	London (LV)	12	Jun
48.32		Patrick Swan		27.03.88	3	Grangemouth	14	Aug
48.33		Blaine Lewis-Shallow	U17	26.04.00	1	Gateshead	9	Jul
48.34		Joseph Kinsey	U23	16.05.95	3h1	Bedford	18	Jun
48.34		Jake Wightman	U23	11.07.94	1	Watford	10	Aug
48.36		Danny Higham		4.11.90	2h2	Manchester (SC)	11	Jun
48.36		Guy Learmonth		20.04.92	1	Grangemouth	7	Sep
	(80)							
48.37		Rhodri Williams	U20	13.01.98	1	Swansea	29	May
48.37		Ben Carne		11.06.86	2rB	Bromley	2	Jul
48.39		Krishawn Aiken	U23	24.05.95	7	London (LV)	12	Jun
48.41		Scott Barker	U20	20.03.97	4	Bromley	2	Jul
48.43		Kyle Langford	U23	2.02.96	2	Watford	13	Jul

2016 - M - 400

Time	Name	Cat	DOB	Pos	Venue	Date	
48.44	Columba Blango		1.01.92	3	London (Nh)	8	May
48.46	Harry Doran		23.12.90	4rD	Loughborough	22	May
48.48	Lee Hamilton		6.12.90	1rB	Chelmsford	4	Jun
48.49	George Thomas	U17	13.09.99	1	Ashford	16	Jul
48.5	Thomas Appleyard		19.03.92	1	Wigan	7	May
(90)							
48.5	Luke Edwards		3.09.90	2	Wigan	7	May
48.5	Alfie Rowett	U20	26.12.97	1	Brierley Hill	5	Jun
48.5	Robert Shipley	U23	28.09.96	1	Doncaster	20	Aug
48.52	Canaan Solomon	U20	17.09.98	1	London (LV)	9	Apr
48.52	Clovis Asong	U23	31.10.94	2	Manchester (Str)	14	Jun
48.53	Richard Beardsell	V35	19.01.79	1	Perth, AUS	5	Nov
48.54	Luke Smallwood		11.09.88	3	Basingstoke	6	Aug
48.59	John Lane		29.01.89	2D4	Götzis, AUT	28	May
48.64	Harrison Pocock	U23	8.08.96	3h2	London (LV)	11	Jun
48.65	Peter de'Ath	U23	8.06.95	4s1	London (LV)	11	Jun
(100)							
48.66	Daniel Rowden	U20	9.09.97	8	Birmingham	2	Jul
48.66	Finley Bigg	U20	2.06.98	1	Woking	10	Aug
48.66	Dale Willis		17.06.88	7	Manchester (SC)	17	Aug
48.67	Ocean Schwartz	U20	23.04.98	5rB	Bromley	2	Jul
48.67	Elliot Scott	U20	26.03.98	2h1	Gateshead	8	Jul
48.69	Omar Parsons	U20	16.06.97	3	Watford	13	Jul
48.70	Karl Goodman		7.11.93	2h1	Nuneaton	12	Jun
48.75	Declan Brennan	U23	27.04.95	7	Grangemouth	14	Aug
48.78	Simbarashe Rwambiwa	U23	19.12.95	5	Nuneaton	12	Jun

Additional Under 20 (1-24 above)

Time	Name	Cat	DOB	Pos	Venue	Date	
48.85	Tom Ainsworth		28.03.98	3	Nuneaton	12	Jun
48.85	Louis O'Connor		5.12.97	2	Nottingham	6	Aug
48.91	Ben Greenwood		24.09.98	1	Grangemouth	6	Jul
49.01	Tor Bennett-Williams		11.06.98	4	Nuneaton	12	Jun
49.06	Louis Southwell	U17	6.01.00	2	Bedford	28	Aug
(30)							
49.12	Joseph Rogers		13.04.98	6h3	Bedford	18	Jun
49.13	Tom Harris		6.01.98	2	Yeovil	6	Aug
49.15	Alex Knibbs		26.04.99	1	Nottingham	15	May
49.21	Cameron Tindle		5.06.98	2	Grangemouth	7	Sep
49.28	Henry Marshall		14.09.98	2	Eton	1	May

Additional Under 17 (1-4 above)

Time	Name	Cat	DOB	Pos	Venue	Date	
49.35	William Curtis		27.12.99	4	Ashford	16	Jul
49.39	Aidan Leeson		9.11.99	1h1	Bedford	27	Aug
49.59	Alistair Chalmers		31.03.00	1	Portsmouth	15	May
49.6	Alex Botterill		18.01.00	1	York	11	Jun
	50.13			2	Grangemouth	1	May
49.85	Sebastian Hartwell		5.11.99	3	Gateshead	9	Jul
49.9	Thomas Evans		21.09.00	1	Norwich	19	Jun
	49.92			2	Loughborough	15	Jun
(10)							
49.94	Ethan Brown		9.05.01	1	Ashford	14	Aug
50.0	Joshua Hulse		14.03.01	2	Norwich	19	Jun
50.05	Rory Keen		6.04.00	1	Manchester (Str)	11	Jun
50.06	Callum Henderson		3.05.00	3	Swansea	6	Aug
50.1	Lynden Olowe		18.06.00	1	Sutton	18	Jun
50.20	Ben Higgins		14.11.00	1rB	Loughborough	20	Jul
50.2	Steve Thompson		2.10.99	1	Tipton	24	Apr
50.25	Reiss Jarvis		5.05.00	4	Gateshead	9	Jul
50.30	Lewis Davey		24.10.00	1O1	Exeter	17	Sep
50.45	Jack Finn		10.11.00	1	Birmingham	18	Jun
(20)							
50.46	Matthew Coleman		19.11.99	1	Oxford (H)	14	May
50.50	Thomas Baines		22.11.00	6	Gateshead	9	Jul

2016 - M - 400 - 800

Under 15

50.86	Joshua Pearson		6.01.02	1rB	London (He)	30	Jul
50.87	Ben Pattison		15.12.01	4	Bromley	15	Aug

Indoor performances

46.44	Caddick	U23	(46.18)	1h4	Ames, USA	26	Feb
46.48	Seb Rodger		(46.68)	1	Vienna, AUT	30	Jan

Indoor where superior to outdoor

46.88	David Lagerberg		(46.98)	3	Boston (A), USA	13	Feb
47.66	David Hall	U23	25.04.95	2	Sheffield	21	Feb
48.03	Chris Clarke		25.01.90	1	Athlone, IRL	17	Feb
48.33	Dylan Ali	U23	14.03.95	2	Glasgow	30	Jan
48.42	Dan Putnam		30.12.91	2	Sheffield	31	Jan

Under 20

48.90	Alex Knibbs		26.04.99	4	Sheffield	14	Feb

Foreign

45.67	Sadam Koumi (SUD)	U23	6.04.94	1	Copenhagen, DEN	18	Jun
46.37	Alhagie-Salim Drammeh (GAM)		27.12.87	1h2	Kassel, GER	18	Jun
46.68	Richard Morrissey (IRL)		11.01.91	4	Dublin (S), IRL	26	Jun
46.80	Andrew Mellon (IRL)	U23	8.11.95	5	Dublin (S), IRL	26	Jun
46.96	Zak Curran (IRL)		17.12.93	6	Dublin (S), IRL	26	Jun
47.79	Will Oyowe (BEL)		28.10.87	2rB	Manchester (SC)	4	Jun
48.03	Ryan Olson (USA)		3.05.92	2	London (Nh)	8	May
48.03	Keith Turner (USA)		24.09.88	3	London (Nh)	5	Jun
48.74	Frederick Afrifa-Osuwu (ITA)	U23	5.12.96	4	Cles, ITA	25	Aug
49.60	Aaron Sexton (IRL)	U17	24.08.00	1	Belfast	28	May

600 Metres

1:15.87	Michael Rimmer		3.02.86	5	Birmingham	5	Jun
1:17.83	James Bowness		26.11.91	1	Manchester (Str)	16	Aug

Indoor

1:17.46	Liam Dee	U23	23.05.96	3	New York (A), USA	2	Dec
1:18.78	Jamie Webb	U23	1.06.94	1	Glasgow	3	Jan

Foreign

1:17.52	Zak Curran (IRL)		17.12.93	1	Manchester	13	Jan

800 Metres

1:44.03	Michael Rimmer		3.02.86	1	Barcelona (S), ESP	30	Jun
	1:45.38			6	Monaco, MON	15	Jul
	1:45.99			3h3	Rio de Janeiro, BRA	12	Aug
	1:46.13			3	Szczecin, POL	18	Jun
	1:46.63			3	Lucerne, SUI	14	Jun
	1:46.72			3	Beijing, CHN	18	May
	1:46.80			8s1	Rio de Janeiro, BRA	13	Aug
	1:47.44			9	Shanghai, CHN	14	May
	1:47.67i			5	Glasgow	20	Feb
	1:48.13i			1	Athlone, IRL	17	Feb
1:45.53	Charlie Grice		7.11.93	9	London (O)	22	Jul
	1:46.95			1	Los Angeles (ER), USA	20	May
1:45.54	Elliot Giles	U23	26.05.94	3	Amsterdam, NED	10	Jul
	1:46.49			3rB	Brussels, BEL	9	Sep
	1:47.21			1	Watford	15	Jun
	1:47.31			3s2	Amsterdam, NED	8	Jul
	1:47.88			7h4	Rio de Janeiro, BRA	12	Aug
	1:48.00			1	Birmingham	26	Jun
	1:48.21			1h1	Birmingham	25	Jun

2016 - M - 800

Time	Name	Cat	DOB	Pos	Venue	Date
1:45.96	James Bowness		26.11.91	2	Ninove, BEL	23 Jul
1:47.18				1	Manchester (Str)	7 Jun
1:47.30				2	Watford	15 Jun
1:47.59				1	Manchester (Str)	19 Jul
1:48.27				1	Riga, LAT	31 May
1:46.59	Jamie Webb	U23	1.06.94	1	Oordegem, BEL	28 May
1:47.37				6	Lucerne, SUI	14 Jun
1:47.69				6	Bellinzona, SUI	6 Jun
1:48.28i				1rB	Vienna, AUT	30 Jan
1:48.30i				3	Athlone, IRL	17 Feb
1:46.73	Kyle Langford	U23	2.02.96	1	Dublin (S), IRL	22 Jul
1:47.49				2	Cles, ITA	25 Aug
1:47.08	Guy Learmonth		20.04.92	3	Stanford, USA	1 May
1:47.23				6	Hengelo, NED	22 May
1:47.35i				1	Vienna, AUT	30 Jan
1:47.41				5	Bellinzona, SUI	6 Jun
1:47.42				1	Los Angeles (ER), USA	7 May
1:47.80i				6	Glasgow	20 Feb
1:48.14				1	Boissano, ITA	29 Sep
1:48.20i				2	Athlone, IRL	17 Feb
1:47.13	Jake Wightman	U23	11.07.94	1	Watford	28 May
1:48.04				1	Bedford	2 May
1:47.70	Elliot Slade	U23	5.11.94	1rB	Dublin (S), IRL	22 Jul
1:47.96	David Dempsey		7.02.91	4	Watford	15 Jun
(10)						
1:48.06	Ben Waterman		29.09.93	7rB	Oordegem, BEL	28 May
1:48.10i	Neil Gourley	U23	7.02.95	3	Boston (R), USA	27 Feb
1:49.09				1	Portland, USA	12 Jun
1:48.13	Daniel Rowden	U20	9.09.97	2	Watford	28 May
1:48.15	Tom Lancashire		2.07.85	1	Manchester (Str)	23 Aug
1:48.24	Spencer Thomas	U20	26.08.97	1	Oordegem, BEL	4 Jun
48 performances to 1:48.3 by 15 athletes including 8 indoors						
1:48.36	George Mills	U20	12.05.99	1	Oxford	23 Jul
1:48.41i	Mukhtar Mohammed		1.12.90	4rB	Stockholm, SWE	17 Feb
1:48.88				6	Doha, QAT	6 May
1:48.51	Rory Graham-Watson		3.06.90	1	Watford	7 Sep
1:48.75	Dale King-Clutterbuck		1.01.92	4	Namur, BEL	26 May
1:48.81	Max Wharton	U23	8.07.96	1	Manchester (Str)	9 Aug
(20)						
1:48.88	Nathan Gillis	U20	25.02.97	5	Watford	15 Jun
1:48.89	Canaan Solomon	U20	17.09.98	1rB	Watford	28 May
1:49.05	Sean Molloy	U23	18.09.95	6	Watford	15 Jun
1:49.07	Markhim Lonsdale	U20	9.01.99	2rB	Watford	28 May
1:49.11i	Richard Charles	U23	31.05.94	5	Vienna, AUT	30 Jan
1:49.87				4	London (Elt)	17 Aug
1:49.27	Jack Hallas		7.02.91	1rB	Manchester (Str)	7 Jun
1:49.30	Robert Needham	U23	18.04.94	3	Loughborough	22 May
1:49.30	Nzimah Akpan	U23	25.03.94	2	London (Elt)	17 Aug
1:49.31	Gareth Warburton		23.04.83	6	Nivelles, BEL	18 Jun
1:49.32	Dominic Walton		13.11.93	2	Manchester (Str)	7 Jun
(30)						
1:49.34	James West	U23	30.01.96	3	London (Elt)	17 Aug
1:49.41	Cameron Boyek		9.10.93	3	Belfast	7 May
1:49.45	Finley Bigg	U20	2.06.98	4	Oxford	23 Jul
1:49.47	Chris O'Hare		23.11.90	4	Herzogenaurach, GER	14 May
1:49.5	Ben Greenwood	U20	24.09.98	2	Brighton	11 May
1:49.56	Anthony Whiteman	V40	13.11.71	6	Watford	28 May
1:49.66	Ben Rochford	U23	27.03.96	7	Watford	15 Jun
1:49.69	Robbie Farnham-Rose	U23	5.01.94	3	Baton Rouge, USA	30 Apr
1:49.7	Jonathan Cook		31.07.87	1	Chester-Le-Street	9 May
1:49.74i	Archie Davis	U20	16.10.98	3	London (LV)	3 Feb
1:51.2				4	Brighton	11 May

2016 - M - 800

Time	Name	Cat	DOB	Pos	Venue	Date	
1:49.76	Michael Wilson	U23	4.01.96	4	Manchester (Str)	19	Jul
1:49.80	Harry Doran		23.12.90	2rB	Manchester (SC)	14	May
1:49.88	Charles Cooper	U23	29.02.96	1rB	Stanford, USA	22	Apr
1:49.88	Luke Johnston	U23	16.05.94	2	Madison, USA	6	May
1:49.90	Robbie Fitzgibbon	U23	23.03.96	1rB	Solihull	9	Jul
1:49.92	Kevin Bell		29.06.89	6	Manchester (Str)	9	Aug
1:50.05	Robert Stroud	U23	22.11.96	5rB	Watford	28	May
1:50.23A	Oliver Aitchison		13.03.92	2	Spearfish, USA	8	May
1:50.31	Alex Tovey		27.12.89	1rB	Watford	13	Jul
1:50.33	John Bird		17.05.92	2rF	Stanford, USA	1	May
(50)							
1:50.33	Patrick Taylor	U23	6.03.96	5	Manchester (Str)	19	Jul
1:50.38	William Paulson		17.11.94	2rB	Manchester (Str)	7	Jun
1:50.44	Hayden Carter		6.07.91	7	Manchester (Str)	9	Aug
1:50.48	James McMurray	U23	18.01.95	1rB	Loughborough	8	Jun
1:50.48	Edward Dodd	U23	10.02.94	2rB	Oxford	23	Jul
1:50.52	Tom Watson		11.10.93	3rC	Manchester (SC)	14	May
1:50.53	Jake Heyward	U20	26.04.99	1	Cardiff	27	Jul
1:50.55	Omar Parsons	U20	16.06.97	2rC	Watford	28	May
1:50.56i	Chris Gowell		26.09.85	4	College Station, USA	16	Jan
1:50.63	Andrew Smith	U23	7.10.95	7	Manchester (Str)	19	Jul
(60)							
1:50.70	Daniel Stepney		23.05.88	4rC	Watford	28	May
1:50.74	Joseph Lancaster	U23	17.01.96	4	Manchester (Str)	28	Jun
1:50.88	Guy Smith		11.01.90	2	Cardiff	7	May
1:50.88	Daniel Eeles	U20	8.08.97	4rC	Manchester (SC)	14	May
1:50.92	Adam Cotton		26.01.92	3	Clovis, USA	14	May
1:50.92	Thomas Atkinson		22.03.92	5	Manchester (SC)	4	Jun
1:50.94	David Proctor		22.10.85	2rB	Manchester (SC)	4	Jun
1:50.94	John Ashcroft		13.11.92	2	Manchester (Str)	23	Aug
1:50.96	James McCarthy	U23	31.10.96	5rC	Watford	28	May
1:50.99i	Alex Coomber	U23	24.07.94	1	Cardiff	7	Feb
(70)							
1:51.00	Chris Warburton		23.08.83	7	London (Elt)	17	Aug
1:51.07	Zachary Howe	U23	28.04.94	1	Oxford	7	May
1:51.1	Jordan Bransberg	U23	1.01.95	1	Gateshead	5	Jun
1:51.1	Adam Wright	U23	15.09.96	1	Tipton	19	Jul
1:51.20	Adam Clarke		3.04.91	8	London (Elt)	17	Aug
1:51.23iA	James Brewer		18.06.88	1	Flagstaff, USA	30	Jan
1:51.25	Jamie Doris		3.02.93	6	Manchester (Str)	28	Jun
1:51.26iA	Lee Emanuel		24.01.85	1	Albuquerque, USA	30	Jan
1:51.26A	Josh Kerr	U20	8.10.97	1	Albuquerque, USA	2	Apr
1:51.31	Henry Tufnell		19.06.92	6rC	Watford	28	May
(80)							
1:51.32	Oliver Dane	U20	13.11.98	1rE	Watford	28	May
1:51.37	Robbie Barr	U20	27.10.97	2rB	Manchester (Str)	19	Jul
1:51.37	Hugo Fleming	U23	27.06.95	4	Watford	24	Aug
1:51.41i	Zac Randall		16.08.92	6	Fayetteville, USA	30	Jan
1:51.44	Sean Hall		5.09.87	1ns	Manchester (SC)	4	Jun
1:51.47	Theo Blundell	U23	30.11.95	1rB	Watford	15	Jun
1:51.5	Rory Muir	U23	30.11.95	1	Chester-Le-Street	25	Jul
1:51.51	James Saxton	U23	27.04.95	3rB	Manchester (Str)	19	Jul
1:51.52	Jordan Donnelly		20.09.87	8	Concord, USA	2	Jun
1:51.58	George Duggan	U23	1.09.96	2	Watford	10	Aug
(90)							
1:51.60	Jamie Williamson	U20	3.03.97	1	Weinheim, GER	28	May
1:51.60	Michael Salter		12.01.90	1rC	Oxford	23	Jul
1:51.71	Andy Baddeley		20.06.82	6	Watford	13	Jul
1:51.71	Josh Norman		20.04.91	4rB	Manchester (Str)	19	Jul
1:51.75	Dominic Brown	U23	8.10.94	3	Watford	10	Aug
1:51.77	Scott Greeves	U23	30.07.96	2rB	Watford	15	Jun

2016 - M - 800

Time	Name	Cat	DOB	Pos	Venue	Date	
1:51.78	Michael Ferguson	U23	18.03.95	2	Glasgow (C)	3	Jun
1:51.79	Alex Botterill	U17	18.01.00	1	Leeds	4	Jun
1:51.8	Charlie Baldwin	U23	28.09.95	5	Brighton	11	May
1:51.82	Sebastian Anthony	U20	16.02.97	2rB	Loughborough	22	May
(100)							
1:51.82	James Fradley	U20	25.10.98	5rB	Manchester (Str)	19	Jul
1:51.83i	Carl Hill		3.06.90	2	Cardiff	10	Jan
1:51.86	Conall Kirk	U23	6.01.96	1	Dublin (I), IRL	13	Jul
1:51.86	Dale Colley	U23	11.10.94	2rC	Oxford	23	Jul
1:51.87	Daniel Mees	U20	12.09.98	2	Gateshead	9	Jul
1:51.88	Jack Walker		5.09.93	5rB	Ninove, BEL	23	Jul
1:51.88	Stuart McCallum	U23	15.09.95	1rB	Gothenburg, SWE	13	Aug
1:51.89	Scott Evans		4.02.91	3	Cardiff	7	May
1:51.89	Daniel Wallis	U23	29.01.96	3rB	Loughborough	8	Jun
1:51.91	Stephen MacKay		7.06.92	3	Glasgow (C)	3	Jun

Additional Under 20 (1-20 above)

Time	Name	Cat	DOB	Pos	Venue	Date	
1:52.15	Alexander Hanson		25.06.97	1	Watford	7	May
1:52.17	Cameron Steven		5.03.99	1	York	24	Jul
1:52.29	Tom Holden		21.03.97	4rB	Loughborough	8	Jun
1:52.38	Cameron Bell		2.01.99	7	Manchester (Str)	28	Jun
1:52.43	James Habergham		11.08.97	6rB	Manchester (Str)	7	Jun
1:52.44	Callum Crawford-Walker		31.05.98	6	Leixlip, IRL	30	Jul
1:52.64	Toby Ralph		12.11.97	4	Gateshead	9	Jul
1:52.78	Matthew Williams		20.12.98	2	Cardiff	27	Jul
1:52.83	Jeremy Barnes		29.05.97	1rG	Watford	28	May
1:52.87i	Aidan Gilbride		28.11.97	2	Glasgow	30	Jan
	1:53.37			3rB	Manchester (Str)	28	Jun
(30)							
1:52.89	Piers Copeland		26.11.98	1	Milton Keynes	4	Jun
1:52.94	Ricky Lutakome	U17	19.11.99	2rG	Watford	28	May
1:52.99	Tom Clarke		5.12.97	1	Manchester (Str)	17	May
1:53.1	Max Burgin	U15	20.05.02	2	Chester-Le-Street	25	Jul
1:53.11	Ossama Meslek		8.01.97	2rE	Oxford	23	Jul
1:53.18	Ciaran Cooper		1.03.97	2rF	Watford	28	May
1:53.34	James O'Brien		29.09.97	1rC	Manchester (Str)	9	Aug
1:53.36	Jacob Brown		24.11.97	2rC	Manchester (Str)	28	Jun

Additional Under 17 (1-2 above)

Time	Name	DOB	Pos	Venue	Date	
1:53.60	Alexander Birkett	9.11.99	2rB	Manchester (Str)	23	Aug
1:53.68	Joshua Hulse	14.03.01	2	Gateshead	9	Jul
1:54.14	Adrian Lloyd-Davies	29.08.00	4	Gateshead	9	Jul
1:54.17	Thomas Fulton	16.12.99	5	Milton Keynes	4	Jun
1:54.42	Hamza Kadir	12.09.99	9	Watford	10	Aug
1:54.70	Will Crisp	25.11.99	5	Gateshead	9	Jul
1:54.94	Alex Goodall	30.09.99	2	Heusden, BEL	16	Jul
1:55.00	Ben Lee	7.01.01	2	Birmingham	18	Jun
(10)						
1:55.47	Simon Coppard	19.02.01	1rC	Watford	10	Aug
1:55.50	Joshua Eeles	12.12.99	2rI	Watford	28	May
1:55.55	Sam Brown	21.03.00	1rB	Glasgow (C)	3	Jun
1:55.59	Matthew Rawlings	4.10.99	2rB	Watford	15	Jun
1:55.76	Michael Parry	25.11.99	2	Manchester (Str)	23	Aug
1:55.88	Oliver Dustin	29.11.00	3	Manchester (Str)	7	Jun
1:55.89	Harry Digby	22.10.00	5	Watford	13	Jul
1:56.1	Max Pearson	17.11.99	3rB	Chester-Le-Street	9	May
1:56.16	Colin Daly	9.04.00	4	Manchester (Str)	17	May
1:56.17	Josh Allen	23.01.00	4rC	Manchester (Str)	23	Aug
(20)						
1:56.31	Yuri Zavratchiyski	14.04.00	4rB	Watford	7	May
1:56.39	Adam Scott	24.01.00	1	Livingston	25	May

2016 - M - 800

Time	Name	DOB	Pos	Venue	Date	
1:56.51	Euan Boyle	30.09.99	2h1	Grangemouth	21	Aug
1:56.70	James Vincent	15.10.99	4rH	Solihull	9	Jul
1:56.80	Finlay McLear	25.05.00	2rB	Watford	7	Sep
1:57.0	Jack Brennan	11.02.00	1rC	Chester-Le-Street	9	May
1:57.07	Jake Young	7.11.99	1	Chelmsford	15	May
1:57.07	Jack Goddard	2.08.00	1	Bromley	29	May
1:57.15	Jesse Magorrian	25.11.99	1	Ashford	11	Jun
1:57.29	Harry Boyd	25.11.99	1	Ashford	13	Aug

Under 15 (1 above)

Time	Name	DOB	Pos	Venue	Date	
1:54.52	Ben Pattison	15.12.01	1rB	Street	2	May
1:55.36	Oliver Carvell	9.04.02	3	Exeter	26	Jul
1:59.09	Oliver Lill	27.06.02	2rC	London (Elt)	20	Jul
1:59.56	Adam Saul-Braddock	20.09.01	3	Gateshead	9	Jul
1:59.65	James Stanley	28.12.01	4	Middlesbrough	13	Aug
1:59.72	Laurance Edwards	26.11.01	3rC	Milton Keynes	4	Jun
1:59.80	Harry Hall	27.12.01	1h2	Bedford	27	Aug
1:59.8	Dominic McDougall	16.12.01	1	Bromley	19	Jun
2:00.40	Thomas Palmer	12.10.01	8rD	Watford	10	Aug
(10)						
2:00.4	James Jerram	27.01.02	1	Sutton	18	Jun
2:00.71	Abdifatqh Hasan	14.02.02	3h1	Gateshead	8	Jul
2:00.72	Connor Richards	25.10.01	8	Exeter	26	Jul
2:00.92	Rory Howorth	2.07.02	1P4	Exeter	17	Sep
2:01.3	Daniel Joyce	2.01.03	3rC	Chester-Le-Street	25	Jul
2:01.4	William Tighe	22.12.01	1	Manchester (SC)	19	Jun
2:01.71	David McNair	1.06.02	1	Grangemouth	19	Jun
2:02.03	Alfie Bould	15.01.02	6	Middlesbrough	13	Aug
2:02.06	Sebastian Lewis	27.10.01	1	Newport	14	Aug
2:02.3	Thomas Roberts	18.10.01	2	Manchester (SC)	19	Jun
(20)						
2:02.38	Lewis Dow	18.01.03	6	Livingston	24	Aug
2:02.51	Gary McPake	15.08.02	1h2	Glasgow	23	Aug
2:02.53	Max Perry	12.04.02	8rF	Watford	10	Aug
2:02.58	Christopher McLew	1.09.01	2h2	Glasgow	23	Aug
2:02.6	Joe Smith	20.10.01	1	Walton	16	Jul
2:02.61	Luke van Oudtshoorn	30.06.02	3rB	Basingstoke	20	Jul
2:03.2	Peter Guy	28.09.01	3	Bromley	19	Jun
2:03.32	Sam Bickerstaff	12.09.01	4h1	Bedford	27	Aug
2:03.4	Harley Norman	14.07.03	2	Sutton	18	Jun
2:03.54	Harris Mier	7.11.01	4rB	Exeter	26	Jul
(30)						
2:03.56	Finley Richards	25.10.01	5rB	Exeter	26	Jul
2:03.60	Robert Suckling	7.02.02	4h2	Bedford	27	Aug
2:03.76	Ross Whitelaw	4.03.02	3h2	Glasgow	23	Aug
2:03.79	Jude Bush	11.12.01	2rB	Loughborough	15	Jun
2:03.8	Ben McIntyre	27.03.02	3	Swindon	16	Jul
2:03.86	James Penrose	22.09.01	3rB	Exeter	31	May
2:03.89	Cameron Reid	20.12.01	7rH	Watford	15	Jun

Under 13

Time	Name	DOB	Pos	Venue	Date	
2:06.35	Jaden Kennedy	18.09.03	5	Woking	10	Aug
2:12.41	Samuel Shippey	6.01.04	3rM	Watford	15	Jun
2:13.69	Gilad Nachshen	9.09.04	2rL	Watford	10	Aug
2:14.58	Lewis Shipley		1	Birmingham	4	Jul
2:14.63	Bailey Roberts	10.09.03	1rB	Kingston	31	Jul
2:14.9	Ryan Martin	10.10.03	1	Walton	16	Jul
2:15.13	Harry Hyde	9.11.03	2	Kingston	31	Jul
2:15.3	Joshua Smith	22.01.04	1	Kingston	19	Jun
2:15.72	Luke-Lom Hynes	24.11.03	3	Kingston	31	Jul
2:15.79	Reuben Henry-Daire	12.03.04	2rB	Kingston	31	Jul

2016 - M - 800 - 1500

Foreign
1:46.78	Zak Curran (IRL)		17.12.93	2	Dublin (S), IRL	22 Jul
1:49.27	Christian Von Eitzen (GER) U20		1.01.97	8	Kassel, GER	19 Jun
1:49.55	Nicholas Landeau (TTO) U23		30.01.95	1	Port of Spain, TTO	25 Jun
1:51.63	Harvey Dixon (GIB)		2.11.93	4h2	Geneva, USA	13 May
1:51.88	Daniel Thomas Villalba (MEX)		29.09.89	7	Watford	18 May

1000 Metres
2:19.31	James Bowness	26.11.91	3	Gothenburg, SWE	15 Jul
2:20.84i	Dale King-Clutterbuck	1.01.92	8	Stockholm, SWE	17 Feb
2:22.36	Mukhtar Mohammed	1.12.90	4	Gothenburg, SWE	15 Jul

1500 Metres
3:31.74	Mo Farah		23.03.83	5	Monaco, MON	15 Jul
3:33.60	Charlie Grice		7.11.93	9	Monaco, MON	15 Jul
	3:37.70+			5m	Oslo, NOR	9 Jun
	3:37.80+			1m	Eugene, USA	28 May
	3:38.48			16	Brussels, BEL	9 Sep
	3:40.05			5s1	Rio de Janeiro, BRA	18 Aug
3:35.37	Chris O'Hare		23.11.90	7	Rome, ITA	2 Jun
	3:36.58			3	Ostrava, CZE	20 May
	3:37.88i+			4m	New York (A), USA	20 Feb
	3:39.26			4h1	Rio de Janeiro, BRA	16 Aug
	3:39.28i+			1m	New York (A), USA	6 Feb
	3:41.09i			2h2	Portland, USA	18 Mar
	3:41.43i+			1m	Boston, USA	30 Jan
3:36.29	Lee Emanuel		24.01.85	4	Swarthmore,, USA	16 May
	3:37.10			4	Windsor, CAN	21 May
	3:37.88			3	Greenville, USA	4 Jun
	3:38.04			9	Somerville, USA	17 Jun
	3:38.68i			5	Glasgow	20 Feb
	3:40.08+			7m	London (O)	22 Jul
3:36.64	Jake Wightman	U23	11.07.94	5	Somerville, USA	17 Jun
	3:37.53			9	Birmingham	5 Jun
	3:38.83			3	Oslo, NOR	9 Jun
	3:39.10+			4m	London (O)	22 Jul
	3:39.32			1h3	Amsterdam, NED	7 Jul
	3:40.85			1	Loughborough	22 May
	3:41.66			1	Manchester (Str)	17 May
	3:41.77			1	Jessheim, NOR	2 Jun
	3:41.89			1	Manchester (SC)	14 May
3:37.47	Tom Lancashire		2.07.85	7	Barcelona (S), ESP	30 Jun
	3:37.77			11	Birmingham	5 Jun
	3:39.95			9	Ostrava, CZE	20 May
	3:40.13			1	Rieme, BEL	11 Jul
	3:40.30+			8m	London (O)	22 Jul
	3:40.9			5	Watford	15 Jun
	3:41.46			7	Oslo, NOR	9 Jun
	3:42.08			5h1	Amsterdam, NED	7 Jul
3:38.64	Jonathan Cook		31.07.87	5	Ninove, BEL	23 Jul
	3:39.83			4	Oordegem, BEL	4 Jun
	3:42.19			8	Brussels, BEL	19 Jun
3:39.03	Robbie Fitzgibbon	U23	23.03.96	6	Ninove, BEL	23 Jul
	3:39.46			2rB	Heusden, BEL	16 Jul
	3:39.68			3	Oordegem, BEL	4 Jun
	3:40.5			4	Watford	15 Jun
	3:40.65			3	Brussels, BEL	19 Jun
	3:41.51			1	Los Angeles (ER), USA	20 May
3:39.4	Tom Farrell		23.03.91	1	Watford	15 Jun
	3:42.19i			8	Glasgow	20 Feb

2016 - M - 1500

Time	Name	Cat	DOB	Pos	Venue	Date	
3:39.41	Tom Marshall		12.06.89	1	Oordegem, BEL	4	Jun
	3:40.2			3	Watford	15	Jun
(10)							
3:39.92	Neil Gourley	U23	7.02.95	3	Lokeren, BEL	3	Jul
	3:41.33			8s2	Eugene, USA	8	Jun
3:40.0	James West	U23	30.01.96	2	Watford	15	Jun
3:40.53i	Dale King-Clutterbuck		1.01.92	1	Vienna, AUT	30	Jan
	3:42.0			8	Watford	15	Jun
3:41.08	Josh Kerr	U20	8.10.97	5s2	Eugene, USA	8	Jun
	3:42.09			1	Azusa, USA	15	Apr
	3:42.39			4rB	Stanford, USA	1	May
3:41.3	Josh Carr	U23	30.07.94	6	Watford	15	Jun
3:41.70	Oliver Aitchison		13.03.92	7	Portland, USA	12	Jun
	3:42.18			2rB	Stanford, USA	1	May
3:42.30	Michael Rimmer		3.02.86	2	Los Angeles (ER), USA	7	May
3:42.39	Marc Scott		21.12.93	3rB	Azusa, USA	15	Apr
	62 performances to 3:42.5 by 18 athletes including 7 indoors						
3:42.86	Liam Dee	U23	23.05.96	1rB	Swarthmore,, USA	16	May
3:43.15	Jonathan Davies	U23	28.10.94	2	Manchester (SC)	14	May
(20)							
3:43.34	Phil Sesemann		3.10.92	1	Watford	13	Jul
3:43.41	Andy Baddeley		20.06.82	1	Manchester (Str)	9	Aug
3:43.45	Michael Wilsmore		8.06.85	5	Huizingen, BEL	6	Aug
3:43.55	Kieran Clements		20.11.93	7	Princeton, USA	22	Apr
3:43.67	Cameron Boyek		9.10.93	2	Manchester (Str)	9	Aug
3:43.7	Rob Mullett		31.07.87	10	Watford	15	Jun
3:43.81	Archie Davis	U20	16.10.98	6	Aarhus, DEN	25	Jun
3:44.02	Adam Cotton		26.01.92	5rB	Azusa, USA	15	Apr
3:44.22	Christopher Olley	U23	26.03.96	2	Watford	13	Jul
3:44.30	Ben Waterman		29.09.93	5	Manchester (SC)	14	May
(30)							
3:44.33	Michael Ward	U23	10.12.94	1rC	Charlottesville, USA	23	Apr
3:44.39	Robbie Farnham-Rose	U23	5.01.94	3	Auburn, USA	22	Apr
3:44.43	George Mills	U20	12.05.99	3	Manchester (Str)	9	Aug
3:44.48	James McMurray	U23	18.01.95	2rB	Watford	15	Jun
3:44.54	Sam Stabler		17.05.92	1	Houston, USA	25	Mar
3:44.57	Matthew Fayers	U23	5.08.94	7	Azusa, USA	15	Apr
3:44.64	Alex George	U23	6.02.96	8	Azusa, USA	15	Apr
3:44.70	Ben Stevenson		26.01.94	4h3	Birmingham	25	Jun
3:44.72	Stuart McCallum	U23	15.09.95	4	Manchester (Str)	9	Aug
3:44.76	Nick Goolab		30.01.90	2	Loughborough	22	May
(40)							
3:44.8i+	Steve Mitchell		24.05.88	1m	Cardiff	7	Feb
3:44.92	Alex Tovey		27.12.89	5h3	Birmingham	25	Jun
3:44.93	John Ashcroft		13.11.92	4	Watford	28	May
3:44.99	Rowan Axe		17.05.91	5	Watford	28	May
3:45.04	Jonathan Tobin	U23	11.04.96	7	Huizingen, BEL	6	Aug
3:45.27	Michael Ferguson	U23	18.03.95	6	Watford	28	May
3:45.31	Guy Smith		11.01.90	3	Loughborough	22	May
3:45.45	Jamie Williamson	U20	3.03.97	3	Regensburg, GER	4	Jun
3:45.51	Henry Tufnell		19.06.92	4rB	Watford	15	Jun
3:45.59i+	Lewis Moses		9.01.87	4m	Athlone, IRL	17	Feb
	3:49.64			10	Manchester (SC)	14	May
(50)							
3:45.67	Zak Seddon	U23	28.06.94	9	Tallahassee, USA	15	May
3:45.74	James Bowness		26.11.91	3	Manchester (Str)	20	Aug
3:45.77	Daniel Studley		1.01.92	1	Belfast	7	May
3:45.78	Kieran Wood	U23	3.11.95	3	Watford	13	Jul
3:45.80	Michael Salter		12.01.90	8	Manchester (SC)	14	May
3:45.86	Josh Norman		20.04.91	5rB	Watford	15	Jun
3:45.86	Tom Hook	U23	6.06.95	6rB	Watford	15	Jun

2016 - M - 1500

Time	Name	Cat	DOB	Pos	Venue	Date	
3:46.11	Jack Hallas		7.02.91	7	Manchester (Str)	9	Aug
3:46.13	Chris Parr		13.11.84	8	Watford	28	May
3:46.14	Douglas Musson	U23	8.04.94	7rB	Watford	15	Jun
(60)							
3:46.20	Adam Hickey		30.05.88	4	Watford	13	Jul
3:46.24	William Paulson	U23	17.11.94	9	Watford	28	May
3:46.30	Tom Holden	U20	21.03.97	5	Watford	13	Jul
3:46.32	Gilbert Grundy		22.06.89	4=	Portland, USA	15	May
3:46.50	Jake Heyward	U20	26.04.99	8rB	Watford	15	Jun
3:46.55	Richard Weir		7.08.84	4	Solihull	9	Jul
3:46.56	Martin Mashford		3.05.87	4	Melbourne (BH), AUS	19	Jan
3:46.59	James McCarthy	U23	31.10.96	9rB	Watford	15	Jun
3:46.70i	James Brewer		18.06.88	2	Sheffield	28	Feb
3:46.81	Oliver James	U23	26.03.94	12rC	Azusa, USA	15	Apr
(70)							
3:46.93	Philip Crout	U23	7.04.95	7	Watford	13	Jul
3:47.00	Adam Clarke		3.04.91	5	Manchester (Str)	20	Aug
3:47.21	Max Wharton	U23	8.07.96	1	Watford	29	Jun
3:47.36	Ryan Driscoll	U23	25.01.94	2	San Francisco, USA	14	May
3:47.48	Jack Crabtree	U23	13.09.96	2	London (LV)	12	Jun
3:47.5	Bradley Goater	U23	13.04.94	10rB	Watford	15	Jun
3:47.51	Edward Shepherd		8.12.93	10rC	Stanford, USA	1	Apr
3:47.60	James Gormley	U20	3.04.98	1rB	Watford	28	May
3:47.61	Andrew Wright	U23	13.09.95	2	Manchester (Str)	7	Jun
3:47.68	Matthew Leach		25.09.93	3	San Francisco, USA	14	May
(80)							
3:47.7	Luke Gunn		22.03.85	13	Watford	15	Jun
3:47.71	Michael Wilson	U23	4.01.96	2rB	Watford	28	May
3:47.73	William Christofi	U23	17.09.94	2rC	Watford	28	May
3:47.83	Cameron Field	U23	16.04.96	3	Dublin (S), IRL	22	Jul
3:47.88	Jermaine Mays		23.12.82	14	Watford	28	May
3:47.93	George Duggan	U23	1.09.96	4rB	Manchester (SC)	14	May
3:47.94i+	Chris Gowell		26.09.85	6m	New York (A), USA	23	Jan
3:48.07	Kevin Bell		29.06.89	1	Manchester (Str)	23	Aug
3:48.08	Tommy Horton		7.11.93	1rB	Manchester (Str)	9	Aug
3:48.19	Patrick Dever	U23	5.09.96	4rB	Watford	28	May
(90)							
3:48.22	Alastair Hay		7.09.85	1	Grangemouth	27	Aug
3:48.26	Elliot Slade	U23	5.11.94	10	Princeton, USA	22	Apr
3:48.31	Patrick Monaghan		25.10.93	4rC	Gainesville, USA	1	Apr
3:48.31	Euan Makepeace	U20	31.05.97	6rD	Azusa, USA	15	Apr
3:48.32	William Fuller	U20	14.05.97	5rB	Watford	28	May
3:48.36	John Sanderson		27.02.93	8	Watford	13	Jul
3:48.39	David Proctor		22.10.85	6rB	Watford	28	May
3:48.42	Matthew White		10.08.91	3	Manchester (Str)	7	Jun
3:48.44	Harry Harper		23.11.89	7rB	Watford	28	May
3:48.50	Ossama Meslek	U20	8.01.97	8rB	Watford	28	May
(100)							
3:48.52i+	Daniel Cheeseman		26.07.93	7m	Athlone, IRL	17	Feb
3:49.63i				6h2	Sheffield	27	Feb
3:48.53	Iolo Hughes	U23	22.11.96	3	Manchester (Str)	23	Aug
3:48.68i	John Bird		17.05.92	2	Cardiff	23	Jan
3:48.76	Dominic Brown		8.10.94	1	Watford	24	Jul
3:48.82	Joe Wilkinson	U23	27.06.96	9	Manchester (Str)	9	Aug
3:48.91	Shaun Wyllie	U23	27.02.95	1rC	Kessel-Lo, BEL	30	Jul
3:48.92	David Sheldon	U23	19.06.95	4	Manchester (Str)	7	Jun
3:49.03	Jordan Donnelly		20.09.87	2	Waltham, USA	4	Jun
3:49.09	Matthew Jackson		28.04.91	4	Manchester (Str)	19	Jul
3:49.12	Haran Dunderdale	U23	26.04.96	6	Des Moines, USA	30	Apr
(110)							
3:49.15	Jamie Taylor-Caldwell		23.09.91	10	Portland, USA	15	May

2016 - M - 1500

Time	Name	Cat	DoB	Pos	Venue	Date	
3:49.31	David Bishop		9.05.87	11h3	Birmingham	25	Jun
3:49.52	Stuart Ferguson		10.10.92	5rD	Stanford, USA	1	Apr
3:49.67	Matthew Clowes		29.09.89	7	Manchester (Str)	7	Jun
3:49.68	Piers Copeland	U20	26.11.98	3rC	Watford	28	May
3:49.72	Alexander Teuten		3.01.92	3	Watford	24	Aug
3:49.73	Archie Rayner	U20	2.06.99	4rC	Watford	28	May
3:49.8	Markhim Lonsdale	U20	9.01.99	1	Chester-Le-Street	6	Jun
3:49.94	Neil Johnston		9.12.93	6	Dublin (S), IRL	22	Jul
3:49.96	Alex Brecker		15.12.93	9	Manchester (Str)	7	Jun

Additional Under 20 (1-13 above)

Time	Name	Cat	DoB	Pos	Venue	Date	
3:50.18	Spencer Thomas		26.08.97	10	Solihull	9	Jul
3:50.46	Archie Walton		14.05.98	1rD	Watford	28	May
3:50.75	Miles Weatherseed		12.07.97	11rB	Watford	28	May
3:50.84	Daniel Eeles		8.08.97	12rB	Watford	28	May
3:51.73	Paulos Surafel		12.01.97	5	Watford	29	Jun
3:51.88	Scott Beattie		4.12.98	8	Manchester (Str)	19	Jul
3:52.07	Adam Scott	U17	24.01.00	1rE	Manchester (SC)	14	May
(20)							
3:52.26	Euan Gilchrist		10.08.98	11rC	Manchester (SC)	14	May
3:52.47	Alex Burrows		14.09.97	7rD	Manchester (SC)	14	May
3:52.50	Benjamin Davies		12.03.99	4rD	Watford	28	May
3:52.96	Sol Sweeney		4.12.98	6	Glasgow	29	Jul
3:52.99	Emile Cairess		27.12.97	5rD	Watford	28	May
3:53.13	Lascelles Hussey		1.07.97	3rE	Manchester (SC)	14	May
3:53.25	Mahamed Mahamed		18.09.97	3	London (WL)	4	Jun
3:53.26i	Ben Greenwood		24.09.98	1	Glasgow	6	Mar
3:53.30	Gus Cockle		7.03.97	7	Watford	18	May
3:53.50	Joe Armstrong		2.09.97	1rC	Manchester (Str)	20	Aug
(30)							
3:53.67	Christopher Durney		16.01.98	7	Manchester (Str)	23	Aug

Additional Under 17 (1 above)

Time	Name	DoB	Pos	Venue	Date	
3:54.4	Jeremy Dempsey	17.12.99	15rB	Watford	15	Jun
3:56.25	James Vincent	15.10.99	4rF	Watford	28	May
3:56.87	Hamza Kadir	12.09.99	1rB	Merksem, BEL	20	Aug
3:57.25	Matthew Rawlings	4.10.99	7rF	Watford	28	May
3:57.77	Luke Duffy	14.11.00	10	Watford	27	Jul
3:58.05	Harry Boyd	17.07.00	1rB	Watford	27	Jul
3:58.21	Ricky Lutakome	19.11.99	4	London (Elt)	20	Jul
3:58.35	Colin Daly	9.04.00	12rB	Manchester (Str)	28	Jun
3:58.92	Max Pearson	17.11.99	6	Manchester (Str)	3	May
(10)						
3:59.36	Joshua Eeles	12.12.99	2	London (Elt)	25	May
4:00.19	Arun Dight	25.12.99	6rC	Manchester (Str)	28	Jun
4:00.54	Jack Goddard	2.08.00	11	Watford	4	May
4:00.60	Kieran Hedley	4.04.00	10rC	Manchester (Str)	9	Aug
4:01.04	Josh Allen	23.01.00	4rB	Manchester (Str)	19	Jul
4:01.58	Joshua Cowperthwaite	9.04.01	8rC	Manchester (Str)	28	Jun
4:01.69	Euan Boyle	30.09.99	4	Grangemouth	7	Sep
4:01.84	Jack Brennan	11.02.00	9rC	Manchester (Str)	28	Jun
4:01.86	Joseph Ford	30.12.99	2	Manchester (Str)	17	May
4:02.02	Finlay McLear	25.05.00	3	Bedford	28	Aug
(20)						
4:02.2	Joseph Pollard	24.07.00	4	Milton Keynes	4	Jun
4:02.60	Chey Blatchford-Kemp	2.09.99	14	Watford	4	May
4:02.83	David Mullarkey	7.03.00	6rB	Manchester (Str)	23	Aug
4:03.15	Jacques Maurice	11.02.01	8rC	Manchester (Str)	7	Aug
4:03.16	Alfred Yabsley	12.09.99	7rB	Watford	27	Jul
4:03.17	George Grassly	19.07.00	10	Watford	1	Jun
4:03.2	Elliot Dee	25.05.00	2rB	Milton Keynes	4	Jun

2016 - M - 1500

Time	Name	Date		Venue	Date	
4:03.29	Joshua Lay	11.04.00	4rB	Watford	4	May
4:04.40	Mikey Kingston	30.04.00	11rG	Manchester (Str)	14	May
4:04.4	Adrian Lloyd-Davies	29.08.00	1	Shrewsbury	21	Jul

Under 15

Time	Name	Date		Venue	Date	
4:06.51	Alfie Bould	15.01.02	1	Birmingham	18	Jun
4:06.80	Oliver Carvell	9.04.02	2	Birmingham	18	Jun
4:08.47	Luke van Oudtshoorn	30.06.02	1	Gateshead	9	Jul
4:09.2	Ben Pattison	15.12.01	1	Sutton	18	Jun
4:09.21	Joe Smith	20.10.01	1	Ashford	14	Aug
4:09.49	Matthew Francis	14.01.02	6rB	London (Elt)	20	Jul
4:10.30	Rory Howorth	2.07.02	4	Gateshead	9	Jul
4:11.86	Sebastian Lewis	27.10.01	1	Newport	13	Aug
4:11.95	Harris Mier	7.11.01	6	Gateshead	9	Jul
4:12.15	Dominic McDougall	16.12.01	2rC	Watford	4	May
(10)						
4:12.31	Connor Keogh	19.01.02	3rE	Watford	29	Jun
4:12.55	James Penrose	22.09.01	2	Newport	13	Aug
4:13.51	William Tighe	22.12.01	4h2	Gateshead	8	Jul
4:13.85	Adam Caulfield	8.12.01	3	Birmingham	18	Jun
4:14.8	Max Perry	12.04.02	1	Little Marlow	19	Jun
4:16.25	David Dow	15.10.01	6h2	Gateshead	8	Jul
4:16.3	Aiden Killeen	1.02.02	2	Little Marlow	19	Jun
4:16.36	Luke Nuttall	17.09.01	5rD	Milton Keynes	4	Jun
4:16.50	Harry Hall	27.12.01	6rD	Glasgow	29	Jul
4:16.62	Sam Gentry	18.04.02	7rD	Milton Keynes	4	Jun
(20)						
4:16.66	Harrison Hardy-Smith	26.03.02	1	Nuneaton	13	Aug
4:16.7	Ethan Hussey	5.03.03	1	York	11	Jun
4:16.76	Lewis Dow	18.01.03	2rB	Grangemouth	7	Sep
4:16.79	Max Burgin	20.05.02	1	Cudworth	15	May
4:17.05	David McNair	1.06.02	7rD	Glasgow	29	Jul
4:17.20	Oscar Millard	8.02.02	6	Bromley	13	Jun
4:17.45	Charlie Brisley	29.12.01	2	Ashford	14	Aug
4:17.68	Harry Collier	17.09.01	3	Middlesbrough	14	Aug
4:17.76	Mohamed Sharif Ali	8.08.03	6rD	Watford	24	Aug
4:17.86	Dylan Bowley	14.05.03	2	Nuneaton	13	Aug
(30)						
4:18.0	Daniel Currie	15.07.02	3rD	Chester-Le-Street	6	Jun
4:18.01	Luke Stonehewer	31.03.02	4	Middlesbrough	14	Aug
4:18.15	Hamish Armitt	24.06.02	9rD	Glasgow	29	Jul
4:18.43	Kane Elliott	19.01.02	3rB	Grangemouth	7	Sep
4:18.73	Ben MacMillan	23.10.01	4rB	Grangemouth	7	Sep
4:18.79	Kieren Coleman-Smith	1.10.01	6h1	Gateshead	8	Jul
4:18.9	Adam Saul-Braddock	20.09.01	1	Solihull	19	Jun
4:18.94	Fraser Willmore	29.09.01	3	Exeter	18	Jun

Under 13

Time	Name	Date		Venue	Date	
4:21.61	Jaden Kennedy	18.09.03	8	London (WP)	3	Aug
4:30.7	Matthew Dyer	27.11.03	1	Swindon	3	Jul
4:31.72	Ryan Martin	10.10.03	7rG	Watford	27	Jul
4:32.2	Samuel Reardon	30.10.03	1	Bromley	19	Jun
4:34.31	Dylan McBride	17.09.03	1-14	Belfast	19	Jun
4:34.47	Odhran Hamilton	26.09.03	1	Belfast	11	Aug
4:34.74	Harry Hyde	9.11.03	7rH	Watford	27	Jul
4:36.6	Ethan McGlen	26.11.03	5rC	Sheffield	13	Jul
4:37.1	Harry Henriksen	11.10.03	1	Grangemouth	6	Jul
4:37.27	Jacob Reynolds	15.07.04	8	Cardiff	27	Jul

Foreign

Time	Name	Date		Venue	Date	
3:47.48	*Christian Von Eitzen (GER) U20*	*1.01.97*	*2*	*Watford*	*29*	*Jun*
3:49.40	*Harvey Dixon (GIB)*	*2.11.93*	*9*	*Williamsburg, USA*	*1*	*Apr*

1 Mile

Time	Athlete	Cat	DOB	Pos	Venue	Date
3:52.64	Charlie Grice		7.11.93	1rB	Eugene, USA	28 May
3:52.85				6	Oslo, NOR	9 Jun
3:52.91i	Chris O'Hare		23.11.90	3	New York (A), USA	20 Feb
3:54.59i				1	New York (A), USA	6 Feb
3:56.00i				1	Boston (A), USA	30 Jan
4:00.06				8	Huntingdon, USA	31 Aug
3:54.20	Jake Wightman	U23	11.07.94	4	London (O)	22 Jul
3:59.4				1	Nottingham	28 Jul
3:55.43	Lee Emanuel		24.01.85	7	London (O)	22 Jul
3:59.66				1	Letterkenny, IRL	2 Jul
3:56.44	Tom Lancashire		2.07.85	9	London (O)	22 Jul
3:58.59i	Oliver Aitchison		13.03.92	5rF	Seattle, USA	13 Feb
3:58.69	James West	U23	30.01.96	10	Dublin (S), IRL	22 Jul
3:59.25i	Matthew Fayers	U23	5.08.94	1	Ames, USA	13 Feb
3:59.46	Andy Baddeley		20.06.82	1	Oxford	23 Jul
3:59.58i	Neil Gourley	U23	7.02.95	1	Blacksburg, USA	5 Feb
3:59.66i				2	Ames, USA	13 Feb

16 performances to 4:00.0 by 10 athletes including 7 indoors

Time	Athlete	Cat	DOB	Pos	Venue	Date
4:00.18	Robbie Fitzgibbon	U23	23.03.96	2	Letterkenny, IRL	2 Jul
4:00.37i	James Brewer		18.06.88	1	Seattle, USA	13 Feb
4:00.43i	Liam Dee	U23	23.05.96	3	Staten Island, USA	27 Feb
4:00.73i	Kieran Clements		20.11.93	4	Staten Island, USA	27 Feb
4:00.92i	Robbie Farnham-Rose	U23	5.01.94	5	Ames, USA	13 Feb
4:01.84	Alex Tovey		27.12.89	2	Oxford	23 Jul
4:02.05i	Steve Mitchell		24.05.88	1	Cardiff	7 Feb
4:02.40i	Lewis Moses		9.01.87	3	Athlone, IRL	17 Feb
4:02.4	Richard Weir		7.08.84	2	Nottingham	28 Jul
4:02.86i	Michael Ward	U23	10.12.94	2	Notre Dame, USA	6 Feb
(20)						
4:03.1	Cameron Boyek		9.10.93	3	Nottingham	28 Jul
4:03.53	Phil Sesemann		3.10.92	3	Cork, IRL	28 Jun
4:04.03i	Zak Seddon	U23	28.06.94	6	Boston (R), USA	27 Feb
4:04.31i	Jake Shelley		16.03.91	7	Seattle, USA	16 Jan
4:05.09i	Chris Gowell		26.09.85	7	New York (A), USA	23 Jan
4:05.32iA	Josh Kerr	U20	8.10.97	4	Albuquerque, USA	13 Feb
4:05.56	Tom Hook	U23	6.06.95	4	Oxford	23 Jul
4:05.69i	Alex George	U23	6.02.96	1	Fayetteville, USA	15 Jan
4:05.77	Michael Wilsmore		8.06.85	5	Oxford	23 Jul
4:05.98	John Ashcroft		13.11.92	7	Cork, IRL	28 Jun
(30)						
4:06.96	Josh Carr	U23	30.07.94	1	Oxford	7 May
4:07.00i	Zac Randall		16.08.92	3	Notre Dame, USA	20 Feb
4:07.09i	Stuart Ferguson		10.10.92	3	Notre Dame, USA	6 Feb
4:07.43	Jack Hallas		7.02.91	2	Bedford	31 Jul
4:07.52i	Thomas Richardson	U23	25.11.94	2rC	Seattle, USA	13 Feb
4:07.85i	Mitch Goose		16.03.89	8	Staten Island, USA	27 Feb
4:08.00i	Daniel Cheeseman		26.07.93	7	Athlone, IRL	17 Feb

2000 Metres

Time	Athlete	DOB	Pos	Venue	Date
5:02.1+	Mo Farah	23.03.83	2m	Birmingham	5 Jun
5:06.56i+			1m	Glasgow	20 Feb

3000 Metres

Time	Athlete	DOB	Pos	Venue	Date
7:32.62	Mo Farah	23.03.83	1	Birmingham	5 Jun
7:39.55i			1	Glasgow	20 Feb
7:53.1+			2m	London (O)	23 Jul
7:57.3+			2m	Rio de Janeiro, BRA	20 Aug
7:42.47i	Tom Farrell	23.03.91	3	Portland, USA	5 Feb
7:57.39i			2	Sheffield	27 Feb
7:59.77i			7h1	Portland, USA	18 Mar
8:06.9+			15m	London (O)	23 Jul

2016 - M - 3k

Time	Name	Cat	Date	Pos	Venue	Day	Month
7:45.00	Andrew Butchart		14.10.91	4	Birmingham	5	Jun
7:53.15i				7	Glasgow	20	Feb
7:57.7+				5m	Rio de Janeiro, BRA	20	Aug
7:58.8+				13m	London (O)	23	Jul
7:52.41	Lee Emanuel		24.01.85	3	Gothenburg, SWE	15	Jul
7:53.18i				4h2	Portland, USA	18	Mar
7:55.61i				1	Sheffield	27	Feb
7:55.51i	Alex George	U23	6.02.96	5	Ames, USA	12	Feb
7:56.06	Jonathan Taylor		10.10.87	1	Dublin (S), IRL	22	Jul
7:57.96				8	Birmingham	5	Jun
7:56.66	Richard Weir		7.08.84	2	Dublin (S), IRL	22	Jul
7:56.70	Sam Atkin		14.03.93	1	Eugene, USA	6	May
7:58.00	Andy Baddeley		20.06.82	1	Watford	27	Jul
7:58.47	James West	U23	30.01.96	2	Watford	27	Jul
(10)							
7:58.63	Matthew Bergin		2.03.93	3	Dublin (S), IRL	22	Jul
7:59.14i	Sam Stabler		17.05.92	3	Sheffield	27	Feb
8:15.80				9	Loughborough	22	May
24 performances to 8:00.0 by 12 athletes including 9 indoors							
8:00.48i	Jonathan Davies	U23	28.10.94	9	Glasgow	20	Feb
8:01.38				2	Karlstad, SWE	27	Jul
8:00.82i	Kieran Clements		20.11.93	8	Boston (A), USA	30	Jan
8:01.63	Alexander Yee	U20	18.02.98	1	Loughborough	22	May
8:02.18i	Mitch Goose		16.03.89	10	Boston (A), USA	30	Jan
8:02.37i	Rob Mullett		31.07.87	2	Bloomington, USA	22	Jan
8:17.3+				18m	London (O)	23	Jul
8:02.87i	Andrew Heyes		22.06.90	5	Ghent, BEL	13	Feb
8:03.01i	Tom Lancashire		2.07.85	10	Glasgow	20	Feb
8:04.96				11	Berlin, GER	3	Sep
8:03.70i	Liam Dee	U23	23.05.96	8	Staten Island, USA	12	Feb
(20)							
8:04.27	Adam Hickey		30.05.88	3	Watford	27	Jul
8:05.58i	Frank Baddick		29.11.85	5	Sheffield	27	Feb
8:05.59	Dewi Griffiths		9.08.91	11	Birmingham	5	Jun
8:05.66i	Michael Ward	U23	10.12.94	11	Ames, USA	12	Feb
8:06.15	Christopher Olley	U23	26.03.96	4	Watford	27	Jul
8:06.82	Ben Stevenson	U23	26.01.94	3	Loughborough	22	May
8:07.85i	Andrew Wright	U23	13.09.95	1	Cardiff	11	Dec
8:08.01i	Nick Goolab		30.01.90	1	Sheffield	10	Jan
8:08.10	Charlie Hulson		7.03.93	5	Watford	27	Jul
8:08.6	Danny Davis		30.08.92	1	Cambridge	3	Jun
(30)							
8:08.77i	Robbie Farnham-Rose	U23	5.01.94	5	Nashville, USA	16	Jan
8:08.91i	Ryan Forsyth	U23	7.07.96	4	Seattle, USA	27	Feb
8:08.97	Adam Clarke		3.04.91	7	Dublin (S), IRL	22	Jul
8:08.99i	Phil Sesemann		3.10.92	6	Sheffield	27	Feb
8:17.87				12	Loughborough	22	May
8:09.32	Stuart McCallum	U23	15.09.95	6	Watford	27	Jul
8:10.02i	Tom Marshall		12.06.89	2	Cardiff	11	Dec
8:10.4	Philip Crout	U23	7.04.95	2	Cambridge	3	Jun
8:10.44i	Ryan Driscoll	U23	25.01.94	15rC	Seattle, USA	30	Jan
8:10.71	Matthew Clowes		29.09.89	4	Eugene, USA	6	May
8:10.78i	Piers Copeland	U20	26.11.98	3	Cardiff	11	Dec
(40)							
8:10.9+	Ross Millington		19.09.89	16m	London (O)	23	Jul
8:11.13	Tom Holden	U20	21.03.97	5	Loughborough	22	May
8:11.33	Ellis Cross	U23	22.09.96	7	Watford	27	Jul
8:11.66i	Daniel Cheeseman		26.07.93	4	Sheffield	10	Jan
8:11.98i	Joshua Griffiths	U23	3.11.93	4	Cardiff	11	Dec
8:12.38	Patrick Dever	U23	5.09.96	7	Loughborough	22	May
8:12.77i	Marc Scott		21.12.93	1	Lawrence, USA	29	Jan
8:12.81	Owen Hind		1.08.90	2	Pittsburg, USA	10	Dec

2016 - M - 3k

Time	Name	Cat	Date		Venue	Day	Month
8:12.99	Paulos Surafel	U20	12.01.97	8	Watford	27	Jul
8:13.02	Jack Goodwin		7.06.93	2	Watford	4	May
(50)							
8:13.55i	David Proctor		22.10.85	3	Boston, USA	13	Feb
8:13.77	John Sanderson		27.02.93	9	Watford	27	Jul
8:13.82i	Alex Dunbar		24.04.92	2	Birmingham, USA	16	Feb
8:13.97	Ben Coldray		9.11.91	1	Watford	20	Apr
8:13.99i	Adam Bitchell		23.06.91	7	New York (A), USA	6	Feb
8:14.08i	Luke Traynor		6.07.93	8rC	Ames, USA	12	Feb
8:14.08	William Fuller	U20	14.05.97	8	Loughborough	22	May
8:14.17	Tom Wade		14.01.89	5	Gothenburg, SWE	15	Jul
8:14.20i	Edward Shepherd		8.12.93	5	Seattle, USA	30	Jan
8:14.29	Donald Carter		19.03.90	3	Watford	4	May
(60)							
8:14.65i	Jonathan Hopkins		3.06.92	3	Sheffield	21	Feb
8:14.69	Joshua Grace		11.05.93	4	Watford	4	May
8:14.72	Daniel Jarvis	U23	21.10.95	10	Watford	27	Jul
8:14.74	Scott Halstead	U23	31.05.96	2	Watford	20	Apr
8:15.11i	Rowan Axe		17.05.91	7	Sheffield	27	Feb
8:15.55i	Alex Short	U23	7.01.94	17rC	Seattle, USA	30	Jan
8:16.05	Josh Carr	U23	30.07.94	5	Watford	20	Apr
8:16.23	William Christofi	U23	17.09.94	10	Loughborough	22	May
8:16.24	Jake Shelley		16.03.91	3	Manchester (SC)	17	Aug
8:16.31i	Rhys Park	U23	18.03.94	9	Seattle, USA	30	Jan
(70)							
8:16.61	Nick Earl		22.09.84	11	Watford	27	Jul
8:16.62	Alex Brecker		15.12.93	1	Manchester (Str)	3	May
8:16.67i	Matthew Shirling	U23	5.10.95	2	London (LV)	3	Feb
8:16.84	Tommy Horton		7.11.93	1	Manchester (Str)	28	Jun
8:17.05	Chris Parr		13.11.84	11	Loughborough	22	May
8:17.16	Sam Stevens	U20	27.03.98	1	Watford	29	Jun
8:17.76	Jack Rowe	U23	30.01.96	12	Watford	27	Jul
8:17.83	Jack Morris		9.04.93	2	Manchester (Str)	3	May
8:18.12	Emile Cairess	U20	27.12.97	2	Manchester (Str)	7	Jun
8:18.2	Ieuan Thomas		17.07.89	2	Nottingham	6	Aug
(80)							
8:18.21	Alasdair Kinloch	U20	8.02.99	2	Watford	1	Jun
8:18.22	Patrick Martin		15.05.85	3	Manchester (Str)	3	May
8:18.33	Tom Hook	U23	6.06.95	6	Watford	20	Apr
8:18.39	Samater Farah		25.12.85	2	Eton	7	May
8:18.79	Isaac Akers	U20	6.05.99	5	Watford	4	May
8:18.80	Michael Salter		12.01.90	4	Manchester (Str)	3	May
8:18.91	Dominic Shaw		26.12.88	3	Manchester (Str)	28	Jun
8:18.99i	Tom Purnell		2.10.93	8r10	Boston, USA	13	Feb
8:19.12	Mathew Jackson		28.04.91	1	London (He)	6	Aug
8:19.43i	Jamaine Coleman	U23	22.09.95	9	Bloomington, USA	12	Feb
(90)							
8:19.67	Gus Cockle	U20	7.03.97	6	Watford	4	May
8:19.94	Richard Allen	U23	25.10.95	3	Watford	29	Jun

Additional Under 20 (1-10 above)

Time	Name		Date		Venue	Day	Month
8:20.70	Liam Burthem		22.04.97	5	Manchester (Str)	28	Jun
8:21.54	William Richardson		23.02.98	5	Eton	7	May
8:22.69	Ben Dijkstra		31.10.98	4	Watford	29	Jun
8:24.14	Petros Surafel		12.01.97	11	Watford	20	Apr
8:24.40	Tom Mortimer		7.01.99	2	Street	2	May
8:24.8	Jamie Dee		23.11.97	3	Cambridge	3	Jun
8:25.00	William Battershill		25.02.98	3	Street	2	May
8:26.84	Stephen Ferroni		29.10.97	3	Gateshead	9	Jul
8:28.23	Scott Beattie		4.12.98	11	Manchester (Str)	20	Aug
8:29.22i	Declan McManus		13.03.97	8	Notre Dame, USA	6	Feb
(20)							
8:29.28	Daniel Lawton		28.04.97	5	Manchester (Str)	7	Jun

2016 - M - 3k

Time	Name	DOB		Venue	Date	
8:29.64	Robert Huckle	16.12.98	5	Watford	1	Jun
8:31.2	Hugo Milner	2.09.98	1	Derby	11	Jun
8:33.47	Jonathan Shields	1.02.98	5	Gateshead	9	Jul
8:33.52i	Euan Makepeace	31.05.97	13	Notre Dame, USA	5	Feb

Under 17

Time	Name	DOB		Venue	Date	
8:37.90	Joshua Cowperthwaite	9.04.01	1	Bedford	28	Aug
8:38.56	Matthew Willis	4.02.00	21	Manchester (Str)	3	May
8:39.32	Elliot Dee	25.05.00	4rB	Watford	27	Jul
8:44.17	Lachlan Wellington	25.06.01	3	Bedford	28	Aug
8:44.91	Sam Rodda	13.04.00	12	Watford	4	May
8:46.41	Zakariya Mahamed	29.11.00	4	Bedford	28	Aug
8:46.72	Jack Goddard	2.08.00	28	Watford	20	Apr
8:46.79	Joey Croft	23.05.00	5	Milton Keynes	4	Jun
8:46.89	Jeremy Dempsey	17.12.99	6	Milton Keynes	4	Jun
8:47.53	Elliot Cordery	6.03.01	5	Bedford	28	Aug
(10)						
8:48.25i	Adam Scott	24.01.00	2rB	Glasgow	3	Jan
8:48.66	Dominic Smith	6.11.99	6	Bedford	28	Aug
8:49.00	Oliver Barbaresi	23.03.00	7	Bedford	28	Aug
8:49.11	Jack White	25.10.00	8	Bedford	28	Aug
8:50.83	James Daly	15.07.00	12	Watford	1	Jun
8:51.0	Chey Blatchford-Kemp	2.09.99	1	Reading	17	Apr
8:51.24	Max Heyden	12.09.00	4	Basingstoke	20	Jul
8:51.50	Arun Dight	25.12.99	9	Bedford	28	Aug
8:52.26	Joseph Ford	30.12.99	4rB	Manchester (Str)	3	May
8:53.14	David Mullarkey	7.03.00	14	Manchester (Str)	9	Aug
(20)						
8:53.39	Connor Bentley	19.01.01	1rB	Manchester (Str)	7	Jun
8:53.73	Harry Boyd	17.07.00	1	Bromley	17	Jul
8:54.09	Elliot Lawrence	24.01.00	9	Milton Keynes	4	Jun
8:54.33	Nathan Dunn	1.09.99	3	Loughborough	2	Sep
8:55.32	James Puxty	30.09.99	13	Watford	1	Jun
8:55.40	Thomas Keen	16.06.01	14	Watford	1	Jun
8:55.44	Hugh Sadler	29.09.99	14	Street	2	May
8:55.5	Joseph Pollard	24.07.00	1	Leicester	11	Jun
8:55.6	Joseph Owen	30.04.01	2	London (ME)	22	May
8:56.19	Samuel Crick	12.09.99	5rB	Watford	20	Apr

Under 15

Time	Name	DOB		Venue	Date	
8:53.66	Luke van Oudtshoorn	30.06.02	15	Watford	29	Jun
8:55.8	Joe Smith	20.10.01	1	Crawley	21	Sep
9:04.65	Matthew Francis	14.01.02	25rB	Watford	27	Jul
9:04.85	Mohamed Sharif Ali	8.08.03	2rB	Watford	7	Sep
9:07.57	Joshua Dickinson	10.09.01	2	Bedford	27	Aug
9:11.58	Max Perry	12.04.02	3rB	Watford	7	Sep
9:12.49	Daniel Currie	15.07.02	3	Bedford	27	Aug
9:16.12	Charlie Brisley	29.12.01	4	Bedford	27	Aug
9:20.23	Fraser Willmore	29.09.01	5	Bedford	27	Aug
9:21.4	Adam Caulfield	8.12.01	11	Corby	12	Jul
(10)						
9:21.62	Benjamin Preddy	16.11.01	2	Middlesbrough	14	Aug
9:25.32	Connor Keogh	19.01.02	10rB	Watford	7	Sep
9:25.36	Kieren Coleman-Smith	1.10.01	1	Nuneaton	14	Aug
9:27.11	Daniel Dixon	14.05.02	2	Gateshead	15	May
9:27.17	Jack Johnson	4.10.01	12rB	Watford	7	Sep
9:27.93	Joshua Genco-Russo	7.12.01	3rC	Watford	27	Jul
9:28.86	Sebastian Lewis	27.10.01	1	Cardiff	20	Jul
9:31.18	Sam Gentry	18.04.02	5	Bristol	24	May
9:31.3	Archie Lowe	16.02.03	2	Darlington	28	Jun
9:32.5	Kristian Imroth	19.01.02	1	Hemel Hempstead	26	Jun

2016 - M - 3k- 5k

Foreign
8:12.30	*Alberto Sánchez (ESP)*		*19.10.88*	*6*	*Loughborough*	*22*	*May*
8:14.55	*James Edgar (IRL)*	*U20*	*12.11.98*	*6*	*Belfast*	*7*	*May*
8:15.56	*Mohammed Aadan (SOM)*		*11.01.90*	*1*	*Watford*	*7*	*May*

5000 Metres

12:59.29	Mo Farah		23.03.83	1	London (O)	23	Jul
	13:03.30			1	Rio de Janeiro, BRA	20	Aug
	13:23.4+			2m	Eugene, USA	27	May
	13:25.25			3h1	Rio de Janeiro, BRA	17	Aug
	13:54.7+			9m	Rio de Janeiro, BRA	13	Aug
13:08.61	Andrew Butchart		14.10.91	6	Rio de Janeiro, BRA	20	Aug
	13:13.30			9	Hengelo, NED	22	May
	13:14.85			2	London (O)	23	Jul
	13:18.96			2	Stanford, USA	1	May
	13:20.08			5h2	Rio de Janeiro, BRA	17	Aug
	13:37.95			2	Stanford, USA	1	Apr
	13:44.00			1	Birmingham	25	Jun
13:23.94	Jonathan Davies	U23	28.10.94	3	Oordegem, BEL	28	May
	13:56.03			12	Carquefou, FRA	3	Jun
13:26.16	Andy Vernon		7.01.86	4	Turku, FIN	29	Jun
	13:49.28			3	Birmingham	25	Jun
13:27.77	Tom Farrell		23.03.91	4	Los Angeles (ER), USA	20	May
	13:47.60			2	Birmingham	25	Jun
	13:50.07			14	London (O)	23	Jul
13:30.97	Jonathan Taylor		10.10.87	5	Oordegem, BEL	28	May
	13:38.61			4	Nijmegen, NED	18	May
	13:55.20			13	Amsterdam, NED	10	Jul
13:37.34i	Marc Scott		21.12.93	2	Ames, USA	12	Feb
	13:38.87i			1	Bloomington, USA	9	Dec
	13:53.19			13rB	Stanford, USA	1	May
	13:58.86			4	Birmingham	25	Jun
13:38.43	Ross Millington		19.09.89	3	Stanford, USA	1	Apr
	13:59.70			15	London (O)	23	Jul
13:41.75i	Rob Mullett		31.07.87	5	Ames, USA	12	Feb
	14:25.90			17	London (O)	23	Jul
13:41.83	Richard Weir		7.08.84	9	Oordegem, BEL	28	May
	13:59.80			5	Birmingham	25	Jun
13:43.35 (10)	Charlie Hulson		7.03.93	12	Oordegem, BEL	28	May
	13:54.24			2	Manchester (SC)	14	May
13:44.47	Adam Clarke		3.04.91	10	Heusden, BEL	16	Jul
13:49.46	Alex George	U23	0.02.96	8	Stanford, USA	1	Apr
	13:54.93			8rC	Stanford, USA	1	May
13:52.01	Alexander Yee	U20	18.02.98	9	Bydgoszcz, POL	23	Jul
	13:55.29			2	Watford	15	Jun
13:53.74	Ben Connor		17.10.92	1	Manchester (SC)	14	May
13:53.97	Adam Hickey		30.05.88	1	Watford	15	Jun
13:54.49	Michael Ward	U23	10.12.94	7rB	Stanford, USA	1	Apr
13:56.11i	Kieran Clements		20.11.93	13	Ames, USA	12	Feb
13:57.28	Sam Atkin		14.03.93	1	Salem, USA	26	Mar
	13:57.54			13rC	Stanford, USA	1	May
13:57.90	Tom Lancashire		2.07.85	14	Stanford, USA	1	Apr
45 performances to 14:00.0 by 20 athletes including 4 indoors							
14:01.27	Ryan Forsyth	U23	7.07.96	5rC	Stanford, USA	1	Apr
14:02.40	Neil Gourley	U23	7.02.95	1	Lewisburg, USA	16	Apr
14:03.86	Frank Baddick		29.11.85	2	Watford	28	May
14:04.02	Liam Dee	U23	23.05.96	2	Williamsburg, USA	1	Apr
14:04.16	Luke Traynor		6.07.93	2rD	Stanford, USA	1	May
14:04.67	Andy Maud		28.07.83	4	Manchester (SC)	14	May

2016 - M - 5k

Time	Name	Cat	DOB	Pos	Venue	Date
14:05.59	Philip Crout	U23	7.04.95	3	Watford	28 May
14:05.62	Danny Davis		30.08.92	4	Watford	15 Jun
14:05.81	Andy Baddeley		20.06.82	17	Hengelo, NED	22 May
14:05.87	Matthew Leach		25.09.93	9	Stanford, USA	22 Apr
(30)						
14:06.23	Owen Hind		1.08.90	4	Watford	28 May
14:07.3+	Dewi Griffiths		9.08.91	3m	London (PH)	21 May
14:07.77	Luke Caldwell		2.08.91	6	Watford	28 May
14:08.01	Matthew Clowes		29.09.89	8	Eugene, USA	15 Apr
14:09.86	Paulos Surafel	U20	12.01.97	6	Manchester (SC)	14 May
14:10.54	Christopher Olley	U23	26.03.96	11	Birmingham	25 Jun
14:11.19	Daniel Studley		1.01.92	14rB	Oordegem, BEL	28 May
14:11.37	Gus Cockle	U20	7.03.97	12	Birmingham	25 Jun
14:12.04	Alex Brecker		15.12.93	7	Manchester (SC)	14 May
14:13.48	Alex Short	U23	7.01.94	13	Stanford, USA	22 Apr
(40)						
14:13.74	Kris Everett-Amarsson		10.06.93	6	San Francisco, USA	1 Apr
14:13.97	Ben Stevenson	U23	26.01.94	8	Manchester (SC)	14 May
14:14.39	Daniel Cliffe		23.12.90	9	Manchester (SC)	14 May
14:14.64i	Alex Dunbar		24.04.92	3	Notre Dame, USA	5 Feb
14:27.54				30rC	Norwalk, USA	15 Apr
14:14.77	Rhys Park	U23	18.03.94	14	Stanford, USA	22 Apr
14:15.51	Tom Anderson		12.01.90	3	Solihull	9 Jul
14:16.30	Graham Rush		8.09.82	15	Birmingham	25 Jun
14:16.32	Richard Allen	U23	25.10.95	4	Solihull	9 Jul
14:17.10	Jack Morris		9.04.93	1	Manchester (SC)	11 Jun
14:17.62	Josh Norman		20.04.91	10	Manchester (SC)	14 May
(50)						
14:18.46	Nicholas Torry	V35	19.02.77	7	Watford	15 Jun
14:19.86	Peter Huck		10.07.90	11	Manchester (SC)	14 May
14:20.01	Nick Earl		22.09.84	12	Hobart, AUS	13 Feb
14:20.02	Ellis Cross	U23	22.09.96	3	Bedford	18 Jun
14:20.31	Adam Bitchell		23.06.91	13	Portland, USA	12 Jun
14:20.40	Ross Skelton		11.05.93	1rB	Manchester (SC)	14 May
14:20.68	Kristian Jones		4.03.91	1	Grangemouth	14 Aug
14:20.79	Keith Gerrard		24.03.86	7	Solihull	9 Jul
14:21.19	Dominic Shaw		26.12.88	2	Manchester (SC)	11 Jun
14:21.73	Shaun Antell		9.05.87	1rB	Solihull	9 Jul
(60)						
14:22.83	William Christofi	U23	17.09.94	4	Bedford	18 Jun
14:22.86	Shane Robinson		19.02.91	2rB	Manchester (SC)	14 May
14:23.02	William Fuller	U20	14.05.97	2	Oxford	23 Jul
14:23.39	Edward Shepherd		8.12.93	3rD	Norwalk, USA	15 Apr
14:23.42	Jonathan Glen	U23	5.10.96	3rB	Manchester (SC)	14 May
14:23.71	Christopher Rainsford		1.06.89	4rB	Manchester (SC)	14 May
14:23.78	Ben Branagh	U23	11.01.94	11	San Francisco, USA	1 Apr
14:23.88	Jamaine Coleman	U23	22.09.95	20	Charlottesville, USA	23 Apr
14:25.16	Adam Craig	U23	9.05.95	4	Durham, USA	23 Apr
14:25.68	Andrew Wiles		26.04.88	5rB	Manchester (SC)	14 May
(70)						
14:25.81	Sam Stevens	U20	27.03.98	3	Oxford	23 Jul
14:26.09	William Richardson	U20	23.02.98	12	Watford	28 May
14:26.39	Russell Best		5.09.90	4	Manchester (SC)	11 Jun
14:26.77	Patrick Dever	U23	5.09.96	5	Bedford	18 Jun
14:27.00	Paul Martelletti	V35	1.08.79	9	Watford	15 Jun
14:27.09	Adam Visokay	U23	11.03.94	13	Tallahassee, USA	15 May
14:27.21	Matthew Bergin		2.03.93	7	Clovis, USA	14 May
14:27.34	Jaimie Roden		24.02.92	12	Manchester (SC)	14 May
14:27.41	Jonathan Thewlis		7.05.85	1	Bedford	4 Jun
14:27.80	Carl Hardman		20.03.83	6rB	Manchester (SC)	14 May
(80)						

2016 - M - 5k - 10k

Time	Name	Cat	DOB	Pos	Venue	Date
14:28.58	Tom Purnell		2.10.93	4	Waltham, USA	14 May
14:29.11	Oliver Lockley		9.11.93	6	Gainesville, USA	31 Mar
14:29.37	Ben Dijkstra	U20	31.10.98	4	Oxford	23 Jul
14:30.91	Sam Stabler		17.05.92	18	Stanford, USA	1 Apr
14:31.16	Emile Cairess	U20	27.12.97	13	Manchester (SC)	14 May
14:31.37	Christian Lovatt	U23	24.09.96	6	Bedford	18 Jun
14:31.93	Steven Bayton		6.08.91	11	Watford	15 Jun
14:32.98	Iolo Hughes	U23	22.11.96	14	Manchester (SC)	14 May
14:33.06	Jacob Allen	U23	3.10.94	2	Bedford	2 May
14:33.18 (90)	Frankie Conway		29.09.91	10	Melbourne (A), AUS	17 Nov
14:33.35	Conor Bradley		6.10.87	2	Dublin (S), IRL	26 Jun
14:34.31	Nathan Jones	U23	3.10.94	12	Gainesville, USA	31 Mar
14:34.52	Michael Christoforou		10.10.92	7rB	Manchester (SC)	14 May
14:34.88	Sean Fontana		6.12.90	2	Grangemouth	14 Aug
14:34.91	John Sanderson		27.02.93	3rC	Manchester (SC)	14 May
14:35.71	Alex Wall-Clarke		17.03.87	2	Bromley	2 Jul
14:36.24	Ethan Heywood		8.12.92	14	Sydney, AUS	31 Mar
14:36.29	Tom Straw		28.02.91	8rB	Manchester (SC)	14 May
14:36.41	Mahamed Mahamed	U20	18.09.97	3rB	Watford	28 May
14:36.99	Andrew Monaghan		25.10.93	17	Tuscaloosa, USA	14 May

Additional Under 20 (1-9 above)
14:47.13 (10)	Liam Burthem		22.04.97	2rC	Watford	28 May
14:52.58	Daniel Lawton		28.04.97	6h1	Bedford	30 Apr
14:54.35	Euan Gillham		29.04.97	3	Aberdeen	12 Jun
14:57.42	Stephen Ferroni		29.10.97	1ns	Bedford	4 Jun
14:57.50	Sol Sweeney		4.12.98	7	Grangemouth	14 Aug
14:58.0	John Millar		18.12.97	1	Colchester	20 Aug
15:01.05	Declan McManus		13.03.97	9	Nashville, USA	14 May
15:03.83	Tom Mortimer		7.01.99	1	Exeter	7 Aug
15:12.03	Neil Wellard		2.10.97	12	London (WP)	17 Aug
15:15.5	Lewis Jagger		30.12.97	2	Lincoln	6 Aug
15:20.60	James Donald		18.11.98	2	Grangemouth	20 Aug

Foreign
13:57.32	*Mohammed Aadan (SOM)*		*11.01.90*	*3*	*Ninove, BEL*	*23 Jul*
14:02.66	*Alberto Sánchez (ESP)*		*19.10.88*	*28*	*Oordegem, BEL*	*29 May*
14:07.68	*Abel Tsegay (ETH)*	*U23*	*2.06.96*	*2*	*Bedford*	*18 Jun*
14:28.64	*Christopher Zablocki (USA)*		*21.07.88*	*1*	*Bournemouth*	*2 Jul*
14:55.19	*James Edgar (IRL)*	*U20*	*12.11.98*	*2*	*Tullamore, IRL*	*4 Jun*

10000 Metres

Time	Name	DOB	Pos	Venue	Date
26:53.71	Mo Farah	23.03.83	1	Eugene, USA	27 May
27:05.17			1	Rio de Janeiro, BRA	13 Aug
27:55.06	Ross Millington	19.09.89	6	Leiden, NED	11 Jun
28:28.20			1	London (PH)	21 May
28:38.88			14	Stanford, USA	1 May
29:14.95			31	Rio de Janeiro, BRA	13 Aug
28:19.36	Andy Vernon	7.01.86	25	Rio de Janeiro, BRA	13 Aug
28:48.75			4	London (PH)	21 May
28:28.55	Dewi Griffiths	9.08.91	5	Amsterdam, NED	8 Jul
28:34.38			3	London (PH)	21 May
28:48.05			14	Leiden, NED	11 Jun
28:45.82	Luke Caldwell	2.08.91	18	Stanford, USA	1 May
29:10.19	Luke Traynor	6.07.93	13	Stanford, USA	1 Apr
29:33.54			13	Eugene, USA	8 Jun
29:53.17			5	Lawrence, USA	27 May
29:14.30	Tom Anderson	12.01.90	15	Portland, USA	11 Jun
29:37.94			16	Norwalk, USA	14 Apr

2016 - M - 10k

Time	Name	Cat	Date	Rank	Location	Day	Month
29:14.36	Matthew Leach		25.09.93	14rB	Stanford, USA	1	Apr
29:19.55	Alex Short	U23	7.01.94	18rB	Stanford, USA	1	Apr
29:19.84	Adam Visokay	U23	11.03.94	1	Charlottesville, USA	23	Apr
(10)							
29:21.47	Ben Connor		17.10.92	5	London (PH)	21	May
29:38.12				10	Mersin, TUR	5	Jun
29:24.43	Andy Maud		28.07.83	7	London (PH)	21	May
29:26.18	Paul Martelletti	V35	1.08.79	8	London (PH)	21	May
29:31.18	Sean Fontana		6.12.90	21	Portland, USA	11	Jun
29:34.11	Nick Earl		22.09.84	5	Geelong, AUS	17	Dec
29:34.20	Alex Dunbar		24.04.92	27rB	Stanford, USA	1	Apr
29:36.15	Alastair Watson	V35	4.08.77	11	London (PH)	21	May
29:40.03	Jonathan Thewlis		7.05.85	12	London (PH)	21	May
29:41.88	Oliver Lockley		9.11.93	13rB	Norwalk, USA	14	Apr
29:44.33	Sam Atkin		14.03.93	1	Spokane, USA	14	Apr
(20)							
29:48.35	Dominic Shaw		26.12.88	2rB	London (PH)	21	May
29:49.96	Ryan Forsyth	U23	7.07.96	13	Seattle, USA	14	May
29:51.64	Adam Hickey		30.05.88	1	Manchester (Str)	20	Aug
29:52.55	Jack Goodwin		7.06.93	13	London (PH)	21	May
29:54.3	Peter Newton	V35	24.03.81	1	Jarrow	27	Apr
29:55.06	Jack Morris		9.04.93	14	London (PH)	21	May
29:57.25	Ben Moreau		15.12.81	2	Sydney, AUS	26	Feb
29:59.42	Nicholas Torry	V35	19.02.77	3rB	London (PH)	21	May
39 performances to 30:00.0 by 28 athletes							
30:02.45	Graham Rush		8.09.82	2	Bedford	1	May
30:06.44	Alexander Teuten		3.01.92	3	Bedford	1	May
(30)							
30:13.61	Carl Hardman		20.03.83	5rB	London (PH)	21	May
30:14.27	Aaron Scott		11.04.87	6rB	London (PH)	21	May
30:15.66	Jack Parslow		18.10.87	2	Manchester (Str)	20	Aug
30:17.90	Scott Rankin		22.01.90	1	Belfast	15	May
30:22.94	Ethan Heywood		8.12.92	7rB	London (PH)	21	May
30:23.13	Mark Mitchell		23.05.88	8rB	London (PH)	21	May
30:24.36	Nathan Jones	U23	3.10.94	8rB	Norwalk, USA	14	Apr
30:26.04	Christopher Rainsford		1.06.89	9rB	London (PH)	21	May
30:26.16	Henry Pearce	U23	24.01.94	4	Bedford	1	May
30:29.47	Matthew Bergin		2.03.93	8	Clovis, USA	12	May
(40)							
30:29.76	Tom Straw		28.02.91	11rB	London (PH)	21	May
30:30.22	Craig Ruddy		10.04.88	12rB	London (PH)	21	May
30:31.79	Frankie Conway		29.09.91	7	Geelong, AUS	17	Dec
30:32.95	Shane Robinson		19.02.91	13rB	London (PH)	21	May
30:33.39	Ben Cole		18.06.85	14rB	London (PH)	21	May
30:33.52	William Mackay		3.10.89	15rB	London (PH)	21	May
30:34.10	Alex Wall-Clarke		17.03.87	16rB	London (PH)	21	May
30:38.08	Ian Hudspith	V45	23.09.70	17rB	London (PH)	21	May
30:39.73	Carl Avery		28.08.86	4	Manchester (Str)	20	Aug
30:45.44	Stuart Gibson		15.09.83	2	Glasgow (C)	29	Apr
(50)							
30:45.53	Shaun Antell		9.05.87	18rB	London (PH)	21	May
30:45.98	Adam Craig	U23	9.05.95	4	Williamsburg, USA	1	Apr
30:46.06	James Hoad		25.06.92	1rC	London (PH)	21	May
30:46.13	Jack Bancroft		25.02.88	5	Manchester (Str)	20	Aug
30:47.32	Zak Tobias	U23	13.09.94	2rC	London (PH)	21	May
30:48.63	Ben Branagh	U23	11.01.94	27	Norwalk, USA	14	Apr
30:53.03	Kojo Kyereme	V40	23.12.74	16	London (PH)	21	May
30:53.38	Craig Hopkins		12.08.88	31	Portland, USA	11	Jun
30:54.57	Ben Russell		26.10.89	19rB	London (PH)	21	May
30:55.46	Mark Jenkin	V35	19.09.78	6	Manchester (Str)	20	Aug
(60)							

183

2016 - M - 10k - 5MR

30:57.00	Thomas Cornthwaite		13.04.85	7	Manchester (Str)	20	Aug
30:57.71	Nigel Martin		23.03.87	8	Manchester (Str)	20	Aug
30:59.24	Steven Bayton		6.08.91	20rB	London (PH)	21	May
30:59.94	Douglas Selman		12.07.88	4	Glasgow (C)	29	Apr

Foreign

29:27.87	Abel Tsegay (ETH)	U23	2.06.96	9	London (PH)	21	May
29:32.48	Anuradha Cooray (SRI)	V35	24.03.78	1	Aylesbury	21	Sep
29:39.60	Mohammed Aadan (SOM)		11.01.90	1rB	London (PH)	21	May
29:54.92	Alberto Sánchez (ESP)		19.10.88	1	Bedford	1	May
30:51.89	Miles Unterreiner (USA)		26.11.89	5	Bedford	1	May
30:52.77	Michael Deason (USA)		8.01.85	3	Glasgow (C)	29	Apr
30:57.73	Niall Sheehan (IRL)		20.03.85	9	Manchester (Str)	20	Aug

5 Kilometres Road where faster than track best

13:52	Rob Mullett		31.07.87	8	Santa Cruz, USA	24	Nov
14:04	Andy Maud		28.07.83	3	Armagh	18	Feb
14:06	Richard Peters		18.02.90	4	Armagh	18	Feb
14:06	Luke Caldwell		2.08.91	9	Carlsbad, USA	3	Apr
14:06	Chris Thompson	V35	17.04.81	1	Ipswich	5	Aug
14:09	Cameron Boyek		9.10.93	6	Armagh	18	Feb
14:10	Nick Swinburn		11.05.88	10	Armagh	18	Feb
14:10	Adam Bowden		5.08.82	11	Armagh	18	Feb
14:11	Kristian Jones		4.03.91	1	Mountain Ash	31	Dec
14:13	Andrew Heyes		22.06.90	1	Manchester	28	Jul
14:13	Ieuan Thomas		17.07.89	2	Mountain Ash	31	Dec
14:14	Luke Gunn		22.03.85	13	Armagh	18	Feb
14:16	Joshua Grace		11.05.93	17	Armagh	18	Feb
14:16	Tom Wade		14.01.89	1	Aarhus, DEN	24	Apr
14:22	Jonathan Mellor		27.12.86	2	Manchester	28	Jul
14:23	Joshua Griffiths	U23	3.11.93	4	Mountain Ash	31	Dec
14:26	Jake Wightman	U23	11.07.94	22	Armagh	18	Feb
14:26	Guy Smith		11.01.90	23	Armagh	18	Feb
14:27	Steve Mitchell		24.05.88	24	Armagh	18	Feb
14:29	Jake Shelley		16.03.91	3	Ipswich	5	Aug
14:32	Mark Mitchell		23.05.88	1	Edinburgh	6	May
14:34	Kyran Roberts	U23	19.09.95	32	Armagh	18	Feb
14:34	Peter Chambers	U23	8.05.95	33	Armagh	18	Feb
14:35	Lachlan Oates		30.01.92	34	Armagh	18	Feb
14:35	Aaron Scott		11.04.87	35	Armagh	18	Feb
14:35	Jack Martin		29.04.88	3	Manchester	28	Jul

Foreign

14:24	Rory Chesser (IRL)		7.03.87	20	Armagh	18	Feb
14:27	Kamil Sieracki (POL)		20.09.88	25	Armagh	18	Feb

5 Miles Road

23:09+	Mo Farah		23.03.83	1m	South Shields	11	Sep
23:42	Matthew Sharp		25.04.89	1	Portsmouth	4	Dec
23:49	Phil Wicks		14.03.84	2	Portsmouth	4	Dec
23:50	Kristian Jones		4.03.91	1	Glynneath	26	Dec
23:58	Alexander Teuten		3.01.92	3	Portsmouth	4	Dec
24:01	Jack Goodwin		7.06.93	1	Milton Keynes	26	Nov
24:03	Tom Anderson		12.01.90	1	Indianapolis, USA	20	Feb
24:06+	Andy Vernon		7.01.86	1	Portsmouth	23	Oct
24:06+	Chris Thompson	V35	17.04.81	2	Portsmouth	23	Oct
24:08	Joshua Grace		11.05.93	4	Portsmouth	4	Dec
24:10	Jonathan Taylor		10.10.87	1	Alsager	7	Feb
	(10)						
24:21	John Ashcroft		13.11.92	1	Abergele	30	Oct

24:22	Patrick Martin		15.05.85	2	Alsager	7	Feb
24:22	Alastair Watson	V35	4.08.77	1	Wymeswold	8	May
24:24	Alex Wall-Clarke		17.03.87	1	Romsey	24	Jan
24:24	Scott Rankin		22.01.90	2	Dublin, IRL	31	Jan
24:24	Dominic Shaw		26.12.88	1	Hartlepool	3	Apr
24:24	Matthew Bergin		2.03.93	2	Milton Keynes	26	Nov
24:25	Toby Spencer		9.06.90	3	Milton Keynes	26	Nov
24:25	Jonathan Hopkins		3.06.92	2	Glynneath	26	Dec

10 Kilometres Road

28:04+	Mo Farah		23.03.83	7m	Cardiff	26	Mar
28:32+				2m	South Shields	11	Sep
28:28	Andrew Butchart		14.10.91	1	London	30	May
28:45	Dewi Griffiths		9.08.91	8	Houilles, FRA	18	Dec
28:57	Ben Connor		17.10.92	9	Houilles, FRA	18	Dec
28:59				1	Derby	17	Apr
29:21				4	Leeds	6	Nov
29:23				3	London	30	May
29:04	Adam Hickey		30.05.88	1	Brighton	17	Apr
29:15				2	Leeds	6	Nov
29:24				1	Eastleigh	20	Mar
29:04	Andy Vernon		7.01.86	2	London	30	May
29:04+	Chris Thompson	V35	17.04.81	7m	South Shields	11	Sep
29:07+ in 7M				4m	Falmouth	21	Aug
29:54				1	Castle Donnington	26	Jun
29:12	Jonathan Mellor		27.12.86	1	Leeds	6	Nov
29:13	Jonathan Taylor		10.10.87	2	Brighton	17	Apr
29:17	Graham Rush		8.09.82	3	Leeds	6	Nov
	(10)						
29:20	Rob Mullett		31.07.87	1	Louisville, USA	20	Mar
29:21	Joshua Grace		11.05.93	1	Telford	11	Dec
29:22	Tom Lancashire		2.07.85	2	Telford	11	Dec
29:22	Robbie Simpson		14.11.91	15	Houilles, FRA	18	Dec
29:23	Jake Shelley		16.03.91	3	Telford	11	Dec
29:24	Ieuan Thomas		17.07.89	4	Telford	11	Dec
29:30	Paul Martelletti	V35	1.08.79	3	Brighton	17	Apr
29:30	Charlie Hulson		7.03.93	5	Telford	11	Dec

25 performances to 29:30 by 18 athletes, further men where faster than track best

29:32	Matthew Sharp		25.04.89	6	Leeds	6	Nov
29:33	Kristian Jones		4.03.91	7	Leeds	6	Nov
29:33	Marc Scott		21.12.93	1	Clitheroe	27	Dec
29:35	Douglas Musson	U23	8.04.94	2	Telford	11	Dec
29:40	Daniel Studley		1.01.92	9	Leeds	6	Nov
29:40	Petros Surafel	U20	12.01.97	7	Telford	11	Dec
29:41	Patrick Martin		15.05.85	10	Leeds	6	Nov
29:43	Scott Overall		9.02.83	3	Chichester	7	Feb
29:44	Jack Goodwin		7.06.93	8	Telford	11	Dec
29:46	William Gray		24.01.93	9	Telford	11	Dec
29:47	Daniel Cliffe		23.12.90	12	Leeds	6	Nov
29:49	Phil Wicks		14.03.84	4	London	30	May
29:49	Joshua Griffiths	U23	3.11.93	13	Leeds	6	Nov
29:49	Carl Hardman		20.03.83	10	Telford	11	Dec
29:50	Jack Martin		29.04.88	11	Telford	11	Dec
29:51	Chris Farrell		10.10.85	12	Telford	11	Dec
29:51	John Beattie		20.01.86	13	Telford	11	Dec
29:52	Richard Horton		28.05.93	5	London	30	May
29:54	Callum Hawkins		22.06.92	1	Glasgow	19	Jun
29:55	Lee Merrien	V35	26.04.79	4	Chichester	7	Feb
29:55	Tom Wade		14.01.89	4	Middelfart, DEN	12	Mar
29:55	Matthew Clowes		29.09.89	1	Wilmslow	4	Dec

2016 - M - 10kR

Time	Name	Cat	DOB	Pos	Location	Date
29:55	Chris Parr		13.11.84	16	Telford	11 Dec
29:57	Richard Goodman		4.04.93	6	Manchester	22 May
29:57	Stuart McCallum	U23	15.09.95	17	Telford	11 Dec
29:58	Nicholas Torry	V35	19.02.77	7	London	30 May
29:58	Phil Sesemann		3.10.92	18	Telford	11 Dec
29:59	Derek Hawkins		29.04.89	2	Glasgow	19 Jun
29:59	Richard Allen	U23	25.10.95	3	Clitheroe	27 Dec
30:01	Christopher Olley	U23	26.03.96	19	Telford	11 Dec
30:02	Alex Tovey		27.12.89	20	Telford	11 Dec
30:05	Matt Bond		17.07.82	2	Salford	4 Sep
30:05	Toby Spencer		9.06.90	21	Telford	11 Dec
30:06	Oliver Fox	U23	6.10.96	3	Cardiff	11 Sep
30:07	Matthew Hynes		15.01.88	2	Dewsbury	7 Feb
30:07	Peter Huck		10.07.90	4	Clitheroe	27 Dec
30:08	John Ashcroft		13.11.92	22	Telford	11 Dec
30:09	Tom Marshall		12.06.89	16	Leeds	6 Nov
30:10	Matthew Bowser		3.07.83	1	Cleethorpes	1 Jan
30:10	Tom Merson		10.02.86	1	Exeter	17 Jan
30:11	John Beattie		20.01.86	2	Cleethorpes	1 Jan
30:15	Russell Best		5.09.90	5	Clitheroe	27 Dec
30:17	Martin Mashford		3.05.87	5	Southport, AUS	2 Jul
30:18	Ben Fish		21.05.82	6	Clitheroe	27 Dec
30:18	Douglas Roberts		26.05.91	7	Clitheroe	27 Dec
30:18	Andrew Heyes		22.06.90	11	Bolzano, ITA	31 Dec
30:19	Matthew Bergin		2.03.93	23	Telford	11 Dec
30:19	Benedict Westhenry	U23	26.09.94	24	Telford	11 Dec
30:20	Joshua Bull		14.10.92	2	Derby	17 Apr
30:21	Jonathan Hopkins		3.06.92	1	Glasgow	2 Oct
30:22	Darren Deed	V35	7.05.78	10	London	30 May
30:23	Phil Wylie	V35	2.11.78	19	Leeds	6 Nov
30:24	Matthew Grieve		18.04.93	25	Telford	11 Dec
30:26	Shaun Antell		9.05.87	5	Cardiff	11 Sep
30:27+	Ryan McLeod		7.06.85	42m	Cardiff	26 Mar
30:27	Scott Stirling	U23	15.03.94	8	Clitheroe	27 Dec
30:28	Owen Hind		1.08.90	4	Dublin, IRL	10 Apr
30:28	Ronny Wilson		18.05.93	26	Telford	11 Dec
30:30	James Bowness		26.11.91	27	Telford	11 Dec

Short Course (Partington 100 metres, Glasgow unknown)

Time	Name	Cat	DOB	Pos	Location	Date
28:56	Tom Lancashire		2.07.85	1	Partington	13 Mar
29:10	Graham Rush		8.09.82	4	Partington	13 Mar
29:13	Andrew Davies	V35	30.10.79	6	Partington	13 Mar
29:14	Joshua Grace		11.05.93	7	Partington	13 Mar
29:17+	Callum Hawkins		22.06.92	1m	Glasgow	2 Oct
29:18	Jack Morris		9.04.93	8	Partington	13 Mar
29:21	Richard Weir		7.08.84	9	Partington	13 Mar
29:22	Toby Spencer		9.06.90	10	Partington	13 Mar
29:29	Luke Gunn		22.03.85	12	Partington	13 Mar
29:31	Douglas Musson	U23	8.04.94	13	Partington	13 Mar
29:37	Jermaine Mays		23.12.82	15	Partington	13 Mar
29:40	Owen Hind		1.08.90	16	Partington	13 Mar
29:42	Christopher Olley	U23	26.03.96	18	Partington	13 Mar
29:42	Alex Wall-Clarke		4.02.87	19	Partington	13 Mar
29:46	Michael Kallenberg		9.01.91	22	Partington	13 Mar
29:54	Alexander O'Gorman		11.02.86	24	Partington	13 Mar
29:54	Jaimie Roden		24.02.92	25	Partington	13 Mar
29:57	James Douglas		18.06.85	26	Partington	13 Mar
29:59	Stuart Robinson	V35	27.11.79	27	Partington	13 Mar
30:03	Matthew Bowser		3.07.83	29	Partington	13 Mar
30:07	Morgan Davies	U23	5.08.94	32	Partington	13 Mar
30:08	Christopher Rainsford		1.06.89	33	Partington	13 Mar

2016 - M - 10kR - HMar

Foreign
29:29	*Paul Pollock (IRL)*		*25.06.86*	*5*	*Leeds*	*6*	*Nov*
29:47	*Danal Desta (ERI)*	*U20*	*21.11.97*	*1*	*Cardiff*	*11*	*Sep*
29:48	*Christopher Zablocki (USA)*		*21.07.88*	*2*	*Eastleigh*	*20*	*Mar*
29:57	*Mohammed Abu-Rezeq (JOR)*		*21.12.83*	*1*	*Sheffield*	*4*	*Dec*
29:58	*Stephen Scullion (IRL)*		*9.11.88*	*5*	*Hobart, AUS*	*14*	*Feb*
30:19	*Dejene Gezimu (ETH)*		*29.09.93*	*1*	*Port Sunlight*	*17*	*Apr*

Short Course (100 metres)
29:09	*Mohammed Abu-Rezeq (JOR)*		*21.12.83*	*3*	*Partington*	*13*	*Mar*
29:45	*Berihu Hadera (ETH)*		*21.03.91*	*21*	*Partington*	*13*	*Mar*

15 Kilometes Road

42:03+	Mo Farah		23.03.83	6m	Cardiff	26	Mar
	42:37+			2m	South Shields	11	Sep
44:16+	Callum Hawkins		22.06.92	20m	Cardiff	26	Mar
44:18+	Chris Thompson	V35	17.04.81	1m	Portsmouth	23	Oct
44:44+	Dewi Griffiths		9.08.91	26m	Cardiff	26	Mar
44:55+	Jonathan Mellor		27.12.86	10m	Zaandam, NED	18	Sep
44:59+	Andy Vernon		7.01.86	2m	Portsmouth	23	Oct
45:06+	Matthew Sharp		25.04.89	3m	Portsmouth	23	Oct
45:13+	Tom Anderson		12.01.90	m	Houston, USA	17	Jan
45:14+	Ben Connor		17.10.92	8m	South Shields	11	Sep
45:27+	Scott Overall		9.02.83	9m	South Shields	11	Sep
45:30+	Lee Merrien	V35	26.04.79	15m	New York, USA	20	Mar
45:34+	Derek Hawkins		29.04.89	10m	Ostia, ITA	13	Mar

Short Course
43:31+	Callum Hawkins		22.06.92	1m	Glasgow	2	Oct

10 Miles Road

45:15+e	Mo Farah		23.03.83	6m	Cardiff	26	Mar
	45:40+			1m	South Shields	11	Sep
47:23	Chris Thompson	V35	17.04.81	1	Portsmouth	23	Oct
48:09	Andy Vernon		7.01.86	2	Portsmouth	23	Oct
48:17	Jonathan Mellor		27.12.86	10	Zaandam, NED	18	Sep
48:18	Matthew Sharp		25.04.89	3	Portsmouth	23	Oct
49:07	Scott Overall		9.02.83	6	Portsmouth	23	Oct
49:22	Alexander Teuten		3.01.92	7	Portsmouth	23	Oct
49:23	Alastair Watson	V35	4.08.77	1	Holme Pierrepont	17	Jun
49:27	Tom Anderson		12.01.90	10	Washington, USA	3	Apr
49:27	Toby Spencer		9.06.90	2	Holme Pierrepont	17	Jun
49:33	Rob Mullett		31.07.87	1	Louisville, USA	26	Mar
49:35+	Paul Martelletti	V35	1.08.79	1m	Brighton	28	Feb
49:35	Petros Surafel	U20	12.01.97	8	Portsmouth	23	Oct
49:37	Jack Morris		9.04.93	9	Portsmouth	23	Oct
49:43	Jonathan Taylor		10.10.87	1	Thirsk	20	Mar

Short Course
46:23+	Callum Hawkins		22.06.92	1m	Glasgow	2	Oct

Foreign
48:21	*Paul Pollock (IRL)*		*25.06.86*	*4*	*Portsmouth*	*23*	*Oct*

Half Marathon

59:59	Mo Farah		23.03.83	3	Cardiff	26	Mar
	60:04			1	South Shields	11	Sep
62:39	Callum Hawkins		22.06.92	10	Paris, FRA	6	Mar
	62:51			15	Cardiff	26	Mar
	63:57			9	Amsterdam, NED	10	Jul
63:27	Dewi Griffiths		9.08.91	8	Cardiff	2	Oct
	64:10			27	Cardiff	26	Mar
63:32	Andy Vernon		7.01.86	1	Birmingham	16	Oct

2016 - M - HMar

Time		Name	Cat	DOB		Venue	Date	
63:35		Chris Thompson	V35	17.04.81	7	South Shields	11	Sep
63:54					2	Birmingham	16	Oct
63:53		Derek Hawkins		29.04.89	9	Ostia, ITA	13	Mar
65:00					1	Cardiff	26	Mar
64:03		Tom Anderson		12.01.90	23	Houston, USA	17	Jan
64:07		Lee Merrien	V35	26.04.79	14	New York, USA	20	Mar
64:13		Ben Connor		17.10.92	8	South Shields	11	Sep
64:38		Matt Bond		17.07.82	12	Santa Pola, ESP	24	Jan
64:46					2	Manchester	16	Oct
	(10)							
64:39		Scott Overall		9.02.83	9	South Shields	11	Sep
64:41		Robbie Simpson		14.11.91	13	Paris, FRA	6	Mar
64:41		Adam Hickey		30.05.88	1	Manchester	16	Oct
64:46+		Tsegai Tewelde		8.12.89	m	London	24	Apr
64:53		Jonathan Hay		12.02.92	2	Bath	13	Mar
64:54		Paul Martelletti	V35	1.08.79	1	Brighton	28	Feb
		23 performances to 65:00 by 16 athletes						
65:20		Andrew Davies	V35	30.10.79	2	Cardiff	26	Mar
65:24		Luke Caldwell		2.08.91	2	Wokingham	21	Feb
65:37		Carl Hardman		20.03.83	3	Manchester	16	Oct
65:38		Andrew Douglas		19.12.86	18	Barcelona, ESP	14	Feb
	(20)							
65:39		Matthew Gillespie		4.11.90	9	New York, USA	21	May
65:41		Alastair Watson	V35	4.08.77	4	Manchester	16	Oct
65:46		Richard Weir		7.08.84	19	Barcelona, ESP	14	Feb
65:50		Aaron Scott		11.04.87	5	Bath	13	Mar
65:59		Finn McNally		22.09.91	16	The Hague, NED	6	Mar
66:07		Mark Mitchell		23.05.88	2	Inverness	13	Mar
66:13		John Beattie		20.01.86	3	Wokingham	21	Feb
66:13		Kojo Kyereme	V40	23.12.74	4	Wokingham	21	Feb
66:13		Ryan McLeod		7.06.85	45	Cardiff	26	Mar
66:26		Nicholas Torry	V35	19.02.77	2	Nottingham	25	Sep
	(30)							
66:35		Nick Swinburn		11.05.88	6	Manchester	16	Oct
66:37		Matthew Hynes		15.01.88	53	Cardiff	26	Mar
66:37		Nick Earl		22.09.84	10	Southport, AUS	3	Jul
66:38		Toby Spencer		9.06.90	5	Cardiff	26	Mar
66:38		Shaun Antell		9.05.87	7	Manchester	16	Oct
66:39		Alex Wall-Clarke		17.03.87	7	Reading	3	Apr
66:43		Joshua Griffiths		3.11.93	12	Cardiff	2	Oct
66:50		Michael Kallenberg		9.01.91	6	Cardiff	26	Mar
66:51		Matthew Leach		25.09.93	8	San Jose, USA	2	Oct
66:52		Ian Hudspith	V45	23.09.70	15	South Shields	11	Sep
	(40)							
66:59+		Ben Moreau		15.12.81	m	London	24	Aug
67:01		Ben Fish		21.05.82	8	Manchester	16	Oct
67:06		Tom Aldred	V35	15.03.79	8	Cardiff	26	Mar
67:10		Russell Best		5.09.90	9	Cardiff	26	Mar
67:10		Andrew Lemoncello		12.10.82	2	Edmonton, CAN	21	Aug
67:15		Dominic Shaw		26.12.88	16	South Shields	11	Sep
67:18		Stuart Robinson	V35	27.11.79	10	Cardiff	26	Mar
67:18		Paul Whittaker		14.07.89	1	Oxford	9	Oct
67:20		Jack Morris		9.04.93	4	Wilmslow	3	Apr
67:36		James Douglas		18.06.85	11	Cardiff	26	Mar
	(50)							
67:37		Jack Parslow		18.10.87	6	Peterborough	9	Oct
67:38		Scott Rankin		22.01.90	2	Londonderry	4	Sep
67:41		Abraham Tewelde		30.12.91	18	South Shields	11	Sep
67:41		Alex Milne		11.03.90	2	Oxford	9	Oct
67:45		James Connor		21.03.83	1	Pleshey	2	Oct
67:47		Shaun Dixon		6.09.82	12	Cardiff	26	Mar
67:50		Ben Douglas		28.03.90	2	Liverpool	13	Mar

2016 - M - HMar - Mar

67:50	William Mycroft		8.01.91	2	San Sebastián, ESP	27	Nov
67:53	Chris Farrell		10.10.85	5	Wilmslow	3	Apr
67:59	Ryan Holroyd		30.12.91	1	Lake Vyrnwy	11	Sep
(60)							
68:01	Frankie Conway		29.09.91	5	Melbourne, AUS	4	Sep
68:02	Ben Livesey	V35	20.09.78	7	Peterborough	9	Oct
68:02	Neil Renault		30.07.83	11	Manchester	16	Oct
68:05	Thomas Charles		18.02.84	22	South Shields	11	Sep
68:06	Kevin Rojas		1.10.81	4	Nottingham	25	Sep
68:08	Craig Hopkins		12.08.88	2	Seattle, USA	18	Jun
68:09	Daniel Chan		27.07.87	3	Liverpool	13	Mar
68:09	Dan Nash	U23	23.03.94	27	Lisbon, POR	20	Mar
68:10	Ronnie Richmond		8.09.82	12	Manchester	16	Oct
68:11	Zak Tobias	U23	13.09.94	30	Valencia, ESP	23	Oct
(70)							
68:15	Matthew Bowser		3.07.83	1	Cranwell	21	Feb
68:18	Daniel Thorne		18.06.90	5	Wokingham	21	Feb
68:19	Paul Molyneux	V35	27.01.81	3	Pleshey	2	Oct
68:20	Mark Jenkin	V35	19.09.78	13	Cardiff	26	Mar
68:24	Joseph Bailey		9.09.88	1	Wrexham	14	Feb
68:27	Joshua Bull		14.10.92	5	Nottingham	25	Sep
68:29	Andy Greenleaf		21.09.82	14	Cardiff	26	Mar

Short Course (150 metres)

60:24	Callum Hawkins		22.06.92	1	Glasgow	2	Oct
61:58	Chris Thompson	V35	17.04.81	4	Glasgow	2	Oct
65:53	Andrew Lemoncello		12.10.82	6	Glasgow	2	Oct
66:11	Neil Renault		30.07.83	8	Glasgow	2	Oct
66:29	Jack Walker		5.09.93	9	Glasgow	2	Oct
67:34	Peter Avent		28.03.85	10	Glasgow	2	Oct
67:54	William Mackay		3.10.89	11	Glasgow	2	Oct

Foreign

62:46	*Paul Pollock (IRL)*		*25.06.86*	*14*	*Cardiff*	*26*	*Mar*
65:38	*Christopher Zablocki (USA)*		*21.07.88*	*4*	*Bath*	*13*	*Mar*
65:42	*Mohammed Abu-Rezeq (JOR)*		*21.12.83*	*1*	*Alloa*	*20*	*Mar*
66:59	*Dejene Gezimu (ETH)*		*29.09.93*	*1*	*Liverpool*	*13*	*Mar*
67:01	*Danal Desta (ERI)*	*U20*	*21.11.97*	*2*	*Swansea*	*26*	*Jun*
67:21	*Kamil Sieracki (POL)*		*20.09.88*	*3*	*Inverness*	*13*	*Mar*
67:27	*Yared Hagos (ETH)*	*V35*	*25.03.81*	*2*	*Leeds*	*8*	*May*
67:35	*Berihu Hadera (ETH)*		*21.03.91*	*1*	*Bideford*	*6*	*Mar*
67:51	*Eoghan Totten (IRL)*		*29.01.93*	*3*	*Oxford*	*9*	*Oct*
68:05	*Teweldeberhan Mengisteab (ERI)*		*1.01.86*	*4*	*Inverness*	*13*	*Mar*
68:10	*Blair McWhirter (NZL)*		*6.10.82*	*2*	*Pleshey*	*2*	*Oct*
68:13	*Paddy Hamilton (IRL)*		*17.03.81*	*1*	*Dundalk, IRL*	*14*	*Feb*
68:23	*Iraitz Arrospide (ESP)*		*5.08.88*	*24*	*South Shields*	*11*	*Sep*

Short Course (150 metres)

64:23	*Teweldeberhan Mengisteab (ERI)*		*1.01.86*	*5*	*Glasgow*	*2*	*Oct*

Marathon

2:10:52	Callum Hawkins		22.06.92	8	London	24	Apr
2:11:52				9	Rio de Janeiro, BRA	21	Aug
2:12:23	Tsegai Tewelde		8.12.89	12	London	24	Apr
2:12:57	Derek Hawkins		29.04.89	14	London	24	Apr
2:15:05	Chris Thompson	V35	17.04.81	16	London	24	Apr
2:15:32	Matt Bond		17.07.82	17	London	24	Apr
2:15:38	Robbie Simpson		14.11.91	18	London	24	Apr
2:16:42	Lee Merrien	V35	26.04.79	19	London	24	Apr
2:16:58	Paul Martelletti	V35	1.08.79	20	Berlin, GER	25	Sep
2:17:30				21	London	24	Apr
2:18:57				13	Southport, AUS	3	Jul
2:19:36				1	York	9	Oct

2016 - M - Mar

Time		Name	Cat	Date	Pos	Venue	Day	Mon
2:17:45		Andrew Davies	V35	30.10.79	22	London	24	Apr
2:18:21		Scott Overall		9.02.83	13	Chicago, USA	9	Oct
	(10)							
2:19:17		Stuart Spencer		11.11.82	28	Berlin, GER	25	Sep
2:19:22		Aaron Scott		11.04.87	25	London	24	Apr
2:19:33		James Connor		21.03.83	15	Frankfurt, GER	30	Oct
2:19:43		Ben Moreau		15.12.81	26	London	24	Apr
2:19:52		Tom Anderson		12.01.90	16	Chicago, USA	9	Oct
2:20:54		Stephen Way	V40	6.07.74	29	London	24	Apr
2:21:16		Paul Molyneux	V35	27.01.81	21	Frankfurt, GER	30	Oct
2:21:25		Tom Payn	V35	18.10.79	30	London	24	Apr
2:21:32		Kojo Kyereme	V40	23.12.74	31	London	24	Apr
2:21:42		Michael Kallenberg		9.01.91	33	London	24	Apr
	(20)							
2:21:51		Douglas Selman		12.07.88	36	Berlin, GER	25	Sep
2:21:59		Stuart Robinson	V35	27.11.79	35	London	24	Apr
2:22:34		Steven Bayton		6.08.91	1	Manchester	10	Apr
2:23:04		Kevin Rojas		1.10.81	2	Manchester	10	Apr
2:24:53					9	Toronto, CAN	16	Oct
2:23:05		Fabian Downs		12.03.86	39	Berlin, GER	25	Sep
2:23:08		Carl Ryde	V35	26.11.78	37	London	24	Apr
2:23:18		Matthew Bennett		11.10.88	38	London	24	Apr
2:23:23		Peter Le Grice		10.07.82	39	London	24	Apr
2:23:31		Zak Tobias	U23	13.09.94	32	Valencia, ESP	20	Nov
2:23:36		Neil Renault		30.07.83	40	London	24	Apr
	(30)							
2:23:52		Jonathan Hay		12.02.92	41	London	24	Apr
2:23:55		James Kelly		29.08.83	42	London	24	Apr
2:24:05		Ben Fish		21.05.82	1	Chester	2	Oct
2:24:11		Daniel Watts		9.12.86	37	Frankfurt, GER	30	Oct
2:24:15		Jonathan Poole		16.11.82	44	London	24	Apr
2:24:19		Jarlath McKenna		14.11.81	45	London	24	Apr
2:24:20		Gareth Lowe	V40	20.03.73	46	London	24	Apr
2:24:56		Daniel Chan		27.07.87	2	Chester	2	Oct
		43 performances to 2:25:00 by 38 athletes						
2:25:01		William Mackay		3.10.89	40	Frankfurt, GER	30	Oct
2:25:08		Nathan Kilcourse		8.09.90	3	Manchester	10	Apr
	(40)							
2:25:09		Shaun Dixon		6.09.82	48	London	24	Apr
2:25:09		Robert Keal	V40	6.05.74	41	Frankfurt, GER	30	Oct
2:25:18		Ben Shearer	V35	27.05.76	49	London	24	Apr
2:25:21		Grant Johnson		26.09.91	50	London	24	Apr
2:25:22		Andy Greenleaf		21.09.82	51	London	24	Apr
2:25:25		David Morgan		8.12.83	52	London	24	Apr
2:25:26		Mark Jenkin	V35	19.09.78	53	London	24	Apr
2:25:27		Kyle Greig		19.12.85	54	London	24	Apr
2:25:44		Thomas Cornthwaite		13.04.85	6	San Sebastián, ESP	27	Nov
2:25:48		Jason Cherriman	V35	18.10.80	11	Toronto, CAN	16	Oct
2:25:58		Iain Quinn		18.04.83	57	London	24	Apr
2:26:04		Darren Deed	V35	7.05.78	53	Berlin, GER	25	Sep
2:26:17		James Douglas		18.06.85	5	Manchester	10	Apr
2:26:20		Joe Morwood		10.06.91	6	Manchester	10	Apr
2:26:33		Dale Annable		1.01.85	59	London	24	Apr
2:26:33		Rowan Preece	U23	8.05.95	60	London	24	Apr
2:26:36		Russell Bentley		28.04.81	61	London	24	Apr
2:26:36		Matthew Jones	V35	7.05.81	6	Edinburgh	29	May
2:26:38		Ben Johnson		22.09.88	25	Amsterdam, NED	16	Oct
2:26:44		Alexander O'Gorman		11.02.86	7	Manchester	10	Apr
	(60)							
2:26:47		Josh Tighe		11.08.87	8	Manchester	10	Apr
2:26:54		Stuart Hawkes	V35	22.12.77	4	Chester	2	Oct

2016 - M - Mar

Time	Name	Cat	DOB	#	Location	Date
2:26:58	Craig Ruddy		10.04.88	9	Warsaw, POL	25 Sep
2:27:05	Mark Couldwell	V40	30.07.74	63	London	24 Apr
2:27:09	David Meacock	V40	23.06.75	64	London	24 Apr
2:27:15	Robert Pope	V35	14.06.78	1	Liverpool	29 May
2:27:18	Adrian Lowther		27.08.81	65	London	24 Apr
2:27:21	Tom Aldred	V35	15.03.79	66	London	24 Apr
2:27:28	Thomas Charles		18.02.84	2	York	9 Oct
2:27:29 (70)	Lee Grantham		11.02.83	67	London	24 Apr
2:27:35	Thomas Roach	V35	23.09.80	6	Brighton	17 Apr
2:27:43	Dan Nash	U23	23.03.94	9	Manchester	10 Apr
2:27:45	Richard Burney	V40	5.03.76	69	London	24 Apr
2:27:50	Matthew Gunby		17.05.88	72	London	24 Apr
2:27:53	Robert Jackaman		28.03.85	73	London	24 Apr
2:27:58	Chris Jordan	V35	12.05.80	64	Berlin, GER	25 Sep
2:28:05	Scott Harrington	V35	19.08.78	3	York	9 Oct
2:28:18	Paul Piper		25.11.81	66	Berlin, GER	25 Sep
2:28:25	Adrian Whitwam	V40	25.11.75	56	Frankfurt, GER	30 Oct
2:28:31 (80)	Andi Jones	V35	10.10.78	3	Doha, QAT	8 Jan
2:28:32	Mark Newton	V35	15.06.80	94	Tokyo, JPN	28 Feb
2:28:36	Michael Wright		24.03.87	77	London	24 Apr
2:28:37	Peter Lighting	V35	7.12.80	78	London	24 Apr
2:28:39	Andy Nixon		28.07.88	10	Manchester	10 Apr
2:28:43	Kevin Farrow	V40	8.09.75	80	London	24 Apr
2:28:48	Matthew Jones	V35	30.03.78	81	London	24 Apr
2:28:53	George Gurney		3.04.92	72	Berlin, GER	25 Sep
2:29:00	Ben Cole		18.06.85	82	London	24 Apr
2:29:03	Glen Watts		9.12.86	83	London	24 Apr
2:29:05 (90)	Ben Douglas		28.03.90	11	Manchester	10 Apr
2:29:17	Alun Myers		5.11.86	4	York	9 Oct
2:29:19	Daniel Gaffney		25.02.83	85	London	24 Apr
2:29:24	Robert Affleck	V40	27.09.71	79	Berlin, GER	25 Sep
2:29:25	James Westlake		8.08.91	87	London	24 Apr
2:29:34	James Turner		10.04.90	12	Manchester	10 Apr
2:29:35	Hugh Torry	V35	15.10.78	89	London	24 Apr
2:29:42	Craig Hopkins		12.08.88	90	London	24 Apr
2:29:47	Jeremy Rossiter	V40	15.10.74	92	London	24 Apr
2:29:48	Gary Pennington	V45	9.01.70	93	London	24 Apr
2:29:53 (100)	Nicholas Torry	V35	19.02.77	94	London	24 Apr
2:29:58	Danny Kendall	V35	3.08.78	95	London	24 Apr
2:29:59	Lawrence Avery	V35	4.11.80	96	London	24 Apr

downhill (350m)
2:26:22	Kyle Greig		19.12.85	3	Inverness	25 Sep

Foreign
2:15:19	*Anuradha Cooray (SRI)*	*V35*	*24.03.78*	*2*	*Guwahati, IND*	*12 Feb*
2:16:24	*Paul Pollock (IRL)*		*25.06.86*	*32*	*Rio de Janeiro, BRA*	*21 Aug*
2:18:50	*Christopher Zablocki (USA)*		*21.07.88*	*1*	*Albany, USA*	*5 Mar*
2:20:39	*Stephen Scullion (IRL)*		*9.11.88*	*28*	*London*	*24 Apr*
2:24:05	*Patryk Gierjatowicz (POL)*		*29.08.89*	*43*	*London*	*24 Apr*
2:24:55	*Iraitz Arrospide (ESP)*		*5.08.88*	*47*	*London*	*24 Apr*
2:25:39	*Dimosthenis Evaggelidis (GRE)*	*V35*	*27.09.76*	*4*	*Manchester*	*10 Apr*
2:28:17	*Blair McWhirter (NZL)*		*6.10.82*	*75*	*London*	*24 Apr*
2:28:22	*Jacek Cieluszecki (POL)*	*V35*	*2.12.77*	*76*	*London*	*24 Apr*

downhill (350m)
2:20:52	*Mohammed Abu-Rezeq (JOR)*		*21.12.83*	*1*	*Inverness*	*25 Sep*

50 Kilometres Road

2:56:37	Ross Houston	V35	5.12.79	1	Perth	27	Mar
2:58:25	Andrew Davies	V35	30.10.79	5	Doha, QAT	11	Nov
2:59:30	Michael Kallenberg		9.01.91	6	Doha, QAT	11	Nov
3:07:17	Mark Pollard		25.02.82	2	Perth	27	Mar
3:13:42	Stuart Robinson	V35	27.11.79	12	Doha, QAT	11	Nov
3:18:13	Ross Milne	V35	20.08.77	3	Perth	27	Mar
3:19:21	Paul Raistrick	V40	26.06.72	3	Oslo, NOR	20	Feb

100 Kilometres Road

6:58:52	Paul Navesey		19.04.86	1	Perth	27	Mar
7:11:47	Daniel Weston	V35	31.05.79	2	Perth	27	Mar
7:17:11	Robert Turner	V40	4.09.72	3	Perth	27	Mar
7:17:43	Anthony Clark	V35	2.08.77	4	Perth	27	Mar
7:18:31	Marco Consani	V40	15.11.74	5	Perth	27	Mar
7:28:47	Chris Singleton	V35	27.04.79	6	Perth	27	Mar
7:37:27	Nathan Montague	V35	15.11.80	7	Perth	27	Mar
7:43:44	James Stewart	V35	2.04.76	8	Perth	27	Mar

24 Hours

261.843km	Dan Lawson	V40	13.02.73	1	Albi, FRA	23	Oct
258.110km t	James Stewart	V40	2.04.76	1	London (TB)	17	Sep
250.263km	Marco Consani	V40	15.11.74	8	Albi, FRA	23	Oct
244.495km t	Neil MacNicol	V40	8.07.72	2	London (TB)	17	Sep
242.497km	James Elson		6.07.82	2	Athens, GRE	19	Mar
239.791km t	Grant MacDonald	V35	18.01.79	1	Barcelona, ESP	18	Dec
225.949km	Timothy Brownlie	V35	28.07.79	4	Belfast	25	Jun
221.915km t	Cameron Humphries		91	3	London (TB)	17	Sep
220.496km t	Andy Jordan	V50	5.06.63	4	London (TB)	17	Sep
218.441km t	Ian Thomas	V55	10.06.59	6	Barcelona, ESP	18	Dec
217.417km t	Mark Bissell		17.05.87	5	London (TB)	17	Sep
217.261km	Steve Speirs	V45	18.08.66	1	Hampton, USA	1	May
214.247km t	Anth Courtney	V35	23.05.79	2	Coburg, AUS	17	Apr
214.141km	Steven Holyoak	V50	8.09.64	31	Albi, FRA	23	Oct
204.915km	Patrick Robbins	V40	12.03.72	46	Albi, FRA	23	Oct

1500 Metres Steeplechase - Under 17

4:19.74	Finlay McLear		25.05.00	1	Gateshead	9 Jul
4:20.8	Chey Blatchford-Kemp		2.09.99	1	Reading	11 Jun
4:22.14	George Groom		20.10.99	1	Bedford	27 Aug
4:22.32	Samuel Crick		12.09.99	1	Ashford	15 May
4:25.03	Alfie Yabsley		12.09.99	3	Gateshead	9 Jul
4:26.51	Daniel Wilkinson		22.03.00	1	Milton Keynes	4 Jun
4:29.02	John Howorth		21.04.00	4	Gateshead	9 Jul
4:29.2	Joey Croft		23.05.00	1	St. Ives	20 Jul
4:30.75	Alfie Manthorpe		26.09.99	2	Loughborough	2 Sep
4:31.2	Robert Howorth		21.04.00	1	Salisbury	11 Jun
(10)						
4:31.33	Aidan Kent		6.10.99	2	Exeter	18 Jun
4:31.48	Bede Pitcairn-Knowles		5.08.00	3	Bedford	27 Aug
4:35.15	Alex Rowe		16.09.99	5	Gateshead	9 Jul
4:35.28	Dylan Gillett		6.02.00	4	Loughborough	2 Sep
4:35.35	Adam Searle		7.11.00	2	Nuneaton	14 Aug
4:35.46	Henry-James Cowie		29.03.01	3	Bedford	4 Sep
4:35.7	Shaun Hudson		8.09.00	2	Reading	11 Jun
4:35.77	Harry Simpson		1.01.00	5	Bedford	27 Aug
4:35.81	Ben Thomas		7.07.01	4	Ashford	16 Jul
4:35.93	Aaron Enser		5.09.00	1	London (He)	26 Jun
(20)						
4:37.9	William Brockman		13.03.00	3	Reading	11 Jun
4:37.96	Nick Wiltshire		24.10.00	2	London (He)	26 Jun

2016 - M - 1.5kSt - 3kSt

Time	Name	Cat	Date	Pos	Venue	Day	Month
4:38.81	Thomas Jones		21.05.00	5	Ashford	16	Jul
4:38.95	Dempster Fawden		26.02.00	4	Bromley	17	Jul
4:39.20	Michael Swinton		22.09.99	1	Grangemouth	13	Aug
4:41.02	Elliot Lawrence		24.01.00	2	Cardiff	2	Jul
4:41.20	Marshall Smith		14.04.00	5	Bromley	17	Jul
4:41.2	Maxwell Cooper		20.11.00	4	Reading	11	Jun
4:42.78	Daniel Streeter		15.09.99	1	Stevenage	29	May

2000 Metres Steeplechase

Time	Name	Cat	Date	Pos	Venue	Day	Month
5:35.63	Jonathan Hopkins		3.06.92	1	Manchester (SC)	14	May
5:35.77	Luke Gunn		22.03.85	2	Manchester (SC)	14	May
5:36.25	Tommy Horton		7.11.93	1	Manchester (SC)	17	Aug
5:38.22	Ieuan Thomas		17.07.89	2	Manchester (SC)	17	Aug
5:38.33	Samater Farah		25.12.85	3	Manchester (SC)	17	Aug
5:38.79	Zak Seddon	U23	28.06.94	1	Tallahassee, USA	25	Mar
5:39.61	Ben Coldray		9.11.91	3	Manchester (SC)	14	May
5:40.13	Douglas Musson	U23	8.04.94	4	Manchester (SC)	14	May
5:44.10	Adam Kirk-Smith		30.01.91	4	Manchester (SC)	17	Aug
5:45.41	Alexander Teuten		3.01.92	5	Manchester (SC)	17	Aug

Under 20

Time	Name	Cat	Date	Pos	Venue	Day	Month
5:47.76	Archie Walton		14.05.98	1	Street	11	Jun
5:49.44	William Battershill		25.02.98	1	Gateshead	9	Jul
5:56.83	John Millar		18.12.97	2	Gateshead	9	Jul
5:57.08	George Groom	U17	20.10.99	1	Milton Keynes	4	Jun
5:59.71	Sam Sommerville		8.12.97	2	Street	11	Jun
6:02.96	Edward Mason		9.03.99	3	Street	11	Jun
6:03.70	Chey Blatchford-Kemp	U17	2.09.99	2	Milton Keynes	4	Jun
6:04.46	Jack Hope		14.05.98	4	Gateshead	9	Jul
6:04.47	Logan Smith		23.01.98	5	Gateshead	9	Jul
6:05.62 (10)	Dan Wilde		13.07.99	4	Street	11	Jun
6:05.93	Terence Fawden		19.01.99	6	Gateshead	9	Jul
6:06.56	James Beeks		13.10.98	1	Tonbridge	29	Aug
6:10.3	Mahamed Mahamed		18.09.97	1	Southampton	20	Aug
6:10.96	Ciaran Lewis		18.03.97	1	Bedford	4	Sep
6:12.97	Jamie MacKinnon		15.06.99	1	Swansea	6	Aug
6:14.03	William Stockley		25.03.99	11	Manchester (SC)	14	May
6:14.07	George Phillips		7.08.99	9	Gateshead	9	Jul
6:14.26	Jordan Wood		26.03.99	2	Manchester (Str)	14	Jun
6:14.31	Matthew Bradly		27.09.98	7	Milton Keynes	4	Jun
6:16.4 (20)	Billy White		25.01.97	1	Harrow	1	May
6:17.31	Tristan Rees		3.04.99	1	Grangemouth	11	Jun
6:18.13	Alfie Yabsley	U17	12.09.99	9	Milton Keynes	4	Jun
6:19.15	Ben Thomas	U17	7.07.01	2	Swansea	6	Aug
6:19.18	Euan Nicholls		23.05.98	1	Bromley	29	May
6:19.72	Daniel Galpin		25.01.98	2	Portsmouth	15	May

3000 Metres Steeplechase

Time	Name	Cat	Date	Pos	Venue	Day	Month
8:22.42	Rob Mullett		31.07.87	5	Los Angeles (ER), USA	20	May
	8:30.63			10	Stanford, USA	1	May
	8:31.13			10	Birmingham	5	Jun
	8:32.06			4h1	Amsterdam, NED	6	Jul
	8:33.29			6	Amsterdam, NED	8	Jul
	8:41.67			1	Birmingham	25	Jun
	8:48.19			12h1	Rio de Janeiro, BRA	15	Aug
8:33.09	Zak Seddon	U23	28.06.94	2	Stanford, USA	1	Apr
	8:34.85			2	Tallahassee, USA	14	May
	8:36.77			4s2	Eugene, USA	8	Jun
	8:38.26			6	Eugene, USA	10	Jun
	8:41.33			3h1	Jacksonville, USA	27	May
	8:46.63			3	Birmingham	25	Jun

2016 - M - 3kSt

Time		Athlete	Cat	DOB	Pos	Venue	Date
8:35.71		Luke Gunn		22.03.85	5	Oordegem, BEL	28 May
8:47.26					4	Birmingham	25 Jun
8:52.60					11	Birmingham	5 Jun
8:37.43		Jonathan Hopkins		3.06.92	3	Bydgoszcz, POL	5 Jun
8:40.28					12	Oordegem, BEL	28 May
8:47.26					1	Bedford	2 May
8:49.10					5	Birmingham	25 Jun
8:37.80		Tom Wade		14.01.89	5	Copenhagen, DEN	18 Jun
8:38.41					9	Oordegem, BEL	28 May
8:40.74					2	Geneva, SUI	11 Jun
8:43.40					2	Birmingham	25 Jun
8:54.98					1	Aalborg, DEN	21 May
8:45.82		William Gray		24.01.93	5	Tallahassee, USA	14 May
8:46.84					3h3	Jacksonville, USA	27 May
8:51.91					9s2	Eugene, USA	8 Jun
8:51.16		Douglas Musson	U23	8.04.94	5rB	Oordegem, BEL	28 May
8:52.78					6	Birmingham	25 Jun
8:52.92		Ben Coldray		9.11.91	1	Watford	28 May
8:53.72		Jamaine Coleman	U23	22.09.95	6h1	Jacksonville, USA	27 May
32 performances to 8:55.0 by 9 athletes							
8:55.68		Haran Dunderdale	U23	26.04.96	1	San Francisco, USA	1 Apr
	(10)						
8:56.39		Adam Visokay	U23	11.03.94	9	Tallahassee, USA	14 May
8:56.77		Ryan Driscoll	U23	25.01.94	3rB	Norwalk, USA	15 Apr
8:58.16		Jermaine Mays		23.12.82	13	Barcelona (S), ESP	30 Jun
8:58.57		Tommy Horton		7.11.93	1	Loughborough	22 May
8:58.60		Bertie Houghton	U23	19.03.95	2	Loughborough	22 May
8:59.90		Harry Lane	U23	1.12.94	1	Bedford	18 Jun
9:01.43		Alexander Teuten		3.01.92	2	Bedford	30 Jul
9:02.48		Alex Howard	U23	24.08.95	2	Bedford	18 Jun
9:02.73		Adam Kirk-Smith		30.01.91	1	London (He)	6 Aug
9:03.36		Samater Farah		25.12.85	2	London (He)	6 Aug
	(20)						
9:04.37		Declan McManus	U20	13.03.97	9	Norwalk, USA	14 Apr
9:05.55		Daniel Jarvis	U23	21.10.95	3	Bedford	18 Jun
9:05.94		Ieuan Thomas		17.07.89	30	Oordegem, BEL	28 May
9:05.99		William Mycroft		8.01.91	1	London (LV)	11 Jun
9:06.23		William Battershill	U20	25.02.98	3	Loughborough	22 May
9:07.16		Gilbert Grundy		22.06.89	7	Eugene, USA	6 May
9:07.92		Tom Austin	U23	6.04.94	4	Bedford	18 Jun
9:08.35		Ethan Heywood		8.12.92	5	Sydney, AUS	19 Mar
9:08.57		Phil Norman		20.10.89	1	Exeter	28 May
9:08.77		Chris Perry		1.03.90	4	Loughborough	22 May
	(30)						
9:09.54		John Millar	U20	18.12.97	2	Bedford	18 Jun
9:12.07		Joe Wade		14.01.89	6	Loughborough	22 May
9:15.50		Nick Earl		22.09.84	1	Melbourne (A), AUS	28 Feb
9:15.69		Scott Green		27.12.92	5	Solihull	9 Jul
9:16.48		Daniel Eckersley		12.11.86	4	Bedford	30 Jul
9:17.78		Daniel Owen		5.07.93	3	Manchester (SC)	4 Jun
9:18.16		Richard Ollington		31.12.93	2	Oxford	7 May
9:19.34		James Senior		4.01.92	6	Watford	28 May
9:19.69		Aidan Smith	U23	16.07.95	3	Oxford	7 May
9:19.69		Alex Milne		11.03.90	5	Bedford	30 Jul
	(40)						
9:19.72		Martin Hayes		16.05.89	2	Gothenburg, SWE	1 Jul
9:20.37		Billy White	U20	25.01.97	3	Bedford	18 Jun
9:20.57		Jonathan Goringe		22.07.91	5	Leiria, POR	28 May
9:21.02		Alexander Hendry		15.02.91	7	Watford	28 May
9:21.60		Archie Walton	U20	14.05.98	8	Loughborough	22 May
9:22.07		Jack Douglas	U23	5.06.96	6	Bedford	18 Jun
9:22.26		Ciaran Lewis	U20	18.03.97	1	Cardiff	7 May

2016 - M - 3kSt - 60H

9:24.63	Adam Clarke		3.04.91	10	Loughborough	22	May
9:24.68	James Bailey		1.06.83	3	Eton	7	May
9:25.35	George Gathercole	U20	27.01.97	4	Oxford	7	May
(50)							
9:25.72	Aidan Thompson	U23	19.12.96	7	Bedford	18	Jun
9:28.37	Jack Hutchens		27.12.92	8	Bedford	30	Jul
9:29.00	Miles Chandler	U23	18.03.96	9	Watford	28	May
9:29.17	George Groom	U17	20.10.99	1	Castellón, ESP	17	Sep
9:31.28	Thomas Beedell		12.07.86	6	Eton	7	May
9:31.6	Sullivan Smith	V35	16.09.76	2	Nottingham	6	Aug
9:32.22	Nick Hardy		28.03.92	7h1	Bedford	30	Apr
9:32.69	Michael Wright		24.03.87	4	Grangemouth	13	Aug
9:32.71	Chris Greenwood	V40	29.09.73	3	Cardiff	7	May
9:32.92	Matthew Seddon	U23	26.02.96	2h2	Bedford	30	Apr
(60)							
9:33.30	Charlie Critchley	U23	25.03.96	5h2	Bedford	30	Apr
9:37.71	David Westbury		17.05.89	11	Bedford	30	Jul
9:38.77	Joseph Turner		3.08.90	1	Perth, AUS	8	Dec
9:40.24	Michael Bartram	U23	6.12.96	8	Bedford	18	Jun
9:40.39	Daniel Cliffe		23.12.90	5	Birmingham	2	Jul
9:40.4	James Douglas		18.06.85	1	Bury	7	May
9:40.47	Dan Nash	U23	23.03.94	1	Bournemouth	2	Jul
9:40.60	Andrew Lawler	U23	24.10.95	3	Kilmarnock	28	May
9:41.12	Jack Jibb	U20	21.09.97	2	Buffalo, USA	30	Apr
9:41.5	Alex Brecker		15.12.93	1	Stoke-on-Trent	7	Aug
(70)							
9:41.59	Harry Earl		10.11.92	12	Nashville, USA	13	May
9:41.7	Alan Corlett		22.12.90	1	Manchester (SC)	6	Aug
9:42.38	John Tayleur	U23	1.06.95	2	London (WL)	4	Jun
9:42.51	Ryan McKinlay		10.09.86	6	London (He)	6	Aug
9:43.10	Edward Mason	U20	9.03.99	14	Bedford	30	Jul
9:43.5	James Connor		21.03.83	2	Kingston	2	Jul
9:43.7	Joshua Lunn		15.05.92	3	Nottingham	6	Aug
9:44.54	Thomas Cox		3.02.93	10	Watford	28	May
Additional Under 20 (1-10 above)							
9:49.54	Euan Campbell		17.11.97	5	Grangemouth	13	Aug
9:49.67	Matthew Bradly		27.09.98	8	London (He)	6	Aug
9:52.28	Terence Fawden		19.01.99	4	Basingstoke	6	Aug
9:54.94	Sam Sommerville		8.12.97	3	Yeovil	6	Aug
Foreign							
9:15.97	*Michael Deason (USA)*		*8.01.85*	*1*	*London (WL)*	*4*	*Jun*
9:24.57	*Dara Chesser (IRL)*		*16.08.92*	*4*	*Dublin (S)*	*25*	*Jun*
9:35.95	*Tomaz Plibersek (SLO)*	*V35*	*18.12.80*	*5*	*London (He)*	*6*	*Aug*

60 Metres Hurdles - Indoors

7.61	Andy Pozzi		15.05.92	1h1	London (LV)	17 Jan
	7.61			1	Sheffield	27 Feb
	7.76			1h3	Sheffield	27 Feb
7.65	Lawrence Clarke		12.03.90	3	Berlin, GER	13 Feb
	7.65			2	Sheffield	27 Feb
	7.69			2h1	Berlin, GER	13 Feb
	7.69			6s2	Portland, USA	20 Mar
	7.72			2h2	Glasgow	20 Feb
	7.72			1h2	Sheffield	27 Feb
	7.74			4h2	Portland, USA	19 Mar
	7.75			4	Glasgow	20 Feb
	7.76			2	Eaubonne, FRA	24 Jan
	7.76			4h1	Düsseldorf, GER	3 Feb
	7.76			1=h3	Mondeville, FRA	6 Feb
	7.77			7	Düsseldorf, GER	3 Feb
	7.82			1h2	Eaubonne, FRA	24 Jan
	7.87			6	Mondeville, FRA	6 Feb

2016 - M - 60H

7.66	David King	U23	13.06.94	1h1	Ghent, BEL	13	Feb
	7.68			1	Cardiff	31	Jan
	7.72			2	Ghent, BEL	13	Feb
	7.76			4	Sheffield	27	Feb
	7.78			2h1	Sheffield	27	Feb
	7.81			5	Glasgow	20	Feb
	7.86			2h1	Glasgow	20	Feb
7.68	David Omoregie	U23	1.11.95	3	Mondeville, FRA	6	Feb
	7.69			1h1	Sheffield	27	Feb
	7.71			3	Sheffield	27	Feb
	7.72			6	Berlin, GER	13	Feb
	7.74			2h1	Mondeville, FRA	6	Feb
	7.75			4h2	Berlin, GER	13	Feb
	7.76			2	Cardiff	31	Jan
	7.77			1h1	Sheffield	19	Feb
	7.86			1	Sheffield	19	Feb
7.74	Khai Riley-La Borde	U23	8.11.95	1A1	London (LV)	3	Jan
	7.78			1A2	London (LV)	3	Jan
	7.79			1rB	Metz, FRA	21	Feb
	7.81			1	London (LV)	6	Feb
	7.81			2h2	Sheffield	27	Feb
	7.82			5	Sheffield	27	Feb
	7.84			1A1	London (LV)	30	Jan
	7.89			1	Kuldiga, LAT	16	Jan
7.82	Gabriel Odujobi		15.07.87	3	Amsterdam, NED	6	Feb
	7.84			2h4	Amsterdam, NED	6	Feb
	7.88			2rB	Metz, FRA	21	Feb
7.85	Gianni Frankis (now ITA)		16.04.88	1A2	Eton	7	Feb
	7.85			3	Ancona, ITA	6	Mar
	7.86			1A1	Eton	7	Feb
	7.87			2A2	London (LV)	30	Jan
	7.88			2A1	London (LV)	30	Jan
	7.88			1h2	Ancona, ITA	5	Mar
7.86	Edirin Okoro		4.04.89	1A2	London (LV)	30	Jan
	7.90			3A1	London (LV)	30	Jan
	7.90			2h1	Linz, AUT	12	Feb
7.86	Joseph Hylton		17.11.89	4h2	Metz, FRA	21	Feb
7.89	Jake Porter		13.11.93	3h1	Glasgow	20	Feb
	55 performances to 7.90 by 10 athletes						
8.01	David Feeney		17.10.87	1A1	Loughborough	30	Jan
8.02	Jack Hatton	U23	14.02.96	2s2	London (LV)	17	Jan
8.06	Andy Blow		22.09.85	1A2	Eton	4	Dec
8.10	Liam Ramsay		18.11.92	3H4	Reims, FRA	31	Jan
8.11	Nick Gayle		4.01.85	1	Manchester (SC)	10	Jan
8.12	Jack Kirby	U23	5.11.96	1C2	Eton	7	Feb
8.15	Curtis Holmes		20.08.91	2	Birmingham	16	Jan
8.16	Alex Nwenwu		11.09.91	7h2	Torun, POL	12	Feb
8.20	Glenn Etherington		10.12.86	3s2	London (LV)	17	Jan
8.21	Rushane Thomas	U23	27.01.95	h	Kuldiga, LAT	16	Jan
(20)							
8.21	John McCall	U23	12.04.95	1	Glasgow	30	Jan
8.22	Euan Dickson-Earle	U23	9.07.96	3A2	London (LV)	3	Jan
8.23	Jack Andrew		12.10.91	1A2	Uxbridge	13	Feb
8.29	Reece Young	U23	3.10.95	2A1	Uxbridge	13	Feb
8.29	Alexander Wort		18.09.93	3	Sheffield	19	Feb
8.32	Timothy Duckworth	U23	18.06.96	3	Lexington, USA	16	Jan
8.33	Ashley Wilson		15.12.90	3B1	London (LV)	30	Jan
8.34	Glen Elsdon		27.09.92	4	Cardiff	31	Jan
8.35	Matthew Hewitt		27.12.92	6h1	Sheffield	27	Feb
8.36	Aled Price	U23	14.12.95	1P	Cardiff	11	Dec
(30)							
8.37	Tom Reynolds		20.12.84	2A2	Eton	6	Mar

2016 - M - 60H - 60HY

8.38	Tony Higbee		21.09.83	1rB	Sheffield	10	Feb
8.39	Miguel Perera	U23	30.09.96	8h2	Torun, POL	12	Feb
8.40	Mark Cryer		27.08.93	1A2	Eton	3	Jan
8.41	James Wright	U23	4.02.94	1	Sheffield	2	Jan
8.42	William Ritchie-Moulin	U23	3.12.96	2A2	Loughborough	30	Jan
8.45	Maranga Mokaya	U23	30.06.96	1	Gateshead	15	Dec
8.46	Jack Major	U23	23.10.96	5	Sheffield	19	Feb
8.47	Kyle Arnold	U23	11.11.96	1	Cardiff	23	Jan
8.48	Liam Collins	V35	23.10.78	2	Glasgow	30	Jan
	(40)						
8.49	Maurice Ryan		17.02.86	2B1	London (LV)	3	Jan
8.49	George Vaughan	U20	26.06.98	1	London (LV)	19	Mar
8.50	Bradley Reed		14.01.92	5B2	London (LV)	30	Jan

Foreign
7.73	*Ben Reynolds (IRL)*		*26.09.90*	*1*	*Athlone, IRL*	*28*	*Feb*
7.87	*Julian Ortiz (ESP)*		*25.12.90*	*2A1*	*Eton*	*7*	*Feb*
7.90	*Alex Al-Ameen (NGR)*		*2.03.89*	*7*	*Sheffield*	*27*	*Feb*
8.22	*Peter Moreno (NGR)*		*30.12.90*	*2C2*	*Eton*	*7*	*Feb*

60 Metres Hurdles - Under 20 (99cm)

7.92	Robert Sakala		5.03.98	1A1	London (LV)	30	Jan
7.92	Matthew Treston		20.07.98	1	Sheffield	14	Feb
7.97	Ethan Akanni		5.03.99	2	Sheffield	14	Feb
7.99	Rory Dwyer		11.10.97	1	Cardiff	7	Feb
8.01	Sam Talbot		17.02.99	5	Sheffield	14	Feb
8.07	George Vaughan		26.06.98	2h1	Sheffield	14	Feb
8.07	Jason Nicholson		10.05.99	1	Sheffield	3	Dec
8.11	Tre Thomas		26.06.00	2	Sheffield	3	Dec
8.19	Imran Qureshi		16.12.97	4h2	Sheffield	14	Feb
8.23	Oliver Whellans		21.05.97	1	Sheffield	16	Jan
	(10)						
8.26	William Aldred		13.05.99	1	Manchester (SC)	31	Jan
8.30	Miles McGrady		24.09.97	3	Sheffield	16	Jan
8.30	Edson Gomes		1.11.98	1	London (LV)	6	Feb
8.32	Rivaldo Brown		7.09.98	2	Manchester (SC)	31	Jan
8.32	Thomas Miller		7.10.98	1	Eton	7	Feb
8.33	Cameron Fillery		2.11.98	3A2	London (LV)	30	Jan
8.34	Harry Hillman		7.09.98	3	Cardiff	7	Feb
8.37	Tariq Forde		10.08.97	4	London (LV)	17	Jan
8.39	Michael Shields		25.04.99	1B2	London (LV)	30	Jan
8.42	Joseph Hobson		29.04.98	1H3	Sheffield	10	Jan
	(20)						
8.47	Ben Fisher		21.02.98	1	Jordanstown (NI)	23	Jan
8.47	Rhys Harris		11.10.98	6h2	Sheffield	14	Feb
8.47	Joseph Thurgood		11.09.98	1H1	London (LV)	18	Dec
8.48	Ryan Long		2.09.98	2H1	London (LV)	18	Dec
8.50	Cameron Amedee		27.09.98	1A1	London (LV)	26	Nov
8.52	Taylor Roy		25.06.99	1	Glasgow	16	Jan
8.54	Tom Chandler		19.09.97	1A1	Uxbridge	13	Feb

60 Metres Hurdles - Under 17 (91.4cm)

7.90	Tre Thomas		26.06.00	1	Sheffield	14	Feb
8.02	Mayowa Osunsami		23.10.99	1	London (LV)	6	Feb
8.11	Alistair Chalmers		31.03.00	2	Sheffield	14	Feb
8.15	Sam Bennett		2.02.01	1h1	Sheffield	14	Feb
8.18	Obi Onyejekwe		8.09.99	3	Sheffield	14	Feb
8.21	Joshua Akinwumi		24.10.99	3h2	Sheffield	14	Feb
8.22	Oliver Cresswell		17.11.00	2h3	Sheffield	14	Feb
8.30	Shaun Zygadlo		16.06.00	3h3	Sheffield	14	Feb
8.34	Seamus Derbyshire		27.01.00	2A2	Birmingham	16	Jan
8.37	Jack Sumners		25.10.00	4h2	Sheffield	14	Feb

2016 - M - 60HY - 75HC

8.40	Sam Roberts	17.07.00	2A2	Birmingham	21	Feb
8.42	Toby Seal	10.12.99	1	London (LV)	19	Mar
8.44	Oliver Lambert	18.10.00	1rB	Birmingham	20	Mar
8.47	Daniel Knight	24.11.01	1A2	London (LV)	26	Nov
8.47	Matthew Chandler	30.10.00	2P2	Athlone, IRL	10	Dec
8.48	Jay O'Leary	23.12.99	2rB	Birmingham	20	Mar
8.49	William Adeyeye	4.03.01	2s2	London (LV)	10	Jan
8.50	Kellen Jones	5.09.99	1H2	Sheffield	13	Mar
8.50	Joel McFarlane	9.10.00	4P1	Athlone, IRL	10	Dec
8.54	Robert Runciman	24.10.99	3	London (LV)	6	Feb
(20)						
8.55	Joe Halpin	19.02.01	1	Sheffield	17	Jan
8.55	Karl Johnson	15.04.01	4	London (LV)	6	Feb
8.55	Oliver Stacey	5.09.99	4h3	Sheffield	14	Feb
8.57	Joshua Armstrong	23.12.99	3	Glasgow	30	Jan
8.57	Lewis Davey	24.10.00	2A2	London (LV)	26	Nov
8.57	Ben Higgins	14.11.00	1	Sheffield	3	Dec
8.58	Harri Wheeler-Sexton	25.11.00	3P2	Athlone, IRL	10	Dec
8.59	Tommy D'Cruz	22.12.99	2	Cardiff	9	Jan
8.60	Ezra Rodriques	8.11.00	4	London (LV)	10	Jan
8.62	Andrew McFarlane	7.07.00	5	Glasgow	4	Feb

60 Metres Hurdles - Under 15 (84cm)

8.26	Joseph Harding	31.10.02	1P	London (LV)	17	Dec
8.69	Daniel Knight	24.11.01	1	Sheffield	14	Feb
8.81	Oliver Dakin	1.12.01	1h2	Sheffield	14	Feb
8.82	Theo Adesina	20.05.02	1P	London (LV)	27	Mar
8.84	Zachary Elliott	13.09.01	1A2	Birmingham	16	Jan
8.90	Tyler Cook	12.04.02	1	Swansea	23	Jan
8.91	Joshua Herrington	23.09.01	2	Sheffield	7	Feb
8.96	Jordan Ricketts	10.09.01	1A1	London (LV)	24	Jan
9.02	Craig Strachan	10.09.01	1	Aberdeen	21	Feb
9.03	Alexander MacKay	13.12.01	2	Aberdeen	21	Feb
(10)						
9.11	Reuben Nairne	22.09.02	5	Glasgow	4	Feb
9.14	Cameron Keelan	25.06.02	1h1	Glasgow	6	Mar
9.16	Jean-Claude Aka	9.02.02	1	London (LV)	19	Mar
9.20	Stephen Simmons	1.07.03	2A1	London (LV)	24	Jan
9.20	Ben Hughes	12.11.01	3P3	Sheffield	13	Mar
9.22	Ethan Williamson	29.09.01	1-16	Jordanstown (NI)	23	Jan
9.27	Ben Hillman	16.04.03	7P1	Athlone, IRL	10	Dec
9.28	Tristan James	10.11.01	2	Swansea	23	Jan
9.29	Daniel Murathodzic	11.09.01	2	Cardiff	9	Jan
9.30	Ralph Williams	22.08.02	4h2	Sheffield	14	Feb
(20)						
9.34	Freddie Fraser	25.01.04	2A1	London (LV)	26	Nov
9.35	Louis Clow	22.11.02	1	London (LV)	11	Dec
9.37	Caleb Adenuga	13.02.02	2	Manchester (SC)	31	Jan
9.38	Aaron Belkevitz	16.12.01	3h2	Glasgow	6	Mar

60 Metres Hurdles - Under 13 (76.2cm)

9.64	Ross Morgan	20.01.04	1	Glasgow	5	Mar
9.86	Cameron Forbes	15.08.04	2	Glasgow	5	Mar
9.99	Xander Collins	18.09.03	1P	London (LV)	27	Mar

75 Metres Hurdles - Under 13 (76.2cm)

11.9	Ross Morgan	20.01.04	1	Dumfries	26	Jun
	12.12 -2.3		1	Grangemouth	20	Aug
12.0	Xander Collins	18.09.03	1	London (Cr)	16	Jul
	12.36 -1.4		2	Kingston	31	Jul
12.0	Elliott Evans	3.09.03	2	London (Cr)	16	Jul

2016 - M - 75HC -100HY

12.1		Freddie Fraser	25.01.04	1	Peterborough	14	Aug
		12.30 1.5		1	Cambridge	17	Jul
12.1		Oliver Early	26.05.04	1	Hemel Hempstead	4	Sep
12.17	-1.4	Jacob Byfield	26.06.04	1	Kingston	31	Jul
12.3		Fraser King	27.11.03	1	Cheltenham	16	Jul
12.40	0.2	Cameron Forbes	15.08.04	2	Bedford	3	Sep
12.4		Jonny Rouse	26.11.03	2	Woodford	19	Jun
12.4		Bradley James	23.09.03	3	London (Cr)	16	Jul
	(10)						
12.4		Joseph Purbrick	22.04.04	1	Luton	14	Aug
12.4		Ilan Bisschops	30.11.03	2	Reading	11	Sep

80 Metres Hurdles - Under 15 (84cm)

10.98	0.8	Daniel Knight	24.11.01	1	Bedford	28	Aug
11.04	0.0	Joseph Harding	31.10.02	1P1	Exeter	17	Sep
11.23	0.0	Zachary Elliott	13.09.01	2P1	Exeter	17	Sep
11.28	-2.0	Adam Willis	7.01.02	2	Gateshead	9	Jul
11.31	-0.3	Harvey Kitchen	23.10.01	1h3	Gateshead	8	Jul
11.39	1.0	Oliver Dakin	1.12.01	2h2	Bedford	28	Aug
11.44	0.8	Theo Adesina	20.05.02	3	Bedford	28	Aug
11.52	-1.8	Jordan Ricketts	10.09.01	1h1	Gateshead	8	Jul
11.52	-0.5	Rico Cottell	22.11.01	1rB	Bedford	3	Sep
11.53	-1.4	Samuel Odu	4.04.02	1h2	Gateshead	8	Jul
	(10)						
11.61	-1.4	Connor Splevins	10.03.02	2h2	Gateshead	8	Jul
11.61w	2.1	Tristan James	10.11.01	1	Brecon	10	Jul
		11.64 -0.1		1	Bedford	3	Sep
11.63	0.1	Ethan Williamson	29.09.01	1	Tullamore, IRL	4	Jun
11.63	1.0	Ralph Williams	22.08.02	3h2	Bedford	28	Aug
11.68	-1.1	Tyler Cook	12.04.02	1	Newport	14	Aug
11.70	0.0	Luke Cressey	23.01.02	5P1	Exeter	17	Sep
11.78	1.9	Craig Strachan	10.09.01	1	Grangemouth	14	May
11.78		Jude Russell	12.03.02	1h2	Kingston	11	Jun
11.79	-1.4	Ben Hughes	12.11.01	4h2	Gateshead	8	Jul
11.80	-0.1	Finn Blakeney	26.09.01	4	Ashford	13	Aug
	(20)						
11.80	1.0	Stephen Simmons	1.07.03	4h2	Bedford	28	Aug
11.80	0.0	Alex Clayton	1.11.02	7P1	Exeter	17	Sep
11.81	1.9	Charlie Brown	13.04.02	1	Portsmouth	15	May
11.81	0.8	Caelan Raju	15.10.01	4h3	Bedford	28	Aug
11.81	0.8	Alexander MacKay	13.12.01	6	Bedford	28	Aug
11.82w	4.2	Kieran Appleton	23.01.02	1=	Exeter	7	Aug
		11.85 -1.4		5h2	Gateshead	8	Jul
11.84		Daniel Murathodzic	11.09.01	1	Newport	5	Jun
11.85	0.5	Luke Wojcik	26.05.02	3	Chelmsford	11	Jun
11.87	-1.8	Afure Moses-Taiga	21.11.01	5h1	Gateshead	8	Jul
11.87	-1.4	Samuel Croney	1.07.02	6h2	Gateshead	8	Jul
	(30)						
11.88	1.6	Michael Akhigbe	10.09.01	3h2	Chelmsford	14	May
11.88	-2.0	Cameron Keelan	25.06.02	1	Grangemouth	19	Jun

hand timing

11.5		Tristan James	(11.61w)	1	Cheltenham	3	Aug
11.6		Caelan Raju	(11.81)	1	Bromley	24	Aug
11.8w	2.3	Caleb Adenuga	13.02.02	2	Manchester (SC)	19	Jun

100 Metres Hurdles - Under 17 (91.4cm)

12.70	0.0	Mayowa Osunsami	23.10.99	1	Bedford	28	Aug
12.84	0.0	Tre Thomas	26.06.00	1	Birmingham	17	Apr
13.02	0.2	Onatade Ojora	14.10.99	1h1	Gateshead	8	Jul
13.05	0.2	Jack Sumners	25.10.00	2	Nuneaton	13	Aug

2016 - M - 100HY - 110HJ

13.06	0.2	Sam Bennett		2.02.01	3h1	Gateshead	8	Jul
13.06	0.2	Oliver Cresswell		17.11.00	3	Nuneaton	13	Aug
13.09	0.0	Alistair Chalmers		31.03.00	3	Bedford	28	Aug
13.20	0.2	Toby Seal		10.12.99	4h1	Gateshead	8	Jul
13.40	-2.3	Joshua Akinwumi		24.10.99	4h2	Gateshead	8	Jul
13.46	-0.8	Shaun Zygadlo		16.06.00	3h2	Bedford	28	Aug
	(10)							
13.48	0.0	Sam Roberts		17.07.00	1	Exeter	18	Jun
13.48	0.2	Oliver Lambert		18.10.00	4	Nuneaton	13	Aug
13.57	1.1	William Adeyeye		4.03.01	1	Eton	24	Jul
13.58	0.0	Tommy D'Cruz		22.12.99	2	Exeter	18	Jun
13.59	0.2	Jay O'Leary		23.12.99	5h1	Gateshead	8	Jul
13.73	0.0	Oliver Stacey		5.09.99	4	Birmingham	17	Apr
13.76	0.1	Tomos Slade		13.04.01	4	Ashford	16	Jul
13.77	0.8	Joshua Hewett		1.10.99	1O2	Exeter	18	Sep
13.85	0.4	Joel McFarlane		9.10.00	1	Grangemouth	14	May
13.87	0.2	Jack Turner		11.07.01	8h1	Gateshead	8	Jul
	(20)							
13.88	1.8	Harry Liversidge		11.05.00	1	Exeter	28	May
13.88		Obi Onyejekwe		8.09.99	1	Kingston	11	Jun
13.88	1.1	Joshua Zeller		19.10.00	3	Eton	24	Jul
13.95	1.2	Joshua Armstrong		23.12.99	3	Dublin (S), IRL	25	Jun
13.96	0.7	Joe Halpin		19.02.01	1	Gateshead	29	May

wind assisted

13.61	3.0	Joel McFarlane		(13.85)	1	Grangemouth	13	Aug
13.74	2.9	Joshua Zeller		(13.88)	3	Bromley	29	May
13.76	2.7	Joshua Armstrong		(13.95)	3	Loughborough	2	Sep
13.87	2.3	Ezra Rodriques		8.11.00	5	Ashford	14	Aug
13.97	2.5	Ben Higgins		14.11.00	3h2	Nuneaton	13	Aug
13.97	2.7	Michael Dennis		19.09.99	4	Loughborough	2	Sep
13.98	3.0	Jack Houghton		28.01.00	3	Grangemouth	13	Aug

hand timing

12.8		Tre Thomas		(12.84)	1	Banbury	1	May
13.0		Onatade Ojora		(13.02)	1	Reading	11	Jun
13.1		Joshua Akinwumi		(13.40)	1	Peterborough	11	Jun
13.6	1.7	Seamus Derbyshire		27.01.00	1	Stoke-on-Trent	14	May
13.8	0.9	Joshua Zeller		(13.88)	1	Reading	15	May
13.8		Jack Broadbent		8.07.00	2	Gillingham	24	Jul
13.9		Jackson Cowans		11.12.99	1	Hemel Hempstead	3	Jul

110 Metres Hurdles - Under 18 (91.4cm)

13.45	1.4	Jason Nicholson		10.05.99	3	Tbilisi, GEO	16	Jul
13.53	1.4	Ethan Akanni		5.03.99	4	Tbilisi, GEO	16	Jul
13.86	1.9	Sam Talbot		17.02.99	1D3	Tbilisi, GEO	17	Jul
14.43	1.0	William Aldred		13.05.99	3	Loughborough	23	Apr
14.44w	2.2	Michael Shields		25.04.99	2	London (LV)	22	Jun
		14.52	-0.1		3U18	Bedford	19	Jun
14.57		Mayowa Osunsami	U17	23.10.99	2	London (LV)	27	Apr

110 Metres Hurdles - Under 20 (99cm)

13.33	1.2	James Weaver		25.07.97	1	Mannheim, GER	25	Jun
13.48	1.9	Matthew Treston		20.07.98	1	Bedford	19	Jun
13.66	1.9	Robert Sakala		5.03.98	3	Bedford	19	Jun
14.25	-1.4	Jacob Spence		9.01.98	1	Castellón, ESP	17	Sep
14.29	0.9	Jason Nicholson		10.05.99	1	Gateshead	29	May
14.33	-0.4	George Vaughan		26.06.98	2r2	London (LV)	17	Aug
14.37	-0.8	Cameron Fillery		2.11.98	2	Oordegem, BEL	28	May
14.37	-0.1	Thomas Miller		7.10.98	1	Bromley	29	May
14.38		William Aldred		13.05.99	1	Liverpool	29	May
14.49		Tre Thomas	U17	26.06.00	1	Derby	11	Sep

2016 - M - 110HJ - 110H

Time	Wind	Name	DOB	Pos	Venue	Date
14.67	1.2	Michael Wilson	1.02.97	1	Swansea	29 May
14.68	0.6	Rivaldo Brown	7.09.98	4h2	Bedford	19 Jun
14.78	0.9	Oliver Whellans	21.05.97	2	Gateshead	29 May
14.81	1.6	Ryan Long	2.09.98	1D2	Bedford	15 May
14.82	0.4	Edson Gomes	1.11.98	3h1	Bedford	19 Jun
14.84	2.0	Cameron Amedee	27.09.98	1	London (Elt)	29 May
14.89	0.3	Lewis Shepherd	16.09.98	1	Stevenage	29 May
14.98	0.2	Kristian Brown	22.10.98	3r2	London (Nh)	5 Jun
14.99	2.0	Ben Clarke	30.10.98	1D2	Exeter	18 Sep
15.02	1.6	Howard Bell	2.05.98	2D2	Bedford	15 May
(20)						
15.02		Taylor Roy	25.06.99	1	Leeds	26 Jun
15.02	-1.1	Jack Brothers	18.10.97	4h1	Gateshead	9 Jul
15.06	0.8	Kai Williams	17.04.97	1	Nuneaton	12 Jun
15.11	-1.1	Michael Shields	25.04.99	5h1	Gateshead	9 Jul
15.16	0.3	Cameron Meakin	21.10.98	1	Manchester (Str)	14 Jun
15.20	0.4	Rhys Harris	11.10.98	5h1	Bedford	19 Jun
15.21	1.1	Thomas Cunningham-Fahie	21.05.97	1	Yeovil	21 May
15.28	1.1	Theo Walkley-Bartlett	14.04.97	3	Loughborough	23 Apr
15.29	-0.4	Sean Bazanye-Lutu	29.09.98	3r2	London (LV)	17 Aug
15.29	2.0	Timothy Stephens	1.11.97	2D2	Exeter	18 Sep

wind assisted

Time	Wind	Name	DOB	Pos	Venue	Date
13.98	4.3	Cameron Fillery	(14.37)	3	Loughborough	22 May
14.24	4.3	Thomas Miller	(14.37)	5	Loughborough	22 May
14.62	2.1	Michael Shields	(15.11)	1	Chelmsford	14 May
14.78	4.3	Ryan Long	(14.81)	7	Loughborough	22 May
14.82	2.6	Cameron Amedee	(14.84)	1	Ashford	14 May
14.82	2.1	Thomas Cunningham-Fahie	(15.21)	2	Chelmsford	14 May
14.85	2.7	Bailey Stickings	27.08.98	3	Bedford	4 Sep
14.94		Miles McGrady	24.09.97	2	Gateshead	14 May
15.08	2.7	Theo Walkley-Bartlett	(15.28)	4	Bedford	4 Sep
15.23	2.6	Joseph Thurgood	11.09.98	2	Ashford	14 May

hand timing

Time	Wind	Name	DOB	Pos	Venue	Date
14.5		Ryan Long	(14.81)	1	Bournemouth	11 Jun
14.7		Cameron Amedee	(14.84)	1	Gillingham	24 Jul
14.8		Lewis Shepherd	(14.89)	2	Bournemouth	11 Jun
14.9	-2.3	Rory Dwyer	11.10.97	1	Nottingham	1 May
14.9		Ethan Akanni	5.03.99	1	Dartford	1 May
15.0		Jack Brothers	(15.02)	1	Nuneaton	24 Jul
15.2		Travis Christie	1.05.97	1	Banbury	1 May

110 Metres Hurdles

Time	Wind	Name		DOB	Pos	Venue	Date
13.19	-0.8	Andy Pozzi		15.05.92	1h1	London (O)	23 Jul
	13.31	-1.3			1	Birmingham	26 Jun
	13.31	-0.6			1s1	Amsterdam, NED	9 Jul
	13.32	1.5			1	Loughborough	22 May
	13.37	0.6			3	Rome, ITA	2 Jun
	13.50	1.4			2h3	Rio de Janeiro, BRA	15 Aug
	13.55	0.4			1h1	Birmingham	26 Jun
	13.67	0.5			5s1	Rio de Janeiro, BRA	16 Aug
13.24	0.6	David Omoregie	U23	1.11.95	1	Berlin, GER	3 Sep
	13.25	1.2			1	Loughborough	16 Jul
	13.43	0.2			5	Brussels, BEL	9 Sep
	13.46	1.3			1h2	Loughborough	16 Jul
	13.48	-0.8			2h1	London (O)	23 Jul
	13.53	1.7			1h2	Bedford	30 Jul
	13.58	0.4			2h1	Birmingham	26 Jun
	13.64	-1.0			5	London (O)	23 Jul
	13.65	-0.2			2	Bedford	19 Jun
	13.66	-0.3			1rB	Lucerne, SUI	14 Jun

2016 - M - 110H

(Omoregie)		13.67	-1.3			4	Birmingham	26 Jun
		13.74	1.3			1	Bedford	2 May
		13.75	0.0			1h2	Bedford	19 Jun
		13.75	0.1			1	Gateshead (Q)	10 Sep
		13.78	0.0			1h2	Montgéron, FRA	15 May
13.42	-0.7	Lawrence Clarke			12.03.90	1	Lucerne, SUI	14 Jun
		13.44	-1.3			2	Birmingham	26 Jun
		13.46	-0.1			6s2	Rio de Janeiro, BRA	16 Aug
		13.47	-0.5			3s3	Amsterdam, NED	9 Jul
		13.50	0.9			2	Hengelo, NED	22 May
		13.50	-1.8			1	Geneva, SUI	11 Jun
		13.50	-0.4			4h2	London (O)	23 Jul
		13.52	0.0			3h2	Bellinzona, SUI	6 Jun
		13.52	1.4			1h3	Birmingham	26 Jun
		13.55	-0.2			3h5	Rio de Janeiro, BRA	15 Aug
		13.57	0.0			3	Ostrava, CZE	20 May
		13.64	-0.8			1rA	Geneva, SUI	11 Jun
		13.81	-0.4			2h1	Montgéron, FRA	15 May
13.52	0.0	William Sharman			12.09.84	2h2	Bellinzona, SUI	6 Jun
		13.56	0.3			1h2	Birmingham	26 Jun
		13.57	-0.7			6	Lucerne, SUI	14 Jun
		13.64	-1.1			1	Loughborough	8 Jun
		13.65	1.6			1	London (BP)	18 Jun
		13.71	0.9			7	Hengelo, NED	22 May
		13.74	0.0			7	Ostrava, CZE	20 May
13.54	1.5	David King		U23	13.06.94	2	Loughborough	22 May
		13.54	0.1			1h1	Turku, FIN	29 Jun
		13.54	-1.8			6s2	Amsterdam, NED	9 Jul
		13.55	0.0			1h3	Amsterdam, NED	8 Jul
		13.57	-0.2			1	Bedford	19 Jun
		13.57	0.3			2h2	Birmingham	26 Jun
		13.57	-1.3			3	Birmingham	26 Jun
		13.68	-0.1			1h1	Bedford	19 Jun
		13.70	0.0			2	Turku, FIN	29 Jun
		13.74	-0.6			2h1	Bellinzona, SUI	6 Jun
		13.77	-0.8			5h1	London (O)	23 Jul
		13.79	0.0			1r2	Exeter	28 May
		13.82	-0.8			1	Belfast	7 May
13.60	1.7	Khai Riley-La Borde		U23	8.11.95	1r2	Castres, FRA	20 Jul
		13.65	1.4			1	Castres, FRA	20 Jul
		13.70	-0.2			1rB	London (Nh)	8 May
		13.74	0.2			1r2	London (Nh)	5 Jun
		13.80	0.4			3h1	Birmingham	26 Jun
		13.81	1.9			2	La Roche-sur Yon, FRA	13 Jul
		13.83	1.4			1h1	Bedford	30 Jul
13.64	1.5	Gabriel Odujobi			15.07.87	2rB	Clermont, USA	14 May
		13.70	-0.2			1B	Fort Lauderdale, USA	19 May
		13.75	0.5			2	Fort Lauderdale, USA	19 May
		13.81	1.6			3h1	Argentan, FRA	5 Jun
		13.84	1.7			2	Hérouville-St.Clair, FRA	16 Jun
		13.84	1.5			1h2	Hérouville-St.Clair, FRA	16 Jun
		69 performances to 13.85 by 7 athletes						
13.90	1.2	Joseph Hylton			17.11.89	1	London (LV)	17 Apr
13.91	1.7	Jake Porter			13.11.93	2h2	Bedford	30 Jul
14.06	0.3	David Feeney			17.10.87	3h2	Birmingham	26 Jun
	(10)							
14.07	1.7	Ross Blanchard			8.12.88	4	Norwalk, USA	4 Jun
14.15	1.2	Andy Blow			22.09.85	4	Loughborough	16 Jul
14.27	2.0	Rushane Thomas		U23	27.01.95	5rB	Loughborough	22 May
14.30	1.4	Jack Hatton		U23	14.02.96	2h1	Bedford	30 Jul

2016 - M - 110H

Time	Wind	Name	Cat	DOB	Pos	Venue	Day	Month
14.31	1.4	Jack Kirby	U23	5.11.96	3h1	Bedford	30	Jul
14.32	2.0	John Lane		29.01.89	1rC	Loughborough	22	May
14.39	1.7	Liam Ramsay		18.11.92	1	Loughborough	23	Apr
14.41	1.7	Ashley Bryant		17.05.91	2	Loughborough	23	Apr
14.45	-0.2	Edirin Okoro		4.04.89	1rB	Manchester (SC)	4	Jun
14.47	1.5	Ben Gregory		21.11.90	5	Loughborough	22	May
(20)								
14.50	1.3	Jack Major	U23	23.10.96	2	Bedford	2	May
14.50	0.5	Jack Lawrie	U23	21.02.96	1rB	London (He)	6	Aug
14.53	1.3	Jahmal Germain		3.07.92	1D	Dallas, USA	5	Jun
14.57	1.2	Jack Andrew		12.10.91	2	London (LV)	17	Apr
14.59	1.3	Alexander Wort		18.09.93	3	Bedford	2	May
14.60	-1.6	John McCall	U23	12.04.95	3	Birmingham	2	Jul
14.62	-0.2	Julian Adeniran		28.09.88	5h2	Clermont, USA	30	Apr
14.63	-1.8	Tony Higbee		21.09.83	3	London (LV)	12	Jun
14.65	0.4	Glen Elsdon		27.09.92	5h1	Birmingham	26	Jun
14.66	1.7	James Wright	U23	4.02.94	5	Loughborough	23	Apr
(30)								
14.66	1.5	Timothy Duckworth	U23	18.06.96	2rC	Charlottesville, USA	23	Apr
14.66	1.7	Miguel Perera	U23	30.09.96	4h2	Bedford	30	Jul
14.74	0.4	Maranga Mokaya	U23	30.06.96	2h1	Bedford	1	May
14.74	2.0	Alex Nwenwu		11.09.91	2rB	Loughborough	16	Jul
14.79	-0.5	Richard Reeks		6.12.85	2	Bedford	4	Jun
14.82	-1.7	William Ritchie-Moulin	U23	3.12.96	1rB	Birmingham	3	Jul
14.82	2.0	Matthew Hewitt		27.12.92	3rB	Loughborough	16	Jul
14.87	0.8	Liam Collins	V35	23.10.78	3	Budapest, HUN	18	Jun
14.89	1.6	Richard Yates		26.01.86	2	Grangemouth	14	Aug
14.91	1.7	Euan Dickson-Earle	U23	9.07.96	6	Loughborough	23	Apr
(40)								
14.93	1.3	Aled Price	U23	14.12.95	6	Bedford	2	May
14.94	1.7	Max Everest	U23	28.10.94	5h2	Bedford	30	Jul
14.95		Sam Plumb	U23	12.04.94	1	Brighton	9	Jul
14.96	1.5	George Vaughan	U20	26.06.98	7	Loughborough	22	May
14.96	-0.5	Tom Reynolds		20.12.84	3	Dublin (S), IRL	26	Jun
15.03	-2.8	Glenn Etherington		10.12.86	1	Carn Brea	7	May
15.04	-0.3	Matthew Lee	U23	8.12.94	2	London (Nh)	8	May
15.14	-2.6	Niall Flannery		26.04.91	5	London (He)	6	Aug
15.14	0.2	Mark Cryer		27.08.93	1	Bromley	20	Aug
15.17	1.6	Ashley Wilson		15.12.90	7	Eton	7	May
(50)								
15.19	1.3	Lennox Thompson		22.10.93	5h2	Loughborough	16	Jul
15.23	1.2	Lewis Church	U23	27.09.96	4D4	Bedford	15	May
15.25	-2.8	William Aldred	U20	13.05.99	2	Carn Brea	7	May
15.30	-2.8	Lee Hamilton		6.12.90	3	Carn Brea	7	May
15.30	1.4	Bradley Reed		14.01.92	7h3	Birmingham	26	Jun
15.30	0.5	Peter Glass		1.05.88	3rB	London (He)	6	Aug
15.33		Andrew Murphy	U23	26.12.94	1	Aberdeen	12	Jun
15.33		Ryan Hewitson	U23	4.01.96	2	Aberdeen	12	Jun
15.39	1.9	Toby Harris		25.02.92	1	Grangemouth	14	May
15.40		Thomas Ashby		5.04.90	1	London (Elt)	22	May
(60)								
15.44	1.4	Tom Moakes		31.12.90	3	Kingston	2	Jul
15.45	1.6	Harry Maslen	U23	2.09.96	2h1	Waco, USA	23	Apr
15.45	-1.2	Kyle Arnold	U23	11.11.96	2	Brecon	27	Aug
15.46	0.0	Douglas Stark		25.08.93	1D3	Bedford	15	May
15.51	0.4	Matthew Curtis	U23	11.11.95	5h1	Bedford	1	May
15.53	2.0	Jordan Mitchell	U23	23.12.94	3	Derby	7	May
15.53	-1.0	Oliver Whellans	U20	21.05.97	1	Gateshead	5	Jun
15.53	0.2	Jason Comissiong		7.09.83	4rB	Bromley	2	Jul
15.55	-0.2	Steven Garrett		21.08.88	3rB	Manchester (SC)	4	Jun
15.55	1.2	George Grainger		16.04.93	1	Oxford (H)	18	Jun

2016 - M - 110H

wind assisted

Time	Wind	Athlete	Cat	(Time)	Pos	Venue	Date	
13.31	2.6	Pozzi		(13.19)	3	Montreuil-sous-Bois, FRA	7	Jun
13.37	2.7	Omoregie	U23	(13.24)	1	Bedford	30	Jul
13.58	3.5				1	London (LV)	3	Aug
13.68	2.9				5	Montgeron, FRA	15	May
13.57	3.7	Gabriel Odujobi		(13.64)	1rB	Clermont, USA	30	Apr
13.63	2.2	Riley-La Borde	U23	(13.60)	1	London (Nh)	5	Jun
13.71	3.7				1	Chelmsford	14	May
13.73	2.7				2	Bedford	30	Jul
13.73	3.5				2	London (LV)	3	Aug
13.64	3.4	Clarke		(13.42)	2	Saint-Denis, FRA	23	Apr
13.64	2.9				4	Montgeron, FRA	15	May
13.79	2.9	King	U23	(13.54)	3	Manchester	20	May
13.80	2.4				1	Exeter	28	May

13 performances to 13.85 by 6 athletes

Time	Wind	Athlete	Cat	(Time)	Pos	Venue	Date	
13.86	2.7	Jake Porter		(13.91)	3	Bedford	30	Jul
13.91	2.1	Ross Blanchard		(14.07)	2	Redlands, USA	18	May
14.05	3.7	Edirin Okoro		(14.45)	7rB	Clermont, USA	30	Apr
14.12	2.7	Andy Blow		(14.15)	4	Bedford	30	Jul
14.13	2.7	Jack Hatton	U23	(14.30)	5	Bedford	30	Jul
14.23	2.7	Jack Kirby	U23	(14.31)	6	Bedford	30	Jul
14.61	2.5	Glen Elsdon		(14.65)	1	Cardiff	7	May
14.62	2.6	Richard Yates		(14.89)	1rB	Birmingham	2	Jul
14.65	3.8	Timothy Duckworth	U23	(14.66)	6	Baton Rouge, USA	30	Apr
14.69	2.2	Glenn Etherington		(15.03)	2	Portsmouth	15	May
14.72	2.1	Max Everest	U23	(14.94)	1	Chelmsford	4	Jun
14.76	3.5	Matthew Hewitt		(14.82)	4	London (LV)	3	Aug
14.81	3.5	George Vaughan	U20	(14.96)	5	London (LV)	3	Aug
14.85	2.1	William Aldred	U20	(15.25)	2	Chelmsford	4	Jun
14.91	2.1	Bradley Reed		(15.30)	3	Chelmsford	4	Jun
15.15	2.5	Tom Moakes		(15.44)	2	Cardiff	7	May
15.30	3.4	Patrick Barrett		31.12.87	1	London (LV)	16	Apr
15.30	2.4	Kyle Arnold	U23	(15.45)	5	London (LV)	17	Aug
15.31	3.0	Michael Wilson	U20	1.02.97	1rB	Cardiff	7	May
15.35	2.6	Chris Wakeford		27.10.89	3rB	Birmingham	2	Jul
15.52	2.2	Sam Sleap		9.05.91	3	Portsmouth	15	May

hand timing

Time	Wind	Athlete	Cat	(Time)	Pos	Venue	Date	
13.4	0.1	Lawrence Clarke		(13.42)	4	Bellinzona, SUI	6	Jun
13.4	0.1	David King	U23	(13.54)	5	Bellinzona, SUI	6	Jun
13.5	0.1	William Sharman		(13.52)	6	Bellinzona, SUI	6	Jun
13.8	-0.7	Omoregie	U23	(13.24)	1	Nottingham	6	Aug

4 performances to 13.8 by 4 athletes

Time		Athlete	Cat	(Time)	Pos	Venue	Date	
14.9		Glenn Etherington		(15.03)	1	Winchester	16	Apr
15.0		Ashley Johnson		25.02.86	1	Dartford	20	Aug
15.1		Bradley Reed		(15.30)	2	Chelmsford	22	May
15.1		Kyle Arnold	U23	(15.45)	1	Cheltenham	6	Aug
15.1		Cameron Fillery	U20	2.11.98	1	Kingston	20	Aug
15.4		Michael Dyer		27.09.84	1	Reading	22	May
15.5		Jordan Mitchell	U23	(15.53)	1	Tipton	8	May
15.5		Oliver Whellans	U20	(15.53)	1	Morpeth	3	Jul

Foreign

Time	Wind	Athlete	Cat	(Time)	Pos	Venue	Date	
13.70	2.0	Alex Al-Ameen (NGR)		2.03.89	6	Clermont, USA	14	May
13.87	0.3	Ben Reynolds (IRL)		26.09.90	7h1	Amsterdam, NED	8	Jul
13.93	0.7	Gianni Frankis (ITA)		16.04.88	4	Bydgoszcz, POL	5	Jun
14.53	-0.9	Peter Moreno (NGR)		30.12.90	2	Manchester (SC)	4	Jun
14.88	0.0	Panayiotis Bekiaridis (GRE)	U23	12.03.94	1	Patra, GRE	18	Jun
15.01	-0.9	Mensah Elliott (GAM)	V35	29.08.76	1	Loughborough	11	May
15.18	0.2	Christian Hood-Boyce (TTO)	U23	4.01.95	4	Loughborough	25	May
15.41		Michael Bowler (IRL)		28.01.92	1D	Belfast	14	Aug
15.44w	2.2	Tom Carey (IRL)		26.02.84	2	London (Nh)	5	Jun
15.56	0.2				2r2	London (Nh)	5	Jun

2016 - M - 200H - 400H

200 Metres Hurdles Straight

Time	Name		Date	Pos	Venue	Day	Month
22.66w	Seb Rodger		29.06.91	1	Manchester	20	May
22.84w	Jacob Paul	U23	6.02.95	2	Manchester	20	May
23.29w	Jack Green		6.10.91	3	Manchester	20	May

400 Metres Hurdles

Time	Name	Date	Pos	Venue	Day	Month
48.96	Jack Green	6.10.91	2h5	Rio de Janeiro, BRA	15	Aug
48.98			3s1	Amsterdam, NED	7	Jul
48.99			5	London (O)	23	Jul
49.05			1	Geneva, SUI	11	Jun
49.18			1	Prague, CZE	6	Jun
49.39			1	Šamorín, SVK	4	Jun
49.49			2	Birmingham	26	Jun
49.54			8s1	Rio de Janeiro, BRA	16	Aug
49.87			1	Cardiff	7	May
50.12			1	Ashford	15	May
50.55			1h2	Birmingham	25	Jun
49.22	Rhys Williams	27.02.84	1	Oordegem, BEL	28	May
49.22			2s2	Amsterdam, NED	7	Jul
49.50			1	Dublin (S), IRL	22	Jul
49.58			1	Namur, BEL	26	May
49.63			5	Amsterdam, NED	8	Jul
49.68			5	Geneva, SUI	11	Jun
49.85			5	Ostrava, CZE	20	May
49.90			3	Birmingham	26	Jun
49.97			5	Lucerne, SUI	14	Jun
50.01			4	Székesfehérvár, HUN	18	Jul
50.07			1h3	Birmingham	25	Jun
50.37			2h3	Sydney, AUS	1	Apr
50.46			2	Cardiff	7	May
50.48			3	Sydney, AUS	3	Apr
50.91			1	Bedford	4	Jun
49.29	Seb Rodger	29.06.91	1	Oordegem, BEL	11	Jul
49.35			6	London (O)	23	Jul
49.45			1	Birmingham	26	Jun
49.47			1	Mataró, ESP	6	Jul
49.54			6h4	Rio de Janeiro, BRA	15	Aug
49.60			4	Turku, FIN	29	Jun
49.89			2rB	Geneva, SUI	11	Jun
49.93			1	Manchester (SC)	4	Jun
49.98			3	Copenhagen, DEN	18	Jun
49.99			1h4	Birmingham	25	Jun
49.99			3	Tarare, FRA	9	Jul
50.23			2	Namur, BEL	26	May
50.42			3	Oordegem, BEL	28	May
50.44			2	Gainesville, USA	22	Apr
50.48			1	Loughborough	22	May
50.59			1	Clermont, USA	30	Apr
49.62	Tom Burton	29.10.88	4	Geneva, SUI	11	Jun
49.71			4s3	Amsterdam, NED	7	Jul
49.81			2	Oordegem, BEL	28	May
50.09			4	Birmingham	26	Jun
50.40			1h1	Birmingham	25	Jun
50.77			6	Bellinzona, SUI	6	Jun
50.91			2	Pavia, ITA	1	May
50.02	Dai Greene	11.04.86	2rB	Lucerne, SUI	14	Jun
50.03	Niall Flannery	26.04.91	4	Prague, CZE	6	Jun
50.65			4rB	Lucerne, SUI	14	Jun
50.70			2h1	Birmingham	25	Jun
50.71			7	Kawasaki, JPN	8	May
50.84			1	Birmingham	2	Jul
50.97			6	Grenoble, FRA	10	Jul
50.99			4rB	Tarare, FRA	9	Jul

2016 - M - 400H

Time	Name	Cat	DOB	Pos	Venue	Date
50.17	Jacob Paul	U23	6.02.95	2h3	Birmingham	25 Jun
50.20				1	Eton	7 May
50.27				3rB	Geneva, SUI	11 Jun
50.46				6	Birmingham	26 Jun
50.66				2	Loughborough	22 May
50.71				1	Manchester (SC)	17 Aug
50.84				9	London (O)	23 Jul
50.89				3	Namur, BEL	26 May
50.98				2rB	Gainesville, USA	22 Apr
50.40	Richard Yates		26.01.86	2rB	Brussels, BEL	19 Jun
50.41				1	Lisse, NED	7 May
50.45				5	Birmingham	26 Jun
50.53				4rB	Geneva, SUI	11 Jun
50.64				1	Bedford	31 Jul
50.77				2h2	Birmingham	25 Jun
50.83				2	Manchester (SC)	17 Aug
50.89				1	Pavia, ITA	1 May
50.73	Jack Houghton		3.09.93	1rD	Geneva, SUI	11 Jun
50.86				2	Manchester (SC)	4 Jun
50.99				3h3	Birmingham	25 Jun
50.78	James Forman		12.12.91	1rA	Loughborough	22 May
	(10)					
50.85	Jack Lawrie	U23	21.02.96	3	Eton	7 May
50.88	Christopher McAlister	U23	3.12.95	1	Watford	7 May

80 performances to 50.99 by 12 athletes

Time	Name	Cat	DOB	Pos	Venue	Date
51.16	Efe Okoro		21.02.92	1rB	Eton	7 May
51.41	Martin Lipton		14.01.89	2rA	Loughborough	22 May
51.58	Gwilym Cooper		17.07.91	3rA	Loughborough	22 May
51.76	Paul Bennett		11.12.92	3rD	Oordegem, BEL	28 May
51.77	Matthew Sumner		17.03.92	4	Bedford	31 Jul
51.99	Sam Plumb	U23	12.04.94	1	London (LV)	12 Jun
52.03	Ewan Dyer	U23	12.06.94	1rB	Manchester (SC)	4 Jun
52.26	Lee Hamilton		6.12.90	1	Chelmsford	4 Jun
	(20)					
52.30	Sean Adams		1.09.93	1	Basingstoke	6 Aug
52.63	Connor Henderson		2.10.92	2	Bromley	2 Jul
52.75	Lennox Thompson		22.10.93	5h4	Birmingham	25 Jun
52.95	Maurice Jones		17.12.91	1	Chula Vista, USA	28 May
53.1	James Taylor	U23	9.02.95	1	Rugby	5 Jun
53.48				1	Birmingham	3 Jul
53.29	James Webster	U23	27.02.95	1	Manchester (SC)	12 Jun
53.37	Tom Parry		8.06.92	3	Cardiff	7 May
53.37	Tom Moakes		31.12.90	4	Cardiff	7 May
53.53	Jon Lodowski		15.07.88	4	Bromley	2 Jul
53.63	Andrew Faulkner		23.07.86	4rB	Manchester (SC)	4 Jun
	(30)					
53.65	Joe Fuggle	U20	25.01.99	3	Watford	7 May
53.67	Steven Garrett		21.08.88	1	Sheffield (W)	5 Jun
53.79	Bailey Stickings	U20	27.08.98	1	London (He)	26 Jun
53.81	Ajibola Aderemi	U20	20.09.97	4	London (LV)	12 Jun
53.98	Niall Carney	U20	8.11.97	2	Cardiff	20 Jul
54.01	Jack Messenger	U23	28.03.96	1rB	Watford	7 May
54.08	Rhodri Williams	U20	13.01.98	5	Cardiff	7 May
54.27	Matt Hamilton		23.06.84	4h1	London (LV)	11 Jun
54.28	Jason Nicholson	U20	10.05.99	1	Gateshead	5 Jun
54.45	Sam Wallbridge	U20	6.02.97	1	London (LV)	12 Jun
	(40)					
54.47	Liam Collins	V35	23.10.78	4rB	Aarhus, DEN	25 Jun
54.49	Daniel Rees	U23	22.10.96	1	Kilmarnock	28 May
54.54	George Vaughan	U20	26.06.98	2	London (LV)	12 Jun
54.67	Travis Christie	U20	1.05.97	2	Birmingham	3 Jul

2016 - M - 400H - 400HY

Time	Name	Cat	DOB	Rnd	Venue	Date	
54.68	Caspar Eliot		29.09.89	3	Nottingham	6	Aug
54.76	Oliver Robinson		5.10.87	2	Manchester (SC)	12	Jun
54.77	Ryan Cooper	U23	30.03.96	2	Loughborough	23	Apr
54.86	Ciaran Barnes	U20	8.08.98	6	Dublin (S), IRL	26	Jun
54.87	Tyri Donovan	U20	20.10.98	2	London (He)	26	Jun
54.92	Eddie Betts	V45	18.02.71	3	Palencia, ESP	9	Jul
(50)							
54.94	Thomas Miller	U20	7.10.98	1	Portsmouth	14	May
54.95	Josiah Filleul	U23	14.10.96	1	Blackburn	6	Aug
54.99	Lewis Church	U23	27.09.96	2	London (LV)	9	Apr
55.03	Reuben Cole	U20	9.11.97	1	Gateshead	11	Jun
55.17	Max Schopp	U23	5.09.96	6	Bromley	2	Jul
55.3	Connor Aldridge	U20	6.08.98	1	Nottingham	1	May
55.41	George Grainger		16.04.93	1	Crawley	9	Jul
55.48	Alastair Stanley	U23	2.09.95	1	Oxford	7	May
55.58	Thomas Grantham		12.02.83	4rB	Eton	7	May
55.6	Richard Morris		25.10.93	2	Bromley	24	Aug
(60)							
55.61	Andrew Desmond	U23	7.11.94	6rB	London (He)	6	Aug
55.64	Louis Gardner		1.09.93	2	Oxford	7	May
55.70	Declan Gall	U20	19.05.99	2	York	24	Jul
55.77	Bradley Reed		14.01.92	2	Chelmsford	4	Jun
55.85	David Martin		10.11.88	2rB	Basingstoke	6	Aug
55.88	Callum Short	U20	22.10.98	6	Gateshead	9	Jul
55.9	Daniel Pearce		11.09.91	1	Yeovil	4	Sep
55.93	Toby Harris		25.02.92	7rB	London (He)	6	Aug
56.0	William Seed	U20	20.10.98	1	Hull	10	Apr

Additional Under 20 (1-17 above)

Time	Name		DOB	Rnd	Venue	Date	
56.1	Cameron Amedee		27.09.98	2	Hornchurch	22	May
56.1	Calum Beauchamp		10.02.99	1	Kingston	11	Jun
	56.12			1	Kingston	15	May
56.19	Jack McComb		25.06.98	3	Tullamore, IRL	4	Jun
(20)							
56.26	Robert Green		7.12.98	7	Bedford	19	Jun
56.41	Rhys Collings		25.02.98	1rB	Yeovil	6	Aug
56.46	Cal McLennan		1.05.99	3	York	24	Jul

Foreign

Time	Name	DOB	Rnd	Venue	Date	
51.30	*Jason Harvey (IRL)*	9.04.91	2	Dublin (S), IRL	26	Jun
52.60	*Lloyd Hanley-Byron (SKN)*	15.10.87	2rB	Manchester (SC)	4	Jun
53.99	*Sam Shore (AUS)*	6.12.85	1	Crawley	29	Aug
54.29	*Oriol Piqueras-Arago (ESP)*	12.02.91	4rB	London (He)	6	Aug
55.68	*Kasper Kazemaks (LAT)*	1.06.84	3	Ogre, LAT	29	Jul

400 Metres Hurdles - Under 18 (84cm)

Time	Name	DOB	Rnd	Venue	Date	
53.02	Alex Knibbs	26.04.99	7	Tbilisi, GEO	17	Jul
53.53	Joe Fuggle	25.01.99	1	Loughborough	25	May
54.50	Declan Gall	19.05.99	1	Swansea	6	Aug

400 Metres Hurdles - Under 17 (84cm)

Time	Name	DOB	Rnd	Venue	Date	
52.86	Alistair Chalmers	31.03.00	1	Portsmouth	14	May
54.21	Ben Higgins	14.11.00	1	Nuneaton	14	Aug
54.24	Seamus Derbyshire	27.01.00	2	Nuneaton	14	Aug
54.61	Ben Lloyd	13.10.00	1	Gateshead	9	Jul
54.8	Ellis Greatrex	27.09.99	1	Solihull	24	Jul
55.26	Joshua Faulds	7.03.00	2	Rugby	24	Jul
56.01	Joseph Bacon	17.06.00	1	Exeter	18	Jun
56.10	Karl Johnson	15.04.01	1	Chelmsford	11	Jun
56.3	Nathan Langley	18.03.00	1	Nottingham	11	Jun
	56.58		1	Nottingham	14	May
56.36	Lewis Davey	24.10.00	5	Bedford	28	Aug

2016 - M - 400HY - HJ

56.44		Joel McFarlane	9.10.00	1	Grangemouth	13	Aug
56.69		Jack Millar	25.09.99	1	Basingstoke	20	Jul
57.00		Jack Houghton	28.01.00	2h2	Bedford	27	Aug
57.1		Cliff Schwabauer	24.10.99	1	Crewe	29	May
57.44				1	Street	11	Jun
57.15		Isaac Milham	17.06.01	8	Gateshead	9	Jul
57.35		Harry New	20.08.00	3	Ashford	13	Aug
57.4		Jamie Lambert	21.03.00	1	Sutton	18	Jun
58.54				1	Crawley	11	Jun
57.4		Toby Glass	9.09.99	2	Bromley	17	Jul
57.59				2	St. Peter Port GUE	1	May
57.46		Joseph Collins	13.12.00	2	Exeter	18	Jun
57.46	(20)	Joss Moffatt	31.01.00	4	Nuneaton	14	Aug
57.8		Joshua Hewett	1.10.99	1	Douglas IOM	24	Jul
57.82		Blake Strickland-Bennett	29.05.00	5	Ashford	13	Aug
57.92		George Blake	31.12.99	2	Ashford	11	Jun
58.1		Oliver Cresswell	17.11.00	1	Stratford on Avon	11	Sep
58.3		Owen Sherriff	25.09.00	3	Tipton	29	May
58.43				5	Birmingham	18	Jun
58.3		Rafe Scott	9.12.99	1	Kingston	11	Jun
58.5		Alex O'Callaghan-Brown		2	Kingston	11	Jun
58.53		George Groom	20.10.99	2	Bedford	4	Sep
58.56		Tyriq Lafeuille	10.05.01	7	Ashford	13	Aug

High Jump

2.36i		Chris Baker	2.02.91	2	Hustopeče, CZE	13	Feb
		2.29i		1	Sheffield	28	Feb
		2.29i		8	Portland, USA	19	Mar
		2.29		3=	Amsterdam, NED	10	Jul
		2.27i		1	Cardiff	7	Feb
		2.26i		1	Cardiff	10	Jan
		2.26i		1	Cardiff	31	Jan
		2.26		5=	Birmingham	5	Jun
		2.26		1	Hérouville-St.Clair, FRA	16	Jun
		2.26		2	Birmingham	26	Jun
		2.26		16Q	Rio de Janeiro, BRA	14	Aug
		2.25		1	Birmingham	2	Jul
		2.25		Q	Amsterdam, NED	9	Jul
		2.24i		1	Cardiff	23	Jan
		2.24		8	Rome, ITA	2	Jun
		2.22		8	Monaco, MON	15	Jul
		2.22		5	Rovereto, ITA	6	Sep
		2.20		8=	Brussels, BEL	9	Sep
2.33i		Robbie Grabarz	3.10.87	4	Banska Bystrica, SVK	4	Feb
		2.33i		2	Portland, USA	19	Mar
		2.33		4=	Rio de Janeiro, BRA	16	Aug
		2.32		2	Lausanne, SUI	25	Aug
		2.32		3	Brussels, BEL	9	Sep
		2.31		4=	Monaco, MON	15	Jul
		2.30		2	Rome, ITA	2	Jun
		2.29i		2	Birmingham	17	Jan
		2.29i		1	Loughborough	30	Jan
		2.29		4	Doha, QAT	6	May
		2.29		4	Birmingham	5	Jun
		2.29		2	Amsterdam, NED	10	Jul
		2.29		Q	Rio de Janeiro, BRA	14	Aug
		2.27		5	Eberstadt, GER	17	Jul
		2.26i		2	Sheffield	28	Feb
		2.26		1	Birmingham	26	Jun

2016 - M - HJ

(Grabarz)	2.25i			4	Trinec, CZE	7	Feb
	2.25			5	Rabat, MAR	22	May
	2.25			Q	Amsterdam, NED	9	Jul
2.26i	Allan Smith		6.11.92	1	Hirson, FRA	23	Jan
	2.26			1=	Cologne, GER	29	Jun
	2.25			1	Manchester (SC)	4	Jun
	2.25			2	Viersen, GER	24	Jul
	2.23i			2=	Ghent, BEL	13	Feb
	2.23			3	Birmingham	26	Jun
	2.22			2	Montgeron, FRA	15	May
	2.20i			1	Glasgow	30	Jan
	2.20			2	Brussels, BEL	19	Jun
	2.20			1	London (He)	6	Aug
	2.20			1	Grangemouth	14	Aug
2.24	Matt Roberts		22.12.84	1	Geneva, SUI	11	Jun
	2.23i			1	Ghent, BEL	13	Feb
	2.21			1	Gothenburg, SWE	15	Jul
	2.20i			1	Birmingham	20	Feb
	2.20			3	Brussels, BEL	19	Jun
2.24	Chris Kandu	U23	10.09.95	1	Bedford	18	Jun
	2.23i			4	Cologne, GER	27	Jan
	2.23			3	Zoetermeer, NED	22	Jun
	2.23			4	Birmingham	26	Jun
	2.22			1	Lokeren, BEL	3	Jul
	2.20i			9=	Banská Bystrica, SVK	4	Feb
	2.20			2	Lisbon, POR	12	Jun
2.23	Mike Edwards		11.07.90	1	Istanbul, TUR	15	Jun
	2.23			1	Birmingham	3	Jul
	2.22i			3	Sheffield	28	Feb
	2.21			2	Loughborough	22	May
	2.20			1	Lexington, USA	7	May
	2.20			2	Birmingham	2	Jul
	2.20			1	Bedford	30	Jul
2.22i	David Smith		14.07.91	4	Sheffield	28	Feb
	2.22			1	Dublin (S), IRL	22	Jul
	2.21			1	Loughborough	22	May
	2.20i			2	Glasgow	30	Jan
	2.20i			4	Ghent, BEL	13	Feb
	2.20			3	Eton	7	May
2.20	Tom Parsons		5.05.84	1	Eton	7	May
2.20	Martyn Bernard		15.12.84	5	Sinn, GER	28	May
75 performances to 2.20 by 9 athletes including 24 indoors							
2.18	Tom Gale	U20	18.12.98	9=	Bydgoszcz, POL	22	Jul
	(10)						
2.17	Rory Dwyer	U20	11.10.97	1	Bedford	19	Jun
2.17	Ray Bobrownicki		3.03.84	5=	Birmingham	26	Jun
2.14	Ryan Webb	U20	19.10.97	1	Yeovil	5	Jun
2.13i	Ryan Bonifas		22.09.93	1	Eton	7	Feb
	2.10			1	London (LV)	11	Jun
2.13	Timothy Duckworth	U23	18.06.96	16=	Jacksonville, USA	28	May
2.10i	Jonathan Broom-Edwards		27.05.88	2	Birmingham	20	Feb
	2.10			4	Eton	7	May
2.10	Joel Khan	U17	30.09.99	1	Bedford	27	Aug
2.09	William Grimsey	U23	14.12.96	1	Bedford	2	May
2.09	Christopher Mann	U23	1.10.95	2	Bedford	2	May
2.09	Akin Coward	U23	26.07.96	3	Bedford	2	May
	(20)						
2.09	Jonathan Bailey	U23	16.07.95	7=	Loughborough	22	May
2.09	Adam Wall		10.07.93	1	Nottingham	6	Aug
2.07i	Joshua Hewett	U17	1.10.99	1	Sheffield	13	Feb
	2.05			6	Eton	7	May

2016 - M - HJ

Mark		Name	Age	DOB	Pos	Venue	Date	
2.07i		Jake Storey	U20	3.03.97	1	Sheffield	21	Feb
		2.05			4	Basingstoke	6	Aug
2.06i		Lewis McGuire	U20	22.10.97	1	Glasgow	6	Mar
		2.05			5	Bedford	19	Jun
2.06		Patrick O'Connor	U23	23.10.95	3	Shippensburg, USA	20	Apr
2.06		Jack Lochans	U23	25.05.94	1	Aberdeen	12	Jun
2.06		Scott Johnson		2.10.90	1	Harrow	18	Jun
2.05i		James Taylor	U23	11.08.96	1	Loughborough	9	Jan
		2.00			1	Loughborough	11	May
2.05i		Seun Okome	U23	26.03.95	2	Sheffield	17	Jan
		1.97			10	Bedford	2	May
	(30)							
2.05i		Matthew Ashley		4.07.89	3	Cardiff	23	Jan
		2.01			3B	Bedford	28	May
2.05i		Robert Ferguson	U23	9.07.95	3	Glasgow	30	Jan
		1.97			7	Gainesville, USA	22	Apr
2.05i		Adam Lubin	U23	9.02.96	3	Birmingham	20	Feb
2.05		Matthew Watson		27.01.91	1	Southampton	13	Apr
2.05		Adam Jones	U20	8.10.98	4	Watford	7	May
2.05		Elior Harris		6.05.88	1	Stevenage	20	Aug
2.05		Thomas Hewes	U17	15.09.99	2	Bedford	27	Aug
2.05i		Joseph Pearse	U23	21.04.96	1	Cardiff	11	Dec
		2.02			1	Cardiff	11	Jun
2.04i		Thomas Howlett	U23	10.08.95	2	Sheffield	21	Feb
		2.03			4	Bedford	2	May
2.04		Rory Holden	U20	4.06.98	1	Jarrow	11	Jun
	(40)							
2.04		Martin Brockman		13.11.87	2D	Ratingen, GER	25	Jun
2.03i		Liam Ramsay		18.11.92	2H	Reims, FRA	30	Jan
		2.03			1D	Dublin (S), IRL	28	May
2.02		Kai Finch	U17	24.10.00	1	Bebington	11	Jun
2.01i		James Clayburn	U20	14.02.97	1=	Sabadell, ESP	23	Jan
		1.98			3	Zaragoza, ESP	28	May
2.01i		David Lambie	U20	21.04.98	1	Glasgow	4	Feb
2.01		Ashley Bryant		17.05.91	4D	Florence, ITA	29	Apr
2.01		Jordan Thompson	U20	22.07.98	1	Sutton Coldfield	26	Jun
2.01		Jamie Anderson	U20	8.03.98	1	Exeter	4	Sep
2.01		Cameron McCorgray	U20	28.12.98	1	Grangemouth	10	Sep
2.00i		Marcus Morton	U23	30.08.96	2	Glasgow	16	Jan
		2.00			1	Aberdeen	2	Apr
	(50)							
2.00i		Tom Trotman	U20	24.10.97	1	Cardiff	17	Jan
2.00i		James Finney	U23	7.04.96	1	Sheffield	10	Feb
2.00i		Jonathan Heath		12.12.93	8B	Hustopece, CZE	13	Feb
2.00		Sam Hewitt	U20	1.02.98	1	Eton	1	May
2.00		Michael Hartley	U23	6.03.94	7	Manchester (SC)	4	Jun
2.00		Shane McDonald	U23	20.08.96	3	London (WL)	4	Jun
2.00		Glen Foster	U20	10.11.98	1	Woking	26	Jun
2.00		Brian Hall		17.11.82	2	Bolton	3	Jul
2.00		Richard Reeks		6.12.85	1	Cosford	13	Jul
2.00		Tayo Andrews	U23	31.03.96	6	Basingstoke	6	Aug
	(60)							
2.00		David Walker		5.01.93	1	Eton	20	Aug
2.00i		William Edwards	U20	5.02.98	3	Cardiff	11	Dec
		1.98			1	Carmarthen	17	Jul
1.99i		Joseph Hobson	U20	29.04.98	1H	Sheffield	10	Jan
1.99i		Angus Sinclair	U23	22.02.95	3H	Jonesboro, USA	22	Jan
1.99		Chris Mackay	U20	3.04.99	2	Swansea	6	Aug
1.98i		Joshua Watson	U23	25.03.95	8	Sheffield	21	Feb
		1.95			1B	London (LV)	17	Apr
1.98		Ryan Hewitson	U23	4.01.96	1	Grangemouth	8	May

2016 - M - HJ

Mark	Name	Cat	DOB	Pos	Venue	Date
1.98	Scott Webster	U20	12.03.99	1	Grays	21 May
1.98	Lekan Ogunlana	U20	4.04.99	1	Erith	22 May
1.98	John Lane		29.01.89	4D	Kladno, CZE	10 Jun
(70)						
1.98	Dean Storry	V35	9.10.79	1	Solihull	17 Jul
1.98	Connel MacDonald	U23	2.09.96	1	Inverness	21 Jul
1.98i	Paul Neale	U20	6.01.97	1	London (LV)	7 Dec
1.97	Marc Alner	U23	8.09.94	11	Bedford	2 May
1.97	Lewis Church	U23	27.09.96	1D	Bedford	14 May
1.97	Howard Bell	U20	2.05.98	1D	Bedford	14 May
1.97	Liam Reveley	U20	24.10.98	1D	Middlesbrough	25 Jun
1.97	Adam Brooks	U20	13.04.99	5=	Gateshead	9 Jul
1.97	James Lee	U20	15.11.97	1	Cleckheaton	24 Jul
1.96i	Anthony Hogg	U23	3.10.96	2H	Sheffield	9 Jan
(80)						
1.96i	Jamie Horne	U20	7.09.97	2	Loughborough	9 Jan
1.96i	Connor Borthwick	U20	14.06.99	6	Loughborough	30 Jan
1.95				1	Wigan	7 May
1.96	Alasan Tejan-Thomas	U17	16.09.99	1	London (He)	11 Jun
1.96	Lee Johnson	U20	27.05.98	1	Bedford	26 Jun
1.96	Dominic Ogbechie	U15	15.05.02	1	Bedford	28 Aug
1.96	Nathan Petch	U23	17.08.94	1	Crawley	29 Aug
1.95i	Curtis Wood	U20	29.06.97	2	London (LV)	17 Jan
1.95				2	London (LV)	12 Jun
1.95i	Curtis Mitchell	U23	29.09.95	2	Sheffield	10 Feb
1.95i	Jack Roach	U23	8.01.95	1	Gateshead	17 Mar
1.95				1	Jarrow	10 Aug
1.95	Jake Field	U23	26.11.96	1	Crawley	20 Mar
(90)						
1.95	Russell Waterson	U23	2.08.95	11	Eton	7 May
1.95	David Bishop	U20	18.04.98	2	Chelmsford	22 May
1.95	Daniel Fitzhenry	U20	12.11.98	1	Rugby	5 Jun
1.95	Lloyd Powell		28.02.88	1	Hexham	5 Jun
1.95	Ben Russell	U23	29.02.96	6	London (LV)	11 Jun
1.95	Adam Hill	U23	9.07.94	2	Dublin (S), IRL	12 Jun
1.95	Richard Essien	U20	7.02.99	1	Erith	18 Jun
1.95	Kashif Jones	U23	15.06.95	2	Welwyn	18 Jun
1.95	Joseph Winn	U20	27.09.98	10	Bedford	19 Jun
1.95	Steven Wheater	U17	21.02.01	1	Rotherham	26 Jun
(100)						
1.95	Matthew Owens		19.04.89	10	Birmingham	2 Jul
1.95	Aidan Coree	U23	22.08.96	1	Worthing	9 Jul
1.95	Joseph Miles	U20	12.02.99	2	Poole	17 Jul
1.95	Alex Cox		13.12.93	2	Yeovil	6 Aug
1.95	Leon Martin-Evans	U17	23.03.01	1	Nuneaton	13 Aug
1.95	Luke Okosieme	U17	21.08.01	1	London (Elt)	20 Aug
1.95i	Shane Connell	U17	10.03.01	1	Manchester (SC)	27 Nov
1.93				2	Manchester (SC)	6 Aug

Additional Under 17 (1-9 above)

Mark	Name	DOB	Pos	Venue	Date
1.93i	Malachi Gair	21.09.99	2H	Sheffield	12 Mar
1.92			1	Sutton	18 Jun
(10)					
1.93	Harry Baker	18.11.99	1	Crawley	20 Mar
1.93	Tyler Mitchell	26.07.00	1	Woodford	8 May
1.93	Michael Fieldus	2.09.99	1	Guildford	5 Jun
1.93	Charles Button	10.10.99	1	Bromley	17 Jul
1.92	Ethan Milligan	8.08.00	1	Macclesfield	14 May
1.92	Benjamin Saunders	9.12.00	1	Bedford	28 May
1.92	Kaya Walker	29.03.01	1	Doncaster	4 Jun
1.90	Tobi Adeniji	2.02.00	1	Wakefield	24 Apr

2016 - M - HJ

1.90	Oliver Cresswell	17.11.00	2	Birmingham	18	Jun
1.90	Ethan Dear	31.12.99	4	Ashford	16	Jul
(20)						
1.90	Jack Turner	11.07.01	1	Exeter	31	Jul
1.90	Oliver Thorner	16.03.01	2	Exeter	31	Jul
1.90	Joel McFarlane	9.10.00	1	Grangemouth	14	Aug
1.90	Shandell Taylor	16.12.99	2	Stevenage	4	Sep

Additional Under 15 (1 above)

1.85	Luke Cressey	23.01.02	3	Exeter	31	Jul
1.85	Theo Adesina	20.05.02	2P	Exeter	17	Sep
1.85	Pedro Gleadall	7.12.01	3P	Exeter	17	Sep
1.84	Ethan Rigg	3.09.01	1	Gateshead	28	Aug
1.83	Joshua Herrington	23.09.01	1	Birmingham	18	Jun
1.83	Troy McConville	29.04.02	1	Antrim	20	Aug
1.80i	Rico Cottell	22.11.01	1	London (LV)	20	Mar
1.80			2	Bromley	8	May
1.80	Harry Rienecker-Found	14.05.02	1	Ashford	23	Apr
1.80	Veron Eze	5.01.02	1	Bury St. Edmunds	5	May
(10)						
1.80	Lee Addison	5.03.02	1	Peterborough	14	Aug
1.80	Joseph Chadwick	26.11.01	3	Bedford	28	Aug
1.79	Owen Southern	8.10.01	1	Hyndburn	28	May
1.78	Stuart Bladon	13.01.02	1	Salisbury	5	Jun
1.78	Alex Brown	22.04.02	1	Exeter	18	Jun
1.78	Benjamin Adeniji	14.05.02	3	Gateshead	8	Jul
1.78	Cameron Howes	10.03.02	4	Gateshead	8	Jul
1.78	Harrison Thorne	8.07.02	1P	Exeter	25	Sep
1.78i	Gabriel Gisborne	12.10.02	1	Sheffield	3	Dec
1.77	Tom Emery	13.12.01	2	Uxbridge	22	Jun
(20)						
1.76i	Samuel Brereton	22.09.02	1	Cardiff	4	Dec
1.75	Samuel Gorman	15.09.01	1	Darlington	22	May
1.75	Jack Ennis	7.06.02	1	Hornchurch	19	Jun
1.75	Jude Russell	12.03.02	2	Hornchurch	19	Jun
1.75	Kam-Cheung Lambert	11.11.01	5	Gateshead	8	Jul
1.75	Keean Arnold	17.09.01	1	Stockport	16	Jul
1.75	Samuel Featherstone	18.07.02	2	Oxford (H)	21	Aug
1.75	Devonte Alcendor	4.03.02	1	London (He)	27	Aug

Under 13

1.67	Adam Robinson	6.02.04	1	Bournemouth	11	Sep
1.60	Oreofeoluwa Adepegba	10.08.04	1	Kingston	31	Jul
1.56	Theo Cochrane	1.09.03	1	Poole	17	Jul
1.54	Isaac Johnston	10.11.03	1P	Livingston	7	Aug
1.54	Seb Wallace	7.09.03	1P	Sutton	10	Sep
1.53	William Hodi	10.11.03	1	Dundee	24	Apr
1.53	Sam Lowings	29.12.03	1	Leicester	11	Jun
1.52	Samuel Hillman	10.03.04	1	Walton	16	Jul
1.52	Lawrence Pritchard	9.03.04	2	Walton	16	Jul
1.52	Sandy Clarkson	29.12.03	1	Ormskirk	23	Jul

Foreign

2.10	Robert Wolski (POL)	8.12.82	5	Birmingham	2	Jul
1.97	Alexander Dengg (AUT)	92	1	Salzburg, AUT	31	Jul
1.95i	Michael Bowler (IRL)	28.01.92	3	Athlone, IRL	12	Feb
1.95i	Hans Von Lieres (NAM)	19.08.85	9Q	Sheffield	20	Feb
1.95	Nithesh Ranasinha (SRI)		1	Oxford	7	May
1.95	Serg Zotin (EST)	21.05.83	2	Chelmsford	9	Jul

Pole Vault

5.70i	Luke Cutts		13.02.88	1	Cardiff	7 Feb
	5.70i			2	Glasgow	20 Feb
	5.61			2	Linz, AUT	29 Jun
	5.60i			1	Sheffield	28 Feb
	5.45			22=Q	Rio de Janeiro, BRA	13 Aug
	5.40			1	Birmingham	26 Jun
	5.35			17=Q	Amsterdam, NED	6 Jul
	5.35i			1	Manchester (SC)	27 Nov
	5.32i			1	Manchester (SC)	30 Jan
	5.30i			7	Athlone, IRL	17 Feb
	5.30i			1	Manchester (SC)	6 Mar
	5.30			3	Eton	7 May
	5.30			4	Copenhagen, DEN	18 Jun
	5.26			1	Sheffield	8 Jun
	5.25			1	Loughborough	11 May
5.64i	Max Eaves		31.05.88	4	Jablonec nad Nisou, CZE	5 Mar
	5.57i			1	Linz, AUT	12 Feb
	5.57			1	Eton	7 May
	5.50i			1	Manchester (SC)	10 Jan
	5.50i			1	Cardiff	24 Jan
	5.45i			3	Athlone, IRL	17 Feb
	5.45i			3	Sheffield	28 Feb
	5.40i			1	Sheffield	17 Jan
	5.40i			7	Glasgow	20 Feb
	5.40			1	Eton	11 May
5.60	Steve Lewis		20.05.86	1	Phoenix, USA	26 Mar
	5.60			5	Austin, USA	2 Apr
	5.56			2	Phoenix, USA	14 May
	5.56			3	Phoenix, USA	21 May
	5.55			3	Chula Vista, USA	21 Apr
	5.41			4=	Chula Vista, USA	28 May
	5.40			3	Chula Vista, USA	7 May
	5.40i			1	Cardiff	15 Jun
	5.35iA			4	Flagstaff, USA	19 Feb
	5.33			3=	Long Beach, USA	16 Apr
	5.25			2=	Birmingham	26 Jun
5.53i	Adam Hague	U20	29.08.97	2	Cardiff	7 Feb
	5.50			3B	Paris (C), FRA	21 Sep
	5.45i			1	Sheffield	14 Feb
	5.45i			4	Athlone, IRL	17 Feb
	5.40i			6	Glasgow	20 Feb
	5.40			5	Bydgoszcz, POL	23 Jul
	5.40i			1	Sheffield	14 Dec
	5.33i			1	Sutton	25 Sep
	5.32i			3	Manchester (SC)	30 Jan
	5.31			2	Berlin (BG), GER	11 Sep
	5.30i			2	Sheffield	17 Jan
	5.30i			5	Sheffield	28 Feb
	5.30			2	Eton	7 May
	5.30			3	Huizingen, BEL	6 Aug
	5.30			3	Paris (C), FRA	21 Sep
	5.28			3=	Leuven, BEL	27 Aug
	5.25			5	Innsbruck, AUT	25 May
	5.25			1	Manchester (SC)	17 Aug
5.50i	Jax Thoirs		7.04.93	1	Birmingham, USA	11 Mar
	5.48i			1	Seattle, USA	13 Feb
	5.46i			1	Seattle, USA	30 Jan
	5.45			5	Eugene, USA	8 Jun
	5.43i			2	Seattle, USA	26 Feb

2016 - M - PV

(Thoirs)		5.40			1	Seattle, USA	14	May
		5.40			1	Bromley	2	Jul
		5.38i			3Q	Lawrence, USA	27	May
		5.25			1	Eugene, USA	9	Apr
		5.25			2=	Birmingham	26	Jun
5.45i		Andrew Sutcliffe		10.07.91	2	Sheffield	28	Feb
		5.36i			1	London (LV)	3	Jan
		5.33i			3=B	Rouen, FRA	23	Jan
		5.32i			4	Manchester (SC)	30	Jan
		5.31i			1	Cardiff	10	Jan
		5.30i			3	Cardiff	7	Feb
5.34i		Gregor MacLean		17.10.91	1	Huddinge, SWE	17	Jan
		4.95			6	Birmingham	26	Jun
5.30i		Harry Coppell	U23	11.07.96	4	Sheffield	28	Feb
		5.20			4	Eton	7	May
5.25i		Joel Leon Benitez	U20	31.08.98	1	Cardiff	16	Jan
		5.25i			1	Birmingham	20	Feb
		5.25i			1	Cardiff	28	May
		5.00			1	Yeovil	14	May
5.25i		Charlie Myers	U20	12.06.97	1-20	Gateshead	11	Feb
		5.25i			2	Sheffield	14	Feb
		5.25			1	Loughborough	22	May
		5.25			1	Hexham	5	Jun
		79 performances to 5.25 by 10 athletes including 44 indoors						
5.23i		Scott Huggins		24.07.89	1	Sutton	25	Sep
		4.85			1	Bromley	20	Aug
5.20		Jack Phipps	U23	2.04.94	2	Manchester (SC)	17	Aug
5.15		Nick Cruchley		1.01.90	2	Bedford	30	Jul
5.15		Nicolas Cole	U23	27.02.95	3	London (He)	6	Aug
5.10		Timothy Duckworth	U23	18.06.96	2=	Charlottesville, USA	22	Apr
5.10i		Rhys Searles		28.03.91	1=	Loughborough	10	Dec
		4.80			2	Manchester (SC)	12	Jun
5.06i		Nikko Hunt	U20	17.02.98	2	London (LV)	3	Jan
		4.50			1	Yate	11	Jun
5.05		Cameron Walker-Shepherd		28.05.92	4	Bedford	30	Jul
5.03i		JJ Lister	U20	6.03.97	1	Sutton	7	Feb
		4.95			4	Loughborough	22	May
5.01		Liam Yarwood	U23	10.09.94	1=	Woking	10	Aug
	(20)							
5.00		Ben Gregory		21.11.90	1D	Azusa, USA	14	Apr
5.00		Samuel Adams	U23	17.10.94	2	Bromley	2	Jul
4.90		Ethan Walsh	U20	14.06.97	1	Eton	24	Jul
4.90		Sam Bass-Cooper	U23	26.01.96	1	Yeovil	11	Sep
4.85i		Martin Brockman		13.11.87	1	London (LV)	20	Mar
		4.70			1D	Erith	11	Sep
4.84		Ned Quiney		12.10.91	1	Basingstoke	10	Jul
4.80i		Euan Bryden	U23	17.05.94	1	Chelmsford	13	Mar
		4.65			2	Cardiff	11	Jun
4.80		George Heppinstall	U20	17.10.97	1	Doncaster	1	May
4.80		Frankie Johnson	U17	17.01.01	1	Bedford	26	Jun
4.76i		Matt Cullen		14.08.87	6	Cardiff	24	Jan
		4.60			5	Manchester (SC)	4	Jun
	(30)							
4.72i		Jack Andrew		12.10.91	7H	Reims, FRA	31	Jan
4.70i		Tom Farres	U20	4.03.97	1	London (LV)	16	Jan
		4.61			1	Basingstoke	20	Jul
4.70		Tom Booth	U23	29.11.96	2	Sheffield (W)	5	Jun
4.70		John Lane		29.01.89	3D	Kladno, CZE	11	Jun
4.64i		Mark Johnson	V50	7.09.64	1	London (LV)	21	Feb
		4.40			5	Manchester (SC)	12	Jun
4.62i		Matthew Wright		25.05.90	2B	Manchester (SC)	30	Jan

2016 - M - PV

Mark	Name	Cat	DOB	Pos	Venue	Date
4.60i	Nathan Gardner	U20	9.02.98	6=	Sheffield	14 Feb
4.60				8	Manchester (SC)	4 Jun
4.60i	George Turner	U20	13.07.98	6=	Sheffield	14 Feb
4.50				1	Bedford	16 Apr
4.60	Daniel Gardner	U23	26.03.94	7	Manchester (SC)	4 Jun
4.60	Ashley Bryant		17.05.91	15D	Amsterdam, NED	7 Jul
(40)						
4.60	Rowan May	U23	12.08.95	8	London (He)	6 Aug
4.56i	Andrew Douglas	U20	11.05.99	5	London (LV)	3 Jan
4.55	Tom Rottier	U23	15.11.96	1D	Cambridge	29 Aug
4.52i	Thomas Dobbs	U20	7.02.98	1H	Sheffield	9 Jan
4.52i	Joshua Lindley-Harris	U20	25.10.99	4	Sheffield	14 Dec
4.40i		U17		1	Sheffield	17 Jan
4.30		U17		2	Loughborough	2 Sep
4.50i	Zach Harrop	U20	5.05.98	3	Sheffield	16 Jan
4.40				10	Manchester (SC)	4 Jun
4.46	Charlie Maw	U23	18.11.96	1	London (TB)	2 May
4.45	Andrew Murphy	U23	26.12.94	2	Aberdeen	12 Jun
4.43i	Ryan Grimwade	U20	21.09.97	2	Cardiff	16 Jan
4.35				4	Cardiff	11 Jun
4.43i	William Gwynne	U20	25.04.98	2	Sutton	25 Sep
4.30				1	London (Cr)	24 Jul
(50)						
4.41i	David Mann	U23	27.10.94	1	Glasgow	16 Jan
4.40				5	London (WL)	4 Jun
4.41	Fraser O'Rourke	U23	28.02.96	1	Grangemouth	13 Aug
4.40i	Liam Ramsay		18.11.92	3H	Sheffield	10 Jan
4.20				1D	Dublin (S), IRL	29 May
4.40i	James Finney	U23	7.04.96	4H	Sheffield	10 Jan
4.40i	Max Hall		29.12.86	4H	Sheffield	10 Jan
4.40				1D	Bedford	15 May
4.40i	Matthew Lee	U23	8.12.94	2H	Sheffield	10 Jan
4.40	Dylan Carlsson-Smith	U20	26.07.98	1D	Bedford	15 May
4.40i	Callum Court		21.10.93	1	Cardiff	1 Sep
4.35				3	Cardiff	11 Jun
4.35	Jahmal Germain		3.07.92	6D	Hexham	10 Jul
4.33i	Chris Mills	V40	12.11.75	6	Sutton	7 Feb
4.20				1	Aldershot	18 Jun
(60)						
4.33i	Emmanuel Thomas	U17	6.12.99	2	Sutton	25 Sep
4.15				1	Crawley	29 Aug
4.32i	David Hall	U23	25.04.95	14H	Reims, FRA	31 Jan
4.30i	Alexander Wort		18.09.93	6H	Sheffield	10 Jan
4.30i	Shane Martin	U17	10.11.99	3	Athlone, IRL	27 Feb
4.16				2	Ashford	16 Jul
4.30i	Greg Conlon	V40	18.12.74	1	London (LV)	28 Feb
4.30				1	London (WL)	18 Jun
4.30i	Ian Parkinson	V35	17.02.79	1	London (LV)	13 Mar
4.30	Christopher Lamb	U17	25.05.00	1	Wigan	7 May
4.30	Conor Kearns	U20	5.02.99	1	Tamworth	8 May
4.30	Lewis Church	U23	27.09.96	3D	Bedford	15 May
4.30	Aiden Davies	U23	26.12.95	3D	Bedford	15 May
(70)						
4.30	Adam Carpenter		18.06.93	1	Yeovil	6 Aug
4.27i	Elliot Haddon	U23	21.04.94	3	Cardiff	31 Jan
4.23i	Andrew McFarlane	U20	7.07.00	1	Grangemouth	7 Dec
4.20i		U17		1	Glasgow	30 Jan
3.87		U17		1	Inverness	13 May
4.23i	Emyr Jones		5.09.92	1	Bath	18 Dec
4.22i	Tom Chandler	U20	19.09.97	2H	Sheffield	9 Jan
4.20i	Craig Moriarty	U20	11.07.99	1	Glasgow	30 Jan
4.20i	Martin Densley		1.05.81	1	Uxbridge	31 Jan
4.20				1	Kingston	18 Jun

2016 - M - PV - LJ

Mark		Name	Cat	DOB	Pos	Venue	Date	
4.20i		Michael Bartlett		26.12.92	2	London (LV)	7	Feb
4.20					2	London (WL)	18	Jun
4.20i		Alexander Livingston	U23	25.01.96	3	Athlone, IRL	12	Feb
4.20					8	Tullamore, IRL	7	Aug
4.20i		Sam Talbot	U20	17.02.99	5H	Salamanca, ESP	21	Feb
4.20					1D	Woerden, NED	28	Aug
	(80)							
4.20		Thomas Snee		22.07.88	3	Cardiff	7	May
4.20		James Allway	U20	25.09.97	1	Chelmsford	22	May
4.20		Harry Maslen	U23	2.09.96	1D	Bradenton, USA	27	May
4.20		Tyler Seager	U20	5.05.98	2	Aldershot	29	May
4.20		Brendan McConville	V35	3.01.79	3	Belfast	17	Jul
4.17i		Robert Palmer	U20	23.07.98	6B	Manchester (SC)	30	Jan
4.16i		Edward Thompson	U20	2.08.97	10B	Cardiff	24	Jan
4.15i		Angus Sinclair	U23	22.02.95	1H	Jonesboro, USA	22	Jan
4.15		Dougie Graham	V35	1.01.77	3	Aberdeen	12	Jun
4.15		Dylan Thomson	U17	11.05.00	1	Dunfermline	4	Sep
	(90)							
4.15i		Jools Peters		20.08.90	1	Aberdeen	15	Sep
4.12		Bob Kingman	V40	21.02.73	1	Milton Keynes	6	Jul
4.11i		Fynley Caudery	U20	9.10.98	7	Cardiff	10	Jan
4.11		Gavin Fordham	V35	1.02.79	1	Luton	15	May

Additional Under 17 (1-7 above)

Mark		Name	Cat	DOB	Pos	Venue	Date	
4.10i		Scott Connal		20.03.00	1	Glasgow	6	Feb
		3.83			1	Kilmarnock	19	Jun
4.06		Lee Brown		24.03.00	3	Ashford	16	Jul
4.00		Jack Harris		6.08.01	1	Crawley	11	Jun
	(10)							
4.00		Bill Saunders		11.04.01	2	Crawley	11	Jun
4.00		Todd Webster		28.11.99	3	Hull	7	Aug
3.90		Ross Hajipanayi		3.10.99	3	Bromley	29	May
3.90		George Osbourne		2.04.00	1	Loughborough	15	Jun
3.90		Jake Watson		19.12.00	1	Nuneaton	13	Aug
3.90		Matthew Chandler		30.10.00	2	Grangemouth	27	Aug
3.86		Oscar Jopp		29.09.99	5	Bedford	28	Aug
3.83i		Oliver Thorner		16.03.01	3	Bath	18	Dec
3.80i		Joseph Duffy		7.03.00	2	Sheffield	17	Jan
		3.80			1	Blackpool	15	May
3.80		Kurt Cameron		13.11.99	1	Yate	21	Aug
	(20)							
3.80		Callum Woodage		25.10.00	1	Hemel Hempstead	11	Sep
3.80i		Jacob Clarke		1.06.02	1B	Sheffield	12	Nov
		3.51	U15		1	Coventry	19	Jun
3.75		Michael Fryer		30.09.99	1	London (Cr)	9	Jul
3.70i		Connor Dearden		9.11.99	4C	London (LV)	31	Jan
		3.70			2	Horsham	7	Aug
3.70		Robert Worman		4.07.01	1	Cheltenham	11	Jun
3.70i		Owen Heard		29.12.01	1H	London (LV)	18	Dec
		3.30	U15		3	Ashford	13	Aug
3.66i		Ieuan Hosgood		6.03.01	1E	Cardiff	24	Jan
3.66i		Daniel Hoiles		15.07.01	1	Uxbridge	3	Dec
3.65i		Kieran Apps		7.10.99	2	London (LV)	23	Jan
3.60		Harry Stutely		18.04.00	1	Hull	14	May
	(30)							
3.60		Joseph Hall		12.02.01	1	Chelmsford	11	Jun
3.60		George Maher		25.09.99	2	Gillingham	24	Jul
3.60		Thomas Britt		25.12.00	1	Newport	14	Aug
3.60		George Pope		6.12.00	1	Tonbridge	29	Aug

2016 - M - PV

Additional Under 15 (2 above)

Mark	Name	DOB	Pos	Venue	Date
3.95i	Mark Mellor	22.01.02	2	Cardiff	1 Sep
3.81			2	Bedford	27 Aug
3.91	Glen Quayle	6.03.02	1	Bedford	27 Aug
3.65	Matthew Brining	9.12.01	1	Middlesbrough	18 Jun
3.61	Dylan Baines	3.10.01	3	Bedford	27 Aug
3.60	Finlay Walker	28.05.02	1	Grangemouth	7 Sep
3.53i	Pedro Gleadall	7.12.01	1	Sutton	25 Sep
3.41			5	Bedford	27 Aug
3.45	Zamaan Dudhia	4.02.02	3	Gateshead	9 Jul
3.40	Tolu Ayo-Ojo	26.08.02	1	Ashford	13 Aug
(10)					
3.40	Aran Thomas	6.12.01	1	Cleckheaton	18 Sep
3.30i	Jack Westley	1.10.01	1	Sutton	20 Feb
3.30			1	London (TB)	2 May
3.25	Reuben Nairne	22.09.02	1	Grangemouth	19 Jun
3.20	William Snashall	27.09.02	4	Ashford	13 Aug
3.20	Max Young	11.07.02	1	Reading	11 Sep
3.20	Karran Kapur-Walton	31.01.02	1	Wigan	18 Sep
3.15	Euan Beverely	21.10.01	5	Gateshead	9 Jul
3.15	Christopher Thompson	16.01.02	1	Newport	14 Aug
3.10	Sam Currie	19.09.01	1	Warrington	16 Jul
3.05	Ewan Bradley	2.04.02	1	Leeds	21 May
(20)					
3.03i	Bryce Breen	22.08.03	3	Sutton	25 Sep
3.01			12=	Bedford	27 Aug
3.00	Samir Ashraf	5.11.01	1	Chelmsford	11 Jun
3.00	Alfie Gilby	15.05.02	1	Ashford	3 Jul
3.00	Daniel Smith	12.09.01	2	Ashford	3 Jul
3.00	Harry Culpin	9.09.01	2	Milton Keynes	16 Jul
3.00	Sam Tremelling	1.10.02	1	Hemel Hempstead	4 Sep
2.93i	George Hopkins	1.06.03	4	Sutton	25 Sep
2.90	Joseph Roser	14.12.01	2	Chelmsford	14 May
2.90	Ethan Brown		2U15	Horsham	7 Aug
2.90	Cameron Crowe	5.09.01	5	Stevenage	11 Sep
(30)					
2.90	Stratford Ryan	12.06.02	1B	Hemel Hempstead	11 Sep
2.90	Thomas Todd	16.09.03	2	Nerja, ESP	28 Dec

Under 13

2.70	Thomas Todd	16.09.03	1	Torremolinos, ESP	28 May
2.60	Daniel Dearden	26.09.03	1	Crawley	22 Jun
2.50	Noah Osborne	5.04.04	5	Cheltenham	3 Aug
2.50i	William Trott	27.02.05	6	Cardiff	11 Dec
2.42	William Foot	7.10.04	7	Sheffield	13 Jul
2.40	Noah Jones	11.11.04	1	Exeter	30 Aug
2.30	Clark Marshall	1.11.03	1	Grangemouth	7 Sep

Foreign

4.80i	Florin Matei (ROU)		15.07.93	3	Bucharest, ROU	21 Feb
4.70				1	Tipton	3 Jul
4.45i	Frederick Finke (USA)		25.05.82	4	London (LV)	31 Jan
4.42				1	London (LV)	9 Apr
4.40i	Quentin Gouil (FRA)		19.02.90	1B	London (LV)	31 Jan
4.20				2	Oxford	7 May
4.40	Peter Moreno (NGR)		30.12.90	1D	Bedford	15 May
4.40	Michael Bowler (IRL)		28.01.92	1D	Sheffield	19 Jun
4.30	Laurenz Kirchmayr (AUT)	U20	9.02.99	1	Street	11 Jun
4.20	Matthew Harris (AUS)		26.04.89	1=	London (LV)	12 Jun
4.20	Leigh Walker (IRL)	V35	17.08.77	2	London (TB)	23 Jul

2016 - M - LJ

Long Jump

Mark	Wind	Name	Cat	DOB	Pos	Venue	Date
8.36w	2.8	Greg Rutherford		17.11.86	1	Phoenix, USA	14 May
8.31	-0.3				1	Rome, ITA	2 Jun
8.30	0.4				1	Long Beach, USA	16 Apr
8.29	0.3				3	Rio de Janeiro, BRA	13 Aug
8.26iA					1	Albuquerque, USA	5 Feb
8.25	0.5				1	Amsterdam, NED	7 Jul
8.24	0.9				*	Phoenix, USA	14 May
8.20	-0.6				1	Manchester	20 May
8.17	-0.3				5	Birmingham	5 Jun
8.15	-0.6				1	Andújar, ESP	16 Jul
8.01					1	La Jolla, USA	23 Apr
7.93	2.0				Q	Amsterdam, NED	6 Jul
7.90	-0.2				Q	Rio de Janeiro, BRA	12 Aug
8.14i		Daniel Bramble		14.10.90	6	Portland, USA	20 Mar
8.00	1.4				4	Rabat, MAR	22 May
7.98	0.3				1	Clermont, USA	30 Apr
7.94i					1	Sheffield	27 Feb
7.83i					4	Glasgow	20 Feb
7.76i					2	Jablonec nad Nisou, CZE	5 Mar
7.75	-0.3				8	Shanghai, CHN	14 May
7.72i					2	Karlsruhe, GER	6 Feb
7.96	1.6	Daniel Gardiner		25.06.90	1	Bedford	31 Jul
7.86	0.8				1	Loughborough	22 May
7.85w	3.3				1	Hilversum, NED	4 Sep
7.80i					5	Glasgow	20 Feb
7.80	1.6				1	Bedford	2 May
7.74	0.0				1	Manchester (SC)	17 Aug
7.73i					2	Vienna, AUT	30 Jan
7.88	1.8	Allan Hamilton		14.07.92	2	Azusa, USA	15 Apr
7.71iA					1	Albuquerque, USA	26 Feb
7.79	1.6	Paul Ogun		3.06.89	2	Bedford	31 Jul
7.78	1.2	Oliver Newport	U23	7.01.95	3	Tallahassee, USA	14 May
7.75w	3.6	Bradley Pickup		4.04.89	1	Bournemouth	15 Jun
7.71	2.0				*	Bournemouth	15 Jun
7.70	1.8	Alexander Farquharson	U20	9.06.97	1A	Bedford	28 May

35 performances to 7.70 by 8 athletes including 9 indoors and 3 wind assisted

Mark	Wind	Name	Cat	DOB	Pos	Venue	Date
7.66i		Timothy Duckworth	U23	18.06.96	1	Bloomington, USA	9 Dec
7.64	1.9				1D	Athens, USA	6 Apr
7.64i		Christopher Tomlinson		15.09.81	6	Glasgow	20 Feb
7.59	0.8				8	Bad Langensalza, GER	21 May
		(10)					
7.61	-0.1	JJ Jegede		3.10.85	2	Loughborough	22 May
7.61		Patrick Sylla	U20	10.10.98	1	Bournemouth	11 Jun
7.61w	6.1	James Lelliott		11.02.93	1	Bournemouth	2 Jul
7.53					1	Bournemouth	27 Mar
7.60	-1.2	Tom French		5.12.91	1	Watford	7 May
7.58	0.8	Ashley Bryant		17.05.91	1D	Götzis, AUT	28 May
7.56i		Jacob Fincham-Dukes	U20	12.01.97	2	Ames, USA	26 Feb
7.46					1	Tulsa, USA	19 Mar
7.56	0.7	Scott Hall	U23	8.03.94	2	Eton	7 May
7.54i		Jonathan Grant		26.05.93	2	Akron, USA	27 Feb
7.19	1.2				10	Birmingham	26 Jun
7.51i		Sam Talbot	U20	17.02.99	1H	Sheffield	9 Jan
7.18	0.2				3	Bedford	18 Jun
7.47w	2.3	Darren Morson	U23	16.06.94	1	Road Town, BVI	3 Jul
7.46	1.1				Q	Bedford	1 May
		(20)					
7.43	1.6	James McLachlan		12.03.92	4	Eton	7 May
7.43	1.6	Anton Dixon		31.05.90	1	Manchester (SC)	4 Jun

2016 - M - LJ

Mark	Wind	Athlete	Cat	DOB	Pos	Venue	Date
7.40	-1.3	David John Martin		5.05.88	2	Watford	7 May
7.40		Reynold Banigo	U20	13.08.98	1	Doncaster	7 May
7.40w	3.2	Samuel Khogali	U20	15.07.97	5A	Bedford	28 May
		7.26 1.3			*	Bedford	28 May
7.39		Ogo Anochirionye		14.11.92	1	London (Nh)	5 Jun
7.39w	3.9	Oliver Clark	U23	9.12.96	1	Carn Brea	7 May
		7.27 1.8			4	Bedford	2 May
7.37i		Joshua Olawore	U23	31.07.95	Q	Sheffield	20 Feb
		7.08w 2.5			2	Bournemouth	2 Jul
		7.07 -0.6			4	Yeovil	6 Aug
7.37	1.6	Sam Trigg		1.11.93	3	Clovis, USA	13 May
7.35i		Peter Muirhead		6.12.93	1	Glasgow	30 Jan
		7.19 1.6			2	Grangemouth	14 Aug
	(30)						
7.34i		Jordan Charters	U23	14.08.95	2	Glasgow	30 Jan
		7.28 0.2			6	Eton	7 May
7.34w	2.7	Ben Gregory		21.11.90	4D	Azusa, USA	13 Apr
		7.13 0.6			6D	Florence, ITA	29 Apr
7.33i		Craig Jones		28.04.93	6	Sheffield	27 Feb
		7.32 1.8			3	Manchester (SC)	4 Jun
7.30	1.0	John Lane		29.01.89	10D	Götzis, AUT	28 May
7.29	1.4	Nick Newman		12.10.83	6	Greensboro, USA	15 May
7.27	1.2	Liam Ramsay		18.11.92	1D	Dublin (S), IRL	28 May
7.26		Jack Roach	U23	8.01.95	1	Shildon	17 Apr
7.23i		Aled Price	U23	14.12.95	1	Ithaca, USA	9 Apr
		7.21w 2.3			5	Bedford	2 May
		7.10			1	Swansea	31 Jul
7.22i		Anthony Hogg	U23	3.10.96	1H	Sheffield	9 Jan
7.22		Adrian Stamp		10.09.84	2	London (Nh)	5 Jun
	(40)						
7.20i		Shola John-Olojo		5.05.92	2	Birmingham, USA	28 Feb
		7.05 -0.3			5	Cape Girardeau, USA	1 Apr
7.19	1.1	Sam Adams	U23	31.01.96	Q	Bedford	1 May
7.19	-0.5	Feron Sayers	U23	15.10.94	5	Leiria, POR	28 May
7.17i		Mark Cryer		27.08.93	3	Sheffield	21 Feb
		7.04 -1.6			1D	Bedford	14 May
7.16i		Adam Walker-Khan	U23	7.03.95	1	Staten Island, USA	19 Feb
		7.06 1.1			5	Princeton, USA	22 Apr
7.16	0.8	Nick Clements		17.06.90	3	Yeovil	6 Aug
7.15	1.6	Howard Bell	U20	2.05.98	2	Grangemouth	17 Jul
7.15w	2.1	Toby Adeniyi	U23	3.09.96	7	Bedford	2 May
		6.89 1.7			Q	Bedford	1 May
7.15w	2.1	Trevor Alexanderson		30.12.89	5	Bedford	31 Jul
		6.92			1	Corby	13 Sep
7.14		Nonso Okolo		7.12.89	5	London (He)	6 Aug
	(50)						
7.13		Joel Grenfell	U23	31.10.94	1	London (LV)	21 May
7.12i		James Wright	U23	4.02.94	4H	Salamanca, ESP	20 Feb
7.11		Myles Durrant-Sutherland	U23	17.07.95	1ns	Rugby	5 Jun
7.11		Rowan Powell	U20	8.12.98	1	Dudley	3 Jul
7.11	1.2	Stuart Street	U23	18.07.96	1	Nottingham	6 Aug
7.11w	2.1	Ben McGuire	U20	22.10.97	5	Bedford	18 Jun
		7.10i			1	Glasgow	5 Mar
		6.91			1	Bromley	29 May
7.11w	2.2	Michael Puplampu		11.01.90	2	London (LV)	19 Jun
		6.98 1.9			*	London (LV)	19 Jun
7.10	0.2	Martin Brockman		13.11.87	1D	Sydney, AUS	9 Jan
7.09i		Ross McLachlan	U20	3.01.97	4	Glasgow	30 Jan
7.09i		Alessandro Schenini	U17	28.04.00	1	Glasgow	3 Feb
		7.04 1.7			1	Bedford	28 Aug
	(60)						

2016 - M - LJ

Mark	Wind	Name	Age	DOB	Pos	Venue	Date	
7.06i		Ben Fisher	U20	21.02.98	2	Athlone, IRL	31	Jan
7.06		Callum Henderson	U17	3.05.00	1	Ashford	16	Jul
7.06	1.6	Robert Woolgar		3.03.93	1	Exeter	7	Aug
7.06i		Dominic Ogbechie	U17	15.05.02	1P	Athlone, IRL	10	Dec
6.84w	2.1		U15		1	Bedford	27	Aug
6.81			U15		3	London (Nh)	5	Jun
7.05i		Joseph Hobson	U20	29.04.98	1	Cardiff	7	Feb
7.05i		Michael Oku-Ampofo	U20	10.11.98	1	London (LV)	7	Feb
7.03w	3.8				2	Cardiff	20	Jul
6.85	1.0				1	London (LV)	12	Jun
7.05w	2.1	Jahmal Germain		3.07.92	1D	Dallas, USA	4	Jun
7.02		Elliott Thorne	U17	23.11.99	1	Reading	15	May
7.02	0.4	Curtis Mathews		22.01.92	1	Cardiff	11	Jun
7.02		Daniel Hopper	U17	21.08.00	1	Hemel Hempstead	4	Sep
	(70)							
7.01	2.0	Simeon Clarence	U23	4.12.95	1	Cardiff	7	May
7.01		Matthew Houlden		21.05.92	1	Bedford	4	Jun
7.01		Reon Gowan-Wade	U23	6.09.95	1	Bromley	15	Aug
6.98		Adam Carpenter		18.06.93	3	Bournemouth	27	Mar
6.98		Jay Collins	U23	13.06.95	4	Bournemouth	27	Mar
6.98		Harry Kendall	U23	4.10.96	1	Crawley	9	Jul
6.98	1.8	Onyebuchi Egemonye			8	Bedford	31	Jul
6.97	-1.1	Lawrence Davis	U23	31.05.95	4	Watford	7	May
6.97		Ryan Webb	U20	19.10.97	2	Bournemouth	15	May
6.96i		James R Davies		4.11.92	1	Manchester (SC)	31	Jan
	(80)							
6.96	0.3	Jonathan Ilori		14.08.93	2	Basingstoke	6	Aug
6.96	1.7	William Adeyeye	U17	4.03.01	2	Bedford	28	Aug
6.96		Lawrence Harvey	V35	26.08.81	1	Stevenage	11	Sep
6.95w	2.6	James Groocock		23.05.89	3	London (WL)	4	Jun
6.90	0.9				5	Watford	7	May
6.94i		Aiden Davies	U23	26.12.95	5H	Salamanca, ESP	20	Feb
6.94		Sam Lyon		20.10.92	2	Grangemouth	27	Aug
6.94w	2.6	Jax Thoirs		7.04.93	3	Pullman, USA	23	Apr
6.92	0.3	Jean Mozobo	U20	5.05.98	2	Nottingham	6	Aug
6.91w	2.2	Noel Butler		15.05.90	3	Cardiff	7	May
6.89i		James Hollins		29.04.92	5	London (LV)	17	Jan
	(90)							
6.89i		Nana Owusu-Nyantekyi		11.09.91	7	Nashville, USA	13	Feb
6.89		Samuel Challis	U20	15.05.99	1	Reading	11	Jun
6.89	0.3	Antony Daffurn		18.10.86	3	Bromley	2	Jul
6.89wA	2.3	Scott Bajere		12.05.92	6	Albuquerque, USA	2	Apr
6.88	1.9	De'quan Lodge	U23	15.03.96	2	Nuneaton	11	Jun
6.88		Jordan Kelly		1.07.93	1	Stoke-on-Trent	7	Aug
6.86	0.5	Richard Carr		20.11.82	5	Bromley	2	Jul
6.86		Sam Richards		9.12.89	2	Bromley	20	Aug
6.85		Alexander MacAulay	U23	29.09.95	1	Oxford	7	May
6.85	1.0	Ade Adefolalu	U20	28.02.97	8	Bedford	18	Jun
	(100)							
6.85		Chuko Cribb	U23	30.03.94	1	Norwich	20	Aug
6.85	1.6	Euan Urquhart	U20	25.01.98	3	Grangemouth	21	Aug

Additional Under 17 (1-6 above)

6.83w	3.9	Scott Connal		20.03.00	1	Grangemouth	31	Jul
6.78i					2	Glasgow	30	Jan
6.78	1.1				3	Grangemouth	14	Aug
6.82		Wesley Matsuka-Williams		15.06.00	1	Stevenage	29	May
6.80		Shandell Taylor		16.12.99	1	Stevenage	4	Sep
6.77		Kellen Jones		5.09.99	4	Ashford	16	Jul
	(10)							
6.76	1.9	Joel McFarlane		9.10.00	1D	Bedford	20	Aug

2016 - M - LJ

Mark	Wind	Name	DOB	Pos	Venue	Date	
6.73	1.3	Ceirion Hopkins	11.10.99	1	Newport	13	Aug
6.70		Callum Orange	1.02.01	3	Leeds	26	Jun
6.69		Joseph Walker	18.11.99	1	Middlesbrough	1	May
6.66		Ben Wilkinson	17.09.99	1	Birmingham	18	Jun
6.66		Joshua Hewett	1.10.99	1	Douglas IOM	24	Jul
6.66	2.0	Ben Sutton	10.08.01	4	Bedford	28	Aug
6.65w	2.5	David Nawah	17.08.00	4	Bedford	4	Sep
6.51			1.4	3	Eton	24	Jul
6.58		Lewis Kirby	23.11.99	1	Crawley	11	Jun
6.57		Matthew Buckner	29.12.00	1	Uxbridge	5	Jun
(20)							
6.57		Jack Sumners	25.10.00	2	Birmingham	18	Jun
6.56i		Sean Gallagher	13.09.00	1	Glasgow	4	Feb
6.52		Samuel Owusu	30.05.00	1	Worcester	29	May
6.52		Jamie Worman	23.12.99	1	Exeter	18	Jun
6.52w	3.2	Jake Burkey	25.02.00	1	Exeter	7	Aug
6.50		Cameron Steven	8.10.99	3	Birmingham	18	Jun
6.48		Michael Adebakin	22.11.00	1	St. Albans	8	May
6.47		Corbin Hamilton	10.05.01	1	Middlesbrough	18	Jun
6.47		Joshua Odeniyi	14.04.00	2	Andover	17	Jul
6.46		Robbie Farquhar	4.01.01	5	Grangemouth	27	Aug

Additional Under 15 (1 above)

Mark	Wind	Name	DOB	Pos	Venue	Date	
6.62w	2.7	Michael Akhigbe	10.09.01	2	Bedford	27	Aug
6.41				1	Watford	5	Jun
6.59		Theo Adesina	20.05.02	1	London (He)	7	Aug
6.48	1.0	Joseph Harding	31.10.02	4	Bedford	27	Aug
6.47		Lee Addison	5.03.02	1	Cambridge	17	Jul
6.39	-3.3	Tamilore Mustafa	16.04.02	1	Gateshead	9	Jul
6.26w	3.8	Zachary Elliott	13.09.01	5	Bedford	27	Aug
6.24				1	Nottingham	21	May
6.24	1.9	Brendan Foster	20.10.01	6	Bedford	27	Aug
6.18		Soloman Adeoti	1.10.01	1	Sutton	18	Jun
6.15		Ethan Wiltshire	29.06.02	1	Birmingham	23	Apr
(10)							
6.15		James Hill	4.03.02	1	Cardiff	2	Jul
6.10	-0.1	Robert Thomas	16.10.01	2	Oxford (H)	21	Aug
6.03		Raphael Bouju	15.05.02	2	Luton	9	Apr
5.96		Daniel Ogutuga	16.09.02	3P	Grays	2	May
5.96		Matthew Hughes	9.12.01	2	Sutton	18	Jun
5.96		Josh Woods	5.08.02	2	Hemel Hempstead	4	Sep
5.95		Myles Xavier	27.11.01	3	Sutton	18	Jun

Under 13

Mark	Wind	Name	DOB	Pos	Venue	Date	
5.44		Jack Fayers	20.09.03	1	Cambridge	25	Jun
5.44		Matthew O'Dwyer	4.11.03	1	Crawley	29	Aug
5.28	0.9	Omari Duporte-Clarke	7.09.03	1	Kingston	31	Jul
5.21w	3.0	Aaron Ashmead-Shoye	12.12.03	2	Kingston	31	Jul
5.13				9	London (Nh)	3	Aug
5.18		Elliott Evans	3.09.03	1	Reading	11	Sep
5.17	1.5	Seb Wallace	7.09.03	1P	Sutton	10	Sep
5.12		Ben Vincent	6.01.04	1	Newport	28	May
5.11		Kyle Wilkinson	22.10.03	1	Inverness	7	Aug
5.11		Jermain Kevill	16.09.03	1	Erith	10	Sep
5.10		Graig Anya Joseph	6.10.03	1	Southend	5	Jun

Foreign

Mark	Wind	Name	DOB	Pos	Venue	Date	
7.84	*0.0*	*Adam McMullen (IRL)*	*5.07.90*	*1*	*Clermont, USA*	*14*	*May*
7.60	*0.1*	*Ezekiel Ewulo (NGR)*	*29.01.86*	*2*	*Coral Gables, USA*	*9*	*Apr*
7.12i		*Eusebio Ca (POR)*	*24.09.91*	*5*	*Sheffield*	*21*	*Feb*
6.95				*1*	*London (TB)*	*20*	*Jul*
7.08		*Thalosang Tshireletso (BOT)*	*14.05.91*	*7*	*London (He)*	*6*	*Aug*

2016 - M - LJ - TJ

7.01	-0.8	Peter Moreno (NGR)		30.12.90	2D	Bedford	14	May
6.96		Mick Bowler (IRL)		28.01.92	1D	Belfast	13	Aug
6.92		Alan Kennedy (IRL)		19.07.88	1	Belfast	11	Aug
6.88	0.0	Tosin Oke (NGR)	V35	1.10.80	8	Birmingham	2	Jul

Triple Jump

16.96w	3.1	Julian Reid		23.09.88	1	Bedford	28	May
		16.76	0.5		3	Amsterdam, NED	9	Jul
		16.62	1.3		Q	Amsterdam, NED	7	Jul
		16.57	0.5		*	Bedford	28	May
		16.46	1.7		3	Bydgoszcz, POL	5	Jun
		16.45	1.5		2	Birmingham	25	Jun
		16.27	-0.1		1	Loughborough	22	May
		16.04i			1	Birmingham	17	Jan
		15.89	1.2		6	Turku, FIN	29	Jun
16.58	0.2	Nathan Douglas		4.12.82	1	Birmingham	25	Jun
		16.43	0.7		8	Doha, QAT	6	May
		16.33w	2.7		15Q	Amsterdam, NED	7	Jul
		16.24	1.0		*	Amsterdam, NED	7	Jul
		16.24			9	London (O)	22	Jul
		16.23i			5	Glasgow	20	Feb
		16.18	1.5		4	Kortrijk, BEL	9	Jul
		15.93i			3	Sheffield	27	Feb
16.44	1.7	Nathan Fox		21.10.90	3	Clermont, USA	30	Apr
		16.21i			2	Sheffield	27	Feb
		16.12	1.9		4	Birmingham	25	Jun
		16.09	-0.8		1	Manchester (SC)	4	Jun
		16.06			7	Nassau, BAH	16	Apr
		15.93w	3.5		3	Bedford	28	May
		15.85i			4	Athlone, IRL	17	Feb
16.41	1.7	Ben Williams		25.01.92	1	Tallahassee, USA	15	May
		16.38i			1	Boston (R), USA	27	Feb
		16.31	1.0		3	Birmingham	25	Jun
		16.22i			7	Birmingham, USA	12	Mar
		16.16w	2.4		6Q	Jacksonville, USA	28	May
		16.07	1.4		1	Bedford	30	Jul
		16.05w	2.4		1	Lafayette, USA	7	May
		15.95i			1	Birmingham, USA	12	Feb
		15.95	0.0		1	Manchester (SC)	17	Aug
16.28w	3.1	Nonso Okolo		7.12.89	2	Bedford	28	May
		16.13w	3.4		6	Nassau, BAH	16	Apr
		16.06	0.0		2	Manchester (SC)	4	Jun
		16.02	1.5		5	Birmingham	25	Jun
		15.94	1.9		*	Bedford	28	May
		15.85	1.8		1	London (LV)	19	Jun
16.15i		Montel Nevers	U23	22.05.96	1	Sheffield	21	Feb
		16.14	1.2		1	Nottingham	6	Aug
15.98	1.6	Efe Uwaifo	U23	15.05.95	3	Charlottesville, USA	22	Apr
		15.92i			1	Ithaca, USA	28	Feb
		15.91	1.0		7	Birmingham	25	Jun
15.96	0.5	Kola Adedoyin		8.04.91	6	Birmingham	25	Jun
		45 performances to 15.85 by 8 athletes including 10 indoors and 7 wind assisted						
15.77w	3.4	Sam Trigg		1.11.93	1	Clovis, USA	14	May
		15.62	1.4		16	Lawrence, USA	28	May
15.76	0.5 (10)	Daniel Lewis		8.11.89	9	Birmingham	25	Jun
15.76	-1.1	Jonathan Ilori		14.08.93	1	Basingstoke	6	Aug
15.68	0.0	Nana Owusu-Nyantekyi		11.09.91	2	Clarksville, USA	16	Apr
15.57	1.9	Chukwudi Onyia		28.02.88	1	Grangemouth	13	Aug
15.51iA		Allan Hamilton		14.07.92	2	Albuquerque, USA	27	Feb
		14.82	1.1		3	Clovis, USA	14	May

2016 - M - TJ

Mark	Wind	Name	Cat	DOB	Pos	Venue	Date
15.51	0.2	Jonathon Sawyers		24.08.92	2	Bedford	30 Jul
15.50i		Stefan Amokwandoh	U23	11.09.96	1	Princeton, USA	11 Dec
15.08	0.5				3	Princeton, USA	8 May
15.48w	2.6	Chuko Cribb	U23	30.03.94	1	Chelmsford	4 Jun
15.21	0.0				3	Bedford	18 Jun
15.45	1.4	Michael Puplampu		11.01.90	5	Manchester (SC)	4 Jun
15.43w	2.7	Wesley Matsuka-Williams	U17	15.06.00	1	Ashford	16 Jul
15.32	0.0				*	Ashford	16 Jul
15.40	-0.6	Jude Bright-Davies	U20	27.03.99	Q	Tbilisi, GEO	16 Jul
(20)							
15.19i		Shola John-Olojo		5.05.92	2	Birmingham, USA	29 Feb
15.19w	2.4	Mike McKernan	V35	28.11.78	6	Manchester (SC)	4 Jun
14.50i					1	Birmingham	20 Feb
14.43	-1.8				4	Eton	7 May
15.18		Lawrence Harvey		26.08.81	1	Cambridge	25 Jun
15.14		Scott Hall	U23	8.03.94	3	London (He)	6 Aug
15.11	-0.1	Teepee Princewill	U17	22.08.00	2	Loughborough	2 Sep
15.08	1.1	Lawrence Davis	U23	31.05.95	2	Watford	7 May
15.03	1.9	James Lelliott		11.02.93	2	Chelmsford	4 Jun
15.00i		Kevin Metzger	U20	13.11.97	1	Sheffield	13 Feb
14.14					1	Blackburn	1 May
14.99	0.8	Robert Sutherland	U23	16.10.95	5	Bedford	18 Jun
14.97	-0.6	Adam Walker-Khan	U23	7.03.95	6	Philadelphia, USA	30 Apr
(30)							
14.96	0.4	Seun Okome	U23	26.03.95	1	Manchester (SC)	11 Jun
14.96		Joshua Bones		8.05.93	2	Cambridge	25 Jun
14.88i		Jimi Tele	U23	4.05.94	1	Kingston, USA	21 Feb
14.76	0.9	Lewis Guest	U23	28.05.94	4	Chelmsford	4 Jun
14.74	0.5	Jacob Veerapen	U20	29.09.97	1	Gateshead	8 Jul
14.69	0.4	Emmanuel Odunbanjo	U17	7.12.99	3	Loughborough	2 Sep
14.67i		Dami Famakin	U20	23.11.97	2	Cardiff	7 Feb
13.71	1.2				7	Bedford	19 Jun
14.67	1.9	Antony Daffurn		18.10.86	2	Grangemouth	17 Jul
14.66w	2.4	Sam Lyon		20.10.92	2	Grangemouth	13 Aug
14.47	1.7				*	Grangemouth	13 Aug
14.60i		Ross Jeffs		5.09.91	2	Glasgow	30 Jan
(40)							
14.57i		Osaze Aghedo	U20	12.02.99	3	Cardiff	7 Feb
14.38	1.6				1	Swansea	6 Aug
14.57		Samuel Oduro Antwi	U17	4.06.00	1	London (He)	11 Jun
14.49i		Matthew Houlden		21.05.92	4	London (LV)	17 Jan
13.83	-1.0				1	London (LV)	17 Apr
14.48		Nav Childs		12.05.81	4	Watford	7 May
14.46	1.1	Jamil Hassan	U20	25.06.99	3	Bedford	19 Jun
14.43		Mitchell Kirby		18.04.91	1	Leicester	15 May
14.41w	2.6	Peter Kirabo		22.09.92	1	Chelmsford	15 May
14.31	1.3				2A	Bedford	28 May
14.37		Mahad Ahmed	U23	18.09.95	1	Kilmarnock	13 May
14.37	-0.2	Patrick Sylla	U20	10.10.98	3	Yeovil	6 Aug
14.35		Joel Khan	U17	30.09.99	2	Bedford	27 Aug
(50)							
14.34	1.4	Cage Boons	U23	14.11.96	8	Bedford	18 Jun
14.31		Armani James	U23	26.04.94	2	Leicester	15 May
14.27		Jordan Walklett	U20	8.02.98	1	Par	11 Jun
14.25	-0.1	Toby Melville	U23	2.12.96	4	London (WL)	4 Jun
14.25		Paul Ogun		3.06.89	1	London (Cr)	9 Jul
14.24i		Nathan Roach		10.12.90	1	Sheffield	17 Jan
13.95					2	Macclesfield	15 May
14.24	0.0	Abbas Adejonwo	U17	19.09.99	4	Castellón, ESP	17 Sep
14.23i		Daniel Igbokwe	U20	28.06.98	1	Staten Island, USA	2 Dec
14.20w	2.8	Matthew Kerr		3.09.93	4	Grangemouth	13 Aug
14.17	1.7				*	Grangemouth	13 Aug

2016 - M - TJ

Mark	Wind	Name	Cat	DOB	Pos	Venue	Date	
14.19		Jean Mozobo	U20	5.05.98	1	London (WL)	24	Jul
(60)								
14.18	1.8	Aidan Quinn	U17	10.02.00	2	Swansea	6	Aug
14.18w	3.1	Humphrey Waddington		30.05.87	3	Cardiff	7	May
14.12					1	Kingston	18	Jun
14.17i		Ben Porter		19.01.93	2	Gateshead	21	Jan
14.17i		George Drake	U23	3.01.96	Q	Sheffield	19	Feb
14.16	0.7	Jordan Harry	U20	20.02.97	5	Bedford	19	Jun
14.15w	3.0	Adam Howell	U23	20.10.94	7	Bedford	2	May
13.74i					7	Sheffield	21	Feb
14.15w	2.1	Kevin Brown		10.12.90	5	Chelmsford	4	Jun
14.03					1	Peterborough	10	Sep
14.13		Sam Bobb	V40	29.08.75	1	Basingstoke	10	Jul
14.12		Matthew Madden		17.11.90	1	Nottingham	4	Jun
14.03i		Peter Akinhnibosun	U23	23.05.94	1B	London (LV)	30	Jan
(70)								
14.02	1.4	Elliott Baines	U20	5.08.97	2	Oxford	7	May
14.01	0.0	Craig Phillips		29.09.85	9	Manchester (SC)	4	Jun
14.00	0.2	Gage Francis	U23	6.10.96	3	Nottingham	6	Aug
14.00		Fraser Kesteven		20.06.92	1	Cheltenham	6	Aug
13.99		Joshua Goble	U20	2.09.98	1	Portsmouth	11	Jun
13.95	-0.2	Dolapo Gbadamosi	U17	26.06.01	5	Gateshead	8	Jul
13.93		Craig Andrew		14.04.91	1	Bury St. Edmunds	18	Sep
13.92		Mark Burton	U20	11.06.98	1	Antrim	21	May
13.90i		Thomas Walley	U20	18.03.98	1	Connah's Quay	23	Jan
13.90		Joseph Gilkes	U20	16.08.99	1	Worcester	2	Jul
(80)								
13.89i		Sam Adams	U23	31.01.96	Q	Sheffield	19	Feb
13.88	1.4	Robert Graham		12.07.91	5	Grangemouth	13	Aug
13.87	2.0	David Wellstead		17.12.82	7	London (LV)	12	Jun
13.85	0.3	Callum Hunter	U23	20.01.94	7	Birmingham	2	Jul
13.84		Jacky Liu	U20	23.02.98	1	Kingston	11	Jun
13.82	0.9	Jonathan Guille		9.12.88	1	St. Peter Port GUE	1	May
13.82		Jack Joynson	U20	15.12.98	2	Newport	29	May
13.79i		Henry Clarkson	U20	16.06.99	2	Glasgow	6	Mar
13.76w			2.2		1	Grangemouth	1	May
13.78i		Louis Allen	U23	11.10.96	7	London (LV)	17	Jan
13.76		Christman Ihuoma	U23	27.11.95	1	Woodford	30	Aug
(90)								
13.73i		Elliott Thorne	U17	23.11.99	1	Uxbridge	13	Mar
13.21					4	Bromley	29	May
13.71	0.5	Edward Barbour	U20	3.03.98	3	Gateshead	8	Jul

Additional Under 17 (1-9 above)

Mark	Wind	Name	DOB	Pos	Venue	Date	
13.68	0.5	Tobi Adeniji	2.02.00	5	Loughborough	2	Sep
(10)							
13.55	0.8	Jai Benson	24.07.00	6	Loughborough	2	Sep
13.55w	2.9	David Nawah	17.08.00	2	Bedford	4	Sep
13.40				1	Basingstoke	21	Aug
13.54		Dominic Blake	21.09.99	2	Manchester (Str)	11	Jun
13.50		Levi Hughes	26.11.99	1	Birmingham	18	Jun
13.49		Jackson Cowans	11.12.99	2	Hemel Hempstead	11	Jun
13.48		Michael Obafemi		1	Chelmsford	11	Jun
13.45		Joel Townley	7.04.01	2	Coventry	8	May
13.41		Elliott Kimber	13.10.99	1	Leamington	11	Jun
13.37		Rhys Bennett	4.10.00	2	Chelmsford	11	Jun
13.33		Callum Winchester-Wright	21.10.99	1	Norwich	19	Jun
(20)							
13.32		Keone Pillay	8.03.00	1	Kingston	11	Jun
13.29		James Milburn	24.09.99	2	Grantham	29	May
13.26		Reuben Collins	6.12.00	2	Kingston	11	Jun
13.20		Ioan Rheinallt	6.09.99	1	Cardiff	2	Jul

2016 - M - TJ - SP

Under 15

13.63	1.6	Miraji Ahmed		5.11.01	1	Bedford	28 Aug
13.10	1.2	Herbert Zumbika		20.09.01	2	Bedford	28 Aug
12.93	0.1	Matthew Bondswell		18.04.02	1	Gateshead	8 Jul
12.60	1.5	Olowasubomi Bello		16.11.01	1	Ashford	13 Aug
12.44		Emmanuel Moses			1	Exeter	18 Jun
12.38		Anthony George		3.11.01	1	Chelmsford	11 Jun
12.36	1.1	Finlay Campbell		15.04.02	4	Gateshead	8 Jul
12.32	0.6	Benedict Olusesan		6.07.02	5	Gateshead	8 Jul
12.30		Joshua Young		21.03.02	2	Birmingham	18 Jun
12.26		Jonathan Cochrane		27.09.02	1	Belfast	11 Jun
(10)							
12.21		Seth Mokuolu		26.07.02	2	Chelmsford	11 Jun
12.20		Jeff Hagan		14.11.02	2	London (He)	11 Jun
12.16		Ryan Hester			1	Kingston	11 Jun
12.16w	2.1	Jasper Kraamer		4.11.01	3	Bedford	28 Aug
12.12					3	Birmingham	18 Jun
12.13i		James Thomson		27.11.01	1	Birmingham	19 Mar
12.11		Jesse Agwae		8.11.01	1	Crawley	11 Jun
12.09		Josh Douglas		1.12.01	1	Reading	11 Jun
12.09		A Adedami			4	Chelmsford	11 Jun
12.08		Joe Pritchard		16.10.01	1	Cardiff	2 Jul
12.04		Rory Sturgeon		13.05.02	1	Sutton	18 Jun
(20)							
12.01		Odera Umeugoji		22.04.02	3	London (He)	11 Jun

Foreign

17.13	1.0	Tosin Oke (NGR)	V35	1.10.80	1	Durban, RSA	25 Jun
16.01	0.0	Ricardo Jaquite (POR)		30.08.91	2	Manchester (SC)	4 Jun
15.60i		Thalosang Tshireletso (BOT)		14.05.91	2	Sheffield	21 Feb
15.56	1.0				4C	Bedford	28 May
14.50i		Carl Britto (IND)		5.12.90	1	London (LV)	5 Mar
14.31w	2.3				1	Oxford	7 May
14.27					*	Oxford	7 May
14.25	1.9	Alan Kennedy (IRL)		19.07.88	1	Belfast	19 Jun
14.16i		Sandor Norbert Lenard (ROU)		26.06.89	3	Cardiff	31 Jan

Shot

19.59		Scott Lincoln	7.05.93	1	Oordegem, BEL	28 May
19.58				1	Huizingen, BEL	6 Aug
19.45				1	Loughborough	22 May
19.35				1	Bedford	31 Jul
19.19				1	Geneva, SUI	11 Jun
19.03				1	Birmingham	25 Jun
19.03				1	Morpeth	3 Jul
18.99				1	Eton	7 May
18.97				4	Gothenburg, SWE	15 Jul
18.90i				1	Sheffield	28 Feb
18.87				1	Manchester (SC)	17 Aug
18.84				2	Brussels, BEL	19 Jun
18.83				1	Cudworth	15 May
18.74				2	Birmingham	2 Jul
18.73				1	Milton Keynes	14 Aug
18.69i				1c2	Vienna, AUT	30 Jan
18.61i				1c1	Vienna, AUT	30 Jan
18.60				1	Doncaster	20 Aug
18.58				12	Halle, GER	21 May
18.53				1B	Vila Nova de Cerveira, POR	24 Apr
18.43				1	Vila Nova de Cerveira, POR	23 Apr
18.19				1	Sheffield	10 Aug
17.91				9	London (O)	23 Jul

2016 - M - SP

18.01	Youcef Zatat	U23	13.04.94	2	Loughborough	22	May
17.61i	Scott Rider	V35	22.09.77	2	Sheffield	28	Feb
	25 performances to 17.50 by 3 athletes including 4 indoors						
17.43	Gareth Winter		19.03.92	1	London (LV)	19	Jun
17.43	Anthony Oshodi		27.09.91	2	Birmingham	25	Jun
17.42	Joseph Watson	U23	23.09.95	1	Eton	9	Jul
16.78	Dan Brunsden		18.04.88	1	Bournemouth	27	Mar
16.36i	Kai Jones	U23	24.12.96	1	Sheffield	21	Feb
16.00				2	Bedford	30	Apr
16.22i	Nicholas Percy	U23	5.12.94	2	Lincoln, USA	11	Dec
15.85				1	Grangemouth	14	Aug
15.68	Michael Wheeler		23.09.91	1	London (WL)	4	Jun
(10)							
15.61	Gregory Thompson	U23	5.05.94	6	London (He)	6	Aug
15.60	Jamie Williamson		16.07.87	1	Blackburn	6	Aug
15.53i	Brett Morse		11.02.89	2	Cardiff	31	Jan
15.25				5	Loughborough	22	May
15.52i	Sinclair Patience		26.02.86	1	Inverness	12	Mar
15.04				1	Livingston	10	Apr
15.51	Daniel Cartwright	U20	14.11.98	6	Eton	7	May
15.44	Craig Sturrock		7.01.85	1	Gateshead	14	May
15.37	Christopher Dack		28.11.82	2	Kingston	2	Jul
15.23	Zane Duquemin		23.09.91	7	Eton	7	May
15.13	Samuel Heaward		25.09.90	1	Chelmsford	22	May
15.07	Alex Parkinson	U23	8.09.94	3	Bedford	19	Jun
(20)							
15.05i	Matthew Blandford	U23	21.10.95	2	Sheffield	21	Feb
14.92	Lawrence Goodacre		20.09.92	1	Yeovil	6	Aug
14.91	David Dowson	V35	23.11.79	1	Jarrow	6	Aug
14.87i	Alan Toward		31.10.92	3	Sheffield	21	Feb
14.87	Martin Tinkler		9.04.91	1	Chelmsford	4	Jun
14.86	Peter Glass		1.05.88	1	Belfast	19	Apr
14.80	Jonathan Edwards		9.10.92	1	Perivale	20	Aug
14.62	Luke Roach-Christie	U23	17.10.94	3	Basingstoke	6	Aug
14.53	Andy Dawkins	V40	24.03.74	5	Manchester (SC)	17	Aug
14.52i	Tom Kirk	U23	1.11.94	5	Sheffield	21	Feb
14.51				2	Cudworth	15	May
(30)							
14.46	Archie Leeming	U23	6.10.96	1	Hemel Hempstead	20	Aug
14.44	Matthew Baptiste		28.10.90	2	London (LV)	11	Jun
14.38	Matthew Ridge	U23	12.09.96	1	Loughborough	11	May
14.35i	Douglas Stark		25.08.93	2	London (LV)	3	Feb
14.13				1	Bracknell	2	Jul
14.34i	Daniel Brunt	V35	23.04.76	1	Sheffield	17	Jan
13.89				1	Nottingham	15	May
14.29	John Nicholls	V50	1.09.65	1	Manchester (SC)	6	Aug
14.28	Craig Charlton		7.03.87	2	Gateshead	5	Jun
14.23	Nicholas Hunt	U23	27.12.95	1	London (WL)	9	Jul
14.20	David Dawson		3.02.84	2	Eton	9	Jul
14.19	Jordan Davies	U23	25.09.96	3	Chelmsford	4	Jun
(40)							
14.12i	Mark Wiseman	V45	9.02.69	2-45	London (LV)	14	Feb
13.46				1	Bracknell	18	Jun
14.08	Richard Woodhall	V35	9.07.80	1	Dudley	3	Jul
14.05i	Aled Davies		24.05.91	3	Cardiff	31	Jan
14.05	Nick Owen	V35	17.07.80	3	Nottingham	6	Aug
14.04	Ed Dunford		15.09.84	10	London (He)	6	Aug
14.03	Morris Fox	V50	30.04.63	1	Yate	8	May
14.02	Robbie Shaw	U20	2.11.97	1	Colchester	24	Apr
14.01	William Falconer	V35	20.12.78	2	Grangemouth	14	Aug
13.98	John Lane		29.01.89	6D	Kladno, CZE	10	Jun

2016 - M - SP

13.91	Jack Bolton		1.09.89	6	Basingstoke	6	Aug
(50)							
13.88	Gary Sweeney		31.01.87	1	Aberdeen	12	Jun
13.85i	Angus McInroy		13.02.87	1	Glasgow	30	Jan
13.70				3	Grangemouth	17	Jul
13.85	Thomas Head	U23	15.01.96	Q	Bedford	30	Apr
13.81	Bradley Hall		16.11.90	4	Nottingham	6	Aug
13.80	Ciaran Wright	U23	17.09.96	1	Grangemouth	27	Aug
13.74	Ashley Bryant		17.05.91	8D	Kladno, CZE	10	Jun
13.74	Michael Downie		16.11.92	2	Grangemouth	17	Jul
13.73	Erasmus Dwemoh		25.11.90	3	Bedford	28	May
13.72i	Jak Carpenter		26.09.90	3	Loughborough	10	Dec
13.64i	Liam Ramsay		18.11.92	1H	Sheffield	9	Jan
(60)							
13.63	Thomas Ashby		5.04.90	1D	Sutton	10	Sep
13.62	Martin Brockman		13.11.87	1D	Sydney, AUS	9	Jan
13.58	Kevin Wilson		6.01.90	2	Bournemouth	2	Jul
13.57	Richard Woolley		17.08.89	2	Bracknell	2	Jul
13.56	Ben Gibb		17.09.90	2	Yeovil	6	Aug
13.51	Ben Gregory		21.11.90	7D	Azusa, USA	13	Apr
13.45	Devon Douglas		7.09.89	1	Woodford	18	Jun
13.42	Hugh Williams	U23	27.10.95	2	Woodford	18	Jun
13.38i	Matthew Lee	U23	8.12.94	3H	Sheffield	9	Jan
13.36i	Daniel Cork	U20	15.07.97	1	Cardiff	11	Dec
(70)							
13.26i	Forrest Francis	U23	13.04.95	7	Sheffield	21	Feb
13.11				2	Brierley Hill	5	Jun
13.24	Graham Lay	V40	13.11.75	1	Basingstoke	20	Jun
13.22	Henry Fairclough	U20	22.01.99	2	Doncaster	20	Aug
13.19	Matthew Lasis		17.02.93	5	Nottingham	6	Aug
13.18	Najee Fox		1.12.92	2	Yate	8	May
13.18	Jahmal Germain		3.07.92	1D	Dallas, USA	4	Jun
13.18	Brendan Hyland	U23	2.11.95	6	Kingston	2	Jul
13.16	Thomas Dobbs	U20	7.02.98	3	Doncaster	20	Aug
13.10	Ian Frankish		13.04.84	1	London (WP)	22	May
13.10	Emmanuel Quarshie		3.03.92	4	Yeovil	6	Aug
(80)							
13.07	Adam Akehurst		13.09.87	1	Portsmouth	15	May
13.06i	Elliot Thompson		10.08.92	4	Uxbridge	31	Jan
13.06	Steve Timmins	V40	8.05.75	2	London (LV)	18	Jun
13.04	Leo Rowley	U20	30.07.99	1	Leeds (South)	3	Jul
13.04	Courtney Green		20.08.85	6	Nottingham	6	Aug
13.01	Ken Baker	V40	19.02.74	5	Yeovil	6	Aug
13.00	Steven Davey	V35	14.11.76	3	Bracknell	2	Jul

Downhill

19.83	Scott Lincoln		(19.59)	1B	Stoke Rochford Hall	8	May
19.48				1	Stoke Rochford Hall	8	May
17.47	Gareth Winter		(17.43)	2	Stoke Rochford Hall	8	May
15.10	Martin Tinkler		(14.87)	4	Stoke Rochford Hall	8	May
14.68	Daniel Brunt	V40	(14.34i)	5	Stoke Rochford Hall	8	May

Foreign

15.43i	Gintas Degutis (LTU)	V45	20.07.70	1-45	London (LV)	13	Mar
15.33				7	London (He)	6	Aug
14.62	Andrew Doyle (IRL)		17.07.92	1	Antrim	27	Aug
13.25	Vutas Druktenis (LTU)		5.02.83	3	Eton	9	Jul

Shot - Under 20 - 6kg

18.05	George Evans		21.01.98	1	Bedford	18	Jun
17.03	Daniel Cartwright		14.11.98	1	Loughborough	22	May
15.82	Robbie Shaw		2.11.97	1	Nottingham	2	Apr
15.60	Patrick Swan		14.09.97	1	Yeovil	24	Jul
15.53	Nathan Fergus		1.10.97	4	Bedford	18	Jun
15.12	William Knight		12.11.97	1	Nuneaton	11	Jun
15.11i	Nathan Thomason		11.02.98	1	Connah's Quay	23	Jan
	13.91			1	Connah's Quay	24	Jul
15.11	Daniel Cork		15.07.97	1	Newport	13	Aug
14.88i	Leo Rowley		30.07.99	1	Sheffield	20	Nov
	14.83			1	Rotherham	26	Jun
14.83	Leo Rowley		30.07.99	1	Rotherham	26	Jun
14.65	Henry Fairclough		22.01.99	2	Manchester (SC)	12	Jun
(10)							
14.29	Nicholas Young	U17	17.05.00	1	Wrexham	14	May
14.29	Ben Stephens		9.05.98	6	Bedford	18	Jun
14.17i	Joseph Hobson		29.04.98	1	Sheffield	18	Dec
13.95	Andrew McLoone		1.12.98	1	Glasgow	23	Aug
13.89	Jordan Wilson		6.11.98	1	London (TB)	2	May
13.86	Murdo Masterson		26.09.98	1	Livingston	13	Apr
13.85	Jonathan Briggs		12.12.97	8	Bedford	18	Jun
13.82	David Olajiga		3.11.97	1	Kingston	11	Jun
13.80	Thomas Dobbs		7.02.98	1	Wigan	26	Jun

downhill

17.51	Daniel Cartwright	(17.03)	1	Stoke Rochford Hall	8 May
16.51	Robbie Shaw	(15.82)	2	Stoke Rochford Hall	8 May
14.74	Ben Stephens	(14.29)	3	Stoke Rochford Hall	8 May

Shot - Under 17 - 5kg

16.28	Alfie Scopes	12.11.99	2	Bedford	27	Aug
16.20	Thomas Hanson	18.12.00	2	Ashford	16	Jul
15.85i	George Hyde	30.03.01	1	Manchester (SC)	18	Dec
	15.70		1	Ellesmere Port	24	Jul
15.49	Victor Adebiyi	2.03.00	3	Ashford	16	Jul
15.16	Nicholas Young	17.05.00	1	Connah's Quay	16	Apr
15.01i	William Adeyeye	4.03.01	1	London (LV)	6	Feb
	14.89		2	Bromley	29	May
14.70	Rayan Moumneh	17.04.00	1	Kingston	15	May
14.38	Jack Royden	27.10.00	1	Gillingham	24	Jul
14.36i	David Todd	12.08.00	2	Sheffield	17	Jan
	14.25		1	Middlesbrough	14	Aug
14.25	Sean McLaren	1.12.99	1	Grangemouth	11	Jun
(10)						
14.18	Robert Lester	24.11.99	1	Leamington	11	Jun
14.03	Joseph Connelly	9.11.00	3	Gateshead	8	Jul
14.02	Daniel-James Thomas	26.07.00	1	Portsmouth	25	Sep
14.00	Dejean Marshall-Brown	11.08.00	1	London (TB)	27	Aug
13.98	George Armstrong	12.12.99	1	Worcester	29	May
13.89	Charlie Ashdown-Taylor	19.09.99	1O	London (LV)	26	Jun
13.88	Peter Keefe	5.11.99	1D	Bedford	20	Aug
13.87	Joshua Tranmer	5.04.00	2	Middlesbrough	14	Aug
13.86	I Moore		1	Reading	11	Jun
13.73	Ben Himsworth	23.11.99	1	Nuneaton	10	Jul
(20)						
13.70	Matthew Ross	21.02.00	1	Tipton	29	May
13.64	Josef Murphy	26.12.99	2	Warrington	11	Jun

Shot - Under 15 - 4kg

15.05	Scott MacNaughton		7.12.01	1	Bedford	2	Jul
15.00	Joshua Wise		24.11.01	1	Bedford	28	Aug
14.65	Sebastian Dickens		20.12.01	1	Gateshead	9	Jul
14.65	Kameron Duxbury		8.10.01	2	Bedford	28	Aug
14.30	Andrew Knight		10.11.01	1	Middlesbrough	13	Aug
14.21	Finbar Dunne		20.09.01	3	Bedford	28	Aug
14.15	Kye Charlton Brown		7.02.02	4	Bedford	28	Aug
14.10	David Koffi		23.04.02	2	Gateshead	9	Jul
13.86	Shaun Kerry		13.12.01	1	Hull	7	Aug
13.56	Emeka Illione		20.03.02	5	Gateshead	9	Jul
(10)							
13.53	Tiarnan Matthews		6.06.02	1	London (TB)	21	May
13.47	Aran Thomas		6.12.01	2	Hull	7	Aug
13.46	William Hughes		24.09.01	1	Newport	13	Aug
13.37	Joshua Douglas		24.12.01	1ComD	Portsmouth	25	Sep
13.08	James Gardner		27.03.02	1	Reading	23	Apr
12.96	Ben Carson			3	Tullamore, IRL	4	Jun
12.93	Josh Tyler		15.01.02	1	Exeter	27	Sep
12.92	Michael Burfoot		1.10.02	3	Ashford	14	Aug
12.85	Alex Clayton		1.11.02	1P	Exeter	17	Sep
12.84	Benjamin Shackleton		23.09.01	1	Kings Lynn	14	Aug
(20)							
12.81	Jack Roffe		18.09.01	1	Peterborough	5	Jun
12.80	Tyreece Simpson		7.02.02	5	Oxford (H)	21	Aug

Shot - Under 13 - 3.25kg

13.93	Jack Halpin	19.03.04	1	Middlesbrough	11	Sep
11.76	Robert Murray	18.09.03	1	Erith	10	Sep
11.51	Ejiro Akpotor	23.12.03	1	Southend	29	Aug
11.36	Harry Booker	9.09.03	1	Salisbury	5	Jun
11.10	Aron Williams	15.09.03	1	Swansea	6	May
11.07	Joshua Gentry	20.10.03	1	Hemel Hempstead	4	Sep
10.88	Korben Pratt		1	Hull	17	Sep
10.72	Arlo Doherty		1	London (ME)	14	Jun
10.67	Levi Onipede	12.07.04	2	Erith	10	Sep
10.51	Michael Van Haren	21.04.04	3	Kingston	31	Jul

Discus

63.38	Nicholas Percy	U23	5.12.94	1	Helsingborg, SWE	22	Jul
	61.78			3	Helsingborg, SWE	11	Jul
	61.27			1	Eugene, USA	10	Jun
	60.52			2	Lawrence, USA	23	Apr
	60.49			1	Lincoln, USA	9	Apr
	60.43			1	Birmingham	25	Jun
	60.00			1	Ystad, SWE	24	Jul
	59.90			1	Grangemouth	14	Aug
	59.25			2B	Helsingborg, SWE	30	Jun
	59.15			2Q	Lawrence, USA	28	May
	59.08			1	Lincoln, USA	7	May
	59.00			2	London (He)	6	Aug
	58.62			1	Bedford	18	Jun
	57.89			1	Tempe, USA	26	Mar
	57.78			9	Sollentuna, SWE	28	Jun
	57.59			3	Manchester (SC)	17	Aug
63.08	Brett Morse		11.02.89	4	Chula Vista, USA	21	Apr
	61.84			1	Leiria, POR	22	Jun
	61.48			1	Brecon	8	Jun
	60.89			1	Bedford	4	Jun
	60.77			2	Loughborough	22	May

2016 - M - DT

Mark	Name	Cat	DOB	Pos	Venue	Day	Month
(Morse)	60.73			10	La Jolla, USA	23	Apr
	60.23			1	Cardiff	11	Jun
	59.20			1	Kingston	2	Jul
	58.75			2	Birmingham	25	Jun
	58.53			1	Brecon	18	Jun
	57.60			1	Cardiff	20	Jul
62.28	Zane Duquemin		23.09.91	2	Helsingborg, SWE	11	Jul
	61.86			1	Manchester (SC)	17	Aug
	61.29			1	Loughborough	16	Jul
	61.24			1	London (He)	30	Jul
	61.09			2B	Leiria, POR	24	Jul
	61.05			2B	Helsingborg, SWE	12	Jun
	60.97			1	Loughborough	22	May
	60.72			1	London (LV)	19	Jun
	60.45			2	Leiria, POR	22	Jun
	60.41			2	Leiria, POR	23	Jul
	60.39			1	Loughborough	10	Aug
	60.35			1	London (He)	6	Aug
	60.23			1	Manchester (SC)	4	Jun
	60.00			3	Helsingborg, SWE	30	Jun
	59.90			2B	Chula Vista, USA	21	Apr
	59.61			1B	London (He)	27	Aug
	59.59			9	Salinas, USA	17	Apr
	59.58			4	Helsingborg, SWE	11	Jun
	59.49			1B	London (He)	30	Jul
	59.34			2	Helsingborg, SWE	10	Jul
	59.08			1	London (He)	27	Aug
	58.88			8	Irvine, USA	30	Apr
	58.84			1	Loughborough	8	Jun
	58.54			3	Birmingham	25	Jun
	58.45			10	Halle, GER	21	May
	57.99			1	Loughborough	25	May
60.67	Carl Myerscough	V35	21.10.79	5	Claremont, USA	15	May
59.22	Gregory Thompson	U23	5.05.94	1	Basingstoke	10	Jul
	57.67			2	Manchester (SC)	17	Aug
58.81	Alan Toward		31.10.92	3	Loughborough	22	May
	57.68			4	Birmingham	25	Jun
	58 performances to 57.50 by 6 athletes						
56.44	Adam Damadzic		3.09.92	2	Tucson, USA	9	Apr
55.68	Matthew Blandford	U23	21.10.95	3	Bedford	31	Jul
55.55	Mark Plowman		26.03.85	1	Exeter	7	Aug
55.38	Alex Parkinson	U23	8.09.94	1	Auckland, NZL	13	Dec
(10)							
53.75	Emeka Udechuku	V35	10.07.79	3	Eton	7	May
53.48	Angus McInroy		13.02.87	3	London (He)	30	Jul
52.89	Najee Fox		1.12.92	5	Bedford	31	Jul
52.59	Jonathan Edwards		9.10.92	1	Perivale	20	Aug
52.10	Jamie Williamson		16.07.87	1	Sheffield (W)	5	Jun
51.69	Matt Brown	V35	10.11.80	2	Stockholm, SWE	14	May
51.44	Devon Douglas		7.09.89	3	London (LV)	19	Jun
50.87	Christopher Linque		26.04.88	3	Loughborough	16	Jul
50.73	Gareth Winter		19.03.92	2	Exeter	7	Aug
50.05	David Coleman		14.02.86	1	Ashford	14	May
(20)							
48.85	Mark Wiseman	V45	9.02.69	2	Perivale	20	Aug
48.61	Matthew Baptiste		28.10.90	8	Eton	7	May
48.01	James Lasis	U23	27.12.95	2	Bedford	1	May
47.78	Stuart Smith		8.01.89	1	Grimsby	3	Jul
47.05	Ciaran Wright	U23	17.09.96	1	Aberdeen	12	Jun
46.23	Joseph Watson	U23	23.09.95	4	Basingstoke	10	Jul
45.91	Duane Jibunoh	U23	18.11.95	1	Chelmsford	4	Jun

2016 - M - DT - DTJ

45.86	Youcef Zatat	U23	13.04.94	8	Manchester (SC)	4	Jun
45.81	Thomas Ashby		5.04.90	1	Basingstoke	6	Aug
45.62	Daniel Fleming	U23	27.10.96	4	Bedford	18	Jun
(30)							
45.53	Ben Kelsey		23.09.84	2	Oxford (H)	9	Jul
45.27	Niklas Aarre	U23	21.01.96	3	Bedford	1	May
45.23	Forrest Francis	U23	13.04.95	5	Bedford	18	Jun
45.07	Peter Glass		1.05.88	1	Belfast	17	Jul
45.01	Christopher Dack		28.11.82	1	Kingston	20	Aug
44.93	Curtis Mathews		22.01.92	4	Kingston	2	Jul
44.80	Omar Reid	U23	6.07.96	4	Bedford	1	May
44.36	Patrick Swan	U20	14.09.97	1	Exeter	27	Sep
44.26	Gary Jones	U23	26.02.94	5	Basingstoke	10	Jul
44.05	Kevin Wilson		6.01.90	6	Basingstoke	10	Jul
(40)							
43.62	Ashley Bryant		17.05.91	9D	Amsterdam, NED	7	Jul
43.58	Tomasz Napiorkowski	U23	13.09.95	7	Bedford	18	Jun
43.42	Rafer Joseph	V45	21.07.68	1	Basingstoke	24	Sep
43.23	David Dawson		3.02.84	2	Eton	9	Jul
42.74	Martin Tinkler		9.04.91	1	Bury St. Edmunds	18	Sep
42.73	Ben Hazell		1.10.84	1	Watford	7	May
42.71	Chris Line		10.10.93	11	Bedford	31	Jul
42.67	Martin Brockman		13.11.87	7	Bedford	1	May
42.62	Matthew Lasis		17.02.93	4	Nottingham	6	Aug
42.33	Saoirse Chinery-Edoo		1.11.93	1	London (WL)	4	Jun
(50)							
42.27	Douglas Stark		25.08.93	1	Bedford	4	Jun
42.24	Daniel Brunt	V40	23.04.76	1	Nottingham	15	May
42.18	David Dowson	V35	23.11.79	1	Birmingham	17	Sep
42.14	Ben Gregory		21.11.90	5	Phoenix, USA	26	Mar
42.11	Ryan Winson		21.09.92	2	Nottingham	15	May
42.06	Craig Sturrock		7.01.85	2	Basingstoke	6	Aug
41.98	Fraser Wright	U23	28.06.96	Q	Bedford	30	Apr
41.95	Ashley Ralph		7.02.91	1	Watford	15	May
41.85	Thomas Dobbs	U20	7.02.98	1	Manchester (Str)	3	Jul
41.76	Oliver Massingham	U20	17.03.99	1	Peterborough	14	Aug
(60)							
41.65	James Lelliott		11.02.93	3	Chelmsford	4	Jun
41.50	Angus Sinclair	U23	22.02.95	1D	Lafayette, USA	14	May
41.50	Jake Allen	U23	29.05.94	2	Peterborough	14	Aug
41.36	Kevin Brown	V50	10.09.64	1	Stourport	8	May
41.28	Liam Ramsay		18.11.92	2	Ellesmere Port	3	Jul
41.22	Jonathan Magbadelo	U23	29.10.96	1	London (BP)	18	Jun
41.09	Timothy Duckworth	U23	18.06.96	11	Lexington, USA	7	May

Foreign
44.65	*Raul Rinken (EST)*	*U23*	*20.12.95*	*2*	*Tartu, EST*	*20*	*Jun*
44.09	*Sergiy Sarayev (UKR)*		*15.01.83*	*1*	*Blackpool*	*19*	*Mar*
41.19	*Matthew Harris (AUS)*		*26.04.89*	*1*	*Ashford*	*9*	*Jul*

Discus - Under 20 - 1.75kg

59.05	George Evans	21.01.98	1	Bedford	4	Sep
58.80	George Armstrong	8.12.97	1	Mannheim, GER	25	Jun
51.47	Patrick Swan	14.09.97	3	Bedford	19	Jun
47.67	Charlie Headdock	11.12.98	1	Manchester (Str)	9	Aug
47.34	Oliver Massingham	17.03.99	1	Norwich	24	Jul
47.30	William Knight	12.11.97	1	Rugby	24	Jul
46.87	Thomas Dobbs	7.02.98	2	Manchester (Str)	9	Aug
45.45	Daniel Cartwright	14.11.98	2	Rugby	24	Jul
45.21	Matthew Callaway	19.12.97	1	Portsmouth	11	Jun
45.17	Nathan Fergus	1.10.97	1	London (LV)	12	Jun
(10)						

2016 - M - DTJ - DTB

45.17	Joseph Martin		9.03.99	5	Bedford	19	Jun
45.05	Nathan Thomason		11.02.98	3	Cardiff	20	Jul
45.05	Dele Aladese		16.05.99	2	Bedford	4	Sep
44.66	Jonathan Briggs		12.12.97	2	Nuneaton	11	Jun
44.31	Samuel Boulton		23.07.97	2	Newport	29	May
43.98	Beck Phillips		6.10.98	2	Exeter	18	Jun
43.45	Matthew Trickey		3.09.97	3	Exeter	18	Jun
43.31	Andrew Peck	U17	20.09.99	1	Grangemouth	20	Aug
42.76	Nathaniel Thompson		8.06.98	2	Cleckheaton	29	May
42.53	Samuel Collingridge		10.11.98	7	Gateshead	9	Jul
(20)							
42.43	James Tate		30.08.98	1	Grimsby	30	May
42.26	Alexander Reynolds		19.02.99	1	Chelmsford	14	May
42.04	Nathan Thomas		6.09.98	2	Eton	24	Jul

Foreign
51.96	Andrew Barkley (IRL)		1.11.97	1	Belfast	28	Apr

Discus - Under 17 - 1.5kg

59.13	James Tomlinson	11.01.00	1	Swansea	31	Jul
56.64	Alfie Scopes	12.11.99	1	Eton	24	Jul
52.67	Jay Morse	22.07.01	1	Bedford	4	Sep
51.02	Andrew Peck	20.09.99	2	Bedford	27	Aug
47.23	Joshua Tranmer	5.04.00	3	Loughborough	2	Sep
46.73	Ben Hawkes	8.11.00	1	Crawley	29	Aug
46.40	Joe Worrall	26.04.01	2	Wrexham	25	Sep
46.18	James Anderson	6.12.99	1	Leicester	14	May
45.58	Sam Mace	20.10.00	1	Walton	24	Jul
45.00	Peter Keefe	5.11.99	1D	Bedford	21	Aug
(10)						
44.89	Cameron Hale	14.09.99	1	Bournemouth	11	Jun
44.66	Ruaridh Lang	24.12.00	1	Morpeth	26	Jun
44.56	Alfred Mawdsley	13.10.00	4	Ashford	16	Jul
44.36	Lee Wright	6.09.99	1	Worcester	29	May
44.34	James Carroll	25.03.01	4	Loughborough	2	Sep
43.90	Philip Bartlett	5.09.00	1	Kingston	11	Jun
43.82	Ben Upfold	27.09.99	1	Kingston	29	May
43.32	Charlie Ashdown-Taylor	19.09.99	6	Bedford	27	Aug
43.29	Harrison Leach	9.11.00	1	Crawley	27	Jul
42.83	Cameron Campbell	19.01.00	1	Aldershot	21	Aug
(20)						
42.74	Brynmor Clements	10.10.00	3	Swansea	15	May
41.96	Oliver Hewitt	27.09.99	2	London (He)	26	Jun
41.90	James Lancaster	15.08.01	1	Bromley	15	Aug
41.83	Reuben Vaughan	25.10.00	1O	London (LV)	25	Jun
41.73	Nicholas Young	17.05.00	1	Wrexham	14	May
41.63	Cameron Cooke	19.09.00	1	Exeter	4	Sep

Discus - Under 15 - 1.25kg

46.15	Aran Thomas	6.12.01	1	Cleckheaton	17	Apr
43.70	Finbar Dunne	20.09.01	1	Bedford	28	Aug
42.28	Joshua Douglas	24.12.01	1	Oxford (H)	21	Aug
41.90	Ben Copley	6.11.02	2	Bedford	28	Aug
41.87	Aaron Worgan	3.10.02	1	Exeter	7	Aug
41.72	James Gardner	27.03.02	1	Ashford	14	Aug
41.68	Joshua Wise	24.11.01	3	Bedford	28	Aug
39.74	Max Law	13.05.02	1	Chelmsford	15	May
39.59	Dominic Buckland	5.11.01	1	Sandy	24	Sep
39.27	Michael Burfoot	1.10.02	3	Ashford	14	Aug
(10)						
39.17	Joe Lancaster	16.10.01	3	Gateshead	8	Jul

38.89	Harry Davies		25.10.02	1-14	Carmarthen	11	Jun
37.95	Jamie Phillips		2.05.02	1	Carmarthen	23	Jun
37.45	Henry Mattey		11.12.01	1	Hemel Hempstead	11	Jun
37.42	Harry Hocking		19.02.02	5	Gateshead	8	Jul
37.27	Leo Walker		18.07.02	4	Ashford	14	Aug
37.23	Arjun Ghosh		17.09.01	2	London (ME)	21	Jun
37.19	Joel Cable		24.09.01	1	Woking	4	Sep
36.74	Kieron Gayle		7.03.02	1	Bedford	7	Aug
36.61	Benjamin Shackleton		23.09.01	1	Bury St. Edmunds	18	Sep
	(20)						
36.52	Josh Tyler		15.01.02	1	Exeter	30	Aug

Discus - Under 13 - 1kg

35.72	Jack Halpin		19.03.04	1	Kettering	24	Sep
35.27	Harry Booker		9.09.03	1	Sandy	24	Sep
33.97	Graig Anya Joseph		6.10.03	1	Chelmsford	15	May
33.64	Ejiro Akpotor		23.12.03	1	Stevenage	4	Sep
32.20	Oliver Webb			1	Hemel Hempstead	11	Jun
30.83	Dillon Claydon		1.11.03	1	Erith	10	Sep
30.45	Sam Crossley		5.09.03	1	Norwich	15	May
30.26	Michael Van Haren		21.04.04	1	Bury St. Edmunds	18	Sep
29.81	Rhys Allen		30.08.04	1	Poole	12	Aug
29.66	Levi Onipede		12.07.04	2	Erith	10	Sep

Hammer

76.93	Nick Miller		1.05.93	1Q	Lawrence, USA	26	May
	74.89			6	Eugene, USA	27	May
	74.81			1	Fort Worth, USA	13	May
	73.98			1	Eugene, USA	8	Jun
	72.21			3	Birmingham	26	Jun
	71.38			8	Székesfehérvár, HUN	18	Jul
	70.83			22Q	Rio de Janeiro, BRA	17	Aug
	67.76			25Q	Amsterdam, NED	8	Jul
76.45	Chris Bennett		17.12.89	1	Budapest, HUN	18	Jun
	75.67			1	Birmingham	26	Jun
	75.46			1	Fränkisch-Crumbach, GER	15	May
	74.39			Q	Amsterdam, NED	8	Jul
	73.32			2	Loughborough	22	May
	71.32			19Q	Rio de Janeiro, BRA	17	Aug
	70.93			10	Amsterdam, NED	10	Jul
76.26	Mark Dry		11.10.87	1	Loughborough	17	Apr
	74.92			2	Birmingham	26	Jun
	73.72			1	Loughborough	22	May
	72.84			5	Dakar, SEN	25	May
	72.61			5	Fränkisch-Crumbach, GER	15	May
	72.35			1	Manchester (SC)	4	Jun
	71.96			15Q	Amsterdam, NED	8	Jul
	71.03			21Q	Rio de Janeiro, BRA	17	Aug
	70.25			8	Turku, FIN	29	Jun
72.70	Taylor Campbell	U23	30.06.96	1	Leiria, POR	24	Jul
	71.60			1	Manchester (SC)	17	Aug
	71.39			1	London (LV)	12	Jun
	70.92			3	Loughborough	22	May
	70.88			2	Loughborough	17	Apr
	70.62			1B	Leiria, POR	23	Jul
	69.69			1	Eton	7	May
	69.35			1	Loughborough	11	May
	68.75			1	Bedford	19	Jun
	68.59			1	Bedford	30	Jul
	68.48			1	London (He)	6	Aug
	68.23			4	Birmingham	26	Jun

2016 - M - HT

69.79	Craig Murch		27.06.93	4	Loughborough	22	May
	68.90			1	Loughborough	15	Jun
	67.32			1	Nuneaton	12	Jun
	67.17			2	Loughborough	11	May
68.66	Chris Shorthouse		23.06.88	2	Leiria, POR	28	May
	68.23			1	Birmingham	2	Jul
	67.39			6	Loughborough	22	May
68.25	Joseph Ellis	U23	10.04.96	4Q	Jacksonville, USA	26	May
67.96	Osian Jones		23.06.93	5	Loughborough	22	May
	67.20			1	Wrexham	14	May
67.85	Nicholas Percy	U23	5.12.94	1	Lincoln, USA	7	May
	67.56			1	Tempe, USA	25	Mar
67.05	Callum Brown	U23	20.07.94	1	Norwich	20	Aug
	49 performances to 67.00 by 10 athletes						
66.91	James Bedford		29.12.88	1	Hull	14	May
66.25	Andy Frost	V35	17.04.81	3	Eton	7	May
65.67	Michael Painter	U23	9.10.94	5	Eton	7	May
65.45	Alex Smith		6.03.88	2	Hull	14	May
65.21	Michael Bomba		10.10.86	4	Loughborough	17	Apr
64.81	Jac Palmer	U23	13.03.96	1	Cardiff	11	Jun
64.37	Jonathan Edwards		9.10.92	1	Exeter	28	Jun
63.81	Ciaran Wright	U23	17.09.96	2	Stuttgart, GER	5	Jun
63.34	Thomas Head	U23	15.01.96	6	Loughborough	17	Apr
63.18	Tom Parker	U23	7.10.94	1	Oxford	7	May
	(20)						
62.18	Tim Williams		7.07.92	1	Yeovil	11	Sep
61.70	Jake Norris	U20	30.06.99	8	Eton	7	May
61.50	Alex Warner		7.11.89	8	London (He)	6	Aug
60.41	Matthew Lasis		17.02.93	4	Bedford	2	May
59.68	Richard Martin		8.01.84	1	Bedford	16	Apr
59.68	Jacob Lange	U23	5.12.95	2	Oxford	7	May
58.96	James Hamblin	U23	1.07.96	3	Loughborough	11	May
57.56	Peter Clarke		22.07.91	1	Woodford	9	Jul
57.35	Jay Hill		27.08.91	1	Yeovil	6	Aug
57.30	John Pearson	V50	30.04.66	1	Nuneaton	4	Sep
	(30)						
57.14	Mike Floyd	V35	26.09.76	1	Wigan	7	May
55.55	Ross Douglas	U23	14.07.96	1	Stourport	8	May
55.43	Jamie Potton-Burrell	U23	27.01.96	1	London (TB)	2	May
55.09	Jamie Kuehnel	U20	16.10.97	8	Bedford	30	Jul
54.70	Harry Clarke	U23	19.07.94	3	Woodford	20	Aug
53.88	Gareth Cook	V45	20.02.69	1	Kingston	18	Jun
53.80	Edward Jeans	U20	28.09.98	1	Blackburn	6	Aug
53.72	Ashley Andrews		4.02.92	3	Cardiff	11	Jun
53.66	Billy Praim-Singh	U20	16.06.99	1	Bournemouth	2	Jul
53.62	Andrew Elkins		25.05.93	1	Bournemouth	27	Mar
	(40)						
53.60	James Lasis	U23	27.12.95	3	Cardiff	7	May
53.55	Jason Robinson		8.08.89	2	Bedford	4	Jun
53.52	Robert Moffett	U23	3.01.95	4	Dublin (S), IRL	16	Apr
53.00	Ben Jones		6.11.82	1	Cosford	13	Jul
52.70	Matthew Evans		21.06.92	1	Crawley	20	Mar
52.53	Graham Holder	V40	16.01.72	2	Carn Brea	7	May
52.21	Stuart Thurgood	V35	17.05.76	1	London (LV)	13	Mar
51.71	Steve Whyte	V50	14.03.64	2	Luton	15	May
51.24	Phil Spivey	V50	15.05.61	1	Eastbourne	16	Apr
51.11	Alex Berrow		10.06.89	1	Tamworth	8	May
	(50)						
50.71	Anthony Gillatt	U23	14.09.95	1	Scunthorpe	7	May
50.46	Joseph Watson	U23	23.09.95	1	London (He)	30	Jul
50.45	Robert Earle	V55	15.09.60	1	Peterborough	16	Apr

2016 - HT

50.16	Rob Careless	V40	7.09.74	1-35	Nottingham	14	May
49.77	Rafal Morawski	U23	16.12.95	2	Perivale	20	Aug
49.61	Aaron Jeal	U20	30.05.99	1	Hexham	5	Jun
49.29	Simon Evans		21.06.92	2	Crawley	20	Mar
49.26	Jonathan Jones	U20	11.07.98	3	Gloucester	4	Jun
49.15	Alexander Reynolds	U20	19.02.99	1	Chelmsford	22	May
49.13	Munroe Ritchie	U20	30.01.98	1	Crawley	9	Jul
(60)							
48.95	Tom Kirk	U23	1.11.94	5	Manchester (SC)	11	Jun
48.92	Wayne Clarke	V40	24.12.75	1	Lincoln	6	Aug
48.80	Isaac Huskisson	U20	17.06.97	3	Peterborough	10	Sep
48.59	Matthew Bell	V35	2.06.78	1	Corby	15	May
48.44	Benjamin Main	U20	3.02.97	1	Kilmarnock	28	May
48.31	Craig Mullins	U20	24.05.98	1	Grangemouth	8	May
48.22	John Hay		4.06.83	1	Kettering	30	Apr
48.20	David Little	V35	28.02.81	2	Livingston	3	Sep
48.14	Nicky Stone		15.12.93	1	Inverness	10	Jul
47.87	Martin Croft	U20	29.04.97	3	Oxford	7	May
(70)							
47.72	Francis Mulvaney	U23	13.07.96	1	Bebington	14	May
47.69	Richard Woodhall	V35	9.07.80	1	Brierley Hill	5	Jun
47.62	Matthew James	U20	20.07.99	1	Macclesfield	6	Aug
47.61	Robin Walker	V35	8.02.78	1	London (LV)	9	Jul
47.52	Samuel Foster		23.09.93	3	Corby	15	May
47.27	Adam Beauford		24.10.81	3	Chelmsford	4	Jun
47.07	Joseph Flitcroft		28.01.91	4	Basingstoke	6	Aug
47.04	Tom Pearson		17.07.91	1	Derby	11	Sep
47.02	Kieran Thackery	U23	28.09.94	2	Cudworth	15	May
47.01	Anthony Swain	V40	17.01.75	1	Sheffield (W)	5	Jun
(80)							
46.77	Gary Jones	U23	26.02.94	1	Bournemouth	11	Sep
46.75	Jack Wuidart	U20	6.09.97	3	Milton Keynes	9	Jul
46.70	Curtis Knight	U23	27.11.95	1	Walton	21	May
46.69	Christopher Bainbridge	U23	16.06.95	1	Grantham	7	May
46.46	George Perkins		17.10.83	2	Scunthorpe	7	May
46.41	Daniel Thirlwell		8.07.83	1	Jarrow	6	Aug
46.34	Steve Timmins	V40	8.05.75	4	Bromley	2	Jul
46.03	Gregory Thompson	U23	5.05.94	8	Birmingham	2	Jul
45.83	David McKay	V35	22.09.80	2	Ellesmere Port	3	Jul
45.76	Matthew Baptiste		28.10.90	2	London (ME)	22	May
(90)							
45.67	Shaun Livett	U23	19.11.96	1	Wigan	18	Sep
45.64	David Norris		14.02.86	1	Exeter	8	May
45.58	Sam Wilson	U23	1.02.94	2	Peterborough	14	Aug
45.55	Jake Allen	U23	29.05.94	1	Stevenage	20	Aug
45.47	Reiss Senior	U20	30.09.98	2	Kingston	2	Apr
45.38	Beau Morris	U20	21.11.98	2	Stoke-on-Trent	7	Aug
44.94	Stuart Smith		8.01.89	3	Scunthorpe	7	May
44.76	Mark Elliott	V35	3.04.78	1	Telford	19	May
44.63	John Fyvie		23.01.84	3	Grangemouth	8	May
44.46	Paul Derrien	V40	5.08.71	3	Bedford	4	Jun

Foreign

69.90	*Dempsey McGuigan (IRL)*		*30.08.93*	*1*	*Memphis, USA*	*30*	*Apr*
64.47	*Fellan McGuigan (IRL)*	*U23*	*15.03.96*	*2*	*Tucson, USA*	*9*	*Apr*
53.85	*John Osazuwa (NGR)*	*V35*	*4.05.81*	*1*	*Aldershot*	*8*	*Jun*
50.79	*Sergiy Sarayev (UKR)*		*15.01.83*	*4*	*Yeovil*	*6*	*Aug*
50.64	*Andrew Doyle (IRL)*		*17.07.92*	*1*	*Antrim*	*27*	*Aug*
47.30	*Dawid Marchlewicz (POL)*		*1.01.83*	*1B*	*Portsmouth*	*25*	*Sep*

Hammer - Under 20 - 6kg

71.55	Jake Norris		30.06.99	1	Woodford	25	Sep
64.96	Jamie Kuehnel		16.10.97	1B	Portsmouth	25	Sep
64.42	George Marvell		13.11.98	1	Watford	15	May
63.01	Billy Praim-Singh		16.06.99	2	Gateshead	8	Jul
62.82	Edward Jeans		28.09.98	1	Woodford	24	Sep
61.18	Levi Causton		11.11.98	4	Gateshead	8	Jul
61.07	Jonathan Jones		11.07.98	5	Gateshead	8	Jul
60.97	Peter Cassidy		22.01.98	3	Oxford (H)	21	Aug
60.07	Jacob Roberts	U17	9.09.99	2	Wigan	18	Sep
59.86	Aaron Jeal		30.05.99	1	Rotherham	26	Jun
	(10)						
58.89	Bayley Campbell	U17	24.06.00	3	Woodford	25	Sep
58.48	Daniel Nixon		10.12.98	7	Gateshead	8	Jul
58.48	Matthew James		20.07.99	1	Grangemouth	20	Aug
58.43	Nathan Thomason		11.02.98	1	Connah's Quay	24	Jul
57.85	Alexander Reynolds		19.02.99	2	Chelmsford	15	May
57.65	Craig Mullins		24.05.98	1	Grangemouth	1	May
56.98	Isaac Huskisson		17.06.97	1	Peterborough	8	Sep
56.59	Patrick Price		1.07.99	8	Gateshead	8	Jul
53.88	Jolaoluwa Omotosho	U17	28.12.00	1	London (ME)	29	May
53.88	Joseph Rogers		2.11.98	1	Aldershot	29	May
	(20)						
53.70	Munroe Ritchie		30.01.98	1	Harrow	1	May
53.60	Jonny Haines		2.04.98	5	Oxford (H)	21	Aug
53.31	Benjamin Main		3.02.97	2	Grangemouth	1	May
53.23	Michael Dawes		24.11.98	10	Gateshead	8	Jul
52.68	Stephen McCorry		25.09.98	1	Tullamore, IRL	4	Jun
51.54	Reiss Senior		30.09.98	2	London (TB)	9	Apr
50.95	Levi-Jack Roper	U17	4.06.00	1	Bury St. Edmunds	2	Apr
50.67	Darren Foster		9.04.97	1	Corby	15	May
50.65	Owen Murphy		18.07.98	2	Swansea	29	May
50.50	William Schofield		25.03.99	1	Wrexham	25	Sep

Hammer - Under 18 - 5kg

79.20	Jake Norris	30.06.99	2	Tbilisi, GEO	15	Jul
64.52	Billy Praim-Singh	16.06.99	1	London (LV)	17	Apr
60.39	Aaron Jeal	30.05.99	4	Loughborough	17	Apr
60.34	Alexander Reynolds	19.02.99	5	Loughborough	17	Apr

Hammer - Under 17 - 5kg

69.84	Bayley Campbell	24.06.00	1	Leiria, POR	24	Jul
68.43	Jacob Roberts	9.09.99	2	Loughborough	2	Sep
64.32	Ben Hawkes	8.11.00	1	Crawley	29	Aug
61.81	Oliver Hewitt	27.09.99	3	Bedford	28	Aug
60.64	Sam Mace	20.10.99	3	Loughborough	2	Sep
60.14	James Lancaster	15.08.01	2	Bromley	17	Jul
59.92	Kieron Grimwade	7.12.99	1	Wrexham	24	Sep
59.41	Andrew Costello	1.10.99	4	Loughborough	2	Sep
58.50	Alex Griffiths	6.01.00	1	Newport	24	Jul
57.25	Jolaoluwa Omotosho	28.12.00	3	Woodford	24	Sep
	(10)					
56.43	Levi-Jack Roper	4.06.00	1	Norwich	7	Aug
54.92	Harry Ilyk	24.05.01	1	Loughborough	28	Aug
54.12	Kai Mumford	26.11.99	4	Woodford	24	Sep
53.20	Rhys Owen	10.11.99	1	Nottingham	11	Jun
52.31	Marcus Jones	11.12.00	1	Crawley	26	Jun
52.30	Andrew Peck	20.09.99	1	Grangemouth	10	Jun
51.59	Harrison Wall	13.10.00	1	London (He)	30	Jul
51.51	Brandon Norman	14.09.00	1	Hemel Hempstead	11	Jun

51.12	Shaun Kerry	U15	13.12.01	2	Middlesbrough	14	Aug
50.89	Jordan Cooper		20.10.99	2	Blackpool	14	May
	(20)						
50.80	Tyler Molton		17.12.99	10	Gateshead	8	Jul

Hammer - Under 15 - 4kg

62.71	Jack Lambert	13.06.02	1	Milton Keynes	18	Sep
60.85	Shaun Kerry	13.12.01	1	Gateshead	9	Jul
54.65	Thomas Milton	21.11.01	1	Southend	29	Aug
54.64	Sam Gaskell	1.11.01	2	Wigan	15	Jun
52.62	James Ericsson-Nicholls	6.11.01	1	Woodford	24	Sep
51.72	Matt Macfarlane	16.09.01	3	Bedford	27	Aug
50.27	Sam Illsley	11.04.02	1	Portsmouth	25	Sep
50.02	Thomas Litchfield	20.04.02	1	Stevenage	4	Sep
49.84	Rhys Martin	11.03.02	6	Bedford	27	Aug
49.23	Joshua Douglas	24.12.01	1B	Portsmouth	25	Sep
(10)						
48.17	Christopher Scrivens	10.05.02	6	Gateshead	9	Jul
47.22	James Gardner	27.03.02	1	Portsmouth	25	Sep
45.62	Kenneth Ikeji	17.09.02	1	Woodford	16	Aug
45.16	Marcus Dickinson	9.08.02	1	Brecon	27	Aug
44.59	Charlie James	2.11.01	1	Norwich	19	Jun
44.58	Jacob Careless	8.10.01	1	Nottingham	8	Sep
43.88	Josh Tyler	15.01.02	9	Bedford	27	Aug
43.20	Jack Turner	23.08.02	2	Wrexham	24	Sep
42.71	Harry Davies	25.10.02	1	Newport	13	Aug
42.69	Alex Bernstein	13.11.02	11	Gateshead	9	Jul
(20)						
42.63	Thomas Ball	7.03.02	2	Birmingham	18	Jun
42.07	A Ledger		2	Chelmsford	11	Jun
41.69	Sam Blunt	13.12.01	2	Bedford	3	Sep
41.28	Benjamin Shackleton	23.09.01	1	Kings Lynn	14	Aug
41.24	Danny Gracie	30.10.02	3	Grangemouth	21	Aug

Hammer - Under 13 - 3kg

41.61	Jack Halpin	19.03.04	1	Jarrow	14	Sep
31.76	Owen Merrett	16.07.04	1	Par	18	Sep
30.29	Nathan Litchfield	29.11.03	1	Sandy	4	Aug
30.18	George Dunne	3.09.03	1	Erith	10	Sep
30.17	Levi Onipede	12.07.04	2	Erith	10	Sep

Javelin

75.79	Matti Mortimore		16.05.93	1	Lincoln, USA	9	Apr
	74.40			1	Birmingham	25	Jun
	73.89			1	St. Peter Port GUE	16	Jul
	72.93			6	Pihtipudas, FIN	3	Jul
	72.72			4	Tempe, USA	19	Mar
	71.80			4	Stanford, USA	1	Apr
	71.43			1	London (Cr)	9	Jul
	70.47			7Q	Lawrence, USA	27	May
	70.30			12	Eugene, USA	8	Jun
75.46	Harry Hughes	U20	26.09.97	1J	Halle, GER	21	May
	74.40			1	Bedford	30	Jul
	74.30			Q	Bydgoszcz, POL	22	Jul
	73.57			1	Mannheim, GER	26	Jun
	73.41			1	Gateshead	9	Jul
	72.22			7	Bydgoszcz, POL	23	Jul
	71.49			1	Bedford	18	Jun
	71.39			1	London (LV)	11	Jun
	71.14			1	Manchester (SC)	17	Aug

2016 - M - JT

Mark	Name	Cat	DOB	Pos	Venue	Date
72.51	James Whiteaker	U20	8.10.98	Q	Bydgoszcz, POL	22 Jul
72.41				1	Bedford	4 Sep
71.84				3	Birmingham	25 Jun
72.27	Joe Dunderdale		4.09.92	1	Sheffield	15 Apr
72.17				1	Loughborough	22 May
71.87				2	Birmingham	25 Jun
71.21				1	Sheffield	13 Jul
70.10				4	Geneva, SUI	11 Jun
71.12	Greg Millar		19.12.92	2	St. Peter Port GUE	16 Jul
70.03				4	Birmingham	25 Jun
70.78	Steven Turnock		7.11.92	1	London (He)	6 Aug
70.37	Ashley Bryant		17.05.91	1D	Amsterdam, NED	7 Jul
	30 performances to 70.00 by 7 athletes					
69.54	Bonne Buwembo		24.12.89	5	Birmingham	25 Jun
69.36	Gavin Johnson-Assoon		19.12.82	3	Bedford	30 Jul
68.55	Oliver Corfield	U20	13.09.97	3	Brisbane (Nathan), AUS	27 Feb
(10)						
67.70	Joe Harris	U20	23.05.97	1	Loughborough	23 Apr
67.07	Marshall Childs	U20	18.02.97	1	Manchester (SC)	4 Jun
66.64	Craig Lacy		17.07.91	3	London (He)	6 Aug
66.40	Matthew Hunt		1.10.90	1	Leeds	9 Apr
66.38	Jason Copsey		17.02.91	1	Cardiff	7 May
66.12	George Davies	U20	27.01.98	5	Bedford	30 Jul
64.16	Tom Anstice	U20	27.03.97	1	London (WL)	24 Jul
64.03	Harry Hollis		2.03.92	1	Corby	4 Jun
64.03	Sam Dean	U20	23.09.98	1	Manchester (Str)	23 Aug
63.45	Neil Crossley		15.04.88	1	Cheltenham	6 Aug
(20)						
62.96	Jack Swain	U23	27.02.95	8	Loughborough	22 May
62.48	Jonathan Engelking	U20	13.12.97	1	Exeter	15 May
62.18	Neil McLellan	V35	10.09.78	1	Stevenage	20 Aug
62.13	William Trimble		9.01.92	13	Birmingham	25 Jun
61.55	Benji Pearson	U23	23.05.94	1	Nuneaton	12 Jun
61.15	Matthew George		27.04.88	5	Birmingham	2 Jul
60.86	Daniel Bainbridge	U20	2.06.99	1	Bury St. Edmunds	29 Sep
60.70	Stephen Porter		22.09.89	1	Blackpool	15 May
60.43	Sean McBride		31.07.90	3	Letterkenny, IRL	2 Jul
59.83	Aaron Morgan		7.04.92	1	Swansea	15 May
(30)						
59.70	David McKay	V35	22.09.80	1	Manchester (SC)	12 Jun
59.64	Will Marklew	U20	6.07.98	1	Chelmsford	15 May
59.36	James Hamilton	U23	29.03.95	Q	Bedford	1 May
59.36	Harry Lord	U20	14.08.98	1D	Bedford	15 May
59.15	Adam Akehurst		13.09.87	1	Portsmouth	14 May
58.95	James Lelliott		11.02.93	1	Chelmsford	4 Jun
58.79	Scott Staples	U20	1.04.99	1	Lewes	10 Jul
58.69	Ben Fisher		25.04.86	4	Manchester (SC)	4 Jun
58.68	William Larkman	U20	28.07.98	1	Exeter	31 Jul
58.61	Jonathan Pownall	U20	15.06.98	3	London (LV)	11 Jun
(40)						
58.43	Chris Hughff		5.12.81	6	London (He)	6 Aug
58.38	Richard Woolley		17.08.89	5	Loughborough	29 May
58.34	James Bongart	U23	30.07.96	7	London (He)	6 Aug
58.00	Allandre Johnson		8.12.85	8	Bedford	30 Jul
57.81	Daniel Payne	U23	23.10.94	3	Leeds	9 Apr
57.81	Jahmal Germain		3.07.92	3D	Hexham	10 Jul
57.72	Simon Bennett	V40	16.10.72	1	Exeter	28 May
57.65	Matthew Stockton	U23	4.05.95	8	Birmingham	2 Jul
57.53	Jamil Kikwera		10.01.84	2	London (LV)	14 May
57.48	Dave Sketchley	V40	25.02.76	1	Harrow	18 Jun
(50)						
57.44	Aled Price	U23	14.12.95	5	Bedford	2 May

2016 - M - JT

Mark		Name	Cat	DOB	Pos	Venue	Date
57.44		Dominic Allen	U20	5.09.97	1	Exeter	8 May
57.39		Luke Johnson	U23	27.11.94	1	Brighton	14 May
57.33		James Bougourd		4.10.89	5	London (LV)	12 Jun
57.24		Scott Phillips	U23	31.03.94	1	Carmarthen	28 Apr
57.22		Timothy Duckworth	U23	18.06.96	5D	Athens, USA	7 Apr
57.22		Ben Gregory		21.11.90	6D	Kladno, CZE	11 Jun
57.21		Harry Maslen	U23	2.09.96	2	Stephensville, USA	7 May
57.00		Luke Angell	U23	28.11.95	1	Bournemouth	9 Jul
56.93		Richard Dangerfield	U20	17.09.97	2	Cardiff	11 Jun
	(60)						
56.69		Charlie Granville	U23	22.10.95	1	Harrow	22 May
56.11		Nathan James	U20	5.10.98	1	Swansea	29 May
55.83		David Brice		9.04.91	1	Derby	7 May
55.67		Sonny Nash	U20	11.11.98	3	Basingstoke	10 Jul
55.65		Jaimal Brown	U20	2.02.99	1	Liverpool	29 May
55.64		Chris Smith	V40	27.11.75	1	Aberdeen	2 Jul
55.57		Cormack Lever	U23	11.10.96	3	Manchester (SC)	12 Jun
55.19		Jack Magee	U20	17.12.97	2	Belfast	19 Apr
55.18		Tom Norton	U20	19.08.97	7J	Loughborough	28 May
55.07		Roy Chambers		9.02.86	2	Portsmouth	22 May
	(70)						
55.07		Alfie Ingham	U20	10.01.98	2	London (LV)	19 Jun
55.06		David Turner		4.07.84	1	Manchester (Str)	6 Aug
54.94		Brendan Hyland	U23	2.11.95	2	Kilmarnock	28 May
54.92		Matthew Hill	U23	24.10.95	1	Hemel Hempstead	20 Aug
54.87		Christopher Arnold	U20	1.02.98	1	Dudley	3 Jul
54.53		Max Hall		29.12.86	2	Harrow	22 May
54.49		Michael Gaffney	U20	2.09.98	8	Dublin (S), IRL	25 Jun
54.42		Douglas Stark		25.08.93	2	Loughborough	23 Apr
54.34		Richard Woodhall	V35	9.07.80	1	Tipton	7 Aug
54.21		Massimiliano Brighetti	U20		1	Whitehaven	11 Jun
	(80)						
54.16		David Hall	U23	25.04.95	Q	Bedford	1 May
54.07		Tom McKeever	U23	16.02.95	2	Warrington	5 Jun
54.05		Jack Moncur	U20	19.12.98	3	Exeter	30 Aug
53.96		Dylan Carlsson-Smith	U20	26.07.98	2D	Bedford	15 May
53.96		Don Baker	U17	31.01.00	2	Colchester	20 Aug
53.86		Jonathon Constantinou		13.05.91	1	London (LV)	9 Jul
53.75		Gareth Crawford	U20	6.06.99	2	Tullamore, IRL	4 Jun
53.75		Keith Beard	V50	8.11.61	3	Dronten, NED	22 Jun
53.71		Ryan Winson		21.09.92	1	Leeds (South)	3 Jul
53.67		Duane Jibunoh	U23	18.11.95	3	Chelmsford	4 Jun
	(90)						
53.46		Jak Carpenter		26.09.90	1	Loughborough	10 Apr
53.35		Alexander Ingham	U23	12.01.96	4	Chelmsford	4 Jun
53.34		Andrew Brown		28.08.86	2	Yeovil	6 Aug
53.31		Ivan Tapper	U20	4.04.99	1	Birmingham	19 Mar
53.02		Ben Gibb		17.09.90	1	Portsmouth	18 Jun
53.02		Harry McCulloch		28.08.88	1	Twickenham	9 Jul

Foreign

Mark	Name	Cat	DOB	Pos	Venue	Date
62.39	*Emmish Prosper (LCA)*		*8.09.92*	*1*	*Stoke-on-Trent*	*7 Aug*
62.17	*Remi Caudoux (FRA)*		*25.09.89*	*1*	*Aberdeen*	*2 Apr*
57.39	*Matthew Harris (AUS)*		*26.04.89*	*4*	*London (LV)*	*12 Jun*
57.33	*Tomas Saunorius (LTU)*		*26.06.86*	*1*	*London (WL)*	*18 Jun*
56.22	*Andrea Manfroni (ITA)*		*15.03.89*	*3*	*Nottingham*	*6 Aug*
56.19	*Matthew Martin (IRL)*	*U23*	*7.02.94*	*5*	*Dublin (S), IRL*	*25 Jun*
56.12	*Justas Dauparas (LTU)*		*12.02.91*	*1*	*Oxford*	*7 May*
56.00	*Micah Shepherd (BAR)*	*U20*		*1*	*Grangemouth*	*11 Jun*
55.28	*Arran Davis (USA)*			*Q*	*Bedford*	*1 May*
54.57	*Baddar Echakhoa (FRA)*	*V35*	*29.02.80*	*1*	*London (ME)*	*22 May*
54.38	*Shenton Enoe (GRN)*		*1.02.86*	*6*	*Manchester (SC)*	*17 Aug*
53.82	*David Korczynski (DEN)*			*1*	*London (LV)*	*17 Apr*

Javelin - Under 18 - 700gm

72.41	Daniel Bainbridge		2.06.99	1	Crawley	26	Jun
63.31	Ivan Tapper		4.04.99	2	Loughborough	23	Apr
62.39	Gareth Crawford		6.06.99	1	Swansea	6	Aug
59.10	Andrew McFarlane		7.07.00	1	Swindon	10	Dec

Javelin - Under 17 - 700gm

65.34	Edan Cole		18.02.00	2	Loughborough	28	May
62.46	Adam Boyle		13.09.99	1	Bedford	28	Aug
59.57	Joss Foot		22.02.00	1	Loughborough	2	Sep
59.38	Cameron Hale		14.09.99	10	Exeter	17	Sep
59.17	Jude Compton-Stewart		23.01.00	1	Eton	2	Apr
59.17	Max Law	U15	13.05.02	1	Kettering	24	Sep
59.06	Don Baker		31.01.00	1	Luton	14	Aug
58.93	Tom Hewson		24.09.00	2	Gateshead	8	Jul
58.49	Paddy Dunne		2.12.99	2	Grangemouth	13	Aug
56.02	Andrew McFarlane		7.07.00	1	Inverness	9	Apr
(10)							
55.93	Luke Miller		10.09.99	5	Bedford	28	Aug
53.65	Michael Miller		19.12.99	1	Watford	15	May
53.57	Carwyn Morris		2.10.00	1	Newport	29	May
53.33	Sam Chance		21.10.00	7	Loughborough	28	May
52.58	Joshua Hodge		23.05.00	1	Whitehaven	11	Jun
52.52	Matthew Bryce		27.09.99	9	Loughborough	28	May
52.50	Nick Rusinov		16.07.01	1	Exeter	18	Jun
52.39	Ruaridh Scott-Brown		9.10.00	3	Grangemouth	13	Aug
52.37	Femi Sofolarin		22.01.00	1	Bromley	11	Jul
51.63	David Lees		23.06.00	1	Wishaw	3	Sep
(20)							
51.44	Harry Ditchfield	U15	3.10.01	2	Wrexham	25	Sep
51.14	Jack Leerson		12.03.00	1	St. Clement JER	24	Mar
51.02	Sam Markey		12.03.00	1	Cambridge	25	Jun

Javelin - Under 15 - 600gm

65.16	Max Law	13.05.02	1	Kettering	24	Sep
58.09	Pedro Gleadall	7.12.01	2	Bedford	27	Aug
56.80	Archie Goodliff	26.09.02	3	Bedford	27	Aug
54.57	Harry Ditchfield	3.10.01	1	Middlesbrough	13	Aug
53.24	Joshua Wise	24.11.01	4	Bedford	27	Aug
50.49	Jess Walker	19.09.01	2	London (LV)	9	Apr
50.11	Thomas Putt	13.10.01	1	Exeter	18	Jun
49.41	Ben Smith-Bannister	5.08.02	6	Bedford	27	Aug
49.35	Rohan Oyewole	5.02.02	4	Gateshead	9	Jul
48.98	Joel Cable	24.09.01	1	Uxbridge	5	Jun
(10)						
48.83	Daniel Kelly	30.12.01	1	Oxford (H)	22	Jun
48.66	Thomas Mills	3.03.02	1	Ashford	11	Jun
48.65	Finn O'Reilly	2.10.01	5	Gateshead	9	Jul
48.45	Daniel Brown	20.03.02	1	Grangemouth	21	Aug
48.32	Ben Gidley	28.07.02	1	Rugby	17	Apr
48.08	Sam Richardson	12.12.01	2	Loughborough	29	May
47.73	Kameron Duxbury	8.10.01	2	London (Cr)	16	Jul
46.11	Aran Thomas	6.12.01	6	Brno, CZE	5	Sep
45.56	Henry Gauntlett	4.09.01	1	Bath	17	Apr
45.52	William Jarvis	13.12.01	10	Bedford	27	Aug
(20)						
45.46	Ben Copley	6.11.02	1	Hull	23	Apr
45.31	Shaun Kerry	13.12.01	1	Hull	14	May
45.00	Louis Davis	20.09.01	1	Ipswich	3	Jul
44.82	Ben Lyon	29.09.01	2	Warrington	21	Aug
44.42	Drew Sinnott	13.11.01	1	Tamworth	19	Jun

44.38	Charlie Davison			18.10.02	2	Exeter	18 Jun
44.29	Jonah McCafferty			28.01.03	3	Reading	11 Jun
44.25	Elliott Odunaiya			23.02.03	2	Wrexham	24 Sep
44.20	Callum Jones			4.01.02	14	Gateshead	9 Jul

Javelin - Under 13 - 400gm

50.35	Benjamin East			19.11.03	1	Sandy	24 Sep
44.87	Jack Halpin			19.03.04	1	Jarrow	14 Sep
42.20	Abraham Fobil			15.11.03	1	Manchester (Str)	29 Aug
42.04	Bradley James			23.09.03	1	Hornchurch	18 Sep
39.44	Luke Twigger			28.11.03	1	Crawley	4 Sep
38.52	Milan Trajkovic			27.11.03	1	London (He)	14 Aug
38.10	Joseph Carroll			2.10.03	1	Portsmouth	14 May
37.65	Benjamin McParland			20.07.04	1	Lancaster	2 Jul
36.72	Callum Taylor			29.06.04	2	Portsmouth	14 May
36.61	Edward Parry			21.06.04	2	Manchester (Str)	29 Aug

Decathlon

W = wind assisted under rules until 2009
w = wind assisted under rules since 2010

8056	Ashley Bryant			17.05.91	9	Götzis, AUT	29 May
	11.08/0.3	7.58/0.8	13.28	2.00	49.54	14.70/-0.5	43.48	4.40	66.47	4:29.75
	8040				5	Amsterdam, NED	7 Jul
	11.12/0.8	7.56/0.9	13.74	1.89	50.15	14.68/-1.0	43.62	4.60	70.37	4:33.88
	7715				5	Kladno, CZE	11 Jun
	11.18/-0.2	7.08/-0.8	13.74	1.98	49.99	14.65/0.9	42.28	4.30	63.69	4:44.83
7882	Ben Gregory			21.11.90	1	Azusa, USA	14 Apr
	11.14/1.8	7.34w/2.7	13.51	1.90	50.23	14.60/0.9	40.77	5.00	54.78	4:23.09
	7702				6	Kladno, CZE	11 Jun
	11.22/-0.2	7.04/0.2	12.93	1.92	50.09	14.58/0.9	40.26	4.90	57.22	4:34.41
7709	Timothy Duckworth		U23	18.06.96	4	Tuscaloosa, USA	13 May
	10.85/0.6	7.44/1.3	11.17	2.11	51.21	14.84/-0.3	39.79	5.05	55.01	5:00.84
	7596				11	Eugene, USA	9 Jun
	10.90/0.9	7.11/0.5	12.10	2.10	50.72	14.80/0.4	40.07	5.00	53.63	5:12.27
	7585				7	Athens, USA	7 Apr
	10.96w/2.6	7.64/1.9	10.77	2.06	51.05	14.80/1.1	39.96	4.85	57.22	5:12.79
7521	Liam Ramsay			18.11.92	1	Dublin (S), IRL	29 May
	10.94/0.5	7.27/1.2	12.52	2.03	48.34	14.71/1.4	37.16	4.20	46.76	4:36.77
7213	Martin Brockman			13.11.87	1	Erith	11 Sep
	11.77/-1.7	7.09	13.21	1.93	50.43	15.98/-1.1	39.11	4.70	44.94	4.28.85
	7004				8	Ratingen, GER	26 Jun
	11.84/-1.3	6.81/0.9	13.01	2.04	52.17	15.80/0.6	41.06	4.50	44.15	4:49.32
7163	Jahmal Germain			3.07.92	5	Hexham	10 Jul
	11.16/1.0	6.56/1.6	12.97	1.84	50.73	14.82/1.8	37.80	4.35	57.81	4:51.73
6914	Aiden Davies		U23	26.12.95	1	Bedford	15 May
	11.06w/2.3	6.82/-1.3	12.76	1.88	49.61	16.53/0.0	37.59	4.30	36.84	4:32.94
6889	Lewis Church		U23	27.09.96	2	Bedford	15 May
	11.69/1.7	6.74/-0.2	11.57	1.97	51.36	15.23/1.2	37.98	4.30	41.75	4:37.23
6774	Maxim Hall			29.12.86	4	Bedford	15 May
	11.35w/2.3	6.43/-2.1	12.41	1.82	51.74	15.89/0.0	37.68	4.40	52.31	4:56.52
6770	Harry Maslen		U23	2.09.96	1	Stephenville, USA	6 May
	11.35/0.0	6.05/0.6	11.40	1.84	49.70	15.81w/2.1	34.44	4.10	54.22	4:32.61
	6728				1	San Angelo, USA	8 Apr
	11.22/0.9	6.63w/3.4	11.38	1.83	50.51	15.85/0.5	33.95	3.96	52.67	4:45.09
	6692				12	Bradenton, USA	27 May
	11.64/-1.9	6.63w/2.9	10.63	1.81	50.45	15.83/2.0	38.08	4.20	46.96	4:37.96
	6625				2	San Angelo, USA	17 Mar
	11.49/0.6	6.61/-0.2	11.47	1.90	50.56	17.79/1.0	34.86	4.00	52.54	4:33.43
6584	Angus Sinclair		U23	22.02.95	2	Lafayette, USA	14 May
	11.39w/3.2	6.66w/2.5	12.49	1.92	52.98	16.67/0.0	41.50	3.95	49.44	5.12.94

2016 - M - Dec

Score	Name		100m	LJ	SP	HJ	400m	Venue			Date
6565	Elliot Thompson				10.08.92	1		Sutton			11 Sep
	11.36w/3.2 6.54/1.2	12.16	1.81	51.50	17.16/-1.0		38.23	4.10	40.00	4:28.73
6511	Douglas Stark				25.08.93	1		Cambridge			29 Aug
	11.63w/4.0 6.55/1.6	13.84	1.84	53.06	16.26/0.3		38.14	3.95	49.37	5:09.69
6502	James Wright		U23		4.02.94	6		Bedford			15 May
	11.21w/2.3 6.63/-0.3	11.28	1.82	51.27	14.91/1.2		37.56	3.30	39.09	4:42.87

23 performances to 6500 points by 14 athletes.

6489	Gavin Phillips		U23		17.05.96	7		Bedford			15 May
	11.37/1.7 6.63w/2.3	10.25	1.82	51.25	15.89/0.0		40.27	4.00	42.95	4:59.68
6482	Anthony Hogg		U23		3.10.96	11		Hexham			10 Jul
	11.05/1.4 6.71w/2.6	11.55	1.93	52.73	15.92/1.7		35.06	3.75	42.92	5:04.76
6381W	Tom Rottier		U23		15.11.96	12		Hexham			10 Jul
	11.34/0.8 6.49W/4.2	10.57	1.78	49.87	15.98/1.8		25.73	4.35	36.35	4:32.47
5090						4		Cambridge			29 Aug
	11.32w/4.0 6.39/1.6	10.72	NHC	50.20	DNF/0.3		28.84	4.55	34.87	4:35.85
6346	Thomas Ashby				5.04.90	2		Sutton			11 Sep
	11.91/0.4 6.30/1.8	13.63	1.84	55.67	15.68/1.8		40.74	3.60	47.64	4:57.46
6310	Deo Milandu				30.10.92	3		Dublin (S), IRL			29 May
	11.42/0.5 6.46/1.2	12.62	1.82	53.24	15.60/1.4		33.44	3.90	51.14	5:32.41
6295	Andrew Murphy		U23		26.12.94	1		Aberdeen			3 Jul
	11.75/0.8 6.14W/4.6	12.20	1.87	52.67	15.95/-1.6		38.72	4.20	38.60	5:10.12

(20)

6230	Harry Kendall		U23		4.10.96	1		Oxford (H)			17 Jul
	11.56/-0.8 6.74/-0.5	11.14	1.77	53.28	16.19/0.9		33.64	3.70	47.77	4:57.87
6209	Matthew Curtis		U23		11.11.95	9		Bedford			15 May
	11.40/0.5 5.97/1.1	11.10	1.76	50.59	15.71/0.0		39.66	3.60	37.51	4:56.06
6136	Saoirse Chinery-Edoo				1.11.93	4		Woerden, NED			28 Aug
	11.48/-2.8 6.68w/2.3	10.67	1.71	51.98	16.61		40.83	3.60	42.90	5:11.31
6113	Ben Burton				3.11.93	11		Bedford			15 May
	11.52/0.5 6.81/-1.0	10.43	1.73	51.48	16.47/1.5		32.60	3.40	45.52	4:46.39
6082	Thomas Howlett		U23		10.08.95	2		Erith			11 Sep
	12.12/-1.7 6.64	12.19	1.93	54.73	15.99/-1.1		33.90	3.50	41.58	5:04.55
5959	Daniel Pearce				11.09.91	3		Erith			11 Sep
	11.89/-1.3 6.41	9.54	1.87	51.53	17.10/-1.1		27.57	3.40	46.70	4:38.34
5902	Thomas Grantham				12.02.83	1		Birmingham			31 Jul
	11.75w/3.1 5.81/1.2	10.95	1.73	51.19	17.57/0.0		34.88	3.80	38.01	4:40.07
5776	Jak Carpenter				26.09.90	12		Bedford			15 May
	11.87/0.5 5.91/0.4	12.75	1.67	54.43	17.78/1.5		36.71	3.50	50.33	5:06.95
5665	Fionn Wright		U23		25.09.95	13		Bedford			15 May
	11.43/0.5 6.50/-0.1	11.39	1.73	52.06	18.79/1.9		32.10	3.10	44.09	5:10.48
5651	Alistair Stanley		U23		2.09.95	DD		Cambridge			29 Aug
	12.28/-2.4 5.52/1.0	11.13	1.81	53.71	17.56/2.0		32.54	3.60	39.04	4:35.41

(30)

5562	Joe Morris				20.03.93	1		Sutton			11 Sep
	11.46/1.4 5.74/1.6	12.25	1.63	54.25	19.35/-0.7		37.33	3.30	52.15	5:16.71
5522	Ben Hazell (1 Hour Dec)				1.10.84	1		Basingstoke			24 Sep
	12.59 5.99	11.54	1.80	55.19	19.16		37.51	3.60	52.27	5:22.54
5362	Jack Roach		U23		8.01.95	2		York			28 Aug
	11.47/0.0 6.93/1.5	11.10	1.88	53.98	19.45/1.5		26.55	3.00	38.85	5:41.30
5249	David Bush				8.12.92	4		Erith			11 Sep
	12.43/-1.7 5.76	10.88	1.69	53.36	17.29/-0.2		29.63	2.50	41.74	4:45.79
5179	Jools Peters				20.08.90	1		Belfast (MP)			14 Aug
	12.03/0.7 5.52	11.79	1.72	54.79	19.31/0.0		29.10	3.70	46.51	5:37.96
5119	Matthew Hyslop				7.10.92	2		Birmingham			31 Jul
	11.36w/3.0 5.60/1.0	8.66	1.64	52.67	17.57/0.0		19.63	2.80	41.66	4:47.89
5010	Ashley Johnson				25.02.86	4		Sutton			11 Sep
	11.39w/3.2 6.09/1.6	11.22	1.66	59.70	15.92/-1.0		34.02	2.70	43.37	7:01.04
4928	Ben Russell		U23		29.02.96	4		Oxford (H)			17 Jul
	12.12/-0.8 5.96/-0.2	8.42	1.89	57.17	16.36/0.9		26.57	3.10	23.69	5:23.86
4892	Michael Bartlett				26.12.92	5		Erith			11 Sep
	12.03/-1.3 6.10	10.71	1.75	59.06	17.94/-0.2		29.85	4.00	42.05	DNF

2016 - M - Dec - DecJ

4886	Luke Keteleers			8.01.88	6	Erith			11 Sep
	11.98/-1.3 5.88		10.10 1.57	55.70	18.07/-1.1	27.38	3.20	33.78	5:14.95
(40)									
4885	Tom Skinner			8.06.82	5	Oxford (H)			17 Jul
	12.33/-0.7 5.33/-1.3		10.55 1.71	56.32	17.29/-1.4	29.25	3.00	32.32	5:10.91
4849	Justin Tarrant		U23	7.10.96	2	Street			24 Apr
	12.32/-0.6 5.77/0.7	NDR	1.66	55.32	16.94/-0.6	37.11	3.90	39.29	5:36.80
4791	Roy Chambers			9.02.86	5	Sutton			11 Sep
	11.76/0.4 6.20w/2.6		10.08 1.60	55.05	20.10/-0.8	27.99	NHC	52.81	5:07.85
4784	Clint Nicholls		V35	16.02.79	6	Oxford (H)			17 Jul
	12.36/-0.8 5.83/0.2	9.72	1.77	57.07	16.94/0.9	26.59	2.60	30.70	5:17.95
4563	Bradley Eisnor		U23	24.11.96	2	Sutton			11 Sep
	11.64/1.4 5.70w/3.3	10.92	1.75	57.20	22.47/-0.7	27.57	2.90	44.68	6:06.50
4554	Kevin Cranmer		V35	14.06.79	16	Bedford			15 May
	12.70/1.2 5.41w/3.3	10.61	1.64	57.20	17.90/1.5	24.91	2.90	35.62	5:24.18
4437	Jason Jeffery			28.03.90	3	Sutton			11 Sep
	11.83/1.4 5.47/1.6	7.81	1.63	53.68	21.40/-0.7	19.99	2.50	31.36	4:35.27
4375	Mark Andrews			9.01.89	7	Oxford (H)			17 Jul
	12.90/-0.7 5.36/-0.8	8.55	1.71	56.99	18.79/-1.4	28.87	2.40	38.00	5:22.04

DD Decathlon score set during Double Decathlon.

Foreign

6803	*Michael Bowler (IRL)*			*28.01.92*	*3*	*Bedford*			*15 May*
	11.27w/2.3 6.72/-1.5		*12.32 1.79*	*50.39*	*15.43/1.2*	*33.59*	*4.20*	*45.28*	*4:39.08*
6723	*Peter Moreno (NGR)*			*30.12.90*	*5*	*Bedford*			*15 May*
	10.98/1.7 7.01/-0.8		*11.88 1.88*	*48.93*	*14.69/1.2*	*27.28*	*4.40*	*39.97*	*5:27.64*
6214	*Kaspars Kazemaks (LAT)*			*1.06.84*	*2*	*Oxford (H)*			*17 Jul*
	11.87/-0.8 6.43/1.1		*11.89 1.77*	*51.94*	*16.24/0.9*	*34.38*	*3.90*	*43.22*	*4:54.75*
5141	*Raul Sosa San Frutos (ESP)*	*U23*		*25.06.95*	*14*	*Bedford*			*15 May*
	11.99/1.7 5.57w/2.7 9.89		*1.61*	*55.98*	*16.68/0.0*	*30.81*	*3.60*	*31.64*	*5:08.51*
4903	*Abdullah Al Dawsari (KSA)*	*U23*		*16.03.95*	*2*	*Birmingham*			*31 Jul*
	11.89w/3.0 6.25/1.4	*8.65*	*1.61*	*53.96*	*16.70/0.0*	*24.98*	*2.30*	*38.55*	*5:24.31*
4425	*Reece Dimech (MLT)*		*U23*	*27.03.94*	*7*	*Erith*			*11 Sep*
	11.55/-1.7 5.26		*10.52 1.60*	*52.26*	*22.74/-0.2*	*19.04*	*2.60*	*36.37*	*5:13.70*

Decathlon - Under 20 with Under 20 implements

6850	Dylan Carlsson-Smith			26.07.98	1	Bedford			15 May
	11.55/2.0 6.38/1.1		12.72 1.85	52.92	15.42/1.6	39.47	4.40	53.96	4:52.86
6629	Harry Lord			14.08.98	1	Hexham			10 Jul
	11.62/0.8 6.66/1.5		13.56 1.78	52.70	16.12/1.5	37.40	3.95	52.38	4:52.40
6623	Howard Bell			2.05.98	1	Aberdeen			3 Jul
	11.68/0.0 7.13w/2.4		12.30 1.90	51.21	15.15/-1.6	29.17	3.90	39.34	4:42.96
6598	Timothy Stephens			1.11.97	1	Exeter			18 Sep
	11.61/0.3 6.70/0.3		11.28 1.82	50.19	15.29/2.0	35.31	3.40	38.76	4:15.03
6517	Ben Clarke			30.10.98	2	Exeter			18 Sep
	11.59/0.0 6.49/-0.6		10.32 1.91	50.67	14.99/2.0	32.35	3.60	40.15	4:27.50
6435	Ryan Long			2.09.98	3	Bedford			15 May
	11.48/2.0 6.39/1.4		10.67 1.82	52.14	14.81/1.6	38.85	3.70	39.50	4:47.77
6205	Liam Revely			24.10.98	4	Exeter			18 Sep
	11.78/-1.0 6.35w/2.4	11.95	1.94	52.58	16.36/2.0	31.37	3.60	44.07	4:53.11
6086W	Euan Urquhart			25.01.98	3	Hexham			10 Jul
	11.46/0.8 6.72W/4.4	9.39	1.75	51.42	16.55/1.5	26.85	3.55	37.67	4:19.71
	6061	6.61w/3.0							
6011	Caius Joseph			24.07.99	5	Exeter			18 Sep
	11.25/-0.5 6.44/1.5		11.60 1.79	51.81	16.12/2.0	33.81	3.40	34.14	5:08.29
5789	Glen Aspindle			22.06.98	6	Bedford			15 May
	11.86/-0.1 6.30/0.3	9.87	1.73	53.75	16.40w/2.1	28.23	3.40	50.09	4:53.76
(10)									
5780	Matthew Smith			13.09.98	2	London (LV)			26 Jun
	11.9/1.4 6.36		10.78 1.75	53.1	16.6/0.1	32.94	3.30	42.71	4:49.1

2016 - M - DecJ - DecY

5708	James McMahon			21.01.98	1	Blackburn			26 Jun	
	11.3	6.26	11.97	1.73	54.8	15.5w/3.3	32.62	3.10	40.05	5:21.4
5701	William Seed			20.10.98	7	Bedford			15 May	
	11.42/2.0	6.12/0.4	9.81	1.70	49.49	15.42w/2.1	25.68	2.70	35.40	4:49.41
5665	Zak Skinner			16.10.98	6	Exeter			18 Sep	
	11.89/-1.0	6.31/1.5	11.27	1.73	54.79	16.44/0.4	34.03	3.40	42.21	5:21.93
5639	Ben Mitchell			9.03.98	2	Middlesbrough			26 Jun	
	11.9	6.20	12.52	1.73	54.0	16.4	36.33	3.50	34.51	5:20.5
5567	Thomas Marino			27.02.97	1	Cambridge			29 Aug	
	11.54w/4.0	5.80/1.8	9.91	1.81	51.30	17.17/0.1	27.51	3.25	38.20	5:01.71
5559	George Walker			13.07.97	8	Bedford			15 May	
	11.66/2.0	5.82/0.0	12.67	1.73	55.15	15.36w/2.1	32.82	2.80	39.32	5:26.86
5541	James Slipper			30.12.97	8	Exeter			18 Sep	
	11.90/-1.0	5.95/-0.1	12.11	1.67	53.44	16.45/2.0	35.35	3.00	38.57	5:16.91
5499	Michael Surman			10.03.97	1	Dublin (S). IRL			29 May	
	12.09/0.8	5.92/0.8	9.93	1.67	54.21	16.65/2.0	33.29	3.50	38.68	4:58.36
5470	Kristian Brown			22.10.98	9	Exeter			18 Sep	
	11.83/-0.5	6.45/-0.6	11.43	1.76	52.78	15.48/0.2	35.74	NHC	20.27	4:35.81
(20)										
5425	Thomas Miller			7.10.98	4	London (LV)			26 Jun	
	11.9/-0.4	5.94	9.36	1.78	53.6	15.7/0.1	33.91	3.10	32.46	5:06.4
5370	Charlie Ashdown-Taylor		U17	19.09.99	3	Oxford (H)			17 Jul	
	11.77/1.3	6.00/0.2	13.18	1.83	56.70	18.12/-1.0	36.02	2.70	40.86	5:32.94
5293	Joseph Thurgood			11.09.98	10	Exeter			18 Sep	
	11.85/0.0	5.62/2.0	11.22	1.88	56.69	16.38/0.2	31.82	2.90	39.31	5:37.84
5239	Thomas Walley			18.03.98	11	Bedford			15 May	
	11.93w/2.1	5.96/0.0	10.08	1.76	57.09	17.42w/2.1	26.31	3.80	39.29	5:24.17
5178	Harry Hillman			7.09.98	4	Street			24 Apr	
	11.91/-0.6	5.80/-0.6	11.03	1.60	54.50	17.91/-1.9	32.39	3.80	30.27	5:25.07
5113	Callum Short			22.10.98	11	Exeter			18 Sep	
	11.76/0.0	5.80/-0.8	7.35	1.70	51.44	17.07/0.4	23.00	3.00	24.20	4:32.54
5080	Nathan Gardner			9.02.98	5	London (LV)			26 Jun	
	12.0/1.4	6.19	8.57	1.72	55.5	16.9/0.3	16.85	4.60	27.96	5:24.1
5051	Thomas Hughes			9.09.97	12	Exeter			18 Sep	
	12.06/0.0	5.84/0.0	8.95	1.85	54.95	19.42/0.5	29.38	3.10	31.53	4:50.48

Decathlon - Under 18 IAAF Specification

7035	Sam Talbot			17.02.99	1	Bedford			15 May	
	11.39/2.0	7.16/0.4	12.64	1.76	50.87	14.21w/2.5	41.09	3.90	47.65	4:50.65
6195	Cal McLennan			1.05.99	1	Schifflange, LUX			11 Sep	
	11.71/0.5	6.23/-0.7	13.48	1.71	51.18	16.25/-0.3	37.15	2.90	42.22	4:33.84
6189	Caius Joseph			24.07.99	4	Herentals, BEL			29 May	
	11.29/1.0	6.51/-2.1	11.30	1.78	51.25	15.64/-0.3	41.01	3.00	36.37	5:00.99
5903	Alan "AJ" Bennetts			5.06.99	2	Bedford			15 May	
	11.72/2.0	5.72/-0.3	12.32	1.85	52.55	15.74w/2.5	33.40	2.50	43.83	4:46.80
5420	Scott Connal			20.03.00	3	Bedford			15 May	
	11.54/-0.1	6.33/-0.3	10.70	1.79	52.82	16.21w/2.5	30.14	NHC	37.61	4:53.70

Foreign

5753	Laurenz Kirchmayr (AUT)			9.02.99	3	Street			24 Apr	
	12.23/-0.6	6.23/-0.9	11.49	1.66	55.40	16.15/-0.5	35.79	4.00	47.41	5:33.52

Decathlon - Under 17 with Under 17 implements

6287	Joel McFarlane			9.10.00	1	Aberdeen			3 Jul	
	11.82/1.0	6.44/1.0	11.50	1.87	52.14	13.98/-0.7	35.05	3.30	46.47	4:53.51
6150W	Joshua Hewett			1.10.99	2	Bedford			21 Aug	
	11.64/1.6	6.56/1.6	12.01	1.92	54.04	14.03W/4.4	34.13	3.11	39.56	4:57.02
6069	Scott Connal			20.03.00	3	Bedford			21 Aug	
	11.40/1.7	6.65w/2.7	9.45	1.80	53.30	14.83/1.5	32.92	3.71	39.17	4:50.65
5939	Joss Moffatt			31.01.00	4	Bedford			21 Aug	
	11.65/0.6	6.16/1.3	11.57	1.77	52.87	14.82/1.8	29.34	2.91	49.18	4:43.88

2016 - M - DecY - OctY

5732W	Charlie Ashdown-Taylor				19.09.99	5	Bedford			21 Aug
	11.92/1.7	5.93w/3.0	12.71	1.80	56.41	15.06W/4.4	42.00	2.91	43.36	5:18.46
5674W	Kellen Jones				5.09.99	6	Bedford			21 Aug
	11.51/1.7	6.46/1.6	11.75	1.65	55.40	14.25W/4.4	35.80	2.91	35.18	5:10.99
	5376					1	Sheffield			19 Jun
	11.57/-0.2	6.31/2.0	10.22	1.70	54.83	14.27/-0.3	30.73	3.00	41.48	5:18.64
5612W	Peter Keefe				5.11.99	7	Bedford			21 Aug
	12.37/1.6	5.80/0.3	13.88	1.71	57.47	14.32W/4.4	45.00	3.31	33.02	5:29.06
5562	Todd Webster				28.11.99	8	Bedford			21 Aug
	11.77/0.6	6.09/1.2	10.81	1.86	54.02	16.57/1.8	27.66	3.71	38.65	5:11.93
5344	Matthew Chandler				30.10.00	9	Bedford			21 Aug
	11.96/0.6	6.30/0.9	9.33	1.80	56.67	14.42W/4.4	23.36	3.71	33.93	5:21,05
5213	Daniel Carpenter				7.11.99	10	Bedford			21 Aug
	11.84/0.6	5.82/0.0	11.68	1.62	58.59	15.05/1.5	33.38	3.01	38.24	5:18.11
(10)										
5195	Michael Thompson				10.12.99	11	Bedford			21 Aug
	11.87/1.7	6.08/0.6	12.00	1.68	59.36	14.49/1.5	30.01	3.01	40.49	5:45.61

Octathlon - Under 17 (* Octathlon score during Decathlon)

5169*	Joel McFarlane			9.10.00	*	Aberdeen			3 Jul
	6.44/1.0	11.50	1.87	52.14	13.98/-0.7	35.05	46.47	4:53.51	(b)
5132	Joshua Hewett			1.10.99	1	Exeter			18 Sep
	6.44/0.2	30.17	38.19	53.04	13.77/0.8	2.03	11.90	4:48.75	(a)
5030	Cameron Hale			14.09.99	2	Exeter			18 Sep
	5.90/-0.4	41.36	59.38	55.71	14.99/-0.8	1.82	13.55	5:22.65	(a)
5024	Toby Seal			10.12.99	3	Exeter			18 Sep
	6.05/0.3	38.35	43.87	53.84	13.76/1.3	1.79	13.07	5:04.63	(a)
4949	Nathan Langley			18.03.00	4	Exeter			18 Sep
	5.91/0.0	33.94	40.66	51.75	14.45/0.8	1.67	12.60	4:31.03	(a)
4932	Charlie Ashdown-Taylor			19.09.99	5	Exeter			18 Sep
	6.13w/2.1	41.68	41.12	54.23	14.99/0.8	1.79	13.13	5:02.82	(a)
4883*	Joss Moffatt			31.01.00	*	Bedford			21 Aug
	6.16/1.3	11.57	1.77	52.87	14.82/1.8	29.34	49.18	4:43.88	(b)
	4768				7	Exeter			18 Sep
	6.31/1.2	24.63	42.43	51.45	14.87/-1.0	1.73	11.45	4:39.97	(a)
4820*	Scott Connal			20.03.00	*	Aberdeen			3 Jul
	6.67/1.4	11.49	1.87	52.89	14.32/-0.7	31.92	32.88	5:05.49	(b)
4799	Jack Turner			11.07.01	6	Exeter			18 Sep
	6.63/2.0	32.14	45.76	53.62	14.88/1.3	1.82	10.80	4:47.08	(a)
4720	Robert Runciman			24.10.99	8	Exeter			18 Sep
	6.35/0.0	31.74	31.98	54.39	14.29/0.8	1.85	12.84	5:08.59	(a)
(10)									
4715	Jamie Worman			23.12.99	9	Exeter			18 Sep
	6.36/1.9	35.10	30.96	52.32	15.22/-0.8	1.79	11.37	4:52.46	(a)
4671	Cliff Schwabauer			24.10.99	3	Exeter			26 Jun
	5.90w/2.3	39.38	33.01	52.91	14.41/0.1	1.58	12.30	4:54.31	(a)
4610	Kellen Jones			5.09.99	2	Street			24 Apr
	6.43/-0.4	31.24	44.72	54.75	14.30/-1.0	1.71	10.19	5:10.04	(a)
4600	Thomas Flatters			12.01.00	1	Middlesbrough			26 Jun
	6.34	34.84	43.99	55.4	15.7	1.79	11.82	5:11.7	(a)
4598W*	Peter Keefe			5.11.99	*	Bedford			21 Aug
	5.80/0.3	13.88	1.71	57.47	14.32W/4.4	45.00	33.02	5:29.06	(b)
	4485				3	London (LV)			26 Jun
	5.84	29.24	35.18	54.3	14.3/-0.7	1.73	12.72	5:05.6	(a)
4509	Evan Campbell			17.05.01	10	Exeter			18 Sep
	5.83/0.0	38.06	40.51	57.08	14.89/-1.0	1.82	11.94	5:26.70	(a)
4507	Charlie Button			10.10.99	11	Exeter			18 Sep
	5.90/0.9	35.29	30.95	57.17	14.63/0.8	1.91	11.26	5:05.29	(a)
4505	Lewis Davey			24.10.00	12	Exeter			18 Sep
	6.42/2.0	25.71	31.49	50.30	15.08/-0.8	1.76	9.37	4:53.06	(a)
4472	Joe Halpin			19.02.01	13	Exeter			18 Sep
	6.43/1.9	31.84	34.08	55.04	14.38/1.3	1.67	12.18	5:22.03	(a)

2016 - M - OctY - OctB

4440	Todd Webster			28.11.99	14	Exeter			18 Sep		
	5.32/0.5	31.08	44.23	54.17	16.20/0.8	1.82	11.20	4:53.14	(a)		
(20)											
4432	Cameron Darkin-Price			18.11.00	15	Exeter			18 Sep		
	6.08/1.6	28.13	44.90	55.92	14.94/0.8	1.76	12.16	5:26.19	(a)		
4423	Douglas Noel			1.03.01	16	Exeter			18 Sep		
	5.80/1.5	37.19	39.78	56.75	15.68/0.8	1.76	10.64	4:59.22	(a)		
4402	Coleman Corry			7.04.01	17	Exeter			18 Sep		
	5.59w/2.8	28.75	35.88	53.90	15.27/-0.8	1.64	10.41	4:26.78	(a)		
4381	Daniel Carpenter			7.11.99	5	Exeter			26 Jun		
	5.85w/2.8	32.36	39.86	56.07	14.90/0.1	1.58	11.81	4:57.76	(a)		
4373	Robert Worman			4.07.01	19	Exeter			18 Sep		
	6.17/1.1	32.41	33.14	55.38	14.85/-1.0	1.70	11.05	5:09.08	(a)		
4348w	Tommy D´Cruz			22.12.99	6	Exeter			26 Jun		
	6.11w/3.2	31.41	37.74	57.05	14.07/1.4	1.70	12.58	5:42.59	(a)		
	4303				23	Exeter			18 Sep		
	6.20/0.2	29.84	40.13	58.06	14.26/1.3	1.70	12.53	5:44.27	(a)		
4339	Gregory Baines			6.07.00	20	Exeter			18 Sep		
	5.40/0.1	29.12	40.85	53.70	14.72/-0.8	1.70	11.49	5:13.48	(a)		
4337	James Milburn			24.09.99	21	Exeter			18 Sep		
	5.59/0.0	33.61	34.43	54.06	14.94/-1.0	1.73	10.32	5:05.03	(a)		
4327	Alfie Scopes			12.11.99	22	Exeter			18 Sep		
	5.22/0.4	49.70	34.73	59.99	15.93/0.8	1.67	15.77	5:50.27	(a)		
4303	Harri Wheeler-Sexton			25.11.00	5	Street			24 Apr		
	6.23/-1.0	30.30	33.14	54.34	14.56/-1.0	1.59	10.95	5:12.91	(a)		
(30)											
4299	Sam Bennett			2.02.01	24	Exeter			18 Sep		
	5.77w/2.1	29.71	34.93	54.42	13.24/1.3	1.64	8.72	5:07.33	(a)		
4292W*	Matthew Chandler			30.10.00	*	Aberdeen			3 Jul		
	5.80W/5.2	10.16	1.84	53.94	14.55/-0.7	25.90	34.58	5:17.51	(b)		
4260	5.65/1.0										
4285	Edward Adams			1.09.99	1	Erith			11 Sep		
	5.97	31.28	1.65	55.45	14.39/0.5	10.71	35.50	5:16.58	(c)		
4279	Franklyn Roe			20.08.00	2	Blackburn			26 Jun		
	5.83	31.16	33.61	55.0	14.9/1.2	1.73	10.03	4:58.7	(a)		
4265	Rhys Jackson			14.01.00	2	York			28 Aug		
	15.58/0.1	5.36/0.6	9.31	53.55	33.46	1.79	28.63	4:45.27	(d)		
4254	Benjamin Taylor			27.02.00	5	London (LV)			26 Jun		
	5.27	33.98	42.16	55.8	15.9/0.3	1.70	10.52	4:52.2	(a)		
4250	Jake Akindutire			15.09.00	25	Exeter			18 Sep		
	5.77w/2.3	31.65	34.34	54.25	15.24/-0.8	1.73	9.58	5:05.12	(a)		
4221	Oscar Jupp			29.09.99	7	London (LV)			26 Jun		
	5.89	33.93	35.65	58.2	14.7/-0.7	1.88	9.58	5:27.3	(a)		

Order of events
- (a) LJ, DT, JT, 400m, 100mh, HJ, SP, 1500m
- (b) LJ, SP, HJ, 400m, 100mh, DT, JT, 1500m
- (c) LJ, DT, HJ, 400m, 100mh, SP, JT, 1500m
- (d) 100mh, LJ, SP, 400m, DT, HJ, JT, 1500m

Octathlon - Under 15

4116	Aran Thomas			6.12.01	1	Bedford		21 Aug		
	12.48/0.9	1.56	44.04	59.02	13.16/2.0	3.11	40.60	3:14.71		
3972	Ben Hughes			12.11.01	2	Bedford		21 Aug		
	12.15/0.9	1.56	35.52	57.59	12.20/2.0	2.41	29.01	2:57.70		
3628	Dylan Baines			3.10.01	3	Bedford		21 Aug		
	12.07/0.9	1.56	32.64	60.63	12.86/2.0	3.41	27.64	3:38.76		
3591	Freddie Reilly			10.02.02	4	Bedford		21 Aug		
	12.21/0.9	1.53	25.20	56.84	12.93/2.0	2.01	23.35	2:53.96		

Order of events: 100m, HJ, JT, 400m, 80m H, PV, DT, 1000m

2016 - M - PenB - PenC

Pentathlon - Under 15

3208	Dominic Ogbechie		15.05.02 1	Exeter	17 Sep
	12.19/0.0 11.33	6.56/1.4	1.91 2:15.00		
3184	Theo Adesina		20.05.02 2	Exeter	17 Sep
	11.55/0.0 11.16	6.42/0.6	1.85 2:15.01		
2916	Rory Howorth		2.07.02 3	Exeter	17 Sep
	12.49/0.0 10.65	5.53/0.0	1.64 2:00.92		
2893	Zachary Elliott		13.09.01 4	Exeter	17 Sep
	11.23/0.0 9.59	6.05/1.1	1.70 2:16.69		
2889	Luke Cressey		23.01.02 5	Exeter	17 Sep
	11.70/0.0 9.54	5.69/0.6	1.82 2:14.80		
2872	Ben Hughes		12.11.01 6	Exeter	17 Sep
	11.79/0.0 11.45	5.57/0.0	1.73 2:16.24		
2810	Ben Kerwin		10.02.02 7	Exeter	17 Sep
	12.44/0.0 10.06	5.75/0.0	1.61 2:05.31		
2791	Joseph Harding		31.10.02 8	Exeter	17 Sep
	11.04/0.0 8.88	6.18/0.0	1.52 2:14.69		
2775	Pedro Gleadall		7.12.01 9	Exeter	17 Sep
	12.45/-0.1 10.92	5.62/-1.4	1.85 2:23.89		
2691	Troy McConville		29.04.02 1	Belfast (MP)	13 Aug
	12.80/-1.3 10.13	5.74	1.78 2:21.27		
(10)					
2688	Alex Clayton		1.11.02 10	Exeter	17 Sep
	11.80/0.0 12.85	5.38/1.5	1.46 2:17.65		
2675	Stuart Bladon		13.01.02 11	Exeter	17 Sep
	12.21/0.0 10.26	5.02/1.3	1.70 2:12.60		
2669	Rico Cottell		22.11.01 1	Erith	11 Sep
	11.88/-2.5 9.93	5.57	1.68 2:20.5		
2640	Sam Bishop		25.10.01 12	Exeter	17 Sep
	12.30/0.0 10.56	5.72/0.0	1.37 2:08.39		
2631	Moyo Adekeye		15.11.01 3	London (LV)	25 Jun
	12.6/-1.7 10.89	5.45	1.64 2:16.1		
2629	Adam Willis		7.01.02 2	Blackburn	25 Jun
	11.5 9.46	5.51	1.52 2:13.0		
2610	Freddie Reilly		10.02.02 13	Exeter	17 Sep
	12.45/0.0 10.74	4.74/0.9	1.61 2:09.03		
2564	Lee Addison		5.03.02 15	Exeter	17 Sep
	12.96/0.7 11.01	6.02/0.7	1.64 2:29.74		
2548	Harrison Thorne		8.07.02 1	Exeter	25 Sep
	12.78/0.7 10.99	5.48	1.78 2:32.70		
2530	Kieron Gayle		7.03.02 4	Peterborough	25 Jun
	12.1 11.48	5.31	1.47 2:18.3		
(20)					
2511	Joshua Herrington		23.09.01 1	Macclesfield	11 Sep
	11.9 8.16	5.43	1.74 2:23.9		

Order of events: 80mH, SP, LJ, HJ, 800m in various orders
Different events: 80mH, LJ,200m,SP, 800m

2650	Craig Strachan		10.09.01 1	Grangemouth	4 Jun
	12.03 5.93 23.70 8.84 2:37.37				

Pentathlon - Under 13

1852	Aidan Brindley		9.10.03 1	Jarrow	24 Sep
	13.7 4.92	1.40	9.34 2:31.9		
1851	Seb Wallace		7.09.03 1	Sutton	10 Sep
	12.71/0.9 5.17/1.5	1.54	8.44 2:54.58		
1848	Isaac Johnston		10.11.03 1	Livingston	7 Aug
	13.40/1.2 4.52/-2.0	1.54	8.60 2:35.07		
1769	Jake Minshull		11.10.04 1	Leicester	3 Sep
	12.98 4.50	1.33	7.68 2:27.30		
1687	Oreofeoluwa Adepegba		10.08.04 1	Hemel Hempstead	26 Jun
	13.4 4.48	1.46	8.16 2:39.7		

2016 - M - PenC - HEpIJ

1651	Daniel Tewogbade			22,10.03 2	Sutton	10 Sep	
	12.69/0.9 4.20/1.2	1.48	7.15	2:42.73			
1642	Jacob Byfield			24.06.04 1	Tonbridge	29 Aug	
	12.68/-5.0 4.73	1.37	6.63	2:42.32			
1639	Thomas Paterson			19.03.04 2	Jarrow	24 Sep	
	13.0 4.79	1.37	8.05	2:47.2			
1635	Daniel Strong			21.09.03 1	Exeter	25 Sep	
	13.28w/3.3 4.19	1.24	6.85	2:23.22			
1625	Thomas Kimber			17.10.03 3	Sutton	10 Sep	
	13.68w/3.5 4.44/0.5	1.39	6.57	2:31.12			

Order of events: 75mH, LJ, HJ, SP, 800m

Heptathlon (Indoors)

5758	Liam Ramsay				18.11.92 1	Sheffield	10 Jan	
	7.09 7.08	13.64	2.02		8.14	4.40	2:40.47	
5695os	Timothy Duckworth			U23	18.06.96 1	Lexington, USA	23 Jan	
	7.01 7.45	11.27	2.12		8.49	5.00	3:02.02	
	5062				13	Birmingham, USA	12 Mar	
	7.34 7.03	11.33	1.98		8.74	4.50	3:10.94	
5605	Martin Brockman				13.11.87 10	Reims, FRA	31 Jan	
	7.35 7.08	13.45	1.97		8.70	4.82	2:40.32	
5383	Jack Andrew				12.10.91 2	Sheffield	10 Jan	
	7.32 6.54	12.05	1.90		8.27	4.70	2:42.36	
5259	David Hall			U23	25.04.95 15	Reims, FRA	31 Jan	
	7.15 6.71	12.23	1.88		8.67	4.32	2:43.14	
5258	Aiden Davies			U23	26.12.95 5	Salamanca, ESP	21 Feb	
	7.04 6.94	12.86	1.84		8.95	4.20	2:42.93	
5031	James Finney			U23	7.04.96 4	Sheffield	10 Jan	
	7.28 6.54	11.29	1.87		8.57	4.40	2:54.90	
5027	Angus Sinclair			U23	22.02.95 5	Birmingham, USA	23 Feb	
	7.27 6.74	12.50	1.94		9.08	4.15	2:55.17	
4966	James Wright			U23	4.02.94 5	Sheffield	10 Jan	
	7.14 6.89	11.75	1.81		8.47	3.50	2:49.70	
4927	Aled Price			U23	14.12.95 6	Sheffield	10 Jan	
	7.30 6.91	11.28	1.84		8.48	4.10	3:04.33	
(10)								
4897	Max Hall				29.12.86 7	Sheffield	10 Jan	
	7.39 6.36	11.84	1.81		8.92	4.40	2:51.13	
4881	Lewis Church			U23	27.09.96 9	Sheffield	10 Jan	
	7.68 6.47	11.19	1.96		8.78	4.10	2:49.62	
4814	Gavin Phillips			U23	17.05.96 10	Sheffield	10 Jan	
	7.26 6.65	11.44	1.81		8.90	4.00	2:56.70	
4717	Deo Milandu				30.10.92 11	Sheffield	10 Jan	
	7.37 6.23	12.42	1.78		8.81	4.00	2:58.57	
4678	Alexander Wort				18.09.93 12	Sheffield	10 Jan	
	7.60 5.96	10.55	1.78		8.39	4.30	2:56.19	
4604	Ben Burton				3.11.93 13	Sheffield	10 Jan	
	7.30 6.52	10.89	1.78		9.08	3.50	2:50.17	

Foreign
4881	*Michael Bowler (IRL)*			*28.01.92 8*	*Sheffield*	*10 Jan*	
	7.32 6.78	*12.14*	*1.75*	*9.09*	*4.10*	*2:48.78*	

Heptathlon - Under 20 (Indoors)

5510	Sam Talbot				17.02.99 1	Sheffield	10 Jan	
	7.00 7.51	12.62	3.82		8.05	1.87	2:44.60	(PV/HJ)
5015	Joseph Hobson				29.04.98 2	Sheffield	10 Jan	
	7.09 6.84	12.44	3.02		8.42	1.99	2:54.45	(PV/HJ)
4993	Tom Chandler				19.09.97 3	Sheffield	10 Jan	
	7.45 6.68	12.01	4.22		8.77	1.78	2:43.80	(PV/HJ)
4808	Dylan Carlsson-Smith				26.07.98 4	Sheffield	10 Jan	
	7.56 6.16	12.60	4.22		8.72	1.84	2:56.29	(PV/HJ)

2016 - M - HepIJ - 2kW

4769	Howard Bell				2.05.98	1	Glasgow		14 Feb
	7.49	6.81	11.63	1.90		8.67	3.60	3:00.75	
4654	Oliver Whellans				21.05.97	5	Sheffield		10 Jan
	7.38	6.29	10.22	3.42		8.47	1.78	2:45.43	(PV/HJ)
4614	Reuben Esien				8.04.98	6	Sheffield		10 Jan
	7.83	6.30	11.91	3.62		8.88	1.93	2:53.88	(PV/HJ)
4533	Will Marklew				6.07.98	7	Sheffield		10 Jan
	7.61	6.23	13.23	3.42		9.10	1.78	2:52.36	(PV/HJ)
4532	Ryan Long				2.09.98	1	London (LV)		18 Dec
	7.26	6.58	10.11	1.69		8.48	3.60	3:04.38	

Heptathlon - Under 17 (Indoors)

4603	Joshua Hewett				1.10.99	1	Sheffield		13 Mar
	7.47	6.25	11.51	2.02		8.73	3.22	3:04.25	
4409	Lewis Davey				24.10.00	1	London (LV)		18 Dec
	7.48	6.35	10.69	1.72		8.66	3.00	2:51.28	
4379	Joel McFarlane				9.10.00	2	Sheffield		13 Mar
	7.60	6.43	11.07	1.81		8.77	3.12	3:01.72	
4369	Kellen Jones				5.09.99	3	Sheffield		13 Mar
	7.26	6.68	10.49	1.72		8.50	3.02	3:13.16	
4362	Andrew McFarlane				7.07.00	1	Glasgow		14 Feb
	7.89	5.89	10.96	1.78		8.78	4.20	3:08.18	
4246	Scott Connall				20.03.00	4	Sheffield		13 Mar
	7.67	6.13	10.57	1.75		9.22	3.82	3:06.63	
4219	Cameron Darkin-Price				18.11.00	2	London (LV)		18 Dec
	7.58	5.79	12.62	1.81		9.20	3.50	3:11.43	

Pentathlon - Under 15 (Indoors)

3029	Theo Adesina			20.05.02	1	Sheffield		13 Mar
	8.83	6.01	1.71	12.13	2:17.25			
2910	Joseph Harding			31.10.02	1	London (LV)		17 Dec
	8.26	5.99	1.66	10.11	2:23.39			
2709	Zachary Elliott			13.09.01	2	Sheffield		13 Mar
	9.04	6.08	1.59	9.15	2:18.28			
2615	Ben Hughes			12.11.01	3	Sheffield		13 Mar
	9.20	5.03	1.71	10.18	2:18.20			
2527	Rory Howorth			2.07.02	4	Sheffield		13 Mar
	9.66	5.19	1.53	8.94	2:05.87			
2372	Oliver Kitchingman			11.01.02	5	Sheffield		13 Mar
	9.83	5.51	1.53	11.38	2:28.95			

Pentathlon - Under 13 (Indoors)

1628	Xander Collins			18.09.03	1	London (LV)		27 Mar
	9.99	4.37	6.88	1.37	2:39.22			
1442	Cameron Forbes			15.08.04	1	Glasgow		13 Feb
	9.97	4.29	4.80	1.42	2:49.32			
1418	Harry Crosby			24.11.03	2	London (LV)		27 Mar
	11.09	4.30	6.54	1.40	2:40.12			
1341	Rob Henderson			15.12.03	2	Glasgow		13 Feb
	11.33	4.55	7.10	1.24	2:41.48			
1285	Jake Minshull			11.10.04	3	London (LV)		27 Mar
	12.23	3.86	6.40	1.37	2:28.59			

2000 Metres Walk

7:21.32i+	Tom Bosworth			17.01.90	1m	Sheffield	28 Feb
7:43i+e	Cameron Corbishley	U20		31.03.97	2m	Sheffield	28 Feb
7:43i+e	Callum Wilkinson	U20		14.03.97	3m	Sheffield	28 Feb
7:47.98i+					8m	Bratislava, SVK	31 Jan

2016 - M - 2kW - 5kWR

Under 13

10:11.9	Alex MacHeath		17.02.04	1	Tamworth	2	Jul
	10:07R			1	London (Elt)	16	Jan
11:41.49	Faris Alkhamesi		26.08.04	1	Leicester	15	May
	11:26R			1	Coventry	6	Mar
11:50.0	Kai Cundey		14.02.04	1	Sheffield	19	Sep

3000 Metres Walk - Track

10:58.21i	Tom Bosworth		17.01.90	1	Sheffield	28	Feb
	11:15.81i			1	Sheffield	10	Jan
	11:22.03i+			1m	Bratislava, SVK	31	Jan
	11:29.54+			1m	Birmingham	26	Jun
11:36.2	Callum Wilkinson	U20	14.03.97	1	Bury St. Edmunds	15	May
	11:39.87i			2	Sheffield	10	Jan
	11:45.92i+			6m	Bratislava, SVK	31	Jan
	11:49.85			1	Manchester	17	Aug
	11:52+			1m	Tamworth	2	Jul
	12:13.7+			1m	Bedford	19	Jun
11:39.75i	Cameron Corbishley	U20	31.03.97	1	Cardiff	11	Dec
	11:53.08			1	Ashford	15	May
	12:09.78i			3	Sheffield	10	Jan
	12:17+			2m	Tamworth	2	Jul
	12:19.19			3	Manchester	17	Aug
11:50.34i	Guy Thomas	U20	1.07.97	2	Cardiff	11	Dec
	12:08.12			2	Manchester	17	Aug
11:58.31	Dominic King		30.05.83	1	Chelmsford	15	May
12:09.98	Daniel King		30.05.83	2	Chelmsford	15	May
12:53.1	Christopher Snook	U17	14.01.00	1	Portsmouth	14	May
13:17.1	Timothy Snook	U20	18.02.98	1	Portsmouth	14	May
13:17.58i	Tom Partington	U20	8.07.99	3	Sheffield	28	Feb
	13:28.0			1	Douglas, IOM	24	Jul

Under 15

15:49.3	Stephen Waddington		12.06.02	1	Douglas, IOM	25	Jul
	15:48R			1	Douglas, IOM	20	Feb
16:00	Jack Childs		11.06.03	1	Lewes	12	Mar

5000 Metres Walk - Track

18:54.18i	Tom Bosworth		17.01.90	1	Bratislava, SVK	31	Jan
	19:13.56			1	Birmingham	26	Jun
19:35.4	Callum Wilkinson	U20	14.03.97	1	Tamworth	2	Jul
	19:39.69i			6	Bratislava, SVK	31	Jan
	19:54.47			3	Birmingham	26	Jun
	20:37.2+			1m	Bedford	19	Jun
	21:11.75+			1m	Bydgoszcz, POL	23	Jul
20:34.9	Cameron Corbishley	U20	31.03.97	2	Tamworth	2	Jul
	20:50.91			4	Birmingham	26	Jun
	21:14.7+			2m	Bedford	19	Jun
21:14.7+	Guy Thomas	U20	1.07.97	3m	Bedford	19	Jun
22:28.2	Luc Legon		12.09.97	1	Horsham	10	Dec
22:31.62	Christopher Snook	U17	14.01.00	1-17	Exeter	17	Sep
22:42.77	Tom Partington	U20	8.07.99	1	Exeter	17	Sep
23:37.67	Timothy Snook	U20	18.02.98	6	Birmingham	26	Jun

5 Kilometres Walk - Road

20:04+	Tom Bosworth		17.01.90	2m	Poděbrady, CZE	9	Apr
	20:07+			1m	Dudince, SVK	19	Mar
	20:10			1	Portsmouth	23	Oct
	20:13+e			1m	Rio de Janeiro, BRA	12	Aug
	20:24+			31m	Rome, ITA	7	May
	20:59+			1m	Leeds	5	Jun

Time	Name	Cat	DOB	Pos	Venue	Date	
20:23+	Callum Wilkinson	U20	14.03.97	1m	Podébrady, CZE	9	Apr
20:24+				2m	Rome, ITA	7	May
20:52+				1m	Coventry	6	Mar
20:54+				1m	Dudince, SVK	19	Mar
20:56+	Cameron Corbishley	U20	31.03.97	2m	Coventry	6	Mar
21:08+				2m	Dudince, SVK	19	Mar
21:16+				26m	Rome, ITA	7	May
21:18+	Guy Thomas	U20	1.07.97	29m	Rome, ITA	7	May
where superior to track							
21:39+	Dominic King		30.05.83	98m	Rome, ITA	7	May
23:26+	Adam Cowin	U23	27.06.94	4m	Coventry	6	Mar

10000 Metres Walk - Track

Time	Name	Cat	DOB	Pos	Venue	Date	
40:41.62	Callum Wilkinson	U20	14.03.97	1	Bydgoszcz, POL	23	Jul
42:18.94	Cameron Corbishley	U20	31.03.97	1	Bedford	19	Jun
43:06.91				24	Bydgoszcz, POL	23	Jul
42:28.20	Guy Thomas	U20	1.07.97	2	Bedford	19	Jun
47:17.2	Daniel King		30.05.83	1	Southend	27	Aug

10 Kilometres Walk - Road

Time	Name	Cat	DOB	Pos	Venue	Date	
39:58+	Tom Bosworth		17.01.90	1m	Dudince, SVK	19	Mar
40:10+				1m	Rio de Janeiro, BRA	12	Aug
40:46+				33m	Rome, ITA	7	May
42:26+				1m	Leeds	5	Jun
40:30	Callum Wilkinson	U20	14.03.97	4	Rome, ITA	7	May
41:31				1	Coventry	6	Mar
41:33				1	Podébrady, CZE	9	Apr
41:36				1	Dudince, SVK	19	Mar
42:55	Guy Thomas	U20	1.07.97	19	Rome, ITA	7	May
43:05	Cameron Corbishley	U20	31.03.97	10	Podébrady, CZE	9	Apr
43:48+	Dominic King		30.05.83	90m	Rome, ITA	7	May
46:22	Christopher Snook	U17	14.01.00	31	Podébrady, CZE	9	Apr
46:37	Adam Cowin	U23	27.06.94	1	Douglas, IOM	20	Mar
46:41	Tom Partington	U20	8.07.99	34	Podébrady, CZE	9	Apr
47:45	Timothy Snook	U20	18.02.98	1	Hayes	2	Oct

20 Kilometres Walk - Road

Time	Name	Cat	DOB	Pos	Venue	Date	
1:20:13	Tom Bosworth		17.01.90	6	Rio de Janeiro, BRA	12	Aug
1:20:41				1	Dudince, SVK	19	Mar
1:22:55				34	Rome, ITA	7	May
1:26:15				1	Leeds	5	Jun
1:30:29				1	Hayes	23	Apr
1:30:17	Guy Thomas	U20	1.07.97	1	Douglas, IOM	4	Sep
1:30:23	Daniel King		30.05.83	2	Leeds	5	Jun
1:35:54+				39m	Dudince, SVK	19	Mar
1:31:30	Dominic King		30.05.83	3	Leeds	5	Jun
1:32:36+				4m	Andernach, GER	8	Oct
1:33:22+				22m	Rio de Janiero, BRA	19	Aug
1:34:23+				36m	Dudince, SVK	19	Mar
1:33:00	Cameron Corbishley	U20	31.03.97	1	Hayes	2	Oct
1:38:54	Adam Cowin	U23	27.06.94	1	Douglas, IOM	20	Feb
1:43:53	Andrew Miller	V45	27.04.69	5	Leeds	5	Jun

50 Kilometres Walk - Road

Time	Name	Cat	DOB	Pos	Venue	Date	
3:55:48	Dominic King		30.05.83	4	Andernach, GER	8	Oct
4:08:00				32	Dudince, SVK	19	Mar
4:19:12	Daniel King		30.05.83	39	Dudince, SVK	19	Mar
4:51:51	Jonathan Hobbs		17.05.93	5	Saint-Sebastien-sur Loire, FRA	13	Mar

4 x 100 Metres

Time	Team	Pos	Venue	Date
37.78	National Team (James Dasaolu, Adam Gemili, James Ellington, Chijindu Ujah)	1	London (O)	23 Jul
37.81	National 'B' Team (Richard Kilty, Harry Aikines-Aryeetey, Danny Talbot, Ojie Edoburun)	2	London (O)	23 Jul
37.98	National Team (Richard Kilty, Harry Aikines-Aryeetey, James Ellington, Adam Gemili)	5	Rio de Janeiro, BRA	19 Aug
38.06	National Team (Richard Kilty, Harry Aikines-Aryeetey, James Ellington, Chijindu Ujah)	4h2	Rio de Janeiro, BRA	18 Aug
38.12	National Team (James Dasaolu, Adam Gemili, James Ellington, Chijindu Ujah)	1h1	Amsterdam, NED	9 Jul
38.17	National Team (James Dasaolu, Adam Gemili, James Ellington, Chijindu Ujah)	1	Amsterdam, NED	10 Jul
38.61	National Team (James Ellington, Harry Aikines-Aryeetey, Danny Talbot, Ojie Ediourun)	1	Geneva, SUI	11 Jun
38.64	National Team (James Dasaolu, Harry Aikines-Aryeetey, Richard Kilty, Chijindu Ujah)	1	Loughborough	22 May
38.81	National 'B' Team (Theo Etienne, James Ellington, Danny Talbot, Ojie Edoburun)	2	Loughborough	22 May
39.57	National Junior Team U20 (Zanson Plummer, Oliver Bromby, Ryan Gorman, Gerald Matthew)	6	Bydgoszcz, POL	23 Jul
39.82	England (James Alaka, Elliott Hurley, Reuben Arthur, Confidence Lawson)	3	Loughborough	22 May
39.91	National Junior Team U20 (Zanson Plummer, Oliver Bromby, Ryan Gorman, Gerald Matthew)	1h1	Bydgoszcz, POL	23 Jul
39.99	National Junior Team U20 (Oliver Bromby, Ryan Gorman, Cameron Tindle, Rechmial Miller)	1	Mannheim, GER	25 Jun
40.07	National Junior Team U20 (Gerald Matthew, Ryan Gorman, Cameron Tindle, Rechmial Miller)	2r2	Mannheim, GER	26 Jun
40.13	England (Aidan Syers, Samuel Osewa, Confidence Lawson, Keiran Showler-Davis)	1	Manchester (SC)	17 Aug
40.72	Birchfield Harriers (Jake Porter, Jack Lawrence, Leon Reid, Elliott Powell)	1	London (He)	6 Aug
40.76	Cardiff AAC (David Omoregie, James Griffiths, Anax DaSilva, Kristian Jones)	1	Nottingham	6 Aug
40.98	England 'B'	2	Manchester (SC)	17 Aug
41.00	Sheffield & Dearne AC (Elliot Hurley, Liam Ramsey, Jerome McIntosh, Andrew Wright)	1	Manchester (SC)	4 Jun
41.01	Wales	4	Loughborough	22 May

Additional Club Teams (1-3 above)

Time	Team		Pos	Venue	Date
41.33	Sale Harriers Manchester		2	Manchester (SC)	4 Jun
41.36	Thames Valley Harriers		1	Bromley	2 Jul
41.46	Basingstoke & Mid Hants AC		1	Watford	7 May
41.53	Loughborough University		1	Bedford	2 May
41.56	Enfield & Haringey AC		2	Bromley	2 Jul
41.60	Shaftesbury Barnet Harriers		1	Eton	7 May
41.61	Liverpool Harriers & AC		3	Manchester (SC)	4 Jun
41.65	Coventry Godiva Harriers		1	London (ME)	7 Aug
41.75	Woodford Green with Essex Ladies		2	Eton	7 May
41.78	Southampton AC		2	Watford	7 May
41.81	Leeds Beckett University		2	Bedford	2 May
41.86	Newham & Essex Beagles		3	London (He)	6 Aug
41.99	Cardiff University		3	Bedford	2 May
42.09	Croydon Harriers	U17	1	London (O)	22 Jul
42.16	Thames Valley Harriers	U20	1	London (O)	22 Jul
42.24	Birchfield Harriers	U20	1	Rugby	24 Jul
42.25	Bournemouth AC		1	Yeovil	6 Aug

2016- M - 4x100

Additional Under 20 Teams (1-7 above)
41.50	England Schools	U17	1	Ashford	16	Jul
41.73	Middlesex Schools		1	Gateshead	9	Jul
42.21	Hertfordshire Schools		2	Gateshead	9	Jul

Additional Under 20 Club Teams (1-3 above)
42.4	Eton College	1	Oxford	5	May
42.7	Harrow School	2	Oxford	5	May
43.0	Millfield School	3	Oxford	5	May
43.01	Newham & Essex Beagles U17	2	London (O)	22	Jul
43.06	Harrow AC	2	London (O)	22	Jul
43.14	Blackheath & Bromley H AC	3	London (O)	22	Jul
43.17	Rugby & Northampton AC	2	Rugby	24	Jul
43.17	Enfield & Haringey AC	1	Eton	24	Jul

Additional Under 17 Teams (1-3 above)
42.30	Midlands Schools	1	Loughborough	2	Sep
42.64	Essex Schools	1	Gateshead	9	Jul
42.70	Avon Schools	2	Gateshead	9	Jul
42.98	Middlesex Schools	3	Gateshead	9	Jul
43.0	Surrey Schools	1	Carshalton	18	Jun
43.16	South East England Schools	2	Loughborough	2	Sep

Additional Under 17 Club Teams (1-2 above)
43.58	Blackheath & Bromley H AC	3	London (O)	22	Jul
43.8	Middlesbrough AC (Mandale)	1	Rotherham	26	Jun
43.82	Herne Hill Harriers	4	London (O)	22	Jul
43.98	Rugby & Northampton AC	1	Rugby	24	Jul
44.2	Birchfield Harriers	1	Nottingham	1	May
44.2	Whitgift School	1h2	Oxford	5	May
44.21	Halesowen A & CC	1	Birmingham	24	Jun
44.21	Shaftesbury Barnet Harriers	5	London (O)	22	Jul

Under 15 Teams
43.46	London Schools	1h1	Gateshead	8	Jul
44.43	Middlesex Schools	1h3	Gateshead	8	Jul
45.07	West Midlands Schools	2	Gateshead	9	Jul
45.22	Surrey Schools	3	Gateshead	9	Jul
45.28	Shaftesbury Barnet Harriers	1	London (O)	22	Jul
45.36	Essex Schools	4	Gateshead	9	Jul
45.4	Blackheath & Bromley H AC	1	Gillingham	18	Sep
45.44	Croydon Harriers	2	London (O)	22	Jul
45.46	Hampshire Schools	5	Gateshead	9	Jul

Additional Under 15 Club Teams (1-3 above)
46.15	Belgrave Harriers	1	London (BP)	19	Jun
46.6	Basingstoke & Mid Hants AC	1	Reading	11	Sep
46.65	Hercules Wimbledon AC	1	Carshalton	10	Sep
47.06	Bedford & County AC	2	Stevenage	4	Sep
47.11	Sale Harriers Manchester	1	Bedford	3	Sep
47.13	Edinburgh AC	1	Grangemouth	14	Aug
47.3	Tonbridge AC	1	Bromley	19	Jun

Under 13 Teams
50.47	Herne Hill Harriers	1	Carshalton	10	Sep
50.85	Croydon Harriers	1	London (O)	22	Jul
51.31	Sale Harriers Manchester	1	Manchester (SC)	17	Aug
51.37	Middlesex AA	1r1	Kingston	31	Jul
51.62	Surrey AA	1r2	Kingston	31	Jul
51.80	Swansea Harriers	1	Cardiff	11	Jun
51.87	Blackheath & Bromley H AC	3	London (O)	22	Jul
51.87	Crewe & Nantwich AC	2	Manchester (SC)	17	Aug
52.05	Sussex AA	2r2	Kingston	31	Jul

Additional Under 13 Club Teams (1-6 above)
52.24	Trafford AC		3	Manchester (SC)	17 Aug
52.64	Edinburgh AC		1h1	Grangemouth	14 Aug
52.86	Cardiff AAC		2	Cardiff	11 Jun
53.35	Cardiff Archers		3	Cardiff	11 Jun

4 x 200 Metres
1:28.08i	Wales	U20	1	Cardiff	7 Feb
1:28.13i	England	U20	2	Cardiff	7 Feb
1:28.33i	Birmingham University		1	Sheffield	21 Feb
1:28.78i	Bath University		2	Sheffield	21 Feb
1:29.27i	Cardiff Metropolitan University		1	London (LV)	3 Feb
1:29.45i	Loughborough University		3	Sheffield	21 Feb

Under 20 Club Team
1:30.4	Eton College	1	Oxford	5 May

Under 17 Team
1:33.9	Whitgift School	1	Oxford	5 May

Under 15 Team
1:39.5	Croydon Harriers	1r2	London (TB)	26 Jun

Under 13 Team
1:49.44	Herne Hill Harriers	1	Carshalton	10 Sep

4 x 300 Metres - Under 15
2:33.5	Blackheath & Bromley H	1	Gillingham	18 Sep
2:36.34	Edinburgh AC	1	Bedford	3 Sep
2:36.7	Windsor SE&H AC	1	Bromley	19 Jun
2:37.39	Preston Harriers	2	Bedford	3 Sep
2:37.8	Gateshead Harriers	1	Liverpool	16 Jul
2:37.9	Cardiff AAC	1	Cheltenham	16 Jul
2:39.7	Southampton AC	3	Eton	16 Jul
2:40.8	Tonbridge AC	2	Gillingham	7 Aug
2:41.99	Epsom & Ewell Harriers	1	Carshalton	10 Sep
2:42.14	Dunfermline Track & Field	1	Aberdeen	2 Jul

4 x 400 Metres
3:01.44	National Team	3	Amsterdam, NED	10 Jul

(Rabah Yousif 45.6e, Delano Williams 44.8e, Jack Green 45.64, Matthew Hudson-Smith 45.32)

3:01.63	National Team	1h1	Amsterdam, NED	9 Jul

(Rabah Yousif 45.8e, Delano Williams 44.8e, Nigel Levine 45.21, Jarryd Dunn 45.73)

3:03.81	National Team	1r2	Loughborough	22 May

(Conrad Williams 46.1, Matthew Hudson-Smith 46.7, Martyn Rooney 45.3, Jamie Bowie 46.4)

3:06.19	National Team		Lucerne, SUI	14 Jun

(Conrad Williams, Nigel Levine, Dwayne Cowan, Jack Green)

3:07.12	National 'B' Team	3r2	Loughborough	22 May

(Jarryd Dunn 46.4, Chris Clarke 47.8, Christopher McAlister 47.5, Nigel Levine 45.5)

3:08.06	England	1	Manchester (SC)	17 Aug

(Richard Yates, Conrad Williams, Dwayne Cowan, Christian Byron)

3:09.37	Scotland	2	Manchester (SC)	17 Aug

(Anthony Young, Greg Louden, Grant Plenderleith, Pat Swan)

3:09.74	City of Sheffield & Dearne AC	1	Manchester (SC)	4 Jun

(Jack Houghton, David Dempsey, Rick Yates, Grant Plenderleith)

3:09.80	Birchfield Harriers	1	Leiria, POR	28 May

(Efekemo Okoro, Christian Byron, Elliott Rutter, Sadam Koumi SUD)

3:10.20	Liverpool Harriers & AC	2	Manchester (SC)	4 Jun

(Harry Doran, Martin Lipton, Alex Boyce, Adam McComb)

3:10.55	City of Sheffield & Dearne AC	1	London (He)	6 Aug

(Lewis Brown, Jack Houghton, Rick Yates, Grant Plenderleith)

3:10.95	England	1r1	Loughborough	22 May

(Michael Warner 48.1, Christian Byron 47.8, Nicholas Atwell 48.1, Efekemo Okoro 47.0)

2016 - M - 4x400

3:11.25	Newham & Essex Beagles		1	Eton		7 May
	(Michael Warner, Will Oyowe, Rabah Yousif, Jason Harvey IRL)					
3:11.42	Birchfield Harriers		2	London (He)		6 Aug
	(Paul Byrne, IRL, Elliott Rutter, Christian Byron, Sadam Koumi SUD)					
3:11.55	Newham & Essex Beagles		1	Birmingham		2 Jul
	(Michael Warner, Jason Harvey IRL, Niall Flannery, Keith Turner, USA)					
3:11.64	National Junior Team	U20	2	Loughborough		22 May
	(Owen Richardson 49.0, Connor Wood 48.3, Lee Thompson 47.6, Cameron Chalmers 46.8)					
3:11.84	Newham & Essex Beagles		3	Manchester (SC)		4 Jun
	(Michael Warner, Jason Harvey IRL, Michael Oko-Ampofo, Will Oyowe, BEL)					
3:11.87	Sale Harriers Manchester		4	Manchester (SC)		4 Jun
	(Dwayne Cowan, Matthew Sumner, Adebowale Ademuyewo, Clovis Asong)					
3:11.91	Woodford Green with Essex Ladies		5	Manchester (SC)		4 Jun
	(Ewan Dyer, Daniel Rowden, Jack Lawrie, Vincent Oges)					
3:11.98	Birchfield Harriers		2	Eton		7 May
	(Paul Byrne, IRL, Christian Byron, Shad-Marc Aaron, Efekemo Okoro)					

Additional Club Teams (1-6 above)
3:13.60	Bath University	1	Bedford	2	May
3:13.92	Loughborough University	2	Bedford	2	May
3:13.99	Windsor S, E&H AC	3	Eton	7	May
3:15.17	Harrow AC	1	Bromley	2	Jul
3:15.48	Shaftesbury Barnet Harriers	3	London (He)	6	Aug
3:15.71	Cardiff AAC	1	Bedford	4	Jun
3:15.98	Birmingham University	3	Bedford	2	May
3:16.35	Herne Hill Harriers	2	Bromley	2	Jul
3:16.43	Southampton AC	3	Bromley	2	Jul
3:16.62	Thames Valley Harriers	4	Bromley	2	Jul
3:17.91	Newquay & Par AC	1	Chelmsford	4	Jun
3:17.92	Shaftesbury Barnet Harriers U20	1	Castellón, ESP	17	Sep
3:18.17	Basingstoke & Mid Hants AC	1	Basingstoke	6	Aug
3:18.18	Southend-on-Sea AC	2	Chelmsford	4	Jun

Additional Under 20 Club Teams (1 above)
3:21.60	Rugby & Northampton AC	1	Bedford	4	Sep
3:25.46	Blackheath & Bromley H AC	3	Bedford	4	Sep
3:26.8	Wolverhampton & Bilston AC	1	Tipton	29	May
3:26.83	Windsor SE&H AC	1	Bromley	29	May

Under 17 Teams
3:22.58	England Schools	1	Ashford	16	Jul
3:23.15	North East England Schools	1	Loughborough	2	Sep
3:23.54	North West England Schools	2	Loughborough	2	Sep

Under 17 Club Teams
3:29.33	Reading AC	1	Bedford	4	Sep
3:30.08	Edinburgh AC	2	Bedford	4	Sep
3:30.8	Southampton AC	1	Woking	26	Jun
3:33.4	Millfield School	1	Oxford	5	May
3:33.6	St Pauls School	2	Oxford	5	May
3:33.86	Shaftesbury Barnet Harriers	3	Bedford	4	Sep
3:34.70	Guildford & Godalming AC	1	Perivale	29	May
3:34.87	Guernsey Island AC	1	St Peter Port, GUE	25	Jun
3:35.1	Giffnock North AAC	1	Gateshead	29	May
3:35.39	Pitreavie AAC	1	Aberdeen	2	Jul

Team disqualified for minor take-over infringement
(2:58.88)　　National Team　　　　　　　　　　　　(1h2) Rio de Janeiro, BRA　19 Aug
　　　　　　(Nigel Levine 45.7, Delano Williams 44.0, Matthew Hudson-Smith 45.32, Martyn Rooney 43.75)

2016 LISTS - WOMEN

60 Metres - Indoors

7.10	Asha Philip		25.10.90	1	Sheffield	27	Feb
	7.13			3s3	Portland, USA	19	Mar
	7.14			5	Portland, USA	19	Mar
	7.16			3	Berlin, GER	13	Feb
	7.18			3h2	Berlin, GER	13	Feb
	7.18			2h1	Portland, USA	19	Mar
	7.21			1	Cardiff	31	Jan
	7.22			1s3	Sheffield	27	Feb
	7.27			1h2	Cardiff	31	Jan
	7.36			1h2	Sheffield	27	Feb
7.11	Dina Asher-Smith	U23	4.12.95	3	Karlsruhe, GER	6	Feb
	7.11			2s1	Portland, USA	19	Mar
	7.12			2h4	Portland, USA	19	Mar
	7.14			2h2	Karlsruhe, GER	6	Feb
	7.15			2	Sheffield	27	Feb
	7.16			1s2	Sheffield	27	Feb
	7.17			1h2	Glasgow	20	Feb
	7.20			1A1	London (LV)	31	Jan
	7.22			1A2	London (LV)	31	Jan
	7.25			6	Glasgow	20	Feb
	7.34			1h1	Sheffield	27	Feb
7.26	Desiree Henry	U23	26.08.95	4h2	Glasgow	20	Feb
	7.27			8	Glasgow	20	Feb
	7.28			6	Düsseldorf, GER	3	Feb
	7.28			3h1	Berlin, GER	13	Feb
	7.30			1h3	Mondeville, FRA	6	Feb
	7.31			6	Eaubonne, FRA	9	Feb
	7.32			5h2	Düsseldorf, GER	3	Feb
	7.32			2h3	Eaubonne, FRA	9	Feb
	7.34			5	Mondeville, FRA	6	Feb
7.29	Daryll Neita	U23	29.08.96	3A2	London (LV)	31	Jan
	7.29			5h1	Karlsruhe, GER	6	Feb
	7.32			2A1	London (LV)	31	Jan
	7.34			1A2	London (Nh)	27	Jan
	7.37			1A1	London (Nh)	27	Jan
7.33	Imani Lansiquot	U20	17.12.97	1	Sheffield	13	Feb
	7.34			2A2	London (Nh)	27	Jan
	7.39			2A1	London (Nh)	27	Jan
	7.41			1s1	Sheffield	13	Feb
	7.44			1h3	Sheffield	13	Feb
7.35	Louise Bloor		21.09.85	1	Vienna, AUT	30	Jan
	7.36			3	Sheffield	27	Feb
	7.39			1	Sheffield	16	Jan
	7.39			1h1	Vienna, AUT	30	Jan
	7.40			1s1	Sheffield	27	Feb
	7.41			1h5	Sheffield	27	Feb
	7.43			1s1	Sheffield	16	Jan
7.36	Sophie Papps	U23	6.10.94	4A1	London (LV)	31	Jan
	7.39mx			1G1	Uxbridge	13	Feb
	7.40			4A2	London (LV)	31	Jan
	7.43mx			1F2	Uxbridge	13	Feb
7.36	Shara Proctor		16.09.88	3	Lódz, POL	5	Feb
	7.38			2h1	Lódz, POL	5	Feb
	7.40			4h2	Eaubonne, FRA	9	Feb

2016 - W - 60

Time	Name	Cat	DOB	Pos	Venue	Date	
7.37	Nicola Gilbert		12.03.85	1h2	Vienna, AUT	30	Jan
7.38				2	Vienna, AUT	30	Jan
7.40				3A1	London (Nh)	10	Feb
7.41				2A2	London (Nh)	10	Feb
7.41				1A1	London (Nh)	24	Feb
7.43				1s1	London (LV)	16	Jan
7.43				4	Sheffield	27	Feb
7.45				1A1	Loughborough	9	Jan
7.45mx				1l1	Uxbridge	13	Feb
7.45				2s3	Sheffield	27	Feb
7.37	Hannah Brier	U20	3.02.98	1h1	Cardiff	31	Jan
7.39				3	Cardiff	31	Jan
7.43				1	Cardiff	16	Jan
(10)							
7.38	Corinne Humphreys		7.11.91	2A1	London (Nh)	10	Feb
7.39	Cindy Ofili	U23	5.08.94	5	Geneva, USA	27	Feb
7.41				1h3	Geneva, USA	26	Feb
7.42				1	Notre Dame, USA	23	Jan
7.45				1h5	Geneva, USA	13	Feb
7.45				1	Geneva, USA	13	Feb
7.41	Rachel Johncock		4.10.93	4	Torun, POL	12	Feb
7.43	Montell Douglas		24.01.86	3A2	London (Nh)	10	Feb
7.45	Rebecca Campsall		2.10.90	1r2	Bratislava, SVK	31	Jan
	76 performances to 7.45 by 15 athletes						
7.46	Lukesha Morris	U23	26.11.95	2	Kuldiga, LAT	16	Jan
7.47	Marilyn Nwawulor		20.09.92	1h1	Cardiff	23	Jan
7.49	Serita Solomon		1.03.90	6A2	London (LV)	31	Jan
7.49	Finette Agyapong	U20	1.02.97	1s3	Sheffield	13	Feb
7.49	Charlotte Paterson	U20	26.02.98	2s2	Sheffield	27	Feb
(20)							
7.50	Jenna Wrisberg	U20	22.03.98	1	Glasgow	6	Mar
7.52	Rebekah Wilson		17.03.91	2	Sheffield	16	Jan
7.53	Cheriece Hylton	U23	19.12.96	1A1	London (CP)	13	Jan
7.53	Diani Walker	U23	14.07.95	2B2	London (LV)	31	Jan
7.53	Clieo Stephenson	U23	8.04.95	3B2	London (LV)	31	Jan
7.53	Shanice Harrison		30.10.93	6A1	London (Nh)	10	Feb
7.53	Rebecca Chapman		27.09.92	1	Cardiff	11	Dec
7.55	Amarachi Pipi	U23	26.11.95	3h3	Ames, USA	26	Feb
7.57	Vera Chinedu	U17	2.05.00	1	London (LV)	9	Jan
7.57	Megan Marrs	U20	25.09.97	4h2	Athlone, IRL	17	Feb
(30)							
7.59	Kimbely Baptiste		27.12.92	1	Cardiff	23	Jan
7.59	Torema Thompson		15.02.90	5h1	Ghent, BEL	13	Feb
7.60	Sophie Yorke	U20	7.07.98	3h3	Sheffield	27	Feb
7.6	Kristal Awuah	U20	7.08.99	1A1	Sutton	3	Jan
7.69				2h3	London (LV)	16	Jan
7.61	Katy Wyper		17.04.93	1A1	Birmingham	21	Feb
7.62	Yasmin Miller	U23	24.05.95	3	London (LV)	16	Jan
7.63	Olivia Okoli	U17	7.09.99	1	Sutton	20	Feb
7.63	Josie Oliarnyk	U17	27.03.00	1	Birmingham	20	Mar
7.64	Nikita Campbell-Smith	U23	5.09.95	4	Sheffield	16	Jan
7.64	Cassie-Ann Pemberton	U17	24.07.01	1A2	Birmingham	21	Feb
(40)							
7.64	Stephanie Clitheroe	U23	3.11.95	2	London (LV)	7	Dec
7.65	Holly Mills	U17	15.04.00	2A1	London (LV)	23	Jan
7.65	Alisha Rees	U20	16.04.99	1	Glasgow	4	Feb
7.65	Danielle McGifford	U23	11.04.95	1B1	Manchester (SC)	18	Dec
7.66	Joy Ogunleye	U17	27.09.00	2	London (LV)	9	Jan
7.66	Charmont Webster-Tape	U17	29.11.99	2	Sutton	20	Feb
7.67	Mica Moore		23.11.92	3h2	Cardiff	31	Jan
7.67	Kristie Edwards	U20	16.08.97	2s2	Sheffield	19	Feb

2016 - W - 60

7.67	Megan Hoult		28.11.91	2A2	Birmingham	21	Feb
7.68	Vivien Olatunji	U20	6.06.97	3A1	London (CP)	13	Jan
(50)							
7.68mx	Jatila Reavil-Blake	U23	13.01.95	1I2	Uxbridge	13	Feb
7.75				4h4	Sheffield	27	Feb
7.68	Gabriella Ade-Onojobi		1.08.93	2	Staten Island, USA	20	Feb
7.69	Amy Hunt	U15	15.05.02	3A1	London (LV)	23	Jan
7.69	Beth Dobbin	U23	7.06.94	5B2	London (LV)	31	Jan
7.69	Risqat Fabunmi-Alade	U23	25.03.94	2	London (LV)	3	Feb
7.69	Jade Phillips		23.12.90	1r19A	Eton	7	Feb
7.69mx	Alicia Barrett	U20	25.03.98	1	Sheffield	3	Dec
7.70	Sharhnee Skervin	U17	13.03.00	2s3	Sheffield	13	Feb
7.70	Chloe Boomer		11.10.93	3s2	Sheffield	19	Feb
7.70	Charlotte Orton	U20	18.07.98	5s2	Sheffield	27	Feb
(60)							
7.72	Moli Jones	U17	28.10.00	1	Cardiff	16	Jan
7.72mx	Twinelle Hopeson		23.09.91	1r17A	Eton	7	Feb
7.72	Ebony Carr	U20	21.01.99	2h5	Sheffield	13	Feb
7.73	Mair Edwards	U17	6.09.99	1C1	London (LV)	31	Jan
7.73	Rachel Bell	U23	20.11.96	1rB	London (LV)	3	Feb
7.73	Anna McCauley	U17	2.01.01	1-16	Athlone, IRL	12	Mar
7.73	Niamh Bailey	U23	28.06.95	1A1	Loughborough	10	Dec
7.74mx	Jessie Knight	U23	15.06.94	1L1	Eton	3	Jan
7.74	Lina Nielsen	U23	13.03.96	3C1	London (LV)	31	Jan
7.74	Amber Hornbuckle	U17	1.06.01	3s3	Sheffield	13	Feb
(70)							
7.74	Lauren Roy	U17	25.09.00	2	Athlone, IRL	12	Mar
7.75	Parris Johnson	U20	20.01.99	2A2	London (LV)	3	Jan
7.75	Lily Hughes	U20	8.01.97	1	Sheffield	16	Jan
7.75	Samantha Griffiths	U23	31.05.94	1	Birmingham	20	Mar
7.75mx	Laura Clark	U23	17.08.96	1E1	London (Wil)	17	Dec

Additional Under 17 (1-13 above)

7.76	Natasha Alfred		3.02.00	2s2	London (LV)	9	Jan
7.76	Emily Coope		26.12.99	1h3	Sheffield	13	Feb
7.77	Tosin Salami		16.09.99	2s1	Sutton	20	Feb
7.78mx	Amber Anning		18.11.00	2J1	Eton	3	Jan
7.85				1h1	Sutton	20	Feb
7.79	Davina Boateng		25.03.01	3	Sutton	20	Feb
7.79	Eve Wright		8.08.02	1A1	London (LV)	11	Dec
7.80	Billie Jo Harris		23.09.99	1h1	Sheffield	13	Feb
(20)							
7.80	Ayoola Babalola		17.12.01	1G1	Eton	4	Dec
7.80	Hannah Kelly		20.12.00	1	Manchester (SC)	18	Dec
7.8	Lakeisha Owusu-Junior		6.05.01	2A1	Sutton	3	Jan
7.83				1h5	Sheffield	13	Feb
7.81	Erika Yeboah		9.05.01	3	London (LV)	9	Jan
7.82	Ellie Booker		28.03.01	1	Sheffield	16	Jan
7.83	Ellie Hodgson		26.08.00	1r20A	Eton	7	Feb
7.84	Amy Pye		22.11.00	3A2	Birmingham	21	Feb
7.84mx	Leonie Ashmeade		25.01.01	3	Cudworth	12	Nov
7.85	Olivia Sinclair		30.06.01	1C1	Sutton	3	Jan
7.87mx	Darcie Henderson		18.06.00	1r13A	Eton	6	Mar
(30)							
7.88	Jazmine Moss		16.08.00	1	Gateshead	31	Jan
7.88	Denisha Marshall-Brown		11.08.00	5s1	Sutton	20	Feb
7.88	Magda Cienciala		4.10.99	1s2	London (LV)	20	Mar
7.89	Jazzmin Kiffin		6.09.99	1B1	Loughborough	9	Jan
7.89	Regan Walker		6.02.00	1D1	Manchester (SC)	31	Jan
7.89	Ella Wansell		15.01.01	1	London (LV)	20	Mar
7.90	Jazmin Whitehead-Shakes		3.07.01	2B2	London (Nh)	27	Jan

Additional Under 15 (1 above)

Time		Name		DOB	Pos	Venue	Date	
7.81		Trinity Powell		29.06.02	1	Sheffield	7	Feb
7.82		Marcia Sey		7.11.01	1	London (LV)	9	Jan
7.85		Katie Monteith		28.02.03	1	Athlone, IRL	12	Mar
7.86mx		Ore Adamson		29.10.01	1B1	Sutton	3	Jan
7.92					3	London (LV)	9	Jan
7.89		Lauryn Walker		4.05.02	1h4	Sheffield	13	Feb
7.90		Aleeya Sibbons		5.11.02	2	London (LV)	9	Jan
7.90		Leah Duncan		30.10.02	1s3	Sheffield	13	Feb
7.92		Nayanna Dubarry-Gay		15.11.01	1A2	London (LV)	24	Jan
7.95	(10)	Kayla Bowley		28.12.01	2s2	London (LV)	9	Jan
7.96		Amelia Bunton		13.06.02	2s1	Sheffield	13	Feb
7.97		Shania Umah		17.02.02	3	London (LV)	20	Mar
7.99		Mary Beetham-Green		26.03.02	2	Birmingham	20	Mar
7.99		Grace Goodsell		4.04.03	1	Manchester (SC)	18	Dec
8.00		Safyre Forrester-Jackson		18.09.01	2	Sutton	20	Feb
8.0		Eve Wright		8.08.02	1	Chelmsford	5	Mar
8.04					2	London (LV)	6	Feb
8.01		Rachel Bennett		3.07.02	1	Sheffield	2	Jan
8.02		Shiann Brock-Walters		23.07.02	2s3	London (LV)	9	Jan
8.02		Angel Asare		10.03.02	2C1	London (Nh)	10	Feb
8.02	(20)	Christabel Antwi		18.10.02	1s1	Glasgow	6	Mar
8.03		Issie Tustin		27.11.01	1h5	Cardiff	16	Jan
8.04		Mia Lowndes		6.06.02	3	Birmingham	20	Mar
8.05		Diane Mapamboloi		9.03.02	4s2	Sheffield	13	Feb
8.05		Acacia Williams-Hewitt		8.08.03	1	Sheffield	11	Nov

Under 13

Time		Name		DOB	Pos	Venue	Date	
8.11		Alyson Bell		9.11.03	1	Glasgow	5	Mar
8.12		Joy Eze		31.05.04	2	Glasgow	5	Mar
8.12		Nia Wedderburn-Goodison		9.01.05	2I1	Eton	4	Dec
8.22		Mya Miller-Thomas		16.02.04	1	London (LV)	6	Feb
8.25		Emily Eades-Scott		4.10.03	1r28A	Eton	7	Feb

Foreign

Time		Name			DOB	Pos	Venue	Date	
7.26		*Adeline Gouenon (CIV)*		*U23*	*20.10.94*	*2A2*	*London (LV)*	*31*	*Jan*
7.33		*Amy Foster (IRL)*			*2.10.88*	*1*	*Athlone, IRL*	*7*	*Feb*
7.55		*Charlotte Wingfield (MLT)*		*U23*	*30.11.94*	*2h2*	*Cardiff*	*31*	*Jan*
7.72mx		*Ugne Liuksaityte (LTU)*		*U23*	*1.01.94*	*1rD2*	*London (LV)*	*1*	*Jan*
7.73		*Sarah Busby (AUS)*			*23.09.90*	*6B2*	*London (LV)*	*31*	*Jan*
7.80		*Awa Ndiaye (FRA)*		*U15*	*19.09.01*	*1*	*London (LV)*	*20*	*Mar*

75 Metres - Under 13

Time		Name	DOB	Pos	Venue	Date	
9.80		Marian Owusuwaah	4.12.03	1	London (ME)	16	Jul
9.83		Tyra Khambai-Annan	21.12.04	1	London (ME)	16	Jul
9.9		India Toasland	1.12.04	1	London (TB)	21	May
9.99		Trezeguet Taylor	17.04.05	1	Manchester (Str)	30	May
10.0		Emily Eades-Scott	4.10.03	1	Reading	23	Apr
10.0		Faith Price	9.12.03	2	London (TB)	21	May
10.0	1.1	Joy Eze	31.05.04	1	Preston	21	May
10.0	1.1	Mia Morrisroe	23.01.04	2	Preston	21	May
10.0	2.0	Fanny Osarumen-Odemwengie	23.09.03	3	Manchester (SC)	19	Jun
10.0	(10)	Natalie Groves	1.04.04	1	Lincoln	19	Jun
10.0		Mya Miller-Thomas	16.02.04	1	Woodford	19	Jun
10.0		Nia Wedderburn-Goodison	9.01.05	2	London (Cr)	16	Jul

100 Metres

11.06	1.5	Desiree Henry	U23	26.08.95	1	Azusa, USA	15	Apr
		11.07	0.8		3h2	Birmingham	5	Jun
		11.08	0.2		3h1	London (O)	23	Jul
		11.08	0.3		1h1	Rio de Janeiro, BRA	12	Aug
		11.09	0.2		1s3	Amsterdam, NED	8	Jul
		11.09	0.6		4s3	Rio de Janeiro, BRA	13	Aug
		11.12	0.6		4	Brussels, BEL	9	Sep
		11.13+	1.1		1m	Gateshead (Q)	10	Sep
		11.14	1.3		1h1	Birmingham	24	Jun
		11.15	0.8		5	Rome, ITA	2	Jun
		11.15	1.3		1s2	Birmingham	25	Jun
		11.17	-0.7		6	London (O)	23	Jul
		11.17	0.8		4	Lausanne, SUI	25	Aug
		11.21	-0.5		6	Monaco, MON	15	Jul
		11.23	1.2		3	Herzogenaurach, GER	14	May
		11.26	-0.3		3	Birmingham	25	Jun
		11.31	1.0		3	Rovereto, ITA	6	Sep
		11.32	-1.2		7	Birmingham	5	Jun
11.07	-1.3	Dina Asher-Smith	U23	4.12.95	3h2	London (O)	23	Jul
		11.08	0.8		4h2	Birmingham	5	Jun
		11.09	-0.7		4	London (O)	23	Jul
		11.22	0.6		1	Gavardo, ITA	29	May
		11.22	-1.2		4	Birmingham	5	Jun
		11.28	-0.6		1	Warsaw, POL	28	Aug
		11.34	-0.6		1h4	Gavardo, ITA	29	May
11.16	-1.3	Asha Philip		25.10.90	5h2	London (O)	23	Jul
		11.17	-0.3		1	Birmingham	25	Jun
		11.22	1.3		2s2	Birmingham	25	Jun
		11.27	0.7		1	Hengelo, NED	22	May
		11.27	-0.2		4	Amsterdam, NED	8	Jul
		11.32	0.0		3	Gateshead (Q)	10	Sep
		11.33	0.3		8s2	Rio de Janeiro, BRA	13	Aug
		11.34	-1.0		2	Geneva, SUI	11	Jun
		11.34	-0.3		3h6	Rio de Janeiro, BRA	12	Aug
		11.37	-1.0		2s1	Amsterdam, NED	8	Jul
		11.43	-1.2		4	Lucerne, SUI	14	Jun
11.17	1.7	Imani Lansiquot	U20	17.12.97	1h3	Bydgoszcz, POL	20	Jul
		11.24	0.7		1s1	Bydgoszcz, POL	21	Jul
		11.25	1.6		1h3	Bedford	18	Jun
		11.28	0.9		1	London (Nh)	5	Jun
		11.37	0.9		4	Bydgoszcz, POL	21	Jul
		11.38	0.2		1h1	London (Nh)	5	Jun
		11.40	0.6		1s1	Bedford	18	Jun
		11.41	1.2		2s1	Birmingham	25	Jun
		11.43	-0.1		2A2	London (LV)	25	May
		11.43	0.1		1r2	London (LV)	17	Aug
		11.48mx	1.2		1G1	London (LV)	25	May
		11.49	-0.5		1	Bedford	18	Jun
		11.49	-0.3		4	Birmingham	25	Jun
		11.50	-1.0		1	London (LV)	17	Aug
		11.52	0.2		1h2	Birmingham	24	Jun
11.19	1.8	Ashleigh Nelson		20.02.91	2	Weinheim, GER	28	May
		11.24	-1.2		5	Birmingham	5	Jun
		11.26	-0.2		1h3	Weinheim, GER	28	May
		11.31	-3.1		2h1	Birmingham	5	Jun
		11.44	-2.2		1h1	London (Nh)	8	May
		11.45	-2.6		1	London (Nh)	8	May

2016 - W - 100

11.23	1.2	Daryll Neita	U23	29.08.96	1s1	Birmingham	25	Jun
		11.24 -0.3			2	Birmingham	25	Jun
		11.30 -1.0			1	Geneva, SUI	11	Jun
		11.30 -1.2			1	Lucerne, SUI	14	Jun
		11.30 -1.3			7h2	London (O)	23	Jul
		11.41 -0.3			4h8	Rio de Janeiro, BRA	12	Aug
		11.42 -0.1			1A2	London (LV)	25	May
		11.43 0.7			3	Hengelo, NED	22	May
		11.44 0.8			1h3	Birmingham	24	Jun
		11.47 1.7			1	Ellwangen, GER	14	May
		11.52 1.5			1A1	London (LV)	25	May
11.27	1.6	Sophie Papps	U23	6.10.94	1s1	Bedford	30	Jul
		11.31 0.5			1h1	Bedford	18	Jun
		11.43 1.3			3s2	Birmingham	25	Jun
		11.43 0.7			1h3	Bedford	30	Jul
		11.52 -0.3			5	Birmingham	25	Jun
		11.53 0.2			2h1	London (Nh)	5	Jun
		11.53 0.8			1h4	Birmingham	24	Jun
11.38	1.7	Jodie Williams		28.09.93	3rB	Norwalk, USA	16	Apr
		11.39+ 1.1			3m	Gateshead (Q)	10	Sep
		11.47 0.0			4	Gateshead (Q)	10	Sep
11.39	2.0	Hannah Brier	U20	3.02.98	3s2	Bydgoszcz, POL	21	Jul
		11.47 1.0			1	Loughborough	22	May
		11.47 -0.1			1	Swansea	4	Jun
		11.51 -0.1			1	Cardiff	11	Jun
		11.52 0.4			1s3	Bedford	18	Jun
11.43	0.9	Cindy Ofili	U23	5.08.94	1h3	Lincoln, USA	14	May
		11.48 -0.3			4q3	Jacksonville, USA	27	May
		11.53 1.2			3h5	Jacksonville, USA	26	May
	(10)							
11.45	0.7	Bianca Williams		18.12.93	4	Hengelo, NED	22	May
		11.55 0.6			1rF	Geneva, SUI	11	Jun
11.46	0.9	Rachel Miller		29.01.90	1s2	Bedford	30	Jul
		11.51 1.3			4s2	Birmingham	25	Jun
11.52	1.0	Montell Douglas		24.01.86	2	Loughborough	22	May
11.53	1.6	Rachel Johncock		4.10.93	2s1	Bedford	30	Jul
11.53	0.9	Rebecca Campsall		2.10.90	2s2	Bedford	30	Jul
		11.55 0.7			2h1	Loughborough	16	Jul
		11.55 1.0			3	Loughborough	16	Jul
11.54	1.5	Nicola Gilbert		12.03.85	2A1	London (LV)	25	May
		11.55 0.9			2	London (Nh)	5	Jun
		97 performances to 11.55 by 16 athletes						
11.60	0.8	Louise Bloor		21.09.85	3h2	Loughborough	16	Jul
11.63	0.6	Alisha Rees	U20	16.04.99	1s2	Bedford	18	Jun
11.68	1.2	Megan Marrs	U20	25.09.97	3h1	Mannheim, GER	25	Jun
11.73	0.2	Clieo Stephenson	U23	8.04.95	4h1	London (Nh)	5	Jun
	(20)							
11.73+	1.1	Margaret Adeoye		22.04.85	4m	Gateshead (Q)	10	Sep
11.74	0.0	Amarachi Pipi	U23	26.11.95	3	Stanford, USA	1	May
11.74	1.1	Diani Walker	U23	14.07.95	1h1	London (Nh)	25	May
11.74	1.2	Annabelle Lewis		20.03.89	1h1	Manchester (SC)	11	Jun
11.74	1.0	Sophie Yorke	U20	7.07.98	5	Mannheim, GER	25	Jun
11.75	0.9	Katy Wyper		17.04.93	3s2	Bedford	30	Jul
11.76	1.1	Corinne Humphreys		7.11.91	2h1	London (Nh)	25	May
11.76	0.6	Jenna Wrisberg	U20	22.03.98	2s2	Bedford	18	Jun
11.76	0.4	Finette Agyapong	U20	1.02.97	2s3	Bedford	18	Jun
11.81mx	1.9	Amy Allcock		20.08.93	1	London (LV)	31	Aug
		12.12 -0.7			3	Loughborough	23	Apr
	(30)							
11.83	-0.7	Charlotte McLennaghan	U20	6.09.97	1	Loughborough	23	Apr
11.84	-0.2	Kimbely Baptiste		27.12.92	2	Manchester (SC)	7	Aug

2016 - W - 100

Time	Wind	Name	Cat	DOB	Pos	Venue	Date
11.84	-0.2	Vera Chinedu	U17	2.05.00	1	Bedford	27 Aug
11.87	1.9	Mica Moore		23.11.92	1h5	Bedford	30 Apr
11.87	-0.2	Charmont Webster-Tape	U17	29.11.99	2	Bedford	27 Aug
11.90	1.0	Shayone Simao		28.01.86	6	Budapest, HUN	18 Jun
11.90	1.8	Olivia Okoli	U17	7.09.99	1s1	Gateshead	8 Jul
11.92	0.9	Paige Fairclough	U20	10.03.97	4	London (Nh)	5 Jun
11.93	0.9	Steffi Wilson	U23	10.06.94	5rA	Loughborough	22 May
11.94	0.0	Laviai Nielsen	U23	13.03.96	1	London (LV)	17 Apr
11.94	1.1	Jazz Crawford	U20	22.01.98	4h1	London (Nh)	25 May
11.96A	1.7	Joey Duck		14.04.89	7	El Paso, USA	30 Apr
12.01	0.8				4r2	Loughborough	16 Jul
11.96	0.6	Charlotte Paterson	U20	26.02.98	5rB	Loughborough	22 May
11.96	-0.4	Immanuela Aliu	U17	19.04.00	1	Ashford	11 Jun
11.96	0.5	Amy Hunt	U15	15.05.02	1s1	Gateshead	8 Jul
11.97	1.3	Chinedu Monye		29.12.89	3h1	Birmingham	24 Jun
11.98	-0.2	Alicia Barrett	U20	25.03.98	1	Manchester (SC)	11 Jun
11.98	1.9	Lucy Evans		2.10.82	2h2	Ninove, BEL	23 Jul
11.98	1.6	Sophie Money		24.10.93	4s1	Bedford	30 Jul
12.01i		Josie Oliarnyk	U17	27.03.00	1	Birmingham	20 Mar
12.12					2	Birmingham	18 Jun
12.01	0.5	Katie-Jane Priest	U23	27.09.96	3h1	Bedford	18 Jun
12.01	0.8	Charlotte Orton	U20	18.07.98	3h4	Bedford	30 Jul
12.02	1.0	Danielle Blake	U20	5.03.98	2h1	Gateshead	8 Jul
12.03	1.8	Stephanie Clitheroe	U23	3.11.95	1	Oxford (H)	14 May
12.03	1.4	Beth Dobbin	U23	7.06.94	2	Cardiff	1 Jun
12.04	-0.4	Mair Edwards	U17	6.09.99	1	Portsmouth	14 May
12.04	1.7	Brittany Robinson	U20	9.11.98	1	London (LV)	14 May
12.04	1.5	Joy Ogunleye	U17	27.09.00	1	Chelmsford	14 May
12.04	1.2	Nikita Campbell-Smith	U23	5.09.95	2h1	Manchester (SC)	11 Jun
12.04		Cassie-Ann Pemberton	U17	24.07.01	1	Birmingham	18 Jun
12.05	-0.4	Holly Mills	U17	15.04.00	2	Portsmouth	14 May
12.05	0.9	Bethan Wakefield	U23	17.10.94	2h3	Bedford	18 Jun
12.05		Megan Hoult		28.11.91	1	Blackburn	6 Aug
12.05	-0.2	Lauren Roy	U17	25.09.00	3	Bedford	27 Aug
12.06	1.5	Ashleigh Clarke	U20	15.09.97	1h2	Gateshead	8 Jul
12.07	0.9	Shanice Harrison		30.10.93	6rA	Loughborough	22 May
12.07	1.5	Kristal Awuah	U20	7.08.99	2h2	Gateshead	8 Jul
12.08	0.7	Shereen Charles		7.10.84	4h1	Loughborough	16 Jul
12.09	1.9	Abigail Bishell	U23	11.02.95	2h5	Bedford	30 Apr
12.09		Amber Anning	U17	18.11.00	1	Crawley	11 Jun
12.10	1.7	Maya Bruney	U20	24.02.98	4rC	Loughborough	22 May
12.10	1.0	Rachel Bell	U23	20.11.96	2h3	Manchester (SC)	11 Jun
12.10	1.4	Marilyn Nwawulor		20.09.92	2A1	Gillingham	12 Jun
12.10	-0.2	Trinity Powell	U15	29.06.02	2	Bedford	27 Aug
12.12		Georgina Adam	U17	24.03.00	1	Derby	5 Jun
12.12	0.4	Emily Coope	U17	26.12.99	2	Loughborough	2 Sep
12.13	1.4	Chloe Lambert	U23	22.05.94	1	Chelmsford	5 Jun
12.13	1.4	Vivien Olatunji	U20	6.06.97	4h2	Bedford	18 Jun
12.14	1.5	Erika Yeboah	U17	9.05.01	1h3	London (Nh)	5 Jun
12.14	0.6	Selina Henderson	U20	6.04.98	6s2	Bedford	18 Jun
12.15	1.5	Billie Jo Harris	U17	23.09.99	1	Cudworth	14 May
12.15	1.7	Ebony Carr	U20	21.01.99	5rC	Loughborough	22 May
12.15	1.9	Yasmin Liverpool	U20	15.01.99	3	Breda, NED	2 Jul
12.15	-0.2	Hannah Thomas		13.02.93	5	Manchester (SC)	7 Aug
12.16	1.5	Rebecca Jeggo	U17	12.01.00	2	Chelmsford	14 May
12.17mx	-0.2	Serita Solomon		1.03.90	1C2	Bromley	13 Jun

2016 - W - 100

Time	Wind	Name	Cat	DOB	Pos	Venue	Day	Month
12.17	1.6	Nayanna Dubarry-Gay	U15	15.11.01	1s2	Gateshead	8	Jul
12.17	1.6	Ayoola Babalola	U15	17.12.01	2s2	Gateshead	8	Jul
12.18	1.4	Catherine Hardy	U20	5.01.98	1	Swansea	29	May
12.18	0.6	Eleanor Rawson	U20	10.11.97	6s1	Bedford	18	Jun
(90)								
12.18	1.2	Angie Broadbelt-Blake		12.09.85	1r20A	London (LV)	20	Jul
12.19	-0.1	Moli Jones	U17	28.10.00	1	Cardiff	11	Jun
12.19	-0.1	Hannah Williams		17.01.89	7	Cardiff	11	Jun
12.19	0.1	Risqat Fabunmi-Alade	U23	25.03.94	3r2	London (LV)	17	Aug
12.19		Chelsea Walker	U20	29.06.97	1	Wakefield	11	Sep
12.20	-0.8	Anna McCauley	U17	2.01.01	3	Tullamore, IRL	4	Jun
12.20	-0.1	Caitlin Maguire	U20	2.02.99	2h2	Tullamore, IRL	23	Jul
12.20mx	1.2	Danielle McGifford	U23	11.04.95	1	Manchester (Str)	16	Aug
12.21	1.8	Yvette Westwood	U20	3.09.98	2	Yate	15	May
12.21	1.6	Rachel Bennett	U15	3.07.02	3s2	Gateshead	8	Jul
(100)								
12.22	1.4	Eve Williams	U20	26.10.98	4	Cardiff	1	Jun
12.22	0.1	Modupe Shokunbi	U20	10.10.98	1	London (He)	26	Jun
12.22mx	1.7	Ocean Lewis	U20	3.07.99	1r18A	London (LV)	20	Jul
12.22	-0.5	Holly Turner	U23	15.11.95	1rB	Manchester (SC)	7	Aug
12.23	1.2	Alice McMahon	U23	15.02.95	3h1	Manchester (SC)	11	Jun
12.23	-0.4	Magda Cienciala	U17	4.10.99	2	Ashford	11	Jun
12.23mx	1.7	Alicia Regis	U15	17.12.01	2r18A	London (LV)	20	Jul
12.23	-0.3	Tosin Salami	U17	16.09.99	3	Ashford	14	Aug
12.24	1.5	Ellie Booker	U17	28.03.01	2	Cudworth	14	May
12.24	1.7	Leanza Dwaah	U20	17.02.99	2	London (LV)	14	May
(110)								
12.24		Emma Wiltshire		25.07.84	2	Rugby	4	Jun
12.24	1.3	Zavia Hill		23.10.89	3h2	Manchester (SC)	11	Jun
12.24		Amanda Shaw		28.09.84	2	Blackburn	6	Aug
12.25		Kristie Edwards	U20	16.08.97	1	Sheffield	15	Apr
12.25	1.1	Stacey Downie		15.04.87	1	Grangemouth	14	May
12.25	0.0	Precious Adu	U15	3.10.02	1h4	London (Nh)	5	Jun
12.25	1.5	Empress Martin	U20	25.01.99	5h2	Gateshead	8	Jul

Additional Under 17 (1-21 above)

Time	Wind	Name	Cat	DOB	Pos	Venue	Day	Month
12.29mx	-0.4	Ellie Hodgson		26.08.00	1	Winchester	8	Jun
12.31	1.5	Caitlin O'Reilly		18.02.00	3	Chelmsford	14	May
12.32	1.9	Ella Wansell		15.01.01	1rL	London (LV)	3	Aug
12.33	0.6	Sharhnee Skervin		13.03.00	8s2	Bedford	18	Jun
12.34	1.5	Akaysha Ellis		16.12.00	2	Bromley	29	May
12.36	1.5	Leonie Ashmeade		25.01.01	3	Cudworth	14	May
12.38	1.4	Ffion Waddon		23.01.01	7	Cardiff	1	Jun
12.38	0.3	Abbey Anson		28.01.00	3h2	Gateshead	8	Jul
12.38	1.8	Maisey Snaith		3.04.01	5s1	Gateshead	8	Jul
(30)								
12.38	1.4	Sarah Malone		15.09.99	1	Grangemouth	13	Aug
12.39	1.8	Lakeisha Owusu-Junior		6.05.01	1	London (TB)	2	May
12.39	0.5	Natasha Alfred		3.02.00	4	Kingston	14	May
12.41	-0.6	Alyssa White		23.07.01	4	Bromley	17	Jul
12.43	1.4	Katie Forbes		19.11.99	2	Grangemouth	13	Aug
12.44	-0.1	Nicola Caygill		30.01.00	3h3	Gateshead	8	Jul
12.45	1.7	Hannah Longden		4.12.00	1	Brecon	14	May

Additional Under 15 (1-7 above)

Time	Wind	Name	Cat	DOB	Pos	Venue	Day	Month
12.26	1.4	Eve Wright		8.08.02	1r19A	London (LV)	20	Jul
12.33	0.6	Shiann Brock-Walters		23.07.02	1h1	Ashford	13	Aug
12.34	0.6	Zuriel Owolana		26.10.01	2r12B	London (LV)	17	Aug
(10)								
12.37	1.6	Lauryn Walker		4.05.02	4s2	Gateshead	8	Jul
12.39	0.8	Shania Umah		17.02.02	1h2	London (BP)	11	Jun
12.41	-0.8	Tia Jackson		5.08.02	2h1	Bedford	27	Aug

2016 - W - 100

Time	Wind	Name	Cat	DOB	Pos	Venue	Date	
12.43		Marcia Sey		7.11.01	1	Exeter	18	Jun
12.44	1.5	Jade Hutchison		3.05.02	1	Grangemouth	14	May
12.45	1.7	Abena Oteng		7.09.01	2	Chelmsford	14	May
12.46	-0.1	Angela Davis		15.07.02	1r14A	London (LV)	17	Aug
12.52	-0.9	Issie Tustin		27.11.01	1	Newport	13	Aug
12.56	-2.5	Kayla Bowley		28.12.01	1	Kingston	15	May
12.56		Mia Lowndes		6.06.02	3	Birmingham	18	Jun
	(20)							
12.56	-0.8	Taiwo Taiwo		23.09.01	4h1	Bedford	27	Aug
12.57		Kiah Dubarry-Gay		15.11.01	1rB	London (ME)	16	Jul
12.57	0.3	Imaan Denis		27.11.02	1	London (He)	30	Jul
12.59		Christa Hetherington		5.10.01	3	London (ME)	16	Jul
12.60		Laurelle Obi		27.12.01	1	Leeds	4	Jun

wind assisted

Time	Wind	Name	Cat	DOB	Pos	Venue	Date	
11.37	3.3	Rachel Johncock		(11.53)	1	Bedford	30	Jul
		11.49	3.5		1r2	Cardiff	1	Jun
11.45	2.9	Rachel Miller		(11.46)	1h2	London (LV)	11	Jun
		11.54	3.9		1	London (LV)	14	May
		11.55	3.3		4	Bedford	30	Jul
11.45	2.1	Brier	U20	(11.39)	1	London (He)	6	Aug
		11.55	3.0		1	Newport	24	Apr
11.46	3.3	Rebecca Campsall		(11.53)	2	Bedford	30	Jul
11.53	2.2	Diani Walker	U23	(11.74)	1	London (Nh)	25	May
11.55	3.0	Amarachi Pipi	U23	(11.74)	4h2	Fort Worth, USA	14	May
11.55	3.3	Douglas		(11.52)	3	Bedford	30	Jul
		11 performances to 11.55 by 7 athletes						
11.56	2.5	Alisha Rees	U20	(11.63)	1h1	Bedford	18	Jun
11.59	2.2	Corinne Humphreys		(11.76)	2	London (Nh)	25	May
11.61	3.4	Sophie Yorke	U20	(11.74)	3h2	Mannheim, GER	25	Jun
11.65	3.6	Megan Marrs	U20	(11.68)	1h1	Dublin (S), IRL	29	May
11.70	3.3	Katy Wyper		(11.75)	5	Bedford	30	Jul
11.71	3.6	Finette Agyapong	U20	(11.76)	1h4	Bedford	18	Jun
11.76	2.1	Shannon Hylton	U23	19.12.96	3	Lisbon, POR	19	Jun
11.81	3.3	Paige Fairclough	U20	(11.92)	1h2	London (Nh)	5	Jun
11.81	3.6	Vera Chinedu	U17	(11.84)	2h4	Bedford	18	Jun
11.84	3.1	Ebony Carr	U20	(12.15)	1	Worcester	29	May
11.86	2.3	Lucy Evans		(11.98)	4	Nivelles, BEL	18	Jun
11.86	2.4	Charmont Webster-Tape	U17	(11.87)	1s2	Gateshead	8	Jul
11.89	3.3	Amy Hunt	U15	(11.96)	2h2	London (Nh)	5	Jun
11.90	4.3	Niamh Bailey	U23	28.06.95	1	Nuneaton	11	Jun
11.92	3.6	Brittany Robinson	U20	(12.04)	4h4	Bedford	18	Jun
11.95	2.1	Shereen Charles		(12.08)	4	London (He)	6	Aug
11.06	3.7	Chloe Lambert	U23	(12.13)	2	Glasgow	27	Jul
11.98	3.0	Risqat Fabunmi-Alade	U23	(12.19)	1rB	London (LV)	3	Aug
12.02	2.2	Holly Mills	U17	(12.05)	1h1	Portsmouth	14	May
12.03	2.5	Megan Hoult		(12.05)	2	Grangemouth	13	Aug
12.04	3.1	Selina Henderson	U20	(12.14)	4h5	Bedford	18	Jun
12.06	2.5	Billie Jo Harris	U17	(12.15)	3h1	Bedford	18	Jun
12.06	3.1	Catherine Hardy	U20	(12.18)	5h5	Bedford	18	Jun
12.08	3.5	Maisey Snaith	U17	(12.38)	1	Cambridge	17	Jul
12.10	3.1	Yvette Westwood	U20	(12.21)	6h5	Bedford	18	Jun
12.11	3.7	Isabella Gilkes	U17	23.04.01	1-17	London (He)	26	Jun
12.11	2.4	Magda Cienciala	U17	(12.23)	2s2	Gateshead	8	Jul
12.11	3.7	Jill Cherry	U20	1.03.98	3	Glasgow	27	Jul
12.14	3.2	Amelia Reynolds	U20	23.11.98	1	Newport	29	May
12.15	3.2	Olivia Gauntlett	U20	7.01.98	2	Newport	29	May
12.15	3.5	Emma Wiltshire		(12.24)	3rP	Cardiff	1	Jun
12.18	3.1	Eavion Richardson	U20	27.06.98	2	Bedford	4	Sep
12.19	2.5	Sharhnee Skervin	U17	(12.33)	5h1	Bedford	18	Jun
12.20	4.3	Samantha Griffiths	U23	31.05.94	3	Nuneaton	11	Jun
12.21	2.4	Tosin Salami	U17	(12.23)	4s2	Gateshead	8	Jul

2016 - W - 100

Time	Wind	Name	Cat	DOB	Pos	Venue	Date
12.22	2.8	Leanza Dwaah	U20	(12.24)	2	Bromley	29 May
12.22	2.8	Jade Phillips		23.12.90	1rB	London (LV)	22 Jun
12.22	3.7	Mhairi Patience	U23	10.09.95	4	Glasgow	27 Jul
12.23	2.6	Abi Davies	U23	20.06.95	1h1	Bedford	30 Apr
12.23	2.3	Hannah Hall	U17	5.11.00	1	London (LV)	14 May

Additional Under 17

Time	Wind	Name	Cat	DOB	Pos	Venue	Date
12.26	2.9	Sarah Malone		(12.38)	2	Bedford	4 Sep
12.27	2.2	Ellie Hodgson		(12.29)	1rG	London (LV)	27 Apr
12.29	3.2	Leonie Ashmeade		(12.36)	2h1	Cudworth	14 May
12.34	3.7	Lara Pleace		14.12.99	3	London (He)	26 Jun
12.36	3.1	Molly Jenks		5.10.99	2	Worcester	29 May
12.37	4.6	Katie Forbes		(12.43)	1h1	Grangemouth	13 Aug
12.43	2.1	Esther Adikpe		19.03.00	1	Loughborough	26 Jun
12.45	2.5	Kendrea Nwaelene		7.12.00	3h1	Chelmsford	14 May

Additional Under 15

Time	Wind	Name	Cat	DOB	Pos	Venue	Date
12.29	3.0	Angel Asare		10.03.02	3rB	London (LV)	3 Aug
12.33	3.0	Zuriel Owolana		(12.34)	4rB	London (LV)	3 Aug
12.35	2.9	Lauryn Walker		(12.37)	1	Milton Keynes	16 Jul
12.38	3.6	Alicia Regis		(12.23)	5	London (LV)	3 Aug
12.41	2.1	Jade Hutchison		(12.44)	1s1	Grangemouth	14 May
12.43	4.7	Amelia Bunton		13.06.02	1	Cudworth	14 May
12.49	2.6	Issie Tustin		(12.52)	1h2	Newport	13 Aug
12.50	2.5	Katie Monteith		28.02.03	4-14	Tullamore, IRL	4 Jun
12.51	3.1	Emily Tyrrell		4.01.02	1h2	Exeter	7 Aug
12.52	4.2	Mia Lowndes		(12.56)	1	Grangemouth	21 Aug
12.54	2.3	Aleeya Sibbons		5.11.02	2h3	Chelmsford	14 May
12.54	3.2	Sacha Didcote		4.01.03	1	Bangor	18 Sep
12.56	2.9	Victoria Johnson		7.10.01	2	Milton Keynes	16 Jul
12.56	2.5	Isabel Davies		11.11.01	1h3	Newport	13 Aug
12.57	3.2	Anna Poole		29.01.02	2	Leicester	15 May

hand timing

Time	Wind	Name	Cat	DOB	Pos	Venue	Date
11.7		Katy Wyper		(11.75)	1	Doncaster	20 Aug
11.8		Niamh Bailey	U23	(11.90w)	1	Oxford (H)	2 Jul
12.0		Stephanie Clitheroe	U23	(12.03)	1	Hania, GRE	3 Apr
12.0		Rebekah Wilson		17.03.91	1	Wigan	7 May
12.0		Charlotte Orton	U20	(12.01)	1	Barrow	14 May
12.0mx		Ellie Hodgson	U17	(12.29)	1	Southampton	1 Jun
12.3					1-17	Woking	26 Jun
12.0		Katie-Jane Priest	U23	(12.01)	1	Nottingham	4 Jun
12.0		Georgina Adam	U17	(12.12)	1	Lincoln	6 Aug
12.0		Megan Hoult		(12.05)	2	Doncaster	20 Aug
12.0w	5.8	Taylah Spence	U20	17.09.98	1	Kirkwall	17 Apr
12.0w	2.3	Amy Pye	U17	22.11.00	1rB	Rugby	5 Jun
12.0w	2.4	Abigayle Fitzpatrick		10.06.93	1	Manchester (SC)	6 Aug
12.1		Catherine Hardy	U20	(12.18)	1	Hereford	1 May
12.1		Emily Coope	U17	(12.12)	1-17	Grantham	29 May
12.1		Phillipa Lowe		7.04.92	1	Welwyn	18 Jun
12.1		Mary Elcock	U23	3.08.95	1	Blackburn	3 Jul
12.1		Alison McCorry	U23	24.08.96	1	Burnley	3 Jul
12.1		Alyssa White	U17	(12.41)	1-17	Portsmouth	24 Jul
12.1		Maisey Snaith	U17	(12.38)	1	Bury St. Edmunds	18 Sep
12.1w	3.0	Emma Wiltshire		(12.24)	1	Rugby	5 Jun
12.1w	2.4	Grace Preston	U17	30.04.01	2	Manchester (SC)	6 Aug
12.2					1-17	Bebington	26 Jun

Under 17 (1-7 above)

Time	Wind	Name	Cat	DOB	Pos	Venue	Date
12.2		Ella Maxwell		22.11.99	1	Middlesbrough	1 May
12.2		Hannah Hall		5.11.00	1	Aldershot	29 May
12.2		Sharhnee Skervin		(12.33)	2	Nottingham	4 Jun

2016 - W - 100

12.2		Hannah Kelly	20.12.00	1	Whitehaven	5	Jun
12.2		Davina Boateng	25.03.01	1	Twickenham	9	Jul
12.2		Katie Daniel	30.08.01	1	Nuneaton	10	Jul
12.3		Amelia Benson	18.09.99	1	Doncaster	1	May
12.3		Jessica Young-Rogers	10.01.01	1	Morpeth	26	Jun
12.3		Evie Berry	13.03.00	1	Bebington	26	Jun
12.3		Kendrea Nwaelene	(12.45w)	1	London (He)	7	Aug
12.3w	2.7	Omolola Ogunnowo	14.02.01	1	Tipton	29	May
12.4		Amy Hillier	23.04.01	2	London (He)	11	Jun
12.4	1.7	Tia Morris	22.06.01	2	Milton Keynes	9	Jul
12.4		Jazmin Whitehead-Shakes	3.07.01	1	Woodford	20	Aug
12.4w	3.0	Obi Curry	11.04.01	2h1	Bebington	14	May

Under 15

12.3		Kayla Bowley	(12.56)	1	Hornchurch	19	Jun
12.3		Zuriel Owolana	(12.34)	2	London (Cr)	16	Jul
12.3		Shiann Brock-Walters	(12.33)	1	Gillingham	7	Aug
12.3		Skye Wicks	(12.63)	1rB	London (He)	7	Aug
12.4		Chante Williams	(12.63)	1	Reading	11	Jun
12.4		Aleeya Sibbons	5.11.02	1	Chelmsford	16	Jul
12.4		Angela Davis	(12.46)	1	Woodford	16	Aug
12.4		Tia Jackson	(12.41)	1	Yate	11	Sep
12.5		Toni Bryan	23.12.02	1rB	Hornchurch	19	Jun
12.5		Angel Asare	10.03.02	3	London (Cr)	16	Jul
12.5		Serena Grace	6.01.03	1	Ipswich	17	Jul
12.5		Tamyah Jones	18.09.01	2	London (He)	7	Aug
12.5w	3.6	Chloe Newbiggin	3.11.01	1rB	Liverpool	16	Jul

Under 13

12.6		Emily Eades-Scott	4.10.03	1rC	Southampton	1	Jun
12.7		Natalie Groves	1.04.04	1	Grimsby	30	May
		13.09		1	Middlesbrough	14	Aug
12.80w	2.9	Zipporah Golding	16.11.03	2rJ	London (LV)	31	Aug
		12.9		1	Guildford	2	Jul
		12.94	-2.1	3h3	Bedford	27	Aug
13.0		Florence Miller	26.02.04	2	Watford	20	Jun
13.03		Rebecca Squires	01.02.04	1	Exeter	31	Jul
13.03w		Alyson Bell	9.11.03	1	Grangemouth	17	Apr
13.03w		Elizabeth Taylor	18.05.04	1	Cambridge	17	Jul
13.04w		Chloe Griffith	9.09.03	1	Newport	13	Aug
13.10		Joy Eze	31.05.04	2	Middlesbrough	14	Aug
13.1		India Toasland	1.12.04	1	Ewell	27	Aug

running with guide runner

11.91	0.7	Libby Clegg	24.03.90	1s1	Rio de Janeiro, BRA	9	Sep

Foreign

11.40w	2.4	Amy Foster (IRL)		2.10.88	4h1	Clermont, USA	14 May
		11.42	0.6		1rB	Clermont, USA	14 May
11.65	1.0	Adeline Gouenon (CIV)	U23	20.10.94	4	Loughborough	22 May
11.67	1.2	Gina Akpe-Moses (IRL)	U20	25.02.99	1s1	Tbilisi, GEO	14 Jul
11.70	1.1	Charlotte Wingfield (MLT)	U23	30.11.94	3	Tunis, TUN	4 Jun
11.83	0.7	Sarah Busby (AUS)		23.09.90	2	Canberra, AUS	16 Apr
12.04w	4.3	Emma Suhonen (FIN)		28.01.91	2	Nuneaton	11 Jun
12.09	1.1	Elaine O'Neill (IRL)		20.08.89	5h1	London (Nh)	25 May
12.14	2.0	Kiara Reddingius (AUS)		2.01.92	4	Perth, AUS	12 Feb
12.18w	3.0	Awa Ndiaye (FRA)	U15	19.09.01	2rB	London (LV)	3 Aug
		12.3	-0.7		3h2	Gateshead	8 Jul
		12.34	-0.2		4	Bedford	27 Aug

150 Metres Straight
16.57	1.1	Desiree Henry	U23	26.08.95	1	Gateshead (Q)	10	Sep
16.80	1.1	Jodie Williams		28.09.93	3	Gateshead (Q)	10	Sep
17.32	1.1	Margaret Adeoye		2.04.85	4	Gateshead (Q)	10	Sep

150 Metres Turn - Under 13
119.2		Natalie Groves	1.04.04	1	Lincoln	19	Jun
19.30	-0.4	Alyson Bell	9.11.03	1	Kilmarnock	22	May
19.3		Mya Ashbourne	26.04.04	1	London (TB)	21	May
19.4		Emily Eades-Scott	4.10.03	1	Reading	23	Apr
19.4		Rebecca Maddy	8.12.03	1	Gillingham	7	Aug
19.44	1.8	Moyin Oduyemi	2.12.03	1	Milton Keynes	16	Jul
19.5w	2.2	Joy Eze	31.05.04	1	Manchester (SC)	19	Jun
19.7				1	Spinkhill	23	Apr
19.6		Faith Price	9.12.03	2	London (TB)	21	May
19.7		Chloe Griffith	9.09.03	1	Bury	19	Jun
19.7		Ruby Anning	24.02.04	1	Eastbourne	20	Jul
19.7w	2.2	Mia Morrisroe	23.01.04	2	Manchester (SC)	19	Jun

200 Metres
22.31	-0.1	Dina Asher-Smith	U23	4.12.95	5	Rio de Janeiro, BRA	17	Aug
		22.37	-0.4		1	Amsterdam, NED	7	Jul
		22.38	0.2		4	Zürich, SUI	1	Sep
		22.49	0.1		4s1	Rio de Janeiro, BRA	16	Aug
		22.57	0.0		1s2	Amsterdam, NED	6	Jul
		22.72	-0.8		1	Stockholm, SWE	16	Jun
		22.77	-0.1		2h5	Rio de Janeiro, BRA	15	Aug
		22.97	0.3		1h1	Birmingham	26	Jun
		23.11	-0.1		1	Birmingham	26	Jun
22.46	0.1	Desiree Henry	U23	26.08.95	2	Saint-Denis, FRA	27	Aug
		22.88	-0.8		3	Stockholm, SWE	16	Jun
		22.98	0.4		1	Azusa, USA	15	Apr
		23.01	-1.4		3	Lucerne, SUI	14	Jun
		23.13	-0.1		2	Birmingham	26	Jun
		23.31	-0.3		6	Hengelo, NED	22	May
22.69	0.5	Jodie Williams		28.09.93	3h7	Rio de Janeiro, BRA	15	Aug
		22.89	1.9		3	Norwalk, USA	16	Apr
		22.96	-0.4		6	Amsterdam, NED	7	Jul
		22.99	0.2		1	Tempe, USA	9	Apr
		22.99	0.8		1h4	Birmingham	26	Jun
		22.99	-0.8		5	London (O)	23	Jul
		22.99	0.1		8s2	Rio de Janeiro, BRA	16	Aug
		23.06	-0.3		2	Hengelo, NED	22	May
		23.14	0.0		3s1	Amsterdam, NED	6	Jul
		23.18	0.2		1	Velenje, SLO	31	Aug
		23.22	-0.1		3	Birmingham	26	Jun
		23.29	0.7		5	Oslo, NOR	9	Jun
		23.33	-0.4		1	London (Nh)	10	Jul
		23.37	-1.4		5	Lucerne, SUI	14	Jun
22.79	1.3	Katarina Johnson-Thompson		9.01.93	1H7	Götzis, AUT	28	May
		23.26	-0.1		1H4	Rio de Janeiro, BRA	12	Aug
22.96	-0.2	Ashleigh Nelson		20.02.91	1	Waco, USA	23	Apr
23.20	1.2	Amarachi Pipi	U23	26.11.95	4h3	Lawrence, USA	28	May
		23.50	2.0		2rB	Baton Rouge, USA	9	Apr
		23.54	0.4		1	Norman, USA	23	Apr
		23.54	1.0		3	Stanford, USA	1	May
		23.59	1.5		3h3	Fort Worth, USA	14	May
23.27	-0.1	Bianca Williams		18.12.93	2	Geneva, SUI	11	Jun
		23.42	0.8		2h4	Birmingham	26	Jun
		23.51	-1.4		1	London (Nh)	8	May

2016 - W - 200

Time	Wind	Name	Cat	DOB	Pos	Venue	Day	Mon
23.36	-0.3	Jessica Ennis-Hill		28.01.86	1H4	Ratingen, GER	25	Jun
23.42					1h1	Manchester (SC)	12	Jun
23.49	-0.1				2H4	Rio de Janeiro, BRA	12	Aug
23.40	0.5	Anyika Onuora		28.10.84	1rB	Oordegem, BEL	28	May
23.45	1.7	Charlotte McLennaghan	U20	6.09.97	1	Loughborough	23	Apr
(10)								
23.46	0.1	Cindy Ofili	U23	5.08.94	1	Durham, USA	2	Apr
23.55	-0.1	Finette Agyapong	U20	1.02.97	1rB	Mannheim, GER	26	Jun
23.58	1.1				2h4	Bydgoszcz, POL	22	Jul
23.57	-0.8	Margaret Adeoye		22.04.85	6	Stockholm, SWE	16	Jun
23.57	1.7	Alisha Rees	U20	16.04.99	1s1	Tbilisi, GEO	16	Jul
50 performances to 23.59 by 14 athletes								
23.61	-3.3	Hannah Brier	U20	3.02.98	1	London (He)	6	Aug
23.63	0.3	Shannon Hylton	U23	19.12.96	2h1	Birmingham	26	Jun
23.66	1.9	Montell Douglas		24.01.86	1rB	Loughborough	22	May
23.74	0.5	Christine Ohuruogu		17.05.84	5	Clermont, USA	30	Apr
23.85	0.9	Laviai Nielsen	U23	13.03.96	1h3	Bedford	1	May
23.86	-0.2	Kimbely Baptiste		27.12.92	2	Manchester (SC)	17	Aug
(20)								
23.94	1.4	Beth Dobbin	U23	7.06.94	2	Loughborough	16	Jul
23.99	1.7	Amy Allcock		20.08.93	2	Loughborough	23	Apr
23.99	0.1	Cheriece Hylton	U23	19.12.96	1	Regensburg, GER	4	Jun
23.99	-0.9	Jessica Taylor		27.06.88	1H	Woerden, NED	27	Aug
24.03	-1.3	Lina Nielsen	U23	13.03.96	2	Swansea	4	Jun
24.04	1.9	Kelly Massey		11.01.85	2rB	Loughborough	22	May
24.07	1.4	Katie Stainton	U23	8.01.95	1H4	Kladno, CZE	10	Jun
24.08	0.8	Ella Barrett	U20	25.03.98	3h4	Birmingham	26	Jun
24.09	1.4	Joey Duck		14.04.89	3	Loughborough	16	Jul
24.10	-0.4	Mary Iheke		19.11.90	4rC	Geneva, SUI	11	Jun
(30)								
24.22	0.6	Katy Wyper		17.04.93	1	Manchester (SC)	12	Jun
24.23	1.3	Victoria Ohuruogu		28.02.93	3rD	Clermont, USA	30	Apr
24.23	1.4	Maya Bruney	U20	24.02.98	1	Eton	24	Jul
24.27	1.4	Chloe Lambert	U23	22.05.94	1	Chelmsford	5	Jun
24.27	1.1	Jessie Knight	U23	15.06.94	2h1	Bedford	31	Jul
24.31	1.9	Nikita Campbell-Smith	U23	5.09.95	1rB	Loughborough	16	Jul
24.34	0.2	Louise Bloor		21.09.85	3h2	Birmingham	26	Jun
24.36	1.9	Alicia Regis	U15	17.12.01	1	Bedford	28	Aug
24.40	-2.4	Rachel Dickens	U23	28.10.94	1rB	Bristol	5	Jun
24.42	0.7	Mair Edwards	U17	6.09.99	1h2	London (LV)	11	Jun
(40)								
24.44	-0.3	Holly Pattie-Belleli	U23	9.06.94	3	Starkville, USA	30	Apr
24.46	-1.6	Lucy Evans		2.10.82	2	Southampton	3	Jul
24.50	-1.3	Steffi Wilson	U23	10.06.94	3	Swansea	4	Jun
24.51	0.8	Jazz Crawford	U20	22.01.98	1	London (Nh)	25	May
24.53	1.4	Kiah Dubarry-Gay	U15	15.11.01	1h2	Ashford	14	Aug
24.55	2.0	Nicole Kendall	U23	26.01.96	1r2	Exeter	28	May
24.58	1.3	Jodie Leslie		1.05.93	1	Ashford	14	May
24.63	1.9	Amanda Shaw		28.09.84	2h3	Bedford	31	Jul
24.64	1.1	Jemma Wood	U20	3.03.99	3h1	Bedford	31	Jul
24.64	1.9	Jade Hutchison	U15	3.05.02	2	Bedford	28	Aug
(50)								
24.65	0.1	Diani Walker	U23	14.07.95	4	Bedford	19	Jun
24.67	0.7	Ellie Booker	U17	28.03.01	1h1	Gateshead	8	Jul
24.69	0.6	Emma Cullen	U23	1.05.94	2	Manchester (SC)	12	Jun
24.69	1.9	Charlotte Orton	U20	18.07.98	3h3	Bedford	31	Jul
24.71	-2.4	Joanne Ryan		3.10.86	2rB	Bristol	5	Jun
24.72mx	0.2	Abigayle Fitzpatrick		10.06.93	1	Manchester (Str)	14	Jun
24.72	-0.8	Hannah Thomas		13.02.93	4	Manchester (SC)	7	Aug
24.73	1.2	Megan Rogers		25.05.93	2h6	Bedford	1	May
24.73	0.8	Niamh Bailey	U23	28.06.95	5h4	Birmingham	26	Jun

2016 - W - 200

Time	Wind	Name	Cat	DOB	Pos	Venue	Date
24.75mx	0.2	Stacey Downie		15.04.87	1	Tranent	30 Apr
24.80	-0.7				2rB	Swansea	4 Jun
(60)							
24.75	1.6	Immanuela Aliu	U17	19.04.00	2s2	Bedford	19 Jun
24.75	-2.9	Rebecca Campsall		2.10.90	1rB	London (He)	6 Aug
24.77	0.9	Kayla Bowley	U15	28.12.01	1	Ashford	14 Aug
24.78	1.2	Mica Moore		23.11.92	3	Bedford	2 May
24.79	1.1	Sophie Yorke	U20	7.07.98	1	Yate	15 May
24.79	1.6	Jenna Wrisberg	U20	22.03.98	1	Gateshead	29 May
24.79	-0.7	Laura Wake		3.05.91	1rB	Swansea	4 Jun
24.80	1.6	Brittany Robinson	U20	9.11.98	2h1	London (LV)	11 Jun
24.80	0.2	Olivia Caesar	U23	22.07.96	5	London (LV)	2 Jul
24.80	1.0	Lauren Roy	U17	25.09.00	1	Antrim	20 Aug
(70)							
24.81	1.2	Billie Jo Harris	U17	23.09.99	1	Cudworth	15 May
24.82	-1.3	Eve Williams	U20	26.10.98	5	Swansea	4 Jun
24.83	0.7	Bethany Close	U23	30.12.95	1h1	Bedford	1 May
24.83	0.8	Ebony Carr	U20	21.01.99	1	Worcester	29 May
24.85	1.7	Eleanor Rawson	U20	10.11.97	2	Manchester (SC)	12 Jun
24.86	-0.7	Georgina Adam	U17	24.03.00	2	Loughborough	8 Jun
24.86	0.9	Mandy Gault		9.01.84	2	Manchester (SC)	7 Aug
24.87	1.2	Ocean Lewis	U20	3.07.99	2	London (Nh)	5 Jun
24.87	0.9	Laura Hanagan	U23	23.08.94	1H	Sheffield	18 Jun
24.88	2.0	Shana Cox		22.01.85	1	Winston-Salem, USA	19 Mar
(80)							
24.91		Hannah Kelly	U17	20.12.00	1	Birmingham	18 Jun
24.91	0.8	Selina Henderson	U20	6.04.98	6h4	Birmingham	26 Jun
24.92	0.9	Yasmin Liverpool	U20	15.01.99	2	Breda, NED	3 Jul
24.94	1.1	Yvette Westwood	U20	3.09.98	2	Yate	15 May
24.95	-0.7	Amy Hillyard	U23	28.10.95	3rB	Swansea	4 Jun
24.96	1.2	Ella Wansell	U17	15.01.01	3	London (Nh)	5 Jun
24.97	0.2	Bethan Wakefield	U23	17.10.94	3h1	Bedford	19 Jun
24.97	0.3	Megan Davies	U20	31.01.99	1	Birmingham	3 Jul
24.97	0.0	Rebecca Jeggo	U17	12.01.00	2	Bromley	17 Jul
24.98	-1.4	Susanna Banjo		28.07.89	3	London (Nh)	8 May
(90)							
24.98	0.0	Anna McCauley	U17	2.01.01	3	Tullamore, IRL	4 Jun
24.98	0.8	Jill Cherry	U20	1.03.98	1rB	Manchester (SC)	7 Aug
24.99	-3.3	Clieo Stephenson	U23	8.04.95	5	London (He)	6 Aug
25.00	0.0	Rebecca Williams		18.03.89	1rB	London (Nh)	8 May
25.01	-1.2	Kelsey Stewart	U20	12.02.97	1-20	Grangemouth	13 May
25.01	1.9	Precious Adu	U15	3.10.02	1rB	London (Nh)	5 Jun
25.01	0.9	Josie Oliarnyk	U17	27.03.00	2h4	Bedford	28 Aug
25.02mx	0.9	Rebecca Hussey		11.10.92	1	Oxford (H)	17 Aug
25.03		Charlotte Paterson	U20	26.02.98	1	Sheffield (W)	5 Jun
25.03	1.3	Angela Davis	U15	15.07.02	1	Chelmsford	11 Jun
(100)							
25.05	1.3	Melissa Owusu-Ansah	U23	24.05.94	7rD	Clermont, USA	30 Apr
25.05	-0.7	Mary Elcock	U23	3.08.95	3	Loughborough	8 Jun
25.05	0.9	Isabel Wakefield	U17	5.01.00	2H	Sheffield	18 Jun
25.05	-1.6	Elise Lovell		9.05.92	1H1	Oxford (H)	16 Jul

Additional Under 17 (1-12 above)

Time	Wind	Name		DOB	Pos	Venue	Date
25.07	0.7	Emily Coope		26.12.99	1	Loughborough	20 Jul
25.08	2.0	Maisey Snaith		3.04.01	1	Peterborough	14 May
25.14	1.3	Jazmine Moss		16.08.00	1	Gateshead	14 May
25.20	1.0	Joy Ogunleye		27.09.00	1h1	Chelmsford	15 May
25.26	-1.4	Vera Chinedu		2.05.00	4	London (Nh)	8 May
25.26	0.6	Molly Connors		18.10.99	2	Montreuil-sous-Bois, FRA	19 Jun
25.29		Anna-Marie Uzokwe		13.04.00	1	Stevenage	20 Aug
25.31	1.7	Akaysha Ellis		16.12.00	1rB	Bromley	29 May
(20)							

25.35	0.2	Magda Cienciala		4.10.99	1rB	Bromley	17	Jul
25.41	0.7	Obi Curry		11.04.01	3h1	Gateshead	8	Jul
25.43	0.0	Holly McArthur		20.12.99	1H2	Aberdeen	2	Jul
25.48	0.0	Cassie-Ann Pemberton		24.07.01	1	Leicester	14	May
25.48	-2.9	Olivia Okoli		7.09.99	1	Perivale	29	May
25.48	0.2	Kendrea Nwaelene		7.12.00	3rB	Bromley	17	Jul
25.48	-0.7	Moli Jones		28.10.00	1	Newport	14	Aug
25.50	1.3	Ella Maxwell		22.11.99	2	Gateshead	14	May

Additional Under 15 (1-6 above)

25.24	1.7	Tia Jackson		5.08.02	1	Exeter	7	Aug
25.35	0.6	Abena Oteng		7.09.01	1	Cambridge	25	Jun
25.35	-0.9	Jayda Regis		26.03.02	2h3	Gateshead	9	Jul
25.37	1.8	Imaan Denis		27.11.02	2	London (He)	30	Jul
	(10)							
25.38	1.8	Skye Wicks		20.08.02	2	Chelmsford	15	May
25.39	0.0	Rachel Bennett		3.07.02	4rB	London (Nh)	8	May
25.46	1.5	Taiwo Taiwo		23.09.01	2h2	Bedford	28	Aug
25.47	0.9	Orla Brennan		8.02.02	2s1	Ashford	14	Aug
25.50	1.7	Acacia Williams-Hewitt		8.08.03	1	Cudworth	15	May
25.59	1.0	Shiann Brock-Walters		23.07.02	2h3	Ashford	14	Aug
25.62	1.8	Zuriel Owolana		26.10.01	3	London (He)	30	Jul
25.68	-3.5	Amy Hunt		15.05.02	1	Hull	7	Aug
25.70	-1.3	Sacha Didcote		4.01.03	1	Brecon	27	Aug
25.74	0.8	Isabel Davies		11.11.01	1	Hereford	23	Jul
	(20)							
25.76		Shania Umah		17.02.02	3	London (ME)	16	Jul
25.80	1.0	Katie Reville		20.02.02	1	Kilmarnock	13	May
25.82	-0.9	Laurelle Obi		27.12.01	3h3	Gateshead	9	Jul
25.87	1.7	Jessica Frazer		26.12.01	2	Exeter	7	Aug
25.88	2.0	Khiaama Kofi		2.03.02	1	Yate	15	May
25.88	1.9	Hannah Foster		15.03.02	7	Bedford	28	Aug
25.91	-0.5	Mia Lowndes		6.06.02	1	Macclesfield	14	May
25.91	-0.5	Ruka Shonibare		19.06.02	2	Macclesfield	14	May
25.93		Florence Beedie		15.08.02	3	Birmingham	18	Jun
25.93	-0.1	Issie Tustin		27.11.01	1	Cardiff	9	Jul

wind assisted

23.09	2.8	J Williams		(22.69)	1rF	London (Nh)	5	Jun
23.16	2.1	Henry	U23	(22.46)	1h3	Birmingham	26	Jun
23.42	2.2	Cindy Ofili	U23	(23.46)	3h1	Lincoln, USA	14	May
23.48	3.2	Shannon Hylton	U23	(23.63)	1	Loughborough	22	May
		4 performances to 23.59 by 4 athletes						
23.66	2.5	Kimbely Baptiste		(23.86)	1	Bedford	31	Jul
23.67	2.2	Jessica Taylor		(23.99)	1H3	Bedford	14	May
23.74	2.5	Beth Dobbin	U23	(23.94)	2	Bedford	31	Jul
24.00	3.4	Mair Edwards	U17	(24.42)	1	Portsmouth	15	May
24.04	2.1	Maya Bruney	U20	(24.23)	1	Castellón, ESP	17	Sep
24.07	2.5	Rebecca Campsall		(24.75)	1	Cudworth	14	May
24.08	3.7	Holly Pattie-Belleli	U23	(24.44)	3	Columbia, USA	16	Apr
24.08	2.5	Joey Duck		(24.09)	3	Bedford	31	Jul
24.27	3.2	Lucy Evans		(24.46)	4	Loughborough	22	May
24.41	2.2	Niamh Bailey	U23	(24.73)	3H3	Bedford	14	May
24.42	3.2	Laura Wake		(24.79)	5	Loughborough	22	May
24.43	2.2	Immanuela Aliu	U17	(24.75)	2	Loughborough	2	Sep
24.44	3.2	Mica Moore		(24.78)	6	Loughborough	22	May
24.46	2.2	Lauren Roy	U17	(24.80)	3	Loughborough	2	Sep
24.50	3.4	Holly Mills	U17	15.04.00	2	Portsmouth	15	May
24.55	2.2	Diani Walker	U23	(24.65)	1h2	Bedford	19	Jun
24.60	2.8	Joy Ogunleye	U17	(25.09)	1	Chelmsford	15	May
24.65	2.2	Georgina Adam	U17	(24.86)	4	Loughborough	2	Sep
24.70	3.7	Mandy Gault		(24.86)	1	Perivale	20	Aug
24.74	2.2	Eve Williams	U20	(24.82)	2	Cardiff	1	Jun

2016 - W - 200

24.75	2.3	Rebecca Jeggo	U17	(24.97)	1	Cambridge	25	Jun
24.79	2.3	Brittany Robinson	U20	(24.80)	1	London (LV)	14	May
24.80	2.2	Elise Lovell		(25.05)	4H3	Bedford	14	May
24.80	3.5	Ebony Carr	U20	(24.72)	1	Oxford (H)	15	May
24.88	2.3	Nastassja Allin	U20	4.12.97	2	London (LV)	14	May
25.01	2.2	Marilyn Nwawulor		20.09.92	5H3	Bedford	14	May
25.01	3.3	Cassie-Ann Pemberton	U17	(25.48)	1-17	Worcester	29	May
25.02	2.7	Vera Chinedu	U17	(25.26)	2	Ashford	14	May

Straight

23.23	3.6	Laviai Nielsen	U23	(23.85)	2	Manchester	20	May
23.25	3.6	Emily Diamond		11.06.91	3	Manchester	20	May
24.43	3.6	Jodie Leslie		(24.58)	4	Manchester	20	May

Additional Under 17

25.11	2.5	Zoe Pollock	21.12.00	3h3	Gateshead	8	Jul
25.13	4.4	Ella Turner	2.06.01	1	Oxford (H)	15	May
25.21	3.4	Abigail Dennison	22.01.01	3	Portsmouth	15	May
25.25	5.1	Nicola Caygill	30.01.00	1	Middlesbrough	11	Sep
25.27	2.5	Magda Cienciala	(25.35)	2	London (He)	26	Jun
25.36	3.7	Hannah Hall	(25.28)	2h1	Bedford	28	Aug
25.39	2.4	Michelle Mamudu	17.03.00	1rB	London (ME)	22	May
25.44	2.8	Caitlin O'Reilly	18.02.00	3	Chelmsford	15	May
25.44	4.1	Sarah Malone	15.09.99	2	Bedford	4	Sep
25.46	2.2	Lauren Greig	20.09.00	6	Loughborough	2	Sep
25.49	2.2	Alyssa White	23.07.01	1	Brighton	15	May

Additional Under 15

25.20	4.7	Imaan Denis	(25.37)	1rJ	London (LV)	3	Aug
25.61	2.1	Zuriel Owolana	(25.62)	4	Ashford	14	Aug
25.67	2.7	Katie Reville	(25.80)	2	Grangemouth	21	Aug
25.94	2.5	Cashyila McDonald	4.01.03	1	Leicester	14	May

hand timing

24.4		Amber-Leigh Hall	U20	10.10.98	1	Reading	17	Apr
24.5		Rebekah Wilson		17.03.91	1	Wigan	7	May
24.5		Phillipa Lowe		7.04.92	1	Welwyn	18	Jun
24.6		Rebecca Campsall		(24.75)	1	York	7	May
24.6		Abigayle Fitzpatrick		(24.72)	1	Manchester (SC)	6	Aug
24.7		Olivia Okoli	U17	(25.48)	1-17	Bournemouth	26	Jun
24.7		Georgina Adam	U17	(24.86)	1	Lincoln	6	Aug
24.8		Megan Davies	U20	(24.97)	1	Grantham	29	May
24.8		Rebecca Hussey		(25.02)	1	Bracknell	18	Jun
24.9		Amber Anning	U17	18.11.00	1r4	Crawley	3	Apr
24.9		Josie Oliarnyk	U17	(25.01)	1	Worcester	14	May
24.9		Georgina Malster		3.08.90	1	Ipswich	21	May
25.0	1.9	Derrion Thompson	U20	18.11.97	2	Stoke-on-Trent	14	May
25.0		Ashleigh Power	U20	3.12.97	1	Horsham	22	May
25.0		Anna-Marie Uzokwe	U17	(25.29)	2	Southend	5	Jun
25.0w	2.3	Natasha Segal	U23	7.08.95	1	Rugby	5	Jun

Additional Under 17 (1-5 above)

25.1		Ella Maxwell	22.11.99	2	Middlesbrough	1	May
25.1	1.8	Isabella Gilkes	23.04.01	1	Reading	15	May
25.1		Hannah Hall	5.11.00	1	Aldershot	29	May
25.2		Alyssa White	23.07.01	1	Portsmouth	24	Jul
25.3		Cassie-Ann Pemberton	(25.48)	1	Birmingham	11	Jun
25.3		Davina Boateng	25.03.01	1	Gillingham	20	Aug
25.4		Ella Turner	2.06.01	2	Aldershot	29	May
25.4		Phoebe Fenwick	6.11.99	2	Bracknell	18	Jun
25.4		Tosin Salami	16.09.99	1	Woking	26	Jun
25.4		Lauren Blakey	16.07.01	1rB	Lincoln	6	Aug
25.4		Grace Preston	30.04.01	2	Manchester (SC)	6	Aug

2016 - W - 200

Under 15
25.2		Trinity Powell		29.06.02	1	Warrington	4 Sep
25.3w	3.0	Laurelle Obi		(25.82)	1	Manchester (SC)	19 Jun
		25.7	1.6		1	Preston	21 May
25.4		Amy Hunt		(25.68)	1	Grantham	15 May
25.5		Nayanna Dubarry-Gay		15.11.01	1rB	London (ME)	16 Jul
25.5		Ayoola Babalola		17.12.01	1	Guildford	14 Aug
25.6		Aleeya Sibbons		5.11.02	1	Chelmsford	21 May
25.7		Toni Bryan		23.12.02	1rB	London (Cr)	16 Jul
25.7		Hannah Foster		(25.88)	1	Bury St. Edmunds	18 Sep
25.9		Amelia Bunton		13.06.02	1	Cleckheaton	20 Mar
25.9	2.0	Natasha Bennett		7.11.01	1	Reading	15 May
25.9	2.0	Zuri Mullings		8.10.01	2	Reading	15 May
25.9		Ruka Shonibare		(25.91)	1	Warrington	11 Jun
25.9		Chira Hussey		29.03.02	3	London (Cr)	16 Jul
25.9		Eve Wright		8.08.02	1rB	Bury St. Edmunds	18 Sep

Under 13
26.14	1.7	Natalie Groves		1.04.04	3	Cudworth	15 May
26.49	0.5	Chloe Griffith		9.09.03	1h3	Newport	14 Aug
26.65w	3.1	Elizabeth Taylor		18.05.04	1	Cambridge	17 Jul
		26.8			1	Peterborough	14 Aug
26.71	0.1	Alyson Bell		9.11.03	1h2	Kilmarnock	13 May
26.77	-1.7	Zipporah Golding		16.11.03	1	Ashford	13 Aug
26.80w	3.9	Emily Eades-Scott		4.10.03	1	Portsmouth	15 May
		27.02			1	Kingston	31 Jul
27.02w	2.5	Rebecca Squires		1.02.04	1	Exeter	4 Sep
27.04i		Ava Jones		21.11.04	1	Sheffield	4 Dec
27.08w	3.0	Mya Ashbourne		26.04.04	4rC	London (Nh)	5 Jun
		27.09	1.2		2rl	London (LV)	22 Jun
27.09w	3.9	Isabel Pinder		16.11.03	2	Portsmouth	15 May

running with guide runner
24.44	-0.4	Libby Clegg		24.03.90	1	London (O)	23 Jul

Indoor where superior to outdoors
23.36mx		Louise Bloor		(24.34)	1	Manchester (SC)	6 Mar
		23.39			1	Sheffield	28 Feb
		2 performances to 23.59 by 1 athlete					
23.76		Meghan Beesley		15.11.89	1	Sheffield	21 Feb
24.01		Montené Speight		5.11.92	1	Fayetteville, USA	15 Jan
24.04		Shana Cox		(24.88)	1	Boston (A), USA	28 Feb
24.24		Kristie Edwards	U20	16.08.97	1	Vienna, AUT	30 Jan
24.25		Rebecca Campsall		(24.75)	2h3	Sheffield	20 Feb
24.34		Rebekah Wilson		(24.5)	1	Sheffield	17 Jan
24.40mx		Abigayle Fitzpatrick		(24.72)	1	Sheffield	14 Dec
24.41		Charlotte Paterson	U20	(25.03)	4	Sheffield	28 Feb
24.68		Phillipa Lowe		(24.5)	1	London (LV)	30 Jan
24.71		Sarah Adams		19.10.87	2	Sheffield	31 Jan
24.72		Ebony Carr	U20	(24.83)	3	Sheffield	14 Feb
24.86		Bethan Wakefield	U23	(24.97)	1s5	Sheffield	21 Feb
24.93		Amber Anning	U17	(24.9)	1	London (LV)	10 Jan

Additional Under 17 (1 above)
25.09		Joy Ogunleye		(25.20)	2s3	Sheffield	14 Feb
25.28		Hannah Hall		(25.1)	2s1	Sheffield	14 Feb
25.30		Sharhnee Skervin		13.03.00	3s1	Sheffield	14 Feb

Under 15
25.22		Amy Hunt		(25.68)	1	Sheffield	14 Feb
25.57		Amelia Bunton		(25.9)	1s2	Sheffield	14 Feb
25.76		Macey Morris		12.02.03	1	Cardiff	4 Dec

Foreign

23.78w	2.9	Adeline Gouenon (CIV) U23	20.10.94	2rA	Loughborough	22	May
		23.96 1.0		3s3	Durban, RSA	22	Jun
23.90	-1.2	Amy Foster (IRL)	2.10.88	2rC	Clermont, USA	14	May
24.26	1.1	Charlotte Wingfield (MLT) U23	30.11.94	1	Marsa, MLT	26	Jun
24.51	-1.1	Gina Akpe-Moses (IRL) U20	25.02.99	2rB	Oordegem, BEL	28	May
24.72	-0.1	Sarah Busby (AUS)	23.09.90	3	Bristol	5	Jun
24.97		Christine McMahon (IRL)	6.07.92	1	Belfast	25	Aug
25.20w	2.4	Awa Ndiaye (FRA) U15	19.09.01	1	London (LV)	3	Aug
		25.38 1.3		1	London (TB)	23	Jul

300 Metres - Under 17

38.7	Amber Anning	18.11.00	1	Sutton	18	Jun
	38.81		1	Gateshead	9	Jul
39.21	Anna-Marie Uzokwe	13.04.00	1	Bedford	27	Aug
39.29	Natasha Harrison	17.03.01	1	Middlesbrough	13	Aug
39.40	Mair Edwards	6.09.99	1	Basingstoke	20	Jul
39.46	Davicia Patterson	15.12.00	2	Bedford	27	Aug
39.5	Phoebe Fenwick	6.11.99	1	Woking	8	May
	40.27		1h1	Gateshead	8	Jul
39.52	Alex Shaw	6.09.00	1h3	Gateshead	8	Jul
39.52	Louise Evans	7.10.00	2	Bromley	17	Jul
39.61	Amy Gellion	19.02.00	1	Loughborough	28	Aug
39.70	Ellie Grove	16.10.99	3	Bromley	17	Jul
	(10)					
39.93	Holly Mills	15.04.00	1	London (LV)	9	Apr
39.94	Esther Adikpe	19.03.00	3	Loughborough	2	Sep
39.96	Abigail Dennison	22.01.01	1h1	Portsmouth	14	May
39.98	Emily Strickland	27.12.99	2	Middlesbrough	13	Aug
39.99	Kaisha Buchanan	20.10.99	1	Loughborough	10	Apr
40.01	Omolola Ogunnowo	14.02.01	1	Loughborough	26	Jun
40.04	Michelle Mamudu	17.03.00	4	Bedford	27	Aug
40.33	Sophie Porter	14.03.01	5	Gateshead	9	Jul
40.34	Lydia Sommers	30.12.99	1h3	Portsmouth	14	May
40.39	Hannah Pachuta	12.02.00	1	Brecon	14	May
	(20)					
40.40	Amber Clare	3.03.01	2h1	Portsmouth	14	May
40.42i	Holly McArthur	20.12.99	1	Glasgow	30	Jan
40.47i	Hannah Kelly	20.12.00	1	Manchester (SC)	18	Dec
40.48	Louisa Saunders	26.12.00	5	Bromley	17	Jul
40.51	Rhiannon Gayle	25.03.01	2	Kingston	11	Jun
40.53	Catriona Laing	21.12.99	1	Grangemouth	14	May
40.57	Jazzmin Kiffin	6.09.99	2	Nuneaton	14	Aug
40.69	Sophie Haldane	30.10.99	2	Bedford	4	Sep
40.7	Bobbie Davies	16.03.00	1rB	Sutton	18	Jun
	40.86		4h1	Portsmouth	14	May
40.73	Asha Root	15.06.01	2rB	Bromley	17	Jul
	(30)					
40.74	Ellie Turner	26.05.00	3h3	Bedford	27	Aug
40.75	Hollie Brannigan	8.11.99	3	Tullamore, IRL	4	Jun
40.75	Hannah Longden	4.12.00	1	Cardiff	2	Jul
40.84	Eleanor Gallagher	20.04.00	1	St. Peter Port GUE	19	Jul
40.84	Rachel Crorken	7.11.99	2h1	Bedford	27	Aug
40.85	Ella Turner	2.06.01	1	Oxford (H)	14	May
40.87i	Amelia Bunton	13.06.02	2rB	Sheffield	3	Dec
40.89	Emma Alderson	29.02.00	1	Liverpool	29	May

Under 15

40.18	Jade Hutchison	3.05.02	1	Grangemouth	7	Sep
40.39	Orla Brennan	8.02.02	1	Bedford	27	Aug
40.7	Jemima Copeman	15.06.02	1	Eton	16	Jul
	41.30		1	Oxford (H)	14	May

40.9	Mary Takwoingi		13.09.01	1	Telford	16	Jul
	41.23			1	Nuneaton	14	Aug
41.00	Emma Mailer		24.02.02	1	Grangemouth	11	Jun
41.17	Kiah Dubarry-Gay		15.11.01	1	London (LV)	15	May
41.2	Jasmin Drummond		9.02.02	1	Nottingham	21	May
	41.96			1	Leamington	6	Jul
41.30i	Amelia Bunton		13.06.02	1	Sheffield	6	Mar
41.3	Tess McHugh		19.06.02	1	Manchester (SC)	19	Jun
41.3	Imaan Denis		27.11.02	1	London (Cr)	16	Jul
(10)							
41.33	Annie Testar		18.04.02	1	Cheltenham	13	Jul
41.34	Sacha Didcote		4.01.03	1	Brecon	27	Aug
41.35	Lucy Elcock		11.09.01	2	Bedford	27	Aug
41.5	Gemma Jones		13.03.02	1	Stourport	7	May
41.5	Emily Heap		10.07.02	2	Manchester (SC)	19	Jun
	41.81			1	Cudworth	14	May
41.5	Emily Miller		16.06.02	1	Grangemouth	25	Jun
	41.56			1	Grangemouth	21	Aug
41.5	Hannah Foster		15.03.02	1	Bury St. Edmunds	18	Sep
41.55	Jessica Frazer		26.12.01	1	Exeter	7	Aug
41.6	Cashyila McDonald		4.01.03	1rB	Nottingham	21	May
41.65	Katie Reville		20.02.02	1	Kilmarnock	28	Aug
(20)							
41.67	Jennifer Taylor		21.09.02	1	Gateshead	28	Aug
41.7	Laura Hickey		6.01.02	1	Macclesfield	19	Jun
41.7	Holly Mpassy		12.07.03	2	Eton	16	Jul
41.74	Morgan Spink		6.04.02	2	Nuneaton	14	Aug
41.80	Charlotte Buckley		2.01.02	2	London (LV)	15	May
41.86	Isabel Davies		11.11.01	1	Brecon	6	Jul
41.9	Kiera Bainsfair		3.02.02	1	Watford	20	Jun
41.9	Hannah Childs		7.02.02	3	Eton	16	Jul
41.91i	Acacia Williams-Hewitt		8.08.03	1	Manchester (SC)	18	Dec

400 Metres

51.05	Christine Ohuruogu		17.05.84	5	London (O)	22	Jul
	51.22			5s1	Rio de Janeiro, BRA	14	Aug
	51.35			2s1	Amsterdam, NED	7	Jul
	51.40			2h4	Rio de Janeiro, BRA	13	Aug
	51.55			4	Amsterdam, NED	8	Jul
	52.00			5	Kingston, JAM	7	May
	52.40			7	Birmingham	5	Jun
	52.52			5	Tomblaine, FRA	14	Jun
	52.69			1h1	Amsterdam, NED	6	Jul
51.23	Emily Diamond		11.06.91	1	Regensburg, GER	4	Jun
	51.49			6s2	Rio de Janeiro, BRA	14	Aug
	51.63			7	London (O)	22	Jul
	51.76			4h5	Rio de Janeiro, BRA	13	Aug
	51.94			1	Birmingham	26	Jun
	51.95			3	Geneva, SUI	11	Jun
	52.54			1	Clermont, USA	9	Apr
	52.87			1h1	Birmingham	25	Jun
51.26	Seren Bundy-Davies	U23	30.12.94	1	Geneva, SUI	11	Jun
	51.33			4	Birmingham	5	Jun
	51.81			8	London (O)	22	Jul
	52.26			5	Ostrava, CZE	20	May
	52.38			2	Birmingham	26	Jun
	52.71			4	Stockholm, SWE	16	Jun
	53.45			1h4	Birmingham	25	Jun
51.47	Anyika Onuora		28.10.84	3	Amsterdam, NED	8	Jul
	51.55			5	Birmingham	5	Jun
	51.70			7	Saint-Denis, FRA	27	Aug

2016 - W - 400

Time	Name	Cat	DOB	Pos	Venue	Date	
(Onuora)	51.84			1s2	Amsterdam, NED	7	Jul
	51.85			4	Oslo, NOR	9	Jun
	52.20			1	Hengelo, NED	22	May
	52.34			9	London (O)	22	Jul
	52.46			2	Stockholm, SWE	16	Jun
	52.57			3	Birmingham	26	Jun
	52.87			1rC	Gainesville, USA	22	Apr
	53.04			6	Zagreb, CRO	6	Sep
	53.12			1h2	Birmingham	25	Jun
52.27	Desiree Henry	U23	26.08.95	2	Gainesville, USA	31	Mar
	53.34			7	Gainesville, USA	22	Apr
52.28	Laviai Nielsen	U23	13.03.96	1	Ellwangen, GER	14	May
	52.32			1rB	Regensburg, GER	4	Jun
	52.94			1rB	Geneva, SUI	11	Jun
	53.23			5	Stockholm, SWE	16	Jun
	53.41			2h3	Birmingham	25	Jun
	53.49mx			1	London (LV)	10	Aug
52.43	Perri Shakes-Drayton		21.12.88	4	Tomblaine, FRA	14	Jun
	52.59			6	Geneva, SUI	11	Jun
	52.76			1h3	Birmingham	25	Jun
52.58	Zoey Clark	U23	25.10.94	1	London (He)	6	Aug
	53.18			1	Swansea	4	Jun
52.73	Montené Speight		5.11.92	2	Fayetteville, USA	6	May
	53.17			2	Huelva, ESP	3	Jun
	53.23			1	London (ME)	6	Jun
	53.26			1	Leiria, POR	28	May
	53.44			1rB	Baton Rouge, USA	30	Apr
	53.47			6	Nassau, BAH	16	Apr
52.75	Margaret Adeoye		22.04.85	4	Ninove, BEL	23	Jul
	53.04			4	Birmingham	26	Jun
(10)							
52.80	Hannah Williams	U20	23.04.98	4s1	Bydgoszcz, POL	20	Jul
	53.45			3	London (Nh)	5	Jun
52.94	Mary Iheke		19.11.90	1	London (LV)	2	Jul
	53.22			2	London (He)	6	Aug
	53.35			2	London (Nh)	5	Jun
	53.37			2h2	Birmingham	25	Jun
	53.46			5	Birmingham	26	Jun
52.97	Lina Nielsen	U23	13.03.96	1	Bedford	19	Jun
	53.25			1rA	Loughborough	22	May
	53.28			1	Namur, BEL	26	May
53.06	Kelly Massey		11.01.85	3rB	Regensburg, GER	4	Jun
	53.21			1	Gothenburg, SWE	15	Jul
53.07	Phillipa Lowe		7.04.92	1	London (LV)	12	Jun
53.11	Victoria Ohuruogu		28.02.93	1	London (Nh)	5	Jun
	53.36			1rB	Clermont, USA	30	Apr
53.36	Shelayna Oskan-Clarke		20.01.90	2	London (LV)	2	Jul
53.45	Olivia Caesar	U23	22.07.96	1	Bedford	2	May
53.50	Lily Beckford	U20	11.08.97	3	London (LV)	2	Jul
	75 performances to 53.50 by 19 athletes						
53.60	Nikita Campbell-Smith	U23	5.09.95	2	Bedford	19	Jun
(20)							
53.65	Jessica Turner	U23	8.08.95	1	Loughborough	11	May
53.70	Jessie Knight	U23	15.06.94	3	Bedford	19	Jun
53.7mx	Laura Maddox		13.05.90	1	Bath	15	Jul
	54.10			5rB	Bydgoszcz, POL	5	Jun
54.10	Kirsten McAslan		1.09.93	4rB	Geneva, SUI	11	Jun
54.28	Shana Cox		22.01.85	1	Winston-Salem, USA	18	Mar
54.39	Catherine Reid	U20	21.04.98	4	Riga, LAT	31	May
54.41	Kelsey Stewart	U20	12.02.97	1	Grangemouth	17	Apr
54.43	Lynsey Sharp		11.07.90	2	Loughborough	11	May
54.59	Nicole Kendall	U23	26.01.96	1s1	Bedford	1	May

2016 - W - 400

54.63	Ella Barrett	U20	25.03.98	2	Bedford	19	Jun
(30)							
54.64	Jodie Leslie		1.05.93	1	Ashford	15	May
54.75	Rachel Dickens	U23	28.10.94	5rA	Loughborough	22	May
54.79mx	Alexandra Bell		4.11.92	1	Manchester (Str)	16	Aug
54.83	Sabrina Bakare	U23	14.05.96	3	Swansea	4	Jun
54.84	Alice Desforges	U23	25.07.96	6	London (LV)	2	Jul
54.86	Nisha Desai		5.08.84	1	Bristol	5	Jun
54.87	Leah Barrow		21.01.93	1rB	Swansea	4	Jun
54.96	Laura Wake		3.05.91	1rB	London (LV)	2	Jul
54.96	Mandy Gault		9.01.84	1	Manchester (SC)	7	Aug
55.18	Georgina Rogers	U23	1.09.96	5	London (He)	6	Aug
(40)							
55.23	Alison Leonard		17.03.90	1	Blackburn	6	Aug
55.25	Amy Hillyard	U23	28.10.95	6rD	Oordegem, BEL	28	May
55.29	Melissa Owusu-Ansah	U23	24.05.94	2	London (LV)	12	Jun
55.3	Chelsea Walker	U20	29.06.97	1	York	8	May
	56.65			1	Gateshead	29	May
55.35	Sarah McDonald		2.08.93	2rB	London (He)	6	Aug
55.38	Melissa Roberts	U20	6.08.97	3	Bristol	5	Jun
55.50	Jill Cherry	U20	1.03.98	4	Bedford	19	Jun
55.50	Kathryn Sutton		23.12.88	3	London (Elt)	20	Jul
55.51	Davicia Patterson	U17	15.12.00	1	Swansea	6	Aug
55.57	Megan Davies	U20	31.01.99	5	Bedford	19	Jun
(50)							
55.58	Hannah Segrave	U23	14.04.95	1	Cullowhee, USA	15	Apr
55.59	Philippa Millage	V35	15.08.80	3	Southampton	3	Jul
55.61	Molly Connors	U17	18.10.99	1rB	Oordegem, BEL	4	Jun
55.64	Lauren Rule	U23	24.10.96	4	Bedford	2	May
55.64	Avril Jackson		22.10.86	1	Altdorf, SWE	3	Sep
55.67	Georgia Yearby	U23	19.02.95	1	Cudworth	15	May
55.74	Susanna Banjo		28.07.89	6	Brussels, BEL	19	Jun
55.77	Mia Spence	U20	27.06.97	6	London (He)	6	Aug
55.78	Yimika Adewakun		16.06.93	3	London (Nh)	8	May
55.8	Jennifer Meadows	V35	17.04.81	1	Wigan	7	May
(60)							
55.81	Mhairi Hendry	U23	31.03.96	2	Glasgow	27	Jul
55.84	Gemma Rous		25.11.85	1	Exeter	28	May
56.03	Loren Bleaken	U23	3.09.95	2rB	Swansea	4	Jun
56.04	Chloe Lambert	U23	22.05.94	1	Kilmarnock	14	May
56.11	Emma Pullen		6.08.89	4	Loughborough	16	Jul
56.13mx	Deborah Willis		24.04.92	1rD	London (LV)	19	Jun
	56.70			5h2	Bedford	31	Jul
56.16	Hayley McLean	U23	0.00.04	2	Basingstoke	10	Jul
56.18	Tara Kafke		17.02.89	3rB	Swansea	4	Jun
56.20	Nastassja Allin	U20	4.12.97	1	London (LV)	12	Jun
56.21	Rebecca Croft	U20	27.05.97	1rB	Berkeley, USA	5	Mar
(70)							
56.22	Yasmin Liverpool	U20	15.01.99	1	Santpoort, NED	5	Jun
56.24	Alex Shaw	U17	6.09.00	1	Ashford	14	Aug
56.26	Julie Dobbin	U23	8.03.94	3	Manchester (SC)	7	Aug
56.29	Emily First	U23	5.07.95	4	Brisbane (Nathan), AUS	6	Feb
56.32	Lauren Russell	U20	16.03.98	3h3	Bedford	18	Jun
56.34	Rachel Donnison	U23	12.10.96	7	Bedford	2	May
56.35	Amelia Reynolds	U20	23.11.98	2	Cardiff	11	Jun
56.35	Ashton Greenwood	U20	23.01.99	1rD	Manchester (Str)	16	Aug
56.37	Stacey Downie		15.04.87	2	Grangemouth	17	Apr
56.38	Megan Aitchison	U23	24.02.94	1	Aldershot	2	Jul
(80)							
56.46mx	Joanne Ryan		3.10.86	1rD	Woodford	19	Jul
	57.05			5	Manchester (SC)	7	Aug
56.46	Holly Turner	U23	15.11.95	3	Manchester (SC)	7	Aug

2016 - W - 400

56.47mx	Adelle Tracey		27.05.93	1	Watford	10	Aug
56.49	Kaylee Dodd	U23	28.12.95	4	Fayetteville, USA	26	Mar
56.6	Steffi Wilson	U23	10.06.94	1	Yeovil	3	Jul
56.61	Rebecca Williams		18.03.89	5	Swansea	4	Jun
56.64	Rhiannon Linington-Payne		1.10.91	1rB	Bristol	5	Jun
56.65	Akesha Smith	U23	11.06.95	6	Swansea	4	Jun
56.67	Vicky Gittins	U20	7.03.98	3	Cardiff	11	Jun
56.69	Lesley Owusu	V35	21.12.78	2h1	London (LV)	11	Jun
(90)							
56.7	Samantha Coleby		4.08.90	1	York	30	Jul
56.74	Rowena Cole		13.01.92	4	Potchefstroom, RSA	22	Apr
56.75	Jade MacLaren		1.12.88	2	Grangemouth	14	May
56.8	Danielle Cocking		25.12.90	1	Bournemouth	14	May
56.8	Finette Agyapong	U20	1.02.97	1	Woodford	20	Aug
56.85	Abbey Stanley	U23	4.10.94	2	Cudworth	15	May
56.9	Rachael Shaw		7.10.88	1	Ellesmere Port	3	Jul
56.95				3	Manchester (SC)	11	Jun
56.93	Rebecca O'Hara	U20	16.11.98	1	Eton	24	Jul
56.96	Erin McIlveen		10.03.86	3	Chelmsford	5	Jun
56.96	Laura Shanley		22.09.93	6	Southampton	3	Jul
(100)							
56.98	Georgina Malster		3.08.90	4	Bristol	5	Jun
57.03	Kate Anderson		23.05.91	2	Birmingham	3	Jul
57.04	Emily Hack	U20	30.08.99	3h2	Bedford	18	Jun
57.08	Mae Thompson	U23	28.05.96	3rB	Myrtle Beach, USA	18	Mar
57.08	Eleanor Briggs		20.12.92	1	Inverness	4	Sep
57.1	Aileen Kearney	U20	9.04.98	1	Bebington	6	Aug

Additional Under 17 (1-3 above)

57.26	Anna-Marie Uzokwe		13.04.00	2	Ashford	14	Aug
57.3	Emma Alderson		29.02.00	1	Bebington	26	Jun
57.56	Katy-Ann McDonald		1.06.00	1rE	Watford	10	Aug
57.58	Emily Thompson		19.03.00	1	Loughborough	26	Jun
57.58	Michelle Mamudu		17.03.00	1	London (ME)	22	Aug
57.85	Anna Croft		20.10.99	4	London (He)	26	Jun
57.86	Anna Burt		12.07.00	1rB	Yate	10	Apr
(10)							
57.9	Amy Gellion		19.02.00	1rB	Doncaster	7	May
58.26	Charlotte Crook		14.09.99	2	Liverpool	29	May
58.26	Catriona Laing		21.12.99	1ns	Swansea	6	Aug
58.3	Mica Powell		4.09.99	1	Kingston	29	May
58.34mx	Olivia Vareille		11.12.00	2rB	Glasgow	30	Aug
58.40	Nicola Brechany		5.01.00	2rC	Gothenburg, SWE	2	Jul
58.41	Jazzmin Kiffin		6.09.99	1	Derby	11	Sep
58.45mx	Jade Fitt		17.05.00	1rC	London (LV)	10	Aug
58.51	Louisa Saunders		26.12.00	1rE	Crawley	27	Jul
58.6	Tamsin McGraw		7.10.99	1	Stourport	24	Jul

Indoor

51.60	Bundy-Davies	U23	(51.26)	1	Vienna, AUT	30	Jan
	52.10			2	Glasgow	20	Feb
53.02	Clark	U23	(52.58)	1rC	Vienna, AUT	30	Jan
53.07	Speight		(52.73)	1	Fayetteville, USA	19	Feb
	53.29			2	Fayetteville, USA	12	Feb
	53.48			2	Sheffield	28	Feb
53.15	Meghan Beesley		15.11.89	1	Sheffield	28	Feb

7 indoor performances to 53.50 by 3 athletes

where superior to outdoors

53.69	Jessie Knight	U23	(53.70)	4	Sheffield	28	Feb
53.78	Shana Cox		(54.28)	3	Boston (A), USA	28	Feb
54.58	Laura Wake		(54.96)	2h1	Sheffield	27	Feb

2016 - W - 400 - 800

54.72	Amy Allcock		20.08.93	2h3	Sheffield	27	Feb
55.17	Megan Rogers		25.05.93	2s2	Sheffield	21	Feb
55.36mx	Laura Muir		9.05.93	1r6	Glasgow	16	Jan
55.58	Georgia Yearby	U23	(55.67)	3h2	Sheffield	27	Feb
55.83	Hayley McLean	U23	(56.16)	1	London (LV)	7	Feb
55.90	Ashlyn Bland	U20	14.04.99	1	Glasgow	5	Mar
55.97	Isabelle Boffey	U17	13.04.00	1	London (LV)	9	Jan
55.97	Chelsea Walker	U20	(55.3)	1	Sheffield	16	Jan
56.03	Ashton Greenwood	U20	(56.35)	2	Sheffield	14	Feb
56.61	Erin McIlveen		(56.96)	2	Athlone, IRL	7	Feb
56.71	Mhairi Patience	U23	10.09.95	4s3	Sheffield	21	Feb
56.90	Charlotte Cayton-Smith	U20	15.05.97	1r4	Cardiff	23	Jan
56.92	Sarah Adams		19.10.87	2	Sheffield	16	Jan
57.00	Rosie Chamberlain	U23	11.08.95	1	Boston, USA	5	Feb
57.08	Roisin Smith	U20	10.11.97	1	Glasgow	27	Dec

Additional Under 17 (1 above)

57.86	Charlie Bloxham		19.02.00	3	Antequera, ESP	6	Feb

Foreign

54.77i	*Christine McMahon (IRL)*		*6.07.92*	*3*	*Athlone, IRL*	*28*	*Feb*
55.69	*Katharine Marshall (NZL)*		*6.02.92*	*1*	*Manchester (SC)*	*7*	*Aug*
55.75	*Aisha Naibe-Wey (SLE)*		*3.08.93*	*2*	*Richmond, USA*	*25*	*Mar*
56.24	*Gabrielle Coveney (IRL)*		*29.07.91*	*2*	*Nuneaton*	*11*	*Jun*

600 Metres

1:27.48mx	Shelayna Oskan-Clarke	20.01.90	1	London (Nh)	5	Jun
1:27.8+	Lynsey Sharp	11.07.90	7m	Rio de Janeiro, BRA	20	Aug
1:29.91	Rowena Cole	13.01.92	2	Potchefstroom, RSA	22	Apr

800 Metres

1:57.69	Lynsey Sharp	11.07.90	6	Rio de Janeiro, BRA	20	Aug
	1:57.75		5	Monaco, MON	15	Jul
	1:58.31		5	Berlin, GER	3	Sep
	1:58.52		3	Lausanne, SUI	25	Aug
	1:58.65		2s3	Rio de Janeiro, BRA	18	Aug
	1:59.03		3	Rome, ITA	2	Jun
	1:59.29		4	Birmingham	5	Jun
	1:59.51		5	Rabat, MAR	22	May
	1:59.54		2	London (O)	23	Jul
	2:00.30i		1	Boston (A), USA	12	Feb
	2:00.55		11	Zürich, SUI	1	Sep
	2:00.83		1h1	Rio de Janeiro, BRA	17	Aug
	2:01.55i		5	New York (A), USA	20	Feb
	2:01.86		1h3	Birmingham	25	Jun
	2:02.14		2	Birmingham	26	Jun
	2:02.25i		3	New York (A), USA	6	Feb
	2:02.75i		2h2	Portland, USA	19	Mar
	2:02.87		1	Lucerne, SUI	14	Jun
1:59.45	Shelayna Oskan-Clarke	20.01.90	5s2	Rio de Janeiro, BRA	18	Aug
	1:59.46		1	London (O)	23	Jul
	1:59.67		3h2	Rio de Janeiro, BRA	17	Aug
	2:00.73		2	Heusden, BEL	16	Jul
	2:01.04		5	Doha, QAT	6	May
	2:01.17		1	Watford	15	Jun
	2:01.65		9	Rabat, MAR	22	May
	2:01.99		1	Birmingham	26	Jun
	2:02.15		6rB	Rome, ITA	2	Jun
	2:02.66i		2	Ghent, BEL	13	Feb

2016 - W - 800

2:00.04mx	Adelle Tracey		27.05.93	1rF	Watford	7	Sep
	2:01.24			1	Watford	28	May
	2:01.26			1	London (Elt)	17	Aug
	2:01.48			2	Kessel-Lo, BEL	30	Jul
	2:02.15i			1	Vienna, AUT	30	Jan
	2:02.30			8	Doha, QAT	6	May
	2:02.34i			2	Athlone, IRL	17	Feb
	2:02.55i			6	Glasgow	20	Feb
	2:02.83			6	Šamorín, SVK	4	Jun
	2:02.95			1	Cles, ITA	25	Aug
	2:02.99i			1	Sheffield	28	Feb
2:00.52	Alison Leonard		17.03.90	5	London (O)	23	Jul
	2:00.71			1	Oordegem, BEL	28	May
	2:01.71			3	Kessel-Lo, BEL	30	Jul
	2:02.25mx			1	Manchester (Str)	17	May
	2:02.31			3s3	Amsterdam, NED	7	Jul
	2:02.45			3	Birmingham	26	Jun
2:00.53	Alexandra Bell		4.11.92	1	Dublin (S), IRL	22	Jul
	2:01.29			1	Solihull	9	Jul
	2:01.32			2	Watford	28	May
	2:01.62			7	London (O)	23	Jul
	2:01.67			3	Prague, CZE	6	Jun
	2:01.77			3	Stockholm, SWE	16	Jun
	2:02.22			2	Manchester (SC)	14	May
	2:02.30			2h2	Birmingham	25	Jun
	2:02.31			5	Leiden, NED	11	Jun
	2:02.78			1	Loughborough	22	May
2:00.57	Laura Muir		9.05.93	1	Montbéliard, FRA	1	Jun
	2:00.70i			2	Glasgow	20	Feb
	2:01.11i			1r4	Glasgow	16	Jan
	2:01.23			2	Padova, ITA	17	Jul
	2:02.46i			1	Glasgow	6	Feb
2:00.74	Jennifer Meadows	V35	17.04.81	4	Bellinzona, SUI	6	Jun
	2:01.29			2	Manchester (SC)	14	May
	2:01.33			1h2	Birmingham	25	Jun
	2:01.36			2	Huelva, ESP	3	Jun
	2:01.39			3	Watford	28	May
	2:01.61i			3	Torun, POL	12	Feb
	2:02.85i			2	Eaubonne, FRA	9	Feb
2:01.10	Sarah McDonald		2.08.93	1	Oxford	23	Jul
2:01.34	Hannah England		6.03.87	3	Padova, ITA	17	Jul
	2:02.68			8	Kessel-Lo, BEL	30	Jul
	2:02.97			3	Manchester (SC)	14	May
2:01.98	Katie Snowden	U23	9.03.94	5	Oordegem, BEL	28	May
	2:02.31			2	London (Elt)	17	Aug
	2:02.65			4	Prague, CZE	6	Jun
(10)							
2:02.32	Revee Walcott-Nolan	U23	6.03.95	2	Watford	15	Jun
2:02.58	Stephanie Twell		17.08.89	3	Watford	15	Jun
2:02.88	Marilyn Okoro		23.09.84	2	Tampa, USA	27	May
	77 performances to 2:02.99 by 13 athletes including 14 indoors						
2:03.18i	Leah Barrow		21.01.93	2	Sheffield	28	Feb
	2:03.63			8	Leiden, NED	11	Jun
2:03.23	Katy Brown		18.11.93	5	Oordegem, BEL	4	Jun
2:03.27	Emily Dudgeon		3.03.93	4	Manchester (SC)	14	May
2:03.45	Rowena Cole		13.01.92	6	Watford	28	May
2:04.05mx	Laura Weightman		1.07.91	1rD	Manchester (Str)	17	May
	2:05.60			8	Solihull	9	Jul
2:04.13	Hannah Segrave	U23	14.04.95	1	Raleigh, USA	6	May
2:04.32	Bobby Clay	U20	19.05.97	5	Watford	15	Jun
(20)							

2016 - W - 800

Time	Name	Cat	DOB	Pos	Venue	Date
2:04.34mx	Georgina Outten	U23	26.06.96	1	Manchester (Str)	7 Jun
2:04.83				2	Manchester (Str)	20 Aug
2:04.37i	Emma Jackson		7.06.88	3	Linz, AUT	12 Feb
2:04.45i	Chelsea Jarvis	U23	23.01.96	5	Boston (A), USA	12 Feb
2:06.37				6	Tallahassee, USA	15 May
2:04.48i	Kirsten McAslan		1.09.93	1	Glasgow	30 Jan
2:04.54	Rosie Chamberlain	U23	11.08.95	1	Orlando, USA	19 Mar
2:04.69	Mhairi Hendry	U23	31.03.96	8	Watford	28 May
2:04.79	Lauren Bouchard		21.04.91	4	Loughborough	22 May
2:04.86mx	Jessica Judd	U23	7.01.95	1	Watford	10 Aug
2:06.03				1	Watford	24 Aug
2:04.92	Jacqueline Fairchild		3.05.89	3	Oxford	23 Jul
2:05.03	Katy-Ann McDonald	U17	1.06.00	1	Manchester (SC)	17 Aug
(30)						
2:05.13	Philippa Millage	V35	15.08.80	2	Manchester (SC)	7 Aug
2:05.34	Melissa Courtney		30.08.93	7	Watford	15 Jun
2:05.40	Charlene Thomas		6.05.82	1	Manchester (Str)	3 May
2:05.47i	Madeleine Murray		19.10.93	3	Glasgow	30 Jan
2:05.48	Sabrina Sinha	U20	19.04.99	2rD	Watford	28 May
2:05.68	Isabelle Boffey	U17	13.04.00	2	Bedford	28 Aug
2:05.83i	Erin McIlveen		10.03.86	3	Athlone, IRL	28 Feb
2:06.12				2rB	Watford	28 May
2:05.87	Kaylee Dodd	U23	28.12.95	2	Fort Worth, USA	15 May
2:05.95	Sophie Connor		21.05.93	1	Clovis, USA	14 May
2:06.22	Millie Howard	U20	4.02.98	1rB	Oxford	23 Jul
(40)						
2:06.23	Anna Burt	U17	12.07.00	1	Exeter	31 May
2:06.26	Abbie Hetherington	U23	2.10.95	2	Fayetteville, USA	6 May
2:06.42	Lucy James		18.02.92	4	London (Elt)	17 Aug
2:06.48	Georgie Hartigan	U23	1.03.96	2rB	Solihull	9 Jul
2:06.51	Rebecca Croft	U20	27.05.97	3	Berkeley, USA	9 Apr
2:06.54	Khahisa Mhlanga	U17	26.12.99	5	London (Elt)	17 Aug
2:06.59i	Erin Wallace	U17	18.05.00	4	Glasgow	30 Jan
2:08.49				5	Glasgow (C)	3 Jun
2:06.67i	Tilly Simpson	U17	25.10.00	1	Sheffield	17 Jan
2:09.01				1	Manchester (SC)	12 Jun
2:06.69i	Charlotte Cayton-Smith	U20	15.05.97	1	Cardiff	7 Feb
2:08.13				7rB	Watford	28 May
2:06.76	Rachel McClay		13.10.92	5	Leixlip, IRL	30 Jul
(50)						
2:06.82mx	Rosie Clarke		17.11.91	1rD	Manchester (Str)	9 Aug
2:06.89	Ffion Price	U23	11.08.94	4	Baton Rouge, USA	9 Apr
2:06.94	Rosie Johnson	U20	17.09.97	4	Manchester (Str)	3 May
2:06.96	Charlotte Taylor-Green		2.04.85	2rB	Watford	15 Jun
2:07.07i	Julia Cooke		9.09.88	2	London (LV)	3 Feb
2:08.32				3rB	Solihull	9 Jul
2:07.23	Jemma Reekie	U20	6.03.98	2	Glasgow (C)	3 Jun
2:07.27	Holly Archer		7.11.93	3rB	Watford	15 Jun
2:07.28mx	Mari Smith	U23	14.11.96	1	Watford	15 Jun
2:08.29				6rB	Oxford	23 Jul
2:07.28	Kelsey Stewart	U20	12.02.97	3rB	Oxford	23 Jul
2:07.43i	Carys McAulay	U20	18.01.98	2	Sheffield	14 Feb
(60)						
2:07.70	Isobel Ives	U20	17.06.98	4rB	Oxford	23 Jul
2:07.84	Molly Canham	U15	3.11.01	2rC	Watford	28 May
2:07.84	Samantha Coleby		4.08.90	3	London (He)	6 Aug
2:07.85i	Jade Williams		7.09.92	1	Athlone, IRL	7 Feb
2:07.88mx	Gemma Dawkins		26.06.91	2rI	Watford	10 Aug
2:08.49				3	Watford	24 Aug
2:07.98	Stephanie Pennycook	U23	1.09.95	3	Glasgow (C)	3 Jun
2:07.98mx	Gemma Holloway	U20	7.04.97	1rH	Watford	10 Aug

2016 - W - 800

Time		Name	Cat	DOB	Pos	Venue	Date	
2:08.09mx		Harriet Knowles-Jones	U20	3.04.98	1rE	Manchester (Str)	9	Aug
2:08.90					4rB	Solihull	9	Jul
2:08.22		Georgia Bell		17.10.93	4	Tempe, USA	26	Mar
2:08.23		Jenny Beckingham		29.12.92	2	Sacramento, USA	19	Mar
	(70)							
2:08.37		Chloe Anderson		18.08.89	7	Azusa, USA	15	Apr
2:08.40		Mae Thompson	U23	28.05.96	1	Princeton, USA	22	Apr
2:08.46i		Hollie Parker	U23	20.12.96	1	Notre Dame, USA	20	Feb
2:08.76					6	Baton Rouge, USA	9	Apr
2:08.49i		Montené Speight		5.11.92	4rE	Fayetteville, USA	29	Jan
2:08.72		Jade MacLaren		1.12.88	3rC	Watford	28	May
2:08.81		Montana Jones		6.10.88	1	Watford	18	May
2:08.88		Laviai Nielsen	U23	13.03.96	4	London (He)	6	Aug
2:09.02		Chloe Bradley		27.03.93	6h2	Birmingham	25	Jun
2:09.07		Jessica Ennis-Hill		28.01.86	1H3	Rio de Janeiro, BRA	13	Aug
2:09.19		Ellie Baker	U20	3.06.98	4	Watford	24	Aug
	(80)							
2:09.31		Verity Ockenden		31.08.91	5	London (He)	6	Aug
2:09.37		Rachael Gibson		15.02.91	8	Leixlip, IRL	30	Jul
2:09.40		Emily Thompson	U17	19.03.00	2	Gateshead	9	Jul
2:09.4		Claire Duck		29.08.85	1	Doncaster	7	May
2:09.55		Lily Beckford	U20	11.08.97	6	London (He)	6	Aug
2:09.60		Sophie Tarver	U20	10.05.98	1rC	Oxford	23	Jul
2:09.64		Amy-Eloise Neale	U23	5.08.95	2	Seattle, USA	30	Apr
2:09.69mx		Victoria Weir	U20	17.03.98	2rC	Exeter	26	Jul
2:09.80		Olivia Sadler	U23	1.05.94	2	Charlottesville, USA	8	Apr
2:09.8		Emma Alderson	U17	29.02.00	1	Bebington	14	May
	(90)							
2:09.83i		Alex Turner		20.09.91	2	Sheffield	10	Jan
2:09.89i		Phillipa Lowe		7.04.92	2	London (LV)	17	Feb
2:10.04mx		Beth Barlow	U17	8.04.00	1rF	Manchester (Str)	9	Aug
2:10.06		Corin Bearpark		18.10.88	3	London (LV)	12	Jun
2:10.10		Megan Aitchison	U23	24.02.94	5	Bedford	19	Jun
2:10.15		Megan Steer	U23	22.07.95	5rC	Watford	28	May
2:10.20		Georgia Peel	U23	26.05.94	5	Los Angeles (Ww), USA	9	Apr
2:10.2mx		Olivia Mason	U15	14.10.01	1rG	Chester-Le-Street	9	May
2:11.1					1	Whitehaven	11	Jun
2:10.27		Gemma Kersey		6.02.92	6rC	Manchester (SC)	14	May
2:10.3mx		Sophie Burnett	U20	22.03.98	2rG	Chester-Le-Street	9	May
	(100)							
2:10.47		Katarina Johnson-Thompson		9.01.93	4H3	Rio de Janeiro, BRA	13	Aug
2:10.48i		Jenny Tan		9.03.91	4r4	Glasgow	16	Jan
2:10.49		Rochelle Harrison		1.02.91	2	Manchester (SC)	12	Jun
2:10.50		Rebecca Pile		12.07.81	5	Melbourne (A), AUS	28	Feb
2:10.50mx		Natalie Weir		30.01.86	1rF	Manchester (Str)	23	Aug
2:10.5		Katrina Simpson	U17	4.04.00	2	Tipton	21	Jun

Additional Under 17 (1-10 above)

Time	Name	DOB	Pos	Venue	Date	
2:10.70	Mollie O'Sullivan	23.02.00	1rB	Bromley	17	Jul
2:10.79	Naomi Reid	24.06.00	7rC	Watford	28	May
2:10.80	Davicia Patterson	15.12.00	3	Loughborough	2	Sep
2:11.33	Chloe Sharp	27.12.99	2	Bromley	17	Jul
2:11.38	Rebecca Eggeling	26.06.00	5	Loughborough	2	Sep
2:11.54mx	Rebecca Bullock	6.12.00	1rD	Basingstoke	20	Jul
2:12.0			1	Sutton	18	Jun
2:11.57mx	Natasha Harrison	17.03.00	4rF	Manchester (Str)	9	Aug
2:12.81			1	Macclesfield	15	May
2:12.19	Charlotte Crook	14.09.99	2h2	Gateshead	8	Jul
2:12.46mx	Saskia Huxham	14.11.00	1	Bromley	15	Aug
2:14.34			4h3	Gateshead	8	Jul
2:12.70mx	Faye Ireland	31.08.01	2rF	Manchester (Str)	23	Aug

2016 - W - 800

Time	Name	DOB	Pos	Venue	Date
2:13.21mx	Emily Simpson	18.02.00	2rE	Manchester (Str)	3 May
2:13.28i	Olivia Vareille	11.12.00	3	Glasgow	5 Mar
2:13.28mx	Francesca Brint	30.08.00	1rI	Manchester (Str)	19 Jul
2:13.5mx	Saskia Millard	12.07.00	2rG	London (Elt)	22 Jun
2:14.33			2	London (BP)	11 Jun
2:13.9	Kate Hudson	19.06.01	1	Cleckheaton	29 May
2:13.97	Elise Thorner	16.03.01	1rB	Street	2 May
2:13.99	Cecily Turner	25.09.00	2rB	Street	2 May
2:14.12	Grace Copeland	11.10.00	4rB	Milton Keynes	4 Jun
2:14.15	Sarah Wilson	2.05.01	1	Exeter	30 Aug
2:14.20	Natasha Miles	31.01.01	3	Bromley	17 Jul
(30)					
2:14.24	Kiara Frizelle	10.07.01	4	Swansea	6 Aug
2:14.36mx	Maisie Grice	29.06.00	1rE	Basingstoke	20 Jul
2:14.49	Eimear Griffin	27.10.00	5rB	Milton Keynes	4 Jun
2:14.58	Saskia Krefting	29.01.00	6rB	Milton Keynes	4 Jun
2:14.63	Megan Ellison	7.07.00	5h3	Gateshead	8 Jul
2:14.65	Charlie Bloxham	19.02.00	3h3	Mataro, ESP	25 Jun
2:14.68	Hannah Hobbs	4.12.99	1	Yate	11 Jun
2:14.69i	Holly McArthur	20.12.99	4	Glasgow	5 Mar

Under 15 (1-2 above)

Time	Name	DOB	Pos	Venue	Date
2:12.23	Emily Williams	25.02.02	5	Milton Keynes	4 Jun
2:12.53	Keely Hodgkinson	3.03.02	3	Bedford	28 Aug
2:12.71mx	Stephanie Driscoll	24.10.01	1	Manchester (Str)	17 May
2:15.2			1rH	Chester-Le-Street	9 May
2:12.82mx	Ella McNiven	4.09.01	2	Manchester (Str)	17 May
2:12.93	Saffron Moore	15.09.02	2rB	Milton Keynes	4 Jun
2:13.22mx	Stephanie Moss	24.05.02	1	Manchester (Str)	28 Jun
2:14.28			4	Gateshead	9 Jul
2:13.50	Anna Smith	14.09.01	1	Nuneaton	13 Aug
2:14.0mx	Maia Hardman	17.10.01	3rG	London (Elt)	22 Jun
2:16.11			2h2	Gateshead	8 Jul
(10)					
2:14.41	Nuala McCheyne	4.10.01	5	Swansea	6 Aug
2:14.56	Annie Testar	18.04.02	2h1	Gateshead	8 Jul
2:14.92	Charlotte Buckley	2.01.02	3h1	Gateshead	8 Jul
2:15.70	Lulu King	24.03.03	1	Kingston	15 May
2:16.20	Lily Gregory	26.11.01	1rC	Milton Keynes	4 Jun
2:16.32	Lily Winfield	25.10.01	1	Nottingham	14 May
2:16.47	Charlotte Vaughan	12.11.01	2	Kingston	15 May
2:17.04mx	Hannah Roberts	15.09.02	1rN	Watford	15 Jun
2:17.19mx	Niamh Donnelly	15.08.02	2	Manchester (Str)	9 Aug
2:17.3	Isabel Castelow	3.12.01	1rH	Chester-Le-Street	25 Jul
(20)					
2:17.34mx	Meredith Winship	9.12.01	4rG	Watford	18 May
2:17.4	Beth Williams	24.01.02	2	Sutton	18 Jun
2:17.64mx	Amy Miller	16.11.02	1	London (ME)	4 Jul
2:17.66	Nia Riley	13.07.02	1rC	Cardiff	27 Jul
2:17.7	Laura Aryeetey	27.09.01	1	Nottingham	21 May
2:17.73	Katie Jones	19.02.02	4h2	Gateshead	8 Jul
2:17.75mx	Alice Stiles	2.12.01	3	Manchester (Str)	9 Aug
2:17.9	Charlotte Alexander	18.01.02	1	London (Coul)	28 May
2:17.92	Mollie Jones	24.11.01	3	Cardiff	11 Jun
2:18.0mx	Alexandra Millard	31.12.01	2rI	London (Elt)	22 Jun
(30)					
2:18.08	Darcey Lonsdale	17.10.02	3rC	Milton Keynes	4 Jun
2:18.24	Emma Horsey	3.05.03	4	Ashford	14 Aug
2:18.3	Grace De Campos	6.02.02	2	Manchester (Str)	17 Apr
2:18.3	Tallulah Jeffes	14.06.02	2	Basingstoke	8 Jun
2:18.32	Jenny Milburn	8.11.01	3	Exeter	31 May
2:18.4	Imogen Sheppard	29.12.01	6	Tipton	24 May
2:18.49i	Eilidh Gibson	6.07.02	1h2	Glasgow	4 Feb

2016 - W - 800 - 1500

Under 13

2:17.91mx	Emma Johnson		7.02.04	1rC	Livingston	24	Aug
	2:20.55			2rl	Glasgow (C)	3	Jun
2:18.74	Ava Taperell		21.12.03	1	Middlesbrough	14	Aug
2:20.20mx	Ellie Dolby		13.03.04	2rD	London (Elt)	17	Aug
	2:22.60			1rC	Bromley	15	Aug
2:20.85mx	Maisie Jeger		24.11.03	3	Oxford (H)	22	Jun
2:21.42mx	Flo Brill		23.02.04	1	Sandy	24	Sep
2:21.64mx	Ruby Bell		26.10.03	3rC	Cardiff	27	Jul
2:21.78i	Ruby Simpson		6.07.05	1	Sheffield	13	Nov
2:21.9	Isabelle Bloem		15.12.03	1	Wakefield	17	Jul
2:22.0mx	Anna Mason		1.06.04	1rJ	Chester-Le-Street	25	Jul
2:22.4	Maisie Collis		2.01.04	1	London (TB)	21	May

Foreign

2:00.79	*Ciara Mageean (IRL)*		*12.03.92*	*2*	*Dublin (S), IRL*	*22*	*Jul*
2:02.35	*Rose-Anne Galligan (IRL)*		*9.12.87*	*3rB*	*Stanford, USA*	*1*	*May*
2:02.70	*Katharine Marshall (NZL)*		*6.02.92*	*4*	*Dublin (S), IRL*	*22*	*Jul*
2:03.29	*Claire Tarplee (IRL)*		*22.09.88*	*5*	*Watford*	*28*	*May*
2:03.6mx	*Joceline Monteiro (POR)*		*10.05.90*	*1*	*London (Elt)*	*22*	*Jun*
	2:03.77			*4*	*Solihull*	*9*	*Jul*
2:05.56	*Kelly Neely (IRL)*	*V35*	*17.06.78*	*5*	*Belfast*	*7*	*May*
2:05.92	*Katie Kirk (IRL)*		*5.11.93*	*6*	*Belfast*	*7*	*May*
2:10.01	*Tamara Armoush (JOR)*		*8.05.92*	*7rB*	*Oxford*	*23*	*Jul*

1000 Metres

2:38.63	Sarah McDonald		2.08.93	4	Gothenburg, SWE	15	Jul
2:40.5+e	Laura Muir		9.05.93	1m	London (O)	22	Jul
2:48.12i	Ffion Price	U23	11.08.94	3	New York (A), USA	5	Feb

Foreign

2:42.30A	*Rose-Anne Galligan (IRL)*		*9.12.87*	*1*	*Potchefstroom, RSA*	*9*	*Feb*

1200 Metres - Under 13

3:46.2	Bea Wood	9.10.03	1	Poole	17	Jul
3:46.9	Maisie Collis	2.01.04	1	Hornchurch	19	Jun
3:48.18	Ruby Simpson	6.07.05	1	Nuneaton	10	Sep
3:48.6	Ellie Dolby	13.03.04	1	Bromley	19	Jun
3:49.54	Emma Johnson	7.02.04	1	Grangemouth	19	Jun
3:49.7	Ruby Bell	26.10.03	1	Liverpool	16	Jul
3:50.0	Ella Greenway	3.01.05	1	Cleethorpes	22	May
3:50.6	Eve Jones	10.06.04	2	Cleethorpes	22	May
3:50.9	Ava Taperell	21.12.03	1	Manchester (SC)	19	Jun
3:52.10	Emma Shipley	15.02.05	1rB	Nuneaton	10	Sep

1500 Metres

3:55.22	Laura Muir	9.05.93	1	Saint-Denis, FRA	27	Aug
	3:57.49		1	London (O)	22	Jul
	3:57.85		2	Zürich, SUI	1	Sep
	4:00.53+		2m	Oslo, NOR	9	Jun
	4:04.16		3s2	Rio de Janeiro, BRA	14	Aug
	4:05.40		5	Stockholm, SWE	16	Jun
	4:06.53		3h3	Rio de Janeiro, BRA	12	Aug
	4:10.14		1	Birmingham	26	Jun
	4:12.88		7	Rio de Janeiro, BRA	16	Aug
4:02.66	Laura Weightman	1.07.91	4	London (O)	22	Jul
	4:03.04		6	Eugene, USA	28	May
	4:04.77		10	Zürich, SUI	1	Sep
	4:05.28		5s1	Rio de Janeiro, BRA	14	Aug
	4:05.94		7	Stockholm, SWE	16	Jun
	4:08.37		7h2	Rio de Janeiro, BRA	12	Aug
	4:11.76		2	Birmingham	26	Jun

2016 - W - 1500

Time	Name	Cat	DOB	Pos	Venue	Date	
4:03.74	Eilish McColgan		25.11.90	7	London (O)	22	Jul
	4:09.04mx			1	Manchester (Str)	7	Jun
4:05.98	Charlene Thomas		6.05.82	2	Heusden, BEL	16	Jul
	4:07.07			4	Barcelona (S), ESP	30	Jun
	4:07.48			2	Kortrijk, BEL	9	Jul
	4:08.1			1	Watford	15	Jun
	4:10.27			1	Watford	28	May
	4:10.43			2	Bydgoszcz, POL	5	Jun
	4:11.84			3	Birmingham	26	Jun
4:06.20	Stephanie Twell		17.08.89	13	London (O)	22	Jul
	4:10.90			7	Hengelo, NED	22	May
4:07.18	Sarah McDonald		2.08.93	1	Birmingham	5	Jun
	4:08.95			5	Szczecin, POL	18	Jun
	4:10.81			1	Manchester (SC)	14	May
	4:11.14			4h2	Amsterdam, NED	8	Jul
	4:12.44			1	Loughborough	22	May
	4:13.51			4	Birmingham	26	Jun
4:07.55	Melissa Courtney		30.08.93	2	Birmingham	5	Jun
	4:10.96			4	Oordegem, BEL	28	May
	4:12.71			3	Manchester (SC)	14	May
	4:13.80			11	Stanford, USA	1	May
4:07.78	Hannah England		6.03.87	4	Kortrijk, BEL	9	Jul
	4:09.69i			5	Glasgow	20	Feb
	4:09.98			6	Hengelo, NED	22	May
	4:11.25			7	Ostrava, CZE	20	May
	4:11.61			3	Bydgoszcz, POL	5	Jun
	4:13.16			2	Lignano, ITA	13	Jul
	4:13.38i+			7m	Stockholm, SWE	17	Feb
4:08.96mx	Alison Leonard		17.03.90	1	Manchester (Str)	9	Aug
	4:09.59			4	Hengelo, NED	22	May
	4:10.77i			6	Glasgow	20	Feb
	4:11.28i			4	Athlone, IRL	17	Feb
	4:13.77			1	Manchester (Str)	20	Aug
4:10.61	Bobby Clay	U20	19.05.97	4	Birmingham	5	Jun
	4:13.09			7	Bydgoszcz, POL	24	Jul
(10)							
4:12.41	Rosie Clarke		17.11.91	5	Birmingham	5	Jun
4:12.45	Jessica Judd	U23	7.01.95	2	Manchester (SC)	14	May
4:12.58	Sarah Inglis		28.08.91	6	Birmingham	5	Jun
	4:13.11i			1	Glasgow	30	Jan
4:13.06mx	Katie Snowden	U23	9.03.94	1	Watford	24	Aug
	4:18.40i			1	London (LV)	17	Feb
4:13.68i	Josephine Moultrie		19.11.90	2	Glasgow	30	Jan
	4:16.3			6	Watford	15	Jun
4:13.74	Sophie Connor		21.05.93	4s1	Eugene, USA	10	Jun
4:13.93	Amy-Eloise Neale	U23	5.08.95	5s1	Eugene, USA	10	Jun
	60 performances to 4:14.0 by 17 athletes including 6 indoors						
4:14.99	Calli Thackery		9.01.93	1	Azusa, USA	15	Apr
4:15.49	Harriet Knowles-Jones	U20	3.04.98	8	Bydgoszcz, POL	24	Jul
4:15.75	Ffion Price	U23	11.08.94	8s1	Eugene, USA	10	Jun
(20)							
4:15.89mx	Madeleine Murray		19.10.93	1	Hobart, AUS	9	Jan
	4:16.49i			3	Sheffield	28	Feb
	4:19.35			8	Manchester (SC)	14	May
4:17.05	Revee Walcott-Nolan	U23	6.03.95	1	Watford	24	Aug
4:17.48	Sabrina Sinha	U20	19.04.99	4	Loughborough	22	May
4:17.60	Verity Ockenden		31.08.91	4	Azusa, USA	15	Apr
4:17.61	Stephanie Barnes		28.07.88	5rB	Oordegem, BEL	28	May
4:17.74	Emily Hosker-Thornhill		27.10.92	10s1	Eugene, USA	10	Jun
4:18.07	Rowena Cole		13.01.92	3	Solihull	9	Jul

2016 - W - 1500

Time	Name	Cat	DOB	Pos	Venue	Date	
4:18.20i	Julia Cooke		9.09.88	1	Cardiff	31	Jan
4:19.85				10	Kessel-Lo, BEL	30	Jul
4:18.20	Claire Duck		29.08.85	4	Solihull	9	Jul
4:18.32	Jenny Beckingham		29.12.92	1rE	Stanford, USA	1	Apr
(30)							
4:18.42	Georgia Peel	U23	26.05.94	3h3	Jacksonville, USA	26	May
4:18.46mx	Gemma Holloway	U20	7.04.97	2	Watford	24	Aug
4:21.99				3	Bedford	31	Jul
4:18.80imx	Charlotte Arter		18.06.91	2	London (LV)	17	Feb
4:18.89	Georgia Bell		17.10.93	4rD	Stanford, USA	1	May
4:18.94	Jacqueline Fairchild		3.05.89	2	Bedford	31	Jul
4:19.42mx	Charlotte Taylor-Green		2.04.85	1	Cardiff	27	Jul
4:24.86				9	Manchester (SC)	14	May
4:19.52mx	Gemma Hillier-Moses		19.06.88	1	Manchester (Str)	19	Jul
4:27.02				8	Solihull	9	Jul
4:19.63mx	Mari Smith	U23	14.11.96	1rE	Watford	27	Jul
4:23.77				2	Bedford	19	Jun
4:19.64	Jade Williams		7.09.92	7h1	Birmingham	25	Jun
4:19.70imx	Jenna Hill		16.10.85	3	London (LV)	17	Feb
4:27.41i				1	Sheffield	16	Jan
(40)							
4:20.03	Lauren Deadman		27.03.84	1	Southampton	3	Jul
4:20.42mx	Montana Jones		6.10.88	1	Watford	4	May
4:23.79				9h1	Birmingham	25	Jun
4:20.6	Louise Webb		9.02.91	7	Watford	15	Jun
4:20.62	Gemma Shepherd	U20	23.11.97	3	Watford	28	May
4:20.63	Erin Wallace	U17	18.05.00	4	Watford	28	May
4:20.77i	Rachel McClay		13.10.92	6	Sheffield	28	Feb
4:22.2				10	Watford	15	Jun
4:20.83	Bethan Knights	U23	28.09.95	2	Tempe, USA	26	Mar
4:20.92	Lennie Waite		4.02.86	16	Norwalk, USA	15	Apr
4:20.99mx	Louise Small		27.03.92	2rE	Watford	27	Jul
4:23.51				4	Oxford	23	Jul
4:21.20mx	Millie Howard	U20	4.02.98	1rF	Watford	27	Jul
(50)							
4:21.47	Tilly Simpson	U17	25.10.00	1	Gateshead	9	Jul
4:21.81	Kate Holt		7.09.92	10	Manchester (Str)	20	Aug
4:22.24	Stephanie Pennycook	U23	1.09.95	10h2	Birmingham	25	Jun
4:22.72	Olivia Sadler	U23	1.05.94	8h2	Jacksonville, USA	26	May
4:23.05	Holly Archer		7.11.93	6	Norwalk, USA	15	Apr
4:23.1	Faye Fullerton		31.05.84	11	Watford	15	Jun
4:23.33	Kim Johansen	U23	18.11.94	2	Elon, USA	7	May
4:23.50mx	Mhairi Hendry	U23	31.03.96	1	Glasgow	29	Jul
4:24.1				2	Southampton	3	Jul
4:23.54mx	Philippa Millage	V35	15.08.80	2	Glasgow	29	Jul
4:26.3				3	Southampton	3	Jul
4:23.55	Niamh Bridson-Hubbard	U20	19.07.98	1	London (LV)	3	Jul
(60)							
4:23.91i	Charlotte Browning		8.10.87	3	Portland, USA	22	Jan
4:23.95mx	Laura-Jane Day		7.02.91	1	Loughborough	15	Jun
4:27.75				9	Solihull	9	Jul
4:23.95mx	Amelia Quirk	U17	18.12.99	1rG	Watford	27	Jul
4:29.10				1	Ashford	13	Aug
4:23.97	Kate Hulls/Maltby		26.07.85	2	London (LV)	3	Jul
4:24.22	Jemma Reekie	U20	6.03.98	6	Loughborough	22	May
4:24.40	Emelia Gorecka	U23	29.01.94	1	Watford	13	Jul
4:24.56mx	Lucy Pygott	U17	30.10.99	2rF	Watford	27	Jul
4:28.46				2rB	Watford	28	May
4:24.59	Rebecca Croft	U20	27.05.97	7rC	Stanford, USA	1	May
4:24.64	Naomi Taschimowitz		19.10.89	2	Swansea	4	Jun
4:24.87	Emily Dudgeon		3.03.93	1	Grangemouth	14	Aug

285

2016 - W - 1500

Time	Name	Cat	DOB	Pos	Venue	Date	
4:24.99	Suzi Boast		29.03.90	6rB	Azusa, USA	15	Apr
4:25.00	Gemma Kersey		6.02.92	3	Belfast	7	May
4:25.10	Kirsty Legg-Howell		8.02.90	18	Norwalk, USA	15	Apr
4:25.16mx	Rachael Burns	V35	1.03.80	2rC	Manchester (Str)	7	Jun
4:25.47				1rB	Manchester (SC)	14	May
4:25.26mx	Isobel Ives	U20	17.06.98	2rG	Watford	27	Jul
4:25.40mx	Morven Goodrum	U20	15.01.99	3rG	Watford	27	Jul
4:25.4	Bryony Haines	U20	28.02.98	1	Tipton	19	Jul
4:25.59	Chloe Bradley		27.03.93	3	Watford	13	Jul
4:25.90	Joanne Hickman-Dunne		4.06.91	4	Watford	13	Jul
4:26.00	Elinor Kirk		26.04.89	1	London (He)	6	Aug
(80)							
4:26.07	Aimee Pratt	U20	3.10.97	2rB	Solihull	9	Jul
4:26.16	Beth Potter		27.12.91	1	London (LV)	2	Jul
4:26.24mx	Katie Gerrard	U20	14.08.97	3rC	Manchester (Str)	7	Jun
4:26.40mx	Olivia Mason	U15	14.10.01	1	Grangemouth	7	Sep
4:26.48	Georgie Hartigan	U23	1.03.96	2	London (LV)	2	Jul
4:26.56i	Natalie Weir		30.01.86	4	Sheffield	10	Jan
4:26.63mx				2	Loughborough	15	Jun
4:27.13				11	Manchester (SC)	14	May
4:26.58	Lucy Crookes		4.05.93	3	Starkville, USA	30	Apr
4:26.7mx	Sophie Burnett	U20	22.03.98	1rD	Chester-Le-Street	4	Jul
4:26.72mx	Khahisa Mhlanga	U17	26.12.99	1rl	Watford	24	Aug
4:26.90	Jodie Judd	U20	25.09.98	4	Bedford	18	Jun
(90)							
4:26.92	Hollie Parker	U23	20.12.96	1	Coral Gables, USA	25	Mar
4:27.01	Florent Scrafton		24.12.93	5	Watford	13	Jul
4:27.51	Katherine Turner		1.11.93	6	Bloomington, USA	6	May
4:27.79	Kelly Grant		23.08.82	12	Manchester (SC)	14	May
4:28.1	Rochelle Harrison		1.02.91	1	Wakefield	18	Jun
4:28.17mx	Rebecca Murray	U23	26.09.94	4rG	Watford	27	Jul
4:28.22	Natalie Whitty		8.08.85	8	Bedford	31	Jul
4:28.54	Eugenie Cockle	U17	20.12.99	3rB	Watford	28	May
4:28.56	Kathleen Faes	U17	13.12.00	9	Watford	28	May
4:28.64	Sophie Tarver	U20	10.05.98	10	Bedford	31	Jul
(100)							
4:28.73mx	Emily Williams	U15	25.02.02	2rl	Watford	24	Aug
4:28.79	Kate Reed		28.09.82	3	London (LV)	3	Jul
4:28.91	Samantha Johnson		23.08.90	5rB	Solihull	9	Jul
4:29.18	Sarah Astin		22.10.93	13	Gainesville, USA	1	Apr
4:29.37	Rachael Gibson		15.02.91	6rB	Solihull	9	Jul
4:29.45	Amy Hinchly	U20	11.01.98	5rB	Watford	28	May
4:29.45mx	Megan Davies	U23	10.05.96	1rB	Manchester (Str)	23	Aug

Additional Under 17 (1-7 above)

Time	Name		DOB	Pos	Venue	Date	
4:29.54	Faye Ireland		31.08.01	1rB	Manchester (Str)	28	Jun
4:29.74	Alexandra Brown		8.04.01	2	Gateshead	9	Jul
4:29.93	Hannah Hobbs		4.12.99	6rB	Watford	28	May
(10)							
4:30.69	Chloe Sharp		27.12.99	3	Gateshead	9	Jul
4:32.57	Beth Barlow		8.04.00	6	Gateshead	9	Jul
4:32.67	Phoebe Barker		27.11.99	9rB	Watford	28	May
4:32.70	Shelby Morrison		10.11.99	2	Grangemouth	10	Jun
4:32.87	Rebecca Eggeling		26.06.00	3	Grangemouth	10	Jun
4:32.88	Katy-Ann McDonald		1.06.00	1	Eton	24	Jul
4:34.00mx	Mollie O'Sullivan		23.02.00	1rH	Watford	1	Jun
4:38.8				1	Sutton	18	Jun
4:34.64mx	India Weir		5.11.99	1rH	Watford	29	Jun
4:34.68	Claudia Lance-Jones		29.09.00	3	Bedford	27	Aug
4:35.09	Georgia Rothwell		16.05.00	4rB	Manchester (Str)	28	Jun
(20)							

2016 - W - 1500

Time	Name	Date	Pos	Venue	Day	Month
4:35.59mx	Lauren Dickson	26.04.00	1rC	Grangemouth	7	Sep
4:35.76			4	Bedford	27	Aug
4:35.92	Grace Copeland	11.10.00	1rC	Watford	28	May
4:35.96i	Emily Simpson	18.02.00	1	Sheffield	16	Jan
4:36.16	Aine Cunningham	11.01.00	5rB	Manchester (Str)	28	Jun
4:36.39	Kiara Frizelle	10.07.01	3	Ashford	16	Jul
4:36.84mx	Isobel Fry	4.05.00	2	Oxford (H)	22	Jun
4:38.3			2	Reading	15	May
4:37.08	Naomi Lang	7.02.00	2	Grangemouth	13	May
4:37.34	Nancie Bowley	4.02.01	4rC	Watford	28	May
4:37.97mx	Tabatha Walford	23.02.00	2rH	Watford	1	Jun
4:38.21mx	Francesca Brint	30.08.00	3rB	Manchester (Str)	23	Aug
(30)						
4:38.27	Naomi Reid	24.06.00	1	Newport	13	Aug
4:38.29mx	Amber Pullinger	19.07.01	3rH	Watford	1	Jun
4:38.6mx	Katie Palfreeman	28.01.00	2rD	Sheffield	13	Jul
4:38.68mx	Yasmin Austridge	11.08.00	1	Bromley	11	Jul
4:38.9	Kirsty Walker	10.09.99	1	Milton Keynes	31	Jul

Additional Under 15 (1-2 above)

Time	Name	Date	Pos	Venue	Day	Month
4:33.86mx	Ella McNiven	4.09.01	1	Manchester (Str)	7	Jun
4:38.65			4	Gateshead	9	Jul
4:33.90mx	Molly Canham	3.11.01	3rl	Watford	24	Aug
4:38.21			3	Exeter	31	May
4:35.50	Anna Smith	14.09.01	2	Gateshead	9	Jul
4:36.89mx	Charlotte Alexander	18.01.02	2	London (Elt)	25	May
4:37.82			3	Gateshead	9	Jul
4:37.1	Lily Winfield	25.10.01	3	Milton Keynes	4	Jun
4:40.36	Shannon Flockhart	5.04.02	1	Ashford	14	Aug
4:40.56	Laura Aryeetey	27.09.01	5	Gateshead	9	Jul
4:40.72	Kirsten Stilwell	10.07.03	2	Ashford	14	Aug
(10)						
4:40.91	Saffron Moore	15.09.02	2	Bedford	28	Aug
4:41.05mx	Sarah Coutts	9.05.03	2	Grangemouth	6	Jul
4:42.45			1-14	Grangemouth	11	Jun
4:41.20mx	Charlotte Vaughan	12.11.01	7rH	Watford	29	Jun
4:41.8			1	Walton	16	Jul
4:41.23	Yasmin Marghini	3.01.02	1	London (TB)	23	Jul
4:41.37mx	Kate Richardson	12.09.02	2rC	Grangemouth	7	Sep
4:45.18			5	Bedford	28	Aug
4:41.78	Sophie Hoare	9.05.02	3	London (Elt)	25	May
4:42.18	Lia Radus	1.10.01	2h1	Bedford	27	Aug
4:42.51	Tia Wilson	1.06.02	7	Gateshead	9	Jul
4:42.7	Mia Roberts	13.07.02	1	Bury	19	Jun
4:42.77	Lily Evans-Haggerty	16.06.03	2-14	Grangemouth	11	Jun
(20)						
4:42.96	Femke Rosbergen	23.10.02	3	Ashford	14	Aug
4:43.12	Sian Heslop	27.09.02	4h1	Bedford	27	Aug
4:43.2	Mia Atkinson	15.11.01	1rB	Milton Keynes	4	Jun
4:43.64mx	Stephanie Moss	24.05.02	1rB	Manchester (Str)	7	Jun
4:43.9	Kitty Shepherd-Cross	11.02.02	1	Reading	11	Jun
4:44.21	Alexandra Millard	31.12.01	1	Ashford	11	Jun
4:44.4	Phoebe Anderson	23.06.02	2	Bromley	19	Jun
4:44.8	Charlotte Buckley	2.01.02	3	London (ME)	21	Jun
4:44.9	Mollie Jones	24.11.01	2rB	Milton Keynes	4	Jun
4:45.0	Helena Dyce	4.03.02	1	Cambridge	3	Jun
(30)						
4:45.1	Sophie Quirke		2	Reading	11	Jun
4:45.50mx	Susie Mair	19.03.03	3rJ	Watford	29	Jun
4:45.69	Morgan Squibb	23.06.03	5	Ashford	14	Aug
4:45.78	Dominique Corradi	15.09.01	1	Kingston	11	Jun

Under 13

4:44.32	Emma Johnson		7.02.04	3-14	Grangemouth	11	Jun
4:47.86	Maisie Collis		2.01.04	3h2	Bedford	27	Aug
4:50.0	Flo Brill		23.02.04	1	Bury St. Edmunds	18	Sep
4:52.0	Olivia Thompson		8.11.03	2	London (Cr)	4	Jun
4:52.21	Ellie Dolby		13.03.04	2rB	Bromley	11	Jul
4:52.3	April Hill		7.10.03	1	Ipswich	12	Jun
4:53.0	Susannah Le Coutre		5.04.04	1	Guildford	2	Jul
4:53.19	Bethany Cook		17.07.04	3	Kingston	31	Jul
4:53.9	Anwen Thomas		18.12.03	2	Uxbridge	22	Jun
4:55.1	Abigail Ives		6.02.04	1	Watford	20	Jun

Foreign

4:01.46	Ciara Mageean (IRL)		12.03.92	9	Saint-Denis, FRA	27	Aug
4:10.65	Claire Tarplee (IRL)		22.09.88	5	Ostrava, CZE	20	May
4:11.07i	Rose-Anne Galligan (IRL)		9.12.87	3	Athlone, IRL	17	Feb
	4:26.17			8	Loughborough	22	May
4:15.14	Kelly Neely (IRL)	V35	17.06.78	9	Oordegem, BEL	4	Jun
4:16.30i	Kerry O'Flaherty (IRL)		15.07.81	9	Athlone, IRL	17	Feb
4:18.66	Emma Mitchell (IRL)		2.09.93	1	Leixlip, IRL	30	Jul
4:18.73mx	Katharine Marshall (NZL)		6.02.92	1	Manchester (Str)	28	Jun
4:20.76	Katie Kirk (IRL)		5.11.93	7	Manchester (Str)	20	Aug
4:24.6	Tamara Armoush (JOR)		8.05.92	12	Watford	15	Jun
4:28.67	Aislinn Crossey (IRL)	U23	11.08.95	7	Belfast	7	May
4:28.78	Joceline Monteiro (POR)		10.05.90	2	Manchester (SC)	7	Aug

1 Mile

4:19.12	Laura Muir		9.05.93	2	Oslo, NOR	9	Jun
4:31.53i	Hannah England		6.03.87	8	Stockholm, SWE	17	Feb
	4:33.48			6	Dublin (S), IRL	22	Jul
4:36.11i	Iona Lake		15.01.93	1	Boston (R), USA	27	Feb
4:37.67i	Sophie Connor		21.05.93	1h1	Birmingham, USA	11	Mar
4:38.83imx	Faye Fullerton		31.05.84	1	London (LV)	3	Feb
4:39.32i	Elizabeth Bird	U23	4.10.94	2	Staten Island, USA	29	Jan
4:39.49	Jessica Judd	U23	7.01.95	1	Manchester (SC)	17	Aug
4:39.70i	Bethan Knights	U23	28.09.95	7	Seattle, USA	13	Feb
4:39.78mx	Katie Snowden	U23	9.03.94	1	London (BP)	20	Jul
4:41.49i	Ffion Price	U23	11.08.94	3	Nashville, USA	12	Feb
(10)							
4:41.86mx	Rosie Clarke		17.11.91	2	London (BP)	20	Jul
4:43.45i	Olivia Sadler	U23	1.05.94	4	Staten Island, USA	12	Feb
4:43.84i	Amy-Eloise Neale	U23	5.08.95	7rB	Seattle, USA	13	Feb
4:45.54iA	Calli Thackery		9.01.93	1	Albuquerque, USA	30	Jan
4:45.93i	Verity Ockenden		31.08.91	1	Birmingham, USA	16	Feb
4:46.31i	Sarah Astin		22.10.93	3	Lexington, USA	23	Jan
4:47.00i	Kim Johansen	U23	18.11.94	1	Winston-Salem, USA	3	Dec
4:47.08	Julia Cooke		9.09.88	3	Manchester (SC)	17	Aug
4:47.26	Khahisa Mhlanga	U17	26.12.99	2	London (Elt)	22	Jun
4:47.29	Erin Wallace	U17	18.05.00	4	Manchester (SC)	17	Aug
(20)							
4:48.57i	Georgia Peel	U23	26.05.94	8	Boston, USA	12	Feb
4:49.82i	Hollie Parker	U23	20.12.96	5	Ames, USA	13	Feb

Foreign

4:28.40i	Ciara Mageean (IRL)		12.03.92	6	New York (A), USA	20	Feb
4:44.85	Katie Kirk (IRL)		5.11.93	2	Manchester (SC)	17	Aug
4:45.05	Emma Mitchell (IRL)		2.09.93	13	Dublin (S), IRL	22	Jul
4:46.62	Chloe Tighe (AUS)		28.09.90	1	London (Elt)	22	Jun

2016 - W - 3k

3000 Metres

8:40.98	Stephanie Twell		17.08.89	5	Monaco, MON	15	Jul
	8:50.24i			5	Glasgow	20	Feb
	8:54.99i			1	Sheffield	28	Feb
	8:58.4+			m	Rome, ITA	2	Jun
	9:00.38i			6	Portland, USA	20	Mar
	9:04.0+			m	Brussels, BEL	9	Sep
8:43.27	Eilish McColgan		25.11.90	10	Doha, QAT	6	May
	9:04.9+			m	Brussels, BEL	9	Sep
	9:06.8+			14m	Rio de Janeiro, BRA	19	Aug
	9:09.03+			9m	Stanford, USA	1	May
8:51.48mx	Laura Whittle		27.06.85	1	Manchester (Str)	7	Jun
	9:04.75mx			1	Watford	20	Apr
	9:08.71+			8m	Stanford, USA	1	May
8:53.94mx	Beth Potter		27.12.91	1rB	Watford	27	Jul
	9:12.41+			12m	Stanford, USA	1	May
8:57.14imx	Josephine Moultrie		19.11.90	1	Glasgow	3	Jan
	8:58.75i			2	Sheffield	28	Feb
	9:27.61			5	Cork, IRL	28	Jun
9:01.58mx	Katrina Wootton		2.09.85	1	Manchester (Str)	9	Aug
9:02.11mx	Elinor Kirk		26.04.89	2	Manchester (Str)	9	Aug
	9:05.69i			3	Sheffield	28	Feb
	9:07.19i			9	Glasgow	20	Feb
	9:07.98i			5	Mondeville, FRA	6	Feb
9:03.59i	Calli Thackery		9.01.93	5	Seattle, USA	13	Feb
	9:09.35i			6	Birmingham, USA	12	Mar
	9:13.10+			17m	Stanford, USA	1	May
9:03.60imx	Kate Hulls/Maltby		26.07.85	1	Cardiff	11	Dec
	9:17.91			1	London (LV)	3	Jul
9:03.63mx	Melissa Courtney		30.08.93	1	Watford	24	Aug
	9:10.42mx			4	Manchester (Str)	9	Aug
	9:13.87			2	Manchester (SC)	17	Aug
(10)							
9:04.57mx	Lauren Howarth		21.04.90	3	Manchester (Str)	9	Aug
	9:09.19mx			1	Manchester (Str)	19	Jul
9:06.54mx	Lauren Deadman		27.03.84	1	Watford	29	Jun
	9:15.8			1	Southampton	3	Jul
9:08.77i	Bethan Knights	U23	28.09.95	2	Seattle, USA	27	Feb
	9:09.79i			9	Birmingham, USA	12	Mar
	9:18.25			2	Berkeley, USA	9	Apr
9:09.63mx	Claire Duck		29.08.85	2	Manchester (Str)	19	Jul
	9:11.26			1	Manchester (SC)	17	Aug
9:10.54mx	Jessica Judd	U23	7.01.95	2	Watford	20	Apr
	9:36.50i			1	Sheffield	21	Feb
9:11.23mx	Emma Clayton		16.07.88	3	Manchester (Str)	19	Jul
	9:14.80mx			6	Manchester (Str)	9	Aug
	9:26.7+			14m	Birmingham	5	Jun
9:11.42i	Bobby Clay	U20	19.05.97	4	Sheffield	28	Feb
	9:13.97			1	Manchester (SC)	14	May
9:11.53+	Kate Avery		10.10.91	10m	Stanford, USA	1	May
9:11.73mx	Faye Fullerton		31.05.84	5	Manchester (Str)	9	Aug
9:12.38mx	Louise Small		27.03.92	1	Watford	7	Sep
	9:33.33+			m	Stanford, USA	1	May
(20)							
9:12.93+	Jo Pavey	V40	20.09.73	4m	Somerville, USA	17	Jun
9:13.48mx	Madeleine Murray		19.10.93	1	Linwood	19	Apr
9:13.92i	Charlotte Arter		18.06.91	1	Cardiff	7	Feb
	9:40.91			2	Bristol	5	Jun
	47 performances to 9:15.0 by 23 athletes including 15 indoors						
9:15.04	Rosie Clarke		17.11.91	11	Monaco, MON	15	Jul
9:15.20i	Lennie Waite		4.02.86	11rB	Seattle, USA	13	Feb

2016 - W - 3k

Time	Name	Cat	DOB	Pos	Venue	Date
9:16.46i	Gemma Hillier-Moses		19.06.88	6	Sheffield	28 Feb
9:18.00mx				2rB	Watford	27 Jul
9:21.79				1	Loughborough	22 May
9:18.42i	Elizabeth Bird	U23	4.10.94	1	Staten Island, USA	12 Feb
9:20.13mx	Stephanie Barnes		28.07.88	1rC	Watford	27 Jul
9:34.56				2	Nivelles, BEL	18 Jun
9:21.2+	Jessica Andrews/Martin		1.10.92	22m	Rio de Janeiro, BRA	12 Aug
9:22.29mx	Lily Partridge		9.03.91	1	Watford	4 May
9:35.2+				6m	London (PH)	21 May
(30)						
9:22.98+	Sarah Inglis		28.08.91	5m	Stanford, USA	1 May
9:23.03i	Jenna Hill		16.10.85	8	Sheffield	28 Feb
9:23.73imx	Jade Williams		7.09.92	2	Cardiff	11 Dec
9:25.86mx			7.09.92	2rB	Manchester (Str)	7 Jun
9:24.09	Naomi Taschimowitz		19.10.89	1	Swansea	4 Jun
9:25.92	Kate Reed		28.09.82	2	London (LV)	3 Jul
9:27.08	Rachael Burns	V35	1.03.80	2	Loughborough	22 May
9:27.11mx	Charlotte Christensen		27.01.93	2	Watford	29 Jun
9:43.92				2	London (LV)	11 Jun
9:27.21mx	Gemma Holloway	U20	7.04.97	1	Watford	6 Apr
9:27.45i	Katherine Turner		1.11.93	2	Bloomington, USA	22 Jan
9:27.58	Gemma Shepherd	U20	23.11.97	3	Loughborough	22 May
(40)						
9:27.63i	Iona Lake		15.01.93	2	Lexington, USA	23 Jan
9:27.83mx	Samantha Johnson		23.08.90	3rB	Manchester (Str)	7 Jun
9:28.15	Lucy Pygott	U17	30.10.99	3	Tbilisi, GEO	15 Jul
9:28.77	Verity Ockenden		31.08.91	1	London (He)	6 Aug
9:28.96i	Georgia Peel	U23	26.05.94	7	Boston (R), USA	27 Feb
9:29.09mx	Sabrina Sinha	U20	19.04.99	2	Watford	6 Apr
9:29.60mx	Phoebe Law	U20	12.01.97	2rC	Watford	27 Jul
9:42.14				3	Manchester (SC)	14 May
9:29.63mx	Lucy Crookes		4.05.93	1	Manchester (Str)	28 Jun
9:33.73				2	Nashville, USA	26 Mar
9:29.71mx	Sophie Cowper		24.12.90	3	Watford	7 Sep
9:42.55				4	London (He)	6 Aug
9:30.37i	Holly Rees		5.06.93	1	Boston (A), USA	17 Dec
9:37.27				3	Waltham, USA	4 Jun
(50)						
9:33.37	Niamh Bridson-Hubbard	U20	19.07.98	2	Bedford	19 Jun
9:33.74mx	Joanne Hickman-Dunne		4.06.91	1rB	Watford	24 Aug
9:44.51				7	Loughborough	22 May
9:33.81imx	Charlotte Taylor-Green		2.04.85	3	Cardiff	11 Dec
9:34.24mx	Natasha Vernon		22.02.89	2	Watford	4 May
9:34.3+	Helen Clitheroe	V40	2.01.74	1m	London (PH)	21 May
9:34.45	Chloe Richardson		4.12.93	2	London (He)	6 Aug
9:34.91mx	Stephanie McCall		27.09.93	1	London (TB)	29 Jun
9:40.44				1	Aldershot	2 Jul
9:34.94	Rebecca Rigby		17.10.91	5	Loughborough	22 May
9:35.96mx	Sophia Parvizi-Wayne	U20	20.02.97	1	Woodford	19 Jul
9:37.38				4	Bedford	19 Jun
9:36.07i	Erin Wallace	U17	18.05.00	1rB	Glasgow	3 Jan
9:42.60				4	Manchester (SC)	14 May
(60)						
9:36.09mx	Stacie Taylor	U23	12.10.95	1rC	Glasgow (C)	3 Jun
9:48.53i				5rB	Birmingham, USA	29 Feb
9:36.18mx	Annabel Simpson	U20	30.04.97	1	Glasgow	23 Aug
9:40.07				1rD	Glasgow (C)	3 Jun
9:36.2+	Jessica Coulson		18.04.90	11m	London (PH)	21 May
9:36.56mx	Nicole Taylor	U23	18.01.95	3rC	Watford	27 Jul
9:36.70mx	Philippa Bowden	U23	29.03.95	2rB	Watford	24 Aug
9:37.15	Amy-Eloise Neale	U23	5.08.95	3	Pullman, USA	23 Apr
9:37.36	Kathleen Faes	U17	13.12.00	3	Bedford	19 Jun

2016 - W - 3k

Time	Name	Cat	DOB	Pos	Venue	Date
9:37.56	Victoria Weir	U20	17.03.98	1	Yeovil	24 Jul
9:37.97mx	Eleanor Davis		21.02.89	1	Street	2 May
9:47.15				5	London (He)	6 Aug
9:38.03	Bryony Haines	U20	28.02.98	3	London (He)	6 Aug
(70)						
9:38.3	Rebecca Murray	U23	26.09.94	2	Southampton	3 Jul
9:38.53	Amelia Quirk	U17	18.12.99	1	Bedford	27 Aug
9:38.56	Kate Holt		7.09.92	2	Manchester (SC)	14 May
9:39.96mx	Jodie Judd	U20	25.09.98	4	Watford	7 Sep
9:40.66	Charlotte Murphy	U20	24.08.98	5	Bedford	19 Jun
9:40.91i	Sarah Astin		22.10.93	8	Staten Island, USA	12 Feb
9:41.0mx	Laura-Jane Day		7.02.91	1	Tipton	21 Jun
9:41.45mx	Alaw Beynon-Thomas		15.11.89	2	Street	2 May
9:41.56i	Louise Webb		9.02.91	11	Sheffield	28 Feb
9:42.08	Morven Goodrum	U20	15.01.99	6	Bedford	19 Jun
(80)						
9:42.82mx	Poppy Tank	U20	5.12.97	3	Street	2 May
9:45.00	Jessica Keene	U20	15.02.99	1	Castellón, ESP	17 Sep
9:45.01mx	Ashley Gibson		1.03.86	1	Corby	7 May
9:49.28				1	Milton Keynes	16 Apr
9:45.41mx	Morag MacLarty		10.02.86	1	Glasgow (C)	3 Jun
9:45.44mx	Sophie Crumly		6.07.90	3rB	Watford	24 Aug
9:45.56mx	Niamh Brown	U20	16.04.99	5	Watford	20 Apr
9:46.03mx	Aimee Pratt	U20	3.10.97	3	Manchester (Str)	3 May
9:47.06iA	Jenny Beckingham		29.12.92	5	Albuquerque, USA	27 Feb
9:47.75	Laura Stark	U20	22.07.99	2rD	Glasgow (C)	3 Jun
9:47.89	Phoebe Barker	U17	27.11.99	1	Bromley	17 Jul
(90)						
9:47.95i	Beth Hawling	U23	28.07.94	3	Sheffield	21 Feb
9:48.09mx	Abigail Howarth		8.10.92	1rB	Manchester (Str)	9 Aug
9:48.23	Kirstin Oakley	U20	25.07.98	3rD	Glasgow (C)	3 Jun
9:48.4	Emma Macready	V35	14.11.80	1	Horsham	18 Jun
9:48.50i	Holly Archer		7.11.93	1	Birmingham, USA	29 Feb
9:48.59mx	Laura Riches		7.08.93	8	Manchester (Str)	9 Aug
9:48.66mx	Katie Palfreeman	U17	28.01.00	2rB	Manchester (Str)	9 Aug
10:01.53				4	Bedford	27 Aug
9:49.08	Tracy Barlow		18.06.85	6	London (He)	6 Aug
9:49.13	Claudia Lance-Jones	U17	29.09.00	1	Ashford	16 Jul
9:49.13mx	Elle Roche	U23	19.03.94	4rB	Watford	24 Aug
(100)						
9:49.17	Natasha Peters		16.12.88	2	Chelmsford	5 Jun
9:49.23mx	Faye Ireland	U17	31.08.01	1rC	Manchester (Str)	7 Aug
9:50.92				1	Gateshead	9 Jul
9:49.62	Bella Williams	U20	5.10.98	10	Loughborough	22 May

Additional Under 17 (1-8 above)

Time	Name	Cat	DOB	Pos	Venue	Date
9:50.76	Khahisa Mhlanga		26.12.99	2	Bedford	27 Aug
9:52.95	Aine Cunningham		11.01.00	6	Manchester (SC)	14 May
(10)						
9:56.60	Naomi Lang		7.02.00	1	Grangemouth	10 Jun
9:56.8	Jasmine Cooper		25.02.01	1	Birmingham	18 Jun
9:56.9	Julia Paternain		29.09.99	1	Erith	18 Jun
9:57.78	Kate Gallagher		22.08.00	2	Ashford	16 Jul
9:59.75mx	Scarlet Dale		11.11.99	1rB	Manchester (Str)	3 May
10:03.76				3	Loughborough	2 Sep
10:00.47mx	Megan Newton		27.04.00	1rB	Watford	7 Sep
10:05.42				5	Gateshead	9 Jul
10:02.0	Grace Brock		22.02.01	1	Par	11 Jun
10:03.38	Shelby Morrison		10.11.99	8rD	Glasgow (C)	3 Jun
10:04.27	Abbie Williams		29.01.00	2	Swansea	6 Aug
10:05.80mx	Tilly Horton		15.11.99	8	Watford	4 May
(20)						
10:10.5	Almi Nerurkar		9.01.01	1	Brighton	15 May

2016 - W - 3k - 5k

10:10.54mx	Olivia Green	25.11.99	3rB	Manchester (Str)	3	May
10:11.2mx	Katelyn Mooney	16.06.01	1	Manchester (Str)	4	Jun
10:11.8	Francesca Brint	30.08.00	1	Manchester (Str)	24	Jul
10:12.24mx	Alice Moore	4.08.00	4	Manchester (Str)	17	May
10:12.8	Jessica Cook	4.07.01	1	Bebington	14	May
10:13.16mx	Libby Coleman	3.05.01	1	Loughborough	27	Apr
10:13.52mx	Lara Atkinson	23.11.00	3rB	Watford	7	Sep
10:13.90	Eloise Walker	27.05.01	6	Bedford	27	Aug
10:14.07 (30)	Abigail Fisher	11.11.00	3	Plymouth	1	May
10:14.30mx	Tabatha Walford	23.02.00	3rB	Watford	6	Apr
10:14.47mx	Lauren Ferris	7.07.00	5rC	Manchester (Str)	7	Jun

Under 15

9:57.2	Charlotte Alexander	18.01.02	1	Crawley	21	Sep
9:59.40mx	Heather Barnes	15.01.02	1rB	Glasgow	23	Aug
10:04.00			9rD	Glasgow (C)	3	Jun
10:03.68mx	Lia Radus	1.10.01	2rB	Watford	7	Sep
10:08.92	Mia Roberts	13.07.02	1	Bangor	18	Sep
10:09.19mx	Lily Evans-Haggerty	16.06.03	2rB	Glasgow	23	Aug
10:17.1	Molly Canham	3.11.01	1	Yeovil	5	Jun
10:23.41	Alexandra Millard	31.12.01	1	London (LV)	12	Jun
10:25.32mx	Olivia McDonald	20.03.02	4rB	Watford	7	Sep
10:39.12			3	London (LV)	12	Jun
10:26.78mx	Nicole Ainsworth	30.09.02	3rB	Basingstoke	20	Jul
10:36.53			2	London (LV)	12	Jun
10:28.82mx (10)	Kate Richardson	12.09.02	2	Grangemouth	3	Aug
10:29.53	Gwyneth Parry	24.01.02	2	Bangor	18	Sep
10:30.62	Emily Williams	25.02.02	1	Nuneaton	13	Aug
10:32.8	Susie Mair	19.03.03	1	Bracknell	13	Jul
10:34.56mx	Alice Garner	17.01.03	5rB	Basingstoke	20	Jul
10:36.23mx	Murphy Miller	17.01.02	3	Bangor, NI	14	Jun
10:36.64mx	Charlotte Parsons	9.09.02	6rB	Basingstoke	20	Jul
10:37.3	Emma Hunter	18.09.01	1	Norwich	15	May

Foreign

9:07.47mx	Ciara Mageean (IRL)	12.03.92	1	Belfast	7	May
9:11.17i	Kerry O'Flaherty (IRL)	15.07.81	1	Athlone, IRL	27	Feb
9:12.42i	Rose-Anne Galligan (IRL)	9.12.87	5	Sheffield	28	Feb
9:28.62	Emma Mitchell (IRL)	2.09.93	1	Belfast	17	Jul
9:31.2	Chloe Tighe (AUS)	28.09.90	1	Eastbourne	18	Jun
9:36.28	Tamara Armoush (JOR)	8.05.92	2	Swansea	4	Jun

5000 Metres

14:59.00	Stephanie Twell	17.08.89	11	Rome, ITA	2	Jun
	15:14.82		17	Brussels, BEL	9	Sep
	15:20.70		3	Amsterdam, NED	9	Jul
	15:25.90		8h2	Rio de Janeiro, BRA	16	Aug
	15:53.35		1	Birmingham	26	Jun
15:05.00	Eilish McColgan	25.11.90	13	Brussels, BEL	9	Sep
	15:09.94		5	Stanford, USA	1	May
	15:12.09		13	Rio de Janeiro, BRA	19	Aug
	15:16.51		6	Hengelo, NED	22	May
	15:18.20		5h2	Rio de Janeiro, BRA	16	Aug
	15:28.53		6	Amsterdam, NED	9	Jul
	15:54.75		2	Birmingham	26	Jun
15:08.58	Laura Whittle	27.06.85	4	Stanford, USA	1	May
	15:24.18		5	Amsterdam, NED	9	Jul
	15:31.30		10h1	Rio de Janeiro, BRA	16	Aug
	15:56.63		3	Birmingham	26	Jun

2016 - W - 5k

Time	Name	Cat	DOB	Pos	Venue	Date
15:24.02	Jessica Andrews/Martin		1.10.92	2	Heusden, BEL	16 Jul
15:40.5+				16m	Rio de Janeiro, BRA	12 Aug
15:43.6+				6m	Amsterdam, NED	6 Jul
15:46.82				9	Birmingham	5 Jun
15:24.74	Jo Pavey	V40	20.09.73	5	Somerville, USA	17 Jun
15:40.2+				15m	Rio de Janeiro, BRA	12 Aug
15:45.1+				11m	Amsterdam, NED	6 Jul
15:47.64				10	Birmingham	5 Jun
15:28.32	Beth Potter		27.12.91	12	Stanford, USA	1 May
15:29.31				5	Heusden, BEL	16 Jul
15:57.4+				33m	Rio de Janeiro, BRA	12 Aug
15:59.6+e				m	Stanford, USA	1 Apr
15:29.02	Kate Avery		10.10.91	14	Stanford, USA	1 May
15:39.35				2	Sligo, IRL	23 Jun
15:37.44	Calli Thackery		9.01.93	18	Stanford, USA	1 May
15:37.65	Elinor Kirk		26.04.89	9	Heusden, BEL	16 Jul
15:41.51				1	Manchester (SC)	14 May
15:50.73				10	Stanford, USA	1 Apr
15:41.94	Louise Small		27.03.92	3	Watford	28 May
15:56.0mx				1	London (Cat)	15 Sep
(10)						
15:44.28	Lauren Howarth		21.04.90	1	Manchester (Str)	20 Aug
15:44.38	Emma Clayton		16.07.88	2	Manchester (SC)	14 May
15:49.83				2	Solihull	9 Jul
15:47.75	Claire Duck		29.08.85	4	Manchester (SC)	14 May
15:48.4mx	Katrina Wootton		2.09.85	1	Nottingham	28 Jul
15:49.11				1	Solihull	9 Jul
15:48.66	Sarah Inglis		28.08.91	8rB	Stanford, USA	1 May
15:52.91	Bethan Knights	U23	28.09.95	1rB	Stanford, USA	1 Apr
15:57.55	Jennifer Nesbitt	U23	24.01.95	4	Watford	28 May
45 performances to 16:00.0 by 17 athletes						
16:00.16	Lauren Deadman		27.03.84	4	Birmingham	26 Jun
16:00.79	Charlotte Arter		18.06.91	5	Birmingham	26 Jun
16:01.67	Alice Wright	U23	3.11.94	6rB	Stanford, USA	1 Apr
(20)						
16:01.78	Stephanie Barnes		28.07.88	2	Koblenz, GER	25 May
16:05.88	Charlotte Taylor	U23	17.01.94	1	Stanford, USA	22 Apr
16:05.91	Josephine Moultrie		19.11.90	11	Hengelo, NED	22 May
16:06.08	Kate Hulls/Maltby		26.07.85	5	Manchester (SC)	14 May
16:07.03	Emma Pallant		4.06.89	10	Birmingham	26 Jun
16:09.21	Rebecca Murray	U23	26.09.94	11	Birmingham	26 Jun
16:09.38i	Holly Rees		5.06.93	9	Boston, USA	3 Dec
16:31.50				1	Waltham, USA	11 Jun
16:14.81	Verity Ockenden		31.08.91	1rD	Stanford, USA	1 Apr
16:15.69	Pippa Woolven		26.07.93	6	Manchester (SC)	14 May
16:17.3mx	Faye Fullerton		31.05.84	1	London (Elt)	17 Aug
(30)						
16:21.92	Gemma Hillier-Moses		19.06.88	8	Watford	28 May
16:24.92	Lennie Waite		4.02.86	18	Stanford, USA	1 Apr
16:26.49	Naomi Taschimowitz		19.10.89	14	Birmingham	26 Jun
16:26.58	Rebecca Rigby		17.10.91	1	Manchester (SC)	12 Jun
16:28.27	Stacey Ward		16.01.85	3	Bedford	31 Jul
16:30.00mx	Ashley Gibson		1.03.86	1	London (Elt)	25 May
16:30.68i	Lucy Crookes		4.05.93	2	Birmingham, USA	25 Feb
16:37.94				5	Murfreesboro, USA	15 May
16:31.14	Samantha Johnson		23.08.90	8	Manchester (SC)	14 May
16:32+e	Elle Vernon		11.12.83	m	Stanford, USA	1 Apr
16:32.1mx	Nicole Taylor	U23	18.01.95	2	London (Elt)	20 Jul
(40)						
16:32.12	Sophie Cowper		24.12.90	16	Birmingham	26 Jun

2016 - W - 5k

Time	Name	Cat	DOB	Pos	Venue	Date
16:35.60	Juliet Potter		24.10.81	9	Watford	28 May
16:35.74	Jennifer Beckingham		29.12.92	12rB	Norwalk, USA	15 Apr
16:35.81mx	Annabel Simpson	U20	30.04.97	1	Glasgow	29 Jul
17:14.79				14	Watford	28 May
16:36.37mx	Georgina Schwiening	U23	15.12.94	1	Cambridge	29 Aug
16:37.31	Mhairi MacLennan	U23	26.03.95	15	Bilbao, ESP	25 Jun
16:37.70	Sophia Parvizi-Wayne	U20	20.02.97	5	Bedford	31 Jul
16:39.30mx	Stephanie McCall		27.09.93	1	London (WP)	17 Aug
16:52.55				8	Bedford	31 Jul
16:39.88	Bryony Haines	U20	28.02.98	6	Bedford	31 Jul
16:45.39	Phoebe Law	U20	12.01.97	20	Birmingham	26 Jun
(50)						
16:49.57	Charlotte Browning		8.10.87	9	Eugene, USA	15 Apr
16:49.59i	Stacie Taylor	U23	12.10.95	2	Birmingham, USA	28 Feb
16:50.54	Joanne Hickman-Dunne		4.06.91	11	Watford	28 May
16:50.9mx	Eleanor Davis		21.02.89	1	Par	26 Jul
16:51.08	Morven Goodrum	U20	15.01.99	7	Bedford	31 Jul
16:55.91mx	Freya Ross		20.09.83	2	Glasgow	29 Jul
16:56.65				1	Grangemouth	13 Aug
16:56.0	Rebecca Moore		7.10.91	1	Portsmouth	9 Jul
16:57.37	Hannah Fletcher	U23	15.02.95	3	Manchester (SC)	12 Jun
16:58.06	Laura Brenton		20.06.86	12	Watford	28 May
16:58.17	Ruth Senior		16.10.87	4	Portland, USA	15 May
(60)						
16:59.12	Emily Japp		18.12.90	12	Solihull	9 Jul
16:59.15	Chloe Richardson		4.12.93	2	Bedford	2 May
17:00.65	Rhona Auckland		11.05.93	14	Azusa, USA	14 Apr
17:01.0	Amy Clements		22.05.82	1	London (TB)	9 Jul
17:01.2	Emma Dixon	U23	22.03.95	1	Brighton	18 Aug
17:06.63	Louise Mercer	U23	14.11.95	2	Grangemouth	13 Aug
17:06.72	Lauren Hall		6.06.91	1	Cosford	13 Jul
17:06.79	Catherine Whoriskey		15.02.86	5	Dublin (S), IRL	25 Jun
17:09.81	Emma Stepto	V45	4.04.70	1	Braunton	14 Aug
17:10.28	Gemma Bridge		17.05.93	11	Gainesville, USA	31 Mar
(70)						
17:10.41	Mollie Williams	U20	1.08.97	4	Bedford	2 May
17:11.16	Georgia Malir	U23	20.02.96	5	Manchester (SC)	12 Jun
17:12.2mx	Sarah Johnson		4.03.91	2	London (Elt)	17 Aug
17:16.03	Sarah Astin		22.10.93	18	Charlottesville, USA	23 Apr
17:17.46	Natasha Peters		16.12.88	1	Basingstoke	21 May
17:18.01	Florent Scrafton		24.12.93	12	Huelva, ESP	3 Jun
17:18.19	Hannah Viner	U23	18.07.96	10	Manchester (SC)	14 May
17:19.98	Rebecca Howarth		18.12.88	16	Gainesville, USA	31 Mar
17:22.33	Ellie Stevens		29.06.84	1	Nuneaton	11 Jun
17:23.45	Alaw Beynon-Thomas		15.11.89	1	Cardiff	11 Jun
(80)						
17:24.30	Alex Sneddon		19.10.87	1	Gateshead	14 May
17:24.88	Georgia Peel	U23	26.05.94	16	Tallahassee, USA	15 May
17:25.36	Natalie Burns		23.04.84	17	Solihull	9 Jul
17:27.17	Tracy Barlow		18.06.85	2	Leiria, POR	28 May
17:28.5mx	Louise Perrio		8.07.82	1	St. Peter Port GUE	30 Jun
17:29.29	Jodie Judd	U20	25.09.98	16	Watford	28 May

Foreign

Time	Name	Cat	DOB	Pos	Venue	Date
16:51.36mx	Ashley Scott (USA)		9.04.91	1	London (PH)	6 Apr
17:15.46	Aubree Piepmeier (USA)		13.03.92	5	Bedford	2 May
17:18.08	Josephine Brysting (DEN)	U23	11.12.95	1	Aarhus, DEN	28 Aug
17:28.10	Sophia Saller (GER)	U23	20.03.94	1	Oxford	7 May

10000 Metres

Time	Name	Cat	DOB	Pos	Venue	Date
31:33.44	Jo Pavey	V40	20.09.73	15	Rio de Janeiro, BRA	12 Aug
31:34.61				5	Amsterdam, NED	6 Jul
33:22.76				10	London (PH)	21 May
31:35.92	Jessica Andrews/Martin		1.10.92	16	Rio de Janeiro, BRA	12 Aug
31:38.02				7	Amsterdam, NED	6 Jul
31:58.00				1	London (PH)	21 May
33:21.53				5	Maia, POR	9 Apr
32:03.45	Beth Potter		27.12.91	4	Stanford, USA	1 Apr
32:05.37				3	London (PH)	21 May
33:04.34				34	Rio de Janeiro, BRA	12 Aug
32:11.84	Kate Avery		10.10.91	5	London (PH)	21 May
32:34.97	Lily Partridge		9.03.91	4	Maia, POR	9 Apr
33:12.44				9	London (PH)	12 Aug
32:36.11	Alice Wright	U23	3.11.94	26	Stanford, USA	1 May
32:46.99				2	Eugene, USA	10 Jun
33:00.13	Elinor Kirk		26.04.89	4	Leiden, NED	11 Jun
33:16.74				13rB	Stanford, USA	1 May
33:05.55	Lauren Deadman		27.03.84	7	London (PH)	21 May
33:07.93	Katrina Wootton		2.09.85	12	Stanford, USA	1 Apr
33:24.60	Elle Vernon		11.12.83	19	Stanford, USA	1 Apr
(10)						
33:25.09	Charlotte Taylor	U23	17.01.94	5rB	Stanford, USA	1 Apr
33:28.33	Emma Clayton		16.07.88	11	London (PH)	21 May

22 performances to 33:30.0 by 12 athletes

Time	Name	Cat	DOB	Pos	Venue	Date
33:30.28	Jessica Coulson		18.04.90	12	London (PH)	21 May
33:40.73	Claire Duck		29.08.85	14	London (PH)	21 May
33:43.19	Jennifer Nesbitt	U23	24.01.95	15	London (PH)	21 May
34:01.90	Louise Small		27.03.92	18	London (PH)	21 May
34:09.08	Juliet Potter		24.10.81	20	London (PH)	21 May
34:20.75	Rebecca Murray	U23	26.09.94	21	London (PH)	21 May
34:26.06	Lucy Crookes		4.05.93	25rB	Stanford, USA	1 Apr
34:26.42	Charlotte Arter		18.06.91	22	London (PH)	21 May
(20)						
34:29.29	Sarah Inglis		28.08.91	23	London (PH)	21 May
34:30.24	Calli Thackery		9.01.93	1	Clovis, USA	12 May
34:39.87	Mhairi MacLennan	U23	26.03.95	20	Maia, POR	9 Apr
35:07.44	Jennifer Wetton		28.11.86	1	Glasgow (C)	29 Apr
35:15.7	Victoria Knight	V35	3.10.76	1	London (WF)	24 Jun
35:26.45	Rebecca Rigby		17.10.91	2	Bedford	1 May
35:26.8	Emma Stepto	V45	4.04.70	1	Carn Brea	25 Aug
35:41.30	Amy Clements		22.05.82	1	Dartford	22 Jun
35:54.11	Amelia Pettitt	U23	21.05.95	3	Bedford	1 May
35:55.93	Gemma Bridge		17.05.93	3rB	Norwalk, USA	14 Apr
(30)						
36:03.61	Hannah Viner	U23	18.07.96	2rB	London (PH)	21 May
36:09.9	Emma Holt		27.05.85	1	Jarrow	27 Apr

Foreign

Time	Name	Cat	DOB	Pos	Venue	Date
34:37.45	*Svenja Abel (GER)*		*28.08.83*	*1rB*	*London (PH)*	*21 May*

5 Kilometres Road

Time	Name	DOB	Pos	Venue	Date
15:50	Kate Reed	28.09.82	1	Yeovilton	10 Aug
15:52	Katrina Wootton	2.09.85	1	Ipswich	5 Aug
15:57	Eilish McColgan	25.11.90	1	Barrowford	5 Mar
15:59			7	Carlsbad, USA	3 Apr
15:58	Lauren Howarth	21.04.90	1	Barrowford	17 Jun
16:00	Charlotte Arter	18.06.91	1	Mountain Ash	31 Dec

6 performances to 16:00 by 5 athletes, further women faster than track best

Time	Name	DOB	Pos	Venue	Date
16:07	Madeleine Murray	19.10.93	1	Edinburgh	6 May
16:09+	Gemma Steel	12.11.85	8m	Manchester	22 May

2016 - W - 5MR - 10kR

Time	Name	Cat	DOB	Pos	Venue	Date	
16:20	Gemma Hillier-Moses		19.06.88	1	Derby	16	Mar
16:21	Sophie Cowper		24.12.90	1	Kingsley	25	Aug
16:29+	Lily Partridge		9.03.91	2m	Schoorl, NED	14	Feb
16:29	Rachael Burns	V35	1.03.80	1	Liverpool	28	May
16:29	Nicole Roberts		30.01.92	2	Mountain Ash	31	Dec
16:31	Morag MacLarty		10.02.86	2	Edinburgh	6	May
16:32	Emelia Gorecka	U23	29.01.94	1	London (HP)	30	Dec
16:33	Rosie Edwards		20.08.88	1	Louisville, USA	27	Mar
16:34	Jennifer Wetton		28.11.86	3	Edinburgh	6	May
16:34	Stephanie Pennycook	U23	1.09.95	4	Edinburgh	6	May
16:35+	Alyson Dixon	V35	24.09.78	20m	Cardiff	26	Mar
16:35	Georgina Schwiening	U23	15.12.94	5	Ipswich	5	Aug
16:37	Stephanie McCall		27.09.93	1	London (BP)	8	Aug
16:39	Emily Wicks		27.01.85	1	London	14	Jul
16:40	Helen Clitheroe	V40	2.01.74	3	Barrowford	5	Mar
16:41	Ruth Barnes	V35	7.10.78	1	Bristol	29	Nov
16:42	Justina Heslop	V35	3.03.79	1	Wallsend	24	Apr
16:43	Jenny Bannerman		16.10.87	1	Glasgow	29	Jun
16:44	Lizzie Adams		19.05.86	1	Ulverston	7	Sep
16:47	Jenny Spink		7.08.81	1	Bristol	26	Jan
16:47	Nicola Gauld		28.03.82	6	Edinburgh	6	May
16:47	Amelia Pettitt	U23	21.05.95	1	Christleton	20	May
16:47	Holly Archer		7.11.93	7	Ipswich	5	Aug
16:47	Clara Evans		27.11.93	4	Mountain Ash	31	Dec
16:48	Eleanor Davis		21.02.89	1	Bristol	26	Apr
16:50	Danielle Hodgkinson		11.10.84	2	Wallsend	24	Apr
16:51	Emily Japp		18.12.90	1	Lancaster	30	Jul
16:53	Amy Clements		22.05.82	1	London (BP)	2	Jun
16:55	Alison Lavender		25.09.88	1	Barrowford	29	Jul
16:56	Rachael Dunn	U23	12.09.94	7	Edinburgh	6	May
16:56	Charlotte Taylor-Green		2.04.85	5	Mountain Ash	31	Dec
16:57	Lauren Hall		6.06.91	1	Portsmouth	24	Aug
16:58	Hannah Horsburgh		9.11.90	2	Lancaster	30	Jul
16:58	Bryony Proctor		15.02.88	8	Ipswich	5	Aug
16:59	Carolyne Baxter		21.08.91	1	Lancaster	21	May
16:59	Bronwen Owen	U20	21.01.97	2	Barrowford	29	Jul

5 Miles Road

Time	Name	Cat	DOB	Pos	Venue	Date	
27:19	Elle Vernon		11.12.83	1	Alsager	7	Feb
27:21	Ruth Barnes	V35	7.10.78	1	Chippenham	5	Jun
27:23	Jane Potter		24.10.81	1	Wymeswold	8	May
27:26	Laura Whittle		27.06.85	2	Alsager	7	Feb
27:41	Rebecca Robinson		28.10.82	3	Alsager	7	Feb
27:52	Katrina Wootton		2.09.85	4	Alsager	7	Feb
27:56	Rachel Felton	V35	27.06.79	5	Alsager	7	Feb
27:56	Emily Wicks		27.01.85	1	Portsmouth	4	Dec

10 Kilometres Road

Time	Name	Cat	DOB	Pos	Venue	Date	
31:47	Katrina Wootton		2.09.85	2	Houilles, FRA	18	Dec
32:54				1	Swansea	18	Sep
33:21				3	Leeds	6	Nov
32:32	Eilish McColgan		25.11.90	1	Sheffield	4	Dec
32:52				1	Leeds	6	Nov
32:35	Elinor Kirk		26.04.89	1	Telford	11	Dec
32:36	Laura Whittle		27.06.85	1	Eastleigh	20	Mar
32:43	Gemma Steel		12.11.85	8	Manchester	22	May
33:02	Rosie Edwards		20.08.88	1	Indianapolis, USA	10	Dec
33:03	Lily Partridge		9.03.91	1	London	30	May
33:24				1	Poole	26	Dec
33:27				2	Schorl, NED	16	Feb
33:15	Melissa Courtney		30.08.93	5	Houilles, FRA	18	Dec

13 performances to 33:30 by 8 athletes, further women faster than track best

2016 - W - 10kR

Time	Name	Cat	DOB		Location	Date	
33:32	Rosie Clarke		17.11.91	7	Houilles, FRA	18	Dec
33:33	Charlene Thomas		6.05.82	1	Dewsbury	7	Feb
33:35+	Susan Partridge	V35	4.01.80	12m	Prague, CZE	2	Apr
33:35	Rachel Felton	V35	27.06.79	2	London	30	May
33:35	Josephine Moultrie		19.11.90	3	Leeds	6	Nov
33:36+	Alyson Dixon	V35	24.09.78	21m	Cardiff	26	Mar
33:36	Jenny Spink	V35	7.08.81	4	Leeds	6	Nov
33:44	Kate Hulls/Maltby		26.07.85	1	Worcester	18	Sep
33:46	Rebecca Hilland	V35	11.06.80	4	Røyse, NOR	6	Nov
33:48	Hannah Walker		9.08.91	3	London	30	May
33:53	Freya Ross		20.09.83	1	Grangemouth	10	Apr
33:55	Lizzie Adams		19.05.86	1	Ulverston	10	Aug
33:59	Eleanor Davis		21.02.89	2	Cardiff	11	Sep
34:04	Fionnuala Ross		5.11.90	1	Stirling	11	Sep
34:05	Lucy Crookes		4.05.93	2	Telford	11	Dec
34:06	Sonia Samuels	V35	16.05.79	7	Leeds	6	Nov
34:08	Charlotte Purdue		10.06.91	4	London	30	May
34:09	Lauren Hall		6.06.91	8	Leeds	6	Nov
34:14	Tish Jones		7.09.85	6	Cape Town, RSA	17	Apr
34:14	Nicole Roberts		30.01.92	3	Telford	11	Dec
34:16	Jodie Stimpson		8.02.89	1	Stellenbosch, RSA	17	Feb
34:17	Rebecca Moore		7.10.91	2	Eastleigh	20	Mar
34:18	Ruth Barnes	V35	7.10.78	4	Cardiff	11	Sep
34:20	Sophie Cowper		24.12.90	5	Cardiff	11	Sep
34:21	Clara Evans		27.11.93	6	Cardiff	11	Sep
34:23	Philippa Bowden	U23	29.03.95	4	Telford	11	Dec
34:25	Tracy Barlow		18.06.85	4	Berlin, GER	30	Jul
34:26	Jade Williams		7.09.92	9	Leeds	6	Nov
34:27	Faye Fullerton		31.05.84	1	Wilmslow	4	Dec
34:29	Georgie Bruinvels		20.10.88	5	London	30	May
34:30	Louise Damen		12.10.82	1	Chichester	7	Feb
34:30	Laura Graham		5.03.86	2	Belfast	26	Nov
34:31	Leigh Lattimore		2.02.91	2	Chichester	7	Feb
34:31	Rebecca Rigby		17.10.91	6	London	30	May
34:31	Verity Ockenden		31.08.91	11	Leeds	6	Nov
34:32	Hayley Haining	V40	6.03.72	2	Grangemouth	10	Apr
34:32	Jane Potter	V35	24.10.81	2	Wilmslow	4	Dec
34:35	Tina Muir		6.08.88	1	New Orleans, USA	28	Feb
34:35	Emily Japp		18.12.90	1	Clitheroe	27	Dec
34:38	Jennifer Wetton		28.11.86	2	Stirling	11	Sep
34:40	Julie Briscoe	V40	11.02.76	2	Sheffield	4	Dec
34:43	Stephanie Barnes		28.07.88	2	Halluin, FRA	8	Oct
34:47	Rachael Burns	V35	1.03.80	1	Lincoln	17	Apr
34:50	Josephine Stone		23.08.90	13	Leeds	6	Nov
34:54	Amy Clements		22.05.82	8	London	30	May
34:54	Jacqueline Fairchild		3.05.89	1	Arley	12	Nov
34:54	Claire Martin	V40	14.09.74	7	Telford	11	Dec
34:58	Emma Macready	V35	14.11.80	3	Eastleigh	20	Mar
34:59	Bryony Proctor		15.02.88	10	London	30	May
35:00+	Helen Clitheroe	V40	2.01.74	3m	Manchester	16	Oct
35:00+	Victoria Knight	V40	3.10.76	11m	Portsmouth	23	Oct

Short Course (100 metres)

33:52	Juliet Potter		24.10.81	1	Partington	13	Mar
34:08	Rebecca Robinson		28.10.82	2	Partington	13	Mar
34:38	Laura-Jane Day		7.02.91	4	Partington	13	Mar

Foreign

33:57	*Emma Mitchell (IRL)*		*2.09.93*	*1*	*Belfast*	*26*	*Nov*
34:22	*Kerry O'Flaherty (IRL)*		*15.07.81*	*1*	*Belfast*	*10*	*Apr*
34:49	*Fanni Gristwood (HUN)*		*18.01.87*	*3*	*Grangemouth*	*10*	*Apr*
34:54	*Ava Hutchinson (IRL)*		*30.03.83*	*2*	*Draycott*	*4*	*Sep*

15 Kilometres – Road

Time	Name	Cat	DOB	Pos	Venue	Date
50:48+	Susan Partridge	V35	4.01.80	12m	Prague, CZE	2 Apr
50:49+	Alyson Dixon	V35	24.09.78	27m	Cardiff	26 Mar
50:49+	Gemma Steel		12.11.85	12m	Amsterdam, NED	10 Jul
51:02+	Lily Partridge		9.03.91	4m	Portsmouth	23 Oct
51:06+	Charlotte Purdue		10.06.91	6m	South Shields	11 Sep
51:18+	Jenny Nesbitt	U23	24.01.95	1m	Reading	3 Apr
51:18+	Beth Potter		27.12.91	5m	Portsmouth	23 Oct
51:52+	Charlotte Arter		18.06.91	1m	Cardiff	26 Mar
52:12+	Rebecca Murray	U23	26.09.94	1m	Manchester	16 Oct
52:17	Sonia Samuels	V35	16.05.79	6	Jacksonville, USA	12 Mar
52:18+	Louise Small		27.03.92	2m	Manchester	16 Oct

10 Miles Road

Time	Name	Cat	DOB	Pos	Venue	Date
53:57	Gemma Steel		12.11.85	1	Holme Pierrepont	17 Jun
55:18				6	Portsmouth	23 Oct
54:41	Lily Partridge		9.03.91	4	Portsmouth	23 Oct
54:57	Beth Potter		27.12.91	5	Portsmouth	23 Oct
55:50	Fionnuala Ross		5.11.90	1	Motherwell	10 Apr
56:18	Jenny Spink		7.08.81	1	Melksham	14 Feb
56:20	Jessica Andrews/Martin		1.10.92	9	Portsmouth	23 Oct
56:30	Rebecca Moore		7.10.91	11	Portsmouth	23 Oct
56:47	Ruth Barnes	V35	7.10.78	12	Portsmouth	23 Oct
56:48	Victoria Knight	V40	3.10.76	13	Portsmouth	23 Oct
56:51+	Hannah Walker		9.08.91	1m	Swansea	26 Jun
(10)						
56:59+	Tracy Barlow		18.06.85	2m	Swansea	26 Jun
57:00	Juliet Potter		24.10.81	2	Holme Pierrepont	17 Jun
57:06	Stephanie Twell		17.08.89	2	Twickenham	16 Oct
57:25	Sonia Samuels	V35	16.05.79	1	Castle Donnington	26 Jun
57:39	Elinor Kirk		26.04.89	14	Portsmouth	23 Oct
57:40	Jane Potter		24.10.81	1	Heckington	30 Jul
57:49	Sophie Cowper		24.12.90	15	Portsmouth	23 Oct
57:50	Rosie Edwards		20.08.88	1	Louisville, USA	26 Mar
58:02+	Rachel Felton	V35	27.06.79	3m	Swansea	26 Jun
58:07	Amelia Pettitt	U23	21.05.95	1	Thirsk	20 Mar
(20)						
58:07	Faye Fullerton		31.05.84	16	Portsmouth	23 Oct
58:26	Stacey Ward		16.01.85	17	Portsmouth	23 Oct
58:35	Tracy Millmore		16.07.82	1	Carlisle	20 Nov
58:36	Emma Stepto	V45	4.04.70	1	Camborne	24 Jan
58:38	Stephanie McCall		27.09.93	18	Portsmouth	23 Oct
58:42	Jenny Bannerman		16.10.87	2	Motherwell	10 Apr

Half Marathon

Time	Name	Cat	DOB	Pos	Venue	Date
71:54	Susan Partridge	V35	4.01.80	12	Prague, CZE	2 Apr
74:28				11	Barcelona, ESP	14 Feb
72:13	Charlotte Purdue		10.06.91	6	South Shields	11 Sep
73:20				33	Cardiff	26 Mar
74:36+				m	Frankfurt, GER	30 Oct
72:19	Gemma Steel		12.11.85	10	Amsterdam, NED	10 Jul
73:23				8	South Shields	11 Sep
72:47	Alyson Dixon	V35	24.09.78	13	Amsterdam, NED	10 Jul
72:57				27	Cardiff	26 Mar
72:54	Jenny Nesbitt	U23	24.01.95	1	Reading	3 Apr
72:59	Rebecca Murray	U23	26.09.94	1	Manchester	16 Oct
73:19	Charlotte Arter		18.06.91	1	Cardiff	26 Mar
73:25	Katrina Wootton		2.09.85	2	Nottingham	25 Sep
73:40	Tina Muir		6.08.88	4	Indianapolis, USA	6 Nov
73:45	Lily Partridge		9.03.91	9	South Shields	11 Sep
(10)						

2016 - W - HMar

Time	Name	Cat	DOB	#	Location	Day	Month
73:47	Louise Small		27.03.92	2	Manchester	16	Oct
74:03	Rachel Felton	V35	27.06.79	5	Cardiff	2	Oct
74:25	Tracy Barlow		18.06.85	2	Bath	13	Mar
74:50+				m	Frankfurt, GER	30	Oct
74:32	Hannah Walker		9.08.91	1	Swansea	26	Jun
74:35	Caryl Jones		4.04.87	1	Wokingham	21	Feb
74:41	Jane Potter		24.10.81	1	Scunthorpe	15	May
74:54	Lauren Deadman		27.03.84	3	Birmingham	16	Oct
74:58	Jenny Spink	V35	7.08.81	1	Bristol	25	Sep
74:59				6	Cardiff	2	Oct

25 performances to 75:00 by 18 athletes

Time	Name	Cat	DOB	#	Location	Day	Month
75:15	Amy Clements		22.05.82	2	Peterborough	9	Oct
75:22	Sonia Samuels	V35	16.05.79	2	Wokingham	21	Feb
(20)							
75:22	Freya Ross		20.09.83	10	South Shields	11	Sep
75:25	Rebecca Moore		7.10.91	1	Chippenham	4	Sep
75:37	Helen Clitheroe	V40	2.01.74	3	Manchester	16	Oct
75:39	Rebecca Hilland	V35	11.06.80	7	Cardiff	2	Oct
75:46	Victoria Knight	V35	3.10.76	11	South Shields	11	Sep
75:53	Leigh Lattimore		2.02.91	1	Brighton	28	Feb
76:07	Faye Fullerton		31.05.84	4	Manchester	16	Oct
76:16	Hayley Munn		17.09.90	1	Cambridge	28	Feb
76:18	Nicole Roberts		30.01.92	3	Peterborough	9	Oct
76:19	Hayley Haining	V40	6.03.72	1	Alloa	20	Mar
(30)							
76:20	Verity Ockenden		31.08.91	5	Manchester	16	Oct
76:27	Rosie Edwards		20.08.88	8	Indianapolis, USA	6	Nov
76:33	Eleanor Davis		21.02.89	4	Nottingham	25	Sep
76:38	Georgie Bruinvels		20.10.88	2	Cardiff	26	Mar
76:45	Jo Coates	V40	13.10.75	1	Jerez, ESP	31	Jan
76:48	Holly Rees		5.06.93	1	Harwich, USA	2	Oct
77:00	Helen Davies	V35	12.09.79	4	Peterborough	9	Oct
77:09	Rebecca Howarth		18.12.88	28	Houston, USA	17	Jan
77:14	Bryony Proctor		15.02.88	8	Cardiff	2	Oct
77:16	Stacey Ward		16.01.85	3	Cardiff	26	Mar
(40)							
77:21	Julie Briscoe	V40	11.02.76	1	Chester	15	May
77:25	Juliet Potter		24.10.81	1	South Shields	11	Sep
77:34	Gina Paletta		30.08.90	5	Cardiff	26	Mar
77:35	Jennifer Wetton		28.11.86	1	Carnoustie	28	Aug
77:45	Lauren Hall		6.06.91	13	South Shields	11	Sep
77:53	Catherine Whoriskey		15.02.86	1	Londonderry	4	Sep
77:56+	Tish Jones		7.09.85	1m	Cape Town, RSA	18	Sep
78:04	Lesley Pirie	V35	11.01.81	2	Alloa	20	Mar
78:07	Laura Graham		5.03.86	1	Omagh	26	Mar
78:07	Rachel Doherty		5.03.89	2	Chester	15	May
(50)							
78:14	Gemma Rankin		18.12.84	1	Clydebank	13	Mar
78:16	Justina Heslop	V35	3.03.79	4	Wokingham	21	Feb
78:23	Sarah Hill	V40	25.02.73	2	Brighton	28	Feb
78:28	Dani Nimmock		10.05.90	9	Cardiff	2	Oct
78:35	Sharon Barlow	V35	5.09.77	1	York	17	Jan
78:38	Emma Stepto	V45	4.04.70	6	Wokingham	21	Feb
78:41	Tracy Millmore		16.07.82	1	Edinburgh	29	May
78:42	Natalie Burns		23.04.84	2	Scunthorpe	15	May

Short Course (150 metres)

Time	Name	Cat	DOB	#	Location	Day	Month
71:39	Lily Partridge		9.03.91	4	Glasgow	2	Oct
72:07	Beth Potter		27.12.91	5	Glasgow	2	Oct
73:29	Georgie Bruinvels		20.10.88	6	Glasgow	2	Oct
74:17	Fionnuala Ross		5.11.90	8	Glasgow	2	Oct
74:44	Georgina Schwiening	U23	15.12.94	9	Glasgow	2	Oct
75:18	Gemma Rankin		18.12.84	10	Glasgow	2	Oct

2016 - W - HMar - Mar

Time	Name	Cat	DOB	Pos	Venue	Date	
75:41	Katie White	V35	6.01.81	11	Glasgow	2	Oct
75:49	Gillian Palmer	V35	30.12.80	13	Glasgow	2	Oct
77:38	Avril Mason	V40	27.04.74	14	Glasgow	2	Oct
77:54	Lesley Pirie	V35	11.01.81	15	Glasgow	2	Oct

Foreign

Time	Name	Cat	DOB	Pos	Venue	Date	
77:13	Breege Connolly (IRL)	V35	1.02.78	2	San Francisco, USA	14	Feb
77:45	Fanni Gristwood (HUN)		18.01.87	1	Inverness	13	Mar
78:06	Gladys Ganiel-O'Neill (IRL)	V35	10.03.77	71	Amsterdam, NED	10	Jul

Short Course *(150 metres)*

75:45	Fanni Gristwood (HUN)		18.01.87	12	Glasgow	2	Oct

Marathon

Time	Name	Cat	DOB	Pos	Venue	Date	
2:30:04	Charlotte Purdue		10.06.91	5	Frankfurt, GER	30	Oct
2:32:48				16	London	24	Apr
2:31:52	Alyson Dixon	V35	24.09.78	13	London	24	Apr
2:34:11				28	Rio de Janeiro, BRA	14	Aug
2:32:00	Sonia Samuels	V35	16.05.79	14	London	24	Apr
2:34:36				30	Rio de Janeiro, BRA	14	Aug
2:32:05	Tracy Barlow		18.06.85	9	Frankfurt, GER	30	Oct
2:33:25				17	London	24	Apr
2:36:13	Tish Jones		7.09.85	1	Cape Town, RSA	18	Sep
2:37:42	Tina Muir		6.08.88	19	London	24	Apr
2:37:50	Freya Ross		20.09.83	12	Chicago, USA	9	Oct
2:37:52				20	London	24	Apr
2:38:13	Hayley Munn		17.09.90	21	London	24	Apr
2:38:20	Georgie Bruinvels		20.10.88	22	London	24	Apr
2:39:31	Julia Davis		12.08.86	15	Frankfurt, GER	30	Oct
(10)							
2:39:33	Gemma Rankin		18.12.84	8	Dublin, IRL	30	Oct
2:39:50	Rebecca Hilland	V35	11.06.80	24	London	24	Apr
2:40:00	Rosamund Ponder	V40	10.09.74	25	London	24	Apr
2:40:43	Katy Webster	V35	26.06.79	26	London	24	Apr
2:41:13	Lesley Pirie	V35	11.01.81	27	London	24	Apr
2:41:54	Laura Graham		5.03.86	10	Dublin, IRL	30	Oct
2:43:01	Claire Grima	V35	21.07.77	28	London	24	Apr
2:43:03	Hayley Haining	V40	6.03.72	2	Edinburgh	29	May
2:43:24	Amy Clements		22.05.82	29	London	24	Apr
2:44:52	Charlotte Firth		31.12.84	30	London	24	Apr
	25 performances to 2:45:00 by 20 athletes						
2:45:11	Rosie Edwards		20.08.88	31	London	24	Apr
2:45:21	Ellie Greenwood	V35	14.03.79	3	Vancouver, CAN	1	May
2:45:53	Sarah Lowery		15.04.82	1	York	9	Oct
2:46:07	Anna Boniface		27.04.91	32	London	24	Apr
2:46:47	Jo Coates	V40	13.10.75	33	London	24	Apr
2:47:40	Katie White	V35	6.01.81	3	Edinburgh	29	May
2:48:08	Kelly Crickmore	V35	23.10.77	1	Manchester	10	Apr
2:48:26	Rose Nicholson		10.04.85	36	London	24	Apr
2:48:52	Dani Nimmock		10.05.90	27	Frankfurt, GER	30	Oct
2:49:05	Joasia Zakrzewski	V40	19.01.76	2	York	9	Oct
(30)							
2:49:19	Kath Hardcastle	V35	81	4	Los Angeles, USA	14	Feb
2:49:27	Eleanor Fowler	V35	13.12.78	38	London	24	Apr
2:49:52	Erica Fogg	V35	4.12.78	31	Frankfurt, GER	30	Oct
2:50:10	Fionnuala Ross		5.11.90	39	London	24	Apr
2:50:32	Dianne Lauder	V35	6.07.76	6	Edinburgh	29	May
2:50:44	Jessica Parry-Williams	V35	26.08.80	40	London	24	Apr
2:50:45	Johanna Gascoigne-Owens	V35	16.02.79	19	Berlin, GER	25	Sep
2:51:25	Zelah Morrall	V45	21.01.69	7	Edinburgh	29	May
2:51:40	Sara Bird		28.01.87	26	Berlin, GER	25	Sep
2:51:52	Emma Macready	V35	14.11.80	18	Valencia, ESP	20	Nov

2016 - W - Mar

Time	Name	Cat	DOB	#	Location	Date	
2:52:08	Samantha Amend	V35	25.05.79	2	Manchester	10	Apr
2:52:20	Hannah Oldroyd		27.05.87	41	London	24	Apr
2:52:41	Serane Stone	V35	16.07.76	42	London	24	Apr
2:52:45	Laura Allen		31.07.82	43	London	24	Apr
2:52:56	Anne Holyland	V35	6.11.79	3	Manchester	10	Apr
2:53:01	Mandy Dohren	V35	3.03.78	44	London	24	Apr
2:53:02	Emma Crowe	V40	31.05.73	45	London	24	Apr
2:53:03	Sarah Cumber	V45	7.02.71	46	London	24	Apr
2:53:08	Victoria Crawford		31.12.85	38	Frankfurt, GER	30	Oct
2:53:22	Diane Moore	V40	13.12.74	47	London	24	Apr
(50)							
2:53:23	Victoria Kenny		3.04.83	48	London	24	Apr
2:53:30	Gemma Connolly		18.12.81	4	Manchester	10	Apr
2:53:30	Julia Belyavin	V35	10.07.79	45	Chicago, USA	9	Oct
2:53:36	Katie Jones		6.04.82	1	Chester	2	Oct
2:53:37	Gill Bland		9.03.82	7	Florence, ITA	27	Nov
2:54:01	Clare Elms	V50	26.12.63	49	London	24	Apr
2:54:05	Charlotte Rose		25.06.81	50	London	24	Apr
2:54:22	Nerys Jones		30.11.84	51	London	24	Apr
2:54:22	Hannah Howard		14.04.85	45	Frankfurt, GER	30	Oct
2:54:24	Wendy Webber	V35	18.09.78	52	London	24	Apr
(60)							
2:54:24	Michelle Nolan	V35	8.12.80	3	York	9	Oct
2:54:27	Andrea Banks	V40	27.09.72	21	Valencia, ESP	20	Nov
2:54:34	Joanne Nelson	V40	14.11.71	53	London	24	Apr
2:54:39	Fiona Davies	V40	3.11.73	1	Boston	17	Apr
2:54:41	Kate Towerton		16.05.83	54	London	24	Apr
2:54:45	Naomi Mitchell		24.11.93	55	London	24	Apr
2:55:03	Emma Ballantyne		20.06.88	2	Chester	2	Oct
2:55:10	Gill Fullen	V50	20.10.64	34	Boston, USA	18	Apr
2:55:25	Sarah Hill	V40	25.02.73	57	London	24	Apr
2:55:37	Rose Penfold		11.04.91	58	London	24	Apr
(70)							
2:55:37	Alison McEwing		27.11.87	59	London	24	Apr
2:55:39	Isobel Rea	V40	1.04.76	1	Blackpool	24	Apr
2:55:39	Gabriel Carnwath		9.11.81	40	Berlin, GER	25	Sep
2:55:45	Becky Atkinson	V35	28.11.77	60	London	24	Apr
2:55:48	Lucy Collins		6.06.84	61	London	24	Apr
2:55:52	Sarah Gruber	V40	6.03.74	4	York	9	Oct
2:55:56	Rose Harvey		25.08.92	62	London	24	Apr
2:55:59	Hazel Behagg	V40	21.06.75	1	Antwerp, BEL	17	Apr
2:56:01	Zoe McLennan		2.07.83	13	Amsterdam, NED	16	Oct
2:56:16	Treena Johnson	V50	29.08.61	63	London	24	Apr
(80)							
2:56:16	Rachel Jones	V45	7.01.70	3	Chester	2	Oct
2:56:19	Clara Evans		27.11.93	14	Amsterdam, NED	16	Oct
2:56:39	Emma Prideaux	V40	25.04.73	1	Chelmsford	23	Oct
2:56:49	Ulrike Maisch	V35	21.01.77	1	St. Peter Port GUE	28	Aug
2:56:52	Shona Crombie-Hicks	V45	1.06.71	10	La Rochelle, FRA	27	Nov
2:56:55	Amy Sole		29.09.85	65	London	24	Apr
2:57:04	Ella Brown	V40	3.10.72	66	London	24	Apr
2:57:13	Helen Cross		13.02.82	67	London	24	Apr
2:57:14	Katie Lomas		10.09.87	68	London	24	Apr
2:57:27	Sarah Hazel		29.11.86	69	London	24	Apr
(90)							
2:57:28	Rachel Burgess	V40	1.02.73	8	Reggio Emilia, ITA	11	Dec
2:57:32	Nicola Green	V40	1.09.72	70	London	24	Apr
2:57:36	Sarah Rendell	V40	6.03.73	71	London	24	Apr
2:57:42	Marie Baxter	V40	25.09.73	72	London	24	Apr
2:57:43	Amy Sarkies	V35	17.03.78	73	London	24	Apr
2:57:51	Jenny Knass	V35	13.07.80	16	Amsterdam, NED	16	Oct

2:57:52	Julie Warner	V45	8.04.67	74	London	24	Apr
2:57:52	Carla Molinaro		27.07.84	75	London	24	Apr
2:57:52	Helen Wallington	V45	11.04.68	76	London	24	Apr
2:57:53	Angharad Mair	V55	30.03.61	77	London	24	Apr

downhill

2:36:39	Tina Muir		6.08.88	5	Sacramento, USA	4	Dec
2:47:03	Jennifer Wetton		28.11.86	1	Inverness	25	Sep

Foreign

2:38:53	*Gladys Ganiel-O'Neill (IRL)*	*V35*	*10.03.77*	*13*	*Seville, ESP*	*21*	*Feb*
2:44:41	*Breege Connolly (IRL)*	*V35*	*1.02.78*	*76*	*Rio de Janeiro, BRA*	*14*	*Aug*
2:55:54	*Marta Bagnati (ITA)*		*11.02.85*	*35*	*Rotterdam, NED*	*10*	*Apr*
2:56:44	*Valeria Sesto (ARG)*	*V40*	*17.12.72*	*64*	*London*	*24*	*Apr*
2:57:32	*Jennifer Elvin (IRL)*		*27.06.85*	*6*	*San Sebastian, ESP*	*27*	*Nov*
2:57:33	*Paula Rutherfoord (RSA)*		*29.03.82*	*2*	*Chelmsford*	*23*	*Oct*

50 Kilometres - Road

3:26:17	Amy Clements		22.05.82	3	Doha, QAT	11	Nov
3:34:08	Rebecca Hilland	V35	11.06.80	5	Doha, QAT	11	Nov
3:35:36	Samantha Amend	V35	25.05.79	7	Doha, QAT	11	Nov
3:35:57	Hannah Oldroyd		27.05.87	8	Doha, QAT	11	Nov
3:42:41+	Joasia Zakrzewski	V40	19.01.76	2m	Los Alcazares, ESP	27	Nov
3:43:44	Christina Singleton	V35	12.11.79	2	Perth	27	Mar

100 Kilometres - Road

7:41:48	Joasia Zakrzewski	V40	19.01.76	3	Los Alcazares, ESP	27	Nov
8:09:52	Samantha Amend	V35	25.05.79	1	Belfast	24	Jun
8:15:54	Melissa Venables	V40	14.02.75	1	Perth	27	Mar
8:24:05	Edwina Sutton	V35	2.12.79	2	Perth	27	Mar
8:30:22	Sophie Mullins		9.10.81	3	Perth	27	Mar
8:43:35	Katie Samuelson-Dean	V35	16.12.77	4	Perth	27	Mar
8:47:57	Charlotte Black	V40	10.04.75	5	Perth	27	Mar
8:49:33	Fionna Ross	V35	28.01.80	6	Perth	27	Mar

24 Hours - Road

230.395km t	Jessica Baker		6.06.82	1	Bruce, AUS	20	Mar
215.253km	Alison Young	V40	26.11.73	18	Albi, FRA	23	Oct
204.016km	Louise Smart	V35	10.04.79	1	Belfast	25	Jun
190.236km	Isobel Wykes	V35	24.04.78	41	Albi, FRA	23	Oct
186.559km t	Ann Bath	V65	9.08.48	1	London (TB)	17	Sep

1500 Metres Steeplechase

4:40.23	Victoria Weir	U20	17.03.98	1	Gateshead	9	Jul
4:50.10	Charlotte Taylor-Green		2.04.85	1	Doncaster	9	Apr
4:50.45	Tess Masselink	U20	7.07.98	2	Gateshead	9	Jul
4:51.7	Aimee Pratt	U20	3.10.97	1	Blackburn	1	May
4:53.94	Holly Page	U17	17.08.00	1	Ashford	16	Jul
4:56.16	Emma Macready	V35	14.11.80	1	Portsmouth	14	May
4:58.09	Yasmin Austridge	U17	11.08.00	1	Ashford	14	May
4:58.99	Lucy Davies	U17	17.08.00	2	Ashford	16	Jul
4:59.56	Maisie Grice	U17	29.06.00	2	Gateshead	9	Jul
4:59.7	Emily Moyes	U20	14.06.98	1	Bury St. Edmunds	15	May
(10)							
5:00.97	Kosana Weir	U17	5.11.99	3	Gateshead	9	Jul
5:04.59	India Weir	U17	5.11.99	1	Ashford	11	Jun
5:04.76	Caitlin Wosika	U17	19.11.99	5	Gateshead	9	Jul
5:04.84	Alexandra Barbour	U20	1.03.99	4	Gateshead	9	Jul
5:05.86	Abigail Nolan	U20	16.04.99	1rB	Milton Keynes	4	Jun
5:07.0	Elena Carey	U17	14.04.00	1	Bracknell	13	Jul
5:07.32	Marella Whitfield	U20	25.09.98	5	Gateshead	9	Jul

Time		Name	Cat	DOB	Pos	Venue	Day	Month
5:09.07		Matilda Compton-Stewart	U20	18.03.98	1	Eton	24	Jul
5:09.63		Nell Savage	U17	3.01.00	1	Exeter	7	Aug
5:09.79		Anna Sharp	U20	16.08.98	8	Gateshead	9	Jul
	(20)							
5:11.0		Ashlee McGuigan			7.08.86	1	Harrow	22 May
5:11.0		Meg Ormond	U17	21.04.00	2	Reading	11	Jun
5:11.1		Rebecca Poole	U17	18.10.00	1	Sutton	18	Jun
5:11.18		Eevee-May Banbury	U17	19.05.00	2	Exeter	7	Aug
5:12.79		Amy Walker	U17	14.07.01	4	Milton Keynes	4	Jun

2000 Metres Steeplechase

Time		Name	Cat	DOB	Pos	Venue	Day	Month
6:26.08		Louise Webb		9.02.91	1	Milton Keynes	16	Apr
6:29.53		Rosie Clarke		17.11.91	1	London (PH)	19	Mar
6:36.03		Charlotte Taylor-Green		2.04.85	1	Manchester (SC)	17	Aug
6:40.20					1	Chelmsford	3	Jul
6:38.18		Laura Riches		7.08.93	1	London (He)	6	Aug
6:39.54		Aimee Pratt	U20	3.10.97	2	Manchester (SC)	17	Aug
6:42.1		Tess Masselink	U20	7.07.98	1	Carn Brea	14	May
6:43.44		Pippa Woolven		26.07.93	1	Bedford	2	May
6:50.22		Nicole Taylor	U23	18.01.95	1	Milton Keynes	4	Jun
6:50.63		Catrina Thomas	U20	18.02.97	2	Bedford	2	May
6:52.27		Holly Page	U17	17.08.00	2	Milton Keynes	4	Jun
	(10)							
6:54.46		Lauren Stoddart		26.06.91	2	London (LV)	2	Jul
6:54.76		Emma Macready	V35	14.11.80	1	Yeovil	21	May
7:00.26		India Weir	U17	5.11.99	3	Milton Keynes	4	Jun
7:03.83		Matilda Compton-Stewart	U20	18.03.98	3	London (He)	6	Aug
7:05.48		Kosana Weir	U17	5.11.99	4	Milton Keynes	4	Jun
7:06.86		Philippa Bowden	U23	29.03.95	4	Bedford	2	May
7:08.55		Alexandra Barbour	U20	1.03.99	5	Milton Keynes	4	Jun
7:09.33		Jordan Waine	U17	4.06.00	3	Manchester (SC)	14	May
7:10.65		Priya Crosby		1.01.92	1	Oxford	7	May
7:12.84		Vicki Cronin		6.12.90	1	Manchester (SC)	7	Aug
	(20)							
7:13.19		Claire Thompson	V40	22.03.76	7	Manchester (SC)	17	Aug
7:13.2		Emily Moyes	U20	14.06.98	1	Ipswich	16	Apr
7:17.16		Anna Boniface		27.04.91	1	Rugby	4	Jun
7:17.30		Dani Chattenton	U23	4.07.96	2	Oxford	7	May
7:19.34		Emily Brown		8.09.83	2	London (LV)	3	Jul
7:19.79		Florence Stansall-Seiler	U20	29.05.97	3	Oxford	7	May

3000 Metres Steeplechase

Time	Name	Cat	DOB	Pos	Venue	Day	Month
9:35.91	Lennie Waite		4.02.86	1	Portland, USA	12	Jun
9:46.88				6	Los Angeles (ER), USA	20	May
9:48.46				8h1	Amsterdam, NED	8	Jul
9:54.06				2	Birmingham	26	Jun
9:56.39				5	Atlanta, USA	4	Jun
10:14.18				17h3	Rio de Janeiro, BRA	13	Aug
9:51.97	Rosie Clarke		17.11.91	14	London (O)	23	Jul
9:52.20				1	Birmingham	26	Jun
9:54.82				2rB	Stanford, USA	1	May
10:00.25				12h2	Amsterdam, NED	8	Jul
10:00.66				9	Oordegem, BEL	28	May
9:57.18	Louise Webb		9.02.91	3	Birmingham	26	Jun
10:11.89				16	Oordegem, BEL	28	May
10:16.59				5	Letterkenny, IRL	2	Jul
10:09.99	Iona Lake		15.01.93	3	Tallahassee, USA	14	May
10:11.44				5h2	Jacksonville, USA	27	May
10:10.28	Elizabeth Bird	U23	4.10.94	6h1	Jacksonville, USA	27	May
10:15.03				3	Princeton, USA	13	May
10:15.34				5	Birmingham	26	Jun

10:13.23	Stacie Taylor	U23	12.10.95	1	Bedford	19	Jun
10:13.44	Mel Newbery		28.08.91	11	Vancouver, CAN	17	Jun
10:15.26	Charlotte Taylor-Green		2.04.85	4	Birmingham	26	Jun
10:19.08	Aimee Pratt	U20	3.10.97	2	Bedford	19	Jun
	23 performances to 10:20.0 by 9 athletes						
10:29.33	Emma Macready	V35	14.11.80	1	London (LV)	11	Jun
(10)							
10:30.81	Nicole Taylor	U23	18.01.95	2	London (LV)	11	Jun
10:31.19	Laura Riches		7.08.93	2	Geneva, USA	13	May
10:42.21	Tess Masselink	U20	7.07.98	3	Bedford	19	Jun
10:43.54	Catrina Thomas	U20	18.02.97	4	Bedford	19	Jun
10:44.16	Philippa Bowden	U23	29.03.95	2	Bedford	30	Jul
10:54.40	Ellie Stevens		29.06.84	3	Bedford	30	Jul
11:00.12	Lauren Stoddart		26.06.91	1	Grangemouth	14	Aug
11:00.56	Melissa Hawtin		23.02.93	4	Lawrenceville, USA	7	May
11:04.87	Claire Thompson	V40	22.03.76	4	Bedford	30	Jul
11:06.52	Vicki Cronin		6.12.90	5	Bedford	30	Jul
(20)							
11:20.05	Anna Boniface		27.04.91	3	London (LV)	11	Jun
11:23.02	Nicola Squires		8.07.85	7	Bedford	30	Jul

Foreign

9:45.35	Kerry O'Flaherty (IRL)	V35	15.07.81	14h1	Rio de Janeiro, BRA	13	Aug

60 Metres Hurdles - Indoors

7.89	Tiffany Porter		13.11.87	1	Jablonec nad Nisou, CZE	5	Mar
	7.90			3	Portland, USA	18	Mar
	7.93			1h1	Jablonec nad Nisou, CZE	5	Mar
	7.94			3	Karlsruhe, GER	6	Feb
	7.98			2h2	Karlsruhe, GER	6	Feb
	7.98			1	Eaubonne, FRA	9	Feb
	7.98			1	Sheffield	28	Feb
	7.99			3	Glasgow	20	Feb
	8.00			2h2	Portland, USA	18	Mar
	8.02			1h2	Sheffield	28	Feb
	8.04			7	Boston (R), USA	14	Feb
	8.09			1h2	Eaubonne, FRA	9	Feb
7.89	Cindy Ofili	U23	5.08.94	1	Birmingham, USA	12	Mar
	7.97			1	Notre Dame, USA	6	Feb
	7.99			2	Geneva, USA	27	Feb
	8.02			1	Geneva, USA	13	Feb
	8.04			1	Notre Dame, USA	23	Jan
	8.10			5h2	Birmingham, USA	11	Mar
	8.14			1h2	Geneva, USA	13	Feb
	8.19			2s1	Notre Dame, USA	6	Feb
	8.20			1h3	Notre Dame, USA	23	Jan
	8.20			1h3	Geneva, USA	26	Feb
	8.21			1h9	Notre Dame, USA	5	Feb
8.01	Lucy Hatton	U23	8.11.94	2h1	Karlsruhe, GER	6	Feb
	8.01			5	Karlsruhe, GER	6	Feb
	8.03			1h1	Sheffield	28	Feb
	8.06			3h2	Jablonec nad Nisou, CZE	5	Mar
	8.12			1h2	Torun, POL	12	Feb
	8.15			3	Sheffield	28	Feb
	8.17			6	Glasgow	20	Feb
	8.21			5	Jablonec nad Nisou, CZE	5	Mar
	8.23			5h1	Düsseldorf, GER	3	Feb
8.02	Serita Solomon		1.03.90	2h2	Jablonec nad Nisou, CZE	5	Mar
	8.04			3h1	Portland, USA	18	Mar
	8.05			3	Düsseldorf, GER	3	Feb
	8.05			2	Sheffield	28	Feb
	8.07			1	Mondeville, FRA	6	Feb

2016 - W - 60H

(Solomon)	8.07			5	Eaubonne, FRA	9	Feb
	8.07			1h3	Sheffield	28	Feb
	8.10			1A2	London (LV)	30	Jan
	8.11			1h3	Mondeville, FRA	6	Feb
	8.12			1h4	Eaubonne, FRA	9	Feb
	8.13			4	Jablonec nad Nisou, CZE	5	Mar
	8.14			3h1	Düsseldorf, GER	3	Feb
	8.21			1A1	London (LV)	30	Jan
	8.23			7	Glasgow	20	Feb
	8.29			7	Portland, USA	18	Mar
8.16	Yasmin Miller	U23	24.05.95	2h1	Mondeville, FRA	6	Feb
	8.16			4	Sheffield	28	Feb
	8.18			2A2	London (LV)	30	Jan
	8.22			5	Mondeville, FRA	6	Feb
	8.26			1h1	Linz, AUT	12	Feb
	8.26			1h4	Sheffield	28	Feb
	8.27			4=	Linz, AUT	12	Feb
	8.32			3h2	Athlone, IRL	17	Feb
8.24	Marilyn Nwawulor		20.09.92	5	Sheffield	28	Feb
	8.29			2h4	Sheffield	28	Feb
	8.30			1P4	Reims, FRA	31	Jan
	8.31			1	Amsterdam, NED	6	Feb
	8.32			1B	Linz, AUT	12	Feb
8.34	Mollie Courtney	U20	2.07.97	1h2	Sheffield	14	Feb
	8.34			1	Sheffield	14	Feb
	62 performances to 8.35 by 7 athletes						
8.38	Jahisha Thomas	U23	22.11.94	1	Iowa City, USA	9	Dec
8.47	Jessica Taylor		27.06.88	2P3	Reims, FRA	31	Jan
8.49	Gabriella Ade-Onojobi		1.08.93	2h1	Boston (A), USA	12	Feb
(10)							
8.50	Hope Sarti	U20	6.01.98	2	Sheffield	14	Feb
8.51	Zara Hohn		9.10.87	1A2	Loughborough	9	Jan
8.51	Karla Drew		22.03.89	2h2	Sheffield	28	Feb
8.54	Sophie Yorke	U20	7.07.98	3h2	Sheffield	28	Feb
8.56	Alicia Barrett	U20	25.03.98	1A2	Loughborough	30	Jan
8.56	Caryl Granville		24.09.89	1	Cardiff	11	Dec
8.58	Heather Paton	U23	9.04.96	3h1	Sheffield	28	Feb
8.59	Holly Pattie-Belleli	U23	9.06.94	4	Pittsburg, USA	29	Jan
8.59	Bethany Close	U23	30.12.95	1	Sheffield	19	Feb
8.60	Stephanie Clitheroe	U23	3.11.95	1E1	London (LV)	30	Jan
(20)							
8.61	Niamh Bailey	U23	28.06.95	3h4	Sheffield	28	Feb
8.63	Jessica Hunter	U23	4.12.96	1C2	London (LV)	30	Jan
8.63	Morgan Lake	U20	12.05.97	1P	Salamanca, ESP	20	Feb
8.65	Danielle McGifford	U23	11.04.95	1	Manchester (SC)	18	Dec
8.67	Amber-Leigh Hall	U20	10.10.98	4h3	Sheffield	28	Feb
8.69	Hazel Ross		15.09.93	3	Seattle, USA	13	Feb
8.71	Elise Lovell		9.05.92	2	London (LV)	17	Jan
8.71	Olivia Walker	U23	6.07.95	2	Sheffield	19	Feb
8.73	Celia Quansah	U23	25.10.95	1P4	Sheffield	10	Jan
8.73	Hollie Williamson	U20	4.12.98	4h2	Sheffield	28	Feb
(30)							
8.75	Sophie Elliss	U20	2.11.98	1	Sutton	21	Feb
8.76	Amy Barclay		14.04.92	1B2	London (LV)	30	Jan
8.76	Jessica Tappin		17.05.90	5h2	Sheffield	28	Feb
8.77	Megan Hildrew	U20	25.06.99	2C1	London (LV)	30	Jan
8.77	Emma Nwofor	U23	22.08.96	3	Sheffield	19	Feb
8.77	Olivia Montez Brown	U23	22.05.96	2P3	Pittsburg, USA	12	Mar
8.78	Megan Marrs	U20	25.09.97	1=	Jordanstown (NI)	23	Jan
8.82	Chelsea Walker	U20	29.06.97	1	Sheffield	2	Jan
8.82	Katie Stainton	U23	8.01.95	3P4	Sheffield	10	Jan
8.82	Twinelle Hopeson		23.09.91	1B1	Loughborough	30	Jan

2016 - W - 60H - 60HI

8.82	Isabella Hilditch	U20	15.06.99	3h1	Sheffield	14	Feb
8.83	Anastasia Davies	U20	9.04.99	6	Sheffield	14	Feb
8.83	Zoe Lucas	U20	7.01.97	6h2	Sheffield	28	Feb
8.87	Lauren Thompson		12.02.92	2h3	London (LV)	17	Jan
8.87	Naomi Morgan	U23	23.11.96	5	Athlone, IRL	28	Feb
8.88	Catriona Pennet		10.10.83	2	Glasgow	30	Jan
8.89	Hannah Dunderdale	U23	2.11.94	1	Sheffield	2	Jan
8.89	Lucy Turner	U20	14.02.97	5h3	Sheffield	28	Feb
8.90	Suzzanne Palmer		11.09.93	2	Sheffield	16	Jan
8.91	Chloe van Wulven		10.09.87	1	London (LV)	6	Feb
	(50)						
8.92	Ella De Lucis	U23	2.11.96	2B1	Loughborough	30	Jan
8.93	Kylie Robilliard		11.06.88	3h1	London (LV)	17	Jan
8.94	Chloe Esegbona	U20	23.11.98	4	Sheffield	16	Jan
8.96	Laura Hanagan	U23	23.08.94	1P3	Sheffield	10	Jan
8.96	Amy Hodgson	U23	18.01.96	4	Sheffield	16	Jan
8.96	Micaela Brindle	U23	22.02.94	6h1	Sheffield	28	Feb
8.99	Michelle Hughes	U20	1.02.98	2P4	Sheffield	9	Jan
8.98	Holly McArthur	U20	20.12.99	1	Motherwell	30	Nov
8.98	Olivia Gauntlett	U20	7.01.98	7	Boston, USA	3	Dec
8.99	Katherine Morris	U23	1.09.95	1	Cardiff	31	Jan
	(60)						
8.99	Sarah Connolly	U23	3.10.96	2A1	Uxbridge	13	Feb
8.99	Katie Patullo	U20	27.03.98	1	Glasgow	5	Mar

Foreign
8.52	Karen Jean-François (FRA)		25.01.90	1	Uxbridge	13	Feb

60 Metres Hurdles - Indoors - Under 17 (76.2cm)

8.52	Holly Mills		15.04.00	1s1	London (LV)	10	Jan
8.60	Pippa Earley		7.09.00	1	Sutton	21	Feb
8.67	Amber Hornbuckle		1.06.01	1s2	Sheffield	14	Feb
8.71	Anna McCauley		2.01.01	2P1	Athlone, IRL	10	Dec
8.74	Anya Bates		17.05.00	2	Sheffield	14	Feb
8.74	Amy Pye		22.11.00	1	Birmingham	20	Mar
8.76	Anna McCauley		2.01.01	1	Athlone, IRL	12	Nov
8.78	Jade Henry		26.12.00	1	Glasgow	20	Mar
8.86	Francesca Scott		14.11.99	1A1	Birmingham	21	Feb
8.89	Carly Bates		23.02.00	2h5	Sheffield	14	Feb
8.90	Emily Race		11.09.00	1h1	Sheffield	14	Feb
	(10)						
8.93	Isabel Breeden		26.07.01	1	Cardiff	9	Jan
8.93	Isabel Wakefield		5.01.00	4P7	Sheffield	12	Mar
8.95	Holly McArthur		20.12.99	1H2	Glasgow	14	Feb
8.95	Jenna Blundell		12.06.01	2A1	Birmingham	21	Feb
8.96	Jasmine Clark		13.02.01	1	Sheffield	3	Dec
8.98	Alice Linaker		6.12.99	1	Sheffield	16	Jan
8.98	Sophie Seger		21.09.99	2A1	London (LV)	23	Jan
8.98	Bethany McAndrew		8.01.00	1	Dunfermline	19	Mar
9.00	Grace Carter		25.10.99	1	Aberdeen	24	Jan
9.00	Darcey Fleming		2.11.00	1A2	Eton	6	Mar
	(20)						
9.00	Imogen Dawe-Lane		30.08.00	3	Birmingham	20	Mar
9.01	Lucy Hadaway		11.06.00	2	Sheffield	16	Jan
9.01	Victoria Johnson		7.10.01	2	Sheffield	3	Dec
9.02	Lauren Evans		7.08.00	2	Cardiff	16	Jan
9.02	Jessica Cleland		2.10.99	2h2	Sheffield	14	Feb
9.02	Esme Greer		17.09.99	3s1	Sheffield	14	Feb
9.02	Alix Still		15.03.00	2H2	Glasgow	14	Feb
9.06	Evie Berry		13.03.00	1	Manchester (SC)	6	Mar
9.07	Grace Bower		3.11.99	3h1	Sheffield	14	Feb
9.07	Amy Carter		24.06.01	3	Sheffield	3	Dec

2016 - W - 60HI - 75HG

9.08		Marissa Sims	18.01.01	3A1	London (LV)	23	Jan
9.09		Laura Hickey	6.01.02	4	Sheffield	3	Dec
9.10		Amaya Scott	15.02.01	1P2	Athlone, IRL	10	Dec

60 Metres Hurdles - Indoors - Under 15 (76.2cm)

8.83		Marcia Sey	7.11.01	1	London (LV)	10	Jan
9.06		Victoria Johnson	7.10.01	2	Sheffield	14	Feb
9.09		Kiera Bainsfair	3.02.02	1P6	Sheffield	13	Mar
9.11		Lucy-Jane Matthews	17.09.02	1P1	London (LV)	18	Dec
9.13		Jasmine Jolly	7.12.01	1	Sheffield	7	Feb
9.21		Katie Sharkey	19.11.01	1	Glasgow	4	Feb
9.22		Samantha Harris	4.11.01	2P6	Sheffield	13	Mar
9.23		Christa Hetherington	5.10.01	2A2	London (LV)	24	Jan
9.23		Milly Gall	20.02.03	2P1	London (LV)	18	Dec
9.24		Katie Bristowe	11.03.02	1	Sutton	21	Feb
	(10)						
9.26		Laura Hickey	6.01.02	1	Manchester (SC)	20	Mar
9.27		Ruby Bridger	6.05.03	3P1	London (LV)	18	Dec
9.28		Chante Williams	21.03.02	3s1	Sheffield	14	Feb
9.28		Abigail Packham	19.08.03	2A1	London (LV)	26	Nov
9.30		Abigail Pawlett	14.01.03	1	Manchester (SC)	27	Nov
9.34		Holly Mulholland	31.03.02	3	Athlone, IRL	13	Mar
9.35		Orla Brennan	8.02.02	2s3	London (LV)	10	Jan
9.37		Grace Morgan	14.01.02	3P6	Sheffield	13	Mar
9.40		Jessica Smith	5.09.01	2	London (LV)	6	Feb
9.4		Nicole Lannie	24.01.03	1	Sheffield	20	Nov
		9.41		1	Sheffield	3	Dec
	(20)						
9.41		Hollie Thurgood	2.07.02	1h2	London (LV)	10	Jan
9.43		Megan Penfold	26.09.01	3	London (LV)	6	Feb
9.43		Rachel Broadfoot	6.06.02	2	Glasgow	6	Mar
9.43		April Ishida	3.05.03	1	Gateshead	17	Nov
9.43		Kaliyah Young	20.07.03	1P5	London (LV)	18	Dec
9.44		Catherine Giller	3.05.02	2h2	Sheffield	7	Feb

60 Metres Hurdles - Indoors - Under 13 (68.5cm)

9.70		Iona Irvine	22.11.04	1	Eton	4	Dec
9.73		Willa Gibb	11.09.03	1	Birmingham	20	Mar
9.74		Carys Poole	21.12.03	1	Cardiff	9	Jan
9.79		Elina Dineen	11.09.03	2	Cardiff	9	Jan
9.81		Elle Hinchliffe	16.10.03	1A1	Birmingham	21	Feb

70 Metres Hurdles - Under 13 (68.5cm)

11.01w	2.3	Carys Poole	21.12.03	1	Bedford	3	Sep
		11.1		1	Cheltenham	16	Jul
		11.13 -1.5		1	Newport	21	Aug
11.3		Ruby Mace	5.09.03	1	Chelmsford	6	Jul
11.3		Coirilidh Cook	13.11.03	1	Grangemouth	10	Sep
		11.38 -1.8		1	Tranent	3	Sep
11.33		Elle Hinchliffe	16.10.03	1r3	Manchester (Str)	29	Aug
11.4		Willa Gibb	11.09.03	1	Yate	10	Jul
11.4		Emily Frimpong	8.11.03	1	Chelmsford	16	Jul
11.5		Freya Witheat	4.09.03	2	Hemel Hempstead	3	Jul
11.5		Iona Irvine	22.11.04	1	Sandown IOW	17	Jul
11.51		Lydia Smith	15.03.04	1	Yeovil	11	Sep
11.52		Katie Chapman	20.09.03	2	Yeovil	11	Sep

75 Metres Hurdles - Under 15 (76.2cm)

10.93	1.8	Marcia Sey	7.11.01	1	Bedford	28	Aug
11.00	1.8	Victoria Johnson	7.10.01	1s2	Bedford	28	Aug
11.10	1.8	Orla Brennan	8.02.02	3	Bedford	28	Aug

2016 - W - 75HG - 80HI

11.13	1.8	Kiera Bainsfair	3.02.02	1	Chelmsford	11	Jun
11.16w	3.0	Emily Bee	3.03.02	1	Exeter	7	Aug
		11.20		1	Exeter	31	Jul
11.19		Anna Poole	29.01.02	1h2	Nuneaton	14	Aug
11.19	1.8	Samantha Harris	4.11.01	4	Bedford	28	Aug
11.2		Jasmine Jolly	7.12.01	1P	Hyndburn	17	Apr
		11.23w 2.1		1h3	Gateshead	8	Jul
		11.39 -2.3		5	Gateshead	9	Jul
11.26	-1.2	Katie Bristowe	11.03.02	1h1	Oxford (H)	21	Aug
11.3		Hollie Thurgood	2.07.02	1	Hornchurch	19	Jun
		11.48 0.0		5P1	Exeter	18	Sep
	(10)						
11.3		Amelia Woodnick	18.01.02	1	Hemel Hempstead	11	Sep
		11.36 1.3		2h1	Gateshead	8	Jul
11.32		Laura Hickey	6.01.02	2	Birmingham	18	Jun
11.33	-1.5	Christa Hetherington	5.10.01	2h2	Gateshead	8	Jul
11.34	0.0	Isobel Pinsky	18.12.01	2	Exeter	18	Jun
11.36	1.9	Holly Mulholland	31.03.02	1	Tullamore, IRL	4	Jun
11.4		Chante Williams	21.03.02	2	Eton	16	Jul
11.4		Mallory Cluley	15.03.02	1	London (Cr)	16	Jul
		11.43 -1.5		2	Kingston	14	May
11.41w	3.7	Katie Sharkey	19.11.01	1	Grangemouth	21	Aug
		11.54		1h1	Grangemouth	16	Jun
11.43		Grace Morgan	14.01.02	1	Newport	28	May
11.44	1.6	Abigail Packham	19.08.03	2	Crawley	11	Jun
	(20)						
11.44	1.3	Millie Hodges	14.01.02	2h2	Chelmsford	11	Jun
11.48	0.3	Abigail Pawlett	14.01.03	1P2	Exeter	18	Sep
11.5		Lucy Tunnacliffe	23.05.02	1	Guildford	2	Jul
11.51		Rachel Broadfoot	6.06.02	1	Grangemouth	11	Jun
11.53	1.5	Nicole Lannie	24.01.03	1h1	Cudworth	15	May
11.59	1.4	Lily-May Lawrence	22.05.02	5s1	Bedford	28	Aug
11.6		Rebecca Johns	9.11.01	1	Nottingham	7	May
11.6		Mia Hopson	26.10.01	1	St. Albans	8	May
11.6	0.8	Ellie Cleveland	5.08.02	1	Reading	15	May
11.6		Jade Spencer-Smith	8.11.01	2	London (TB)	21	May
	(30)						
11.6		Amelia Day	1.11.01	2	Woodford	19	Jun
11.6		Erin Moses	30.09.01	1	Woodford	19	Jun
		11.64 1.6		1	Ashford	14	May
11.6		Alexia Bennett-Cordy	1.02.03	1	Cheltenham	3	Aug
11.63	-0.7	Temi Ojora	24.01.02	1	Oxford (H)	14	May
11.63	1.8	Grace Newson	1.02.02	2	Chelmsford	11	Jun
11.65w	2.3	Georgio Ives-Lappin	2.05.02	1	Cambridge	25	Jun

80 Metres Hurdles - Under 17 (76.2cm)

111.27	1.8	Jade O'Dowda	9.09.99	1	Loughborough	2	Sep
11.28	0.8	Pippa Earley	7.09.00	1	Ashford	16	Jul
11.36	0.1	Holly Mills	15.04.00	1	Bromley	29	May
11.46		Carly Bates	23.02.00	1	Birmingham	18	Jun
11.46	0.7	Darcey Fleming	2.11.00	1	Bedford	28	Aug
11.48		Amy Pye	22.11.00	2	Birmingham	18	Jun
11.50	0.5	Jenna Blundell	12.06.01	1s1	Bedford	28	Aug
11.52	1.8	Jade Henry	26.12.00	3	Loughborough	2	Sep
11.57	0.7	Emily Race	11.09.00	5	Bedford	28	Aug
11.59	0.8	Holly McArthur	20.12.99	2	Ashford	16	Jul
	(10)						
11.62	-0.4	Amber Hornbuckle	1.06.01	2	Bromley	17	Jul
11.62	0.5	Nicole Parcell	16.12.99	2s1	Bedford	28	Aug
11.66		Bethany McAndrew	8.01.00	1h2	Grangemouth	13	Aug
11.67		Francesca Scott	14.11.99	3	Birmingham	18	Jun

2016 - W - 80HI - 100HI

11.71	1.9	Lohita Allen-Aigbodion		7.12.99	2	Ashford	14	Aug
11.71	1.8	Evie Berry		13.03.00	4	Loughborough	2	Sep
11.77	0.8	Lauren Evans		7.08.00	5	Ashford	16	Jul
11.77	1.8	Venus Morgan		5.06.01	5	Loughborough	2	Sep
11.79	-0.9	Marcey Winter		17.04.01	4h3	Gateshead	8	Jul
11.80	0.4 (20)	Alice Linaker		6.12.99	2h2	Bedford	28	Aug
11.85	1.5	Hannah Tilley		15.09.99	2	Exeter	18	Jun
11.85		Imogen Dawe-Lane		30.08.00	1rB	Yeovil	24	Jul
11.86	1.9	Mayi Hughes		5.11.00	5	Ashford	14	Aug
11.87		Anya Bates		17.05.00	3	Birmingham	17	Apr
11.89	1.0	Emily Russell		12.01.00	2	Stevenage	29	May
11.89	-0.2	Marissa Sims		18.01.01	1	Chelmsford	11	Jun
11.89	-0.9	Jamelia Henson		9.05.00	5h3	Gateshead	8	Jul
11.89	0.1	Lucy Hadaway		11.06.00	1H2	Exeter	17	Sep
11.92		Shamilla Channer		18.02.00	4	Birmingham	17	Apr
11.93	1.2 (30)	Katie Sharkey	U15	19.11.01	1	Glasgow	27	Jul
11.95		Bethany Loveday		9.03.00	6	Birmingham	18	Jun
11.96	0.5	Kia Slade		16.01.01	2	London (He)	26	Jun
11.96		Grace Carter		25.10.99	2h2	Grangemouth	13	Aug
12.00	2.0	Bethan Burley		26.03.00	2H1	Exeter	25	Jun
12.00	2.0	Olivia Galloway		4.07.00	3H1	Exeter	25	Jun

wind assisted

11.37	2.9	Jenna Blundell		(11.50)	1h4	Bedford	28	Aug
11.40	2.4	Carly Bates		(11.46)	1h1	Gateshead	8	Jul
11.47	2.4	Holly McArthur		(11.59)	2H4	Bedford	20	Aug
11.51	2.2	Nicole Parcell		(11.62)	2h1	Bedford	28	Aug
11.52	3.5	Bethany McAndrew		(11.66)	1	Grangemouth	13	Aug
11.55	2.9	Imogen Dawe-Lane		(11.85)	1	Exeter	7	Aug
11.56	2.4	Evie Berry		(11.71)	3h1	Gateshead	8	Jul
11.63	2.4	Venus Morgan		(11.77)	4h1	Gateshead	8	Jul
11.71	3.9	Marissa Sims		(11.89)	1rB	London (He)	26	Jun
11.73	3.6	Anya Bates		(11.87)	1	Worcester	29	May
11.73	2.4	Emily Russell		(11.89)	5h1	Gateshead	8	Jul
11.73	2.4	Alice Linaker		(11.80)	4H4	Bedford	20	Aug
11.75	2.4	Kia Slade		(11.96)	6h1	Gateshead	8	Jul
11.85	2.2	Lucy Hadaway		(11.89)	5h1	Bedford	28	Aug
11.92	2.7	Olivia Galloway		(12.00)	1h1	Exeter	18	Jun
11.95	3.5	Grace Carter		(11.96)	3	Grangemouth	13	Aug

hand timing

11.5w	2.9	Evie Berry		(11.71)	1	Bebington	14	May
11.7					1	Bebington	26	Jun
11.7		Marcey Winter		(11.79)	1	Guildford	1	May
11.7		Jamelia Henson		(11.89)	1	Peterborough	5	Jun
11.7		Olivia Galloway		(12.00)	1	Bournemouth	11	Jun
11.7		Kia Slade		(11.96)	2	Reading	11	Jun
11.7		Marcia Sey	U15	7.11.01	1	Bedford	2	Jul
11.7w	2.5	Anya Bates		(11.87)	2	Leicester	14	May
11.8		Bethany Loveday		(11.95)	1	Telford	1	May
11.8		Sophia Obi		27.05.01	1	London (He)	7	Aug
11.9		Megan Sims		29.07.00	1ns	Peterborough	5	Jun
11.9		Amy Carter		24.06.01	1	Middlesbrough	11	Jun
12.0		Hannah Haugvik		9.03.00	1	Basingstoke	17	Apr
12.0		Sophie Domingo		7.01.00	1	Leicester	11	Jun

100 Metres Hurdles - Under 18 (76.2cm)

13.79	0.5	Holly Mills	U17	15.04.00	1	Bedford	19	Jun
13.80	0.5	Isabella Hilditch		15.06.99	2	Bedford	19	Jun
14.17	0.2	Niamh Emerson		22.04.99	2H3	Tbilisi, GEO	14	Jul

2016 - W - 100HI - 100H

14.40	0.2	Isabel Wakefield	U17	5.01.00	1H	Sheffield	18	Jun
14.54	0.4	Anastasia Davies		9.04.99	2	Bedford	14	May
14.84	-0.9	Jade Henry	U17	26.12.00	5	Gothenburg, SWE	3	Jul
14.87	0.4	Grace Bower	U17	3.11.99	3H	Bedford	14	May
15.08	-2.1	Finlay Marriott		21.01.99	1	Swansea	6	Aug
15.21	0.4	Brittany Wood		12.06.99	3	Bedford	14	May
15.24	0.0	Georgia Hollis-Lawrence		27.06.99	2	Loughborough	23	Apr
(10)								
15.30	-2.2	Ada'ora Chigbo		2.01.99	4H	Arona, ESP	4	Jun
15.31	-2.9	Holly McArthur	U17	20.12.99	3H	Street	23	Apr
15.32	0.5	Amber Griffiths		7.05.99	4	Bedford	19	Jun

Foreign

14.73	0.2	Kate O'Connor (IRL)	U17	12.12.00	2H1	Tbilisi, GEO	14	Jul

100 Metres Hurdles

12.63	0.0	Cindy Ofili	U23	5.08.94	4	Rio de Janeiro, BRA	17	Aug
	12.66	2.0			1	Norwalk, USA	16	Apr
	12.66	0.2			3	Saint-Denis, FRA	27	Aug
	12.70	0.4			2	Zürich, SUI	1	Sep
	12.71	0.8			2s3	Rio de Janeiro, BRA	17	Aug
	12.75	0.9			1h3	Rio de Janeiro, BRA	16	Aug
	12.80	0.9			1s3	Eugene, USA	10	Jun
	12.80	0.7			4	Lausanne, SUI	25	Aug
	12.86	1.9			1q3	Jacksonville, USA	28	May
	12.90	1.4			1	Des Moines, USA	30	Apr
	12.91	-0.5			1	Lincoln, USA	15	May
	12.93	1.0			1h1	Jacksonville, USA	27	May
	12.93	2.0			2	Birmingham	25	Jun
	12.95	0.2			5h2	London (O)	22	Jul
	13.00	1.4			1h3	Lincoln, USA	14	May
	13.11	-0.8			1	Padova, ITA	17	Jul
	13.12	-1.0			1	Durham, USA	2	Apr
	13.14	0.8			1h4	Des Moines, USA	29	Apr
	13.18	1.0			1h4	Birmingham	25	Jun
12.70	0.3	Tiffany Porter		13.11.87	6	London (O)	22	Jul
	12.72	1.0			1	Gainesville, USA	22	Apr
	12.76	-0.7			3	Amsterdam, NED	7	Jul
	12.76	0.0			7	Rio de Janeiro, BRA	17	Aug
	12.79	1.3			5	Berlin, GER	3	Sep
	12.82	0.3			5h1	London (O)	22	Jul
	12.82	0.2			4s1	Rio de Janeiro, BRA	17	Aug
	12.84	1.8			1h1	Gainesville, USA	22	Apr
	12.86	-0.3			5	Birmingham	5	Jun
	12.87	-0.1			2h4	Rio de Janeiro, BRA	16	Aug
	12.90	0.7			7	Eugene, USA	28	May
	12.91	2.0			1	Birmingham	25	Jun
	12.94	-0.4			4	Oslo, NOR	9	Jun
	12.94	0.0			1	Somerville, USA	18	Jun
	12.97	-0.5			1s3	Amsterdam, NED	7	Jul
	12.97				2	Gateshead (Q)	10	Sep
	13.03	1.6			1h1	Birmingham	25	Jun
12.76	0.3	Jessica Ennis-Hill		28.01.86	3h1	London (O)	22	Jul
	12.84	0.0			1H4	Rio de Janeiro, BRA	12	Aug
	13.04	0.3			8	London (O)	22	Jul
	13.10	-0.9			1	Manchester (SC)	11	Jun
	13.13	-0.8			1H4	Ratingen, GER	25	Jun
13.15	2.0	Alicia Barrett	U20	25.03.98	6	Bydgoszcz, POL	24	Jul
	13.34	0.6			3s1	Bydgoszcz, POL	23	Jul
	13.35	1.6			2h2	Bydgoszcz, POL	22	Jul
	13.45	-0.4			1	Bedford	19	Jun

2016 - W - 100H

13.18	1.2	Lucy Hatton	U23	8.11.94	4h2	Hengelo, NED	22	May
		13.21	1.2		1	Bedford	2	May
		13.21	-0.1		1rB	Lucerne, SUI	14	Jun
		13.21	2.0		3	Birmingham	25	Jun
		13.27	0.7		1h5	Bedford	1	May
		13.31	1.4		1h2	Bedford	19	Jun
		13.32	0.5		9	Hengelo, NED	22	May
		13.34	0.9		1s2	Bedford	2	May
		13.36	-0.3		8	Birmingham	5	Jun
		13.37	0.1		5h3	Amsterdam, NED	6	Jul
13.28	1.3	Mollie Courtney	U20	2.07.97	2h3	Bydgoszcz, POL	22	Jul
		13.32	1.1		1	Loughborough	22	May
		13.42	1.0		1h2	Mannheim, GER	25	Jun
		13.42	-0.1		3s2	Bydgoszcz, POL	23	Jul
		13.43	1.7		2	Mannheim, GER	25	Jun
		13.48	0.5		1h3	Bedford	30	Jul
13.36	0.9	Holly Pattie-Belleli	U23	9.06.94	2	Terre Haute, USA	15	May
13.36	1.1	Karla Drew		22.03.89	2	Loughborough	22	May
		13.39	1.6		1h3	Birmingham	25	Jun
		13.46	1.5		1r2	Loughborough	16	Jul
		13.49	0.2		1	Loughborough	23	Apr
		13.51	1.8		1	Exeter	28	May
13.36	2.0	Serita Solomon		1.03.90	4	Birmingham	25	Jun
		13.39	0.6		4h4	Amsterdam, NED	6	Jul
		13.45	1.5		4h1	Turku, FIN	29	Jun
		13.46	0.2		5	Turku, FIN	29	Jun
13.37	1.1	Katarina Johnson-Thompson		9.01.93	1H5	Götzis, AUT	28	May
		13.48	-0.3		2H3	Rio de Janeiro, BRA	12	Aug
	(10)							
13.42	2.0	Yasmin Miller	U23	24.05.95	5	Birmingham	25	Jun
		13.48	1.0		2h4	Birmingham	25	Jun
13.53	0.5	Angie Broadbelt-Blake		12.09.85	1	Manchester (SC)	17	Aug
13.55	1.6	Marilyn Nwawulor		20.09.92	2h3	Birmingham	25	Jun
		77 performances to 13.55 by 13 athletes						
13.57	1.0	Gemma Bennett		4.01.84	2r2	Castres, FRA	20	Jul
13.62	0.6	Heather Paton	U23	9.04.96	2	Loughborough	16	Jul
13.67	1.7	Jahisha Thomas	U23	22.11.94	1h6	Gainesville, USA	1	Apr
13.71	0.4	Stephanie Clitheroe	U23	3.11.95	2	Bedford	19	Jun
13.76	1.6	Jessica Hunter	U23	4.12.96	5h3	Birmingham	25	Jun
13.78	-1.2	Megan Marrs	U20	25.09.97	1	Tullamore, IRL	4	Jun
13.78	-0.4	Hope Sarti	U20	6.01.98	3	Bedford	19	Jun
	(20)							
13.85	-0.4	Chelsea Walker	U20	29.06.97	4	Bedford	19	Jun
13.95	1.6	Sophie Elliss	U20	2.11.98	6h3	Birmingham	25	Jun
13.97	1.5	Holly Thomas	U23	10.08.94	3r2	Loughborough	16	Jul
14.00	1.2	Bethany Close	U23	30.12.95	2	Bedford	2	May
14.00	1.6	Elise Lovell		9.05.92	4h1	Birmingham	25	Jun
14.00	1.6	Emma Nwofor	U23	22.08.96	5h1	Birmingham	25	Jun
14.04	1.8	Olivia Walker	U23	6.07.95	4rA	Loughborough	22	May
14.04	1.5	Twinelle Hopeson		23.09.91	4r2	Loughborough	16	Jul
14.05	1.6	Amber-Leigh Hall	U20	10.10.98	7h3	Birmingham	25	Jun
14.09	1.3	Olivia Gauntlett	U20	7.01.98	2rB	Loughborough	22	May
	(30)							
14.10	0.2	Gabriella Ade-Onojobi		1.08.93	4	Princeton, USA	15	May
14.10	-1.8	Jessica Taylor		27.06.88	1H	Woerden, NED	27	Aug
14.11	-1.1	Niamh Bailey	U23	28.06.95	3h1	Bedford	19	Jun
14.17	1.8	Suzzanne Palmer		11.09.93	5rA	Loughborough	22	May
14.17	1.1	Katie Stainton	U23	8.01.95	1H2	Kladno, CZE	10	Jun
14.21	1.6	Jade Simson	U20	9.10.97	6h1	Birmingham	25	Jun
14.25	-0.3	Alice Hopkins	U20	30.12.98	4h2	Bedford	19	Jun
14.27	-0.8	Kaeshelle Cooke	U23	2.01.96	1	London (ME)	22	May

2016 - W - 100H

Time	Wind	Name	Cat	DOB	Pos	Venue	Date
14.35	0.0	Emily Dixon	U23	27.11.95	3	Elon, USA	7 May
14.35	1.8	Amy Barclay		14.04.92	1	Oxford (H)	18 Jun
(40)							
14.36	1.8	Isabel Wakefield	U17	5.01.00	2	Exeter	28 May
14.36	0.8	Lucy Turner	U20	14.02.97	1H1	Hexham	9 Jul
14.37	1.2	Olivia Montez Brown	U23	22.05.96	1H2	Bradenton, USA	26 May
14.40	-0.6	Caryl Granville		24.09.89	1rB	London (He)	6 Aug
14.41	0.6	Zoe Lucas	U20	7.01.97	3s3	Bedford	2 May
14.41	1.8	Morgan Lake	U20	12.05.97	8rA	Loughborough	22 May
14.42		Lauren Thompson		12.02.92	1	Watford	15 May
14.42	-0.3	Emily Stevens		3.06.91	1	Peterborough	9 Jul
14.43	0.0	Laura Hanagan	U23	23.08.94	3H3	Bedford	14 May
14.43	1.3	Hollie Williamson	U20	4.12.98	4rB	Loughborough	22 May
(50)							
14.43	-0.5	Michelle Hughes	U20	1.02.98	3	Manchester (SC)	7 Aug
14.44	0.2	Isabella Hilditch	U20	15.06.99	4	Bristol	5 Jun
14.44	1.5	Hannah Dunderdale	U23	2.11.94	5r2	Loughborough	16 Jul
14.47	1.2	Amy Hodgson	U23	18.01.96	5	Bedford	2 May
14.48	-3.4	Anastasia Davies	U20	9.04.99	1	Bromley	20 Aug
14.52	1.6	Megan Hildrew	U20	25.06.99	6h2	Bedford	30 Jul
14.55	-0.3	Ella De Lucis	U23	2.11.96	2	Peterborough	9 Jul
14.55	0.5	Harriet Jones		30.06.88	7h3	Bedford	30 Jul
14.60	1.0	Kelly Clark	U23	13.07.94	7h4	Birmingham	25 Jun
14.63	1.3	Katie Garland	U20	27.01.97	5rB	Loughborough	22 May
(60)							
14.64	0.2	Katie Patullo	U20	27.03.98	1	Grangemouth	14 May
14.69	-0.6	Catriona Pennet		10.10.83	3rB	London (He)	6 Aug
14.75	-0.9	Micaela Brindle	U23	22.02.94	3	Manchester (SC)	11 Jun
14.76	-0.8	Chloe Esegbona	U20	23.11.98	2	Manchester (SC)	11 Jun
14.76	-2.4	Eden Ashton	U20	3.05.98	5h2	Gateshead	8 Jul
14.79		Tayla Benson	U23	20.08.96	2rB	Swansea	4 Jun
14.83	1.3	Jo Rowland		29.12.89	1H2	Sheffield	18 Jun
14.83	-1.4	Bethany McAndrew	U17	8.01.00	1h1	Grangemouth	20 Aug
14.84	0.6	Emma Buckett		14.05.93	5s3	Bedford	2 May
14.84	1.6	Georgia Hollis-Lawrence	U20	27.06.98	7h2	Bedford	30 Jul
(70)							
14.89	1.6	Tamieka Cuff	U20	18.02.97	3rB	Bristol	5 Jun
14.89		Rachael Nakaye		7.10.92	1	London (LV)	19 Jun
14.89	-0.8	Katie Holt	U20	16.06.99	2	Eton	24 Jul
14.90		Caroline Hilley	U23	18.09.96	1	Oxford	7 May
14.90	0.0	Anna Nicole Rowe	U20	2.09.98	3H	Arona, ESP	4 Jun
14.92	1.2	Becky Owen		8.09.91	1H	Sutton	10 Sep
14.92	0.5	Georgia Silcox	U20	14.10.98	2H1	Exeter	17 Sep
14.96	1.1	Sophie Bronze	U20	28.06.98	1rB	Gateshead	29 May
14.98	1.3	Chloe van Wulven		10.09.87	4	Chelmsford	5 Jun
15.00	-1.6	Olivia Hunter	U20	8.05.99	5h1	Gateshead	8 Jul
(80)							
15.02	0.8	Naomi Morgan	U23	23.11.96	3	Belfast	7 May
15.02		Anya Turner	U20	8.11.98	1	Exeter	31 Jul
15.05	0.5	Annabelle Pask	U20	6.09.97	3H1	Exeter	17 Sep
15.08	-1.9	Emma Canning	U20	7.03.97	1H	Aberdeen	2 Jul
15.13	0.7	Rebecca Jennings		7.12.90	3h4	Bedford	1 May
15.13	2.0	Grace Sullivan	U20	4.08.99	2	London (Elt)	29 May
15.13	-0.8	Finlay Marriott	U20	21.01.99	3	Eton	24 Jul
15.15		Leanne Buxton	V35	27.05.78	2	Bedford	16 Apr
15.15	0.9	Roxanne Oliver	U20	15.01.97	6s2	Bedford	2 May
15.15	0.4	Megan Sims	U17	29.07.00	1	Peterborough	10 Sep
(90)							
15.17	1.0	Katherine Morris	U23	1.09.95	4h2	Bedford	1 May
15.20		Gemma Finch	U20	1.08.97	1H	Lafayette, USA	25 Mar
15.22	1.3	Lucy Chappell	U20	10.01.97	2rB	Loughborough	23 Apr
15.22	0.2	Sarah Pearson	U20	3.07.98	2	Grangemouth	14 May

2016 - W - 100H

Time	Wind	Name	Cat	DOB	Pos	Venue	Date
15.22	1.8	Rebecca Haney	U23	24.10.94	4	Lleida, ESP	21 May
15.24	-2.7	Kierra Barker	U20	3.11.97	1	Basingstoke	21 May
15.26		Josie Parry	U20	20.04.97	1	York	24 Jul
15.27	-1.6	Cliona Perkins	U20	27.02.99	6h1	Gateshead	8 Jul
15.28	-0.8	Hannah Jackson		8.09.91	7	Manchester (SC)	7 Aug
15.29	1.3 (100)	Beth Taylor	U23	25.12.96	2H2	Sheffield	18 Jun
15.29	0.4	Jamelia Henson	U17	9.05.00	2	Peterborough	10 Sep
15.30	0.7	Sarah Connolly	U23	3.10.96	4h4	Bedford	1 May
15.30	0.3	Jane Scott	V35	22.06.81	3	Perth, AUS	4 Nov

wind assisted

Time	Wind	Name	Cat	DOB	Pos	Venue	Date
12.71	2.9	Porter			(12.70) 4	Kingston, JAM	7 May
12.89	2.2				1	Manchester	20 May
12.81	3.8	Ofili			(12.63) 4	Eugene, USA	11 Jun
13.05	2.8	Lucy Hatton	U23		(13.18) 1h2	Birmingham	25 Jun
13.15	2.2				2	Manchester	20 May
13.27	3.1	Holly Pattie-Belleli	U23		(13.36) 1h1	Terre Haute, USA	14 May
13.31	2.5				2	Columbia, USA	15 Apr
13.29	2.6	Angie Broadbelt-Blake			(13.53) 1	Bedford	30 Jul
13.31	2.6	Courtney	U20		(13.28) 2	Bedford	30 Jul
13.44	2.6				1	Nuneaton	11 Jun
13.35	2.8	Serita Solomon			(13.36) 2h2	Birmingham	25 Jun
13.39	2.4	Yasmin Miller	U23		(13.42) 5	Bydgoszcz, POL	5 Jun
13.51	2.6	Drew			(13.36) 3	Bedford	30 Jul
13.53	2.6	Gemma Bennett			(13.57) 4	Bedford	30 Jul

14 performances to 13.55 by 10 athletes

Time	Wind	Name	Cat	DOB	Pos	Venue	Date
13.60	2.6	Heather Paton	U23		(13.62) 5	Bedford	30 Jul
13.93	2.2	Gabriella Ade-Onojobi			(14.10) 1	New Britain, USA	8 May
13.94	3.1	Jessica Taylor			(14.10) 2H4	Bedford	14 May
13.95	3.1	Niamh Bailey	U23		(14.11) 1h1	Bedford	1 May
14.02	3.1	Katie Stainton	U23		(14.17) 3H4	Bedford	14 May
14.06	2.3	Isabella Hilditch	U20		(14.44) 1	Bromley	29 May
14.41	5.3	Anastasia Davies	U20		(14.48) 1	Bedford	4 Sep
14.45	2.9	Kelly Clark	U23		(14.60) 2	Cudworth	14 May
14.57	2.5	Katie Patullo	U20		(14.64) 2	Grangemouth	14 Aug
14.58	2.4	Emma Canning	U20		(15.08) 2H2	Bedford	14 May
14.60	2.5	Catriona Pennet			(14.69) 3	Grangemouth	14 Aug
14.61	2.4	Katie Garland	U20		(14.63) 3H2	Bedford	14 May
14.66	2.3	Kierra Barker	U20		(15.24) 2	Bromley	29 May
14.82	2.3	Jamelia Henson	U17		(15.29) 1	Cambridge	17 Jul
14.95	2.2	Olivia Hunter	U20		(15.00) 1	Yate	10 Apr
15.00	2.9	Josie Parry	U20		(15.26) 1	Cudworth	14 May
15.03	3.1	Roxanne Oliver	U20		(15.15) 4h1	Bedford	1 May
15.06	2.6	Georgia Parris	U20	5.10.97	2	Nuneaton	11 Jun
15.06	2.6	Chloe Burns	U20	26.11.98	3	Nuneaton	11 Jun
15.22	5.3	Isabel Breeden	U17	26.07.01	2	Bedford	4 Sep
15.25	2.1	Chloe Vernon-Hamilton		11.10.92	3	Bromley	16 Apr
15.27	5.3	Ellie Bilsland	U20	1.06.99	3	Bedford	4 Sep

hand timing

Time	Wind	Name	Cat	DOB	Pos	Venue	Date
14.1		Katie Stainton	U23		(14.17) 1	Yate	8 May
14.2		Holly Mills	U17	15.04.00	2	Basingstoke	16 Apr
14.2w	2.3	Jessica Tappin		17.05.90	1	Bebington	14 May
14.4		Megan Hildrew	U20		(14.52) 3	Basingstoke	16 Apr
14.4		Harriet Jones			(14.55) 2	Eton	20 Aug
14.5		Chloe Esegbona	U20		(14.76) 1	Rugby	5 Jun
14.7		Emma Douras	U23	25.02.95	1	Tipton	8 May
14.7	1.1	Naomi Morgan	U23		(15.02) 1H	Dublin (S), IRL	28 May
14.7		Tamieka Cuff	U20		(14.89) 1	Liverpool	29 May
14.7		Eden Ashton	U20		(14.76) 1	Bebington	26 Jun

2016 - W - 100H - 300H

14.8		Olivia Hunter	U20	(15.00)	1	Bournemouth	27	Mar
14.8		Lauren O'Reilly		17.12.91	1	Southampton	11	May
14.8		Anna Nicole Rowe	U20	(14.90)	2	Bebington	26	Jun
14.9		Amber Griffiths	U20	7.05.99	2	Tipton	8	May
14.9		Finlay Marriott	U20	(15.13)	1	Peterborough	11	Jun
15.0		Chloe Burns	U20	(15.06w)	2	Yate	8	May
15.0		Sophie Yorke	U20	7.07.98	2	Tamworth	8	May
15.0		Laura Reilly	U23	16.10.95	2	Hastings	22	May
15.0		Grace Bower	U17	3.11.99	1	Manchester (Str)	3	Jul
15.0		Josie Parry	U20	(15.26)	2	Middlesbrough	6	Aug
15.0	-0.4	Emma Canning	U20	(15.08)	2	Grangemouth	20	Aug
15.1		Rebecca Jennings		(15.13)	2	Peterborough	16	Apr
15.1		Beth Taylor	U23	(15.29)	2	Doncaster	20	Aug
15.1		Nia Rutter		4.01.86	3	Doncaster	20	Aug
15.2		Cliona Perkins	U20	(15.27)	2	Rugby	5	Jun
15.2		Hannah Riley		9.07.82	2	Ormskirk	5	Jun
15.2		Lucy Ferguson		23.03.90	1	London (WL)	18	Jun
15.2w	2.8	Isabel Breeden	U17	(15.22w)	1	Newport	29	May

Additional Under 17 (1-7 above)

15.42	-1.0	Isabel Breeden		(15.22w)	1	Newport	14	May
15.66	0.1	Emily Russell		12.01.00	1	Norwich	24	Jul
15.67w	4.4	Alice Miell		14.05.00	5	Angouleme, FRA	8	May
15.8		Francesca Scott		14.11.99	2	Nuneaton	8	May
	(10)							
15.8		Lauren Bradfield		16.04.00	1	Ipswich	17	Jul
15.9		Lohita Allen-Aigbodion		7.12.99	1	Gillingham	20	Aug

Foreign

13.61	1.8	Karen Jean-François (FRA)	25.01.90	1rB	Loughborough	22	May
14.23	1.5	Kiara Reddingius (AUS)	2.01.92	1H	Sydney, AUS	31	Mar
14.24	0.2	Moe Sasegbon (NGR)	16.09.91	1H1	Sheffield	18	Jun
14.62w	3.1	Megan Marchildon (USA)	22.05.92	3h1	Bedford	1	May
		14.89 1.5		3s1	Bedford	2	May

300 Metres Hurdles

42.65	Avril Jackson		22.10.86	5	Langenthal, SUI	3 Aug

Under 17

43.18	Holly McArthur		20.12.99	1	Bedford	28 Aug
43.21	Holly Mills		15.04.00	1	London (LV)	9 Apr
43.26	Amy Pye		22.11.00	2	Bedford	28 Aug
43.41	Sophie Porter		14.03.01	3	Bedford	28 Aug
43.83	Grace Gentry		7.09.00	1	Gateshead	9 Jul
43.9	Anna Croft		20.10.99	1	Guildford	14 Aug
	44.82			1	London (He)	26 Jun
44.22	Megan Gallagher		6.10.99	1	Exeter	18 Jun
44.30	Lydia Thomas		12.05.00	1	Carmarthen	26 Jun
44.40	Megan Sims		29.07.00	2h1	Gateshead	8 Jul
44.46	Imogen Dawe-Lane		30.08.00	2	Carmarthen	26 Jun
	(10)					
44.64	Isabelle Neville		1.09.99	4	Bedford	28 Aug
44.70	Megan McHugh		25.07.00	3h1	Gateshead	8 Jul
44.73	Jade Fitt		17.05.00	2	Ashford	14 Aug
44.8	Jasmine Clark		13.02.01	1	Middlesbrough	18 Jun
	45.09			2	Loughborough	2 Sep
44.99	Lohita Allen-Aigbodion		7.12.99	3	Ashford	14 Aug
45.04	Sophie Haldane		30.10.99	6	Bedford	28 Aug
45.1	Connie Forman		29.12.00	2	Bromley	17 Jul
	45.65			1	Chelmsford	11 Jun
45.13	Bethan Burley		26.03.00	4h1	Gateshead	8 Jul

45.2	Stephanie Fisher		17.03.00	3	Bromley	17	Jul
	45.93			1	Kingston	11	Jun
45.37	Alix Still		15.03.00	6	Ashford	16	Jul
	(20)						
45.55	Sophie Domingo		7.01.00	1	Nuneaton	13	Aug
45.59	Sophie Willis		26.11.00	3	Eton	24	Jul
45.67	Olive Coles		14.09.99	5	Ashford	14	Aug
45.79	Saskia Huxham		14.11.00	1	Cudworth	14	May
45.81	Grace Vans Agnew		30.12.00	1	Crawley	11	Jun
45.91	Marcey Winter		17.04.01	1	Kingston	15	May
45.95	Alice Linaker		6.12.99	1	Middlesbrough	13	Aug
45.98	Emily Sharpe		30.10.00	2	Chelmsford	15	May
46.01	Emily Strickland		27.12.99	1	Hull	24	Jul
46.1	Claudimira Landim		5.07.00	1	Walton	24	Jul
	46.23			6	Ashford	14	Aug
	(30)						
46.11	Lydia Naylor		1.10.00	2	Derby	1	May
46.27	Lana Culliford		21.09.00	2	Cardiff	2	Jul
46.31	Mayi Hughes		5.11.00	2	Chelmsford	11	Jun
46.4	Hannah Haugvik		9.03.00	1	Reading	10	Apr
46.4	Maisie Tipping		11.04.01	1	Warrington	11	Jun
46.48	Rachel Carter		27.01.01	3	London (He)	26	Jun
46.5	Katie Mackintosh		23.04.01	2	Norwich	19	Jun
46.5	Jessica Lambert		31.01.01	1	Crawley	29	Aug

400 Metres Hurdles

54.09	Eilidh Doyle		20.02.87	1	Monaco, MON	15	Jul
	54.45			2	Lausanne, SUI	25	Aug
	54.53			1	Doha, QAT	6	May
	54.55			3	Zürich, SUI	1	Sep
	54.57			2	Birmingham	5	Jun
	54.61			8	Rio de Janeiro, BRA	18	Aug
	54.70			4	London (O)	22	Jul
	54.81			3	Rome, ITA	2	Jun
	54.93			1	Birmingham	26	Jun
	54.99			3s2	Rio de Janeiro, BRA	16	Aug
	55.26			5	Brussels, BEL	9	Sep
	55.46			1h6	Rio de Janeiro, BRA	15	Aug
	55.57			2	Lucerne, SUI	14	Jun
	56.30			1h2	Birmingham	25	Jun
55.43	Meghan Beesley		15.11.89	1	Des Moines, USA	30	Apr
	55.72			1	Gainesville, USA	22	Apr
	55.72			6	Doha, QAT	6	May
57.00	Jessica Turner	U23	8.08.95	3	Bydgoszcz, POL	5	Jun
	57.34			1rB	Oordegem, BEL	28	May
	57.34			2	Birmingham	26	Jun
	57.49			2	Tallahassee, USA	16	Apr
	57.50			1	Bedford	2	May
	58.12			1	Belfast	7	May
	58.32			1	Loughborough	22	May
57.46	Shona Richards	U23	1.09.95	5rB	Geneva, SUI	11	Jun
	58.11			6	Bydgoszcz, POL	5	Jun
	58.27			1h3	Birmingham	25	Jun
	58.34			5	Brussels, BEL	19	Jun
57.70	Bethany Close	U23	30.12.95	3	Birmingham	26	Jun
	58.08			2	London (LV)	2	Jul
57.80	Ese Okoro		4.07.90	2	Nassau, BAH	16	Apr
	58.77			2	Mesa, USA	8	Apr
58.03	Phillipa Lowe		7.04.92	1rA	Loughborough	22	May
	58.07			1	London (LV)	2	Jul
	58.21			1	London (He)	6	Aug

2016 - W - 400H

58.18	Abigayle Fitzpatrick		10.06.93	4	Brussels, BEL	19	Jun
58.19				4rB	Oordegem, BEL	28	May
	37 performances to 58.50 by 8 athletes						
58.53	Georgina Rogers	U23	1.09.96	1	Bedford	19	Jun
58.59	Hayley McLean	U23	9.09.94	1	Bedford	31	Jul
(10)							
58.61	Caryl Granville		24.09.89	2	London (He)	6	Aug
58.67	Mhairi Patience	U23	10.09.95	1	Chelmsford	5	Jun
58.68	Chelsea Walker	U20	29.06.97	1	Manchester (SC)	12	Jun
58.72	Nisha Desai		5.08.84	2	Bedford	31	Jul
58.74	Avril Jackson		22.10.86	1	Grangemouth	14	Aug
58.99	Lina Nielsen	U23	13.03.96	3	Bedford	31	Jul
59.06	Jessie Knight	U23	15.06.94	3	London (He)	6	Aug
60.01	Samantha Brown	U23	24.02.94	2	London (LV)	12	Jun
60.23	Holly McArthur	U17	20.12.99	2	Bedford	19	Jun
60.47	Sarah Calcott		29.06.84	3	London (LV)	12	Jun
(20)							
60.51	Lizzy Clifford	U23	28.09.95	3	Chelmsford	5	Jun
60.53	Laura Wake		3.05.91	3	London (LV)	2	Jul
60.78	Gemma Rous		25.11.85	7	Belfast	7	May
60.78	Anna Nicole Rowe	U20	2.09.98	1	Gateshead	9	Jul
60.84	Stephanie Williams	U23	5.09.94	5	Bedford	19	Jun
60.98	Mae Thompson	U23	28.05.96	3h1	Birmingham	25	Jun
61.00	Holly Pattie-Belleli	U23	9.06.94	3	Springfield, USA	22	Apr
61.14	Anna Nelson	U23	14.11.95	2	London (LV)	3	Jul
61.19	Kerry Dixon		22.10.88	1h2	London (LV)	11	Jun
61.2	Sian Davies		16.02.85	7	Swansea	4	Jun
61.84				2rB	London (LV)	2	Jul
(30)							
61.32	Alexandra Hill		10.08.93	2	Chelmsford	15	May
61.48	Amy Hillyard	U23	28.10.95	7	Bedford	31	Jul
61.62	Chloe Esegbona	U20	23.11.98	2	Gateshead	9	Jul
61.63	Lucy Ferguson		23.03.90	2	Leiria, POR	28	May
62.04	Danel Jansen van Rensberg	U20	28.12.98	3	Bedford	19	Jun
62.28	Caroline Hilley	U23	18.09.96	1	Oxford	7	May
62.41	Emily First	U23	5.07.95	2	Brisbane (Nathan), AUS	6	Feb
62.64	Jenny Gilmour	U20	8.05.97	4	Manchester (SC)	12	Jun
62.68	Hannah Knights	U20	14.08.97	5	Bedford	19	Jun
62.70	Michelle Hughes	U20	1.02.98	2	Southampton	3	Jul
(40)							
62.89	Katie Holt	U20	16.06.99	1	Eton	24	Jul
62.89	Becky McLinden		2.08.90	3	Manchester (SC)	7	Aug
63.14	Alice Byles	U20	15.11.98	1	London (LV)	12	Jun
63.2	Mikaela Harrison		5.08.90	1	Wakefield	7	May
63.78				5h2	Bedford	30	Jul
63.27	Deborah Willis		24.04.92	1	Cardiff	11	Jun
63.6	Elise Lovell		9.05.92	1	Hastings	20	Aug
64.32				1rB	London (LV)	3	Jul
63.69	Gabriella Ade-Onojobi		1.08.93	2h3	New Britain, USA	7	May
63.69	Lucy Fligelstone	U20	26.01.97	2	Cardiff	11	Jun
63.83	Emma Komocki		17.03.92	1rB	London (He)	6	Aug
63.86	Lilian Goddard	U20	16.09.97	1	Exeter	17	Apr
(50)							
63.90	Tamieka Cuff	U20	18.02.97	1	Macclesfield	15	May
63.98	Yasmin Austridge	U17	11.08.00	4	Castellón, ESP	17	Sep
64.00	Chloe Wilde	U20	24.05.99	4	Gateshead	9	Jul
64.0	Emily Smith	U20	6.06.99	1	Kingston	18	Jun
65.84				7h2	Gateshead	8	Jul
64.10A	Hannah Lloyd		3.03.93	4	Greeley, USA	2	Apr
64.15	Molly Connors	U17	18.10.99	4	Vanves, FRA	9	Jun
64.16	Lauren Thompson		12.02.92	1	Bromley	20	Aug
64.17	Heather Cooke	U20	22.02.98	5	Manchester (SC)	12	nu
64.17	Laura Gray		25.06.90	1	Nice, FRA	29	Jun

2016 - W - 400H

Time		Name	Cat	DOB		Venue	Date	
64.18		Jasmine Mitchell	U20	11.05.98	2	Kingston	15	May
64.30	(60)	Elise McVicar		6.04.88	4	Las Vegas, USA	17	Mar
64.33		Sarah Pearson	U20	3.07.98	1	Grangemouth	11	Jun
64.52		Tyra Watson		23.06.93	1	Manchester (Str)	16	Aug
64.55		Lauren Williams	U20	12.02.99	1	Loughborough	11	May
64.56		Emily Craig	U20	5.02.99	1	Grangemouth	21	Aug
64.66		Megan Gallagher	U17	6.10.99	1	Perivale	22	May
64.69		Laura Frey		2.06.89	4	Kilmarnock	28	May
64.7		Rebecca Pickard	U20	5.01.98	1	Welwyn	18	Jun
65.58					1	Watford	15	May
64.71		Hatshepsut James		26.09.91	1	Aldershot	2	Jul
64.82		Amy Taylor	U20	28.01.99	1	Exeter	18	Jun
64.95	(70)	Leanne Buxton	V35	27.05.78	2	Bedford	16	Apr
64.95		Amy Barclay		14.04.92	1	Oxford (H)	18	Jun
64.97		Lily Edmonds	U23	19.03.96	8	Bedford	19	Jun
65.0		Jade Currie	U23	29.11.94	6rB	Swansea	4	Jun
65.46					1	Grangemouth	14	May
65.12		Zoe Benton	U20	2.10.98	7h1	Bedford	18	Jun
65.14		Devon Brimecome	U20	4.05.98	2	Oxford (H)	18	Jun
65.14		Imogen Munday	U20	17.05.99	1	Gillingham	18	Jun
65.19		Megan Sims	U17	29.07.00	1	Peterborough	10	Sep
65.2		Natalie Ainge		12.03.92	1	Stoke-on-Trent	14	May
65.24		Emma Gilmour	U20	8.05.97	6	Manchester (SC)	12	Jun
65.34	(80)	Catherine Blakeman	U20	19.03.97	1	Cordoba, ESP	23	Apr
65.4		Laura Cook	U23	25.09.96	1	Cambridge	30	Apr
65.5		Sarah Kearsey	U23	30.08.94	2	Exeter	28	May
65.5		Georgia Doyle-Lay	U20	27.10.98	1	Par	11	Jun
65.64		Harriet Day	U20	13.08.98	2	Ashford	1	May
65.73		Donna Jones		8.10.90	1	Swansea	15	May
65.73		Hattie Dent	U23	13.09.95	4	London (LV)	3	Jul
65.8		Katie Lord	U20	6.01.99	2	Stoke-on-Trent	14	May
65.89		Lydia Thomas	U17	12.05.00	2	Newport	13	Aug
65.9		Alice Flint	U23	1.04.95	2	Cambridge	30	Apr
65.98					4	Oxford	7	May
65.95	(90)	Sara Watterson	U20	15.12.98	7	Manchester (SC)	12	Jun
65.96		Sarah McLellan		4.02.90	2rB	London (LV)	3	Jul
66.0		Georgia Whitfield	U23	21.07.95	1	Jarrow	10	Aug

Additional Under 17 (1-6 above)

Time	Name	DOB		Venue	Date	
66.2	Isabelle Neville	1.09.99	2	Cheltenham	6	Aug
66.23	Olive Coles	14.09.99	2	London (Cr)	9	Jul
66.43	Sophie Haldane	30.10.99	4	Kilmarnock	14	May
66.80	Scarlet Storr	4.06.01	1	Oxford (H)	9	Jul
66.97	(10) Saskia Krefting	29.01.00	3	Bedford	4	Sep
67.0	Stephanie Fisher	17.03.00	2	Crawley	22	May
67.1	Emily Strickland	27.12.99	1	Cleckheaton	6	Aug
67.5	Olivia Allbut	17.07.01	1	St. Clement JER	11	Jun
67.53	Laura Stewart	20.08.00	2	Perivale	22	May
67.9	Jessica Lambert	31.01.01	1	Southampton	20	Aug
67.98	Molly Mather	8.09.00	2	Oxford (H)	9	Jul

Foreign

Time	Name	Cat	DOB		Venue	Date	
56.06	*Christine McMahon (IRL)*		*6.07.92*	*2*	*Heusden, BEL*	*16*	*Jul*
57.84	*Aisha Naibe-Wey (SLE)*		*3.08.93*	*2*	*Tallahassee, USA*	*15*	*May*
59.14	*Leslie Delgado (POR)*		*25.06.89*	*2*	*Maia, POR*	*26*	*Jun*
63.8	*Katrina Vidzupe (LAT)*	*U20*	*8.09.97*	*1*	*Reading*	*15*	*May*
64.75				*1*	*Basingstoke*	*20*	*Jul*
65.26	*Freya Shearer (AUS)*		*6.05.89*	*2*	*Oxford*	*7*	*May*
65.70	*Gladys Ngetich (KEN)*		*12.05.91*	*3*	*Oxford*	*7*	*May*

High Jump

1.98	Katarina Johnson-Thompson		9.01.93	2H	Rio de Janeiro, BRA	12	Aug
	1.95			3	London (O)	22	Jul
	1.92			1H	Götzis, AUT	28	May
1.94	Morgan Lake	U20	12.05.97	Q	Rio de Janeiro, BRA	18	Aug
	1.93i			1P	Salamanca, ESP	20	Feb
	1.93			10=	Rio de Janeiro, BRA	20	Aug
	1.92i			2	Trinec, CZE	7	Feb
	1.92			7=	London (O)	22	Jul
	1.91			1H	Kladno, CZE	10	Jun
	1.90i			1	Sheffield	27	Feb
	1.90			1	Bedford	19	Jun
	1.90			1	Birmingham	25	Jun
	1.89			2	Loughborough	22	May
	1.89			1H	Amsterdam, NED	8	Jul
	1.88i			7	Banská Bystrica, SVK	4	Feb
	1.88i			1P	Portland, USA	18	Mar
	1.86			3=H	Götzis, AUT	28	May
1.93i	Isobel Pooley		21.12.92	3	Glasgow	20	Feb
	1.91i			4	Cottbus, GER	27	Jan
	1.90i			5	Trinec, CZE	7	Feb
	1.90i			2	Sheffield	27	Feb
	1.89i			10=	Portland, USA	20	Mar
	1.88i			4=	Banská Bystrica, SVK	4	Feb
	1.88			8	Eugene, USA	28	May
	1.85			16Q	Amsterdam, NED	6	Jul
	1.81i			4=	Ghent, BEL	13	Feb
1.89i	Abby Ward	U20	19.04.99	1	Cardiff	7	Feb
	1.86i			1	Sheffield	17	Jan
	1.86			3	Loughborough	22	May
	1.84			1	Wakefield	7	May
	1.83i			3=	Sheffield	27	Feb
	1.82i			1	Sheffield	14	Feb
1.89	Niamh Emerson	U20	22.04.99	1	Loughborough	22	May
	1.87i			1P	Salamanca, ESP	20	Feb
	1.85			2H	Tbilisi, GEO	14	Jul
	1.83i			3=	Sheffield	27	Feb
	1.83			1=H	Arona, ESP	4	Jun
	1.83			2	Bedford	19	Jun
	1.82i			2	Sheffield	14	Feb
	1.82			3	Birmingham	25	Jun
1.89	Jessica Ennis-Hill		28.01.86	3H	Rio de Janeiro, BRA	12	Aug
	1.84			2H	Ratingen, GER	25	Jun
1.86	Bethan Partridge		11.07.90	4	Loughborough	22	May
	1.86			1	London (He)	6	Aug
	1.84i			1	Birmingham	17	Jan
	1.84i			1	Vienna, AUT	30	Jan
	1.84i			8	Hustopeče, CZE	13	Feb
	1.83			5	Karlstad, SWE	27	Jul
	1.83			1	Bedford	31	Jul
	1.82			2	Birmingham	25	Jun
1.83	Ada'ora Chigbo	U20	2.01.99	1=H	Arona, ESP	4	Jun
1.81	Nikki Manson	U23	15.10.94	1	Kilmarnock	14	May
	52 performances to 1.81 by 9 athletes including 22 indoors						
1.80 (10)	Camellia Hayes	U23	6.04.95	2	Bedford	31	Jul
1.80	Emily Borthwick	U20	2.09.97	3	Bedford	31	Jul
1.78iA	Isobel Brown	U23	5.12.94	1	Albuquerque, USA	27	Feb
	1.75			1=	San Marcos, USA	30	Apr
1.78i	Natasha Smith	U17	10.10.99	1P	Sheffield	12	Mar
	1.77			1	Exeter	18	Jun

2016 - W - HJ

Mark	Name	Age	DOB	Pos	Venue	Day	Month
1.78	Laura Armorgie	U20	5.12.97	2	Gateshead	8	Jul
1.77	Rebecca Hawkins	U17	27.09.99	1H	London (LV)	25	Jun
1.76i	Hollie Smith	U20	7.11.98	3	Sheffield	14	Feb
1.75				2	Wakefield	7	May
1.76i	Emma Nuttall		23.04.92	1	Saskatoon, CAN	27	Feb
1.75i	Katie Stainton	U23	8.01.95	1P	Sheffield	10	Jan
1.75				1H	Bedford	14	May
1.75i	Poppy Lake	U23	26.01.96	1	London (LV)	17	Jan
1.75i	Laura Zialor	U20	4.08.98	2	London (LV)	17	Jan
1.65				1	Nottingham	1	May
(20)							
1.75	Amaya Scott	U17	15.02.01	1	Kingston	29	May
1.75	Isabel Cain-Daley	U20	27.11.98	1	Coventry	12	Jun
1.75	Emma Sherwood	U15	12.09.01	1	Gateshead	8	Jul
1.75	Mollie Courtney	U20	2.07.97	3	London (He)	6	Aug
1.74	Bethan Siddons		29.09.90	3A	Bedford	28	May
1.73i	Emma Lowry		19.04.91	1	Cardiff	23	Jan
1.73i	Deborah Martin	U23	25.01.94	9	Sheffield	27	Feb
1.65				4	Bedford	18	Jun
1.73i	Hazel Ross		15.09.93	2	Saskatoon, CAN	27	Feb
1.73	Lillie Franks	U17	27.10.99	3	Bedford	27	Aug
1.72i	Marilyn Nwawulor		20.09.92	2P	Sheffield	10	Jan
1.69				2H	Bedford	14	May
(30)							
1.72	Emma Canning	U20	7.03.97	1H	Aberdeen	2	Jul
1.72	Danielle Hopkins	U15	29.12.01	2	Gateshead	8	Jul
1.71	Georgia Parris	U20	5.10.97	1B	Bedford	28	May
1.71	Anna Brophy	U17	14.04.01	2	Exeter	18	Jun
1.71	Ellen Barber	U20	5.12.97	1H	Exeter	25	Jun
1.71	Phoebe Harland	U17	3.02.01	4	Gateshead	9	Jul
1.71	Amelia Bateman	U17	13.11.00	5	Gateshead	9	Jul
1.71	Ashleigh West	U17	27.06.01	1	Gillingham	10	Jul
1.70i	Jordanna Morrish	U23	19.10.95	4	London (LV)	17	Jan
1.70				4	Bedford	1	May
1.70i	Georgia Nwawulor	U23	30.06.94	5	London (LV)	17	Jan
1.70				3	Bedford	1	May
(40)							
1.70i	Lauren Evans	U17	7.08.00	3	Cardiff	7	Feb
1.66				2H	Street	23	Apr
1.70	Rachael MacKenzie		23.12.87	1	Inverness	9	Apr
1.70	Jade O'Dowda	U17	9.09.99	1	Oxford (H)	30	Apr
1.70	Evie Grogan	U23	3.04.94	2	Bedford	1	May
1.70	Molly Newton-O'Brien	U20	5.05.99	1	Grangemouth	1	May
1.70	Ellie Fulton	U20	18.06.99	1	Kilmarnock	8	May
1.70	Annabelle Bates	U23	12.05.94	3	Swansea	4	Jun
1.70	Beau Studholme	U15	15.09.01	1	Whitehaven	11	Jun
1.70	Kate Anson	U23	14.03.95	3	Bedford	18	Jun
1.70i	Natalie Morris	U17	1.12.00	1	Sheffield	3	Dec
(50)							
1.69i	Lucy Chappell	U20	10.01.97	4P	Sheffield	9	Jan
1.66				3H	Bedford	14	May
1.69i	Emma Nwofor	U23	22.08.96	3P	Sheffield	10	Jan
1.66				1	Kingston	7	Aug
1.69i	Jo Rowland		29.12.89	4P	Sheffield	10	Jan
1.69				2H	Sheffield	18	Jun
1.69i	Amelia Jennings McLaughlin	U20	20.04.97	5	Sheffield	21	Feb
1.66				9=	Bedford	19	Jun
1.69	Gemma Finch	U20	1.08.97	2=	Mobile, USA	16	Apr
1.69	Grace Mee	U20	19.05.99	5	Gateshead	8	Jul
1.69	Merechi Egbo	U15	29.11.01	4	Gateshead	8	Jul
1.69	Jessica Taylor		27.06.88	2H	Woerden, NED	27	Aug

2016 - W - HJ

Mark		Name	Age	DOB	Pos	Venue	Date	
1.69i		Anna McCauley	U17	2.01.01	1P	Athlone, IRL	10	Dec
1.68i		Sarah Connolly	U23	3.10.96	1	Uxbridge	31	Jan
	(60)							
1.68i		Janet Browne	U23	17.10.94	4	London (LV)	3	Feb
		1.66			1	Luton	9	Jul
1.68i		Emma Buckett		14.05.93	1	Sheffield	10	Feb
		1.65			7	Loughborough	22	May
1.68		Daniella Hankins		14.06.93	2B	Bedford	28	May
1.68		Olivia Jones	U17	20.02.00	3B	Bedford	28	May
1.68		Michelle Hughes	U20	1.02.98	2H	Arona, ESP	4	Jun
1.68		Anna McIlmoyle	U23	5.01.96	1	Dublin (S), IRL	12	Jun
1.68		Rhea Southcott	U17	30.03.01	1H	Middlesbrough	25	Jun
1.68		Katie Hetherington	U17	6.04.00	1	Oxford (H)	26	Jun
1.68		Temi Ojora	U15	24.01.02	1	Bedford	2	Jul
1.68		Mia Chantree	U15	15.11.01	1P	Oxford (H)	16	Jul
	(70)							
1.68i		Molly Hole	U15	28.02.03	1	Cardiff	4	Dec
		1.60			1P	Exeter	25	Sep
1.68i		Katie Garland	U20	27.01.97	1	Loughborough	10	Dec
		1.67			1H	Oxford (H)	16	Jul
1.67i		Hannah Tapley	U20	1.10.98	2	Birmingham	17	Jan
1.67i		Megan Porter	U17	4.02.00	3=	Sheffield	14	Feb
		1.65			1	Norwich	19	Jun
1.67		Claire McGarvey	U17	15.06.01	1	Dundee	29	May
1.67		Jessica Hopkins	U15	6.01.02	1	Luton	3	Jul
1.66i		Niamh Bailey	U23	28.06.95	5P	Sheffield	10	Jan
		1.65			1	Oxford (H)	2	Jul
1.66i		Becky Owen		8.09.91	6P	Sheffield	10	Jan
1.66i		Kate MacKay	U17	13.12.99	1	Glasgow	30	Jan
		1.64			2	Dundee	29	May
1.66i		Amelia Hempleman-Adams	U23	1.06.95	Q	Sheffield	20	Feb
	(80)							
1.66i		Ella Widdop-Gray	U23	26.09.96	10Q	Sheffield	20	Feb
		1.65			5	London (He)	6	Aug
1.66i		Charlotte Kerr	U17	6.08.01	1B	Manchester (SC)	20	Mar
		1.65			1	Hull	10	Apr
1.66		Emily Dixon	U23	27.11.95	1H	Elon, USA	6	May
1.66		Catherine Palmer	U20	17.10.97	1	Kilmarnock	29	May
1.66		Phoebe Tan	U20	18.10.98	1	Tullamore, IRL	4	Jun
1.66		Aimee-Leigh Clowes	U20	22.08.99	1	Exeter	11	Jun
1.66		Octavia Cavill	U20	21.12.98	1	Bedford	15	Jun
1.66		Lucy Walliker	U20	21.01.99	1	Exeter	18	Jun
1.66i		Olivia Dobson	U17	27.03.01	2P	Athlone, IRL	10	Dec
		1.65			3H	Exeter	25	Jun
1.65i		Emma Barbour	U15	17.02.02	1	Glasgow	10	Jan
		1.61			2	Grangemouth	10	Jun
	(90)							
1.65i		Jade Carlyle	U20	9.04.99	1	Glasgow	10	Jan
		1.65			1	Bedford	4	Sep
1.65i		Amy Tarver	U23	30.10.95	1	Sheffield	17	Jan
1.65i		Lydia Chamberlin		2.10.87	2	Sheffield	17	Jan
1.65i		Chloe Vernon-Hamilton		11.10.92	1B	London (LV)	31	Jan
1.65i		Emma Cowell	U23	23.11.95	2B	London (LV)	31	Jan
1.65i		Laura Darcey	U20	28.07.98	1-20	Eton	7	Feb
1.65i		Jade Oni	U17	29.06.01	1	London (LV)	19	Mar
1.65		Amy Thurgood	U17	18.11.00	1	Welwyn	25	Mar
1.65i		Abigail Buxton	U20	3.10.98	1	Swansea	10	Apr
		1.65			1	Carmarthen	11	Jun
1.65		Chloe Preston	U20	26.01.98	2	Nottingham	1	May
	(100)							
1.65		Grace Bower	U17	3.11.99	2	Wigan	7	May

2016 - W - HJ

1.65	Hannah Haugvik	U17	9.03.00	2	Portsmouth	14	May
1.65	Alice Hopkins	U20	30.12.98	5	Swansea	4	Jun
1.65	Ashleigh Spiliopoulou	U20	2.04.99	4	Swansea	4	Jun
1.65	Rachel Gibbens		31.01.86	3	Chelmsford	5	Jun
1.65	Katie Reville	U15	20.02.02	1	Grangemouth	10	Jun
1.65	Emily Tinsley	U17	20.09.99	1	Leeds	11	Jun
1.65	Modupe Obideyi	U17	18.02.00	1	Norwich	11	Jun
1.65	Emma McCay	U23	21.01.95	2	Dublin (S), IRL	12	Jun
1.65	Jenna Blundell	U17	12.06.01	3	Exeter	18	Jun
	(110)						
1.65	Sophie Bronze	U20	28.06.98	1H	Middlesbrough	25	Jun
1.65	Bernice Coulson	U20	25.04.98	4	London (LV)	3	Jul
1.65	Sara Watterson	U20	15.12.98	1	Manchester (Str)	3	Jul
1.65	Mollie D'Arcy-Rice	U17	20.09.99	1-17	Cheltenham	20	Jul
1.65	Megan McHugh	U17	25.07.00	2	Manchester (Str)	24	Jul
1.65	Sian Swanson		1.03.93	6	London (He)	6	Aug
1.65	Hannah Moat	U15	2.07.02	1	Middlesbrough	13	Aug
1.65	Julia Machin	V45	26.03.70	1	Kingston	20	Aug
1.65	Ella Houston	U17	2.02.00	1	Oxford (H)	21	Aug
1.65	Jodie Watson	U15	26.12.01	3=	Bedford	28	Aug
	(120)						
1.65	Annabelle Pask	U20	6.09.97	3H	Exeter	17	Sep
1.65i	Chloe Allcock	U17	8.02.02	1	Sheffield	20	Nov
1.63		U15		1	Grantham	16	Jul

Additional Under 17 (1-31 above)

1.64	Lucy Sumner		17.05.00	1	Crawley	22	May
1.64	Katrina Kemp		9.09.00	1H	Peterborough	25	Jun
1.63i	Louise Reilly		9.02.00	1	London (LV)	7	Feb
1.63i	Bethany Harryman		13.10.00	3	London (LV)	7	Feb
	1.63			1	Chelmsford	11	Jun
1.63	Elise Thorner		16.03.01	3H	Street	23	Apr
1.63	Charlotte Jones		6.09.99	1	Stourport	8	May
1.63	Amber Sibbald		13.12.99	1	Douglas IOM	24	Jul
1.63	Emily Race		11.09.00	1P	Leicester	3	Sep

Additional Under 15 (1-13 above)

1.63	Jessica Collins		9.01.02	1P	London (LV)	26	Jun
1.63	Rebekah O'Brien		21.10.02	1	Gillingham	7	Aug
1.63	Funminiyi Olajide		4.06.02	1	Ashford	13	Aug
1.62	Ndidikama Okoh		3.12.02	2	Chelmsford	21	May
1.62	Kiera Bainsfair		3.02.02	2P	Oxford (H)	16	Jul
1.61	Carmen Neat		23.10.01	1	Aberdeen	8	May
1.61	Marnie Musgrave		8.07.03	1	Cheltenham	16	Jul
	(20)						
1.61	Madeleine Wood		3.09.02	8	Bedford	28	Aug
1.60i	Jodie Smith		2.11.01	1	Eton	7	Feb
1.60i	Jemimah Agbonlahor		27.12.01	1B	Birmingham	20	Feb
1.60	Laura Hickey		6.01.02	1	Leigh	23	Apr
1.60	Hollie Thurgood		2.07.02	1	Uxbridge	8	May
1.60	Isobel Pinsky		18.12.01	1	Exeter	8	May
1.60	Lily Church		30.07.03	1	Swansea	5	Jun
1.60	Tallulah Jeffes		14.06.02	1	Salisbury	5	Jun
1.60	Alice Prentice		21.12.01	1	Sutton	18	Jun
1.60	Isobel Leikis		18.10.02	1-14	Uxbridge	22	Jun
	(30)						
1.60	Emily John		19.09.01	1	Gloucester	31	Jul
1.60	Tia Jackson		5.08.02	5P	Exeter	18	Sep

2016 - W - HJ - PV

Under 13

1.63	Isabel Pinder		16.11.03	1	Sandown IOW	17	Jul
1.62	Katie Chapman		20.09.03	1	Yeovil	3	Jul
1.57	Maisie Jeger		24.11.03	1	Kingston	31	Jul
1.54	Akeilya Robinson-Pascal		9.10.03	1	Bedford	3	Sep
1.53i	Kikii Brown		20.01.04	1P	Gateshead	20	Mar
1.52				1	Leeds	21	May
1.52	Rosie Domican		22.02.04	1	Cardiff	9	Jul
1.51	Cleo Tomlinson		17.06.04	1	Brighton	15	May
1.51	Abbey Orr		19.11.03	1	Kilmarnock	29	May
1.51	Niamh Doyle		12.03.04	1	Ellesmere Port	4	Jul
1.51	Iona Irvine		22.11.04	1	Basingstoke	20	Jul

Foreign

1.81	Moe Sasegbon (NGR)		16.09.91	1H	Sheffield	18	Jun
1.80	Pippa Rogan (IRL)	U23	4.02.94	5	Loughborough	22	May
1.73i	Kate O'Connor (IRL)	U17	12.12.00	1P	Athlone, IRL	23	Jan
1.73				7H	Tbilisi, GEO	14	Jul
1.70	Kiara Reddingius (AUS)		2.01.92	1H	Sydney, AUS	31	Mar
1.68	Katy Sealy (BIZ)		15.10.90	1H	San Salvador, ESA	17	Jun

Pole Vault

4.76i	Holly Bradshaw		2.11.91	1	Zürich, SUI	31	Aug
	4.70			5	Rio de Janeiro, BRA	19	Aug
	4.65			4	Monaco, MON	15	Jul
	4.60			1	Birmingham	25	Jun
	4.60			Q	Rio de Janeiro, BRA	16	Aug
	4.55i			1	Cardiff	15	Jun
	4.52			4	London (O)	23	Jul
	4.35			8	Birmingham	5	Jun
4.40	Sally Peake		8.02.86	4=	Chula Vista, USA	21	Apr
	4.33			3	Manchester	20	May
	4.32			1	Cardiff	11	Jun
	4.31			1	Irvine, USA	29	Apr
	4.30			2	Sopot, POL	3	Jun
	4.30			1	London (LV)	2	Jul
	4.25			4	Rehlingen, GER	16	May
	4.25i			1	Cardiff	28	May
	4.20i			1	Cardiff	7	Feb
	4.20i			1	Sheffield	27	Feb
	4.15			2	Birmingham	25	Jun
	4.05			2	Cardiff	20	Jul
4.25	Lucy Bryan	U23	22.05.95	1	Manchester (SC)	7	Aug
	4.20			1	Cheltenham	27	Jul
	4.20			1	Manchester (SC)	17	Aug
	4.15			1	Cardiff	20	Jul
	4.10			1	Yate	15	May
	4.05i			2	Cardiff	28	May
	4.05			4	Birmingham	25	Jun
4.15	Jade Ive		22.01.92	3	Birmingham	25	Jun
	4.13i			1	Sutton	25	Sep
	4.10i			2	Sheffield	27	Feb
	4.06i			1	Cardiff	24	Jan
4.13i	Rachel Gibbens		31.01.86	1	Sutton	7	Feb
	4.10i			1	London (LV)	16	Jan
	4.06i			2	Cardiff	24	Jan
	4.00			1	Chelmsford	5	Jun
4.10	Henrietta Paxton		19.09.83	1	Loughborough	22	May
	4.06i			3	Cardiff	24	Jan
	4.05			1	Loughborough	25	May

2016 - W - PV

Mark	Athlete	Cat	DOB	Pos	Venue	Date	
4.06	Molly Caudery	U17	17.03.00	1	Yeovil	24	Jul
4.05	Jessica Robinson	U20	26.06.99	2	Cardiff	11	Jun
	39 performances to 4.05 by 8 athletes including 13 indoors						
4.00i	Anna Gordon	U20	30.01.97	3	Sheffield	27	Feb
3.75				8	Loughborough	22	May
3.95i	Sarah McKeever	U23	11.08.95	3	Cardiff	28	May
3.90				3=	Loughborough	22	May
(10)							
3.91i	Abigail Roberts	U20	9.07.97	2	Cardiff	7	Feb
3.80				1	Wigan	18	Sep
3.90	Sophie Cook	U23	12.09.94	3=	Loughborough	22	May
3.90i	Olivia Curran		10.06.91	3	Cardiff	15	Jun
3.90				7	Birmingham	25	Jun
3.90	Jessica Swannack	U20	26.09.98	2	Bedford	18	Jun
3.87i	Katie James		12.11.93	6	Sheffield	27	Feb
3.86i	Lyndsey Maund		27.02.86	4	Cardiff	24	Jan
3.85iA	Sian Morgan		29.11.88	6B	Reno, USA	16	Jan
3.79				1	Aliso Viejo, USA	13	Feb
3.81	Clare Blunt		28.09.87	1	Sheffield	8	Jun
3.80i	Courtney MacGuire		30.04.90	1	Cardiff	10	Jan
3.75				7	Loughborough	22	May
3.80	Olivia Connor	U20	6.09.97	1	Kingston	29	May
(20)							
3.76	Sophie Dowson	U20	24.11.98	1	London (He)	26	Jun
3.75	Jessica Abraham		26.01.89	3	Cardiff	20	Jul
3.70	Jenny Robbins	U23	20.02.96	1	Tamworth	8	May
3.70	Victoria Barlow	U17	12.02.01	1	Ormskirk	5	Jun
3.70	Tamsin Campbell	U20	12.02.99	1	Street	11	Jun
3.70	Emma Lyons		14.06.87	3	London (LV)	2	Jul
3.70i	Fiona Hockey	U20	21.01.98	1	Cardiff	11	Dec
3.65				1	Bristol	5	Jun
3.65	Claire Maurer	U23	9.01.94	1	Portsmouth	22	May
3.61i	Jade Spencer-Smith	U15	8.11.01	1	Sheffield	13	Feb
3.46				1	Bedford	27	Aug
3.61	Natasha Purchas	U17	12.01.01	2	Bedford	28	Aug
(30)							
3.60i	Shaye Emmett	U17	19.08.00	1	London (LV)	9	Jan
3.20				4	London (He)	26	Jun
3.60i	Ailis McGovern	U20	6.06.97	1	London (LV)	16	Jan
3.60i	Amber Try	U20	4.03.97	3	Sheffield	13	Feb
3.40				1	Bath	17	Apr
3.60i	Caroline Adams		5.02.91	4	Sheffield	21	Feb
3.60				3	Manchester (SC)	17	Aug
3.60	Ellen McCartney	U17	8.10.99	1	Tullamore, IRL	4	Jun
3.60	Claudia Lavender	U20	17.06.98	1	Bath	15	Jun
3.60	Holly Brown	U20	21.11.98	3	Gateshead	9	Jul
3.60i	Georgia Pickles	U23	19.10.96	2	Cardiff	11	Dec
3.50				5	Bedford	19	Jun
3.57	Kara Bradbeer	U23	28.01.95	1	Grangemouth	14	May
3.57i	Hannah Lawler	U23	24.10.95	2	Glasgow	27	Dec
3.50				4	Bedford	19	Jun
(40)							
3.56	Isabel Deacon	U17	11.11.99	1	Reading	11	Jun
3.55	Alexa Eichelmann	U17	14.12.99	2	Kingston	29	May
3.53i	Caroline Parkinson		31.07.83	2B	Sutton	7	Feb
3.40				3	London (LV)	11	Jun
3.53i	Elizabeth Edden	U23	29.06.94	1-23	Sutton	25	Sep
3.40				1	Yate	8	May
3.50i	Shannon Connolly	U23	19.11.95	1	London (LV)	6	Feb
3.40				1	Chelmsford	15	May
3.50	Laura Edwards	U23	1.03.94	1	Basingstoke	21	May

2016 - W - PV

Mark		Name	Age	DOB	Pos	Venue	Date	
3.50		Chloe Billingham	U20	14.01.98	2	Crawley	11	Jun
3.50		Hannah Lawler	U23	24.10.95	4	Bedford	19	Jun
3.50		Esther Leong	U17	28.01.00	1	Carmarthen	26	Jun
3.50		Imogen Smith	U17	2.09.99	1	Stoke-on-Trent	7	Aug
3.50		Irie Hill	V45	16.01.69	1-45	Perth, AUS	26	Oct
	(50)							
3.50i		Lois Warden	U17	26.03.02	1	London (LV)	26	Nov
3.36			U15		2	Bedford	27	Aug
3.50i		Jade Brewster	U20	20.02.97	4	Cardiff	11	Dec
3.20					8	Cardiff	20	Jul
3.46i		Christina Moore		14.03.91	2C	Cardiff	24	Jan
3.40					11=	Bedford	31	Jul
3.46i		Ella Wood	U23	18.09.96	4=	Lyon, FRA	6	Feb
3.45i		Rebecca Gray	U20	4.10.98	7	Sheffield	13	Feb
3.45		Carys Jones	U20	17.12.98	1	Carmarthen	11	Jun
3.43i		Megan Hodgson	U17	16.12.00	1	Bath	18	Dec
3.40					2	Bedford	4	Sep
3.41		Jemma Eastwood	V35	15.02.79	1	Harrow	18	Jun
3.41		Emily Glanville	U17	11.03.00	1	Eton	10	Sep
3.40		Ffion Llewellyn	U17	11.03.00	1	Cardiff	2	Jul
	(60)							
3.40		Danni Langdale	U20	13.03.98	1	Worcester	2	Jul
3.40		Mimi Miles	U17	7.05.00	1	Bromley	17	Jul
3.40		Claudia Barkes	U17	1.02.00	4	Loughborough	2	Sep
3.40i		Leah Darbyshire	U17	31.10.01	1B	Manchester (SC)	18	Dec
3.26			U15		1	Macclesfield	19	Jun
3.36i		Alice Humble		21.03.92	6	London (LV)	3	Jan
3.36i		Mercy Gutteridge	U20	8.06.97	4C	Cardiff	24	Jan
3.35					3	Bromley	29	May
3.33i		Erin Breen	U20	28.12.98	1C	Sutton	7	Feb
3.20					1	Erith	22	May
3.31		Annie Williams	U20	28.09.98	1	Macclesfield	14	May
3.30i		Megan McInnes	U20	20.10.97	1B	London (LV)	30	Jan
3.20					4	Eton	1	May
3.30i		Megan Bailey	U20	22.01.98	2B	London (LV)	30	Jan
3.20					1	Harrow	22	May
	(70)							
3.30i		Shannon Rapacchi	U23	24.06.96	2	London (LV)	6	Feb
3.10					1	Bromley	16	Apr
3.30		Alison Murray	V45	13.01.67	1	London (WP)	22	May
3.30i		Felicia Miloro	U17	5.01.01	1	Sheffield	20	Nov
3.11					11=	Bedford	28	Aug
3.27i		Sam Morrison	U23	21.03.94	6B	Manchester (SC)	30	Jan
3.20					2	Portsmouth	22	May
3.26i		Helena Coleman	U20	4.01.97	5C	Cardiff	24	Jan
3.26i		Becky Donnelly		25.08.92	6C	Cardiff	24	Jan
3.20					2	Coventry	8	May
3.26i		Ava McGuckian	U17	27.06.00	1E	Cardiff	24	Jan
3.10					1	Blackpool	15	May
3.25		Erin Thomas	U15	12.09.01	2	Gateshead	9	Jul
3.25		Phoebe Thomas	U20	28.10.98	2	Eton	24	Jul
3.25		Daisy Barnes	U17	15.07.00	2	Nuneaton	14	Aug
	(80)							
3.23i		Ebbie Danson-Chappell	U20	16.06.98	1B	Manchester (SC)	10	Jan
3.20					2	Wigan	7	May
3.21		Lois Hillman	U17	11.05.00	1	Brecon	18	Jun
3.21		Alana Dunsmore	U17	17.01.00	1	Leeds	26	Jun
3.20i		Millie Hemsley	U20	31.10.98	3	London (LV)	12	Jun
3.20					1	Horsham	7	Aug
3.20		Matilda Waters	U17	20.12.00	2	Birmingham	18	Jun
3.20		Lucy Allen	U15	1.04.03	1B	Carn Brea	24	Sep

2016 - W - PV

Mark	Athlete	Age	DOB	Pos	Venue	Date
3.20i	Felicia Miloro	U17	5.01.01	2B	Sheffield	12 Nov
	3.11			11=	Bedford	28 Aug
3.20i	Gemma Tutton	U13	8.11.04	1	London (LV)	11 Dec
	2.93			1	Lewes	13 Jul
3.17	Rosie Fresen	U17	26.11.99	1	Peterborough	8 May
3.15i	Emily MacDonald	U17	21.12.99	4B	London (LV)	30 Jan
	3.10			3	Bracknell	22 May
	(90)					
3.15i	Gemma Everson	U20	16.05.99	6B	London (LV)	30 Jan
3.15	Caroline Walder	U17	3.01.01	3	Yeovil	24 Jul
3.12i	Hannah Newell	U20	19.07.98	2	Glasgow	5 Mar
3.10i	Martha Huggins	U20	20.05.98	6	London (LV)	16 Jan
3.10i	Ellie Besford		14.12.92	1	Chelmsford	13 Mar
	3.10			1	Dartford	20 Aug
3.10	Eden Hudson	U17	6.04.00	1	Uxbridge	16 Apr
3.10	Caitlin Dimbleby	U20	16.03.98	1	Kingston	15 May
3.10	Rebekah Arandle		22.12.89	2	Sheffield (W)	5 Jun
3.10	Cicely Cole	U17	3.02.00	3	Crawley	22 Jun
3.10	Eleanor Barrett	U15	30.04.02	2	Ashford	3 Jul
	(100)					
3.10	Jasmine Presho	U15	18.11.01	1	Eton	16 Jul
3.10	Jessica Hall	U17	25.01.01	2	Woking	10 Aug
3.10	Jasmine Carey	U15	13.09.02	1	Blackpool	11 Sep
3.10i	Sophie Ashurst	U15	26.04.03	2B	Manchester (SC)	18 Dec
	3.06			3=	Bedford	27 Aug

Additional Under 17 (1-28 above)

Mark	Athlete	DOB	Pos	Venue	Date
3.05	Anousha Wardley	22.10.99	1	Guildford	2 Jul
3.03i	Georgia Duthie	7.09.00	3	Sutton	25 Sep
	3.00		1	Gillingham	9 Jul
	(30)				
3.01	Charlotte Vyvyan	22.10.00	1	Basingstoke	20 Jul
3.00i	Ellie Gettinby	17.02.00	3	Manchester (SC)	6 Mar
3.00i	Katie Ritchie	24.03.00	1	Athlone, IRL	12 Mar
	3.00		3	Dublin (S), IRL	25 Jun
3.00	Aisling Begley	27.10.99	1	Uxbridge	8 May
3.00	Niamh Rowley	26.10.00	2	Blackpool	15 May
3.00	Katie Sexton	4.12.99	1	Horsham	3 Jun

Additional Under 15 (1-9 above)

Mark	Athlete	DOB	Pos	Venue	Date
3.06	Harriet Vaughan	28.09.01	5	Bedford	27 Aug
	(10)				
2.95	Kirsty Rushton	13.03.02	7	Gateshead	9 Jul
2.91	Amy Haslam	5.01.02	1	Liverpool	16 Jul
2.85	Jessica Smith	5.09.01	1	Southend	5 Jun
2.83i	Francis Osman-Allu	26.06.02	3	Sutton	25 Sep
	2.71		9	Bedford	27 Aug
2.80	Isabelle Potier Godinho	20.10.01	3	Hull	7 Aug
2.80	Lucie Wolfenden	14.09.01	4	Middlesbrough	14 Aug
2.70	Amelia Shearman	21.01.03	2	Wigan	10 Apr
2.70	Charlie Preece	22.11.01	2	Exeter	5 Jun
2.70	Elin Hawke	17.09.01	1	Brecon	27 Aug
2.63i	Emma Williams	1.07.02	4	Sutton	25 Sep
	2.60		1B	Cheltenham	27 Jul
	(20)				
2.63i	Zoe Austridge	1.08.02	5	Sutton	25 Sep
2.62i	Chloe Wild	14.01.02	4E	Manchester (SC)	30 Jan
	2.60		2	Preston	21 May
2.60	Tegan Hewitt	22.01.02	2	Middlesbrough	18 Jun
2.60	Rebecca Johns	9.11.01	1	Grantham	19 Jun
2.60	Grace Pitman	5.05.03	1	Woodford	19 Jun
2.60	Lauren Owens	24.10.01	2	Grantham	16 Jul

2016 - W - PV - LJ

2.60	Erin Fisher		19.10.01	1	Belfast	17	Jul
2.60	Elysia Costanzo		25.09.01	1	Bedford	7	Aug

Additional Under 13 (1 above)

2.50	Lucy Hughes		16.10.03	1	Carn Brea	10	Jul

Foreign

3.77	*Emma Andersson (SWE)*		*3.10.91*	*2B*	*Sollentuna, SWE*	*27*	*Aug*
3.50	*Silvia Amabilino (LUX)*		*14.10.93*	*1*	*London (LV)*	*19*	*Jun*
3.30i	*Alessandra Rossi (ITA)*		*9.06.86*	*2B*	*Birmingham*	*20*	*Feb*
	3.15			*1*	*Peterborough*	*14*	*May*
3.30i	*Patrycja Krawczyk (POL)*	*V35*	*14.06.79*	*2*	*Ancona, ITA*	*2*	*Apr*

Long Jump

6.93i	Lorraine Ugen			22.08.91	3	Portland, USA	18	Mar
	6.82w	3.5			1	Des Moines, USA	29	Apr
	6.80i				1	Glasgow	20	Feb
	6.80	0.0			2	Saint-Denis, FRA	27	Aug
	6.76	1.4			3	Eugene, USA	27	May
	6.71i				2	Stockholm, SWE	17	Feb
	6.71	1.1			2	Lausanne, SUI	25	Aug
	6.65	-0.3			Q	Rio de Janeiro, BRA	16	Aug
	6.61	1.1			*	Des Moines, USA	29	Apr
	6.60i				2	Sheffield	28	Feb
	6.58	-0.1			11	Rio de Janeiro, BRA	17	Aug
	6.55	-0.2			5	Shanghai, CHN	14	May
	6.52	-1.4			5	Zürich, SUI	1	Sep
	6.33w	2.1			18Q	Amsterdam, NED	6	Jul
	6.28	-1.9			2	Berlin (BG), GER	11	Sep
6.91i	Shara Proctor			16.09.88	2	Berlin, GER	13	Feb
	6.80	0.1			2	London (O)	23	Jul
	6.76i				2	Glasgow	20	Feb
	6.71	0.0			2	Székesfehérvár, HUN	18	Jul
	6.69i				3	Düsseldorf, GER	3	Feb
	6.67w	2.2			3	Oslo, NOR	9	Jun
	6.66	-0.8			*	Oslo, NOR	9	Jun
	6.65	0.1			2	Birmingham	26	Jun
	6.57i				3	Stockholm, SWE	17	Feb
	6.57i				8	Portland, USA	18	Mar
	6.55	0.0			4	Saint-Denis, FRA	27	Aug
	6.55	0.5			3	Zagreb, CRO	6	Sep
	6.51	-1.4			7	Zürich, SUI	1	Sep
	6.50i				1	Eaubonne, FRA	9	Feb
	6.48	0.8			4	Lausanne, SUI	25	Aug
	6.48	0.0			4	Berlin, GER	3	Sep
	6.46	-2.2			2	Kingston, JAM	7	May
	6.46	-0.3			5	Stockholm, SWE	16	Jun
	6.39	1.1			8	Eugene, USA	27	May
	6.36	-0.3			21Q	Rio de Janeiro, BRA	16	Aug
6.86w	2.8	Jazmin Sawyers		U23 21.05.94	2	Amsterdam, NED	8	Jul
	6.75	0.2			1	Birmingham	26	Jun
	6.69	0.5			8	Rio de Janeiro, BRA	17	Aug
	6.68	0.5			2	Zagreb, CRO	6	Sep
	6.67i				1	Sheffield	28	Feb
	6.65	0.2			1	Schaan, LIE	8	Sep
	6.63	1.7			*	Amsterdam, NED	8	Jul
	6.62i				1	Mondeville, FRA	6	Feb
	6.62	0.1			2	Bellinzona, SUI	6	Jun
	6.62	0.4			1	Berlin, GER	3	Sep
	6.61	1.9			1	Bedford	18	Jun
	6.58i				3	Glasgow	20	Feb

```
(Sawyers)     6.56     1.1                                2    Belgrade, SRB         11 Sep
              6.53     0.3                                Q    Rio de Janeiro, BRA   16 Aug
              6.49w    2.1                                Q    Amsterdam, NED         6 Jul
              6.48    -0.7                                Q    Amsterdam, NED         6 Jul
              6.44    -0.4                                8    Zürich, SUI            1 Sep
              6.31i                                       13   Portland, USA         18 Mar
6.84   0.9    Katarina Johnson-Thompson       9.01.93     1    London (O)            23 Jul
              6.55                                        1    Bebington             14 May
              6.51     0.9                                3H   Rio de Janeiro, BRA   13 Aug
6.63   1.2    Jessica Ennis-Hill              28.01.86    1H   Ratingen, GER         26 Jun
              6.34    -1.2                                7H   Rio de Janeiro, BRA   13 Aug
6.62A  1.3    Abigail Irozuru                 3.01.90     1    El Paso, USA          30 Apr
              6.16i                                       6    Stockholm, SWE        17 Feb
6.26          Eleanor Broome          U20     6.02.99     1    Worcester             29 May
              6.21     1.2                                1    Bedford               19 Jun
6.24  -0.1    Holly Mills             U17     15.04.00    1    Loughborough          22 May
              6.23    -0.1                                3    Birmingham            26 Jun
              6.22i                                       1    Sheffield             13 Feb
6.23w  2.6    Katie Stainton          U23     8.01.95     2    Bedford               18 Jun
              6.18    -0.8                                2    Loughborough          22 May
6.21i         Jahisha Thomas          U23     22.11.94    2    Notre Dame, USA        5 Feb
              6.17     0.0                                7Q   Lawrence, USA         27 May
       (10)
6.21   1.5    Niamh Emerson           U20     22.04.99    2H   Arona, ESP             5 Jun
              67 performances to 6.20 by 11 athletes including 16 indoors and 6 wind assisted
6.18i         Emily Wright            U20     13.07.98    1    Sheffield             13 Feb
              6.06     0.9                                3    Bedford               19 Jun
6.18w  2.4    Jessica Taylor                  27.06.88    1H   Bedford               15 May
              6.07     1.0                                *    Bedford               15 May
6.16   1.4    Sarah Warnock                   5.06.91     1    Grangemouth           14 May
6.08          Jo Rowland                      29.12.89    1    Southampton           20 Aug
6.08w  4.1    Olivia Montez Brown     U23     22.05.96    1H   Bradenton, USA        27 May
              5.91     1.8                                1    Sioux Falls, USA      10 Apr
6.07i         Morgan Lake             U20     12.05.97    1-20 London (LV)           30 Jan
              6.04     0.2                                2H   Kladno, CZE           11 Jun
6.04   0.0    Anna Nicole Rowe        U20     2.09.98     1H   Arona, ESP             5 Jun
6.03   1.4    Mary Elcock             U23     3.08.95     5    Loughborough          22 May
6.02   1.2    Elise Lovell                    9.05.92     3    Bedford               30 Jul
       (20)
6.01   1.3    Lucy Hadaway            U17     11.06.00    1    Gateshead              9 Jul
6.00w  3.2    Eavion Richardson       U20     27.06.98    2    Bedford                4 Sep
              5.95                                        1    Eton                  24 Jul
5.96          Angela Barrett                  25.12.85    1    London (He)            6 Aug
5.95w  2.7    Simi Fajemisin          U20     15.09.97    7    Loughborough          22 May
              5.92i                                       3    Sheffield             13 Feb
              5.73                                        1    Oxford (H)            14 May
5.95w  3.0    Josie Oliarnyk          U17     27.03.00    2    Ashford               16 Jul
              5.91     1.1                                2    Loughborough           2 Sep
5.93w  2.2    Rachel Alexander        U20     13.02.98    1    Grangemouth           20 Aug
              5.75     1.4                                7    Bedford               19 Jun
5.92i         Niamh Bailey            U23     28.06.95    2P   Sheffield             10 Jan
              5.81                                        1    Solihull               7 Aug
5.91          Emma Hornsby            U23     15.10.96    1    Crawley                9 Jul
5.88i         Rebecca Chapman                 27.09.92    1    Cardiff               31 Jan
5.88w  2.5    Emma Canning            U20     7.03.97     2    Grangemouth           20 Aug
              5.83     1.8                                *    Grangemouth           20 Aug
       (30)
5.87          Pippa Earley            U17     7.09.00     1    Kingston              29 May
5.86  -0.1    Michelle Hughes         U20     1.02.98     3H   Arona, ESP             5 Jun
5.86   1.6    Diana Adegoke           U20     18.12.97    1    Gateshead              9 Jul
5.85i         Marilyn Nwawulor                20.09.92    3P   Sheffield             10 Jan
              5.60                                        4    Bristol                5 Jun
```

2016 - W - LJ

Mark	Wind	Name	Cat	DOB	Pos	Venue	Date	
5.85		Laura Samuel		19.02.91	2	London (He)	6	Aug
5.85	1.8	Gillian Cooke		3.10.82	1	Grangemouth	14	Aug
5.83	0.0	Jade O'Dowda	U17	9.09.99	1H	Exeter	18	Sep
5.83w	2.1	Sineade Gutzmore		9.10.86	4	Swansea	4	Jun
		5.68			5	London (He)	6	Aug
5.81		Stephanie Kleynhans		6.10.89	1	Erith	22	May
5.81		Alice Hopkins	U20	30.12.98	4	London (He)	6	Aug
	(40)							
5.80	2.0	Isabel Wakefield	U17	5.01.00	3	Gateshead	9	Jul
5.79i		Hazel Ross		15.09.93	3	Edmonton, CAN	23	Jan
5.79i		Joanne Frost	V35	23.06.78	1	Ancona, ITA	1	Apr
		5.78 1.5			1	Birmingham	17	Sep
5.79		Kierra Barker	U20	3.11.97	2	Eton	24	Jul
5.78i		Katie Garland	U20	27.01.97	4	Sheffield	13	Feb
		5.64			1H	Oxford (H)	17	Jul
5.78	1.8	Stefanie Reid		26.10.84	1	London (Nh)	10	Jul
5.77	0.6	Kitan Eleyae		31.10.91	3B	Bedford	28	May
5.77	0.4	Lucy Turner	U20	14.02.97	5H	Hexham	10	Jul
5.77	1.5	Holly McArthur	U17	20.12.99	1	Swansea	6	Aug
5.76		Shanara Hibbert		22.03.93	1	Peterborough	10	Sep
	(50)							
5.75		Heidi Jarosinski		8.03.87	1	Worcester	14	May
5.75		Victoria McCabe	U17	9.06.01	1	Exeter	18	Jun
5.75		Louise Wood		13.05.83	1	Chelmsford	9	Jul
5.75		Hannah Waring		20.01.89	2	Peterborough	10	Sep
5.74i		Micaela Brindle	U23	22.02.94	6P	Sheffield	10	Jan
		5.60			1	Ormskirk	5	Jun
5.74		Anya Bates	U17	17.05.00	1	Rugby	5	Jun
5.73i		Rachel Robertson	U23	4.06.96	3	Glasgow	30	Jan
		5.61 0.0			1	Glasgow (S)	12	Jun
5.73	-1.5	Nicole Parcell	U17	16.12.99	1	Bromley	17	Jul
5.73w	3.5	Jade Simson	U20	9.10.97	1	Exeter	7	Aug
5.72i		Holly Pattie-Belleli	U23	9.06.94	8	Cedar Falls, USA	27	Feb
		5.67 1.2			4	Terre Haute, USA	14	May
	(60)							
5.71i		Hannah Pringle	U23	5.08.94	1	Gateshead	30	Jan
5.71w	2.4	Ellen Barber	U20	5.12.97	1	Melbourne (A), AUS	6	Nov
5.70i		Clara Boothby	U23	18.09.95	2	Sheffield	17	Jan
		5.69 0.8			2	Bedford	1	May
5.69i		Ebony Wake	U23	9.12.96	7P	Sheffield	10	Jan
5.69i		Ore Adamson	U15	29.10.01	1	Sheffield	13	Feb
		5.66			1	Bedford	28	Aug
5.69		Lauren Thompson		12.02.92	1	Watford	15	May
5.68i		Kitty Joseph-Blacker	U17	10.09.99	4	Sheffield	13	Feb
5.68	0.7	Georgia Silcox	U20	14.10.98	1H	Exeter	26	Jun
5.67		Tamara Anderson	U20	31.01.98	2	Ashford	14	May
5.67		Izzy Wedderburn	U17	3.01.01	1	Bournomouth	11	Jun
	(70)							
5.66i		Faye Nicholson		26.08.93	4	Glasgow	30	Jan
		5.56w			1	Grangemouth	17	Apr
5.64	-2.4	Ashleigh Bailey	U17	19.01.01	Q	Gateshead	8	Jul
5.64i		Sara Geary		6.04.91	1P	Cardiff	11	Dec
5.64w	4.9	Abby Miles	U20	19.11.98	2	Exeter	7	Aug
		5.55			2	Exeter	18	Jun
5.63w	3.0	Emma Gayler		4.04.88	1	London (LV)	14	May
5.62i		Catrin Lord	U17	20.09.99	3	Cardiff	7	Feb
		5.49w 2.7			2	Swansea	6	Aug
		5.45			1	Plymouth	1	May
5.62		Laura Andrews	U23	26.09.94	1	Oxford	7	May
5.62		Chantelle Kilpatrick	U20	19.10.97	1	Bury St. Edmunds	15	May
5.62		Mayong Tabe	U15	23.11.01	1	Sutton	18	Jun
5.61i		Katie Forbes	U17	19.11.99	1	Glasgow	30	Jan
		5.52			1	Aberdeen	19	Jun

2016 - W - LJ

Mark	Wind	Name	Age	DOB	Pos	Venue	Day	Month
5.60		Abby Beswick	U20	12.12.97	1	Lewes	10	Jul
	(80)							
5.60		Sian Swanson		1.03.93	1	Cheltenham	20	Jul
5.60	0.7	Nikki Manson	U23	15.10.94	3	Grangemouth	14	Aug
5.59	1.3	Suzzanne Palmer		11.09.93	12	Bedford	30	Jul
5.59		Aimee Cringle	U20	24.05.99	1	Manchester (SC)	6	Aug
5.58		Grace Preston	U17	30.04.01	1	Bebington	14	May
5.58		Charlotte Ayton	U17	17.09.00	2	Bournemouth	11	Jun
5.58		Mayah Charles	U17	24.07.00	1	Nottingham	11	Jun
5.58	1.9	Megan Bruce	U20	11.10.97	6	Gateshead	9	Jul
5.58		Naomi Harryman	U20	5.06.98	1	London (LV)	20	Aug
5.58		Abbie Chaundy	U20	1.06.97	1	London (He)	27	Aug
	(90)							
5.57		Lydia Mills	U20	1.02.98	1	Belfast	11	Aug
5.56i		Laura Hanagan	U23	23.08.94	8P	Sheffield	10	Jan
5.56	-1.2	Sophie Quinn	U20	1.01.97	2	Loughborough	23	Apr
5.56		Devon Weymont	U15	20.04.02	1	Macclesfield	15	May
5.56	0.7	Lia Stephenson	U23	4.03.96	3	Leiria, POR	28	May
5.56	-0.5	Joanne Ware	U20	11.08.97	4	London (LV)	11	Jun
5.56		Katie James		12.11.93	2B	London (LV)	19	Jun
5.55i		Lisa James	U23	30.10.94	1	Manchester (SC)	31	Jan
5.55		Alyssia Carr	U23	27.11.96	1	Wigan	7	May
5.55	1.2	Alexandra Burns	U20	10.08.99	1	Grangemouth	10	Jun
	(100)							
5.55		Funminiyi Olajide	U15	4.06.02	1	Chelmsford	11	Jun
5.55		Abi Holman		1.10.92	2	Southampton	20	Aug

Additional Under 17 (1-18 above)

Mark	Wind	Name	Age	DOB	Pos	Venue	Day	Month
5.53	-0.4	Grace Bower		3.11.99	Q	Gateshead	8	Jul
5.53	-0.3	Emily Thomas		21.11.00	4	Ashford	16	Jul
	(20)							
5.51		Katie Waterworth		17.05.01	1	Crewe	29	May
5.51	-2.6	Katrina Kemp		9.09.00	Q	Gateshead	8	Jul
5.51		Georgina Lever		6.12.99	1	Connah's Quay	24	Jul
5.50		Alessia Lewis		13.04.00	1	London (BP)	11	Jun
5.50		Grace Plater		20.09.00	1	Wakefield	11	Sep
5.50w	3.7	Bessong Etchu		26.10.99	1	Kilmarnock	14	May
5.49	0.2				1	Grangemouth	11	Jun
5.49i		Megan Busby		5.01.01	1	Glasgow	5	Mar
5.47	2.0				2	Kilmarnock	14	May
5.49		Grace Gentry		7.09.00	1	Hemel Hempstead	11	Jun
5.48		Liberty Hughes		11.01.00	2	Crewe	29	May
5.47i		Connie Forman		29.12.00	1	London (LV)	7	Feb
	(30)							
5.47		Amber Sibbald		13.12.99	1	Douglas IOM	23	Jul
5.47w	3.7	Natasha Smith		10.10.99	1H	Exeter	26	Jun
5.46	-0.1	Amaya Scott		15.02.01	4H	Exeter	18	Sep
5.46w	3.0	Jenna Blundell		12.06.01	2H	Exeter	26	Jun
5.46w	2.2	Bethan Murray		18.12.00	1	Middlesbrough	13	Aug
5.45	-1.2				Q	Gateshead	8	Jul
5.45i		Lauren Tenn-Mills		16.02.01	3	Glasgow	30	Jan
5.45		Bethany Loveday		9.03.00	1	Telford	14	May

Additional Under 15 (1-4 above)

Mark	Wind	Name	Age	DOB	Pos	Venue	Day	Month
5.52	-1.0	Tia Jackson		5.08.02	2	Gateshead	9	Jul
5.51	0.0	Amy Rolfe		12.12.01	1	Cudworth	15	May
5.49		Cleo Martin-Evans		8.05.03	1	Birmingham	18	Jun
5.45		Samantha Harris		4.11.01	1	Exeter	15	May
5.42		Emily Tyrrell		4.01.02	2	Exeter	15	May
5.41i		Iris Oliarnyk		6.09.01	1P	Sheffield	13	Mar
5.36	-0.1				1P	Exeter	18	Sep

2016 - W - LJ - TJ

5.41	1.1	Zuriel Owolana	26.10.01	2	Ashford	13	Aug
5.39		Lauren Lethbridge	22.05.02	1	Crawley	11	Jun
5.39	1.0	Lucy Davison	8.11.01	1	Grangemouth	21	Aug
5.38		Lucy Robinson	16.12.01	1	Spinkhill	23	Apr
5.35		Emily Bee	3.03.02	1	Exeter	4	Sep
5.34i		Grace Goodsell	4.04.03	1	Sheffield	13	Nov
5.33				1	Litherland	16	Jul
5.33		Rebecca Johns	9.11.01	1	Nottingham	7	May
5.33		Kayla Bowley	28.12.01	2	Hornchurch	19	Jun
5.32		Caitlin Mapps	27.11.02	1	Cheltenham	16	Jul
5.32	2.0	Mia Chantree	15.11.01	1P	Bedford	20	Aug
	(20)						
5.31		Kierra Grant	17.11.01	1	St. Albans	8	May
5.29		Danielle Hopkins	29.12.01	3	Birmingham	18	Jun
5.29		Orla Brennan	8.02.02	1P	London (LV)	26	Jun
5.29	1.4	Jessica Hopkins	6.01.02	3P	Bedford	20	Aug
5.27		Laura Hickey	6.01.02	1	Leigh	23	Apr
5.24		Temi Ojora	24.01.02	1	Bromley	19	Jun
5.23		Jasmine Jolly	7.12.01	1P	Hyndburn	17	Apr
5.22		Hollie Thurgood	2.07.02	2P	London (LV)	26	Jun
5.22		Grace Morgan	14.01.02	2	Cardiff	2	Jul
5.22i		Molly Palmer	27.08.03	1	Sheffield	12	Feb
	(30)						
5.20		Kiera Bainsfair	3.02.02	1P	Oxford (H)	16	Jul
5.20	0.9	Lauren Lewis	28.09.01	2	Middlesbrough	14	Aug
5.20	0.0	Alicia Gregory	10.10.01	3	Middlesbrough	14	Aug
5.20	1.8	Nicole Proudfoot	12.11.02	2	Grangemouth	21	Aug

Under 13

5.05	1.0	Ella Rush	8.04.04	1	Middlesbrough	14	Aug
5.02		Daisy Little	10.03.04	1	Birmingham	4	Jul
5.01		Katie Chapman	20.09.03	1	Exeter	4	Sep
4.96		Cleo Tomlinson	17.06.04	1	Bournemouth	21	May
4.95		Akeilya Robinson-Pascal	9.10.03	1	Ashford	3	Jul
4.94w	2.6	Erin Lobley	12.10.04	2	Middlesbrough	14	Aug
4.91		Millie Couzens	29.10.03	1	Oxford (H)	4	Sep
4.89		Ruby Jerges	18.03.04	1	Horsham	21	Jul
4.89		Kikii Brown	20.01.04	1P	Jarrow	24	Sep
4.88	0.8	Rachel Okoro	25.07.04	2	Kingston	31	Jul

Foreign

65.96	1.4	Imelda Morrison (IRL)		16.10.89	2	Cardiff	11 Jun
5.80	0.1	Amy Harris (ANT)		14.09.87	1	Pavia, ITA	1 May
5.75	1.4	Moe Sasegbon (NGR)		16.09.91	8	Bedford	30 Jul
5.69		Kate O'Connor (IRL)	U17	12.12.00	1	Belfast	11 Jun
5.65	0.6	Kiara Reddingius (AUS)		2.01.92	1H	Perth, AUS	28 Sep
5.64w	3.6	Lydia Brook (USA)		27.04.88	2	Cudworth	14 May
5.59		Ugne Liuksaityte (LTU)	U23	1.01.94	1	Twickenham	14 Aug
5.55		Katy Sealy (BIZ)		15.10.90	1	Ipswich	21 May

Triple Jump

14.09	0.6	Laura Samuel		19.02.91	1	Birmingham	25 Jun
	14.07	0.0			1	Clermont, USA	30 Apr
	13.84	0.4			2	Lisbon, POR	12 Jun
	13.81	0.0			2	Turku, FIN	29 Jun
	13.75	0.2			1	Loughborough	22 May
	13.71	0.4			1	Coral Gables, USA	9 Apr
	13.65	1.1			15Q	Amsterdam, NED	8 Jul
	13.60	0.0			1	Tallahassee, USA	16 Apr
	13.48	0.9			3	Castres, FRA	20 Jul
	13.13				2	London (He)	6 Aug
	13.12	1.4			8	Birmingham	5 Jun

2016 - W - TJ

Mark	Wind	Name	Cat	DOB	Pos	Venue	Date	
13.74	0.1	Yamile Aldama	V40	14.08.92	2	Clermont, USA	30	Apr
13.41i					1	Madrid, ESP	30	Jan
13.07	0.3				3	Birmingham	25	Jun
13.70	1.5	Sineade Gutzmore		9.10.86	2	Castres, FRA	20	Jul
13.53	1.8				2	Birmingham	25	Jun
13.53	1.2				1	Bedford	31	Jul
13.41	0.0				2	Amiens, FRA	11	Jun
13.41	1.0				1	Manchester (SC)	17	Aug
13.35i					1	Sheffield	28	Feb
13.33	0.5				2	Loughborough	22	May
13.32i					2	Bratislava, SVK	31	Jan
13.31	1.4				1	London (LV)	2	Jul
13.29i					1	Birmingham	20	Feb
13.28					1	London (He)	6	Aug
13.06	0.0				6	Dessau, GER	27	May
12.91	0.6				3	Tourcoing, FRA	14	Jul
13.40w	2.2	Alex Russell		27.03.90	2	Bedford	31	Jul
12.98	1.8				*	Bedford	31	Jul
13.34	1.7	Chioma Matthews	V35	12.03.81	1	Bedford	28	May
13.33	0.8				2	Geneva, SUI	11	Jun
13.20	-0.2				3	Loughborough	22	May
13.02	1.5				4	Birmingham	25	Jun
12.93	1.8				1	London (LV)	3	Jul
13.19		Angela Barrett		25.12.85	1	London (WL)	9	Jul
13.07w	4.3				2	London (LV)	2	Jul
13.05i					1ns	Sutton	21	Feb
13.03i					2	Sheffield	28	Feb
13.01					1	London (WL)	18	Jun
12.94	-1.0				2	Leiria, POR	28	May
12.94	1.1				1	Swansea	4	Jun
12.93w	2.8				4	Bedford	31	Jul
13.03	1.9	Naomi Reid		11.11.93	3	Bedford	31	Jul
12.99i		Naomi Ogbeta	U20	18.04.98	4	Bratislava, SVK	31	Jan
12.95					1	Macclesfield	15	May
12.92	0.5				1	Bedford	18	Jun
12.96	0.6	Laura Zialor	U20	4.08.98	2	Bedford	28	May
12.91	1.8	Zainab Ceesay		27.10.83	3	Amiens, FRA	11	Jun
48 performances to 12.90 by 10 athletes including 7 indoors and 3 wind assisted								
12.89w	2.5	Jahisha Thomas	U23	22.11.94	1	Iowa City, USA	23	Apr
12.72	0.7				4	Lincoln, USA	15	May
12.83	1.5	Lisa James	U23	30.10.94	Q	Bedford	30	Apr
12.77i		Allison Wilder		30.10.88	3	Sheffield	28	Feb
12.47	0.3				8	Birmingham	25	Jun
12.72w	2.9	Montana Jackson		2.12.93	1	London (LV)	14	May
12.69	1.8				3	Swansea	4	Jun
12.66i		Lia Stephenson	U23	4.03.96	1	Sheffield	21	Feb
12.37w	3.4				2	London (LV)	14	May
12.34	0.9				3	Bedford	1	May
12.52w	2.5	Zara Asante		7.07.82	7	Birmingham	25	Jun
12.35	1.7				2	London (LV)	3	Jul
12.51		Shanara Hibbert		22.03.93	1	Bury St. Edmunds	18	Sep
12.39i		Michelle Robbins-Hulse		2.06.86	6	Sheffield	28	Feb
12.37	1.9	Claudimira Landim	U17	5.07.00	1	Bedford	28	Aug
12.36	0.2	Emily Gargan	U20	29.12.98	2	Bedford	18	Jun
(20)								
12.35w	2.2	Eavion Richardson	U20	27.06.98	1	Bedford	4	Sep
11.77	0.7				2	Oxford (H)	21	Aug
12.24i		Kerri Davidson	U23	7.09.96	1	Princeton, USA	8	Jan
11.44	-2.5				4	Tampa, USA	18	Mar
12.09i		Anna Bates (née Kelly)		18.05.87	3	Loughborough	9	Jan
11.96w	3.3				1	Nuneaton	11	Jun
11.78	1.0				1	Manchester (SC)	7	Aug

2016 - W - TJ

Mark	Wind	Name	Cat	DOB	Pos	Venue	Date	
12.09	1.7	Gillian Cooke		3.10.82	2	Grangemouth	13	Aug
12.06		Nikysha Ferguson		8.09.86	1	Macclesfield	15	May
12.04i		Charlotte Ogden	U20	22.04.97	3	Sheffield	14	Feb
12.00	-0.2				1	Loughborough	23	Apr
12.01		Yasmin Lakin	U23	8.10.95	1	London (He)	27	Aug
12.00		Anastasia Davies	U20	9.04.99	1	Bromley	20	Aug
11.99		Beth Mortiboy	U20	20.03.97	1	Nottingham	14	May
11.99	-1.3	Katie Rowe	U20	12.04.99	2	Gateshead	8	Jul
(30)								
11.90	1.2	Adelaide Omitowoju	U17	22.10.99	1	Ashford	16	Jul
11.84		Kierra Barker	U20	3.11.97	5	London (He)	6	Aug
11.80	2.0	Laura Saulters		30.05.88	1	Belfast	19	Jun
11.80		Victoria Mould	U23	11.09.95	1	Southampton	20	Aug
11.79i		Sapphire Clarkson	U20	21.05.97	4	Sheffield	14	Feb
11.50	0.0				3	Clermont, USA	30	Apr
11.78	0.3	Kelly Mitchell		26.11.87	2	Manchester (SC)	7	Aug
11.77		Zoe Hughes	U20	9.12.97	1	Ormskirk	5	Jun
11.76i		Hannah Pringle	U23	5.08.94	3	Sheffield	17	Jan
11.61	1.4				3	Bedford	19	Jun
11.76	1.1	Abbie Chaundy	U20	1.06.97	4	Bedford	18	Jun
11.71		Megan Hildrew	U20	25.06.99	1	Portsmouth	24	Jul
(40)								
11.66w	2.6	Grace Sullivan	U20	4.08.99	2	London (LV)	12	Jun
11.65i					1	London (LV)	19	Mar
11.64					1	Woodford	23	Apr
11.64	1.3	Abazz Shayaam-Smith	U17	3.04.00	2	Bedford	28	Aug
11.62		Vicky Oshunremi	U23	3.10.96	1	Rugby	4	Jun
11.61i		Sian Swanson		1.03.93	1	Cardiff	10	Jan
11.48	1.9				5	Manchester (SC)	17	Aug
11.61		Kirsty Smith		25.04.87	1	Watford	9	Jul
11.59i		Amber Anning	U17	18.11.00	2	London (LV)	9	Jan
11.59	1.5	Kamela Monks		6.05.87	1	St. Peter Port GUE	16	Jul
11.59w	3.3	Siobhan Kingham	U20	2.11.98	1	Grangemouth	20	Aug
11.44	1.3				*	Grangemouth	20	Aug
11.56		Rochelle Jones		27.09.90	2	Kingston	7	Aug
11.55		Holly Smith	U17	22.09.99	2	Ormskirk	5	Jun
(50)								
11.53	-0.8	Chanel Hemmings	U23	21.07.94	4	London (LV)	11	Jun
11.52	-2.9	Kara Dobbie	U17	3.08.00	1	Grangemouth	13	Aug
11.50		Nia Rutter		4.01.86	1	Doncaster	20	Aug
11.49		Lydia Mills	U20	1.02.98	1	Antrim	21	May
11.49	1.1	Kendrea Nwaelene	U17	7.12.00	2	Bromley	17	Jul
11.48		Tania Spurling		20.08.87	1	Cambridge	21	May
11.48w	2.1	Shona Ross	U20	11.08.98	2	Grangemouth	20	Aug
11.33i					1	Glasgow	6	Mar
11.23	0.8				*	Grangemouth	20	Aug
11.47		Carolyn Harvey	U23	31.05.96	1	Kilmarnock	28	May
11.47		Georgia Green	U23	28.09.96	7	London (He)	6	Aug
11.46	1.4	Libby Wheeler	U17	21.01.01	3	Gateshead	8	Jul
(60)								
11.45i		Zenny Enechi	U20	29.12.98	5	Sheffield	14	Feb
11.45	1.9	Angel Kerin	U20	28.08.98	1	Bournemouth	15	Jun
11.42		Jade Morgan		12.08.89	1	Peterborough	16	Apr
11.42		Letisha Richardson		4.01.93	1	Eton	9	Jul
11.41i		Emily Madden-Forman	U17	29.09.99	3	Sheffield	14	Feb
11.16	-1.4				5	Gateshead	8	Jul
11.41	0.3	Kayanna Reid	U20	11.06.97	6	Bedford	18	Jun
11.41w	2.7	Madeleine Smith	U20	5.02.99	1	Exeter	7	Aug
11.38					1	Perivale	29	May
11.40		Eloise Harvey	U17	13.11.00	3	Harrow	22	May
11.38	1.0	Charlotte Jones	U17	6.09.99	4	Bedford	28	Aug

2016 - W - TJ

Mark	Wind	Name	Age	DOB	Pos	Venue	Date	
11.37		Emily Maltby	U23	1.03.95	1	Crawley	9	Jul
(70)								
11.35i		Jessica Fox	U23	28.11.94	5	Loughborough	9	Jan
11.34i		Clara Boothby	U23	18.09.95	4	Sheffield	17	Jan
11.34	1.9	Kate Farrelly	U20	5.09.98	2	Tullamore, IRL	4	Jun
11.34		Sophie Worrall	U23	30.01.94	1	Rugby	5	Jun
11.34	1.8	Grace Plater	U17	20.09.00	1	Middlesbrough	13	Aug
11.32		Joanna Lawler-Rhodes	U20	3.10.98	1	Cleckheaton	6	Aug
11.31	1.0	Rachel Dinsdale	U23	25.07.94	1	Glasgow (S)	12	Jun
11.30		Katie Waterworth	U17	17.05.01	1	Leeds	4	Jun
11.29i		Tannika Burgess		1.10.93	1	Birmingham	19	Mar
11.11					1	Tipton	24	Apr
11.29	1.0	Rebecca Cope		7.11.93	2	Manchester (SC)	11	Jun
(80)								
11.29	0.1	Karina Harris	U17	8.02.01	2	Ashford	13	Aug
11.28		Sophie Bishop	U17	26.06.00	1	Norwich	24	Jul
11.28w	2.6	Kamile Bykovaite	U20	16.07.97	3	London (LV)	12	Jun
11.20	1.1				*	London (LV)	12	Jun
11.26	1.2	Mary Adeniji	U20	13.02.99	2	Bournemouth	15	Jun
11.25		Mayi Hughes	U17	5.11.00	1	London (Elt)	29	May
11.23	0.0	Olivia Montez Brown	U23	22.05.96	6	Sioux Falls, USA	14	May
11.22i		Georgia Doyle-Lay	U20	27.10.98	4	London (LV)	17	Jan
11.22		Kate Cowley		15.10.81	4	Hornchurch	22	May
11.22		Beth Crocker	U20	5.01.97	2	Southampton	20	Aug
11.20i		Anna Forbes	U20	13.10.98	2	Glasgow	6	Mar
(90)								
11.20		Ella Sharpe	U17	20.05.01	1	Bournemouth	9	Jul
11.19	1.2	Ellen Robertson	U23	23.06.96	9	Bedford	1	May
11.19		Hollie Garrathy	U20	18.02.99	1	Southampton	11	May
11.19	0.0	Ola Olufemi-Krakue	U17	14.01.00	4	Ashford	13	Aug
11.17		Heidi Jarosinski		8.03.87	1	Cheltenham	6	Aug
11.16		Emily Jarad	U17	24.03.01	1	Stockport	8	Jun
11.16		Amy Lupton	U23	31.07.94	1	Ellesmere Port	3	Jul
11.15	2.0	Faye Nicholson		26.08.93	1	Manchester (SC)	7	Aug
11.11i		Emma Fowler	U20	22.06.98	4	Sheffield	16	Jan
11.10i		Macey Jones	U17	18.07.00	1	Cardiff	16	Jan
(100)								
11.10i		Alexandra Burns	U20	10.08.99	3	Glasgow	6	Mar
11.10		Annie Close		6.10.87	1	Horsham	7	Aug
11.10w	3.0	Rimini Miloro	U20	26.10.98	4	Nuneaton	11	Jun

Additional Under 17 (1-20 above)

Mark	Wind	Name	Age	DOB	Pos	Venue	Date	
11.07		Janae Duporte-Clarke		20.01.00	1	Bury St. Edmunds	15	May
11.07		Kate Shingler		23.09.00	1	Wigan	11	Jun
11.04		Caitlin Gallagher		6.10.99	1	Exeter	18	Jun
11.04		Bethan Evans		11.09.00	3	Birmingham	18	Jun
11.01i		Rhianna Reynolds		3.01.00	7	Sheffield	14	Feb
		10.93w 3.0			1	Kingston	15	May
		10.88			1	London (He)	11	Jun
10.99	1.3	Iona MacPherson		24.05.01	3	Tullamore, IRL	4	Jun
10.93		Lemeyah Isaac		30.10.00	2	Yate	8	May
10.93	0.7	Bobbie Davies		16.03.00	6	Bromley	17	Jul
10.87		Amelia Dobson		7.01.01	1	Bournemouth	27	Mar
10.85w	3.1	Bryony Patterson		11.04.00	5	Bedford	4	Sep

Under 15

Mark	Wind	Name	Age	DOB	Pos	Venue	Date	
11.02	0.5	Jazz Sears		14.12.01	1	Bedford	27	Aug
10.88	0.0	Lily Hulland		1.09.01	2	Nerja, ESP	2	Jul
10.77	0.0	Holly Griffiths-Brown		31.12.01	1	Ashford	14	Aug
10.76i		Ellie O'Hara		4.10.02	1	Glasgow	6	Mar
		10.53w 2.4			1	Grangemouth	21	Aug
		10.50 1.7			*	Grangemouth	21	Aug

2016 - W - TJ - SP

10.74		Daisy-Mai Clements		31.10.02	1	Birmingham	4	Jul
10.71		Danielle Hopkins		29.12.01	1	Worcester	28	Jun
10.69		Laura Hickey		6.01.02	1	Stockport	1	Jun
10.64	0.7	Iris Oliarnyk		6.09.01	2	Bedford	27	Aug
10.51	1.3	Cara Fairgrieve		13.01.02	3	Bedford	27	Aug
10.50		Madeline Wilton		11.04.02	1	Portsmouth	14	May
	(10)							
10.42		Alice Hunt		22.02.02	1	St. Peter Port GUE	25	Jun
10.35w	2.6	Ellie Carrow		26.10.01	1	Exeter	7	Aug
		10.33	1.3		*	Exeter	7	Aug
10.33		Molly Wateridge		4.03.02	2	Portsmouth	14	May
10.32		Holly Aitchison		5.12.02	2	Stockport	1	Jun
10.32		Daisy McDonald		28.09.01	1	Preston	11	Sep
10.31	1.7	Megan Lasseter		18.05.02	7	Middlesbrough	13	Aug
Foreign								
12.25		Ugne Liuksaityte (LTU)	U23	1.01.94	2	Luton	15	May
11.55		Fiona Hill (IRL)		17.06.91	2	Dublin (S), IRL	16	Apr
11.19w	3.1	Robyn Zammit (MLT)	U20	25.08.97	Q	Bedford	30	Apr

Shot

17.53		Rachel Wallader		1.09.89	1	Swansea	4	Jun
		17.47			6	Halle, GER	21	May
		17.35i			1	Loughborough	30	Jan
		17.23i			1	Sheffield	27	Feb
		17.23			1A	Bedford	28	May
		17.21			1	Loughborough	22	May
		17.08			1B	Bedford	28	May
		16.94			1	Bottnaryd, SWE	19	Jun
		16.86			Q	Amsterdam, NED	6	Jul
		16.72			1	Nuneaton	12	Jun
		16.71			1	Worcester	14	May
		16.67			1	Birmingham	26	Jun
		16.47			1	London (He)	6	Aug
		16.44			8	Birmingham	5	Jun
		16.06			12	Amsterdam, NED	7	Jul
17.14		Sophie McKinna	U23	31.08.94	1	Great Yarmouth	9	Jul
		16.97			1	Norwich	24	Apr
		16.75			2	Swansea	4	Jun
		16.67			1	Bedford	19	Jun
		16.61			1	London (LV)	12	Jun
		16.54i			2	Sheffield	27	Feb
		16.49			7	Birmingham	5	Jun
		16.16			2	Birmingham	26	Jun
		16.15			1	Bromley	11	Jul
		16.14			2	London (LV)	2	Jul
		16.13			1	Gillingham	10	Jul
		16.10i			1	Chelmsford	13	Mar
16.48		Eden Francis		19.10.88	2	Loughborough	22	May
		15.51			1	Brierley Hill	5	Jun
16.34		Adele Nicoll	U23	28.09.96	1	London (LV)	2	Jul
		16.24			2	Bedford	19	Jun
		16.19			2	Leiria, POR	23	Jul
		16.14			3	Birmingham	26	Jun
		16.10			2B	Leiria, POR	24	Jul
		16.08			1	Bedford	2	May
		16.08			1	Cardiff	11	Jun
		16.08			2	London (He)	6	Aug
		15.91i			3	Sheffield	27	Feb
		15.89			3	Loughborough	22	May
		15.72			Q	Bedford	2	May
		15.69i			1	Sheffield	21	Feb

2016 - W - SP

Mark	Athlete	Cat	DOB	Pos	Venue	Date
16.15i	Amelia Strickler	U23	24.01.94	1	Findlay, USA	9 Dec
15.70				4	Birmingham	26 Jun
15.64				2	Muncie, USA	16 Apr
15.63				3	Bedford	19 Jun
45 performances to 15.50 by 5 athletes including 7 indoors						
14.78	Kirsty Yates		14.05.93	1	Grangemouth	13 Aug
14.56	Danielle Opara	U23	22.06.95	1	Basingstoke	20 Jul
14.30	Emily Campbell	U23	6.05.94	5	Loughborough	22 May
14.29	Jessica Ennis-Hill		28.01.86	2H	Ratingen, GER	25 Jun
14.10	Sophie Merritt	U20	9.04.98	6	Loughborough	22 May
(10)						
14.05	Divine Oladipo	U20	5.10.98	7	Loughborough	22 May
13.88i	Lucy Griffiths	U23	3.04.94	2	Sheffield	21 Feb
13.40				1	Newport	24 Apr
13.69	Michaela Obijiaku	U20	6.11.97	4	Bedford	18 Jun
13.61i	Morgan Lake	U20	12.05.97	6P	Portland, USA	18 Mar
13.24				15H	Amsterdam, NED	8 Jul
13.60	Shaunagh Brown		15.03.90	1	Bromley	16 Apr
13.49	Simi Pam	U23	8.01.95	2B	Bedford	28 May
13.49	Mhairi Porterfield	V35	19.06.81	1	Livingston	3 Sep
13.44	Lucy Underdown		18.05.90	2	Bedford	30 Jul
13.25i	Hannah Evenden		28.06.91	2	Sheffield	16 Jan
12.37				3	Cudworth	14 May
13.22i	Sarah Boyles		30.09.89	5	Cardiff	7 Feb
12.32				1	Scunthorpe	7 May
(20)						
13.22	Jo Rowland		29.12.89	1	Southampton	20 Aug
13.14	Katarina Johnson-Thompson		9.01.93	1	Wigan	7 May
12.95	Rownita Marston	U20	17.05.98	3	Bristol	5 Jun
12.94	Sabrina Fortune	U20	25.05.97	3	Rio de Janeiro, BRA	10 Sep
12.87	Awen Rosser	U23	28.09.95	5	Manchester (SC)	17 Aug
12.85i	Sophie Marie Littlemore	U23	25.12.95	1	Gateshead	17 Nov
12.56				1	Gateshead	15 May
12.74	Jessica Taylor		27.06.88	1H	Woerden, NED	27 Aug
12.70	Rebecca Hall		15.09.88	1	London (WL)	18 Jun
12.64	Chloe Vernon-Hamilton		11.10.92	5	Bedford	2 May
12.61i	Marilyn Nwawulor		20.09.92	1P	London (LV)	18 Dec
12.38				1	Harrow	22 May
(30)						
12.58	Kiona McLennon	U20	11.02.99	1	Rugby	17 Apr
12.58	Phillipa Wingate		12.05.93	1	London (PH)	9 Jul
12.55	Eleanor Gatrell	V35	5.10.76	1	Woking	20 Aug
12.50	Toni Buckingham	U20	22.02.98	4	Gateshead	9 Jul
12.49i	Ada'ora Chigbo	U20	2.01.99	1	Cardiff	11 Dec
12.14				6	Bedford	18 Jun
12.48	Sarah Parsons	U23	31.05.94	5	Bedford	30 Jul
12.36	Michelle Durbidge		5.07.90	2	Grangemouth	17 Apr
12.29i	Sarah Omoregie	U17	2.04.00	1	Cardiff	10 Jan
12.29	Sophie Thomas		18.04.89	6	Swansea	4 Jun
12.17i	Suzzanne Palmer		11.09.93	1	Sheffield	14 Dec
12.15				1	Derby	5 Jun
(40)						
12.05	Gaia Osborne	U17	9.08.00	1	Portsmouth	22 May
12.03	Lucy Holmes		29.12.92	4	Cudworth	14 May
12.02	Catherine Holdsworth		3.01.86	1	London (BP)	18 Jun
12.00	Karla Drew		22.03.89	2	Chelmsford	5 Jun
11.95i	Emma Dakin	U20	25.12.99	1	Sheffield	20 Nov
11.53		U17		1	Loughborough	8 Jun
11.92i	Jessica Tappin		17.05.90	3	Loughborough	9 Jan
11.91	Annabelle Pask	U20	6.09.97	1	Solihull	6 Aug
11.90	Emily Ball	U20	31.10.97	6	Gateshead	9 Jul

2016 - W - SP

11.89	Christina Jones		5.04.90	2	Yate	8	May
11.87i	Fiona Brown	U23	11.01.96	1	London (LV)	5	Mar
	11.33			2	Oxford	7	May
(50)							
11.84	Lydia Chamberlin		2.10.87	6	Bristol	5	Jun
11.77i	Hannah Dunderdale	U23	2.11.94	3P	Sheffield	10	Jan
11.76	Amy Fleming		5.10.90	6	Manchester (SC)	17	Aug
11.74i	Carol Parker	V45	22.09.69	1	London (LV)	28	Feb
11.71				1	Coventry	8	May
11.72i	Niamh Bailey	U23	28.06.95	2	Loughborough	10	Dec
	11.35			1	Corby	1	Sep
11.69i	Celia Quansah	U23	25.10.95	4P	Sheffield	10	Jan
11.66	Lucy Marshall		28.11.81	8	Bedford	2	May
11.65	Amy Davis		28.01.86	1	Belfast	17	Jul
11.64i	Luisa Chantler Edmond	U20	7.06.99	3	London (LV)	17	Jan
	11.63			4	London (LV)	11	Jun
11.59	Abigail Morankeji		15.11.90	13	London (He)	6	Aug
(60)							
11.54	Leanne Buxton	V35	27.05.78	3	Chelmsford	5	Jun
11.53	Sarah Melbourne	U23	12.09.96	2	Horsham	22	May
11.53	Sophie Percival	U20	30.07.97	4	Chelmsford	5	Jun
11.50	Nia Rutter		4.01.86	1	Bolton	3	Jul
11.49	Laura Hanagan	U23	23.08.94	3H	Sheffield	18	Jun
11.47	Denisha Marshall-Brown	U17	11.08.00	1	London (Elt)	22	May
11.47	Emma Beardmore		6.12.87	1	Milton Keynes	9	Jul
11.46	Leah Hillman	U20	10.06.99	1	Wigan	11	Jun
11.44	Elianne Mahay-Goodrich	U20	13.11.98	5	London (LV)	11	Jun
11.42	Katie Stainton	U23	8.01.95	3H	Bedford	14	May
(70)							
11.38	Emma Nwofor	U23	22.08.96	4H	Bedford	14	May
11.35i	Samantha Milner		28.12.92	2	London (LV)	3	Feb
11.33	Elise Bue	U23	29.04.95	1	Gloucester	4	Jun
11.33	Katie Ord	U23	4.12.96	1	Kilmarnock	26	Jun
11.33	Stephanie Hopkinson		27.10.89	1	Gateshead	28	Aug
11.32i	Anna Nicole Rowe	U20	2.09.98	3P	Sheffield	9	Jan
11.32	Hannah Molyneaux	U17	11.03.01	3	Peterborough	16	Apr
11.29	Chloe Edwards		12.05.87	1	Perivale	20	Aug
11.28	Denisa Mihalcea	U17	17.01.00	4	Peterborough	16	Apr
11.27i	Jade Nimmo		23.03.91	1	Glasgow	16	Jan
	11.25			5	Chelmsford	5	Jun
(80)							
11.27	Dominique Blaize		3.10.87	2	Kingston	20	Aug
11.26i	Diana Norman	V40	14.06.74	1	London (LV)	21	Feb
	11.21			2	Kingston	15	May
11.26	Amelia Cook	U17	31.05.00	2	Basingstoke	21	May
11.25	Katie Holder		13.01.92	1	Oxford	24	Apr
11.24	Olivia Montez Brown	U23	22.05.96	1H	Mankato, USA	1	May
11.19	Devon Byrne		10.11.93	Q	Bedford	2	May
11.16	Fiona Thomas	V35	26.11.78	1	Manchester (Str)	6	Aug
11.14	Kerry Murch	U23	20.03.95	4	Yate	8	May
11.10	Ellen Barber	U20	5.12.97	1H	Exeter	25	Jun

downhill

18.41	Sophie McKinna	U23	31.08.94	1	Stoke Rochford Hall	8	May
18.00	Rachel Wallader		1.09.89	1B	Stoke Rochford Hall	8	May
	17.93			2	Stoke Rochford Hall	8	May
14.41	Danielle Opara	U23	22.06.95	3	Stoke Rochford Hall	8	May
13.63	Toni Buckingham	U20	22.02.98	1	Stoke Rochford Hall	8	May
12.82	Rebecca Hall		15.09.88	4	Stoke Rochford Hall	8	May
11.10	Megan Nagy	U20	26.02.99	2B	Stoke Rochford Hall	8	May

2016 - W - SP - SPI

Additional Under 17 (1-7 above)

10.95	Danielle Broom	28.10.99	1	Bournemouth	22	May
10.79	Bronte Jones	17.10.99	4	Blackburn	6	Aug
10.73	Sade Ross	28.12.99	3	Oxford (H)	18	Jun
(10)						
10.72	Rhea Southcott	30.03.01	2	Doncaster	7	May
10.65	Anaisa Harney	28.09.00	2	Bracknell	22	May
10.61	Blessing Joshua	21.05.01	1	Woodford	20	Aug

Foreign

13.30	*Christina Nick (GER)*	*14.11.92*	*3*	*Mönchengladbach, GER*	*10*	*Jul*
13.00	*Moe Sasegbon (NGR)*	*16.09.91*	*3*	*London (LV)*	*3*	*Jul*
12.24	*Kiara Reddingius (AUS)*	*2.01.92*	*2H*	*Bedford*	*14*	*May*
12.23	*Isabell Von Loga (GER)*	*3.02.88*	*1*	*Oxford*	*7*	*May*
11.92	*Anna Niedbala (GER)*	*11.02.90*	*1*	*Oxford*	*18*	*May*
11.73i	*Megan Marchildon (USA)*	*22.05.92*	*1*	*Gateshead*	*11*	*Feb*
11.35			*9*	*Bedford*	*2*	*May*
11.22	*Katy Sealy (BIZ)*	*15.10.90*	*1*	*Bury St. Edmunds*	*15*	*May*
11.11	*Fatima Jammeh Kinteh (ESP)*	*15.03.90*	*2*	*Corby*	*4*	*Jun*

Shot - Under 18 - 3kg

14.33	Ada'ora Chigbo	2.01.99	2B	Bedford	28	May

Shot - Under 17 - 3kg

15.83	Sarah Omoregie	2.04.00	1-18	Bedford	19	Jun
15.00	Gaia Osborne	9.08.00	1	Portsmouth	25	Sep
14.77	Hannah Molyneaux	11.03.01	2	Ashford	16	Jul
14.45	Serena Vincent	5.12.01	1	Swindon	10	Dec
14.30i	Amaya Scott	15.02.01	1P	Athlone, IRL	10	Dec
13.61			2H	Exeter	17	Sep
14.11	Olivia Dobson	27.03.01	1H	Exeter	17	Sep
14.01	Amelia Cook	31.05.00	1	Kingston	29	May
13.88	Emma Dakin	25.12.99	3	Gateshead	8	Jul
13.71	Denisha Marshall-Brown	11.08.00	1	London (BP)	11	Jun
13.71	Rhea Southcott	30.03.01	1H	Middlesbrough	25	Jun
(10)						
13.69	Tara Simpson-Sullivan	2.12.00	1	Oldham	26	Jun
13.62	Shona Crossan	11.12.00	1	Gateshead	29	May
13.40	Eloise Locke	19.04.01	1	Bromley	29	May
13.37	Nichole Birmingham	9.01.00	1	Birmingham	11	Jun
13.09	Bronte Jones	17.10.99	2	Hull	7	Aug
13.04	Denisa Mihalcea	17.01.00	1	Harrow	1	May
13.00	Blessing Joshua	21.05.01	1	Gillingham	24	Jul
12.91	Bethan Burley	26.03.00	6	Bedford	27	Aug
12.78	Tamsin Miller	21.09.99	1	Bournemouth	11	Jun
12.76	Sade Ross	28.12.99	8	Gateshead	8	Jul
(20)						
12.68	Abigail Burton	9.03.00	3	Cudworth	15	May
12.67	Maria Schofield	8.09.00	3	Middlesbrough	13	Aug
12.67	Anaisa Harney	28.09.00	7	Bedford	27	Aug
12.59	Emma Froome	1.12.99	1	Winchester	8	Jun
12.50	Charlotte Pickering-Pruvot	10.06.01	1	Middlesbrough	17	Jul
12.49	Ashleigh Bailey	19.01.01	1P	Leicester	3	Sep
12.48	Tierney Augustine	23.09.99	2-18	Bedford	28	May
12.47i	Alice Miell	14.05.01	1	Vouneuil Sous Biard, FRA	6	F
12.44	Danielle Broom	28.10.99	1	Perivale	29	May
12.41	Nicole Parcell	16.12.99	1	Watford	15	May
(30)						
12.39	Emma Bakare	20.11.00	3	Exeter	18	Jun

12.33	Gabrielle Quigley	5.11.99	1	Watford	5	Jun
12.30i	Iris Oliarnyk	6.09.01	3P	Athlone, IRL	10	Dec
12.23	Lydia Church	13.10.99	1	Peterborough	14	Aug
12.20	Priscilla Dadziea	27.11.99	2	Norwich	19	Jun
12.15i	Katrina Kemp	9.09.00	5P	Sheffield	12	Mar
12.00			3	Norwich	19	Jun
12.14	Sophie Hunt	23.09.00	1	Leamington	11	Jun
12.10	Jade O'Dowda	9.09.99	1H	Bedford	20	Aug
12.07	Britli Francis	18.12.00	2	London (BP)	11	Jun
12.02	Lucy Hadaway	11.06.00	5H	Exeter	17	Sep

Shot - Under 15 - 3kg

13.77	Serena Vincent	5.12.01	1	Portsmouth	25	Sep
12.98	Dara Adebayo	14.06.02	1	Oxford (H)	21	Aug
12.89	Bekki Roche	11.12.02	1	Litherland	3	Sep
12.86	Jessica Hopkins	6.01.02	2	Bedford	28	Aug
12.74	Zoe Price	14.04.02	2	Portsmouth	25	Sep
12.58	Lily Naylor	14.12.01	4	Bedford	28	Aug
12.53	Samantha Callaway	4.03.02	5	Bedford	28	Aug
12.20	Hannah MacAulay	9.09.01	2	Ashford	13	Aug
12.12	Iris Oliarnyk	6.09.01	1P	Exeter	18	Sep
11.90	Sarah Hunt	11.10.01	2	Swindon	19	Mar
(10)						
11.85	Tajera Dayami	26.01.02	1	Bedford	2	Jul
11.81	Lucy Davison	8.11.01	2-16	Swansea	6	Aug
11.68	Angela Lowe	21.11.01	2	Eton	10	Sep
11.65	Naomi Owolabi	10.10.01	1	Crawley	11	Jun
11.63	Eloise Littlefair	26.10.01	1	Preston	19	Jun
11.58	Holly Benson	17.08.02	6	Bedford	28	Aug
11.49	Millie Noyce	28.11.02	1B	Portsmouth	25	Sep
11.41	Kim English	7.07.02	1-17	Chelmsford	7	Aug
11.40i	Kirsty Finlay	2.09.01	1	Manchester (SC)	31	Jan
10.93			1	Nuneaton	14	Aug
11.35	Jodie Smith	2.11.01	1	Reading	23	Apr
(20)						
11.33	Nana Gyedu	4.11.02	6	Ashford	13	Aug
11.31	Molly Hole	28.02.03	2	Bournemouth	11	Sep
11.30	Hollie Thurgood	2.07.02	2B	Portsmouth	25	Sep
11.26	Charlotte Payne	20.03.02	1E	Portsmouth	25	Sep
11.13	Amy-Beth Curtis	6.02.02	1	Par	18	Sep
11.07	Temi Ojora	24.01.02	2	Bromley	19	Jun
11.07	Kelsey Pearce	11.02.03	1	Loughborough	28	Aug
11.04	Lily-May Pursey	11.09.01	1	Rugby	8	Sep
11.02	Kyra Hannibal	4.07.02	3	Bromley	19	Jun

Shot - Under 13 - 2.72kg

110.87	Vivien Duruh	21.10.03	1	Grangemouth	20	Aug
10.62	Omolola Kuponiyi	5.03.04	1	Hornchurch	18	Sep
10.40	Hannah Hamilton-Meikle	27.09.03	2	Grangemouth	20	Aug
10.29	Jennifer Dallas	7.06.04	3	Grangemouth	20	Aug
10.22	Katie Chapman	20.09.03	1	Exeter	4	Sep
10.05	Molly Curran	18.12.03	1P	Belfast	13	Aug
10.02	Lara Moffat	22.09.03	1	Milton Keynes	11	Jun
10.02	Macy Noblett	17.12.03	1	Bedford	3	Sep
10.01	Erin Lobley	12.10.04	1	Middlesbrough	14	Aug
9.79	Zara Obamakinwa	30.03.04	1	Gillingham	7	Aug

Discus

65.10	Jade Lally		30.03.87	1	Sydney, AUS	27	Feb
64.22				2	Auckland, NZL	25	Feb
63.60				1	La Jolla, USA	22	Apr
63.16				2	Chula Vista, USA	21	Apr
62.80				1	London (LV)	19	Jun
61.83				7	Eugene, USA	27	May
61.65				3	London (O)	23	Jul
61.45				4	Saint-Denis, FRA	27	Aug
60.97				8	Halle, GER	21	May
60.50				1	Loughborough	22	May
60.29				7	Amsterdam, NED	8	Jul
59.94				1	Melbourne, AUS	5	Mar
59.59				2	Irvine, USA	30	Apr
59.56				6	Oslo, NOR	9	Jun
59.15				1	Birmingham	26	Jun
58.76				Q	Amsterdam, NED	6	Jul
58.70				1	Newcastle (Glendale), AUS	30	Jan
58.51				8	Shanghai, CHN	14	May
57.39				9	Zürich, SUI	1	Sep
55.03				6	Stockholm, SWE	16	Jun
54.06				28Q	Rio de Janeiro, BRA	15	Aug
56.24	Eden Francis		19.10.88	2	Birmingham	26	Jun
55.85				2	Loughborough	22	May
52.44				1	Brierley Hill	5	Jun
56.01	Kirsty Law		11.10.86	17	La Jolla, USA	22	Apr
55.42				5	Chula Vista, USA	7	May
55.29				1	Chelmsford	5	Jun
54.41				3B	Chula Vista, USA	21	Apr
54.08				8	Tucson, USA	21	May
53.27				4	Phoenix, USA	14	May
53.14				2	Phoenix, USA	26	Mar
53.12				8	Mesa, USA	8	Apr
52.68				1	Inverness	29	May
52.64				1	Grangemouth	13	Aug
52.44				1	Manchester (SC)	7	Aug
52.31				8	London (O)	23	Jul
52.19				3	Birmingham	26	Jun
51.94				1	Manchester (SC)	6	Aug
51.87				2	Bedford	30	Jul
51.22				1	Loughborough	25	May
53.43	Amy Holder	U23	4.08.96	1	Swindon	16	Apr
53.11				3	Loughborough	22	May
53.10				1	Bedford	18	Jun
52.73				1	Bedford	30	Jul
52.02				1	Eton	9	Jul
51.39				1	Manchester (SC)	17	Aug
51.34				1	London (LV)	12	Jun
51.55	Shadine Duquemin	U23	4.11.94	1	Leiria, POR	23	Jul
	48 performances to 51.00 by 5 athletes						
50.66	Phoebe Dowson	U23	17.04.94	3	Bedford	30	Jul
49.21	Shaunagh Brown		15.03.90	1	London (LV)	2	Apr
48.11	Divine Oladipo	U20	5.10.98	1	Bedford	19	Jun
47.45	Kathryn Woodcock	U20	29.04.97	7	Birmingham	26	Jun
47.08	Sophie Mace	U20	7.10.98	1	Kingston	11	May
(10)							
46.48	Isobel Griffin Morris	U17	8.12.99	1	Colwyn Bay	4	Sep
46.23	Georgie Taylor	U23	25.11.96	1	Bury St. Edmunds	9	Jul
46.22	Rachel Forder	U23	3.12.96	3	Richmond, USA	19	Mar
46.18	Lucy Underdown		18.05.90	4	Bedford	30	Jul
45.95	Adele Nicoll	U23	28.09.96	2	Bedford	2	May

2016 - W - DT

Mark		Name	Cat	DOB	Pos	Venue	Day	Month
45.83		Sarah Parsons	U23	31.05.94	2	Vila Nova de Cerveira, POR	23	Apr
45.25		Luisa Chantler Edmond	U20	7.06.99	1	Leiria, POR	30	Apr
45.16		Elise Bue	U23	29.04.95	1	Gloucester	4	Jun
44.93		Hollie Redman		12.12.85	1	Woodford	18	Jun
44.38		Nnenna Eronini	U20	3.08.99	1	London (ME)	22	May
	(20)							
44.20		Awen Rosser	U23	28.09.95	6	London (LV)	2	Jul
44.20		Emma Beales	V40	7.12.71	1	Sandy	3	Sep
43.89		Dionne Milne	U20	19.10.97	5	Bedford	19	Jun
43.77		Sophie Merritt	U20	9.04.98	2	Winchester	8	Jun
43.72		Michaela Whitton	U20	11.08.98	2	Eton	24	Jul
43.71		Sophie Marie Littlemore	U23	25.12.95	6	Bedford	18	Jun
43.70		Jenny Pyatt	U20	13.10.98	1	Ormskirk	5	Jun
43.39		Samantha Milner		28.12.92	7	Loughborough	22	May
42.54		Danielle Broom	U17	28.10.99	1	Poole	16	Apr
42.53		Bronte Jones	U17	17.10.99	1	Cleckheaton	20	Mar
	(30)							
42.50		Phillipa Wingate		12.05.93	1	Kingston	20	Aug
42.43		Laura Britane		18.05.87	1	Harrow	22	May
42.19		Kathy Hetherington		21.09.92	3	Dublin (S), IRL	16	Apr
42.16		Grace Jenkins		27.08.93	1	Watford	9	Jul
42.13		Hannah Evenden		28.06.91	8	London (LV)	2	Jul
41.49		Alice Grosjean		19.09.93	1	Yeovil	4	Sep
41.47		Katie Pattison	U23	9.10.96	4	Manchester (SC)	12	Jun
41.39		Hayley Rubery		5.09.93	11	London (LV)	2	Jul
41.38		Andrea Jenkins	V40	4.10.75	1	Crawley	9	Jul
41.27		Simone McKen	U20	24.09.98	1	Loughborough	26	Jun
	(40)							
41.24		Emma Dakin	U17	25.12.99	1	Birmingham	18	Jun
40.78		Caitlin Emerson	U17	2.05.01	3	Loughborough	2	Sep
40.75		Evie Wilcox	U20	11.04.98	1	Swindon	18	Jun
40.66		Jemma Ibbetson	U20	3.09.97	1	York	8	May
40.14		Tait Jones	U17	14.02.01	1	London (Cr)	4	Jun
40.06		Denisa Mihalcea	U17	17.01.00	1	Bracknell	21	Feb
39.72		Emma Botham	U17	28.05.01	1	Lincoln	6	Aug
39.67		Sarah Hewitt	V40	31.01.74	1	Horsham	7	Aug
39.40		Kimberley Carter	U23	18.07.95	1	Much Wenlock	10	Jul
39.30		Charlotte Payne	U15	20.03.02	1	Bournemouth	11	Sep
	(50)							
39.26		Lia Anderson	U17	10.09.00	1	Ashford	14	Aug
39.26		Jessica Emery	U17	16.09.00	1	Sandy	24	Sep
39.25		Danielle Opara	U23	22.06.95	9	London (He)	6	Aug
39.02		Heather Cubbage	U17	20.01.01	1	Woking	4	Sep
38.61		Abigail Burton	U17	9.03.00	1	Gateshead	29	May
38.35		Helen Broadbridge		23.07.92	2	Portsmouth	22	May
37.90		Nicola Gore		17.11.84	2	Sheffield (W)	5	Jun
37.57		Gemma Brown	U23	16.02.96	1	York	24	Apr
37.53		Amber Simpson	U20	3.01.99	1	Cardiff	2	Jul
37.51		Jennifer Stevens	U20	3.02.98	2	Harrow	18	Jun
	(60)							
37.49		Emily Ball	U20	31.10.97	1	Ellesmere Port	3	Jul
37.41		Sabrina Fortune	U20	25.05.97	1	Warrington	5	Jun
37.37		Isobel Gray	U20	5.11.98	2	Portsmouth	15	May
37.26		Olivia Stevenson	U17	9.10.99	2	Ellesmere Port	3	Jul
37.24		Emma Beardmore		6.12.87	8	Southampton	3	Jul
37.22		Carol Parker	V45	22.09.69	4	Coventry	8	May
37.17		Michelle Durbidge		5.07.90	1	Grangemouth	17	Apr
37.17		Anna Peers	U20	28.08.97	1	Blackburn	3	Jul
37.16		Emily Robinson	U17	22.06.00	2	Woking	26	Jun
37.04		Bevhan Trevis	U20	9.01.99	1	Grangemouth	1	Jun
	(70)							
36.90		Samantha Callaway	U15	4.03.02	2-18	Bedford	28	May

340

2016 - W - DT

Mark		Name	Cat	DoB	Pos	Venue	Day	Month
36.88		Denisha Marshall-Brown	U17	11.08.00	3	Kingston	2	Apr
36.88		Emma Rathbone	U20	25.12.97	2	Wrexham	25	Sep
36.85		Emma Sharpe	U17	9.05.01	1	Exeter	30	Aug
36.84		Freya Dooner	U20	3.08.99	4	London (LV)	3	Jul
36.81		Emily Campbell	U23	6.05.94	12	London (He)	6	Aug
36.70		Nina Prells	U23	22.07.94	3	Brecon	18	Jun
36.62		Leah Hillman	U20	10.06.99	1	Preston	5	Jun
36.58		Kayomie Thompson	U23	11.08.95	2	Woodford	23	Apr
36.56		Rebecca Hall		15.09.88	2	Crawley	9	Jul
	(80)							
36.54		Kiona McLennon	U20	11.02.99	3	Rugby	4	Jun
36.45		Caitlin Stacey	U17	6.12.99	2	Reading	20	Aug
36.22		Maya Mellor	U17	19.02.00	4	Middlesbrough	13	Aug
36.18		Gabrielle Quigley	U17	5.11.99	1	Chelmsford	15	May
36.11		Lucy Griffiths	U23	3.04.94	2	Brecon	27	Aug
36.06		Sophie O'Hara	U20	3.08.99	2	York	18	Jun
35.97		Siobhan Drummond	U23	8.12.95	1	Perivale	20	Aug
35.91		Fiona McQuire	U20	9.01.98	3	Eton	1	May
35.86		Vikki Adams	U20	23.02.98	2	Grangemouth	1	May
35.81		Tyne Breen		15.04.92	2	Gateshead	14	May
	(90)							
35.71		Taia Tunstall	U15	9.01.02	2	Ashford	13	Aug
35.50		Elinor Fitzgerald	U17	7.06.01	3	Kingston	20	Aug
35.37		Carys Marsden	U17	10.03.00	2	Sutton	18	Jun
35.29		Shona Crossan	U17	11.12.00	6	Loughborough	2	Sep
35.26		Melanie Harrison		27.11.85	3	Woodford	18	Jun
35.23		Melissa Bird	U20	18.09.98	1	Cheltenham	11	Jun
35.16		Zita Aspell	U17	2.12.99	1	Bebington	11	Jun
35.14		Rebecca Spear	U23	12.02.96	2	Exeter	30	Aug
35.13		Jessica Hirst	U20	27.05.99	2	Middlesbrough	1	May
35.10		Rebecca Porter	U17	21.10.99	1	Grangemouth	13	Aug
	(100)							
35.09		Eleanor Taylor-Newman	U20	14.09.97	1	Oxford (H)	14	May

Additional Under 17 (1-24 above)

Mark	Name	DoB	Pos	Venue	Day	Month
34.66	Melina Irawo	9.07.00	4	Eton	24	Jul
34.50	Tara Simpson-Sullivan	2.12.00	1	Wigan	18	Sep
34.13	Rhian Evans	28.08.01	4	Ashford	16	Jul
34.10	Eve Keith	12.10.00	2	Bromley	23	May
34.08	Danielle Jones	5.08.01	1	Newport	13	Aug
33.94	Catie Kohler	17.01.01	5	Eton	24	Jul
	(30)					
33.35	Catherine Clayton	2.09.99	1	Bath	17	Apr
33.26	Leah Runnacles	2.10.99	8	Eton	1	May
33.26	Tierney Augustine	23.09.99	1	Peterborough	11	Jun
33.01	Georgia Kyle	18.09.99	2	Middlesbrough	17	Jul

Additional Under 15 (1-3 above)

Mark	Name	DoB	Pos	Venue	Day	Month
34.70	Hannah MacAulay	9.09.01	4	Ashford	13	Aug
34.27	Alice Baxendale	31.10.01	1	Grangemouth	11	Jun
33.85	Caitlin Batcheldor	23.04.02	1	Exeter	7	Aug
32.90	Anna Merritt	3.10.02	1	Exeter	18	Jun
32.47	Holly Hall	22.12.01	1	London (LV)	15	May
32.46	Mia O'Daly	10.11.01	3	Exeter	18	Jun
32.35	Rosie Brown	6.09.01	3	Oxford (H)	21	Aug
	(10)					
32.17	Serena Vincent	5.12.01	1	London (Cr)	16	Jul
31.39	Kirsty-Anne Ebbage	30.08.02	1	Eton	16	Jul
31.37	Katie Lyons	8.11.01	1	Woking	4	Sep
31.21	Elizabeth Adamson	6.05.03	2	Sutton	18	Jun
30.66	Louise Whitehouse	6.03.02	1	Derby	11	Sep
30.58	Amy-Beth Curtis	6.02.02	2	Exeter	26	Jul

2016 - W - DT - HT

30.49	Precious Hamilton		5.03.02	4	Gateshead	9	Jul
30.27	Naomi Wilde		20.06.02	5	Gateshead	9	Jul
30.27	Kareena Galley		30.12.01	4	Eton	16	Jul
29.92	Joanna Barnaby		20.03.02	1	Ewell	27	Aug
(20)							
29.80	Robyn Moody		3.01.03	2	Peterborough	5	Jun
29.34	Cassey Grimwade		27.09.02	2	Par	18	Sep
29.10	Niamh Boulton		30.04.02	3	Exeter	7	Aug

Foreign

45.55	*Anna Niedbala (GER)*		*11.02.90*	*4*	*Heilbronn, GER*	*25*	*Jun*
42.90	*Christina Nick (GER)*		*14.11.92*	*3*	*Vila Nova de Cerveira, POR*	*23*	*Apr*
42.55	*Eleni Zembashi (CYP)*	*U23*	*8.04.96*	*1*	*Swansea*	*31*	*Jul*
37.28	*Emma O'Hara (IRL)*	*U23*	*3.04.95*	*2*	*London (WL)*	*9*	*Jul*
35.96	*Rachel Evans (AUS)*		*29.05.86*	*2*	*Colchester*	*20*	*Aug*
35.24	*Barbara Norris (SUI)*	*V50*	*20.08.66*	*1*	*Eton*	*20*	*Aug*

Discus - Under 13 - 0.75kg

32.80	Alice Brown	1.11.03	1	Southend	29	Aug
32.51	Lucy James	2.10.03	1	Aldershot	14	Aug
30.93	Zara Obamakinwa	30.03.04	1	Gillingham	7	Aug
30.36	Katie Webb	1.12.03	1	Hemel Hempstead	4	Sep
29.80	Natalie Wyn Owen	8.11.03	1	Wrexham	24	Sep
27.84	Zoe Powers	15.09.03	2	Hemel Hempstead	4	Sep
26.88	Millie Coombes	19.04.04	1	Exeter	7	Aug
26.62	Meghan Porterfield	2.09.05	1	Livingston	3	Sep
26.58	Anouska Fairhurst	7.03.04	1	Brighton	3	Jul
26.41	Caitlin Wardle	20.12.03	2	Exeter	7	Aug

Hammer

74.54	Sophie Hitchon	11.07.91	3	Rio de Janeiro, BRA	15	Aug
		72.42	2	Warsaw, POL	28	Aug
		71.86	2	Szczecin, POL	18	Jun
		71.74	4	Amsterdam, NED	8	Jul
		71.71	4	Beijing, CHN	18	May
		71.63	3	Halle, GER	21	May
		70.65	2	Kingston, JAM	7	May
		70.37	Q	Rio de Janeiro, BRA	12	Aug
		70.13	5	Székesfehérvár, HUN	18	Jul
		69.99	1	Birmingham	25	Jun
		69.48	Q	Amsterdam, NED	6	Jul
67.13	Sarah Holt	17.04.87	3B	Halle, GER	21	May
		67.07	6	Fränkisch-Crumbach, GER	14	May
		66.46	1	Loughborough	22	May
		66.21	3	Auburn, USA	22	Apr
		65.82	1	Loughborough	11	May
		65.72	1	Lucerne, SUI	14	Jun
		65.70	3	Athens, USA	30	Apr
		65.69	2	Myrtle Beach, USA	18	Mar
		65.47	3	Gainesville, USA	1	Apr
		64.98	1	Austin, USA	16	Apr
		64.13	6	Budapest, HUN	18	Jun
		63.72	2	Birmingham	25	Jun
		63.62	1	Manchester (SC)	11	Jun
		61.92	1	Loughborough	25	May
65.13	Rachel Hunter	30.08.93	1	Loughborough	16	Jul
		62.74	1	Bedford	31	Jul
		62.30	2	Grangemouth	14	Aug
		62.17	2	Manchester (SC)	17	Aug
		61.37	4	Birmingham	25	Jun
		60.96	4	Loughborough	22	May

2016 - W - HT

64.74	Carys Parry		24.07.81	1	Cardiff	11	Jun
	64.06			2	Loughborough	22	May
	63.00			1	Leiria, POR	23	Jul
	62.95			1	Bristol	5	Jun
	62.56			3	Loughborough	16	Jul
	61.78			3	Birmingham	25	Jun
	61.69			1B	Leiria, POR	24	Jul
	61.46			3	Manchester (SC)	17	Aug
	61.24			1	Yate	15	May
62.91	Christina Jones		5.04.90	3	Loughborough	22	May
	62.32			1	Yate	8	May
	61.10			4	Loughborough	16	Jul
	60.92			1	Cheltenham	2	May
	60.88			2	Cardiff	11	Jun
	60.13			2	Bristol	5	Jun
62.77	Susan McKelvie		15.06.85	1	Glasgow (S)	12	Jun
	62.62			2	Loughborough	16	Jul
	61.58			1	Swansea	4	Jun
	60.23			1	London (He)	6	Aug
	60.22			1	London (LV)	2	Jul
62.29	Louisa James	U23	5.07.94	1	Hastings	20	Aug
	60.69			1	Hastings	22	May
	60.35			1	Bedford	19	Jun
	60.13			2	Tonbridge	5	Jul
	60.06			1	Dartford	13	Jul
62.12	Lucy Marshall		28.11.81	1	Woodford	9	Jul
	60.79			5	Loughborough	16	Jul
	60.31			2	Bedford	31	Jul
	60.10			5	Birmingham	25	Jun
	60.06			1	Corby	15	May
61.02	Jessica Mayho		14.06.93	1	Loughborough	17	Apr
	60.81			1	York	8	May
60.97	Myra Perkins		21.01.92	8	Budapest, HUN	18	Jun
	64 performances to 60.00 by 10 athletes						
59.14	Phillipa Wingate		12.05.93	1	Kingston	18	Jun
58.94	Annabelle Palmer	U23	21.09.94	1	Derby	11	Sep
58.34	Rebecca Keating	U20	31.08.97	1	London (He)	26	Jun
57.30	Hayley Murray		13.09.89	1	Belfast	19	Jun
57.20	Abbi Carter		16.10.93	1	Hull	14	May
57.09	Kayleigh Presswell	U23	14.03.95	3	London (LV)	11	Jun
56.88	Shaunagh Brown		15.03.90	1	Bromley	20	Aug
56.73	Katie Lambert	U20	6.11.98	1-20	Loughborough	17	Apr
56.40	Sara Bobash	U23	1.02.94	2	Yate	8	May
55.40 (20)	Amy Herrington	U20	22.05.98	1	London (LV)	12	Jun
55.32	Maggie Okul	U20	1.10.97	1	Hull	14	May
55.29	Hannah Evenden		28.06.91	4	Swansea	4	Jun
54.86	Philippa Davenall	U20	26.09.98	2	Bedford	18	Jun
53.37	Alice Barnsdale	U20	23.02.99	4	Gateshead	9	Jul
53.14	Mhairi Porterfield		19.06.81	1	Livingston	4	Jun
52.57	Holly Rodgers	U20	3.02.97	2-20	Loughborough	17	Apr
52.09	Olivia Stevenson	U17	9.10.99	2	Manchester (SC)	12	Jun
52.07	Amber Simpson	U20	3.01.99	1	Connah's Quay	24	Jul
51.47	Emily Campbell	U23	6.05.94	10	London (LV)	2	Jul
51.39 (30)	Helen Broadbridge		23.07.92	5	London (LV)	11	Jun
50.47	Tara Simpson-Sullivan	U17	2.12.00	1	Middlesbrough	8	May
50.24	Jenna Winson		7.11.90	2	Doncaster	7	May
50.10	Andrea Jenkins	V40	4.10.75	1	London (WL)	18	Jun
49.68	Zoe Dakin	U23	30.09.95	2	Swansea	25	May

2016 - W - HT

Mark		Name	Cat	DOB		Venue	Date	
49.44		Stephanie Fowler	U20	3.08.99	6	Grangemouth	14	Aug
49.37		Molly Walsh	U17	23.06.00	2	Stoke-on-Trent	7	Aug
49.19		Emma Beardmore		6.12.87	2	Oxford (H)	15	May
49.14		Natalie Robbins	U20	30.11.98	1ns	London (He)	6	Aug
49.10		Hannah Morgan	U20	3.10.97	1	Newport	24	Jul
48.82		Jade Williams	U17	22.04.01	2	Dublin (S), IRL	8	Jun
	(40)							
48.72		Emma Bowie	U23	22.12.96	1	Inverness	4	Sep
48.67		Charlotte Stallard	U23	7.09.95	1	Gloucester	14	May
48.30		Ellie Chandler	U20	18.09.98	3	Eton	24	Jul
48.11		Jenna Wheatman		6.03.84	3	Wakefield	7	May
47.58		Lana Fulcher	U20	27.04.99	1	Bury St. Edmunds	22	Oct
47.44		Victoria Wiltshire	U17	1.10.99	2	Bromley	16	Apr
47.28		Ellie White	U20	10.07.99	1	Bournemouth	15	May
47.08		Danielle Broom	U17	28.10.99	1	Poole	16	Apr
46.76		Rebecca Orrell	U20	6.11.97	1	Blackpool	19	Mar
46.62		Gemma Vickery	U23	4.04.96	2	Chelmsford	22	May
	(50)							
46.62		Stephanie Howe	U20	19.01.99	1	Woodford	20	Aug
46.36		Emily Pearce	U20	24.02.99	3	Brecon	27	Aug
46.13		Candy Lockett	U20	13.05.99	3	Milton Keynes	18	Sep
46.10		Ellen Thrall	U20	8.05.98	1	Swansea	29	May
45.90		Lynette McKeown	V35	17.11.77	3	Birmingham	17	Sep
45.82		Lucy Knott	U23	9.01.95	1	Brunswick, USA	22	Apr
45.56		Laura Duke		12.10.89	1	Brighton	15	May
45.56		Maggie Donnelly		19.02.90	1	Dublin (S), IRL	12	Jun
45.51		Sophie Mace	U20	7.10.98	1	Dartford	16	Apr
45.42		Bethany Mitchell		13.11.92	1	Brierley Hill	5	Jun
	(60)							
45.38		Maria Brett	U23	16.10.95	1	Oxford	7	May
45.14		Caitlin Price	U20	25.12.98	1	Bebington	14	May
44.99		Carys Smith	U20	15.01.97	1	Gloucester	26	Jun
44.93		Lauren Hill	U17	19.09.00	3	Derby	5	Jun
44.72		Sophia Jackson	U20	25.01.97	3	Newport	14	Aug
44.70		Heather Fawcett	U17	21.01.00	3	Aberdeen	8	May
44.64		Kathryn Woodcock	U20	29.04.97	3	Chelmsford	5	Jun
44.63		Phoebe Dowson	U23	17.04.94	3	Southampton	3	Jul
44.38		Chrissie Prince	U20	6.10.98	2	Stourport	24	Jul
44.33		Amy Clarke		22.04.86	1	Portsmouth	14	May
	(70)							
44.28		Megan Larkins	U20	2.08.98	1	Southend	29	Aug
44.18		Sarah Parsons	U23	31.05.94	1	Morpeth	3	Jul
44.02		Beth Sewell		21.01.82	6	Stara Zagora, BUL	27	Jun
43.96		Ros Stansbury	V40	27.12.74	2	Portsmouth	14	May
43.83		Louise Webster		19.07.85	4	Yate	8	May
43.73		Lotte Hoare	U20	27.09.97	1	Brighton	15	May
43.63		Sarah Drake		13.08.85	1	Wakefield	18	Jun
43.40		Katie Ord	U23	4.12.96	8	Grangemouth	14	Aug
43.39		Lucy Cousins	U20	4.02.99	2	Rugby	4	Jun
43.35		Donna Kent		21.01.90	1	Bury St. Edmunds	9	Jul
	(80)							
43.14		Megan Tuck		26.04.92	1	Bournemouth	15	May
43.14		Lauren Aldridge	U20	9.04.99	5	London (LV)	12	Jun
43.14		Victoria Hill	U20	16.12.97	10Q	Gateshead	8	Jul
43.11		Paige Barnes	U20	9.01.99	1	London (He)	30	Jul
43.04		Chloe Cockell	U23	23.10.95	1	Braintree	18	Jun
42.98		Suzanna Wise		15.11.88	1	Ipswich	16	Apr
42.71		Zoe Yule	U20	27.08.98	2	Hull	24	Jul
42.70		Manon Edwards	U23	29.09.95	1	Warrington	7	May
42.69		Lucy Puddephatt	U20	2.09.98	1	Leeds	11	Jun
42.59		Katie Dunlop	V35	23.05.79	2	Livingston	3	Sep

2016 - W - HT - HTI

42.47	Emily Cook	U23	22.08.96	11	Bedford	30	Apr
42.37	Leah Weatheritt	V40	18.09.74	2	Middlesbrough	6	Aug
42.35	Sade Ross	U17	28.12.99	3	Oxford (H)	18	Jun
42.15	Sophie Merritt	U20	9.04.98	1	Portsmouth	14	May
42.00	Lynsey Glover		3.12.87	1	Belfast	9	Jun
42.00	Cathy Coleman	U20	3.07.98	1	Bournemouth	26	Jun
42.00	Charlotte Stuchbury	U17	18.10.00	1	Manchester (Str)	3	Jul
41.94	Mia Shepherd	U20	9.04.97	2	Gateshead	29	May
41.89	Caitlin Hornby	U20	12.07.99	1	Preston	11	Sep
41.75	Sally Webster		9.10.91	6	London (LV)	3	Jul
	(100)						
41.56	Ashleigh Newell	U20	28.08.98	2	Hastings	22	May
41.42	Charlie Batterbee	U20	31.10.98	4	Oxford (H)	21	Aug
41.39	Vicki Pellett	U17	19.10.99	1	Bedford	16	Apr
41.39	Eden Francis		19.10.88	2	Tipton	8	May
41.26	Eloise Marshall	U23	28.06.95	1	Reading	22	May
41.24	Jessica Hirst	U20	27.05.99	1	Oldham	6	Aug
41.15	Georgina Page	U20	27.12.97	14Q	Gateshead	8	Jul
41.11	Holly Pearce	U20	25.05.99	1	Southampton	1	May
41.03	Rosie Castle	U20	2.04.97	2	Perivale	20	Aug
41.02	Hannah Owen	U20	28.09.98	1	Ashford	1	May

Additional Under 17 (1-11 above)

39.69	Lydia Church		13.10.99	2	Norwich	19	Jun
39.08	Larissa Carter		2.05.00	3	Hastings	22	May
39.06	Emma James		14.06.00	5	Bedford	4	Sep

Foreign

70.75	*Julia Ratcliffe (NZL)*		*14.07.93*	*1*	*London (WL)*	*9*	*Jul*
59.84	*Cathrine Beatty (CYP)*		*12.07.93*	*6*	*Loughborough*	*22*	*May*
58.84	*Emma O'Hara (IRL)*	*U23*	*3.04.95*	*2*	*London (WL)*	*9*	*Jul*
58.47	*Allessandra Wall (SWE)*	*U23*	*11.02.95*	*4*	*Loughborough*	*17*	*Apr*
48.05	*Debbie McCaw (NZL)*	*V35*	*1.01.80*	*1*	*Perivale*	*22*	*May*
46.63	*Laeken Impey (RSA)*	*U23*	*10.10.96*	*6*	*London (LV)*	*11*	*Jun*
46.49	*Anna Niedbala (GER)*		*11.02.90*	*4*	*Heilbronn, GER*	*25*	*Jun*
45.00	*Harriet Ahlgren (FIN)*		*19.05.88*	*11*	*Swansea*	*4*	*Jun*
43.82	*Barbara Norris (SUI)*	*V45*	*20.08.66*	*1*	*London (TB)*	*2*	*May*

Hammer - Under 18 - 3kg

60.36	Alice Barnsdale		23.02.99	1	Bedford	19	Jun
57.66	Amber Simpson		3.01.99	1	Cardiff	11	Jun

Hammer - Under 17 - 3kg

65.06	Katie Head		9.12.99	1	Gateshead	9	Jul
63.40	Olivia Stevenson		9.10.99	1	Hull	14	May
60.81	Tara Simpson-Sullivan		2.12.00	3	Gateshead	9	Jul
60.51	Anna Purchase		15.09.99	1	Wakefield	17	Jul
59.63	Molly Walsh		23.06.00	1	Wrexham	25	Sep
59.09	Jade Williams		22.04.01	1	Tullamore, IRL	4	Jun
58.22	Danielle Broom		28.10.99	1	Exeter	18	Jun
56.75	Emma Rae		27.06.00	1	Grangemouth	14	Aug
55.74	Lauren Hill		19.09.00	5	Gateshead	9	Jul
55.53	Ffion Palmer		20.03.00	1	Cardiff	2	Jul
	(10)						
55.05	Victoria Wiltshire		1.10.99	1	Sutton	18	Jun
53.55	Vicki Pellett		19.10.99	1	Crawley	20	Mar
52.96	Laura Runciman		19.05.01	1	Norwich	24	Jul
52.35	Heather Fawcett		21.01.00	1	Linwood	21	Jun
51.57	Leah Runnacles		2.10.99	1	Uxbridge	8	May
51.23	Larissa Carter		2.05.00	1	Portsmouth	10	Sep
49.43	Rosie Forrester		25.01.00	2	Crawley	29	Aug

49.17	Megan Ascough	3.11.99	1	Cudworth	19	Jun
49.02	Maria Schofield	8.09.00	1	Wakefield	24	Apr
48.95	Charlotte Stuchbury	18.10.00	1	Manchester (Str)	24	Jul
	(20)					
47.76	Cerys Thomas	7.04.01	2	Bournemouth	11	Sep
47.74	Anastasia Banbury	19.08.01	1	London (PH)	26	Jun
47.07	Heather Cubbage	20.01.01	2	Uxbridge	8	May
46.36	Nichole Birmingham	9.01.00	1	Derby	11	Sep
45.99	Anna Loughlin	25.10.00	2	Exeter	18	Jun
45.99	Poppy Bean	18.08.00	2	Derby	11	Sep
45.74	Bethan Gammon	10.03.01	2	Wrexham	25	Sep
45.43	Sade Ross	28.12.99	1	Milton Keynes	11	Jun
45.28	Sarah Watkins	8.10.99	2	Brecon	27	Aug

Oversize circle

52.75	Heather Fawcett	21.01.00	1	Glasgow	23	Aug

Hammer - Under 15 - 3kg

58.01	Phoebe Baggott	11.11.01	1	Gateshead	9	Jul
57.10	Charlotte Williams	20.09.01	4	Woodford	24	Sep
55.41	Charlotte Payne	20.03.02	1	Oxford (H)	21	Aug
54.59	Lucy Koenigsberger	4.09.01	2	Bedford	27	Aug
53.95	Kirsty Costello	22.09.02	4	Bedford	27	Aug
50.04	Bekki Roche	11.12.02	1	Wigan	18	Sep
49.04	Rhianne Moore-Martin	21.09.01	3	Loughborough	15	Jun
47.91	Jasmine Routledge	4.06.02	6	Bedford	27	Aug
47.44	Zoe Price	14.04.02	2	Middlesbrough	14	Aug
47.15	Ella Lovibond	26.11.01	1	Abingdon	10	Sep
	(10)					
46.68	Andreea Golban	30.01.02	8	Bedford	27	Aug
46.12	Caitlin Batcheldor	23.04.02	1C	Portsmouth	25	Sep
45.05	Jasmine Trapnell	15.02.02	6	Woodford	24	Sep
44.67	Karolinka Bacakova	13.04.02	1	Cardiff	2	Jul
44.61	Shannon Waldron	8.09.01	2	Grangemouth	21	Aug
43.72	Evie Tipping	13.06.03	3	Middlesbrough	14	Aug
43.61	Emma Vickers	29.08.02	1	Preston	11	Sep
43.48	Kirsty-Anne Ebbage	30.08.02	1	Ashford	11	Jun
43.28	Anna Merritt	3.10.02	2B	Portsmouth	25	Sep
43.21	Rachel MacLennan	3.04.02	1	Inverness	4	Sep
	(20)					
43.19	Cassey Grimwade	27.09.02	4	Wrexham	24	Sep
43.15	Libby Taylor	16.08.02	3B	Portsmouth	25	Sep
42.26	Amy Wright	3.04.02	2	Hemel Hempstead	4	Sep
42.24	Kirsty Finlay	2.09.01	9	Bedford	27	Aug
41.00	Lily Naylor	14.12.01	4	Middlesbrough	14	Aug
41.65	Victoria Cuthbert	10.09.01	7	Woodford	24	Sep
41.26	Francesca Williams	7.02.03	2	Bedford	3	Sep
41.11	Lara Spacey	26.08.02	1	Newport	21	Aug
39.70	Lily-May Pursey	11.09.01	1	Rugby	11	Sep
39.20	Natasha Hill	16.01.02	5	Middlesbrough	14	Aug

Oversize circle

46.62	Shannon Waldron	8.09.01	3	Glasgow	23	Aug

Hammer - Under 13 - 3kg

31.61	Stella Coutts	25.09.03	1	Livingston	23	Jul
30.71	Natalie Wyn Owen	8.11.03	1	Wrexham	24	Sep
30.57	Katie Gibson		2	Kettering	24	Sep

Javelin

58.79	Goldie Sayers			16.07.82	1	Austin, USA	7	May
	57.76				1	Loughborough	29	May
	57.08				9	Birmingham	5	Jun
	56.86				1	Phoenix, USA	14	May
	55.77				6	Lucerne, SUI	14	Jun
	54.98				2	Birmingham	26	Jun
	54.55				9	Turku, FIN	29	Jun
	53.56				26Q	Amsterdam, NED	7	Jul
57.44	Jo Blair			1.03.86	1	Birmingham	26	Jun
	54.91				1	Loughborough	22	May
	53.91				1	Woodford	23	Apr
	53.83				1	Manchester (SC)	17	Aug
	53.46				1	London (TB)	2	May
	52.62				1	Bedford	31	Jul
	51.44				1B	Leiria, POR	23	Jul
	51.35				1	London (He)	6	Aug
	50.66				1	London (LV)	2	Jul
52.34	Laura Whittingham			6.06.86	2	Loughborough	22	May
	52.33				3	Birmingham	26	Jun
	51.98				2	Loughborough	29	May
	51.83				1	Bedford	1	May
	50.37				Q	Bedford	30	Apr
52.27	Emma Hamplett	U20		27.07.98	1	Stoke-on-Trent	14	May
	51.09				1-20	Loughborough	28	May
	50.42				1	Swansea	4	Jun
50.94	Kike Oniwinde			6.10.92	1	Gainesville, USA	22	Apr
50.30	Freya Jones			13.11.93	4	Birmingham	26	Jun
	27 performances to 50.00 by 6 athletes							
49.82	Hannah Johnson	U23		14.06.94	1	Bedford	19	Jun
48.35	Natasha Wilson	U23		5.11.95	1	Loughborough	23	Apr
48.01	Rosie Semenytsh			28.05.87	6	Birmingham	26	Jun
47.37	Eloise Meakins			26.01.93	1	London (LV)	11	Jun
(10)								
46.80	Bethan Rees	U17		27.10.99	2	Leiria, POR	23	Jul
46.33	Louise Lacy			28.04.89	1	Manchester (SC)	7	Aug
46.09	Jessica Ennis-Hill			28.01.86	1	Manchester (Str)	19	Jul
45.89	Sophie Thomas			18.04.89	1	Exeter	7	Aug
45.61	Kerry Murch	U23		20.03.95	1	Leicester	15	May
45.45	Laura Britane			18.05.87	3	London (LV)	11	Jun
44.51	Aileen Rennie	U23		21.02.94	1	Grangemouth	14	Aug
44.27	Kelly Bramhald	U23		10.06.94	5	Loughborough	29	May
44.05	Liane Bibby	U23		1.12.94	3	Bedford	19	Jun
44.01	Simone Huggins-Ward			7.10.89	2	Leicester	15	May
(20)								
43.95	Georgie Floyd	U23		17.05.95	3	London (LV)	2	Jul
43.82	Georgie McTear	U20		20.07.99	1	Exeter	18	Jun
43.46	Emily Cockrill	U20		14.03.98	4	Swansea	4	Jun
43.39	Nicole Davenport	U23		31.03.96	3	London (He)	6	Aug
43.01	Hollie Arnold	U23		26.06.94	1	Rio de Janeiro, BRA	13	Sep
42.57	Gemma Tingay			22.06.89	2	Bristol	5	Jun
42.32	Katherine West	U20		30.07.97	2	Bedford	18	Jun
42.08	Sophie Percival	U20		30.07.97	1	Cardiff	20	Jul
41.91	Sarah-Anne De Kremer			18.11.90	8	Bedford	31	Jul
41.85	Tasia Stephens	U23		8.12.96	1	Cardiff	2	Jul
(30)								
41.78	Ellen Barber	U20		5.12.97	1H	Exeter	18	Sep
41.75	Jo Rowland			29.12.89	3	Manchester (SC)	12	Jun
41.34	Lucy Smith			16.09.93	1	Exeter	8	May
41.27	Devota Nyakyoma	U23		26.07.94	4	Manchester (SC)	12	Jun

2016 - W - JT

Mark		Name	Cat	DOB	Pos	Venue	Date	
41.26		Leah Hillman	U20	10.06.99	2	Gateshead	9	Jul
41.14		Paula Gass	U23	13.06.94	9	San Diego, USA	24	Mar
41.11		Emma Howe	U17	6.04.01	1	Blackburn	6	Aug
41.05		Laurie Dawkins	U20	11.10.98	3	Gateshead	9	Jul
41.02		Sarah Ellis		27.10.83	1	Basingstoke	21	May
40.90		Lily Mills	U20	16.01.99	1	Exeter	15	May
	(40)							
40.50		Emma Christmas		24.06.88	1	Colchester	20	Aug
40.49		Anna Peers	U20	28.08.97	1	Blackburn	3	Jul
40.37		Gaia Osborne	U17	9.08.00	1	Portsmouth	22	May
40.23		Evie Harris-Jenkins	U20	22.09.98	1	Rugby	5	Jun
40.20		Elspeth Jamieson	U23	5.09.96	1	Peterborough	14	Aug
40.19		Denisa Mihalcea	U17	17.01.00	1	Harrow	22	May
40.11		Lisa O'Neill	U20	20.07.99	1	Dunfermline	9	Apr
40.08		Morgan Lake	U20	12.05.97	10H	Kladno, CZE	11	Jun
39.89		Katie Holt	U20	16.06.99	1	Reading	22	May
39.74		Felicity Bee	U20	4.11.97	3	Yate	8	May
	(50)							
39.62		Demi Bromfield	U23	17.03.96	1	Kingston	7	Aug
39.61		Ellie Fulton	U20	18.06.99	2	Grangemouth	21	Aug
39.59		Grace Davies-Redmond	U20	14.06.98	1	Bath	15	Jun
39.33		Millie Cavanagh	U20	16.07.99	2	Portsmouth	22	May
39.33		Zoe Fitch	U20	22.09.97	1	St. Peter Port GUE	5	Jun
39.31		Vikki Adams	U20	23.02.98	1H	York	28	Aug
39.12		Jessica Tappin		17.05.90	3	Bebington	14	May
39.10		Francesca Garrott	U20	7.10.98	1	Cosford	4	May
39.02		Amy Lupton	U23	31.07.94	1	Ellesmere Port	3	Jul
38.84		Thora Cant	U20	27.07.97	1	Aberdeen	8	May
	(60)							
38.45		Katie Stainton	U23	8.01.95	2H	Bedford	15	May
38.31		Jessica Taylor		27.06.88	1H	Woerden, NED	28	Aug
38.13		Kate Davies	U23	27.09.95	7	Bedford	19	Jun
38.10		Simone McKen	U20	24.09.98	2	Rugby	5	Jun
37.90		Sophie Merritt	U20	9.04.98	6	Manchester (SC)	7	Aug
37.85		Elleana Hull	U20	5.12.97	2	Tullamore, IRL	4	Jun
37.83		Kirsty Bateman-Foley	U20	5.02.97	1	Peterborough	10	Sep
37.81		Alice Miell	U17	14.05.00	4	Cognac, FRA	1	May
37.78		Paula Murray		14.07.90	1	Livingston	3	Sep
37.66		Katarina Johnson-Thompson		9.01.93	2	Wigan	7	May
	(70)							
37.58		Emilie Knights-Toomer	U17	21.04.00	1	Hornchurch	22	May
37.52		Nikki Manson	U23	15.10.94	1	Aberdeen	2	Apr
37.51		Emma Fossett	U20	19.10.97	1	London (Cr)	18	Jun
37.32		Brittany Esterhuizen	U20	16.12.97	1	Cambridge	21	May
37.17		Leanne Davis	U20	12.05.97	1	Aldershot	18	Jun
36.93		Shauna Quirke	U20	30.03.97	2	Loughborough	23	Apr
36.83		Caroline Garratt	V50	14.06.63	2	Reading	22	May
36.79		Cathy Coleman	U20	3.07.98	1	Basingstoke	16	Apr
36.78		Isabella Coutts	U20	19.02.97	1	London (LV)	5	Mar
36.70		Tia Williams	U20	29.05.99	1	Macclesfield	3	Jul
	(80)							
36.61		Danielle Anderson		15.09.92	1	Oxford (H)	15	May
36.56		Paige MacHeath	U17	21.10.99	1	Gillingham	9	Jul
36.38		Alisha Levy	U17	1.10.99	1	Ipswich	21	May
36.35		Paige Ditchfield	U17	22.12.99	3	Wrexham	25	Sep
36.24		Laura Hanagan	U23	23.08.94	1H	Oxford (H)	17	Jul
36.22		Emily Robinson	U17	22.06.00	1	Kingston	20	Aug

Foreign
42.53		Kiara Reddingius (AUS)		2.01.92	1H	Sydney, AUS	31	Mar
41.60		Maite Vanucci (ITA)	U20	11.02.98	2	Modena, ITA	22	May
40.86		Olga Kotmilloshi (ALB)		12.07.83	7	London (He)	6	Aug

2016 - W - JT - JTI

37.34	Moe Sasegbon (NGR)	16.09.91	2H	Sheffield	19	Jun
37.29	Katy Sealy (BIZ)	15.10.90	1	Bury St. Edmunds	15	May
37.19	Fatima Jammeh Kinteh (ESP)	15.03.90	1	Corby	4	Jun
36.72	Beatrix Turner (ESP)	12.01.88	5	London (LV)	3	Jul

Javelin - Under 17 - 500 gm

50.64	Bethan Rees	27.10.99	1	Leiria, POR	24	Jul
47.01	Paula Holguin	1.10.00	3	Ashford	16	Jul
45.08	Gaia Osborne	9.08.00	1	Bromley	17	Jul
44.08	Eloise Locke	19.04.01	1	Ashford	15	May
44.03	Rebekah Walton	20.09.99	1	Derby	11	Jun
43.98	Emma Howe	6.04.01	3	Gateshead	8	Jul
43.14	Trixie Nicholson	1.11.00	5	Gateshead	8	Jul
43.06	Alisha Levy	1.10.99	3	Bedford	28	Aug
42.52	Maia Dart	2.06.00	1	Yeovil	3	Jul
42.46	Ellie Vernon	19.01.01	1	Nuneaton	24	Jul
(10)						
42.25	Denisa Mihalcea	17.01.00	1	Crawley	26	Jun
42.10	Nicola Bell	27.11.00	1	Kingston	14	May
41.99	Emilie Knights-Toomer	21.04.00	1	Ashford	11	Jun
41.39	Paige MacHeath	21.10.99	1	Ashford	1	May
40.28	Ottilie Knight	1.02.01	1	Tonbridge	29	Aug
40.24	Abigail Burton	9.03.00	1	Leeds	11	Jun
40.24	Bobbie Griffiths	15.03.01	1	Middlesbrough	14	Aug
40.04	Alice Miell	14.05.00	7	Chateauroux, FRA	3	Jul
39.93	Florence Baulk	10.12.00	1	Woking	26	Jun
39.75	Charlotte West	16.10.00	2	Eton	1	May
(20)						
39.52	Maisie Grice	29.06.00	1H	Exeter	18	Sep
39.40	Harriet Woodward	1.02.00	4-18	Loughborough	28	May
39.31	Amber Pennington	6.02.01	1	Horsham	7	Aug
38.93	Phoebe Brown	24.06.01	1	Swansea	29	May
38.87	Evie Bartl	15.08.00	1	Grangemouth	14	Aug
38.68	Eva Bowring	15.01.00	1	Eton	2	Apr
38.57	Olivia Dobson	27.03.01	2H	Exeter	18	Sep
38.56	Emily Dibble	17.09.99	2	Blackburn	29	May
38.42	Serena Vincent	5.12.01	1	Swindon	10	Dec
38.40	Tamsin Miller	21.09.99	1	Exeter	31	Jul
(30)						
38.36	Maisie Knighton	26.05.00	2	Sutton Coldfield	26	Jun
38.34	Catriona Jamieson	11.04.00	1	Brighton	15	May
38.30	Gemma Ramsey	27.06.01	1	Ipswich	17	Apr
38.18	Katherine Abel	16.06.00	1	Oxford (H)	1	May

Foreign

43.26	Kate O'Connor (IRL)	12.12.00	10H	Tbilisi, GEO	14	Jul

Javelin - Under 15 - 500 gm

48.84	Bethany Moule	21.11.01	2	Ashford	16	Jul
41.93	Keira Waddell	3.10.01	2-16	Swansea	6	Aug
39.46	Danielle Henderson	4.03.02	1	Gateshead	8	Jul
39.30	Jessica Hopkins	6.01.02	1	Chelmsford	7	Aug
39.01	Holly Hall	22.12.01	1	Ashford	14	Aug
38.31	Jemima Copeman	15.06.02	1	Oxford (H)	21	Aug
38.04	Olivia Steele	22.07.02	2	London (He)	30	Jul
37.90	Olivia Willmore	21.03.02	2	Oxford (H)	21	Aug
37.75	Hannah Barnden	8.01.02	1	Derby	11	Jun
37.45	Annabel Peach	6.04.02	2	Loughborough	29	May
(10)						
37.29	Sophie Graham	16.05.03	2	Gateshead	8	Jul
37.11	Georgia Shephard-Gazely	25.01.02	1	Sandy	24	Sep
37.00	Eleanor Butt	21.09.01	1	Chelmsford	11	Jun
36.76	Amy-Beth Curtis	6.02.02	1	Exeter	7	Aug

36.61	Tia Stonehouse	21.11.02	1	London (Elt)	22	Jun
36.57	Peanut Meekings	25.03.03	1	London (TB)	24	Sep
35.62	Emma Wallis	15.01.02	1	Bury St. Edmunds	29	Sep
35.48	Elizabeth Korczak	12.04.03	2	Crawley	11	Jun
35.40	Megan Hughes	28.11.01	1	London (TB)	2	May
35.32	Kirsty Costello	22.09.02	1	Livingston	20	Jul
(20)						
35.26	Jasmine Walker	30.09.02	1	Nuneaton	13	Aug
35.25	Jessie Brown	26.11.01	1	Derby	11	Sep
35.18	Samantha Callaway	4.03.02	1	Portsmouth	15	May
34.88	Alex Baker	27.12.01	1	Wrexham	24	Sep
34.86	Alana Wilson	18.09.01	1	Peterborough	14	Aug
34.57	Rebecca Chivers	20.11.01	1	Middlesbrough	13	Aug
34.51	Martha Taylor	1.03.02	8	Gateshead	8	Jul
34.50	Daisy Dowling	21.08.02	1	Ashford	11	Jun
34.48	Jodie Smith	2.11.01	1	Reading	11	Jun
34.41	Maisie Thorpe	17.03.02	1	Braunton	14	Aug

Javelin - Under 13 - 400 gm

37.37	Anouska Fairhurst	7.03.04	1	Lewes	19	Jun
33.77	Alex Arbon	29.11.03	1	Loughborough	29	May
33.39	Jasmine Larsen	13.05.05	1	Par	18	Sep
33.08	Harriette Mortlock	27.11.03	1	Woodford	19	Jun
32.99	Maya James	12.01.04	1	Aldershot	10	Jul
32.04	Carys Ward	25.01.04	1	Bromley	19	Jun
31.74	Megan Galpin	16.11.03	1	Woking	4	Sep
31.05	Phoebe Nettleton		1	Birmingham	4	Jul
30.43	Eliza Sutton	16.12.03	1	Walton	16	Jul
30.11	Samra Richardson	23.12.03	1	Watford	5	Jun

Heptathlon
W = wind assisted according to rules until 2009
w = wind assisted according to rules since 2010

6775	Jessica Ennis-Hill		28.01.86	2	Rio de Janeiro, BRA	13	Aug
	12.84/0.0 1.89	13.86	23.49/-0.5	6.34/-1.2	46.06	2:09.07	
6733				1	Ratingen, GER	26	Jun
	13.13/-0.8 1.84	14.29	23.36/-0.3	6.63/1.2	44.37	2:11.46	
6523	Katarina Johnson-Thompson		9.01.93	6	Rio de Janeiro, BRA	13	Aug
	13.48/-0.3 1.98	11.68	23.26/-0.1	6.51/0.9	36.36	2:10.47	
6304				6	Gotzis, AUT	29	May
	13.37/1.1 1.92	11.55	22.79/1.3	6.17/-0.1	36.66	2:16.81	
5951	Morgan Lake	U20	12.05.97	6	Kladno, CZE	11	Jun
	14.42/1.1 1.91	12.83	25.64/1.7	6.04/0.2	40.08	2:19.06	
5913w	Jessica Taylor		27.06.88	1	Bedford	15	May
	13.94w/3.1 1.66	12.63	23.67w/2.2	6.18w/2.4	37.28	2:15.62	
5873				1	Woerden, NED	28	Aug
	14.10/-1.8 1.69	12.74	23.99/-0.9	6.17w/2.8	38.31	2:18.93	
5777w	Katie Stainton		8.01.95	2	Bedford	15	May
	14.02w/3.1 1.75	11.42	24.25w/2.5	5.96w/2.5	38.45	2:19.50	
5763				10	Kladno, CZE	11	Jun
	14.17/1.1 1.70	11.36	24.07/1.4	6.03/0.6	35.55	2.13.10	
5648	Jo Rowland		29.12.89	1	Sheffield	19	Jun
	14.83/1.3 1.69	12.72	25.17/0.9	5.93w/2.3	41.03	2:18.31	
5431				5	Hexham	10	Jul
	15.05/0.8 1.66	12.31	25.37w/3.5	5.92/1.0	38.94	2:22.98	
5346				3	Asikkala, FIN	15	Aug
	14.89w/3.2 1.63	12.54	26.10/-0.1	5.82/1.0	38.70	2:21.96	
5272				1	York	28	Aug
	14.97/0.0 1.66	12.45	26.00/0.1	5.60/0.6	38.80	2:24.82	
5179				10	Arona, ESP	5	Jun
	15.63/-2.1 1.65	12.83	26.46/-2.7	5.65/-0.3	38.09	2:23.58	

2016 - W - Hep

```
5284        Elise Lovell              9.05.92   1      Oxford (H)         17 Jul
            14.02/0.2  1.64    9.86   25.05/-1.6     5.89    31.80    2:22.04
5254W       Oliva Montez Brown        U23  22.05.96  6      Bradenton, USA     27 May
            14.37/1.2  1.61    10.45  25.56/0.8      6.08w/4.1  32.53  2:22.77
            5187                                     5.86/1.8
5242        Anna Nicole Rowe          U20  2.09.98   2      Arona, ESP         5 Jun
            14.90/0.0  1.62    10.61  25.78/-1.4     6.04/0.0  30.99   2:15.55
5237        Laura Hanagan             U23  23.08.94  3      Sheffield          19 Jun
            14.51/0.2  1.57    11.49  24.87/0.9      5.49/1.9  34.29   2:18.23
            5137                                     2      York               28 Aug
            14.68/0.0  1.57    10.96  25.21/0.1      5.52/1.0  34.35   2:19.71
            5076                                     2      Oxford (H)         17 Jul
            14.71/0.2  1.58    11.28  25.52/1.6      5.27      36.24   2:21.67
       (10)
5208w       Niamh Bailey              U23  28.06.95  4      Bedford            15 May
            14.10w/3.1 1.63    10.43  24.41w/2.2     5.77w/2.7  27.85  2:24.99
5059        Emily Dixon               U23  27.11.95  1      Elon, USA          7 May
            14.47/1.8  1.66    10.88  25.34/1.2      5.36/0.9  31.36   2:26.70
5056        Hannah Dunderdale         U23  2.11.94   4      Sheffield          19 Jun
            14.64/0.2  1.54    11.08  25.06/0.9      5.38/1.1  32.97   2:20.15
5017        Emma Nwofor               U23  22.08.96  5      Bedford            15 May
            14.15/1.3  1.60    11.38  25.25/1.5      5.42w/2.9  32.24  2:33.95
5014        Ellen Barber              U20  5.12.97   1      Exeter             26 Jun
            16.01/0.6  1.71    11.10  26.50/0.6      5.54/1.9  35.79   2:23.28
25 performances to 5000 points by 15 athletes.
4994        Katie Garland             U20  27.01.97  1      Oxford (H)         17 Jul
            14.79/-1.0 1.67    10.02  26.17/-0.4     5.64      31.50   2:25.73
4985        Emma Canning              U20  7.03.97   4      Asikkala, FIN      15 Aug
            14.70w/3.2 1.69    8.73   26.20/-0.1     5.63/-0.1  26.09  2:14.97
4971        Michelle Hughes           U20  1.02.98   3      Arona, ESP         5 Jun
            14.80/0.0  1.68    9.59   25.77/-1.4     5.86/-0.1  25.74  2:25.55
4958        Lucy Turner               U20  14.02.97  8      Hexham             10 Jul
            14.36/0.8  1.51    9.90   25.71w/3.6     5.77/0.4  31.72   2:24.53
4908        Amy Hodgson               U23  18.01.96  6      Bedford            15 May
            14.53/1.3  1.57    10.83  25.60/0.4      5.51w/2.5  25.88  2:23.04
       (20)
4859        Beth Taylor               U23  25.12.96  5      Sheffield          19 Jun
            15.29/1.3  1.60    10.09  25.83/0.9      5.16/1.0  32.42   2:18.38
4845        Suzzanne Palmer                11.09.93  7      Bedford            15 May
            14.29/1.3  1.57    11.30  25.35/1.5      5.39/0.0  34.16   2:45.43
4803        Holly Pattie-Belleli      U23  9.06.94   3      Fayetteville, USA  26 Mar
            14.14/-0.6 1.61    8.43   25.13/1.3      5.55w/2.5  19.25  2:21.37
4665        Becky Owen                     8.09.91   1      Sutton             11 Sep
            14.92/1.2  1.57    10.64  26.57/2.0      5.24/-0.4  32.60  2:34.25
4631        Molly Newton O'Brien      U20  5.05.99   2      Exeter             18 Sep
            16.12/0.0  1.68    8.71   26.05/1.5      5.04/-0.6  34.32  2:26.78
4610        Georgia Doyle-Lay         U20  27.10.98  2      Exeter             26 Jun
            15.90/0.6  1.62    9.96   26.31/0.6      5.31/1.0  27.41   2:25.20
4605        Sara Geary                     6.04.91   10     Bedford            15 May
            15.63/0.0  1.57    10.00  25.68/1.5      5.53w/2.1  25.12  2:29.76
4581        Sophie Bronze             U20  28.06.98  3      Exeter             18 Sep
            15.12/0.5  1.56    10.68  27.02/1.9      5.00/-0.7  31.54  2:28.10
4580        Gemma Finch               U20  1.08.97   9      Lafayette, USA     14 May
            15.37/2.0  1.66    8.53   26.71/1.5      5.26/0.1   25.75  2:22.96
4561        Annabelle Pask            U20  6.09.97   3      Vienna, AUT        28 Aug
            15.67/-3.1 1.63    11.50  27.32/-3.5     5.05/1.3  35.59   2:40.59
       (30)
4530        Lucy Chappell             U20  10.01.97  1      Woerden, NED       28 Aug
            15.46/-2.7 1.66    10.11  26.90/-1.3     5.30W/4.9  25.45  2:33.40
4526        Georgia Parris            U20  5.10.97   1      Derby              26 Jun
            15.7       1.71    8.97   26.0           5.02      28.11   2:30.0
```

351

2016 - W - Hep

Score	Name			Event1	Date		Venue	Day	Month
4465	Ashleigh Spiliopoulou			U20	2.04.99	1	London (LV)	26	Jun
	15.9/0.5	1.65	8.94	27.1/-1.1		5.47	28.25	2:29.9	
4406	Naomi Morgan			U23	23.11.96	1	Dublin (S),IRL	29	May
	14.7/1.1	1.46	8.70	26.48/0.6		5.47/0.6	27.26	2:32.47	
4371	Julia Machin			V45	26.03.70	2	Sutton	11	Sep
	15.56/1.2	1.60	9.96	27.84/2.0		5.39/-0.7	29.70	2:41.39	
4333	Siobhan Kingham			U20	2.11.98	1	Aberdeen	3	Jul
	15.82/-1.9	1.54	9.67	25.86/-1.9		5.46/1.1	27.32	2:46.57	
4293	Lillian Goddard			U20	16.09.97	3	Exeter	26	Jun
	17.11/0.6	1.56	8.80	26.07/0.6		4.96/0.0	24.36	2:17.32	
4292	Anya Turner			U20	8.11.98	6	Exeter	18	Sep
	15.32/1.1	1.53	10.02	26.94/0.7		4.84/-0.3	32.27	2:41.75	
4269	Jessica Dobson			U20	19.01.98	7	Exeter	18	Sep
	15.83/0.0	1.56	9.14	25.95/1.5		5.15/-0.3	25.19	2:39.81	
4220	Katy Robinson			U23	21.01.94	2	Dublin (S), IRL	29	May
	15.5/1.1	1.55	8.89	27.47/0.6		4.78/0.9	30.37	2:30.91	
(40)									
4201	Sara Watterson			U20	15.12.98	1	Blackburn	26	Jun
	15.6	1.62	7.17	26.8		5.03	27.80	2:33.3	
4140	Jade Simson			U20	9.10.97	8	Exeter	18	Sep
	14.73/0.5	1.56	9.56	27.41/0.7		5.28/0.0	32.56	3:15.87	
4089	Amy Barron			U20	15.07.98	10	Exeter	18	Sep
	16.09/0.0	1.53	7.64	27.14/0.9		5.15/0.0	23.97	2:30.13	
4061	Nicole Burger			U23	11.05.94	1	Birmingham	31	Jul
	16.64/0.4	1.52	9.67	26.72/1.3		5.09/1.3	26.83	2:43.35	
4054	Vikki Adams			U20	23.02.98	2	York	28	Aug
	18.26/0.0	1.51	10.74	27.57/0.4		5.00/1.0	39.31	2:46.20	
4050	Georgia Silcox			U20	14.10.98	11	Exeter	18	Sep
	14.92/0.5	1.38	7.80	26.60/0.7		5.39/0.0	18.34	2:33.46	
4035	Elena Richardson			U23	15.06.96	12	Bedford	15	May
	15.87/1.9	1.48	9.54	27.52/0.4		4.80w/2.6	23.30	2:30.85	
3970	Rebecca Pickard			U20	5.01.98	13	Exeter	18	Sep
	16.17/0.0	1.56	7.29	26.88/0.9		4.98/0.0	17.54	2:28.36	
3969	Una Laqeretabua			U20	28.08.99	2	London (LV)	26	Jun
	16.2/0.1	1.44	9.09	27.7/-1.1		4.89	33.34	2:39.6	
3966	Emma Fowler			U20	22.06.98	14	Exeter	18	Sep
	16.16/1.1	1.56	7.83	27.49/1.9		5.06/0.0	24.41	2:39.78	
(50)									
3958	Annie Bradshaw			U20	15.02.99	2	Blackburn	26	Jun
	18.0	1.59	7.55	26.7/1.4		4.88	20.34	2:17.3	
3948	Sally Cowler			U20	11.12.97	3	London (LV)	26	Jun
	16.5/0.5	1.56	8.27	27.5/-1.1		5.30	24.58	2:42.2	
3930	Beth Crocker			U20	5.01.97	2	Oxford (H)	17	Jul
	17.08/-1.0	1.49	10.93	28.20/-0.4		5.29	15.71	2:31.27	
3899	Charlotte Robison			U20	13.07.97	6	Worcester, USA	21	Apr
	16.25/0.8	1.44	8.33	27.58/-1.4		5.18/1.0	24.73	2:38.61	
3882	Megan Nagy			U20	26.02.99	17	Exeter	18	Sep
	18.75/0.0	1.53	10.34	27.51/0.4		4.62/0.0	27.25	2:28.84	
3876	Emma McCay			U23	21.01.95	2	Belfast (MP)	14	Aug
	16.37/0.5	1.57	6.62	26.99/0.7		4.99	14.84	2:27.05	
3862	Emily Craig			U20	5.02.99	2	Aberdeen	3	Jul
	15.88/-1.9	1.51	7.51	26.93/-1.9		4.01/0.5	23.34	2:25.21	
3841	Sophia Hamilton			U20	10.01.97	3	Aberdeen	3	Jul
	16.51/-1.9	1.45	8.54	26.38/-1.9		4.84/-2.5	20.67	2:37.03	
3829	Emily Cartledge			U23	9.09.96	5	Oxford (H)	17	Jul
	16.86/-1.3	1.58	9.41	28.41/-1.6		4.62	27.53	2:44.16	
3814	Charlotte Skeggs			U20	1.09.98	18	Exeter	18	Sep
	16.78/0.0	1.53	7.97	27.52/0.9		4.74/-0.3	25.07	2:37.89	

Foreign

5582	Moe Sasegbon (NGR)		16.09.91	2	Sheffield	19 Jun
	14.24/0.2 1.81 11.97		25.15/0.9 5.53/1.2		37.34 2:22.56	
5537	Kiara Reddinguis (AUS)		2.01.92	1	Perth, AUS	28 Sep
	14.45/0.5 1.69 12.19		24.70w/2.1 5.65/0.6		40.89 2:24.58	
4817	Katy Sealy (BLZ)		15.10.90	1	San Salvador, ESA	18 Jun
	15.46/0.7 1.68 11.10		27.09/-0.3 5.48/-0.1		35.61 2:35.78	
3840	Nadya Wisham (USA)		U20 24.11.97	3	Oxford (H)	17 Jul
	16.95/-1.0 1.49 8.40		28.06/-0.4 4.94		28.52 2:38.95	

Heptathlon - Under 18
IAAF specifications 76.2cms hurdles, 3k Shot, 500gms JT

5919	Niamh Emerson		22.04.99	3	Tbilisi, GEO	15 Jul
	14.17/0.2 1.85 12.81		25.19/1.7 5.95/-0.7		35.44 2:12.65	
4996	Isabel Wakefield		5.01.00	2	Bedford	15 May
	14.41/0.4 1.57 10.82		25.61/0.7 5.33w/3.1		32.37 2:22.76	
4965	Holly McArthur		20.12.99	2	Street	24 Apr
	15.31/-2.9 1.58 11.11		25.66/0.0 5.16/-0.3		32.55 2:14.82	
4833	Ada´ora Chigbo		2.01.99	3	Bedford	15 May
	15.49/0.4 1.75 14.04		27.51/0.0 5.01/0.6		28.49 2:32.49	
4685	Grace Bower		3.11.99	4	Bedford	15 May
	14.87/0.4 1.60 10.59		27.42/0.7 5.39w/2.7		29.27 2:28.35	

Foreign

5559	Kate O´Connor (IRL)		12.12.00	7	Tbilisi, GEO	15 Jul
	14.73/0.2 1.73 12.62		25.59/1.6 5.62/-1.0		43.26 2:22.51	

Heptathlon - Under 17

5226	Jade O´Dowda		9.09.99	1	Exeter	18 Sep
	11.55/-0.7 1.68 11.89		25.57/-1.1 5.83/0.0		29.52 2:23.28	
5051	Holly McArthur		20.12.99	1	Aberdeen	3 Jul
	11.86/-0.9 1.57 11.33		25.43/0.0 5.42/1.2		32.33 2:16.81	
4920	Amaya Scott		15.02.01	1	London (LV)	26 Jun
	12.2/-1.5 1.74 12.61		26.7/-1.1 5.39		29.55 2:30.3	
4860	Pippa Earley		7.09.00	2	London (LV)	26 Jun
	11.6/1.1 1.47 10.62		26.1/-1.1 5.77		28.47 2:18.0	
4752w	Bethan Burley		26.03.00	1	Exeter	26 Jun
	12.00/2.0 1.53 11.89		26.12w/3.7 5.15w/3.3		35.27 2:31.10	
4646				6	Exeter	18 Sep
	12.11/0.1 1.50 12.87		26.67/-1.1 4.96/0.0		33.80 2:30.62	
4729	Olivia Dobson		27.03.01	4	Exeter	18 Sep
	12.48/-0.1 1.56 14.11		27.18/-2.6 5.02/-0.6		38.57 2:37.69	
4679	Lucy Hadaway		11.06.00	5	Exeter	18 Sep
	11.89/0.1 1.53 12.02		27.04/1.3 5.61/-0.3		35.28 2:43.73	
4633	Alexa Eichelmann		14.12.99	7	Exeter	18 Sep
	12.35/-1.8 1.59 10.85		27.36/-2.6 5.22/-0.8		32.20 2:25.42	
4621	Natasha Smith		10.10.99	8	Exeter	18 Sep
	12.58/-1.8 1.77 9.70		27.08/-1.2 5.02/0.7		29.86 2:29.38	
4609	Katrina Kemp		9.09.00	1	Peterborough	26 Jun
	12.4 1.64 11.25		27.0 5.22		33.59 2:36.8	
(10)						
4583	Alix Still		15.03.00	2	Aberdeen	3 Jul
	12.18/-0.9 1.60 10.22		27.13/0.0 5.21/1.1		29.04 2:25.39	
4575w	Emily Race		11.09.00	4	Bedford	21 Aug
	11.70w/2.4 1.62 10.98		27.45w/2.2 5.15w/2.1		30.53 2:36.03	
4028				4	Derby	26 Jun
	12.1 1.50 10.07		27.7 4.66		25.68 2:38.8	
4554	Rhea Southcott		30.03.01	2	Middlesbrough	26 Jun
	13.0 1.68 13.71		28.7 4.69		28.44 2:22.4	
4553	Alice Linaker		6.12.99	9	Exeter	18 Sep
	12.16/-0.7 1.59 11.37		27.37/-0.2 5.23/-1.5		32.45 2:37.26	

2016 - W - Hepl

4547	Jenna Blundell			12.06.01	10	Exeter		18 Sep
	11.77/-0.7 1.59		8.66	26.12/-1.1	5.12/-1.2	29.68	2:29.46	
4521	Nicole Parcell			16.12.99	11	Exeter		18 Sep
	11.88/-0.7 1.56		11.61	26.75/-1.2	5.37/0.0	30.60	2:46.76	
4513	Anna Brophy			14.04.01	12	Exeter		18 Sep
	12.59/-0.1 1.71		9.10	27.16/1.3	4.82/-0.6	30.50	2:25.09	
4487	Venus Morgan			5.06.01	13	Exeter		18 Sep
	11.93/0.1 1.59		10.44	26.51/1.3	4.88/0.0	28.25	2:31.56	
4440	Lauren Evans			7.08.00	3	Street		24 Apr
	11.97/-1.0 1.66		9.86	26.86/-0.6	5.26/1.5	21.23	2:33.95	
4364w	Olivia Galloway			4.07.00	6	Exeter		26 Jun
	12.00/2.0 1.47		9.79	27.18w/3.7	5.23w/2.7	31.88	2:35.23	
4211					5	Street		24 Apr
	12.43/-1.0 1.48		10.84	27.66/0.4	4.93/1.8	30.48	2:37.62	
	(20)							
4363	Ashleigh Bailey			19.01.01	15	Exeter		18 Sep
	12.23/-1.8 1.53		12.36	26.77/-0.2	5.02/0.0	26.66	2:42.55	
4355	Mayi Hughes			5.11.00	16	Exeter		18 Sep
	12.22/0.1 1.62		9.45	26.98/-0.2	4.92/0.0	32.30	2:41.02	
4314	Amelia Bateman			13.11.00	5	Middlesbrough		26 Jun
	12.7 1.62		10.32	28.5	4.96	27.47	2:26.0	
4255	Maisie Grice			29.06.00	18	Exeter		18 Sep
	13.05/-0.3 1.38		9.13	27.66/-0.4	4.58/0.0	39.52	2:16.35	
4246	Zoe Pollock			21.12.00	19	Exeter		18 Sep
	12.12/-0.2 1.47		9.54	26.12/-1.1	4.70/-0.5	28.16	2:32.01	
4240w	Elise Thorner			16.03.01	7	Exeter		26 Jun
	13.02/2.0 1.62		9.16	27.21w/3.5	4.91/1.8	19.51	2:19.92	
4060					24	Exeter		18 Sep
	12.78/0.0 1.59		9.22	27.77/-2.6	4.57/-0.5	17.30	2:20.04	
4238	Beth Loveday			9.03.00	20	Exeter		18 Sep
	12.17/-0.7 1.44		8.27	26.69/1.3	5.32/0.0	30.44	2:36.07	
4220W	Cerys Lee			4.11.00	8	Exeter		26 Jun
	12.50w/3.6 1.50		9.43	26.62W/4.7	5.29/1.4	22.92	2:33.76	
4039					25	Exeter		18 Sep
	12.71/-1.8 1.50		8.72	27.25/-1.2	5.06/1.7	25.26	2:36.87	
4205	Talia Morton-Kemsley			20.05.01	21	Exeter		18 Sep
	12.44/-1.8 1.50		10.66	26.95/-2.6	4.87/-0.8	29.28	2:40.59	
4181	Ally Emanuel			11.12.99	8	Bedford		21 Aug
	12.23/1.8 1.35		10.73	26.42/0.6	4.91w/2.4	25.86	2:30.96	
	(30)							
4151	Sophie Domingo			7.01.00	4	Peterborough		26 Jun
	12.2 1.49		7.98	27.2	5.12	29.29	2:34.4	
4139	Hannah Haugvik			9.03.00	6	London (LV)		26 Jun
	12.1/1.1 1.62		8.17	27.1/-1.1	4.83	23.82	2:35.5	
4138	Olivia Jones			20.02.00	9	Bedford		21 Aug
	12.23/-0.9 1.59		10.22	28.45/1.7	4.98w/3.1	29.15	2:47.45	
4117w	Lauren Rousell			10.03.00	9	Exeter		26 Jun
	12.79w/3.6 1.56		8.42	26.92w/3.7	5.14w/3.1	23.54	2:35.01	
3923					8	Street		24 Apr
	13.85/-2.8 1.57		9.40	27.46/-0.6	4.97/0.9	22.12	2:38.01	
4070W	Molly D´arcy Rice			20.09.99	10	Exeter		26 Jun
	13.58w/3.6 1.59		8.04	27.59W/4.7	4.45/1.1	29.32	2:22.54	
4057	Jasmine McCallum			12.01.01	8	London (LV)		26 Jun
	13.0/-1.5 1.53		10.17	27.7/0.0	5.05	23.81	2:36.2	
4039	Grace Gentry			7.09.00	9	London (LV)		26 Jun
	12.7/-1.5 1.44		9.53	26.3/-1.1	5.30	19.75	2:37.9	
4034w	Ellie Spark			7.01.00	11	Exeter		26 Jun
	12.80/2.0 1.47		10.94	28.09w/3.5	4.35/2.0	31.77	2:34.96	

Hexathlon - Under 15

3769	Jessica Hopkins			6.01.02	1	Bedford		21	Aug
	11.74w/2.0 5.29/1.4	36.59	12.12	1.59		2:53.41			
3499	Mia Chantree			15.11.01	2	Bedford		21	Aug
	11.96/0.0 5.32/2.0	26.98	9.31	1.53		2:36.58			
3471w	Danielle Hopkins			29.12.01	3	Bedford		21	Aug
	12.23/2.0 5.19w/2.2	20.57	9.30	1.68		2:37.95			
3446	5.10/1.8								
3467	Stephanie Driscoll			24.10.01	4	Bedford		21	Aug
	12.51/2.0 4.81/0.5	22.33	10.50	1.56		2:24.89			
3427	Samantha Harris			4.11.01	5	Bedford		21	Aug
	11.48/0.0 5.32w/3.0	23.0	9.93	1.44		2:36.21			
3159	Milly Gall			20.02.03	6	Bedford		21	Aug
	11.83/0.0 5.09/1.5	27.00	9.22	1.47		2:57.03			
3156	Hannah Barnden			8.01.02	7	Bedford		21	Aug
	12.69/1.1 4.68/1.9	28.78	10.01	1.47		2:45.66			
3125	Laura Hickey			6.01.02	8	Bedford		21	Aug
	11.89/0.0 4.82/1.5	19.40	7.79	1.59		2:42.95			
3121	Grace Morgan			14.01.02	9	Bedford		21	Aug
	11.67/0.0 5.08w/2.3	26.77	8.82	1.38		2:49.67			
3119	Lily Ivin			23.07.02	10	Bedford		21	Aug
	12.33/1.1 4.72/1.6	20.97	9.92	1.41		2:34.17			
(10)									
3116	Lauren Farley			16.09.01	11	Bedford		21	Aug
	12.67/1.1 4.84/-0.6	30.79	10.62	1.41		2:55.03			

Order of events   75m H, LJ, JT, SP, HJ, 800m

Pentathlon - Under 15 (* Pentathlon Score during Hexathlon)

3314	Iris Oliarnyk			6.09.01	1	Exeter		18	Sep
	11.93/0.0 12.12		1.54	5.36/-0.1	2:34.61				
3267	Jessica Hopkins			6.01.02	2	Exeter		18	Sep
	11.77/0.3 12.09		1.60	5.05/0.0	2:38.59				
3265	Kiera Bainsfair			3.02.02	1	Peterborough		26	Jun
	11.5 9.21		1.58	5.18	2:26.9				
3243	Emily Bee			3.03.02	3	Exeter		18	Sep
	11.24/0.0 9.51		1.54	5.31/0.0	2:31.97				
3234w	Beau Studholme			15.09.01	1	Blackburn		26	Jun
	12.2w/2.1 10.08		1.63	4.88	2:25.6				
3079					8	Exeter		18	Sep
	12.66/1.1 9.73		1.60	4.84/-0.5	2:28.50				
3221w	Samantha Harris			4.11.01	1	Exeter		26	Jun
	11.36w/3.2 9.38		1.54	5.34	2:32.69				
3198					1	Street		24	Apr
	11.49/-0.4 9.56		1.54	5.31	2:33.47				
3177	Orla Brennan			8.02.02	5	Exeter		18	Sep
	11.17/0.0 8.35		1.48	5.26	2:25.61				
3172w*	Danielle Hopkins			29.12.01	*	Bedford		21	Aug
	12.23/0.0 9.30		1.68	5.19w/2.2	2:37.95				
3122					1	Derby		26	Jun
	12.6 9.72		1.65	5.08	2:35.5				
3157	Hollie Thurgood			2.07.02	6	Exeter		18	Sep
	11.48/0.0 10.64		1.51	5.10/0.0	2:35.09				
3147	Jasmine Jolly			7.12.01	2	Blackburn		26	Jun
	11.2/0.5 9.24		1.48	4.97	2:26.0				
(10)									
3143	Stephanie Driscoll			24.10.01	3	Blackburn		26	Jun
	12.1 8.88		1.57	4.76	2:19.7				
3136	Lucy Davison			8.11.01	1	Grangemouth		4	Jun
	12.00 11.18		1.46	5.27	2:34.08				
3115	Mia Chantree			15.11.01	2	Oxford (H)		16	Jul
	12.18 8.95		1.68	5.14	2:40.04				

2016 - W - PenG - PenM

3057	Tallulah Jeffes		14.06.02 3	London (LV)	26 Jun
	12.7/0.7 9.49	1.57	4.70 2:23.1		
3037	Morgan Spink		6.04.02 1	York	28 Aug
	11.90/1.6 7.60	1.55	4.98/1.4 2:25.95		
3026	Laura Hickey		6.01.02 4	Blackburn	26 Jun
	11.5/1.4 8.01	1.54	5.17 2:36.0		
2990	Tia Jackson		5.08.02 10	Exeter	18 Sep
	12.27/0.0 7.87	1.60	5.34/0.7 2:40.77		
2969	Ellie Carrow		26.10.01 11	Exeter	18 Sep
	12.36/0.0 9.36	1.57	4.94/0.0 2:37.50		
2967	Lois McTiffin		31.07.02 12	Exeter	18 Sep
	11.98/0.0 10.50	1.45	5.01/0.0 2:37.68		
2958	Isobel Pinsky		18.12.01 3	Street	24 Apr
	11.84/-0.4 8.20	1.57	4.75 2:32.68		
(20)					
2944	Amelia Woodnick		18.02.02 1	Peterborough	25 Sep
	11.70 8.29	1.59	4.83 2:39.52		
2938	Emily Tyrrell		4.01.02 4	Street	24 Apr
	11.95/-1.5 8.22	1.51	5.17 2:37.21		
2931	Milly Gall		20.02.03 14	Exeter	18 Sep
	11.69/0.0 9.06	1.48	5.17/0.0 2:42.24		
2914	Madeline Wilton		11.04.02 16	Exeter	18 Sep
	12.37/1.1 10.46	1.42	5.02/0.0 2:35.80		
2899	Abigail Pawlett		14.01.03 17	Exeter	18 Sep
	11.48/0.3 9.92	1.48	4.48/0.1 2:36.33		
2897	Lucy Tunnacliffe		23.05.02 4	Oxford (H)	16 Jul
	12.10 10.24	1.41	4.80 2:32.62		
2843	Molly Hole		28.02.03 1	Exeter	25 Sep
	13.18w/2.4 11.22	1.60	4.82 2:52.79		
2823	Nicola Proudfoot		12.11.02 3	York	28 Aug
	12.54/1.6 7.71	1.49	4.85/0.2 2:29.61		
2812*	Lily Ivin		23.07.02 *	Bedford	21 Aug
	12.33/1.1 9.92	1.41	4.72/1.6 2:34.17		
2808	Ndidikama Okoh		3.12.02 4	Brentwood	25 May
	12.9 6.68	1.54	4.61 2:22.3		

Order of events: 75mh, SP (3k), HJ, LJ, 800

Pentathlon - Under 13

2645	Maisie Jeger		24.11.03 1	Tonbridge	29 Aug
	11.80/-2.5 4.52	8.82	1.39 2:31.80		
2564	Erin Lobley		12.10.04 1	Jarrow	24 Sep
	12.2 4.57	9.21	1.46 2:45.3		
2519	Ava Taperell		21.12.03 2	Jarrow	24 Sep
	12.5 3.90	8.01	1.40 2:21.7		
2458	Lucy Gryce		23.10.03 1	Sutton	11 Sep
	11.88/0.7 4.36	8.39	1.38 2:40.32		
2446	Katie Chapman		20.09.03 1	Exeter	25 Sep
	11.80/2.0 4.71	10.13	1.53 3:22.70		
2430	Ella Rush		8.04.04 3	Jarrow	24 Sep
	12.1 4.45	7.79	1.37 2:38.6		
2426	Emily Frimpong		8.11.03 1	Hemel Hempstead	26 Jun
	11.9 4.64	7.67	1.42 2:49.2		
2393	Cleo Tomlinson		17.06.04 1	Sutton	11 Sep
	11.99/1.1 4.77	6.26	1.44 2:48.14		
2392	Kiikii Brown		20.01.04 4	Jarrow	24 Sep
	12.9 4.89	6.98	1.43 2:47.0		
2390	Katie Burr		30.09.03 5	Jarrow	24 Sep
	12.5 4.12	7.51	1.46 2:38.7		

Order of events: 70mh, LJ, SP (2.72k), HJ, 800m

Pentathlon - Indoor

Rank	Name	Cat	Mark	Pos	Venue	Date
4519	Morgan Lake	U20	12.05.97	1	Salamanca, ESP	20 Feb
	8.63 1.93	12.97	5.89	2:18.53		
4499				7	Portland, USA	18 Mar
	8.70 1.88	13.61	6.03	2:20.40		
4214	Jessica Taylor		27.06.88	3	Reims, FRA	31 Jan
	8.47 1.68	12.39	5.98	2:19.54		
4110	Niamh Emerson	U20	22.04.99	1	Salamanca, ESP	20 Feb
	9.15 1.87	9.93	5.77	2:17.41		
4086	Katie Stainton	U23	8.01.95	1	Sheffield	10 Jan
	8.82 1.75	10.88	6.03	2:23.51		
4057	Marilyn Nwawulor		20.09.92	2	Sheffield	10 Jan
	8.37 1.72	11.89	5.85	2:31.48		
4002	Jo Rowland		29.12.89	7	Reims, FRA	31 Jan
	9.19 1.68	12.50	5.82	2:20.85		
3936	Niamh Bailey	U23	28.06.95	4	Salamanca, ESP	20 Feb
	8.65 1.63	11.11	5.84	2:23.41		
3773	Olivia Montez Brown	U23	22.05.96	9	Pittsburg, USA	12 Mar
	8.77 1.58	10.63	5.70	2:23.87		
3743	Elise Lovell		9.05.92	5	Sheffield	10 Jan
	8.73 1.60	9.56	5.78	2:25.07		
3688	Emily Dixon	U23	27.11.95	2	Boston, USA	4 Mar
	9.06 1.63	10.93	5.38	2:24.47		
(10)						
3680	Emma Canning	U20	7.03.97	2	Sheffield	9 Jan
	9.17 1.66	9.14	5.74	2:25.11		
3679	Amy Hodgson	U23	18.01.96	6	Sheffield	10 Jan
	9.02 1.60	10.48	5.44	2:22.25		
3665	Laura Hanagan	U23	23.08.94	7	Sheffield	10 Jan
	8.96 1.57	9.87	5.56	2:21.17		
3665	Holly Pattie-Belleli	U23	9.06.94	10	Lincoln, USA	5 Feb
	8.63 1.60	8.16	5.60	2:21.64		
3662	Anna Nicole Rowe	U20	2.09.98	3	Sheffield	9 Jan
	9.34 1.57	11.32	5.45	2:20.33		
3577	Michelle Hughes	U20	1.02.98	4	Sheffield	9 Jan
	8.99 1.63	10.11	5.44	2:31.52		
3523	Katie Garland	U20	27.01.97	5	Sheffield	9 Jan
	9.14 1.66	9.38	5.64	2:37.13		
3521	Gemma Finch	U20	1.08.97	1	Birmingham, USA	23 Feb
	9.37 1.67	8.49	5.13	2:18.59		
3474	Emma Nwofor	U20	22.08.96	8	Sheffield	10 Jan
	8.97 1.69	10.41	5.12	2:40.40		
3452	Micaela Brindle	U23	22.04.94	9	Sheffield	10 Jan
	9.00 1.57	10.08	5.74	2:43.32		

Pentathlon - Indoor Under 17

Rank	Name	Mark	Pos	Venue	Date
3874	Anna McCauley	2.01.01	2	Athlone, IRL	10 Dec
	8.71 1.69 10.34	5.44	2:19.82		
3811	Pippa Earley	7.09.00	2	Sheffield	12 Mar
	8.72 1.54 10.69	5.79	2:20.65		
3667	Amaya Scott	15.02.01	4	Athlone, IRL	10 Dec
	9.10 1.60 14.30	5.18	2:36.05		
3619	Holly McArthur	20.12.99	3	Sheffield	12 Mar
	8.98 1.57 9.72	5.30	2:18.07		
3612	Olivia Dobson	27.03.01	5	Athlone, IRL	10 Dec
	9.36 1.66 13.66	5.27	2:40.73		
3605	Sarah Omoregie	2.04.00	4	Sheffield	12 Mar
	9.40 1.60 14.86	5.39	2:44.61		
3573	Rhea Southcott	30.03.01	5	Sheffield	12 Mar
	9.73 1.63 12.71	5.08	2:25.56		

2016 - W - PenII - 2kWR

3464	Natasha Smith			10.10.99	6	Sheffield	12	Mar
	9.32	1.78	9.48	4.94	2:35.25			
3436	Alix Still			15.03.00	2	Glasgow	14	Feb
	9.02	1.51	10.70	5.29	2:30.80			
3417	Emily Race			11.09.00	1	Sheffield	18	Dec
	9.2	1.60	11.73	5.11	2:35.2			
3403	Alice Linaker			6.12.99	8	Sheffield	12	Mar
	9.08	1.60	10.44	5.25	2:38.71			

Foreign
3877	Kate O'Connor (IRL)			12.12.00	1	Athlone, IRL	23	Jan
	9.39	1.73	11.30	5.63	2:21.55			

Pentathlon Indoor - Under 15

3397	Jasmine Jolly			7.12.01	1	Sheffield	13	Mar
	9.21	5.20	9.59	1.53	2:24.95			
3292	Lucy-Jane Matthews			17.09.02	1	London (LV)	18	Dec
	9.11	4.98	10.44	1.54	2:35.35			
3255	Iris Oliarnyk			6.09.01	2	Sheffield	13	Mar
	9.70	5.41	10.92	1.53	2:40.23			
3228	Kiera Bainsfair			3.02.02	3	Sheffield	13	Mar
	9.09	5.18	8.91	1.53	2:36.39			
3179	Jessica Hopkins			6.01.02	4	Sheffield	13	Mar
	9.60	5.11	11.74	1.50	2:43.30			
3148	Hollie Thurgood			2.07.02	1	London (LV)	27	Mar
	9.46	5.01	9.80	1.56	2:40.72			
3147	Abigail Pawlett			14.01.03	2	London (LV)	18	Dec
	9.31	5.02	9.10	1.51	2:34.87			
3131	Samantha Harris			4.11.01	2	London (LV)	27	Mar
	9.26	5.29	9.22	1.44	2:37.54			
3128	Mia Chantree			15.11.01	5	Sheffield	13	Mar
	9.51	5.06	8.60	1.56	2:36.01			
3126	Nicole Proudfoot			12.11.02	7	Athlone, IRL	10	Dec
	9.63	5.02	8.26	1.57	2:32.54			
(10)								
3104	Lucy Davison			8.11.01	1	Glasgow	14	Feb
	9.49	4.99	10.56	1.46	2:36.56			

Pentathlon Indoor - Under 13

2207	Rachel Carter			16.06.04	1	London (LV)	27	Mar
	10.57	3.99	7.27	1.36	2:49.43			
2206	Amy Kennedy			2.07.04	1	Glasgow	13	Feb
	10.61	4.20	7.97	1.18	2:41.25			
2099	Akeilya Robinson-Pascal			9.10.03	2	London (LV)	27	Mar
	10.48	4.47	6.25	1.33	3:04.69			
2075	Ciara Mee			19.02.04	3	London (LV)	27	Mar
	10.28	4.04	5.24	1.27	2:47.05			
2056	Abigail Warrington			10.09.03	4	London (LV)	27	Mar
	11.02	3.89	6.87	1.33	2:48.99			

2000 Metres Walk - Track

8:30.84i+	Bethan Davies	7.11.90	1m	Sheffield	28	Feb
8:42.35+			1m	Birmingham	26	Jun

Under 13 Road
11:38	Lara MacColl	16.08.04	1	Sheffield	26	Aug

2016 - W - 3kW - 5kWR

3000 Metres Walk - Track

12:24.70	Bethan Davies		7.11.90	1	Cardiff	11	Jun
	12:35.87i			1	Cardiff	11	Dec
	12:44.99i			1	Sheffield	28	Feb
	13:04.28			1	Manchester (SC)	17	Aug
	13:09.97			1	Bedford	31	Jul
	13:10.69+			1m	Birmingham	26	Jun
13:07.04	Heather Lewis		25.10.93	2	Cardiff	11	Jun
	13:17.89i			2	Cardiff	11	Dec
	13:21.54			2	Bedford	31	Jul
13:17.85	Gemma Bridge		17.05.93	2	Manchester (SC)	17	Aug
	13:45.08			4	Bedford	31	Jul
13:44.23i	Emma Achurch	U20	9.07.97	2	Sheffield	28	Feb
	13:58.73			5	Bedford	31	Jul
	13:59.36i			3	Bratislava, SVK	31	Jan
	14:02.78			4	Manchester (SC)	17	Aug
13:51.35+	Sophie Lewis Ward	U20	7.04.99	4m	Tblisi, GEO	14	Jul
14:02.15	Sophie Hales		30.03.85	1	Chelmsford	15	May
14:40.29	Erika Kelly		6.12.92	5	Manchester (SC)	17	Aug
14:43.50	Ana Garcia	U17	3.05.01	1	Cudworth	14	May
14:55.42	Lisa Kehler	V45	15.03.67	1	Birmingham	17	Sep
14:58.06i	Jasmine Nicholls	U23	23.08.95	6	Sheffeld	28	Feb

Under 15

15:56.1	Lucy Lewis Ward		26.02.02	1	Tamworth	2	Jul

Foreign

13:23.77	*Tatyana Gabellone (ITA)*		*20.10.84*	*3*	*Manchester (SC)*	*17*	*Aug*
14:12.01	*Brianna Mulvee (AUS)*		*10.05.85*	*6*	*Bedford*	*31*	*Aug*
14:53.52i	*Brenda Gannon (IRL)*	*V40*	*20.08.74*	*5*	*Sheffield*	*28*	*Feb*

5000 Metres Walk

22:03.82	Bethan Davies		7.11.90	1	Birmingham	26	Jun
23:37.55	Sophie Lewis Ward	U20	7.04.99	4	Tbilisi, GEO	14	Jul
25:41.3	Erika Kelly		6.12.92	3	Tamworth	2	Jul
26:26.0	Lisa Kehler	V45	15.03.67	1	Nuneaton	5	Jun
26:35.17	Ana Garcia	U17	3.05.01	1	Bedford	28	Aug
26:46.0	Hannah Hunter		7.10.82	4	Tamworth	2	Jul
27:01.15	Natalie Myers		12.09.91	5	Birmingham	26	Jun
27:29.35	Megan Stratton-Thomas	U17	2.07.00	2	Bedford	28	Aug
27:42.1	Emily Ghose	U20	2.06.99	1	Horsham	10	Dec
27:58.61	Pagen Spooner	U17	28.02.01	3	Bedford	28	Aug
28:33.5	Lucy Lewis Ward	U17	26.02.02	2	Horsham	10	Dec
28:37.3	Abigail Jennings	U20	10.07.00	3	Horsham	10	Dec

Foreign

23:30.88	*Tatyana Gabellone (ITA)*		*20.10.84*	*1*	*Bari, ITA*	*15*	*Sep*
24:35.56	*Brianna Mulvee (AUS)*		*10.05.85*	*3*	*Birmingham*	*26*	*Jun*
25:19.71	*Ester Montaner (ESP)*		*30.11.91*	*4*	*Birmingham*	*26*	*Jun*

5000 Metres Walk - Road

22:28+	Bethan Davies		7.11.90	1m	Coventry	6	Mar
	22:54+			9m	Dudince, SVK	19	Mar
	22:59+			1m	Leeds	5	Jun
23:34+	Heather Lewis		25.10.93	2m	Coventry	6	Mar
23:36	Sophie Lewis Ward	U20	7.04.99	2-18	Podébrady, CZE	9	Apr
	24:22			1	Leeds	5	Jun
23:55+	Emma Achurch	U20	9.07.97	4m	Podébrady, CZE	9	Apr
	23:55+			21m	Rome, ITA	7	May
	24:02+			1m	Leeds	5	Jun
	24:11+			4m	Coventry	6	Mar

2016 - W - 5kWR - 50kW

where faster than track							
25:12+	Michelle Turner	V40	24.06.72	6m	Coventry	6	Mar
25:27	Erika Kelly		6.12.92	1	Ramsey, IOM	18	Dec
25:28	Lisa Kehler	V45	15.03.67	1	Horwich	19	Jun
25:50+	Molly Davey	U20	3.09.98	8m	Coventry	6	Mar
26:25	Ana Garcia	U17	3.05.01	1	Hayes	23	Apr
26:47	Kate Donaldson	V45	27.11.68	3	Coventry	6	Mar
26:48	Natalie Myers		12.09.91	1	Sheffield	26	Aug

Additional Under 17 (1 above)

27:38	Pagen Spooner		28.02.01	4	Leeds	5	Jun
28:02	Evie Butcher		29.01.01	2	Gravesend	9	Apr
29:07	Alice Bellando	U15	11.05.02	2	Douglas, IOM	19	May
29:18	Alana Zeidler		22.12.00	3	Coventry	6	Mar

Foreign
25:43+	Brenda Gannon (IRL)	V40	20.08.74	7m	Coventry	6	Mar
26:24	Grazina Narviliene (LTU)	V40	8.01.74	2	Hayes	7	Feb

10000 Metres Walk - Track
56:06.20	Ana Garcia	U17	3.05.01	1	Bedford	19	Jun

10 Kilometres Walk - Road
44:59	Bethan Davies		7.11.90	1	Coventry	6	Mar
	46:25+			1m	Leeds	5	Jun
47:49	Emma Achurch	U20	9.07.97	4	Poděbrady, CZE	9	Apr
	48:09			1	Leeds	5	Jun
	48:25			1	Coventry	11	Jun
	48:28			4	Coventry	6	Mar
	48:58			23	Rome, ITA	7	May
48:09	Heather Lewis		25.10.93	3	Coventry	6	Mar
	48:59+			1m	Douglas, IOM	4	Sep
50:33	Gemma Bridge		17.05.93	2	Coventry	11	Jun
50:59	Sophie Hales		30.03.85	1	London (Elt)	16	Jan
51:01	Michelle Turner	V40	24.06.72	6	Coventry	6	Mar
51:37	Hannah Hunter		7.10.82	1	Ramsey, IOM	18	Dec
52:19	Molly Davey	U20	3.09.98	8	Coventry	6	Mar
52:30	Erika Kelly		6.12.92	1	Douglas, IOM	30	Oct
55:35B	Ana Garcia	U17	3.05.01	1	Coventry	20	Nov

Foreign
47:16	Tatyana Gabellone (ITA)		20.10.84	2	Coventry	6	Mar
52:01	Brenda Gannon (IRL)	V40	20.08.74	7	Coventry	6	Mar

20 Kilometres Walk Road
1:33:48	Bethan Davies		7.11.90	1	Leeds	5	Jun
1:38:22	Heather Lewis		25.10.93	2	Hayes	2	Oct
	1:39:29			1	Douglas, IOM	4	Sep
	1:40:40			3	Leeds	5	Jun
1:43:26	Emma Achurch		9.07.97	2	Hayes	2	Oct
1:53:47	Hannah Hunter		7.10.82	1	Douglas, IOM	20	Feb
1:59:27	Erika Kelly		6.12.92	2	Douglas, IOM	4	Sep

Foreign
1:51:13	Brenda Gannon (IRL)	V40	20.08.74	35	Poděbrady, CZE	9	Apr

50 Kilometres Walk Road
5:21:23	Karen Chiarello	V50	31.08.63	1	Peel, IOM	24	Apr

4 x 100 Metres

Time	Team		Pos	Venue	Date	
41.77	National Team		3	Rio de Janeiro, BRA	19	Aug
	(Asha Philip, Desiree Henry, Dina Asher-Smith, Daryll Neita)					
41.81	National Team		1	London (O)	22	Jul
	(Asha Philip, Desiree Henry, Dina Asher-Smith, Daryll Neita)					
41.93	National Team		2h1	Rio de Janeiro, BRA	18	Aug
	(Asha Philip, Desiree Henry, Dina Asher-Smith, Daryll Neita)					
42.45	National Team		2	Amsterdam, NED	10	Jul
	(Asha Philip, Dina Asher-Smith, Bianca Williams, Daryll Neita)					
42.59	National Team		1h1	Amsterdam, NED	9	Jul
	(Asha Philip, Dina Asher-Smith, Bianca Williams, Daryll Neita)					
42.97	National Team		1	Geneva, SUI	11	Jun
	(Asha Philip, Dina Asher-Smith, Bianca Williams, Daryll Neita)					
43.16	National 'B' Team		4	London (O)	22	Jul
	(Louise Bloor, Bianca Williams, Rachel Johncock, Sophie Papps)					
44.56	National Junior Team	U20	2	Mannheim, GER	25	Jun
	(Hannah Brier, Charlotte McLennaghan, Finette Agyepong, Megan Marrs)					
45.02	England		1	Manchester (SC)	17	Aug
	(Rachel Miller, Rebecca Campsell, Diani Walker, Katy Wyper, Kimbely Baptiste)					
45.03	National Junior Team	U20	1	Loughborough	22	May
	(Hannah Brier, Charlotte McLennaghan, Finette Agyapong, Sophie Yorke)					
45.04	National Junior Team	U20	2r2	Mannheim, GER	26	Jun
	(Hannah Brier, Charlotte McLennaghan, Finette Agyepong, Sophie Yorke)					
45.25	England		2	Loughborough	22	May
	(Rebecca Campsell, Diani Walker, Shannon Hylton, Clieo Stephenson)					
45.84	Birchfield Harriers		1	London (He)	6	Aug
	(Mica Moore, Gina Akpe-Moses, IRL, Heather Paton, Katie Stainton)					
46.03	National Junior Team	U20	2	Manchester (SC)	17	Aug
	(Vera Chinedu, Charmont Webster-Tape, Jenna Wrisberg, Alisha Rees)					
46.10	Surrey Schools	U17	1h1	Gateshead	8	Jul
	(Olivia Okoli, Tosin Salami, Ellie Grove, Charmont Webster-Tape)					
46.38	England 'B'		3	Loughborough	22	May
	(Paige Fairclough, Stephanie Clitheroe, Steffi Wilson, Katy Wyper)					
46.38	Birchfield Harriers		1	London (LV)	2	Jul
	(Heather Paton, Nikita Campbell-Smith, Amy Hillyard, Katie Stainton)					
46.43	Surrey Schools	U17	1	Gateshead	9	Jul
	(Olivia Okoli, Tosin Salami, Ellie Grove, Charmont Webster-Tape)					
46.54	Birchfield Harriers		1	Swansea	4	Jun
	(Diani Walker, Mica Moore, Amy Hillyard, Katie Stainton)					
46.58	Scotland		4	Loughborough	22	May
	(Chloe Lambert, Jenna Wrisberg, Jill Cherry, Heather Paton)					
46.67	Wales		3	Manchester (SC)	17	Aug
	(Hannah Williams, Hannah Thomas, Bethan Wakefield, Katie-Jane Priest)					

Additional Club Teams (1 above)

Time	Team		Pos	Venue	Date	
46.69	Blackheath & Bromley H AC U20		1	London (O)	22	Jul
46.71	Cardiff Metropolitan University		1	Bedford	2	May
46.94	Loughborough University		2	Bedford	2	May
46.95	Swansea Harriers		2	Swansea	4	Jun
47.05	Shaftesbury Barnet Harriers		2	London (LV)	2	Jul
47.13	Bath University		3	Bedford	2	May
47.30	Thames Valley Harriers		1	Leiria, POR	28	May
47.40	Notts AC		3	London (He)	6	Aug
47.61	Croydon Harriers	U15	1	London (O)	22	Jul
47.79	Crawley AC		2	London (LV)	3	Jul
47.86	Windsor SE&H AC		4	Swansea	4	Jun
47.9	Cheltenham & County Harriers		1	Tamworth	8	May
47.93	Harrow AC		3	London (LV)	3	Jul
48.19	Cardiff AAC		2	Manchester (SC)	7	Aug
48.2	Rotherham Harriers	U17	1	Cleckheaton	29	May

2016 - W - 4x100

48.27	Enfield & Haringey AC	5	London (He)	6	Aug
48.33	Edinburgh AC	5	Swansea	4	Jun
48.35	Sale Harriers Manchester	1	Southampton	3	Jul
48.48	Wigan & District Harriers AC	3	Manchester (SC)	7	Aug

Additional Under 20 Club Teams (1-3 above)

48.41	Enfield & Haringey AC	U17	1	Bromley	29	May
48.60	Herne Hill Harriers	U17	3	London (O)	22	Jul
48.6	Birchfield Harriers		1	Nottingham	1	May
48.64	Shaftesbury Barnet Harriers		2	London (O)	22	Jul
48.71	Cannock & Stafford AC		1	Birmingham	24	Jun
49.05	Newham & Essex Beagles U17		4	London (O)	22	Jul

Additional Under 17 Teams

46.76	South East England Schools	1	Loughborough	2	Sep
46.85	England Schools	1	Ashford	16	Jul
47.50	Blackheath & Bromley H AC	1	London (He)	26	Jun
47.61	South West England Schools	2	Loughborough	2	Sep
47.64	Croydon Harriers	1	London (O)	22	Jul
47.66	Kent AA	1	Bromley	17	Jul
47.66	Midlands Schools	3	Loughborough	2	Sep
47.80	West Midlands Schools	2	Gateshead	9	Jul
47.8	Hampshire Schools	1	Carshalton	18	Jun

Additional Under 17 Club Teams (1-6 above)

48.49	Guildford & Godalming AC	1	Carshalton	10	Sep
49.11	Birchfield Harriers	1	Worcester	29	May
49.17	Halesowen A & CC	1	Birmingham	24	Jun
49.41	Thames Valley Harriers	5	London (O)	22	Jul

Additional Under 15 Teams (1 above)

48.24	London Schools	1	Gateshead	9	Jul
48.52	Surrey Schools	1h1	Gateshead	8	Jul
48.63	West Midlands Schools	2	Gateshead	9	Jul
48.93	Essex Schools	1h3	Gateshead	8	Jul
49.14	Greater Manchester Schools	2h3	Gateshead	8	Jul
49.48	Harrow AC	2	London (O)	22	Jul
49.59	Devon Schools	2h1	Gateshead	8	Jul

Additional Under 15 Club Teams (1- 2 above)

49.8	Sale Harriers Manchester	1	Preston	21	May
49.9	Cambridge Harriers	1	Gillingham	7	Aug
50.10	Birchfield Harriers	1	Nottingham	21	May
50.32	Shaftesbury Barnet Harriers	3	London (O)	22	Jul
50.36	Victoria Park & Tower Hamlets AC	2	London (ME)	16	Jul
50.4	Herne Hill Harriers	2	Croydon	16	Jul
50.41	Newham & Essex Beagles	4	London (O)	22	Jul
50.5	Bracknell AC	1	Woking	8	May

Under 13 Teams

51.67	Surrey AA	1r1	Kingston	31	Jul
52.53	Harrow AC	3	London (ME)	7	Aug
52.62	Croydon Harriers	1	London (O)	22	Jul
52.9	Southampton AC	1	Bromley	19	Jun
53.00	Trafford AC	1	Manchester (SC)	17	Aug
53.12	Bury AC	2	Manchester (SC)	17	Aug
53.19	Herne Hill Harriers	2	London (O)	22	Jul
53.33	Central AC	1	Grangemouth	14	Aug
53.47	Crewe & Nantwich AC	3	Manchester (SC)	17	Aug
53.60	Cardiff AAC	1	Cardiff	11	Jun

4 x 200 Metres
1:39.24i	Brunel University		1	Sheffield	21	Feb
1:39.98i	Bath University		2	Sheffield	21	Feb
1:40.07i	England	U20	1	Cardiff	7	Feb
1:40.91i	England	U20	3	Cardiff	8	Mar
1:41.12i	Wales	U20	2	Cardiff	7	Feb
1:41.28i	Victoria Park City of Glasgow AC		1	Glasgow	13	Feb
1:41.32i	Edinburgh AC		2	Glasgow	13	Feb

Under 17 Team
1:43.94i	Giffnock North AAC	1	Glasgow	20	Mar

Under 15 Team
1:48.44i	Central AC	1	Glasgow	20	Feb

Under 13 Team
1:51.98i	Giffnock North AAC	1h1	Glasgow	20	Mar

4 x 300 Metres - Under 17
2:41.71	England Schools	1	Ashford	16	Jul
2:42.22	Scotland Schools	2	Ashford	16	Jul
2:43.86	Midlands Schools	1	Loughborough	2	Sep
3:45.16	North West England Schools	2	Loughborough	2	Sep
2:45.41	Wales Schools	4	Ashford	16	Jul

Club Teams
2:47.24	Guildford & Godalming AC	1	Carshalton	10	Sep
2:48.61	Reading AC	1	Bedford	4	Sep
2:49.65	Edinburgh AC	1	York	24	Jul
2:50.34	Windsor SE&H AC	1	Eton	24	Jul
2:50.53	Enfield & Haringey AC	1	Eton	1	May

Under 15 Teams
2:49.40	Central AC	1	Aberdeen	2	Jul
2:51.3	Sale Harriers Manchester	1	Liverpool	16	Jul
2:51.6	Windsor SE&H AC	1	Eton	16	Jul
2:52.6	Bracknell AC	1	Bromley	19	Jun
2:53.39	Birchfield Harriers	1	Milton Keynes	16	Jul
2:54.92	Pitreavie AAC	2	Aberdeen	2	Jul
2:55.4	Blackheath & Bromley H AC	1	Gillingham	18	Sep
2:55.7	Southampton AC	2	Bromley	19	Jun
2:56.0	Charnwood AC	2	Coventry	19	Jun

4 x 400 Metres
3:24.81 National Team 2h2 Rio de Janeiro, BRA 19 Aug
(Emily Diamond 51.7, Anyika Onuora 50.3, Kelly Massey 51.43, Christine Ohuruogu 51.34)
3:25.05 National Team 1 Amsterdam, NED 10 Jul
(Emily Diamond 51.8e, Anyika Onuora 50.7e, Eilidh Doyle 50.99, Seren Bundy-Davies 51.42)
3:25.88 National Team 3 Rio de Janeiro, BRA 20 Aug
(Eilidh Doyle 52.5, Anyika Onuora 51.4, Emily Diamond 51.15, Christine Ohuruogu 50.72)
3:26.42 National Team 1h1 Amsterdam, NED 9 Jul
(Eilidh Doyle 51.3e, Margaret Adeoye 51.5e, Kelly Massey 51.40, Seren Bundy-Davies 52.07)
3:28.62 National Team 1 Regensburg, GER 5 Jun
(Kelly Massey, Laviai Nielsen, Perri Shakes-Drayton, Emily Diamond)
3:30.16 National Team 1r2 Loughborough 22 May
(Seren Bundy Davies 51.8, Emily Diamond 52.6, Laviai Nielsen 52.6, Kelly Massey 53.2)
3:38.91 Shaftesbury Barnet Harriers 1 London (LV) 2 Jul
(Tara Kafke, Phillipa Lowe, Sabrina Bakare, Lily Beckford)

2016 - W - 4x400

Time	Team		Pos	Venue	Date
3:39.07	England		1	Loughborough	22 May
	(Phillipa Lowe 54.9, Mary Iheke 54.4, Rachel Dickens 55.3, Lina Nielsen 54.5)				
3:40.46	Shaftesbury Barnet Harriers		1	Swansea	4 Jun
	(Tara Kafke, Phillipa Lowe, Gemma Rous, Sabrina Bakare)				
3:40.63	Windsor SE&H AC		2	London (LV)	2 Jul
	(Ailysa Codrington, Shelayne Oskan-Clarke, Jessie Knight, Laura Wake)				
3:40.66	Loughborough University		2	Loughborough	22 May
	(Jessie Knight 56.4, Sabrina Bakare 54.6, Laura Wake 54.9, Jessica Turner 54.8)				
3:40.71	England		1	Manchester (SC)	17 Aug
	(Nicole Kendall, Alex Hill, Phillipa Lowe, Jessie Knight)				
3:41.28	Enfield & Haringey AC		1	London (He)	6 Aug
	(Lina Nielsen, Mary Iheke, Akesha Smith, Laviai Nielsen)				
3:41.45	National Junior Team	U20	2	Manchester (SC)	17 Aug
	(Jill Cherry, Megan Davies, Mair Edwards, Ella Barrett)				
3:41.93	Enfield & Haringey AC		3	London (LV)	2 Jul
	(Mary Iheke, Akesha Smith, Lina Nielsen, Margaret Adeoye)				
3:42.17	Thames Valley Harriers		1	Leiria, POR	28 May
	(Angela Barrett, Zoey Clark, Montené Speight, Jess Tappin)				
3:42.55	Enfield & Haringey AC		2	Swansea	4 Jun
	(Akesha Smith, Charlotte Cayton-Smith, Margaret Adeoye, Lina Nielsen)				
3:42.82	Birchfield Harriers		2	London (He)	6 Aug
	(Georgina Rogers, Katie Stainton, Sarah McDonald, Georgina Hartigan)				
3:43.84	National Junior Team		3	Loughborough	22 May
	(Kelsey Stewart 56.2, Catherine Reid 56.6, Lily Beckford 56.1, Hannah Williams 55.0)				
3:44.10	Windsor SE&H AC		3	Swansea	4 Jun
	(Jessie Knight, Laura Wake, Emily Barrett, Leah Barrow)				

Additional Club Teams (1-6 above)

Time	Team	Pos	Venue	Date
3:45.35	Victoria Park City of Glasgow AC	1r2	Manchester (SC)	7 Aug
3:47.27	Notts AC	3	London (He)	6 Aug
3:47.73	Cardiff AAC	1r1	Manchester (SC)	7 Aug
3:51.02	Herts Phoenix	2r2	Manchester (SC)	7 Aug
3:51.37	Swansea Harriers	4	London (He)	6 Aug
3:52.11	Crawley AC	2	London (LV)	3 Jul
3:52.83	Liverpool Harriers & AC	3r2	Manchester (SC)	7 Aug
3:53.09	Blackheath & Bromley H AC U20	1	Castellón, ESP	17 Sep
3:53.10	Trafford AC	2	Bristol	5 Jun
3:53.20	Woodford Green with Essex Ladies	3	Bristol	5 Jun
3:53.78	Aberdeen AAC	1	Aberdeen	8 May
3:54.88	Edinburgh AC	6	Swansea	4 Jun
3:54.92	Rotherham Harriers & AC	1	Derby	5 Jun
3:54.97	Aberdeen University	1	Aberdeen	2 Apr

Additional Under 20 Club Teams (1 above)

Time	Team	Pos	Venue	Date
4:00.8	City of York AC	2	Gateshead	29 May
4:01.50	Enfield & Haringey AC	1	London (He)	26 Jun
4:02.74	Notts AC	1	Rugby	24 Jul
4:03.86	Liverpool Harriers & AC	1	Liverpool	29 May
4:05.0	Birchfield Harriers	1	Nottingham	1 May
4:05.77	Windsor SE&H AC	1	Bromley	29 May
4:06.2	Cannock & Stafford AC	1	Sutton Coldfield	26 Jun
4:07.31	Preston Harriers	2	Liverpool	29 May

MENS INDEX

A ADAN Mohammed 11.01.90, Thames Valley/SOM
3k- 8:15.56 (8:14.40i-15), 5k- 13:57.32,
10k- 29:39.60
AARRE Niklas U23 21.01.96, Birchfield/Bath Spa
DT- 45.27
ABIODUN Omololu 1.09.92, WGreen & Ex L/E.London Un
200- 21.41i (21.18i-15, 21.20-14)
ABU-REZEQ Mohammed 21.12.83, Altrincham/JOR
10kR- 29:09sh/29:57 (29:11-14), Mar- 2:20:52dh
HMar- 65:42 (65:24-14),
ADAMS Dean 14.03.90, Ballymena & Antrim/IRL
60- 6.93i (6.85i-11)
ADAMS Edward U17 1.09.99, Blackheath & Bromley
OctY- 4285
ADAMS Samuel U23 17.10.94, VP-Glasgow/Glas Cal. Un
PV- 5.00
ADAMS Samuel U23 31.01.96, Winchester/Cardiff Un
LJ- 7.19 (7.38-14), TJ- 13.89i (14.01-12)
ADAMS Sean 1.09.93, Southampton
400- 48.28, 400H- 52.30
ADDISON Lee U15 5.03.02, Nene Valley H
HJ- 1.80, LJ- 6.47, PenB- 2564
ADEBAKIN Michael U17 22.11.00, Luton
LJ- 6.48
ADEBIYI Victor U17 2.03.00, Chelmsford
SPY- 15.49
ADEDAMI A U15, Essex Schools
TJ- 12.09
ADEDOYIN Kolawole Amos 8.04.91, Newham & Essex B
TJ- 15.96 (16.61-14)
ADEFOLALU Ade U20 28.02.97, Shaftesbury B
LJ- 6.85 (7.06-15)
ADEJONWO Abbas U17 19.09.99, Shaftesbury B
TJ- 14.24
ADEKEYE Moyo U15 15.11.01, Shaftesbury B
PenB- 2631
ADENIJI Benjamin U15 14.05.02, Halifax
HJ- 1.78
ADENIJI Tobi U17 2.02.00, Halifax
HJ- 1.90, TJ- 13.68
ADENIRAN Adeyinka U17 16.12.99, Blackheath & Brom
60- 7.14i, 200- 22.43w/22.65
ADENIRAN Julian 28.09.88, Shaftesbury B
110H- 14.62 (13.72w/13.74-11)
ADENIYI Toby U23 3.09.96, Cambridge H/Lough St
LJ- 7.15w/6.89 (7.36-13)
ADENUGA Caleb U15 13.02.02, Sale
60HB- 9.37i, 80HB- 11.8w
ADEOTI Soloman U15 1.10.01, Kent Schools
LJ- 6.18
ADEPEGBA Oreofeoluwa U13 10.08.04, Thurrock
HJ- 1.60, PenC- 1687
ADEREMI Ajibola U20 20.09.97, VPH &TH
400H- 53.81 (53.79-15)
ADESINA Theophilus U15 20.05.02, Thurrock
100- 11.58, 300- 37.4/37.69i, 60HB- 8.82i, 80HB- 11.44,
HJ- 1.85, LJ- 6.59, PenB- 3184, PenIB- 3029i
ADEWALE Ade 27.08.93, Enfield & Haringey
60- 6.79i
ADEYEMI Samuel 15.03.90, Herne Hill
400- 48.09
ADEYEYE Temitope U20 12.03.98, Enfield & Haringey
60- 7.00i, 100- 10.67w/10.70, 200- 21.55w/21.65
ADEYEYE William U17 4.03.01, Thurrock
100- 11.05, 60HY- 8.49i, 100HY- 13.57, LJ- 6.93i,
SPY- 15.01i/14.89
ADOM Aaron 6.03.93, Marshall Milton Keynes
200- 21.72
AFFLECK Robert V40 27.09.71, Preston
Mar- 2:29:24 (2:27:50-15)
AFOLABI Daniel U17 6.09.00, Sale
60- 6.98i, 100- 10.78, 200- 22.6/22.34
AFRIFA-OSUWU Frederick U23 5.12.96, Crawley/ITA
400- 48.74 (48.61-15)

AGHEDO Osaze U20 12.02.99, Swansea
TJ- 14.57i/14.38
AGWAE Jesse U15 8.11.01, Sussex Schools
TJ- 12.11
AGYEPONG Micah Forbes U15 31.01.02, Shaftesbury B
60- 7.47i, 100- 11.40, 200- 23.1
AHMED Mahad U23 18.09.95, Shettleston/West Scot Un
TJ- 14.37
AHMED Miraji U15 5.11.01, Shettleston H
TJ- 13.63
AIKEN Krishawn U23 24.05.95, Enfield & Har/Glasgow Un
400- 48.39
AIKINES-ARYEETEY Harry Leslie 29.08.88, Sutton & Dist
60- 6.67i (6.55i-10), 100- 10.02w/10.08 (10.08-13),
150- 15.10wSt/15.29st, 200- 21.00 (20.46-11)
AINSWORTH Thomas U20 28.03.98, Tamworth
400- 48.85
AITCHISON Oliver 13.03.92, AF&D/Adams State Coll
800- 1:50.23A (1:48.14-13), 1500- 3:41.70 (3:40.21-15),
1M- 3:58.59i
AKA Jean-Claude U15 9.02.02, Stevenage & NH
60HB- 9.16i
AKANNI Ethan U20 5.03.99, Bexley
60HJ- 7.97i, 110HY- 13.53, 110HJ- 14.9
AKEHURST Adam 13.09.87, City of Portsmouth
SP- 13.07 (13.77-15), JT- 59.15 (59.64-15)
AKERS Isaac U20 6.05.99, Corby
3k- 8:18.79
AKHIGBE Michael U15 10.09.01, Basildon
80HB- 11.88, LJ- 6.62w/6.41
AKINBOH Akin U15 13.10.01, Colchester & Tendring
200- 23.6
AKINDUTIRE Jake U17 15.09.00, Shrewsbury AC
OctY- 4250
AKINHNIBOSUN Peter U23 23.05.94, Newham & Essex B
TJ- 14.03i
AKINWUMI Joshua U17 24.10.99, Nene Valley H
60HY- 8.21i, 100HY- 13.1/13.40
AKPAN Nzimah U23 25.03.94, Liverpool H/St Marys Un C
800- 1:49.30
AKPOTOR Ejiro U13 23.12.03, Havering
SPC- 11.51, DTC- 33.64
AL DAWSARI Abdullah U23 16.03.95 RAF/KSA
Dec- 4903
ALADESE Dele U20 16.05.99, Blackheath & Bromley
DTJ- 45.05
ALAKA James Adekunle 8.09.89, Blackheath & Bromley
60- 6.92i (6.78i-10), 100- 10.19w/10.46 (10.22-12),
200- 20.58 (20.45-12)
AL-AMEEN Alexander 2.03.89, Newham & EB/NGR
60H- 7.90i (7.85i-14), 110H- 13.70 (13.54-14)
ALBROW Louis U15 22.01.02, City of Norwich
200- 23.6
ALCENDOR Devonte U15 4.03.02, Harrow
HJ- 1.75
ALDRED Tom V35 15.03.79, Highgate H
HMar- 67:06 (66:54-14), Mar- 2:27:21 (2:25:09-12)
ALDRED William U20 13.05.99, Trafford
60HJ- 8.26i, 110HY- 14.43, 110HJ- 14.38,
110H- 14.85w/15.25
ALDRIDGE Connor U20 6.08.98, Rugby & Northampton
400H- 55.3/56.11
ALEXANDERSON Trevor 30.12.89, Corby/Un Cent Lancs
LJ- 7.15w/6.92
ALI Dylan U23 14.03.95, Kilbarchan
400- 48.33i
ALKHAMESI Faris U13 26.08.04, Nuneaton
2kW- 11:41.49 (11:07.9-15)
ALLARNBY-JOHN Jayden U15 3.11.02, West Midland Sch
200- 23.21
ALLEN Dominic U20 5.09.97, Exeter
JT- 57.44
ALLEN Jacob U23 3.10.94, Rugby & North/St Marys Un C
5k- 14:33.06 (13:53.30-15)

ALLEN Jake U23 29.05.94, West Suffolk
   DT- 41.50 (41.53-15), HT- 45.55
ALLEN Josh U17 23.01.00, Middlesboro Mandale
   800- 1:56.17, 1500- 4:01.04
ALLEN Louis U23 11.10.96, Enfield & Har/Brunel Un
   TJ- 13.78i (13.81-15)
ALLEN Rhys U13 30.08.04, New Forest Juniors
   DTC- 29.81
ALLEN Richard U23 25.10.95, Bracknell
   3k- 8:19.94, 5k- 14:16.32, 10kR- 29:59
ALLWAY James U20 25.09.97, Chelmsford
   PV- 4.20
ALNER Marc U23 8.09.94, VP-Glasgow/Loughborough St
   HJ- 1.97 (2.06i-13, 2.05-14)
ALO Johnson U13, Essex Schools
   200- 25.2
ALVAREZ Matthew U17 8.01.00, Taunton
   100- 11.10, 200- 22.32
AMANING Edmond 27.10.93, Thames Valley
   60- 6.81i, 100- 10.69 (10.44w-13, 10.55-15),
   200- 21.08 (21.07-13)
AMEDEE Cameron U20 27.09.98, Ashford
   60HJ- 8.50i, 110HJ- 14.7/14.82w/14.84, 400H- 56.1
AMOKWANDOH Stefan U23 11.09.96, Blackheath & Br/
   Princeton Un   TJ- 15.50i/15.08
ANDERSON James U17 6.12.99, Leicester Cor
   DTY- 46.18
ANDERSON Jamie U20 8.03.98, Exeter
   HJ- 2.01
ANDERSON Tom 12.01.90, Winchester
   5k- 14:15.51 (14:10.57-11), 5MR- 24:03, 10k- 29:14.30,
   15kR- 45:13+, 10MR- 49:27 (48:49+-15), HMar- 64:03,
   Mar- 2:19:52
ANDOH William U15 5.09.01, VPH &TH
   60- 7.28i, 200- 23.02i, 300- 35.91
ANDREW Craig 14.04.91, Luton
   TJ- 13.93
ANDREW Jack 12.10.91, Sale
   60H- 8.23i (8.12i-14), 110H- 14.57 (14.3-14, 14.54w-13),
   PV- 4.72i (4.86-10), HepIS- 5383i (5520i-14)
ANDREWS Ashley 4.02.92, Worcester AC
   HT- 53.72 (54.27-13)
ANDREWS Mark 9.01.89, Holland Sports AC
   Dec- 4375 (4539-15)
ANDREWS Tayo U23 31.03.96, Herne Hill
   HJ- 2.00 (2.05-14)
ANGELL Luke U23 28.11.95, Team Kennet
   JT- 57.00 (60.82-15)
ANGUS Fraser U17 13.01.00, Ayr Seaforth
   60- 7.15i, 100- 11.1, 200- 22.03i/22.44
ANNABLE Dale 1.01.85, Notts
   Mar- 2:26:33
ANOCHIRIONYE Ogo 14.11.92, Thames Valley
   LJ- 7.39
ANSTICE Tom U20 27.03.97, Radley AC
   JT- 64.16
ANTELL Shaun 9.05.87, Bideford
   5k- 14:21.73, 10k- 30:45.53 (30:40.62-15),
   10kR- 30:26 (30:13-15), HMar- 66:38
ANTHONY Sebastian U20 16.02.97, West Suffolk
   800- 1:51.82
ANYA JOSEPH Graig U13 6.10.03, Colchester H
   100- 11.94, 200- 24.4/25.02, LJ- 5.10, DTC- 33.97
APPIAH-KUBI Louis U19 22.09.02, Sale
   60- 7.38i, 100- 11.27, 200- 23.6w
APPLETON Kieran U15 23.01.02, Salisbury
   80HB- 11.82w/11.85
APPLEYARD Thomas 19.03.92, Liverpool H
   400- 48.5 (48.61-14)
APPS Kieran U17 7.10.99, Southampton
   PV- 3.65i (3.61-15)
ARMITT Hamish U15 24.06.02, Giffnock North
   1500- 4:18.15
ARMSTRONG George U17 12.12.99, Birchfield
   SPY- 13.98
ARMSTRONG George U20 8.12.97, Leeds City
   DTJ- 58.80

ARMSTRONG Joe U20 2.09.97, Morpeth
   1500- 3:53.50
ARMSTRONG Joshua U17 23.12.99, Lisburn
   60HY- 8.57i, 100HY- 13.76W/13.95
ARNOLD Christopher U20 1.02.98, Leicester Coritanian
   JT- 54.87
ARNOLD Keean U15 17.09.01, Lancaster & Morecambe
   HJ- 1.75
ARNOLD Kyle U23 11.11.96, Newport
   60H- 8.47i, 110H- 15.1/15.30w/15.45
ARROSPIDE Iraitz 5.08.88, C of Sheffield/Sheff Un/ESP
   HMar- 68:23, Mar- 2:24:55
ARTHUR Reuben U23 12.10.96, Enfield & Haringey
   60- 6.71i, 100- 10.20w/10.30
ASHBY Thomas 5.04.90, Herne Hill
   110H- 15.40 (14.66w/14.74-11), SP- 13.63 (14.83-13),
   DT- 45.81 (49.98-10), Dec- 6346 (7107w-11, 7031-14)
ASHCROFT John 13.11.92, Liverpool H/Leeds Un
   800- 1:50.94, 1500- 3:44.93, 1M- 4:05.98, 5MR- 24:21,
   10kR- 30:08
ASHDOWN-TAYLOR Charlie U17 19.09.99, Bracknell
   SPY- 13.89, DTY- 43.32, DecJ- 5370, DecY- 5732,
   OctY- 4932
ASHLEY Matthew 4.07.89, Notts
   HJ- 2.05i/2.01 (2.07i-12, 2.05-14)
ASHMEAD-SHOYE Aaron U13 12.12.03, Newham & EB
   LJ- 5.21w/5.13
ASHRAF Samir U15 5.11.01, Woodford Green & Ex L
   PV- 3.00
ASHWELL Dominic U20 13.06.99, Shaftesbury B
   100- 10.64 (10.52w/10.57-15)
ASONG Clovis U23 31.10.94, Sale
   400- 48.52 (46.74-11)
ASPINDLE Glenn U20 22.06.98, Spenborough
   DecJ- 5789
ATKIN Sam 14.03.93, Lincoln Well/Lewis-Clarke Un, USA
   3k- 7:56.70, 5k- 13:57.28, 10k- 29:44.33
ATKINSON Thomas 22.03.92, Sale
   800- 1:50.92 (1:49.31-15)
ATWELL Nicholas 9.04.86, Herne Hill
   60- 6.91i, 100- 10.7, 200- 21.64w/21.71 (21.49-15),
   400- 47.22 (47.22-15)
AUSTIN Thomas U23 6.04.94, Poole/St Marys Un C
   3kSt- 9:07.92
AVENT Peter 28.03.85, Penicuik
   HMar- 67:34sh
AVERY Carl 28.08.86, Morpeth
   10k- 30:39.73
AVERY Lawrence V35 4.11.80, Kent
   Mar- 2:29:59
AXE Rowan 17.05.91, Cardiff
   1500- 3:44.99, 3k- 8:15.11i (8:10.18-15)
AYANFUL Eugene 14.05.90, W.Green & Ex L/GHA
   100- 10.36w/10.42 (10.34-12)
AYO-OJO Tolu U15 26.08.02, Camberley
   PV- 3.40
AZU Jeremiah U17 15.05.01, Cardiff
   60- 7.03i, 100- 11.08

BACON Joseph U17 17.06.00, Newquay & Par
   400HY- 56.01
BADDELEY Andrew James 20.06.82, Harrow
   800- 1:51.71 (1:46.32-07), 1500- 3:43.41 (3:34.36+-08),
   1M- 3:59.46 (3:49.38-08), 3k- 7:58.00 (7:39.86-12),
   5k- 14:05.81 (13:20.85-10)
BADDICK Francis 29.11.85, Newham & Essex B
   3k- 8:05.58i (8:06.56-12), 5k- 14:03.86
BAILEY James 1.06.83, Sale
   3kSt- 9:24.68 (8:47.86-06)
BAILEY Jonathan U23 16.07.95, Cardiff/Loughboro St
   HJ- 2.09
BAILEY Joseph 9.09.88, Salford
   HMar- 68:24
BAINBRIDGE Christopher U23 16.06.95, Grantham
   HT- 46.69
BAINBRIDGE Daniel U20 2.06.99, City of Norwich
   JT- 60.86, JTY- 72.41

BAINES Dylan U15 3.10.01, Stevenage & NH
  PV- 3.61, OctB- 3628
BAINES Elliott U20 5.08.97, Seaton/Cambridge Un
  TJ- 14.02 (14.32-14)
BAINES Gregory U17 6.07.00, Seaton
  OctY- 4339
BAINES Thomas U17 22.11.00, Warrington
  400- 50.50
BAJERE Scott 12.05.92, Bristol & W/New Mexico Un
  60- 6.85iA (6.80iA-15, 6.84i-13), LJ- 6.89wA,
  100- 10.61wA/10.73A/10.74 (10.5w-11, 10.51-15)
BAKER Christopher 2.02.91, Sale
  HJ- 2.36i/2.29
BAKER Don U17 31.01.00, Ipswich
  JT- 53.96, JTY- 59.06
BAKER Harry U17 18.11.99, Horsham BS
  HJ- 1.93
BAKER Kenneth V40 19.02.74, Nene Valley H
  SP- 13.01 (14.35-11)
BAKER Niclas U23 9.09.94, Crawley
  200- 21.32w/21.63, 400- 47.41
BALDWIN Charlie U23 28.09.95, Crawley
  800- 1:51.8
BALL Thomas U15 7.03.02, Rugby & Northampton
  HTB- 42.63
BALLAH Jaiquarn U17 28.11.99, Slough Jnrs
  60- 7.13i, 100- 11.1
BANCROFT Jack 25.02.88, Bristol & West
  10k- 30:46.13
BANIGO Reynold U20 13.08.98, Leeds City
  LJ- 7.40
BANKS Daniel U17 3.10.99, Worcester AC
  60- 7.19i, 100- 11.00w/11.12 (11.0-14)
BAPTISTE Matthew 28.10.90, Newham & Essex B
  SP- 14.44, DT- 48.61 (49.60-15), HT- 45.76 (47.83-15)
BARBARESI Oliver U17 23.03.00, Menai
  3k- 8:49.00
BARBOUR Edward U20 3.03.98, Amber Valley
  TJ- 13.71
BARCLAY Lewis U15 25.11.01, Shetland
  200- 23.50
BARKER Scott U20 20.03.97, Andover/Loughborough St
  200- 21.97, 400- 48.41 (48.38-15)
BARKLEY Andrew U20 13.11.97, Lisburn/IRL
  DTJ- 51.96
BARNES Ciaran U20 8.08.98, Lisburn
  400H- 54.86
BARNES Jeremy U20 29.05.97, Coventry Godiva
  800- 1:52.83 (1:52.28-14)
BARR Robbie U20 27.10.97, VP-Glasgow
  800- 1:51.37
BARRETT Patrick 31.12.87, Enfield & Haringey
  110H- 15.30w (15.23-13)
BARRIE Mahmoud U20 25.06.98, Braintree
  60- 6.97i
BARTLETT Michael 26.12.92, Chelmsford
  PV- 4.20i/4.20 (4.50-13), Dec- 4892
BARTLETT Philip U17 5.09.00, South London H
  DTY- 43.90
BARTON-ELLINGTON Omari 5.01.90, Enfield & Har
  60- 6.90i, 100- 10.40w/10.52 (10.50-15)
BARTRAM Michael U23 6.12.96, West Suffolk
  3kSt- 9:40.24
BASS-COOPER Samuel U23 26.01.96, So'ton/So'ton Un
  PV- 4.90
BATTERSHILL William U20 25.02.98, Erme Valley
  3k- 8:25.00, 2kSt- 5:49.44, 3kSt- 9:06.23
BAYTON Steven 6.08.91, Hallamshire/Sheffield Un
  5k- 14:31.93, 10k- 30:59.24, Mar- 2:22:34
BAZANYE-LUTU Sean U20 29.09.98, Enfield & Har
  110HJ- 15.29
BEADSLEY Daniel U20 28.02.97, Swansea/Cardiff Met
  100- 10.7/10.86w
BEARD Keith Alan V50 8.11.61, Leiden, NED
  JT- 53.75 (76.10-91)

BEARDSELL Richard V35 19.01.79, Trafford
  200- 21.76w (21.47-08), 400- 48.53 (47.52-08)
BEATTIE John 20.01.86, Newham & Essex B
  10kR- 29:51 (28:32.21t-10), HMar- 66:13 (64:48-15)
BEATTIE Scott U20 4.12.98, Morpeth
  1500- 3:51.88, 3k- 8:28.23
BEAUCHAMP Calum U20 10.02.99, Walton
  400H- 56.1/56.12
BEAUFORD Adam 24.10.81, Yeovil Olympiads
  HT- 47.27 (55.27-05)
BEDFORD James 29.12.88, Birchfield
  HT- 66.91 (70.82-13)
BEDFORD Samuel U23 20.09.94, Wells/Bath Un
  400- 48.19 (47.96-14)
BEECHEY Alex 8.06.91, C of Plymouth/So'ton Un
  200- 21.48
BEEDELL Thomas 12.07.86, Woodford Green & Ex L
  3kSt- 9:31.28 (9:22.97-13)
BEEKS James U20 13.10.98, Basingstoke & MH
  2kSt- 6:06.56
BEKIARÍDIS Panayiótis U23 13.03.94, TVH/GRE
  110H- 14.88 (14.53- 13)
BELKEVITZ Aaron U15 16.12.01, VP-Glasgow
  60HB- 9.38i
BELL Alex 21.09.93, Woodford Green & Ex L
  400- 48.3 (47.79-15)
BELL Cameron U20 2.01.99, Hallamshire
  800- 1:52.38
BELL Howard U20 2.05.98, Edinburgh AC
  110HJ- 15.02, HJ- 1.97, LJ- 7.15, HepJ- 4769i, DecJ- 6623
BELL Kevin 29.06.89, Border
  800- 1:49.92, 1500- 3:48.07 (3:46.58-13)
BELL Matthew V35 2.06.78, Corby
  HT- 48.59 (64.22-07)
BELLO Olowasubomi U15 16.11.01, VPH &TH
  TJ- 12.60
BENNETT Christopher 17.12.89, Shaftesbury B
  HT- 76.45
BENNETT Matthew 11.10.88, Southampton
  Mar- 2:23:18
BENNETT Paul 11.12.92, Cardiff/Cardiff Met
  400H- 51.76 (51.55-14)
BENNETT Rhys U17 4.10.00, Basildon
  TJ- 13.37
BENNETT Sam U17 2.02.01, Basildon
  100- 10.97, 200- 22.48, 60HY- 8.15i, 100HY- 13.06,
  OctY- 4299
BENNETT Simon V40 16.10.72, Woodford Green & Ex L
  JT- 57.72 (66.58-96)
BENNETTS Alan 'AJ' U20 5.06.99, Belgrave
  DecY- 5903
BENNETT-WILLIAMS Tor U20 11.06.98, Wolves & Bilston
  400- 49.01
BENSON Jai U17 24.07.00, Lagan Valley
  TJ- 13.55
BENTLEY Connor U17 19.01.01, Wrekin RR
  3k- 8:53.39
BENTLEY Russell 28.04.81, Kent
  Mar- 2:26:36
BERGIN Matthew 2.03.93, Bedford & Co/New Mexico Un
  3k- 7:58.63, 5k- 14:27.21 (13:54.31-15), 5MR- 24:24,
  10k- 30:29.47 (29:52.23-15), 10kR- 30:19
BERNARD Martyn 15.12.84, Wakefield
  HJ- 2.20 (2.30i-07, 2.30-08)
BERNSTEIN Alex U15 13.11.02, Blackburn
  HTB- 42.69
BERROW Alexander 10.06.89, Tamworth
  HT- 51.11 (52.09-10)
BEST Russell 10.09.90, New Marske
  5k- 14:26.39, 10kR- 30:15, HMar- 67:10
BETTS Edward George V45 18.02.71, Thames Valley
  400H- 54.92 (50.49-97)
BEVAN Niall U20 14.10.98, Enfield & Haringey
  60- 6.96i, 100- 10.90w
BEVERELY Euan U15 21.10.01, Cumbrian Schools
  PV- 3.15

BICKERSTAFF Sam U15 12.09.01, Harrow
 800- 2:03.32
BIGG Finley U20 2.06.98, Brighton Phoenix
 400- 48.66, 800- 1:49.45
BINNS Jake U20 5.11.98, Worthing
 100- 10.88
BIRD John 17.05.92, Ipswich
 800- 1:50.33 (1:49.74-15), 1500- 3:48.68i
BIRKETT Alexander U17 9.11.99, Kendal
 800- 1:53.60
BISHOP David 9.05.87, Bristol & West
 1500- 3:49.31 (3:37.51-12)
BISHOP David U20 18.04.98, Crawley
 HJ- 1.95
BISHOP Harrison U13, London Schools
 100- 12.5
BISHOP Sam U15 25.10.01, Walton
 200- 23.6, PenB- 2640
BISS Dominic U17 26.06.00, Cheltenham
 100- 10.9/11.06, 200- 22.5/22.53
BISSCHOPS Ilan U13 30.11.03, WSE&H
 75HC- 12.4
BISSELL Mark 17.05.87, Knowsley RR
 24HrT- 217.417km
BITCHELL Adam 23.06.91, Carmarthen
 3k- 8:13.99i (8:00.86i-14, 8:08.63-12),
 5k- 14:20.31 (13:44.70i-13, 13:45.57-15)
BLACKMAN Evan U15 22.11.01, Corby
 200- 23.31w/23.5, 300- 35.8/35.84
BLADON Stuart U15 13.01.02, Team Kennet
 HJ- 1.78, PenB- 2675
BLAKE Dominic U17 21.09.99, Trafford
 TJ- 13.54
BLAKE George U17 31.12.99, Medway & Maidstone
 400HY- 57.92
BLAKENEY Finn U15 26.09.01, Hercules Wimbledon
 80HB- 11.80
BLANCHARD Ross 8.12.88, Sale
 110H- 13.91w/14.07 (13.88w/14.01-12)
BLANDFORD Matthew U23 21.10.95, Blackheath & Brom
 Exeter U   SP- 15.05i (14.30-15), DT- 55.68
BLANGO Columba 1.01.92, VPH &TH
 400- 48.44
BLATCHFORD-KEMP Chey U17 2.09.99, Reading
 1500- 4:02.60, 3k- 8:51.0, 1.5kSt- 4:20.8, 2kSt- 6:03.70
BLOW Andy 22.09.85, Basingstoke & MH
 100- 10.74w (10.63w-08, 10.71-09),
 200- 21.83 (21.50w-08, 21.54-07), 60H- 8.06i (8.05i-14)
BLUNDELL Theo U23 30.11.95, Birchfield/St Marys Un C
 800- 1:51.47 (1:46.43-15)
BLUNT Sam U15 13.12.01, Edinburgh AC
 HTB- 41.69
BOBB Samuel Terence V40 29.08.75, Blackheath & Brom
 TJ- 14.13 (15.21w?-05, 15.13-04)
BOBROWNICKI Raymond 3.03.84, VP-Glasgow
 HJ- 2.17 (2.28-14)
BOERS Isayah U20 19.06.99, Highgate H
 200- 21.83
BOLARINWA David 20.10.93, Newham & Essex B
 100- 10.35 (10.23w/10.29-11),
 200- 20.97w/21.18 (20.60-13)
BOLTON Jack 1.09.89, Winchester
 SP- 13.91 (13.96-13)
BOMBA Michael 10.10.86, Liverpool H
 HT- 65.21 (70.90-13)
BOND Matthew 17.07.82, Sale
 10kR- 30:05 (29:08.69t-12), HMar- 64:38 (64:29-12),
 Mar- 2:15:32
BONDSWELL Matthew U15 18.04.02, Notts Schools
 TJ- 12.93
BONES Joshua 8.05.93, Scunthorpe
 TJ- 14.96 (15.15-15)
BONGART James U23 30.07.96, WG & EL/Notts Trent U
 JT- 58.22
BONIFAS Ryan 22.09.93, Basingstoke & MH
 HJ- 2.13i/2.10 (2.11-15)

BOOKER Harry U13 9.09.03, Team Kennet
 SPC- 11.36, DTC- 35.27
BOONS Cage U23 14.11.96, Rugby & Northampton
 TJ- 14.34 (14.62i-15, 14.45-14)
BOOTH Tom U23 29.11.96, Preston/Salford Un
 PV- 4.70 (4.80-15)
BORTHWICK Connor U20 14.06.99, Wigan
 HJ- 1.96i/1.95
BOSWORTH Thomas 17.01.90, Tonbridge
 2kW- 7:21.32i+/7:39.7+, 3kW- 10:58.21i/11:29.54+,
 5kW- 18:54.18i/19:13.56 (19:00.73-15),
 10kWR- 39:58+ (39:36-15), 20kW- 1:20:13
BOTTERILL Alex U17 18.01.00, City of York
 400- 49.6/50.13, 800- 1:51.79
BOUGOURD James 4.10.89, Channel Islands
 JT- 57.33
BOUJU Raphael U15 15.05.02, Bedford & County
 60- 7.27i, 100- 11.18, LJ- 6.03
BOULD Alfie U15 15.01.02, Vale Royal
 800- 2:02.03, 1500- 4:06.51
BOULTON Samuel U20 23.07.97, Bristol & West
 DTJ- 44.31 (44.87-15)
BOWDEN Adam 5.08.82, Harrow
 5kR- 14:10 (13:50.86t-08)
BOWIE Jamie Kerr 1.04.89, Team East Lothian
 200- 21.62 (21.52-14), 400- 46.21 (46.06-13)
BOWLER Michael 28.01.92, Loughborough St/IRL
 110H- 15.41, HJ- 1.95i (2.04-14), PV- 4.40 (4.50-15),
 LJ- 6.96, Dec – 6803 (6997-14), HepIS- 4883i
BOWLEY Dylan U15 14.05.03, Kettering
 1500- 4:17.86
BOWNESS James 26.11.91, Trafford/Glasgow Caled. Un
 600- 1:17.83, 800- 1:45.96, 1k- 2:19.31, 1500- 3:45.74,
 10kR- 30:30
BOWSER Matthew 3.07.83, Lincoln Wellington
 10kR- 30:03sh/30:10 (29:52-12), HMar- 68:15 (67:42-11)
BOYCE Alex U23 18.06.94, Liverpool H/Liverpool Un
 400- 47.74 (47.03-12)
BOYD Daniel U17 25.09.99, Stratford-upon-Avon
 100- 11.1
BOYD Harry U17 17.07.00, Guildford & Godalming
 800- 1:57.29, 1500- 3:58.05, 3k- 8:53.73
BOYEK Cameron Ross 9.10.93, Shildon
 800- 1:49.41 (1:49.2-15), 1500- 3:43.67 (3:39.15-15),
 1M- 4:03.1 (4:00.23-14), 5kR- 14:09 (14:08-15)
BOYLE Adam U17 13.09.99, VP-Glasgow
 JTY- 62.46
BOYLE Euan U17 30.09.99, Dundee HH
 800- 1:56.51, 1500- 4:01.69
BRADBURN Jack U15 25.04.02, Altrincham
 100- 11.5/11.59, 200- 23.3/23.40, 300- 37.6
BRADLEY Conor 6.10.87, Liverpool H
 5k- 14:33.35 (14:21.79-15)
BRADLEY Ewan U15 2.04.02, West Cheshire
 PV- 3.05
BRADLY Matthew U20 27.09.98, WSE&H
 2kSt- 6:14.31, 3kSt- 9:49.67
BRAMBLE Daniel 14.10.90, Shaftesbury B
 60- 6.85i, LJ- 8.14i/8.00 (8.21-15)
BRANAGH Ben U23 11.01.94, St Malachy's/San Jose U
 5k- 14:23.78, 10k- 30:48.63
BRANSBERG Jordan U23 1.01.95, Skyrac
 800- 1:51.1 (1:48.82-13)
BRECKER Alex 15.12.93, City of Stoke
 1500- 3:49.96 (3:47.62-15), 3k- 8:16.62, 5k- 14:12.04,
 3kSt- 9:41.5
BREEN Bryce U15 22.08.03, Herts Phoenix
 PV- 3.03i/3.01
BRENNAN Declan U23 27.04.95, VP-Glasgow
 400- 48.75
BRENNAN Jack U17 11.02.00, Harrogate
 800- 1:57.0, 1500- 4:01.84
BRERETON Samuel U15 22.09.02, Newquay & Par
 HJ- 1.76i
BREWER James 18.06.88, Cheltenham
 800- 1:51.23i (1:47.26-07), 1500- 3:46.70i (3:37.17-09),
 1M- 4:00.37i (3:54.80-09)

BRICE David 9.04.91, Brighton & Hove
  JT- 55.83 (61.57-13)
BRIER Joseph U20 16.03.99, Swansea
  400- 47.62
BRIGGS Jonathan U20 12.12.97, BRAT
  SPJ- 13.85, DTJ- 44.66
BRIGHETTI Massimiliano U20, Cumbrian Schools
  JT- 54.21
BRIGHT-DAVIES Jude U20 27.03.99, Thames Valley
  TJ- 15.40
BRINDLEY Aidan U13 9.10.03, North Ayr
  PenC- 1852
BRINING Kieran U15 1.10.01, West Yorks Schools
  300- 37.74
BRINING Matthew U15 9.12.01, New Marske
  PV- 3.65
BRISLEY Charlie U15 29.12.01, Invicta
  1500- 4:17.45, 3k- 9:16.12
BRITT Thomas U17 25.12.00, Cardiff
  PV- 3.60
*BRITTO Carl 5.12.90, Harrow/Oxford Un/IND
  TJ- 14.50i/14.31w/14.27 (15.26-10)*
BROADBENT Jack U17 8.07.00, Basildon
  100HY- 13.8
BROADBENT Kai U13 7.09.03, Herne Hill
  100- 12.5
BROCKMAN Martin Edward 13.11.87, Medway & Maid/
  St Marys Un C
  HJ- 2.04 (2.14-10), PV- 4.85i/4.70 (4.95i-14, 4.83-13),
  LJ- 7.10 (7.33-14), SP- 13.62 (14.54-12), HepIS- 5605i,
  DT- 42.67 (45.99-15), Dec- 7213 (7712-10)
BROCKMAN William U17 13.03.00, Aldershot F&D
  1.5kSt- 4:37.9
BROMBY Oliver U20 30.03.98, Southampton
  60- 6.73i, 100- 10.37, 200- 21.36i/21.40 (21.32-15)
BROOKS Adam U20 13.04.99, Yate
  HJ- 1.97
BROOKS Daniel U17 6.12.00, Yate
  100- 10.8w/11.12, 200- 22.4
BROOME Jordan U23 4.12.96, Coventry Godiva
  60- 6.93i (6.90i-15), 100- 10.68, 200- 21.15
BROOM-EDWARDS Jonathan 27.05.88, Newham & Ex B
  HJ- 2.10i/2.10 (2.15-14)
BROTHERS Jack U20 18.10.97, Telford
  110HJ- 15.0/15.02
BROUGH Ethan U17 2.01.00, R Sutton Coldfield
  200- 22.5
BROWN Alex U15 22.04.02, Somerset Schools
  HJ- 1.78
BROWN Andrew 28.08.86, Bournemouth
  JT- 53.34 (55.99-05)
BROWN Blake Tiger-lee U17 5.02.00, Wirral
  60- 7.01i, 100- 10.8/10.86w/10.87, 200- 22.40w/22.5
BROWN Callum U23 20.07.94, City of Norwich
  HT- 67.05 (67.31-15)
BROWN Charlie U15 13.04.02, Winchester
  80HB- 11.81
BROWN Daniel U15 20.03.02, Edinburgh AC
  JTB- 48.45
BROWN Dominic U23 8.10.94, Tonbridge/Sheffield Un
  800- 1:51.75, 1500- 3:48.76 (3:46.76-15)
BROWN Ethan U17 9.05.01, Dartford
  200- 22.6/22.62, 400- 49.94
BROWN, Ethan U15, Chichester
  PV- 2.90
BROWN Jacob U20 24.11.97, Vale Royal
  800- 1:53.36 (1:52.26-15)
BROWN Jaimal U20 2.02.99, Sale
  JT- 55.65
BROWN Joshua U23 27.12.94, Cardiff
  60- 6.92i, 100- 10.64%
BROWN Kevin Dave V50 10.09.64, R Sutton Coldfield
  DT- 41.36 (62.10-00)
BROWN Kevin 10.12.90, Southend
  TJ- 14.15w/14.03 (14.55-11)
BROWN Kristian U20 22.10.98, Basildon
  110HJ- 14.98, DecJ- 5470

BROWN Lee David U17 24.03.00, Stevenage & NH
  PV- 4.06
BROWN Lewis U20 2.09.98, City of Sheffield
  400- 48.09
BROWN Matt V35 10.11.80, Enfield & Haringey
  DT- 51.69 (56.97-08)
BROWN Maxwell U17 23.11.99, Marshall Milton K
  60- 6.99i, 100- 11.06
BROWN Nathan 12.10.92, Kent
  200- 21.8
BROWN Rivaldo U20 7.09.98, Trafford
  100- 10.88w, 60HJ- 8.32i, 110HJ- 14.68
BROWN Sam U17 21.03.00, Edinburgh AC
  800- 1:55.55
BROWNE Jonathan 15.03.83, Kent
  60- 6.85i (6.79i-10), 100- 10.58w/10.63 (10.49-13),
  200- 21.45 (21.19w-12, 21.21-13)
*BROWNING Jonathan 16.12.93, Ballymena & A/
  Queen's U/IRL 60- 6.80i, 100- 10.65w/10.72 (10.59-15)*
BROWNLIE Tim V35 28.07.79,
  24Hr- 225.949km
BRUNEY Khalil U20 13.06.98, Enfield & Haringey
  200- 21.89w
BRUNSDEN Daniel Peter 18.04.88, Bournemouth
  SP- 16.78
BRUNT Daniel V35 23.04.76, City of Sheffield
  SP- 14.68dh/14.34i/13.89 (15.72-07), DT- 42.24 (47.94-00)
BRYANT Ashley Ross 17.05.91, WSE&H
  110H- 14.41 (14.1/14.28w-14, 14.31-13), HJ- 2.01,
  PV- 4.60 (4.70-14), LJ- 7.58 (7.67i-14), SP- 13.74
  (14.34-14), DT- 43.62 (45.38-14), JT- 70.37 (70.44-13),
  Dec- 8056 (8141-14)
BRYCE Matthew U17 27.09.99, Witney
  JTY- 52.52
BRYDEN Euan U23 17.05.94, WSE&H/Un Wales Swan
  PV- 4.80i/4.65
BUCKLAND Dominic U15 5.11.01, Stevenage & NH
  DTB- 39.59
BUCKNER Matthew U17 29.12.00, Bracknell
  200- 22.41w/22.46, LJ- 6.57
BULL Joshua 14.10.92, Derby AC/Notts Un
  10kR- 30:20 (30:15-13), HMar- 68:27
BURFOOT Michael U15 1.10.02, Blackheath & Bromley
  SPB- 12.92, DTB- 39.27
BURGIN Max U15 20.05.02, Halifax
  800- 1:53.1, 1500- 4:16.79
BURKEY Jake U17 25.02.00, Team Bath
  LJ- 6.52w
BURNEY Richard V40 5.03.76, Liverpool H
  Mar- 2:27:45
BURNHAM Dominic U20 2.03.98, Great Yarmouth
  200- 22.0 (21.7/22.06w/22.09-15)
BURROWS Alex U20 14.09.97, Telford
  1500- 3:52.47 (3:51.91-15)
BURTHEM Liam U23 22.04.97, Liverpool H/
  St Marys Un C   3k- 8:20.70, 5k- 14:47.13
BURTON Ben 3.11.93, Doncaster
  Dec- 6113, HepIS- 4604i (4727i-15)
BURTON Mark U20 11.06.98, Lisburn
  TJ- 13.92 (14.30i-15)
BURTON Thomas 29.10.88, Tamworth
  400- 47.01 (46.97-14), 400H- 49.62 (49.36-15)
BUSH David 8.12.92, Nene Valley H
  Dec- 5249
BUSH Jude U15 11.12.01, Derby AC
  800- 2:03.79
BUTCHART Andrew 14.10.91, Central
  3k- 7:45.00, 5k- 13:08.61, 10kR- 28:28
BUTLER Noel 15.05.90, Crawley
  LJ- 6.91w
BUTTON Charles U17 10.10.99, Isle of Wight
  HJ- 1.93, OctY- 6507
BUWEMBO Bonefansi 24.12.89, Enfield & Haringey
  JT- 69.54 (74.64-14)
BYFIELD Jacob U13 24.06.04, Blackheath & Bromley
  75HC- 12.17, PenC- 1642

BYRON Christian 20.12.92, Birchfield/Notts Trent Un
400- 47.12

CÁ Eusebio 24.09.91 Newham & ExB/Middx Un/POR
LJ- 7.12i/6.95 (7.34-12)
CABLE Joel U15 24.09.01, Bracknell
DTB- 37.19, JTB- 48.98
CACKETT Greg 14.11.89, Belgrave
60- 6.69i (6.65i-13), 100- 10.24w/10.45 (10.24-13)
CADDICK George U23 29.07.94, Sale/Baylor Un
400- 46.18 (45.90-15)
CAIN Leroy U23 16.05.95, Thames Valley
60- 6.90i, 100- 10.54w/10.56, 200- 21.44
CAIRESS Emile U20 27.12.97, Leeds City
1500- 3:52.99, 3k- 8:18.12, 5k- 14:31.16
CAIRNEY Kaya U17 19.02.01, Newquay & Par
200- 22.35w
CALDWELL Luke Angus 2.08.91, Dorking & Mole V
5k- 14:07.77 (13:29.94-13), 5kR- 14:06,
10k- 28:45.82 (28:29.61-15), HMar- 65:24
CALLAWAY Matthew U20 19.12.97, Southampton
DTJ- 45.21
CALLOW Elliott U15 12.09.01, Western (I.O.M.)
100- 11.4w
CAMERON Kurt U17 13.11.99, Bristol & West
PV- 3.80
CAMPBELL Bayley U17 24.06.00, WSE&H
HTJ- 58.89, HTY- 69.84
CAMPBELL Cameron U17 19.01.00, Channel Islands
DTY- 42.83
CAMPBELL Euan U20 17.11.97, Stornoway
3kSt- 9:49.54
CAMPBELL Evan U17 17.05.01, Channel Islands
OctY- 4509
CAMPBELL Finlay U15 15.04.02, Wigan
TJ- 12.36
CAMPBELL Taylor U23 30.06.96, WSE&H/Loughboro St
HT- 72.70
CAMPBELL Theo 14.07.91, Birchfield
60- 6.77i, 200- 21.40 (20.96w-15, 21.10-14), 400- 46.02
CANNY Kyron U17 15.09.00, Luton
60- 7.03i, 100- 10.65w/10.73
CANT Lewis U15 10.10.02, Blaydon
100- 11.49w
CARELESS Jacob U15 8.10.01, Notts
HTB- 44.58
CARELESS Robert V40 7.09.74, Notts
HT- 50.16 (60.65-01)
CAREY Thomas 26.02.84, Shaftesbury B/IRL
110H- 15.44w/15.56 (14.37-10)
CARLSSON-SMITH Dylan U20 26.07.98, Shaftesbury B
PV- 4.40 (4.40i-15), JT- 53.96, HepJ- 4808i, DecJ- 6850
CARNE Benjamin 11.06.86, Harrow
400- 48.37 (47.36-10)
CARNEY Niall U20 8.11.97, Solihull & S H
400H- 53.98
CARPENTER Adam 18.06.93, Bournemouth
PV- 4.30 (5.15i-14, 5.00-13), LJ- 6.98
CARPENTER Daniel U17 7.11.99, Cheltenham
DecY- 5213, OctY- 4381
CARPENTER Jak 26.09.90, Cannock & Staff/Lough St
SP- 13.72i, JT- 53.46 (54.44-15), Dec- 5776
CARR Josh U23 30.07.94, Worcester AC/Cambridge Un
1500- 3:41.3, 1M- 4:06.96, 3k- 8:16.05
CARR Richard 20.11.82, Harrow
LJ- 6.86 (6.93-10)
CARROLL James U17 25.03.01, Liverpool H
DTY- 44.34
CARROLL Joseph U13 2.10.03, Channel Islands
JTC- 38.10
CARSON Ben U15, NI Schools
SPB- 12.96
CARSON Christian 16.11.92, Newham & Essex B
100- 10.70w (10.47w-14, 10.49-15)
CARTER Donald 19.03.90, Tonbridge
3k- 8:14.19
CARTER Hayden 6.07.91, RAF/Basingstoke & MH
800- 1:50.44 (1:50.20-15)

CARTWRIGHT Daniel U15 29.11.01, Tamworth
100- 11.51, 200- 23.61
CARTWRIGHT Daniel U20 14.11.98, Birchfield
SP- 15.51, SPJ- 17.51dh/17.03, DTJ- 45.45
CARTY Cyle 29.11.90, Sutton & District
60- 6.81i (6.70i-13)
CARVELL Oliver U15 9.04.02, Bridgnorth
800- 1:55.36, 1500- 4:06.80
CASSIDY Peter U20 22.01.98, Guildford & Godalming
HTJ- 60.97
CAUDERY Fynley U20 9.10.98, Cornwall AC
PV- 4.11i (4.30-15)
CAUDOUX Remi 25.09.89, Kilbarchan/Glasgow U/FRA
JT- 62.17 (64.29-15)
CAULFIELD Adam U15 8.12.01, Rugby & Northampton
1500- 4:13.85, 3k- 9:21.4
CAUSTON Levi U20 11.11.98, Chelmsford
HTJ- 61.18
CHADWICK Joseph U15 26.11.01, Channel Islands
HJ- 1.80
CHALLIS Samuel U20 15.05.99, WSE&H
LJ- 6.89
CHALMERS Alistair U17 31.03.00, Channel Islands
400- 49.59, 60HY- 8.11i, 100HY- 13.09, 400HY- 52.86
CHALMERS Cameron U20 6.02.97, Channel Is/Bath Un
100- 10.77, 400- 46.51
CHAMBERS Dwain Anthony V35 5.04.78, Belgrave
60- 6.68i (6.41+-99, 6.42i-09),
100- 10.11w/10.26 (9.87dq-02, 9.97-99)
CHAMBERS Peter U23 8.05.95, Highgate H
5kR- 14:34
CHAMBERS Roy 9.02.86, Woking
JT- 55.07, Dec- 4791 (5742-07)
CHAMBERS-BROWN Kaie U17 26.09.99, Birchfield
60- 6.98i, 100- 10.73, 200- 21.72
CHAN Daniel 27.07.87, Barnsley
HMar- 68:09, Mar- 2:24:56
CHANCE Samuel Thomas U17 21.10.00, Halesowen
JTY- 53.33
CHANDLER Matthew U17 30.10.00, Central
60HY- 8.47i, PV- 3.90, DecY- 5344, OctY- 4292*
CHANDLER Miles U23 18.03.96, Bristol & W/Oxford Un
3kSt- 9:29.00
CHANDLER Thomas U20 19.09.97, Central/Brunel Un
60HJ- 8.54i, PV- 4.22i, HepJ- 4993i
CHARLES Richard U23 31.05.94, Shaft B/St Marys Un C
800- 1:49.11i/1:49.87 (1:47.28-15)
CHARLES Thomas 18.02.84, Trafford
HMar- 68:05, Mar- 2:27:28 (2:25:38sh-14)
CHARLTON Craig 7.03.87, RAF/Morpeth
SP- 14.28
CHARLTON BROWN Kye U15 7.02.02, Bedford & County
SPB- 14.15
CHARTERS Jordan U23 14.08.95, Sale
LJ- 7.34i/7.28
CHEESEMAN Daniel 26.07.93, City of York
1500- 3:48.52i (3:44.38-14), 1M- 4:08.00i (4:03.80-15),
3k- 8:11.66i (9:02.9-11)
CHERRIMAN Jason V35 18.10.80, Leeds
Mar- 2:25:48 (2:21:57-15)
CHESSER Dara 16.08.92, Newham & Essex B/IRL
3kSt- 9:24.57
CHILDS Jack U15 11.06.03, Medway & Maidstone
3kW- 16:00
CHILDS Marshall U20 18.02.97, Ipswich
JT- 67.07
CHILDS Navid 12.05.81, RAF/TVH
TJ- 14.48 (15.39-11)
CHILDS Seriashe 2.09.82, WSE&H
60- 6.88i (6.86i-06)
CHIMKAH Joseph 4.12.93, South London H
60- 6.92i, 100- 10.61w
CHINERY-EDOO Saoirse Jerone 1.11.93, Harrow
DT- 42.33 (43.63-15), Dec- 6136
CHRISTIE Travis U20 1.05.97, Wolves & B/Wolvs Un
110HJ- 15.2, 400H- 54.67
CHRISTOFI William U23 17.09.94, Bristol & W/Oxford Un
1500- 3:47.73, 3k- 8:16.23, 5k- 14:22.83 (14:21.93-15)

370

CHRISTOFOROU Michael 10.10.92, Enf & Har/Edin Un
  5k- 14:34.52
CHURCH Lewis U23 27.09.96, Tonbridge
  110H- 15.23, 400H- 54.99 (54.5-15, 54.64-14),
  HJ- 1.97 (2.00-15), PV- 4.30 (4.42-15), Dec- 6889,
  HepIS- 4881i (5060i-15)
CIELUSZECKI Jacek V35 2.12.77, Bournemouth/POL
  Mar- 2:28:22 (2:27:45-14)
CLARENCE Simeon U23 4.12.95, Cardiff/Cardiff Met
  LJ- 7.01
CLARIDGE Benjamin U20 12.11.97, White Horse
  200- 22.05, 400- 47.7/47.83
CLARK Anthony V35 2.08.77, Bournemouth
  100kR- 7:17:43
CLARK Oliver U23 9.12.96, Newquay & Par/Bath Un
  LJ- 7.39w/7.27 (7.45-15)
CLARKE Adam 3.04.91, Aldershot F&D
  800- 1:51.20 (1:49.22-15), 1500- 3:47.00 (3:40.29-15),
  3k- 8:08.97 (7:55.13-15), 5k- 13:44.47, 3kSt- 9:24.63
CLARKE Ben U20 30.10.98, Worcester AC
  110HJ- 14.99, DecJ- 6517
CLARKE Chris 25.01.90, Marshall Milton Keynes
  200- 20.66w/20.73 (20.22-13), 400- 48.03i (45.59-09)
CLARKE Harry U23 19.07.94, W.Green & Ex L/City Un
  HT- 54.70 (58.09-15)
CLARKE Jacob U15 1.06.02, Notts
  PV- 3.80i/3.51
CLARKE Charles Lawrence Somerset 12.03.90, WSE&H
  60H- 7.65i (7.59i-15),
  110H- 13.4/13.42 (13.14w/13.31-12)
CLARKE Peter 22.07.91, Woodford Green & Ex L
  HT- 57.56 (57.87-11)
CLARKE Tom U20 5.12.97, Liverpool H
  800- 1:52.99
CLARKE Wayne A. R. V40 24.12.75, Lincoln Wellington
  HT- 48.92 (60.78-01)
CLARKSON Henry U20 16.06.99, Lasswade
  TJ- 13.79i/13.76w (13.66-15)
CLARKSON Sandy U13 29.12.03, Liverpool Pembroke S
  HJ- 1.52
CLAYBURN James Liam U20 14.02.97, Puerto de
  Alicante, ESP
  HJ- 2.01i/1.98 (2.07-14)
CLAYDON Dillon U13 1.11.03, Judd School
  DTC- 30.83
CLAYTON Adam U17 26.09.00, Giffnock North
  100- 11.15
CLAYTON Alex U15 1.11.02, Sussex Schools
  80HB- 11.80, SPB- 12.85, PenB- 2688
CLEMENTS Brynmor U17 10.10.00, Swansea
  DTY- 42.74
CLEMENTS Kieran 20.11.93, Ipswich/Iona Coll, USA
  1500- 3:43.55, 1M- 4:00.73i (4:00.36i-14),
  3k- 8:00.82i (7:57.67i-14, 8:13.69-12),
  5k- 13:56.11i (13:53.34i-15, 14:10.52-14)
CLEMENTS Nick 17.06.90, Yeovil Olympiads
  LJ- 7.16 (7.34w-12, 7.29-13)
CLIFFE Daniel John 23.12.90, Liverpool H
  5k- 14:14.39, 10kR- 29:47 (29:46.75t-15),
  3kSt- 9:40.39 (9:27.80-14)
CLOW Louis U15 22.11.02, Ealing, S & Mx
  60HB- 9.35i
CLOWES Matthew 29.09.89, Staffs Moorlands
  1500- 3:49.67 (3:42.24-15),
  3k- 8:10.71 (8:04.52i-14, 8:04.54-12),
  5k- 14:08.01 (14:05.32i-12), 10kR- 29:55 (29:38-11)
COCHRANE Jonathan U15 27.09.02, Ballymena & A
  TJ- 12.26
COCHRANE Theo U13 1.09.03, Salisbury
  HJ- 1.56
COCKLE Gus U20 7.03.97, Aldershot F&D
  1500- 3:53.30 (3:51.81-13), 3k- 8:19.67 (8:10.01-15),
  5k- 14:11.37 (14:03.26-15)
COKER Lamin U17 19.09.99, Luton
  100- 11.1w
COLDRAY Benjamin 9.11.91, South London H
  3k- 8:13.97, 2kSt- 5:39.61, 3kSt- 8:52.92

COLE Benedict 18.06.85, Tonbridge
  10k- 30:33.39, Mar- 2:24:41
COLE Daniel U20 28.11.98, Ipswich
  JT- 52.63
COLE Edan U17 18.02.00, Brighton & Hove
  JTY- 65.34
COLE Nicolas Andrew U23 27.02.95, C of Sheffield
  PV- 5.15
COLE Reuben U20 9.11.97, Gateshead
  400H- 55.03 (54.31-15)
COLEMAN David 14.02.86, Tonbridge
  DT- 50.05 (56.50-11)
COLEMAN Jamaine U23 22.09.95, Preston
  3k- 8:19.43i, 5k- 14:23.88, 3kSt- 8:53.72
COLEMAN Matthew U17 19.11.99, Radley AC
  400- 50.46
COLEMAN-SMITH Kieren U15 1.10.01, Nuneaton
  1500- 4:18.79, 3k- 9:25.36
COLES Ryan U20 2.12.97, Southampton
  100- 10.88w
COLLEY Dale U23 11.10.94, Central
  800- 1:51.86
COLLIER Harrison U15 17.09.01, Oldham & Royton
  1500- 4:17.68
COLLINGRIDGE Samuel U20 10.11.98, St Mary's Richm
  DTJ- 42.53
COLLINGS Rhys U20 25.02.98, Chelmsford
  400H- 56.41
COLLINS Jay U23 13.06.95, Bournemouth
  LJ- 6.98
COLLINS Joseph U17 13.12.00, Team Bath
  400HY- 57.46
COLLINS Liam James O'Neill V35 23.10.78, Gateshead
  60H- 8.48i (7.94i-00), 110H- 14.87 (14.05-00),
  400H- 54.47 (50.30-02)
COLLINS Luke U17 21.08.01, Harrow
  60- 7.16i
COLLINS Reuben U17 6.12.00, Dorking & Mole V
  TJ- 13.26
COLLINS Xander U13 18.09.03, Croydon
  60HC- 9.99i, 75HC- 12.0/12.36, PenIC- 1628i
COMISSIONG Jason Kyle 7.09.83, Thames Valley
  110H- 15.53 (15.39-15)
COMPTON-STEWART Jude U17 23.01.00, WSE&H
  JTY- 59.17
CONLON Greg V40 18.12.74, Walton
  PV- 4.30i/4.30 (4.80-05)
CONNAL Scott U17 20.03.00, Whitemoss
  PV- 4.10i/3.83 (3.90-15), LJ- 6.83w/6.78i/6.73,
  HepIY- 4246i, DecY- 6069, OctY- 4820*
CONNELL Shane U17 10.03.01, Sale
  HJ- 1.95i/1.93
CONNELLY Joseph U17 9.11.00, Carlisle Aspatria
  SPY- 14.03
CONNOR Benjamin 17.10.92, Derby AC
  5k- 13:53.74, 10k- 29:21.47 (29:18.62-14), 10kR- 28:57,
  15kR- 45:14+, HMar- 64:13
CONNOR James 21.03.83, Kent
  HMar- 67:45 (66:17-11), Mar- 2:19:33 (2:18:31-11),
  3kSt- 9:43.5 (9:09.72-11)
CONSANI Marco V40 15.11.74, Garscube
  100kR- 7:18:31, 24Hr- 250.263km
CONSTANTINOU Jonathon 13.05.91, Marshall Milton K
  JT- 53.86 (58.94-11)
CONWAY Frankie 29.09.91, Orion
  5k- 14:33.18, 10k- 30:31.79, HMar- 68:01
COOK Austin James Gareth V45 20.02.69, Kingston & P
  HT- 53.88 (67.32-91)
COOK Jonathan 31.07.87, WG & Ex L/Northumberland U
  800- 1:49.7 (1:48.65-10), 1500- 3:38.64
COOK Tyler U15 12.04.02, Swansea
  60HB- 8.90i, 80HB- 11.68
COOKE Cameron U17 19.09.00, Poole
  DTY- 41.63
COOMBER Alex U23 24.07.94, Cardiff
  800- 1:50.99i (1:51.60-15)
COOPER Charles U23 29.02.96, Georgetown Un, USA
  800- 1:49.88

COOPER Ciaran U20 1.03.97, Swindon
  800- 1:53.18 (1:51.91-15)
COOPER Gwilym 17.07.91, Brighton & Hove
  400- 47.43, 400H- 51.58
COOPER Jordan U17 20.10.99, Preston
  HTY- 50.89
COOPER Joseph U20 24.01.97, Kingston upon Hull
  100- 10.8
COOPER Maxwell U17 20.11.00, Bracknell
  1.5kSt- 4:41.2
COOPER Ryan U23 30.03.96, Cardiff/Cardiff Met
  400H- 54.77 (54.08-15)
COORAY Anuradha Indrajith V35 24.03.78, V of Aylesb/
  SRI   10k- 29:32.48, Mar- 2:15:19 (2:13:47-15)
COPELAND Piers U20 26.11.98, Wimborne
  800- 1:52.89, 1500- 3:49.68, 3k- 8:10.78i
COPLEY Ben U15 6.11.02, Kingston upon Hull
  DTB- 41.90, JTB- 45.46
COPPARD Simon U17 19.02.01, Tonbridge
  800- 1:55.47
COPPELL Harry U23 11.07.96, Wigan
  PV- 5.30i/5.20 (5.42-15)
COPSEY Jason 17.02.91, Cardiff
  JT- 66.38 (67.16-14)
CORBISHLEY Cameron U20 31.03.97, Medway & Maid
  2kW- 7:43i+e (7:55.23-15), 3kW- 11:39.75i/11:53.08,
  5kW- 20:34.9, 10kW- 42:18.94, 10kWR- 43:05, 20kW- 1:33:00
CORDERY Elliot U17 6.03.01, Chelmsford
  3k- 8:47.53
COREE Aidan U23 22.08.96, Worthing/Bath Un
  HJ- 1.95
CORFIELD Oliver U20 13.09.97, Cheltenham
  JT- 68.55
CORK Daniel U20 15.07.97, Newport
  SP- 13.36i, SPJ- 15.11
CORLETT Alan 22.12.90, Northern (IOM)
  3kSt- 9:41.7
CORNTHWAITE Thomas 13.04.85, Salford
  10k- 30:57.00 (30:37.9-11), Mar- 2:25:44 (2:22:59-15)
CORRY Coleman U17 7.04.01, Blackheath & Bromley
  OctY- 4402
COSTELLO Andrew U17 1.10.99, Kilbarchan
  HTY- 59.41
COTTELL Rico U15 22.11.01, Blackheath & Bromley
  80HB- 11.52, HJ- 1.80i/1.80, PenB- 2669
COTTON Adam 26.01.92, Birchfield/New Mexico Un
  800- 1:50.92 (1:48.30-10), 1500- 3:44.02 (3:41.33-11)
COULDWELL Mark V40 30.07.74, Charnwood
  Mar- 2:27:05 (2:24:01-13)
COURT Callum 21.10.93, Cardiff/Cambridge Un
  PV- 4.40i/4.35 (4.50i-14)
COURTNEY Anth V35 23.05.79, Serpentine
  24Hr- 214.247km
COUSINS Andrew U23 9.10.94, Birchfield
  60- 6.93i
COWAN Dwayne 1.01.85, Hercules Wimbledon
  200- 20.73, 400- 46.02
COWANS Jackson U17 11.12.99, Dacorum & Tring
  100HY- 13.9, TJ- 13.49
COWARD Akin U23 26.07.96, Shaftesbury B/B'ham Un
  HJ- 2.09
COWIE Henry-James U17 29.03.01, Blackheath & Brom
  1.5kSt- 4:35.46
COWIN Adam U23 27.06.94, Manx H
  5kWR- 23:26+ (22:46-14), 10kWR- 46:37, 20kW- 1:38:54
COWPERTHWAITE Joshua U17 9.04.01, M'boro Mandale
  1500- 4:01.58, 3k- 8:37.90
COX Alexander 13.12.93, Bournemouth
  HJ- 1.95 (2.08-11)
COX Joshua U23 25.01.95, Bedford & County
  100- 10.34w/10.45 (10.39-15), 200- 21.30
COX Thomas 3.02.93, Tonbridge
  3kSt- 9:44.54
CRABTREE Jack Alexander U23 13.09.96, Shaftesbury B
  1500- 3:47.48 (3:44.52-15)
CRAIG Adam U23 9.05.95, Edinburgh AC
  5k- 14:25.16, 10k- 30:45.98

CRANMER Kevin V35 14.06.79, Reading
  Dec- 4554
CRAWFORD Ethan U17 4.11.00, Shildon
  200- 22.50
CRAWFORD Gareth U20 6.06.99, Strabane
  JT- 53.75, JTY- 62.39
CRAWFORD-WALKER Callum U20 31.05.98, Annadale S
  800- 1:52.44
CRESSEY Luke U15 23.01.02, Tavistock
  80HB- 11.70, HJ- 1.85, PenB- 2889
CRESSWELL Oliver U17 17.11.00, Stratford-upon-Avon
  60HY- 8.22i, 100HY- 13.06, 400HY- 58.1, HJ- 1.90
CRIBB Chuko U23 30.03.94, M Milton K/Coventry Un
  LJ- 6.85, TJ- 15.48w/15.21
CRICK Samuel U17 12.09.99, Tonbridge
  3k- 8:56.19, 1.5kSt- 4:22.32
CRISP William U17 25.11.99, Swindon
  800- 1:54.70
CRITCHLEY Charlie U23 25.03.96, AF&D/Exeter Un
  3kSt- 9:33.30 (9:32.60-14)
CROFT Joey U17 23.05.00, Huntingdon
  3k- 8:46.79, 1.5kSt- 4:29.2
CROFT Martin U20 29.04.97, M'boro Mandale/Camb Un
  HT- 47.87
CRONEY Samuel U15 1.07.02, Kingston upon Hull
  80HB- 11.87
CROSBY Harry U13 24.11.03, Southampton
  PenIC- 1418i
CROSS Adam U17 12.11.00, Cambridge & Coleridge
  100- 11.0
CROSS Ellis U23 22.09.96, AF&D/St Marys Un C
  3k- 8:11.33, 5k- 14:20.02
CROSSLEY Neil 15.04.88, Cheltenham
  JT- 63.45 (73.41-13)
CROSSLEY Sam U13 5.09.03, City of Norwich
  DTC- 30.45
CROUT Philip U23 7.04.95, Shaftesbury B/Cambridge Un
  1500- 3:46.93, 3k- 8:10.4, 5k- 14:05.59
CROWE, Cameron U15 5.09.01, Stevenage & NH
  PV- 2.90
CROWIE Sean U20 8.11.97, Hillingdon
  100- 10.8 (10.82-15), 200- 21.95 (21.6-15)
CROWLEY Aaron 11.12.92, Sale/Salford Un
  60- 6.90i, 100- 10.65 (10.57-15), 200- 21.53
CRUCHLEY Nick 1.01.90, Halesowen
  PV- 5.15 (5.42-11)
CRYER Mark 27.08.93, Blackheath & Bromley/Brunel Un
  60H- 8.40i, 110H- 15.14, LJ- 7.17i/7.04
CULLEN Matthew 14.08.87, Sale
  PV- 4.76i/4.60 (5.00-13)
CULPIN Harry U15 9.09.01, Charnwood
  PV- 3.00
CUNDEY Kai U13 14.02.04, City of Sheffield
  2kW- 11:50.0 (11:14.9-15)
CUNNINGHAM-FAHIE Thomas U20 21.05.97, Colch& T
  110HJ- 14.82w/15.21 (15.03-15)
CURRAN Zacharias 17.12.93, WSE&H/Lough St/IRL
  400- 46.96, 600- 1:17.52i, 800- 1:46.78
CURRIE Daniel U15 15.07.02, Middlesboro Mandale
  1500- 4:18.0, 3k- 9:12.49
CURRIE Sam U15 19.09.01, Wigan
  PV- 3.10
CURTIS Matthew U23 11.11.95, Wimborne/Birmingham U
  110H- 15.51, Dec- 6209
CURTIS William U17 27.12.99, Gateshead
  60- 7.18i, 400- 49.35
CUTTS Luke Arron 13.02.88, City of Sheffield
  PV- 5.70i/5.61 (5.83i-14, 5.70-13)

D A SILVA Leonardo U15 18.11.01, Newham & Essex B
  60- 7.48i
DACK Christopher 28.11.82, Kingston & Poly
  SP- 15.37 (15.87-15), DT- 45.01 (46.85-15)
DACOSTA Dylan U17 6.04.01, South London H
  100- 10.8, 200- 22.2, 100HY- 14.0
DAFFURN Antony 18.10.86, Harrow
  LJ- 6.89 (6.94-14), TJ- 14.67 (15.54w/15.24-14)
DAKIN Oliver U15 1.12.01, Chesterfield
  60HB- 8.81i, 80HB- 11.39

DALY Colin U17 9.04.00, Trafford
800- 1:56.16, 1500- 3:58.35
DALY James U17 15.07.00, Bracknell
3k- 8:50.83 (8:46.75-15)
DALY Kieran 28.09.92, Blackheath & Bromley
100- 10.41w/10.49 (10.18-14)
DAMADZIC Adam 3.09.92, Birchfield/Texas Un
DT- 56.44
DANE Oliver U20 13.11.98, City of Sheffield
800- 1:51.32
DANGERFIELD Richard U20 17.09.97, Cardiff
JT- 56.93
DARAMOLA Moyo U15 16.05.02, Eastbourne RAC
300- 37.2/37.35
DARKIN-PRICE Cameron U17 18.11.00, Charnwood
HepIY- 4219i, OctY- 4432
DASAOLU Oyeyemi Olatokumbo James 5.09.87, Croydon
60- 6.53i (6.47i-14), 100- 9.93w/10.10 (9.91-13)
DASILVA Anaximandro U23 27.06.95, Cardiff
100- 10.57, 200- 21.76 (21.57-14)
*DAUPARAS Justas 12.02.91, Cambridge Un/LTU
JT- 56.12*
DAVEY Lewis U17 24.10.00, Peterborough
400- 50.30, 60HY- 8.57i, 400HY- 56.36, HepIY- 4409i,
OctY- 4505
DAVEY Steven V35 14.11.76, City of Portsmouth
SP- 13.00 (13.15-13)
DAVIES Aiden U23 26.12.95, Doncaster/Leeds Beck Un
PV- 4.30, LJ- 6.94i, Dec- 6914, HepIS- 5258i
DAVIES Aled 24.05.91, Cardiff
SP- 14.05i
DAVIES Andrew V35 30.10.79, Stockport
10kR- 29:13sh (29:49-15), HMar- 65:20,
Mar- 2:17:45 (2:16:55-15), 50kR- 2:58:25
DAVIES Benjamin U20 12.03.99, Bedford & County
1500- 3:52.50
DAVIES Callum U20 30.11.98, Swansea
60- 6.91i
DAVIES George U20 27.01.98, City of York
JT- 66.12
DAVIES Harry U15 25.10.02, Neath
DTB- 38.89, HTB- 42.71
DAVIES James Robert 4.11.92, Sale
LJ- 6.96i (7.31i/7.12w-12, 7.08-14)
DAVIES Jonathan U23 28.10.94, Reading/Birmingham Un
1500- 3:43.15, 3k- 8:00.48i/8:01.38, 5k- 13:23.94
DAVIES Jordan U23 25.09.96, Yeovil Olympiads
SP- 14.19 (15.13-15)
DAVIES Morgan U23 5.08.94, Bridgend
10kR- 30:07sh (30:26-15)
DAVIS Archie U20 16.10.98, Brighton Phoenix
800- 1:49.74i/1:51.2, 1500- 3:43.81
*DAVIS Arran Oxford Un/USA
JT- 55.28 (57.91-11)*
DAVIS Daniel 30.08.92, Leeds
3k- 8:08.6, 5k- 14:05.62
DAVIS Eden U20 1.03.99, Herts Phoenix
100- 10.68w/10.74, 200- 21.9/22.03
DAVIS Lawrence U23 31.05.95, Enf & Har/Birmingham Un
LJ- 6.97, TJ- 15.08 (15.71-15)
DAVIS Louis U15 20.09.01, Shaftesbury B
JTB- 45.00
DAVISON Charlie U15 18.10.02, Gloucester Schools
JTB- 44.38
DAWES Michael U20 24.11.98, Banbury
HTJ- 53.23
DAWKINS Andrew V40 24.03.74, Kilbarchan
SP- 14.53 (15.98-08)
DAWSON David L. 3.02.84, Newquay & Par
SP- 14.20 (15.22-02), DT- 43.23 (47.71-11)
DAY Samuel U20 20.09.97, M'boro Mandale/Camb Un
400- 48.12
D'CRUZ Tommy U17 22.12.99, Newton Abbot
60HY- 8.59i, 100HY- 13.58, OctY- 4348
DE ESCOFET Kyle U23 4.10.96, Birchfield
60- 6.61i, 100- 10.72 (10.45-15),
200- 21.61w (21.61w/21.72-15)

DEAN Sam U20 23.09.98, East Cheshire
JT- 64.03
DEAR Ethan U17 31.12.99, Giffnock North
HJ- 1.90
DEARDEN Connor U17 9.11.99, Horsham BS
PV- 3.70i/3.70
DEARDEN Daniel U13 26.09.03, Horsham BS
PV- 2.60
DEARDEN Jack U20 24.09.97, City of Norwich
60- 6.98i
*DEASON Michael 8.01.85, Shettleston H/USA
10k- 30:52.77, 3kSt- 9:15.97 (9:10.61-15)*
DE'ATH Peter U23 8.06.95, Stevenage & NH
400- 48.65
DEE Elliot U17 25.05.00, Shaftesbury B
1500- 4:03.2, 3k- 8:39.32
DEE Jamie U20 23.11.97, Shaftesbury B
3k- 8:24.8 (8:22.82-14)
DEE Liam U23 23.05.96, Shaftesbury B/Iona Coll, USA
600- 1:17.46i, 1500- 3:42.86, 1M- 4:00.43i,
3k- 8:03.70i (8:19.82-14), 5k- 14:04.02
DEED Darren V35 7.05.78, Bedford & County
10kR- 30:22 (29:48-07), Mar- 2:26:04 (2:21:18-12)
*DEGUTIS Gintas V45 20.07.70, Newham & Ex B/LTU
SP- 15.43i/15.33 (18.61-02)*
DEMPSEY David 7.02.91, C of Sheffield/Sheffield Un
800- 1:47.96
DEMPSEY Jeremy U17 17.12.99, Shaftesbury B
1500- 3:54.4, 3k- 8:46.89
*DENGG Alexander 92, Heriot Watt/AUT
HJ- 1.97 (2.00-13)*
DENNIS Michael U17 19.09.99, Edinburgh AC
100HY- 13.97w
DENSLEY Martin Richard 1.05.81, Ealing, S & Mx
PV- 4.20i/4.20 (5.10-10)
DERBYSHIRE Seamus U17 27.01.00, City of Stoke
60HY- 8.34i, 100HY- 13.6 (13.60-15), 400HY- 54.31
DERRIEN Paul V40 5.08.71, St Mary's Richmond
HT- 44.46 (49.62-08)
DESMOND Andrew U23 7.11.94, Liverpool H/Derby Un
400H- 55.61 (54.55-15)
*DESTA Danal U20 21.11.97, Swansea/ERI
3k- 8:30.50, 5k- 14:37.24, 10kR- 29:47, HMar- 67:01*
DEVER Patrick U23 5.09.96, Preston/Loughborough St
1500- 3:48.19, 3k- 8:12.38, 5k- 14:26.77
DEWAR Joseph U23 27.01.96, WG & EL/E.London Un
100- 10.42w/10.53 (10.20w/10.34-15)
DICKENS Sebastian U15 20.12.01, Essex Schools
SPB- 14.65
DICKINSON Joshua U15 10.09.01, City of York
3k- 9:07.57
DICKINSON Marcus U15 9.08.02, Neath
HTB- 45.16
DICKSON-EARLE Euan U23 9.07.96, Biggleswade
60H- 8.22i, 110H- 14.91
DIGBY Harry U17 22.10.00, Bracknell
800- 1:55.89
DIGHT Arun U17 25.12.99, Vale Royal
1500- 4:00.19, 3k- 8:51.50
DIJKSTRA Ben U20 31.10.98, Leics Coritanian
3k- 8:22.69 (8:21.01-15), 5k- 14:29.37 (14:28.03-15)
*DIMECH Reece U23 27.03.94, Medway & Maid/
Canterbury CCC/MLT Dec- 4425*
DITCHFIELD Harry U15 3.10.01, East Cheshire
JTY- 51.44, JTB- 54.57
DIXON Anton 31.05.90, Woodford Green & Ex L
LJ- 7.43
DIXON Daniel U15 14.05.02, Morpeth
3k- 9:27.11
*DIXON Harvey 2.11.93, Aldershot F&D/GIB
800- 1:51.63 (1:50.58-14), 1500- 3:49.40 (3:44.31-15)*
DIXON Shaun 6.09.82, Highgate H
HMar- 67:47 (66:42-12), Mar- 2:25:09
DOBBS Thomas U20 7.02.98, Wigan
PV- 4.52i (4.40-14), SP- 13.16, SPJ- 13.80, DT- 41.85,
DTJ- 46.87
DOBSON Charlie U17 20.10.99, Colchester H
200- 22.53

DODD Edward U23 10.02.94, Eastbourne RAC/Ports Un
  800- 1:50.48
DOHERTY Arlo U13, London Schools
  SPC- 10.72
DOLLARD Lee 21.04.90, Southend
  100- 10.65w
DONALD James U20 18.11.98, Dundee HH
  5k- 15:20.60
DONNELLY Jordan 20.09.87, Woodford Green & Ex L
  800- 1:51.52 (1:49.67-11), 1500- 3:49.03 (3:48.48-14)
DONOVAN Tyri U20 20.10.98, Epsom & Ewell
  400H- 54.87
DORAN Harry 23.12.90, Liverpool Pembroke S
  400- 48.46 (47.00-12), 800- 1:49.80 (1:49.41-15)
DORIS Jamie 3.02.93, Edinburgh AC
  800- 1:51.25
DORRELL Luke U20 23.01.97, Aldershot F&D
  60- 6.98i
DOUGLAS Andrew 19.12.86, Inverclyde
  HMar- 65:38
DOUGLAS Andrew U20 11.05.99, Southampton
  PV- 4.56i (4.65-15)
DOUGLAS Benjamin 28.03.90, Notts
  HMar- 67:50, Mar- 2:29:05
DOUGLAS Devon 7.09.89, Woodford Green & Ex L
  SP- 13.45 (15.30-12), DT- 51.44 (53.21-14)
DOUGLAS Jack U23 5.06.96, Bedford & Co/Coventry Un
  3kSt- 9:22.07
DOUGLAS James 18.06.85, Border
  10kR- 29:57sh (30:23-13), HMar- 67:36 (66:48-14),
  Mar- 2:26:17, 3kSt- 9:40.4 (9:27.19-09)
DOUGLAS Josh U15 1.12.01, Newbury
  TJ- 12.09
DOUGLAS Joshua U15 24.12.01, Southampton
  SPB- 13.37, DTB- 42.28, HTB- 49.23
DOUGLAS Nathan James 4.12.82, Oxford City
  TJ- 16.58 (17.64-05)
DOUGLAS Ross Alan U23 14.07.96, Charnwood
  HT- 55.55
DOW David U15 15.10.01, Cambridge & Coleridge
  1500- 4:16.25
DOW Lewis U15 18.01.03, Pitreavie
  800- 2:02.38, 1500- 4:16.76
DOWLE Mason U17 16.03.00, Eastbourne RAC
  200- 22.61w
DOWNES Caleb U20 12.08.97, Rugby & Northampton
  100- 10.72w (10.57-14), 200- 21.96 (21.3-15, 21.35-14)
DOWNIE Michael 16.11.92, Arbroath
  SP- 13.74
DOWNS Fabian 12.03.86, Chiltern H AC
  Mar- 2:23:05
DOWSON David V35 23.11.79, Middlesboro Mandale
  SP- 14.91 (15.91-10), DT- 42.18 (44.04-14)
DOYLE Andrew 17.07.92, Mid Ulster/IRL
  SP- 14.62 (16.02-11), HT- 50.64 (57.41-12)
DOYLE William U15 24.10.01, Pitreavie
  300- 37.59
DRAKE George U23 3.01.96, Leics Cor/Newcastle Un
  TJ- 14.17i (14.82-14)
DRAMMEH Alhagie-Salim 27.12.87, Woodford Gr & EL/
  Army/GAM 200- 21.75 (21.64-12), 400- 46.37
DRAPER Elliot U20 20.12.97, Caen, FRA
  200- 22.01
DRISCOLL Ryan U23 25.01.94, Tonbr./San Francisco U
  1500- 3:47.36, 3k- 8:10.44i (8:10.77-15), 3kSt- 8:56.77
DRUKTENIS Vutas 5.02.83, WSE&H/LTU
  SP- 13.25 (17.79i-04, 17.40-05)
DRY Mark William 11.10.87, Woodford Green & Ex L
  HT- 76.26 (76.93-15)
DUCKWORTH Timothy U23 18.06.96, Un Kentucky
  60H- 8.32i (8.32i-15), 110H- 14.65w/14.66, HJ- 2.13,
  PV- 5.10, LJ- 7.66i/7.64, DT- 41.09, JT- 57.22,
  Dec- 7709, HepIS- 5695ios/5062i
DUDHIA Zamaan U15 4.02.02, Barnet
  PV- 3.45
DUFF Cameron U15 31.10.01, Vale Royal
  200- 23.61

DUFFY Joseph U17 7.03.00, Preston
  PV- 3.80i/3.80
DUFFY Luke U17 14.11.00, Mansfield H
  1500- 3:57.77
DUGGAN George U23 1.09.96, Tonbridge/Loughboro St
  800- 1:51.58, 1500- 3:47.93 (3:47.77-15)
DUNBAR Alex 24.04.92, City of Norwich/Lamar Un
  3k- 8:13.82i (8:19.98-14), 10k- 29:34.20
  5k- 14:14.64i/14:27.54 (14:21.87-14)
DUNDERDALE Haran U23 26.04.96, C of Sheff/Bradley U
  1500- 3:49.12, 3kSt- 8:55.68
DUNDERDALE Joseph 4.09.92, City of Sheffield
  JT- 72.27 (76.13-14)
DUNFORD Edward James 15.09.84, Birchfield
  SP- 14.04 (15.21-12)
DUNLOP Stephen 19.04.90, Aberdeen/Aberdeen Un
  100- 10.65w (10.56w-14, 10.75-12), 200- 21.62,
  60- 6.93i (6.89i-14)
DUNN Jarryd 30.01.92, Birchfield
  400- 46.00 (45.09-15)
DUNN Nathan U17 1.09.99, Preston
  3k- 8:54.33
DUNNE Finbar U15 20.09.01, Inverness
  SPB- 14.21, DTB- 43.70
DUNNE George U13 3.09.03, Kent Schools
  HTC- 30.18
DUNNE Patrick U17 2.12.99, Inverness
  JTY- 58.49
DUPORTE-CLARKE Omari U13 7.09.03, Ipswich
  LJ- 5.28
DUQUEMIN Zane 23.09.91, Shaftesbury B
  SP- 15.23 (19.42-13), DT- 62.28 (63.46-12)
DURNEY Christopher U20 16.01.98, Preston
  1500- 3:53.67
DURRANT-SUTHERLAND Myles U23 17.07.95, Birch/
  Birmingham Un   LJ- 7.11
DUSTIN Oliver Luke U17 29.11.00, Border
  800- 1:55.88
DUXBURY Kameron U15 8.10.01, City of Portsmouth
  SPB- 14.65, JTB- 47.73
DWEMOH Erasmus 25.11.90, South London H
  SP- 13.73 (13.81-15)
DWYER Rory U20 11.10.97, Stratford-upon-Avon
  60HJ- 7.99i, 110HJ- 14.9 (14.19-14), HJ- 2.17
DYBLE Mark James 24.07.90, Thames Valley/London Un
  200- 21.78w
DYER Ewan U23 12.06.94, WGreen & Ex L/Heriot Watt
  400H- 52.03
DYER Matthew U13 27.11.03, Southampton
  1500- 4:30.7
DYER Michael 27.09.84, Reading
  110H- 15.4 (14.5/14.55w/14.72-06)
DYER-DIXON Keenan U15 17.04.03, Bingley
  100- 11.4

E ARL Harry 10.11.92, Border
  3kSt- 9:41.59
EARL Nicholas 22.09.84, City of Norwich
  3k- 8:16.61, 5k- 14:20.01 (14:18.07-15), 10k- 29:34.11,
  HMar- 66:37, 3kSt- 9:15.50 (9:14.59-15)
EARLE Reece U13 1.10.04, Thames Valley
  60- 7.93i
EARLE Robert Bernard V55 15.09.60, Colchester H
  HT- 50.45 (62.60-95)
EARLY Oliver U13 26.05.04, Chelmsford
  75HC- 12.1
EAST Benjamin U13 19.11.03, Team Kennet
  JTC- 50.35
EAVES Maxwell 31.05.88, Newham & Essex B
  PV- 5.64i/5.57 (5.62-14)
ECHAKHOA Baddar V35 29.02.80, VPH &TH/FRA
  JT- 54.57
ECKERSLEY Daniel 12.11.86, Kingston & Poly
  3kSt- 9:16.48
EDGAR James U20 12.11.98, Lisburn/IRL
  3k- 8:14.55, 5k- 14:55.19
EDOBURUN Ojie Dayo U23 2.06.96, Shaftesbury B
  60- 6.66i, 100- 10.02w/10.19 (10.16-14), 150-
  15.26wSt, 200- 20.50w/20.87

EDWARDS Jonathan 9.10.92, C of Plymouth/Plymouth Un
 SP- 14.80 (15.34-13), DT- 52.59, HT- 64.37 (66.28-14)
EDWARDS Laurance U15 26.11.01, Harrow
 800- 1:59.72
EDWARDS Luke 3.09.90, Liverpool Pembroke S
 400- 48.5 (47.72-13)
EDWARDS Mike 11.07.90, Birchfield
 HJ- 2.23 (2.25-15)
EDWARDS William U20 5.02.98, Carmarthen
 HJ- 2.00i/1.98
EELES Daniel U20 8.08.97, Brighton Phoenix
 800- 1:50.88, 1500- 3:50.84
EELES Joshua U17 12.12.99, Brighton Phoenix
 800- 1:55.50, 1500- 3:59.36
EFOLOKO Jonathon U17 23.09.99, Sale
 60- 6.90i (6.85i-15), 100- 10.59, 200- 21.15 (21.12-15)
EGEMONYE Onyebuchi Army AA
 LJ- 6.98
EISNOR Bradley U23 24.11.96, Eastbourne RAC
 Dec- 4563
EJIAKUEKWU Roy U23 2.02.95, Sale/Arkansas Un
 60- 6.75i (6.72i-15), 100- 10.53 (10.22w/10.35-15),
 200- 21.06i/21.27 (20.78w/20.93-15), 400- 47.21
ELIOT Caspar 29.09.89, Bristol & West
 400H- 54.68
ELKINS Andrew 25.05.93, Poole
 HT- 53.62 (60.16-13)
ELLINGTON James 6.09.85, Newham & Essex B
 60- 6.68i (6.67i-14), 100- 9.96w/10.04, 200- 20.31
ELLIOTT Kane U15 19.01.02, Falkirk VH
 1500- 4:18.43
ELLIOTT Mark V35 3.04.78, Telford
 HT- 44.76
ELLIOTT Mensah Abraham V35 29.08.76, Met. Pol/GAM
 110H- 15.01 (13.69w-00, 13.7-00, 13.82-00)
ELLIOTT Zachary Luke U15 13.09.01, Birchfield
 60HB- 8.84i, 80HB- 11.23, LJ- 6.26w/6.24, PenB- 2893,
 PenlB- 2709i
ELLIS Joseph U23 10.04.96, Michigan Un
 HT- 68.25
ELSDON Glen 27.09.92, Carmarthen
 60H- 8.34i (8.06i-14), 110H- 14.61w/14.65 (14.28-14)
ELSON James 6.07.82, 100 Marathon Club
 24Hr- 242.497km
EMANUEL Lee 24.01.85, City of Sheffield
 800- 1:51.26iA (1:49.46A-10, 1:49.87-09),
 1500- 3:36.29 (3:35.66i-15), 1M- 3:55.43 (3:54.30i-14,
 3:54.75-13), 3k- 7:52.41 (7:44.48i/7:51.30-15)
EMERY Tom U15 13.12.01, Sussex Schools
 HJ- 1.77
EMERY-SHAWCROSS Samuel U17 2.06.00, E.Cheshire
 100- 10.9, 200- 22.0/22.10
ENGELKING Jonathan U20 13.12.97, North Devon
 JT- 62.48
ENNIS Jack U15 7.06.02, Croydon
 HJ- 1.75
ENNIS Kyle 9.08.91, Rugby & Nor AC/East London Un
 100- 10.53 (10.5-14), 200- 21.01
ENOE Shenton 1.02.86, Serpentine/GRN
 JT- 54.38
ENSER Aaron U17 5.09.00, Bracknell
 1.5kSt- 4:35.93
ERICSSON-NICHOLLS James U15 6.11.01, M.Milton K
 HTB- 52.62
ESIEN Reuben U20 8.04.98, Solihull & S H
 HepJ- 4614i (4629i-15)
ESSIEN Richard U20 7.02.99, Bexley
 HJ- 1.95
ETHERINGTON Glenn 10.12.86, Yeovil Olympiads
 60H- 8.20i, 110H- 14.69w/14.9/15.03 (14.34-15)
ETIENNE Theo U23 3.09.96, Hercules Wimbledon
 60- 6.56i, 100- 10.14w/10.23
EVAGGELIDIS Dimosthénis V35 27.09.76, Brighton & H/
 GRE   Mar- 2:25:39 (2:24-29-11)
EVANS Elliott U13 3.09.03, City of Portsmouth
 75HC- 12.0, LJ- 5.18
EVANS George Ross U20 21.01.98, Shaftesbury B
 SPJ- 18.05, DTJ- 59.25

EVANS Matthew 21.06.92, Worthing
 HT- 52.70
EVANS Rory 19.11.89, Stockport
 60- 6.86i (6.79i-14), 200- 21.01 (20.73w-14, 20.75-15),
 400- 47.19 (46.26-14)
EVANS Scott 4.02.91, Kingston & Poly
 800- 1:51.89
EVANS Simon 21.06.92, Worthing
 HT- 49.29 (50.44-12)
EVANS Thomas U17 21.09.00, Newark AC
 200- 22.5, 400- 49.9/49.92
EVEREST Max U23 28.10.94, Nene Valley H
 110H- 14.72w/14.94 (14.91-14)
EVERETT-AMARSSON Kristofer 10.06.93, Brighton
 Phoenix/Academy of Art Un
 5k- 14:13.74
EWER Rico U20 24.09.97, Rugby & Northampton
 60- 6.90i, 100- 10.52w/10.64
EWULO Ezekiel 29.01.86, WGreen & Ex L/NGR
 LJ- 7.60 (7.90w/7.85-15)
EZE Veron U15 5.01.02, Ipswich
 HJ- 1.80

FAIRCLOUGH Henry U20 22.01.99, City of York
 SP- 13.22, SPJ- 14.65
FALCONER William V35 20.12.78, Kilbarchan
 SP- 14.01 (15.35-04)
FAMAKIN Dami U20 23.11.97, WSE&H
 TJ- 14.67i/13.71 (14.47-15)
FARAH Mohamed 23.03.83, Newham & Essex B
 1500- 3:31.74 (3:28.81-13), 2k- 5:02.1+, 3k- 7:32.62,
 5k- 12:59.29 (12:53.11-11), 5MR- 23:09+,
 10k- 26:53.71 (26:46.57-11), 10kR- 28:04+ (27:44-10),
 15kR- 42:03+, 10MR- 45:15+e, HMar- 59:59 (59:22-15)
FARAH Samater 25.12.85, Newham & Essex B
 3k- 8:18.39 (8:12.86-11), 2kSt- 5:38.33,
 3kSt- 9:03.36 (8:49.83-12)
FARNHAM-ROSE Robbie U23 5.01.94, Tonbridge/
 Un Alabama   800- 1:49.69 (1:49.61-12), 1500- 3:44.39,
 1M- 4:00.92i (4:01.34i-15), 3k- 8:08.77i (8:18.68-14)
FARQUHAR Robbie U17 4.01.01, Aberdeen
 LJ- 6.46
FARQUHARSON Alexander U20 9.06.97, Coventry God.
 LJ- 7.70
FARQUHARSON Joseph U17 6.10.99, WGreen & Ex L
 100- 11.1w
FARRELL Chris 10.10.85, Horwich
 10kR- 29:51, HMar- 67:53
FARRELL Thomas 23.03.91, Border
 1500- 3:39.4 (3:37.90-14), 5k- 13:27.77 (13:10.48-15)
 3k- 7:42.47i/8:06.9+ (7:57.2+-14)
FARRES Tom U20 4.03.97, City of Portsmouth
 PV- 4.70i/4.61
FARROW Kevin V40 8.09.75, Notts
 Mar- 2:28:43
FASIPE Timothy U20 20.06.97, Enf & Har/Loughboro St
 100- 10.73
FAULDS Joshua U17 7.03.00, Rugby & Northampton
 400HY- 55.26
FAULKNER Andrew 23.07.86, City of Sheffield
 400H- 53.63 (52.51-14)
FAWDEN Dempster U17 26.02.00, Highgate H
 1.5kSt- 4:38.95
FAWDEN Terence U20 19.01.99, Highgate H
 2kSt- 6:05.93, 3kSt- 9:52.28
FAYERS Jack U13 20.09.03, Ipswich
 200- 25.4/25.59, LJ- 5.44
FAYERS Matthew U23 5.08.94, Hillingdon/Okla. St Un
 1500- 3:44.57 (3:43.71-15), 1M- 3:59.25i (4:01.53-12)
FEARON Joel 11.10.88, Birchfield
 100- 9.96
FEATHERSTONE Samuel U15 18.07.02, M.Milton K
 HJ- 1.75
FEENEY David 17.10.87, Amber Valley
 60H- 8.01i (7.97i-15), 110H- 14.06 (13.89-15)
FENNING Franklin U17 17.05.00, Rugby & Nor AC
 100- 11.02w/11.08
FERGUS Nathan U20 1.10.97, South London H
 SPJ- 15.53, DTJ- 45.17

375

FERGUSON Joe U17 3.05.00, Barnsley
  100- 10.9/11.08, 200- 22.35
FERGUSON Michael U23 18.03.95, Aberdeen/Aber. Un
  800- 1:51.78, 1500- 3:45.27
FERGUSON Robert U23 9.07.95, City of Sheffield
  HJ- 2.05i/1.97 (2.10i/2.08-14)
FERGUSON Stuart 10.10.92, Radley AC/Lamar Un
  1500- 3:49.52 (3:47.95-14), 1M- 4:07.09i
FERRONI Stephen U20 29.10.97, Brighton & Hove
  3k- 8:26.84 (8:18.11-15), 5k- 14:57.42
FIELD Cameron U23 16.04.96, Liverpool H/Durham Un
  1500- 3:47.83
FIELD Jake U23 26.11.96, Sutton & District
  HJ- 1.95 (2.00i-15)
FIELDUS Michael U17 2.09.99, Guildford & Godalming
  HJ- 1.93
FILLERY Cameron U20 2.11.98, Brighton & Hove
  60HJ- 8.33i, 110HJ- 13.98w/14.37, 110H- 15.1
FILLEUL Josiah U23 14.10.96, City of Sheffield
  400H- 54.95 (54.61-15)
FINCH Kai U17 24.10.00, Liverpool Pembroke S
  HJ- 2.02
FINCHAM-DUKES Jacob U20 12.01.97, Leeds/Okla St U
  LJ- 7.56i/7.46 (7.75-15)
FINDLAY Mark V35 20.03.78, Newham & Essex B
  60- 6.95i (6.61i-05)
FINKE Frederick 25.05.82, Enfield & Haringey/USA
  PV- 4.45i/4.42
FINN Jack U17 10.11.00, Telford
  200- 21.7, 400- 50.45
FINNEY James U23 7.04.96, Leeds
  HJ- 2.00i (2.01-14), PV- 4.40i (4.20-14), HepIS- 5031i
FISH Benjamin 21.05.82, Blackburn
  10kR- 30:18 (29:38-09), HMar- 67:01 (65:27-13),
  Mar- 2:24:05 (2:19:27-12)
FISHER Benjamin Joseph 25.04.86, Liverpool H
  JT- 58.69 (65.99-09)
FISHER Ben U20 21.02.98, Lisburn
  60- 6.99i, 60HJ- 8.47i (8.45i-15), LJ- 7.06i (7.38w/7.10-15)
FISHER Michael U15 3.03.02, Preston
  200- 23.64
FITZGIBBON Robbie U23 23.03.96, Brighton Phoenix
  800- 1:49.90, 1500- 3:39.03, 1M- 4:00.18
FITZHENRY Daniel U20 12.11.98, Cannock & Stafford
  HJ- 1.95
FLANAGAN Harry U17 24.09.99, Southport
  60- 7.15i, 100- 11.0w/11.1, 200- 22.3
FLANNERY Niall 26.04.91, Gateshead
  110H- 15.14 (14.96w-12), 400H- 50.03 (48.80-14)
FLATTERS Thomas U17 12.01.00, City of York
  OctY- 4600
FLEMING Daniel U23 27.10.96, City of York/York Un
  DT- 45.62
FLEMING Hugo Alexander U23 27.06.95, Walton/Ox U
  800- 1:51.37
FLITCROFT Joseph 28.01.91, Basingstoke & MH/Bath Un
  HI- 47.07
FLOYD Michael Anthony V35 26.09.76, Sale
  HT- 57.14 (72.45-11)
FOBIL Abraham U13 15.11.03, Sale
  100- 12.0w/12.16, 200- 24.4w/24.89, JTC- 42.20
FONTANA Sean 6.12.90, VP-Glasgow/Adams State Coll
  5k- 14:34.88 (14:06.27-15), 10k- 29:31.18 (29:16.93-15)
FOOT Joss U17 22.02.00, Orion
  JTY- 59.57
FOOT William U13 7.10.03, Chesterfield
  PV- 2.42
FORBES Cameron U13 15.08.04, Edinburgh AC
  60HC- 9.86i, 75HC- 12.40, PenIC- 1442i
FORD Joseph U17 30.12.99, Liverpool H
  1500- 4:01.86, 3k- 8:52.26
FORDE Tariq U20 10.08.97, Orion
  60HJ- 8.37i
FORDHAM Gavin James V35 1.02.79, Bedford & Co
  PV- 4.11 (4.20-15)
FORMAN James 12.12.91, Southampton
  400H- 50.78 (50.41-15)

FORSYTH Ryan U23 7.07.96, Colorado State Un
  3k- 8:08.91i, 5k- 14:01.27, 10k- 29:49.96
FOSTER Brendan U15 20.10.01, Notts
  LJ- 6.24
FOSTER Darren U20 9.04.97, Corby
  HTJ- 50.67
FOSTER Glen U20 10.11.98, Winchester
  HJ- 2.00
FOSTER Samuel 23.09.93, Kettering
  HT- 47.52
FOX Morris V50 30.04.63, City of Stoke
  SP- 14.03 (16.14-02)
FOX Najee 1.12.92, Birchfield
  SP- 13.18 (14.30-12), DT- 52.89 (53.00-14)
FOX Nathan 21.10.90, Shaftesbury B
  TJ- 16.44 (16.69-14)
FOX Oliver U23 6.10.96, Wells/Cambridge Un
  10kR- 30:06
FRADLEY James U20 25.10.98, Newcastle (Staff)
  800- 1:51.82
FRANCIS Forrest U23 13.04.95, Leics Cor/Bedford Un
  SP- 13.26i/13.11, DT- 45.23
FRANCIS Gage U23 6.10.96, Cardiff/Cardiff Met
  TJ- 14.00
FRANCIS Jordan U20 23.12.97, Thames Valley
  60- 6.94i
FRANCIS Matthew U15 14.01.02, Cambridge H
  1500- 4:09.49, 3k- 9:04.65
FRANKIS Gianni 16.04.88, Newham & Essex B/ITA
  60H- 7.85i (7.67i-13), 110H- 13.93 (13.53w/13.54-13)
FRANKISH Ian 13.04.84, Epsom & Ewell
  SP- 13.10 (13.16-13)
FRASER Freddie U13 25.01.04, Nene Valley H
  60HB- 9.34i, 75HC- 12.1/12.30
FRECKLETON Lemarl 19.03.92, Cardiff
  200- 21.72 (21.48-14)
FRENCH Thomas 5.12.91, Blackheath & Bromley
  LJ- 7.60
FROST Andrew Derek V35 17.04.81, W.Green & Ex L
  HT- 66.25 (72.79-11)
FRYER Michael U17 30.09.99, Dacorum & Tring
  PV- 3.75 (3.92i/3.90-15)
FUBARA Clinton U20 2.09.97, Enfield & Haringey
  60- 6.97i
FUGGLE Joe U20 25.01.99, Tonbridge
  400H- 53.65, 400HY- 53.53 (52.88-15)
FULLER William U20 14.05.97, Blackheath & Brom/
  Loughborough St
  1500- 3:48.32, 3k- 8:14.08, 5k- 14:23.02
FULTON Thomas U17 16.12.99, Shaftesbury B
  800- 1:54.17
FUSSEINI Maltietie U15 27.11.01, Enfield & Haringey
  300- 36.90
FYVIE John William 23.01.84, Aberdeen
  HT- 44.63

G AFFNEY Daniel 25.02.83, South London H
  Mar- 2:29:19
GAFFNEY Michael U20 2.09.98, North Down
  JT- 54.49
GAIR Malachi U17 21.09.99, Basingstoke & MH
  HJ- 1.93i/1.92 (1.96-15)
GALE Thomas U20 18.12.98, Team Bath
  HJ- 2.18
GALL Declan U20 19.05.99, Dundee HH
  400H- 55.70, 400HY- 54.50
GALLAGHER Sean U17 13.09.00, Whitemoss
  LJ- 6.56i
GALPIN Daniel U20 25.01.98, Channel Islands
  2kSt- 6:19.72
GARDINER Daniel 25.06.90, C of Sheff/Leeds Beck Un
  60- 6.88i (6.83i-15), LJ- 7.96
GARDNER Daniel Colin U23 26.03.94, S & NH/Lough St
  PV- 4.60 (5.40i-14, 5.20-13)
GARDNER James U15 27.03.02, Bracknell
  SPB- 13.08, DTB- 41.72, HTB- 47.22
GARDNER Louis 1.09.93, City of Sheffield/Oxford Un
  400H- 55.64

GARDNER Nathan U20 9.02.98, Stevenage & NH
 PV- 4.60i/4.60, DecJ- 5080
GARRETT Steven 21.08.88, City of Sheffield
 110H- 15.55 (15.4/15.51-13), 400H- 53.67 (51.93-10)
GARTHWAITE Edward U15 2.11.01, Stevenage & NH
 300- 37.2
GARUBA Ehiada U13, Berkshire Schools
 100- 12.48
GASKELL Sam U15 1.11.01, Preston
 HTB- 54.64
GATHERCOLE George U20 27.01.97, AF&D/Camb Un
 3kSt- 9:25.35
GAUNTLETT Henry U15 4.09.01, Cardiff
 JTB- 45.56
GAYLE Kieron U15 7.03.02, Bedford & County
 DTB- 36.74, PenB- 2530 (2685-15)
GAYLE Nicholas 4.01.85, Sale
 60H- 8.11i (7.72i-13)
GBADAMOSI Dolapo U17 26.06.01, Herts Schools
 TJ- 13.95
GEMILI Adam 6.10.93, Blackheath & Bromley
 60- 6.59i, 100- 10.11 (9.97-15), 200- 19.97
GENCO-RUSSO Joshua U15 7.12.01, AF&D
 3k- 9:27.93
GENTRY Joshua U13 20.10.03, Woodford Green & Ex L
 SPC- 11.07
GENTRY Sam U15 18.04.02, North Somerset
 1500- 4:16.62, 3k- 9:31.18
GEORGE Alex U23 6.02.96, Gloucester AC/Arkansas Un
 1500- 3:44.64 (3:44.14-15), 1M- 4:05.69i (4:10.48-13),
 3k- 7:55.51i (8:18.90-13), 5k- 13:49.46
GEORGE Anthony U15 3.11.01, Ilford
 TJ- 12.38
GEORGE Matthew 27.04.88, WSE&H
 JT- 61.15 (66.55-11)
GERMAIN Jahmal 3.07.92, Newham & Essex B
 110H- 14.53, PV- 4.35 (4.35-14), LJ- 7.05w,
 SP- 13.18 (13.50i-14), JT- 57.81 (58.64-14), Dec- 7163
GERRARD Keith 24.03.86, Newham & Essex B
 5k- 14:20.79 (13:50.06-12)
GEZIMU Dejene 29.09.93, Liverpool H/ETH
 10kR- 30:19, HMar- 66:59
GHOSH Arjun U15 17.09.01, Tonbridge
 DTB- 37.23
GIBB Ben 17.09.90, Yeovil Olympiads
 SP- 13.56 (13.81i-10), JT- 53.02 (60.98-14)
GIBLIN Luke 15.09.86, Kingston upon Hull
 100- 10.7/10.72 (10.6/10.64-14), 200- 21.59 (21.42-14)
GIBSON Stuart 15.09.83, Cambuslang
 10k- 30:45.44
GIDLEY Ben U15 28.07.02, Rugby & Northampton
 JTB- 48.32
GIERJATOWICZ Patryk 29.08.89, Hunters Bog Tr/POL
 Mar- 2:24:05
GILBERT Nathan U23 2.03.95, WSE&H
 100- 10.41w/10.54
GILBRIDE Aidan U20 28.11.97, East Kilbride
 800- 1:52.87i/1:53.37 (1:53.11-15)
GILBY Alfie U15 15.05.02, Cambridge H
 PV- 3.00
GILCHRIST Euan U20 10.08.98, Sale
 1500- 3:52.26 (3:51.43-15)
GILES Elliot U23 26.05.94, Birchfield
 800- 1:45.54
GILKES Joseph U20 16.08.99, Coventry Godiva
 TJ- 13.90
GILL Jordan U23 23.02.95, M'boro Mandale/Chich Un
 60- 6.93i
GILLATT Anthony U23 14.09.95, Scunthorpe
 HT- 50.71 (50.90-15)
GILLESPIE Matthew 4.11.90, Shettleston H
 HMar- 65:39
GILLETT Dylan U17 6.02.00, Telford
 1.5kSt- 4:35.28
GILLHAM Euan U20 29.04.97, Kilbarchan
 5k- 14:54.35 (14:53.59-15)
GILLIS Nathan U20 25.02.97, Team Kennet/Lamar Un
 800- 1:48.88

GISBORNE Gabriel U15 12.10.02, Hallamshire
 HJ- 1.78i
GLADMAN James 3.06.93, Warrington
 400- 47.47
GLASS Peter 1.05.88, Lisburn
 110H- 15.30 (14.76-12), SP- 14.86, DT- 45.07 (45.55-14)
GLASS Toby U17 9.09.99, Channel Islands
 400HY- 57.4/57.59
GLAVE Romell U17 11.11.99, Croydon
 100- 10.66, 200- 21.50
GLAZE Jordan U23 16.01.95, London Heathside
 100- 10.73, 200- 21.83w
GLEADALL Pedro U15 7.12.01, Blackheath & Bromley
 HJ- 1.85, PV- 3.53i/3.41, JTB- 58.09, PenB- 2775
GLEN Jonathan U23 5.10.96, Inverclyde
 5k- 14:23.42
GOATER Bradley U23 13.04.94, Shaft B/St Marys Un C
 1500- 3:47.5
GOBLE Joshua U20 2.09.98, Winchester
 TJ- 13.99
GODDARD Jack U17 2.08.00, WSE&H
 800- 1:57.07, 1500- 4:00.54, 3k- 8:46.72
GOLDING Lewis U15 25.10.01, Chelmsford
 60- 7.4i
GOMES Edson U20 1.11.98, Luton
 60HJ- 8.30i, 110HJ- 14.82
GOODACRE Lawrence 20.09.92, Havering/London Un
 SP- 14.92 (15.82-15)
GOODALL Alex U17 30.09.99, White Star, BEL
 800- 1:54.94
GOODLIFF Archie U15 26.09.02, WSE&H
 JTB- 56.80
GOODMAN Karl 7.11.93, Vale of Aylesbury
 400- 48.70
GOODMAN Richard 4.04.93, Shaftesbury B
 10kR- 29:57
GOODWIN Jack 7.06.93, Bedford & County
 3k- 8:13.02 (8:06.76i-15, 8:12.86-12), 5MR- 24:01,
 10k- 29:52.55, 10kR- 29:44
GOOLAB Nicholas 30.01.90, Belgrave
 1500- 3:44.76, 3k- 8:08.01i (8:14.59-13)
GOOSE Mitchell 16.03.89, City of Norwich/ Iona Col
 1M- 4:07.85i (3:59.26i-12, 4:09.4-08),
 3k- 8:02.18i (7:51.75i-12, 8:19.27-10)
GORDON Samuel U23 5.10.94, Cardiff/Cardiff Met
 100- 10.38w/10.43 (10.36w-15),
 200- 21.32 (21.24w/21.31-14)
GORINGE Jonathan 22.07.91, Kettering
 3kSt- 9:20.57
GORMAN Ryan Lee U20 9.04.98, Notts
 60- 6.99i (6.89i-15), 200- 20.84,
 100- 10.54w/10.88 (10.6-15, 10.76-14)
GORMAN Samuel U15 15.09.01, Blaydon
 HJ- 1.75
GORMLEY James U20 3.04.98, City of Sheffield
 1500- 3:47.60 (3:46.58-15)
GOUIL Quentin 19.02.90, Cambridge Un/FRA
 PV- 4.40i/4.20 (4.90-07)
GOURLEY Neil U23 7.02.95, Giffnock N/Virginia Tech Un
 800- 1:48.10i/1:49.09, 1500- 3:39.92, 1M- 3:59.58i,
 5k- 14:02.40
GOWAN-WADE Reon U23 6.09.95, Blackheath & Bromley
 LJ- 7.01
GOWELL Christopher 26.09.85, Swansea
 800- 1:50.56i (1:46.88-09), 1500- 3:47.94i+ (3:39.08-
 14), 1M- 4:05.09i (3:57.29i-14, 3:58.25-14)
GRABARZ Robert 3.10.87, Newham & Essex B
 HJ- 2.33i/2.33 (2.37-12)
GRACE Joshua 11.05.93, Aldershot F&D
 3k- 8:14.69 (8:12.51-12), 5kR- 14:16 (14:11.49t-15),
 5MR- 24:08, 10kR- 29:14sh/29:21
GRACIE Danny U15 30.10.02, Annan
 HTB- 41.24
GRAHAM Douglas V35 1.01.77, Arbroath
 PV- 4.15 (4.30i-02, 4.26-96)
GRAHAM Robert 12.07.91, Inverclyde
 TJ- 13.88 (14.11-10)

GRAHAM-WATSON Rory 3.06.90, WSE&H
  800- 1:48.51 (1:47.40-15)
GRAINGER George 16.04.93, Crawley
  110H- 15.55 (15.37w/15.43-14), 400H- 55.41 (54.17-15)
GRANT Jonathan 26.05.93, Herne Hill/Kent State Un
  60- 6.73i, 100- 10.51w/10.67 (10.54-15), LJ- 7.54i/7.19 (7.39-12)
GRANT Omar U23 6.12.94, Harrow
  100- 10.55, 200- 21.38w/21.57 (21.37w-14, 21.43-15)
GRANTHAM Lee 11.02.83, East Cheshire
  Mar- 2:27:29 (2:24:44-14)
GRANTHAM Thomas Richard 12.02.83, City of Sheffield
  400H- 55.58 (53.20-11), Dec- 5902 (6158-14)
GRANVILLE Charles U23 22.10.95, Harrow/Loughboro St
  JT- 56.69 (60.62-14)
GRASSLY George U17 19.07.00, Dorking & Mole V
  1500- 4:03.17
GRAY Daniel U23 12.09.96, WG & EL/Loughborough St
  400- 47.80 (47.18-15)
GRAY William 24.01.93, Brighton & H/Virginia Tech Un
  10kR- 29:46, 3kSt- 8:45.82
GREATREX Ellis U17 27.09.99, Wolves & Bilston
  60- 7.06i, 100- 11.1/11.15w (11.03w-15),
  200- 22.12w/22.6 (22.52i-15), 400- 47.47, 400HY- 54.8
GREEN Courtney 20.08.85, Kent
  SP- 13.04 (14.42-13)
GREEN Jack 6.10.91, Kent
  400- 46.97 (45.99-12), 200H- 23.29wSt (22.64st-13),
  400H- 48.96 (48.60-12)
GREEN Robert U20 7.12.98, Herts Phoenix
  400H- 56.26
GREEN Scott 27.12.92, Central
  3kSt- 9:15.69 (9:09.53-15)
GREENE David 11.04.86, Swansea
  400H- 50.02 (47.84-12)
GREENLEAF Andrew 21.09.82, Serpentine
  HMar- 68:29 (67:08-15), Mar- 2:25:22 (2:21:46-15)
GREENWOOD Ben U20 24.09.98, Perth Strathtay
  400- 48.91, 800- 1:49.5, 1500- 3:53.26i
GREENWOOD Christopher V40 29.09.73, Kent
  3kSt- 9:32.71 (9:12.36-14)
GREEVES Scott U23 30.07.96, C of Norwich/U. E Anglia
  800- 1:51.77 (1:51.70-15)
GREGORY Benjamin Mark Joseph 21.11.90, Birchfield
  110H- 14.47, PV- 5.00 (5.20-10), SP- 13.51, DT- 42.14,
  LJ- 7.34w/7.13 (7.42-14), JT- 57.22 (58.73-14), Dec- 7882
GREIG Kyle 19.12.85, Forres H
  Mar- 2:25:27
GRENFELL Joel U23 31.10.94, Peterborough/Lough St
  LJ- 7.13
GRICE Charlie 7.11.93, Brighton Phoenix
  800- 1:45.53, 1500- 3:33.60, 1M- 3:52.64
GRIEVE Matthew 18.04.93, Border
  10kR- 30:24
GRIFFIN Sam William U20 22.12.97, M'boro Mandale
  100- 10.88 (10.7?-14), 200- 21.9/21.99
GRIFFITHS Alex U17 6.01.00, Cheltenham
  ITY- 50.50
GRIFFITHS Dewi 9.08.91, Swansea
  3k- 8:05.59, 5k- 14:07.3+ (13:53.85-15), 10k- 28:28.55,
  10kR- 28:45, 15kR- 44:44+, HMar- 63:27
GRIFFITHS James 30.07.92, Cardiff/Cardiff Un
  60- 6.93i, 100- 10.64
GRIFFITHS Joshua 3.11.93, Swansea/Cardiff Met
  3k- 8:11.98i, 5k- 14:23, 10kR- 29:49,
  HMar- 66:43 (66:28-14)
GRIMSEY William U23 14.12.96, Enf & Har/Loughboro St
  HJ- 2.09 (2.12-15)
GRIMWADE Kieron U17 7.12.99, Cardiff
  HTY- 59.92
GRIMWADE Ryan U20 21.09.97, Cardiff
  PV- 4.43i/4.35
GROOCOCK James 23.05.89, Southampton
  LJ- 6.95w/6.90 (7.77i-12, 7.55w/7-09-13)
GROOM George U17 20.10.99, Shaftesbury B
  1.5kSt- 4:22.14, 2kSt- 5:57.08, 3kSt- 9:29.17,
  400HY- 58.13

GRUNDY Gilbert 22.06.89, Guildford & Godalming
  1500- 3:46.32, 3kSt- 9:07.16
GUEST Lewis U23 28.05.94, Yeovil Olympiacs/Brunel Un
  TJ- 14.76 (14.76-15)
GUILLE Jonathan 9.12.88, Channel Islands
  TJ- 13.82 (14.24w-15, 13.93-15)
GUNBY Matthew 17.05.88, Woodford Green & Ex L
  Mar- 2:27:50
GUNN Luke 22.03.85, Derby AC
  1500- 3:47.7 (3:42.1-10), 5kR- 14:14, 2kSt- 5:35.77,
  10kR- 29:29sh (30:20-13), 3kSt- 8:35.71 (8:28.48-08)
GURNEY George 3.04.92, Avon Valley R
  Mar- 2:28:53
GUTHRIE Jack U15 24.01.02, Shettleston H
  100- 11.47w, 200- 23.6
GUY Peter U15 28.09.01, Blackheath & Bromley
  800- 2:03.2
GWYNNE William U20 25.04.98, Kingston & Poly
  PV- 4.43i/4.30

H ABERGHAM James U20 11.08.97, Halifax/
  Leeds Beck U 800- 1:52.43
HADDON Elliot U23 21.04.94, Swansea
  PV- 4.27i (4.40-14)
HADERA Berihu 23.03.91, Bristol & W/ETH
  10kR- 29:45sh, HMar- 67:35
HADLER George U23 10.10.95, Havering/Loughboro St
  110H- 15.59w (15.01w/15.4-15, 15.55-14)
HAGAN Jeff U15 14.11.02, Shaftesbury B
  TJ- 12.20
HAGOS Yared V35 25.03.81, Wallsend/ETH
  HMar- 67:27 (63:31-11)
HAGUE Adam U20 29.08.97, C of Sheffield/Hallam Un
  PV- 5.53i/5.50 (5.60-15)
HAINES Jonathan U20 2.04.98, Crawley
  HTJ- 53.60
HAJIPANAYI Ross U17 3.10.99, Enfield & Haringey
  PV- 3.90
HALE Cameron U17 14.09.99, Bournemouth
  DTY- 44.89, JTY- 59.38, OctY- 5030
HALL Bradley 16.11.90, Crawley
  SP- 13.81 (14.07-14)
HALL Brian Nigel 17.11.82, Bolton
  HJ- 2.00 (2.21-07)
HALL David U23 25.04.95, Dartford/Brunel Un
  400- 47.66i (46.46-15), PV- 4.32i (4.50-15),
  JT- 54.16 (55.75-14), HepIS- 5259i (5420i-15)
HALL Harry E U15 27.12.01, Aberdeen
  800- 1:59.80, 1500- 4:16.50
HALL Joseph U17 12.02.01, Essex Schools
  PV- 3.60
HALL Maxim 29.12.86, Dartford
  PV- 4.40i/4.40 (4.40i-14), JT- 54.53 (63.86-10),
  Dec- 6774 (7056-12), HepIS- 4897i (5149i-15)
HALL Michael U15 14.11.01, Wycombe
  300- 37.40
HALL Scott U23 8.03.94, Gateshead/Northumberland Un
  LJ- 7.56, TJ- 15.14 (15.51-14)
HALL Sean 5.09.87, Hercules Wimbledon
  800- 1:51.44
HALLAS Jack 7.02.91, Birchfield
  800- 1:49.27, 1500- 3:46.11 (3:44.78-15), 1M- 4:07.43
HALPIN Jack U13 19.03.04, Gateshead
  SPC- 13.93, DTC- 35.72, HTC- 41.61, JTC- 44.87
HALPIN Joe U17 19.02.01, Gateshead
  60HY- 8.55i, 100HY- 13.96, OctY- 4472
HALSTEAD Scott U23 31.05.96, Bracknell/St Marys Un C
  3k- 8:14.74
HAMBLIN James U23 1.07.96, Colchest H/Loughboro St
  HT- 58.96 (59.03-15)
HAMEED Umar 24.02.89, Sale
  60- 6.95i (6.84i-14), 200- 21.60 (21.41w/21.58-08)
HAMILTON Allan 14.07.92, Sale/New Mexico Un
  60- 6.81iA (6.78iA-15, 6.84i-14), LJ- 7.88,
  200- 21.43w (21.14A/21.20wA/21.33-15),
  TJ- 15.51iA/14.82 (15.41w/15.08-15)
HAMILTON Corbin U17 10.05.01, Carlisle Aspatria
  LJ- 6.47

HAMILTON James U23 29.03.95, C of Sheff/Leeds Beck Un
  JT- 59.36
HAMILTON Jermaine U23 9.10.95, Orion
  60- 6.93i
HAMILTON Lee 6.12.90, Newquay & Par
  400- 48.48, 110H- 15.30 (14.5/14.64w-15, 14.86-14),
  400H- 52.26
HAMILTON Matthew 23.06.84, Enfield & Haringey
  400H- 54.27 (53.32-14)
HAMILTON Odhran U13 26.09.03, Armagh
  1500- 4:34.47
HAMILTON Patrick 17.03.81, Slieve Gullion/IRL
  HMar- 68:13 (66:29-14)
HANDLEY Thomas U15 7.10.01, Camberley
  300- 37.6
HANDSAKER Harry U15 12.01.02, Burton
  100- 11.49
HANLEY-BYRON Lloyd 15.10.87, Shaftesbury B/SKN
  400H- 52.60 (49.62-09)
HANSON Alexander U20 25.06.97, Team Kennet
  800- 1:52.15
HANSON Mark 13.05.81, Enfield & Haringey
  60- 6.90i (6.68i-03)
HANSON Thomas U17 18.12.00, Cardiff
  SPY- 16.20
HARDING Joseph U15 31.10.02, Basildon
  100- 11.57w, 60HB- 8.26i, 80HB- 11.04, LJ- 6.48,
  PenB- 2791, PenIB- 2910i
HARDMAN Carl 20.03.83, Salford
  5k- 14:27.80 (14:17.01-09), 10k- 30:13.61 (30:10.34-15),
  10kR- 29:49, HMar- 65:37
HARDY Nick 28.03.92, Birchfield/Leeds Beckett Un
  3kSt- 9:32.22 (9:30.14-15)
HARDY-SMITH Harrison U15 26.03.02, Cannock & Staff
  1500- 4:16.66
HARPER Harry 23.11.89, Liverpool H
  1500- 3:48.44 (3:42.80-12)
HARRIES Toby U20 30.09.98, Brighton Phoenix
  100- 10.71w (10.52w/10.57-15), 200- 21.12i (20.56w/20.92A-15)
HARRINGTON Scott V35 19.08.78, Otley
  Mar- 2:28:05
HARRIS Chris 22.10.92, Newquay & Par
  200- 21.5
HARRIS Elior 6.05.88, Stevenage & NH
  HJ- 2.05 (2.05-11)
HARRIS Jack U17 6.08.01, Lewes
  PV- 4.00
HARRIS Joe U20 23.05.97, Manx H
  JT- 67.70
HARRIS Matthew 26.04.89, Ashford/AUS
  PV- 4.20 (4.30-11), DT- 41.19 (42.84-14), JT- 57.39 (60.75-13)
HARRIS Rhys U20 11.10.98, Swansea
  60HJ- 8.47i, 110HJ- 15.20
HARRIS Toby 25.02.92, Edinburgh AC
  110H- 15.39, 400H- 55.93 (54.92-13)
HARRIS Tom U20 6.01.98, Newquay & Par
  200- 21.7, 400- 49.13
HARRISON Brett U20 13.03.98, Yeovil Olympiads
  200- 22.02 (21.5/21.93-15)
HARROP Zach U20 5.05.98, Sale
  PV- 4.50i/4.40
HARRY Jordan U20 20.02.97, City of Norwich/Bath Un
  TJ- 14.16
HARTLEY Michael Peter U23 6.03.94, Liverpool H/Liv Un
  HJ- 2.00 (2.08-10)
HARTWELL Sebastian U17 5.11.99, Banbury
  400- 49.85
HARVEY Jason Marcus 9.04.91, Lagan Valley/IRL
  400H- 51.30 (50.13-13)
HARVEY Lawrence Edward 26.08.81, Trafford
  LJ- 6.96 (7.10-11), TJ- 15.18 (15.22-11)
HASAN Abdifatqh U15 14.02.02, Yate
  800- 2:00.71
HASSAN Jamil U20 25.06.99, Marshall Milton K
  TJ- 14.46
HATTON Jack U23 14.02.96, Reading/Bath Spa
  60H- 8.02i, 110H- 14.13w/14.30

HAWKES Ben U17 8.11.00, Worthing
  DTY- 46.73, HTY- 64.32
HAWKES Stuart V35 22.12.77, Tipton
  Mar- 2:26:54
HAWKINS Callum 22.06.92, Kilbarchan
  10kR- 29:54/29:17sh+ (28:49.57t-14), 15kR- 4416/43:31sh+,
  10MR- 46:23sh+, HMar- 62:39/60:24sh, Mar- 2:10:52
HAWKINS Derek John 29.04.89, Kilbarchan
  10kR- 29:59 (29:24-15), 15kR- 45:34+, HMar- 63:53,
  Mar- 2:12:57
HAY Alastair Thomas 7.09.85, Central
  1500- 3:48.22 (3:38.9-10)
HAY John David 4.06.83, Corby
  HT- 48.22 (52.98-14)
HAY Jonathan 12.02.92, Aldershot F&D
  HMar- 64:53 (64:09-14), Mar- 2:23:52
HAYDOCK WILSON Alex U20 28.07.99, WSE&H
  400- 47.45
HAYES Martin 16.05.89, VP-Glasgow
  3kSt- 9:19.72
HAZELL Benjamin Nicholas Rodney 1.10.84, B'st & MH
  DT- 42.73 (48.01-10), Dec- 5522 (7726-09)
HEAD Thomas U23 15.01.96, Newham & EB/Brunel Un
  SP- 13.85, HT- 63.34
HEADDOCK Charlie U20 11.12.98, Sale
  DTJ- 47.67
HEALD Daniel U23 11.03.95, Sale
  200- 21.54 (21.39-14)
HEARD Owen U15 29.12.01, Camberley
  PV- 3.70i/3.30
HEATH Jonathan James 12.12.93, Derby AC
  HJ- 2.00i (2.0-15)
HEAWARD Samuel 25.09.90, Crawley/Brunel Un
  SP- 15.13
HEDLEY Kieran U17 4.04.00, Morpeth
  1500- 4:00.60
HENDERSON Callum U17 3.05.00, Edinburgh AC
  400- 50.06, LJ- 7.06
HENDERSON Connor 2.10.92, Kilbarchan
  400H- 52.63 (52.22-14)
HENDERSON Edward U13 6.10.03, Aldershot F&D
  800- 2:15.92
HENDERSON Rob U13 15.12.03, Edinburgh AC
  PenIC- 1341i
HENDRY Alexander 15.02.91, Central
  3kSt- 9:21.02 (9:13.2-14)
HENRIKSEN Harry U13 11.10.03, Lasswade
  1500- 4:37.1
HENRY-DAIRE Reuben U13 12.03.04, Reading
  800- 2:15.79
HEPPINSTALL George U20 17.10.97, City of Sheffield
  PV- 4.80
HERRINGTON Joshua U15 23.09.01, Warrington
  60HB- 8.91i, HJ- 1.83, PenB- 2511
HESTER Ryan U15, Surrey Schools
  TJ- 12.16
HEWES Thomas U17 15.09.99, Chelmsford
  HJ- 2.05 (2.05-15)
HEWETT Joshua U17 1.10.99, Liverpool H
  100HY- 13.77, 400HY- 57.8, HJ- 2.07i/2.05 (2.05-15),
  LJ- 6.66, HeplY- 4603i, DecY- 6150, OctY- 5132
HEWITSON Ryan U23 4.01.96, Aberdeen
  110H- 15.33 (15.28-14), HJ- 1.98
HEWITT Matthew 27.12.92, Brighton & Hove
  60H- 8.35i (8.25i-15),
  110H- 14.76w/14.82 (14.65w-14, 14.66-15)
HEWITT Oliver U17 27.09.99, Newbury
  DTY- 41.96, HTY- 61.81
HEWITT Samuel U20 1.02.98, WSE&H
  HJ- 2.00 (2.00-14)
HEWSON Thomas U17 24.09.00, Andover
  JTY- 58.93
HEYDEN Max U17 12.09.00, Aldershot F&D
  3k- 8:51.24
HEYES Andrew 22.06.90, Hallamshire/Birmingham Un
  3k- 8:02.87i (8:00.29i-12, 8:02.96-15),
  5kR- 14:13 (13:53.41t-15), 10kR- 30:18 (29:30-15)

HEYWARD Jake U20 26.04.99, Cardiff
800- 1:50.53, 1500- 3:46.50
HEYWOOD Ethan Anthony 8.12.92, City of Norwich
5k- 14:36.24 (14:22.66-15), 10k- 30:22.94, 3kSt- 9:08.35
HICKEY Adam 30.05.88, Southend
1500- 3:46.20 (3:45.97-15), 3k- 8:04.27,
5k- 13:53.97 (13:41.66-13), 10kR- 29:04,
10k- 29:51.64 (29:32.92-15), HMar- 64:41
HIGBEE Anthony 21.09.83, RAF/Basingstoke & MH
60H- 8.38i (8.23i-11), 110H- 14.63 (14.4-09, 14.57-10)
HIGGINS Benjamin U17 14.11.00, Charnwood
200- 22.58, 400- 50.20, 60HY- 8.57i, 100HY- 13.97w,
400HY- 54.21
HIGHAM Daniel 4.11.90, Liverpool Pembroke Sefton
400- 48.36
HILL Adam U23 9.07.94, Lisburn/Queen's Un
HJ- 1.95 (1.96-14)
HILL Carl 3.06.90, Cardiff
800- 1:51.83i (1:50.55-13)
HILL James U15 4.03.02, Pembroke
LJ- 6.15
HILL Jay 27.08.91, Newquay & Par
HT- 57.35 (58.10-12)
HILL Matthew U23 24.10.95, Luton
JT- 54.92
HILLIARD Charles U17 21.09.99, Halesowen
60- 7.03i, 100- 10.7/10.79, 200- 22.03 (21.79-15)
HILLMAN Ben U15 16.04.03, Cardiff
60HB- 9.27i
HILLMAN Harry U20 7.09.98, Cardiff
60HJ- 8.34i, DecJ- 5178
HILLMAN Samuel U13 10.03.04, Camberley
HJ- 1.52
HIMSWORTH Ben U17 23.11.99, Telford
SPY- 13.73
HIND Owen 1.08.90, Kent
3k- 8:12.81i, 5k- 14:06.23, 10kR- 29:40sh/30:28
HOAD James 25.06.92, Bedford & County
10k- 30:46.06
HOBBS Jonathan 17.05.93, Ashford
50kW- 4:51:51
HOBSON Joseph U20 29.04.98, City of Sheffield
60HJ- 8.42i, HJ- 1.99i (1.98-15), LJ- 7.05i (7.00w-15),
SPJ- 14.17i, HepJ- 5015i
HOCKING Harry U15 19.02.02, Cornwall AC
DTB- 37.42 (39.24-15)
HODGE Joshua U17 23.05.00, Cumbrian Schools
JTY- 52.58
HODGSON Kevin U23 24.03.96, Bournemouth/Loughborough St
200- 21.74w (21.6/21.74-15)
HODI William U13 10.11.03, Nairn
HJ- 1.53
HOGG Anthony U23 3.10.96, Gateshead
HJ- 1.96i (1.98i-15, 1.97-14), LJ- 7.22i (6.93-14), Dec- 6482
HOGG-WILLIAMS Marlon U20 27.10.98, Harrow
200- 22.01w
HOILES Daniel U17 15.07.01, Southampton
PV- 3.66i
HOLDEN Rory U20 4.06.98, Darlington
HJ- 2.04 (2.05-15)
HOLDEN Thomas U20 21.03.97, Tonbridge/Loughboro St
800- 1:52.29, 1500- 3:46.30, 3k- 8:11.13
HOLDER Graham Paul V40 16.01.72, Bexley
HT- 52.53 (62.01-05)
HOLLAND Charlie U13 14.04.04, Swansea
200- 25.5/25.58
HOLLINS James 29.04.92, Crawley
LJ- 6.89i (7.20-15)
HOLLIS Harry 2.03.92, Corby
JT- 64.03
HOLMES Curtis 20.08.91, Birchfield
60H- 8.15i (8.05i-12)
HOLROYD Ryan 30.12.91, City of Stoke
HMar- 67:59
HOLYOAK Steven V50 8.09.64, RRC
24Hr- 214.141km (252.836km-15)

HOOD-BOYCE Christian U23 4.01.95, C of Portsmouth/
Loughborough St/TTO 110H- 15.18 (15.07-14)
HOOK Tom U23 6.06.95, City of Norwich/St Marys Un C
1500- 3:45.86, 1M- 4:05.56, 3k- 8:18.33
HOPE Jack U20 14.05.98, Kettering
2kSt- 6:04.46
HOPKINS Ceirion U17 11.10.99, Neath
200- 22.53, LJ- 6.73
HOPKINS Craig 12.08.88, Swansea
10k- 30:53.38 (29:48.11-11), HMar- 68:08 (65:14-11),
Mar- 2:29:42 (2:16:51dh-13, 2:23:49-14)
HOPKINS Gareth 30.01.91, Cardiff/Cardiff Met
200- 21.83 (21.43w-14, 21.52-10)
HOPKINS George U15 1.06.03, Woking
PV- 2.93
HOPKINS Jonathan 3.06.92, Swansea/Cardiff Met
3k- 8:14.65i, 5MR- 24:25, 10kR- 30:21, 2kSt- 5:35.63,
3kSt- 8:37.43
HOPPER Daniel U17 21.08.00, Dacorum & Tring
LJ- 7.02
HORNE Jamie U20 7.09.97, Peterborough
HJ- 1.96i (2.01i-15, 2.00-14)
HORTON Richard 28.05.93, Shaftesbury B
10kR- 29:52
HORTON Tommy 7.11.93, Hallamshire/Sheffield Un
1500- 3:48.08, 3k- 8:16.84, 2kSt- 5:36.25, 3kSt- 8:58.57
HOSGOOD Ieuan U17 6.03.01, Swansea
PV- 3.66i
HOUGHTON Bertie U23 19.03.95, Hallamshire/Sheff Un
3kSt- 8:58.60
HOUGHTON Jack U17 28.01.00, Central
100HY- 13.98w, 400HY- 57.00
HOUGHTON Jack 3.09.93, City of Sheffield/Bath Un
400H- 50.73 (50.27-15)
HOULDEN Matthew 21.05.92, Kingston & Poly
LJ- 7.01 (7.48-14), TJ- 14.49i/13.83 (15.24-14)
HOUSTON Ross David V35 5.12.79, Central
50kR- 2:56:37
HOWARD Alex U23 24.08.95, Tonbridge/Oxford Un
3kSt- 9:02.48
HOWE Zachary U23 28.04.94, Blackburn/Cambridge Un
800- 1:51.07
HOWELL Adam U23 20.10.94, Sale/Leeds Beckett Un
TJ- 14.15w/13.74i (14.48-13)
HOWES Cameron U15 10.03.02, Pontefract
HJ- 1.78
HOWITT Kane U23 6.11.96, R Sutton Coldfield
200- 21.70w/21.8
HOWLETT Thomas U23 10.08.95, Dartford/Brunel Un
HJ- 2.04i/2.03 (2.08i-15, 2.03-15), Dec- 6082 (6284-14)
HOWORTH John U17 21.04.00, Team Bath
1.5kSt- 4:29.02
HOWORTH Robert U17 21.04.00, Team Bath
1.5kSt- 4:31.2
HOWORTH Rory U15 2.07.02, Team Bath
800- 2:00.92, 1500- 4:10.30, PenB- 2916, PenIB- 2527i
HUCK Peter 10.07.90, Barrow & Furness
5k- 14:19.86 (14:14.51-15), 10kR- 30:07 (29:56-15)
HUCKLE Robert U20 16.12.98, Cambridge & Coleridge
3k- 8:29.64
HUDSON Shaun U17 8.09.00, WSE&H
1.5kSt- 4:35.7
HUDSON-SMITH Matthew U23 26.10.94, Birchfield
300 – 32.3+e (32.74-15), 400- 44.48
HUDSPITH Ian V45 23.09.70, Morpeth
10k- 30:38.08 (28:35.11-97), HMar- 66:52 (62:53-96)
HUGGINS Scott 24.07.89, Blackheath & Bromley
PV- 5.23i/4.85 (5.10-08)
HUGHES Ben U15 12.11.01, Wigan
60HB- 9.20i, 80HB- 11.79, PenB- 2872, OctB- 3972,
PenIB- 2615i
HUGHES Harry U20 26.09.97, West Suffolk
JT- 75.46
HUGHES Iolo U23 22.11.96, Sale
1500- 3:48.53, 5k- 14:32.98 (14:32.14-15)
HUGHES Levi U17 26.11.99, Hereford
TJ- 13.50

HUGHES Matthew U15 9.12.01, Tonbridge
  LJ- 5.96
HUGHES Thomas U20 9.09.97, Hallamshire
  DecJ- 5051
HUGHES William U15 24.09.01, Pembroke
  SPB- 13.46
HUGHES William U17 28.01.01, Nene Valley H
  200- 21.88w/22.04
HUGHES Zharnel U23 13.07.95, Shaftesbury B
  100- 10.10, 200- 20.62 (20.02-15), 400- 46.95
HUGHFF Christopher 5.12.81, Newham & Essex B
  JT- 58.43 (76.92-09)
HULSE Joshua U17 14.03.01, Ipswich
  400- 50.0, 800- 1:53.68
HULSON Charlie 7.03.93, Sale
  3k- 8:08.10, 5k- 13:43.35, 10kR- 29:30
HUMPHRIES Cameron 91, Colchester H
  24HrT- 221.915km
HUNT Marcus 30.10.90, Chelmsford
  400- 48.28 (47.92-11)
HUNT Matthew 1.10.90, Sale/Leeds Beckett Un
  JT- 66.40 (76.77-11)
HUNT Nicholas U23 27.12.95, Southampton
  SP- 14.23
HUNT Nikko U20 17.02.98, Woodford Green & Ex L
  PV- 5.06i/4.50 (4.70-14)
HUNTER Callum U23 20.01.94, North Down/Bath Spa
  TJ- 13.85 (14.23-15)
HURLEY Elliott U23 22.09.95, C of Sheff/Leeds Beck Un
  60- 6.71i, 100- 10.49
HUSKISSON Isaac U20 17.06.97, Nene Valley H
  HT- 48.80 (49.12-15), HTJ- 56.98
HUSSEY Ethan U15 5.03.03, Leeds
  1500- 4:16.7
HUSSEY Lascelles U20 1.07.97, Herne Hill/B'ham Un
  1500- 3:53.13
HUTCHENS Jack 27.12.92, North Devon
  3kSt- 9:28.37
HYDE George U17 30.03.01, West Cheshire
  SPY- 15.85i/15.70
HYDE Harry U13 9.11.03, Aldershot F&D
  800- 2:15.13, 1500- 4:34.74
HYLAND Brendan U23 2.11.95, Swansea
  SP- 13.18, JT- 54.94 (55.04-15)
*HYLTON Dean 15.09.90, Blackheath & Bromley/JAM
  60- 6.95i, 100- 10.61 (10.56-15), 200- 21.79 (21.54-15)*
HYLTON Joseph 17.11.89, Birchfield
  60H- 7.86i, 110H- 13.90 (13.64-12)
HYNES Luke-Lom U13 24.11.03, Maidenhead
  800- 2:15.72
HYNES Matthew 15.01.88, Gateshead
  10kR- 30:07 (29:20.07t-14), HMar- 66:37 (63:58-15)
HYSLOP Matthew 7.10.92, Oxford City
  Dec- 5119

I GBOKWE Daniel U20 28.06.98, WSE&H/Columbia Un
  TJ- 14.23i (14.38-15)
IGE Samuel U23 29.01.96, Belgrave/Un Wales Swansea
  60- 6.87i
IHUOMA Christman U23 27.11.95, WG&EL/Edinburgh Un
  TJ- 13.76
IKEJI Kenneth U15 17.09.02, Basildon
  HTB- 45.62
ILLIONE Emeka U15 20.03.02, Notts Schools
  SPB- 13.56
ILLSLEY Sam U15 11.04.02, Worthing
  HTB- 50.27
ILORI Jonathan 14.08.93, Blackheath & Bromley
  LJ- 6.96 (7.23i-14), TJ- 15.76 (16.10w/15.89-14)
ILYK Harry U17 24.05.01, Notts
  HTY- 54.92
IMAN Nayef 1.10.91, Sale
  60- 6.92i (6.7idt-11, 6.91i-15), 100- 10.61,
  200- 21.71w (21.7-12)
IMHOGIAMHE Samuel U23 2.06.94, Newham & Essex B
  60- 6.91i, 100- 10.74
IMROTH Kristian U15 19.01.02, Dacorum & Tring
  3k- 9:32.5

*INFANTINO Antonio 22.03.91, Shaftesbury B/ITA
  60- 6.89i (6.87i-08), 100- 10.24w/10.39, 200- 20.53*
INGHAM Alexander U23 12.01.96, Biggleswade/York Un
  JT- 53.35 (58.89/54.93-14)
INGHAM Alfie U20 10.01.98, Shaftesbury B
  JT- 55.07

J ACKAMAN Robert 28.03.85, Cambridge H
  Mar- 2:27:53
JACKSON Mathew 28.04.91, Liverpool H
  1500- 3:49.09 (3:47.00-11), 3k- 8:19.12 (8:18.80-13)
JACKSON Rhys U17 14.01.00, Doncaster
  OctY- 4265
JAGGER Lewis U20 30.12.97, Lincoln Wellington
  5k- 15:15.5
JAJA Dita U17 1.03.00, Shaftesbury B
  100- 10.76w/10.9/10.92
JAMES Armani U23 26.04.94, Leics Cor/Loughboro St
  TJ- 14.31
JAMES Bradley U13 23.09.03, Havering
  75HC- 12.4, JTC- 42.04
JAMES Charlie U15 2.11.01, Boston & D
  HTB- 44.59
JAMES Matthew U20 20.07.99, Border
  HT- 47.62, HTJ- 58.48
JAMES Nathan U20 5.10.98, Swansea
  JT- 56.11
JAMES Oliver U23 26.03.94, C of Sheffield/McNeese St U
  1500- 3:46.81
JAMES Tristan U15 10.11.01, Swansea
  60HB- 9.28i, 80HB- 11.5/11.61w/11.64
*JAQUITE Ricardo 30.08.91, Newham & Essex B/POR
  TJ- 16.01*
JARVIS Daniel U23 21.10.95, Liverpool H
  3k- 8:14.72, 3kSt- 9:05.55
JARVIS Reiss U17 5.05.00, Southampton
  400- 50.25
JARVIS William U15 13.12.01, Watford
  JTB- 45.52
JEAL Aaron U20 30.05.99, Middlesboro Mandale
  HT- 49.61, HTJ- 59.86, HTY- 60.39
JEANS Edward U20 28.09.98, Preston
  HT- 53.80, HTJ- 62.82
JEFFERY Jason 28.03.90, Hastings
  Dec- 4437
JEFFS Ross 5.09.91, Channel Islands
  TJ- 14.60i (14.97i/14.50-15)
JEGEDE Olugbayode JJ 3.10.85, Newham & Essex B
  LJ- 7.61 (8.11-12)
JENKIN Mark V35 19.09.78, Bideford
  10k- 30:55.46, HMar- 68:20, Mar- 2:25:26
JERRAM James U15 27.01.02, Southampton
  800- 2:00.4
JIBB Jack U20 21.09.97, Buffalo Un
  3kSt- 9:41.12 (8:57.34-15)
JIBUNOH Duane U23 18.11.95, Havering
  DT- 45.91 (46.51-14), JT- 53.67
JOHN Daniel U15 4.10.01, Cardiff
  300- 37.18
JOHN-OLOJO Olushola 5.05.92, Herne H/Memphis St. U
  LJ- 7.20i/7.05 (7.08w-13, 7.06-12), TJ- 15.19i (15.37-13)
JOHNSON Allandre Toussaint 8.12.85, Herne Hill
  JT- 58.00 (62.55-08)
JOHNSON Ashley Steven 25.02.86, Radley AC
  110H- 15.0 (14.49w/14.50-13), Dec- 5010 (5985-11)
JOHNSON Ben 22.09.88, Southport
  Mar- 2:26:38
JOHNSON Frankie U17 17.01.01, Bedford & County
  PV- 4.80
JOHNSON Grant 26.09.91, Salford
  Mar- 2:25:21
JOHNSON Jack U15 4.10.01, Camberley
  3k- 9:27.17
JOHNSON Karl U17 15.04.01, Newham & Essex B
  60HY- 8.55i, 400HY- 56.10
JOHNSON Lee Charles U20 27.05.98, Bedford & County
  HJ- 1.96 (2.03-14)
JOHNSON Luke U23 27.11.94, Horsham BS
  JT- 57.39

JOHNSON Mark V50 7.09.64, Leeds
  PV- 4.64i/4.40 (5.26-91)
JOHNSON Scott 2.10.90, Bedford & County
  HJ- 2.06 (2.13-13)
JOHNSON-ASSOON Gavin 19.12.82, Herne Hill
  JT- 69.36
JOHNSON-FISHER Tyrese U17 9.09.99, Croydon
  60- 6.89i, 100- 10.72w/10.73
JOHNSTON Isaac U13 10.11.03, Edinburgh AC
  HJ- 1.54, PenC- 1848
JOHNSTON Luke U23 16.05.94, Liverpool H/Iowa St Un
  800- 1:49.88
JOHNSTON Neil 9.12.93, Springwell/Queen's Un
  1500- 3:49.94
JOKOSENUMI Remi U13 15.02.04, Harrow
  100- 12.00, 200- 24.2/24.71
JONES Adam U20 8.10.98, Southampton
  HJ- 2.05 (2.05-15)
JONES Andrew V35 10.10.78, Stockport
  Mar- 2:28:31 (2:15:20-09)
JONES Ben 6.11.82, Ipswich/Army
  HT- 53.00
JONES Callum U15 4.01.02, West Suffolk
  JTB- 44.20
JONES Craig 28.04.93, Liverpool H
  LJ- 7.33i/7.32 (7.70-14)
JONES Elliot U20 21.09.97, Liverpool Pembroke S
  100- 10.8w/10.9/10.94
JONES Emyr 5.09.92, Cardiff/Bath Un
  PV- 4.23i (4.45i-14, 4.40-13)
JONES Gary U23 26.02.94, Andover
  DT- 44.26, HT- 46.77 (47.40-12)
JONES Jonathan U20 11.07.98, Gloucester AC
  HT- 49.26, HTJ- 61.07
JONES Kai U23 24.12.96, Newham & Essex B/Brunel Un
  SP- 16.36i/16.00
JONES Kashif U23 15.06.95, Stevenage & NH/Brunel Un
  HJ- 1.95 (2.01-13)
JONES Kellen U17 5.09.99, Newport
  60HY- 8.50i, LJ- 6.77, HepIY- 4369i, DecY- 5674,
  OctY- 4610
JONES Kristian U20 10.03.98, Cardiff
  60- 6.91i, 100- 10.52w/10.57, 200- 21.23
JONES Kristian 4.03.91, Swansea
  5k- 14:20.68, 5kR- 14:11, 5MR- 23:50, 10kR- 29:33
JONES Marcus U17 11.12.00, Crawley
  HTY- 52.31
JONES Matthew V35 7.05.81, Sunderland
  Mar- 2:26:36
JONES Matthew V35 30.03.78, Thames H & H
  Mar- 2:28:48
JONES Maurice 17.12.91, Birchfield
  400H- 52.95 (50.34-15)
JONES Nathan U23 3.10.94, Liverpool H/McNeese St U
  5k- 14:34.31, 10k- 30:24.36
JONES Noah U13 11.11.04, City of Plymouth
  PV- 2.40
JONES Osian Dwyfor 23.06.93, Liverpool H
  HT- 67.96
JONES Thomas U17 21.05.00, Carmarthen
  1.5kSt- 4:38.81
JOPP Oscar U17 29.09.99, Stevenage & NH
  PV- 3.86, OctY- 4221
JORDAN Andy V50 5.06.63, Harpenden
  24HrT- 220.496km
JORDAN Chris V35 12.05.80, Leics Coritanian
  Mar- 2:27:58
JOSEPH Caius U20 24.07.99, Basingstoke & MH
  DecJ- 6011, DecY- 6189
JOSEPH Rafer Ernest Lewis V45 21.07.68, B'stoke & MH
  DT- 43.42 (52.00-96)
JOYCE Daniel U15 2.01.03, Tynedale
  800- 2:01.3
JOYNSON Jack U20 15.12.98, Yate
  TJ- 13.82

KADIR Hamza U17 12.09.99, Shaftesbury B
  800- 1:54.42, 1500- 3:56.87

KALE Daniel U17 1.01.00, Herne Hill
  60- 7.15i
KALLENBERG Michael 9.01.91, Cardiff/RAF
  10kR- 29:46sh, HMar- 66:50,
  Mar- 2:21:42 (2:19:00sh-15), 50kR- 2:59:30
KAMPENGELE Makoye 25.09.93, Notts
  200- 21.81
KANDU Chris U23 10.09.95, Enfield & Haringey
  HJ- 2.24 (2.26i-15, 2.24-14)
KANONIK Nicholas Ian 24.10.87, Birchfield
  100- 10.60w, 200- 21.50w/21.7/21.84 (21.42w/21.46-14),
  400- 47.99 (47.29-13)
KAPUR-WALTON Karran U15 31.01.02, Leigh
  PV- 3.20
KARI-KARI Patrick 30.01.92, Enfield & Haringey
  60- 6.91i, 100- 10.55w/10.62, 200- 21.01w/21.07
KAZEMAKS Kasper 1.06.84, Woking/LAT
  400H- 55.68, DecJ- 6214
KEAL Rob V40 6.05.74, Notts
  Mar- 2:25:09
KEARNS Conor U20 5.02.99, Cheltenham
  PV- 4.30
KEEFE Peter U17 5.11.99, Stevenage & NH
  SPY- 13.88, DTY- 45.00, DecY- 5612,
  OctY- 4598* (4700-15)
KEELAN Cameron U15 25.06.02, Pitreavie
  60HB- 9.14i, 80HB- 11.88
KEEN Rory U17 6.04.00, Sale
  400- 50.05
KEEN Thomas U17 16.06.01, Cambridge & Coleridge
  3k- 8:55.40
KELLY Daniel U15 30.12.01, Abingdon
  JTB- 48.83
KELLY Greg U20 11.04.99, East Kilbride
  200- 21.89
KELLY James 29.08.83, Belgrave
  HMar- 67:41dh (65:52-12), Mar- 2:23:55 (2:19:01-13)
KELLY Jordan 1.07.93, Birchfield
  LJ- 6.88 (7.13-14)
KELSEY Ben 23.09.84, Oxford City
  DT- 45.53 (48.81-08)
KENDALL Danny J. V35 3.08.78, Cambridge H
  Mar- 2:29:58
KENDALL Harry U23 4.10.96, Tonbridge
  LJ- 6.98, Dec- 6230
KENNEDY Alan 19.07.88, North Down/Ulster Un/IRL
  LJ- 6.92 (7.18-08), TJ- 14.25 (15.22w-12, 15.19-10)
KENNEDY Jaden U13 16.09.03, Herne Hill
  800- 2:06.35, 1500- 4:21.61
KENNEDY William U20 21.10.97, Team Bath
  60- 6.98i
KENT Aidan U17 6.10.99, Newquay & Par
  1.5kSt- 4:31.33
KEOGH Connor U15 19.01.02, Watford
  1500- 4:12.31, 3k- 9:25.32
KERR Josh U20 8.10.97, Edinburgh AC/New Mexico Un
  800- 1:51.26A/1:52.89 (1:51.18-15), 1500- 3:41.08,
  1M- 4:05.32iA
KERR Matthew 3.09.93, Giffnock North/Glasgow Un
  TJ- 14.20w/14.17 (14.51-12)
KERRY Shaun U15 13.12.01, Kingston upon Hull
  SPB- 13.86, HTY- 51.12, HTB- 60.85, JTB- 45.31
KERWIN Benjamin U15 10.02.02, Chelmsford
  300- 37.15, PenB- 2810
KESTEVEN Fraser 20.06.92, Notts
  TJ- 14.00
KETELEERS Luke 8.01.88, Exeter
  Dec- 4886
KEVILL Jermain Terry U13 16.09.03, Swale
  LJ- 5.20
KHAN Joel U17 30.09.99, Worcester AC
  HJ- 2.10, TJ- 14.35
KHOGALI Samuel U20 15.07.97, Worcester AC/Lough St
  LJ- 7.40w/7.26
KIKWERA Jamil 10.01.84, Enfield & Haringey
  JT- 57.53
KILCOURSE Nathan 8.09.90, Salford
  Mar- 2:25:08 (2:24:35-15)

KILLEEN Aiden U15 1.02.02, Bedford & County
 1500- 4:16.3
KILTY Richard 2.09.89, Middlesboro Mandale
 60- 6.50i (6.49i-14), 100- 9.92w/10.01,
 150- 15.07st (14.64wst-15), 200- 20.60 (20.34-13)
KIMBER Elliott U17 13.10.99, Coventry Godiva
 TJ- 13.41
KIMBER Thomas U13 17.10.03, Crawley
 PenC- 1625
KING Daniel 30.05.83, Colchester H
 3kW- 12:09.98 (11:34.62-05), 10kW- 47:17.2 (43:08.59-03),
 20kW- 1:30:23 (1:26:14-08), 50kW- 4:19:12 (4:04:49-08)
KING David U23 13.06.94, City of Plymouth/Bath Un
 60H- 7.66i, 110H- 13.4/13.54
KING Dominic 30.05.83, Colchester H
 3kW- 11:58.31 (11:51.44-06), 50kW- 3:55:48,
 5kWR- 21:39+ (19:57.91t-04),
 10kWR- 43:48+ (42:17.1t-02), 20kW- 1:31:30 (1:27:52-04)
KING Fraser U13 27.11.03, Cardiff Archers
 75HC- 12.3
KING-CLUTTERBUCK Dale 1.01.92, Basildon
 800- 1:48.75 (1:48.10-15), 1k- 2:20.84i,
 1500- 3:40.53i/3:42.0 (3:38.65-15)
KINGMAN Robert V40 21.02.73, RAF/Newham & EB
 PV- 4.12 (5.02-94)
KINGSTON Mikey U17 30.04.00, Trafford
 1500- 4:04.40
KINLOCH Alasdair U20 8.02.99, Tonbridge
 3k- 8:18.21
KINSEY Joseph U23 16.05.95, Birchfield/Cardiff Met
 400- 48.34
KIRABO Peter 22.09.92, Woodford Green & Ex L
 TJ- 14.41w/14.31 (15.01i/14.98-14)
KIRBY Jack U23 5.11.96, Harrow
 60H- 8.12i, 110H- 14.23w/14.31
KIRBY Lewis U17 23.11.99, Horsham BS
 LJ- 6.58
KIRBY Mitchell 18.04.91, Leics Coritanian
 TJ- 14.43
KIRBY-POLIDORE Jordan 26.01.93, W.Green & Ex L
 200- 21.18 (20.77-13)
*KIRCHMAYR Laurenz U20 9.02.99, Notts/AUT
 PV- 4.30, DecY- 5753*
KIRK Conall U23 6.01.96, Lagan Valley
 800- 1:51.86 (1:51.63-13)
KIRK Tom U23 1.11.94, C of Sheffield/Leeds Beck Un
 SP- 14.52i/14.51, HT- 48.95
KIRK-SMITH Adam 30.01.91, London Heathside
 2kSt- 5:44.10, 3kSt- 9:02.73
KITCHEN Harvey U15 23.10.01, Thames Valley
 80HB- 11.31
KITCHEN-SMITH Isaac U23 18.10.94, Spenboro/Oxford U
 200- 21.71
KITCHINGMAN Oliver U15 11.01.02, Leeds
 PenIB- 2372i
KNIBBS Alexander U20 26.04.99, Amber Valley
 200- 22.0, 400- 48.90i/49.15, 400HY- 53.02
KNIGHT Andrew U15 10.11.01, Morpeth
 SPB- 14.30
KNIGHT Curtis U23 27.11.95, Walton
 HT- 46.70
KNIGHT Daniel U15 24.11.01, Enfield & Haringey
 60HY- 8.47i, 60HB- 8.69i, 80HB- 10.98
KNIGHT Matthew U17 28.02.00, Blackheath & Bromley
 60- 7.16i
KNIGHT William Joseph U20 12.11.97, City of Stoke
 SPJ- 15.12, DTJ- 47.30 (49.67-15)
KOFFI David U15 23.04.02, Stevenage & NH
 SPB- 14.10
*KORCZYNSKI David 91 Oxford Un/DEN
 JT- 53.82 (56.82-12)*
*KOUMI Sadam U23 6.04.94, Birchfield/SUD
 400- 45.67 (45.41-15)*
KRAAMER Jasper U15 4.11.01, Leics Coritanian
 TJ- 12.16w/12.10
KUEHNEL Jamie U20 16.10.97, Newbury
 HT- 55.09, HTJ- 64.96

KUMAR Joshua U17 11.06.01, Shaftesbury B
 200- 22.39w
KYEREME Kojo V40 23.12.74, Shaftesbury B
 10k- 30:53.03 (29:29.55-11), HMar- 66:13, Mar- 2:21:32

LACY Craig U23 17.07.91, Birchfield
 JT- 66.64 (68.46-11)
LAFEUILLE Tyriq U17 10.05.01, Luton
 400HY- 58.56
LAGERBERG David 8.11.93, Mansfield H/Boston Un
 200- 21.24i/21.25, 400- 46.88i/46.90 (46.90-15)
LAHRECHE Ahmed U17 14.05.00, Rotherham
 200- 21.9
LAKE Edward U17 15.06.01, City of York
 200- 22.61
LAMB Christopher U17 25.05.00, Wigan
 PV- 4.30
LAMBERT Jack U15 13.06.02, Kidderminster & Stourport
 HTB- 62.71
LAMBERT Jamie U17 21.03.00, Brighton & Hove
 400HY- 57.4/58.54
LAMBERT Kam-Cheung U15 11.11.01, WSE&H
 HJ- 1.75
LAMBERT Oliver U17 18.10.00, Rugby & Northampton
 60HY- 8.44i, 100HY- 13.48
LAMBIE David U20 21.04.98, Giffnock North
 HJ- 2.01i (1.97-15)
LANCASHIRE Thomas 2.07.85, Bolton
 800- 1:48.15 (1:45.76-06), 1500- 3:37.47 (3:33.96-10),
 1M- 3:56.44 (3:53.39-10), 5k- 13:57.90 (13:34.44-09),
 3k- 8:03.01i/8:04.96 (7:49.35-15),
 10kR- 28:56sh/29:22 (29:21-09)
LANCASTER James U17 15.08.01, Blackheath & Bromley
 DTY- 41.90, HTY- 60.14
LANCASTER Joe U15 16.10.01, Cumbrian Schools
 DTB- 39.17
LANCASTER Joseph U23 17.01.96, City of Sheffield
 800- 1:50.74 (1:50.43-15)
*LANDEAU Nicholas U23 30.01.95, Ealing, S & Mx/TTO
 800- 1:49.55 (1:49.41-15)*
LANDSBOROUGH Samuel 11.11.92, Wirral
 100- 10.7/10.75w (10.6-14, 10.77-11), 200- 21.33
LANE Harry U23 1.12.94, Bristol & W/Loughborough St
 3kSt- 8:59.90
LANE John 29.01.89, City of Sheffield
 100- 10.74 (10.68w/10.71-14), 400- 48.59 (48.01-14),
 110H- 14.32, HJ- 1.98 (2.03i/2.00-14), PV- 4.70 (5.13-13),
 LJ- 7.30 (7.50-14), SP- 13.98 (14.76i-13, 14.12-14)
LANG Ruaridh U17 24.12.00, Morpeth
 DTY- 44.66
LANGE Jacob U23 5.12.95, Gloucester AC/Cambridge Un
 HT- 59.68
LANGFORD Kyle U23 2.02.96, Shaftesbury B
 400- 48.43 (48.17-14), 800- 1:46.73 (1:45.78-15)
LANGLEY Nathan U17 18.03.00, Worksop
 400HY- 56.3/56.58, OctY- 4949
LANIHUN Olamide U20 21.07.98, Thames Valley
 200- 21.93w/21.96 (21.83-15)
LANYIYAN-JONES James U15 11.12.01, Thames Valley
 200- 23.2
LARKMAN William U20 28.07.98, Taunton
 JT- 58.68
LASIS James U23 27.12.95, Crawley/Loughborough St
 DT- 48.01 (48.50-15), HT- 53.60 (57.73-15)
LASIS Matthew 17.02.93, Crawley/Cardiff Un
 SP- 13.19 (13.45-15), DT- 42.62 (46.18-15), HT- 60.41 (62.98-15)
LAW Max U15 13.05.02, Havering
 DTB- 39.74, JTY- 59.17, JTB- 65.16
LAWLER Andrew U23 24.10.95, Shaft B/Edinburgh Un
 3kSt- 9:40.60 (9:18.40-15)
LAWRENCE Elliot U17 24.01.00, Swansea
 3k- 8:54.09, 1.5kSt- 4:41.02
LAWRENCE Jack U23 2.07.96, Birchfield
 100- 10.73
LAWRIE Jack U23 21.02.96, Pitreavie
 110H- 14.50, 400H- 50.85
LAWSON Confidence 5.09.90, Shaftesbury B
 60- 6.76i (6.76i-15), 100- 10.25w/10.33, 200- 20.83

LAWSON Daniel 8.05.83, Cambridge Tri
24Hr- 261.843km
LAWTON Daniel U20 28.04.97, Trafford/Leeds Beck Un
3k- 8:29.28, 5k- 14:52.58
LAY Graham V40 13.11.75, Southampton
SP- 13.24
LAY Joshua U17 11.04.00, Rugby & Northampton
1500- 4:03.29
LAYNE Jordan Henderson U23 17.05.96, Wycombe
400- 47.70
LE GRICE Peter 10.07.82, Bristol & West
Mar- 2:23:23
LEACH Harrison U17 9.11.00, Crawley
DTY- 43.29
LEACH Matthew 25.09.93, Bedford & Co/San Francisco U
1500- 3:47.68, 5k- 14:05.87, 10k- 29:14.36, HMar-
66:51
LEARMONTH Guy 20.04.92, Lasswade
400- 48.36 (48.00-12), 800- 1:47.08 (1:46.65-15)
LEDGER A U15, Essex Schools
HTB- 42.07
LEE Barnaby U15 2.12.01, WSE&H
300- 36.92
LEE Ben U17 7.01.01, Vale Royal
800- 1:55.00
LEE James U20 15.11.97, Hallamshire
HJ- 1.97
LEE Matthew U23 8.12.94, Harrow/Brunel Un
110H- 15.04, PV- 4.40i (4.60i/4.50-15),
SP- 13.38i (12.42-15)
LEE Richard U17 27.02.00, Cardiff
60- 7.18i
LEEMING Archie U23 6.10.96, Basildon/Bath Un
SP- 14.46
LEERSON Jack U17 12.03.00, Channel Islands
JTY- 51.14
LEES David U17 23.06.00, Larkhall
JTY- 51.63
LEESON Aidan U17 9.11.99, Rugby & Northampton
200- 22.30, 400- 49.39
LEGON Luc U20 12.09.97, Bexley
5kW- 22:28.2
LELLIOTT James 11.02.93, Bournemouth
100- 10.7, LJ- 7.61w/7.53, TJ- 15.03, DT- 41.65,
JT- 58.95 (59.83-14)
LEMONCELLO Andrew 12.10.82, Fife
HMar- 67:10/65:49sh (61:52dh-09, 63:00-11)
LENARD Sandor Norbert 26.06.89, Swansea/ROU
TJ- 14.16i/13.83 (16.04-11)
LENNON-FORD Luke 5.05.89, Thames Valley
200- 21.76 (20.91-11), 400- 47.75 (45.23-12)
LEON BENITEZ Joel Leon U20 31.08.98, Notts
PV- 5.25i/5.00 (5.10-15)
LESLIE Max U15 13.10.01, Edinburgh AC
300- 37.49
LESTER Robert U17 24.11.99, Leamington
SPY- 14.18
LEVER Cormack U23 11.10.96, City of Sheffield
JT- 55.57
LEVINE Nigel Miguel 30.04.89, WSE&H
200- 20.90 (20.86-13), 400- 45.86 (45.11-12)
LEWIS Ciaran U20 18.03.97, Cardiff
2kSt- 6:10.96, 3kSt- 9:22.26
LEWIS Daniel 8.11.89, Shaftesbury B
TJ- 15.76 (16.31i/16.26-14)
LEWIS Sebastian U15 27.10.01, Neath
800- 2:02.06, 1500- 4:11.86, 3k- 9:28.86
LEWIS Steven 20.05.86, Newham & Essex B
PV- 5.60 (5.82-12)
LEWIS-SHALLOW Blaine U17 26.04.00, Reading
60- 7.14i, 100- 10.7/10.97w/11.01, 200- 22.0/22.04,
400- 48.33
LIGHTING Peter V35 7.12.80, Dulwich Park R
Mar- 2:28:37
LILL Oliver U15 27.06.02, Basildon
800- 1:59.09

LIMA David 6.09.90, BRAT/POR
60- 6.77i, 100- 10.20w/10.29, 200- 20.60w/20.62 (20.60w-12)
LINCOLN Scott 7.05.93, City of York
SP- 19.59/19.83 dh
LINDLEY-HARRIS Joshua U17 25.10.99, City of Sheffield
PV- 4.52i/4.40i/4.30
LINE Christopher 10.10.93, Dacorum & Tring/Hallam Un
DT- 42.71
LINQUE Christopher 26.04.88, Woodford Green & Ex L
DT- 50.87
LIPTON Martin 14.01.89, Kilbarchan
400H- 51.41
LISTER Joseph J U20 6.03.97, Harrow
PV- 5.03i/4.95
LITCHFIELD Nathan U13 29.11.03, Bedford & County
HTC- 30.29
LITCHFIELD Thomas U15 20.04.02, Bedford & County
HTB- 50.02
LITTLE David Andrew V35 28.02.81, Border
HT- 48.20 (59.15-01)
LIU Jacky U20 23.02.98, Surrey Schools
TJ- 13.84
LIVERSIDGE Harry U17 11.05.00, Birchfield
100HY- 13.88
LIVESEY Ben V35 20.09.78, RAF/Notts
HMar- 68:02 (64:38-13)
LIVETT Shaun T U23 19.11.96, Liverpool H/Liverpool Un
HT- 45.67
LIVINGSTON Alexander U23 25.01.96, Lisburn/Queen's U
PV- 4.20i/4.20
LLOYD Ben U17 13.10.00, Herts Phoenix
400HY- 54.61
LLOYD-DAVIES Adrian U17 29.08.00, Bridgnorth
800- 1:54.14, 1500- 4:04.4
LOCHANS Jack U23 25.05.94, Woodford Green & Ex L
HJ- 2.06 (2.12-15)
LOCKLEY Oliver 9.11.93, Manx H/Missouri Un
5k- 14:29.11, 10k- 29:41.88
LODGE De'quan U23 15.03.96, Birchfield
LJ- 6.88 (6.93-15)
LODOWSKI Jonathan 15.07.88, Enfield & Har/Army
400H- 53.53 (52.90-11)
LONG Ryan U20 2.09.98, Poole
60HJ- 8.48i, 110HJ- 14.5/14.78w/14.81, HepJ- 4532i,
DecJ- 6435
LONSDALE Joe U17 4.01.00, Pendle
100- 11.0, 200- 22.39 (22.3-15)
LONSDALE Markhim U20 9.01.99, Crook & District
800- 1:49.07, 1500- 3:49.8 (3:48.92-15)
LORD Harry U20 14.08.98, Sale
JT- 59.36, DecJ- 6629
LOUDEN Greg 25.10.92, Lasswade
400- 47.54 (46.96-14)
LOVATT Christian U23 24.09.96, Swansea
5k- 14:31.37
LOWE Archie U15 16.02.03, Middlesboro Mandale
3k- 9:31.3
LOWE Gareth V40 20.03.73, Clowne
Mar- 2:24:20
LOWINGS Sam U13 29.12.03, Charnwood
HJ- 1.53
LOWTHER Adrian 27.08.81, Kent
Mar- 2:27:18
LUBIN Adam U23 9.02.96, Birchfield
HJ- 2.05i (2.00-15)
LUNN Joshua 15.05.92, Bedford & County
3kSt- 9:43.7 (9:26.49-15)
LUTAKOME Ricky U17 19.11.99, Sutton & District
800- 1:52.94, 1500- 3:58.21
LYON Ben U15 29.09.01, Wirral
JTB- 44.82
LYON Phoenix U17 12.01.00, Ealing, S & Mx
100- 11.15w, 200- 22.58w (22.6-15)
LYON Sam 20.10.92, Aberdeen/Robert Gordon U
LJ- 6.94 (7.05-13), TJ- 14.66w/14.47 (14.81-15)
LYTTLE Camron U20 28.05.99, Bexley
60- 6.89i, 100- 10.68w/10.74 (10.64-15)

MacAULAY Alexander U23 29.09.95, Oxford Un
LJ- 6.85
MacDONALD Connel U23 2.09.96, Inverness
HJ- 1.98
MacDONALD Grant V35 18.01.79, Bellahouston RR
24HrT- 239.42km
MACE Sam U17 20.10.00, Walton
DTY- 45.58, HTY- 60.64
MACFARLANE Matt U15 16.09.01, Inverness
HTB- 51.72
MacHEATH Alex U13 17.02.04, Cambridge H
2kW- 10:11.9/10:07R
MacKAY Alexander U15 13.12.01, Ross County
60HB- 9.03i, 80HB- 11.81
MACKAY Chris U20 3.04.99, Giffnock North
HJ- 1.99
MacKAY Stephen 7.06.92, Inverness
800- 1:51.91 (1:50.39-15)
MACKAY William 3.10.89, Bedford & County
10k- 30:33.52 (30:30.35-15), HMar- 67:54sh, Mar- 2:25:01
MacKINNON Jamie U20 15.06.99, VP-Glasgow
2kSt- 6:12.97
MacLEAN Gregor Kyle 17.10.91, Shaftesbury B
PV- 5.34i/4.95 (5.45-14)
MacLENNAN John U17 1.06.00, Central
60- 7.17i, 100- 11.10w/11.1/11.11 (11.10w-15)
MACLEOD Angus U15 1.09.01, Manx H
300- 37.8
MacMILLAN Ben U15 23.10.01, Central
1500- 4:18.73
MacNAUGHTON Scott U15 7.12.01, Middlesex Schools
SPB- 15.05
MacNICOL Neil V40 8.07.72, Beacon Runners
24HrT- 244.495km
MADDEN Matthew 17.11.90, Notts
TJ- 14.12 (14.91w-14, 14.66i-15, 14.61-14)
MAGBADELO Jonathan U23 29.10.96, Dartford/Sx Un
DT- 41.22 (42.93-14)
MAGEE Jack U20 17.12.97, Ballymena & Antrim
JT- 55.19 (55.39-15)
MAGORRIAN Jesse U17 25.11.99, Tonbridge
800- 1:57.15
MAHAMED Mahamed U20 18.09.97, Southampton
1500- 3:53.25, 5k- 14:36.41, 2kSt- 6:10.3
MAHAMED Zakariya U17 29.11.00, Southampton
3k- 8:46.41
*MAHAMUUD Mustafa U20 1.07.98, Birchfield/NED
100- 10.8/10.81, 200- 21.02w/21.33*
MAHER George U17 25.09.99, Ashford
PV- 3.60 (3.60-14)
MAIN Benjamin U20 3.02.97, Shettleston H
HT- 48.44, HTJ- 53.31 (59.22-14)
MAJOR Jack U23 23.10.96, Southampton/Leeds Beck Un
60H- 8.49i, 110H- 14.50
MAKEPEACE Euan U20 31.05.97, Charnw./Butler U, USA
1500- 3:48.13, 3k- 8:25.42i (8:30.26-14)
MAKOYAWO Toby U15 10.05.02, Watford
100- 11.26
MAMMAM Ataba U15 2.01.02, Oldham & Royton
300- 37.7/37.72
*MANFRONI Andrea 15.03.89, Bristol & W/ITA
JT- 56.22*
MANN Christopher U23 1.10.95, Bolton/Loughborough St
HJ- 2.09
MANN David U23 27.10.94, VP-Glasgow/Strathclyde Un
PV- 4.41i/4.40 (4.40-15)
MANN Jonathan U17 30.04.01, Bexley
100HY- 14.0
MANTHORPE Alfie U17 26.09.99, City of Sheffield
1.5kSt- 4:30.75
*MARCHLEWICZ Dawid 1.01.83, C of Portsmouth/POL
HT- 47.30 (51.93-08)*
MARINO Thomas U20 27.02.97, Reading/Cambridge Un
DecJ- 5567
MARKEY Sam U17 12.03.00, Cambridge & Coleridge
JTY- 51.02
MARKLAND-MONTGOMERY Omari 8.05.93, Camb H
60- 6.89i

MARKLEW William U20 6.07.98, Stevenage & NH
JT- 59.64 (61.39-15), HepJ- 4533i
MARSHALL Clark U13 1.11.03, Giffnock North
PV- 2.30
MARSHALL Henry U20 14.09.98, Tonbridge
400- 49.28
MARSHALL Thomas 12.06.89, Cardiff
1500- 3:39.41, 3k- 8:10.02i (8:16.60-10), 10kR- 30:09 (29:51-13)
MARSHALL-BROWN Dejean U17 11.08.00, Herne Hill
SPY- 14.00
MARTELLETTI Paul V35 1.08.79, VPH &TH
5k- 14:27.00 (14:19.50-11), 10k- 29:26.18, 10kR- 29:30,
10MR- 49:35+ (49:29+-15), HMar- 64:54 (64:18-15),
Mar- 2:16:58 (2:16:49-11)
MARTIN David John 10.11.88, VP-Glasgow
400H- 55.85 (51.02-13)
MARTIN David John 5.05.88, Channel Islands
LJ- 7.40
MARTIN Jack 29.04.88, Stockport
5kR- 14:35 (14:11.97t-14), 10kR- 29:50 (29:31-14)
MARTIN Joseph U17 27.08.01, City of Portsmouth
100- 11.15w, 200- 22.51
MARTIN Joseph U20 9.03.99, Middlesboro Mandale
DTJ- 45.17
*MARTIN Matthew U23 7.02.94, Shaftesbury B/IRL
JT- 56.19 (63.73-12)*
MARTIN Nigel 23.03.87, Sale
10k- 30:57.71
MARTIN Patrick 15.05.85, Stockport
3k- 8:18.22 (8:11.32-14), 5MR- 24:22 (24:01-13),
10kR- 29:41 (29:36.92t-15)
MARTIN Rhys U15 11.03.02, Woodford Green & Ex L
HTB- 49.84
MARTIN Richard 8.01.84, Bedford & County
HT- 59.68
MARTIN Ryan U13 10.10.03, Aldershot F&D
800- 2:14.9, 1500- 4:31.72
MARTIN Shane U17 10.11.99, Ballymena & A
PV- 4.30i/4.16
MARTIN-EVANS Leon U17 23.03.01, Daventry
HJ- 1.95
MARVELL George U20 13.11.98, Stevenage & NH
HTJ- 64.42
MASHFORD Martin Eric 3.05.87, Aldershot F&D
1500- 3:46.56 (3:45.6-10), 10kR- 30:17
MASLEN Harry U23 2.09.96, Ilkley/Angelo State Un
110H- 15.45, PV- 4.20, JT- 57.21, Dec- 6770
MASON Edward U20 9.03.99, Channel Islands
2kSt- 6:02.96, 3kSt- 9:43.10
MASSIMO Joseph U17 9.01.00, Crawley
100- 10.81, 200- 21.36
MASSINGHAM Oliver U20 17.03.99, City of Norwich
DT- 41.76, DTJ- 47.34
MASTERSON Murdo U20 26.09.98, Scottish Schools
SPJ- 13.86
*MATEI Florin 15.07.93, Cheltenham/ROU
PV- 4.80i/4.70 (4.90-15)*
MATHER Luke U15 17.09.01, Lincoln Wellington
200- 23.60
MATHEWS Curtis 22.01.92, Cardiff
LJ- 7.02 (7.47w/7.21-14), DT- 44.93 (47.85-14)
MATSUKA-WILLIAMS Wesley U17 15.06.00, C Norwich
LJ- 6.82, TJ- 15.43w/15.32
MATTEY Henry U15 11.12.01, Herts Schools
DTB- 37.45
MATTHEW Gerald U20 10.07.97, Shaftesbury B
60- 6.88i, 100- 10.50, 200- 21.11
MATTHEWS Tiarnan U15 6.06.02, Herne Hill
SPB- 13.53
MAUD Andrew 28.07.83, Highgate H
5k- 14:04.67, 5kR- 14:04, 10k- 29:24.43
MAURICE Jacques U17 11.02.01, Harrogate
1500- 4:03.15
MAW Charlie U23 18.11.96, Winchester
PV- 4.46 (4.50-14)
MAWDSLEY Alfred U17 13.10.00, Herne Hill
DTY- 44.56

MAY Rowan U23 12.08.95, Birchfield/Oxford Un
PV- 4.60 (5.25-13)
MAYS Jermaine 23.12.82, Basingstoke & MH
1500- 3:47.88 (3:39.84-10), 10kR- 29:37sh (29:26-07),
3kSt- 8:58.16 (8:30.41-07)
MBATIKA Clive U15 7.12.01, London Schools
100- 11.47
McALISTER Christopher U23 3.12.95, TVH/B'ham Un
400- 47.57, 400H- 50.88
McAULEY Michael U17 8.09.99, Ballymena & Antrim
60- 7.19i
McBRIDE Dylan U13 17.09.03, Willowfield
800- 2:15.85, 1500- 4:34.31
McBRIDE Sean 31.07.90, Strabane
JT- 60.43 (63.21-15)
McCAFFERTY Jonah U15 28.01.03, Bracknell
JTB- 44.29
McCALL John U23 12.04.95, WGreen & Ex L/Glasgow Un
60H- 8.21i, 110H- 14.60 (14.44w-13)
McCALLUM Stuart U23 15.09.95, Winchester
800- 1:51.88, 1500- 3:44.21, 3k- 8:09.32, 10kR- 29:57
McCARTHY James U23 31.10.96, Chiltern H/Warwick Un
800- 1:50.96, 1500- 3:46.59
McCOMB Adam 25.07.92, Liverpool H/Ulster Un
400- 47.61
McCOMB Jack U20 25.06.98, Lisburn
400H- 56.19
McCONVILLE Brendan V35 3.01.79, North Down
PV- 4.20 (4.80-04)
McCONVILLE Troy U15 29.04.02, North Down
HJ- 1.83, PenB- 2691
McCORGRAY Cameron U20 28.12.98, Central
HJ- 2.01
McCORRY Stephen U20 25.09.98, Ballymena & Antrim
HTJ- 52.68
McCULLOCH Harry 28.08.88, St Mary's Richmond
JT- 53.02
McDONALD Kareen U15, Enfield & Haringey
60- 7.48i
McDONALD Shane U23 20.08.96, Harrow
HJ- 2.00
McDONOUGH Carrick U15 24.06.02, Blaenau Gwent
300- 36.93
McDOUGALL Dominic U15 16.12.01, WSE&H
800- 1:59.8, 1500- 4:12.15
McFARLANE Andrew Joel U17 7.07.00, Ross County
60HY- 8.62i, PV- 4.23i/4.20i/3.87 (4.31i/4.11-15),
JTY – 59.10, HepIY- 4362i (4364i-15)
McFARLANE Joel U17 9.10.00, Arbroath
60HY- 8.50i, 100HY- 13.61w/13.85, 400HY- 56.44, HJ-
1.90, LJ- 6.76, HepIY- 4379i, DecY- 6287, OctY- 5169*
McGLEN Ethan U13 26.11.03, Gateshead
1500- 4:36.6
McGRADY Miles U20 24.09.97, Gateshead
60HJ- 8.30i, 110HJ- 14.94w (14.88-15)
McGRATH Joe U20 9.09.97, Doncaster
100- 10.67w/10.87 (10.6-13, 10.83-14)
*McGUIGAN Dempsey 30.08.93, Shaftesbury B/
Ole Miss Un/IRL HT- 69.90*
*McGUIGAN Fellan U23 15.03.96, Shaft B/Texas U/IRL
HT- 64.47*
McGUIRE Ben U20 22.10.97, Shaftesbury B/Glasgow Un
LJ- 7.11w/7.10i/6.91 (6.96-15)
McGUIRE Lewis U20 22.10.97, Shaft B/Strathclyde Un
HJ- 2.06i/2.05 (2.05-15)
McINROY Angus 13.02.87, Shaftesbury B
SP- 13.85i/13.70 (14.87-15), DT- 53.48 (58.77-10)
McINTOSH Jerome 7.08.91, C of Sheffield/Manchester Un
200- 21.82w
McINTYRE Ben U15 27.03.02, Swindon
800- 2:03.8
McKAY Callum U17 3.10.00, Colchester H
100- 10.8w/11.09w/11.1/11.11
McKAY David V35 22.09.80, West Cheshire
HT- 45.83 (49.41-09), JT- 59.70 (70.43-08)
McKEEVER Tom U23 16.02.95, St Helens Sutton
JT- 54.07

McKENNA Jarlath 14.11.81, Bristol & West
Mar- 2:24:19
McKEOWN Josh U15 5.03.03, Gateshead
60- 7.48i
McKERNAN Michael V35 28.11.78, Birchfield
TJ- 15.19w/14.50i/14.43 (16.06-07)
McKINLAY Ryan 10.09.86, Woodford Green & Ex L
3kSt- 9:42.51 (8:55.79-14)
McLACHLAN James 12.03.92, City of Norwich
LJ- 7.43 (7.86-13)
McLACHLAN Ross U20 3.01.97, City of Norwich
LJ- 7.09i (7.27-15)
McLAREN Sean U17 1.12.99, Falkirk VH
SPY- 14.25
McLAUGHLIN Lee 30.09.90, Croydon
60- 6.87i (6.79i-13), 200- 21.64 (21.17-15),
100- 10.52w/10.55 (10.36w/10.55-15)
McLEAN-MEADE Jovelle U15 28.09.01, Enfield & Har
100- 11.39w, 200- 23.0/23.20w/23.58
McLEAR Finlay U17 25.05.00, Exeter
800- 1:56.80, 1500- 4:02.02, 1.5kSt- 4:19.74
McLELLAN Neil V35 10.09.78, Stevenage & NH
JT- 62.18 (74.92-07)
McLENNAN Callum U20 1.05.99, Edinburgh AC
400H- 56.46, DecY- 6195
McLEOD Ryan 7.06.85, Tipton
10kR- 30:27+ (29:04-11), HMar- 66:13 (64:19-15)
McLEW Christopher U15 1.09.01, Cambuslang
800- 2:02.58
McLOONE Andrew U20 1.12.98, Shettleston H
SPJ- 13.95
McMAHON James U20 21.01.98, West Cheshire
DecJ- 5708 (5869-15)
McMANUS Declan U20 13.03.97, Worcester/Belmont Un
3k- 8:29.22i (8:27.81-15), 5k- 15:01.05, 3kSt- 9:04.37
*McMULLEN Adam 5.07.90, Mid Ulster/IRL
200- 21.50, LJ- 7.84 (7.89w-15)*
McMURRAY James U23 18.01.95, St Albans/Lough St
800- 1:50.48 (1:48.69-15), 1500- 3:44.48 (3:43.08-13)
McNAIR David U15 1.06.02, Kilbarchan
800- 2:01.71, 1500- 4:17.05
McNALLY Alexander U23 11.01.94, Nene Valley
Academy of Art Un   60- 6.88i, 200- 21.66
McNALLY Finn 22.09.91, Brighton Phoenix
HMar- 65:59
McPAKE Gary U15 15.08.02, Airdrie
800- 2:02.51
McPARLAND Benjamin U13 20.07.04, Pendle
JTC- 37.65
*McWHIRTER Blair 6.10.82, Ilford/NZL
HMar- 68:10, Mar- 2:28:17 (2:23:27-14)*
MEACOCK David V40 23.06.75, Basingstoke & MH
Mar- 2:27:09
MEAKIN Cameron U20 21.10.98, Warrington
110HJ- 15.16
MEES Daniel U20 12.09.98, Peterborough
800- 1:51.87
*MELLON Andrew U23 8.11.95, N.Down/Queen's Un/IRL
60- 6.92i, 400- 46.80*
MELLOR Jonathan 27.12.86, Liverpool H
5kR- 14:22 (13:31.21t-14), 10kR- 29:12 (28:42.20t-13),
15kR- 44:55+ (44:06+-12), 10MR- 48:17 (47:35-12)
MELLOR Mark U15 22.01.02, Cardiff Archers
PV- 3.95i/3.81
MELVILLE Toby U23 2.12.96, Southampton
TJ- 14.25
*MENGISTEAB Teweldeberhan 1.01.86, Shett H/ERI
HMar- 68:05/64:23sh*
MENSAH Jak U15 5.09.01, Team Hounslow
100- 11.24, 200- 22.97
MERRETT Owen U13 16.07.04, Yate
HTC- 31.76
MERRIEN Lee V35 26.04.79, Newham & Essex B
10kR- 29:55 (29:23.05t-08), 15kR- 45:30+,
HMar- 64:07, Mar- 2:16:42 (2:13:41-12)
MERSON Tom 10.02.86, Bristol & West
10kR- 29:59sh/30:10 (29:50-15)

MESLEK Ossama U20 8.01.97, Leeds
  800- 1:53.11, 1500- 3:48.50
MESSENGER Jack U23 28.03.96, Winchester/Lough St
  400H- 54.01
METCALFE Edward U15 4.10.01, Basingstoke & MH
  300- 36.61
METZGER Kevin U20 13.11.97, Sale
  100- 10.8, TJ- 15.00i/14.14 (14.66-14)
MIER Harris U15 7.11.01, Cornwall AC
  800- 2:03.54, 1500- 4:11.95
MILANDU Deo 30.10.92, City of Sheffield
  Dec- 6310, HepIS- 4717i (4882i-15)
MILBURN James U17 24.09.99, Kidd & Stourport
  TJ- 13.29, OctY- 4337
MILES Joseph U20 12.02.99, Wimborne
  HJ- 1.95
MILHAM Isaac U17 17.06.01, Medway & Maidstone
  400HY- 57.15
MILLAR Greg 19.12.92, Birchfield/Loughborough St
  JT- 71.12
MILLAR Jack U17 25.09.99, Reading
  400HY- 56.69
MILLAR John U20 18.12.97, Ipswich
  5k- 14:58.0, 2kSt- 5:56.83, 3kSt- 9:09.54
MILLARD Oscar U15 8.02.02, Herne Hill
  1500- 4:17.20
MILLER Andrew V45 27.04.69, Wolves & Bilston
  20kW- 1:43:53
MILLER Chad U17 31.03.00, Hercules Wimbledon
  60- 6.95i/7.12i, 100- 11.15, 200- 21.89 (21.89-15)
MILLER Luke U17 10.09.99, Ealing, S & Mx
  JTY- 55.93
MILLER Michael U17 19.12.99, Shaftesbury B
  JTY- 53.65
MILLER Nicholas 1.05.93, Border/Oklahoma St Un
  HT- 76.93 (77.55-15)
MILLER Rechmial U20 27.06.98, Hercules Wimbledon
  60- 6.76i, 100- 10.23w/10.34
MILLER Samuel 2.09.93, Preston/Loughborough St
  60- 6.74i, 100- 10.56 (10.45w/10.5-13, 10.51-15)
MILLER Thomas U20 7.10.98, City of Portsmouth
  60HJ- 8.32i, 110HJ- 14.24w/14.37, 400H- 54.94, DecJ- 5425
MILLIGAN Ethan U17 8.08.00, West Cheshire
  HJ- 1.92
MILLINGTON Ross 19.09.89, Stockport
  3k- 8:10.9+ (7:49.11i-12, 7:52.40-15),
  5k- 13:38.43 (13:36.39-11), 10k- 27:55.06
MILLS Christopher Leslie V40 12.11.75, WSE&H
  PV- 4.33i/4.20 (4.90-04)
MILLS George U20 12.05.99, Harrogate
  800- 1:48.36, 1500- 3:44.43
MILLS Thomas U15 3.03.02, Blackheath & Bromley
  JTB- 48.66
MILNE Alexander 11.03.90, Enf & Har/Southampton Un
  HMar- 67:41, 3kSt- 9:19.69 (9:07.70-15)
MILNE Ross V35 20.08.77, Corstorphine
  50kR- 3:18:13
MILNER Hugo U20 2.09.98, Derby AC
  3k- 8:31.2
MILTON Thomas U15 21.11.01, Southend
  HTB- 54.65
MINGELI Brandon U17 7.09.00, Cambridge H
  100- 10.97
MINSHULL Jake U13 11.10.04, Coventry Godiva
  PenC- 1769, PenIC- 1285i
MITCHAM Rio U20 30.08.99, Telford
  100- 10.5/10.84, 200- 21.26w/21.5
MITCHELL Ben U20 9.03.98, Houghton
  DecJ- 5639
MITCHELL Curtis U23 29.09.95, Preston/Sheffield Un
  HJ- 1.95i
MITCHELL Jordan U23 23.12.94, Sutton in Ashfield
  110H- 15.5/15.53
MITCHELL Kamal U20 21.04.97, Thames Valley
  100- 10.83w/10.89
MITCHELL Mark 23.05.88, Birchfield
  5kR- 14:32, 10k- 30:23.13, HMar- 66:07

MITCHELL Nathanael U15 18.12.01, Yate
  100- 11.4/11.48, 200- 23.40w/23.4
MITCHELL Stephen 24.05.88, Bristol & West
  1500- 3:44.8i+ (3:38.27-14), 1M- 4:02.05i (4:00.13-11),
  5kR- 14:27 (14:13.01t-14)
MITCHELL Tyler U17 26.07.00, Stevenage & NH
  HJ- 1.93
MITCHELL-BLAKE Nethaneel U23 2.04.94, N&EB/LSU
  60- 6.65i, 100- 10.09, 200- 19.95, 400- 46.55
MOAKES Thomas 31.12.90, Notts
  110H- 15.15w/15.44 (14.93-14), 400H- 53.37 (51.73-13)
MOFFATT Joss U17 31.01.00, Rushcliffe
  400HY- 57.46, DecY- 5939, OctY- 4883*
MOFFETT Robert U23 3.01.95, Ballymena & A/Queen's U
  HT- 53.52 (60.85-15)
MOHAMMED Mukhtar 1.12.90, City of Sheffield
  800- 1:48.41i/1:48.88 (1:45.67-13), 1k- 2:22.36 (2:21.13i-13)
MOKAYA Maranga U23 30.06.96, Notts/Durham Un
  60H- 8.45i, 110H- 14.74
MOKUOLU Seth U15 26.07.02, Thurrock
  TJ- 12.21
MOLLOY Sean U23 18.09.95, Tonbridge/St Marys Un C
  800- 1:49.05 (1:48.24-12)
MOLTON Tyler U17 17.12.99, Yate
  HTY- 50.80
MOLYNEUX Paul V35 27.01.81, Springfield S/Army
  HMar- 68:19 (68:12-15), Mar- 2:21:16 (2:20:33-15)
MONAGHAN Andrew 25.10.93, Lagan V/Mississippi St U
  5k- 14:36.99
MONAGHAN Patrick 25.10.93, Lagan V/Mississippi St U
  1500- 3:48.31
MONCUR Jack U20 19.12.98, Exeter
  JT- 54.05
MONDELLI Max U23 28.10.95, Hercules Wimb/Harvard
  60- 6.92i (6.85i-14), 200- 21.33
MONTAGUE Nathan V35 15.11.80, Swindon
  100kR- 7:37:27
MOORE I U17, Berkshire Schools
  SPY- 13.86
MORAWSKI Rafal U23 16.12.95, Ealing, S & Mx
  HT- 49.77 (52.62-13)
MOREAU Ben 15.12.81, Aldershot F&D
  10k- 29:57.25 (28:40.83-12), HMar- 66:59+ (63:59-13),
  Mar- 2:19:43 (2:15:52-13)
MORENO Peter 30.12.90, WSE&H/NGR
  100- 10.7 (10.6-11), 60H- 8.22i, 110H- 14.53 (14.48-15),
  PV- 4.40 (4.60-15), LJ- 7.01 (7.34-15), Dec- 6723 (6920-15)
MORGAN Aaron 7.04.92, Carmarthen
  JT- 59.83 (61.99-15)
MORGAN David 8.12.83, Serpentine
  Mar- 2:25:25 (2:22:57-15)
MORGAN Ross U13 20.01.04, Whitemoss
  60HC- 9.64i, 75HC- 11.9/12.12
MORGAN-HARRISON Andrew U20 9.03.98, K'ton u Hull
  100- 10.8/10.82w/10.85, 200- 21.70
MORIARTY Craig U20 11.07.99, Pitreavie
  PV- 4.20i (4.11-15)
MORRIS Beau U20 21.11.98, Birchfield
  HT- 45.38
MORRIS Carwyn U17 2.10.00, Carmarthen
  JTY- 53.57
MORRIS Jack 9.04.93, Stockport
  3k- 8:17.83, 5k- 14:17.10, 10k- 29:55.06 (29:54.16-15),
  10kR- 29:18sh, 10MR- 49:37, HMar- 67:20
MORRIS Joe 20.03.93, Eastbourne RAC
  Dec- 5562
MORRIS Richard 25.10.93, South London H
  400H- 55.6
MORRISSEY Richard 11.01.91, Shaftesbury B/IRL
  200- 21.51 (21.47-14), 400- 46.68 (46.20-14)
MORSE Brett 11.02.89, Cardiff
  SP- 15.53i/15.25 (16.16i-11, 15.92-09),
  DT- 63.08 (66.84-13)
MORSE Jay U17 22.07.01, Cardiff
  DTY- 52.67
MORSON Darren U23 16.06.94, VPH &TH/E.London Un
  LJ- 7.47w/7.46 (7.59-15)

387

MORTIMER Tom U20 7.01.99, Stroud
 3k- 8:24.40, 5k- 15:03.83
MORTIMORE Matti 16.05.93, Ipswich/North Dakota State
 JT- 75.79
MORTON Marcus U23 30.08.96, VP-Glasgow/R.Gordon U
 HJ- 2.00i/2.00 (2.05-15)
MORWOOD Joe 10.06.91, Aldershot F&D
 Mar- 2:26:20
MOSES Emmanuel U15, Cornwall Schools
 TJ- 12.44
MOSES Lewis 9.01.87, Gateshead
 1500- 3:45.59i+/3:49.64 (3:41.33i-12, 3:42.6-10),
 1M- 4:02.40i (4:06.40-15)
MOSES-TAIGA Afure U15 21.11.01, Middlesex Schools
 80HB- 11.87
MOUMNEH Rayan U17 17.04.00, Herne Hill
 SPY- 14.70
MOZOBO Jean U20 5.05.98, Bedford & County
 LJ- 6.92, TJ- 14.19
MUHAMMAD Salim U23 8.10.96, Harrow
 100- 10.67 (10.5-14, 10.61-15)
MUIR Rory U23 30.11.95, Aberdeen
 800- 1:51.5
MUIRHEAD Peter 6.12.93, City of Sheffield/Stirling Un
 LJ- 7.35i/7.19 (7.39w-15, 7.25-15)
MULLARKEY David U17 7.03.00, Manx H
 1500- 4:02.83, 3k- 8:53.14
MULLETT Robert 31.07.87, Lewes
 1500- 3:43.7 (3:42.01-15), 5kR- 13:52, 10kR- 29:20,
 3k- 8:02.37i/8:17.3+ (7:58.6i+-15, 7:58.65-12),
 5k- 13:41.75i/14:25.90, 10MR- 49:33, 3kSt- 8:22.42
MULLINS Craig U20 24.05.98, Moorfoot Runners
 HT- 48.31, HTJ- 57.65
MULUMBO Prince U13, London Schools
 100- 12.3
MULVANEY Francis U23 13.07.96, Liverpool H
 HT- 47.72
MUMFORD Kai U17 26.11.99, Andover
 HT- 43.38, HTY- 54.12 (54.67-15)
MURATHODZIC Daniel U15 11.09.01, Cardiff Archers
 60HB- 9.29i, 80HB- 11.84
MURCH Craig 27.06.93, Rugby & Nor AC/Loughboro St
 HT- 69.79
MURDOCK Alex 29.08.91, VPH &TH
 60- 6.86i (6.85i-12), 100- 10.36
MURPHY Andrew U23 26.12.94, Kilbarchan/Glasgow Un
 110H- 15.33, PV- 4.45 (4.51i/4.50-15), Dec- 6295 (6440-14)
MURPHY Josef U17 12.12.99, Sale
 SPY- 13.64
MURPHY Owen U20 18.07.98, Blaenau Gwent
 HTJ- 50.65 (53.85-15)
MURRAY Robert U13 18.09.03, Blackheath & Bromley
 SPC- 11.76
MUSSON Douglas U23 8.04.94, Notts/Notts Trent Un
 1500- 3:46.14, 10kR- 29:31sh/29:35, 2kSt- 5:40.13,
 3kSt- 8:51.16
MUSTAFA Tamiloru U15 16.04.02, Essex Schools
 LJ- 6.39
MYCROFT William 8.01.91, Enfield & Har/Sheffield Un
 HMar- 67:50, 3kSt- 9:05.99
MYERS Alun 5.11.86, VPH &TH
 Mar- 2:29:17
MYERS Charlie U20 12.06.97, M'boro Mandale/N'land Un
 PV- 5.25i/5.25 (5.30-15)
MYERSCOUGH Carl Andrew V35 21.10.79, Blackpool
 DT- 60.67 (65.24-12)

NACHSHEN Gilad U13 9.09.04, Shaftesbury B
 800- 2:13.69
NAIRNE Reuben U15 22.09.02, Giffnock North
 60HB- 9.11i, PV- 3.25
NAPIORKOWSKI Tomasz U23 13.09.95, Banbury
 DT- 43.58 (45.66-14)
NASH Daniel U23 23.03.94, East Cornwall H/Cardiff Un
 HMar- 68:09 (66:49-14), Mar- 2:27:43,
 3kSt- 9:40.47 (9:37.61-15)
NASH Sonny U20 11.11.98, Medway & Maidstone
 JT- 55.67

NAVESEY Paul 19.04.86, Crawley
 100kR- 6:58:52
NAWAH David U17 17.08.00, Reading
 LJ- 6.65w/6.51, TJ- 13.55w/13.40
NEALE Paul U20 6.01.97, Reading/Bedford Un
 HJ- 1.98i (2.03-13)
NEEDHAM Robert U23 18.04.94, Notts/Notts Trent Un
 800- 1:49.30 (1:48.19-14)
NESS Jacob U20 7.06.97, Salisbury/Weber St Un
 200- 21.96A
NEVERS Montel U23 22.05.96, Notts/Leeds Beck Un
 TJ- 16.15i/16.14
NEW Harry U17 20.08.00, Radley AC
 400HY- 57.35
NEWMAN Nick 12.10.83, Sale
 LJ- 7.29 (7.80-12)
NEWPORT Oliver U23 7.01.95, Blackheath & Bromley/
 Louisville U LJ- 7.78
NEWTON Mark V35 15.06.80, Springfield S
 Mar- 2:28:32
NEWTON Peter V35 24.03.81, Morpeth
 10k- 29:54.3
NICHOLLS Clint V35 16.02.79, Basildon
 Dec- 4784
NICHOLLS Euan U20 23.05.98, Tonbridge
 2kSt- 6:19.18
NICHOLLS John S. V50 1.09.65, Sale
 SP- 14.29 (15.98-99)
NICHOLSON Jason U20 10.05.99, Gateshead
 60HJ- 8.07i, 110HY- 13.45, 110HJ- 14.29, 400H- 54.28
NICOLAOU Andrew U15 13.11.02, Shaftesbury B
 60- 7.43i, 100- 11.34
NIXON Andrew 28.07.88, Stockport
 Mar- 2:28:39
NIXON Daniel U20 10.12.98, M'boro Mandale
 HTJ- 58.48
NJOPA-KABA Nicholas U15 1.12.01, Leics Coritanian
 100- 11.52, 200- 23.54
NOEL Douglas U17 1.03.01, Invicta
 OctY- 4423
NORMAN Brandon U17 14.09.99, Stevenage & NH
 HTY- 51.51
NORMAN Harley U15 14.07.03, Epsom & Ewell
 800- 2:03.4
NORMAN Joshua 20.04.91, OWLS
 800- 1:51.71, 1500- 3:45.86 (3:45.65-12),
 5k- 14:17.62 (14:09.38-14)
NORMAN Phillip 20.10.89, North Devon
 3kSt- 9:08.57
NORRIS David 14.02.86, Harrow
 HT- 45.64
NORRIS Jake U20 30.06.99, WSE&H
 HT- 61.70, HTJ- 71.55, HTY- 79.20
NORTON Tom U20 19.08.97, City of Sheffield
 JT- 55.18 (55.62-15)
NUTTALL Luke U15 17.09.01, Charnwood
 1500- 4:16.36
NWENWU Alexander 11.09.91, Wolves & Bilston
 60H- 8.16i (8.12i-14), 110H- 14.74 (14.38-12)

OATES Lachlan 30.01.92, Shettleston H
 5kR- 14:35
OBAFEMI Michael U17, Essex Schools
 TJ- 13.48
OBENG Daniel 20.05.93, Queen Marg Un Coll
 100- 10.53
O'BRIEN James U20 29.09.97, Cannock & Stafford
 800- 1:53.34
O'CALLAGHAN-BROWN Alex U17, Surrey Schools
 400HY- 58.5
O'CONNELL Regan U20 28.11.98, City of Sheffield
 100- 10.9w
O'CONNOR Louis U20 5.12.97, Notts
 400- 48.85
O'CONNOR Patrick U23 23.10.95, M'boro Mandale/
 Seton Hill Un   HJ- 2.06
ODENIYI Joshua U17 14.04.00, Slough Jnrs
 LJ- 6.47

ODERINDE Daniel U23 9.09.96, Marshall Milton Keynes
100- 10.72w
ODU Samuel U15 4.04.02, Sussex Schools
80HB- 11.53
ODUJOBI Gabriel 15.07.87, Sale
60- 6.77i, 200- 21.02, 60H- 7.82i, 110H- 13.57w/13.64
ODUNAIYA Elliott U15 23.02.03, Wrexham
JTB- 44.25
ODUNBANJO Emmanuel U17 7.12.99, Sale
TJ- 14.69
ODURO ANTWI Samuel U17 4.06.00, Enfield & Haringey
TJ- 14.57
O'DWYER Matthew U13 4.11.03, Horsham BS
LJ- 5.44
OGBECHIE Dominic Chiedu U15 15.05.02, Highgate H
60- 7.41i, 200- 23.14w/23.25, HJ- 1.96,
LJ- 7.06i/6.84w/6.81, PenB- 3208
OGEDENGBE Vincent 12.09.90, Woodford Green & Ex L
400- 47.13 (47.08-10)
O'GORMAN Alexander 11.02.86, Stockport
10kR- 29:54sh (30:13-14), Mar- 2:26:44
OGUN Paul 3.06.89, Croydon
LJ- 7.79, TJ- 14.25 (15.11w/14.79-10)
OGUNLANA Olalekan U20 4.04.99, Croydon
HJ- 1.98
OGUNLEWE Adeseye 30.08.91, Chelmsford/NGR
60- 6.71i (6.68i-13), 100- 10.12, 200- 20.99
OGUNSEITAN Olumide U23 10.11.95, WG&EL/Notts Un
100- 10.61w, 200- 21.81w
OGUTUGA Daniel U15 16.09.02, Thurrock
LJ- 5.96
O'HARE Christopher David 23.11.90, Edinburgh AC
800- 1:49.47 (1:48.28i-13, 1:49.01-11), 1500- 3:35.37
(3:34.83-15), 1M- 3:52.91i/4:00.06 (3:56.35-15)
OHIOZE Michael U23 6.02.95, St Ambrose Un USA
200- 21.00, 400- 47.67
OJORA Onatade U17 14.10.99, WSE&H
100HY- 13.0/13.02 (13.01w-15)
OJURIYE Idris 27.12.84, Herne Hill
60- 6.95i (6.81i-11)
OKE Tosin V35 1.10.80, Woodford Green & Ex L/NGR
LJ- 6.88 (7.31-05), TJ- 17.13 (17.23-12)
OKOH MASON Uchenna U17 1.10.99, Dacorum & Tring
200- 22.62 (22.50-15)
OKOLO Nonso 7.12.89, Shaftesbury B
LJ- 7.14 (7.38w-07, 7.20-10), TJ- 16.28w/16.06 (16.06-14)
OKOME Oluwaseun U23 26.03.95, Sale/Hallam Un
HJ- 2.05i/1.97 (2.12-14), TJ- 14.96
OKORO Edirin 4.04.89, Birchfield
60H- 7.86i (7.81i-14), 110H- 14.05w/14.45 (13.77-14)
OKORO Efekemo 21.02.92, Birchfield
400- 47.00 (46.73-14), 400H- 51.16
OKOSIEME Luke U17 21.08.01, Cambridge H
HJ- 1.95
OKU-AMPOFO Michael U20 10.11.98, Newham & Ex B
200- 21.9/22.03, 400- 48.31, LJ- 7.05i/7.03w/6.85 (7.10-15)
OKUMU Robinson U17 24.11.99, Dorchester
100- 10.98 (10.90w-15), 200- 22.04
OLAJIGA David U20 3.11.97, Croydon
SPJ- 13.82 (14.49-15)
OLAWORE Joshua U23 31.07.95, Havering/Bath Un
100- 10.61w/10.66, 200- 21.18w/21.35,
LJ- 7.37i/7.08w/7.07 (7.49-15)
O'LEARY Jay U17 23.12.99, Rugby & Northampton
60HY- 8.48i, 100HY- 13.59
OLLEY Christopher U23 26.03.96, Tonbridge/London Un
1500- 3:44.22, 3k- 8:06.15, 5k- 14:10.54, 10kR- 29:42sh/30:01
OLLINGTON Richard 31.12.93, Guildford & G/Camb Un
3kSt- 9:18.16
OLOWE Lynden U17 18.06.00, Southampton
400- 50.1
OLSEN Michael U20 22.03.99, Edinburgh AC
100- 10.74w (11.02-14)
OLSON Ryan 3.05.92, Newham & EB/E.London U/USA
200- 21.65w/21.78 (21.48w-15), 400- 48.03
OLUBI Toby 24.09.87, Blackheath & Bromley
60- 6.93i (6.82i-13), 100- 10.69 (10.63w-14)

OLUDOYI Kesi Fisayo U20 2.09.98, Harrow
100- 10.83 (10.66w-15, 10.78-14)
OLUSANYA Isaiah U15 24.09.01, Herne Hill
100- 11.5, 200- 23.43
OLUSESAN Benedict U15 6.07.02, Havering
TJ- 12.32
OMOREGIE David U23 1.11.95, Cardiff/Loughboro St
100- 10.67, 60H- 7.68i, 110H- 13.24
OMOTOSHO Jolaoluwa U17 28.12.00, Dartford
HTJ- 53.88, HTY- 57.25
ONANUGA Olaluwasubomi 12.06.93, Thames Valley
60- 6.86i, 100- 10.62
ONIPEDE Levi U13 12.07.04, Kent Schools
SPC- 10.67, DTC- 29.66, HTC- 30.17
ONYEJEKWE Obinna U17 8.09.99, Croydon
60- 7.19i (7.10i-15), 60HY- 8.18i,
100HY- 13.88 (13.24-15)
ONYIA Chukwudi 28.02.88, Kent
TJ- 15.57
ORANGE Callum U17 1.02.01, Leeds
LJ- 6.70
O'REILLY Finn U15 2.10.01, Colchester H
JTB- 48.65
O'ROURKE Fraser U23 28.02.96, Giffnock North
PV- 4.41 (4.83i/4.60-14)
ORTIZ Julian 25.12.90, Birchfield/ESP
60H- 7.87i (7.86i-15)
OSAZUWA Osamudieaken John V35 4.05.81, Belgrave/
NGR   HT- 53.85 (65.66-03)
OSBORNE Noah U13 5.04.04, Swansea
PV- 2.50
OSBOURNE George U17 2.04.00, Notts
PV- 3.90
OSEWA Samuel 17.04.91, Croydon/Notts Trent Un
60- 6.81i (6.81i-13), 100- 10.23w/10.29
OSHODI Anthony 27.09.91, Woodford Green & Ex L
SP- 17.43 (17.56-14)
OSHUNRINDE Joshua U15 17.10.01, Medway & Maid
100- 10.92w/11.10, 200- 23.3
OSPINA Israel U15 7.10.01, Croydon
200- 23.4, 300- 36.54
OSSAI Tamuongengi V40 13.07.75, Shaftesbury B
100- 10.58w (10.7-12, 10.79-09), 200- 21.81 (21.75-15)
OSUNSAMI Mayowa U17 23.10.99, Newham & Essex B
100- 10.96, 60HY- 8.02i, 100HY- 12.70, 110HY- 14.57
OTUGADE John U23 24.01.95, Shaftesbury B/London Un
60- 6.74i (6.67i-15), 100- 10.64 (10.38w-14, 10.40-15)
OVERALL Scott 9.02.83, Blackheath & Bromley
10kR- 29:43 (28:49-11), 15kR- 45:27+ (43:46+-12),
10MR- 49:07 (47:37-10), HMar- 64:39 (61:25-12),
Mar- 2:18:21 (2:10:55-11)
OWEN Arron U20 14.07.98, Cardiff
100- 10.81w
OWEN Daniel 5.07.93, Cheltenham
3kSt- 9:17.78 (9:06.40-15)
OWEN Joseph U17 30.04.01, Orion
3k- 8:55.6
OWEN Nicolas John Lloyd V35 17.07.80, Kingston & Poly
SP- 14.05 (16.37-03)
OWEN Rhys U17 10.11.99, Notts
HTY- 53.20
OWENS Matthew 19.04.89, Liverpool H
HJ- 1.95 (2.15-08)
OWSLEY Freddie U20 6.01.97, Bristol & West
200- 21.99i (21.12-15)
OWUSU Samuel U17 30.05.00, Rugby & Northampton
LJ- 6.52
OWUSU-NYANTEKYI Nana 11.09.91, Croy/Princeton U
LJ- 6.89i, TJ- 15.68
OYEDIRAN Oluwanifemi U17 10.01.00, W.Green & Ex L
100- 11.10w/11.14
OYEWOLE Rohan U15 5.02.02, Harrow
JTB- 49.35
OYOWE Will 28.10.87, Newham & Essex B/BEL
400- 47.79 (45.88-13)

P AGAN Matthew U20 15.01.98, W Cheshire
400- 48.22 (47.93-15)

PAINTER Michael U23 9.10.94, Newham &EB/Camb Un
HT- 65.67
PALMER Jac Lloyd U23 13.03.96, Cardiff/Cardiff Met
HT- 64.81
PALMER Robert U20 23.07.98, Notts
PV- 4.17i
PALMER Thomas U15 12.10.01, Colchester & Tendring
800- 2:00.40
PARIS Benjamin U17 6.10.99, Cardiff Archers
60- 7.14i (7.12i U20), 100- 10.94w/11.0/11.02, 200- 21.96
PARK Rhys U23 18.03.94, Cheltenham/Boise St Un
3k- 8:16.31i, 5k- 14:14.77
PARKER Tom U23 7.10.94, C of Sheffield/Cambridge Un
HT- 63.18
PARKINSON Alexander U23 8.09.94, West Suffolk
SP- 15.07, DT- 55.38
PARKINSON Ian Philip V35 17.02.79, Wycombe
PV- 4.30i (4.31-14)
PARR Christopher Daniel 13.11.84, Gateshead
1500- 3:46.13 (3:42.13-06), 3k- 8:17.05,
10kR- 29:55 (29:46-15)
PARRY Edward U13 21.06.04, Rushcliffe
JTC- 36.61
PARRY Michael U17 25.11.99, Colwyn Bay
800- 1:55.76
PARRY Thomas 8.06.92, Kingston & Poly
400H- 53.37
PARSLOW Jack 18.10.87, Dacorum & Tring
10k- 30:15.66, HMar- 67:37
PARSONS Omar U20 16.06.97, Shaftesbury B
400- 48.69, 800- 1:50.55
PARSONS Thomas Martin 5.05.84, Birchfield
HJ- 2.20 (2.31i-11, 2.30-08)
PARTINGTON Tom U20 8.07.99, Manx H
3kW- 13:17.58i/13:28.0, 5kW- 22:42.77, 10kWR- 46:41
PATERSON Thomas U13 19.03.04, Jarrow & Hebburn
PenC- 1639
PATIENCE Sinclair 26.02.86, SGA (Prof)
SP- 15.52i/15.04
PATTISON Ben U15 15.12.01, Basingstoke & MH
200- 22.9, 300- 35.41, 400- 50.87, 800- 1:54.52,
1500- 4:09.2
PAUL Jacob U23 6.02.95, WSE&H/Bath Un
400- 47.84 (47.84-15), 200H- 22.84wSt, 400H- 50.17
PAULSON William U23 17.11.94, Stroud
800- 1:50.38, 1500- 3:46.24 (3:43.81-14)
PAYN Rory U15 19.11.01, Sutton & District
300- 36.31
PAYN Thomas V35 18.10.79, Winchester
Mar- 2:21:25 (2:17:29-09)
PAYNE Daniel U23 23.10.94, Hillingdon/Leeds Beck Un
JT- 57.81
PEACOCK Jonathan 28.05.93, Charnwood
100- 10.68
PEARCE Daniel 11.09.91, Newquay & Par
400H- 55.9 (55.68-14), Dec- 5959 (6238-14)
PEARCE Henry U23 24.01.94, Tonbridge/Loughboro St
10k- 30:26.16
PEARSE Joseph U23 21.04.96, Blackburn/Cardiff Met
HJ- 2.05i/2.02
PEARSON Benjamin U23 23.05.94, Wolv & B/Lough St
JT- 61.55 (74.71-14)
PEARSON John Terry V50 30.04.66, Charnwood
HT- 57.30 (70.33-00)
PEARSON Joshua U15 6.01.02, WSE&H
200- 23.5/23.65, 300- 35.96, 400- 50.86
PEARSON Max U17 17.11.99, Tynedale
800- 1:56.1, 1500- 3:58.92
PEARSON Thomas 17.07.91, Charnwood
HT- 47.04 (47.15-11)
PECK Andrew U17 20.09.99, VP-Glasgow
DTJ- 43.31, DTY- 51.02, HTY- 52.30
PENNINGTON Gary V45 9.01.70, Preston
Mar- 2:29:48
PENROSE James U15 22.09.01, Cardiff Archers
800- 2:03.86, 1500- 4:12.55
PERCY Nicholas Christiaan U23 5.12.94, Shaftesbury B/
Un of Nebraska   SP- 16.22i/15.85, DT- 63.38, HT- 67.45

PERERA Miguel U23 30.09.96, Harrow/Loughborough St
60H- 8.39i, 110H- 14.66
*PEREZ Eliot U20 20.03.97, Cardiff Met/ESP
HJ- 2.00i*
PERKINS George Spanton 17.10.83, Hallamshire
HT- 46.46
PERRY Christopher 1.03.90, Vale Royal
3kSt- 9:08.77 (9:04.68-12)
PERRY Max U15 12.04.02, Vale of Aylesbury
800- 2:02.53, 1500- 4:14.8, 3k- 9:11.58
PERSAD Joshua U17 19.12.99, Crawley
200- 22.57
PETCH Nathan U23 17.08.94, Coventry Godiva
HJ- 1.96 (2.02-10)
PETERS Jools 20.08.90, Aberdeen
PV- 4.15i, Dec- 5179
PETERS Richard 18.02.90, Bristol & West
5kR- 14:06 (13:46.06t-15)
PHILLIPS Beck U20 6.10.98, Cheltenham
DTJ- 43.98
PHILLIPS Craig 29.09.85, Deeside
TJ- 14.01 (14.77-05)
PHILLIPS Gavin U23 17.05.96, Team Bath
Dec- 6489, HepIS- 4814i
PHILLIPS George U20 7.08.99, Doncaster
2kSt- 6:14.07
PHILLIPS Jamie U15 2.05.02, Neath
DTB- 37.95
PHILLIPS Peter 12.02.86, Herne Hill
400- 48.03 (47.51-15)
PHILLIPS Scott U23 31.03.94, Swansea
JT- 57.24 (60.39-15)
PHIPPS Jack U23 2.04.94, Birchfield/Loughborough St
PV- 5.20 (5.20-15)
PICKUP Bradley 4.04.89, Newham & Essex B
LJ- 7.75w/7.71 (8.16-14)
PIERRE Rion Joseph 24.11.87, WSE&H
60- 6.80i (6.60i-14), 100- 10.57 (10.26w-11, 10.28-09)
PILLAY Kiam U17 8.03.00, Guildford & Godalming
TJ- 13.32
PIPER Paul 25.11.81, West 4
Mar- 2:28:18
*PIQUERAS-ARAGO Oriol 12.02.91, Sale/ESP
400H- 54.29 (52.72-14)*
PITCAIRN-KNOWLES Bede U17 5.08.00, Tonbridge
1.5kSt- 4:31.48
PLENDERLEITH Grant 15.03.91, City of Sheffield
100- 10.63w, 200- 21.11, 300- 33.89, 400- 47.03 (46.65-15)
*PLIBERSEK Tomaz V35 18.12.80, WGreen & Ex L/SLO
3kSt- 9:35.95 (9:21.00-11)*
PLOWMAN Mark 26.03.85, RAF/City of Sheffield
DT- 55.55 (56.04-14)
PLUMB Samuel U23 12.04.94, Newbury/Loughborough St
110H- 14.95, 400H- 51.99 (51.66-14)
PLUMMER Zanson U20 27.03.97, Shaftesbury B
100- 10.48, 200- 21.01w/21.81
POCOCK Harrison U23 8.08.96, C of Portsmouth/Ports Un
400- 48.64 (48.59-15)
POLLARD Joseph U17 24.07.00, Charnwood
1500- 4:02.2, 3k- 8:55.5
POLLARD Mark 25.02.82, Belgrave
50kR- 3:07:17
*POLLOCK Paul 25.06.86, Abbey (NI)/IRL
10kR- 29:29 (28:32.18t-14), 10MR- 48:21,
HMar- 62:46 (62:10-14), Mar- 2:16:24 (2:15:38-15)*
POOLE Jonathan 16.11.82, Serpentine
Mar- 2:24:15 (2:20:38-15)
POPE George U17 6.12.00, Blackheath & Bromley
PV- 3.60
POPE Robert A. V35 14.06.78, UKnetrunner
Mar- 2:27:15
POPOOLA Marvin U23 5.09.95, Herne Hill/Brunel Un
60- 6.93i (6.72i-15)
PORTER Ben 19.01.93, Gateshead
TJ- 14.17i (14.53-14)
PORTER Jake 13.11.93, Birchfield
60H- 7.89i, 110H- 13.86w/13.91 (13.78w/13.91-15)

PORTER Stephen 22.09.89, Sale
  JT- 60.70 (64.54-09)
POTTON-BURRELL Jamie U23 27.01.96, Luton
  HT- 55.43
POWELL Elliott U23 5.03.96, Leics Cor/Loughboroh St
  100- 10.5/10.63, 200- 20.88 (20.68-15)
POWELL Lloyd 28.02.88, North Shields Poly
  HJ- 1.95 (2.08-08)
POWELL Rowan U20 8.12.98, Leics Coritanian
  LJ- 7.11
POWNALL Jonathan U20 15.06.98, Marshall Milton K
  JT- 58.61
POZZI Andrew 15.05.92, Stratford-upon-Avon
  60H- 7.61i (7.53i-14), 110H- 13.19
PRAIM-SINGH Billy U20 16.06.99, Southend
  HT- 53.66, HTJ- 63.01, HTY- 64.52
PRATT Korben U13, Humberside Schools
  SPC- 10.88
PREDDY Benjamin U15 16.11.01, Preston
  3k- 9:21.62
PREECE Rowan U23 8.05.95, Taunton/St Marys Un C
  Mar- 2:26:33
PRESCOD Reece U23 29.02.96, Enfield & Haringey
  100- 10.04, 200- 20.38
PRICE Aled U23 14.12.95, Carmarthen/Birmingham Un
  60H- 8.36i, 110H- 14.93, LJ- 7.23i/7.21w/7.10 (7.12-15),
  JT- 57.44 (61.34-15), HepIS- 4927i
PRICE Patrick U20 1.07.99, Rugby & Northampton
  HTJ- 56.59
PRINCEWILL Teepee U17 22.08.00, Harrow
  TJ- 15.11
PRITCHARD Joe U15 16.10.01, Pembroke
  TJ- 12.08
PRITCHARD Lawrence U13 9.03.04, Guildford & G
  HJ- 1.52
PROCTOR David 22.10.85, Sale
  800- 1:50.94 (1:48.32-12), 1500- 3:48.39 (3:41.5-10),
  3k- 8:13.55i (8:02.24i/8:19.26-12)
PROSPER Emmish 8.09.92, Birchfield/LCA
  JT- 62.39
PRYCE Nicholas 10.11.92, R Sutton Coldfield
  200- 21.5 (21.35-14), 400- 48.31
PUPLAMPU Michael 11.01.90, Newham & Essex B
  LJ- 7.11w/6.98 (7.48w/7.30-15),
  TJ- 15.45 (16.59w-12, 16.43i/16.20-13)
PURBRICK Joseph U13 22.04.04, Huntingdon
  75HC- 12.4
PURNELL Thomas 2.10.93, Stroud/Harvard
  3k- 8:18.99i (8:03.39i-14, 8:15.46-12),
  5k- 14:28.58 (13:59.42-14)
PUTNAM Daniel 30.12.91, Blackheath & Bromley
  400- 48.42i (47.16-13)
PUTT Thomas U15 13.10.01, Exeter
  JTB- 50.11
PUXTY James U17 30.09.99, Tonbridge
  3k- 8:55.32

Q UARSHIE Emmanuel 3.03.92, Havering
  SP- 13.10 (14.48-14)
QUAYLE Glen U15 6.03.02, Northern (IOM)
  PV- 3.91
QUINEY Edward 12.10.91, Croydon
  PV- 4.84 (5.15-11)
QUINN Aidan U17 10.02.00, Glasgow SOS
  TJ- 14.18
QUINN Iain 18.04.83, Barrow in Furness
  Mar- 2:25:58
QURESHI Imran U20 16.12.97, Cheltenham
  60HJ- 8.19i

R AHMAN Imranur 5.07.93, C of Sheffield/Birmingham Un
  60- 6.70i, 100- 10.69 (10.39-15)
RAINSFORD Christopher 1.06.89, Highgate H
  5k- 14:23.71, 10k- 30:26.04, 10kR- 30:08sh
RAISTRICK Paul V40 26.06.72, Inverness
  50kR- 3:19:21
RAJU Caelan U15 15.10.01, Blackheath & Bromley
  80HB- 11.6/11.81

RALPH Ashley 7.02.91, Herne Hill
  DT- 41.95 (46.34-10)
RALPH Toby U20 12.11.97, Tonbridge
  800- 1:52.64
RAMDHAN Tommy U23 28.11.96, Shaftesbury B
  60- 6.70i, 100- 10.21w/10.53 (10.45-15), 200- 20.84
  (20.57w-15)
RAMSAY Liam 18.11.92, City of Sheffield
  200- 21.56, 400- 47.71 (47.27-15), 60H- 8.10i (8.04i-14),
  110H- 14.39, HJ- 2.03i/2.03 (2.05-15),
  PV- 4.40i/4.20 (4.75-15), LJ- 7.27 (7.35w/7.28-15),
  SP- 13.64i (13.03-14), DT- 41.28 (42.01-14),
  Dec- 7521 (7857-15), HepIS- 5758i
RANASINHA Nithesh Oxford Un/SRI
  HJ- 1.95 (1.96-15)
RANDALL Zachary 16.08.92, Shaft B/Oklahoma Christian
  800- 1:51.41i (1:49.56-13), 1M- 4:07.00i
RANKIN Scott 22.01.90, Foyle Valley
  5MR- 24:24 (24:16-15), 10k- 30:17.90, HMar- 67:38
RARADZA Munyaradzi U23 17.06.96, Derby/B'ham Un
  100- 10.57w/10.60 (10.60-14), 200- 21.66
RAWLINGS Matthew U17 4.10.99, Reading
  800- 1:55.59, 1500- 3:57.25
RAYNER Archie U20 2.06.99, Mansfield H
  1500- 3:49.73
REARDON Samuel U13 30.10.03, Blackheath & Brom
  Mar- 4:32.2
REED Bradley 14.01.92, Chelmsford
  60H- 8.50i (8.43i-15), 400H- 55.77 (54.89-15),
  110H- 14.91w/15.1/15.30 (14.8/14.88w/15.03-15)
REEKS Richard Kenneth 6.12.85, Crawley/RNAC
  110H- 14.79 (14.00w/14.26-14, 14.2-10),
  HJ- 2.00 (2.09i-14, 2.08-08)
REES Daniel U23 22.10.96, Banchory/Aberdeen Un
  400H- 54.49
REES Tristan U20 3.04.99, Fife
  2kSt- 6:17.31
REID Cameron U15 20.12.01, Chiltern H AC
  800- 2:03.89
REID Jamie U15 4.10.01, Dundee HH
  300- 37.91
REID Joseph U23 8.03.96, Cardiff/Cardiff Met
  400- 47.81 (47.68-14)
REID Julian 23.09.88, Birchfield
  TJ- 16.96w/16.76 (17.10w/16.98JAM-09, 16.95-15)
REID Leon U23 26.07.94, Birchfield
  60- 6.75i, 100- 10.40 (10.34-15),
  200- 20.81w/20.83 (20.62-13)
REID Omar U23 6.07.96, Croydon/Bath Un
  DT- 44.80
REILLY Freddie U15 10.02.02, Stevenage & NH
  PenB- 2610, OctB- 3591
RELTON Dalziel U23 21.09.96, Halifax
  100- 10.7
RENAULT Neil 30.07.83, Edinburgh AC
  HMar- 68:02/66:11sh (64:49-11), Mar- 2:23:36 (2:18:23-10)
REVELEY Liam U20 24.10.98, Blaydon
  HJ- 1.97 (2.00-15), DecJ- 6205
REYNOLDS Alexander U20 19.02.99, Chelmsford
  DTJ- 42.26, HT- 49.15 (49.25-15), HTJ- 57.85,
  HTY- 60.34 (61.11-15)
REYNOLDS Benjamin Travers 26.09.90, WSE&H/IRL
  60- 6.93i, 60H- 7.73i, 110H- 13.87 (13.48-15)
REYNOLDS Jacob Matthew U13 15.07.04, Cardiff
  1500- 4:37.27
REYNOLDS Tomas James 20.12.84, North Down
  60H- 8.37i, 110H- 14.96 (14.54-12)
REYNOLDS-WARMINGTON Kyle U15 28.02.02, Belgrave
  60- 7.18i, 100- 10.98, 200- 22.75
RHEINALLT Ioan U17 6.09.99, Colwyn Bay
  TJ- 13.20
RHODEN-STEVENS Jamal-Marcus U23 27.04.94,
  Shaftesbury B   100- 10.74, 200- 21.35, 400- 47.29
RICHARDS Connor U15 25.10.01, Newport
  800- 2:00.72
RICHARDS Finley U15 25.10.01, Newport
  800- 2:03.56

RICHARDS Samuel 9.12.89, Cambridge & Coleridge
  LJ- 6.86 (7.09-14)
RICHARDSON Myles U20 27.03.97, Tamworth
  100- 10.8/10.90w
RICHARDSON Owen U20 5.09.98, Basingstoke & MH
  60- 6.93i, 100- 10.59, 200- 21.53, 300- 33.76, 400- 47.22
RICHARDSON Sam U15 12.12.01, Abingdon
  JTB- 48.08
RICHARDSON Thomas U23 25.11.94 Basildon/Boise St U
  1M- 4:07.52i
RICHARDSON William U20 23.02.98, Birchfield
  3k- 8:21.54, 5k- 14:26.09
RICHMOND Aaron 8.09.82, Bideford
  HMar- 68:10
RICKETTS Jordan U15 10.09.01, Birchfield
  60HB- 8.96i, 80HB- 11.52
RIDER Scott Frederick V35 22.09.77, Birchfield
  SP- 17.61i (18.97-05)
RIDGE Matthew U23 12.09.96, Bournemouth/Lough St
  SP- 14.38
RIENECKER-FOUND Harry U15 14.05.02, Brighton & H
  HJ- 1.80
RIGG Ethan U15 3.09.01, Middlesboro Mandale
  HJ- 1.84
RILEY-LA BORDE Khai U23 8.11.95, Enfield & Haringey
  60H- 7.74i, 110H- 13.60
RIMMER Michael 3.02.86, Liverpool Pembroke Sefton
  400- 47.9+ (48.0-05), 600- 1:15.87,
  800- 1:44.93 (1:43.89-10), 1500- 3:42.30 (3:38.91-11)
RINKEN Raul U23 20.12.95, TVH/London Un/EST
  DT- 44.65
RITCHIE Munroe U20 30.01.98, Crawley
  HT- 49.13 (50.48-15), HTJ- 53.70 (59.54-15)
RITCHIE-MOULIN William U23 3.12.96, Birch/Durham U
  60H- 8.42i, 110H- 14.82
ROACH Jack U23 8.01.95, Middlesboro Mandale
  HJ- 1.95i/1.95 (2.08-14), LJ- 7.26 (7.26-15), Dec- 5362
ROACH Nathan 10.12.90, Sale
  TJ- 14.24i/13.95 (14.84-15)
ROACH Thomas V35 23.09.80, Lewes
  Mar- 2:27:35
ROACH-CHRISTIE Luke U23 17.10.94, Harrow/Cov Un
  SP- 14.62 (15.80-13)
ROBBINS Patrick V40 12.03.72, Bournemouth
  24Hr- 204.915km (256.801km-15)
ROBERTS Bailey U13 10.09.03, Aldershot F&D
  800- 2:14.63
ROBERTS Douglas 26.05.91, Richmond & Zetland
  10kR- 30:18
ROBERTS Jacob U17 9.09.99, Blackburn
  HTJ- 60.07, HTY- 68.43
ROBERTS Kyran U23 19.09.95, Carmarthen/Lough St
  5kR- 14:34
ROBERTS Matthew 22.12.84, Newham & Essex B
  HJ- 2.24 (2.26-10)
ROBERTS Sam U17 17.07.00, Team Bath
  60HY- 8.40i, 100HY- 13.48
ROBERTS Thomas U15 18.10.01, Preston
  800- 2:02.3
ROBERTS-NASH Psalm U20 7.07.99, Wolves & Bilston
  400- 48.08
ROBERTSON Andrew 17.12.90, Sale
  60- 6.54i, 100- 10.15 (10.10-14), 200- 21.22 (20.76-13)
ROBINSON Adam U13 6.02.04, Andover
  HJ- 1.67
ROBINSON Jason 8.08.89, Derby AC
  HT- 53.55 (55.41-12)
ROBINSON Oliver 5.10.87, Bingley
  400H- 54.76 (52.41-11)
ROBINSON Shane 19.02.91, Lincoln Wellington
  5k- 14:22.86, 10k- 30:32.95
ROBINSON Stuart V35 27.11.79, Salford
  10kR- 29:59sh, HMar- 67:18 (67:10-13),
  Mar- 2:21:59 (2:21:35-15), 50kR- 3:13:42
ROBINSON-BOOTH Iwan U17 27.09.00, Cardiff
  100- 11.17
ROCHESTER Brandon U15 6.10.02, Ealing, S & Mx
  100- 11.4/11.56

ROCHFORD Ben U23 27.03.96, Shaft B/St Marys Un C
  800- 1:49.66
RODDA Sam U17 13.04.00, Reading
  3k- 8:44.91
RODEN Jaimie 24.02.92, Sale
  5k- 14:27.34, 10kR- 29:54sh
RODGER Sebastian William 29.06.91, Shaftesbury B
  200- 21.34w (21.56-12), 400- 46.48i/46.68,
  200H- 22.66wSt (22.95st-14), 400H- 49.29 (49.19-13)
RODRIQUES Ezra U17 8.11.00, Croydon
  60HY- 8.60i, 100HY- 13.87w
ROE Franklyn U17 20.08.00, Crewe & Nantwich
  OctY- 4279
ROFFE Jack U15 18.09.01, Nene Valley H
  SPB- 12.81
ROGERS Joseph U20 2.11.98, Bedford & County
  HTJ- 53.88
ROGERS Joseph U20 13.04.98, Halesowen
  200- 21.93w, 400- 49.12
ROJAS Kevin 1.10.81, Brighton & Hove
  HMar- 68:06 (66:47-15), Mar- 2:23:04 (2:18:50-15)
ROONEY Martyn 3.04.87, Croydon
  300- 32.72, 400- 45.04 (44.45-15)
ROPER Jaleel U15 8.02.03, Hercules Wimbledon
  60- 7.22i, 100- 11.11w/11.23, 200- 22.81
ROPER Levi-Jack U17 4.06.00, West Suffolk
  HTJ- 50.95, HTY- 56.43
ROSER, Joseph U15 14.12.01, Essex Schools
  PV- 2.90
ROSS Edmund U20 1.09.97, Birchfield
  200- 21.81
ROSS Matthew U17 21.02.00, Coventry Godiva
  SPY- 13.70
ROSSITER Jeremy V40 15.10.74, Skye & Lochalsh
  Mar- 2:29:47
ROTTIER Tom U23 15.11.96, Enfield & Haringey
  PV- 4.55, Dec- 6381
ROUSE Jonny U13 26.11.03, Basildon
  75HC- 12.4
ROWDEN Daniel U20 9.09.97, Woodford Green & Ex L
  400- 48.66 (48.48-15), 800- 1:48.13
ROWE Alex U17 16.09.99, Channel Islands
  1.5kSt- 4:35.15
ROWE Jack U23 30.01.96, AF&D/St Marys Un C
  3k- 8:17.76
ROWETT Alfred U20 26.12.97, Banbury
  100- 10.7, 200- 21.8/21.86, 400- 48.5/49.09
ROWLEY Leo U20 30.07.99, Rotherham
  SP- 13.04, SPJ- 14.88i/14.83
ROY Taylor U20 25.06.99, Pitreavie
  60HJ- 8.52i, 110HJ- 15.02
ROYDEN Jack U17 27.10.00, Medway & Maidstone
  SPY- 14.38
RUDDY Craig 10.04.88, Inverclyde
  10k- 30:30.22 (30:08.12-15), Mar- 2:26:58
RUNCIMAN Robert U17 24.10.99, Chelmsford
  60HY- 8.54i, OctY- 4720
RUSH Graham 8.09.82, Cheltenham/Gloucester U
  5k- 14:16.30 (14:09.19-15), 10k- 30:02.45, 10kR- 29:10sh/29:17
RUSINOV Nicholas U17 16.07.01, Wiltshire Schools
  JTY- 52.50
RUSSELL Ben U23 29.02.96, Bracknell
  HJ- 1.95, Dec- 4928
RUSSELL Ben 26.10.89, Liverpool H
  10k- 30:54.57 (30:33.59-15)
RUSSELL Jude U15 12.03.02, Croydon
  80HB- 11.78, HJ- 1.75
RUTHERFORD Greg 17.11.86, Marshall Milton Keynes
  LJ- 8.36w/8.31 (8.51-14)
RUTTER Elliott U23 20.08.95, Birchfield
  400- 47.00 (46.39-14)
RWAMBIWA Simbarashe U23 19.12.95, Birchfield/Aston U
  400- 48.78
RYAN Stratford U15 12.06.02, St Albans
  PV- 2.90
RYAN Maurice 17.02.86, Shaftesbury B
  60H- 8.49i

RYDE Carl V35 26.11.78, Doncaster
    Mar- 2:23:08

S ADLER Hugh U17 29.09.99, Bristol & West
    3k- 8:55.44
SAFO-ANTWI Sean 31.10.90, Enfield & Haringey/GHA
    60- 6.55i, 100- 10.14w/10.18 (10.07w/10.14-14), 200- 20.76
SAKALA Robert U20 5.03.98, Croydon
    60- 6.95i, 100- 10.85, 200- 22.03w, 60HJ- 7.92i, 110HJ- 13.66
SALAKO Ayo U13 9.11.04, Croydon
    60- 7.95i, 100- 12.3
SALTER Michael 12.01.90, Leeds
    800- 1:51.60 (1:50.06-09), 1500- 3:45.80 (3:44.86-15),
    3k- 8:18.80
SANCHEZ Alberto 19.10.88, Derby AC/London Un/ESP
    3k- 8:12.30 (7:55.8i-15, 8:01.22-14),
    5k- 14:02.66 (13:33.28-14), 10k- 29:54.92
SANDERSON John 27.02.93, Guildford & G/York Un
    1500- 3:48.36, 3k- 8:13.77, 5k- 14:34.91
SARAYEV Sergiy 15.01.83, Trafford/UKR
    DT- 44.09 (46.42-15), HT- 50.79 (53.50-15)
SAUL-BRADDOCK Adam U15 20.09.01, Wolves & Bilston
    800- 1:59.56, 1500- 4:18.9
SAUNDERS Benjamin U17 9.12.00, Birchfield
    HJ- 1.92
SAUNDERS Bill U17 11.04.01, Lewes
    PV- 4.00
SAUNORIUS Tomas 26.06.86, Nene Valley H/LTU
    JT- 57.33 (63.29-14)
SAWYERS Jonathon 24.08.92, WSE&H
    TJ- 15.51 (15.64-13)
SAXTON James U23 27.04.95, Wakefield/Warwick Un
    800- 1:51.51
SAYERS Feron U23 15.10.94, Birchfield
    LJ- 7.19 (7.80-13)
SCHENINI Alessandro U17 28.04.00, Giffnock North
    LJ- 7.09i/7.04
SCHOFIELD William U20 25.03.99, Sale
    HTJ- 50.50
SCHOPP Max Rainer U23 5.09.96, Stevenage & NH
    400H- 55.17 (53.79-15)
SCHWABAUER Cliff U17 24.10.99, Menai
    400HY- 57.1/57.44, OctY- 4671
SCHWARTZ Ocean U20 23.04.98, Blackheath & Bromley
    400- 48.67
SCOPES Alfie U17 12.11.99, Tonbridge
    SPY- 16.28, DTY- 56.64, OctY- 4327
SCOTT Aaron 11.04.87, Lincoln Wellington
    5kR- 14:35 (14:09.48t-12), 10k- 30:14.27 (30:06.36-14),
    HMar- 65:50, Mar- 2:19:22
SCOTT Adam U17 24.01.00, Fife
    800- 1:56.39, 1500- 3:52.07, 3k- 8:48.25i (8:38.21-15)
SCOTT Elliot U20 26.03.98, Taunton
    400- 48.67
SCOTT Marc 21.12.93, Richmond & Zet/Un of Tulsa
    1500- 3:42.39, 3k- 8:12.77i (7:55.37i-15),
    5k- 13:37.34i/13:53.19 (13:36.81-15), 10kR- 29:33 (28:30.33t-15)
SCOTT Rafe U17 9.12.99, Guildford & Godalming
    400HY- 58.3
SCOTT-BROWN Ruaridh U17 9.10.00, VP-Glasgow
    JTY- 52.39
SCRIVENS Christopher U15 10.05.02, Ashford
    HTB- 48.17
SCULLION Stephen 9.11.88, North Belfast/IRL
    10kR- 29:58 (29:14-10), Mar- 2:20:39
SEAGER Tyler U20 5.05.98, Bedford & County
    PV- 4.20
SEAL Toby U17 10.12.99, Tonbridge
    60HY- 8.42i, 100HY- 13.20, OctY- 5024
SEARLE Adam U17 7.11.00, Rugby & Northampton
    1.5kSt- 4:35.35
SEARLES Rhys 28.03.91, Enfield & Haringey
    PV- 5.10i/4.80 (5.11-11)
SEDDON Matthew U23 26.02.96, Bracknell/Cardiff Met
    3kSt- 9:32.92
SEDDON Zak U23 28.06.94, Bracknell/Florida State Un
    1500- 3:45.67 (3:42.02-15), 1M- 4:04.03i,
    2kSt- 5:38.79 (5:36.37-13), 3kSt- 8:33.09

SEED William U20 20.10.98, Cleethorpes
    400H- 56.0, DecJ- 5701
SELMAN Douglas 12.07.88, Corstorphine
    10k- 30:59.94, Mar- 2:21:51
SENIOR James 4.01.92, City of Norwich
    3kSt- 9:19.34
SENIOR Reiss U20 30.09.98, Herne Hill
    HT- 45.47, HTJ- 51.54
SESEMANN Philip 3.10.92, Blackheath & Brom/Leeds Un
    1500- 3:43.34, 1M- 4:03.53,
    3k- 8:08.99i/8:17.87 (8:07.17-15), 10kR- 29:58
SEXTON Aaron U17 24.08.00, North Down/IRL
    60- 7.06i, 100- 10.86, 200- 21.65, 400- 49.60
SHACKLETON Benjamin U15 23.09.01, Cambridge & Col
    SPB- 12.84, DTB- 36.61, HTB- 41.28
SHAND Peter 5.12.91, Birchfield
    200- 21.14
SHARIF ALI Mohamed U15 8.08.03, Hillingdon
    1500- 4:17.76, 3k- 9:04.85
SHARMAN William 12.09.84, Belgrave
    110H- 13.5/13.52 (12.9wdt-10, 13.16-14)
SHARP Matthew 25.04.89, Enfield & Haringey
    5MR- 23:42, 10kR- 29:32, 15kR- 45:06+, 10MR- 48:18
SHAW Dominic 26.12.88, New Marske
    3k- 8:18.91, 5k- 14:21.19 (14:20.51-15), 5MR- 24:24,
    10k- 29:48.35, HMar- 67:15
SHAW Nicholas U15 13.10.02, Shaftesbury B
    60- 7.43i
SHAW Robbie U20 2.11.97, Nene Valley H
    SP- 14.02 (14.18-15), SPJ- 16.51dh/15.82
SHEARER Aaron 19.09.91, East Cheshire
    200- 21.85w
SHEARER Ben V35 27.05.76, Cambridge H
    Mar- 2:25:18
SHEEHAN Niall 20.03.85, Newham & Essex B/IRL
    10k- 30:57.73
SHEFFIELD Edward U15 25.06.02, Burton
    100- 11.5, 200- 23.32, 300- 36.24
SHELDON David U23 19.06.95, City of Stoke
    1500- 3:48.92
SHELLEY Jake 16.03.91, Shaftesbury B
    1M- 4:04.31i (4:05.42-15), 5kR- 14:22 (13:46.17t-15),
    3k- 8:16.24 (7:59.57i-15, 8:14.94-12), 10kR- 29:23
SHEPHERD Edward 8.12.93, WG&EL /San Francisco Un
    1500- 3:47.51, 3k- 8:14.20i (8:17.70-14), 5k- 14:23.39
SHEPHERD Lewis U20 16.09.98, Poole
    110HY- 14.8/14.89
SHEPHERD Micah U20, Scottish Schools/BAR
    JT- 56.00
SHERGER Nathaniel U17 10.12.99, Chelmsford
    60- 7.18i
SHERIFF Mutara U23 12.10.94, St Mary's /London U
    100- 10.62w/10.68, 200- 21.68
SHERRIFF Owen U17 25.09.00, Tamworth
    400HY- 58.3/58.43
SHIELDS Benjamin Joseph U23 17.01.94, C of Sheffield/
    Hallam Un
    60- 6.86i (6.85i-14), 100- 10.44w/10.49 (10.44w-13)
SHIELDS Jonathan U20 1.02.98, City of Sheffield
    3k- 8:33.47
SHIELDS Michael U20 25.04.99, Basildon
    60HJ- 8.39i, 110HY- 14.44w/14.52, 110HJ- 14.62w/15.11
SHIPLEY Lewis U13, Cambridge Schools
    800- 2:14.58
SHIPLEY Robert U23 28.09.96, City of York/Durham Un
    400- 48.5
SHIPPEY Samuel U13 6.01.04, Colchester & Tendring
    200- 25.6, 800- 2:12.41
SHIRLING Matthew U23 5.10.95, Liverpool H
    3k- 8:16.67i (8:06.58i-14)
SHORE Sam 6.12.85, Belgrave/AUS
    400H- 53.99
SHORT Alexander U23 7.01.94, Bedford & County/
    San Francisco Un   3k- 8:15.55i (8:49.55-10),
    5k- 14:13.48, 10k- 29:19.55
SHORT Callum U20 22.10.98, Marlborough Jnrs
    400H- 55.88, DecJ- 5113

SHORTHOUSE Chris 23.06.88, Birchfield
HT- 68.66 (70.18-15)
SHOWLER-DAVIS Dean William John 22.08.84, Basingstoke & MH   100- 10.66 (10.36w-15, 10.48-12), 200- 21.64 (21.07w/21.20-14)
SHOWLER-DAVIS Kieran 14.11.91, Basingstoke & MH
100- 10.03w/10.35 (10.27-15),
200- 21.07w/21.62 (20.75-10)
SHRIMPTON Kenneth U23 10.10.96, Embry-Riddle Un
100- 10.54w, 200- 21.27w/21.40
SIERACKI Kamil 20.09.88, Shettleston H/POL
5kR- 14:27, HMar- 67:21 (66:44-15)
SIMMONS Stephen U15 1.07.03, Bedford & County
60HB- 9.20i, 80HB- 11.80
SIMPSON Harry U17 1.01.00, Macclesfield
1.5kSt- 4:35.77
SIMPSON Robbie 14.11.91, Deeside Runners
10kR- 29:22, HMar- 64:41, Mar- 2:15:38
SIMPSON Tyreece U15 7.02.02, Great Yarmouth
SPB- 12.80
SIMS Reece U23 24.03.95, Derby AC/Derby Un
100- 10.62, 200- 21.63
SINCLAIR Angus U23 22.02.95, Edin AC/UL-Lafayette
HJ- 1.99i (2.05i-15, 2.02-15), PV- 4.15i, DT- 41.50, Dec- 6584 (6698-15), HepIS- 5027i
SINCLAIR Peter U15 9.12.01, Guildford & Godalming
300- 37.5
SINGLETON Chris V35 27.04.79, Barlick Fell Runners
100kR- 7:28:47
SINNOTT Drew U15 13.11.01, Leamington
JTB- 44.42
SKELTON Dennis U15 29.06.02, Cambridge H
100- 11.59
SKELTON Ross 11.05.93, Brighton Phoenix
5k- 14:20.40
SKERVIN Elijah Ramone 1.04.92, Notts
60- 6.87i (6.80i-15),
100- 10.60w/10.61 (10.29w/10.33-14)
SKERVIN Timmion 19.12.93, Notts/Notts Trent Un
100- 10.72
SKETCHLEY David V40 25.02.76, Harrow
JT- 57.48 (67.63-04)
SKINNER Tom 8.06.82, Bristol & West/Army
Dec- 4885 (5010-15)
SKINNER Zak U20 16.10.98, Tonbridge
DecJ- 5665
SLADE Elliot U23 5.11.94, Cardiff/Villanova Un
800- 1:47.70, 1500- 3:48.26
SLADE Tomos U17 13.04.01, Swansea
100HY- 13.76
SLEAP Sam 9.05.91, Basingstoke & MH
110H- 15.52w (14.99w-14, 15.10-13)
SLIPPER James U20 30.12.97, Taunton
DecJ- 5541
SMALLWOOD Luke Daniel 11.09.88, Blackheath & Brom
400- 48.54 (46.98i-12, 47.60-13)
SMITH Aidan U23 16.07.95, Hallamshire/Oxford Un
3kSt- 9:19.69
SMITH Alexander David 6.03.88, Sale
HT- 65.45 (75.63-12)
SMITH Allan Fraser 6.11.92, Shaftesbury B
HJ- 2.26i/2.26 (2.29i-15, 2.26-13)
SMITH Andrew U23 7.10.95, Pudsey & Bramley/York Un
800- 1:50.63
SMITH Ben U17 5.06.01, Notts
200- 22.65
SMITH Christopher James V40 27.11.75, Arbroath
JT- 55.64 (66.76-06)
SMITH Daniel U15 12.09.01, Tonbridge
PV- 3.00
SMITH David Robert Dickie 14.07.91, Shaftesbury B
HJ- 2.22i/2.22 (2.26i-15, 2.25-14)
SMITH Dominic U17 6.11.99, Swansea
3k- 8:48.66
SMITH Guy 11.01.90, Swansea
800- 1:50.88 (1:50.01-15), 1500- 3:45.31 (3:42.55-15), 5kR- 14:26

SMITH Joe U15 20.10.01, Crawley
800- 2:02.6, 1500- 4:09.21, 3k- 8:55.8
SMITH Joshua U13 22.01.04, Poole
800- 2:15.3
SMITH Logan U20 23.01.98, Dereham Runners
2kSt- 6:04.47
SMITH Luke U20 22.04.98, Herts Phoenix
200- 22.0
SMITH Marshall U17 14.04.00, Ashford
1.5kSt- 4:41.20
SMITH Matthew U20 13.09.98, Brighton & Hove
DecJ- 5780
SMITH Oliver 15.12.93, Chichester R&AC/Brunel Un
400- 47.74
SMITH Owen U23 7.11.94, Cardiff/Cardiff Met
200- 21.46w, 400- 46.23
SMITH Ramone 16.04.83, Radley AC/Army
100- 10.37 (10.35-14)
SMITH Stuart 8.01.89, Boston & D
DT- 47.78, HT- 44.94
SMITH Sullivan V35 16.09.76, Swansea
3kSt- 9:31.6 (9:10.02-07)
SMITH-BANNISTER Ben U15 5.08.02, Aldershot F&D
JTB- 49.41
SMYTH Jason 4.07.87, Derry/IRL
100- 10.39 (10.17w-12, 10.22-11)
SNAITH Benjamin U23 17.09.95, Enf & Har/Loughboro St
100- 10.64 (10.63-14), 200- 21.08w/21.10 (20.88-14),
400- 47.23 (46.89-14)
SNASHALL William U15 27.09.02, Crawley
PV- 3.20
SNEE Thomas 22.07.88, Kingston & Poly
PV- 4.20 (4.40i/4.22-15)
SNOOK Christopher U17 14.01.00, Aldershot F&D
3kW- 12:53.1, 5kW- 22:31.62, 10kWR- 46:22
SNOOK Timothy U20 18.02.98, Aldershot F&D
3kW- 13:17.1, 5kW- 23:37.67 (23:35.15-15), 10kWR- 47:45
SNOOK William U23 11.10.95, Harlow/Leeds Un
400- 48.26 (48.24-15)
SOFOLARIN Olufemi U17 22.01.00, Blackheath & Brom
JTY- 52.37
SOLOMON Canaan U20 17.09.98, W.Green & Ex L
400- 48.52, 800- 1:48.89
SOMMERVILLE Sam U20 8.12.97, Yeovil Olympiads
2kSt- 5:59.71, 3kSt- 9:54.94
SOSA SAN FRUTOS Raul U23 25.06.95, Notts/
Loughborough St/ESP   Dec- 5141 (5195-15)
SOUTHERN Owen U15 8.10.01, Liverpool Pembroke S
HJ- 1.79
SOUTHWELL Louis U17 6.01.00, Hillingdon
100- 10.9/11.06, 200- 22.4/22.49, 400- 49.06
SPEIRS Stephen V45 18.08.66, Les Croupiers
24Hr- 217.261km
SPENCE Jacob U20 9.01.98, Yate
110HJ- 14.25
SPENCER Stuart 11.11.82, Notts
Mar- 2:19:17
SPENCER Toby 0.06.90, Coventry Godiva
5MR- 24:25 (24:22-14), 10kR- 29:22sh/30:05,
10MR- 49:27, HMar- 66:38 (66:03-15)
SPIVEY Philip V50 15.05.61, East Grinstead
HT- 51.24 (70.94 AUS-86)
SPLEVINS Connor U15 10.03.02, North Shields Poly
80HB- 11.61
SPRAGUE Cameron U17 10.09.00, Team Bath
60- 7.12i, 100- 10.99w/11.0/11.05, 200- 21.89
SPRIO Ollie U17 10.03.01, Banbury
100- 11.05w, 200- 22.4/22.55w
STABLER Sam 17.05.92, OWLS
1500- 3:43.06 (3:42.18-14), 5k- 14:30.91 (13:30.50-15)
3k- 7:59.14i/8:15.80 (7:53.98i-15),
STACEY Oliver U17 5.09.99, Radley AC
60HY- 8.55i, 100HY- 13.73
STAMP Adrian 10.09.84, Woodford Green & Ex L
LJ- 7.22 (7.26-14)
STANLEY Alastair John U23 2.09.95, Garscube/Camb Un
400H- 55.48, Dec- 5651

STANLEY James U15 28.12.01, Lancaster & Morecambe
  800- 1:59.65
STAPLES Scott U20 1.04.99, Lewes
  JT- 58.79
STAPLETON Zachary U20 1.06.98, Rugby & Nor'ton
  200- 21.22w/21.75
STARK Douglas 25.08.93, Tamworth/Loughborough St
  110H- 15.46 (15.37w-15), SP- 14.35i/14.13 (14.20-14),
  DT- 42.27 (42.74-14), JT- 54.42 (56.23-15),
  Dec- 6511 (6824-15)
STARR Cameron Alexander U23 26.03.96, Southampton
  100- 10.70
STEELE Andrew 19.09.84, Trafford
  400- 47.35 (44.94-08)
STEPHENS Benjamin U20 9.05.98, Nene Valley H
  SPJ- 14.74dh/14.29
STEPHENS Emmanuel 13.03.93, Newham & Essex B
  100- 10.52w/10.58 (10.42w-15, 10.57-12)
STEPHENS Timothy U20 1.11.97, Oxford City
  110HJ- 15.29, DecJ- 6598
STEPHENSON Benjamin 3.11.92, M'boro M'dale/Lough St
  60- 6.95i (6.87i-15)
STEPNEY Daniel 23.05.88, Brighton Phoenix
  800- 1:50.70 (1:49.98-13)
STEVEN Cameron U17 8.10.99, City of Stoke
  LJ- 6.50
STEVEN Cameron U20 5.03.99, Lasswade
  800- 1:52.17
STEVENS Sam U20 27.03.98, Leics Coritanian
  3k- 8:17.16, 5k- 14:25.81
STEVENSON Ben U23 26.01.94, Falkirk VH
  1500- 3:44.70, 3k- 8:06.82, 5k- 14:13.97
STEVENSON Jamie U15 14.10.01, VP-Glasgow
  60- 7.39i, 100- 11.45w/11.55, 200- 23.28
STEWART James V35 2.04.76, VP-Glasgow
  100kR- 7:43:44, 24HrT- 258.110km
STEWART Nick U20 22.06.98, Enfield & Haringey
  60- 6.87i, 100- 10.59, 200- 21.33w/21.50 (21.17-15)
STEWART Rashan U17 21.09.99, Orion
  100- 11.10, 200- 22.6
STICKINGS Bailey U20 27.08.98, Blackheath & Bromley
  110HJ- 14.85w, 400H- 53.79
STIRLING Scott U23 15.03.94, Falkirk VH/Edinburgh Un
  10kR- 30:27
STOCKLEY William U20 25.03.99, Team Bath
  2kSt- 6:14.03
STOCKTON Matthew U23 4.05.95, North Down/Lough St
  JT- 57.65 (58.98-15)
STONE Bradley U20 21.11.97, Bedford & County
  100- 10.8 (10.76w-15)
STONE Christopher U23 8.04.95, Bristol & West
  60- 6.84i (6.78i-15), 100- 10.44 (10.35w-14),
  200- 21.10 (20.92-14)
STONE Nicky 15.12.93, Nairn
  HT- 48.14
STONEHEWER Luke U15 31.03.02, Scunthorpe
  1500- 4:18.01
STOREY Jake U20 3.03.97, Harrow/Brunel Un
  HJ- 2.07i/2.05
STORRY Dean V35 9.10.79, Notts
  HJ- 1.98 (2.03-11)
STRACHAN Craig U15 10.09.01, Banchory
  60- 7.49i, 100- 11.45, 200- 23.22, 60HB- 9.02i,
  80HB- 11.78
STRACHAN Richard 18.11.86, Trafford
  60- 6.81i, 200- 21.68 (20.9w-11, 20.93-13)
STRAW Tom 28.02.91, Lincoln Wellington
  5k- 14:36.29, 10k- 30:29.76
STREET Joshua U23 31.07.94, Kent/St Marys Un C
  60- 6.91i (6.78i-12), 100- 10.55 (10.43-12),
  200- 21.35 (20.90-12)
STREET Stuart U23 18.07.96, Notts/Notts Trent Un
  LJ- 7.11 (7.29-13)
STREETER Daniel U17 15.09.99, Stevenage & NH
  1.5kSt- 4:42.78
STRICKLAND-BENNETT Blake U17 29.05.00, Radley AC
  400HY- 57.82

STRONG Daniel U13 21.09.03, Devon Schools
  PenC- 1635
STROUD Robert U23 22.11.96, Birchfield/St Marys Un C
  800- 1:50.05
STUDLEY Daniel 1.01.92, Bristol & West
  1500- 3:45.77 (3:43.64-14), 5k- 14:11.19 (14:00.29-15),
  10kR- 29:40
STURGEON Rory U15 13.05.02, Tonbridge
  TJ- 12.04
STURROCK Craig 7.01.85, Gateshead
  SP- 15.44 (16.87i-13, 16.72-14), DT- 42.06 (46.67-09)
STUTELY Harry U17 18.04.00, Kingston upon Hull
  PV- 3.60
SUCKLING Robert U15 7.02.02, Blackheath & Bromley
  800- 2:03.60
SUDDERICK George U13 20.11.03, Walton
  100- 12.12, 200- 24.6/25.67
SULTAN-EDWARDS Amir U13, London Schools
  100- 12.27
SUMNER Matthew 17.03.92, City of Plymouth
  400H- 51.77 (51.26-12)
SUMNERS Jack U17 25.10.00, Stratford-upon-Avon
  60HY- 8.37i, 100HY- 13.05, LJ- 6.57
SURAFEL Paulos U20 12.01.97, Enfield & Haringey
  1500- 3:51.73, 3k- 8:12.99, 5k- 14:09.86
SURAFEL Petros U20 12.01.97, Enfield & Haringey
  3k- 8:24.14, 10kR- 29:40, 10MR- 49:35
SURMAN Michael U20 10.03.97, Derry/Hallam Un
  DecJ- 5499
SUTCLIFFE Andrew 10.07.91, Sale
  PV- 5.45i (5.55i-12, 5.46-12)
SUTHERLAND Robert U23 16.10.95, Wycombe/London U
  TJ- 14.99
SUTTON Ben U17 10.08.01, Blackheath & Bromley
  LJ- 6.66
SWAIN Anthony Michael V40 17.01.75, Wakefield
  HT- 47.01 (62.88-97)
SWAIN Jack U23 27.02.95, Bedford & Co/Coventry Un
  JT- 62.96
SWAN Patrick 27.03.88, Sale
  400- 48.32 (46.75-10)
SWAN Patrick U20 14.09.97, Cornwall AC
  SPJ- 15.60, DT- 44.36, DTJ- 51.47
*SWARAY Joshua 2.02.86, Harrow/SEN
  60- 6.67i, 100- 10.22w/10.23 (10.20-13), 200- 21.23
SWEENEY Gary 31.01.87, Moray RR
  SP- 13.88
SWEENEY Sol U20 4.12.98, Stornoway
  1500- 3:52.96, 5k- 14:57.50
SWINBURN Nicholas 11.05.88, Morpeth
  5kR- 14:10, HMar- 66:35 (65:15-10)
SWINTON Michael U17 22.09.99, Edinburgh AC
  1.5kSt- 4:39.20
SYERS Aidan 29.06.83, Newham & Essex B
  60- 6.80i (6.72i-14), 100- 10.44w/10.45 (10.31w-01, 10.32-13)
SYLLA Patrick U20 10.10.98, Bournemouth
  200- 22.0, LJ- 7.61, TJ- 14.37

TALBOT Daniel 1.05.91, Birchfield
  100- 10.15 (10.14-14), 150- 15.06st (14.79wst-15),
  200- 20.25
TALBOT Samuel J U20 17.02.99, Exeter
  60- 7.00i, 60HJ- 8.01i, 110HY- 13.86 (13.79-15), PV-
  4.20i/4.20, LJ- 7.51i/7.18, HepJ- 5510i, DecY- 7035
TAMBEDOU Mohammed U20 15.09.97, Harlow
  60- 6.98i
TAPPER Ivan U20 4.04.99, Charnwood
  JT- 53.31, JTY- 63.31 (63.81-15)
TARRANT Justin U23 7.10.96, Crawley/Cardiff Met
  Dec- 4849
TATE James U20 30.08.98, Skyrac
  DTJ- 42.43
TAUKEI Taikiko U15 7.12.01, New Forest Juniors
  200- 23.40
TAYLEUR John U23 1.06.95, Herne Hill/Leeds Un
  3kSt- 9:42.38
TAYLOR Benjamin U17 27.02.00, St Mary's Richmond
  OctY- 4254

TAYLOR Callum U13 29.06.04, Havant
JTC- 36.72
TAYLOR James U17 13.09.99, Cannock & Stafford
100- 11.08, 200- 22.6
TAYLOR James U23 11.08.96, Charnwood/Notts Trent Un
HJ- 2.05i/2.00 (2.04-15)
TAYLOR James U23 9.02.95, City of Stoke/Un Cent Lancs
400H- 53.1/53.48
TAYLOR Jonathan 10.10.87, Morpeth
3k- 7:56.06 (7:55.93-15), 5k- 13:30.97, 5MR- 24:10,
10kR- 29:13 (29:13-15), 10MR- 49:43 (48:45-15)
TAYLOR Patrick U23 6.03.96, V of Aylesb/Birmingham Un
800- 1:50.33
TAYLOR Richard 27.09.93, Great Yarmouth/Loughboro St
200- 21.80 (21.79-13)
TAYLOR Shandell U17 16.12.99, Havering
HJ- 1.90, LJ- 6.80
TAYLOR-CALDWELL Jamie 23.09.91 Ealing/Texas Un
1500- 3:49.15
TEJAN-THOMAS Alasan U17 16.09.99, Enfield & Har
HJ- 1.96
TELE Jimi U23 4.05.94, Havering
TJ- 14.88i (15.33w-13, 15.25-15)
TEUTEN Alexander 3.01.92, C of Portsmouth/So'ton Un
1500- 3:49.72, 5MR- 23:58, 10k- 30:06.44,
10MR- 49:22, 2kSt- 5:45.41, 3kSt- 9:01.43
TEWELDE Abraham 30.12.91, Saltwell
HMar- 67:41
TEWELDE Tsegai 8.12.89, Shettleston H
10kR- 30:12+ (29:07-09),
HMar- 64:46+/65:53sh (63:34-15), Mar- 2:12:23
TEWOGBADE Daniel U13 22.10.03, Crawley
PenC- 1651
THACKERY Kieran U23 28.09.94, Wakefield/Leeds B Un
HT- 47.02
THEWLIS Jonathan 7.05.85, Rotherham
5k- 14:27.41 (13:54.65-11), 10k- 29:40.03 (29:14.54-15)
THIRLWELL Daniel 8.07.83, North Shields Poly
HT- 46.41
THOIRS Jax Donald Will 7.04.93, VP-Glasgow/
Un of Washington   PV- 5.50i/5.45 (5.65-15), LJ- 6.94w
THOMAS Adam U23 15.04.95, Bracknell
60- 6.79i, 100- 10.40w/10.41 (10.38w-15),
200- 21.29 (21.04-15)
THOMAS Aran U15 6.12.01, Wakefield
PV- 3.40, SPB- 13.47, DTB- 46.15, JTB- 46.11,
OctB- 4116
THOMAS Ben U17 7.07.01, Carmarthen
1.5kSt- 4:35.81, 2kSt- 6:19.15
THOMAS Daniel-James U17 26.07.00, Sussex Schools
SPY- 14.02
THOMAS Emmanuel U17 6.12.99, Croydon
PV- 4.33i/4.15
THOMAS George U17 13.09.99, Brecon
200- 22.44 (22.09w-15, 22.2-15), 400- 48.49
THOMAS Guy Alexander U20 1.07.97, Tonbridge
3kW- 11:50.34i/12:09.12, 5kW- 21:14.7+,
5kWR- 21:18+, 10kW- 42:28.20, 20kW- 1:30:17
THOMAS Ian V55 10.06.59, Norfolk Gazelles
24HrT- 218.41km
THOMAS Ieuan 17.07.89, Cardiff
3k- 8:18.2 (8:07.77i-13), 5kR- 14:13 (13:59.89t-13),
10kR- 29:24, 2kSt- 5:38.22, 3kSt- 9:05.94 (8:40.64-15)
THOMAS Nathan U20 6.09.98, Shaftesbury B
DTJ- 42.06
THOMAS Nigel 11.05.88, Thames Valley
60- 6.78i (6.78i-12), 100- 10.60w/10.63 (10.36-11)
THOMAS Robert U15 16.10.01, Channel Islands
LJ- 6.10
THOMAS Rushane U23 27.01.95, Herne Hill/St Marys UC
60H- 8.21i (8.15i-15), 110H- 14.27
THOMAS Spencer U20 26.08.97, Brighton Phoenix
800- 1:48.24, 1500- 3:50.18 (3:48.85-15)
THOMAS Tre U17 26.06.00, Charnwood
60- 7.15i, 200- 22.5/22.57w, 60HJ- 8.11i, 60HY- 7.90i,
100HY- 12.8/12.84, 110HJ- 14.39

THOMAS VILLALBA Daniel Eduardo 29.09.89,
Brighton Phoenix/MEX   800- 1:51.88
THOMAS-CAMPBELL Shamar U20 8.09.97, B'heath & Br
100- 10.75
THOMASON Nathan U20 11.02.98, Colwyn Bay
SPJ- 15.11i/13.91 (15.14i/14.89-15),
DTJ- 45.05 (45.70-15), HTJ- 58.43
THOMPSON Aidan U23 19.12.96, Central
3kSt- 9:25.72
THOMPSON Christopher V35 17.04.81, Aldershot F&D
5kR- 14:06 (13:11.51t-10), 5MR- 24:06+ (23:02+-08),
10kR- 29:04+ (27:27.36t-11), 15kR- 44:18+ (43:20+-12),
10MR- 47:23, HMar- 63:35/61:58sh (61:00-12),
Mar- 2:15:05 (2:11:19-14)
THOMPSON Christopher U15 16.01.02, Cardiff Archers
PV- 3.15 (3.20i)
THOMPSON Edward U20 2.08.97, Havering/Cardiff Un
PV- 4.16i (4.40-14)
THOMPSON Elliot 10.08.92, Enfield & Haringey
SP- 13.06i, Dec- 6565
THOMPSON Gregory U23 5.05.94, Shaftesbury B
SP- 15.61, DT- 59.22, HT- 46.03
THOMPSON Jordan U20 22.07.98, Derby AC
HJ- 2.01
THOMPSON Lee U20 5.03.97, Rotherham
100- 10.7, 200- 21.82 (21.8-15), 400- 47.32
THOMPSON Lennox 22.10.93, Newham & Essex B
400- 48.19, 110H- 15.19, 400H- 52.75 (52.38-15)
THOMPSON Michael U17 10.12.99, Swansea
DecY- 5195
THOMPSON Nathaniel U20 8.06.98, Hallamshire
DTJ- 42.76
THOMPSON Steve U17 2.10.99, Wolves & Bilston
400- 50.2
THOMSON Dylan U17 11.05.00, Pitreavie
PV- 4.15
THOMSON James U15 27.11.01, Wolves & Bilston
TJ- 12.13i
THORNE Daniel 18.06.90, Reading
HMar- 68:18 (67:37-15)
THORNE Elliott U17 23.11.99, Slough Jnrs
LJ- 7.02, TJ- 13.73i/13.21
THORNE Harrison U15 8.07.02, Slough Jnrs
HJ- 1.78, PenB- 2548
THORNER Oliver U17 16.03.01, Wells City
HJ- 1.90, PV- 3.83i
THURGOOD Joseph U20 11.09.98, Medway & Maid
60HJ- 8.47i, 110HJ- 15.23w, DecJ- 5293
THURGOOD Stuart Dennis V35 17.05.76, Herne Hill
HT- 52.21 (59.83-11)
TIGHE Josh 11.08.87, Salford
Mar- 2:26:47
TIGHE William U15 22.12.01, Chesterfield
800- 2:01.4, 1500- 4:13.51
TIMMINS Stephen V40 8.05.75, Blackheath & Bromley
SP- 13.06 (14.24-12), HT- 46.34 (49.67-13)
TINDLE Cameron U20 5.06.98, Edinburgh AC
60- 6.80i, 100- 10.51w/10.60 (10.42-15), 200- 20.71,
400- 49.21
TINKLER Martin John 9.04.91, Nene Valley H
SP- 15.10dh/14.87, DT- 42.74
TOBAIS Deji-Henry 31.10.91, WSE&H
60- 6.84i (6.75i-10), 100- 10.31 (10.04w/10.18-14),
200- 21.41 (20.61-12)
TOBIAS Zak U23 13.09.94, Bristol & West
10k- 30:47.32, HMar- 68:11, Mar- 2:23:31
TOBIN Jonathan U23 11.04.96, Swansea
1500- 3:45.04
TODD Ben U20 12.07.98, Chester le Street
100- 10.85 (10.8-15)
TODD David U17 12.08.00, Chester le Street
SPY- 14.36i/14.25 (14.69i-15)
TODD Thomas U13 16.09.03, Cueva de Nerja, ESP
PV- 2.90/2.70
TOKUTA Adeoluwa U17 1.03.00, Harrow
100HY- 14.0
TOMLINSON Christopher 15.09.81, Newham & Essex B
LJ- 7.64i/7.59 (8.35-11)

TOMLINSON James U17 11.01.00, Pembroke
 DTY- 59.13
TORRY Hugh V35 15.10.78, Serpentine
 Mar- 2:29:35
TORRY Nicholas V35 19.02.77, Serpentine
 5k- 14:18.46 (14:18.38-13), 10k- 29:59.42,
 10kR- 29:58 (29:14-13), HMar- 66:26 (64:23-13),
 Mar- 2:29:53 (2:15:08-13)
TOTTEN Eoghan 29.01.93, Lagan Valley/Oxford Un/IRL
 HMar- 67:51
TOVEY Alexander 27.12.89, WSE&H
 800- 1:50.31, 1500- 3:44.92 (3:41.79-14), 1M- 4:01.84,
 10kR- 30:02 (29:48sh-15)
TOWARD Alan 31.10.92, C of Sheff/Northumberland Un
 SP- 14.87i (14.20-13), DT- 58.81
TOWNLEY Joel U17 7.04.01, Gloucester AC
 TJ- 13.45
TRAJKOVIC Milan U13 27.11.03, Enfield & Haringey
 JTC- 38.52
TRANMER Joshua U17 5.04.00, Kingston upon Hull
 SPY- 13.87, DTY- 47.23
TRAYNOR Luke 6.07.93, Giffnock North/Un of Tulsa
 3k- 8:14.08i, 5k- 14:04.16, 10k- 29:10.19
TREMELLING Sam U15 1.10.02, Chelmsford
 PV- 3.00
TRESTON Matthew U20 20.07.98, Reading
 60- 6.99i (6.93i-15), 100- 10.55, 200- 21.75,
 60HJ- 7.92i, 110HJ- 13.48
TRICKEY Matthew U20 3.09.97, Yeovil Olympiads
 DTJ- 43.45
TRIGG Samuel 1.11.93, Erme Valley/New Mexico Un
 LJ- 7.37 (7.45w-15), TJ- 15.77w/15.62 (15.74-15)
TRIMBLE William 9.01.92, Kingston & Poly
 JT- 62.13 (67.09-15)
TROTMAN Thomas U20 24.10.97, Cardiff
 HJ- 2.00i (1.98-15)
TROTT William U13 27.02.05, Swansea
 PV- 2.50i
TRUEMAN Daniel U23 5.09.95, Stroud/Cardiff Met
 100- 10.71w (10.7-14, 10.79-15), 200- 21.79 (21.44-15)
TRUSCOTT Alex U17 8.10.00, Enfield & Haringey
 100- 11.02w/11.1
TSEGAY Abel U23 2.06.96, Invicta East Kent/ETH
 5k- 14:07.68, 10k- 29:27.87
TSHIRELETSO Thalosang 14.05.91, WGreen & EL/
 East London Un/BOT   LJ- 7.08, TJ- 15.60i/15.56
TUFNELL Henry Carleton Richard 19.06.92, Radley AC
 800- 1:51.31 (1:47.99-14), 1500- 3:45.51
TURNER David James 4.07.84, Blackpool
 JT- 55.06 (57.21-04)
TURNER George U20 13.07.98, Crawley
 PV- 4.60i/4.50
TURNER Jack U15 23.08.02, Cannock & Stafford
 HTB- 43.20
TURNER Jack U17 11.07.01, Exeter
 100HY- 13.87, HJ- 1.90, OctY- 4799
TURNER James 10.04.90, Brighton & Hove
 Mar- 2:29:34
TURNER Joseph 3.08.90, Nene Valley H
 3kSt- 9:38.77
TURNER Keith 24.09.88, N&EB/East London Un/USA
 400- 48.03
TURNER Robert V40 4.09.72, Edinburgh AC
 100kR- 7:17:11
TURNOCK Steven 7.11.92, Shaftesbury B/Loughboro St
 JT- 70.78
TWIGGER Luke U13 28.11.03, Brighton & Hove
 JTC- 39.44
TYLER Josh U15 15.01.02, Exeter
 SPB- 12.93, DTB- 36.52, HTB- 43.88

U DECHUKU Emeka V35 10.07.79, W.Green & Ex L
 DT- 53.75 (64.93-04)
UJAH Chijindu U23 5.03.94, Enfield & Har/Middx Un
 100- 9.97w/10.01 (9.96-14), 200- 20.48 (20.47-15)
UMEUGOJI Odera U15 22.04.02, Shaftesbury B
 TJ- 12.01

UNTERREINER Miles 26.11.89, Oxford Un/USA
 10k- 30:51.89 (28:49.15-12)
UPFOLD Ben U17 27.09.99, Southampton
 DTY- 43.82
URQUHART Euan U20 25.01.98, VP-Glasgow
 LJ- 6.85, DecJ- 6086
UWAIFO Efosa U23 15.05.95, Enfield & Har/Harvard
 TJ- 15.98

V AN HAREN Michael U13 21.04.04, Waveney
 SPC- 10.51, DTC- 30.26
VAN OUDTSHOORN Luke U15 30.06.02, Aldershot F&D
 800- 2:02.61, 1500- 4:08.47, 3k- 8:53.66
VARELA Mickael U13 10.10.03, Hercules Wimbledon
 100- 12.1, 200- 25.2
VAUGHAN George U20 26.06.98, Enfield & Haringey
 60HB- 8.49i, 60HJ- 8.07i, 110HJ- 14.33 (14.28-15),
 110H- 14.81w/14.96 (14.64w-15), 400H- 54.54
VAUGHAN Reuben U17 25.10.00, Croydon
 DTY- 41.83
VEERAPEN Jacob U20 29.09.97, Sutton & District
 TJ- 14.74
VERNON Andrew James 7.01.86, Aldershot F&D
 5k- 13:26.16 (13:11.50-14), 5MR- 24:06+,10kR- 29:04 (28:38-15),
 10k- 28:19.36 (27:42.62-15), 15kR- 44:59+ (44:02+-14),
 10MR- 48:09, HMar- 63:32 (62:46-14)
VERNON Max U15 19.06.02, Solihull & S H
 100- 11.5
VINCENT Ben U13 6.01.04, Cardiff
 LJ- 5.12
VINCENT James U17 15.10.99, Cardiff
 800- 1:56.70, 1500- 3:56.25
VISOKAY Adam U23 11.03.94, Stockport/Virginia Tech Un
 5k- 14:27.09, 10k- 29:19.84, 3kSt- 8:56.39
VON EITZEN Christian U20 1.01.97, V of Aylesb/St Marys Un C/
 GER   800- 1:49.27 (1:49.15-15), 1500- 3:47.48, 3k- 8:28.43
VON LIERES Hans 19.08.85, Cardiff Met/NAM
 HJ- 1.95i (2.15-08)

W ADDINGTON Humphrey 30.05.87, Kingston & Poly
 TJ- 14.18w/14.12 (15.03-09)
WADE Joseph 14.01.89, Aldershot F&D
 3kSt- 9:12.07 (8:54.70-12)
WADE Tom 14.01.89, Aldershot F&D
 3k- 8:14.17, 5kR- 14:16, 10kR- 29:55, 3kSt- 8:37.80
WAKEFORD Christopher 27.10.89, Sale
 110H- 15.35w (14.50-12)
WALKER David 5.01.93, WSE&H
 HJ- 2.00 (2.03-15)
WALKER Finlay U15 28.05.02, Kilmarnock
 PV- 3.60
WALKER George U20 13.07.97, Poole
 DecJ- 5559
WALKER Jack 5.09.93, Giffnock North
 800- 1:51.88 (1:49.90-14), HMar- 66:29sh
WALKER Jess U15 19.09.01, Basildon
 JTB- 50.49
WALKER Joseph U17 18.11.99, Chesterfield
 100- 10.97w/11.0/11.11, 200- 22.5/22.52, LJ- 6.69 (6.88-15)
WALKER Kaya U17 29.03.01, City of Sheffield
 HJ- 1.92
WALKER Leigh V35 17.08.77, Crawley/IRL
 PV- 4.20 (5.01-04)
WALKER Leo U15 18.07.02, Horsham BS
 DTB- 37.27
WALKER Robin V35 8.02.78, Orion
 HT- 47.61 (49.59-15)
WALKER-KHAN Adam Ali U23 7.03.95, Birchfield/ LIU Brooklyn
 LJ- 7.16i/7.06 (7.42-14), TJ- 14.97 (15.35-15)
WALKER-KHAN Dannish 2.08.92, Birchfield
 60- 6.70i, 100- 10.40, 200- 20.96 (20.89-15)
WALKER-SHEPHERD Cameron 28.05.92, Birchfield/RAF
 PV- 5.05 (5.20i-12, 5.15-13)
WALKLETT Jordan U20 8.02.98, Newquay & Par
 TJ- 14.27 (14.43-15)
WALKLEY-BARTLETT Theo U20 14.04.97, Rugby & Nor
 110HJ- 15.08w/15.28
WALL Adam 10.07.93, Bristol & West
 HJ- 2.09 (2.10i-15)

WALL Harrison U17 13.10.00, WSE&H
  HTY- 51.59
WALLACE Benjamin U13 21.01.04, Wirral
  200- 25.6
WALLACE Sebastian U13 7.09.03, Horsham BS
  HJ- 1.54, LJ- 5.17, PenC- 1851
WALLBRIDGE Samuel U20 6.02.97, Channel Is/Lough St
  400H- 54.45 (53.51-15)
WALL-CLARKE Alex 17.03.87, So'ton/Loughborough St
  5k- 14:35.71, 5MR- 24:24, 10k- 30:34.10,
  10kR- 29:42sh, HMar- 66:39
WALLEY Thomas U20 18.03.98, Wrexham
  TJ- 13.90i, DecJ- 5239
WALLIS Daniel U23 29.01.96, Guildford & G/Lough St
  800- 1:51.89
WALSH Ethan U20 14.06.97, Shaftesbury B
  PV- 4.90
WALSH Nicholas U20 27.07.97, Tipton
  100- 10.48, 200- 21.26
WALTERS Jamall U15 30.09.02, Trafford
  60- 7.39i, 200- 23.54
WALTON Archie U20 14.05.98, Taunton
  1500- 3:50.46, 2kSt- 5:47.76, 3kSt- 9:21.60
WALTON Dominic 13.11.93, Rossendale/Hallam Un
  800- 1:49.32
WALTON Kyle U15 13.11.01, Shildon
  60- 7.37i, 100- 11.39w/11.4/11.41
WANOGHO Oweka 16.08.91, Blackheath & Bromley
  100- 10.69 (10.52w-12), 200- 21.82 (21.35w/21.57-12)
WARBURTON Christopher William 23.08.83, Chelmsford
  800- 1:51.00 (1:48.44-14)
WARBURTON Gareth 23.04.83, Cardiff
  800- 1:49.31 (1:44.98-12)
WARD Michael U23 10.12.94, Cardiff/Bradley Un
  1500- 3:44.33, 1M- 4:02.86i, 3k- 8:05.66i (8:12.38-14),
  5k- 13:54.49
WARNER Alex 7.11.89, Newham & Essex B
  HT- 61.50 (64.43-15)
WARNER Michael 29.11.90, Newham & Essex B
  200- 21.50 (21.42-12), 400- 47.24 (46.52-12)
WATERMAN Ben 29.09.93, Ealing, S & Mx/B'ham Un
  800- 1:48.06 (1:47.57-15), 1500- 3:44.30
WATERSON Russell U23 2.08.95, WSE&H/B'ham Un
  HJ- 1.95
WATSON Alastair V35 4.08.77, Notts
  5MR- 24:22, 10k- 29:36.15, 10kR- 29:32sh,
  10MR- 49:23, HMar- 65:41
WATSON Jake U17 19.12.00, Telford
  PV- 3.90
WATSON Joseph U23 23.09.95, WSE&H
  SP- 17.42, DT- 46.23, HT- 50.46
WATSON Joshua U23 25.03.95, Biggleswade/Reading Un
  HJ- 1.98i/1.95 (2.00-15)
WATSON Matthew 27.01.91, Southampton
  HJ- 2.05 (2.11i-13, 2.10-14)
WATSON Michael U20 2.01.97, Med & Maid/Brunel Un
  100- 10.90w (10.89w-15)
WATSON Tom 11.10.93, Central/Edinburgh Un
  800- 1:50.52 (1:49.70-13)
WATTS Daniel 9.12.86, Shaftesbury B
  Mar- 2:24:11
WATTS Glen 9.12.86, Shaftesbury B
  Mar- 2:29:03
WATTS Sam Anthony Walker 14.02.92, WG & EL/Texas U
  60- 6.83iA (6.97i-13), 100- 10.27w/10.54 (10.48-14),
  200- 20.60i/20.65 (20.50w-14)
WAY Stephen V40 6.07.74, Bournemouth
  Mar- 2:20:54 (2:15:16-14)
WEATHERSEED Miles U20 12.07.97, Tonbridge/Oxford U
  1500- 3:50.170
WEAVER James U20 25.07.97, Enfield & Haringey
  110HJ- 13.33
WEBB Jamie U23 1.06.94, Liverpool H/Manch MU
  800- 1:46.59
WEBB Oliver U13, Herts Schools
  DTC- 32.20
WEBB Ryan U20 19.10.97, Wimborne
  HJ- 2.14, LJ- 6.97

WEBSTER James U23 27.02.95, Warrington/Bath Un
  400H- 53.29 (52.81-13)
WEBSTER Scott U20 12.03.99, Shaftesbury B
  HJ- 1.98
WEBSTER Todd U17 28.11.99, Chesterfield
  PV- 4.00, DecY- 5562, OctY- 4440
WEIR Richard 7.08.84, Derby AC
  1500- 3:46.55 (3:41.93-15), 1M- 4:02.4 (4:02.0-14), 3k- 7:56.66,
  5k- 13:41.83, 10kR- 29:21sh (29:48-13), HMar- 65:46
WELLARD Neil U20 2.10.97, Kingston & Poly
  5k- 15:12.03
WELLINGTON Lachlan U17 25.06.01, City of Portsmouth
  3k- 8:44.17
WELLS Ronnie U23 27.03.96, Yeovil Olympiads
  60- 6.78i, 100- 10.42w/10.46, 200- 21.58
WELLSTEAD David 17.12.82, Kent
  TJ- 13.87 (14.98-07)
WEST James U23 30.01.96, Tonbridge/Loughborough St
  800- 1:49.34, 1500- 3:40.0, 1M- 3:58.69, 3k- 7:58.47
WESTBURY David 17.05.89, Derby AC
  3kSt- 9:37.71 (9:08.2-09)
WESTHENRY Benedict U23 26.09.94, Bristol & W/Bris U
  10kR- 30:19
WESTLAKE James 8.08.91, Crawley
  Mar- 2:29:25
WESTLEY Jack U15 1.10.01, Kingston & Poly
  PV- 3.30i/3.30
WESTON Daniel V35 31.05.79, Wrexham
  100kR- 7:11:47
WEYLI Muhammed U17 21.10.99, Woodford Green & Ex L
  60- 7.08i, 100- 11.15w
WHARTON Max U23 8.07.96, Liverpool H/St Marys Un C
  800- 1:48.81, 1500- 3:47.21
WHEATER Steven U17 21.02.01, Middlesboro Mandale
  HJ- 1.95
WHEELER Michael James 23.09.91, Herne Hill
  SP- 15.68 (17.08-12)
WHEELER-SEXTON Harri Luca U17 25.11.00, Cardiff
  60HY- 8.58i, OctY- 4303
WHELLANS Oliver U20 21.05.97, Gateshead
  60HJ- 8.23i, 110HJ- 14.78, 110H- 15.5/15.53,
  HepJ- 4654i
WHITE Billy U20 25.01.97, Brighton Phoenix
  2kSt- 6:16.4 (5:58.81-15), 3kSt- 9:20.37
WHITE Jack U17 25.10.00, City of Norwich
  3k- 8:49.11
WHITE Matthew 10.08.91, Dundee HH
  1500- 3:48.42
WHITEAKER James U20 8.10.98, Blackheath & Bromley
  JT- 72.51
WHITELAW Ross U15 4.03.02, Airdrie
  800- 2:03.76
WHITEMAN Anthony William V40 13.11.71, Shaftesbury B
  800- 1:49.56 (1:45.81-00)
WHITTAKER Ben U17 30.01.00, City of York
  200- 22.30
WHITTAKER Paul 14.07.89, Southend
  HMar- 67:18 (66:01-15)
WHITWAM Adrian V40 25.11.75, Morpeth
  Mar- 2:28:25
WHYTE Stephen Anthony V50 14.03.64, Thames Valley
  HT- 51.71 (67.82-89)
WICKS Philip Matthew 14.03.84, Belgrave
  5MR- 23:49 (23:25-09), 10kR- 29:49 (28:54-09)
WIGHTMAN Jack U23 30.11.95, Newquay & Par/Lough St
  200- 21.7 (21.80-15), 400- 47.7/47.98 (47.32-15)
WIGHTMAN Jake Stanley U23 11.07.94, Edinburgh AC/
  Loughborough St 400- 48.34, 800- 1:47.13,
  1500- 3:36.64 (3:35.49-14), 1M- 3:54.20, 5kR- 14:26 (14:21-15)
WILDE Dan U20 13.07.99, Taunton
  2kSt- 6:05.62
WILES Andrew 26.04.88, New Marske
  5k- 14:25.68
WILKINSON Ben U17 17.09.99, Crewe & Nantwich
  LJ- 6.66
WILKINSON Callum U20 14.03.97, Enfield & Haringey
  2kW- 7:43i+e (7:41.93-15), 3kW- 11:36.2, 5kW- 19:35.4,
  5kWR- 20:23+, 10kW- 40:41.62, 10kWR- 40:30

WILKINSON Daniel U17 22.03.00, Leamington
1.5kSt- 4:26.51
WILKINSON Joe U23 27.06.96, Lincoln Wellington
1500- 3:48.82
WILKINSON Kyle U13 22.10.03, Moray RR
LJ- 5.11
WILLIAMS Aron U13 15.09.03, Swansea
SPC- 11.10
WILLIAMS Benjamin 25.01.92, Sale/Louisville Un
TJ- 16.41 (16.74-15)
WILLIAMS Conrad 20.03.82, Kent
100- 10.70 (10.40-12), 200- 21.17 (20.89w-15, 20.96-11), 400- 46.02 (45.06-15)
WILLIAMS Damilola U20 20.07.98, Channel Islands
60- 6.93i, 100- 10.69
WILLIAMS Delano 23.12.93, Enfield & Haringey
100- 10.74 (10.28 TKS-13, 10.43-14), 200- 20.77 (20.27 TKS-13, 20.40-15), 400- 45.50 (45.42-15)
WILLIAMS Hugh U23 27.10.95, WGreen & Ex L/Keele Un
SP- 13.42
WILLIAMS Jahde U20 14.01.97, Hillingdon
100 – 10.76, 200- 21.60w
WILLIAMS James 1.10.91, Liverpool H
60- 6.87i (6.87i-14, 200- 21.06w/21.21, 100- 10.38w/10.45 (10.37w/10.42-13)
WILLIAMS Kai U20 17.04.97, Coventry Godiva
110HJ- 15.06 (14.51w-15)
WILLIAMS Kyron 18.02.93, Enfield & Haringey
60- 6.85i (6.83i-13), 100- 10.67w (10.56w/10.57-14), 200- 21.77w (21.35-13)
WILLIAMS Mark U23 29.10.94, Liverpool H/B'ham Un
400- 47.56
WILLIAMS Matthew U20 20.12.98, Pembroke
800- 1:52.78
WILLIAMS Oshay U15 4.02.02, Birchfield
200- 23.63w
WILLIAMS Ralph U15 22.08.02, Stevenage & NH
60HB- 9.30i, 80HB- 11.63
WILLIAMS Rhodri U20 13.01.98, Swansea
200- 21.95, 400- 48.37, 400H- 54.08
WILLIAMS Rhys 27.02.84, Cardiff
400- 47.28 (46.69-13), 400H- 49.22 (48.84-13)
WILLIAMS Samir U17 6.01.00, Croydon
100- 11.14, 200- 22.6
WILLIAMS Thomas U23 28.01.96, Barry & Vale H
100- 10.59, 200- 21.53
WILLIAMS Timothy 7.07.92, Gloucester AC
HT- 62.18 (62.73-14)
WILLIAMS Tyler U20 21.05.98, Newport
100- 10.84w/10.89
WILLIAMSON Ethan U15 29.09.01, Lagan Valley
60HB- 9.22i, 80HB- 11.63
WILLIAMSON Jamie 16.07.87, City of Sheffield
SP- 15.60 (18.29i-13, 18.17-12), DT- 52.10 (59.58-12)
WILLIAMSON Jamie U20 3.03.97, Springburn H/Lough St
800- 1:51.60 (1:50.06-15), 1500- 3:45.45
WILLIAMSON-TAYLOR Fisayo U17 17.01.00, Warrington
60- 7.05i, 100- 10.89
WILLIS Adam U15 7.01.02, Carlisle Aspatria
80HB- 11.28, PenB- 2629
WILLIS Dale 17.06.88, Corby
400- 48.66 (47.97-15)
WILLIS Matthew U17 4.02.00, Wrexham
3k- 8:38.56
WILLMORE Fraser U15 29.09.01, Cheltenham
1500- 4:18.94, 3k- 9:20.23
WILSMORE Michael 8.06.85, Bristol & West
1500- 3:43.45, 1M- 4:05.77 (4:05.49-12)
WILSON Ashley 15.12.90, Shaftesbury B/East London Un
60H- 8.33i (8.26i-14), 110H- 15.17 (14.54-15)
WILSON Jordan U20 6.11.98, Herne Hill
SPJ- 13.89
WILSON Kevin 6.01.90, Chelmsford
SP- 13.58, DT- 44.05
WILSON Michael U23 4.01.96, Sunderland/B'ham Un
800- 1:49.76, 1500- 3:47.71

WILSON Michael U20 1.02.97, Swansea
200- 22.0, 110HJ- 14.67 (14.55-15), 110H- 15.31w
WILSON Ronny 18.05.93, Lincoln Wellington
10kR- 30:28
WILSON Sam U23 1.02.94, Nene Valley H
HT- 45.58
WILTSHIRE Ethan U15 29.06.02, Marshall Milton K
100- 11.5, 200- 23.39w, LJ- 6.15
WILTSHIRE Nick U17 24.10.00, Reading
1.5kSt- 4:37.96
WINCHESTER-WRIGHT Callum U17 21.10.99, Boston
TJ- 13.33
WINN Elijah 9.08.86, Enfield & Haringey
60- 6.89i (6.71i-08)
WINN Joseph U20 27.09.98, Thurrock
HJ- 1.95 (2.00-15)
WINSON Ryan 21.09.92, Derby AC
DT- 42.11, JT- 53.71
WINTER Gareth 19.03.92, City of Sheffield
SP- 17.43/17.47dh (18.07-15), DT- 50.73
WISE Joshua U15 24.11.01, Southampton
SPB- 15.00, DTB- 41.68, JTB- 53.24
WISEMAN Mark V45 9.02.69, Bracknell
SP- 14.12i/13.46 (16.12-09),
DT- 48.85 (55.82-08, 58.41dh-07)
WOJCIK Luke U15 26.05.02, Chelmsford
80HB- 11.85
WOLSKI Robert 8.12.82, Woodford Green & Ex L/POL
HJ- 2.10 (2.31-06)
WOOD Connor U20 25.11.98, Leeds City
100- 10.81 (10.8-15), 200- 21.08, 400- 47.45
WOOD Curtis U20 29.06.97, Cambridge & Coleridge
HJ- 1.95i/1.95 (1.98-15)
WOOD Jordan U20 26.03.99, Cambridge & Coleridge
2kSt- 4:14.26, 3kSt- 9:58.6
WOOD Kieran U23 3.11.95, Cambridge & Col/Cardiff Met
1500- 3:45.78
WOODAGE Callum U17 25.10.00, Watford
PV- 3.80
WOODHALL Richard V35 9.07.80, Dudley & Stourb
SP- 14.08, HT- 47.69, JT- 54.34 (60.67-12)
WOODS Josh U15 5.08.02, Dacorum & Tring
LJ- 5.96
WOOLGAR Robert 3.03.93, Bournemouth
LJ- 7.06
WOOLLEY Richard 17.08.89, Mansfield H
SP- 13.57 (13.70-13), JT- 58.38 (62.03-08)
WOOLVINE Dominic U15 1.01.02, Coventry Godiva
300- 37.81
WORGAN Aaron U15 3.10.02, Cornwall AC
DTB- 41.87
WORMAN Jamie U17 23.12.99, Cheltenham
LJ- 6.52, OctY- 4715
WORMAN Robert U17 4.07.01, Cheltenham
PV- 3.70, OctY- 4373
WORRALL Joseph U17 26.04.01, Carmarthen
DTY- 46.40
WORT Alexander 18.09.93, Sale/Brunel Un
60H- 8.29i, 110H- 14.59 (14.56w-15),
PV- 4.30i (4.25-12), HepIS- 4678i
WRIGHT Adam U23 15.09.96, Rugby & Nor/LoughSt
800- 1:51.1
WRIGHT Andre 16.08.91, Medway & Maidstone
60- 6.78i (6.76i-13), 200- 21.57 (21.01-14),
100- 10.59w/10.62 (10.44w-14, 10.47-15)
WRIGHT Andrew U23 13.09.95, Willowfield/Cardiff Un
1500- 3:47.61, 3k- 8:07.85i
WRIGHT Ciaran U23 17.09.96, City of Sheffield
SP- 13.80, DT- 47.05, HT- 63.81
WRIGHT Fionn U23 25.09.95, Exeter
Dec- 5665
WRIGHT Fraser U23 28.06.96, Gateshead/ Northumber-
land Un
DT- 41.98 (44.90-15)
WRIGHT James U23 4.02.94, Rugby & Nor/Loughboro St
60H- 8.41i (8.28i-15), 110H- 14.66 (14.62w/14.64-15),
LJ- 7.12i (6.88-15), Dec- 6502 (6542-15), HepIS- 4966i

WRIGHT Kane U20 14.02.97, Nene Valley H
 60- 6.97i (6.94i-15), 100- 10.84 (10.67w/10.77-15),
 200- 22.0 (21.88-15)
WRIGHT Lee U17 6.09.99, Halesowen
 DTY- 44.36
WRIGHT Matthew 25.05.90, Blackpool
 PV- 4.62i (5.00-14)
WRIGHT Michael 24.03.87, Central
 Mar- 2:28:36 (2:28:34-15), 3kSt- 9:32.69 (9:26.94-13)
WUIDART Jack U20 6.09.97, Bedford & County
 HT- 46.75
WYLIE Philip V35 2.11.78, Cheltenham
 10kR- 30:23 (29:30-15)
WYLLIE Shaun U23 27.02.95, Bracknell/St Marys Un C
 1500- 3:48.91 (3:41.43-14)

X AVIER Myles U15 27.11.01, Blackheath & Bromley
 LJ- 5.95

Y ABSLEY Alfred U17 12.09.99, Marshall Milton K
 1500- 4:03.16, 1.5kSt- 4:25.03, 2kSt- 6:18.13
YARWOOD Liam U23 10.09.94, Sale/Loughborough St
 PV- 5.01 (5.05i-15)
YATES Richard 26.01.86, City of Sheffield
 400- 47.77 (47.29-12), 110H- 14.62w/14.89 (14.68-13),
 400H- 50.40 (49.06-08)
YEARWOOD Charlee U20 25.11.98, Stevenage & NH
 200- 21.63
YEE Alexander U20 18.02.98, Kent
 3k- 8:01.63, 5k- 13:52.01
YOUNG Anthony 14.09.92, Kilbarchan
 400- 47.87

YOUNG Jake U17 7.11.99, Colchester H
 800- 1:57.07
YOUNG Joshua U15 21.03.02, Chesterfield
 TJ- 12.30 (12.35i)
YOUNG Max U15 11.07.02, Reading
 PV- 3.20
YOUNG Nicholas U17 17.05.00, Deeside
 SPJ- 14.29, SPY- 15.16, DTY- 41.73
YOUNG Reece U23 3.10.95, Bl'heath & Brom/Brunel Un
 60H- 8.29i (8.28i-15)
YOUSIF Rabah Mohammed 11.12.86, Newham & Essex B
 400- 45.45 (44.54-15)

Z ABLOCKI Christopher 21.07.88, Chichester R/USA
 5k- 14:28.64, 10kR- 29:48, HMar- 65:38
 Mar- 2:18:18 (2:15:39-15)
ZAKE Theodore U20 30.05.97, Charnwood/Brunel Un
 60- 6.91i
ZATAT Youcef U23 13.04.94, WG & EL/E.London Un
 SP- 18.01, DT- 45.86 (48.31-15)
ZAVRATCHIYSKI Yuri U17 14.04.00, Enfield & Haringey
 800- 1:56.31
ZELLER Joshua U17 19.10.00, Bracknell
 100HY- 13.74w/13.8/13.88
ZOTIN Serg 21.05.83, Chelmsford/EST
 HJ- 1.95 (2.00-07)
ZUMBIKA Herbert U15 20.09.01, Basildon
 TJ- 13.10
ZYGADLO Shaun U17 16.06.00, Pembroke
 60HY- 8.30i, 100HY- 13.46

WOMENS INDEX

A BEL Katherine U17 16.06.00, AF&D
 JTI- 38.18 (38.73-15)
ABEL Svenja 28.08.83, Highgate H/GER
 10k- 34:37.45
ABRAHAM Jessica Francis 26.01.89, Cardiff
 PV- 3.75 (4.02i-11, 4.00-10)
ACHURCH Emma U20 9.07.97, Leics WC
 3kW- 13:44.23i/13:58.73 (13:29.19i-15), 5kWR- 23:55+
 (23:29-15), 10kWR- 47:49 (47:49-15), 20kW- 1:43:26
ADAM Georgina U17 24.03.00, Lincoln Wellington
 100- 12.0/12.12, 200- 24.65w/24.7/24.86 (24.51-15)
ADAMS Caroline 5.02.91, C of Sheffield/Hallam Un.
 PV- 3.60i/3.60 (4.05-13)
ADAMS Lizzie 19.05.86, Hallamshire
 5kR- 16:44 (16:08-11), 10kR- 33:55 (32:50-12)
ADAMS Sarah 19.10.87, Trafford
 200- 24.71i (23.91-13), 400- 56.92i (53.94-10)
ADAMS Vikki U20 23.02.98, Leeds
 DT- 35.86 (37.75-15), JT- 39.31 (39.67-15), Hep- 4054
ADAMSON Elizabeth U15 6.05.03, Southampton
 DT- 31.21
ADAMSON Oreoluwa U15 29.10.01, Herne Hill
 60- 7.86imx/7.92i, LJ- 5.69i/5.66 (5.66-15)
ADEBAYO Dara U15 14.06.02, Harrow
 SPI- 12.98
ADEGOKE Diana U20 18.12.97, Thanet AC
 LJ- 5.66
ADENIJI Mary U20 13.02.99, Blackheath & Bromley
 TJ- 11.26
ADE-ONOJOBI Gabriella 1.08.93, Cambridge H/
 LIU Brooklyn Un. 60- 7.68i, 60H- 8.49i,
 100H- 13.93w/14.10 (14.06-12), 400H- 63.69
ADEOYE Margaret Adetutu 22.04.85, Enfield & Har
 100- 11.73+ (11.28-14), 150 – 17.32st (17.11st-12),
 200- 23.57 (22.88-13), 400- 52.75 (51.93-13)
ADEWAKUN Yimika 16.06.93, Blackheath & Bromley
 400- 55.78 (55.29-13)
ADIKPE Esther U17 19.03.00, Coventry Godiva
 100- 12.43w (12.45-15), 300- 39.94 (39.80-15)
ADU Precious U15 3.10.02, Enfield & Haringey
 100- 12.25, 200- 25.01
AGBONLAHOR Jemimah U15 27.12.01, Birchfield
 HJ- 1.60i

AGYAPONG Finette U20 1.02.97, N&EB/Brunel Un
 60- 7.49i, 100- 11.71w/11.76, 200- 23.55,
 400- 56.8 (56.22-14)
AHLGREN Harriet 19.05.88, Notts/FIN
 HT- 45.00
AINGE Natalie 12.03.92, Cannock & Stafford
 400H- 65.2 (64.20-15)
AINSWORTH Nicole U15 30.09.02, C of Portsmouth
 3k- 10:26.78mx/10:36.53
AITCHISON Holly U15 5.12.02, Stockport
 TJ- 10.32
AITCHISON Megan U23 24.02.94, AF&D/B'mouth Un
 400- 56.38 (55.97mx/56.10-13), 800- 2:10.10
AKPE-MOSES Gina U20 25.02.99, Birchfield/IRL
 100- 11.67, 200- 24.51 (24.29i/24.37-15)
ALDAMA Yamile V40 14.08.72, Shaftesbury B
 TJ- 13.74 (15.29-03)
ALDERSON Harriet U17 29.02.00, Southport
 300- 40.89, 400- 57.3/58.08mx, 800- 2:09.8
ALDRIDGE Lauren U20 9.04.99, Stevenage & NH
 HT- 43.14
ALEXANDER Charlotte U15 18.01.02, Crawley
 800- 2:17.9, 1500- 4:36.89mx/4:37.82, 3k- 9:57.2
ALEXANDER Rachel U20 13.02.98, Giffnock N/
 Strathclyde Un LJ- 5.90w/5.75 (6.10-15)
ALFRED Natasha U17 3.02.00, Herne Hill
 60- 7.76i, 100- 12.39 (12.3-15, 12.39-14)
ALIU Immanuela U17 19.04.00, Blackheath & Bromley
 100- 11.96, 200- 24.43w/24.75 (24.68-15)
ALLBUT Olivia U17 17.07.01, Channel Islands
 400H- 67.5
ALLCOCK Amy 20.08.93, Aldershot F&D
 100- 11.81mx/11.9mx/12.12 (11.90-15),
 200- 23.99 (23.79-14), 400- 54.72i (52.83-14)
ALLCOCK Chloe U15 8.02.02, Mansfield H
 HJ- 1.65i/1.63
ALLEN Laura 31.07.82, Totley
 Mar- 2:52:45
ALLEN Lucy U15 1.04.03, Newquay & Par
 PV- 3.20
ALLEN-AIGBODION Lohita U17 7.12.99, South London H
 80HI- 11.71, 300H- 44.99
ALLIN Nastassja U20 4.12.97, Enfield & Haringey
 200- 24.88w, 400- 56.20

AMABILINO Silvia 14.10.93, Oxford Un/LUX
  PV- 3.50
AMEND Samantha V35 25.05.79, Belgrave
  Mar- 2:52:08 (2:42:11-11), 50kR- 3:35:36, 100kR- 8:09:52
ANDERSON Chloe 18.08.89, Exeter/New Mexico Un
  800- 2:08.37 (2:08.08-13)
ANDERSON Danielle 15.09.92, Oxford City
  JT- 36.61 (44.99-09)
ANDERSON Kathryn 23.05.91, City of Stoke
  400- 57.03
ANDERSON Lia U17 10.09.00, Woking
  DT- 39.26
ANDERSON Phoebe U15 23.06.02, WSE&H
  1500- 4:44.4
ANDERSON Tamara U20 31.01.98, Thanet AC
  LJ- 5.67
ANDERSSON Emma Kiviniemi 3.10.91, Shaft B/SWE
  PV- 3.77 (3.80-15)
ANDREWS Laura U23 26.09.94, Chichester R/Camb Un
  LJ- 5.62
ANNING Amber U17 18.11.00, Brighton & Hove
  60- 7.78imx/7.8i/7.85i, 100- 12.09, TJ- 11.59i/10.83 (11.65-15),
  200- 24.9/24.93i (24.75-15), 300- 38.7/38.81 (38.73-15)
ANNING Ruby U13 24.02.04, Brighton & Hove
  150- 19.7
ANSON Abbey U17 28.01.00, Banbury
  100- 12.38
ANSON Catherine Rose U23 14.03.95, L'pool H/Manch U
  HJ- 1.70 (1.78-10)
ANTWI Christabel U15 18.10.02, Edinburgh AC
  60- 8.02i
ARANDLE Rebekah 22.12.89, Kingston upon Hull
  PV- 3.10
ARBON Alex Emily U13 29.11.03, Sutton in Ashfield
  JTM- 33.77
ARCHER Holly 7.11.93, West Suffolk/South Methodist Un
  800- 2:07.27, 1500- 4:23.05, 3k- 9:48.50i (9:31.56i-15),
  5kR- 16:47
ARMORGIE Laura U20 5.12.97, Herts Phoenix
  HJ- 1.78
ARMOUSH Tamara 8.05.92, Birchfield/JOR
  800- 2:10.01, 1500- 4:24.6 (4:20.81-15), 3k- 9:36.28
ARNOLD Hollie U23 26.06.94, Cleethorpes
  JT- 43.01
ARTER Charlotte 18.06.91, Cardiff
  1500- 4:18.80imx (4:14.41-15), 3k- 9:13.92i/9:40.91,
  5k- 16:00.79 (16:00.44-15), 5kR- 16:00, 10k- 34:26.42,
  15kR- 51:52+, HMar- 73:19
ARYEETEY Laura U15 27.09.01, Charnwood
  800- 2:17.7, 1500- 4:40.56
ASANTE Zara 7.07.82, Blackheath & Bromley
  TJ- 12.52w/12.35 (13.00i-15, 12.99-13)
ASARE Angel U15 10.03.02, Herne Hill
  60- 8.02i, 100- 12.29w/12.5
ASCOUGH Megan U17 3.11.99, Halifax
  HTI- 49.17
ASHBOURNE Mya U13 26.04.04, Harrow
  150- 19.3, 200- 27.08w/27.09
ASHER-SMITH Geraldina U23 4.12.95, Bl'heath & Brom
  60- 7.11i (7.08i-15), 100- 11.07 (10.99-15),
  200- 22.31 (22.07-15)
ASHMEADE Leonie U17 25.01.01, Wakefield
  60- 7.84imx, 100- 12.29w/12.36
ASHTON Eden U20 3.05.98, Preston
  100H- 14.7/14.76 (14.58-15)
ASHURST Sophie U15 26.04.03, Sale
  PV- 3.10i/3.06
ASPELL Zita U17 2.12.99, Wirral
  DT- 35.16
ASTIN Sarah 22.10.93, Manx H/Virginia Tech Un
  1500- 4:29.18 (4:25.80-14), 1M- 4:46.31i,
  3k- 9:40.91i (9:29.28mx/9:38.60-14, 9:31.48i-15),
  5k- 17:16.03 (16:27.40-14)
ATKINSON Becky V35 28.11.77, WSE&H
  Mar- 2:55:45
ATKINSON Lara U17 23.11.00, Cambridge H
  3k- 10:13.52mx

ATKINSON Mia U15 15.11.01, Charnwood
  1500- 4:43.2
AUCKLAND Rhona Louise 11.05.93, Banchory/
  New Mexico Un 5k- 17:00.65 (15:27.60-15)
AUGUSTINE Tierney U17 23.09.99, Nene Valley H
  SPI- 12.64dh/12.48, DT- 33.26
AUSTRIDGE Yasmin U17 11.08.00, Blackheath & Brom
  1500- 4:38.68mx, 1.5kSt- 4:58.09 (4:54.82-15), 400H- 63.98
AUSTRIDGE Zoe U15 1.08.02, Blackheath & Bromley
  PV- 2.63i
AVERY Kate 10.10.91, Shildon Runners
  3k- 9:11.53+ (8:53.12i-15, 8:56.24-14),
  5k- 15:29.02 (15:25.63-15), 10k- 32:11.84 (31:41.44-15)
AWUAH Kristal U20 7.08.99, Herne Hill
  60- 7.6i/7.69i, 100- 12.07
AYTON Charlotte U17 17.09.00, Wimborne
  LJ- 5.58

B ABALOLA Ayoola U15 17.12.01, WSE&H
  60- 7.80imx, 100- 12.17, 200- 25.5
BACAKOVA Karolinka U15 13.04.02, Neath
  HTI- 44.67
BAGGOTT Phoebe U15 11.11.01, Wolves & Bilston
  HTI- 58.01
BAGNATI Marta 11.02.85, Serpentine/ITA
  Mar- 2:55:54
BAILEY Ashleigh U17 19.01.01, Solihull & S H
  LJ- 5.64, SPI- 12.49, HepI- 4363
BAILEY Megan U20 22.01.98, Harrow
  PV- 3.30i/3.20 (3.32-14, 3.30-14)
BAILEY Niamh U23 28.06.95, Corby/DMU (Beds) Un
  60- 7.73i (7.66i-15), 100- 11.8/11.90w (12.10-15),
  200- 24.41w/24.73 (24.66-15), 60H- 8.61i,
  100H- 13.95w/14.11, HJ- 1.66i/1.65 (1.67-15),
  LJ- 5.92i/5.81, SP- 11.72i/11.35, Hep- 5208, PentIS- 3936i
BAINSFAIR Kiera U15 3.02.02, Basildon
  300- 41.9, 60HG- 9.09i, 75HG- 11.13, HJ- 1.62,
  LJ- 5.20, PenG- 3265, PenIG- 3228i
BAKARE Emma U17 20.11.00, North Somerset
  SPI- 12.39
BAKARE Sabrina U23 14.05.96, Shaft B/Loughboro St
  400- 54.83 (52.77-13)
BAKER Alex U15 27.12.01, Pendle
  JTI- 34.88
BAKER Ellie U20 3.06.98, Shaftesbury B
  800- 2:09.19 (2:07.59-13)
BAKER Jessica 6.06.82, Sydney Striders, AUS
  24HrT- 230.395km
BALL Emily U20 31.10.97, West Cheshire
  SP- 11.90 (12.56-15), DT- 37.49 (40.10-15)
BALLANTYNE Emma 20.06.88, City of York
  Mar- 2:55:03
BANBURY Anastasia U17 19.08.01, Walton
  HTI- 47.74
BANBURY Eevee-May U17 19.05.00, North Devon
  1.5kSt- 5:11.18
BANJO Susannah 28.07.89, Newham & Essex B
  200- 24.98 (23.99w-14, 24.07-13), 400- 55.74
BANKS Andrea V40 27.09.72, Jersey Spartan AC
  Mar- 2:54:27
BANNERMAN Jenny 16.10.87, Inverness
  5kR- 16:43, 10MR- 58:42 (57:49-15)
BAPTISTE Kimbely 27.12.92, Crawley/London Un
  60- 7.59i, 100- 11.84 (11.7w/11.79w-15),
  200- 23.66w/23.86
BARBER Ellen U20 5.12.97, Yeovil Olympiads
  HJ- 1.71, LJ- 5.71w/5.54, SP- 11.10, JT- 41.78,
  Hep- 5014
BARBOUR Alexandra U20 1.03.99, WSE&H
  1.5kSt- 5:04.84, 2kSt- 7:08.55
BARBOUR Emma U15 17.02.02, Giffnock North
  HJ- 1.65i/1.61
BARCLAY Amy 14.04.92, Crawley
  60H- 8.76i (8.45i-14), 100H- 14.73 (13.77-14), 400H- 64.95
BARKER Kierra U20 3.11.97, Basingstoke & MH
  100H- 14.66w/15.24, LJ- 5.79, TJ- 11.84
BARKER Phoebe U17 27.11.99, Tonbridge
  1500- 4:32.67, 3k- 9:47.89

BARKES Claudia U17 1.02.00, Darlington
PV- 3.40
BARLOW Beth U17 8.04.00, Manchester
800- 2:10.04mx/2:13.51, 1500- 4:32.57 (4:30.39-14)
BARLOW Sharon V35 5.09.77, Darlington
HMar- 78:35
BARLOW Tracy 18.06.85, Thames Valley
3k- 9:49.08, 5k- 17:27.17, 10kR- 34:25, 10MR- 56:59+, HMar- 74:25, Mar- 2:32:05
BARLOW Victoria U17 12.02.01, Sale
PV- 3.70
BARNABY Joanna U15 20.03.02, South London H
DT- 29.92
BARNDEN Hannah U15 8.01.02, Derby AC
JTI- 37.75, HexG- 3156
BARNES Daisy U17 15.07.00, Notts
PV- 3.25
BARNES Heather U15 15.01.02, Giffnock North
3k- 9:59.40mx/10:04.00
BARNES Paige U20 9.01.99, Marshall Milton Keynes
HT- 43.11
BARNES Ruth V35 7.10.78, Avon Valley R
5kR- 16:41, 5MR- 27:21, 10kR- 34:18, 10MR- 56:47
BARNES Stephanie 28.07.88, Bristol & West
1500- 4:17.61, 3k- 9:20.13mx/9:34.56, 5k- 16:01.78, 10kR- 34:43
BARNSDALE Alice U20 23.02.99, Lincoln Wellington
HT- 53.37, HTI- 60.36
BARRETT Alicia H U20 25.03.98, Chesterfield
60- 7.69imx (7.5imx-14, 7.64i-15), 100- 11.98, 60H- 8.56i (8.49i-15), 100H- 13.15
BARRETT Angela 25.12.85, Thames Valley
LJ- 5.96 (5.97-13), TJ- 13.19
BARRETT Eleanor U15 30.04.02, Blackheath & Brom
PV- 3.10
BARRETT Ella T U20 25.03.98, Chesterfield
200- 24.08 (24.03-15), 400- 54.63
BARRON Amy Melissa U20 15.07.98, Jarrow & Hebburn
Hep- 4089
BARROW Leah 21.01.93, WSE&H
400- 54.87 (54.82mx-15),
800- 2:03.18i/2:03.63 (2:03.22-15)
BARTL Evie U17 15.08.00, Kilmarnock
JTI- 38.87
BATCHELDOR Caitlin U15 23.04.02, Poole
DT- 33.85, HTI- 46.25
BATEMAN Amelia U17 13.11.00, Gateshead
HJ- 1.71 (1.73-15), HepI- 4314
BATEMAN-FOLEY Kirsty U20 5.02.97, Stevenage & NH/ St Marys Un C   JT- 37.83
BATES Anna 18.05.87, Trafford
TJ- 12.09i/11.96w/11.78 (12.71w/12.58i-07, 12.51-06)
BATES Annabelle U23 12.05.94, TVH/Cambridge Un.
HJ- 1.70
BATES Anya U17 17.05.00, Birchfield
60HI- 8.74i, LJ- 5.74
80HI- 11.7w/11.73w/11.87 (11.52w/11.61-15)
BATES Carly U17 23.02.00, Coventry Godiva
60HI- 8.89i, 80HI- 11.40w/11.46
BATH Ann V65 9.08.48, 26.2 Running Club
24HrT- 186.559km
BATTERBEE Charlie U20 31.10.98, Huntingdon
HT- 41.42
BAULK Florence U17 10.12.00, Woking
JTI- 39.93
BAXENDALE Alice U15 31.10.01, VP-Glasgow
DT- 34.27
BAXTER Carolyne 21.08.91, Lancaster & Morecambe
5kR- 16:59
BAXTER Marie V40 25.09.73, Garioch RR
Mar- 2:57:42
BEALES Emma Jay V40 7.12.71, Marshall Milton Keynes
DT- 44.20 (54.68-95)
BEAN Poppy U17 18.08.00, Notts
HTI- 45.79
BEARDMORE Emma 6.12.87, Marshall Milton Keynes
SP- 11.47, DT- 37.24, HT- 49.19

BEARPARK Corin 18.10.88, Havant
800- 2:10.06
BEATTY Cathrine 12.07.93, Bristol & W/Lough St/CYP
HT- 59.84 (60.50-15)
BECKFORD Lily U20 11.08.97, Shaftesbury B/Brunel Un
400- 53.50, 800- 2:09.55
BECKINGHAM Jenny 29.12.92, So'ton/San Jose State U
800- 2:08.23 (2:07.80-12), 1500- 4:18.32, 3k- 9:47.06iA, 5k- 16:35.74
BEE Emily U15 3.03.02, City of Plymouth
75HG- 11.16w/11.20, LJ- 5.35, PenG- 3243
BEE Felicity Frances U20 4.11.97, Birchfield
JT- 39.74 (40.45-15)
BEEDIE Florence U15 15.08.02, Derby AC
200- 25.93
BEESLEY Meghan Danielle 15.11.89, Birchfield/Lough St
200- 23.76i (23.53-15), 400- 53.15i (52.79-11),
400H- 55.43 (54.52-15)
BEETHAM-GREEN Mary U15 26.03.02, Rugby & Nor'ton
60- 7.99i, 200- 25.96
BEGLEY Aisling U17 27.10.99, Reading
PV- 3.00
BEHAGG Hazel V40 21.06.75, Dartford RR
Mar- 2:55:59 (2:54:53-13)
BELL Alexandra 4.11.92, Pudsey & Bramley
400- 54.79mx, 800- 2:00.53
BELL Alyson U13 9.11.03, Giffnock North
60- 8.11i, 150- 19.30, 200- 26.71
BELL Georgia 17.10.93, Shaftesbury B/UC Berkeley
800- 2:08.22 (2:03.38-14), 1500- 4:18.89 (4:16.96-15)
BELL Nicola U17 27.11.00, Walton
JTI- 42.10
BELL Rachel U23 20.11.96, Cleethorpes/Bath Un
60- 7.73i (7.73i-15), 100- 12.10
BELL Ruby U13 26.10.03, Sale
800- 2:21.64mx/2:22.4, 1200- 3:49.7
BELLANDO Alice U15 11.05.02, Manx H
5kWR- 29:07
BELYAVIN Julia R. V35 10.07.79, Bristol & West
Mar- 2:53:30 (2:49:51-15)
BENNETT Gemma Samantha 4.01.84, Shaftesbury B
100H- 13.53w/13.57 (13.02-08)
BENNETT Natasha U15 7.11.01, Bracknell
200- 25.9
BENNETT Rachel U15 3.07.02, Shildon
60- 8.01i (7.95imx/7.96i-15), 100- 12.21 (12.0dt-15),
200- 25.39
BENNETT-CORDY Alexia U15 1.02.03, Tipton
75HG- 11.6
BENSON Amelia U17 18.09.99, Kingston upon Hull
100- 12.3
BENSON Holly U15 17.08.02, Stockport
SPI- 11.58
BENSON Tayla U23 20.08.96, Thames Valley/Brunel Un
100H- 14.79 (14.56-15)
BENTON Zoe U20 2.10.98, Herts Phoenix
400H- 65.12
BERRY Evie U17 13.03.00, Liverpool H
100- 12.3, 60HI- 9.06i, 80HI- 11.5w/11.56w/11.7/11.71
BESFORD Ellie 14.12.92, Chelmsford
PV- 3.10i/3.10 (3.81-10)
BESWICK Abby Michele U20 12.12.97, East Grinstead
LJ- 5.60 (5.65-15)
BEYNON-THOMAS Alaw 15.11.89, Swansea
3k- 9:41.45mx/9:51.64 (9:43.34i-13),
5k- 17:23.45 (16:39.13-12)
BIBBY Liane U23 1.12.94, Wigan
JT- 44.05 (45.86-14)
BILLINGHAM Chloe U20 14.01.98, Horsham BS/Camb U
PV- 3.50
BILSLAND Elena U20 1.06.99, WSE&H
100H- 15.27w
BIRD Elizabeth U23 4.10.94, Shaftesbury B/Princeton Un
1M- 4:39.32i, 3k- 9:18.42i (9:34.85-13),
3kSt- 10:10.28 (9:54.76-15)
BIRD Melissa Anne U20 18.09.98, Cheltenham
DT- 35.23 (38.19-15)

BIRD Sara 28.01.87, Ipswich Jaffa
Mar- 2:51:40 (2:40:00-14)
BIRMINGHAM Nichole U17 9.01.00, Birchfield
SPI- 13.37, HTI- 46.36
BISHELL Abigail U23 11.02.95, C of Sheffield/Leeds B U
100- 12.09
BISHOP Sophie U17 26.06.00, City of Norwich
TJ- 11.28
BLACK Charlotte V40 10.04.75, Shetland
100kR- 8:47:57
BLAIR Joanna Louise 1.03.86, Luton
JT- 57.44
BLAIZE Dominique M. 3.10.87, Kingston & Poly
SP- 11.27 (13.47-10)
BLAKE Danielle U20 5.03.98, Cambridge H
100- 12.02 (11.93w-15)
BLAKEMAN Catherine U20 19.03.97, C.de Nerja, ESP
400H- 65.34
BLAKEY Lauren U17 16.07.01, Derby AC
200- 25.4
BLAND Ashlyn U20 14.04.99, Gateshead
400- 55.90i
BLAND Gill 9.03.82, Harrow
Mar- 2:53:37
BLEAKEN Loren U23 3.09.95, Birchfield
400- 56.03 (53.96-14)
BLOEM Isabelle U13 15.12.03, Halifax
800- 2:21.9
BLOOR Louise 21.09.85, Trafford
60- 7.35i, 100- 11.60 (11.43-15),
200- 23.36imx/23.39i/24.34 (23.31-13)
BLOXHAM Charlie U17 19.02.00, Cueva de Nerja, ESP
400- 57.86i, 800- 2:14.65
BLUNDELL Jenna U17 12.06.01, Team Bath
60HI- 8.95i, 80HI- 11.37w/11.50, HJ- 1.65, LJ- 5.46w,
HepI- 4547
BLUNT Clare 28.09.87, Kingston upon Hull
PV- 3.81 (3.85-15)
BOAST Suzanna 29.03.90, Bedford & Co/New Mexico Un
1500- 4:24.99 (4:20.06-14)
BOATENG Davina U17 25.03.01, South London H
60- 7.79i, 100- 12.2, 200- 25.3
BOBASH Sara U23 1.02.94, Birchfield/Wolvs Un
HT- 56.40
BOFFEY Isabelle U17 13.04.00, Enfield & Haringey
400- 55.97i, 800- 2:05.68
BONIFACE Anna 27.04.91, Reading
Mar- 2:46:07, 2kSt- 7:17.16, 3kSt- 11:20.05
BOOKER Ellie U17 28.03.01, Rotherham
60- 7.82i, 100- 12.24, 200- 24.67
BOOMER Chloe 11.10.93, Lagan Valley/Leeds Un
60- 7.70i
BOOTHBY Clara U23 18.09.95, Macclesfield/Liverpool U
LJ- 5.70i/5.69, TJ- 11.34i (17.15)
BORTHWICK Emily U20 2.09.97, Wigan
HJ- 1.80 (1.80-15)
BOTHAM Emma U17 28.05.01, Chesterfield
DT- 39.72
BOUCHARD Lauren 21.04.91, Birchfield
800- 2:04.79
BOULTON Niamh U15 30.04.02, Bristol & West
DT- 29.10
BOWDEN Philippa U23 29.03.95, AF&D/Brunel Un
3k- 9:36.70mx, 10kR- 34:23,
2kSt- 7:06.86 (6:56.81-14), 3kSt- 10:44.16
BOWER Grace U17 3.11.99, Sale
60HI- 9.07i (8.98i-15), 100HI- 14.87, 100H- 15.0,
HJ- 1.65 (1.66i-15), LJ- 5.53, Hep U18- 4685
BOWIE Emma U23 22.12.96, Moray RR
HT- 48.72 (52.31-13)
BOWLEY Kayla U15 28.12.01, Croydon
60- 7.95i, 100- 12.3/12.56, 200- 24.77, LJ- 5.33
BOWLEY Nancie U17 4.02.01, Reading
1500- 4:37.34
BOWRING Eva Poppy U17 15.01.00, Dorchester
JTI- 38.68
BOYLES Sarah 30.09.89, Bingley
SP- 13.22i/12.32 (13.80i/13.79-12)

BRADBEER Kara U23 28.01.95, Pitreavie/Heriot Watt
PV- 3.57
BRADFIELD Lauren U17 16.04.00, City of Norwich
100H- 15.8
BRADLEY Chloe 27.03.93, Doncaster
800- 2:09.02, 1500- 4:25.59
BRADSHAW Annie U20 15.02.99, Blackpool
Hep- 3958
BRADSHAW Holly Bethan 2.11.91, Blackburn
PV- 4.76i/4.70 (4.87i-12, 4.71-12)
BRAMHALD Kelly U23 10.06.94, Doncaster/Loughboro St
JT- 44.27 (48.79-12)
BRANNIGAN Hollie U17 8.11.99, North Down
300- 40.75
BRECHANY Nicola U17 5.01.00, VP-Glasgow
400- 58.40
BREEDEN Isabel Hamilton U17 26.07.01, Cardiff
60HI- 9.19i, 100H- 15.2w/15.22w/15.42
BREEN Erin U20 28.12.98, Herts Phoenix
PV- 3.33i/3.20 (3.20-15)
BREEN Tyne Samantha 15.04.92, Blaydon
DT- 35.81 (37.41-11)
BRENNAN Orla U15 8.02.02, WSE&H
200- 25.47, 300- 40.39, 60HG- 9.35i, 75HG- 11.10,
LJ- 5.29, PenG- 3177
BRENTON Laura 20.06.86, Southampton
5k- 16:58.06
BRETT Maria U23 16.10.95, Newquay & Par/Oxford Un
HT- 45.38 (47.13-13)
BREWSTER Jade U20 20.02.97, Horsham BS/Cardiff Met
PV- 3.50i/3.20 (3.81i/3.70-15)
BRIDGE Gemma 17.05.93, Oxford City/
McNeese State Un 5k- 17:10.28, 10k- 35:55.93,
3kW- 13:17.85, 10kWR- 50:33
BRIDGER Ruby U15 6.05.03, Thurrock
60HG- 9.27i
BRIDSON-HUBBARD Niamh U20 19.07.98, Bl'heath & Br
1500- 4:23.55, 3k- 9:33.37
BRIER Hannah U20 3.02.98, Swansea
60- 7.37i, 100- 11.39 (11.37w/11.39A-15),
200- 23.61 (23.25w/23.59-15)
BRIGGS Eleanor 20.12.92, Inverness
400- 57.38
BRILL Flo U13 23.02.04, Nene Valley H
800- 2:21.42mx, 1500- 4:50.0
BRIMECOME Devon U20 4.05.98, Basingstoke & MH
400H- 65.14
BRINDLE Micaela U23 22.02.94, Wigan
60H- 8.96i (8.80i-15), 100H- 14.75 (14.06-15),
LJ- 5.74i/5.60 (6.09-13), PentIS- 3452i
BRINT Francesca U17 30.08.00, Sale
800- 2:13.28mx, 1500- 4:38.21mx (4:38.21mx-15),
3k- 10:11.8
BRISCOE Julie V40 11.02.76, Wakefield
10kR- 34:40 (34:19-14), HMar- 77:21 (73:29-11)
BRISTOWE Katie U15 11.03.02, Crawley
60HG- 9.24i, 75HG- 11.26
BRITANE Laura 18.05.87, Thames Valley
DT- 42.43 (45.99-14), JT- 45.45 (48.29-14)
BROADBELT-BLAKE Angelita 12.09.85, Thames Valley
100- 12.18 (12.09w-09),
100H- 13.29w/13.53 (13.07w/13.18-11)
BROADBRIDGE Helen Jane 23.07.92, Newbury
DT- 38.35 (41.42-15), HT- 51.39
BROADFOOT Rachel U15 6.06.02, Dundee HH
60HG- 9.43i, 75HG- 11.51
BROCK Grace U17 22.02.01, Cornwall AC
3k- 10:02.0
BROCK-WALTERS Shiann U15 23.07.02, Cambridge H
60- 8.02i, 100- 12.3/12.33, 200- 25.59
BROMFIELD Demi U23 17.03.96, Newham & Essex B
JT- 39.62 (43.14-12)
BRONZE Sophie U20 28.06.98, Gateshead
100H- 14.96, HJ- 1.65 (1.66-14), Hep- 4581
BROOKE Lydia 27.04.88, Wakefield/USA
LJ- 5.64w (5.55-15)
BROOM Danielle U17 28.10.99, Bournemouth
SP- 10.95, SPI- 12.44, DT- 42.54, HT- 47.08, HTI- 58.22

403

BROOME Eleanor U20 6.02.99, Rugby & North'ton
  LJ- 6.26
BROPHY Anna U17 14.04.01, Guildford & Godalming
  HJ- 1.71, Hepl- 4513
BROWN Alexandra U17 8.04.01, Herne Hill
  1500- 4:29.74
BROWN Alice U13 1.11.03, Havering
  DTM- 32.80
BROWN Ella V40 3.10.72, Alnwick H
  Mar- 2:57:04
BROWN Emily Jane 8.09.83, Cardiff/Cardiff Met
  2kSt- 7:19.34 (6:45.80-13)
BROWN Fiona U23 11.01.96, Winchester/Cambridge Un.
  SP- 11.87i/11.33 (12.83-15)
BROWN Gemma U23 16.02.96, Bl'heath & Brom/Leeds U
  DT- 37.57 (42.59-13)
BROWN Holly U20 21.11.98, Peterborough
  PV- 3.60
BROWN Isobel U23 5.12.94, Chichester R/Colorada St U
  HJ- 1.78iA/1.75 (1.75A-15)
BROWN Jessie U15 26.11.01, Amber Valley
  JTI- 35.25
BROWN Katy 18.11.93, Stewartry
  800- 2:03.23 (2:02.33-15)
BROWN Kiikii U13 20.01.04, Leeds
  HJ- 1.53i/1.52, LJ- 4.89, PenM- 2392
BROWN Niamh U20 16.04.99, Aldershot F&D
  3k- 9:45.56mx (9:29.23-14)
BROWN Phoebe U17 24.06.01, Blaenau Gwent
  JTI- 38.93
BROWN Rosie U15 6.09.01, Havering
  DT- 32.35
BROWN Samantha U23 24.02.94, Dartford
  400H- 60.01
BROWN Shaunagh 15.03.90, Blackheath & Bromley
  SP- 13.60 (16.39-13), DT- 49.21 (51.77-14),
  HT- 56.88 (66.85-14)
BROWNE Janet U23 17.10.94, Stev & NH/Brunel Un
  HJ- 1.68i/1.66 (1.68-14)
BROWNING Charlotte Lucy 8.10.87, Aldershot F&D
  1500- 4:23.91i (4:09.86-10), 5k- 16:49.57 (16:35.29-14)
BRUCE Megan U20 11.10.97, Amber Valley
  LJ- 5.58
BRUINVELS Georgie 20.10.88, Aldershot F&D
  10kR- 34:29, HMar- 76:38/73:29sh,
  Mar- 2:38:20 (2:37:21sh-15)
BRUNEY Maya U20 24.02.98, Blackheath & Bromley
  100- 12.10 (11.82w/11.8irr12.07-12), 200- 24.04w/24.23
BRYAN Lucy U23 22.05.95, Bristol & West
  PV- 4.25 (4.40-13)
BRYAN Toni U15 23.12.02, Croydon
  100- 12.5, 200- 25.7
BRYSTING Josephine U23 11.12.95, Lough St/DEN
  5k- 17:08.08
BUCHANAN Kaisha U17 20.10.99, Notts
  300- 39.99mx/40.07
BUCKETT Emma Jane 14.05.93, B'stoke & MH/Lough St
  100H- 14.84 (14.10w/14.15-12), HJ- 1.68i/1.65 (1.74-12)
BUCKINGHAM Toni U20 22.02.98, Barnsley
  SP- 13.63dh/12.50 (12.97-15)
BUCKLEY Charlotte U15 2.01.02, Thames Valley
  300- 41.80, 800- 2:14.92, 1500- 4:44.8
BUE Elise U23 29.04.95, Worcester AC/Loughborough St
  SP- 11.33, DT- 45.16
BULLOCK Rebecca U17 6.12.00, Basingstoke & MH
  800- 2:11.54mx/2:12.0
BUNDY-DAVIES Seren U23 30.12.94, Trafford
  400- 51.26
BUNTON Amelia Jane U15 13.06.02, Wakefield
  60- 7.96i, 100- 12.43w, 200- 25.57i/25.9, 300- 40.87i/41.30i
BURGER Nicole U23 11.05.94, Radley AC
  Hep- 4061 (4078-12)
BURGESS Rachel V40 1.02.73, Bologna (ITA)
  Mar- 2:57:28
BURGESS Tannika 1.10.93, Wolves & Bilston
  TJ- 11.29i/11.11 (11.49-09)
BURLEY Bethan Laura U17 26.03.00, Wimborne
  80HI- 12.00, 300H- 45.13, SPI- 12.91, Hepl- 4752

BURNETT Sophie U20 22.03.98, Birtley
  800- 2:10.3mx, 1500- 4:26.7mx
BURNS Alexandra U20 10.08.99, Helensburgh
  LJ- 5.55, TJ- 11.10i (11.15-15)
BURNS Chloe U20 26.11.98, City of Stoke
  100H- 15.0/15.06w
BURNS Natalie Elizabeth 23.04.84, Lincoln Well.
  5k- 17:25.36 (17:06.51-14), HMar- 78:42
BURNS Rachael V35 1.03.80, Liverpool H
  1500- 4:25.16mx/4:25.47, 3k- 9:27.08, 5kR- 16:29,
  10kR- 34:47
BURR Katie U13 30.09.03, Central
  PenM- 2390
BURT Anna U17 12.07.00, Team Bath
  400- 57.86, 800- 2:06.23
BURTON Abigail U17 9.03.00, City of York
  SPI- 12.68, DT- 38.61, JT- 35.89, JTI- 40.24
BUSBY Megan U17 5.01.01, Carlisle Asp
  LJ- 5.49i/5.47
BUSBY Sarah 23.09.90, W.Green & Ex L/AUS
  60- 7.73i, 100- 11.83, 200- 24.72 (24.37-15)
BUTCHER Evelyn U17 29.01.01, Cambridge H
  5kWR- 28:02
BUTT Eleanor U15 21.09.01, Southend
  JTI- 37.00
BUXTON Abigail U20 3.10.98, Pembroke
  HJ- 1.65i/1.65
BUXTON Leanne V35 27.05.78, Bedford & County
  100H- 15.15 (13.96w-00, 13.97-99),
  400H- 64.95 (61.7/62.02-01), SP- 11.54 (12.63-09)
BYKOVAITE Kamile U20 16.07.97, Ealing, S & Mx
  TJ- 11.28w/11.20 (11.28-15)
BYLES Alice U20 15.11.98, Oxford City
  400H- 63.14
BYRNE Devon 10.11.93, M.Milton K/Loughborough St
  SP- 11.19 (11.63-14)

CAESAR Olivia U23 22.07.96, Swansea/Bath Un
  200- 24.80, 400- 53.45
CAIN-DALEY Isabel U20 27.11.98, Stratford-upon-Avon
  HJ- 1.75 (1.76-15)
CALCOTT Sarah 29.06.84, Enfield & Haringey
  400H- 60.47
CALLAWAY Samantha U15 4.03.02, Southampton
  SPI- 12.53, DT- 36.90, JTI- 35.18
CAMPBELL Emily U23 6.05.94, Notts/Leeds Beck Un
  SP- 14.30, DT- 36.81 (39.52-15), HT- 51.47 (54.18-14)
CAMPBELL Tamsin U20 12.02.99, Crawley
  PV- 3.70
CAMPBELL-SMITH Nikita U23 5.09.95, Birchfield
  60- 7.64i, 100- 12.04, 200- 24.31, 400- 53.60
CAMPSALL Rebecca 2.10.90, City of York
  60- 7.45i, 100- 11.46w/11.53, 200- 24.07w/24.25i/24.6/24.75
CANHAM Molly U15 3.11.01, Exeter
  800- 2:07.84, 1500- 4:33.90mx/4:38.21, 3k- 10:17.1
CANNING Emma U20 7.03.97, Whitemoss/St'clyde U
  100H- 14.58w/15.0/15.08 (14.88-15), HJ- 1.72,
  LJ- 5.88w/5.83, Hep- 4985, PentIS- 3680i
CANT Thora U20 27.07.97, Orkney AC
  JT- 38.84 (38.91-12)
CAREY Elena U17 14.04.00, Bracknell
  1.5kSt- 5:07.0
CAREY Jasmine U15 13.09.02, Blackpool
  PV- 3.10
CARLYLE Jade U20 9.04.99, Edinburgh AC
  HJ- 1.65i/1.65 (1.70-15)
CARNWATH Gabriel J. 9.11.81, Clapham Chasers
  Mar- 2:55:39 (2:50:06-14)
CARR Alyssia U23 27.11.96, Sale/Leeds Un
  LJ- 5.55 (5.73w-14, 5.70-13)
CARR Ebony Alice U20 21.01.99, Marshall Milton K
  60- 7.72i (7.67i-15), 100- 11.84w/12.15 (11.81-15),
  200- 24.72i/24.80w/24.83
CARROW Ellie U15 26.10.01, Taunton
  TJ- 10.35w/10.33, PenG- 2969
CARTER Abbi 16.10.93, Kingston upon Hull
  HT- 57.20 (60.75-12)
CARTER Amy Lydia U17 24.06.01, New Marske
  60HI- 9.07i, 80HI- 11.9

CARTER Grace U17 25.10.99, Aberdeen
  60HI- 9.00i, 80HI- 11.95w/11.96 (11.93w-15)
CARTER Kimberley U23 18.07.95, Telford
  DT- 39.40
CARTER Larissa U17 2.05.00, Lewes
  HT- 39.08, HTI- 51.23
CARTER Rachel U17 27.01.01, Shaftesbury B
  300H- 46.48
CARTER Rachel U13 16.06.04, Braintree
  PenIM- 2207i
CARTLEDGE Emily U23 9.09.96, Bedford & Co/Kent Un.
  Hep- 3829 (4035-14)
CASTELOW Isabel U15 3.12.01, Halifax
  800- 2:17.3mx/2:17.60
CASTLE Rosie U20 2.04.97, City of Portsmouth
  HT- 41.03
CAUDERY Molly U17 17.03.00, Cornwall AC
  PV- 4.06
CAVANAGH Melissa U20 16.07.99, C of Portsmouth
  JT- 39.33
CAVILL Octavia U20 21.12.98, Bedford & County
  HJ- 1.66 (1.75-15)
CAYGILL Nicola U17 30.01.00, Jarrow & Hebburn
  100- 12.44, 200- 25.25w
CAYTON-SMITH Charlotte U20 15.05.97, Cornwall AC
  400- 56.90i (56.0-13, 56.82-14), 800- 2:06.69i/2:08.13 (2:05.73-14)
CEESAY Zainab 27.10.83, W.Green & Ex L
  TJ- 12.91 (13.27-08)
CHAMBERLAIN Rosie U23 11.08.95, Exeter/Florida St U
  400- 57.00i (56.72-14), 800- 2:04.54
CHAMBERLIN Lydia 2.10.87, Lincoln Wellington
  HJ- 1.65i (1.76-09), SP- 11.84 (12.32-12)
CHANDLER Ellie U20 18.09.98, WSE&H
  HT- 48.30
CHANNER Shamilla U17 18.02.00, Birchfield
  80HI- 11.92 (11.75-15)
CHANTLER EDMOND Luisa U20 7.06.99, Radley AC
  SP- 11.64i/11.63, DT- 45.25
CHANTREE Mia U15 15.11.01, Chelmsford
  HJ- 1.68, LJ- 5.32, HexG- 3499, PenG- 3115, PenIG- 3128i
CHAPMAN Katie U13 20.09.03, Exeter
  70HM- 11.52, HJ- 1.62, LJ- 5.01, SPM- 10.22, PenM- 2446
CHAPMAN Rebecca Charlotte 27.09.92, Cardiff/Card Met
  60- 7.53i, LJ- 5.88i/5.51 (6.23i-15, 6.17-14)
CHAPPELL Lucy U20 10.01.97, Doncaster/Hallam Un.
  100H- 15.22 (14.8/14.94w/15.03-15),
  HJ- 1.69i/1.66 (1.73-14), Hep- 4530 (4622w/4581-15)
CHARLES Mayah U17 24.07.00, Notts
  LJ- 5.58
CHARLES Shereen 7.10.84, Shaftesbury B
  100- 11.95w/12.08 (11.9-11, 11.92mx/2.03-15)
CHATTENTON Dani U23 4.07.96, Med & Maid/Oxford U
  2kSt- 7:17.30 (7:16.91-15)
CHAUNDY Abbie U20 1.06.97, Swindon
  LJ- 5.58 (5.58-14), TJ- 11.76 (11.82-14)
CHERRY Jill U20 1.03.98, VP-Glasgow
  100- 12.11w (12.19-15), 200- 24.83 (24.51-15), 400- 55.50
CHIARELLO Karen V50 31.08.63, Manx H
  50kW- 5:21:23
CHIGBO Ada'ora U20 2.01.99, North Somerset
  100HI- 15.30, HJ- 1.83, SP- 12.49i/12.14,
  SPI- 14.33 (14.77-15), Hep U18- 4833
CHILDS Hannah U15 7.02.02, Southampton
  300- 41.9
CHINEDU Vera U17 2.05.00, Cambridge H
  60- 7.57i, 100- 11.81w/11.84, 200- 25.02w/25.26 (24.39-15)
CHIVERS Rebecca U15 20.11.01, Kingston upon Hull
  JTI- 34.57
CHOUHAL Antonella V40 27.04.76, City of York/MLT
  DT- 36.00 (38.24-12)
CHRISTENSEN Charlotte 27.01.93, Cambridge & Col
  3k- 9:27.11mx/9:43.92
CHRISTMAS Emma 24.06.88, Havering
  JT- 40.50 (43.82-09)
CHURCH Lily U15 30.07.03, Carmarthen
  HJ- 1.60
CHURCH Lydia U17 13.10.99, Nene Valley H
  SPI- 12.23, HT- 39.26

CIENCIALA Magda U17 4.10.99, Blackheath & Bromley
  60- 7.88i (7.88i-15), 100- 12.11w/12.23,
  200- 25.27w/25.35 (25.32-15)
CLARE Amber U17 3.03.01, Basingstoke & MH
  300- 40.40
CLARK Jasmine U17 13.02.01, Middlesboro Mandale
  60HI- 8.96i, 300H- 44.8/45.09
CLARK Kellyjo U23 13.07.94, Cit of Sheffield
  100H- 14.45w/14.60 (14.10-13)
CLARK Laura U23 17.08.96, Shaftesbury B
  60- 7.75imx (7.71i-14)
CLARK Zoey U23 25.10.94, Thames Valley/Aberdeen Un
  400- 52.58
CLARKE Amy 22.04.86, Isle of Wight
  HT- 44.33 (48.83-06)
CLARKE Ashleigh U20 15.09.97, Croydon
  100- 12.06
CLARKE Rosie 17.11.91, Epsom & Ewell
  800- 2:06.82mx (2:08.31i/2:08.92-13), 10kR- 33:32,
  1500- 4:12.41 (4:12.10-15),
  1M- 4:41.86mx (4:31.75i-15),
  3k- 9:15.04 (9:10.99i-14), 2kSt- 6:29.53, 3kSt- 9:51.97
CLARKSON Valentine U20 21.05.97, Shaft B/London Un
  TJ- 11.79i/11.50 (11.67-15)
CLAY Bobby U20 19.05.97, Invicta/Loughborough St
  800- 2:04.32, 1500- 4:10.61,
  3k- 9:11.42i/9:13.97 (8:59.12mx-15)
CLAYTON Catherine U17 2.09.99, Bristol & West
  DT- 33.35 (33.38-15)
CLAYTON Emma 16.07.88, Leeds
  3k- 9:11.23mx/9:26.7+, 5k- 15:44.38, 10k- 33:28.33
CLEGG Elizabeth 24.03.90, Edinburgh AC
  100- 11.91, 200- 24.44
CLELAND Jessica U17 2.10.99, Central
  60HI- 9.02i
CLEMENTS Amy 22.05.82, Kent
  5k- 17:01.0 (16:33.8mx/16:47.54-15), 5kR- 16:53,
  10k- 35:41.30 (35:35.6-15), 10kR- 34:54 (34:49-15),
  HMar- 75:15, Mar- 2:43:24 (2:41:34-15), 50kR- 3:26:17
CLEMENTS Daisy-Mai U15 31.10.02, Halesowen
  TJ- 10.74
CLEVELAND Ellie U15 5.08.02, WSE&H
  75HG- 11.6
CLIFFORD Elizabeth U23 28.09.95, Southampton
  400H- 60.51
CLITHEROE Helen Teresa V40 2.01.74, Preston
  3k- 9:34.3+/9:39.64 (8:39.81i-11, 8:51.82-10),
  5kR- 16:40 (15:06.75t-11), 10kR- 35:00+ (31:45-11),
  HMar- 75:37 (70:57-11)
CLITHEROE Stephanie U23 3.11.95, Windsor SE&H/
  St Marys Un C 60- 7.64i, 100- 12.0/12.03,
  60H- 8.60i, 100H- 13.71
CLOSE Annie 6.10.87, Brighton & H
  TJ- 11.10 (11.78-11)
CLOSE Bethany U23 30.12.95, Brighton & H/Bath Un
  200- 24.83, 60H- 8.59i (8.53i-15),
  100H- 14.00 (13.86w/13.91-15), 400H- 57.70
CLOWES Aimee-Leigh U20 22.08.99, Tavistock
  HJ- 1.66
CLULEY Mallory U15 15.03.02, Herne Hill
  75HG- 11.4/11.43
COATES Jo V40 13.10.75, Cambridge & Coleridge
  HMar- 76:45, Mar- 2:46:47
COCKELL Chloe U23 23.10.95, Braintree/Bedford Un
  HT- 43.04 (43.36-13)
COCKING Danielle 25.12.90, Poole
  400- 56.8
COCKLE Eugenie U17 20.12.99, Aldershot F&D
  1500- 4:28.54
COCKRILL Emily Sarah U20 14.03.98, Swansea
  JT- 43.46
COLE Cicely U17 3.02.00, Crawley
  PV- 3.10
COLE Rowena 13.01.92, Coventry Godiva
  400- 56.74 (55.7-11, 55.72-09), 600- 1:29.91,
  800- 2:03.45 (2:02.88-12), 1500- 4:18.07
COLEBY Samantha 4.08.90, Durham City H
  400- 56.7 (54.80-13), 800- 2:07.84

COLEMAN Cathy U20 3.07.98, Guildford & Godalming
HT- 42.00, JT- 36.79 (40.46-15)
COLEMAN Helena U20 4.01.97, Blackheath & Bromley
PV- 3.26i (3.50i/3.50-15)
COLEMAN Libby Mae U17 3.05.01, Sutton in Ashfield
3k- 10:13.16mx
COLES Olive U17 14.09.99, Dacorum & Tring
300H- 45.67, 400H- 66.23
COLLINS Jessica U15 9.01.02, Herne Hill
HJ- 1.63
COLLINS Lucy 6.06.84, Calder Valley
Mar- 2:55:48
COLLIS Maisie U13 2.01.04, Herne Hill
800- 2:22.4, 1200- 3:46.9, 1500- 4:47.36
COMPTON-STEWART Matilda U20 18.03.98, WSE&H
1.5kSt- 5:09.07 (5:07.87-15), 2kSt- 7:03.83
*CONNOLLY Breege V. V35 1.02.78, North Belfast/IRL
HMar- 77:13 (76:33-15), Mar- 2:44:41 (2:37:29-15)*
CONNOLLY Gemma Louise 18.12.81, St Helens Sutton
Mar- 2:53:30 (2:46:40sh-14, 2:49:08-13)
CONNOLLY Sarah U23 3.10.96, North Down/Brunel Un
60H- 8.99i, 100H- 15.30 (14.38w/14.92-15), HJ- 1.68i (1.65-13)
CONNOLLY Shannon U23 19.11.95, TVH/Bath Un
PV- 3.50i/3.40 (3.70-15)
CONNOR Olivia U20 6.09.97, Lewes
PV- 3.80 (3.90-15)
CONNOR Sophie 21.05.93, Shaftesb B/New Mexico Un
800- 2:05.95, 1500- 4:13.74, 1M- 4:37.67i
CONNORS Molly U17 18.10.99, De l'Ouest 78, FRA
200- 25.26, 400- 55.61, 400H- 64.15
COOK Amelia U17 31.05.00, Basingstoke & MH
SP- 11.26, SPI- 14.01
COOK Amy U13 9.12.03, Tamworth
JTM- 29.61
COOK Bethany U13 17.07.04, Bodyworks XTC
1500- 4:53.19
COOK Coirilidh U13 13.11.03, Central
70HM- 11.3/11.38
COOK Emily U23 22.08.96, Birchfield/Wolvs Un
HT- 42.47
COOK Jessica U17 4.07.01, Liverpool H
3k- 10:12.8
COOK Laura U23 25.09.96, Kingston & Poly/Camb Un.
400H- 65.4
COOK Sophie U23 12.09.94, Birchfield/Coventry Un
PV- 3.90 (4.02-14)
COOKE Gillian Helen 3.10.82, Edinburgh AC
LJ- 5.85 (6.43i-08, 6.40w-06, 6.39-07),
TJ- 12.09 (12.70i-08, 12.56-06)
COOKE Heather U20 22.02.98, Scunthorpe
400H- 64.17
COOKE Julia 9.09.88, Birchfield
800- 2:07.07i/2:08.32 (2:05.06-14), 1500-
4:18.20i/4:19.85 (4:12.49-15), 1M- 4:47.08 (4:38.37-15)
COOKE Kaeshelle U23 2.01.96, Enf & Har/Bath Un
100H- 14.27
COOMBES Millie U13 19.04.04, Yeovil Olympiads
DTM- 26.88
COOPE Emily U17 26.12.99, Amber Valley
60- 7.76i, 100- 12.1/12.12, 200- 25.07mx/25.27
COOPER Jasmine U17 25.02.01, Derby AC
3k- 9:56.8
COPE Rebecca 7.11.93, Kingston u Hull/Sheffield Un
TJ- 11.29
COPELAND Grace U17 11.10.00, Wimborne
800- 2:14.12 (2:13.91-14), 1500- 4:35.92
COPEMAN Jemima U15 15.06.02, WSE&H
300- 40.7/41.30, JTI- 38.31
CORRADI Dominique U15 15.09.01, Sutton & District
1500- 4:45.78
COSTANZO Elysia U15 25.09.01, Bedford & County
PV- 2.60
COSTELLO Kirsty U15 22.09.02, Kilbarchan
HTI- 53.95, JTI- 35.32
COULSON Bernice U20 25.04.98, Wigan
HJ- 1.65 (1.65-15)
COULSON Jessica 18.04.90, Stockport
3k- 9:36.2+ (9:11.28-15), 10k- 33:30.28 (32:41.59-15)

COURTNEY Melissa Jayne 30.08.93, Shaft B/Brunel Un
800- 2:05.34, 1500- 4:07.55, 3k- 9:03.63mx/9:13.87,
10kR- 33:15
COURTNEY Mollie U20 2.07.97, Cheltenham
60H- 8.34i, 100H- 13.28, HJ- 1.75 (1.75-14)
COUSINS Lucy U20 4.02.97, Rugby & Northampton
HT- 43.39
COUTTS Isabella U20 19.02.97, Camb & Col/Oxford Un
JT- 36.78 (39.14-15)
COUTTS Sarah U15 9.05.03, Pitreavie
1500- 4:41.05mx/4:42.45
COUTTS Stella U13 25.09.03, Cumbernauld
HTI- 31.61
COUZENS Millie U13 29.10.03, Bicester AC
LJ- 4.91
*COVENEY Gabrielle 29.07.91, Ealing, S & Mx/IRL
400- 56.24 (55.16-13)*
COWELL Emma U23 23.11.95, So'ton/St Marys Un C
HJ- 1.65i (1.76-13)
COWLER Sally U20 11.12.97, Herts Phoenix
Hep- 3948
COWLEY Katherine Ann 15.10.81, Havering
TJ- 11.22 (11.94-11)
COWPER Sophie 24.12.90, Lincoln Well
3k- 9:29.71mx/9:42.55, 5k- 16:32.12 (16:18.84-15),
5kR- 16:21, 10kR- 34:20 (34:16-15), 10MR- 57:49 (57:01-15)
COX Shana 22.01.85, Woodford Green & Ex L
200- 24.04i/24.88 (22.92w/23.15 USA-08, 23.38-12),
400- 53.78i/54.28 (50.84 USA-08, 51.12-13)
CRAIG Emily U20 5.02.99, Whitemoss
400H- 64.56, Hep- 3862
CRAWFORD Jazz U20 22.01.98, Blackheath & Bromley
100- 11.94 (11.90w-12, 11.93-15), 200- 24.51 (24.29-15)
CRAWFORD Victoria 31.12.85, Serpentine
Mar- 2:53:08
CRICKMORE Kelly V35 23.10.77, Stockport
Mar- 2:48:08 (2:45:14-13)
CRINGLE Aimee U20 24.05.99, Manx H
LJ- 5.59
CROCKER Beth U20 5.01.97, Crawley/Loughborough St
TJ- 11.22, Hep- 3930 (4783-15)
CROFT Anna U17 20.10.99, WSE&H
400- 57.85, 300H- 43.9/44.82 (44.19-15)
CROFT Rebecca U20 27.05.97, WSE&H/UC Berkeley
400- 56.21, 800- 2:06.51, 1500- 4:24.59
CROMBIE-HICKS Shona V45 1.06.71, Cheltenham
Mar- 2:56:52 (2:38:42-05)
CRONIN Victoria Ann 6.12.90, Trafford/Manchester Un
2kSt- 7:12.84, 3kSt- 11:06.52
CROOK Charlotte U17 14.09.99, Preston
400- 58.26 (57.83-15), 800- 2:12.19
CROOKES Lucy 4.05.93, Leeds/Un Alabama
1500- 4:26.58, 3k- 9:29.63mx/9:33.73,
5k- 16:30.68i/16:37.49, 10k- 34:26.06, 10kR- 34:05
CRORKEN Rachel U17 7.11.99, Wakefield
300- 40.84
CROSBY Priya 1.01.92, Cambridge Un.
2kSt- 7:10.65
CROSS Helen 13.02.82, Pocklington
Mar- 2:57:13 (2:57:07-15)
CROSSAN Shona U17 11.12.00, Shettleston H
SPI- 13.62, DT- 35.29
*CROSSEY Aislinn U23 11.08.95, Newry/IRL
1500- 4:28.67*
CROWE Emma V40 31.05.73, Wrexham
Mar- 2:53:02 (2:49:03-15)
CRUMLY Sophie 6.07.90, Newbury
3k- 9:45.44mx (9:29.07mx-11), 2kSt- 7:10.4
CUBBAGE Heather U17 20.01.01, C of Portsmouth
DT- 39.02, HTI- 47.07
CUFF Tamieka U20 18.02.97, Trafford
100H- 14.7/14.89 (14.7-13), 400H- 63.90 (62.62-15)
CULLEN Emma U23 1.05.94, Trafford/Cambridge Un.
200- 24.69 (24.32w-15)
CULLIFORD Lana U17 21.09.00, Cardiff
300H- 46.25
CUMBER Sarah Louise V45 7.02.71, Halifax
Mar- 2:53:03 (2:50:42-14)

CUNNINGHAM Aine U17 11.01.00, Sale
1500- 4:36.16, 3k- 9:52.95
CURRAN Molly U13 18.12.03, Carmen Runners
SPM- 10.05
CURRAN Olivia 10.06.91, WSE&H
PV- 3.90i/3.90 (4.05i-14)
CURRIE Jade U23 29.11.94, Edinburgh AC/Edinburgh Un
400H- 65.0/65.46
CURRY Obi Elizabeth U17 11.04.01, Wirral
100- 12.4w, 200- 25.41
CURTIS Amy-Beth U15 6.02.02, Exeter
SPI- 11.13, DT- 30.58, JTI- 36.76
CUTHBERT Victoria U15 10.09.01, W.Green & Ex L
HTI- 41.65

D ADZIEA Priscilla U17 27.11.99, Nene Valley H
SPI- 12.56dh/12.20
DAKIN Emma U17 25.12.99, Rotherham
SP- 11.95i/11.53, SPI- 14.52dh/13.88, DT- 41.24
DAKIN Zoe U23 30.09.95, Swansea/Cardiff Met
HT- 49.68 (50.56-14)
DALE Scarlet U17 11.11.99, Lancaster & Morecambe
3k- 9:59.75mx/10:03.76
DALLAS Jennifer U13 7.06.04, Giffnock North
SPM- 10.29
DAMEN Louise 12.10.82, Winchester
10kR- 34:30 (32:47-13)
DANIEL Katie U17 30.08.01, Nuneaton
100- 12.2
DANSON-CHAPPELL Ebbie U20 16.06.98, Sale
PV- 3.23i/3.20 (3.50-15)
DARBYSHIRE Leah U15 31.10.01, Wigan
PV- 3.40i/3.26
DARCEY Laura U20 28.07.98, Kingston & Poly
HJ- 1.65i (1.65-14)
D'ARCY-RICE Mollie U17 20.09.99, Stroud
HJ- 1.65, HepI- 4070
DART Maia U17 2.06.00, Taunton
JTI- 42.52
DAVENALL Philippa U20 26.09.98, Colchester H
HT- 54.86
DAVENPORT Nicole U23 31.03.96, Swans/Liverpool Un
JT- 43.39
DAVEY Molly Jade U20 3.09.98, Montanari Gruzza, ITA
5kWR- 25:50+ (25:30-15), 10kWR- 52:19
DAVIDSON Kerri U23 7.09.96, Bl'heath & Br/Princeton Un
TJ- 12.24i/11.44 (12.77w-15, 12.48-14)
DAVIES Abigail U23 20.06.95, Southampton/So'ton Un
100- 12.23w (12.14w-13)
DAVIES Anastasia U20 9.04.99, Blackheath & Bromley
60H- 8.83i, 100HI- 14.54, 100H- 14.41w/14.48,
TJ- 12.00
DAVIES Bethan 7.11.90, Cardiff
3kW- 12:24.70, 5kW- 22:03.82, 10kWR- 44:59, 20kW- 1:33:48
DAVIES Bobbie U17 16.03.00, City of Portsmouth
300- 40.7/40.86, TJ- 10.93
DAVIES Fiona V40 3.11.73, Rotherham
Mar- 2:54:39 (2:51:50-06)
DAVIES Helen J. V35 12.09.79, Ipswich Jaffa
HMar- 77:00 (72:35-12)
DAVIES Isabel U15 11.11.01, Newport
100- 12.56w, 200- 25.74, 300- 41.86
DAVIES Kate U23 27.09.95, Gloucester AC/Oxford Un
JT- 38.13 (40.24-15)
DAVIES Lucy U17 17.08.00, Pembroke
1.5kSt- 4:58.99
DAVIES Megan U20 31.01.99, Cannock & Stafford
200- 24.8/24.97, 400- 55.57
DAVIES Megan U23 10.05.96, Sale
1500- 4:29.45mx
DAVIES Elizabeth Sian 16.02.85, Swansea
400H- 61.2/61.84 (59.18-13)
DAVIES-REDMOND Grace U20 14.06.98, Team Bath
JT- 39.59
DAVIS Amy 28.01.86, Lagan Valley
SP- 11.65 (11.93-14)
DAVIS Angela U15 15.07.02, Orion
100- 12.4/12.46, 200- 25.03

DAVIS Eleanor 21.02.89, Newquay RR
3k- 9:37.97mx/9:47.15, 5k- 16:50.9mx (17:07.30-15),
5kR- 16:48, 10kR- 33:59, HMar- 76:33 (75:45-15)
DAVIS Julia 12.08.86, Winchester
Mar- 2:39:31
DAVIS Leanne U20 12.05.97, Aldershot F&D
JT- 37.17 (43.04-13)
DAVISON Lucy U15 8.11.01, Central
LJ- 5.39, SPI- 11.81, PenG- 3136, PenIG- 3104i
DAWE-LANE Imogen U17 30.08.00, Team Bath
60HI- 9.00i, 80HI- 11.55w/11.85, 300H- 44.46
DAWKINS Gemma 26.06.91, Channel Islands
800- 2:07.88mx/2:08.49
DAWKINS Laurie U20 11.10.98, Taunton
JT- 41.05
DAY Amelia U15 1.11.01, Chelmsford
75HG- 11.6
DAY Harriet U20 13.08.98, Medway & Maidstone
400H- 65.64 (65.16-15)
DAY Laura-Jane 7.02.91, Notts
1500- 4:23.95mx/4:27.75 (4:26.37-15),
3k- 9:41.0mx (9:32.67mx/9:44.32-15), 10kR- 34:38sh
DAYAMI Tajera U15 26.01.02, Millfield School
SPI- 11.85
DE CAMPOS Grace U15 6.02.02, Manchester
800- 2:18.3
DE KREMER Sarah-Anne 18.11.90, Corby
JT- 41.91 (44.27-06)
DE LUCIS Ella U23 2.11.96, Peterborough
60H- 8.92i, 100H- 14.55 (14.40w-15, 14.42-15)
DEACON Isabel U17 11.11.99, Bracknell
PV- 3.56
DEADMAN Lauren 27.03.84, Havering
1500- 4:20.03 (4:13.91mx/4:16.89-13), HMar- 74:54,
3k- 9:06.54mx/9:15.8 (9:04.56mx-15),
5k- 16:00.16 (15:55.5-13), 10k- 33:05.55
DELGADO Leslie 25.06.89, Thames Valley/POR
400H- 59.14 (59.13-12)
DENIS Imaan U15 27.11.02, Harrow
100- 12.57, 200- 25.20w/25.37, 300- 41.3
DENNISON Abigail U17 22.01.01, Winchester
200- 25.21w, 300- 39.96
DENT Hattie U23 13.09.95, Yate/Brunel Un
400H- 65.73 (65.11-14)
DESAI Nisha 5.08.84, Trafford
400- 54.86, 400H- 58.72 (58.21-13)
DESFORGES Alice U23 25.07.96, Notts/Loughboro St
400- 54.84
DIAMOND Emily Jane 11.06.91, Bristol & West
200- 23.25wSt (23.30-13), 400- 51.23
DIBBLE Emily U17 17.09.99, Carlisle Aspatria
JTI- 38.56 (39.18-15)
DICKENS Rachel U23 28.10.94, Bl'heath & Br/Reading U
200- 24.40 (24.27w/24.35-14), 400- 54.75 (54.13-14)
DICKSON Lauren U17 26.04.00, Lasswade
1500- 4:35.59mx/4:35.76
DIDCOTE Sacha U15 4.01.03, Colwyn Bay
100- 12.54w, 200- 25.70, 300- 41.34
DIMBLEBY Caitlin U20 16.03.98, Kingston & Poly
PV- 3.10 (3.10-15)
DINEEN Elina U13 11.09.03, Cardiff Archers
60HM- 9.79i
DINSDALE Rachel U23 25.07.94, Edinburgh AC/
St Andrews Un   TJ- 11.31 (11.78-15)
DITCHFIELD Paige U17 22.12.99, East Cheshire
JT- 36.35
DIXON Alyson V35 24.09.78, Sunderland Strollers
5kR- 16:35+ (15:52-13), 10kR- 33:36+ (32:17-15),
15kR- 50:49+ (49:47+-14),
HMar- 72:47 (70:38-14), Mar- 2:31:52 (2:29:30-15)
DIXON Emily U23 27.11.95, Team Bath/Elon Un
100H- 14.35, HJ- 1.66 (1.70i-11, 1.67-10), Hep- 5059,
PentIS- 3688i
DIXON Emma U23 22.03.95, Brighton & Hove
5k- 17:01.2
DIXON Kerry 22.10.88, Enfield & Haringey
400H- 61.19 (59.83-14)

DOBBIE Kara U17 3.08.00, Glasgow SOS
  TJ- 11.52
DOBBIN Beth U23 7.06.94, Edinburgh AC/Loughboro St
  60- 7.69i, 100- 12.03, 200- 23.74w/23.94
DOBBIN Julie U23 8.03.94, VP-Glasgow/Glasgow Un
  400- 56.26
DOBSON Amelia U17 7.01.01, Bournemouth
  TJ- 10.87
DOBSON Jessica U20 19.01.98, Exeter
  Hep- 4269
DOBSON Olivia U17 27.03.01, Exeter
  HJ- 1.66i/1.65, SPI- 14.11, JTI- 38.57, HepI- 4729,
  PenII- 3612i
DODD Kaylee U23 28.12.95, Basildon/Oklahoma St Un
  400- 56.49, 800- 2:05.87
DOHERTY Rachel 5.03.89, Higham Harriers
  HMar- 78:07
DOHREN Mandy V35 3.03.78, VPH &TH
  Mar- 2:53:01
DOLBY Ellie Lucy U13 13.03.04, Blackheath & Brom
  800- 2:20.20mx/2:22.60, 1200- 3:48.6,
  1500- 4:52.21 (4:51.46mx/4:51.83-15)
DOMICAN Rosie U13 22.02.04, Cardiff Archers
  HJ- 1.52
DOMINGO Sophie U17 7.01.00, Harborough
  300H- 45.55, HepI- 4151
DONALDSON Kate V45 27.11.68, Leics WC
  5kWR- 26:47 (26:23-15)
DONNELLY Rebecca 25.08.92, Worcester AC
  PV- 3.26i/3.20 (3.60i/3.41-15)
DONNELLY Maggie 19.02.90, Mid Ulster
  HT- 45.56 (49.96-11)
DONNELLY Niamh U15 15.08.02, Liverpool H
  800- 2:17.19mx
DONNISON Rachel U23 12.10.96, Cardiff/Bath Un
  400- 56.34
DOONER Freya U20 3.08.99, Wigan
  DT- 36.84
DOUGLAS Montell 24.01.86, Blackheath & Bromley
  60- 7.43i (7.25i-13), 100- 11.52 (10.95w/11.05-08),
  200- 23.66 (23.34-09)
DOURAS Emma U23 25.02.95, Dudley & Stourbridge
  100H- 14.7
DOWLING Daisy U15 21.08.02, Blackheath & Brom
  JTI- 34.50
DOWNIE Stacey 15.04.87, Edinburgh AC
  100- 12.25 (11.86w/11.93-11),
  200- 24.75mx/24.76i/24.80 (23.80-11),
  400- 56.37 (54.83mx/55.12-11)
DOWSON Phoebe U23 17.04.94, B'mouth/Un S.Alabama
  DT- 50.66 (51.12-14), HT- 44.63 (49.52-15)
DOWSON Sophie U20 24.11.98, Blackheath & Bromley
  PV- 3.76
DOYLE Eilidh Shona 20.02.87, Pitreavie
  400H- 54.09
DOYLE Niamh U13 12.03.04, Liverpool Pembroke S
  HJ- 1.51
DOYLE-LAY Georgia U20 27.10.98, Newquay & Par
  400H- 65.5, TJ- 11.22i (11.40-15), Hep- 4610
DRAKE Sarah 13.08.85, Wakefield
  HT- 43.63 (46.83-10)
DREW Karla 22.03.89, City of Sheffield
  60H- 8.51i (8.33i-13), 100H- 13.36 (13.32w-14), SP- 12.00
DRISCOLL Stephanie U15 24.10.01, Kendal
  800- 2:12.71mx/2:15.2 (2:15.18-15), HexG- 3467,
  PenG- 3143
DRUMMOND Jasmin U15 9.02.02, Birchfield
  300- 41.2/41.96
DRUMMOND Siobhan U23 8.12.95, ES&M/B'mouth Un
  DT- 35.97 (37.33-15)
DUBARRY-GAY Kiah U25 15.11.01, VPH &TH
  100- 12.57, 200- 24.53, 300- 41.17
DUBARRY-GAY Nayanna U15 15.11.01, VPH &TH
  60- 7.92i, 100- 12.17, 200- 25.5
DUCK Claire 29.08.85, Leeds
  800- 2:09.4, 1500- 4:18.20, 3k- 9:09.63mx/9:11.26,
  5k- 15:47.75, 10k- 33:40.73

DUCK Jacqueline Sarah "Joey" 14.04.89, M.Milton K
  100- 11.96A/12.01 (11.60-09),
  200- 24.08w/24.09 (23.38w-15, 23.46-08)
DUDGEON Emily Kathleen 3.03.93, Edinburgh AC
  800- 2:03.27 (2:01.89-14), 1500- 4:24.87
DUKE Laura 12.10.89, Crawley
  HT- 45.56 (50.02-11)
DUNCAN Leah U15 30.10.02, Braintree
  60- 7.90i
DUNDERDALE Hannah U23 2.11.94, Trafford/Hallam Un.
  60H- 8.89i, 100H- 14.44, SP- 11.77i (11.68-15),
  Hep- 5056
DUNLOP Katherine Ann V35 23.05.79, VP-Glasgow
  HT- 42.59 (50.20-06)
DUNN Laura Claire 6.02.89, Edinburgh AC
  HMar- 78:56
DUNN Rachael U23 12.09.94, Edinburgh AC/Durham Un
  5kR- 16:56
DUNSMORE Alana U17 17.01.00, Pitreavie
  PV- 3.21
DUPORTE-CLARKE Janae U17 20.01.00, Ipswich
  TJ- 11.07
DUQUEMIN Shadine U23 4.11.94, Shaftesbury B
  DT- 51.55 (53.44-14)
DURBIDGE Michelle 5.07.90, Arbroath
  SP- 12.36 (12.69i-12, 12.49-11), DT- 37.17 (39.78-13)
DURUH Vivien U13 21.10.03, Law & Dist
  SPM- 10.87
DUTHIE Georgia U17 7.09.00, Sutton & District
  PV- 3.03i/3.00
DWAAH Leanza U20 17.02.99, Enfield & Haringey
  100- 12.22w/12.24
DYCE Helena U15 4.03.02, Cambridge & Coleridge
  1500- 4:45.0

EADES-SCOTT Emily U13 4.10.03, Southampton
  60- 8.25i, 75- 10.0, 100- 12.6, 150- 19.4,
  200- 26.80w/27.02
EARLEY Pippa U17 7.09.00, Kingston & Poly
  60HI- 8.60i, 80HI- 11.28, LJ- 5.87, HepI- 4860,
  PenII- 3811i
EASTWOOD Jemma V35 15.02.79, Bedford & County
  PV- 3.41 (3.80-06)
EBBAGE Kirsty-Anne U15 30.08.02, Tonbridge
  DT- 31.39, HTI- 43.48
EDDEN Elizabeth U23 29.06.94, Birchfield/
  Birm Coll FTCS   PV- 3.53i/3.40
EDMONDS Lily U23 19.03.96, City of Plymouth/Card Met
  400H- 64.97
EDWARDS Chloe 12.05.87, City of Plymouth
  SP- 11.29 (14.83-07)
EDWARDS Kristie U20 16.08.97, C of Sheff/Hallam Un.
  60- 7.67i (7.49i-15), 100- 12.25 (11.74w/11.75-14),
  200- 24.24i (23.98i/24.21w-15, 24.24-14)
EDWARDS Laura U23 1.03.94, So'ton/Southampton U
  PV- 3.50
EDWARDS Mair U17 6.09.99, Basingstoke & MH
  60- 7.73i, 100- 12.04 (12.01-15),
  200- 24.00w/24.42 (24.40-15), 300- 39.40
EDWARDS Manon U23 29.09.75, Wrexham
  HT- 42.70
EDWARDS Rosie 20.08.88, Rotherham
  5kR- 16:33, 10kR – 33:02, 10MR- 57:50, HMar- 76:27,
  Mar- 2:45:11
EGBO Merechi U15 29.11.01, Herts Phoenix
  HJ- 1.69
EGGELING Rebecca U17 26.06.00, Aberdeen
  800- 2:11.38, 1500- 4:32.87
EICHELMANN Alexa U17 14.12.99, Woking
  PV- 3.55, HepI- 4633
ELCOCK Lucy U15 11.09.01, Bridgnorth
  200- 26.00, 300- 41.75
ELCOCK Mary U23 3.08.95, Oldham & Royton/Lough St
  100- 12.1, 200- 25.05, LJ- 6.03
ELEYAE Oghenofego Kitan 31.10.91, W.Green & Ex L
  LJ- 5.97 (6.25-12)
ELLIS Akaysha U17 16.12.00, Enfield & Haringey
  100- 12.34 (12.28-15), 200- 25.31 (25.26-15)

ELLIS Sarah 27.10.83, Southampton
JT- 41.02 (45.17-10)
ELLISON Megan U17 7.07.00, Nene Valley H
800- 2:14.63 (2:14.06-15)
ELLISS Sophie U20 2.11.98, Croydon
60H- 8.75i, 100H- 13.95
ELMS Clare V50 26.12.63, Cambridge H
Mar- 2:54:01
ELVIN Jennifer 27.06.85, Clapham Chasers/IRL
Mar- 2:57:32
EMANUEL Ally U17 11.12.99, Birchfield
HepI- 4181
EMERSON Caitlin U17 2.05.01, Amber Valley
DT- 40.78
EMERSON Niamh U20 22.04.99, Amber Valley
100HI- 14.17, HJ- 1.89, LJ- 6.21, Hep U18- 5919,
PentIS- 4110i
EMERY Jessica U17 16.09.00, Watford
DT- 39.26
EMMETT Shaye U17 19.08.00, Sutton & District
PV- 3.60i/3.20 (3.70-15)
ENECHI Zenny U20 29.12.98, Sale
TJ- 11.45i (11.10-15)
ENGLAND Hannah 6.03.87, Oxford City
800- 2:01.34 (1:59.66-12), 1500- 4:07.78 (4:01.89-11),
1M- 4:31.53i/4:33.48 (4:30.29i-09)
ENGLISH Kim U15 7.07.02, Chelmsford
SPI- 11.41
ENNIS-HILL Jessica Phyllis 28.01.86, C of Sheffield
200- 23.36 (22.83-12), 800- 2:09.07 (2:07.81-11),
100H- 12.76 (12.54-12), HJ- 1.89 (1.95-07), LJ- 6.63,
SP- 14.29 (14.79i-12, 14.67-11), JT- 46.09 (48.33-13),
Hep- 6775 (6955-12)
ERONINI Nnenna U20 3.08.99, VPH &TH
DT- 44.38
ESEGBONA Chloe U20 23.11.98, City of Stoke
60H- 8.94i, 100H- 14.5/14.76, 400H- 61.62
ESTERHUIZEN Brittany U20 16.12.97, West Suffolk
JT- 37.32
ETCHU Bessong U17 26.10.99, Shettleston H
LJ- 5.50w/5.49
EVANS Bethan Catrin U17 11.09.00, Shrewsbury AC
TJ- 11.04
EVANS Clara 27.11.93, Hereford
5kR- 16:47, 10kR- 34:21, Mar- 2:56:19
EVANS Lauren U17 7.08.00, Cardiff
60HI- 8.91i/9.02i, 80HI- 11.77 (11.63w-15),
HJ- 1.70i/1.66 (1.68-15), HepI- 4440
EVANS Louise U17 7.10.00, Invicta East Kent
300- 39.52
EVANS Lucy Hannah Elizabeth 2.10.82, Sale
100- 11.86w/11.98 (11.61-11),
200- 24.27w/24.46 (23.94-14)
EVANS Rachel 29.05.86, Havering/AUS
DT- 35.96 (44.80-08)
EVANS Rhian U17 28.08.01, Swansea
DT- 34.13
EVANS-HAGGERTY Lily Jane U15 16.06.03, VP-Glasgow
1500- 4:42.77, 3k- 10:09.19mx
EVENDEN Hannah Michelle 28.06.91, Edinburgh AC
SP- 13.25i/12.37 (14.09i-10, 13.63-13),
DT- 42.13 (46.06-11), HT- 55.29 (57.16-12)
EVERSON Gemma U20 16.05.99, Guildford & Godalming
PV- 3.15i (3.33i-15, 3.10-15)
EZE Joy U13 31.05.04, Gateshead
60- 8.12i, 75- 10.0, 150- 19.5w/19.7

F ABUNMI-ALADE Risqat U23 25.03.94, HHH/Bath Un
60- 7.69i, 100- 11.98w/12.19
FAES Kathleen U17 13.12.00, Tonbridge
1500- 4:28.56 (4:27.67mx-15), 3k- 9:37.36
FAIRCHILD Jacqueline 3.05.89, Trafford
800- 2:04.92, 1500- 4:18.94 (4:14.43-13), 10kR- 34:54
FAIRCLOUGH Paige U20 10.03.97, Shaftesbury B
100- 11.81w/11.92 (11.90-15)
FAIRGRIEVE Cara U15 13.01.02, Glasgow SOS
TJ- 10.51
FAIRHURST Anouska U13 7.03.04, Lewes
DTM- 26.58, JTM- 37.37

FAJEMISIN Simi U20 15.09.97, Oxford City
LJ- 5.95w/5.92i/5.73 (6.13i-14, 5.98-13)
FARLEY Lauren U15 16.09.01, Medway & Maidstone
HexG- 3116
FARRELLY Kate U20 5.09.98, Lisburn
TJ- 11.34
FAWCETT Heather U17 21.01.00, Kilbarchan
HT- 44.70, HTI- 52.75irr/52.35
FELTON Rachel V35 27.06.79, Shaftesbury B
5MR- 27:56, 10kR- 33:35 (33:27-13), 15kR- 52:30+,
10MR- 58:02+ (56:24+-15), HMar- 74:03 (73:43-15)
FENWICK Phoebe U17 6.11.99, Bracknell
200- 25.4 (25.3-15), 300- 39.5/40.27
FERGUSON Lucy 23.03.90, Thames Valley
100H- 15.2 (14.23-12), 400H- 61.63
FERGUSON Nikysha 8.09.86, Trafford
TJ- 12.06 (12.09i-15)
FERRIS Lauren Joanne U17 7.07.00, Warrington
3k- 10:14.47mx
FINCH Gemma U20 1.08.97, B'stoke & MH/Troy State U
100H- 15.20, HJ- 1.69, Hep- 4580, PentIS- 3521i
FINLAY Kirsty U15 2.09.01, Leics Coritanian
SPI- 11.40i (11.75-15), HTI- 42.24
FIRST Emily U23 5.07.95, Queensland Un., AUS
400- 56.29 (55.08-14), 400H- 62.41 (59.55-15)
FIRTH Charlotte 31.12.84, WSE&H
Mar- 2:44:52
FISHER Abigail U17 11.11.00, Cardiff
3k- 10:14.07
FISHER Erin U15 19.10.01, Lisburn
PV- 2.60
FISHER Stephanie U17 17.03.00, Holland Sports
300H- 45.2/45.93, 400H- 67.0
FITCH Zoe U20 22.09.97, Channel Islands
JT- 39.33
FITT Jade U17 17.05.00, Cambridge H
400- 58.45mx, 300H- 44.73
FITZGERALD Elinor U17 7.06.01, Brighton & Hove
DT- 35.50
FITZPATRICK Abigayle 10.06.93, Sale
100- 12.0w, 400H- 58.18 (57.52-13),
200- 24.40imx/24.6/24.72mx/24.82i (24.47i-14)
FLEMING Amy 5.10.90, Gateshead
SP- 11.76 (11.90-08)
FLEMING Darcey U17 2.11.00, Bracknell
60HI- 9.00i, 80HI- 11.46
FLETCHER Hannah May U23 15.02.95, Hallamshire
5k- 16:57.37
FLIGELSTONE Lucy Yolande U20 26.01.97, Swansea/
Exeter Un 400H- 63.69 (61.24-14)
FLINT Alice U23 1.04.95, Boston & D/Cambridge Un.
400H- 65.9/65.98
FLOCKHART Shannon U15 5.04.02, Huntingdon
1500- 4:40.36
FLOYD Georgie U23 17.05.95, Shaft B/St Marys Un C
JT- 43.95
FOGG Erica V35 4.12.78, New Forest Runners
Mar- 2:49:52
FORBES Anna U20 13.10.98, Whitemoss
TJ- 11.20i
FORBES Katie U17 19.11.99, Aberdeen
100- 12.37w/12.43, LJ- 5.61i/5.52
FORDER Rachel U23 3.12.96, Havering/G.Mason Un
DT- 46.22
FORMAN Connie U17 29.12.00, Chelmsford
300H- 45.1/45.65, LJ- 5.47i (5.45-15)
FORRESTER Rosie U17 25.01.00, Worthing
HTI- 49.43
FORRESTER-JACKSON Safyre U15 18.09.01,
Sutton & D 60- 8.00i
FORTUNE Sabrina U20 25.05.97, Deeside
SP- 12.94, DT- 37.41 (40.28-15)
FOSSETT Emma U20 19.10.97, Croydon
JT- 37.51
FOSTER Amy 2.10.88, Lisburn/IRL
60- 7.33i (7.32i-14), 100- 11.40w/11.42 (11.32w-10,
11.40-14), 200- 23.90 (23.24w-15, 23.53-11)

FOSTER Hannah U15 15.03.02, Luton
 200- 25.7/25.88, 300- 41.5
FOWLER Eleanor V35 13.12.78, Nuneaton
 Mar- 2:49:27
FOWLER Emma U20 22.06.98, Crewe & Nantwich
 TJ- 11.11i, Hep- 3966
FOWLER Stephanie U20 3.08.99, Edinburgh AC
 HT- 49.44
FOX Jessica U23 28.11.94, Cambridge & Col/Lough St
 TJ- 11.35i (11.39-13)
FRANCIS Britli U17 18.12.00, Herne Hill
 SPI- 12.07
FRANCIS Eden Cherrelle 19.10.88, Leicester Cor
 SP- 16.48 (17.24-12), DT- 56.24 (59.78-11), HT- 41.39
FRANKS Lillie U17 27.10.99, Crawley
 HJ- 1.73 (1.73-15)
FRAZER Jessica U15 26.12.01, Bristol & West
 200- 25.87, 300- 41.55
FRESEN Rosie U17 26.11.99, Nene Valley H
 PV- 3.17
FREY Laura 2.06.89, Lagan Valley
 400H- 64.69
FRIMPONG Emily U13 8.11.03, Bexley
 70HM- 11.4, PenM- 2426
FRIZELLE Kiara U17 10.07.01, Cardiff
 800- 2:14.24, 1500- 4:36.39
FROOME Emma U17 1.12.99, Southampton
 SPI- 12.59
FROST Joanne V35 23.06.78, Bromsgrove & R
 LJ- 5.79i/5.78 (5.91-15)
FRY Isobel U17 4.05.00, Newbury
 1500- 4:36.84mx/4:38.3
FULCHER Lana U20 27.04.99, Ipswich
 HT- 47.58
FULLEN Gill V50 20.10.64, Bedford Harriers
 Mar- 2:55:10
FULLERTON Faye Alexis 31.05.84, Havering
 1500- 4:23.1 (4:10.24-15), 1M- 4:38.83imx (4:37.41-04),
 3k- 9:11.73mx (9:07.52-06), 10kR- 34:27 (33:03-10),
 5k- 16:17.3mx (15:53.69-15), 10MR- 58:07 (55:16-15),
 HMar- 76:07 (74:06-15)
FULTON Ellie U20 18.06.99, Kilbarchan
 HJ- 1.70 (1.70i-15), JT- 39.61

G ABELLONE Tatyana 20.10.84, Leics WC/ITA
 3kW- 13:23.77 (13:01.2-15), 5kW- 23:30.88,
 10kWR- 47:16 (46:24-15)
GALL Milly U15 20.02.03, Dacorum & Tring
 60HG- 9.23i, HexG- 3159, PenG- 2931
GALLAGHER Caitlin U17 6.10.99, North Devon
 TJ- 11.04
GALLAGHER Eleanor U17 20.04.00, Channel Islands
 300- 40.84
GALLAGHER Kate U17 22.08.00, Central
 3k- 9:57.78 (9:53.85-15)
GALLAGHER Megan U17 6.10.99, North Devon
 300H- 44.22, 400H- 64.66
GALLEY Kareena U15 30.12.01, Blackheath & Brom
 DT- 30.27
GALLIGAN Rose-Anne 9.12.87, Gloucester AC/IRL
 800- 2:02.35 (2:00.58-13), 1k- 2:42.30A (2:38.68-13),
 1500- 4:11.07i/4:26.17 (4:12.3-10),
 3k- 9:12.42i (9:15.49mx-09, 9:26.06-10)
GALLOWAY Olivia U17 4.07.00, Bournemouth
 80HI- 11.7/11.92w/12.00, HepI- 4364
GALPIN Megan U13 16.11.03, Marlborough Jnrs
 JTM- 31.74
GAMMON Bethan U17 10.03.01, Cardiff
 HTI- 45.78
GANIEL-O'NEILL Gladys V35 10.03.77, Abbey/IRL
 HMar- 78:06 (75:09-13), Mar- 2:38:53
GANNON Brenda V40 20.08.74, Hyde Park H/IRL
 3kW- 14:53.52i (14:46.19-15), 5kW- 25:43+,
 10kWR- 52:01, 20kW- 1:51:13
GARCIA Ana U17 3.05.01, City of Sheffield
 3kW- 14:43.50 (14:34.2-15), 10kWR- 55:35,
 5kW- 26:35.17 (24:58.8-14), 5kWR- 26:25 (24:01-14)
GARGAN Emily U20 29.12.98, Gateshead
 TJ- 12.36

GARLAND Katie U20 27.01.97, Brighton & Hove
 100H- 14.61w/14.63, HJ- 1.68i/1.67 (1.68-12),
 LJ- 5.78i/5.64 (5.83i/5.78w/5.73-15),
 Hep- 4994, PentIS- 3523i
GARNER Alice U15 17.01.03, Aldershot F&D
 3k- 10:34.56mx
GARRATHY Hollie U20 18.02.99, Southampton
 TJ- 11.19
GARRATT Caroline Jane V50 14.06.63, Worthing
 JT- 36.83 (40.06-04)
GARROTT Francesca U20 7.10.98, Telford
 JT- 39.10
GASCOIGNE-OWENS Johanna S. V35 16.02.79, Alnwick
 Mar- 2:50:45
GASS Paula U23 13.06.94, Edinburgh AC/Stirling Un
 JT- 41.14 (44.78-15)
GATRELL Eleanor V35 5.10.76, Woking
 SP- 12.55 (16.17-10)
GAULD Nicola 28.03.82, Aberdeen
 5kR- 16:47
GAULT Mandy 9.01.84, City of Portsmouth
 200- 24.70w/24.86 (24.4w-14, 24.64-13),
 400- 54.96 (54.24-14)
GAUNTLETT Olivia U20 7.01.98, Team Bath
 100- 12.15w, 60H- 8.98i, 100H- 14.09
GAYLE Rhiannon U17 25.03.01, Croydon
 300- 40.51
GAYLER Emma 4.04.88, Harrow
 LJ- 5.63w/5.53 (5.70w-14, 5.67-14)
GEARY Sara 6.04.91, Yeovil Olympiads
 LJ- 5.64i/5.53w/5.52 (5.72i-15, 5.64-12), Hep- 4605
GELLION Amy U17 19.02.00, Rotherham
 300- 39.61, 400- 57.9
GENTRY Grace Nicole U17 7.09.00, Hertford & Ware
 300H- 43.83, LJ- 5.49, HepI- 4039
GERRARD Katie U20 14.08.97, Vale Royal/Loughboro St
 1500- 4:26.24mx (4:27.59-15)
GETTINBY Ellie U17 17.02.00, Bolton
 PV- 3.00i
GHOSE Emily U20 2.06.99, Tonbridge
 5kW- 27:42.1
GIBB Willa U13 11.09.03, Yate
 60HM- 9.73i, 70HM- 11.4
GIBBENS Rachel 31.01.86, Marshall Milton Keynes
 HJ- 1.65 (1.73-15), PV- 4.13i/4.00 (4.05-15)
GIBSON Ashley 1.03.86, Tonbridge
 3k- 9:45.01mx/9:49.28 (9:23.3-13),
 5k- 16:30.00mx (16:21.31-14)
GIBSON Eilidh U15 6.07.02, Kilbarchan
 800- 2:18.49i (2:18.00mx-15)
GIBSON Katie U13, Kettering
 HTI- 30.57
GIBSON Rachael 15.02.91, North Down
 800- 2:09.37, 1500- 4:29.37
GILBERT Nicola 12.03.85, Enfield & Haringey
 60- 7.37i, 100- 11.54 (11.52w-13)
GILKES Isabella U17 23.04.01, Reading
 100- 12.11w (12.3/12.39-15),
 200- 25.1 (25.12w/25.43-15)
GILLER Catherine U15 3.05.02, Stockport
 60HG- 9.44i
GILMOUR Emma U20 8.05.97, Gateshead
 400H- 65.24
GILMOUR Jenny U20 8.05.97, Gateshead/Newcastle Un
 400H- 62.64
GITTINS Vicky U20 7.03.98, Birchfield
 400- 56.67
GLANVILLE Emily U17 11.03.00, Reading
 PV- 3.41
GLOVER Lynsey 3.12.87, Lagan Valley
 HT- 42.00 (44.08-15)
GODDARD Lilian U20 16.09.97, Torbay
 400H- 63.86, Hep- 4293
GOLBAN Andreea U15 30.01.02, W.Green & Ex L
 HTI- 46.58
GOLDING Zipporah U13 16.11.03, Hercules Wimb
 100- 12.80w/12.9/12.94, 200- 26.77

410

GOODRUM Morven U20 15.01.99, WSE&H
 1500- 4:25.40mx, 3k- 9:42.08, 5k- 16:51.08
GOODSELL Grace U15 4.04.03, Bury
 60- 7.99i, LJ- 5.34i/5.33
GORDON Anna U20 30.01.97, Pitreavie/Cardiff Met
 PV- 4.00i/3.75 (3.85-14)
GORE Nicola 17.11.84, West Cheshire
 DT- 37.90 (41.17-07)
GORECKA Emelia U23 29.01.94, Aldershot F&D
 1500- 4:24.40 (4:14.22mx/4:15.38-12),
 5kR- 16:32 (15:07.45t-14)
GOUENON Adeline Nanzia U23 20.10.94, St Marys UC/
 CIV 60- 7.26i, 100- 11.65 (11.49-15), 200- 23.78w/23.96
GRACE Serena U15 6.01.03, City of Norwich
 100- 12.5
GRAHAM Laura 5.03.86, Mourne Runners
 10kR- 34:30, HMar- 78:07, Mar- 2:41:54
GRAHAM Sophie U15 16.05.03, Ipswich
 JTI- 37.29
GRANT Kelly 23.08.82, City of Norwich
 1500- 4:27.79 (4:25.18-14)
GRANT Kierra U15 17.11.01, Luton
 LJ- 5.31
GRANVILLE Caryl Sian 24.09.89, Carmarthen
 60H- 8.56i, 100H- 14.40 (13.77-12), 400H- 58.61 (57.19-13)
GRAY Isobel U20 5.11.98, Winchester
 DT- 37.37 (38.43-15)
GRAY Laura 25.06.90, Nice, FRA
 400H- 64.17
GRAY Rebecca U20 4.10.98, Cornwall AC
 PV- 3.45i (3.75i-15, 3.71-14)
GREEN Georgia U23 28.09.96, Enfield & Haringey
 TJ- 11.47
GREEN Nicola V40 1.09.72, Barnsley
 Mar- 2:57:32 (2:54:05-14)
GREEN Olivia U17 25.11.99, Sale
 3k- 10:10.54mx
GREENWAY Ella U13 3.01.05, Cleethorpes
 1200- 3:50.0
GREENWOOD Ashton U20 23.01.99, Trafford
 400- 56.03i/56.35
GREENWOOD Eleanor J V35 14.03.79, Serpentine
 Mar- 2:45:21 (2:42:16-12)
GREER Esme U17 17.09.99, Pembroke
 60HI- 9.02i
GREGORY Alicia U15 10.10.01, Scunthorpe
 LJ- 5.20
GREGORY Lily Hope U15 26.11.01, Charnwood
 800- 2:16.20
GREIG Lauren U17 20.09.00, Kilmarnock
 200- 25.46w (25.44i-15)
GRICE Maisie U17 29.06.00, Aldershot F&D
 800- 2:14.36mx, 1.5kSt- 4:59.56, JTI- 39.52, HepI- 4255
GRIFFIN Eimear U17 27.10.00, Herne Hill
 800- 2:14.49
GRIFFIN MORRIS Isobel U17 8.12.99, West Cheshire
 DT- 46.48
GRIFFITH Chloe U13 9.09.03, Menai
 150- 19.7, 200- 26.49
GRIFFITHS Amber Jayde U20 7.05.99, Leics Coritanian
 100HI- 15.32, 100H- 14.9
GRIFFITHS Bobbie U17 15.03.01, Morpeth
 JTI- 40.24
GRIFFITHS Lucy U23 3.04.94, Cardiff/Cardiff Met
 SP- 13.88i/13.40, DT- 36.11 (36.98-14)
GRIFFITHS Samantha U23 31.05.94, Chelt'm/Glouc U
 60- 7.75i, 100- 12.20w
GRIFFITHS-BROWN Holly U15 31.12.01, Radley AC
 TJ- 10.77
GRIMA Claire M. V35 21.07.77, Hercules Wimbledon
 Mar- 2:43:01
GRIMWADE Cassey U15 27.09.02, Cardiff
 DT- 29.34, HTI- 43.19
GRISTWOOD Fanni 18.01.87, Central/HUN
 10kR- 34:49, HMar- 77:45/75:45sh
GROGAN Evie U23 3.04.94, Taunton/Winchester Un
 HJ- 1.70 (1.74i-15, 1.72-15)
GROSJEAN Alice 19.09.93, Mendip
 DT- 41.49
GROVE Eleanor U17 16.10.99, Guildford & Godalming
 300- 39.70 (39.3/39.66-15)
GROVES Natalie U13 1.04.04, Spenborough
 75- 10.0, 100- 12.7, 150- 19.2, 200- 26.14
GRUBER Sarah V40 6.03.74, Invicta East Kent
 Mar- 2:55:52
GRYCE Lucy U13 23.10.03, Slough Jnrs
 PenM- 2458
GUTTERIDGE Mercy U20 8.06.97, Shaft B/Brunel Un
 PV- 3.36i/3.35 (3.50i-15)
GUTZMORE Sineade 9.10.86, Birchfield
 LJ- 5.83w/5.68 (5.87-15), TJ- 13.70
GYEDU Nana U15 4.11.02, Cambridge H
 SPI- 11.33

HACK Emily U20 30.08.99, Herts Phoenix
 400- 57.04
HADAWAY Lucy U17 11.06.00, City of York
 60HI- 9.01i, 80HI- 11.85w/11.89, LJ- 6.01, SPI- 12.02,
 HepI- 4679
HAINES Bryony U20 28.02.98, Birchfield
 1500- 4:25.4, 3k- 9:38.03, 5k- 16:39.88
HAINING Hayley Ann V40 6.03.72, Kilbarchan
 10kR- 34:32 (32:24-08), HMar- 76:19 (70:53-08),
 Mar- 2:43:03 (2:29:18-08)
HALDANE Sophie U17 30.10.99, Giffnock North
 300- 40.69, 300H- 45.04, 400H- 66.43
HALES Sophie Rebecca 30.03.85, Steyning
 3kW- 14:02.15 (13:36.43i/13:49.64-04),
 10kWR- 50:59 (49:40-04)
HALL Amber-Leigh U20 10.10.98, Reading
 200- 24.4 (25.00-14), 60H- 8.67i, 100H- 14.05 (13.9-15)
HALL Hannah U17 5.11.00, Thames Valley
 100- 12.2/12.23w, 200- 25.1/25.28i/25.36w
HALL Holly U15 22.12.01, Hillingdon
 DT- 32.47, JTI- 39.01
HALL Jessica U17 25.01.01, Guildford & Godalming
 PV- 3.10
HALL Lauren 6.06.91, Aldershot F&D/Army
 5k- 17:06.72, 5kR- 16:57, 10kR- 34:09, HMar- 77:45
HALL Rebecca Ann 15.09.88, Nene Valley H
 SP- 12.82dh/12.70, DT- 36.56
HAMILTON Precious U15 5.03.02, VPH &TH
 DT- 30.49
HAMILTON Sophia U20 10.01.97, Aberdeen
 Hep- 3841
HAMILTON-MEIKLE Hannah U13 27.09.03, Chirnside Ch
 SPM- 10.40
HAMPLETT Emma U20 27.07.98, Birchfield
 JT- 52.27
HANAGAN Laura U23 23.08.94, C of Sheffield/Hallam Un.
 200- 24.87, 60H- 8.96i (8.92i-15), 100H- 14.43,
 LJ- 5.56i/5.52 (5.53w-14), SP- 11.49, JT- 36.24,
 Hep- 5237, PentIS- 3665i
HANEY Rebecca U23 24.10.94, Loughborough St
 100H- 15.22
HANKINS Daniella 14.06.93, Bedford & Co/Bedford Un
 HJ- 1.68 (1.70i-11, 1.69-10)
HANNIBAL Kyra U15 4.07.02, Reading
 SPI- 11.02
HARDCASTLE Kath V35 81, Fairlands Valley
 Mar- 2:49:19 (2:45:42-14)
HARDMAN Maia U15 17.10.01, Brighton Phoenix
 800- 2:14.0mx/2:16.11
HARDY Catherine U20 5.01.98, Gloucester AC
 100- 12.06w/12.1/12.18 (12.0/12.03w/12.07-15)
HARLAND Phoebe U17 3.02.01, Birchfield
 HJ- 1.71 (1.73-15)
HARNEY Anaisa U17 28.09.00, Bracknell
 SP- 10.65, SPI- 12.67
HARRIS Amy Melissa 14.09.87, Birchfield/ANT
 LJ- 5.80 (6.48w-11, 6.47i-07, 6.43-12)
HARRIS Billie Jo U17 23.09.99, Rotherham
 60- 7.80i (7.79i-15), 100- 12.06w/12.15, 200- 24.81
HARRIS Karina U17 8.02.01, Blackheath & Bromley
 TJ- 11.29 (11.30-15)

HARRIS Samantha U15 4.11.01, Erme Valley
60HG- 9.22i, 75HG- 11.19, LJ- 5.45 (5.51w/5.45-15),
HexG- 3427, PenG- 3221, PenIG- 3131i
HARRIS-JENKINS Evie U20 22.09.98, Rugby & Nor'ton
JT- 40.23
HARRISON Melanie 27.11.85, Enfield & Haringey
DT- 35.26 (43.48-11)
HARRISON Mikaela 5.08.90, Wakefield/Oxford Un
400H- 63.2/63.78 (63.13-13)
HARRISON Natasha U17 17.03.01, Stockport
300- 39.29, 800- 2:11.57mx/2:12.81 (2:11.64-15)
HARRISON Rochelle 1.02.91, Lincoln Wellington
800- 2:10.49, 1500- 4:28.1
HARRISON Shanice 30.10.93, South London H
60- 7.53i, 100- 12.07 (11.75w/11.96-13)
HARRYMAN Bethany U17 13.10.00, Harlow
HJ- 1.63i/1.63
HARRYMAN Naomi U20 5.06.98, Harlow
LJ- 5.58 (5.94w-14, 5.92-15)
HARTIGAN Georgina U23 1.03.96, Birchfield/Lough St
800- 2:06.48, 1500- 4:26.48
HARVEY Carolyn U23 31.05.96, Ayr Seaforth/St'clyde U
TJ- 11.47 (11.60-15)
HARVEY Eloise U17 13.11.00, Dartford
TJ- 11.40
HARVEY Rose 25.08.92, Clapham Chasers
Mar- 2:55:56
HASLAM Amy U15 5.01.02, Sale
PV- 2.91
HATTON Lucy U23 8.11.94, Corby/Leics Un
60H- 8.01i (7.90i-15), 100H- 13.05w/13.18 (12.84-15)
HAUGVIK Hannah U17 9.03.00, Basingstoke & MH
300H- 46.4, HJ- 1.65, HepI- 4139
HAWKE Elin Louise U15 17.09.01, Deeside
PV- 2.70
HAWKINS Rebecca U17 27.09.99, Bexley
HJ- 1.77
HAWLING Beth U23 28.07.94, Cheltenham/Cardiff Un.
3k- 9:47.95i
HAWTIN Melissa 23.02.93, Oxford City/Iona Coll, USA
3kSt- 11:00.56 (10:55.52-15)
HAYES Camellia U23 6.04.95, WSE&H/London Un
HJ- 1.80 (1.81i-13)
HAZEL Sarah 29.11.86, Thames H & H
Mar- 2:57:27
HEAD Katie U17 9.12.99, Newham & Essex B
HTI- 65.06
HEAP Emily U15 10.07.02, C of Sheffield
300- 41.5/41.81
HEMMINGS Chanel U23 21.07.94, WG & Ex L/Kent Un.
TJ- 11.53 (11.60w-15, 11.55-15)
HEMPLEMAN-ADAMS Amelia U23 1.06.95, Bristol & W/
Birmingham Un HJ- 1.66i (1.72-11)
HEMSLEY Millie U20 31.10.98, Lewes
PV- 3.20i/3.20
HENDERSON Danielle U15 4.03.02, Herne Hill
JTI- 00.46
HENDERSON Darcie U17 18.06.00, Andover
60- 7.87imx
HENDERSON Selina U20 6.04.98, Falkirk VH
100- 12.04w/12.14 (12.03w-14, 12.04-15),
200- 24.91 (24.27-15)
HENDRY Mhairi U23 31.03.96, VP-Glasgow/St'clyde Un
400- 55.81, 800- 2:04.69, 1500- 4:23.50mx/4:24.07
HENRY Desiree U23 26.08.95, Enfield & Haringey
60- 7.26i (7.22i-14), 100- 11.06 (11.04w-14),
150- 16.57st, 200- 22.46, 400- 52.27
HENRY Jade U17 26.12.00, VP-Glasgow
60HI- 8.78i, 80HI- 11.52, 100HI- 14.84
HENSON Jamelia U17 9.05.00, Peterborough
80HI- 11.7/11.89, 100H- 14.82w/15.29
HERRINGTON Amy U20 22.05.98, WSE&H
HT- 55.40
HESLOP Justina Sara V35 3.03.79, Elswick
5kR- 16:42 (15:47-10), HMar- 78:16 (73:12-15)
HESLOP Sian U15 27.09.02, Macclesfield
1500- 4:43.12

HETHERINGTON Abbie U23 2.10.95, Border/Okla. St Un
800- 2:06.26
HETHERINGTON Christa U15 5.10.01, Herts Phoenix
100- 12.59, 60HG- 9.23i, 75HG- 11.33
HETHERINGTON Kathy 21.09.92, North Down/Queen's U
DT- 42.19 (44.53-15)
HETHERINGTON Katie U17 6.04.00, Oxford City
HJ- 1.68
HEWITT Sarah Jayne V40 31.01.74, Brighton & Hove
DT- 39.67 (40.23-12)
HEWITT Tegan U15 22.01.02, Gateshead
PV- 2.60 (2.70i/2.60-15)
HIBBERT Shanara 22.03.93, Luton
LJ- 5.76 (5.91-14), TJ- 12.51
HICKEY Laura U15 6.01.02, Leigh
300- 41.7, 60HI- 9.09i, 60HG- 9.26i, 75HG- 11.32,
HJ- 1.60, LJ- 5.27, TJ- 10.69, HexG- 3125, PenG- 3026
HICKMAN-DUNNE Joanne 4.06.91, Loughborough St
1500- 4:25.90 (4:25.90-13), 3k- 9:33.74mx/9:44.51,
5k- 16:50.54
HILDITCH Isabella U20 15.06.99, Blackheath & Brom
60H- 8.82i, 100HI- 13.80, 100H- 14.06w/14.44
HILDREW Megan U20 25.06.99, Guildford & Godalming
60H- 8.77i, 100H- 14.4/14.52, TJ- 11.71
HILL Alexandra 10.08.93, Herts Phoenix
300H- 45.2, 400H- 61.32
HILL April U13 7.10.03, Ipswich
1500- 4:52.3
HILL Fiona 17.06.91, Ulster Un./IRL
TJ- 11.55
HILL Irie Heidi Alexa V45 16.01.69, WSE&H
PV- 3.50 (4.20-00)
HILL Jenna 16.10.85, Sale
1500- 4:19.70imx/4:27.41i (4:13.24-15),
3k- 9:23.03i (9:07.17mx-15, 9:49.67-07)
HILL Lauren U17 19.09.00, Chesterfield
HT- 44.93, HTI- 55.74
HILL Natasha U15 16.01.02, Chesterfield
HTI- 39.20
HILL Sarah V40 25.02.73, Farnham Runners
HMar- 78:23, Mar- 2:55:25 (2:53:05-13)
HILL Victoria U20 16.12.97, Luton
HT- 43.14
HILL Zavia 23.10.89, Sale
100- 12.24
HILLAND Rebecca V35 11.06.80, Team Bath
10kR- 33:46, HMar- 75:39, Mar- 2:39:50, 50kR- 3:34:08
HILLEY Caroline U23 18.09.96, Central/Cambridge Un.
100H- 14.90, 400H- 62.28
HILLIER Amy U17 23.04.01, Hillingdon
100- 12.4
HILLIER-MOSES Gemma 19.06.88, Charnwood
1500- 4:19.52mx/4:27.02 (4:20.28-15),
3k- 9:16.46i/9:18.00mx/9:21.79 (9:14.63-15),
5k- 16:21.92, 5kR- 16:20
HILLMAN Leah U20 10.06.99, Pendle
SP- 11.46, DT- 36.62, JT- 41.26
HILLMAN Lois U17 11.05.00, Cardiff
PV- 3.21
HILLYARD Amy U23 28.10.95, Birchfield/Wolvs Un
200- 24.95 (24.43-15), 400- 55.25 (54.85-15),
400H- 61.48
HINCHLIFFE Elle Grace U13 16.10.03, C of Sheffield
60HM- 9.81i, 70HM- 11.33
HINCHLY Amy U20 11.01.98, Vale Royal
1500- 4:29.45 (4:25.76-15)
HIRST Jessica U20 27.05.99, Halifax
DT- 35.13 (35.27-15), HT- 41.24
HITCHON Sophie 11.07.91, Blackburn
HT- 74.54
HOARE Lotte U20 27.09.97, Crawley
HT- 43.73 (52.07-15)
HOARE Sophie U15 9.05.02, Blackheath & Bromley
1500- 4:41.78mx/4:45.67
HOBBS Hannah U17 4.12.99, Yate
800- 2:14.68, 1500- 4:29.93
HOCKEY Fiona U20 21.01.98, Blackpool
PV- 3.70i/3.65 (3.70-15)

HODGES Millie U15 14.01.02, Havering
  75HG- 11.44
HODGKINSON Danielle 11.10.84, Birchfield/Army
  5kR- 16:50 (16:36-14)
HODGKINSON Keely U15 3.03.02, Leigh
  800- 2:12.53
HODGSON Amy U23 18.01.96, C of Sheffield/Lough St
  60H- 8.96i, 100H- 14.47, Hep- 4908, PentIS- 3679i
HODGSON Ellie U17 26.08.00, Southampton
  60- 7.83i (7.78i U20),
  100- 12.0mx/12.27w/12.29mx/12.3/ 12.45 (12.3/12.31-15)
HODGSON Megan U17 16.12.00, Cardiff
  PV- 3.43i/3.40
HOHN Zara 9.10.87, City of Sheffield
  60H- 8.51i (8.22i-10)
HOLDER Amy U23 4.08.96, WSE&H/Brunel Un
  DT- 53.43
HOLDER Katie 13.01.92, Blackpool/Oxford Un
  SP- 11.25
HOLDSWORTH Catherine 3.01.86, Colchester H
  SP- 12.02 (13.10-11)
HOLE Molly U15 28.02.03, Salisbury
  HJ- 1.68i/1.60, SPI- 11.31, PenG- 2843
HOLGUIN Paula U17 1.10.00, Cambridge H
  JTI- 47.01
HOLLIS-LAWRENCE Georgia U20 27.06.99, C of Sheff
  100HI- 15.24, 100H- 14.84
HOLLOWAY Gemma U20 7.04.97, Thurrock
  800- 2:07.98mx (2:10.59-15), 1500- 4:18.46mx/4:21.99,
  3k- 9:27.21mx
HOLMAN Abigail 1.10.92, Harrow
  LJ- 5.55 (5.55-15)
HOLMES Lucy Helen 29.12.92, Wakefield
  SP- 12.03 (12.51-11)
HOLT Emma 27.05.85, Morpeth
  10k- 36:09.9
HOLT Kate 7.09.92, City of Stoke
  1500- 4:21.81 (4:14.36-15), 3k- 9:38.56
HOLT Katie U20 16.06.99, Reading
  100H- 14.89, 400H- 62.89, JT- 39.89
HOLT Sarah Joanne 17.04.87, Sale
  HT- 67.13 (68.97-15)
HOLYLAND Anne V35 6.11.79, Wreake & Soar Valley
  Mar- 2:52:56
HOPESON Twinelle 23.09.91, Croydon
  60- 7.72imx (7.48i-10), 60H- 8.82i, 100H- 14.04
HOPKINS Alice U20 30.12.98, Radley AC
  100H- 14.25, HJ- 1.65, LJ- 5.81
HOPKINS Danielle U15 29.12.01, Worcester AC
  HJ- 1.72, LJ- 5.29, TJ- 10.71, HexG- 3471, PenG-
  3172*
HOPKINS Jessica U15 6.01.02, Chelmsford
  HJ- 1.67, LJ- 5.29, SPI- 12.86, JTI- 39.30, HexG- 3769,
  PenG- 3267, PenIG- 3179
HOPKINSON Stephanie 27.10.89, Birtley
  SP- 11.33 (12.10-13)
HOPSON Mia U15 26.10.01, City of Norwich
  75HG- 11.6
HORNBUCKLE Amber U17 1.06.01, Enfield & Haringey
  60- 7.74i, 60HI- 8.67i, 80HI- 11.62
HORNBY Caitlin U20 12.07.99, Preston
  HT- 41.89
HORNSBY Emma U23 15.10.96, Nene Valley H/Lough St
  LJ- 5.91
HORSBURGH Hannah 9.11.90, Seaton
  5kR- 16:58
HORSEY Emma U15 3.05.03, Walton
  800- 2:18.24
HORTON Tilly U17 15.11.99, Aldershot F&D
  3k- 10:05.80mx
HOSKER-THORNHILL Emily 27.10.92, AF&D/N.Mexico U
  1500- 4:17.74
HOULT Megan 28.11.91, Kingston upon Hull
  60- 7.67i, 100- 12.0/12.03w/12.05 (11.84w-14, 11.86-
  13)
HOUSTON Ella U17 2.02.00, Newbury
  HJ- 1.65 (1.69-15)

HOWARD Hannah 14.04.85, Eastleigh RC
  Mar- 2:54:22
HOWARD Millie U20 4.02.98, Harrogate
  800- 2:06.22, 1500- 4:21.20mx (4:28.89-15)
HOWARTH Abigail 8.10.92, Leigh/Cardiff Un.
  3k- 9:48.09mx
HOWARTH Lauren 21.04.90, Leigh
  3k- 9:04.57mx (8:52.00i/9:10.32-12), 5k- 15:44.28,
  5kR- 15:58
HOWARTH Rebecca 18.12.88, Leigh
  5k- 17:19.98 (17:17.56-10), HMar- 77:09
HOWE Emma U17 6.04.01, West Cheshire
  JT- 41.11, JTI- 43.98
HOWE Stephanie U20 19.01.99, W.Green & Ex L
  HT- 46.62
HUDSON Eden U17 6.04.00, Wycombe
  PV- 3.10
HUDSON Kate U17 19.06.01, Hallamshire
  800- 2:13.9
HUGGINS Martha U20 20.05.98, Stevenage & NH
  PV- 3.10i
HUGGINS-WARD Simone 7.10.89, Coventry Godiva
  JT- 44.01 (45.57-13)
HUGHES Liberty U17 11.01.00, Crewe & Nantwich
  LJ- 5.48
HUGHES Lily U20 8.01.97, Nene Valley H
  60- 7.75i
HUGHES Lucy U13 16.10.03, Cornwall AC
  PV- 2.50
HUGHES Anandamayi U17 5.11.00, Havering
  80HI- 11.86, 300H- 46.31, TJ- 11.25, HepI- 4355
HUGHES Megan U15 28.11.01, Ipswich
  JTI- 35.40
HUGHES Michelle U20 1.02.98, Havering
  60H- 8.99i, 100H- 14.43, 400H- 62.70 (61.20-15),
  HJ- 1.68 (1.70-14), LJ- 5.86, Hep- 4971,
  PentIS- 3577i (3643i-15)
HUGHES Zoe U20 9.12.97, Wigan
  TJ- 11.77
HULL Elleana U20 5.12.97, North Down
  JT- 37.85
HULLAND Lily U15 1.09.01, Cuera de Nerja, ESP
  TJ- 10.88
HUMBLE Alice 21.03.92, WSE&H
  PV- 3.36i (3.50i-12, 3.50-12)
HUMPHREYS Corinne 7.11.91, Orion/East London Un
  60- 7.38i, 100- 11.59w/11.76 (11.71-14)
HUNT Alice U15 22.02.02, Channel Islands
  TJ- 10.42
HUNT Amy U15 15.05.02, Grantham
  60- 7.69i, 100- 11.89w/11.96,
  200- 25.22i/25.4/25.68 (25.2/25.47-15)
HUNT Sarah U15 11.10.01, City of Portsmouth
  SPI- 11.90
HUNT Sophie U17 23.09.00, Leamington
  SPI- 12.14
HUNTER Emma U15 18.09.01, City of Norwich
  3k- 10:37.3
HUNTER Hannah 7.10.82, Manx H
  5kW- 26:46.0, 10kWR- 51:37, 20kW- 1:53:47
HUNTER Jessica U23 4.12.96, Vale of Aylesbury
  60H- 8.63i (8.47i-15), 100H- 13.76 (13.66-15)
HUNTER Olivia U20 8.05.99, Poole
  100H- 14.8/14.95w/15.00
HUNTER Rachel Joanne 30.08.93, Shaftesbury B
  HT- 65.13 (66.30-14)
HUSSEY Chira U15 29.03.02, Herne Hill
  200- 25.9
HUSSEY Rebecca 11.10.92, Oxford City
  200- 24.8/25.02mx
***HUTCHINSON Ava 30.03.83, AF&D/IRL
  10kR- 34:54 (33:21sh-13, 34:09-12)
HUTCHISON Jade U15 3.05.02, Dunfermline
  100- 12.41w/12.44, 200- 24.64, 300- 40.18
HUXHAM Saskia U17 14.11.00, Hallamshire
  800- 2:12.46mx/2:14.34, 300H- 45.79
HYLTON Cheriece U23 19.12.96, Blackheath & Bromley
  60- 7.53i, 200- 23.99 (23.15w-15, 23.49-13)

HYLTON Shannon U23 19.12.96, Blackheath & Bromley
100- 11.76w (11.47w-15, 11.59-14),
200- 23.48w/23.63 (22.73w/22.94-15)
BBETSON Jemma U20 3.09.97, Leeds
DT- 40.66
IHEKE Mary Chinwe 19.11.90, Enfield & Har
200- 24.10 (23.64w-14, 24.01-15), 400- 52.94 (52.81-15)
IMPEY Laeken Tayla U23 10.10.96, M.Milton K/RSA
HT- 46.63 (49.80-15)
INGLIS Sarah 28.08.91, Lothian RC
1500- 4:12.58, 3k- 9:22.98+ (9:04.77i-15), 5k- 15:48.66,
10k- 34:29.29
IRAWO Melina U17 9.07.00, Enfield & Haringey
DT- 34.66
IRELAND Faye U17 31.08.01, Liverpool H
800- 2:12.70mx, 1500- 4:29.54, 3k- 9:49.23mx/9:50.92
IROZURU Abigail 3.01.90, Sale
LJ- 6.62 (6.80-12)
IRVINE Iona U13 22.11.04, Basingstoke & MH
60HM- 9.70i, 70HM- 11.5, HJ- 1.51
ISAAC Lemeyah U17 30.10.00, Birchfield
TJ- 10.93
ISHIDA April U15 3.05.03, South Shields
60HG- 9.43i
IVE Jade 22.01.92, Sutton & District
PV- 4.15
IVES Abigail U13 6.02.04, Basildon
1500- 4:55.1
IVES Isobel U20 17.06.98, Basildon
800- 2:07.70 (2:07.43-13), 1500- 4:25.26mx
IVES-LAPPIN Georgie U15 2.05.02, Peterborough
75HG- 11.65w
IVIN Lily U15 23.07.02, Cardiff Archers
HexG- 3119, PenG- 2812*

JACKSON Avril 22.10.86, Edinburgh AC
400- 55.64, 300H- 42.65, 400H- 58.74
JACKSON Emma Frances 7.06.88, City of Stoke
800- 2:04.37i (1:59.37-12)
JACKSON Hannah 8.09.91, Bristol & West
100H- 15.28 (14.61-13)
JACKSON Montana 2.12.93, Thames Valley/London Un
TJ- 12.72w/12.69
JACKSON Sophia U20 25.01.97, Rhondda/Hallam Un.
HT- 44.72
JACKSON Tia U15 5.08.02, Bristol & West
100- 12.4/12.41, 200- 25.24, HJ- 1.60, LJ- 5.52, PenG- 2990
JAMES Emma U17 14.06.00, Blackheath & Bromley
HT- 39.06
JAMES Hatshepsut 26.09.91, Cambridge H
400H- 64.71 (64.21-13)
JAMES Katie 12.11.93, Woodford Green & Ex L
PV- 3.87i (4.00-14), LJ- 5.56
JAMES Lisa U23 30.10.94, Sale/Staffs Un
LJ- 5.55i (5.85-13), TJ- 12.83 (13.22w/13.03-15)
JAMES Louisa U23 5.07.94, Hastings/Brighton Un
HT- 62.29 (62.30-14)
JAMES Lucy U13 2.10.03, Bracknell
DTM- 32.51
JAMES Lucy 18.02.92, Bedford & County
800- 2:06.42
JAMES Maya U13 12.01.04, Camberley
JTM- 32.99
JAMIESON Catriona U17 11.04.00, Horsham BS
JTI- 38.34
JAMIESON Elspeth U23 5.09.96, C of Norwich/B'ham Un
JT- 40.20 (43.84-14)
JAMMEH KINTEH Fatima 15.03.90, Abingdon/ESP
SP- 11.11 (11.34-13), JT- 37.19 (43.64-08)
JANSEN VAN RENSBERG Danel U20 28.12.98, S'hull SH
400H- 62.04
JAPP Emily 18.12.90, Blackpool
5k- 16:59.12, 5kR- 16:51, 10kR- 34:35
JARAD Emily U17 24.03.01, Stockport
TJ- 11.16 (11.39-15)
JAROSINSKI Heidi 8.03.87, Halesowen
LJ- 5.75, TJ- 11.17

JARVIS Chelsea U23 23.01.96, Stockport/Florida State U
800- 2:04.45i/2:06.37 (2:05.89-13)
JEAN-FRANÇOIS Karen 25.01.90, Harrow/FRA
60H- 8.52i, 100H- 13.61 (13.58-15)
JEFFES Tallulah U15 14.06.02, Winchester
800- 2:18.3, HJ- 1.60, PenG- 3057
JEGER Maisie U13 24.11.03, Southampton
800- 2:20.85mx/2:22.6 (2:21.21-15), HJ- 1.57,
PenM- 2645
JEGGO Rebecca U17 12.01.00, Colchester H
100- 12.16, 200- 24.75w/24.97
JENKINS Andrea Louise V40 4.10.75, Nene Valley H
DT- 41.38 (42.68-06), HT- 50.10 (53.25-12)
JENKINS Grace 27.08.93, Newham & Essex B
DT- 42.16 (43.74-14)
JENKS Molly U17 5.10.99, Halesowen
100- 12.36w
JENNINGS Abigail U17 10.07.00, Aldershot F&D
5kW- 28:37.3
JENNINGS Rebecca 7.12.90, Harrow/London Met Un
100H- 15.1/15.13 (14.18-15)
JENNINGS MCLAUGHLIN Amelia U20 20.04.97, Trafford/
Edge Hill Un   HJ- 1.69i/1.66 (1.80i-15, 1.77-15)
JERGES Ruby U13 18.03.04, Horsham BS
LJ- 4.89
JOHANSEN Kimberley U23 18.11.94, Chelmsford/Elon Un
1500- 4:23.33 (4:22.82-15), 1M- 4:47.00i
JOHN Emily U15 19.09.01, Yate
HJ- 1.60
JOHNCOCK Rachel 4.10.93, Swansea/Loughborough St
60- 7.41i (7.24i-15), 100- 11.37w/11.53 (11.45-14)
JOHNS Rebecca U15 9.11.01, Sutton in Ashfield
75HG- 11.6, PV- 2.60, LJ- 5.33
JOHNSON Emma U13 7.02.04, Edinburgh AC
800- 2:17.91mx/2:20.55, 1200- 3:49.54, 1500- 4:44.32
JOHNSON Hannah U23 14.06.94, WSE&H/Cardiff Met
JT- 49.82
JOHNSON Parris U20 20.01.99, Blackheath & Bromley
60- 7.75i
JOHNSON Rosemary U20 17.09.97, Liverpool Pemb S
800- 2:06.94
JOHNSON Samantha 23.08.90, Rotherham
1500- 4:28.91 (4:25.96-14), 3k- 9:27.83mx, 5k-
16:31.14
JOHNSON Sarah Christine 4.03.91, Thames Valley
5k- 17:12.2mx (17:20.02-11)
JOHNSON Treena V50 29.08.61, Dewsbury
Mar- 2:56:16
JOHNSON Victoria U15 7.10.01, Charnwood
100- 12.56w, 60HI- 9.01i, 60HG- 9.08i, 75HG- 11.00
JOHNSON-THOMPSON Katarina Mary 9.01.93, L'pool H
200- 22.79, 800- 2:10.47 (2:07.64-13), HJ- 1.98,
100H- 13.37 (13.37-15), LJ- 6.84 (6.93i-15, 6.92-14),
SP- 13.14, JT- 37.66 (42.01-15), Hep- 6523 (6682-14)
JOLLY Jasmine U15 7.12.01, Preston
60HG- 9.13i, 75HG- 11.2/11.23w/11.39, LJ- 5.23,
PenG- 0147, PenIG- 3097i
JONES Ava U13 21.11.04, Doncaster
200- 27.04i
JONES Bronte Leigh U17 17.10.99, City of Sheffield
SP- 10.79, SPI- 13.09, DT- 42.53
JONES Caryl Mair 4.04.87, Swansea
HMar- 74:35 (71:18-12)
JONES Carys U20 17.12.98, Carmarthen
PV- 3.45
JONES Charlotte U17 6.09.99, Charnwood
HJ- 1.63 (1.70-15), TJ- 11.38 (11.49i-15)
JONES Christina 5.04.90, Bristol & West
SP- 11.89, HT- 62.91 (63.98-15)
JONES Danielle U17 5.08.01, Carmarthen
DT- 34.08
JONES Donna 8.10.90, Swansea
400H- 65.73 (65.56-15)
JONES Eve U13 10.06.04, Skyrac
1200- 3:50.6
JONES Freya 13.11.93, Southampton/Georgia Un
JT- 50.30 (55.36-14)

414

JONES Gemma U15 13.03.02, Corby
  300- 41.5
JONES Harriet 30.06.88, WSE&H
  100H- 14.4/14.55 (13.82w/13.99-13)
JONES Katie 6.04.82, Fife
  Mar- 2:53:36 (2:52:30-15)
JONES Katie U15 19.02.02, Bristol & West
  800- 2:17.73
JONES Macey U17 18.07.00, Cwmbran
  TJ- 11.10i
JONES Moli U17 28.10.00, Colwyn Bay
  60- 7.72i, 100- 12.19, 200- 25.48
JONES Mollie U15 24.11.01, Swansea
  800- 2:17.92, 1500- 4:44.9
JONES Montana 6.10.88, Aldershot F&D
  800- 2:08.81 (2:04.88-13),
  1500- 4:20.42mx/4:23.79 (4:14.19-13)
JONES Nerys 30.11.84, Army/TROTS
  Mar- 2:54:22
JONES Olivia U17 20.02.00, Birchfield
  HJ- 1.68, HepI- 4138
JONES Rachel V45 7.01.70, Salford
  Mar- 2:56:16
JONES Rochelle 27.09.90, Newham & Essex B
  TJ- 11.56 (12.11-10)
JONES Tait U17 14.02.01, Walton
  DT- 40.14
JONES Tamyah U15 18.09.01, Watford
  100- 12.5
JONES Latitia 7.09.85, Belgrave
  10kR- 34:14 (33:05-13), HMar- 77:56+ (72:56-14),
  Mar- 2:36:13
JOSEPH-BLACKER Kitty U17 10.09.99, Charnwood
  LJ- 5.68i/5.52 (5.68-15)
JOSHUA Blessing U17 21.05.01, Newham & Essex B
  SP- 10.61, SPI- 13.00
JUDD Jessica U23 7.01.95, Chelmsford/Loughboro St
  800- 2:04.86mx/2:06.03 (1:59.77-14), 1M- 4:39.49,
  1500- 4:12.45 (4:09.56-15),
  3k- 9:10.54mx/9:30.50i (9:00.06i-13, 9:08.5mx-11, 9:32.11-10)
JUDD Jodie U20 25.09.98, Chelmsford
  1500- 4:26.90, 3k- 9:39.96mx, 5k- 17:29.29

K AFKE Tara 17.02.89, Radley AC
  400- 56.18 (54.51-12)
KEARNEY Aileen Anne U20 9.04.98, Wirral/Oxford Un
  400- 57.1
KEARSEY Sarah U23 30.08.94, Bournemouth/Exeter Un
  400H- 65.5 (64.0-12, 64.22-11)
KEATING Rebecca U20 31.08.97, Shaft B/Missouri Un
  HT- 58.34
KEENE Jessica U20 15.02.99, Blackheath & Bromley
  3k- 9:45.00 (9:41.35-15)
KEHLER Lisa Martine V45 15.03.67, Wolves & Bilston
  3kW- 14:55.42 (12:50.61-00), 5kWR- 25:28 (21:55-98),
  5kW- 26:26.0 (21:42.51-02)
KEITH Eve U17 12.10.00, Blackheath & Bromley
  DT- 34.10 (35.90-15)
KELLY Erika 6.12.92, Northern (IOM)
  3kW- 14:40.29, 5kW- 25:41.3, 5kWR- 25:27,
  10kWR- 52:30, 20kW- 1:59:27
KELLY Hannah U17 20.12.00, Bolton
  60- 7.80i, 100- 12.2, 200- 24.91, 300- 40.47i
KEMP Katrina U17 9.09.00, West Suffolk
  HJ- 1.64 (1.65i-14), LJ- 5.51, SPI- 12.15i/12.00,
  HepI- 4609
KENDALL Nicole U23 26.01.96, Kingston & P/Exeter U
  200- 24.55, 400- 54.59
KENNEDY Amy U13 2.07.04, Cumbernauld
  PenIM- 2206i
KENNY Victoria 3.04.83, Hadleigh Hares
  Mar- 2:53:23
KENT Donna 21.01.90, Bexley
  HT- 43.35 (47.87-08)
KERIN Angel U20 28.09.98, Bournemouth
  TJ- 11.45
KERR Charlotte U17 6.08.01, Rotherham
  HJ- 1.66i/1.65

KERSEY Gemma 6.02.92, Basildon
  800- 2:10.27 (2:06.11-12), 1500- 4:25.00 (4:13.54-12)
KHAMBAI-ANNAN Tyra U13 21.12.04, Team Hounslow
  75- 9.83
KIFFIN Jazzmin U17 6.09.99, Charnwood
  60- 7.89i, 300- 40.57, 400- 58.41
KILPATRICK Chantelle U20 19.10.97, Ipswich
  LJ- 5.62
KING Lulu U15 24.03.03, Herne Hill
  800- 2:15.70
KINGHAM Siobhan U20 2.11.98, Elgin
  TJ- 11.59w/11.44, Hep- 4333
KIRK Elinor 26.04.89, Swansea
  1500- 4:26.00 (4:15.93-14), 5k- 15:37.65,
  3k- 9:02.11mx/9:05.69i (9:12.50-14), 10kR- 32:35,
  10k- 33:00.13 (32:17.05-14), 10MR- 57:39 (56:35-15)
KIRK Katie 5.11.93, Lagan Valley/IRL
  800- 2:05.92 (2:02.63-14), 1500- 4:20.76, 1M- 4:45.85
KLEYNHANS Stephanie 6.10.89, London Heathside
  LJ- 5.81
KNASS Jenny V35 13.07.80, Stockport
  Mar- 2:57:51 (2:50:18-15)
KNIGHT Jessie U23 15.06.94, WSE&H/Loughboro St
  60- 7.74imx, 200- 24.27, 400- 53.69i/53.70 (53.48-15),
  400H- 59.06
KNIGHT Ottilie U17 1.02.01, Salisbury
  JTI- 40.28
KNIGHT Victoria V35 3.10.76, Cambridge & Coleridge
  10k- 35:15.7, 10kR- 35:00+, 10MR- 56:48, HMar- 75:46
KNIGHTON Maisie U17 26.05.00, Amber Valley
  JTI- 38.36
KNIGHTS Bethan U23 28.09.95, UC Berkeley
  1500- 4:20.83 (4:19.60-15), 1M- 4:39.70i,
  3k- 9:08.77i/9:18.25 (9:18.1+-14), 5k- 15:52.91 (15:51.49-15)
KNIGHTS Hannah U20 14.08.97, Guildford & G/Lough St
  400H- 62.68
KNIGHTS-TOOMER Emilie U17 21.04.00, Ashford
  JT- 37.58, JTI- 41.99
KNOTT Lucy U23 9.01.95, Thames Valley
  HT- 45.82
KNOWLES-JONES Harriet U20 3.04.98, Warrington
  800- 2:08.09mx/2:08.90, 1500- 4:15.49
KOENIGSBERGER Lucy U15 4.09.01, West Norfolk
  HTI- 54.59
KOFI Khiaama U15 2.03.02, Bristol & West
  200- 25.88
KOHLER Catie U17 17.01.01, Tonbridge
  DT- 33.94
KOMOCKI Emma 17.03.92, Notts
  400H- 63.83 (60.81-14)
KORCZAK Elizabeth U15 12.04.03, Brighton & Hove
  JTI- 35.48
KOTMILLOSHI Olga 12.07.83, Thames Valley/ALB
  JT- 40.86 (41.41-14)
KRAWCZYK Patrycja V35 14.06.79, C of Sheffield/POL
  PV- 3.30i (3.40-04)
KREFTING Saskia U17 29.01.00, WSE&H
  800- 2:14.58, 400H- 66.97
KUPONIYI Omolola U13 5.03.04, Havering
  SPM- 10.62
KYLE Georgia U17 18.09.99, Blaydon
  DT- 33.01

L ACY Louise 28.04.89, Havering
  JT- 46.33 (48.87-15)
LAING Catriona U17 21.12.99, Central
  300- 40.53, 400- 58.26
LAKE Iona 15.01.93, C of Norwich/Virginia Tech Un
  1M- 4:36.11i, 3k- 9:27.63i (9:22.61mx-14, 9:22.75i-15),
  3kSt- 10:09.99 (9:56.64-15)
LAKE Morgan U20 12.05.97, WSE&H
  60H- 8.63i, 100H- 14.41 (14.25-14), HJ- 1.94 (1.94-14),
  LJ- 6.07i/6.04 (6.32-14), SP- 13.61i/13.24 (14.85-14),
  JT- 40.08 (41.66-14), Hep- 5951 (6148-14),
  PentIS- 4519i (4527i-15)
LAKE Poppy U23 26.01.96, Chelmsford/Loughborough St
  HJ- 1.75i (1.81i-14, 1.75-12)
LAKIN Yasmin U23 8.10.95, Shaftesbury B/London Un
  TJ- 12.01

415

LALLY Jade 30.03.87, Shaftesbury B
  DT- 65.10
LAMBERT Chloe U23 22.05.94, VP-Glasgow/Glas Cal U
  100- 11.96w/12.13 (12.04-15), 200- 24.27,
  400- 56.04 (55.67-15)
LAMBERT Jessica U17 31.01.01, Crawley
  300H- 46.5, 400H- 67.9
LAMBERT Katie U20 6.11.98, Kidd & Stourport
  HT- 56.73
LANCE-JONES Claudia U17 29.09.00, Guildford & G
  1500- 4:34.68, 3k- 9:49.13
LANDIM Claudimira U17 5.07.00, VPH &TH
  300H- 46.1/46.23, TJ- 12.37
LANG Naomi U17 7.02.00, Aberdeen
  1500- 4:37.08, 3k- 9:56.60
LANGDALE Danni U20 13.03.98, Telford
  PV- 3.40 (3.40-14)
LANNIE Nicole U15 24.01.03, Doncaster
  60HG- 9.4i/9.41i, 75HG- 11.53
LANSIQUOT Imani-Lara U20 17.12.97, Sutton & Dist
  60- 7.33i, 100- 11.17
LAQERETABUA Una U20 28.08.99, Tonbridge
  Hep- 3969
LARKINS Megan U20 2.08.98, Braintree
  HT- 44.28
LARSEN Jasmine U13 13.05.05, Southampton
  JTM- 33.39
LASSETER Megan U15 18.05.02, Stockport
  TJ- 10.31
LATTIMORE Leigh Gladys May 2.02.91, Harrow
  10kR- 34:31 (33:43-13), HMar- 75:53
LAUDER Dianne Helen V35 6.07.76, Gala
  Mar- 2:50:32 (2:49:15-15)
LAVENDER Alison 25.09.88, Oswestry
  5kR- 16:55 (16:24-14)
LAVENDER Claudia U20 17.06.98, Mendip
  PV- 3.60
LAW Kirsty Marie 11.10.86, Sale
  DT- 56.01 (57.79-12)
LAW Phoebe U20 12.01.97, Kingston & Poly
  3k- 9:29.60mx/9:42.14 (9:33.31-14),
  5k- 16:45.39 (16:32.61-15)
LAWLER Hannah U23 24.10.95, Edinburgh AC/Glas Un
  PV- 3.57i/3.50 (3.50-14)
LAWLER-RHODES Joanna U20 3.10.98, Bingley
  TJ- 11.32
LAWRENCE Lily-May U15 22.05.02, Notts
  75HG- 11.59
LECOUTRE Susannah U13 5.04.04, Guildford & G
  1500- 4:53.0
LEE Cerys U17 4.11.00, Taunton
  HepI- 4220
LEGG-HOWELL Kirsty 8.02.90, M'boro Mandale
  1500- 4:25.10 (4:14.55-15)
LEIKIS Isobel U15 18.10.02, Woking
  HJ- 1.60
LEONARD Alison 17.03.90, Blackburn
  400- 55.23 (54.91mx/55.1 09, 55.12-15),
  800- 2:00.52 (2:00.08-14), 1500- 4:08.96mx/4:09.59
LEONG Esther U17 28.01.00, North Somerset
  PV- 3.50
LESLIE Jodie 1.05.93, Bedford & County
  200- 24.43wSt/24.58, 400- 54.64
LETHBRIDGE Lauren U15 22.05.02, Crawley
  LJ- 5.39
LEVER Georgina U17 6.12.99, Bolton
  LJ- 5.51
LEVY Alisha U17 1.10.99, Stevenage & NH
  JT- 36.38, JTI- 43.06
LEWIS Alessia U17 13.04.00, Shaftesbury B
  LJ- 5.50
LEWIS Annabelle 20.03.89, Kingston upon Hull
  100- 11.74 (11.36-15)
LEWIS Heather 25.10.93, Pembroke
  3kW- 13:07.04, 5kWR- 23:34+ (22:09.87t-14),
  10kWR- 48:09 (46:59-14), 20kW- 1:38:22
LEWIS Lauren U15 28.09.01, Liverpool Pembroke S
  LJ- 5.20

LEWIS Ocean U20 3.07.99, VPH &TH
  100- 12.22mx, 200- 24.87
LEWIS WARD Lucy U15 26.02.02, Cambridge H
  3kW- 15:56.1, 5kW- 28:33.5
LEWIS WARD Sophie U20 7.04.99, Cambridge H
  3kW- 13:51.35, 5kW- 23:37.55, 5kWR- 23:36
LIEBNITZ Sarah V35 9.10.79, Inverness
  HMar- 78:54
LINAKER Alice U17 6.12.99, City of York
  60HI- 8.98i, 80HI- 11.73w/11.80, 300H- 45.95,
  HepI- 4553, PenII- 3403i
LININGTON-PAYNE Rhiannon 1.10.91, Cardiff
  400- 56.64 (55.00-12)
LITTLE Daisy U13 10.03.04, Guildford & Godalming
  LJ- 5.02
LITTLEFAIR Eloise U15 26.10.01, Blackburn
  SPI- 11.63
LITTLEMORE Sophie Marie U23 25.12.95, Gateshead
  SP- 12.85i/12.56, DT- 43.71
LIUKSAITYTE Ugne U23 1.01.94, Thames Valley/LTU
  60- 7.72imx, LJ- 5.59 (5.80-14), TJ- 12.25
LIVERPOOL Yasmin U20 15.01.99, Leiden, NED
  100- 12.15, 200- 24.92, 400- 56.22
LLEWELLYN Ffion U17 11.03.00, Bridgend
  PV- 3.40
LLOYD Jasmine 3.03.93, Herts Phoenix/Wyoming Un
  400H- 64.10A (59.38-14)
LOBLEY Erin U13 12.10.04, Hallamshire
  LJ- 4.94w, SPM- 10.01, PenM- 2564
LOCKE Eloise U17 19.04.01, Blackheath & Bromley
  SPI- 13.40 (13.69-15), JTI- 44.08
LOCKETT Candise U20 13.05.99, Birchfield
  HT- 46.13
LOMAS Katherine 10.09.87, Charnwood
  Mar- 2:57:14
LONGDEN Hannah Louise U17 4.12.00, Bridgend
  100- 12.45, 300- 40.75
LONSDALE Darcey U15 17.10.02, Preston
  800- 2:18.08
LORD Catrin U17 20.09.99, Cardiff
  LJ- 5.62i/5.49w/5.45
LORD Katie U20 6.01.99, Cannock & Stafford
  400H- 65.8
LOUGHLIN Anna U17 25.10.00, Bristol & West
  HTI- 45.99
LOVEDAY Bethany U17 9.03.00, Bridgnorth
  80HI- 11.8/11.95, LJ- 5.45, HepI- 4238
LOVELL Elise 9.05.92, Hastings
  200- 24.80w/25.05 (24.58-15), 60H- 8.71i,
  100H- 14.00 (13.86-15), 400H- 63.6/64.32,
  LJ- 6.02 (6.07w-15), Hep- 5284, PentIS- 3743i
LOVIBOND Ella U15 26.11.01, Radley AC
  HTI- 47.15
LOWE Angela U15 21.11.01, Reading
  SPI- 11.68
LOWE Phillipa 7.04.92, Dacorum & Tring
  100- 12.1, 200- 24.5/24.68i (24.61-14), 400- 53.07,
  800- 2:09.89i, 400H- 58.03
LOWERY Sarah 15.04.82, Sheffield RC
  Mar- 2:45:53
LOWNDES Mia U15 6.06.02, Sale
  60- 8.04i, 100- 12.52w/12.56, 200- 25.91
LOWRY Emma Louise Kathryn 19.04.91, Edin AC/Notts U
  HJ- 1.73i (1.80i-12, 1.74-12)
LUCAS Zoe U20 7.01.97, Notts/Notts Trent Un
  60HI- 8.83i (8.78i-15), 100H- 14.41
LUPTON Amy U23 31.07.94, Preston
  TJ- 11.16 (11.66-15), JT- 39.02 (44.87-14)
LYONS Emma Jane 14.06.87, Cardiff Archers
  PV- 3.70 (4.31i-09, 4.25-10)
LYONS Katie U15 8.11.01, Kingston & Poly
  DT- 31.37

MacAULAY Hannah U15 9.09.01, Blackheath & Brom
  SPI- 12.20, DT- 34.70
MacCOLL Lara U13 16.08.04, City of Sheffield
  2KWR- 11:38
MacDONALD Emily U17 21.12.99, Bracknell
  PV- 3.15i/3.10 (3.20-15)

MACE Ruby U13 5.09.03, Havering
　70HM- 11.3
MACE Sophie U20 7.10.98, Walton
　DT- 47.08 (47.35-15), HT- 45.51 (47.16-15)
MacGUIRE Courtney 30.04.90, Edinburgh AC
　PV- 3.80i/3.75 (4.02i-15, 4.00-14)
MacHEATH Paige U17 21.10.99, Cambridge H
　JT- 36.56 (36.63-15), JTI- 41.39
MACHIN Julia Margaret V45 26.03.70, Brighton & Hove
　HJ- 1.65 (1.92i-90, 1.89-94),
　Hep- 4371 (5747w-96, 5538-00)
MacKAY Kate U17 13.12.99, Aberdeen
　HJ- 1.66i/1.64
MacKENZIE Rachael 23.12.87, Inverness
　HJ- 1.70 (1.81-14)
MACKINTOSH Katie U17 23.04.01, Newark AC
　300H- 46.5
MacLAREN Jade 1.12.88, VP-Glasgow
　400- 56.75 (56.12-09), 800- 2:08.72 (2:06.63-10)
MacLARTY Morag 10.02.86, Central
　3k- 9:45.41mx (9:38.69imx-14), 5kR- 16:31 (16:14-14)
MacLENNAN Mhairi U23 26.03.95, Inverness/Edin Un
　5k- 16:37.31, 10k- 34:39.87
MacLENNAN Rachel U15 3.04.02, Inverness
　HTI- 43.21
MacPHERSON Iona U17 24.05.01, Lisburn
　TJ- 10.99
MACREADY Emma V35 14.11.80, Worthing
　3k- 9:48.4 (9:35.52mx-13, 9:41.2-13), Mar- 2:51:52,
　10kR- 34:58 (34:30-12), 1.5kSt- 4:56.16 (4:55.9-14),
　2kSt- 6:54.76 (6:45.37-15), 3kSt- 10:29.33 (10:26.41-15)
MADDEN-FORMAN Emily U17 29.09.99, Stratford-u-Avon
　TJ- 11.41i/11.16 (11.57-15)
MADDOX Laura 13.05.90, Swansea
　400- 53.7mx/54.10 (52.32i-15, 52.73-14)
MADDY Rebecca U13 8.12.03, Cambridge H
　150- 19.4
MAGEEAN Ciara 12.03.92, Lisburn/IRL
　800- 2:00.79, 1500- 4:01.46, 1M- 4:28.40i (4:30.64-15),
　3k- 9:07.47mx (8:55.09i-15)
MAGUIRE Caitlin U20 2.02.99, North Belfast
　100- 12.20
MAHAY-GOODRICH Elianne U20 13.11.98, Enf & Har
　SP- 11.44
MAILER Emma U15 24.02.02, Central
　200- 25.98, 300- 41.00
MAIR Angharad V55 30.03.61, Newport
　Mar- 2:57:53 (2:38:47-96)
MAIR Susannah U15 19.03.03, Bracknell
　1500- 4:45.50mx/4:46.1, 3k- 10:32.8
MAISCH Ulrike V35 21.01.77, Guernsey
　Mar- 2:56:49
MALIR Georgia U23 20.02.96, Leeds/Leeds Un
　5k- 17:11.16
MALONE Sarah U17 15.09.99, Edinburgh AC
　100- 12.26w/12.38 (12.3/12.32-15), 200- 25.44w (25.3-15)
MALSTER Georgina 3.08.90, Ipswich
　200- 24.9 (24.53w-10, 24.80-11), 400- 56.98 (56.46-09)
MALTBY Emily U23 1.03.95, Nene Valley H/Bedford Un
　TJ- 11.37 (11.56-15)
MALTBY Kate 26.07.85, Bristol & West
　1500- 4:23.97, 3k- 9:03.60imx/9:17.91, 5k- 16:06.08,
　10kR- 33:44
MAMUDU Michelle U17 17.03.00, VPH &TH
　200- 25.39w, 300- 40.04, 400- 57.58
MANSON Nikki U23 15.10.94, Giffnock N/Glasgow Un
　HJ- 1.81, LJ- 5.60, JT- 37.52 (39.36-15)
MAPAMBOLOI Diane U15 9.03.02, VPH &TH
　60- 8.05i
MAPPS Caitlin U15 27.11.02, Cardiff Archers
　LJ- 5.32
MARCHILDON Megan 22.05.92, Durham City H/
　Durham Un/USA   SP- 11.73i/11.35,
　100H- 14.62w/14.89 (13.74w-14, 13.91-15),
MARGHINI Yasmin U15 3.01.02, Blackheath & Bromley
　1500- 4:41.23
MARRIOTT Finlay U20 21.01.99, Cambridge & Col
　100HI- 15.08 (13.99w-15, 14.20-15), 100H- 14.9/15.13

MARRS Megan U20 25.09.97, Lisburn
　60- 7.57i (7.57i-13), 100- 11.65w/11.68,
　60H- 8.78i (8.69i-14), 100H- 13.78 (13.72-14)
MARSDEN Carys U17 10.03.00, Blackheath & Bromley
　DT- 35.37
MARSHALL Eloise U23 28.06.95, Worthing
　HT- 41.26 (42.81-13)
MARSHALL Katharine 6.02.92, Cardiff/NZL
　400- 55.69 (54.19-14), 800- 2:02.70, 1500- 4:18.73mx
MARSHALL Lucy A. 28.11.81, WG&ExL/Northampton U
　SP- 11.66 (12.00-15), HT- 62.12
MARSHALL-BROWN Denisha U17 11.08.00, Herne Hill
　60- 7.88i (7.86i-13), SP- 11.47, SPI- 13.71, DT- 36.88
MARSTON Rownita U20 17.05.98, Bristol & West
　SP- 12.95
MARTIN Claire V40 14.09.74, Telford
　10kR- 34:54 (33:57-08)
MARTIN Deborah U23 25.01.94, Ashford
　HJ- 1.73i/1.65 (1.80-14)
MARTIN Empress U20 25.01.99, City of Sheffield
　100- 12.25
MARTIN Jessica Anne (née ANDREWS) 1.10.92, AF&D
　3k- 9:21.2+, 5k- 15:24.02, 10k- 31:35.92, 10MR- 56:20
MARTIN-EVANS Cleo U15 8.05.03, Daventry
　LJ- 5.49
MASON Anna U13 1.06.04, Border
　800- 2:22.0mx
MASON Avril V40 27.04.74, Shettleston H
　HMar- 77:38sh
MASON Olivia Grace U15 14.10.01, Border
　800- 2:10.2mx/2:11.1, 1500- 4:26.40mx/4:35.21
MASSELINK Tess U20 7.07.98, Tavistock
　1.5kSt- 4:50.45, 2kSt- 6:42.1, 3kSt- 10:42.21
MASSEY Kelly Lorraine 11.01.85, Sale
　200- 24.04 (23.94-09), 400- 53.06 (51.96-14)
MATHER Molly U17 8.09.00, City of Plymouth
　400H- 67.98
MATTHEWS Chioma V35 12.03.81, Blackheath & Brom
　TJ- 13.34 (13.53-15)
MATTHEWS Lucy-Jane U15 17.09.02, Southampton
　60HG- 9.11i, PenIG- 3292i
MAUND Lyndsey 27.02.86, Swansea
　PV- 3.86i (3.90i/3.90-15)
MAURER Claire U23 9.01.94, Woking
　PV- 3.65 (3.71i-15, 3.70-15)
MAXWELL Ella U17 7.04.99, Middlesboro Mandale
　100- 12.2, 200- 25.1/25.50
MAYHO Jessica 14.06.93, Birchfield
　HT- 61.02
McANDREW Bethany U17 8.01.00, Pitreavie
　60H- 8.98i, 80HI- 11.52w/11.66, 100H- 14.83
McARTHUR Holly U17 20.12.99, Whitemoss
　200- 25.43, 800- 2:14.69i/2:14.82 (2:14.57-14),
　300- 40.42i, 60H- 8.98i, 60HI- 8.95i,100HI- 15.31,
　80HI- 11.47w/11.59, 300H- 43.18, 400H- 60.23,
　LJ- 5.77, Hep U18- 4965, HepI- 5051, PenII- 3619i
McASLAN Kirsten 1.09.93, Sale
　400- 54.10 (52.13-15), 800- 2:04.48i (2:08.39mx-11, 2:08.49-10)
McAULAY Carys U20 18.01.98, Warrington
　800- 2:07.43i (2:05.18-15)
McCABE Victoria U17 9.06.01, Wells
　LJ- 5.75
McCALL Stephanie 27.09.93, South London H
　3k- 9:34.91mx/9:40.44, 5k- 16:39.30mx/16:52.55,
　5kR- 16:37, 10MR- 58:38
McCALLUM Jasmine U17 12.01.01, Reading
　HepI- 4057
McCARTNEY Ellen U17 8.10.99, Lisburn
　PV- 3.60
McCAULEY Anna U17 2.01.01, Lisburn
　60- 7.73i, 100- 12.20, 200- 24.98, 60HI- 8.71i,
　HJ- 1.69i, PenII- 3874i
McCAW Debbie V35 1.01.80, Ealing, S & Mx/NZL
　HT- 48.05 (54.58-05)
McCAY Emma U23 21.01.95, Derry/Ulster Un.
　HJ- 1.65, Hep- 3876
McCHEYNE Nuala U15 4.10.01, Inverclyde
　800- 2:14.41

McCLAY Rachel Ella 13.10.92, Bracknell
 800- 2:06.76 (2:04.01-15),
 1500- 4:20.77i/4:22.2 (4:15.39-15)
McCOLGAN Eilish 25.11.90, Dundee HH
 1500- 4:03.74, 3k- 8:43.27, 5k- 15:05.00, 10kR- 32:52
McCORRY Alison U23 24.08.96, Border/Loughboro St
 100- 12.1 (12.1-14, 12.15w-15)
McDONALD Cashyila U15 4.01.03, Birchfield
 200- 25.94w, 300- 41.6
McDONALD Daisy U15 28.09.01, Preston
 TJ- 10.32
McDONALD Katy-Ann U17 1.06.00, Blackheath & Brom
 400- 57.56mx/57.86, 800- 2:05.03,
 1500- 4:32.88 (4:22.96-15)
McDONALD Olivia U15 20.03.02, Guildford & G
 3k- 10:25.32mx/10:39.12
McDONALD Sarah 2.08.93, Birchfield/Birmingham Un
 400- 55.35, 800- 2:01.10, 1k- 2:38.63, 1500- 4:07.18
McEWING Alison 27.11.87, Erme Valley
 Mar- 2:55:37 (2:53:03-15)
McGARVEY Claire U17 15.06.01, Banchory
 HJ- 1.67
McGIFFORD Danielle U23 11.04.95, Wigan
 60- 7.65i (7.55i-14), 100- 12.20mx (11.87-15),
 60H- 8.65i (8.56i-14)
McGOVERN Ailis U20 6.06.97, Bexley/Bath Un
 PV- 3.60i (3.80-14)
McGRAW Tamsin U17 7.10.99, Amber Valley
 400- 58.6
McGUCKIAN Ava-Louise U17 27.06.00, Preston
 PV- 3.26i/3.10 (3.20-15)
McGUIGAN Ashlee 7.08.86, Harrow
 1.5kSt- 5:11.0
McHUGH Megan U17 25.07.00, Sale
 300H- 44.70, HJ- 1.65 (1.68-15)
McHUGH Tess U15 19.06.02, Sale
 300- 41.3 (41.3-15)
McILMOYLE Anna U23 5.01.96, Lisburn/Ulster Un
 HJ- 1.68
McILVEEN Erin 10.03.86, Lisburn
 400- 56.61i/56.96 (56.52-14),
 800- 2:05.83i/2:06.12 (2:05.96-14)
McINNES Megan U20 20.10.97, Shaftesbury B
 PV- 3.30i/3.20
McKEEVER Sarah U23 11.08.95, Sale/Cardiff Un.
 PV- 3.95i/3.90
McKELVIE Susan Catherine 15.06.85, Edinburgh AC
 HT- 62.77 (65.03-11)
McKEN Simone U20 24.09.98, Wolves & Bilston
 DT- 41.27, JT- 38.10
McKEOWN Lynette V35 17.11.77, Kidd & Stourport
 HT- 45.90
McKINNA Sophie U23 31.08.94, Great Yarmouth
 SP- 18.41dh/17.14
McLEAN Hayley U23 9.09.94, Chelmsford
 400- 55.83i/56.16 (55.19i-13, 55.58-15),
 400H- 58.59 (56.43-14)
McLELLAN Sarah 4.02.90, Blackheath & Bromley
 400H- 65.96 (64.31-07)
McLENNAGHAN Charlotte U20 6.09.97, Notts
 100- 11.83 (11.63-15), 200- 23.45 (23.09-15)
McLENNAN Zoe 2.07.83, City of Chester Tri
 Mar- 2:56:01
McLENNON Kiona U20 11.02.99, Rugby & Nor'ton
 SP- 12.58, DT- 36.54
McLINDEN Rebecca 2.08.90, Blackheath & Bromley
 400H- 62.89
McMAHON Alice May U23 15.02.95, West Cheshire
 100- 12.23 (12.0w-15)
*McMAHON Christine 6.07.92, B'mena & A/Queen's U/IRL
 200- 24.97, 400- 54.77i (54.77i-13, 55.40-10),
 400H- 56.06*
McNIVEN Ella U15 4.09.01, Liverpool H
 800- 2:12.82mx (2:18.1-15), 1500- 4:33.86mx/4:38.65
McQUIRE Fiona U20 9.01.98, Shaftesbury B
 DT- 35.91
McTEAR Georgie U20 20.07.99, Swindon
 JT- 43.82

McTIFFIN Lois U15 31.07.02, Sale
 PenG- 2967
McVICAR Elise 6.04.88, City of York
 400H- 64.30 (61.71A-12, 61.87-14)
MEADOWS Jennifer V35 17.04.81, Wigan
 400- 55.8 (52.50mx-05, 52.67-03),
 800- 2:00.74 (1:57.93-09)
MEAKINS Eloise 26.01.93, Herts Phoenix/Loughboro St
 JT- 47.37 (52.32-12)
MEE Clara U13 19.02.04, Highgate H
 PenIM- 2075i
MEE Grace U20 19.05.99, Stevenage & NH
 HJ- 1.69 (1.70-15)
MEEKINGS Peanut U15 25.03.03, Horsham BS
 JTI- 36.57
MELBOURNE Sarah U23 12.09.96, WSE&H/Brunel Un
 SP- 11.53 (11.64-15)
MELLOR Maya U17 19.02.00, Harrogate
 DT- 36.22
MERCER Louise U23 14.11.95, Gala/Edinburgh Un H&H
 5k- 17:06.63
MERRITT Anna U15 3.10.02, Southampton
 DT- 32.90, HTI- 43.28
MERRITT Sophie U20 9.04.98, Southampton
 SP- 14.10, DT- 43.77 (45.34-15), HT- 42.15,
 JT- 37.90 (42.54-13)
MHLANGA Khahisa U17 26.12.99, Chelmsford
 800- 2:06.54, 1500- 4:26.72mx/4:33.82 (4:33.61-15),
 1M- 4:47.26, 3k- 9:50.76
MIELL Alice U17 14.05.00, Athlétisme Sud 17, FRA
 100H- 15.67w, SPI- 12.47i, JT- 37.81, JTI- 40.04
MIHALCEA Denisa U17 17.01.00, Harrow
 SP- 11.28, SPI- 13.04 (13.28-15), DT- 40.06, JT- 40.19,
 JTI- 42.25
MILBURN Jenny U15 8.11.01, Tavistock
 800- 2:18.32 (2:17.19-15)
MILES Abby U20 19.11.98, Swindon
 LJ- 5.64w/5.55
MILES Mimi U17 7.05.00, Lewes
 PV- 3.40
MILES Natasha U17 31.01.01, Winchester
 800- 2:14.20
MILLAGE Philippa Claire V35 15.08.80, VP-Glasgow
 400- 55.59, 800- 2:05.13, 1500- 4:23.54mx/4:26.27
MILLARD Alexandra U15 31.12.01, Invicta
 800- 2:18.0mx, 1500- 4:44.21, 3k- 10:23.41
MILLARD Saskia U17 12.07.00, Herne Hill
 800- 2:13.5mx/2:14.33 (2:08.21mx/2:12.31-14)
MILLER Amy U15 16.11.02, Blackheath & Bromley
 800- 2:17.64mx
MILLER Emily U15 16.06.02, Cumbernauld
 300- 41.5/41.56
MILLER Florence U13 26.02.04, Bedford & County
 100- 13.0
MILLER Murphy U15 17.01.02, North Down
 3k- 10:36.23mx
MILLER Rachel 29.01.90, Harrow
 100- 11.45w/11.46
MILLER Tamsin U17 21.09.99, Yeovil Olympiads
 SPI- 12.78, JTI- 38.40
MILLER Yasmin U23 24.05.95, Derby AC/South Bank Un
 60- 7.62i (7.53i-12), 60H- 8.16i,
 100H- 13.39w/13.42 (13.13-14)
MILLER-THOMAS Mya U13 16.02.04, Newham & Ex B
 60- 8.22i, 75- 10.0
MILLMORE Tracy 16.07.82, Birtley
 10MR- 58:35, HMar- 78:41
MILLS Holly U17 15.04.00, Andover
 60- 7.65i, 100- 12.02w/12.05, 200- 24.50w (25.28-15),
 300- 39.93, 60HI- 8.52i, 80HI- 11.36 (11.2w/11.32-15),
 100HI- 13.79, 100H- 14.2, 300H- 43.21,
 LJ- 6.24 (6.29-15)
MILLS Lily U20 16.01.99, Exeter
 JT- 40.90
MILLS Lydia U20 1.02.98, Ballymena & Antrim
 LJ- 5.57 (5.80-15), TJ- 11.49
MILNE Dionne U20 19.10.97, Moray RR/Robert Gordon U
 DT- 43.89 (44.09-14)

418

MILNER Samantha 28.12.92, Blackheath & Br/B'ham Un
SP- 11.35i (12.50-11), DT- 43.39 (51.07-13)
MILORO Felicia U17 5.01.01, Sutton in Ashfield
PV- 3.30i/3.11
MILORO Rimini U20 26.10.98, Sutton in Ashfield
TJ- 11.10w
MITCHELL Bethany 13.11.92, Sutton in Ashfield
HT- 45.42 (50.47-11)
MITCHELL Emma 2.09.93, Banbridge AC/IRL
1500- 4:18.66, 1M- 4:45.05, 3k- 9:28.62, 10kR- 33:57
MITCHELL Jasmine U20 11.05.98, Guildford & G
400H- 64.18
MITCHELL Kelly 26.11.87, Wigan
TJ- 11.78 (12.89-11)
MITCHELL Naomi 24.11.93, Reading
Mar- 2:54:45
MOAT Hannah U15 2.07.02, Scunthorpe
HJ- 1.65
MOFFAT Lara U13 22.09.03, Marshall Milton Keynes
SPM- 10.02
MOLINARO Carla 27.07.84, WSE&H
Mar- 2:57:52 (2:51:50-15)
MOLYNEAUX Hannah U17 11.03.01, Nene Valley H
SP- 11.32, SPI- 14.77
MONEY Sophie 24.10.93, Wirral/Leeds Un
100- 11.98
MONKS Kamela 6.05.87, St Mary's Richmond
TJ- 11.59
MONTANER Ester 30.11.91, Hyde Park Harriers/ESP
5kW- 25:19.71
MONTEIRO Joceline 10.05.90, Chelmsford/POR
800- 2:03.6mx/2:03.77, 1500- 4:28.78
MONTEITH Katie U15 28.02.03, Lisburn
60- 7.85i, 100- 12.50w
MONTEZ BROWN Olivia U23 22.05.96, W Cheshire/
Augustana Un 60H- 8.77i (8.72i-15),
100H- 14.37 (14.3/14.34-14), LJ- 6.08w/5.91,
TJ- 11.23 (11.35-12), SP- 11.24, Hep- 5254, PentIS- 3773i
MONYE Chinedu 29.12.89, WSE&H
100- 11.97 (11.90-05)
MOODY Robyn U15 3.01.03, Havering
DT- 29.80
MOONEY Katelyn U17 16.06.01, Crewe & Nantwich
3k- 10:11.2mx
MOORE Alice U17 4.08.00, Barnsley
3k- 10:12.24mx
MOORE Christina 14.03.91, Blackheath & Bromley
PV- 3.46i/3.40 (3.52i-11, 3.45-09)
MOORE Diane V40 13.12.74, Headington RR
Mar- 2:53:22 (2:52:35-15)
MOORE Mica 23.11.92, Birchfield/Cardiff Met
60- 7.67i (7.49i-15), 100- 11.87 (11.65-14),
200- 24.44w/24.78 (23.92-14)
MOORE Rebecca 7.10.91, Chichester R&AC
5k- 16:56.0 (16:53.6-13), 10kR- 34:17, 10MR- 56:30,
HMar- 75:25
MOORE Saffron U15 15.09.02, City of Portsmouth
800- 2:12.93, 1500- 4:40.91
MOORE-MARTIN Rhianne U15 21.09.01, City of Stoke
HTI- 49.04
MORANKEJI Yetunde Abigail 15.11.90, Thames Valley
SP- 11.59 (12.25-09)
MORGAN Grace U15 14.01.02, Cardiff Archers
60HG- 9.37i, 75HG- 11.43, LJ- 5.22, HexG- 3121
MORGAN Hannah Marie U20 3.10.97, Newport
HT- 49.10
MORGAN Jade 12.08.89, Colchester H
TJ- 11.42 (12.31-11)
MORGAN Naomi U23 23.11.96, Derry
60H- 8.87i, 100H- 14.7/15.02 (14.80w/14.98-15),
Hep- 4406 (4580-15)
MORGAN Sian 29.11.88, Swansea
PV- 3.85iA/3.79 (4.15-15)
MORGAN Venus U17 5.06.01, Kingston upon Hull
80HI- 11.63w/11.77, Hepl- 4487
MORRALL Zelah M. V45 21.01.69, Cornwall AC
Mar- 2:51:25 (2:47:59-15)

MORRIS Katherine U23 1.09.95, Swansea/UW Swansea
60H- 8.99i, 100H- 15.17 (15.09-15)
MORRIS Lukesha U23 26.11.95, WSE&H
60- 7.46i
MORRIS Macey U15 12.02.03, Newport
200- 25.76i
MORRIS Natalie U17 1.12.00, Bingley
HJ- 1.70i
MORRIS Tia U17 22.06.01, Marshall Milton Keynes
100- 12.4
MORRISH Jordanna U23 19.10.95, WSE&H/York Un
HJ- 1.70i/1.70 (1.79-13)
MORRISON Imelda 16.10.89, Swansea/IRL
LJ- 5.96
MORRISON Sam U23 21.03.94, Woking/Notts Trent U
PV- 3.27i/3.20 (3.62-15)
MORRISON Shelby U17 10.11.99, Greenock Glenpark
1500- 4:32.70, 3k- 10:03.38
MORRISROE Mia U13 23.01.04, Liverpool H
75- 10.0, 150- 19.7w
MORTIBOY Beth U20 20.03.97, Notts/Notts Un
TJ- 11.99
MORTLOCK Harriette U13 27.11.00, Basildon
JTM- 33.08
MORTON-KEMSLEY Talia U17 20.05.01, Dacorum & T
Hepl- 4205
MOSES Erin U15 30.09.01, Thanet AC
75HG- 11.6/11.64
MOSS Jazmine U17 16.08.00, Gateshead
60- 7.88i, 200- 25.14
MOSS Stephanie U15 24.05.02, Macclesfield
800- 2:13.22mx/2:14.28, 1500- 4:43.64mx/4:46.09
MOULD Victoria U23 11.09.95, Southampton/Lough St
TJ- 11.80
MOULE Bethany U15 21.11.01, Neath
JTI- 48.84
MOULTRIE Josephine 19.11.90, VP-Glasgow
1500- 4:13.68i/4:16.3 (4:10.43-13), 10kR- 33:35,
3k- 8:57.14imx/8:58.75i/9:27.61 (9:17.43-14),
5k- 16:05.91 (15:57.17-13)
MOYES Emily U20 14.06.98, West Suffolk
1.5kSt- 4:59.7 (4:55.45-15), 2kSt- 7:13.2
MPASSY Holly Victoria U15 12.07.03, Blackheath & Brom
300- 41.7
MUIR Laura Mary 9.05.93, Dundee HH/Glasgow Un
400- 55.36imx (55.71i-14, 56.78-12), 1k- 2:40.5+e,
800- 2:00.57 (2:00.42-15) 1500- 3:55.22, 1M- 4:19.12
MUIR Christina 6.08.88, Bedford & County
10kR- 34:35 (33:24-14, 33:42-13), HMar- 73:40 (73:22-15),
Mar- 2:36:39dh/2:37:42
MULHOLLAND Holly U15 31.03.02, Lisburn
60HG- 9.34i, 75HG- 11.36
MULLINGS Zuri U15 8.10.01, WSE&H
200- 25.9
MULLINS Sophie 9.10.81, Fife
100kR- 8:30:22
MULVEE Brianna 10.05.85, Herne Hill/Oxford U/AUS
3kW- 14:12.01, 5kW- 24:35.56
MUNDAY Imogen U20 17.05.99, Medway & Maidstone
400H- 65.14
MUNN Hayley 17.09.90, Winchester
HMar- 76:16 (75:43-15), Mar- 2:38:13 (2:37:44-14)
MURCH Kerry U23 20.03.95, Rugby & Nor/Loughboro St
SP- 11.14, JT- 45.61 (46.11-13)
MURPHY Charlotte Tara U20 24.08.98, West Suffolk
3k- 9:40.66
MURRAY Alison V45 13.01.67, Hercules Wimbledon
PV- 3.30 (3.95A-99, 3.60-96)
MURRAY Bethan U17 18.12.00, Stockport
LJ- 5.46w/5.45
MURRAY Hayley 13.09.89, Rugby & Northampton
HT- 57.30 (58.39-13)
MURRAY Madeleine Grace 19.10.93, Edinburgh AC
800- 2:05.47i (2:03.66-15), 5kR- 16:07,
1500- 4:15.89mx/4:16.49i/4:19.35 (4:10.17-15),
3k- 9:13.48mx (9:41.36-15)
MURRAY Paula 14.07.90, VP-Glasgow/Abertay Un
JT- 37.78 (39.18-14)

MURRAY Rebecca U23 26.09.94, Bedford & Co/B'ham Un
 1500- 4:28.17mx, 3k- 9:38.3 (9:22.92mx/9:34.24-15),
 5k- 16:09.21, 10k- 34:20.75, 15kR- 52:12+, HMar- 72:59
MUSGRAVE Marnie U15 8.07.03, Swansea
 HJ- 1.61
MYERS Natalie 12.09.91, City of Sheffield
 5kW- 27:01.15, 5kWR- 26:48

NAGY Megan U20 26.02.99, City of Sheffield
 SP- 11.10dh (10.78), Hep- 3882
NAIBE-WEY Aisha 3.08.93, TVH/Virginia Tech U/SLE
 400- 55.75, 400H- 57.84 (57.26-15)
NAKAYE Rachael 7.10.92, Harrow/Staffs Un
 100H- 14.89
NARVILIENE Grazina V40 8.01.74, Ealing, S & Mx/LTU
 5kWR- 26:24 (25:25-14)
NAYLOR Lily-Rose U15 14.12.01, Amber Valley
 SPI- 12.58, HTI- 41.99
NAYLOR Lydia Violet U17 1.10.00, Amber Valley
 300H- 46.11
NDIAYE Awa U15 19.09.01, Serpentine/FRA
 60- 7.80i, 100- 12.18w/12.3/12.34,
 200- 25.20w/25.38mx/25.88
NEALE Amy-Eloise U23 5.08.95, Un of Washington
 800- 2:09.64 (2:08.22-13), 1500- 4:13.93,
 1M- 4:43.84i (4:43.67-11), 3k- 9:37.15 (9:31.1-14)
NEAT Carmen U15 23.10.01, Aberdeen
 HJ- 1.61
NEELY Kelly Alana V35 17.06.78, Lisburn/IRL
 800- 2:05.56 (2:03.28mx-08, 2:03.41-03),
 1500- 4:15.14 (4:10.30-09)
NEITA Daryll U23 29.08.96, Shaftesbury B
 60- 7.29i, 100- 11.23
NELSON Anna U23 14.11.95, Inverness/Edinburgh Un
 400H- 61.14
NELSON Ashleigh Louise 20.02.91, City of Stoke
 100- 11.19 (11.15w/11.19-14), 200- 22.96
NELSON Joanne V40 14.11.71, Darwen
 Mar- 2:54:34
NERURKAR Almaz U17 9.01.01, Brighton Phoenix
 3k- 10:10.5 (10:02.99mx-14)
NESBITT Jennifer Louise U23 24.01.95, Worc/Bath U
 5k- 15:57.55, 10k- 33:43.19, 15kR- 51:18+, HMar- 72:54
NETTLETON Phoebe U13, Wiltshire Schools
 JTM- 31.05
NEVILLE Isabelle U17 1.09.99, Tamworth
 300H- 44.64, 400H- 66.2
NEWBERY Melissa 28.08.91, Ealing, S & Middx
 3kSt- 10:13.44
NEWBIGGIN Chloe U15 3.11.01, Sale
 100- 12.5w
NEWELL Ashleigh U20 28.08.98, Thanet AC
 HT- 41.56 (42.36-15)
NEWELL Hannah U20 19.07.98, Blackpool
 PV- 3.12i (3.30i-15, 3.20-14)
NEWSON Grace U15 1.02.02, Havering
 75HG- 11.63
NEWTON Megan U17 27.04.00, West Suffolk
 3k- 10:00.47mx/10:05.42
NEWTON-O'BRIEN Molly U20 5.05.99, Lancaster & Mor
 HJ- 1.70, Hep- 4631
NGETICH Gladys 12.05.91, Oxford Un/KEN
 400H- 65.70
NICHOLLS Jasmine U23 23.08.95, OWLS
 3kW- 14:58.06i (14:41.93i/15:08.55-13)
NICHOLSON Faye 26.08.93, Bedford & County
 LJ- 5.66i/5.56w (6.14w/5.99-14), TJ- 11.15 (11.59-11)
NICHOLSON Rose 10.04.85, Waveney
 Mar- 2:48:26
NICHOLSON Trixie U21 1.11.00, Exeter
 JTI- 43.14
NICK Christina 14.11.92, City of York/Leeds Un/GER
 SP- 13.30, DT- 42.90
NICOLL Adele Mia U23 28.09.96, Birchfield/Cardiff Met
 SP- 16.34, DT- 45.95 (46.35-12)
NIEDBALA Anna 11.02.90, Oxford City/Oxford Un/GER
 SP- 11.92, DT- 45.55 (45.83-09), HT- 46.49

NIELSEN Laviai U23 13.03.96, Enf & Har/London Un
 100- 11.94, 200- 23.23wSt/23.85,
 400- 52.28 (52.25-15), 800- 2:08.88
NIELSEN Lina U23 13.03.96, Enf & Har/Queen Mary UC
 60- 7.74i, 200- 24.03, 400- 52.97, 400H- 58.99
NIMMO Jade Elizabeth 23.03.91, Sale
 SP- 11.27i/11.25
NIMMOCK Danielle 10.05.90, City of Norwich
 HMar- 78:28, Mar- 2:48:52
NOBLETT Macy U13 17.12.03, Preston
 SPM- 10.02
NOLAN Abigail U20 16.04.99, Coventry Godiva
 1.5kSt- 5:05.86
NOLAN Michelle V35 8.12.80, Gateshead
 Mar- 2:54:24 (2:48:59-15)
NORMAN Diana Faye V40 14.06.74, Epsom & Ewell
 SP- 11.26i/11.21 (12.05i-99, 12.00-97)
NORRIS Barbara V45 20.08.66, WSE&H/SUI
 DT- 35.24, HT- 43.82
NOYCE Millie U15 28.11.02, Crawley
 SPI- 11.49
NUTTALL Emma 23.04.92, Edin AC/Trinity Western U
 HJ- 1.76i (1.88i-14, 1.87-15)
NWAELENE Kendrea U17 7.12.00, Thurrock
 100- 12.3/12.45w, 200- 25.48, TJ- 11.49
NWAWULOR Georgia U23 30.06.94, Harrow/Brunel Un
 HJ- 1.70i/1.70 (1.72i-15, 1.70-11)
NWAWULOR Marilyn 20.09.92, Harrow
 60- 7.47i (7.46i-11), 100- 12.10 (11.59-11),
 200- 25.01w (24.14-12), 60H- 8.24i, 100H- 13.55,
 HJ- 1.72i/1.69 (1.79-09), LJ- 5.85i/5.60 (6.01-10),
 SP- 12.61i/12.38 (12.41-15), PentIS- 4057i
NWOFOR Emma U23 22.08.96, N & EB/Brunel Un
 60H- 8.77i (8.69i-14), 100H- 14.00, SP- 11.38,
 HJ- 1.69i/1.66 (1.69i-14), Hep- 5017, PentIS- 3474i
NYAKYOMA Devota U23 26.07.94, Border
 JT- 41.27 (45.81-14)

OAKLEY Kirstin U20 25.07.98, Ayr Seaforth
 3k- 9:48.23
OBAMAKINWA Zara U13 30.03.04, Medway & Maid
 SPM- 9.79, DTM- 30.93
OBI Laurelle U15 27.12.01, Sale
 100- 12.60 (12.59-15), 200- 25.3w/25.7/25.82
OBI Sophia U17 27.05.01, Shaftesbury B
 80HI- 11.8
OBIDEYI Modupe U17 18.02.00, Norfolk Schools
 HJ- 1.65
OBIJIAKU Michaela Nneoma U20 6.11.97, Herne Hill
 SP- 13.69
O'BRIEN Rebekah U15 21.10.02, Tonbridge
 HJ- 1.63
OCKENDEN Verity 31.08.91, Swansea/Lamar Un
 800- 2:09.31 (2:08.28-14), 1500- 4:17.60, 1M- 4:45.93i,
 3k- 9:28.77, 5k- 16:14.81, 10kR- 34:31, HMar- 76:20
O'CONNOR Katherine U17 12.12.00, Newry/IRL
 100H- 14.73, HJ- 1.73i/1.73, LJ- 5.69, SPI- 12.62,
 JTI- 43.26 (44.38-15), Hep U18- 5559, PenII- 3877i
O'DALY Mia U15 10.11.01, City of Plymouth
 DT- 32.46
O'DOWDA Jade U17 9.09.99, Oxford City
 60HI- 8.58i, 80HI- 11.27, HJ- 1.70 (1.72-15),
 LJ- 5.83, SPI- 12.10, HepI- 5226
ODUYEMI Moyin U13 2.12.03, Marshall Milton Keynes
 150- 19.44
OFILI Cindy U23 5.08.94, W.Green & Ex L/Michigan Un
 60- 7.39i (7.37i USA- 14), 100- 11.43 (11.39-15),
 200- 23.42w/23.46, 60H- 7.89i, 100H- 12.63 (12.60-15)
O'FLAHERTY Kerry 15.07.81, WSE&H/IRL
 1500- 4:16.30i (4:12.79-11), 3k- 9:11.17i (9:09.50-09),
 5kR- 16:33 (15:58.67t-11), 10kR- 34:22 (34:18-14),
 3kSt- 9:45.35 (9:42.61-15)
OGBETA Naomi U20 18.04.98, Trafford
 TJ- 12.99i/12.95 (12.98-15)
OGDEN Charlotte U20 22.04.97, Stockport/Loughboro St
 TJ- 12.04i/12.00 (12.25-15)
OGUNLEYE Joy U17 27.09.00, Colchester & Tendring
 60- 7.66i, 100- 12.04,
 200- 24.60w/25.09i/25.20 (25.16-14)

OGUNNOWO Omolola U17 14.02.01, Tamworth
  100- 12.3w (12.3-13), 300- 40.01
O'HARA Ellie U15 4.10.02, Edinburgh AC
  TJ- 10.76i/10.53w/10.50
O'HARA Emma U23 3.04.95, Radley AC/IRL
  DT- 37.28 (40.27-13), HT- 58.84 (59.79-15)
O'HARA Rebecca U20 16.11.98, Tonbridge
  400- 56.93
O'HARA Sophie U20 3.08.99, Kingston upon Hull
  DT- 36.06
OHURUOGU Christine Chika 17.05.84, Newham & Ex B
  200- 23.74 (22.85-09), 400- 51.05 (49.41-13)
OHURUOGU Victoria 28.02.93, Newham & Essex B
  200- 24.23, 400- 53.11 (52.62-13)
OJORA Temi U15 24.01.02, WSE&H
  75HG- 11.63, HJ- 1.68 (1.69-15), LJ- 5.24, SPI- 11.07
OKOH Ndidikama U15 3.12.02, Chelmsford
  HJ- 1.62, PenG- 2808
OKOLI Olivia U17 7.09.99, Guildford & Godalming
  60- 7.63i, 100- 11.90, 200- 24.7/25.48
OKORO Eseniki 4.07.90, Birchfield
  400H- 57.80 (56.67-14)
OKORO Marilyn 23.09.84, Shaftesbury B
  800- 2:02.88 (1:58.45-08)
OKORO Rachel U13 25.07.04, WSE&H
  LJ- 4.88
OKUL Maggie U20 1.10.97, Kingston upon Hull
  HT- 55.32
OLADIPO Divine Dolapo U20 5.10.98, Blackheath & Brom
  SP- 14.05, DT- 48.11
OLAJIDE Funminiyi U15 4.06.02, Thurrock
  HJ- 1.63, LJ- 5.55
OLATUNJI Vivien U20 6.06.97, Bl'heath & Br/Middlesex U
  60- 7.68i (7.56i-14), 100- 12.13 (12.03-15)
OLDROYD Hannah 27.05.87, Saltaire Striders
  Mar- 2:52:20 (2:50:15-15), 50kR- 3:35:57
OLIARNYK Iris U15 6.09.01, Halesowen
  LJ- 5.41i/5.36, TJ- 10.64, SPI- 12.30i/12.12,
  PenG- 3314, PenIG- 3255i
OLIARNYK Josie U17 27.03.00, Halesowen
  60- 7.63i, 100- 12.01i/12.12 (12.1-15), 200- 24.9/25.01,
  LJ- 5.95w/5.91
OLIVER Roxanne U20 15.01.97, Blackburn/Leeds B Un
  100H- 15.03w/15.15
OLUFEMI-KRAKUE Olamide U17 14.01.00, Croydon
  TJ- 11.19
OMITOWOJU Adelaide U17 22.10.99, Cambridge & Col
  TJ- 11.90
OMOREGIE Sarah U17 2.04.00, Cardiff
  SP- 12.29i, SPI- 15.83, PenII- 3605i
O'NEILL Elaine 20.08.89, W.Green & Ex L/IRL
  100- 12.09 (11.39-10)
O'NEILL Lisa U20 20.07.99, Pitreavie
  JT- 40.11
ONI Jade U17 29.06.01, Medway & Maidstone
  HJ- 1.65i (1.72-15)
ONIWINDE Ifeoluwa 6.10.92, Enf & Har/Florida State Un
  JT- 50.94 (54.71-14)
ONUORA Anyika 28.10.84, Liverpool H
  200- 23.40 (22.64-14), 400- 51.47 (50.87-15)
OPARA Danielle U23 22.06.95, Thames Valley/Derby Un
  SP- 14.56 (14.62-15), DT- 39.25 (41.19-14)
ORD Katie U23 4.12.96, VP-Glasgow/Glasgow Un
  SP- 11.33, HT- 43.40
O'REILLY Caitlin U17 18.02.00, Chelmsford
  100- 12.31 (12.13w/12.3-15), 200- 25.44w
O'REILLY Lauren 17.12.91, Swansea
  100H- 14.8 (14.18-13)
ORMOND Meg U17 21.04.00, WSE&H
  1.5kSt- 5:11.0
ORR Abbey U13 19.11.03, VP-Glasgow
  HJ- 1.51
ORRELL Rebecca U20 6.11.97, Blackburn
  HT- 46.76
ORTON Charlotte U20 18.07.98, Ellenborough
  60- 7.70i, 100- 12.0/12.01, 200- 24.69
OSARUMEN-ODEMWENGIE Fanny U13 23.09.03, Sale
  75- 10.0

OSBORNE Gaia U17 9.08.00, City of Portsmouth
  SP- 12.05, SPI- 15.00, JT- 40.37, JTI- 45.08
OSHUNREMI Victoria U23 3.10.96, Basildon
  TJ- 11.62
OSKAN-CLARKE Shelayna 20.01.90, WSE&H
  400- 53.36 (53.20-11), 600- 1:27.48mx (1:29.15+-15),
  800- 1:59.45 (1:58.86-15)
OSMAN-ALLU Francis U15 26.06.02, Lewes
  PV- 2.83i/2.71
O'SULLIVAN Mollie U17 23.02.00, Kingston & Poly
  800- 2:10.70, 1500- 4:34.00mx/4:38.8 (4:36.74-14)
OTENG Abena U19 7.09.01, Southend
  100- 12.45, 200- 25.35
OUTTEN Georgina U23 26.06.96, Birchfield
  800- 2:04.34mx/2:04.83
OWEN Rebecca Louise 8.09.91, Brighton & Hove
  100H- 14.92, HJ- 1.66i, Hep- 4665
OWEN Bronwen Angharad U20 21.01.97, Scarborough
  5kR- 16:59 (16:21.86t-15)
OWEN Hannah U20 28.09.98, Ashford
  HT- 41.02
OWEN Natalie Wyn U13 8.11.03, Menai
  DTM- 29.80, HTI- 30.71
OWENS Lauren U15 24.10.01, Newark AC
  PV- 2.60
OWOEYE Praise U15 13.08.03, Sale/IRL
  60- 8.03i, LJ- 5.21
OWOLABI Naomi U15 10.10.01, Brighton Phoenix
  SPI- 11.65
OWOLANA Zuriel U15 26.10.01, Harrow
  100- 12.3/12.33w/12.34mx/12.50, 200- 25.61w/25.62,
  LJ- 5.41
OWSU Lesley D. V35 21.12.78, WSE&H
  400- 56.69 (52.15i/52.27-01)
OWUSU-ANSAH Melissa U23 24.05.94, Bl'heath & Brom/
  Bedford Un 200- 25.05, 400- 55.29
OWUSU-JUNIOR Lakeisha U17 6.05.01, Herne Hill
  60- 7.8i/7.83imx/7.83i, 100- 12.39
OWUSUWAAH Marian U13 4.12.03, Cambridge H
  75- 9.80

PACHUTA Hannah U17 12.02.00, Bridgend
  300- 40.39
PACKHAM Abigail U15 19.08.03, Crawley
  60HG- 9.28i, 75HG- 11.44
PAGE Georgina U20 27.12.97, City of Sheffield
  HT- 41.15
PAGE Holly U17 17.08.00, Dartford
  1.5kSt- 4:53.94, 2kSt- 6:52.27
PALETTA Gina 30.08.90, Cardiff
  HMar- 77:34 (77:08-15)
PALFREEMAN Katie U17 28.01.00, Hallamshire
  1500- 4:38.6mx (4:39.31),3k- 9:48.66mx/10:01.53 (9:54.44-15)
PALLANT Emma 4.06.89, Aldershot F&D
  5k- 16:07.03 (15:35.27-12)
PALMER Annabelle U23 21.09.94, Notts
  HT- 58.94
PALMER Catherine U20 17.10.97, Giffnock N/Glas Cal U
  HJ- 1.66 (1.66i-14)
PALMER Ffion U17 20.03.00, Cardiff
  HTI- 55.53
PALMER Gillian V35 30.12.80, Edinburgh AC
  HMar- 75:49sh
PALMER Molly U15 27.08.03, Charnwood
  LJ- 5.22i
PALMER Suzzanne 11.09.93, Derby AC
  60H- 8.90i (8.87i-15), 100H- 14.17, LJ- 5.59 (5.76-13),
  SPI- 12.17i/12.15 (12.74-15), Hep- 4845
PAM Simi U23 8.01.95, Enfield & Har/Cardiff Met
  SP- 13.49
PAPPS Sophie U23 6.10.94, WSE&H
  60- 7.36i (7.22i-14), 100- 11.27
PARCELL Nicole U17 16.12.99, Hertford & Ware
  80HI- 11.51w/11.62, LJ- 5.73, SPI- 12.41, HepI- 4521
PARKER Carol Ann V45 22.09.69, Coventry Godiva
  SP- 11.74i/11.71 (14.76i-91, 14.71-90), DT- 37.22 (46.70-89)
PARKER Hollie U23 20.12.96, Enfield & Har/LSU
  800- 2:08.46i/2:08.76 (2:08.47mx-14), 1500- 4:26.92,
  1M- 4:49.82i

PARKINSON Caroline Jane 31.07.83, Wycombe
PV- 3.53i/3.40 (3.51-14)
PARRIS Georgia U20 5.10.97, Nuneaton
100H- 15.06w (14.9-15), HJ- 1.71, Hep- 4526 (4641-15)
PARRY Carys L. 24.07.81, Rhondda
HT- 64.74 (66.80-14)
PARRY Gwyneth U15 24.01.02, Wrexham
3k- 10:29.53
PARRY Josie U20 20.04.97, City of York
100H- 15.00w/15.0/15.26 (15.26-14)
PARRY-WILLIAMS Jessica V35 26.08.80, Cardiff
Mar- 2:50:44
PARSONS Charlotte U15 9.09.02, Aldershot F&D
3k- 10:36.64mx
PARSONS Sarah U23 31.05.94, City of York/York Un
SP- 12.48, DT- 45.83, HT- 44.18
PARTRIDGE Bethan 11.07.90, Birchfield
HJ- 1.86 (1.87-15)
PARTRIDGE Lily 9.03.91, Aldershot F&D
3k- 9:22.29mx/9:35.2+ (9:06.40-15),
5kR- 16:29+ (16:11.81t-13), 10k- 32:34.97 (32:20.77-15),
10kR- 33:03, 15kR- 51:02+ (50:16+-15), 10MR- 54:41,
HMar- 73:45/71:39sh (70:32-15)
PARTRIDGE Susan V35 4.01.80, Leeds
10kR- 33:35+ (33:13+-13), 15kR- 50:48+ (49:55+-13),
HMar- 71:54 (70:32-13)
PARVIZI-WAYNE Sophia U20 20.02.97, Shaftesbury B
3k- 9:35.96mx/9:37.38, 5k- 16:37.70
PASK Annabelle U20 6.09.97, Coventry Godiva
100H- 15.05 (14.5/14.55-15), HJ- 1.65 (1.65-15),
SP- 11.91, Hep- 4561 (4918-15)
PATERNAIN Julia U17 29.09.99, Cambridge & Coleridge
3k- 9:56.9
PATERSON Charlotte Lucy U20 26.02.98, Kingston u Hull
60- 7.49i, 100- 11.96 (11.87-15),
200- 24.41i/25.03 (24.50-15)
PATIENCE Mhairi U23 10.09.95, VP-Glasgow/St'clyde Un
100- 12.22w, 400- 56.71i, 400H- 58.67
PATON Heather U23 9.04.96, Birchfield
60H- 8.58i, 100H- 13.60w/13.62
PATTERSON Bryony U17 11.04.00, Lasswade
TJ- 10.85w
PATTERSON Davicia U17 15.12.00, Beechmount
300- 39.46, 400- 55.51, 800- 2:10.80
PATTIE-BELLELI Holly U23 9.06.94, WG&EL/Missouri Un
200- 24.08w/24.44, 60H- 8.59i, 100H- 13.27w/13.36,
400H- 61.00, LJ- 5.72i/5.67 (5.77-13),
Hep- 4803 (5094-15), PentIS- 3665i
PATTISON Katie U23 9.10.96, Kingston u Hull/Warwick U
DT- 41.47 (43.17-14)
PATULLO Katie U20 27.03.98, Dundee HH
60H- 8.99i, 100H- 14.57w/14.64
PAVEY Joanne Marie V40 20.09.73, Exeter
3k- 9:12.93+ (8:31.27-02), 5k- 15:24.74 (14:39.96-06),
10k- 31:33.44 (30:53.20-12)
PAWLETT Abigail U15 14.01.03, West Cheshire
60HG- 9.30i, 75HG- 11.48, PenG- 2899, PenIG- 3147i
PAXTON Henrietta Margaret 19.09.83, Birchfield
PV- 4.10 (4.35-10)
PAYNE Charlotte U15 20.03.02, Newbury
SPI- 11.26, DT- 39.30, HTI- 55.41
PEACH Annabel U15 6.04.02, Notts
JTI- 37.45
PEAKE Sally 8.02.86, Birchfield
PV- 4.40 (4.42i-12, 4.40-14)
PEARCE Emily U20 24.02.99, Rhondda
HT- 46.36
PEARCE Holly U20 25.05.99, Southampton
HT- 41.11
PEARCE Kelsey Nikki U15 11.02.03, Mansfield H
SPI- 11.07
PEARSON Sarah U20 3.07.98, Central
100H- 15.22 (14.55w/14.7/15.22-15),
400H- 64.33 (62.05-15)
PEEL Georgia U23 26.05.94, AF&D/Florida State Un
800- 2:10.20 (2:05.21-11), 1500- 4:18.42 (4:14.40-13),
1M- 4:48.57i (4:37.21i-13), 5k- 17:24.88 (16:26.09-13),
3k- 9:28.96i (9:23.41mx-09, 9:35.35-10)

PEERS Anna U20 28.08.97, Chorley/Hallam Un.
DT- 37.17, JT- 40.49
PELLETT Vicki U17 19.10.99, Crawley
HT- 41.39, HTI- 53.55
PEMBERTON Cassie-Ann U17 24.07.01, Birchfield
60- 7.64i, 100- 12.04, 200- 25.01w/25.3/25.48 (25.33-15)
PENFOLD Megan U15 26.09.01, Orion
60HG- 9.43i
PENFOLD Rose 11.04.91, Mendip
Mar- 2:55:37
PENNET Catriona 10.10.83, Edinburgh AC
60H- 8.88i (8.79i-04),
100H- 14.60w/14.69 (13.97w-04, 14.04-06)
PENNINGTON Amber U17 6.02.01, Brighton & Hove
JTI- 39.31
PENNYCOOK Stephanie U23 1.09.95, Fife/Edinburgh Un
800- 2:07.98, 1500- 4:22.24, 5kR- 16:34
PERCIVAL Sophie U20 30.07.97, W.Cheshire/Chester Un
SP- 11.53, JT- 42.08 (43.22-15)
PERKINS Cliona Rose U20 27.02.99, Wolves & Bilston
100H- 15.2/15.27
PERKINS Myra 21.01.92, Falkirk VH
HT- 60.97 (63.11-14)
PERRIO Louise 8.07.82, Channel Islands
5k- 17:28.5mx (16:34.68mx-12, 16:39.5-12)
PETERS Natasha 16.12.88, Bedford & County
3k- 9:49.17, 5k- 17:17.46
PETTITT Amelia U23 21.05.95, Vale Royal/Newcastle Un
5kR- 16:47, 10k- 35:54.11, 10MR- 58:07
PHARAOH Rachel U15 26.09.01, Walton
1500- 4:46.43
PHILIP Asha 25.10.90, Newham & Essex B
60- 7.10i (7.09i-14), 100- 11.16 (11.10-15)
PHILLIPS Jade 23.12.90, Herne Hill
60- 7.69i (7.64i-08), 100- 12.22w (11.93w-13, 12.08-14)
PICKARD Rebecca U20 5.01.98, Stevenage & NH
400H- 64.7/65.58, Hep- 3970
PICKERING-PRUVOT Charlotte U17 10.06.01, Morpeth
SPI- 12.50
PICKLES Georgia U23 19.10.96, Sale/Cardiff Un.
PV- 3.60i/3.50 (3.82i/3.65-14)
PIEPMEIER Aubree 13.03.92, Notts/Notts Un/USA
5k- 17:15.46 (16:41.93-14)
PILE Rebecca 12.07.81, Belgrave
800- 2:10.50
PINDER Isabel U13 16.11.03, Basingstoke & MH
200- 27.09w, HJ- 1.63
PINSKY Isobel U15 18.12.01, Exeter
75HG- 11.34, HJ- 1.60, PenG- 2958 (2973-15)
PIPI Amarachi U23 26.11.95, Enf & Har/Oklahoma Chr U
60- 7.55i (7.54i-14), 100- 11.55w/11.74 (11.72-14),
200- 23.20
PIRIE Lesley V35 11.01.81, VP-Glasgow
HMar- 78:04/77:54sh, Mar- 2:41:13
PITMAN Grace U15 5.05.03, Ashford
PV- 2.60
PLATER Grace U17 20.09.00, Leeds
LJ- 5.50, TJ- 11.34
PLEACE Lara U17 14.12.99, WSE&H
100- 12.34w (12.3-14)
POLLOCK Zoe U17 21.12.00, Banbury
200- 25.11w, HepI- 4246
PONDER Rosamund V40 10.09.74, Serpentine
HMar- Mar- 2:40:00
POOLE Anna U15 29.01.02, Coventry Godiva
100- 12.57w, 75HG- 11.19
POOLE Carys U13 21.12.03, Swansea
60HM- 9.74i (9.70i-15), 70HM- 11.01w/11.1/11.83
POOLE Rebecca U17 18.10.00, Basingstoke & MH
1.5kSt- 5:11.1
POOLEY Isobel 21.12.92, Aldershot F&D
HJ- 1.93i/1.88 (1.97-15)
PORTER Megan U17 4.02.00, Peterborough
HJ- 1.67i/1.65 (1.67-15)
PORTER Rebecca U17 21.10.99, Pitreavie
DT- 35.10 (37.28-15)
PORTER Sophie U17 14.03.01, Channel Islands
300- 40.63, 300H- 43.41

PORTER Tiffany Adeaze 13.11.87, W.Green & Ex L
60H- 7.89i (7.80i-11),100H- 12.70 (12.47w-12, 12.51-14)
PORTERFIELD Meghan U13 2.09.05, East Kilbride
DTM- 26.62
PORTERFIELD Mhairi Lee 19.06.81, VP-Glasgow
SP- 13.49 (13.78-15), HT- 53.14 (58.47-02)
POTIER GODINHO Isabelle U15 20.10.01, Gateshead
PV- 2.80
POTTER Elizabeth Caven 27.12.91, Shaftesbury B
1500- 4:26.16 (4:18.07mx/4:18.54-11),
3k- 8:53.94mx/9:12.41+, 5k- 15:28.32, 10k- 32:03.45,
15kR- 51:18+, 10MR- 54:57, HMar- 72:07sh
POTTER Jane 24.10.81, Charnwood
5MR- 27:23, 10kR- 34:32 (34:12-08),
10MR- 57:40 (56:05-11), HMar- 74:41
POTTER Juliet 24.10.81, Charnwood
5k- 16:35.60 (15:57.4-01), 10k- 34:09.08,
10kR- 33:52sh (33:27-08), 10MR- 57:00 (56:27-12),
HMar- 77:25 (73:38-12)
POWELL Mica U17 4.09.99, Kingston & Poly
400- 58.3/58.42
POWELL Trinity U15 29.06.02, Manchester
60- 7.81i, 100- 12.10, 200- 25.2
POWER Ashleigh U20 3.12.97, Poole
200- 25.0 (24.68-15)
POWERS Zoe U13 15.09.03, City of Norwich
DTM- 27.84
PRATT Aimee U20 3.10.97, Sale
1500- 4:26.07, 3k- 9:46.03mx, 1.5kSt- 4:51.7,
2kSt- 6:39.54, 3kSt- 10:19.08
PREECE Charlotte U15 22.11.01, Cornwall AC
PV- 2.70
PRELLS Nina U23 22.07.94, Swansea
DT- 36.70 (37.84-11)
PRENTICE Alice U15 21.12.01, Blackheath & Bromley
HJ- 1.60
PRESHO Jasmine U15 18.11.01, WSE&H
PV- 3.10
PRESSWELL Kayleigh U23 14.03.95, M.Milton K/
Un Wales Swansea HT- 57.09
PRESTON Chloe U20 26.01.98, Birchfield
HJ- 1.65
PRESTON Grace U17 30.04.01, Liverpool H
100- 12.1w/12.2, 200- 25.4, LJ- 5.58
PRICE Caitlin U20 25.12.98, Liverpool H
HT- 45.14
PRICE Faith U13 9.12.03, Herne Hill
75- 10.0, 150- 19.6
PRICE Ffion U23 11.08.94, Cardiff/Mississippi St Un
800- 2:06.89, 1k- 2:48.12i, 1500- 4:15.75, 1M- 4:41.49i
PRICE Zoe U15 14.04.02, Liverpool H
SPI- 12.74, HTI- 47.44
PRIDEAUX Emma V40 25.04.73, Billericay Striders
Mar- 2:56:39
PRIEST Katie-Jane U23 27.09.96, Newport
100- 12.0/12.01
PRINCE Christine U20 6.10.98, R Sutton Coldfield
HT- 44.38
PRINGLE Hannah U23 5.08.94, G'head/North'land Un
LJ- 5.71i (5.75-15), TJ- 11.76i/11.61 (11.96-15)
PROCTOR Bryony 15.02.88, Aldershot F&D
5kR- 16:58 (16:48.64t-10), 10kR- 34:59 (34:55-15),
HMar- 77:14 (76:25-15)
PROCTOR Shara 16.09.88, Birchfield
60- 7.36i, LJ- 6.91i/6.80 (7.07-13)
PROUDFOOT Nicole U15 12.11.02, Annan
LJ- 5.20, PenG- 2823, PenIG- 3126i
PUDDEPHATT Lucy U20 2.09.98, Halifax
HT- 42.69
PULLEN Emma 6.08.89, Cardiff
400- 56.11 (52.92-13)
PULLINGER Amber U17 19.07.01, Thurrock
1500- 4:38.29mx
PURCHAS Natasha U17 12.01.01, Crawley
PV- 3.61
PURCHASE Anna U17 15.09.99, Notts
HTI- 60.51

PURDUE Charlotte Lucy 10.06.91, Aldershot F&D
10kR- 34:08 (32:03.55t-12), 15kR- 51:06+ (50:00+-11),
HMar- 72:13 (71:43-14), Mar- 2:30:04
PURSEY Lily-May U15 11.09.01, Rugby & Nor'ton
SPI- 11.04, HTI- 39.70
PYATT Jenny U20 13.10.98, Liverpool Pembroke S
DT- 43.70
PYE Amy U17 22.11.00, Cannock & Stafford
60- 7.84i, 100- 12.0w, 60HI- 8.74i, 80HI- 11.48,
300H- 43.26
PYGOTT Lucy U17 30.10.99, Aldershot F&D
1500- 4:24.56mx/4:28.46, 3k- 9:28.15

QUANSAH Celia U23 25.10.95, WSE&H
60H- 8.73i, SP- 11.69i (11.87-15)
QUIGLEY Gabrielle U17 5.11.99, Chelmsford
SPI- 12.33, DT- 36.18 (37.38-14)
QUINN Sophie U20 1.01.97, Stockport/Loughborough St
LJ- 5.56 (5.67-14)
QUIRK Amelia U17 18.12.99, Bracknell
1500- 4:23.95mx/4:29.10, 3k- 9:38.53
QUIRKE Shauna U20 30.03.97, Swansea/Loughboro St
JT- 36.93 (38.80-14)
QUIRKE Sophie U15, Berkshire Schools
1500- 4:45.1

RACE Emily U17 11.09.00, Worksop
60HI- 8.90i, 80HI- 11.57, HJ- 1.63, Hepl- 4575,
PenII- 3417i
RADUS Lia U15 1.10.01, Blackheath & Bromley
1500- 4:42.18, 3k- 10:03.68mx
RAE Emma U17 27.06.00, Pitreavie
HTI- 56.75
RAMSEY Gemma U17 27.06.01, Ipswich
JTI- 38.30 (39.66-15)
RANKIN Gemma 18.12.84, Kilbarchan
HMar- 78:14/75:18sh, Mar- 2:39:33
RAPACCHI Shannon U23 24.06.96, Stev&NH/E.London U
PV- 3.30i/3.10 (3.15-15)
*RATCLIFFE Julia 14.07.93, Thames Valley/NZL
HT- 70.70*
RATHBONE Emma U20 25.12.97, City of Stoke
DT- 36.88 (38.23-14)
RAWSON Eleanor U20 10.11.97, City of Sheffield
100- 12.18, 200- 24.85
REA Isobel V40 1.04.76, West 4
Mar- 2:55:39 (2:54:14-12)
REAVIL-BLAKE Jatila U23 13.01.95, WSE&H/
St Marys UC   60- 7.68imx/7.75i (7.6i-12, 7.67i-13)
*REDDINGIUS Kiara 2.01.92, Bedford & County/AUS
100- 12.14, 100H- 14.23, HJ- 1.70, LJ- 5.65, SP- 12.24,
JT- 42.53, Hep- 5537*
REDMAN Hollie 12.12.85, W.Green & Essex L
DT- 44.93 (46.32-15)
REED Kate 28.09.82, Bristol & West
1500- 4:28.79 (4:13.55-07), 3k- 9:25.92 (9:01.17-07),
5kR- 15:50 (15:29.10t-07)
REEKIE Jemma U20 6.03.98, Kilbarchan
800- 2:07.23, 1500- 4:24.22
REES Alisha U20 16.04.99, Edinburgh AC
60- 7.65i (7.61i-15), 100- 11.56w/11.63 (11.55w-14),
200- 23.57
REES Bethan U17 27.10.99, Cannock & Staff
JT- 46.80, JTI- 50.64
REES Holly 5.06.93, Cambridge & Coleridge
3k- 9:30.37i/9:37.27, 5k- 16:09.38i/16:31.50, HMar- 76:48
REGIS Alicia U15 17.12.01, Enfield & Haringey
100- 12.23mx/12.3/12.38w (12.56-15), 200- 24.36
REGIS Jayda U15 26.03.02, Birchfield
200- 25.35 (25.26-15)
REID Catherine U20 21.04.98, Manx H
400- 54.39 (52.25A/53.34-15)
REID Kayanna U20 11.06.97, Shaftesbury B
TJ- 11.41
REID Naomi 11.11.93, Derby AC
TJ- 13.03
REID Naomi U17 24.06.00, Cardiff
800- 2:10.79, 1500- 4:38.27

REID Stefanie 26.10.84, Charnwood
  LJ- 5.78
REILLY Laura U23 16.10.95, Sutton & D/Can'bury CCC
  100H- 15.0
REILLY Louise U17 9.02.00, Herts Phoenix
  HJ- 1.63i (1.65-15)
RENDELL Sarah V40 6.03.73, Alchester
  Mar- 2:57:36
RENNIE Aileen U23 21.02.94, Ayr Seaforth
  JT- 44.51 (45.26-15)
REVILLE Katie U15 20.02.02, Nithsdale
  200- 25.67w/25.80, 300- 41.65, HJ- 1.65
REYNOLDS Amelia U20 23.11.98, Cardiff
  100- 12.14w (12.10-14), 400- 56.35
REYNOLDS Rhianna U17 3.01.00, Kingston & Poly
  TJ- 11.01i/10.93w/10.88 (11.37-15)
RICHARDS Shona U23 1.09.95, WSE&H
  400H- 57.46 (56.05-15)
RICHARDSON Chloe 4.12.93, Birchfield/Loughboro St
  3k- 9:34.45, 5k- 16:59.15 (16:56.54-12)
RICHARDSON Eavion U20 27.06.98, Shaftesbury B
  100- 12.18w, LJ- 6.00w/5.95, TJ- 12.35w/11.77
RICHARDSON Elena U23 15.06.96, Bedford Co/Hallam U
  Hep- 4035
RICHARDSON Kate U15 12.09.02, Giffnock North
  1500- 4:41.37mx/4:45.18, 3k- 10:28.82mx
RICHARDSON Letisha 4.01.93, WSE&H/Leeds Un
  TJ- 11.42
RICHARDSON Samra U13 23.12.03, Shaftesbury B
  JTM- 30.11
RICHES Laura 7.08.93, Leigh/Butler Un, USA
  3k- 9:48.59mx (9:41.73i-15, 9:43.43mx-12),
  2kSt- 6:38.18, 3kSt- 10:31.19
RIGBY Rebecca 17.10.91, Preston/Sheffield Un
  3k- 9:34.94, 5k- 16:26.58, 10k- 35:26.45, 10kR- 34:31
RILEY Hannah 9.07.82, Manx H
  100H- 15.2 (14.50-11)
RILEY Nia U15 13.07.02, Cardiff Archers
  800- 2:17.66mx/2:18.26
RITCHIE Katie U17 24.03.00, Ballymena & A
  PV- 3.00i/3.00
ROBBINS Jenny U23 20.02.96, Notts/Manchester Un
  PV- 3.70 (3.75-15)
ROBBINS Natalie U20 30.11.98, Edinburgh AC
  HT- 49.14
ROBBINS-HULSE Michelle 2.06.86, Trafford
  TJ- 12.39i (12.63-14)
ROBERTS Abigail U20 9.07.97, City of Sheffield
  PV- 3.91i/3.80 (4.08-15)
ROBERTS Hannah U15 15.09.02, Bracknell
  800- 2:17.04mx
ROBERTS Melissa U20 6.08.97, Cardiff
  400- 55.38
ROBERTS Mia U15 13.07.02, Deeside
  1500- 4:42.7, 3k- 10:08.92
ROBERTS Nicole 30.01.92, Birchfield
  5kR- 16:20, 10kR- 04:14, HMar- 76.18
ROBERTSON Ellen U23 23.06.96, Arbroath/
  Robert Gordon U   TJ- 11.19 (11.42w-13, 11.27-15)
ROBERTSON Rachel U23 4.06.96, Edin AC/Napier Un
  LJ- 5.73i/5.61 (5.86w/5.72-14, 5.75i-15)
ROBILLIARD Kylie 11.06.88, Shaftesbury B
  60H- 8.93i (8.42i-12)
ROBINSON Brittany U20 9.11.98, Thames Valley
  100- 11.92w/12.04, 200- 24.79w/24.80
ROBINSON Emily U17 22.06.00, Brighton & Hove
  DT- 37.16, JT- 36.22
ROBINSON Jessica U20 26.06.99, WSE&H
  PV- 4.05
ROBINSON Katy U23 21.01.94, C of Sheffield/Hallam Un.
  Hep- 4220
ROBINSON Lucy U15 16.12.01, Liverpool H
  LJ- 5.38
ROBINSON Rebecca 28.10.82, Kendal
  5MR- 27:41, 10kR- 34:08sh (33:13-12)
ROBINSON-PASCAL Akeilya U13 9.10.03, Bl'heath & Br
  HJ- 1.54, LJ- 4.95, PenIM- 2099i

ROBISON Charlotte U20 13.07.97, Edinburgh AC
  Hep- 3899
ROCHE Bekki U15 11.12.02, Liverpool H
  SPI- 12.89, HTI- 50.04
ROCHE Elle U23 19.03.94, Marshall Milton Keynes
  3k- 9:49.13mx
RODGERS Holly U20 3.02.97, Rotherham/Hallam Un.
  HT- 52.57
ROGAN Phillipa U23 4.02.94, TVH/Bath Un/IRL
  HJ- 1.80
ROGERS Georgina U23 1.09.96, Birchfield/Loughboro St
  400- 55.18, 400H- 58.53
ROGERS Megan 25.05.93, Cardiff/Cardiff Met
  200- 24.73, 400- 55.17i (54.97i-15, 55.21-14)
ROLFE Amy Lauren U15 12.12.01, City of York
  LJ- 5.51
ROOT Asha U17 15.06.01, Tonbridge
  300- 40.73
ROSBERGEN Femke U15 23.10.02, City of Norwich
  1500- 4:42.96
ROSE Charlotte 25.06.81, City of Norwich
  Mar- 2:54:05
ROSS Fionna V35 28.01.80, Harmeny
  100kR- 8:49:33
ROSS Fionnuala 5.11.90, Armagh
  10kR- 34:04, 10MR- 55:50, HMar- 74:17sh, Mar- 2:50:10
ROSS Freya 20.09.83, Edinburgh AC
  5k- 16:55.91mx/16:56.65 (15:26.5-10),
  10kR- 33:53 (32:03+-10), HMar- 75:22 (71:51-13),
  Mar- 2:37:50 (2:28:10-12)
ROSS Hazel 15.09.93, VP-Glasgow/Trinity Western Un
  60H- 8.69i (8.53i-14), HJ- 1.73i (1.70-11),
  LJ- 5.79i (5.92i-15, 5.68-14)
ROSS Folosade U17 28.12.99, Marshall Milton Keynes
  SP- 10.73, SPI- 12.76 (12.93-15), HT- 42.35,
  HTI- 45.43 (45.85-15)
ROSS Shona U20 11.08.98, Kilbarchan
  TJ- 11.48w/11.33i/11.23
ROSSER Awen U23 28.09.95, Swansea
  SP- 12.87 (12.88i-14), DT- 44.20 (45.66-14)
ROSSI Alessandra 9.06.86, BRAT/ITA
  PV- 3.30i/3.15 (3.30i/3.30-15)
ROTHWELL Georgia U17 16.05.00, City of York
  1500- 4:35.09
ROUS Gemma 25.11.85, North Devon
  400- 55.84 (55.82-15), 400H- 60.78 (58.79-15)
ROUSELL Lauren U17 10.03.00, Yeovil Olympiads
  HepI- 4117
ROUTLEDGE Jasmine U15 4.06.02, Charnwood
  HTI- 47.91
ROWE Anna Nicole U20 2.09.98, Liverpool H
  100H- 14.8/14.90, 400H- 60.78, LJ- 6.04, Hep- 5242,
  SP- 11.32i (11.33-15), PentIS- 3662i (3674i-15)
ROWE Katie U20 12.04.99, Amber Valley
  TJ- 11.99
ROWLAND Joanne 29.12.89, Crawley
  100H- 14.83 (14.46-13), HJ- 1.69i/1.69 (1.72-12)
  LJ- 6.08, SP- 13.22 (13.71i-14, 13.47-15), JT- 41.75 (42.81-13),
  Hep- 5648 (5702-13), PentIS- 4002i (4115i-15)
ROWLEY Niamh U17 26.10.00, Preston
  PV- 3.00
ROY Lauren U17 25.09.00, Ballymena & Antrim
  60- 7.74i, 100- 12.05, 200- 24.46w/24.80
RUBERY Hayley 5.09.93, Telford
  DT- 41.39
RULE Lauren U23 24.10.96, Stevenage & NH/Kent Un.
  400- 55.64
RUNCIMAN Laura U17 19.05.01, Chelmsford
  HTI- 52.96
RUNNACLES Leah U17 2.10.99, Reading
  DT- 33.26, HTI- 51.57
RUSH Ella U13 8.04.04, Amber Valley
  LJ- 5.05, PenM- 2430
RUSHTON Kirsty U15 13.03.02, Blackpool
  PV- 2.95
RUSSELL Alexandra 27.03.90, Wigan
  TJ- 13.40w/12.98 (13.05-15)

RUSSELL Emily U17 12.01.00, Harrow
 80HI- 11.73w/11.89, 100H- 15.66
RUSSELL Lauren U20 16.03.98, Bedford & County
 400- 56.32 (56.14mx-15)
RUTHERFOORD Paula 29.03.82, Wimbledon/RSA
 Mar- 2:57:33
RUTTER NiaBari Zoey 4.01.86, Blackpool
 100H- 15.1, TJ- 11.50 (12.00-09), SP- 11.50
RYAN Joanne 3.10.86, Loughton
 200- 24.71 (24.3/24.32w-07, 24.42-09),
 400- 56.46mx/57.05 (54.01-10)

S ADLER Olivia U23 1.05.94, Bristol & W/Columbia Un
 800- 2:09.80, 1500- 4:22.72 (4:18.36-15),
 1M- 4:43.45i (4:40.92i-15)
SALAMI Tosin U17 16.09.99, Croydon
 60- 7.77i, 100- 12.21w/12.23, 200- 25.4 (25.0-15)
SALLER Sophia U23 20.03.94, Oxford Un/GER
 5k- 17:28.10
SAMUEL Laura 19.02.91, Birchfield
 LJ- 5.85 (5.90w-08, 5.86-10), TJ- 14.09 (14.09-14)
SAMUELS Sonia V35 16.05.79, Sale
 10kR- 34:06 (32:39.36t-14), 15kR- 52:17 (52:09+-14),
 10MR- 57:25, HMar- 75:22 (72:36-13),
 Mar- 2:32:00 (2:28:04-15)
SAMUELSON-DEAN Katie M. V35 16.12.77, Camb & Col
 100kR- 8:43:35 (8:38:11-15)
SARKIES Amy V35 17.03.78, Rugby & Northampton
 Mar- 2:57:43
SARTI Hope U20 6.01.98, Guildford & Godalming
 60H- 8.50i, 100H- 13.78
SASEGBON Motunrayo 16.09.91, Stev & NH/NGR
 100H- 14.24 (14.20-14), HJ- 1.81 (1.84-15),
 LJ- 5.75 (5.78-14), SP- 13.00, JT- 37.34, Hep- 5582
SAULTERS Laura 30.05.88, North Down
 TJ- 11.80
SAUNDERS Louisa U17 26.12.00, Brighton Phoenix
 300- 40.48, 400- 58.51
SAVAGE Nell U17 3.01.00, Cornwall AC
 1.5kSt- 5:09.63
SAWYERS Jazmin U23 21.05.94, City of Stoke/Bristol Un
 LJ- 6.86w/6.75
SAYERS Katherine Dinah Goldie 16.07.82, Belgrave
 JT- 58.79 (66.17-12)
SCHOFIELD Maria U17 8.09.00, Pontefract
 SPI- 12.67, HTI- 49.02
SCHWIENING Georgina U23 15.12.94, Cambridge & Col
 5k- 16:36.37mx, 5kR- 16:35, HMar- 74:44sh
SCOTT Amaya U17 15.02.01, Southampton
 60HI- 9.10i, HJ- 1.75, LJ- 5.46, SPI- 14.30i/13.61,
 HepI- 4920, PenII- 3667i
SCOTT Ashley 9.04.91, Highgate H/USA
 5k- 16:51.36mx (16:36.70-13)
SCOTT Francesca U17 14.11.99, Shrewsbury AC
 60HI- 8.86i, 80HI- 11.67 (11.58-15),
 100H- 15.8 (15.7-15)
SCOTT Jane V35 22.06.81, VP-Glasgow
 100H- 15.30 (15.12-98)
SCRAFTON Florent 24.12.93, Yate
 1500- 4:27.01, 5k- 17:18.01
SEALY Katy Louise 15.10.90, Ipswich/Cardiff Met/BIZ
 HJ- 1.68 (1.71i/1.70-15), LJ- 5.55, Hep- 4817,
 SP- 11.22 (11.29i/11.26-15), JT- 37.29 (37.89-09)
SEARS Jasmine U15 14.12.01, Luton
 TJ- 11.02
SEGAL Natasha U23 7.08.95, Birchfield
 200- 25.0w
SEGER Sophie U17 21.09.99, Oxford City
 60HI- 8.98i
SEGRAVE Hannah U23 14.04.95, M'boro Mandale
 400- 55.58, 800- 2:04.13
SEMENYTSH Rosanna Marie 28.05.87, Sale
 JT- 48.01 (50.43-13)
SENIOR Ruth 16.10.87, City of Norwich
 5k- 16:58.17 (15:48.29-11)
SESTO Valeria V40 17.12.72, New Forest Run/ARG
 Mar- 2:56:44 (2:49:27-15)
SEWELL Beth 21.01.82, Cardiff
 HT- 44.02 (47.82-10)

SEXTON Katie U17 4.12.99, Crawley
 PV- 3.00
SEY Marcia U15 7.11.01, Croydon
 60- 7.82i, 100- 12.43, 60HG- 8.83i, 75HG- 10.93,
 80HI- 11.7
SHAKES-DRAYTON Perresha 21.12.88, VPH &TH
 400- 52.43 (50.50-13)
SHANLEY Laura 22.09.93, Liverpool H
 400- 56.96 (56.01-12)
SHARKEY Katie U15 19.11.01, Central
 60HG- 9.21i, 75HG- 11.41w/11.54, 80HI- 11.93
SHARP Anna U20 16.08.98, Southampton
 1.5kSt- 5:09.79
SHARP Chloe U17 27.12.99, Dartford
 800- 2:11.33, 1500- 4:30.69 (4:30.45-15)
SHARP Lynsey Gillian 11.07.90, Edinburgh AC
 400- 54.43, 600- 1:27.8+ (1:27.51+-14), 800- 1:57.69
SHARPE Ella U17 20.05.01, Horsham BS
 TJ- 11.20
SHARPE Emily U17 30.10.00, Orion
 300H- 45.98
SHARPE Emma U17 9.05.01, North Devon
 DT- 36.85
SHAW Alexandra U17 6.09.00, Guildford & Godalming
 300- 39.52, 400- 56.24
SHAW Amanda 28.09.84, Wakefield
 100- 12.24 (11.9-14, 12.01w/12.15-13), 200- 24.63
SHAW Rachael 7.10.88, Wakefield
 400- 56.9/56.95
SHAYAAM-SMITH Abazz U17 3.04.00, Birchfield
 TJ- 11.64
SHEARER Freya 6.05.89, Oxford Un/AUS
 400H- 65.26
SHEARMAN Amelia U15 21.01.03, Blackpool
 PV- 2.70
SHEPHARD-GAZELY Georgia U15 25.01.02, Steve & NH
 JTI- 37.51
SHEPHERD Gemma U20 23.11.97, Team Bath
 1500- 4:20.62, 3k- 9:27.58
SHEPHERD Mia U20 9.04.97, Kilbarchan
 HT- 41.94
SHEPHERD-CROSS Kitty U15 11.02.02, V of Aylesbury
 1500- 4:43.9
SHEPPARD Imogen U15 29.12.01, Stratford-upon-Avon
 800- 2:18.4
SHERWOOD Emma U15 12.09.01, Dudley & Stourbridge
 HJ- 1.75
SHINGLER Kate-Diane U17 23.09.00, Wigan
 TJ- 11.07 (11.27-15)
SHIPLEY Emma U13 15.02.05, Hallamshire
 1200- 3:52.10
SHOKUNBI Modupe U20 10.10.98, Blackheath & Brom
 100- 12.22 (11.78w/11.97-14)
SHONIBARE Rukayatu U15 19.06.02, Sale
 200- 25.9/25.91
SIBBALD Amber U17 13.12.99, Manx H
 HJ- 1.63 (1.65i-13, 1.64-15), LJ- 5.47
SIBBONS Aleeya U15 5.11.02, Newham & Essex B
 60- 7.90i, 100- 12.4/12.54w, 200- 25.6
SIDDONS Bethan 29.09.90, Havering
 HJ- 1.74 (1.74-15)
SILCOX Georgia Kate U20 14.10.98, Yeovil Olympiads
 100H- 14.92, LJ- 5.68, Hep- 4050
SIMAO Shayone 28.01.86, Blackheath & Bromley
 100- 11.90 (11.72w-10)
SIMPSON Amber U20 3.01.99, Deeside
 DT- 37.53 (38.24-14), HT- 52.07
SIMPSON Annabel U20 30.04.97, Fife/Glasgow Un
 3k- 9:36.18mx/9:40.07,
 5k- 16:35.81mx/17:14.79 (17:10.03-15)
SIMPSON Emily U17 18.02.00, City of Sheffield
 800- 2:13.21mx (2:14.38-14), 1500- 4:35.96i
SIMPSON Katrina U17 4.04.00, Halesowen
 800- 2:10.5
SIMPSON Ruby U13 6.07.05, Hallamshire
 800- 2:21.78i/2:22.67, 1200- 3:48.18
SIMPSON Tilly U17 25.10.00, Hallamshire
 800- 2:06.67i/2:09.01 (2:06.22-15), 1500- 4:21.47

425

SIMPSON-SULLIVAN Tara U17 2.12.00, Carlisle Aspatria
 SPI- 13.69, DT- 34.50, HT- 50.47, HTI- 60.81
SIMS Marissa U17 18.01.01, Enfield & Haringey
 60HI- 9.08i, 80HI- 11.71w/11.89
SIMS Megan U17 29.07.00, Peterborough
 80HI- 11.9, 100H- 15.15, 300H- 44.40, 400H- 65.19
SIMSON Jade U20 9.10.97, City of Plymouth
 100H- 14.21, LJ- 5.73w (5.63-14), Hep- 4140
SINCLAIR Olivia U17 30.06.01, Herne Hill
 60- 7.85i
SINGLETON Christina V35 12.11.79, Trawden
 50kR- 3:43:44
SINHA Sabrina U20 19.04.99, Cambridge H
 800- 2:05.48, 1500- 4:17.48, 3k- 9:29.09mx (9:37.62-14)
SKEGGS Charlotte U20 1.09.98, Basildon
 Hep- 3814
SKERVIN Sharhnee U17 13.03.00, Notts
 60- 7.70i (7.57i-15), 100- 12.19w/12.2/12.33 (11.85-15),
 200- 25.30i (24.29w/24.30-15)
SLADE Kia U17 16.01.01, Reading
 80HI- 11.7/11.75w/11.96
SMALL Louise 27.03.92, Aldershot F&D
 1500- 4:20.99mx/4:23.51 (4:21.07-09), 5k- 15:41.94,
 3k- 9:12.38mx/9:33.33+ (9:15.47-09),
 10k- 34:01.90 (33:50.63-14), 15kR- 52:18+, HMar- 73:47
SMART Louise V35 10.04.79, Antrim
 24Hr- 204.016km
SMITH Akesha U23 11.06.95, Enf & Har/Bedford Un
 400- 56.65
SMITH Anna U15 14.09.01, Newark AC
 800- 2:13.50, 1500- 4:35.50
SMITH Carys U20 15.01.97, Swansea
 HT- 44.99
SMITH Emily U20 6.06.99, Wycombe
 400H- 64.0/65.84
SMITH Hollie U20 7.11.98, Kingston upon Hull
 HJ- 1.76i/1.75
SMITH Holly U17 22.09.99, Liverpool H
 TJ- 11.55
SMITH Imogen U17 2.09.99, Birchfield
 PV- 3.50
SMITH Jessica U15 5.09.01, Enfield & Haringey
 60HG- 9.40i, PV- 2.85
SMITH Jodie U15 2.11.01, WSE&H
 HJ- 1.60i, SPI- 11.35, JTI- 34.48
SMITH Kirsty 25.04.87, Newham & Essex B
 TJ- 11.61 (12.12w/12.08-14)
SMITH Lucy 16.09.93, Exeter
 JT- 41.34
SMITH Lydia U13 15.03.04, Taunton
 70HM- 11.51
SMITH Madeleine U20 5.02.99, Bournemouth
 TJ- 11.41w/11.38
SMITH Mari U23 14.11.96, Leics Cor/Birmingham Un
 800- 2:07.28mx/2:08.29, 1500- 4:19.63mx/4:23.77
SMITH Natasha U17 10.10.99, Stroud
 HJ- 1.78i/1.77, LJ- 5.47w, Hepl- 4621, PenII- 3464i
SMITH Roisin Mary U20 10.11.97, Airdrie
 400- 57.08i
SNAITH Maisey U17 3.04.01, Cambridge & Coleridge
 100- 12.08w/12.1/12.38, 200- 25.08
SNEDDON Alexandra 19.10.87, Jarrow & Hebb/N'land U
 5k- 17:24.30
SNOWDEN Katie U23 9.03.94, Herne Hill/Notts Un
 800- 2:01.98 (2:01.77-15),
 1500- 4:13.06mx (4:17.29-15), 1M- 4:39.78mx
SOLE Amy 29.09.85, Cornwall
 Mar- 2:56:55
SOLOMON Serita 1.03.90, Blackheath & Bromley
 60- 7.49i, 100- 12.17mx (11.89w-15, 11.97-13),
 60H- 8.02i (7.93i-15), 100H- 13.35w/13.36 (12.87-15)
SOMMERS Lydia U17 30.12.99, Basingstoke & MH
 300- 40.34
SOUTHCOTT Rhea U17 30.03.01, Leeds
 HJ- 1.68, SP- 10.72, SPI- 13.71, Hepl- 4554,
 PenII- 3573i
SPACEY Lara U15 26.08.02, Swansea
 HTI- 41.11

SPARK Ellie U17 7.01.00, Newbury
 Hepl- 4034
SPEAR Rebecca U23 12.02.96, N.Devon/Oxford Brooks
 DT- 35.14
SPEIGHT Montenae 5.11.92, Thames Valley
 200- 24.01i (23.65w-15, 24.46-13),
 400- 52.73 (52.21-15), 800- 2:08.49i
SPENCE Mia Sky U20 27.06.97, Notts
 400- 55.77
SPENCE Taylah U20 17.09.98, Orkney AC
 100- 12.0w
SPENCER-SMITH Jade U15 8.11.01, Harrow
 75HG- 11.6, PV- 3.61i/3.46
SPILIOPOULOU Ashleigh U20 2.04.99, Hertford & Ware
 HJ- 1.65, Hep- 4465
SPINK Jennifer E. 7.08.81, Bristol & West
 5kR- 16:47 (16:41-15), 10kR- 33:36,
 10MR- 56:18 (55:41+-15), HMar- 74:58 (73:02-15)
SPINK Morgan U15 6.04.02, Doncaster
 300- 41.74, PenG- 3037
SPOONER Pagen U17 28.02.01, Wetherby Runners
 5kW- 27:58.61, 5kWR- 27:38
SPURLING Tania 20.08.87, West Suffolk
 TJ- 11.48 (12.61w/12.23-07)
SQUIBB Morgan U15 23.06.03, Blackheath & Bromley
 1500- 4:45.69
SQUIRES Nicola 8.07.85, Hallamshire
 3kSt- 11:23.02 (11:13.37-13)
SQUIRES Rebecca U13 1.02.04, Exeter
 200- 27.02w
STACEY Caitlin U17 6.12.99, Reading
 DT- 36.45
STAINTON Katie U23 8.01.95, Birchfield/Loughborough St
 200- 24.07, 60H- 8.82i, 100H- 14.02w/14.1/14.17,
 HJ- 1.75i/1.75 (1.76i-15), LJ- 6.23w/6.18, SP- 11.42,
 JT- 38.45, Hep- 5777, PentIS- 4086i
STALLARD Charlotte U23 7.09.95, Glouc/Gloucester U
 HT- 48.67 (50.84-15)
STANLEY Abbey U23 4.10.94, Rotherham/Manch Met Un
 400- 56.85
STANSALL-SEILER Florence U20 29.05.97, Herts Ph/
 Cambridge Un. 2kSt- 7:19.79
STANSBURY Rosalind V40 27.12.74, C of Portsmouth
 HT- 43.96
STARK Laura U20 22.07.99, Kilbarchan
 3k- 9:47.75
STEEL Gemma 12.11.85, Charnwood
 10kR- 32:43 (31:27-14), 15kR- 50:49+ (48:15+-14),
 10MR- 53:57 (52:00+e-14), HMar- 72:19 (68:13-14)
STEELE Olivia U15 22.07.02, Hertford & Ware
 JTI- 38.04
STEER Megan U23 22.07.95, St Albans AC/Loughboro St
 800- 2:10.15
STEPHENS Tasia U23 8.12.96, Cardiff
 JT- 41.85 (43.10-14)
STEPHENSON Clieo U23 8.04.95, TVH/Brunel Un
 60- 7.53i, 100- 11.73 (11.7-13), 200- 24.99 (24.79-13)
STEPHENSON Lia U23 4.03.96, TVH/Southampton Un
 LJ- 5.56 (5.80w-14), TJ- 12.66i/12.37/12.34 (12.71-14)
STEPTO Emma Louise V45 4.04.70, Cornwall AC
 5k- 17:09.81 (16:13.0mx/16:42.16-13),
 10k- 35:26.8 (34:39.9-14), 10MR- 58:36 (56:09-14),
 HMar- 78:38 (72:29-14)
STEVENS Eleanor 29.06.84, Birchfield
 5k- 17:22.33, 3kSt- 10:54.40
STEVENS Emily 3.06.91, Enfield & Haringey
 100H- 14.42 (13.96-15)
STEVENS Jennifer U20 3.02.98, Tonbridge
 DT- 37.51 (39.16-13)
STEVENSON Olivia U17 9.10.99, Kingston upon Hull
 DT- 37.26 (37.66-15), HT- 52.09, HTI- 63.40
STEWART Kelsey U17 12.02.97, Aberdeen/Aberdeen Un
 200- 25.01 (24.8w-14, 24.82w-15, 24.94-13),
 400- 54.41, 800- 2:07.28
STEWART Laura U17 20.08.00, Ealing, S & Mx
 400H- 67.28
STILES Alice U15 2.12.01, Manchester
 800- 2:17.75mx (2:17.56mx-15)

STILL Alix U17 15.03.00, Aberdeen
60HI- 9.02i, 300H- 45.37, Hepl- 4583, PenII- 3436i
STILWELL Kirsten U15 10.07.03, Wycombe
1500- 4:40.72
STIMPSON Jodie 8.02.89, Oldbury
10kR- 34:16
STODDART Lauren 26.06.91, Edinburgh AC
2kSt- 6:54.46, 3kSt- 11:00.12
STONE Josephine 23.08.90, Middlesboro Mandale
10kR- 34:50
STONE Serane V35 16.07.76, Tiverton
Mar- 2:52:41
STONEHOUSE Tia U15 21.11.02, Dacorum & Tring
JTI- 36.61
STORR Scarlet U17 4.06.01, Wycombe
400H- 66.80
STRATTON-THOMAS Megan U17 2.07.00, Swansea
5kW- 27:29.35
STRICKLAND Emily U17 27.12.99, Scunthorpe
300- 39.98 (39.97-15), 300H- 46.01, 400H- 67.1
STRICKLER Amelia U23 24.01.94, Notts
SP- 16.15i/15.70 (16.91i/16.72USA-15)
STUCHBURY Charlotte U17 18.10.00, Liverpool H
HT- 42.00, HTI- 48.95
STUDHOLME Beau U15 15.09.01, Carlisle Aspatria
HJ- 1.70, PenG- 3234
SUHONEN Emma 28.01.91, Charnwood/Lough St/FIN
100- 12.04w
SULLIVAN Grace U20 4.08.99, Ashford
100H- 15.13, TJ- 11.66w/11.65i/11.64
SUMNER Lucy U17 17.05.00, Holland Sports
HJ- 1.64
SUTTON Edwina V35 2.12.79, Lingfield
100kR- 8:24:05
SUTTON Eliza U13 16.12.03, Guildford & Godalming
JTM- 30.43
SUTTON Kathryn 23.12.88, Dartford
400- 55.50
SWANNACK Jessica U20 26.09.98, Preston
PV- 3.90
SWANSON Sian 1.03.93, Swansea/Cardiff Met
HJ- 1.65 (1.73-09), LJ- 5.60, TJ- 11.61i/11.48 (11.80-14)

TABE Mayong U15 23.11.01, Dartford
LJ- 5.62
TAIWO Taiwo U15 23.09.01, Bolton
100- 12.56, 200- 25.46
TAKWOINGI Mary U15 13.09.01, Solihull & S H
300- 40.9/41.23
TAN Jenny 9.03.91, Fife
800- 2:10.48i (2:03.54-14)
TAN Phoebe U20 18.10.98, Lisburn
HJ- 1.66 (1.72-15)
TANK Poppy U20 5.12.97, City of Plymouth
3k- 9:42.82mx
TAPERELL Ava U13 21.12.03, Gateshead
800- 2:18.74, 1200- 3:50.9, PenM- 2519
TAPLEY Hannah U20 1.10.98, Worcester AC
HJ- 1.67i (1.75i-15, 1.74-14)
TAPPIN Jessica 17.05.90, Thames Valley
60H- 8.76i (8.60i-12), 100H- 14.2w (13.47-14),
SP- 11.92i (12.34-12), JT- 39.12
TARPLEE Claire 22.09.88, Solihull & S H/IRL
800- 2:03.29, 1500- 4:10.65
TARVER Amy U23 30.10.95, Wirral/Loughborough St
HJ- 1.65i (1.71-14)
TARVER Sophie U20 10.05.98, Wirral
800- 2:09.60, 1500- 4:28.64
TASCHIMOWITZ Naomi 19.10.89, Shaftesbury B
1500- 4:24.64 (4:16.73-11), 3k- 9:24.09 (9:12.66-11),
5k- 16:26.49 (16:10.3-10)
TAYLOR Amy Katherine U20 28.01.99, Tonbridge
400H- 64.82 (63.74-15)
TAYLOR Beth 23.12.96, Rotherham
100H- 15.1/15.29, Hep- 4859
TAYLOR Charlotte U23 17.01.94, Nene Valley H
5k- 16:05.88, 10k- 33:25.09
TAYLOR Elizabeth U13 18.05.04, Peterborough
200- 26.65w/26.8

TAYLOR Georgie Rebecca U23 25.11.96, Havering
DT- 46.23 (48.84-15)
TAYLOR Jennifer U15 21.09.02, Durham City H
300- 41.67
TAYLOR Jessica R. 27.06.88, Sale
200- 23.67w/23.99 (23.94-15), 60H- 8.47i,
100H- 13.94w/14.10 (13.81-14), HJ- 1.69 (1.75-14),
LJ- 6.18w/6.07 (6.16-14), SP- 12.74 (12.90-14),
JT- 38.31, Hep- 5913, PentIS- 4214i (4249i-15)
TAYLOR Libby U15 16.08.02, Stevenage & NH
HTI- 43.15
TAYLOR Martha U15 1.03.02, Wimborne
JTI- 34.51
TAYLOR Nicole U23 18.01.95, Tonbridge/Brighton Un
3k- 9:36.56mx, 5k- 16:32.1mx, 2kSt- 6:50.22,
3kSt- 10:30.81
TAYLOR Stacie U23 12.10.95, Kilmarnock/Un of Tulsa
3k- 9:36.09mx (9:39.76i-15), 5k- 16:49.59i, 3kSt- 10:13.23
TAYLOR Trezeguet U13 17.04.05, Trafford
75- 9.99
TAYLOR-GREEN Charlotte 2.04.85, Bristol & West
800- 2:06.96, 1500- 4:19.42mx/4:24.86 (4:23.72-15),
3k- 9:33.81imx, 5kR- 16:56, 1.5kSt- 4:50.10,
2kSt- 6:36.03 (6:35.60-15), 3kSt- 10:15.26
TAYLOR-NEWMAN Eleanor U20 14.09.97, Vale of Aylesb
DT- 35.09
TENN-MILLS Lauren U17 16.02.01, Falkirk VH
LJ- 5.45i
TESTAR Annie U15 18.04.02, Stroud
300- 41.33mx/41.55, 800- 2:14.56
THACKERY Calli 9.01.93, Hallamshire/New Mexico Un
1500- 4:14.99, 1M- 4:45.54iA, 3k- 9:03.59i/9:13.10+,
5k- 15:37.44, 10k- 34:30.24
THOMAS Anwen U13 18.12.03, Blackheath & Bromley
1500- 4:53.9
THOMAS Catrina U20 18.02.97, Lincoln Well/B'ham Un
2kSt- 6:50.63, 3kSt- 10:43.54
THOMAS Cerys U17 7.04.01, City of Portsmouth
HTI- 47.76
THOMAS Charlene 6.05.82, Wakefield
800- 2:05.40 (2:01.87-09), 10kR- 33:33,
1500- 4:05.98 (4:03.74mp-13, 4:05.06-09)
THOMAS Emily Sara U17 21.11.00, Cardiff Archers
LJ- 5.53
THOMAS Erin U15 12.09.01, Bexley
PV- 3.25
THOMAS Fiona V35 26.11.78, Spenborough
SP- 11.16 (12.05-15)
THOMAS Hannah 13.02.93, Wrexham/Cardiff Un.
100- 12.15 (11.76-13), 200- 24.72 (23.87w/24.02-13)
THOMAS Holly Louise U23 10.08.94, Newham & Essex B
100H- 13.97 (13.90-15)
THOMAS Jahisha U23 22.11.94, Bl'heath & Br/Iowa St U
60H- 8.38i, 100H- 13.67 (13.50w-14),
TJ- 12.89w/12.72, LJ- 6.21i/6.17 (6.20w-14, 6.17-15)
THOMAS Lydia U17 12.05.00, Pembroke
300H- 44.30, 400H- 65.89
THOMAS Phoebe U20 28.10.98, Reading
PV- 3.25
THOMAS Sophie Emma 18.04.89, Birchfield
SP- 12.29 (13.55i-12, 13.54-10), JT- 45.89 (46.98-11)
THOMPSON Claire V40 22.03.76, VP-Glasgow
2kSt- 7:13.19, 3kSt- 11:04.87
THOMPSON Derrion U20 18.11.97, Tipton
200- 25.0
THOMPSON Emily U17 19.03.00, Banbury
400- 57.58, 800- 2:09.40 (2:08.55-15)
THOMPSON Kayomie U23 11.08.95, Shaftesbury B
DT- 36.58 (39.58-13)
THOMPSON Lauren 12.02.92, Herts Phoenix
60H- 8.87i (8.49i-15), 100H- 14.42 (13.52w/13.75-15),
400H- 64.16, LJ- 5.69 (5.91-15)
THOMPSON Mae U23 28.05.96, Kingston & Poly
400- 57.08, 800- 2:08.40, 400H- 60.98 (60.63-15)
THOMPSON Olivia U13 8.11.03, South London H
1500- 4:52.0
THOMPSON Torema 15.02.90, Enfield & Haringey
60- 7.59i (7.51i-10)

THORNER Elise U17 16.03.01, Yeovil Olympiads
800- 2:13.97, HJ- 1.63, HepI- 4240
THORPE Maisie U15 17.03.02, Taunton
JTI- 34.41
THRALL Ellen U20 8.05.98, Gloucester AC
HT- 46.10
THURGOOD Amy U17 18.11.00, Dacorum & Tring
HJ- 1.65
THURGOOD Hollie U15 2.07.02, City of Portsmouth
60HG- 9.41i (9.28i-15), 75HG- 11.3/11.48, HJ- 1.60,
LJ- 5.22, SPI- 11.30, PenG- 3157, PenIG- 3148i
TIGHE Chloe 28.09.90, Herne Hill/AUS
1M- 4:46.62, 3k- 9:31.2 (9:27.63-08)
TILLEY Hannah U17 15.09.99, Cheltenham
80HI- 11.85
TINGAY Gemma 22.06.89, Bristol & West
JT- 42.57 (43.03-15)
TINSLEY Emily U17 20.09.99, Wakefield
HJ- 1.65
TIPPING Evie U15 13.06.03, West Cheshire
HTI- 43.72
TIPPING Maisie U17 11.04.01, West Cheshire
300H- 46.4
TOASLAND India U13 1.12.04, Croydon
75- 9.9
TOMLINSON Cleo U13 17.06.04, Horsham BS
HJ- 1.51, LJ- 4.96, PenM- 2393
TOWERTON Kate 16.05.83, Andover
Mar- 2:54:41 (2:54:00-15)
TRACEY Adelle 27.05.93, Guildford & Godalming
400- 56.47mx (54.06-14), 800- 2:00.04mx/2:01.24 (2:01.10-15)
TRAPNELL Jasmine U15 15.02.02, Marshall Milton K
HTI- 45.05
TREVIS Bevhan U20 9.01.99, Central
DT- 37.04
TRY Amber U20 4.03.97, WSE&H/Bath Un
PV- 3.60i/3.40 (3.71-14)
TUCK Megan 26.04.92, Southampton
HT- 43.14
TUNNACLIFFE Lucy U15 23.05.02, Kingston & Poly
75HG- 11.5, PenG- 2897
TUNSTALL Taia U15 9.01.02, Watford
DT- 35.71
TURNER Alexandra 20.09.91, Amber Valley
800- 2:09.83i (2:08.76mx/2:09.15-15)
TURNER Anya U20 8.11.98, Exeter
100H- 15.02, Hep- 4292
*TURNER Beatrix 12.01.88, Harrow/ESP
JT- 36.72 (39.25-10)*
TURNER Cecily U17 25.09.00, Exeter
800- 2:13.99
TURNER Ella U17 2.06.01, Oxford City
200- 25.13w/25.4, 300- 40.85
TURNER Ellie U17 26.05.01, Medway & Maidstone
300- 40.74
TURNER Holly U23 15.11.95, Crawley/Brighton Un
100- 12.22, 400- 56.46 (55.29-13)
TURNER Jessica U23 8.08.95, Amber Valley/Lough St
400- 53.65, 400H- 57.00
TURNER Katherine 1.11.93, Team Bath/Butler Un, USA
1500- 4:27.51 (4:24.86-14), 3k- 9:27.45i
TURNER Lucy U20 14.02.97, G'head/Northumberland U
60H- 8.89i, 100H- 14.36, LJ- 5.77, Hep- 4958
TURNER Michelle V40 24.06.72, Northern (IOM)
5kWR- 25:12+ (24:11-14), 10kWR- 51:01 (49:33-13)
TUSTIN Issie U15 27.11.01, Cardiff
60- 8.03i, 100- 12.49w/12.52, 200- 25.93
TUTTON Gemma U13 8.11.04, Lewes
PV- 3.20i/2.93
TWELL Stephanie 17.08.89, Aldershot F&D
800- 2:02.58, 1500- 4:06.20 (4:02.54-10), 3k- 8:40.98,
5k- 14:59.00 (14:54.08-10), 10MR- 57:06 (53:52-10)
TYRRELL Emily U15 4.01.02, North Devon
100- 12.51w, LJ- 5.42, PenG- 2938

U GEN Lorraine 22.08.91, Thames Valley
LJ- 6.93i/6.82w/6.80 (6.96w/6.92-15)
UMAH Shania U15 17.02.02, Highgate H
60- 7.97i, 100- 12.39, 200- 25.76

UNDERDOWN Lucy 18.05.90, Shaftesbury B
SP- 13.44 (13.46-15), DT- 46.18 (49.30-14)
UZOKWE Anna-Marie U17 13.04.00, Stevenage & NH
200- 25.0/25.29 (25.24w-15), 300- 39.21, 400- 57.26

V AN WULVEN Chloe 10.09.87, Havering
60H- 8.91i, 100H- 14.98 (14.44w/14.5-04, 14.61-15)
VANS AGNEW Grace U17 30.12.00, Crawley
300H- 45.81
*VANUCCI Maite U20 11.02.98, Blackheath & Br/ITA
JT- 41.60*
VAREILLE Olivia U17 11.12.00, Falkirk VH
400- 58.34mx, 800- 2:13.28i (2:10.83-15)
VAUGHAN Charlotte U15 12.11.01, Walton
800- 2:16.47, 1500- 4:41.20mx/4:41.8
VAUGHAN Harriet U15 28.09.01, Bury
PV- 3.06
VENABLES Melissa V40 14.02.75, Spa Striders
100kR- 8:15:54
VERNON Eleanor 11.12.83, Stockport
5k- 16:32+e (15:44.98-12), 5MR- 27:19 (26:58-12),
10k- 33:24.60 (33:13.32-15)
VERNON Eleanor U17 19.01.01, Telford
JTI- 42.46
VERNON Natasha 22.02.89, Aldershot F&D
3k- 9:34.24mx (9:25.90mx-10, 9:44.83-09)
VERNON-HAMILTON Chloe 11.10.92, Stev NH/Brunel U
100H- 15.25w (14.75w/14.86-15),
HJ- 1.65i (1.68-15), SP- 12.64
VICKERS Emma Louise U15 29.08.02, Preston
HTI- 43.61
VICKERY Gemma U23 4.04.96, City of Norwich
HT- 46.62
*VIDZUPE Katrina U20 8.09.97, Reading/LAT
400H- 63.8/64.75*
VINCENT Serena U15 5.12.01, City of Portsmouth
SPI- 14.45/13.77, DT- 32.17, JTI- 38.42
VINER Hannah U23 18.07.96, Highgate H
5k- 17:18.19 (17:13.21mx-15), 10k- 36:03.61
*VON LOGA Isabell 3.02.88, Oxford Un/GER
SP- 12.23 (16.10-07)*
VYVYAN Charlotte U17 22.10.00, Reading
PV- 3.01

W ADDELL Keira U15 3.10.01, Chirnside Chasers
JTI- 41.93
WADDON Ffion U17 23.01.01, Newport
100- 12.38
WAINE Jordan Lola U17 4.06.00, Saffron AC
2kSt- 7:09.33
WAITE Eleanor Marguerite 4.02.86, East Kilbride
1500- 4:20.92 (4:15.33-15), 3k- 9:15.20i (9:20.88-11),
5k- 16:24.92 (16:19.19-14), 3kSt- 9:35.91
WAKE Ebony U23 9.12.96, Birchfield/Brunel Un
LJ- 5.69i (6.00-14)
WAKE Laura 3.05.91, WSE&H
200- 24.42w/24.79 (23.98-13), 400H- 60.53 (57.17-14),
400- 54.58i/54.96 (52.98-14)
WAKEFIELD Bethan U23 17.10.94, Bristol & W/D'ham Un
100- 12.05 (11.84w/11.97-11), 200- 24.86i/24.97 (24.97-11)
WAKEFIELD Isabel U17 5.01.00, North Devon
200- 25.05, 60HI- 8.93i (8.79i-15), 100HI- 14.40,
100H- 14.36, LJ- 5.80, Hep U18- 4996
WALCOTT-NOLAN Revee U23 6.03.95, Luton/St M UC
800- 2:02.32, 1500- 4:17.05
WALDER Caroline U17 3.01.01, North Somerset
PV- 3.15
WALDRON Shannon U15 8.09.01, Law & Dist
HTI- 46.62irr/44.61
WALFORD Tabatha U17 23.02.00, Bedford & County
1500- 4:37.97mx (4:36.98-15), 3k- 10:14.30mx
WALKER Amy U17 14.07.01, Rugby & Northampton
1.5kSt- 5:12.79
WALKER Chelsea U20 29.06.97, City of York
100- 12.19, 400- 55.3/55.97i/56.65,
60H- 8.82i (8.78i-15), 100H- 13.85, 400H- 58.68
WALKER Diani Akina U23 14.07.95, Birchfield/Middx Un
60- 7.53i (7.49i-15), 100- 11.53w/11.74,
200- 24.55w/24.65

428

WALKER Eloise U17 27.05.01, Edinburgh AC
3k- 10:13.90
WALKER Hannah 9.08.91, Birchfield
10kR- 33:48 (32:56.90t-14), 10MR- 56:51+, HMar- 74:32 (71:50-12)
WALKER Jasmine U15 30.09.02, R Sutton Coldfield
JTI- 35.26
WALKER Kirsty U17 10.09.99, Reading
1500- 4:38.9
WALKER Lauryn U15 4.05.02, Birchfield
60- 7.89i (7.89i-15), 100- 12.35w/12.37
WALKER Olivia U23 6.07.95, Cannock & Staff/Durham Un
60H- 8.71i (8.45i-14), 100H- 14.04 (14.02-13)
WALKER Regan U17 6.02.00, East Cheshire
60- 7.89i
WALL Allessandra U23 11.02.95, Cardiff/LoughSt/SWE
HT- 58.47 (59.74-14)
WALLACE Erin U17 18.05.00, Giffnock North
800- 2:06.59i/2:08.49 (2:07.74-15), 1500- 4:20.63,
1M- 4:47.29, 3k- 9:36.07i/9:42.60
WALLADER Rachel 1.09.89, WSE&H
SP- 18.00dh/17.53
WALLIKER Lucy U20 21.01.99, Devon Schools
HJ- 1.66
WALLINGTON Helen V45 11.04.68, Totton RC
Mar- 2:57:52
WALLIS Emma U15 15.01.02, Cambridge & Coleridge
JTI- 35.62
WALSH Molly U17 23.06.00, Wolves & Bilston
HT- 49.37, HTI- 59.63
WALTON Rebekah U17 20.09.99, Derby AC
JTI- 44.03 (44.81-14)
WANSELL Ella U17 15.01.01, Enfield & Haringey
60- 7.89i, 100- 12.32, 200- 24.96
WARD Abby U20 19.04.99, Wakefield
HJ- 1.89i/1.86
WARD Carys U13 25.01.04, WSE&H
JTM- 32.04
WARD Stacey 16.01.85, Herne Hill
5k- 16:28.27 (16:19.92-15), 10MR- 58:26, HMar- 77:16 (75:44-15)
WARDEN Lois U15 26.03.02, Bexley
PV- 3.50i/3.36
WARDLE Caitlin U13 20.12.03, City of Plymouth
DTM- 26.41
WARDLEY Anousha U17 22.10.99, Reigate
PV- 3.05
WARE Joanne U20 11.08.97, Tonbridge/London Un
LJ- 5.56
WARING Hannah 20.01.89, Cambridge & Coleridge
LJ- 5.75
WARNER Julie V45 8.04.67, Shelton
Mar- 2:57:52
WARNOCK Sarah 5.06.91, Edinburgh AC
LJ- 6.16 (6.42-14)
WARRINGTON Abigail U13 10.09.03, Southampton
PenIM- 2056i
WATERIDGE Molly U15 4.03.02, Andover
TJ- 10.33
WATERS Matilda U17 20.12.00, Sale
PV- 3.20
WATERWORTH Katie U17 17.05.01, Stockport
LJ- 5.51, TJ- 11.30
WATKINS Sarah U17 8.10.99, Neath
HTI- 45.28 (47.49-15)
WATSON Jodie U15 26.12.01, Stratford-upon-Avon
HJ- 1.65
WATSON Tyra 23.06.93, Sale/Edge Hill Un
400H- 64.52 (63.05-11)
WATTERSON Sara U20 15.12.98, Manx H
400H- 65.95, HJ- 1.65, Hep- 4201
WEATHERITT Leah J. V40 18.09.74, Gateshead
HT- 42.37 (46.72-09)
WEBB Katie U13 1.12.03, Dacorum & Tring
DTM- 30.36
WEBB Louise Judith Caton 9.02.91, Southampton
1500- 4:20.6, 3k- 9:41.56i (9:28.36imx-15),
2kSt- 6:26.08, 3kSt- 9:57.18
WEBBER Wendy V35 18.09.78, Marshall Milton K
Mar- 2:54:24

WEBSTER Katy M. V35 26.06.79, London Heathside
Mar- 2:40:43
WEBSTER Louise 19.07.85, Wolves & Bilston
HT- 43.83 (49.62-14)
WEBSTER Sally 9.10.91, Harrow
HT- 41.75
WEBSTER-TAPE Charmont U17 29.11.99, Sutton & Dist
60- 7.66i, 100- 11.86w/11.87 (11.84-15)
WEDDERBURN Izzy U17 3.01.01, Bournemouth
LJ- 5.67
WEDDERBURN-GOODISON Nia U13 9.01.05, WG & Ex L
60- 8.12imx/8.21i, 75- 10.0
WEIGHTMAN Laura 1.07.91, Morpeth
800- 2:04.05mx/2:05.60 (2:02.52-12), 1500- 4:02.66 (4:00.17-14)
WEIR India U17 5.11.99, Thames Valley
1500- 4:34.64mx, 1.5kSt- 5:04.59 (4:57.46-15),
2kSt- 7:00.26
WEIR Kosana U17 5.11.99, Thames Valley
1.5kSt- 5:00.97, 2kSt- 7:05.48
WEIR Natalie 30.01.86, Derby AC
800- 2:10.50mx, 1500- 4:26.56i/4:26.63mx/4:27.13 (4:25.74-14)
WEIR Victoria U20 17.03.98, City of Plymouth
800- 2:09.69mx, 3k- 9:37.56, 1.5kSt- 4:40.23
WEST Ashleigh U17 27.06.01, Medway & Maid
HJ- 1.71
WEST Charlotte U17 16.10.00, Reading
JTI- 39.75
WEST Katherine U20 30.07.97, Reading
JT- 42.32 (44.71-15)
WESTWOOD Yvette U20 3.09.98, Yate
100- 12.10w/12.21 (12.0mx/12.12-15),
200- 24.94 (24.8/24.92-15)
WETTON Jennifer 28.11.86, Central
5kR- 16:34, 10k- 35:07.44, 10kR- 34:38 (34:09-14),
HMar- 77:35 (76:53-15),
Mar- 2:47:03dh (2:46:10dh/2:47:06-14)
WEYMONT Devon U15 20.04.02, Sale
LJ- 5.56
WHEATMAN Jenna 6.03.84, Wakefield
HT- 48.11 (53.39-11)
WHEELER Libby U17 21.01.01, Kingston upon Hull
TJ- 11.46
WHITE Alyssa U17 23.07.01, Chichester R&AC
100- 12.1/12.41 (12.41-15), 200- 25.2/25.49w (25.2/25.46-15)
WHITE Ellie U20 10.07.99, Wimborne
HT- 47.28
WHITE Katie V35 6.01.81, Sale
HMar- 75:41sh, Mar- 2:47:40
WHITEHEAD-SHAKES Jazmin U17 3.07.01, New & EB
60- 7.90i, 100- 12.4
WHITEHOUSE Louise Mae U15 6.03.02, Birchfield
DT- 30.66
WHITFIELD Georgia U23 21.07.95, Durham C H/Newc U
400H- 66.0 (61.63-14)
WHITFIELD Marella U20 25.09.98, Harrow
1.5kSt- 5:07.32
WHITTINGHAM Laura 6.06.86, Sale/Loughborough St
JT- 52.34 (60.68-10)
WHITTLE Laura Hannah 27.06.85, R Sutton Coldfield
3k- 8:51.48mx/9:08.71+ (8:50.37-09), 5k- 15:08.58,
5MR- 27:26, 10kR- 32:36
WHITTON Michaela U20 11.08.98, Reading
DT- 43.72
WHITTY Natalie 8.08.85, Channel Islands
1500- 4:28.22 (4:25.48mx/4:27.09-14)
WHORISKEY Catherine 15.02.86, Derry
5k- 17:06.79, HMar- 77:53
WICKS Emily 27.01.85, Aldershot F&D
5kR- 16:39 (16:38-14), 5MR- 27:56 (27:31-09),
WICKS Skye U15 20.08.02, Hertford & Ware
100- 12.3, 200- 25.38
WIDDOP-GRAY Ella U23 26.09.96, TVH/Manch Un
HJ- 1.66i/1.65 (1.72i-13, 1.72-15)
WILCOX Evangeline U20 11.04.98, Andover
DT- 40.75 (42.62-15)
WILD Chloe U15 14.01.02, Chesterfield
PV- 2.62i/2.60

WILDE Chloe U20 24.05.99, Cannock & Stafford
400H- 64.00
WILDE Naomi Rhiannon U15 20.06.02, Taunton
DT- 30.27
WILDER Allison 30.10.88, Sutton & District
TJ- 12.77i/12.47 (13.22USA-11)
WILLIAMS Abbie U17 29.01.00, Pembroke
3k- 10:04.27
WILLIAMS Annie U20 28.09.98, Sale
PV- 3.31
WILLIAMS Bella Faye U20 5.10.98, Lincoln Well
3k- 9:49.62
WILLIAMS Beth U15 24.01.02, Thanet RR
800- 2:17.4
WILLIAMS Bianca 18.12.93, Enfield & Haringey
100- 11.45 (11.17-14), 200- 23.27 (22.58-14)
WILLIAMS Chante U15 21.03.02, Bracknell
100- 12.4, 60HG- 9.28i, 75HG- 11.4
WILLIAMS Charlotte U15 20.09.01, Blackburn
HTI- 57.10
WILLIAMS Emily U15 25.02.02, Kettering
800- 2:12.23, 1500- 4:28.73mx, 3k- 10:30.62
WILLIAMS Emma U15 1.07.02, Cheltenham
PV- 2.63i/2.60
WILLIAMS Eve U20 26.10.98, Cwmbran
100- 12.22, 200- 24.74w/24.82 (24.45w/24.76-14)
WILLIAMS Francesca U15 7.02.03, WSE&H
HTI- 41.26
WILLIAMS Hannah U20 23.04.98, Herts Phoenix
400- 52.80
WILLIAMS Hannah 17.01.89, Bristol & West
100- 12.19 (11.92w-15, 12.06-15)
WILLIAMS Jade U17 22.04.01, Wrexham
HT- 48.82, HTI- 59.09
WILLIAMS Jade 7.09.92, Amman Valley
800- 2:07.85i (2:04.39-15), 1500- 4:19.64 (4:15.63-15),
3k- 9:23.73imx/9:25.86mx, 10kR- 34:26
WILLIAMS Jodie 28.09.93, Herts Phoenix
100- 11.38 (11.13w-14, 11.18-11), 150- 16.80st,
200- 22.69 (22.46-14)
WILLIAMS Lauren U20 12.02.99, Swansea
400H- 64.55 (62.75-15)
WILLIAMS Mollie U20 1.08.97, Stockport/Leeds Beck Un
5k- 17:10.41
WILLIAMS Rebecca 18.03.89, Swansea
200- 25.00 (24.35w-10, 24.55-11), 400- 56.61 (55.07-13)
WILLIAMS Stephanie U23 5.09.94, Herts Ph/B'ham Un
400H- 60.84
WILLIAMS Tia U20 29.05.99, Deeside
JT- 36.70
WILLIAMS-HEWITT Acacia U15 8.08.03, Hallamshire
60- 8.05i, 200- 25.50, 300- 41.91i
WILLIAMSON Hollie U20 4.12.98, Birchfield
60H- 8.73i, 100H- 14.43
WILLIS Deborah Sarah 24.04.92, Notts
400- 56.13mx/56.33i/56.70 (55.15-15),
400H- 63.27 (61.6/61.97-15)
WILLIS Sophie U17 26.11.00, WSE&H
300H- 45.59
WILLMORE Olivia U15 21.03.02, Dorchester
JTI- 37.90
WILSON Alana U15 18.09.01, West Suffolk
JTI- 34.86
WILSON Natasha U23 5.11.95, Sale/Hallam Un.
JT- 48.35
WILSON Rebekah 17.03.91, Sale
60- 7.52i (7.49i-15), 100- 12.0 (11.77w-13, 11.87-10),
200- 24.34i/24.5 (24.79-06)
WILSON Sarah U17 2.05.01, Team Bath
800- 2:14.15
WILSON Steffi U23 10.06.94, Shaftesbury B
100- 11.93 (11.77-12), 200- 24.50 (23.75-15), 400- 56.6
WILSON Tia U15 1.06.02, Bedford & County
1500- 4:42.51
WILTON Madeline U15 11.04.02, C of Portsmouth
TJ- 10.50, PenG- 2914
WILTSHIRE Emma Louise 25.07.84, Rugby & Nor'ton
100- 12.1w/12.15w/12.24 (11.71w-08, 11.78-06)

WILTSHIRE Victoria U17 1.10.99, Blackheath & Bromley
HT- 47.44, HTI- 55.05
WINFIELD Lily U15 25.10.01, Heanor
800- 2:16.32, 1500- 4:37.1
WINGATE Phillipa 12.05.93, Kingston & Poly
SP- 12.58 (12.71-15), DT- 42.50 (44.53-14), HT- 59.14
*WINGFIELD Charlotte U23 30.11.94, Card/CardMet/ MLT
60- 7.55i, 100- 11.70 (11.69-15), 200- 24.26 (24.19w-15)*
WINSHIP Meredith U15 9.12.01, City of Norwich
800- 2:17.34mx (2:17.38-15)
WINSON Jenna 7.11.90, Derby AC
HT- 50.24 (52.95-10)
WINTER Marcey U17 17.04.01, Guildford & Godalming
80HI- 11.7/11.79, 300H- 45.91
WISE Suzanna 15.11.88, Luton
HT- 42.98 (45.81-14)
*WISHAM Nadya U20 24.11.97, WSE&H/USA
Hep- 3840*
WITHEAT Freya U13 4.09.03, Watford
70HM- 11.5
WOLFENDEN Lucie U15 14.09.01, Sale
PV- 2.80
WOOD Beatrice U13 9.10.03, Salisbury
1200- 3:46.2
WOOD Brittany U20 12.06.99, Rugby & Norhampton
100HI- 15.21
WOOD Ella U23 18.09.96, Clermont, FRA
PV- 3.46i (3.50-15)
WOOD Jemma U20 3.03.99, Guildford & Godalming
200- 24.64
WOOD Louise 13.05.83, Chelmsford
LJ- 5.75 (6.07w-10, 5.94-10)
WOOD Madeleine U15 3.09.02, Charnwood
HJ- 1.61
WOODCOCK Kathryn U20 29.04.97, Radley/Loughboro St
DT- 47.45, HT- 44.64
WOODNICK Amelia U15 18.02.02, Dacorum & Tring
75HG- 11.3/11.36, PenG- 2944
WOODWARD Harriet U17 1.02.00, Birchfield
JTI- 39.40
WOOLVEN Pippa 26.07.93, Wycombe/Birmingham Un
5k- 16:15.69 (16:08.93i-14), 2kSt- 6:43.44 (6:36.60-12)
WOOTTON Katrina 2.09.85, Coventry Godiva
3k- 9:01.58mx (8:50.69i-08, 8:59.68mx/9:03.87-07),
5k- 15:48.4mx/15:49.11 (15:30.82-13), 5kR- 15:52,
5MR- 27:52 (26:31-10), 10k- 33:07.93, 10kR- 31:47,
HMar- 73:25
WORRALL Sophie U23 30.01.94, Wolv & Bilst/B'ham Un
TJ- 11.34 (11.47-14)
WOSIKA Caitlin U17 19.11.99, Team Bath
1.5kSt- 5:04.76
WRIGHT Alice U23 3.11.94, Worcester/New Mexico Un
5k- 16:01.67 (15:45.87-15), 10k- 32:36.11
WRIGHT Amy U15 3.04.02, Dacorum & Tring
HTI- 42.26
WRIGHT Emily U20 13.07.98, Bristol & West
LJ 6.10i/0.00 (0.21A/0.19i/6.13-15)
WRIGHT Eve U15 8.08.02, Braintree
60- 7.79i/8.0i/8.04i, 100- 12.26, 200- 25.9
WRISBERG Jenna U20 22.03.98, Giffnock North
60- 7.50i, 100- 11.76, 200- 24.79
WYKES Isobel V35 24.04.78, Truro RC
24Hr- 190.236km (227.090km-15)
WYPER Katy 17.04.93, Blackpool
60- 7.61i, 100- 11.70w/11.7/11.75 (11.69-15),
200- 24.22 (24.2-15)

Y ATES Kirsty Elizabeth 14.05.93, Edinburgh AC
SP- 14.78 (16.42-14)
YEARBY Georgia U23 19.02.95, Leeds/Leeds Beck Un
400- 55.58i/55.67 (55.01-15)
YEBOAH Erika U17 9.05.01, Thames Valley
60- 7.81i, 100- 12.14
YORKE Sophie U20 7.07.98, Cheltenham
60- 7.60i, 100- 11.61w/11.74, 200- 24.79, 60H- 8.54i,
100H- 15.0 (14.47-15)
YOUNG Alison V40 26.11.73, Clapham Chasers
24Hr- 215.253km

YOUNG Kaliyah U15 20.07.03, Dartford 60HG- 9.43i
YOUNG-ROGERS Jessica Kate U17 10.01.01, Morpeth 100- 12.3
YULE Zoe U20 27.08.98, Livingston HT- 42.71
ZAKRZEWSKI Joasia V40 19.01.76, Durham City H Mar- 2:49:05 (2:39:22-13), 50kR- 3:42:41+ (3:26:37-11), 100kR- 7:41:48 (7:31:33-15)

ZAMMIT Robyn U20 25.08.97, Brunel Un/MLT TJ- 11.19w
ZEIDLER Alana U17 22.12.00, City of Sheffield 5kWR- 29:18 (28:40-13)
ZEMBASHI Eleni U23 8.04.96, Cardiff/Cardiff Met/CYP DT- 42.55
ZIALOR Laura U20 4.08.98, Marshall Milton Keynes HJ- 1.75i/1.65 (1.71-15), TJ- 12.96

OBITUARIES 2016

Michael Thomas **'Mike' BLAGROVE** (b. 14 Mar 1934) in May. He had five internationals for Britain 1958-62, including 7th at 1500m at the 1958 Europeans. That year he was also 7th for England at 1 mile at the Empire Games. He ran the opening leg on the England team that set the world record at 4 x 1 mile (16:30.48) at London (White City) on 27 Sep 1958. In 1957 he set the pace through 440y 55.3 and 880y 1:55.6 in Derek Ibbotson's world mile record of 3:57.2. His pb at 1 mile was when he was 5th and Ibbotson 4th, both running exactly 4:00.0 (the world's first four-minute mile!), at the White City on 4 Sep 1958. He ran for Ealing Harriers and his other pbs were: 880y 1:51.3 (1959), 1000y 2:10.0 (1958), 1000m 2:21.1 (1958), 1500m 3:42.2 (1958), 2000m 5:17.8 (1958), 3000m 8:15.4 (1957), 2M 8:52.2 (1961), 6M 29:49.0 (1962).

Jack **BRAUGHTON** (b. 22 Feb 1921 Grimsby) on 30 October. A member of first Cleethorpes H and then Grimsby H before the War, after that he joined Blackheath Harriers and competed (heat 5000m) at the 1948 Olympic Games. Pbs: 2M 9:10.0 '53, 3M 13:50.6 '55, 6M 30:01.0 '51.

David **COCKSEDGE** (b. 9 Apr 1947 Quetta, now Pakistan) on 21 October while on holiday in Thailand, where he lived for many years and worked as a journalist. A member of the NUTS from 1966, he helped to compile junior men's lists in the late 1960s and early 1970s. He was assistant editor of Athletics Weekly 1969-73 specialising in the young athletes' scene, was treasurer of the British Athletics Writers' Association 1975-8, and announced for many years at the Southern Championships and other meetings. Recently he compiled Surrey statistics and wrote "Dream to Reality: the Ray Roseman Story".

William Charles **'Bill' CORNELL** (b. 30 Oct 1939 Chelmsford) on 28 March in The Villages. Florida. A member of Chelmsford AC, he had a brief career with just one international for Britain, when he ran in a heat at 1500m in the 1962 Europeans. That year, while at Southern Illinois University, USA he made a dramatic breakthrough to 1:50.7 for 880y and 4:00.5 for 2nd in the NCAAs at 1 mile. In 1963 he ran his best times for 880y, 1:48.4 for 2nd at the NCAAs and 1:48.1 for 5th at the AAUs on successive weekends in June. Pb 1500m 3:49.9 (1962). Also in the USA he set British indoor records: 600y 1:11.2 (1962) and 1:11.1 (1964) and unofficial 1:10.8 (1963), 880y 1:50.9 (1964), 1000y 2:10.8 and 2:09.6 (1963). Continuing to live in the USA, he had a highly successful coaching career: at Murray State University from 1967, and then at Southern Illinois from 1982 to 1999.

David **CROPPER** (b. 26 Dec 1945, Birmingham), on 3 December. A member of Berry Hill & Mansfield AC and then Birchfield Harriers, he won the AAA Junior and English Schools 880y titles in 1964, then was AAA champion in 1969 (2nd 1971-2), CAU champion in 1969 and 1972 and semi-finalist at the 1968 and 1972 Olympics and 1969 Europeans. Known as "the head waiter" on account of his sit and kick tactics, he had pbs: 400m 47.8 '68, 800m 1:46.8 '73, 1000m 2:22.8 '70, 1500m 3:49.5 '70. 12 internationals 1968-73. He was Honorary Treasurer of the AAA in 1985-6 and Chairman of the AAA of England 1991-2004, and a Life Vice-President. A civil engineer (he spent 19 years managing Spaghetti Junction in his native Birmingham), he received the OBE in 2006 for his work as a Highways Agency area manager. In 1971 he married Pat Lowe (silver at 800m 1970 Commonwealth Games and 1971 Europeans and gold in a world record in the 1969 European 4x400m relay title in world record time. She also ran on four other world record teams at 3x800m, 3x880y and 4x800m).

John Ivor **DISLEY** (b. 20 Nov 1928 Corris, Caernarfonshire and Merionethshire) on 8 February. Coached by Geoff Dyson, he was a world-class steeplechaser who set four British records at 2 miles, from 10:12.6 in 1950 to 9:44.0 in 1952, and five at 3000m from 9:18.4 in 1950 to 8:44.2 in 1955. At the 1952 Olympics he improved from 9:11.8 to 8:59.59 in the heats and 8:51.94 for the bronze medal in the final. Four years later he entered the Games as Britain's No.1, and nearly matched his best with 8:44.6, but with that he was sixth in the final won by his teammate Chris Brasher. His numerous Welsh records on the flat included bests of 1500m 3:53.4 (1956), 1 mile 4:05.4 (1958), 2000m 5:10.9 (1955), 3000m 8:09.6 (1957), 2 miles 8:43.8 (1957), 5000m 14:13.2 (1957).
After studying at Loughborough College he was AAA champion in 1952, 1955 and 1957 and won the Welsh 1 mile in 1949, 1951, 1954 and 1958. He ran for London AC and was a schoolmaster before becoming the first chief instructor at the CCPR's flagship mountaineering and outdoor pursuits centre, Plas y Brenin in Snowdonia. He helped Brasher to promote orienteering in Britain from the mid-1960s, and succeeded him as chairman of the British Orienteering Federation 1970-2 and was a member of the International Orienteering Federation 1972-8. He was awarded the CBE in 1979 for his work in outdoor education, and was vice-chairman of the Sports Council 1974-82. He was also chairman of British Olympians 1996-2002.
With Brasher he helped set up the London Marathon, first run in 1981, from their visit to the New York Marathon in 1979. He was a director of the organisation and then chairman of the London Marathon Trust from 2006, remaining an active member of the London marathon family throughout its 35 years.
In 1958 he married Sylvia Cheeseman (b. 19 May 1929), who set British records at 100y 11.0 (1951) and 220y 24.5 (1949), won silver and bronze medals in relay races at the 1950 Empire Games and relay bronze at the 1952 Olympics, and was WAAA champion at 100m 1949 and 200m/220y 1946-9 and 1951-2.

Andrew Thomson **FERGUSON** (b. 7 Nov 1928) on 1 March. A member of Highgate Harriers, he ran a Scottish best 14:11.6 for 3 miles in 2nd place at the 1950 AAAs and was runner-up in the Scottish cross-country championships in 1952.

Nathaniel FISHER (b.1 Oct 1936) on 28 May. Running for Eton Manor and later Harlow, he had pbs of 1500m 3:47.5 (1961), 1M 4:04.5 (1963), 3000m 8:12.4 (1961), 2M 8:52.4 (1961), 3M 13:42.8 (1962), 6M 29:11.0 (1962). He was the uncle of 400m runner Linda Keough.

Charles William **'Charlie' FOGG** (b. 14 Mar 1934 Congleton, Cheshire) in March. A member of Enfield AC/Borough of Enfield H, he had nine internationals for Britain 1961-75 at 50k walk, with a best of 4:22:41 (1975). He was 16th at the 1966 Europeans and was third in the RWA 50k four times as well as 2nd at 20M in a pb 2:42:58 in 1963. Moving from walking, he was a hammer coach at Horsham and Worthing.

Roland Thomas **HARDY** (b. 11 Jun 1926 Sheepbridge, Derbyshire) in June in Chesterfield. A member of Sheffield United Harriers, he was Britain's fastest walker of the immediate post-war years, setting UK records on the track at 5M/10000m/7M at 35:24.0/44:37.4/50:11.6 (1950) and 35:15.0/43:42.4/49:28.6 (1952) (5M times also world records); and on the roads at 20k 1:35:37 (1956) and 20M 2:35:58 (1956). He was disqualified in the 10,000m walk at the 1950 Europeans and 1952 Olympics (heat), but was 8th at 20k at the 1956 Olympics. He was AAA champion at 2 miles 1950-2 and 7 miles 1950-3 and 1955, and won the RWA 10 miles each year 1952-6 and 20 miles 1956. He was an engineer with the National Coal Board.

John Bryan **HOLT** (b. 23 Dec 1938) in York on 17 November. He was the IAAF's first full-time General Secretary from 1976-91, he served under Presidents Adriaan Paulen and Primo Nebiolo during an era of huge change for international athletics. He was AAA Junior 440y champion in 1957, and in 1959 while at Oxford University he ran his pb of 1:50.0 for 880y third in Britain that year, and was 2nd in the 800m at the World University Games in Turin. Pb: 440y 48.8 (1959).

Ronald Frederick **'Ron' HOPCROFT** (b. 27 February 1918 Chiswick) on March 17. A notable ultrarunner and later a respected official with Thames Valley Harriers, he set world bests for 100km 7:33:29 and 100 miles 12hr 18:16 on 25 Oct 1958 from Hyde Park Corner to Box in Wiltshire and a British best for 50 miles at Walton on 19 Oct 1957.

Tony ISAACS (b. 27 May 1937) on 10 March in Felixstowe. A member of the ATFS, he specialised in statistics for the Pacific Islands with a unique series of 25 annual booklets, and for the javelin, for which he produced six booklets in a History and Statistics series.

Mike LANGMAID on 8 September in Haywards Heath, West Sussex at the age of 81. He was a long-time member of Brighton & Hove and a leading official, announcer, and meeting organiser for his club, for Sussex, the South of England (of whom he was a director and treasurer for nine years) and the British Athletics League and Young Athletes League.

John Vincent **NEWSOME** (GBR) (b. 2 Oct 1941 Wakefield) on 16 September in Wakefield. He had a marathon best of 2:16:07.8 (7th best in Britain that year) set when he won in Prague in September 1970 after he had run 2:15:39 for 4th in Huddersfield in March on a course that was 833 yards short. Northern marathon champion 1966 and the winner of the London to Brighton race in 5:16:07 in 1974. Other pbs: 3M 14:23.0 (1967), 10M: 49:54 (1966), 15M 1:18:13 (1968), 30k 1:37:15 (1968), 20M 1:42:51 (1967), 2 hours track 36.950m (1968). A schoolteacher and member of Wakefield Harriers of whom he became president.

Tom McCOOK on 26 February at the age of 69. Originally from Inverness, he was a stalwart supporter of athletics, former president of Birchfield Harriers. Awarded the Ron Pickering Memorial Award. Brother-in-law of Ian and Peter Stewart.

Steve MINNIKIN (b. 4 Jan 1972) in March. At the hammer he competed for Britain in two U23 internationals in 1993 and for England in one in 1994. He was Northern champion in 1991 and had a personal best of 62.20 in 1996, one of eight years that he threw over 60m, and he was over 52m each year 1990 to 2011.

(Lord) Cecil PARKINSON (b. 1 Sep 1931 Carnforth, Lancashire) on 22 January. A Member of Parliament from 1970 to 1992, when he was created Baron Parkinson. He was Chairman of the Conservative Party 1981-3 and 1997-8 and a cabinet minister in various posts 1981-3 and 1987-90. While at Cambridge University he ranked 11th in Britain at 440y with 49.4 in 1954.

Anne PASHLEY (married name IRONS) (b. 13 Jun 1954 Skegness. Lincolnshire) on 7 October. She became a well known opera singer (soprano) after being a leading sprinter in the mid-1950s. She had 13 internationals for Britain 1953-6, and in 1954 was 3rd at 100m and 4th at 4x100m at the Europeans and 4th at 100y and 2nd at 4x110y at the Empire & Commonwealth Games. Then in 1956 she was on the silver-medal winning British 4x100m team after running in the heats of the 100m. She ran on world record teams at 4x100m 1956 and 4x220y in 1953 and set UK records: four for 100y from 11.0 (1953) to 10.8 (1956), three for 100m from 11.9 (1954) to 11.6 (1956), and three each for 4x100m 1956, 4x110y 1954-6. Other pbs: 100y 10.7w (1956), 100m 11.94 (1956), 220y 25.2 (1953), LJ 5.73? (1953). She was WAAA champion at 100y 1953-4 (2nd 1956, 3rd 51), 2nd 220y 1963. Great Yarmouth & Gorleston AC.

Two promising British middle distance runners, **Lucy PYGOTT** (17, b. 30 Oct 1999) and **Stacey BURROWS** (16, b. 8 Mar 2000), were warming up for a training run in Aldershot on November 8 when they were fatally struck by a car. Lucy was the 3000m bronze medallist at the inaugural European Youth Champs in Tbilisi in July in a pb of 9:28.15, was England U20 3000m champion and 2nd in the England U17 1500m; only three days before her tragic death she anchored her Aldershot Farnham & District AC team to victory in the National Cross Country Relay U17 Championship. She also had a 1500m best of 4:24.56mx (2016). Stacey was the Hampshire U17 3000m champion and her pb was 10:15.49.

Diane ROYLE (née **WILLIAMS**) (b. 24 Nov 1959) in October. A member of Sale Harriers, she was Scottish champion at javelin each year 1977-84 and set 15 Scottish records (old javelin) from 47.50 in 1976 to 62.22 in 1985 for third on the UK all-time list behind Fatima Whitbread and Tessa Sanderson. She was 8th for Scotland at the 1978 Commonwealth Games and had two UK internationals 1981-3. UK champion in 1980 (3rd 1984) and 2nd WAAA 1985 (3rd 1984). Pb SP 11.99 (1984).

Michael RUDA (b. 4 June 1930, Islington, London) on 9 April. A South London Harrier, he threw the javelin 61.58 in 1955 (ninth in Britain that year). He became a newspaper executive, playing a significant role in the development of Rupert Murdoch's British newspaper and broadcasting empire, including the launch of Sky Television.

Sylvester Roman **STEIN** (b. 25 Dec 1920 Cape Town) on 28 December 2015 in London. He served in the Royal Navy during World War 2, and soon afterwards played alongside the likes of Laurence Olivier and Ralph Richardson at London's Old Vic theatre (admittedly as a spear carrier or crowd extra), studied at the Central School of Drama and joined a repertory company based in Coventry. He returned to South Africa in 1947, became a journalist and in 1955 editor of Drum, the country's first magazine for Africans. His first novel, published in 1958, was banned by the apartheid South African government and he moved back to England where he helped to form the Anti-Apartheid movement. His widespread business interests were headed by his company Stonehart Publications, that published various newsletters and he was founder publisher of Running Magazine in 1980 and of the newsletter Peak Performance. His autobiography was entitled I Danced with Mrs Gandhi. He was a notable supporter of and participant in Masters athletics, including winning the M60 200m at the World Masters in 1981; as a member of Highgate Harriers he ran 12.3 for 100m at age 56, 13.2 at 65, 15.7 at 80.

Barry WALLMAN (b. 1938) on 25 May. He took on a huge range of responsibilities at county, regional and national level in England from being Hon. Secretary of Cambridgeshire AAA Cross Country from 1962-72 and Hon Treasurer (then Secretary) of the Eastern Counties AAA from 1963, as well as being a hugely respected field official, meeting organiser and team manager. He was Chairman of the UK CAU in 1990-1 and Vice-Chairman in 1996-8 and his presidencies of leading bodies included Eastern Counties Cross Country, English Cross Country Union (hon. secretary 1976-88), Southern Counties AAA and Cambridgeshire AA, where he started as an athlete with Cambridge City AC (later Cambridge & Coleridge AC). He was also a member of the AAA General Committee for many years from 1966.

Mary Joy **WALL** in Swindon on 27 May, aged 86 She persuaded the Women's AAA to begin the process that led to the formation of a single national governing body for the sport in the late 1970s and early 1980s and served with distinction on the working party that brought the British Athletics Federation into being. She served the BAL loyally for many years both as Divisional Secretary, most notably in the Premiership, and also as Assistant General Secretary.

Anthony James **'Tony' WEEKS-PEARSON** (b. 12 Oct 1931) on 12 March. A lifelong member of Blackheath Harriers, he missed out on being a GB international in a great era for British distance running, but was 2nd at 5000m in the World Student Games in 1953 while at Oxford University and set a British indoor best at 3000m with 8:25.4 in 1954. Track pbs: 2M 9:11.0 (1955), 6M 29:17.2 (1954). His best placings in the National Cross-country were 11th in 1955 and 1958.

Peter WEIR (b. 2 Sep 1963) in New York on 10 February. He followed his brother Robert as a leading thrower with Birchfield Harriers and at Southern Methodist University in Dallas Texas, where he studied electrical engineering. He won the English Schools and AAA junior discus and was a junior international in 1982. Pbs: SP 16.53 (1986), DT 51.08 (1982), HT 62.60 (1987). He worked as a telecommunications engineer in New York for over 25 years

Orien Gladwin **YOUNG** (b. 14 May 1931) in Portsmouth on 30 September. He was a national champion in Bermuda, for whom he ran the 1954 Empire Games (heats 100y, 220y) before moving to England as a dockyard apprentice. 3rd AAA 100y 1953. Pbs: 60y 6.4i (1961), 100y 9.8 (1953), 100m 10.7 (1961) 220y 21.6 (1959). He was a stalwart as starter and official in Hampshire athletics and of the Counties Athletics Union (secretary of the Track & Field Committee from 1993). He was president of the City of Portsmouth AC.
Harriers. Pb 3000mSt 9:29.0 (1972).

OBITUARIES 2017

Bernard BALDWIN (b. 1925 Barry) on 3 January. He was a most energetic promoter of athletics in Wales as organiser, announcer and team manager for many years. Most notably he began the Nos Galan road races in Mountain Ash in 1958 and a year later the Taff Steet Dash over 250 yards in Pontypridd. His enthusiasm attracted many top athletes to compete at these events and to be the annual 'mystery runner' at Nos Galan. He also founded the Road Runners Club of Wales. He won the Welsh junior 1 mile title in 1943 and in 1947 was second in the Welsh cross-country in 1947, although a non-finisher in the International CC. He trained and worked as a teacher, was secretary of the Welsh AAA 1965-75 and was awarded the MBE in 1971.

Rev. **Philip** Richard Llewellyn **MORGAN** (b. 11 Mar 1927) died on 14 January at his home in Winslow, Buckinghamshire at the age of 89. An Oxford 'blue' and member of Southend-on-Sea, he had pbs of 1M 4:16.4, 2M 9:06.0, 3M 14:03.8 (3rd AAA Champs), 5000m 14:55.6 and was the Universities AU 3M champion in 1952. He was 2nd to Chris Brasher in the World University Games 5000m in 1951 and also had a 2M steeple pb of 10:38.0 (1953).

David Michael **'Mike' TURNER** (b. 6 May 1939 Liverpool) in January. A lifetime member of Liverpool Harriers, he was 5th at the 10,000m at the World Student Games in 1967 and got an 'A' international vest. His greatest success came at cross-country, competing six times for England at the International Cross-country: 1961- 23rd, 1963- 37th, 1964- 20th, 1967 15th, 1969- 13th and 1970- 7th (captain of England's winning team) after finishing 6/8/2/2/4/4 in those years in the National Cross-country. He was 3rd in the AAA 10 miles in 1967 and had pbs: 3000m 8:20.2 '63, 2M 8:44.0 '63, 3M 13:23.6 '67, 5000m 14:09.4 '64, 6M 27:33.2 '66, 10,000m 28:45.4 '71, 15000m 45:24.6 '70, 10M 47:51.4 '67, 20000m 61:10.8 '70, 1Hr 20,011m '69, 15M/25000m/30000m: 1:14:39.6/1:17:27.8/1:33:42.6 '70, 3kSt 8:57.2 '69. He gained his degree at Cambridge University, going on to get a PhD and becoming a lecturer, then the Bursar of Peterhouse. He served as a British team manager and Treasurer of the BAAB.

Amendments to BRITISH ATHLETICS 2016
add
European Race Walking Cup: at Murcia, Spain 17 May.
Men 20k: 16, Tom Bosworth 1:23:54
Junior men 10k: 12, Callum Wilkinson 42:49, 17, Guy Thomas 43:40, dnf, Cameron Corbishley; Team: 6, GBR 27
Women 20k: 38, Johanna Atkinson 1:44:28
Junior Women 10k: 24, Emma Achurch 53:35.

p.108-109: Decathlon and women's Heptathlon are England Championships rather than UK, this applies to all years.

British Lists 2015
3000m: 7:51.30 Emanuel (12)
Men & Women Marathon: Race at Manchester on 19 April was short.
PV: 4.72i Jamie Sinclair 1c2 Seattle 15 Feb
Women SP: 16.91i (USA) Amelia Strickler 24.1.94 1 Allendale, USA 13 Feb

Previous years

Changes of British Placings in Major Championships
Due to retrospective annulment of results for athletes that have failed re-testing of samples (particularly from the 2008 and 2012 Olympic Games), there have been (so far!) the following British athletes that have moved up from positions originally published in BRITISH ATHLETICS Annuals. This is work-in-progress as we regularly hear of further bans due to positive tests and in several cases the length of the bans (and thus further effects on major championships results) has yet to be announced.

Olympic Games 2008
1500m: 8 Andy Baddeley; Dec: 20 Daniel Awde; 4x400m: 3rd Steele, Tobin, Bingham, Rooney; W DT; dnq 26 Philippa Roles; HT: 33 Zoe Derham; JT: 3 Goldie Sayers; 400m: 2h3 & 5s2 Lee McConnell; 10,000m: 11 Jo Pavey, 22 Kate Reed; 3000mSt: 11h3 Barbara Parker; 4x400m: 3rd C Ohoruogu, Sotherton, Okoro, Sanders.

European Championships 2010
W800m: 2 Jennifer Meadows, 4 Jemma Simpson , 3h1 Marilyn Okoro

World Champs 2011
Mar: 14 David Webb.21 Lee Merrien; W 800m: 4s2 Emma Jackson: W 1500: 10h2 Lisa Dobriskey; HT: dnq 25 Sophie Hitchon; Hep: 1 Jessica Ennis, 13 Louise Hazel

Olympic Games 2012
100m: 2s3 Adam Gemili; PV: 4= Steve Lewis; HT: 11 Alex Smith; JT: dnq 34 Mervyn Luckwell; 50kW: 48 Dominic King; W 1500m: 7 Lisa Dobriskey (3s1), 8 Laura Weightman (4h3, 6s2), 8s1 Hannah England;
Mar: 43 Freya Murray, 56 Claire Hallssey; 3000mSt: 8h3 Eilish McColgan; LJ: 8 Shara Proctor;
HT: 9 Sophie Hitchon; Hep: 13 Katarina Johnson-Thompson, 25 Louise Hazel
4x400 4th Cox, McConnell, Shakes-Drayton, C Ohuruogu

World Champs 2013
W 1500m: England (4s2); LJ 5 Shara Proctor

European Team 2013
W 1500: 4 Hannah England

European Team 2014
W LJ: 8 Jasmin Sawyers

European Team 2015
W 800: 7 Alison Leonard

London Marathon 2012 – after two drugs dqs, move up all men by 2 places 15 Merrien etc.

The Final Pages – by Rob Whittingham

For this year I have decided to look at drop out rates amongst track and field athletics. Given the coverage of Power of 10 it is remarkable that British Athletics/England Athletics do not publish comprehensive drop out analysis. The only previously published figures are for small numbers of Under 15 athletes and some of these definitely contain errors.

The following are taken from the topsinathletics database and refer to athletes who appear in the rankings on the website.

1 Year Drop Out Rates
Year	At Start	Lost	Dropout
Men Under15 to Senior			
2011-2012	13,694	5,883	42.96%
2015-2016	11,563	4,681	40.48%
Women Under 15 to Senior			
2011-2012	9.535	3,737	39.19%
2015-2016	9.146	3,483	38.08%

(Under 13 athletes are excluded because very few make the rankings in their first year as Under 15)

2 Year Drop Out Rates
Year	At Start	Lost	Dropout
Men Under 13 to Senior			
2011-2013	16,873	9,669	57.48%
2014-2016	15,057	8,707	57.83%
Women Under 13 to Senior			
2011-2013	13,011	6.884	52.91%
2014-2016	12,452	6,793	54.55%

3 Year Drop Out Rates
Year	At Start	Lost	Dropout
Men Under 13 to Senior			
2011-2014	16,873	11,405	67.59%
2013-2016	17.951	12,624	70.32%
Women Under 13 to Senior			
2011-2014	13,011	8,394	64.51%
2013-2016	14,735	9,953	67.55%

The 1 year drop out rate has improved slightly but the longer term drop out rates are getting worse. It should be noted that these figures are for athletes making the website rankings. There will be athletes who fall below these levels who still continue in the sport. Equally athletes who only perform at levels below the rankings are more likely to drop out.

Long Term Drop Out Rates

For this analysis I used the total number of junior athletes (Under 13 to Under 20) recorded on the topsinathletics database in 2006 and looked at the number still recorded in 2012, 2014 and 2016. Many of the athletes competed at levels below that required to make the rankings.

6 Year Drop Out Rates

Year	At Start	Lost	Dropout
Men Under 13 to Under 20			
2006-2012	16,455	14,177	86.16%
Women Under 13 to Under 20			
2006-2012	14,530	12,618	86.84%

8 Year Drop Out Rates

Year	At Start	Lost	Dropout
Men Under 13 to Under 20			
2006-2014	16,455	14,840	90.19%
Women Under 13 to Under 20			
2006-2014	14,530	13,236	91.09%

10 Year Drop Out Rates

Year	At Start	Lost	Dropout
Men Under 13 to Under 20			
2006-2016	16,455	14,177	93.75%
Women Under 13 to Under 20			
2006-2016	14,530	13,705	94.32%

Whilst the figures do not give an absolutely complete picture, they are large enough to give a vey good indication of drop out rates in track and field athletics.

Under 18 Records

British Athletics have decided that from 2017 there will be official Under 18 Records. The following are the best performances that the editors are aware of.

MEN

Event	Mark	Athlete	Date	Pos	Venue	Date
100m	10.31	Mark Lewis-Francis	04.09.82	1	Neubrandenburg, GER	21-Aug-99
	10.31	Alex Nelson	21.03.88	1	Mannheim, GER	18-Jun-05
200m	20.37	Thomas Somers	28.04.97	1s1	Eugene, USA	24-Jul-05
400m	46.43	Mark Richardson	26.07.72	2s1	Sudbury, CAN	28-Jul-88
800m	1:47.54	Chris McGeorge	13.01.62	2	Wolverhampton	01-Aug-79
1500m	3:44.11	Matthew Shirling	05.10.95	1	Manchester (Str)	07-Aug-12
3000m	8:08.64	Steve Halliday	14.03.68	2	London (CP)	15-Sep-85
5000m	13:59.66	Jon Richards	19.05.64	4	London (CP)	27-Jun-81
2kST	5:40.62	Zak Seddon	28.06.94	5	Villeneuve d'Ascq, FRA	08-Jul-11
110H (91.4cm)	13.33	Jack Meredith	14.08.92	2	Bressanone, ITA	10-Jul-09
400H (91.4cm)	51.32	Noel Levy	22.06.75	3	London (CP)	14-Jun-92
HJ	2.25	Steve Smith	29.03.73	1	Gateshead	17-Aug-90
PV	5.46i	Adam Hague	29.08.97	2	Manchester (SC)	21-Dec-14
	5.35	Adam Hague	29.08.97	3	Mannheim, GER	06-Jul-14
	5.35	Adam Hague	29.08.97	8	Eugene, USA	26-Jul-14
LJ	7.98	Jonathan Moore	31.05.84	1	Dole, FRA	29-Jul-01
TJ	16.43	Jonathan Moore	31.05.84	2	Grosseto, ITA	22-Jul-01
SP (5k)	21.20	Carl Myerscough	21.10.79	1	Blackpool	22-Sep-96
DT (1.5k)	62.96	Nicholas Percy	5.12.94	2	Douglas, IOM	10-Sep-11
HT (5k)	79.20	Jake Norris	30.06.99	2	Tbilisi, GEO	15-Jul-16
JT (700g)	77.12	James Whiteaker	8.10.98	1	Birmingham	12-Jul-14
Oct	5930	Lewis Robson	9.01.88	7	Marrakech, MAR	14-Jul-05
Dec	7035	Sam Talbot	17.02.99	1	Bedford	15-May-16
10kW	43:31.98	Gordon Vale	12.01.62	6	Bydgoszcz, POL	16-Aug-79

WOMEN

Event	Mark	Athlete	Date	Pos	Venue	Date
100m	11.24	Jodie Williams	28.09.93	1	Bedford	31-May-10
200m	22.79	Jodie Williams	28.09.93	1	Loughborough	23-May-10
400m	51.16	Linsey Macdonald	12.02.64	1	London (CP)	15-Jun-80
800m	1:59.75	Charlotte Moore	4.01.85	6	Manchester (SC)	29-Jul-02
1500m	4:09.93	Jessica Judd	7.01.95	5	Barcelona, ESP	15-Jul-12
3000m	9:03.35	Philippa Mason	16.03.69	2	Athens, GRE	19-Jul-86
5000m	15:41.00	Emily Pidgeon	1.06.89	3	Solihull	24-Jun-06
2kST	6:32.45	Louise Webb	9.02.91	5	Ostrava, CZE	14-Jul-07
100mH (76.2cm)	13.40	Alicia Barrett	25.03.98	2s2	Cali, COL	16-Jul-15
400mH	58.74	Hayley McLean	9.09.94	2s2	Villeneuve d'Ascq, FRA	07-Jul-11
HJ	1.94	Morgan Lake	12.05.97	1H	Eugene, USA	22-Jul-14
PV	4.11i	Lucy Bryan	22.05.95	8	Birmingham	18-Feb-12
	4.10	Lucy Bryan	22.05.95	3	Lille, FRA	09-Jul-11
LJ	6.63	Yinka Idowu	25.02.72	1	Oxford	21-May-89
TJ	12.98	Naomi Ogbeta	18.04.98	1	Bedford	20-Jun-15
SP (3k)	16.34	Sophie Merritt	9.04.98	1	Bedford	23-May-15
DT	52.19	Claire Smithson	3.08.83	1	Grosseto, ITA	07-Oct-00
HT (3k)	65.06	Katie Head	9.12.99	1	Gateshead	09-Jul-16
JT (500g)	57.14	Emma Hamplett	27.07.98	1	Loughborough	01-Jun-14
Hep Senior	6148	Morgan Lake	12.05.97	1	Eugene, USA	23-Jul-14
5kW	23:37.55	Sophie Lewis Ward	7.04.99	4	Tbilisi, GEO	14-Jul-16

www.ingramcontent.com/pod-product-compliance
Lightning Source LLC
Chambersburg PA
CBHW070714160426
43192CB00009B/1189